近代工業法規部

綜述

席裕福等《皇朝政典類纂》卷一四〇《二十二年湖南巡撫奏定礦務簡明章程》 總局章程十五條。

一，辦法。由官督辦，不招商股者，曰官辦。招商入股者，曰官商合辦。由商請辦，官不入股者，曰官督商辦。官辦、官商合辦者，由總局委員經理，官督商辦者，由商人自行經理，惟分别給收砂護照，或派員抽收砂税、鑪税。

一，礦質。無論何種礦質，擬請開采者，均須先采樣砂，呈報總局，交化學房詳細化分成色，是否合用。可開之礦，如係硝礦、銻、砂等類，本非民間所能私采，或應歸官辦，或應歸民采官收辦法，均由總局隨時相地斟酌，批示照行。

一，收砂。凡産礦地方，除由官辦、官商合辦、官督商辦外，所有小民零星采挖，向係隨得隨賣，非集貲開廠者，並由總局查明，飭由附近分局員紳會同地方官出示曉諭，照時價公平收買，此於第一條三項辦法外，略示變通，該處小民，究不得於有妨礙之處，藉口民采官收，强行開挖，致滋事端。

一，用人。總局由撫憲選派司道大員爲總辦，其會辦、提調及各分局總會辦，則員紳並用。總局會辦、提調，由撫憲札委總局文案收支，及各分局員紳，由總局札委總局司事及各分局收支，司事均由總局酌定人數，稟請撫憲覈准，仍由總局分别選派。至各分局所需局男礦丁，不拘本處别處民人，皆可參用，略以營制部勒，以便責成。礦丁視礦之大小，鑪匠視砂之多寡，其數目由該局員紳隨時酌定。若礦大事繁，或一處數礦，及扼要地方須另置轉運局者，一人經理不到，則由總局加委會辦，或再加委幫辦、襄辦，均俟酌量施行。

一，經費報銷。總局各項支銷，按月開載實數，造具四柱清册，申詳撫憲，并將各分局前月報銷所列收支銀錢、采運砂煤各項總數，彙册附□，以備統覈。

一，礦砂報銷。除各礦旬報按月彙送總局，並徑申撫憲外，所有總局收到各局礦砂若干、運出若干、銷售若干並某局某種價值若干，亦按月據轉運局報册，彙詳撫憲查覈。

一，設堆棧。除省城設立堆棧外，所采所收各砂，須運至鄂滬銷售者，分於漢口、上海各擇地設立轉運局一所，委員經理出入事件，其各砂銷售價值，仍由總局定奪。

一，設鑪。現於省會南門外，擇地設立錬銅鉛、錬銻，西法、土法各鑪，所有各廠局所采之礦砂，分别解交提鑪。

一，轉運銷售。所有官辦、官商合辦及官收各種礦砂，須運出銷售者，由該礦員紳分批報解轉運局，或省城堆棧收存，仍由總局督理銷售。

一，緝私。凡各局辦公人及商民人等，均不得私運礦砂，業由撫憲通飭各釐局委員，嚴行查緝如經查出私運，無論何人管解，一律將所運之砂概行充公，仍由釐局解交總局，折價給賞；若各局辦公人等有串通知情等弊，必再行分别嚴辦。

一，抽税免釐。官辦、官商合辦、官督商辦各礦，均應抽税，惟創辦之初，未能暢旺，業經前撫憲陳，奏准暫免抽收，一俟稍有成效，再行詳請撫憲，咨部酌定税則，照案就地併作一次抽收，彙案解部，將來各礦業經抽税者，所有釐金概行奏請豁免。

一，發給護照串票。官辦各礦，所采礦砂及收買各項礦砂，無論已錬未錬，運往本省各地方者，一律填發總局護照，以便經過各釐卡查驗放行。其官商合辦、官督商辦各礦，所獲礦砂，不經總局收買，即須提成充税，亦即填給護照串票，如無護照串票，概以私論。至轉運各項礦砂出省，應由總局請用撫憲護照。

一，提紅。所開各礦，凡屬官辦、官商合辦者，一經獲效，每年除提税、提息、提經費外，所有贏餘，應由總局於年終彙數覈算，酌提紅成若干，以爲該礦員紳司巡人等及各轉運局獎貲，并該地方善舉。至總局辦事人等，及各礦地方官、營汛各員，照料得力者，亦由總局開單呈請撫憲，於提紅項内，酌派獎貲。官督商辦者，由商人自行經理，不在此例。

一，稽覈功過。所有各局員紳，如果廉幹勤謹，功效卓著，年終由總局稟請撫憲，大則破格獎勵，小則記功一次；倘操守不謹，辦理不善，重則撤委究治，輕則記過一次。總局各員，則由撫憲查察覈奪，一體辦理。又，凡礦必有須地方官相助爲理之事，各地方官及營汛各員，或實心實力，相與有成，或自私自利，遇事規避，年終由總局據實稟詳撫憲，其如何分别辦理之處，則由撫憲覈奪。

一，另擬分地分礦細章。所定簡明章程，及分局章程，皆舉大概而言，其各礦各鑪情形自不能同，辦法亦即有異，有難懸揣預定者，由辦理員紳於開辦之時，詳加體察，另擬細章，呈總局覈准遵行。

一，礦地。先由總局派員與礦師登山查勘，如礦質果旺，於民人墳墓、田地、廬舍又皆無妨礙(所有妨礙之墳墓、田廬，民人自願遷改拆毀賣出者，除田地照時價優給外，墳則量予遷貲，廬舍則量予修造之貲，臨時酌辦)，再行酌辦。該山除官地不論外，若係民人私業，照原契價從優契買，入官礦地之外，或有佔據之處，或有妨礙地方，亦量予優價，酌買入官。抑或業主自願出租，亦可分别酌給租價，按年計算。遇有大礦用機器開采者，仿開平例，依脈十里内，無論何人之業，均不得另開窿口。其小礦用人力開採者，依脈三里内，無論何人之業，均不得另開窿口，均要指定一窿起算，計里不得游移，以圖多佔地段。

一，礦鑪。除由省會設立西法、土法各鑪，提鍊各種礦砂外，其有可以就各處提鍊者，於該礦扼要地方另立鑪局，所有一切應辦事件，即責成該局員紳經理。

一，礦砂轉運。所收所采之砂，有不須提鍊及不能就本處提鍊者，一經積有成數，由該局員紳分起運解轉運局，或省城堆棧，其就本處提鍊者提淨後解總局。

一，礦砂旬報。總局刊發旬報，單册發交各分局，逐日將挖深尺數、轟開尺數、所得毛砂碩數(如係煤礦，即注明塊煤末煤字樣)及□丁人數，分晰載明，並開列逐旬原儲新采各項砂數，按月隨報銷册齎送。其就山開鑪者，另報成數及提淨碩數，各分局如有收買礦砂，另文詳報。

一，礦砂價值。凡各廠局所收所采礦砂，概由總局督理銷售，其所得價值若干，仍分别載明，隨時行知該分局，以覈赢虧。

一，經費報銷。開辦之後，由該局員紳陸續赴總局領款，按月查照，頒發四柱程式，開具實數清册，册尾即將本月經費，□計所得砂數，每碩成本若干，再估計售價，劃抵本月經費，及運出水脚，算明實在赢虧若干，詳細開載申報，撫憲總局限於下月初旬齎送，以憑匯報，其委員司事薪水，均由本局支取。

一，嚴束丁勇。□照□□開平礦務例，凡局廠准設枷、笞兩項刑具，遇礦丁、局勇有不法之事，或在外滋擾，由委員督查審訊，量予枷笞，如所犯過重及地方痞棍入廠滋擾者，仍移送地方官究懲，其有須調防營分駐彈壓者，隨時酌量稟請。

政學社《大清法規大全》卷八《商部奏定公司注册試辦章程》 第一條，本部於光緒二十九年十二月初五日，具奏商律之公司一門，業蒙欽定頒行在案。凡商人經營貿易，均可照律載合資公司、合資有限公司、股分公司、股分有限公司。此四項中，認明何項，在本部呈報注册。無論現已設立，與嗣後設立之公司、局廠、行號、舖店一經注册，即可享一體保護之利益。所有注册章程，兹特釐訂於後，以資開辦。

第二條，注册局即於本部設立，遴擇公正明幹之司員，專管公司注册事宜。局中立有公司注册檔案，分頭編號，按照公司律所載各項，詳細注寫，不得疏漏。

第三條，凡公司呈報本部注册，所應聲明各款如下(凡屬公司，無論局廠、行號、舖店等，均准此)：公司名號，公司作何貿易，公司有限、無限，合資人數及姓名、住址，資本共合若干(係指有限者言)，公司股分總共若干，每股銀兩或圓若干，每股已交銀若干，創辦人及查察人姓名、住址。公司總號設立地方，如有分號，一併列入公司，設立後布告股東及衆人，或登報，或通信，均須聲明設立之年月日，營業之年月日(如無期限，亦應聲明)，鈔呈合同規條章程。

第四條，公司所擬出之股票款式，應於呈報注册時，附黏一張存案其票式，照載第二十八條列入如下：公司名號，注册之年月日，總共股分若干，每股銀數若干。股銀分期繳納者，應將每期所交數目，詳載附股人姓名、住址，其票必須公局董事簽押，加蓋公司圖記編號，並登給發之年月日。

第五條，凡各省各埠之公司廠、行號、鋪店等，一經遵照此次奏定章程，赴部注册，給照後，無論華洋商，一律保護。其未經注册者，雖自稱有限字樣，不得沾公司律第九條第二十九條之利益。

第六條，公司注册，應按照律載，在開辦十五日前，呈報本部，方可開辦。各公司呈報注册，應扣算程途遠近，郵寄遲速，早日呈報到部，隨到隨辦，以免阻滯。

第七條，凡公司設立之處，業經舉行商會者，須先將注册之呈，由商會總董蓋用圖記，呈寄到部，以憑覈辦。其未經設有商會之處，可暫由附近之商會或就地著名之商立公所，加蓋圖記，呈部覈辦。

第八條，合資公司，凡合資營業，未聲明股本若干者，應繳注册公司費，悉如後列之等次。甲，凡公司注册，聲明合資人不過二十名者，繳銀五十圓(每圓合庫平銀七錢，二分以下照此)。乙，合資人逾二十名，在一百名内者，繳銀一百圓。丙，合資人數如過百名外，每多五十名或不足五十名，均加繳銀十圓，依次遞加。丁，凡合資人數，聲明無限者，即不論其人數多寡，繳銀三百圓。戊，凡注册報明人數後，如欲續加合資人數，每加五十名或不足五十名，均加繳銀十圓，惟連原繳之數，統計不得過三百圓。

第九條，股分公司，凡股分營業者，應繳注册公費，悉如後列之等次。甲，公司注册，聲明股本不過一萬圓者，繳銀五十圓。乙，股本過一萬圓外，每多股本五千圓或不足五千圓，均加繳銀十圓，以至二萬五千圓爲率。丙，股本過二萬五千圓外，每多股本一萬圓或不足一萬圓，均加繳銀三圓，以至五十萬圓爲率。丁，股本若過五十萬圓，每多股本一萬圓或不足一萬圓，均加繳銀半圓。戊，如報明股本若干，注册後續加股本，每加一萬圓或不足一萬圓，均照以上丙丁所列，加繳銀數，惟連原繳之數，統計不得過三百圓。

第十條，注册公費，均按銀圓計算，如股本係銀兩者，其注册費，即應按兩數計算平色，並從其股本爲準。

第十一條，凡公司遇有緊要情事，報明本部立案，或按公司律，應呈報注册立案者，每件應繳公費銀三圓。

第十二條，公司開辦注册後，如有該公司股友，或他體面商人，欲至注册局，檢視某公司注册詳情者，每人繳費銀一圓，准其檢視一次。

第十三條，如公司股友，或他體面商人，欲鈔録某公司在本部注册全案者，一百字内，應繳鈔費銀一圓；過一百字，每百字遞加銀半圓。所鈔之件，如更須蓋用印信，以爲證據者，除鈔費外，每件繳銀五圓。

第十四條，注册局之設，原爲利商起見，凡商人欲查問事件，儘可隨時赴局會晤，除章程載明應繳公費外，餘無他費。

第十五條，注册局收取各費，當即掣付收據，蓋明商部注册局圖記，以昭信實。

第十六條，公司呈報注册，到部查明，如不合式，立即飭令更正，其應行照准者，即給發執照一紙，蓋用印信爲憑。

第十七條，無論何國商人公司，在本部呈報注册，悉以譯成華文爲憑，本部注册給照，亦均用華文，以歸一律。

第十八條，如右所列，作爲公司注册試辦章程，開辦後，仍當酌量情形，隨時增改。

合資公司注册呈式。具呈，省府縣地方公司爲呈請注册事。竊公司照章程内載，所應聲明各款，呈請注册，伏乞商部注册局查覈施行，須至呈者。計開：名號，貿易有限、無限，設立年月日，營業年月日，總號設立地方，如有分號，一並列入；合資人數，合資人姓名、住址，資本共合若干，合同，規條，章程，布告。

光緒年月日公司押

股分公司注册呈式。具呈，省府縣地方公司爲呈請注册事。竊公司照章程内載，所應聲明各款，呈請注册，伏乞商部注册局查覈施行，須至呈者。

計開：名號，貿易有限、無限，設立年月日，營業年月日；總號設立地方，如有分號，一並列入；股份總銀數，每股銀數，每股已交銀數；創辦人及查察人姓名，住址，合同，規條，章程，布告。光緒年月日公司押

政學社《大清法規大全》卷九《商部奏定商律》

商人通例

第一條，凡經營商務貿易，買賣販運貨物者，均爲商人。

第二條，凡男子，自十六歲成丁後，方可爲商（按年月計算足十六歲）。

第三條，凡業商者，設上無父兄，或本商病廢，而子弟幼弱，尚未成丁，其妻或年届十六歲以上之女或守貞不字之女，能自主持貿易者，均可爲商，惟必須呈報商部存案，或在該處左近所設商會呈明，轉報商部存案（如該處未設商會，即就近赴各業公所呈明，轉報商部存案）。

第四條，已嫁婦人，必須有本夫允准字據，悉照第三條辦理，呈報商部，方可爲商，惟錢債轇轕虧折等事，本夫不能辭其責。

第五條，凡商人營業，或用本人真名號，或另立店號，某記某堂名字樣，均聽其便。

第六條，商人貿易，無論大小，必須立有流水賬簿，凡銀錢貨物出入以及日用等項，均宜逐日登記。

第七條，商人每年須將本年貨物、産業、器具，以及人欠欠人款目，盤查一次，造册備存。

第八條，商人所有一切賬册，及關繫貿易來往信件，留存十年；十年以後，留否聽便。倘十年之内，實有意外毁失情事，應照第三條呈報商部存案例辦理。

第九條，無論何項商人，何項公司，何項鋪店，均須按照第六、七、八條遵守無違。

公司律

第一節，公司分類及創辦呈報法。

第一條，凡湊集資本，共營貿易者，名爲公司，共分四種：一，合資公司。一，合資有限公司。一，股分公司。一，股分有限公司。

第二條，凡設立公司，赴商部注册者，務須將創辦公司之合同、規條、章程等一概呈報商部存案。

第三條，公司名號後設者，不得與先設者相同。

第四條，合資公司係二人或二人以上集資營業，公取一名號者。

第五條，合資公司所辦各事，應公舉出資者一人或二人經理，以專責成。

第六條，合資有限公司，係二人或二人以上集資營業，聲明以所集資本爲限者。

第七條，設立合資有限公司，集資各人，應立合同、聯名簽押，載明作何貿易，每人出資若干、某年某月某日起、期限以幾年爲度，限先期十五日，將以上情形呈報商部注册，方准開辦。

第八條，合資有限公司招牌，及凡做貿易所出單票圖記，均須標明某某名號有限公司字樣。

第九條，合資有限公司，如有虧蝕、倒閉、欠賬等情，查無隱匿銀兩、訛騙諸弊，祇可將其合資銀兩之儘數並該公司産業變售還償，不得另向合資人追補。

第十條，股分公司，係七人或七人以上創辦，集資營業者。

第十一條，股分公司創辦人，訂立創辦合同，所應載明者如左：

一，公司名號。二，公司所做貿易。三，公司資本若干。四，公司總共股分若干，每股銀數若干。五，創辦人每人所認股數。六，公司總號設立地方，如有分號，一併列入。七，公司設立後，布告股東或衆人之法，或登報，或通信，均須聲明。八，創辦人姓名、住址。

第十二條，設立股分公司者，應將第十一條各項，限先期十五日呈報商部注册，方准開辦。

第十三條，股分有限公司，係七人或七人以上創辦，集資營業，聲明資本若干，以此爲限者。

第十四條，股分有限公司，創辦人應訂立創辦合同，與第十一條同，惟須聲明有限字樣。

第十五條，股分有限公司招牌，及凡做貿易所出單票圖記，亦均須標明某某名號有限公司字樣。

第十六條，股分公司，不論有限、無限，如須招股，必先刊發知單，並登報布告衆人。其知單及告白中所應聲明者如左：

一，公司名號。二，公司作何貿易，及所作貿易大概情形。三，公司設立地方。四，創辦人姓名、住址。五，公司總共股分若干，每股銀若干，現招股若干及分期繳納之數。六，收取股銀地方。七，創辦人有無別得，或他人應許之利益。八，創辦人爲所設公司，先與他人訂立有關銀錢之合同之類。

第十七條，凡創辦公司之人，不得私自有非分之利益隱匿，以欺衆股東。倘有此項情弊，一經查出，除追繳所得原數外，並按照第一百二十六條罰例辦理，以示懲警。至其應得之利益，先在衆股東會議時，聲明允認者，不在此例。

第十八條，公司招股已齊，創辦人應即定期招集各股東會議，即由衆股東公舉一二人作爲查察人，查察股數是否招齊，及公司各事是否妥協。

第十九條，如股東查出公司創辦人不遵照按第十六條聲明各項辦理，及有他項弊竇者，衆股東可以解散不認。

第二十條，如股東查明公司創辦人確係遵照按第十六條聲明各項辦理，亦無他項弊竇，該公司應於十五日内呈報商部，注册開辦。

第二十一條，公司呈報商部注册時，所應聲明者如左：

一，公司名號。二，公司作何貿易。三，公司總共股分若干。四，每股銀數若干。五，公司設立後，布告股東或衆人之法，或登報，或通信，均須聲明。六，公司總號設立地方，如有分號，一併列入。七，公司設立之年月日。八，公司營業期限之年月日，如無期限，亦須聲明。九，每股已交銀若干。十，創辦人及查察人姓名、住址。

第二十二條，公司開辦三月後，限於一月内，董事局須邀請衆股東會議，將開辦各事宜，詳細陳説，俾衆股東知悉，如有關緊要者，即可請衆股東酌奪。

第二十三條，凡現已設立與嗣後設立之公司，及局廠、行號、鋪店等，均可向商部注册，以享一體保護之利益。

第二十四條，股分銀數，必須畫一，不得參差。

第二十五條，每股銀數，至少以五圓爲限，惟可分期繳納。

第二十六條，每一股不得析爲數分。

第二十七條，公司必須遵照第二十一條聲明各項辦理，方能刊發股票，違者股票作廢，他人因此受虧者，准控官向該公司索賠。

第二十八條，公司股票，必須董事簽押，加蓋公司圖記爲憑，依次編號，並將左列各項敘明：

一，公司名號。二，公司注册之年月日。三，公司總共股分若干。四，每股銀數若干。五，股銀分期繳納者，應將每期所交數目，詳細載明。六，附股人姓名、住址。

第二十九條，股分有限公司，如有虧蝕、倒閉、欠賬等情，查無隱匿銀兩、詭騙諸弊，祇可將其股分銀兩繳足，並該公司産業變售還償，不得另向股東追補。

第三十條，無論官辦、商辦、官商合辦等各項公司及各局，凡經營商業者，皆是，均應一體遵守商部定例辦理。

第三十一條，凡合資公司股分公司，於呈報商部注册時，未經聲明有限字樣，應作無限公司論。如遇虧蝕，除將公司産業變售償還外，倘有不足，應向合資人、附股人另行追補。

第三十二條，無限公司或舖户等，欠賬虧短，可向股東舖東追償，並將自己名下産業，變售封抵(詳倒賬追欠各專條内)。

第二節，股分。

第三十三條，附股人應照所認股數，任其責成。

第三十四條，附股人應在公司入股單上，按式填寫簽押，送交公司指定收單之處，依期繳納股銀。

第三十五條，附股人無論華商洋商，一經附搭股分，即應遵守該公司所定規條章程。

第三十六條，附股人不能以公司所欠之款，抵作股銀。

第三十七條，數人合購一股者，應准以一人出名，其應得權利，即由出名人任領，分給合購各人，若有繳納股銀，不能應期繳足者，仍由各人分任其責。

第三十八條，如無違背公司章程，股票可以任便轉賣，惟承買之人應赴公司經號注册，方能作准。

第三十九條，公司不能自己買回，及抵押所出股票。

第四十條，附股人到期不繳股銀，創辦人應通知該附股人，限期半月，逾限不繳，可將所認股數，另招人接受。

第四十一條，公司令各股東續繳股銀，應於十五日前通知；逾期不繳，再展限十五日；仍不繳，則失其股東之權利。

第四十二條，股東於展限期内，不續繳股銀，公司可將所認股數，招人承買，得價不足，仍向原股東追繳。

第四十三條，公司欲給紅股，應於創辦時，預行聲明，不得隱匿。

第四十四條，附股人不論職官大小，或署己名，或以官階署名，與無職之附股人，均祇認爲股東，一律看待，其應得餘利，暨議決之權，以及各項利益，與他股東一體均沾，無稍立異。

第三節，股東權利各事宜。

第四十五條，公司招集股東會議，至少於十五日前通知，並登報布告，其知單及告白中，應載明所議事項。

第四十六條，公司董事局，每年應招集衆股東，舉行尋常會議，至少以一次爲度。

第四十七條，舉行尋常會議，董事局應於十五日前，將公司年報及總結，分送衆股東查覈。

第四十八條，舉行尋常會議時，公司董事應對衆股東宣讀年報，並由衆股東查閲賬目，衆股東如無異言，即行列册作准，決定分派利息，並公舉次年董事，衆股東有以賬目爲未明析者，可即公舉查察人一二名，詳細查覈。

第四十九條，公司遇有緊要事件，董事局可隨時招集衆股東，舉行特別會議。

第五十條，有股本共合全數十分之一之股東(或一人，或多人，不限人數)，有事欲會議者，可即知照董事局，招集衆股東，舉行特別會議，惟必須將議會事項及緣由，逐一聲明，如公司董事局不於十五日内照辦，該股東可稟由商部覈准，自行招集衆股東會議。

第五十一條，股東於所認股數，到期不能繳納者，不能會議。

第五十二條，衆股東無論舉行尋常及特別會議，即將所議各事，由書記列册，凡議決之事，一經主席簽押作准後，該公司董事人等，必須遵行。

第五十三條，衆股東會議時，如有議決之事，董事或股東意爲違背商律或公司章程者，均准赴商部稟控覈辦，惟須在一月以内呈告，逾期不理，至股東稟控，必須將股票呈部爲據。

第五十四條，公司創辦時，所訂合同，及記載衆股東歷次會議時決議各事之册，並股東總單，須分存公司總號及分號，俾衆股東及公司債主，可以隨時前往查閲。

第五十五條，公司總號，應立股東姓名册，册内所應載者如左：

一，股東姓名、住址。二，股東所有股數，並其股票號數。三，每股已繳銀若干，何時所繳。四，股東購入股票之年月日。

第五十六條，凡購買股票者，一經公司注册，即得爲股東，所有權利，與創辦時附股者無異，其應有之責成，亦與各股東一律承任。如須續加股銀，亦應照繳。

第五十七條，中國人設立司，外國人有附股者，即作爲允許遵守中國商律及公司條列。

第五十八條，凡公司有股之人，股票用己名者，無論股本多少，遇有事情，准其赴公司查覈賬目。

第五十九條，股東赴公司查覈賬目，應先期三天函告該公司總辦，如無總辦，即總司理人，俾可預備（公司股東不一，其人司事有逐日應辦之事，任意查賬，未免難於應接，致有掣肘誤公等弊，故應先行函訂）。

第六十條，公司往來書札及各項事件，如股東欲赴公司查閲，亦須先期三天函告公司總辦，或總司理人預備。如所查之書札及各事，於該公司較有關係，或略有窒礙者，總辦或總司理人可請董事局酌奪。如有應行秘密之書函，不合宣佈者，亦不得交與股東閲看。

第六十一條，如有股東，以查覈公司賬目書札及各事爲名，實係藉端窺覷虚實，私自别圖他項利益，損礙公司大局者，董事局應禁阻其查閲。

第四節，董事。

第六十二條，公司已成，初次招集衆股東會議時，由衆股東公舉董事數員，名爲董事局。

第六十三條，公司董事，至少三人，至多不得過十三人，惟必須舉成單數爲合例。

第六十四條，董事局議會，如有三人到場，即可議決各事，惟務須遵守會議條例。

第六十五條，充董事者，必須用本人姓名，暨至少有該公司股分十股以上者。

第六十六條，董事薪俸，如創辦合同未經載明者，應由衆股東會議酌定。

第六十七條，各公司以董事局爲綱領，董事不必常川住公司内，然無論大小，應辦應商各事宜，總辦或總司理人悉宜秉承於董事局。

第六十八條，董事任事之期，以一年爲限，期滿即退，最初一年，應掣籤定留三分之二，以後按舉輪替（如人數不能合三分之二者，即取其相近之數）。

第六十九條，董事期滿，如衆股東以爲勝任，可於尋常會議時，公舉續任。

第七十條，董事期滿，股東欲另舉他人，應於尋常會議兩日前，將擬舉之人姓名，通知公司總辦或總司理人，其願充董事者，亦可先向公司報名，俟會議時，由衆股東公舉。

第七十一條，董事如有事故，不能滿任，董事局人數不敷，可由董事局暫委一妥慎之股東代理，俟衆股東於尋常會議時，再行公舉充補。

第七十二條，董事辦事不妥，或不孚衆望，衆股東可於會議時，決議即行開除。

第七十三條，董事遇有以下各事，即行退任：一，倒賬。二，被控監禁。三，患瘋癲疾。四，董事局會議時，並未商明他董事，接連三月不到。

第七十四條，董事未經衆股東會議允許，不得做與該公司相同之貿易。

第七十五條，公司股本及公司各項銀兩，係專做創辦合同内所載之事者，不得移作他用。

第七十六條，公司虧蝕股本至半，應即招集衆股東會議，籌定辦法。

第七十七條，公司總辦或總司理人、司事人等，均由董事局選派，如有不勝任及舞弊者，亦由董事局開除，其薪水酬勞等項，均由董事局酌定。

第七十八條，公司尋常事件，總辦或總司理人、司事人等，照章辦理，其重大事件，應由總辦或總司理人請董事局，會議議決後，列册施行。

第五節，查賬人。

第七十九條，公司設立後衆股東，初次會議時，應公舉查賬人，至少二名，其酬勞由衆股東酌定。

第八十條，查賬人任事之期，以一年爲限，限滿衆股東於尋常會議時，另行公舉，如衆股東願留者，可以續任。

第八十一條，董事不能兼任查賬人。

第八十二條，查賬人不能兼任董事，如經衆股東舉爲董事，即開去查賬人之職。

第八十三條，查賬人因有事故不能滿任，董事局可以委人暫行代理，股東於尋常會議時，再行公舉。

第八十四條，查賬人可以隨時到公司查閲賬目，及一切簿册，董事及總辦人等，不能阻止，如有詢問，應即答覆。

第六節，董事會議。

第八十五條，董事局會議，至少必須三人到場，方能開議。

第八十六條，董事局會議，應就董事中公推一人充主席，一人充副主席。

第八十七條，董事局會議主席，董事主議主席不到，由副主席代理，副主席亦不到，臨時另舉一人代理。

第八十八條，董事局會議時，所議之事，有與董事一人之私事牽涉者，該董一人之私事牽涉者，該董事應自行迴避。

第八十九條，董事局會議時，每人有一議決之權，所謂議決之權者，指一人有決事之一權也，假如有五人在場，共議一事，則五人得有決事之五權。

第九十條，董事局會議事件，如有意見不同者，總以從衆爲決斷，如董事在場，共有五人，有三人以爲可行，二人以爲不可行，所議之事，即可從衆照行，即由書記注明記事册内，主席簽字作准。

第九十一條，董事局會議時，如在場董事，連主席共有六人，會議一事，三人以爲可行，三人以爲不可行，則彼此議決之權相等，主席董事可加一議決之權，酌理以決定其事，若議決之權不相等，主席即不得加一議決之權。

第九十二條，董事局會議時，應就公司司事中選派一人充書記，將所議決各事，登記董事局會議記事册。

第九十三條，書記將議決各事，登記會議記事册，候下次會議時，對衆董宣讀，如無不合，即由主席簽押作准。

第九十四條，董事局會議議決之事，於下次會議時，經主席簽押，其原未到場之董事，若無異言，即爲默許。

第九十五條，董事局每一星期，須赴公司會議至少一次，總辦或總司理人，可將應辦各事，向董事局請示，如有緊要事件，可請董事局隨時至公司，會議酌奪。

第九十六條，董事局尋常會議，期數任便酌定，如有緊要事件，但有二人欲行會議者，可即定期舉行特別會議。

第九十七條，董事局會議議決之事，該公司總辦及各司事人等，必須遵行。

第七節，衆股東會議。

第九十八條，股東尋常會議及特別會議，以主席董事充主席，亦可由股東另行公舉。

第九十九條，會議時，股東有事請議，即由請議之人建議，並須一人贊議，再由衆人議決。

第一百條，會議時，有一股者，得一議決之權，如一人有十股者，即有十議決之權，依此類推。惟公司可預定章程，酌定一人十股以上議決之權之數，如定十股爲一議決之權，或二十股爲一議決之權，依此類推。

第一百一條，凡會議各事，決議可否，從衆所言爲定，如彼此議決之權相等，則主席可另加一議決之權，惟必須照第九十、第九十一兩條辦法，一律辦理。

第一百二條，凡決議可否，即由書記登記股東會議記事册，由主席簽字作准。

第一百三條，公司有重大事件，如增加股本及與他公司併合之類，招集股東，舉行特別會議，若議決准行，限一月内復行會議一次，以實其事，議畢施行。

第一百四條，股東會議時，所議之事，有與股東一人之私事牽涉者，該股東仍可到場會議，毋須迴避。

第一百五條，股東不能到場會議者，可出具憑證，派人代理，代理人如非股東，衹能代行議決之權，不能有所辯駁，以申論其原因。

第一百六條，股東派會議代理人，所出憑證，應於三日前，送交公司總辦或總司理人查覈。

第八節，賬目。

第一百七條，董事局每年務須督率總辦或總司理人等，將公司賬目詳細結算，造具年報，每年至少一次。

第一百八條，董事結賬時，應先由查賬人詳細查覈，一切賬册，如無不合，查賬人應於年結册上，書明覈對無訛字樣，並簽押作據。

第一百九條，公司年報所應載者如左：

一，公司出入總賬。二，公司本年貿易情形節略。三，公司本年贏虧之數。四，董事局擬派利息，並撥作公積之數。五，公司股本，及所存産業貨物，以至人欠欠人之數。

第一百十條，董事局造成年報，應於十五日前，由總號分號分送衆股東查覈，並分存總號分號，任憑衆股東就閱。

第一百十一條，公司結賬，必有贏餘，方能分派股息，其無贏餘者，不得移本分派。

第一百十二條，公司結賬贏餘，至少須撥二十分之一，作爲公積，至積至公司股本四分之一之數，停止與否，乃可聽便。

第九節，更改公司章程。

第一百十三條，公司有權可以訂立詳細規條章程，以補律載之不足，惟不得與明定之條例，有所違背。

第一百十四條，董事局欲將公司創辦合同，或公司章程更改，必須由衆股東會議議決。

第一百十五條，衆股東會議議決，必須股東在場者，有股東全數之半，其所得股分，必須有股分全數之半，若不能如上所限，而在場股東以爲事在可行者，已居多數，可以暫時決議公司事，將決議之事登報，並通知衆股東，限一月內，重集會議，從衆決定。

第一百十六條，公司如欲增加股本，亦須照第一百十四條、第一百十五條辦理，並於決議後十五日內，呈報商部。

第一百十七條，公司欲增加股本，必須衆股東將原定每股銀數繳足之後，方能舉辦。

第一百十八條，公司增加股本，其新股票，因漲價所得之利，應歸公司。

第一百十九條，公司增加股本，其新股銀數，繳足後，董事應即招集衆股東會議，當衆宣佈。會議時，衆股東有欲查覈者，可公舉查覈人一二名，詳細查明是否繳足。

第十節，停閉。

第一百二十條，凡公司遇有後列各款情事者，即作爲停閉：一，經衆股東照第一百十條會議例，議決停閉。二，股本虧蝕及半。三，公司期滿。四，股東不及七人。五，與他公司併合。

第一百二十一條，公司停閉之時，即以董事充清理人，如董事不能勝任，可由衆股東會議公舉，所公舉之清理人，衆股東亦可隨時會議開除。

第一百二十二條，公司停閉之時，如衆股東不克公舉清理人，可呈請商部派人清理。

第一百二十三條，有公司股本全數十分之一之股東，若以清理人辦理不善，可呈請商部派人接辦。

第一百二十四條，清理人將賬目算結款項清還後，應開具清册，招集衆股東會議，決定允准，方能了結。

第一百二十五條，公司停閉後，所有賬簿來往緊要信件，必須留存十年，十年限滿，留否聽便。

第十一節，罰例。

第一百二十六條，公司創辦人、董事、查賬人、總辦，或總司理人、司事人等，有犯以下所列各款者，依其事之輕重，罰以少至五圓，多至五百圓之數。一，不依期呈報商部注册。二，不將律定布告各事布告，或布告不實。三，凡以上各條明定應交人查閱之件，若無第六十條、第六十一條情事，不交查閱人閱查。四，阻止他人查閱以上各條應當查問之事。五，未經注册，先行開辦。六，未經注册，先發股票。七，不遵律設立股東姓名册，或不依第五十五條開載，或開載不實。八，股票不遵依第二十八條所定開載，或開載不實。九，不遵第五十四條及第一百十條，將公司創辦公同，或記載衆股東歷次會議之事之册，或股東總單，公司物業總賬，總結年報，贏虧總賬，公積賬，分息賬，分存總號分號，或以上各件開載不全，或開載不實。十，虧蝕至半，不遵依第七十六條，招集股東會議。十一，公司創辦人，有違第十七條，私自得有非分之利益。

第一百二十七條，公司人等，不論充當何職，如不遵以上第七十五條，將公司股本，或公司各項銀兩，移作他用者，除追繳移用之款外，並罰以少至一千圓多至五千圓之數。

第一百二十八條，董事總辦，或總司理人、司事人等，違背商律及公司章程，被人控告商部，商部應視其事之輕重，罰以少至五圓，多至五十圓之數。

第一百二十九條，董事總辦，或總司理人、司事人等，有偷竊虧空公司款項，或冒騙他人財物者，除追繳及充公外，依其事之輕重，監禁少至一月，多至三年，或並罰以少至一千圓，多至一萬圓之數，若係職官，並詳參革職。

第一百三十條，如有違背以上條律，而未載明罰款者，即酌其輕重，罰以少至五圓多，至五百圓之數。

第一百三十一條，以上各條例，奉旨批准頒行後，自應永遠遵守，惟此案初定之本，如於保護商人，推廣商務各事宜，未能詳盡，例無專條者，仍當隨時酌增，續行請旨，覈准頒行。

政學社《大清法規大全》卷七《商部議派各省商務議員章程光緒三十年月》 一，各省既設商務等局，應由該省督撫於候補道府中，擇其公正廉明、熟諳商務者，出具切實考語，造送履歷清册到部，由部加劄委用，作爲商務議員，以專責成。

一，商務議員，應以各該局之駐局總辦派充，其領銜遥制者，毋庸兼充。設或該局並無總辦，僅以提調駐局筦攝諸務者，該提調亦准充商務議員。 一，商務議員遇有公事，准其逕行申部，聽候辦理，一面仍應詳報本省督撫查覈。

一，商務議員有提倡考查之責，凡屬農工路鑛，應興應革之事，務當悉心體察，隨時報部，以祛壅蔽而挽利權。

一，商務等局，如應派委員，分歷各處，考查一切，由商務議員於本省候補州縣中揀選，稟明督撫覈派，一面隨時申報本部。

一，各省土産生貨若干，價值若干，何者暢行，何者滯銷，何者可以改造熟貨，何者當設法改良，按期分門别類，詳細申部。

一，各省洋貨輸入土貨輸出各若干價值若干分門别類按期詳晰申部

一，各省農工商諸政，每年按四季詳報，年終彙報一次。

一，各省已辦農工商諸政，若局廠學堂公司等項，無論官立私立，均須按前次通行表式，詳填申部。

一，商人如有具呈商部者，可逕報商務局，由商務議員標明年月日寄部，無須節録原文，另牘詳報，以期迅速。 其有公司注册等稟呈，亦均照此辦理。 若各埠已設商會，商人即投呈商會，由商會總董寄部亦可。 惟商標注册，應由海關轉寄者，不在此例。

一，商人如有設立公司，無論何項，由部批准注册後，劄知商務議員，應任切實保護之責，仍遵照公司律辦理。

一，各省農工路鑛等公司，遇有窒礙難行之處，或旁人阻撓，或各衙門需索規費，應由商務議員認真考查，迅速申報本部，以憑覈辦。

一，商人稟呈事件，如係毫末争執之事，應由商務議員設法排解，以免涉訟，其事關重大，以及創立公司等件，均應申報本部，酌覈辦理。

一，商務議員既予以提倡之權，凡各省均應徧設商會，已辦者極力推廣，未辦者迅速振興，遵照商會章程，隨時辦理。 至商會集議之時，各該議員應隨時親臨，以期聯絡商情，祛除壅隔，惟不得任聽從人吏役，於會中稍有需索，並不得遇事鋪張，致滋糜費。

一，遇出洋華商回華，如有被人訛詐，及中途梗塞者，由商務議員切實保護，迅爲理直，如有扶同舞弊者，一經覺察，由本部嚴參。

一，商人創立公司，集資雄厚者，由商務議員查明報部，按照獎勵公司章程辦理。 其有克建實業，獨攄意匠者，亦應隨時報部，酌擬獎勵，以昭激勸。

一，商務議員與本部有直接之關係，尤宜詳稽功過，其有留心商政，考究詳盡，見諸施行者，如果三年始終其事，由本部奏奬一次； 如有敷衍塞責，漠不關心者，亦由本部奏明議處。

一，該議員除以上所列，按年按季，及應辦事宜詳報外，倘有特别事宜，或有推廣商務，有裨商業各條陳，應隨時各抒所見，呈部察覈。

政學社《大清法規大全》卷七《商部接見商會董事章程光緒三十年　月》 中國自通商以後，商務日疲，説者咸歸咎官商之情不通，而公家亦向未講求保商之政，地睽勢隔，措手何從。 且商與商心志不齊，意氣不合，往往同操一業，非但平時痛癢各不相關，或反而傾軋排擠，祇圖利歷久不渝，始爲盡善。

一，各商各業，應各舉公正紳商數人，呈遞職名，來署謁見，作爲董事，以後所有商會一切事宜，即由該董事與衆商會同籌議，悉心擘畫。

一，本部設商會處一所，另派專員接待。 各商董嗣後來署討論一切事宜，或呈遞條陳，均由商會處隨時回堂酌辦，俟定議准駁，亦由商會處傳知該董事，遵照辦理。

一，各業中如有體面巨商，欲進謁本部堂憲，面陳議論者，即自行來署，先赴商會處呈明來意，由商會處隨時回堂接見，絶無阻遏，惟於議論商務外，不得别有干求之事。

一，各業舉定董事後，商會處即將各業各董銜名，注册存案，各商會應訂定常會特會名目，會議時如有建白，或有特别要事，即行赴部陳説。 至市面行情，亦應隨時開送本部，若有要事，亦由商會處傳知該董，即行來署，毋得延誤。

各董事常川來署，不必定穿公服，本部門皂等役不准稍有需索留難等事； 倘有阻遏，該董事儘可直言指報，由商會處送交司務廳嚴辦。 至於各董已不顧損人，若不亟行聯絡，設法保護，正恐商務之壞，不知伊於胡底。 今本部奉旨設

立，屢承保商之詔，旦夕孜孜，力求所以上答宸廑，而下酬衆商之仰望者。爰思商何由保，必須先通商情。情何由通，必須先聯商會。商會者，並非本部强令各商聯合，不過使各商自相爲會，而由本部提倡之，保護之，使商與官息息相通，力除隔膜之弊。蓋泰西商政，通都大埠，商會林立，凡商務切己利害之事，無不隨時聚論，考求精當，年盛一年。京師雖非通商口岸，而首善之區，本根所繫，即命脈所關，果能同心合力，首先舉行商會聯絡，以爲各省之倡率，則我中國商務之振興，其樞紐實繫於此，本部實有厚望焉。

計開：

一，各商各業，操術不同，即情勢迥別，商會章程，即令各商業中自行擬議。蓋在商家，無論大小，本有同行公議之所，商會即是此意。現不妨就原有條規，作爲底稿，各商董悉心斟酌，或增或減，大旨以同心合力，互相扶持爲主，定稿後，送呈本部，覈奪存案，或有未妥，由本部傳令該商董，來署面加討論，會同酌改。總期於曲體商情之中，務令遵行無礙，事潔身自重，亦不可私相授受，以市小惠，致起需索之漸。

一，各商舉行商會以後，如有商家條陳何利可興，何弊可去，若者宜辦，若者宜停，均由商會處交與商會籌議稟覆。凡稟覆各件，亦不必拘以公牘體制，祇須字迹明净，蓋用某業商會戳記，送至商會處，轉行回堂，分別辦理。

一，以上各條，該董事等，均係體面商人，務須明白專爲商會而設，萬不可視爲出入衙署，冀通聲氣之路。凡呈遞稟函，不關商會之事，及有別項詞訟，仍行一概送至司務廳，候批示准駁，以清界限，以杜流弊。

政學社《大清法規大全》卷七《商部訂定商會章程附則六條》 一，商務分會，應就省分，隸於各總會。其稟請設立之時，即由應隸屬之總會，按照下開各條，查明情形，轉報本部覈奪。其尚未經設立總會之處，應稟由各該省本部商務議員，或地方官，查明咨報。

一，設立總會，均係商務繁富較著之區，至分會，則各省州縣均應設立，惟一州縣中，請設分會數處，未免紛歧。嗣後應每屬祇准設一分會，其設會所在，不論係城埠，係村鎮，以在該州縣中商務最盛之地爲斷。

一，每屬既祇准設一分會，則一屬中商務稍次之地，無論城埠村鎮，應即由該分會設法聯絡，凡有願入會者，所有會董總理等應與就地各商家一體推舉，不得稍分畛域。遇有商務應辦事宜，務即彼此合力統籌，亦不得稍存意見，反致隔膜。

一，各省商務情形不同，往往一州縣中商務繁富之區，不止一處，彼此相同，無可軒輊，自應量予變通，兩處均准設立分會，惟須實係水陸通衢，爲輪船鐵路所經，商貨輻輳之處，方得換照辦理。請設會時，並應將該處情形，切實聲明，稟由本部覈奪。

一，現在各處分會，設立日多，所有辦事一切，除遵照部章第十三款辦理外，嗣後分會尋常事件，應均報由應隸屬之總會，轉稟本部覈奪。倘遇有緊要事宜，及未設總會之處，仍准其逕行稟報本部，俾免遲延。

一，分會圖記，向由本部繕發式樣，飭令自行刊刻應用，嗣後應仍一律照辦。此項圖記，應由各該分會總理收掌，除該分會中公牘簿籍，准其鈐蓋外，此外不准率行濫用，以昭慎重。

政學社《大清法規大全》卷八《商標注册試辦章程》 第一條，無論華洋商，欲專用商標者，須照此例注册。商標者以特別顯著之圖形、文字、記號，或三者俱備，或製成一二，是爲商標之要領。

第二條，商部設立注册局一所，專辦注册事務。津滬兩關，作爲商標掛號分局，以便掛號者就近呈請。

第三條，凡呈請注册者，將呈紙送呈注册局，或由掛號分局轉遞亦可。

第四條，呈紙内，須附入説帖，説帖内，附商標式樣三紙，務將商標式樣之大概，及此項試辦章程細目内所定之類別，與此項商標特定之商品，記載明確。如由掛號分局轉遞，須將呈紙及説帖，添寫副本各一通。

第五條，注册局收受呈紙，查無不合例處，存留六個月，其間如無他人呈請，與此抵觸者，即將此項商標注册。

第六條，如係同種之商品，及相類似之商標，呈請注册者，應將呈請最先之商標，准其注册，若係同日同時呈請者，則均准注册。

第七條，在外國業已注册之商標，由其注册之日起，限四個月以内，將此商標呈請注册者，可認其在外國原注册之時日。

第八條，不准注册之商標，如左所列：一，有害秩序風俗，並欺瞞世人者。二，國家專用之印信字樣（如國寶、各衙門、關防鈐印等類）及由國旗、軍旗、勳章摹繪而成者。三，他人已注之商標，又距呈請前二年以上，已在中國公然使用之商標，相同或相類似，而用於同種之商品者。四，無著明之名類可認者。

第九條，無論華洋商，商標專用年限，由本局注册之日起，以二十年爲限。其已在外國注册之商標，照章來請注册者，則專用年限，即從其原注册之年限(但不得過二十年)。

第十條，專用年限屆滿時，如欲續用此項商標者，如在滿期之前六個月以内，准其呈請展限。

第十一條，業已注册之商標主，如欲將該商標之專用權，轉授與他人，或須與他人合夥，須即時至注册局，呈請注册。

第十二條，業已注册之商標，若與第八條内第一、第二、第四則有背者，注册局可將其原注之商標注銷。

第十三條，業經注册之商標，如有與第六條及第八條之第三違背，於此有利害相關之人，准其呈請注銷，但注册已過三年者，不在此例。

第十四條，注册局於請注之商標，認爲不合例者，應將緣由批明，不准注册。

第十五條，有不服前條之批駁者，由批駁之日起，六個月以内，許其據情呈請注册局，再行審查。

第十六條，凡商標詳請注册人，或商標主，不在中國者，或距注册局所較遠者，必須擇定妥友，報明作爲經手代理人。

第十七條，如有欲抄録商標檔册，或閲看檔册者，准其至注册局，或掛號分局呈請。距局較遠者，可由經手代理人呈請。

第十八條，注册局將注册之商標，及注册關係各事，刷印商標公報，布告於衆。

第十九條，有侵害商標之專用權者，准商標主控告，查明責令賠償。

第二十條，控告侵害商標者，辦法如下所列：一，如被告係外國人，即由該地方官照會該管領事，會同審判。二，如被告係中國人，即由該領事照會該地方官，會同審判。三，如兩造均係洋人，或均係華人，遇有侵害商標事件，一經告發，由各該管衙門照辦，以示保護。

第二十一條，如凡左列各條者，罰以一年之内以監禁，及三百兩以下之罰款，但須俟被害者控告，方可論罪。一，意在使用同種之商品，而摹造他人注册之商標，或將此販賣者。二，將商標摹造，而使用於同種之商品者，又知情販賣其商品，或存積該物，意在販賣者。三，以摹造之商標，用爲招牌，登入報章告白者。四，知他人之容器(即箱匣、瓶罐等類)、包封等有注册商標，而以之使用於同種之商品者，或知情販賣其商品者。五，明知可以侵害他人注册商標之品物，故意運進各口岸者。

第二十二條，如有以上各條情事，將其製成之商標，及製造商標之器具，均收没入官，其與商標不能分離之商品，或容器，或招牌，則毁壞之。

第二十三條，凡呈請掛號注册給照等，無論華洋商，應繳各項公費，如下所列：一，呈請掛號，每件關平銀五兩。一，注册給發印照，每件關平銀三十兩。一，合用轉授注册，每件關平銀二十兩。一，期滿呈請展限並注册，每件關平銀二十五兩。一，抄録注册商標之文件，關平銀二兩(過百字者，每百字加銀五錢)。一，到局閲册，每一刻鐘關平銀一兩。一，遺失請補印照，關平銀十兩。一，報明冒牌等事，每件關平銀五兩。一，呈請再行審查，關平銀五兩。一，呈請注銷，關平銀三十兩。一，留傳後人，請換印照，每件關平銀五兩。

第二十四條，本章程自光緒三十年九月十五日起施行。

第二十五條，本局未開辦以前，照條約應得互保者，既在相當衙門呈報注册之商標，本局當認其已經呈請合例。

第二十六條，本局未開辦以前，在外國已注册之商標，須於本局開辦六個月以内，將此項商標呈請注册本，局當認此項商標爲呈請之最先者。

第二十七條，本局未開辦以前，其商標雖經各地方官出示保護，如本局開辦六個月内，不照章來請注册者，即不得享保護之利益。

第二十八條，前三條情節，於第五條所定之章程無關。

以上作爲試辦章程，其未盡各項，俟商標例訂成後，再行酌量增補。

政學社《大清法規大全》卷八《商標注册試辦章程細目》 一，凡關商標所用之禀牘説帖等，每一件作一通，將呈請人姓名、住址及呈請之年月日，均明白記載。禀牘説帖内之文字，須用漢文，其有用外國文字者，亦須加譯漢文。

二，本章程細目，定有呈式，須照定式繕寫。

三，如倩代理經手人來局呈請，須呈驗委託之憑信。

四，掛號分局，收受呈紙時，將副本留存，其正本即申送注册局。

五，注册收受呈紙時，即將呈紙上注寫號數，當將號數知照呈請人，知照後，如遇關係商標，應行禀呈事件，禀牘内須將原注之號數列入，以便本局查檢。

六，凡已注册之商標，呈請時，必須將注册號數記載。

七，呈請人如初次由掛號分局呈請者，則此後呈遞文件，及繳送商標印版注册費等，皆須由掛號分局轉遞。

八，掛號分局備一簿册，須將收録之次序，呈請之要領，及辦理之准駁，詳載於上。

九，凡外國已注册之商標，則呈請時，須將本國政府印照抄，繕呈遞。

十，商標呈請續用時，須將注册印照呈閲，若在外國已經允准續用者，須將原准續用者文憑抄呈。

十一，凡禀牘説帖，商標式樣，不分明不完備者，注册局可定一期限，令其訂正完備，即行禀覆。

十二，呈請注册者，及有他項禀告者，如不照注册試辦章程所定期限，或注册局隨時指定之期限辦理者（以程途遠近，情形難易，隨時定限），其所請應無庸議。

十三，注册局於呈請之商標，查無不合例者，即爲注册，並知照呈請之人。呈請人接到前項知照，即於注册局指定期限内，將注册費，及商標印版，並前項知照原文，一併呈交本局，或掛號分局。

十四，注册局或掛號分局，收到注册費及商標印版時，即在前項知照原文内，蓋一收清圖記，交還呈請人。掛號分局如照前項一律收清，應速即申送注册局。商標印版，須於每月底總結，申送注册局留存，以便刻入公報。掛號注册各項公費，於每月底總結，申解注册局。

十五，呈請人照第十三條第二項所定辦理，注册局即准其注册，將印照交付。

十六，商標之印版，或用木，或用金屬，其版面長不得過四寸，闊不得過三寸，厚七分五。

十七，照注册試辦章程第十三條，禀請注銷所注之册者，須具有禀狀正副二通，禀狀内，務將注銷之原委詳載，如有證據物者，亦須隨禀呈驗。

十八，遇有前條情事禀請時，注册局即將原禀收存，將副本發交被告人，定一期限，令其訴辯，閲其兩造所言如何，酌覈辦理。

十九，注册局遇有注銷商標者，或商標主不用其商標者，或停止營業者，均速令其繳還印照。

二十，商標專用權，由後人承用者，須將其證據呈送注册局，禀請改换注册印照。

二十一，注册試辦章程第十一條所定，已經注册之人，或欲轉授他人，或與他人合夥，須於禀狀上，將授受人載明，連名簽字，將注册印照及合同抄一清本，送呈注册局存查。其已在外國注册之商標，須將其本國政府印照抄呈，如有前項情事，將原册上添注後，復添注在印照背面，將印照交還呈請原人。

二十二，注册商標主之住址，或代理經手人偶有更换，須速即呈報。

二十三，呈請人照下開類别，將其使用商標之商品指定，如該商品之類别有不能指定者，由注册局爲之指定。

（一）化學品藥劑含藥物及醫療補助品。酸類、鹽類、亞爾加里類、膠、燐、胰子、酒精、食鹽、石灰、硫磺、鑛泉。各種之藥材。賣藥，即丸散膏丹，綳帶，綿紗、脱脂綿、海綿等，均醫家所用。

（二）染料、顔料、塗料、藍、藍靛、柴根、緑青、洋靛、朱丹漆、假漆、油漆、靴墨等。

（三）香料、飾容料、齒牙頭髮及皮膚磨洗料、香水、香油、髮膏、線香、脂粉水、牙粉、洗面粉等。

（四）金屬及已成之材料。生鐵片、鍛鐵、鋼鐵、條鐵、鐵板、鐵線、銅、銅板、銅線、淨鉛、融鉛、錫、合金等。

（五）金屬製品、鑄物、打物等。

（六）利器及尖刃器。鐮、鋸、鑿、錐、鏨、斧鉞、剃刀、針、釘等。

（七）貴金屬。寶玉類，及其製器，與象真品、金、銀、白金、紫銅、金剛石、珊瑚、瑪瑙、水晶等。

（八）建築用，又裝飾鑛物質，及其他之物料。塞門德、粉墻灰、石料土、瀝青等。

（九）陶磁器及土器類。陶器、磁器、土器、瓦、煉瓦等。

（十）景泰藍（又名七寶燒）。

（十一）玻璃及其製品。玻璃板、玻璃管、玻璃球等。

（十二）各種之機械裝置及其各部。汽機、汽罐、氣機、水力機、織機、紡績機、印刷機等。

（十三）農工器具。犂、鋤、鍬、箕、鐵鎚等。

（十四）理化學、醫術測量、教育上之器械器具，及度量衡器（附眼鏡及算數器類等屬）。

（十五）樂器。

(十六)時辰儀，及其附屬品。
(十七)船車類。人力車、自轉車、船舶、鐵路用車輛、車輪等。
(十八)槍礮彈丸，及爆發物類。
(十九)煙草類。
(二十)茶、珈琲類。
(二十一)牛乳及其製品。鮮乳、罐裝牛乳、乳油等。
(二十二)穀菜種子類(附五穀、粉葛等屬)。五穀、蔬菜、蕈、筍、農業及園藝用之種子類、麥粉葛等。
(二十三)食料品及調味料。肉類、卵、罐頭食物、茶食、菓實、麵包、芥子、胡椒等。
(二十四)蠶種、野蠶種及繭。
(二十五)棉、麻、苧、羽毛、髮及骨類。
(二十六)生絲、絹絲及野蠶絲類(附金絲、銀絲類等屬)。
(二十七)棉紗。
(二十八)毛紗。
(二十九)麻絲及與第二十六類至第二十八類不同之絲。
(三十)絹布及其製品。
(三十一)綿布及其製品。
(三十二)毛布及其製品。
(三十三)麻布及其製品。
(三十四)凡與第三十類至三十三類不同之布、織布及其製品。
(三十五)絲類之編物、組物等類。
(三十六)被服類、帽子、手套、無大小、衣服。
(三十七)釀造物及飲料、醬油、醋、葡萄酒、麥酒等。
(三十八)砂糖蜜類。冰砂糖、白砂糖、蜂蜜等。三十九，文房具。紙及其製品、筆、墨、硯、印、泥、石筆、鉛筆、紙、紙仿皮、油紙、帳簿等。
(四十)皮革及其製品(附各種之鞄箱包等屬)。毛皮、韈皮、柔革、馬具、皮帶、靴、箱包等。
(四十一)燃料類。煤炭、焦炭、薪、木炭、燭心等。
(四十二)寫真及印刷物類。照片、書籍、新聞紙、圖畫等。

(四十三)玩具及遊戲具類。皮球、骨牌、偶像、檯球具等。
(四十四)甲、角、牙類之製品，及其仿造品。
(四十五)藁草及其製品。麥桿、席、繩、笠、草帽辮等。
(四十六)傘、杖、履物、各種扇類。
(四十七)燈火器及其各部，洋燈、燭臺、提燈等。
(四十八)刷子及假髮。
(四十九)木竹籐類，及其製品(附木皮、竹皮類等屬)木、竹、籐料、椅子、卓子、桶類等。
(五十)樹膠製品。
(五十一)燐寸(即火柴)。
(五十二)油蠟類。
(五十三)肥料。
(五十四)以上未列各商品，隸入此類。

政學社《大清法規大全》卷八《改訂商標條例》 第一條，南北兩洋，各設登録局一所，以稅務司爲登録官。

第二條，一，洋牌，爲外國商人已在該國通用之牌。二，專牌，爲外國商人在該國本無此牌，而僅在中國貿易及製造之用。三，華牌，中國商人呈請商牌，准用全國者。

第三條，於外國商人之呈請用洋牌也，先將其登録證書，呈驗於該管轄官，然後准用。但其准用年限，均依該國所定爲准，許其續行，展限與否，亦視其該國如何。

第四條，專牌者，須由該國領事官用印公文，然後可准此等以二十年爲限，如欲展限，不妨再定。

第五條，華商欲呈請登録商標，須將其緊要事項及他商不可使用之證，出一甘結，亦准用二十年，如欲展限，不妨再定。

第六條，凡登録專牌及華牌，登録局將其形式，一一明白記述於告示，若有他種率速情弊，即不許登録，其餘則以六個月後登簿。

第七條，願請商標者，須呈明形式，以此商標貼於貨上或貼包上，其姓名、住址一一載明，此節說明登簿備查。

第八條，無論專牌及華牌，倘有相似，易於混亂者，不准登録或與設立登録局。以前之商標相同，或與國家專用之商標相同，亦不准登録。如既許商標以後，而貨色低僞及他之舞弊等情，立即撤銷。

第九條，既許登録之商標，若轉賣於人，由本人或代理人出具情願甘結，但係公司，則須在股之人一同承諾，然後准其轉賣，洋牌者，更須有該管轄官及領事之公文爲據，然後准行。

第十條，登録貿易年表，於新聞紙之廣告上記明。

第十一條，登録局之購簿，不禁人之翻閲。

第十二條，如有侵害商標者，由地方洋商則由領事會同税務司審判。

政學社《大清法規大全》卷八《商部商標注册局辦法》　一，商標注册，外國視爲商務第一要義，故注册後，所發文憑，必須蓋用官印，以爲憑信。應請頒發一木質關防，其文曰商標注册局關防，以便蓋用文憑。

一，各國於商標注册局，雖隸歸商部管轄，而皆特設一衙門，因其事極繁重故也。今當草創，暫設商部署内，俟後酌看情形，再行另設。

一，商部經費支絀，注册局支用經費，不應在商部支領。擬請於所收册費内，酌留三成，爲本局經費。其餘七成，解歸商部，仍實用實銷，造册呈報。

一，津滬兩海關，現爲商標代辦掛號處，亦須添用辦事之人。將來如由津滬兩處掛號來者，應請酌提二成，爲其經費，留二成，爲本局經費，餘六成，解歸商部。

一，本局所收注册經費，五日一結，解送會計司，每月底造一總册，呈部查覈。

一，查外國商標局所用官員，約四五十人之多。今所派章京僅六員，而各員皆有本司應辦公事，勢難專心於此。日本所調學生，到京需時，可否由該部自擇品學兼優，任事勤勇，素所相信者，稟請一二員，以資臂助。其薪水，俟收有册費，再行稟請酌給。一，注册局填照、録檔、抄寫需人，商部供事，勢難兼充，應請另招供事四人。

一，開辦之始，添置器具，檔册紙筆，在在需款。應請先由商部支借一千兩，以資辦公，嗣後即由留支三成經費内，陸續繳還，以清款目。

《東方雜誌》第二年第五期《江西全省農工商礦總局陳列所章程》　一，本所之設，專爲改良土貨，擴充商務起見。凡士農工商俱可按照本所啓門時間入内觀覽，互相比較，詳其土地之出産，究其制造之精粗，某物價值合宜，某路之銷行利便，庶將來實業界上日有進步。一，本所貨物，除本省所出盡行陳列外，其外國外省之部，亦均擇要購備，以資考求，使實業家洞悉吾省貨物何種宜仿效，何種宜改良，知所愧勵，知所振興，日新月盛，孟晉無已，此豈惟吾江之幸福，即富強中國之基，將於是乎在。一，賽會爲實業進步第一要着，本所略仿其例，無論本省、外省，各收藏家、製造家，或存古制，或競新奇，隨大隨小，均可備樣定價，交本所代售，並可代寄漢滬市場，以廣銷路。

分職：一，本所專辦紳一人，一切事務俱歸管理，俱擔責任。一，正司事一人，專管各處解來貨物，繕謄清册，交副司事陳列架上，並督率工人，一切啓門後責任事務，與副司事同。一，副司事一人，每日早起拂拭架上貨物一次，其各處解來之貨，俟正司事記册後，分類陳列架上，至啓門後，則宜往復梭巡，不得稍惰，以致誤事。一，粗工二名，專工每日灑掃及一切雜役，約一來復，須將門壁貨架上下用水净抹，次啓門時，各守兩所大門，毋致混亂出入之方向。

規則：一，本所定於每日一句鐘起，五句鐘止，爲外人觀覽之期，逾時閉門，不許擅入。一，觀覽人衆，進出擁擠，招待殊難，門内懸牌指定出入方向，以免混雜。一，房内貨物星羅棋佈，無論内外人等，毋許在此吃煙，誤致損壞。一，架上貨物繁多，觀覽人等惟許雅觀，不得擅自取閲，欲細心考究，宜知會司事往取，以免遺失。一，觀覽人等如有損壞物件及器具，無論失錯故意，總須加價賠賞。一，所内非陳列之地，若樓若廳各處，不得停步遊行，以示限制。一，所内花木，原供賞玩，觀覽人等不得任意摘取。以上各條，事經創辦，未能完備，如有應行添改之處，隨時補入。

《東方雜誌》第二年第九期《江蘇徐州道袁稟辦徐州實業會社章程》　一，各府州縣選派公正紳耆，先在城内設立實業會社一所。四鄉仿而行之，各紳耆量力入股，或邀集富商大賈，每股制錢十千文，五千文爲半股，餘以類推，多寡隨便。專辦開渠、種樹、修道、養蠶、墾荒、辦礦、興工藝、設魚業各項實在事業，後來得有餘利，按股均分，不使一人向隅，官爲永遠保護，無論何人，不得藉端需索，如有獨力創興實業會社，入股至二三十股者，給予匾額，以彰好義之風。一，開溝渠。徐屬大渠，以銅山之荆山河、奎河，蕭縣之龍山河、戴山河爲最，除荆山河入運，餘皆入淮，壅塞不通，歷年爲患。其餘則邳宿之沂河、洛馬湖、六塘河，皆民生休慼相關，實宜疏通尾閭，消納衆水。至於各處窪湖，積水難消，既無來源，又無去路，開溝引入大渠，即可涸出，多地耕種，得以施力。通衢大道，修成一路兩濠，遇澇引水，入溝，由溝入渠，合境均無水患，收獲自然豐稔。一，種樹木。徐屬自黄河改道，淤灘荒沙，不能耕種者甚多，是宜多種柳子，每間尺許，開挖方坑，深方皆一尺，爲四隅各栽柳一株，株長如坑，埋入土中，上與土皮齊，以三行爲一蹚，相距三丈遠，另栽一蹚，依此類推，多寡隨地勢，長或數里至十數里，最易生活。一年後，擇枝條繁密者，删減數枝，三年即可剪伐一次，或燒炭，或作鍬篙柄，較之種穀，牽算獲利尤厚。欲使成樹相距丈許，各留一株，十年即可成材，餘仍三年一伐，使之另生新株。至於荒山長堤，或種松子，或種榆錢桑椹暨各種雜樹果木，均有成效可尋。以徐屬八州縣計之，即栽數千萬株，亦不爲難，十年之後，每樹以數千文計之，即可多出數千萬金。費錢有限，獲利甚饒，從無有過於樹木者。官須設立禁約，婦孺剪伐，罰其父母男夫，牛羊踐踏，責令牲主包賠，城邊驛路，官爲倡率，溝河山場，有大段落，會社集股栽種，池畔村旁，地頭徑側，地主自植無力，則聽人代種，獲利按三七抽分，惰則有罰，勤則加奬，欲伐大木，先栽小樹，俟其成活，再准伐取，不出數年，材木不可勝用。一，修道路。道路崎嶇，最爲苦累，艱險不可勝言遇有泥淖，沿路禾田尤易蹂踐。宜飭沿途村莊地主，隨時分段修治，平地則開溝疊路，形如魚背，寬以三丈爲度，窄以讓開兩車爲準。山路則平高填窪，砌石鋪土，遇狹開寬，雨後修補，俾得暢行無礙，窮家老牛敝車，因得多使數年。道平行速，又能騰出工夫，另作别項事業。遇有沾雨順濠而下，免得浸淹田禾，暗中受福，人多不知，全在官紳實力倡導，分途興修，則利便甚多。倘有藉端詐擾，即告會禮紳董，轉函州縣傳案訊究。一，養蠶桑。浙西養蠶樹桑，分别子桑、秧桑、接桑、糞肥、修條、去蟲、砍朽、工力頗細，故繭亦佳。嶺南則成畝種桑，條長二尺餘，一如麥隴，較爲省力，每歲養蠶，少則兩季，多則三收，而關東則種婆羅樹，放蠶於上，聽其食葉結繭，一歲兩收，獲利甚饒。徐屬河堤，荒山最多，不耕種之地，皆宜樹桑，但能勤苦種植，即一畝桑養蠶出絲，已足養數口之家。現值中外大通，無法不備，樹桑養蠶，既有人師，又有成書，一索即得，全在官紳倡率，開此風氣，則利無不興也。一，開荒地。徐屬窪湖甚多，既經開渠消水，涸出之地，可任人耕種，給予永遠執業，豐收後，再酌量昇科，但使野無曠土，多加人工，則出産必數倍常年，窮民亦可藉資糊口。一，開礦産。徐屬雖無金銀，而煤鐵各礦，較之别屬獨豐。如賈家莊白土山，現出煤質雖較遜於棗莊，而煮飯蒸酒，皆可燒用。利國鐵礦，古今稱最，如能多集股本，興此礦業，開天地自然之大利，養本境無數之窮民，又可遠銷中外，歲籌鉅款，裕國便民，無逾於此，而資本家獲利，尤不待言。一，興工藝。天地出産，藉工藝以成物。中國向不講求，故出産雖多，皆屬生貨，一經外人製造裝潢，轉售之於中國，反得貴價而去。徐地棉花、小麥爲出産大宗，如官商集股，多設工藝廠，購置軋花、紡紗、織布各項省費機器，招工開廠，價廉功倍，成本既輕，銷路又廣，必獲厚利。再使明敏工匠學習製造機器，更可推廣民間，紡紗織布，人本已知，已能，進之，以機器巧法，則更工省利倍。至於草帽辮行銷外洋，機器磨多出麥粉，皆宜集股開辦，不惟有益民生，並可大獲利益。外人一工一藝，皆恃爲養生之原，誠以國無遊民，富強之基也。一，設漁業。東西濱海各國，皆争漁業權，以滄海無窮之利，養大陸有限之民，其有關於國計民生，利益最爲宏遠。管子以魚鹽之利霸齊國，後世知榷鹽，而不知捕魚，失計本極可惜。西人以電燈捕魚，魚喜陽光，聚而戲之，一網打盡，惟成本較鉅，勢須招股張殿撰設，沿海漁業公司爲中國最大事業，徐屬濱臨各湖，可先小試其端。凡此九條，皆所以興利益、養窮民，富歲子弟，多賴盜風，或由此銷息，是所望於官紳協力行之。

政學社《大清法規大全》卷一四《商部奏陳鑛政調查局章程摺并清單》 竊臣部於光緒三十一年九月二十七日，會同外務部、户部覆奏兩江總督周馥等擬請特簡大員督查三省鑛産招商試採摺内聲明，仍照商部八月十七日奏奉諭旨：各省籌設鑛政調查局，遴派專員，妥爲辦理，並將派往查鑛之員，開具履歷，咨部酌量加劄，作爲鑛務議員，以符奏案。至詳細章程，自應由商部訂定，奏明咨行遵照，並通行各省照辦，以歸劃一各等語，奉旨：依議。欽此。欽遵行知在案。查各省風氣通塞不同，而於調查鑛産一事，雖風氣較開之省，其程度亦尚與歐洲各國相去懸殊。若不妥定專章，遴選熟諳鑛産之工師，則各省委派辦理之員，勢必茫無措手，所勘鑛質，不過憑土人之舊説，所填表册，亦僅成紙上之空譚，其於鑛政，安有裨益。臣等熟思深念，竊謂此項勘鑛章程，必須迅速訂定頒行，庶足以一事權，而開風氣。謹公同商酌，擬定章程二十四條，分列辦事之法，凡十五條，勘鑛之法，凡九條，提綱挈領，大致粗具。苟能循章妥辦，似尚足以資實驗，而覈與臣部奏定鑛務章程，亦屬相輔而行。謹具清單，恭呈御覽，如蒙俞允，應由臣部通咨各直省將軍督撫，一體遵照辦理。謹奏。光緒三十一年十一月初一日，奉旨：依議。欽此。

謹擬鑛政調查局章程二十四條，恭呈御覽。

第一條，現在欽奉諭旨，飭各省將鑛政調查局迅即籌辦，毋稍延緩，各省將軍督撫自應一體欽遵辦理。倘各該省如有前經設立之鑛務總局及查鑛公所等，即應一律改作鑛政調查局，以歸劃一。

第二條，調查鑛政，得人爲先，應由各該省將軍督撫，遴選諳練廉正之員，足以勝該局總協理及鑛師之任者，開具詳細履歷，加具切實考語，咨由商部，酌量加劄，作爲商部鑛務議員，以符奏案。

第三條，各省鑛政，既已派有各該鑛務議員。認真經理，亟應欽遵諭旨，迅即酌帶鑛師，周歷各屬，切實探勘，按照商部所頒表式，將已開未開各鑛，逐一詳晰注明，隨時咨報。如果能於該省舊有鑛場處所，設法改良，而又逐件勘得新鑛，招徠開採，使鑛廠日見其多，裕課利民，卓著成效，三年考績，應由商部分別奏請獎勵。倘或敷衍塞責，致民間仍多隱匿偷挖，及爲奸徒勾結，設謀售賣，輾轉影射者，一經覺察，亦由商部據實參辦，以示勸懲。

第四條，調查已開之鑛，無論官辦民辦，及華洋商承辦，均應檢取案據圖册，逐細詳查。除遵照部頒表式，按年詳填，暨將鑛質案據等，隨表送部外，其尤要者：一應稽查按年鑛税若何，抽取及歷年比較各若干；一應分別官荒民地各占若干方畝，倘有外人已開之鑛，或租定之鑛，其所占地址，更應查照章程合同，予以限制，並一律繪圖貼説，送部備查。其餘苟有可以剔除弊竇，收回利權，裨益税課之處，該員皆應隨時設法整頓，並具報商部及本省督撫，互相維持，期收逐漸改良之效。

第五條，凡各省未開之鑛，及開而已廢之鑛，除由該局自行查獲外，必須有人呈報，始能知悉。知其詳者，莫如該處士人，應由各省將軍督撫，飭下各府廳州縣，剴切曉諭所屬紳耆，如有深知某處有鑛，與得有鑛苗者，應報由該府廳州縣，迅即申送該局，或由本人自送到局，均宜聲明該苗得自何處，該處係何地名，以便查勘。設鑛産處所現有土人私挖，地方官不加查禁，或業經紳商禀知地方官，而地方官匿不查明，或延緩不報，該局即應分別禀知商部，察覈辦理。

第六條，凡有鑛産處所，一經各地方官及各紳民呈報到局，或由該局自行查獲，應先覓取鑛苗，如法化驗，屬實後，迅即帶同工師，訪查履勘。除按照部頒鑛産表式填明外，並應按照下開勘鑛各章程，逐一登記清册，繪圖貼説，連同所得各種鑛質，裝封標識，一並呈送商部考驗。

第七條，凡勘有鑛産處所，查係官山，該局即應查照兩江總督光緒三十一年七月二十七日奏案，會同地方官，出示曉諭，不准民間私賣。即民間鑛産，祇准賣與本地居户，須憑中證報官，查無頂冒諸弊，始准立契過割。此外尚有未查各鑛，自應照此一體辦理。倘有朦混私賣情事，惟該管地方官是問。該局如扶同徇隱，應由商部按照此次奏案，一併奏參懲處。

第八條，凡有偷挖鑛産、私售鑛地，或已領有鑛照、擅自轉售他人，及刁生棍徒託言風水龍脈等説，故意阻撓辦鑛者，一經查出，應由該局迅即禀報商部，一面逕禀該省將軍督撫，轉飭地方官從嚴懲辦，毋稍寬貸。

第九條，該局如延請外洋鑛師，務須嚴定權限，與訂合同，並先將尚未簽字之合同，呈由商部查覈無礙，方可簽字准行。該鑛師如入內地勘鑛，應由本省將軍督撫飭屬曉諭，妥爲保護，以免滋生事端。惟該鑛師亦應自守禮法，認真從事，倘不知檢束，一經發覺，該局即應撤退。至勘鑛時，一切川資費用，均由該局發給，不准要索地方官供應，並不准絲毫擾累商民，亦不得任意逗留，致生事端。

第十條，凡商民有禀開鑛産，無從僱覓鑛師，呈請該局派員帶同鑛師前往探勘者，所有一切旅費，應酌量道里遠近、時日多寡定一酌中數目，由該商民備辦。惟勘畢後，須將詳細情形，一一記載，分別存局報部。

第十一條，各省鑛政調查局辦公經費，或在鑛税項下提用，或另行籌撥，均由各該省將軍督撫酌量情形，籌款支撥，惟不得過事鋪張，致多糜費。其每年撥定的款，每月動支經費，及該局辦事員司名目，均應由該局於年終造具清册，詳由本省將軍督撫咨報商部備覈。

第十二條，鑛務議員專司一省鑛政，而與商部有直接之關係，凡各該將軍督撫奏准部咨，飭查一切鑛務，或由部逕札該議員調查之件，視路之遠近、限定期日，迅速查明報部，自文到之日起，至遲不得逾三個月。

第十三條，各省鑛政調查局內，均應設立化驗處，一爲分析室，一爲分析爐及附屬器具。凡遇鑛苗化驗，必須詳細分析清楚，再往查勘，庶免往返徒勞。

第十四條，調查鑛産時，須隨處測勘，試挖地面，倘係民地，必須通知地主，其地主不得拒絶。設有損失該地所産物件，由該局照數補償，毋得苛刻，所帶丁役，尤當嚴禁騷擾。

第十五條，各省紳商士民，遵照商部奏定鑛章，赴局呈請辦鑛，該局即應派員，會同地方官，查勘明確，具報商部，一面仍詳由本省將軍督撫咨部，酌覈辦理。倘爲官辦之鑛，亦須將圖説案據，及辦理情形，詳細報部備覈，不得漏略。

右十五條爲辦事章程。

第十六條，凡勘鑛時，先須取具該廳州縣地圖，查明鑛山距離城邑及附近之鎮市各若干里，礦界所占之地爲若干方里，其中官荒若干、民業若干、民間有無影射侵佔情事。如係民業，應會同地方官驗明圖契糧串，以徵信實，更應分別記注，繪圖貼説，存案備查。

第十七條，凡勘鑛時，須分別高山、平壤，地基高過水面若干尺，地内附近苗脈之處有無泉水，挖至若干尺，方見泉水，泉水出有多少，勘畢均應詳載報部。

第十八條，凡勘鑛時，須詳細審察苗脈入地深淺，係何種類，或團脈，或聚脈，或絡脈，或散苗，更須驗明其苗脈來自何方，去向何處，苗脈共有若干條，各條相距若干尺寸，或遠或近，或深或淺，及其長寬厚各若干尺寸，均應詳細記載報部。

第十九條，凡苗脈有入地淺者，有入地深者，有鑽過數層山石，始發見者，均應審察苗脈之上下，係何種鑛石，何種山石、土石，分若干層，每種每層有若干尺寸，均須按其層次，繪圖備載報部，倘鑛石名目爲中國文字所無，准以外國文字記寫。

第二十條，凡勘鑛時，採得鑛苗鑛石，仍須詳細化驗，分別其實質，有百分中之若干分；若含有雜質，其種類若干，每種爲百分中之幾分，均應詳細記載報部。

第二十一條，凡鑛務發達，全恃運道通暢，故勘鑛時，凡水路運道，皆應詳查旱路之道，或平坦，或崎嶇，水路或上水，或下水，其距銷售處所各若干里，運費各約需若干，附近有無大江大河，應否修築小枝鐵路，以資轉運，或預備小輪，均須通盤覈計，詳細備載報部。

第二十二條，凡勘鑛時，應分別上中下三等，如脈旺質佳，運道近便，銷售暢旺，提錬所用之煤，或柴

第二十三條，凡勘鑛時，應分別查明某鑛只需土法，某鑛宜用機器。其用土法者，必苗脈不深，山石不堅，地中泉水不多，土工不貴，資本不大，鑛沙易於淘洗，鑛苗無甚雜質。其宜用機器者，必鑛苗太深，山石堅硬，非鑽過數層硬石，不能得鑛苗之所，倘開至深處，非用懸機，不便上下，非用機器，不得空氣呼吸，地中泉水太多，非用機器車，未能抽盡，鑛苗雜質太多，非用機器鍋鑪，不能提錬成質，皆應詳細審查，備載報部。

第二十四條，凡勘鑛時，遇有民間業經私挖之鑛，及曾經開採中止之鑛，應詳查舊峒共有若干處，每峒有若干深，是否因泉水過多，或資本不足，或炭易於

購辦，並可在山湯設立鍋鑪，就近提錬者，爲上等。運道不便，煤炭難購者，次之。苗脈不旺，入地太深，雜質太多者，又次之。並須估計某鑛需款較鉅，某鑛需款較廉，其應需資本各約若干，均應詳覈備載，並於圖説内，載明某鑛應速辦，某鑛暫應緩辦，并呈報商部，由部覈定，分別次第飭開。因別生事端，或因辦不得法，以致中止，均應考察情形，查取案據，繪圖貼説，詳細記載報部。

右九條爲勘鑛章程。

以上各條，係斟酌大概情形訂定，應由各省將軍督撫，轉飭各該局員及地方官，一體遵照辦理，如有未盡事宜，仍應查照本部奏定鑛務章程辦理。

《東方雜誌》第三年第三期《安徽全省礦務總局章程》 第一，辦法，五節。一，本總局係奉兩江督部堂安徽撫部院奏准開辦，總理全省礦務，一切遵照商部定章三十八條，參酌本省情形辦理。二，設礦務總局於省城，即於總局内附設安徽全省礦務總公司，凡招股等事，均歸總公司經理。三，本總局係屬奏辦，應刊刻關防，以昭信守。今刊木質關防一顆，文曰奏辦安徽全省礦務總局關防，即於設局之日啓用。四，設礦務分局於蕪湖，皖境礦産，皖南爲多，水道轉運亦便，即以蕪湖分局爲皖南各州縣礦務之總匯。五，江寧應設安徽礦務招待所，皖省紳商寓寧者衆，即以此爲集議之地。凡外省皖籍官紳商民，如有條議礦事者，或函寄皖省總局，或寄江寧招待所。

第二，分職，五節。一，通省礦務及本局用人行政一切事宜，皆由總董主持辦理。二，舉協董四人，凡全省礦務事宜，得以參酌可否，以臻妥善，駐局者酌給薪夫。另舉議董十人，均有議事之權，其協董、議董，均應稟由督部堂撫部院，咨部立案，並照會各董。三，本總局既係官督紳辦，應請派安徽藩司爲監督，將來開辦各礦，其應納各項征税，俱由監督隨時稽查，以重税務而資維持。四，本總局管理全省礦務，條理繁密，事務紛糅，將來用人不一，其常川駐局辦事者，應於協董以下，暫派書記員一、會計員一、雜務員二，其餘礦師以及查勘開辦需人多寡，均由總董隨時斟酌事之繁簡，會商舉派。五，開辦礦務一事，自購地以至雇工，無時不與地方交接，擬按各州縣公舉紳富一二爲分董，以資考察調護，與本地官民隨時會商事件，並分任隨地招股事宜。

第三，權限，五節。一，本總局奏辦安徽全省礦務，其全省礦産，除由總公司集股籌辦外，或由商民稟請集股開辦之礦，皆須由本總局覈議施行，其有遵照新章，請領執照，開設公司，認礦勘辦者，必須先行赴局，報名入册，查明確無關礙

地方情事及違悖部章之處，方可照准。二，查新章各省均應設調查局一所，今既設有兩江礦務調查局，即可與本局相爲表裏，第本局有招股開辦之責，仍須切實探查，自應另請礦師，購備極深鑽地機器，再行查勘確實，以爲實行開辦之地，藉補調查局之不及。三，凡商民已經開辦及已經議定之礦，擬限於三個月內赴局呈明，以憑稽覈。四，所開之礦，或運道不便，須建造鐵路，或須與鐵路局所築干路相接，以達水口者，應遵部定第二十二條礦章辦理。五，商民集股開辦之礦，有運道不便須自造鐵路者，均先報由本總局妥籌議定，再行建築，以期與部章不悖。

第四，礦地，七節。一，本總局未開辦以前，本省礦産有由各商民在本省商務局稟辦者，有由各州縣稟報兩江調查礦務局勘驗者，茲擬咨請商務局及兩江調查局將全卷抄單咨會，俾知所有礦産、礦苗若何，礦質若何，或爲官地，或爲私地，曾有人稟辦與否，一一詳注於册，以便酌分緩急，重復勘驗，先後量力開辦。二，所勘辦之礦，如係官地，自應由本總局照會地方官，先行標識，無論何人，不得擅開。若係民地，查出後，即由本總局給予執照一紙，以爲有此礦産之據，嗣後即不得私售與人，將來開辦此礦，即將執照繳銷，按礦地之大小酌給地價，或不願收受地價，即按地價作爲股本，俟開採後，照股分利，設遇有墳墓所在，又係萬難繞越之區，則應遵部章辦理，不得執風水之説，任意居奇。三，凡由商民自行集股呈辦之礦，須將該地方四至、界限、坐落何處、廣闊若干一一先呈明立案，以清界限。四，凡稟請開礦者，其礦地應遵部章，不得逾三十方里，其地亦須彼此連屬，以示限制。五，凡一礦地如已有人稟准開辦，即不准他人羼奪，如另有人朦稟插入在已開辦之界限内另開窿口，侵佔礦利，准原辦商人隨時稟請查禁。六，凡自有礦地無力開採，爲本總局未經勘出者，應准該地主自行稟報本總局勘辦，按畝給價，不願領價者，亦得照數入股。七，凡商民已經開辦之礦，如資本不足，應由本總公司查勘明確，量予維持，期收成效。第五，籌款，五節。一，皖省地方素瘠，開辦之始，籌款爲難，現已奏定擬於皖境米厘、鹽厘、茶厘三項酌量籌捐，路礦各半分用，其認捐礦款，均由各局解交本總局分别撥用。二，除鹽厘、米厘、茶厘外，業已奏明開辦彩票，第彩票各省均已風行，且係弊政，現公同集議，擬仿照日本積儲銀行之例辦理，又慮積儲風氣未開，擬先辦積儲彩票以導之，俟積儲風氣大開，彩票即行停止，並仿蘇、粤、浙江等省現行之例，兼辦副票，餘利除應用經費外，路礦各半分用。三，除籌各項公款外，所招商股，擬以庫平二八銀十兩爲一股，股息按年五厘。四，本省、外省官紳商民，均可入股，但須查明來歷，不得朦混，違者查出，將股銀悉數充公，股票注銷作廢。五，招股一事，端緒甚繁，定章不嚴，不能取信，茲擬將入股付息分别存儲，一切辦法，詳晰訂立專章，以爲取信商民之地。

第六，均利，五節。一，凡總公司開出之礦，除遵部章輸納租稅，及除去開辦本礦經費，並撥付股息外，其除利作爲二十成，以一成報效國家，六成作爲公積，三成作爲在事人員酬勞，十成按股派分股東。二，本局籌出公款，亦應匯入公司，作爲籌集公股，與商股同受利益，其公股成獲股息餘利，凡無股東收領者，另行按數提出，作爲將來開辦礦務學堂，並由本局酌撥地方應辦事件之用。三，凡稟呈認辦之礦，作爲本總局之分局，一經辦有成效，除遵章輸納租稅，由本總局經理外，其所獲餘利，亦應按照第一節辦理，並另酌提二十成之一，爲本總局辦公經費。四，分派餘利，須俟每年年終覈計，將全年收付各數及餘利，逐款列榜，刊刻徵信録，以昭覈實。五，所開各礦，按季均須造具報銷清册，呈報總局，以爲查察稅項地步。以上係開辦大略粗定章程，其一切未盡事宜，須按時參酌，隨時會議，稟請酌量增改，合併聲明。

附議二節。一，擬另籌商股，略仿積儲之意，設銀號一所，並爲存儲匯兑安徽礦務一切公款股款之用。二，擬選派已習東文、粗具普通知識者數名，送赴日本，專習礦學，學成回省，再就礦廠附設礦務學堂，以便實地驗習。

《東方雜誌》第三年第三期《各國會議中國商標章程》 第一條，凡華洋人民行商，如欲專用商標者，則須按照此章，將其商標注册，惟於光緒二十九年正月初一日以前，已在中國實心使用商標之人民行商，或可按照此項章程呈請注册，或可將所用商標式樣及貨品詳細名目並主人姓名呈局存案，商標注册局即將此項存案之商標按次另列於專册之内。凡商標須以顯著易識之式樣、字母、語言、圖章及貨品盛器之形狀與别號，以及他項顯著之記號，或取以上所載之記號等相兼並用，均無不可，是爲商標之要領。至店名（係指以店主之姓名作店字號者）、字號及公司字號，既非商標，則不論此種名號曾否列於商標之内，均一律無庸注存，仍予保護。若以貨品之出處及地名聯綴於店名字號者，亦照此辦理。

第二條，保護工商一切利權，既爲商部專責，則施行此項章程，自歸商部主持，商部在上海設局經理商標注册事宜。

第三條，凡呈請者，應將呈狀徑赴注册局投遞，或由各口海關速行代爲轉送。

第四條，凡呈狀應附説帖及商標式樣三張，並應將此項商標用於何類貨品，按照本章程類書所指品類，詳細載明，亦應將其商標印板隨遞，以便由注册局即登公報。

第五條，凡呈狀查如合例，亦無相抵之處，由注册局登於該局之公報，由登報之日起九個月之内，如無他人指摘有與本章程不符之處，即予注册，其專册存案之呈狀，亦並登入公報。

第六條，若有數人以向未曾用相似之商標用於同類之商品呈請注册者，應將呈請最先之商標准其注册，如係已經使用之商標，即應准實心使用最先者注册，如係數人同日以相似之商標用於同類之貨品呈請注册，而其間並無持有已經使用確據者，除共讓一人得以注册外，餘均不予注册，如以未准注册之商標，或與此相似之商標再行呈請注册者，應由前次呈請未准之人首肯，方能注册。

第七條，在外國業已注册之商標，由其注册之日起，如四個月以内持有外國注册，憑單來局，呈請注册者，應認其在外國原注册之時日。

第八條，不准注册爲商標者，如通用公標（即各商人或一等商人於專類之貨品時有使用者，並照商規，亦不視爲一己之商標，即如不准以外國語言注爲棉紗、棉綫、棉布之商標）。以下所開之商標，亦不准注册：一，有害秩序風俗，或有影射騙人之意者。二，國家專用印信字樣（如國寶、各衙門關防、鈐印等類）及國旗、軍旗、勛章摹繪而成者。三，凡與他人已注册之商標相似，而用於同種或相類之貨品者，及與第一條所載專册存案之商標相同者。四，凡與第一條所指商標形狀相背者。

第九條，凡華洋人民行商，商標專用之年限，由局注册之日起，以二十年爲限，其已在外國注册之商標，照章來華，呈請注册者，其在中國專用之年限若干，則視其在外國注册專用之年限若干（惟不得逾二十年）。

第十條，專用年限屆滿時，如欲續用者，可於期滿之前六個月之内續請注册。

第十一條，業已注册之商標，若欲轉授他人或他行，無論或全或分，皆應呈請注册。

第十二條，注册局業已注册之商標，如查有違背第八條内第一、第二、第四等節者，即可注銷。

第十三條，凡誤行注册之公標，或誤注商標與第六條及第八條内第三相背，皆准與此事相關之人呈請注銷。又，凡商標之生意，如其主人歇業兩年，亦准與此事相關之人呈請注銷。

第十四條，凡商標注册局視爲應行批駁不准者，或將已注之商標注銷，及擬駁回之呈狀均於未經斷定以前，先行示知所有相關之人，以便得以申述其情。

第十五條，注册局按第十四條各節批斷後，如有不服者，限六個月内准其據情呈禀。凡商標擬於第一條所載專册存案者，如係前已注册，准被損之人呈請注銷專册存案之商標，如該標主於專指之貨品停歇，注册局即可將其注銷，惟專册存案之商標及注册之商標，未經注銷以前，應由注册局先行示知標主，聽其申述。又，專册存案之商標及注册之商標，均准各標主呈請注銷。凡注册局有批駁不注，或注銷，或駁回呈狀等事，均准被損之人禀請商部專派之員審理，案内若有外國人，即由該國領事官或領事官委派之員會同審理。

第十六條，凡呈請注册之人，或商標主不在中國居住，或寓所距注册局較遠，應選擇代理之人持據，代爲經理。

第十七條，如有欲抄録商標檔册，或閲看檔册者，准至注册局呈請，如距局較遠，可由經理人代爲呈請。

第十八條，注册局將注册之商標及注銷商標關係各節刊印商標公報，布告於衆。

第十九條，凡商標主專用商標之權利，如被侵害，准其具呈指控，查實責令賠償。

第二十條，控告侵害商標權利之辦法列左：一，如被告係外國人，原告係中國人，應由注册局照會該管領事官，照約辦理。二，如被告係中國人，原告係外國人，應由注册局照會該管領事官及該管中國官，會同審判。三，如兩造均係外國人，或均係中國人，遇有違背章程之事，應由各該管官員分别審理，以示保護。

第二十一條，本條所列違章各端，其罪名均係按照被告係屬何國之人，即照何國律例懲罰，但須俟被害之人控告，方可論罪，如被告係中國人，而中國至今尚未定有專律，即應罰以一年以内之監禁及三百兩以下之罰款。如有以下所開各條情事，將其已造成之商標及製造商標之器具，均收没入官，並將其與商標不能分離之貨物，或盛器，或招牌，一律毁壞。一，意在使用同種之貨物，而摹造他人注册之商標，或將此販賣者。二，將摹造商標使用於同種之貨物者，又知情販賣其貨物，或存積該貨，意在販賣者。三，以摹造之商標用爲招牌，登入報章及他類告白者。四，知他人之盛器（即箱、匣、瓶、罐等類）、包封等上有注册商標，而以之使用於同種之貨物者，或知情販賣其貨物者。五，明知可以侵害他人注册商標之貨物，故意運進各口岸者。六，將已經注册或專册存案之各商標，或摹造，或效仿，以致欺瞞買客者。

第二十二條，凡因同式商標，兩造相争，其一人如能持據表明此商標原繫親身，或其在先之商人在他人尚未來華注册以前，先經首先在無論何國，至今實心使用者，則決無科罰其人之理。

第二十三條，注册局應徵各項公費，開列於後：一，呈送呈狀，每件關平銀五兩。二，注册給發印照，每件關平銀十兩。三，按照第十一條，因轉授其權，應行注册，每件關平銀五兩。四，期滿復行注册，每件關平銀十兩。五，抄録文件在百字或百字以下，關平銀二兩（過百字者，每百字或不及百字，加五錢）。六，到局閲册，每四刻鐘或不及四刻，關平銀一兩。七，遺失補請印照，關平銀五兩。八，報明第二十、二十一兩條内開違章，每件關平銀五兩。九，注册局業經批斷，而呈請上憲再行審察，每件關平銀十兩。十，呈請注銷。（甲）由商標主自行呈請，每件關平銀五兩。（乙）由他人呈請，每件關平銀十兩。十一，將印照轉授後嗣，每件關平銀五兩。右列第八、第九、第十之乙各公費，應由理屈者輸納。凡商標照第二十六條，應獲在先之利者，所有應納呈狀公費，惟批駁小准注存者，方能征收。凡應獲在先利益之商標，若一商存注數件，除一件納費十兩之外，餘件均各完五兩。凡注册存案及復行注册之各商標，如係一商標用於數種貨物之上，所有應納公費，除首列之一種完納正費外，餘貨每增一種，即完呈狀公費一兩，再完注册或復行注册費五兩。

第二十四條，本章程自發抄京報日起，予限一年開辦施行。

第二十五條，凡本章程未開辦以前，所有向中國該管衙門轉遞之呈狀，一律作爲同於開辦之日呈遞。

第二十六條，後列各商標，均應獲享最先之利權：一，業於光緒二十九年正月初一日以前，經在外國注册後，至今在中國實心使用之商標。二，凡商標雖未在外國注册，而有商行能呈出確據已於光緒二十九年正月初一日，以前呈請，准其專用於某種貨物，並至今該商在中國實心使用者，惟須自本章程開辦日起三個月限内呈請。此條第二端内所述之商標，必須有商標主，或華洋文姓名、字號參列其中，方可獲享最先之利權。

政學社《大清法規大全》卷九《商部咨各省督撫給發赴美華商護照章程文》光緒三十二年閏四月　接准駐美梁大臣咨稱，竊光緒二十年，中美續定禁工條約，所有華人來美應領護照，由各海關監督給發，並經前楊大臣擬定照式，咨行外務部，轉行遵辦在案。現在舊約已廢，新約未定，此項護照，暫仍行用，惟是華人領照，向稱利藪，爲日既久，弊病易生。謹按現在情形，擬定發照章程辦法十一條，送請覈咨各省，一律照行，等因前來。本部查覈所擬赴美給照章程辦法，係爲嚴杜假冒，以便稽辦起見。沿江沿海各省華商，領照赴美者，頗不乏人，相應抄録梁大臣咨送清摺，咨行貴督撫查照，轉飭出示曉諭，各華商一體遵照可也。

計開擬定護照章程十一條。

一，護照填寫華洋文，及領照人簽名各節，均照向章辦理。

一，護照填後，送交美領事簽名蓋印，一切仍照向章辦理。

一，護照内洋文各條，應由發照處委員按照華文譯出，商妥美領事填入，不得參差歧誤。

一，護照須編列號數，以便稽查。

一，護照須用堅細洋紙，印花尤貴清楚，以杜假冒。

一，護照宜改用三聯式，正照交領照人收執，副照寄駐美使署備案，存根留發照衙門存案。

一，所有副照存根，均須與正照一樣，填注明白，不得遺漏錯誤。

一，護照紙邊，須由發照委員蓋用銜名圖戳，以專責成。

一，發照之日，即將副照寄交駐美使署，以便照料入境。

一，領照擔保人資格，限下開七項人等，此外不得妄充。公正紳士、有差缺官員、官立高等以上學堂、官許私立高等以上學堂、商會銀行、銀號、著名行舖（非著名者不在此例）。

一，所有未盡事宜，應隨時增改。

○上海道發給華人赴美執照格式（格式已經南洋大臣咨部，光緒三十四年三月二十一日）。

字第　　　號

大清欽命監督江南海關道

發給護照事。茲有華人　　　確係中國　　　並非工作等輩。原照

西曆一千八百八十四年七月五號，美國議院增修一千八百八十二年五月六號，

限制華工條例第六款定章，請領護照，前往美國。本道查得該領照之人，確不在禁約之列，爲此印給華洋文合璧護照，請

駐滬美總領事官，查驗明確，蓋印證實，准其前赴美國境内居住。所有領照人姓名、年貌、身材、籍貫，開注於後，請煩美國稅關查照放行可也。須至護照者。

計開：

本人姓名　官職　痣認　生日　高尺　寸。以前作何生業，　在何時　在何處　幾年。　現在作何生業，　在何時　在何處幾年　現在何處。

如係商人照下填寫：

現在生意牌號　設在何處　曾歷幾時　存本若干照金算　現在生意估值若干　所作何項生意

如係游歷照下填寫：

在本國内家資若何　現到美國擬住幾時

右照給華人　收執光緒　年　月　日在上海給發

（附）告示

爲出示曉諭事。照得華人赴美遊學、經商，由道填印護照，送美領事簽字給執，係爲區別華工，免被羈阻起見。必須久居上海，有根柢可查，或雖由內地而來，持有該管官員文牘，方得享受本關保護之利益。乃近來各省商民往美貿易，或稱遊學，或充教習，紛紛來道請照，尤以粵省爲最多。推原其故，良以粵照需費，滬照無費，且由粵往美不如由滬往美之便，以致在滬請照者，不盡久居上海之人。其中是否具有資本，股實可靠，以及是否真心遊學，迭經派員詳查，尚慮難以真切，設有傭工冒作行商，朦照而往，經美關吏察出拘禁，不惟自罹困苦，且將重損後來護照之價格，不可不預爲之防。本道籍隸粵東，尤應盡愛護同鄉之義，爲此剴切誥誡，明定限制，自示之後，凡有外省人來轅，請給赴美護照，如查明確係向在上海有資本經營商業者，仍准照發。其甫自廣東及別埠來滬者，無論有無資本，是否經商遊學，概不給照，以杜蒙混而示保全。其各知之。

《商務官報》光緒三十二年八月十五日第一七期《商部工藝局總章程》

第一條，本局隸屬商部，以振興工藝爲宗旨。

第二條，本局辦法分別如左。

一，調查物産。

二，試驗各項工藝。

三，培植善良之工匠。

第三條，各屬物産，由本局採集研究，以資工業上之參考，設有人欲託本局考驗，亦可一例辦理。

第四條，凡改良舊法，仿造洋貨等項，尋常之人力難舉辦者，由本局隨時試驗，如果成蹟佳妙，乃招商承辦，以興製造。

第五條，凡體質强健之青年，本局隨時收容，教以工藝，畢業後，或留局使用，成令出局照常營業。

第六條，本局事務分科如左：

總務科

一，文書股。

二，會計股。

三，庶務股。

四，調查股。

各試驗科

第七條，總務科司全局公共及各科無所屬之事務。文書股司公牘、信札及護照等事務；會計股司銀錢帳目、採料售貨及保管貨料等事務；庶務股司人役之秩序、工程雜務及各科無所屬之事務；調查股司調查全國物産製造法及考驗物産性質等事務。

第八條，各試驗科司仿造洋貨、改良舊法及教育工徒等事務。

第九條，本局先將已設之各試驗科重行改革，日後見有可添者添之，可廢者廢之。

第十條，各試驗科之中，設某科已招商承辦，設立公司，即將該科撤去，仍應研究者，可酌留之。

第十一條，本局由商部丞參一人管理全局事務。

第十二條，本局設總稽查四人，佐管理監察局務。

第十三條，本局設總務提調一人，佐管理執行局務及辦理總務科事務。

第十四條，各試驗科之制度如左：

一，執事員。

二，工師。

三，工匠。

四，藝徒。

五，苦力。

第十五條，總稽查、提調由管理呈請部中檢派，執事員由管理檢派，其餘人役可有總稽查會同提調自行任用，惟須經管理允准。

第十六條，各科重大事件，須經管理允准，方可施行，尋常細務，提調可便宜從事，於辦理後，報告管理。

第十七條，各科爲本局之一部分，倘於局外有事，須由管理主持，不得徑行辦理。

第十八條，經費分爲常年及預備經費常年經費又分爲總務及試驗經費，總務經費每年由部撥給；試驗經費以各科資本及營業之盈餘充之，如事業艱難，不易支持者，可設法接濟，預備經費每年於預算之外，由部領受若干，以爲接濟各科不足之用。

第十九條，每設一科，由管理酌定經費，呈部請款，作爲資本，嗣後如無特別之緣由，不得再請。

第二十條，局中稽查提調，由商部兼差者，應不開支薪水，每届年中覈計各科售出物品價值，如有盈餘，由管理酌定，除提充試驗經費若干成外，其餘均作爲稽查提調花紅，照數分派。

第二十一條，執事藝徒均有專章，各科執務之細章，可由提調擬定之後，呈管獻□奪。

《商務官報》光緒三十二年八月十五日第一七期《商部奏定藝徒學堂簡明章程》

一，命名。

（一）本學堂爲傳習淺近工藝，造就良善藝徒，奏准設立，故名藝徒學堂。

二，宗旨。

（一）本學堂以改良本國原有工藝，仿效外洋製造，使貧家子弟人人習成一藝，以減少遊惰，挽回利權爲宗旨。

三，辦法。

（一）本學堂暫招藝徒三百人，分爲六班，以四班爲速成科，以二班爲完全科。速成科之教法，法重實習，畢業期限由半年至二年不等，須以藝徒之造詣及功課之難易臨時酌定。完全科之教法，學理與實習并重，畢業期限由三年至四年不等。

（一）以上係暫時辦法，待二三年後，小學堂畢業生漸多，凡得有小學畢業憑照，願習工藝者，本學堂可開新班收録，彼時統以三年爲畢業年限，而學課益求完備。

（一）本學堂附設於高等實業學堂之旁，凡該學堂所有一切機器及教育用品，本學堂皆可借用，亦可代該學堂製造物品。

（一）本學堂完全科學徒，以年在十二歲以上、十五歲以下，資質聰穎，身體壯健，能講淺文者爲合格，速成科以年在十四歲以上、二十歲以下，口齒靈便，身體強健者爲合格。

（七）藝徒之飲饌、宿舍、操衣、工衣、醫藥及一切應用物件，皆由本學堂置備。

（一）藝徒應習何科，須由本學堂因材酌定，不得擅請改習，惟一科已經畢業，欲再加習他科，或自費生經咨送保送之處指請者，不在此例。

（一）本學堂辦有成效之後，如外省有咨請本堂藝徒，委以事務者，亦可派往。

（一）本學堂逐日將各藝徒之成績品登簿，俟售出後，僅收料價，所得餘利，專備教員、工匠、藝徒等奬勵之用。

四，教授課目。

（一）本學堂教授課目，分爲通修、專修兩科。通修課目，完全科藝徒皆須習之，速成科藝徒只擇習五六門；專修課目，每班只習一門。

1、通修課目。

(1)修身。授以中外古今名人言行之大義，以端其爲人之始基。

(2)算法。授以加減乘除諸等數求積法，并另授以簿記法之大要。

(3)博物。授以各種動植礦物之形狀性質，以助其美術思想。

(4)理化。授以理化大要，其助以製造思想。

(5)歷史。授以中外歷史大要，俾各藝徒於歷代服裝制度沿革，了然於胸，以爲模畫雕刻之本。

(6)圖畫。授以鉛筆、毛筆、水彩、幾何等畫法，以爲改良各種工藝之基。

(7)體操。授以柔軟體操步法、轉法，以期發達體育，上下講堂時，秩序井然，便於管理。

(8)國文。授以淺近白話文理，總以能做日用筆記、信札爲要。

(9)唱歌。授以各小學堂教科用之唱歌，使藝徒工作時，可以樂而忘勞。

(10)習字。

2、專修課目。

(1)金工科。分爲鍛工、鑄工、板金工、裝修工、電鍍工五門。

(2)木工科。授以製造器皿及雕刻裝飾品等技。

(3)漆工科。授以各種明暗彩畫漆法、雕漆法、鑲螺鈿法、漆器製造法、漆器圖案法。

(4)染織科。分爲染色、機織二門。染色門授以精練、漂白、浸染、反染、印花等法，機織門授以織物練習、織物解剖、織物整理撚系等法，每門任習其一。

(5)窑業科。授以燒瓷、畫瓷之法。

(6)文具科。授以製造各種紙張暨粉筆、鉛筆，印刷油墨、各種洋墨水、天然墨等法。

(一)本學堂每一學年分爲二學期。第一學期由正月開學日起，至六月暑假時止；第二學期由暑假後開學時起，至年終放假時止，所有速成完全各科，每星期授業時間表開列於左。

速成各科每星期授業時間表

學年	第一學年		第二學年	
科目 小時 學期	第一學期	第二學期	第一學期	第二學期
修身	一	一		
算術	三	三	二	一
圖畫	四	四	四	四
體操	二	二	一	
國文	二	二	一	一
唱歌	一	一	一	
習字	一	一	一	一
各科製造法	五	五	七	八
各科實學	二十	二十	二二	二四
總計	三九	三九	三九	三九

完全各科每星期授業時間表

學年	第一年		第二年		第三年		第四年	
科目 小時 學期	第一學期	第二學期	第一學期	第二學期	第一學期	第二學期	第一學期	第二學期
修身	一	一	一					
算術	六	四	四	四	二	二		
圖畫	十二	十四	十四	十二	十二	六	十二	十二
國文	二	二	一					
博物	三	三	一	一				
理化	三	三	一	一				
歷史	二	二	二	一				
體操	二	二	二					
唱歌	二	二	一					
各科製造法			三	六	六	十	四	四
機械學					二	二	一	一
建築學					二	一	一	一
各科實習	四	四	七	十二	十五	十八	二十	二十
總計	三七	三七	三七	三七	三九	三九	三八	三八

五、職員。

(一)本學堂設監督一人，綜理堂中教務、庶務各事宜；教務長一人，專理講堂工廠各教授事宜；庶務長一人，專理堂中一切庶務事宜。教務長下置中東教員共十五人，通議四人，工匠九人；庶務長下置司事五人，此外置供事丁役各若干人。列表於左：

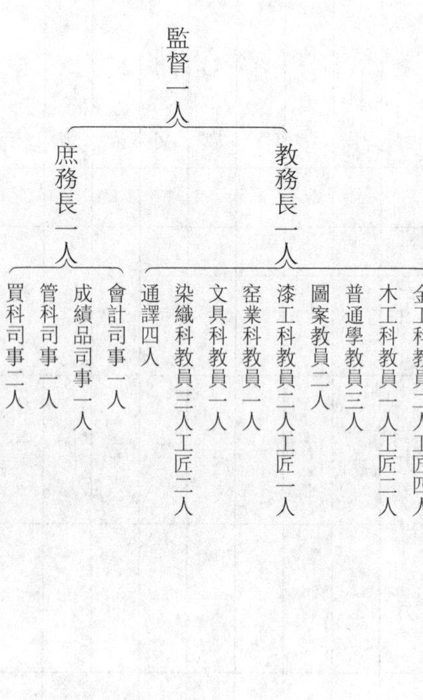

（一）所有本學堂齋務事宜，歸教務長派中國教員輪流管理，不必另設專員。

六，管理規則。

（一）本學堂管理規則，謹依奏定章程辦理，偶有增減之處，須稟請監督覈定後，方可施行。

政學社《大清法規大全》卷一四《農工商部等會奏覈議鑛務章程摺》 光緒三十三年五月二十八日，准軍機處鈔交湖廣總督張之洞奏請早定鑛務章程一摺，奉旨：該部議奏。欽此。又於六月十六日，准軍機處鈔交張之洞附奏補録英國商約第九款請敕部覈辦一片，奉硃批：該部知道。欽此。臣等伏查該前督前於光緒三十一年十二月間，具奏遵擬鑛務章程一摺，奉硃批：外務部、商部議奏，書併發。欽此。由軍機處鈔交到部。據原奏内開，光緒二十八年，欽奉上諭：鑛務爲今之要政，昨經劉坤一、張之洞電奏，采取各國鑛章，詳加參酌，妥議章程等語，所見甚是，即著該督等將各國辦理鑛務情形，悉心採擇，會同妥議章程，奏明請旨，務期通行無弊，以保利權而昭慎重。欽此。嗣劉坤一因病出缺，經臣遴委華洋各員，購取英、美、德、法、奥、比利時、西班牙等國鑛章，詳加譯録，咨送外務部，交侍郎伍廷芳參酌編輯。該侍郎擬定稿本，郵寄來鄂，復經臣重加增訂，書成後，又派多員並採取日本鑛章，細心參校，臣復加酌覈，謹纂成中國鑛務正章七十四款，附章七十三條，繕册恭呈御覽等語。臣等查興辦鑛務，爲大利所在，而措施失當，亦貽害靡窮，故纂訂章程，於寬嚴操縱之處，條款繁簡之中，必須體察情形，斟酌盡善，始能通行無阻，而有事關華洋交涉者，尤宜審慎周詳。該前督原擬章程，所有區別地面、地腹，釐定礦界、鑛税，分晰地股、銀股，暨於華洋商辦礦一切限制、防閑之法，條理至爲周密，而尤注意於中國主權，華民生計，地方治理。據稱係采取各國鑛章，遴派多員，參校編輯審定，良具苦心，惟此項鑛章，關係重要，既經訂定，必期實行。當以農工商部前奏鑛務暫行章程，數年來各省遵行，尚無流弊，一面仍遵守舊章辦理，一面即將新訂章程，逐細研求，務期益臻妥協。所有原章内關係交涉各條，應由外務部覈議，其餘概歸農工商部查覈。據原奏内稱，上年商部奏定鑛務暫行章程摺内聲明，俟臣處輯有專書，歸併辦理，以免歧異，自應參互考訂，歸於劃一等語，臣等當將新舊章程詳細比較，查覈所有前訂章程立法較嚴之處，各省遵行已久，自應查酌增改，免致紛歧。又臣部有綜覈鑛務之責，凡辦鑛應行報部覈奪各事宜，亦應參酌前章，劃清辦事權限，俾内外互相維持，藉收統一事權之效。再，查臣部前經奏令各省設立鑛政調查局，遴派鑛務議員，經理全省鑛務，並擬定章程，奏准遵行在案。現在新訂官制，尚未通行，應即派令鑛務議員，遵照此項鑛章，並原訂鑛政調查局章程，辦理全省鑛務，以專責成。至原章内關係交涉諸條，暨該前督附奏英國商約第九款各節，外務部查該前督片奏内聲稱，改定礦章一事，曾於英國商約内詳切聲明，一則曰擇他國章程與中國相宜者；再則曰期於中國主權無礙，於中國利權無損。此次所擬鑛章，較之各國通行章程，但有加寬，並無加嚴，議准之原約具在，似不必過於遷就等語。臣等詳加查覈，此次原章内關係交涉各條，既經該前督參酌商約訂定，自可按照所擬辦理。現已將原擬正附章程，由臣等會同覈明，謹繕具清册，恭呈御覽，伏候欽定。至此項章程宣布施行日期，應俟奉旨允准後，由農工商部酌定，咨行各省，查照辦理。謹奏。光緒三十三年八月十三日，奉旨：依議。欽此。

再，本年八月十三日，臣部會同外務部，具奏覈議礦務章程一摺，奉旨：依議。欽此。欽遵在案。原奏内稱，此項章程宣布施行日期，應俟奉旨允准後，由農工商部酌定，咨行各省，查照辦理等語。現已將奏定章程，刊印成書，頒發各省遵照。惟展轉佈告周知，頗需時日，且按照新章，各省應行預備事宜，均須在定期施行之前，次第布置周妥，届時方能一體遵行。臣等體查情形，擬請自本年八月十三奉旨之日起，限定六箇月，算至明年二月十三日，作爲宣布施行日期，届期一切遵照新章辦理。如蒙俞允，即由臣部通行各省，欽遵查照，並將應行籌備各事宜，遵章妥速辦理，務於奏定施行日期之前，先行報部查覈，以重鑛政。謹奏。光緒三十三年九月十四日，奉旨：依議。欽此。謹將鑛務正章七十四款，附章七十三條，開具目次清單，恭呈御覽。

計開：

鑛務正章目録

第一章，總要。

第一款，新章頒行，舊章收回。

第二章，管理。

第二款，農工商部綜理鑛政之職掌。

第三款，各省分理鑛政之職掌。

第四款，鑛務委員之職掌。

第五款，清查鑛地，考覈鑛商，均必須先經各省鑛局及地方官查明詳咨，以爲根據。

第六款，鑛務繳款分三項。

第三章，舊商限制。

第七款，清理舊商鑛界。

第八款，舊鑛商之章程不妥者，宜設法修改增補。

第四章，新商限制。

第九款，外國鑛商，不能充地面業主。

第十款，中外人承充鑛商之區别。

第五章，鑛質分類。

第十一款，鑛質分三類。

第十二款，續出之鑛質。

第六章，地權。

第十三款，地面、地腹釋義。

第十四款，地面、地腹權利之區别。

第十五款，銀股、地股之區别。

第十六款，甲字類鑛，專歸業主開採。

第十七款，乙字類鑛合股辦法。

第十八款，丙字類鑛合股辦法。

第十九款，稽查鑛産總數。

第二十款，鑛業不得私自换賣及質押。

第七章，以地作股。

第二十一款，鑛地作爲紅股。

第八章，執照。

第二十二款，辦礦須請執照及其限制。

第二十三款，執照分兩種。

第二十四款，請領勘鑛執照辦法。

第二十五款，勘鑛執照期限及其限制。

第二十六款，履勘鑛産限制。

第二十七款，續請勘鑛限制。

第二十八款，勘鑛界限。

第二十九款，開鑛界限。

第三十款，鑛地面積界限。

第三十一款，請領毗連鑛界辦法。

第三十二款，減鑛棄鑛辦法。

第三十三款，請領開鑛執照辦法。

第三十四款，酌定業主自開期限。

第三十五款，需用地面有糾葛，應聽官斷。

第三十六款，分别一鑛有乙丙兩類鑛質辦法。

第三十七款，覈准鑛地辦法。

第三十八款，填發執照，須憑實據。

第三十九款，給照後，立可興辦鑛工。

第四十款，開闢隧峒所關事項。

第四十一款，詐領執照，應予懲處。

第九章，鑛界年租。

第四十二款，鑛界年租等差。

第四十三款，繳租期限。

第四十四款，勘鑛地租及免租事例。

第十章，鑛税。

第四十五款，鑛産出井税等差。

第四十六款，鑛産出井税繳納期限。

第四十七款，出井鑛税延逾之罰。

第四十八款，出口鑛産、進口開鑛機器物料之税則。

第十一章，鑛商應遵之禁令。

第四十九款，開辦、停辦之判斷。

第五十款，公同利害之處置。

第五十一款，鑛地洩水法。

第五十二款，洩水受害者，應予賠償。

第五十三款，鑛局有迫令除患之權。

第五十四款，不准施工之界限。

第五十五款，帳册宜遵格式。

第五十六款，鑛圖宜遵格式。

第十二章，樹木水道。

第五十七款，鑛地樹木。

第五十八款，鑛地水利。

第十三章，外人合股。

第五十九款，外國商民之名籍、職業及保證、限制。

第六十款，外國商民訴訟法。

第六十一款，外國商民犯罪處置法。

第六十二款，外國商民上控限制。

第六十三款，保護開鑛外國商民各條。

第六十四款，宣示有鑛地方阻礙事由。

第十四章，鑛工。

第六十五款，鑛商所定鑛工規條，須經官准。

第六十六款，鑛工須有詳細簿籍。

第六十七款，鑛工罷役各條。

第六十八款，體恤鑛工各條。

第六十九款，辭退鑛工各條。

第七十款，懲辦鑛工各條。

第七十一款，修改鑛工章程。

第十五章，鑛務警察。

第七十二款，鑛務警察之責任。

第七十三款，鑛務警察之權限。

第七十四款，停工開工之辦法。

附各國鑛地限制備考

大清鑛務正章

第一章，總要。

第一款，新章頒行，舊章收回。

此章自宣佈之日起，即當奉行，所有從前頒行鑛章，一概收回。

第二章，管理。

第二款，農工商部綜理鑛政之職掌。

農工商部管理鑛務一切事宜，並一應辦鑛人員，令各遵照此次奏定之鑛章，以歸畫一，並以後增修章程，推擴鑛務，覈給勘鑛、開鑛執照，兼録用鑛師，並延聘鑛務律師，以資輔助。遇有華洋商合辦，應於覈給開鑛執照之先，敘明該洋商來歷及現往處所，咨照外務部。

第三款，各省分理鑛政之職掌。

各省鑛政，應於省城各設一彙總、承轉、辦理之區。現在外省官制尚未通行，仍暫由奏設鑛政調查局之鑛務議員，遵照此項章程，辦理各項鑛務。各州縣境内，如需派設鑛務委員，即由該議員遴選妥員，詳由本省督撫咨報農工商部覈准施行。凡關涉鑛務事宜，均須詳情咨部覈奪。

第四款，鑛務委員之職掌。

凡總局(即鑛政調查局)所派駐各州縣之鑛務委員，凡關係鑛内之事，無礙於地方者，准由該委員秉公辦理，或勸解調處，或執法判斷，均由該委員酌辦，總以無礙法律，有益鑛務爲主。若一經牽涉鑛外，該委員應會同地方官訊辦，不得擅自裁判。各省總局所用委員，皆以中國官員承充，惟選擇通曉鑛學之人爲鑛務顧問官，則不拘華洋，均可任用。該鑛務顧問官，如係洋員，應遵守中國法律，聽總局節制調遣，奉行總局照章派任之職事。鑛務總局並可特派委員，偕同鑛務顧問官，巡歷有鑛各地，以便考察。鑛工回省時，詳確禀報總局覈奪，惟顧問官只有稽察鑛務利病，條陳應辦事宜之權，並無裁判定斷行文之權。

第五款，清查鑛地，考覈鑛商，均必須先經各省鑛局及地方官查明詳咨，以爲根據。

凡各省鑛地，與地方有無關礙，其産業有無糾葛，又鑛商之籍貫來歷，及其資本是否充足實在，有無影射含混，均非在本省就近確查，不能清晰確實。如鑛商願請勘鑛執照者，無論華洋，均應在本省鑛政總局，遵章呈報，候行地方官查明實在情形，是否合例，有無糾葛，據實禀覆，方能覈辦。其應行覈准者，總局即詳請本省督撫覈准，由督撫咨報農工商部查考。如有鑛商徑赴農工商部具呈者，應由農工商部咨行該省督撫，轉飭鑛政總局，查明覈辦。

第六款，鑛務繳款分三項。

凡鑛商請領開鑛執照，應繳照費，應全數報解農工商部充用。

凡鑛商呈繳之鑛界年租：(一)及鑛産出井税，(二)並官地與鑛商合股應分之紅利，(三)其銀兩統由各省總局彙收，以一半解農工商部，以一半解司庫，充本省餉需。每年年終，將收數彙造清册，呈由本省督撫，轉咨農工商部查覈。

勘鑛執照公費，應留充本省總局局用。其鑛務委員所收之局費，應報解總局，分別撥充各州縣鑛務委員之局用。

第三章，舊商限制。

第七款，清理舊商鑛界。

凡現在開鑛之鑛商，與已經准領鑛地之人，必須將原有鑛産禀報本省總局，照現定章程立案，覈明數目，劃分鑛界，准自此章頒行之日起，儘二年之内，一律辦清，一切須遵照本次所定鑛章辦理。

第八款，舊鑛商之章程不妥者，宜設法修改增補，凡現在開鑛之鑛商，與已經准領鑛地之人，若以新章之某一款或若干款與其已得之權利有所損礙者，准自新章頒行之日起，儘六箇月内，將其損礙之情形，具禀本省總局，詳請督撫轉咨農工商部，察覈定奪。其關繫洋商者，並咨外務部會覈，必須於華民生計，及中國主權，地方治理，均無侵奪妨損，方可酌予通融。如從前所訂合同條款，有占奪華民生計，及有礙中國主權，地方治理者，仍應妥爲修改，期與新章不致違背。此外各商凡於新章頒行後，呈請開鑛者，一切均按新章辦理，概不得援舊日鑛商爲例。

第四章，新商限制。

第九款，外國鑛商不能充地面業主。

中國人民遵照國法向例，執有地面者，爲該地業主。與華商合股之洋商，在中國地方合股開鑛，止准給予開采鑛務之權，以鑛盡爲斷，無論用何方法，不得執其土地，作爲己有。

第十款，中外人承充鑛商之區别。

凡爲鑛商者，除中國人民，自應准其承充外，凡與中國有約之各國人民，允願遵守中國之法律，皆得在中國與華商合股，禀請承辦合律之鑛産，作爲鑛商。其外國人民與華人合股者，辦法有二：

一，業主以鑛地作股，與洋商合辦，則專分餘利，不認虧耗。如業主願得地價，不願入股，則該地應由官收買，租與鑛商合辦，官即作爲業主，照後開乙字、丙字等差，分别三成、五成兩辦法，分收餘利。外國人民，概不准收買鑛地。

一，華商以資本入股，與洋商合辦，則權利均分，盈虧與共，華洋股分，以各佔一半爲度。如洋商但與地面業主合股(即以鑛地作股)，而别無華商銀股者，洋商應留股分十成之三，聽華商隨時入股，照股本原價付銀，留五年，華股無人，准將所留三成股票，售去一成五，仍留一成五股票，聽華商仍照原價付銀入股，又五年，華股如尚未招足，聽其將餘股儘數售去。惟十年後，如有華商按照時價收買洋股，與之合辦者，隨時皆可入股，洋商亦不得拒絶。

凡華洋商民，禀請辦鑛，如犯下開各項者，不得有此權利。

一，中國人民，曾違犯法律者。

二，僧道及各教會教徒，以其教爲業者。

三，外國人民，其國未與中國立有條約者，與其國不以同等開鑛權利予中國人民者。

四，外國人民，不守中國法律者，及曾違犯中國或本國法律者。

五，外國國家及國家所使令者。

六，任外國國家職事，尚未交卸者。

七，中國國家特發禁令禁止者。

第五章，鑛質分類。

第十一款，鑛質分三類。

鑛地所出之鑛質，或在地腹，或在地面，無論如何變質，綜分三類，以便分别辦理。

甲，凡土性之鑛質，如矽石、青石、沙石、礬石、土灰、白石(即灰石)、雲石、元精石(即石膏)、馱羅美石，沙類含鈣養之土，韌泥、火泥，及一切有關建造應用材料各種鑛質，由開坑而取者，分之爲第一類。

乙，所有散鑛、流積鑛、鐵養鑛(即無名異)、錳養鑛、寶砂，可倫都末(即寶沙石)、不灰木、千層石(或千層紙鑛)、紅黄土類、紅土礬石波格、歲得、雪形石、含淡養(五)之質、燐養灰、鋇養鈣、弗石、肥皂石、石脂(即漂白家泥)、貝里底亞司土、鎂養土、開所嘉爾、梯來波勒特、燒瓷泥筆、鉛鑛水類(鹽水不計)、琥珀美耳山末石、硼砂比得浮石，分之爲第二類。丙，所有金屬鑛質，如銻、鉀、鉍、銅鉻、鈷、金鋏、鐵鉛錳(錳養不計)、汞鉬、鑷、銖、鉑(即白金)、銀錫，流積不計，鈾、鋅，無論原質或構質，皆包在內，輭石油，鑛油類，阿司佛粹得、柏油、硬煤、烟煤、木煤、硫磺、寶石，綜分之爲第三類。

凡各種鹽，係歸國家專司，不在右三類鑛產之內。

第十二款，續出之鑛質。

設有鑛質，爲本章第十一款所未詳載者，其應列歸何類，如不能辨别詳確，應咨送農工商部覈定，通咨各省，嗣後照辦。

第六章，地權。

第十三款，地面、地腹釋義。

按照第十一款，凡有鑛質各地，應分爲兩層。

甲，第一層，指地面而言。其厚至業主平日所用之深處，以耕種築造並其他土工所及，不關於鑛務者爲限。

乙，第二層，指地腹而言，即第一層之下，其厚所及之深處，並無限制。

第十四款，地面、地腹權利之區别。

地面權利，除業主准其自用外，至承辦地腹各鑛之鑛商，並不能有地面業主應有一切之權利，惟於執照所准之地界，按章業已奉官局允准，遵繳各費，則所有開鑛應辦一切事宜，該業主及他人，亦均不得阻礙。

各國通例，地腹皆爲國家所有，凡五金之屬及一切貴重鑛質，非官不得開采，業主民人不能霑地腹之利。中國政宗寬大，務在體恤民生，所有地腹鑛產之利，除照章徵收鑛界年租及鑛産出井税外，其合股餘利，惟丙字類之鑛質，國家應酌提紅股一半，歸地面業主分霑一半，總之國與民共分此全數餘利十成中之五成，以示與民同享樂利之意。凡合格之鑛商，繳費合辦者，無論華商洋商，均不能將地權給與該鑛商掌管。

鑛商如係華洋合股，應先將開鑛需用之地面，與業主商明，是否願以鑛地作股，其不願以地入股而願得地價者，准業主呈報總局，按照相當價值，由官收買，再與鑛商合股開辦。如業主不願將鑛地出售，可由官查詢原委，斟酌辦理，鑛商不得絲毫抑勒強迫，致拂民情。其由官覈准給照之鑛地，該鑛商止有權辦理鑛上一切事宜，不得管及地面，官亦不以定章以外之科條，阻礙鑛事。俟開鑛事竣，仍將地面交還官局，官局收回地面，即將該商所領開鑛執照注銷。

開采之權，屬之國家，無論官辦民辦，或華洋商人合辦，均以奉有部照，始准開辦，倘有民間私將鑛產賣於外人者，由官局查明，除鑛地充公外，並將該業主照盜賣律治罪。

如無華人合股，斷不准他國鑛商獨自開采一鑛。

第十五款，銀股、地股之區别。

凡華洋合資開采一鑛，謂之銀股，或中國鑛商力有不足，官家助以資本者，謂之銀股。

凡業主有地，無資開采，願與鑛商合力呈請領辦者，民業主應分之利，謂之地股，或官家之地，官不自開，准給鑛商領辦者，官家應分之利，謂之官地股。

第十六款，甲字類鑛，專歸業主開采。

第十一款甲字類鑛質，如在民地，應准地面業主任便開采；如在官地，應稟明總局批准，方可開采，一切税捐，仍照本省舊章辦理，勿庸徵收年租及出井税。

第十七款，乙字類鑛合股辦法。

第十一款乙字類所載各鑛質，如在官地，應由官辦，如在民地，准業主儘先開采；如業主無力自開，准其以地作股，與鑛商合股開辦，所得鑛利，除開除一切用費外，净存餘利，此類鑛質，利息不多，業主應得十成之三，鑛商應得十成之七，官但照章徵收鑛税年租，不提業主餘利。

第十八款，丙字類鑛合股辦法。

第十一款丙字類所載各鑛質辦法，悉與上條乙字類相同，惟所得鑛利，除開支一切用費外，净存餘利，業主應得十成之二五，國家酌提十成之二五，鑛商應得十成之五。

第十九款，稽查鑛產總數。

無論官地民地，公用民用，所開出之鑛質數目，按季呈送鑛務委員，轉遞總局，詳咨農工商部，以備覈算統國每年鑛産總數。

第二十款，鑛業不得私自換賣及質押。

鑛商不得將鑛中產業，私行買賣交換，及作爲借貸抵押，必至原給照處，呈明事由，經鑛務委員查明批准，方可遵辦，違者依私自買賣鑛地律治罪，惟該鑛商此外所有產業，不在此列。

第七章，以地作股。

第二十一款，鑛地作爲紅股。

凡業主所有鑛地，准其以鑛地作爲成本，與情願租辦之鑛商，合股經營，其鑛地即作爲紅股，應占本鑛股本若干，視鑛質爲定，如係乙字類鑛，則所得餘利，鑛商七成，地面業主三成；如係丙字類鑛，則所得餘利，鑛商一半，地面業主二成五，國家二成五。無論鑛之大小難易，總以除去地租鑛税用費公積外，其地股之業户，與銀股之鑛商，照上列成數，各分餘利爲斷。如鑛係官地，則除鑛商所得外，統歸國家所得，如鑛商不允照此辦法，即不能承辦各種鑛務。凡以鑛作股，與他商合辦者，一切開鑛事宜，均歸出資之鑛商經理，如有虧耗，專歸鑛商承認，惟既報虧耗，則業主自無餘利可分，應准地股之業户，得隨時查考該鑛商出入款目賬簿，俾可知是否虧耗，有無餘利實情，以免争執。

凡官地，即作爲官股，無論華洋商民，稟請給領官地開鑛者，其股分只許占一半，不得逾於官股之數，官股應分餘利，悉照上節辦理，並須由官派員駐鑛，隨時稽覈款目，考查鑛工。

凡地股之業户，如兼有銀股，除地股不認虧耗外，其銀股仍一律按股公認，民股官股皆同。

第八章，執照。

第二十二款，辦鑛須請執照及其限制。

除甲字類鑛質外，凡欲請辦第十一款乙丙字下所載之鑛質者，必須先行具稟該省總局，請領辦鑛執照，方准開采。至各種鹽，乃國家專有之權利，中國向不作爲鑛類，領執照者，不准以鹽作鑛，領執照者，不得將其執照上之權利，轉授他人。

第二十三款，執照分兩種。

執照分爲兩種，一爲勘鑛執照，由農工商部豫發，各省總局填給；一爲開鑛執照，由農工商部覈准填發，各省總局轉給。領照者，無論獨辦，或數人合辦，或合股公司，均可稟領。

甲，勘鑛執照

第二十四款，請領勘鑛執照辦法。

呈請勘鑛執照之人，須開明履歷，並所擬履勘之地址，及所擬探之鑛質，詳稟陳明，並須將擬勘之地，繪圖貼説，稟呈總局，聽候總局行查，該地方官及鑛務委員，俟其稟復覈奪。倘該請領勘鑛執照之人，不能合格，或所領之鑛地，別有違礙，即不能准給執照，或別有可疑之處，可令其呈具保單。

第二十五款，勘鑛執照期限及其限制。

勘鑛執照，定以一年爲限，如因要事，可准展期六個月爲止。若領到執照後，兩個月之内，不派有鑛務學校畢業文憑之鑛師，前往履勘，不論何故，概不准展期。每張勘鑛執照所准履勘之地，至多不得逾三十方中里，並須坐落一縣界内。如係數人均稟請勘鑛執照，而同指一地者，該執照只予首先具稟之人。所領勘鑛執照，不准典押，不准互换，不准出售，並不准假託他項變動辦法。

第二十六款，履勘鑛産限制。

凡公地，並非官家留作別用者，及與地方毫無關礙者，准領勘鑛執照之人，在界内履勘第十一款乙丙字下所列之鑛質，如開坑驗鑛，其深濶處，均不得過中國官尺三十尺。惟在勘鑛執照限期之内，若須用鑽石打鑽驗鑛者，其深處，則不能豫定限制，但至深不過官尺五百尺，如再須鑿深，須與業主商允方可。凡民地，如須擬勘，皆須先商業主，或其代表人應允，不得絲毫勉強，致啓争端。

第二十七款，續請勘鑛限制。

凡鑛地所有已經稟領鑛界在案者，隨後有人稟請勘鑛，至少須離前領界外六百官尺，惟已經廢棄之鑛，則准其履勘。

乙，開鑛執照

第二十八款，勘鑛界限。

凡勘驗乙丙兩項之鑛質，其所開之坑，長處深處，有逾三十官尺者，即作爲開鑛論，必須加領開鑛執照，方准辦理。

第二十九款，開鑛界限。

凡開采第十一款乙丙兩類之鑛質，須將所領鑛地，劃成鑛界，計算准地面平方，每邊三百官尺，横直相等者，爲一鑛界，領辦者，於地中采鑛之界線，須與地面所劃界線，不得横斜出所准領地面以外。

凡所采鑛質，無論乙丙兩項何類鑛砂，其深處至鑛質竭盡爲止，不得再向下掘。

第三十款，鑛地面積界限。

所請開鑛執照，或爲一界，或爲數界，均可併載一張之內。所請之地，如不止一界，其毗連之邊徑，必須相連，不得隔斷，惟一人所領鑛地，無論若干界，每人至多不得過面積九百六十中畝（即一百六十英畝），其領地不及九百六十畝者，鑛照批發後，如續行請展鑛界，須再稟候覈奪，與請領新鑛同。

第三十一款，請領毗連鑛界辦法。

如有未領之地，坐落兩三鑛界之間，其形式大小，與本章所定鑛界不合，准毗連此地鑛商中之先具稟者領之，如不願領，准此外合格之人，先具稟者領之。

第三十二款，減鑛棄鑛辦法。

設使領有開鑛執照之人，欲減去若干鑛界，或全行捨棄，准照鑛務附章所定辦法，在總局具稟聲明。

第三十三款，請領開鑛執照辦法。

凡已領勘鑛執照，於勘畢後，擬稟請開鑛執照者，須遵定章，在鑛務總局具稟，該具稟人無論獨辦，或合辦，或公司，須將來歷詳細聲明。獨辦或合辦，須將出資本者，及諸經理人之履歷開呈。若係公司，須開呈各董事及領袖辦事人履歷，並開呈資本數目，用何法開采，所請鑛地四至及界石，並鑛界若干，擬辦何項鑛質，均須一併聲叙明晰，並應取具殷實行號保單銀一萬兩，隨稟呈送，此項保銀，係擔承領照人遵守照内及鑛章所載各款，違者罰令充公。

第三十四款，酌定業主自開期限。

凡稟請鑛地，准其先請先得，但第十一款乙字所載各鑛質，若在民地，其業主自願開辦，應准業主儘先開采，惟總局可豫定一期，諭令於期内開工，過期不開，可由總局將該鑛地給價收買歸官。

第三十五款，需用地面有糾葛，應聽官斷。

設若所請鑛地中之某段，在民地之内，具稟人如需此段地面，以作附屬鑛地之用，或需全段地面，以作開采散鑛或流積鑛質之用者，務與業主商辦，其如何商辦之處，亦應聲明稟内，如業主不允與具稟人商辦，應由總局確查情形，如與民間別無妨礙，而又爲開鑛必不可少之地，可按官斷規條辦理。

第三十六款，分別一鑛有乙丙兩類鑛質辦法。

一鑛地之内，有第十一款所載乙丙兩類之鑛質，而不能同時開采者，可准首先合格之具稟人領辦。儻稟請開采丙字内類鑛質者，可准兼采乙字類鑛質，如只請開采乙字類鑛質者，則不准兼采丙字類鑛質，若欲兼采丙字類鑛質，必須另行具稟。

第三十七款，覈准鑛地辦法。

總局收到呈請鑛地之稟，查明係未領之地，並與地方毫無關礙，即將原稟事由，榜示局前，以備或有轇轕，即便覈辦。嗣後總局飭測繪委員定立界址，無論彼處有無鑛質，已未施工，均照立界，界内如有房屋道路及營造等事，亦無礙，惟開采工程，須遵守鑛務警察章程，及第四十四款並附章第四十二條辦理。

第三十八款，填發執照，須憑實據。

所請鑛地，一經測量定界之後，且經證明實係未領之地，並查與地方毫無窒礙，及曾領得勘鑛執照在先，總局即可照章，詳請咨部，覈發開鑛執照，給具稟人收領。

第三十九款，給照後，立可興辦鑛工。

凡遵守條例，請領鑛地，一經領到開鑛執照後，該鑛商可以立時興工，將照内指定之鑛開采。

第四十款，開闢隧峒所關事項。

因開闢隧峒，洩水通氣，或轉運，而其地工程乃在所領地界以外，如彼處有未領之地，可資開辦本款所載之工程者，則須遵照稟請鑛地之例，另行請領所需之地，儻該工程須越別人鑛界者，該具稟人必須先與別界之鑛商妥商，並須議明，設因上開工作而獲鑛質，理應如何分派，儻與別界之鑛商未經議妥，除經總局按官斷規條斷准外，則不得擅行開工。

凡開隧峒，遇見乙丙類鑛質，鑛商應即稟報鑛務委員，並按附章第四十條辦理。

第四十一款，詐領執照，應予懲處。

凡稟領執照，由詐術者，一經訪查得實，應將所給執照立刻收回，從嚴懲辦。

第九章，鑛界年租。

第四十二款，鑛界年租等差。

所領之鑛地，應按年遵照下開各條，納鑛界年租：

乾，按第十一款，乙字所載各鑛質，按年每一鑛界繳租銀一兩五錢，合每畝銀一錢。元，按第十一款，丙字除黄金、白金、銀、寶石外，其餘各鑛質，按年每一鑛界繳租銀三兩，合每畝銀二錢。

亨，黄金、白銀、寶石各鑛，按年每一鑛界繳租銀四兩五錢，合每畝銀三錢。

利，按元字所載之鑛質，每年本應納租銀三兩，如其鑛質中含有黄金或銀若干成數，則應納鑛界之年租，須照亨字一條交納，即每年每一鑛界繳租銀四兩五錢，合每畝銀三錢。

貞，此項鑛界年租，乃在地面錢糧之外。

第四十三款，繳租期限。

此項鑛界年租，分爲兩季先繳，如有短繳，無論若干，但逾六箇月者，則注銷執照，封閉該鑛，如領官地，即行收回。

第四十四款，勘鑛地租及免租事例。

凡准履勘之鑛地民地，應由鑛商與業主商妥，禀官立案，如在官地，應繳納勘鑛地租，每一鑛界銀二兩，展限半年者，應加納半數，均於批准或准展以前，交納總局，或鑛務委員。凡專爲開闢隧峒，洩水通氣，或轉運之用，禀請應需之地者，每納鑛界年租。

第十章，鑛税。

第四十五款，鑛産出井税等差。

除納鑛界年租外，尚須按照所采獲鑛産之數，交納出井鑛税，其數如下。

一，凡煤炭（或烟煤，或硬煤）每噸納銀一錢。

二，鐵苗，每噸納銀一錢。

三，凡此鑛專係黄金，或白金，或銀，按照市價，抽取百分之十。

四，凡他項鑛質中含有黄金，或白金，或銀，其成數多少無定，應臨時查其所得金銀實數，按照市價，抽取百分之五。

五，凡永苗與錫苗及銅苗，按其價值，抽取百分之三。

六，凡各色玉類，並寶石類，按其價值，抽取百分之十。

七，其餘第十一款乙類所載之鑛質，按其價值，抽取百分之二，丙類所載之鑛質，按其價值，抽取百分之三。

第四十六款，鑛産出井税繳納期限。

鑛産出井税銀兩，乃按上月所出之鑛産，於本月十五日交納，凡鑛税銀兩，並鑛界年租，皆在所設鑛務委員處交納，呈解總局。

第四十七款，出井鑛税延逾之。

儻於每月十五日應繳上月出井鑛税，未經全繳，而延至三箇月之久者，即注銷執照，將鑛封閉，如領官地，即將鑛地收回。

第四十八款，出口鑛産，進口開鑛機器物料之税則。

凡鑛産裝運出口者，無論其爲鑛苗之原質，或提淘之粗胚，或製煉之净質，須按海關税則，交納出口税；凡機器料件，裝運進口，爲辦鑛之用者，亦須按海關税則，交納進口税。

第十一章，鑛商應遵之禁令。

第四十九款，開辦停辦之判斷。

凡有約各國人民，既願與華人合股，充爲鑛商，即作爲已允遵守中國法律，並歸中國官員節制，及按照現定鑛章辦理，或他日續訂開鑛新章，或别項有關繫法律（如公司法律之類），亦允遵守照辦，如果切實遵守，即任其興辦應需之工業，即如開採之緩速，或因需工之多寡，不免暫時停工，如停工一年，不採鑛質，即作爲鑛商永遠停辦，該鑛鑛務委員即可准他人，按章禀請接辦。至設辦溝渠風穴，採運鑛苗，悉從其便，惟因工程不善，以致有險害等事，該鑛商承任責成，應速講求豫防之法，又因别種辦法致損别人産業之利益者，均歸該鑛商賠償，並由地方官及鑛政總局體察情形，責令該鑛商暫行停辦，另籌妥善之方，再行開辦，一經總局知照，立即停工，不得借故延諉，或恃强不遵，凡因停辦所損失之利，由該鑛商自認，鑛務總局一概不理，即領事公使，均不得干預。

第五十款，公同利害之處置。

道路溝渠，水道氣道，或其鑛地之内，或在毗連鄰産之内，均同獲其利，或同受其害，如欲勒令遵行本款義務，或欲估計賠償之數，除照鑛務附章載明辦法外，均應遵行該省通行律例。

第五十一款，鑛地洩水法。

鑛中之水，屬鑛商者，應由鑛商自行設法挹注，惟挹注時，不得損礙别人産業，如在地面挹注，照本地向例放水，不得阻礙現有水道。

第五十二款，洩水受害者，應予賠償。

倘因鑛中積水，或因别故，故鑛商雖已得知，仍不遵照章程所定期内，設法疏洩，以致鑛内鑛外，别人之利益受損，該鑛商應訂立合同賠償，或由本省總局斷賠。

第五十三款，鑛局有迫令除患之權。

設使數家鑛産，同在一處，因有水患，以致被災，不能開採，如果各該鑛商曾經倡議，設法除患，而未能協商定議者，總局應即迫令各該鑛商，公同捐資，設法除患，酌量定斷辦理。

第五十四款，不准施工之界限。

無論何項鑛工，倘無該業主切實允許，均不得在其本宅業産界綫外一里之内施工。倘無該處地方官明文准可，亦不得在衙署、會館、公所等類及緊要水利之處，公用道路、鐵路、運河等類之界綫外三里之内施工。至若礮臺營寨及一切軍用局廠所在之地，除該管官員特行圈劃施禁，不論遠近外，凡鑛務工程，不得於距其界綫三十里以内施工。

第五十五款，帳册宜遵格式。

所有辦鑛人，或獨辦，或合辦，或公司，須遵妥定帳册格式，隨時紀載辦鑛確實帳目，以備總局委員隨時查閱。

第五十六款，鑛圖宜遵格式。

各鑛須遵頒行格式，預繪地腹工程之準圖，以備總局隨時委員，稽查驗看。

第十二章，樹木水道。

第五十七款，鑛地樹木。

砍伐樹木，或因清道之故，或因開鑛之用，均不列在勘鑛及開鑛執照准行之内。如所在係官地，應在鑛務委員處，請領伐樹准單，所伐之樹，按照該處市價納繳，如係民地，則須備價向業主商購，經業主允許，方能砍伐，或由地方官按律定斷，准行方可。

第五十八款，鑛地水利。

各省内地之江河湖港，可行舟艇之處，均歸國家管轄，官民公用所有江河等處水道，鑛商不得藉故擅擬更改，亦不得分注上流之水，致奪下流居處之水利。

第十三章，外人合股。

第五十九款，外國商民之名藉職業及保證限制。凡合股洋商，照章具稟領辦，須投有該國領事公文，證明其人能切實遵守本章及附章所有已載、未載各條款，並須由該省鑛務總局查實，其人果合第五款鑛商格式，然後發給執照，准令照章辦鑛。該總局並應令具切實保單，保其遵守本章及附章，斷無違背，果於定章毫無窒礙違背，方能覈准令其承辦。除鑛商承辦鑛務外，至於外人入内地，須領護照，及外人不准在内地租地、賃房、造屋，設立行棧，暨經營他項事業，諸類條款，仍舊施行，絲毫未有更改，即因勘鑛或開鑛，外人入内地，須照舊請領護照。

第六十款，外國商民訴訟法。

凡合股洋商，在内地辦鑛，如與中國人民或他國人民有錢債争訟關係，兩造私自權利者，中國執法官吏，可按照國律向例，秉公剖斷，如有案情别出，爲現在律例所未備載者，並可按照現今各國通例，並參酌中國法律情形，公平斟酌辦理。

第六十一款，外國商民犯罪處置法。

凡合股洋商在中國内地辦鑛，如有犯罪事件，中國執法官吏，可往查問案情，搜檢證物。若遇該國領事遠隔，犯人有逃走之虞者，並可暫時捕拘，移送就近領事官，仍按照條約，照會該國領事官，用該國律例處斷，中國官吏並不强行干預；如領事處斷不能得中國官吏許可，商民悦服，以後該國民人，即不准在本省再請開鑛執照。

第六十二款，外國商民上控限制。

凡關係鑛務事件，受斷者，無論何國人，不服鑛務委員所判准，至本省鑛政總局上控；如仍不服，至本省提法使司，督撫衙門，及至農工商部爲止，無論何國領事及公使，均不得干預。但無論控至何處，均宜按此鑛章剖斷，惟於此項鑛章未經著有明條者，方可援引外國鑛律，仍不得與中國鑛章意義觸背。

第六十三款，保護開鑛外國商民各條。

外國人民，既與華民合股辦鑛，不拘何時，如有打獵跑馬，及種種遊戲事件，有危險之虞者，須稟明該處地方官，指定地界，限定時日，遵照辦理，其餘仍按外人游歷内地章程，從優管待。

外洋合股鑛商，除本人外，暨延訂鑛師及管理機器者數人，非與該鑛確有關係，未與總局允准，有合格護照，地方官不認保護之責。

第六十四款，宣示有鑛地方阻礙事由。

鑛政總局如以某處地方尚未安謐，或經地方官隨時稟明，有礙地方安謐，不宜外人入内辦鑛，可將事由宣示，領稟鑛照者，即不批准。

第十四章，鑛工。

第六十五款，鑛商所定鑛工規條，須經官准。

凡開采鑛物及從事開鑛業務之華人，謂之鑛工。鑛商所定之鑛工規程，必先稟明鑛務委員，然後施行。

第六十六款，鑛工須有詳細簿籍。

鑛商宜備鑛工名簿，記載其姓名、年歲、籍貫、職業，及被僱辭退之年月日，以備查考。

第六十七款，鑛工罷役各條。

如犯下開各項者，鑛工無論何時，可以罷役。

一，鑛商及其使用夥友，有虐待之事件。

二，工銀不按時支給，或有尅扣等情。

三，鑛工作工時刻過多，有不勝其勞苦，以致多成疾病者。

第六十八款，體恤鑛工各條。

鑛商宜體恤工人，其體恤各條，必先稟明鑛務委員。

一，非鑛工之過失，因就業時負傷，應補給醫藥，培養等費。

二，因負傷培養時，給與相當之火食費。

三，或因負傷，以致身故者，應優給埋葬費。

四，或因負傷，以致殘廢者，應酌定期限，給與補助費。

以上四項，鑛商與鑛務委員，公司商酌給發。

第六十九款，辭退鑛工各條。

如犯下開有礙鑛商各款，無論何時，鑛商可以辭退鑛工。

一，違犯中國律例，擾害地方人民者。

二，窩藏匪類，混作鑛工者。

三，投身教堂，自稱教民，混作鑛工，不受地方官員約束者。

第七十款，懲辦鑛工各條。

如犯下開有害地方各款，無論何時，鑛務委員亦可迫令鑛商，清查此等工人，交地方官懲辦，不准鑛商庇護。

一，不聽鑛商指揮使用者。

二，對於鑛商及其夥友，有橫暴之行爲者。

三，鑛商並無虐待尅扣情事，藉端罷工要挾者。

第七十一款，修改鑛工章程。

凡國家保護鑛工，及查禁鑛商虐待工人情弊條款，如有應行修改增益之處，可由本省督撫隨時咨明農工商部，覈定辦理。

第十五章，鑛務警察。

第七十二款，鑛務警察之責任。

鑛務警察事務，由總局飭知鑛務委員攝行，其事大端列左。

一，關於坑內及鑛地所施設之工程，有無危險事。

二，關於鑛工之生命，及其他衛生事。

三，關於保護公益事。

第七十三款，鑛務警察之權限。

鑛務委員如實見所管鑛地有危險之虞，或有害公益者，應稟請總局，命其停工，如事迫不及稟請總局者，該委員亦可命其暫行停工。

第七十四款，停工開工之辦法。

鑛地因事故停止開采，如果加工設法改正後，由鑛務委員勘實，即仍准開工。

〔附〕各國鑛地限制備考

英國

第一等鑛地，四百英畝。

第二等鑛地，二百英畝。

第三等鑛地，一百英畝。

美國

每人所請鑛地，不得過二十英畝。或數人同請，在八人以上不得過一百六十英畝。

法國

自二十英畝起，至多以六方里爲限。

德國

十一英畝至二百二十英畝。

奧國

十一英畝。

日斯巴尼亞國

至少須縱橫各四百米忒。

計開：

鑛務附章目録

第一條，各省鑛政局派員分理鑛務。
第二條，鑛務委員應迴避條款。
第三條，鑛務委員之責任。
第四條，鑛務委員、開鑛小工、巡查兵役，三項均不得用外國人。
第五條，呈請勘鑛執照法。
第六條，允許勘鑛字據。
第七條，勘鑛次第。
第八條，允許勘鑛期限。
第九條，勘鑛期限。
第十條，呈請開鑛執照法。
第十一條，補領鑛照辦法。
第十二條，接充鑛商辦法。
第十三條，業主自行開鑛，應立期限。
第十四條，業主悔議，應償還勘鑛人工。
第十五條，鑛務委員有詰問開鑛人之權。
第十六條，鑛務委員應注明收稟日期次序。
第十七條，鑛務委員不收同地未批之稟。
第十八條，開鑛次第。
第十九條，測繪鑛界期限及其費用。
第二十條，測繪委員呈報鑛圖期限，及禁止阻撓辦法。
第二十一條，測繪鑛界定限法。
第二十二條，鑛界標識法。
第二十三條，測繪委員標定界誌辦法。
第二十四條，測繪委員圖説錯誤責任。
第二十五條，開鑛人宜恪守鑛界。
第二十六條，鑛務委員經理告發事件辦法。
第二十七條，告發開鑛人期限及其條款。
第二十八條，鑛務委員處置訟案權限。
第二十九條，測繪委員對於訟案權限。
第三十條，鑛務委員據稟不實駁還辦法。
第三十一條，鑛務訴訟期限。
第三十二條，鑛務訴訟案卷歸結法。
第三十三條，鑛務訴訟審斷法。
第三十四條，開鑛執照給領法。
第三十五條，請發開鑛執照法。
第三十六條，外人稟請合股開鑛辦法。
第三十七條，鑛章不載者，應遵律例。
第三十八條，鑛質與鑛照不同之辦法。
第三十九條，處斷鑛商與該地業主轇轕辦法。
第四十條，鑛界以外鑛質之辦法。
第四十一條，隧峒承領人之利益及其限制。
第四十二條，正章第五十款所指辦法。
第四十三條，鑛務册報。
第四十四條，册報格式。
第四十五條，鑛務特别册報。
第四十六條，册報考查法。
第四十七條，鑛界租完納法。
第四十八條，完納鑛界租券格式。
第四十九條，鑛産出井税銀兩辦法及格式。
第五十條，鑛産出井税價格豫報法。
第五十一條，出井税數目覈准法。
第五十二條，短納鑛界租及出井銀兩懲治法。
第五十三條，鑛局簿記法。
第五十四條，鑛務注册辦法。
第五十五條，注册之件作爲合例證。
第五十六條，鑛政局公費。
第五十七條，鑛務局費。
第五十八條，鑛商帳簿格式。
第五十九條，鑛地各圖之準備。
第六十條，鑛圖之比例尺。

第六十一條，捨棄鑛界辦法。
第六十二條，鑛商應存圖一分於總局。
第六十三條，鑛商呈圖之期限。
第六十四條，鑛商不呈圖之辦法。
第六十五條，保存鑛圖禁令。
第六十六條，鑛圖不完全之罰。
第六十七條，防護積土傾塌。
第六十八條，防護開鑛有妨礙之地面。
第六十九條，防護工程。
第七十條，保護地方墳墓民業生計。
第七十一條，鑛界減少法。
第七十二條，鑛界減少之布置。
第七十三條，鑛照注銷法。

大清鑛務附章

第一條，各省鑛政局派員分理鑛務。

各省鑛政局應就本省産鑛之區，酌派委員，分理鑛務。所派委員，歸總局節制，凡有呈請勘鑛開鑛各執照之禀者，該委員應照定章，經理其事，凡正章附章所定委員應辦各項，執事均應遵辦。

第二條，鑛務委員應迴避條款。

凡有關涉下開各事者，鑛務委員應當迴避。

甲，凡有關涉委員之利益者，無論直接間接，應當迴避。

乙，凡事有涉委員之宗族親戚者，查照大清律例吏部則例，應迴避者，均照例迴避。

丙，如委員或其宗族親戚，因在所管界内争執地産，聽候審官判斷之時，應當迴避。

丁，如鑛務委員與兩造中素有交誼及錢財交涉者，均應迴避。

第三條，鑛務委員之責任。

鑛務委員之責任如左：

一，應照鑛章所定辦法，代具禀開鑛人轉達各事。

二，應照鑛章所定辦法，代具禀勘鑛人轉達各事。

三，如具禀人願請注銷所具之禀，或禀加減，或禀改正，所請鑛界，應照定章代爲禀達辦理。四，以上各禀，除應隨時轉達外，按每月初十日之内，仍應將上月所辦一切鑛務事宜，詳細具報總局。

五，鑛務委員應將駐紥辦公地方，並每日辦事時刻，宣佈鑛商，俾各周知。

六，遵奉鑛務警察法律，隨時查勘已經施工之鑛區。

第四條，鑛務委員，開鑛小工、巡查兵役三項，均不得用外國人。

派駐各州縣之鑛務委員，專係中國官員充當，但須選擇事理通達，略知鑛學，或於鑛務曾有閲歷者，外國官商人民，不得充當，其鑛政局選用之鑛務顧問官，則不拘此例。

所有鑛工及執役巡查人等，皆專用中國人民，不得攙用外國人民。

第五條，呈請勘鑛執照法。

呈請勘鑛執照之禀，必須謹遵鑛務正章二十四款所載，照具正副兩件，送呈該處鑛務委員及該省鑛政局查覈。所請勘鑛之地，由總局飭知地方官查覈，禀復合格者，詳禀本省督撫批准，即行照章填給勘鑛執照，再飭該處鑛務委員，即於副禀標明收禀之日期，備録督撫及總局批准，全文蓋印，發還原禀人收執。

第六條，允許勘鑛字據。

呈請勘鑛禀内，須將擬勘鑛界，或係官地，或係民地，聲叙明白，如爲民地，必須酌給津貼，妥商該地業主，給予允許字據，方予批准，業主允許勘鑛字據格式如下。

立允許勘鑛字據人某某今有坐落某省某縣境内自已鑛地　假編列
第　號計地　畝　分　釐　毫東至　西至　南至　北至　允許
某某於上開界内探勘鑛質，所有應給津貼及賠償該地損失之項，業經彼此議明付清，今欲有憑，立此存照。
地主某某簽押
中證某某簽押

此項允許字據，應須繕寫兩分，一分給勘鑛人收執，一分由勘鑛人送呈該處鑛務委員查覈備案。所勘之地，無論官地、民地，當批准時，鑛務委員務須批明勘鑛人所掘之地，應在所准勘鑛界内，無論横直寬深，不得逾官尺三十尺以外。

第七條，勘鑛次第。

設使禀請勘鑛執照者有數人，皆指請一處之地，其最先具呈之禀，應當儘先覈奪，如果該稟不能覈准，即按各稟次序，先後覈奪。

第八條，允許勘鑛期限。

倘業主或其代表人，與領有勘鑛執照人所商未協，該勘鑛人可向本地鑛務委員處具稟聲請，並具保單，以備津貼業主賠償損失兩項用費。該委員即將勘鑛人所稟之事，知照該業主，儘兩個月内，可以來局申訴不允之故，如業主並無事故，期内不來申訴，逾期即作已經允許論，且於期滿以後，該委員應即妥定辦法，如須妥計保單數目，即應按照所估之數妥定，惟不得逾於實應津貼賠償之數，俟保單填寫明白，呈請批准後，該委員即按下開格式，批注在正副兩稟之尾。

某某縣鑛務委員某某某爲批准事照得某某省某某縣境内　段鑛界東至　西至　南至　北至　編列第　號計地　畝　分　釐　毫現經該地業主允許某某某前往該地勘鑛人呈送保單一紙，計銀　兩，交存本委員處代收，以備將來應賠該地損傷之用。至應賠若干，再由本委員估計估定之後，即在此項保單内提付，須至批注者。

此項副稟，既經批注後，交還具稟人收執，與所領勘鑛執照，均不得遺失。

第九條，勘鑛期限。

自發給勘鑛執照之日起，於限定二年期内，除原請勘鑛執照之人外，鑛政局不得於已准履勘界内，另准别人請領開鑛執照。

第十條，呈請開鑛執照法。

凡欲具呈請領開鑛執照之稟，須繕兩分，並須將下開各款填入。

甲，該具稟人姓名、住址、行業、籍屬何省，或何國，如係公司，亦應遵中國法律注册。

乙，所請之地，共計鑛界若干，必須填寫明準。

丙，所有鑛界坐向。

丁，該地坐落縣内何處。

戊，所請之地，有何種極顯之天然標記，以便認識。

己，擬採何種鑛質。

庚，所覓鑛積之形勢，地住，或脈積，或層積，或散鑛，或别式，均須聲明。

辛，所請鑛地，在該處鑛務委員所管界内何處。

壬，應取具殷實行號保單，隨稟呈送。

第十一條，補領鑛照辦法。

鑛商如將第五條及第十條之鑛照，或有毁損，或遇意外遺失之事，必將其事由稟明鑛政局，再行補領。

第十二條，接充鑛商辦法。

鑛商或因身故，應由合格之接替人承充，限六十日内，必將承充人姓名稟明鑛務委員，轉詳總局。

第十三條，業主自行開鑛，應立期限。

凡稟領開採鑛章第十一款内乙字之鑛質者，若在民地界内，該處委員或本省鑛政局，應自收稟之日始，於十日内，行知該鑛地業主，該鑛地業主應自奉諭之日起，儘一個月内，即須聲明，或願自辦，或因何故不允具稟人辦理。如該業主欲留爲自己開採之用，鑛政局即可酌定期限，飭令該業主應在期内興工開採，仍將前稟存案，以觀該業主是否切實施工，然後爲斷。如該業主奉諭後，於所定一個月内，並不聲明其意見如何，即爲該業主自己放棄不辦。

設使該業主並不稟復，抑或推却不願自辦，又不許别人承辦，或聲明自辦，又不如期開辦，鑛局可按附章第三十九條，妥爲商辦，如再不聽商酌，可詢訪該地方紳民，公論是否宜開，秉公定斷。

第十四條，業主悔議，應償還勘鑛人工費。

地面業主，如已得受津貼賠償，給予允許勘鑛字據，自總局發給勘鑛執照，准予别人履勘之日起，於一年期内，決定自辦，該業主應償還該勘鑛人所用之工費。設使兩造不能互相妥商工費之數目，即按本附章第三十九條所載公斷之法辦理。

第十五條，鑛務委員有詰問開鑛人之權。

如所呈請領開鑛執照之稟，未曾妥遵本附章第十條章程，詳叙明白，即不得覈准，亦不得注册。即使業經妥遵叙明，而鑛務委員尚有疑惑之處，仍可詰問具稟人，並將其所答之詞，當面記入正副兩稟内，並注册備案，該委員備呈案卷與總局時，須將疑惑之原由，及與具稟人之問答，呈明總局，察覈批斷。

第十六條，鑛務委員應注明收稟日期次序。

鑛務委員收到請領開鑛執照之稟，應當具稟人之面，將收稟日期並案卷號數，登入所備專記開鑛執照之注册簿内，並批於正副兩稟之尾爲憑，凡注册稟件，必須確按收稟日期之次序，登入册簿，先後勿紊，不得間留一行空白。

第十七條，鑛務委員不收同地未批之稟。

呈請開鑛執照之禀，既收之後，當鑛政局未經批發以前，所有別人呈請開此鑛地之禀，概不接收。

第十八條，開鑛次第。

如係數人同時請領開鑛執照，所請或方形，或角式，皆在一地，則按本附章第七條辦法，參酌辦理。

第十九條，測繪鑛界之期限及其費用。

自禀領開鑛執照呈請注册之日起，於十日内，應由鑛務委員飭派測繪委員，照測所請鑛界形式，並繪界圖，其鑛界之界誌，與周圍最少三百尺内鄰界，均須標明圖内。測繪費用，每日不得過五兩，統共不得過五十兩，由鑛務委員估定，由具禀人照付。如測繪委員有意遷移時日，准具禀人呈訴，覈實減給。

第二十條，測繪委員呈報鑛圖期限及禁止阻撓辦法。

鑛務委員應准該測繪委員儘六十日内，將所測繪之鑛地圖式，並所具之詳細説帖，各備三分，如期呈覈，並由委員給與該測繪委員文據一件載明。倘有官已批准，而該處民人有藉端阻撓，該測繪委員鑛場所作工程者，即當交地方官，按律懲辦。

第二十一條，測繪鑛界定線法。

凡奉委測繪鑛地之測繪委員，當在鑛地測量之時，須定該鑛邊界直線，再由所定直線，按準子午線，以定角線。

第二十二條，鑛界標識法。

在地面分別鑛界，須按以下各節，以界牌或界石爲標記。

甲，所立界牌或界石，既經定爲鑛界標記，如鑛界一日不改，則此界牌界石，一日不得移動。

乙，所立之界牌或界石，必須工作堅固，並須隨時修理，不可聽其毁壞。

丙，所立界牌或界石之號碼及地位，不論由何號界石，以及前後所立者，務須顯而易見，石上務須刻有該鑛商姓名，並挨次號碼。

第二十三條，測繪委員標定界誌辦法。

測繪委員應在地面標明竪立界誌之地位，且須將所定之地位標繪圖内，與説帖一併呈送。

第二十四條，測繪委員圖説錯誤責任。

凡測繪委員所作工程，所呈圖説報告，如有錯誤，均須擔承其責。

第二十五條，開鑛人宜恪守鑛界。

凡領開鑛執照之人，係按鑛照所載之地爲準，不得增多減少，設因測量不準，或因誤竪界牌、界石，致與鑛照不符，須照更改，若係有意朦混，多佔地段者，議罰。

第二十六條，鑛務委員經理告發事件辦法。

請領開鑛執照，如有他人具禀不服，應由鑛務委員將具禀人之姓名及所以不服之故，一面行知具禀請領開鑛執照之人，一面禀報總局。

第二十七條，告發開鑛人期限及其條款。

如有與禀領開鑛執照者，因不服之故，竟擬興訟，須在該領照人禀批榜示之日起，儘四個月内，具禀聲訴，但其所以不服之故，最少須有下開之一端，方可准禀。

一，有與業主不合者。

二，侵佔毗連方形角式鑛界者。

三，設有已領之地，或全段，或一隅，在其所請方形或角式，或鑛界之内者。

四，藉執照爲護符，魚肉鄉民者。

五，所領開鑛執照，與該地情形不合者。

六，領執照之人，不合鑛商資格者。

七，所領執照，有正章第二十款所開各弊者。

八，領執照之人，一切行事，有故違此次定章者。

第二十八條，鑛務委員處置訟案權限。

除具禀人得悉之後，自行來局，請將原禀注銷外，鑛務委員應將其不服之情節，確切訪查覈辦，如有關係鑛界者，即飭測繪委員前往該處，查勘，具呈圖説，再行覈奪。

第二十九條，測繪委員對於訟案權限。

當查勘鑛界時，或有人來與之争論，無論係領照之人，或係已禀不服之人，或係擬禀不服之人，該測繪委員務須留心聽記，祇可具詳細説帖，呈遞鑛務委員查覈，不可自爲評論。

第三十條，鑛務委員據禀不實駁還辦法。

如有業主具呈不服之禀，聲稱並無鑛積在其地内，惟據測繪委員之報告所稱，鑛積顯然暴在地面，或顯有探峒，或顯有探勘工程，如此則鑛務委員可以駁還所具不服之禀。

第三十一條，鑛務訴訟期限。

鑛務委員於第二十八條訟案查明後，即行傳諭兩造，儘於十五日内到局，飭令合商。

當合商時，鑛務委員應剴切勸導兩造，以免涉訟；倘竟不能遵勸，即應停議，並將所有情形，立時移知地方官，如於四個月内，原告並不到案，鑛務委員即可禀明總局，請發開鑛執照。

第三十二條，鑛務訴訟案卷歸結法。

如四個月期限已滿，並無人具禀不服，或所不服之事，不在第二十七條各節所應准者，又或不服涉訟，經地方官審察斷結者，則所有涉訟一切案卷，鑛務委員應儘十五日内，將案卷全分並圖稿，一切鈔送該省鑛務總局查覈。

第三十三條，鑛務訴訟審斷法。

如所呈之案卷不合批准格式，其不合之處，並非具禀人應執其咎，即由總局將不合之處批明案卷之後，定一期限，飭令鑛務委員遵照所指之處，速爲更改。

假如不合之處，咎在具禀之人，應予懲罰。

第三十四條，開鑛執照給領法。

總局察覈所呈案卷後，如可批准，即按照本附章第三十五條，請發鑛照一紙，並將測繪委員所繪界圖，照描一分，發交鑛務委員，轉給該具禀人收執，爲批准之據。

第三十五條，請發開鑛執照法。

請領開鑛執照之禀，由鑛務總局查驗合格，即詳禀本省督撫，轉咨農工商部覈准，將鑛照填發該局，轉給該領鑛人收執。

第三十六條，外人禀請合股開鑛辦法。

凡禀請開鑛，如係合股，而兼有外國人民具名者，鑛政局應按照鑛務正章第九款，查明合股辦法，是否地面業主允准，以鑛地作股，與外國人合辦，抑係華商出資附股，與外國人合辦。如係業主以鑛地合股，須呈驗合股字據，與鑛務正章第十款之内所載辦法相符，方准請給鑛照。如僅係華商出資合股，而地面業主不願合股，願得地價，則應由官將該鑛地收買，作爲官地股，照鑛務正章第十款所載辦法，與該鑛商議訂合同，彼此允洽，再行請發鑛照。

第三十七條，鑛章不載者，應遵律例。

辦鑛所有産業，合股人或有爭執，如不在鑛務正章、附章所載條款之内者，皆按國家向定産業之律例，交地方官辦理。

第三十八條，鑛質與鑛照不同之辦法。

按照鑛務正章第三十六款，領照人在其禀准之界内，開采各種鑛質，設使所開鑛質，並不在所具之禀，與所領鑛照之内所載者，則須另行禀明，由總局覈准，方可開採别種鑛質。

第三十九條，處斷鑛商與該地業主轇轕辦法。

設如領有勘鑛執照之人，或係領有開鑛執照之人，因勘鑛開鑛，或取散鑛所需，地面業主不止一人，而其中有一段地面，或因該地價之高低，與該地業主不能商妥，地方官即按照下開辦法，妥爲商辦。如全地業主，皆不允願，應由官體察情形，另行酌辦，不得拘定下開辦法。

元，應由兩造各派一估計人，代爲估計，該估計人，應自派定之日起，於十日内，將其所估之數，覆呈地方官察覈。

譬如兩造之估計人所估不一，即由地方官另派一估計人公斷，該公斷人亦應將其意見於十日内具覆。

地方官既將各估計人之意見，及兩造各估計人所言，詳細察覈，證據明確，亦應於十日内，判定所需該處地面之廣狹，及應賠償之多寡。

亭，設該地業主，既經地方官飭知後，於十日内，不派估計人，即由地方官員派一人估計。該估計人無論業主，或執照之人，爲華商洋商，必須秉公覈估，儻有受賄或偏袒之處，一經查出，定行議罰。

利，若不知該地業主究係何人，抑或知而不實，即由地方官代派一估計人。儻辦鑛人所派之估計人，與地方官代業主所派之估計人，所定賠償之數目，不相符合，由地方官自行斷定，其斷定賠償之款，應代留存，備交應得之業主。

貞，凡爲估計人，應將下開三則，作爲估計鑛界之底本。一則，估計地價，二則，估計該地所受損之處，三則，按照本附章第四十二條所載應爲之事。

第四十條，鑛界以外鑛質之辦法。

設如原案僅准開通隧峒，只作洩水通氣，轉運所用之地界内，覓出鑛質者，應在動工之前，按照請領開鑛執照條款，禀由總局覈准，另請給照。

第四十一條，隧峒承領人之利益及其限制。

凡有禀請地段，僅開隧峒，以作洩水通氣轉運之用者，如經批准，則所領地段界内，准該隧峒承領人有先請開鑛執照之權。如有別人擬於該處請領開鑛執照，或全領，或分領者，總局應即知照該隧峒承領人，是否有意添請此地，以爲開鑛之用。該隧峒承領人，應自知照之日起，於三個月内，具禀聲覆。如該隧峒承領人覆稱，不願添領，或不如期禀覆，則期滿之時，總局可將此地准予別人領照，惟該隧峒承領人所有禀准開通隧峒之利，仍舊不失，而後來鑛商，亦不得損壞，或更改，或干預其原有地腹之工程。

第四十二條，正章第五十款所指辦法。

按鑛務正章第五十款所指本章附款(詳列於下)：

一，溝渠之合例義務。即云，設若甲主不防護硔内溝渠，以致乙主產業受損，或甲主不如法極力防護，該溝渠，以致其水流至乙主產業者，甲主應當賠償乙主。

二，如鑛商未經彼此商定，除實在不得已外，不能穿越別人鑛界，以開隧峒。

三，按本條第二節所載之情形，如隧峒所經之地之鑛商，因得隧峒洩水之益，應照硔工所沾之益，貼補該開隧峒之人，其如何貼補，乃按各硔體質及當下情形爲定。

四，凡擬開隧峒者，必須先行禀明，俟由總局批准給照，方許動工，但總局須在給照之前，詳覈鑛務委員所陳之附禀及所呈之圖，其擬開隧峒之横直各段工程，應詳晰分載。

五，當開隧峒，經過某硔之時，某硔商可派一人監工，如見其辦理不合，能只報知鑛務委員，或該處地方官查覈，不能干預工程。

六，設該隧峒與硔工交通者，當開通時，應自行妥設隄防，以免阻運道及路徑。

七，按照本條第三節所開公共隧峒，若非各有關涉之人，公同依允並立約據，且在鑛務委員處注册存案，該隧峒不得另作別用，按照本條第六節所開運道路徑，以及一切詳細情形，於所立約據之内，應聲明如有不遵者，應將此約作罷。

八，如有新開之硔，亦在已設總隧峒之處，而亦可以分沾該隧峒之利益者，即須遵照本條之第三、第五、第六、第七各節辦理。

九，鑛商若須耗費巨款，始能在本界内設辦通氣峒者，其鄰近鑛商，即應准該鑛商就近其界内租用通氣峒，以免耗費巨款。

十，除由此界鑛商與其鄰界鑛商互相立約，並將該約在鑛務委員處注册存案外，彼此應在本界之内，隨時妥設隄防，以免阻運道及路徑通行。

十一，除本條第九節所載外，本界鑛商所開硔工，若令數家之硔工受其通氣之益，本鑛商不得索取酬資，而此家受通氣之益者，亦不得干預本鑛商硔工之利益。

十二，凡開闢通氣工程，並陸續保存通氣工程，所有費用之款項，應由請領開闢工程執照之人，自行開支。

十三，凡爲建造鑛章所載之地腹工程，專爲轉運之需者，須當遵照第二、第三、第四、第五、第六、第十二各節方法辦理。

十四，凡爲開隧峒而在掘起之土沙中，得獲值價鑛苗，若由批准鑛地之界内而得者，應將該苗歸還該鑛原主，若僅由准開隧峒界内而得者，應歸開峒之人領受，設此工程係屬數家合辦者，即按合辦分數照派。

十五，凡於甲鑛利便，而於乙鑛阻礙，必須照下開辦法，方爲合例：或由該鑛主將其許可之事，訂立合同，呈請鑛務委員注册；或由鑛務委員會同地方官審結；或由鑛政局斷結，若乙鑛主不許可，甲鑛商應先禀請鑛務委員裁判，若不服其裁判，再行禀請該地方官判斷，如再不服，即儘兩個月内，上控鑛政局斷結。

十六，如有擬按本條第四、第九、第十二各節造地腹工程者，必須先具一禀，隨同所擬建造工程之全圖及段圖，併呈鑛務委員，轉詳總局，請領執照，方爲合例。所呈之圖，須按訂準之級數爲程度，且將所擬建造工程之分段，及其餘詳細情形，標明圖内，以憑查覈。

第四十三條，鑛務册報。

辦鑛各廠，化鑛各廠，提鍊金屬各廠，煆鑛各廠，鑛内各廠及其餘工業各廠之承辦商人，自開辦起，每月應將上月所辦工程、所用人工、所獲功效，悉行開具校正册報三分，送呈本處鑛務委員查覈。此項册報，務須按月儘初十日以前，送本處鑛務委員處，並須遵照鑛政局隨時頒行之格式，填寫明白。

即使本月之内並未出有鑛砂，亦應據實具報。

第四十四條，册報格式。

按照上條所載，所有應具月報之人，可向鑛務委員發册處，預先請領一月或數月册報格式，該項應需册報格式，儻不先期預爲備領，則所有干係，應歸該具月報之人自行承擔。

第四十五條，鑛務特別册報。

本附章第四十三條所載，各廠商除呈送月報外，凡有本省鑛政局應需之别項鑛務情形，以備編造册報之用者，應當隨時稟呈鑛政局。

第四十六條，册報考查法。

按照本附章第四十三條、第四十五條所載之册報，於送呈後，查無錯誤，即將所呈三分中之一分，交還呈報之人，並將收到日期，批於所還册報之末。

如所呈册報，查出所報不實不盡，或含混不明，該呈報之人，應當科罰，惟所罰之銀，不得過二十五兩。此款若不照繳，該呈報人應當監禁，惟監禁之期，不得逾兩個月，並將所呈册報退還，飭令從速更正呈覈。

第四十七條，鑛界租完納法。

鑛界年租，分爲兩季先繳，即二月十五日與八月十五日兩期，鑛界年租，應在鑛政局繳納，或照正章第四十六款辦理。

所有稟准承領鑛照之人，必須如期親到鑛局，繳納鑛界年租，無須預先知照，以免藉端推諉延誤。第一次應繳半年鑛租，不論何日發照，應在發照之日繳納。

第四十八條，完納鑛界租券格式。

年租既經繳納，即由該局發給印板收單，與繳租人收執，該收單應載之文如下：

甲，單名：鑛界年租收單。

乙，某省某縣。

丙，鑛名、鑛地坐落地方、鑛商名姓、應納鑛租之鑛界數目、鑛照注册號碼。

丁，每半年應納鑛租若干。

第四十九條，鑛産出井税銀兩辦法及格式。

按鑛務正章第四十五款所載，鑛産出井税項，應於每月十五日，按上月所出鑛産之數目，如數在鑛務委員處，或在本省鑛政局繳納。

鑛政局所給出井税銀兩收單，與鑛界年租之收單，格式相同，另加戊字一款，載明何種鑛砂，並出産數目及總值若干。

鑛政局收得各項年租鑛税銀兩，應以一半解呈農工商部，一半留呈本省充餉。

第五十條，鑛産出井税價格豫報法。

鑛政局應於每年正月、七月發一諭單，通飭各鑛商，此後每半年之内，某鑛砂應按某價值，爲收取鑛税銀兩之準則。

酌定各項鑛質價值，應按前六個月各省會之市價，折中覈算爲定率。

第五十一條，出井税數目覈准法。

每月出井税之多寡，應照該鑛商或其代表人報呈鑛政局該鑛每月所産鑛砂數目定奪，如有不實之處，即按懲治條款科罰。

第五十二條，短納鑛界租及出井税銀兩懲治法。如鑛商短繳鑛界年租，或鑛産出井税銀兩者，應由該處鑛務委員立即申稟鑛政局，以便按照鑛務正章第四十三款或第四十七款辦理。

第五十三條，鑛局簿記法。

鑛政局及鑛務委員處，應備注册簿記，詳載辦鑛事務。此項注册簿記，應按收到文件日期時刻，先後登記所有下開各款，務須查詢明白，詳注備考。

一，具稟人姓名、職銜，或公司名號，或獨辦，或合辦，或公司。

二，擬用何種辦法。

三，擬以何日興工，若已興工，即應指明係在何日興工。

四，具稟人住處，與所具各處分廠，其分廠雖在别處已經注册，亦應在該處鑛政局聲明存案。

五，訂約、更約、廢約，無論合辦，及合股公司，皆應聲明。

六，凡用授權文件，委派總理人、代表人，或執事人，或由以上各人繳回該文件者，皆須報明注册。

七，無論合辦及合股公司，凡有加減股本者，皆須報明注册。

八，鑛業所有一切契據。

九，典押鑛業。

第五十四條，鑛務注册辦法。

鑛務注册，應在本省鑛政局或鑛務委員處辦理。

第五十五條，注册文件作爲合例證據。

所有遵章注册存案之文件，自注册之日起，即認爲合例證據，不得因有在前在後，未經注册之文件，以致此項已經注册之件，成爲無用。

第五十六條，鑛政局公費。

鑛政局應收公費開列於左。

一，凡呈請開鑛，經鑛政局發給鑛照，如所開鑛質係黄金或白金或銀或寶石者，按每鑛界收公費銀十兩，雖非此等鑛質，其中含有若干分數，係黄金或白金或銀或寶石者，亦同。其不及十鑛界者，仍應收足公費百兩之數。

二，凡呈請開鑛，經鑛政局發給鑛照，如所開鑛質，並非黄金、白金、銀及寶石，亦無此等鑛質夾雜在内者，按每鑛界收公費銀二兩五錢，其不及四十鑛界者，仍應收足百兩之數。

三，凡呈請勘鑛，經鑛政局填給鑛照者，每執照一紙，收公費銀五十兩。

四，凡補領執照，暨請領隧峒工程執照者，每執照一紙，收公費銀三十兩。

五，凡請減少改正鑛界，經鑛政局批准者，每紙收公費銀二十兩。

六，所有各項文件鑛圖，應呈鑛務委員或鑛政局批驗者，每紙收公費銀二兩。

此條以上各項公費，均歸鑛政局經收，其開鑛執照之費，應由該局照章代收，全數解交農工商部。

第五十七條，鑛務局費。

鑛商除在總局繳存公費外，按照外洋通例，尚有隨時零繳之費用，由該管鑛務局就地收納，即名曰局費，但此項費用，由鑛務委員經收，應按月彙報總局，以便查覈。所有該委員薪水、夫馬應得津貼，暨委紳司事吏役薪工川資，並局中燈火雜用，均由總局詳定章程，按月支給，此外不得私自向鑛商需索分毫，惟鑛務委員甚屬勞苦，或周歷山溪，或深入井底，種種艱苦危險，非同尋常差事，總局必須從優覈給薪水、夫馬、局費、雜支，以示體恤，而除流弊。其局費條目列下：

一，凡呈請勘鑛執照之稟，須經鑛務委員加簽與注册者，各應納局費銀一兩。

二，凡因業主不允請照人勘鑛，以致來局交涉者，應納局費銀二兩。

三，凡稟請承領，或加添，或更改鑛界者，每呈一稟，應納局費銀一兩。

四，凡有代書事件，校對事件，加簽事件，無論驗准與否，每千字或不滿一千字者，應納局費銀一兩。

五，凡有呈請鑛務委員出局辦理公事者，應按往來路程，每里收取局費銀二錢。

六，凡須鑛務委員出局履勘地面情形，並開具稟報者，須納局費銀五兩。

七，凡須鑛務委員往勘硔内情形者，應按深處，每三百尺或不滿三百尺，納局費銀五兩，若須開具稟報者，另須加局費銀五兩。

八，凡校對、加簽測繪委員所呈之圖者，納局費銀一兩，如來局描畫局中所存圖稿，另須局員校對加簽者，亦納局費銀一兩。

鑛局只能照以上各款收取局費，如有格外事件，本條所未載及者，須稟鑛政局覈定數目。

第五十八條，鑛商帳簿格式。

辦鑛者，無論華商獨辦，或華洋商合辦，或合股公司，最少須備帳簿三本：一爲記載所有産業物件與贏虧帳目，一爲流水簿，一爲各户往來總帳簿。另備帳目一本，記載各分理處辦鑛用費，與所出鑛苗净鑛之數目，並出售數目及價值，該帳簿必須由鑛政局頒發一定格式，以歸一律，且裝訂完善。

第五十九條，鑛地各圖之準備。

除批准鑛地之時，由測繪委員所繪之圖外，各開鑛處，均應備存下開各圖，以便隨時查看。

甲，按測繪委員之原圖，預備一張，或由原圖描出，須經校準者，亦可指明所准鑛地之界限、之路徑、之通氣溝渠，及安置機器之處、設廠之地址，並别項地面所占各鑛界之界限、鑛界之數目、邊徑之角度。此圖應與乙圖之程度相同，自圖成之日起，最遲於六箇月内，即應隨時將情形添注更正。

乙，鑛産所屬地面之總圖，或由原圖描出，已經校準者，指明所屬鑛産界限，脈槽之斜形與面層，或冲積面層，或壞鑛。所有地面工程，或孔穴、井眼、鑽孔、屋宇、水道、水塹，貯存雜質之處，官路、鐵路、車路，通電力線、電報線、電話線、接電拖繩，大小陰溝圍棚，及地面所見之物，須當保護，不許其下面掘空者。此圖自告成之日起，最遲於一年内，即須隨時改正。

丙，鑛圖或由原圖描出校準者，指明鑛産界限，各種穴口、隧道、横徑内井、凸形穴横徑、鑛掘撑柱、地腹之路站、火藥庫，現采之鑛脈、鑛槽、鑛牙，所有隔斷鑛積之石，並突入鑛積之石。凡遇槽脈緊要之更變，亦應標明，所有别式之鑛脈，或鑛積之層次迭復者，應照鑛務委員所囑，將其遞層所作之工程，别圖載明。此圖應自告成之日起，最遲於三個月内，即須隨時更正。

丁，硔工段圖，應由鑛井起，指明分段硔工，或全段硔工，並層脈槽各種形勢，暨所有離位之層次，及衝突石等類。

此圖自告成之日起，最遲於一年内，即應隨時更正。

第六十條，鑛圖之比例尺。

所有各圖，定以十百千萬之級數爲比例，前條甲、乙兩節所載之圖，乃按鑛地大小爲定，或五百分之一，或千分之一，或二千五百分之一，或三千分之一爲限，但丙、丁兩節所載硔圖，或以五百分之一，或以千分之一爲限。

第六十一條，捨棄鑛界辦法。

有擬捨棄其鑛者，無論全界，或分界，須將硔圖先行辦竣，直至捨棄之日，如有棄硔工者，必須先將各處硔工，詳細測量妥當，然後方准捨棄。鑛商若因事故，廢棄其鑛，則當呈報鑛務委員，限六十日內，將其因鑛業所建設之房屋，及其他之建造物，一律撤去，若逾期不撤，即將所有者歸地面原主，但鑛務委員應履勘窿內外，凡有關地方安全之物，則不得撤去。

若鑛商逃亡，不知蹤跡，則亦依此條之法辦理。

第六十二條，鑛商應存圖一分於總局。

各鑛商應將第五十九條所載原圖，描出校準，各具一張，呈交鑛政局備查。

第六十三條，鑛商呈圖之期限。

按照第五十九條所載，乙字之圖，應由鑛商每年六月初一日以前校準，交與鑛政局，計每年一次，又丙字之圖，應於每年六月初一日並十二月初一日以前校準，照呈鑛政局，計每年兩次。

第六十四條，鑛商不呈圖之辦法。

假如鑛商不按章程，備存校正各圖者，或不按章程，將以上所載各種鑛圖，呈送鑛政局者，或應須添注之處，而不添注者，鑛政局即另飭繪圖，或添注所漏繪之處，令鑛商照繳繪費。

第六十五條，保存鑛圖禁令。

鑛政局不得將以上各條所載之鑛圖，給與不應給與之人，或圖中所載之事，告知不應告知之人，亦不得將此項鑛圖，與未經該鑛商許可之人觀看。

第六十六條，鑛圖不完全之罰。

如鑛商將某段之鑛圖不呈送，或某段之工程隱匿不報，或故知各圖有錯，而不更正者，該鑛商應當科罰，惟罰款最多不得過銀二千兩，如不繳此款，即當監禁，惟監禁之期，最遠不得過一年。

第六十七條，防護積土傾塌。

凡因勘鑛開坑者，應將所掘之土，堆在兩旁，如山脊式，並須不令坍塌，且須設法妥爲防護，以免行人傾跌坑內，限滿並不開採，應須一律填平。

第六十八條，防護開鑛有妨礙之地面。

設使鑛務委員查有已勘之地，有妨生命，或與大衆往來有礙者，該委員當飭令該勘鑛人或該地業主即將此坑填滿，與地相平，或妥設提防防護。

第六十九條，防護工程。

凡有井口或進硔之道，暫時不用，或只爲通氣之用者，與各種工作口門，非尋常驗鑛之小坑，並提高臺墩，及提高梯路，皆應查察形勢，妥設提防。

第七十條，保護地方墳墓、民業生計。

鑛地如有墳墓，須儘力保護，所有一切工程，應在距離該墳定章尺寸以外，方許施工。歷代有名帝王、聖賢陵墓，相距三十里；先賢名宦墓，相距三里；尋常士紳墓，相距五百官尺，地下亦不准横斜侵入限內。萬一墳墓於鑛有礙，勢難兼顧者，應禀明地方官，並知照該墳主直屬子孫，妥爲商辦，量其情形，從優酌給遷費。

凡鑛產，該處地方不能以有關風水積習空談，阻止開採。惟於民間營業生計，實有妨礙，民情不能允服者，不得稍有强迫，准由該鑛商禀請官局詣勘，再行酌辦。

第七十一條，鑛界減少法。

鑛商如欲所領鑛界減去若干，應禀明鑛政局，並將原領鑛照與鑛圖，隨禀繳呈，所擬減去鑛界若干，亦應注明圖內。

當將鑛界減去若干時，務須按照鑛務正章第三十二款所載照減，不可隨意劈分畸零所畫定鑛界，不可割分互相毗連之處。

第七十二條，鑛界減少之布置。

鑛務委員收到呈請減少鑛界禀件，即派測繪委員一人，測繪所賸鑛界之圖，並遵章安置應立之界誌，且須遵章六十日期限之内告竣，測繪委員用費，應由具禀人照付。

圖工告竣呈進，該委員應在請領開鑛執照注册簿内，及鑛照之上，載明所減鑛界之數目，然後將原照交還原人收執。

第七十三條，鑛照注銷法。

設使鑛商欲將所領之地全行注銷者，應即禀明鑛務委員，或徑禀總局，總局收禀，應即照禀注册備案，仍當遵照本附章第六十一條辦理。

〔附〕《農工商部會奏覈議新定鑛章請酌予變通摺》

光緒三十四年二月初十日，准軍機處鈔交副都統李國杰奏振興鑛務宜設法招徠以泯商人疑慮一摺，奉旨：該部知道。欽此。查原奏内稱，農工商部奏定鑛務正章七十四款、附章七十三條，條理精密，將來鑛務興盛，當可實行無弊，惟現在有不能不稍予通融，以去商人疑慮者。興辦鑛務，當先招勸股商，華僑之經營於南洋群島者，大半以開鑛爲業，閱歷已深，觀摩益善，外人服其精敏，不惜優給利益，以羈縻之。近聞華僑眷念桑梓，亦頗有思展所長，爲祖國濬利源者，祇以適彼樂土，久安於章程寬簡之習，今欲遷地爲良，自不得不格外慎詳，期保將來之名譽。鑛業苟能開辦，事權無所掣肘，則鳩集鉅款，勝算原有可操。所慮者，按照現章，商人承辦之後，或不免與官吏多所交涉，若措施偶有窒礙，不惟難與人争衡，且將無以保血本，此中關係，實啓商人疑慮。擬懇飭下農工商部，會同外務部，將現定鑛章，再行詳細查覈，通盤籌畫，如有現時須行變通之處，應即斟酌損益，請旨施行等語。臣等伏查興辦鑛務，誠宜招勸股商，推廣開採，而華僑挾資内嚮，尤賴維持保護，俾得一意經營。上年奏定鑛務章程，條理周密，防閑限制，實較精嚴，若果鑛務繁興，未始非股實商民之所利賴。原奏以華僑習安寬簡，若照新章嚴定範圍，恐商人之疑慮滋多，臣等體察情形，華僑歸辦鑛務，苦文法之束縛，畏官吏之苛擾，原屬實情。即各省商民辦鑛，現在風氣尚未大開，雖經竭力提倡，或猶不免觀望疑阻，既據該副都統奏稱，鑛章宜酌予變通，擬請將新定鑛章詳加查覈，如有可以變通，與商民多資利益，於公家並無妨損，亦不至別滋事端之處，即斟酌損益，量予通融，以順商情而資鼓舞。其有關涉外交之處，外務部查新章於洋商辦鑛各事，均屬周密，惟與從前洋商承辦鑛務奏定各章程，間有歧異之處，若不量予通融，恐不能一律推行，未免轉多轇轕，所有關係交涉各節，亦應酌量變通，以期融洽而免争論。臣等公同商酌，意見相同，如蒙俞允，當由臣等會同，詳細查覈，重加釐定，再行奏明，請旨辦理。謹奏。光緒三十四年五月十九日，奉旨：依議。欽此。

《商務官報》光緒三十三年九月十五日第二四期《中國化學會草章》

擬組織中國化學會啓

蓋聞衆擎易舉，獨木難支，萬事皆然，爲學尤甚。方今科學昌明，製作鋭進，而當其締創之初，必有人焉。粗具規模，繼有羣起而研究之者，爲之稍稍補苴之、董理之，而於是機體乃大完備，其效用乃廣而博被，是豈非羣策羣力之明驗歟。顧欲合羣力以研究斯學，則必藉團體以範圍之，條理以整齊之，俾知所適從，則學會尚矣。

吾國化學萌芽古矣，冶金之術，陶煉之技，雖乏學理，尚富經驗，則遞衍至今，宜可稱雄於世，乃不謂沉沉數千年，不特無進，大有漸湮之勢，然此猶曰歐亞未通，無可比較也。及互市以後，西土化學已來中國，製造局譯著於前，同文館步塵其後，轉瞬又四十餘年矣，苟於此時聚羣學子之力以研究之，則化學製造雖未必媲美歐美，然以本國所産，應本國所需，必可有餘而無窮。乃事有大謬不然者，玻璃則進口矣，顔料則進口矣，製造銅元之銅則購諸美國，素負盛名之磁則求諸日本，膽腦貴品也賤售於他國，煤含有用之質而不知提煉，石灰等原料遍地皆産而四門汀乃購自異國，種種失利，禿筆難書。方今列國競争，務謀抵制，碱産於西班牙，而法之將勃蘭發明化鈉礬，爲鈉堊之法，以代之；硝出於秘魯，爲製硝酸者所必需，近腦威人並創，得以電力化合空氣之法，以代之，其他德之於英，英之於美，莫不各謀抵制。蓋省却一分進口，即杜絶一分漏卮，計學之公例也。獨吾國則不然，進口之貨湧如山積，來者益多，漏卮愈鉅，而生計乃大貧困，有心人能不爲之隱憂耶。

雖然塞極則通，熱極則風，今莘莘學子已有見及化學之富務者，或研究於國中，或負笈於海外，綜其名數，諒不下三四百人。所最難者，舉一名詞，則彼此不能貫通；攷一原料或土産，尚未明晰；欲編譯書籍，則擱筆再三；欲調查出産，則無從查攷，即使他日學成求用，究竟何處適宜，是否應用，尚無把握。況團體涣散，音問不通，既少聯絡之情，自無協助之責，則待興之工業成敗，尚難逆料，進步改良，更不待言矣。景鎬遊學歐洲，志於化學，目擊時艱，痛心疾首，竊欲聯合羣英，組織一化學會，求吾國化學之進步，杜他族覬覦之野心。顧才淺學疎，自慚駑鈍，而執鞭隨蹬，忻慕良殷，國勢亟矣，諸先生其亦有志於斯乎。謹擬化學學會草章以及辦法如後。丁未六月，留法學生李景鎬。

學會大綱

一，編譯。

甲，定化學名詞。

先由每國會員各擬原質名詞，交各該國會長評定後，轉交總會長鑒定。原質既畢，非金類化合物繼之，金類化合物又繼之，最後擬定有機之無圈類，以及有圈類，每類定名期限，由總會長酌定。此項名詞，悉經總會長鑒定後，即編成字典，除華文特備一部外，其英、法、德、和等文，應單行出版，以洋文爲主，華文附之。此項字典，每年年終再版一次，有所矯正，則更易之。

乙，編譯各國化學書。

教科書

高等小學以上、高等及中學化學教科書，由每國會員分部分門，按期編譯，交各該國會長評定，轉交總會長鑒定，集成一書，以華文出版。

參考書

中學以上大學以下、繁簡適宜之化學參攷書，由每國會員分部編譯，交會長評定，轉交總會長鑒定，集成一書，以華文出版。

工業書

工業化學書，亦由每國會員編譯，交由會長評定，轉交總會長鑒定，集成一書，以華文出版。

以上各書，或有優劣互見者，應悉由各國會長先期釐定，指交各該國會員認譯認編，按期藏事。

二，調查。

甲，本國化學工業及原料出處。

先就各會員所居之本鄉辦起，所有關於化學製造之廠場，以及所産之化學原料，或直接或間接，詳細調查，報告會長，轉交總會長，列表備説，按月發刊。

乙，各國化學工業及原料出處。

各國化學工業，何者自製，何者進口，利弊若何，與吾有否相關，其所有原料産於何處，此項各點均由各該國會員調查詳細，交由會長轉交總會長，列表備説，按月出版。

丙，各國化學廠之規模及内容。

化學廠場，類守秘密，然亦有以學校之名，或個人之交，得以縱觀者，各國會員均宜隨處留心，圖其形式，探其内容，以報告於會長，轉交總會長，按時刊録。

丁，各國化學學堂之細章。

各會員就所在國之各化學學校，時往參觀，譯其細章，并加評語，以告會長，轉交總會長，按級備説，隨時印行。

以上所編譯各書及所纂調查録，由會中提取公款印行，售得書價，每半年結算一次，除扣歸本利外，如有盈餘，出作十股，以一股酬勞總會長，一股酬勞庶務長及職員，一股酬勞任事各會長，一股充會費，其餘六股，按各會員所著字數之多寡而分攤之。

三，營業。

甲，協助募款。

會員有創興化學工業，或關於化學進步之各項事業，如化學學堂、化學陳列所等者，他會員宜量力資助，或代爲招股，如出力甚多者，可由創業會員報告於總會長，特別奬之。

乙，同業保護。

倘本會會員已在某處設立某種化學工廠，而本會之他會員再欲於該處添設同種之廠場者，須報由總會長，酌量該品行銷多寡，特給准許狀，新廠一經添立，其所出貨品，須與舊廠同價出售，違則總會長得令出會。

倘本會會員不得准許狀，遽行添立以會，及外人員、外國人等在某處添立新廠者，不論其直接間接與舊廠争奪利權，本會總會長應以本會公款，力助舊廠，俾其貨品廉價出售，使新廠無可支持，倘新廠既閉，而舊廠漸復固有之利者，須公款及利按期拔還。

倘會員所設廠内有罷工情事，而由在工黨者，則總會長亦得以會中公款補助之，俾得支持到底，其拔還之法，與前條同。又，此廠閙事工人彼廠概不録用，倘此廠所出貨品，適爲彼廠所應用者，則彼廠須向此廠購買，此廠彼廠，均指本會會員所設者而言不得棄此廠，另向外廠購買，但此廠貨品，亦應以廉價售與彼廠，不得抬價居奇。

化學事業所在地，倘有劣紳流氓，非理取閙者，本會當合全力以排斥之。

丙，協助行銷。

彼廠與此廠不相類之貨，倘彼廠託此廠之發賣所代售者，此廠應盡代銷之義務，且盡力揄揚之，倘出力最多，爲該廠主報告於總會長者，總會長亦得特別奬勸之。

凡本會會員所立之廠，如獲餘利，應以百成之一酬勞總會長，百成之一酬贈庶務長及各職員，百成之二酬贈各會長，百成之二酬贈各會員，百成之四捐助本會經費，百成之一損助本會會員所建化學學堂等義舉，至本會公款所營之業，除本利外，以百成之九十按股分紅，其餘同前。

學會草章

命名及宗旨

本會定名爲中國化學會。

編譯以互換智識，調查以定營業之方針，營業以求中國化學工業之發達。

會員

總會長。總會長一員，由各國會長公舉，以熟悉化學，精通內外國文字，並才具開展者爲合格，管理編譯書報之鑒定，規畫本會發達之事件，監督各會員廠場之利害，並有調用會員支配公費，主持懲罰，及管理全會一切事務之權。

庶務長。庶務長一員，由各國會長公舉，以明習化學，辦事妥實者爲合格，管理本會經濟，提調各項事務所，監督職員，主任書報之印刷發賣，規畫交通、陳列、招待事宜。

會長及副會長。會長每國一人，由各國會員公舉學問優長者充之，倘中國、日本等處會員過多，而散處各地者，得就每省分舉副會長各一人，再由副會長公舉各該國會長一人。會長爲各該國會員之代表，爲總會長與會員承轉之機關，擔任各該國會員書報編譯之評定，稽查會員功過，會長亦有編譯調查之權利。

會員。會員無定額，凡習於化學，同情於本會宗旨者，均得入會爲會員，會員有編譯書報，調查貨品，規興工業義舉，圖謀本會發達，評議章程事務之義務，會員於所在國，有選舉及被選舉之權。

職員。書記三四員，代總會長謄寫信件，抄録鑒定之書報等各項文件，各處事務所內，印刷、發賣、陳列、交通、招待等部各設職員一員，以管理之，凡書記職員，均由總會長與庶務長自行辟用，其薪水由會中支給。

自會中總會長至各職員，均由會員監察之。

自庶務長以至各會員、各職員等，均歸總會長節制。

本會各員，均不限任期，如有溺職違約情事，輕則俟大會時提議更易，重則開臨時會以議決之。

會所

總會長所在地爲總會所，會長所在地爲分會所，庶務長所在地爲事務總所，各大埠均得設立事務分所。凡事務總所及事務分所內，應分列印刷、發賣、陳列、交通等部（各所各部細章，應俟本會成立後再擬）。

會費

助款。倘有願助本會經費，數至百元以上者，本會及本會會員之廠場中所出貨品，概贈以折扣權利；其數至千元以上者，並得與本會會員同享分利之權利；若數在百元以下者，每次出書，必酌贈若干部。

捐款。按月或按季捐款，由會員分投勸募，倘遞捐至百元或二千元以上者，與助款至百元以上者，享同一之利益，其數在百元下者，與前條同。

借款。先籌借經費一二萬元，以作譯印書籍等用，常年七釐起息，由各會員分投勸募，此項借款，俟書籍賣出得價即還。

股票。本會再備股票若干張，每張若干元，由會員分投勸購，以作本會興建化學工業之用，每期結算所獲之利，除本利及開銷外，其盈餘分作百分，以百分之十酬勞總會長等，見前其餘九十分，按股分攤。

會期

每年華之七月初一日爲大會期，以總會所爲集會地，各國會員等不能到場者，可將其意見書先期封送總會所，臨時開議大會日，應舉之事件如後。

修改會章。提議總會長以次之不稱職者，商決對付之法。化學名詞之更改。調查經濟出納之盈虧。調查本會全體辦事之成蹟。議決下期辦事之方針，並經濟出納之預算。

臨時會無定期，有重要事，得電告全體會員，徵集意見，以議決之。

入手辦法

組織

現在會未成立，聯絡無人，暫以鎬處爲通信之總機關（住址列後）。

各國同志諸君，接到此項草章後，如有贊成此舉者，請一面開具名姓、籍貫、住址、肄業，或辦事處所之報名條，寄交鎬處，一面將此草章各就所知設法廣佈。此報名日期，歐洲以一九零七年八月三十號爲截止之期，美洲以西九月十五號爲截止之期，亞洲以西十二月初五號爲截止之期。

鎬接到此項報名條後，當將贊成者之名姓、籍貫、住址、肄業或辦事處所，細列一表，通告各國同志諸君。其通告之期，歐洲在西九月初一以後，美洲在西九月十五以後，亞洲在西十二月初五以後。

歐洲同志諸君，接到鎬之通告後，請即就單開入會諸君中，公舉會長一人（每國一員），舉定後，至遲須於西九月三十號報告於鎬。

美洲同志諸君，接到鎬之通告後，請即就單開入會諸君中，各國公舉會長各一人，舉定後，至遲須於西十月三十號報告於鎬。

亞洲同志諸君，接到鎬之通告後，請先就單開入會諸君中，各省公舉副會長各一人，再由副會長公舉各該國會長各一人，舉定後，至遲須於西一九零八年四月初五號報告於鎬。歐美亞三洲各國之會長舉定報告於鎬後，鎬當將各國會長會員之名姓、籍貫、住址、肄業或辦事處所，臚列一表，遍告各國入會同志，各國會長接到此報告後，即請公舉總會長一人、庶務長一人，至遲須於西一九零八年八月三十號舉定總會長，舉定後，鎬當將總機關移至總會長處，然後再由總會長佈告各國會員，此會即爲成立。

中國化學會成立後，各國會員應先開議學會總章，或就本章增損，或另出心裁，由總會長限定日期，尅日藏事，交由各該國會長評定，轉交總會長鑒定，總章既定，續議細則，會章大定後，所有定名詞、譯書籍等事，悉應次第舉行。

《商務官報》宣統元年二月二十五日第四期《南洋第一次勸業會簡章》 一，本會設於江寧省城，招致各省出產工藝物品，以資研究，定名曰南洋第一次勸業會。

一，本會籌集股本五十萬元，作十萬股，每股洋五元，官商各半，按照部定有限公司章程辦理。

一，本會應辦事宜，由認股官商互擔責任，互相考察。

一，本會擇定南京北極閣以北，紫竹林以南，購地七百畝爲會場，設董事會事務所於上海，設坐辦事務所於南京。

一，職員。

正會長一人，南洋大臣任之。

副會長五人，甯藩司、金陵關道、江海關道，餘由在股紳商公舉紳商界之有名望者兩人。董事十三人，在股紳商公舉。

董事會事務所聘用總幹事一人，書記一人，庶務兩人。

會計員兩人，即由董事會內公舉。

坐辦一人，董事公舉，幫辦一人，以及會內應用各員，隨時酌定。

會場幹事員每部一二人。

會場審查員數人。

查帳員二人。

以上職員，自董事以下，均須公舉，惟坐辦一人，董事舉定後，稟請南洋大臣奏派委用。

一，本會集股、陳賽、建築、轉運各項章程，均須由董事會議決。

一，本會股本，俟每屆會事告竣，總揭盈虧，如獲贏餘，除提取官利、花紅、獎勵等項外，其餘若干，按作十萬股勻攤分給，萬一設有虧耗，議定在官股二十五萬中，照數填撥作爲補助，務使官商本利兩項不至有虧，以昭信用。

一，本會開辦，自宣統二年四月起開會，以九月止閉會，作爲一屆，屆期總覈收支全數，決算盈虛，揭帳時聲明由坐辦會同董事局，開股東特別大會，公決第二屆之辦法。

一，開辦之後，萬一各省陳賽之品，一時未能踴躍，須憑董事局議決，由本會派員設法採辦。陳列之品其行運資本，如有不敷，須由坐辦稟請正會長，撥借官款補助，俾資成立。

一，官商股本劃集後，存放上海、南京兩處股實行號，如欲動支款項，須由坐辦協同會計員簽字，方准撥付。

一，各省赴賽之品，凡由出産處運至南京，請南洋大臣奏定概免釐税，輪船、火車水脚減半，並請農工商部通知各省督撫。另由部頒三聯運單，發給南京，由坐辦加用關防，再由上海董事會簽字爲憑，遇有各省商人前來報告由某處轉運某貨若干件來會陳賽，則給以三聯運單一紙，沿途所過關卡，驗有此項運單，毋得留難阻滯。

一，陳賽之品，如有陳賽處售出者，概用印花税，此項印花税，歸入本會收款，另有章程，由正會長奏明照辦。

一，第一會未成立之前商股官息，應請南洋大臣另撥的款填付，不在五十萬資本内動支，以固會本。

一，部類。本會陳列品大別爲九部，其細目别定之。

第一部，農業林業及園藝。第二部，水産。第三部，工業。第四部，採礦及冶金。第五部，機械。第六部，通運。第七部，教育品。第八部，圖書。第九部，美術品。

一，建築。會場建設左列各館舍，陳列各部物品，其願另建别館者，但無背會章，得聽其自行辦理，或由本會代辦，其需地若干畝數，均須於宣統元年四月以前，報告本會事務，以便酌留地位。

一，農業院，第一部陳列品，附植物園。二，水産館，第二部陳列品。三，工業院，第三部兼第四部陳列品。四，機械館，第五部兼第六部陳列品。五，教育館，第七部兼第八部陳列品。六，美術館，第九部陳列品。參考館。華僑陳列。勸業商場。

一，範圍。本會先就南洋試辦，其他各省赴會陳賽，一律看待，惟外國出産製造之品，雖工場設在中國地方，仍列入參考館。

一，觀覽。開會期内，每日午前九鐘至午後六鐘，得縱人觀覽，除左列諸人及别有常券外，須照章購有本會觀覽券，方得入内。

一，本會職員。二，陳列人代表。三，陳列人及其會場内合例之使用人。四，赴賽協會之職員。五，新聞記者。

一，審查。陳列物品除左列諸種外，均須受本會審查員三人以上審查，暗記分數，平均計算，惟審查不得自審查其所陳之物品。

一，在本會所定門類之外者。

二，於九月初一日以後赴會陳列者。

一，褒獎。陳列物品經本會審查員審查，認爲優等者，按照平均分數，由南洋大臣分别咨請，按等獎給文憑、功牌及金銀等牌，分六等，其舉行褒獎贈予式日期，臨時酌定。

一，奏獎。二，超等文憑。三，優等文憑。四，功牌。五，金牌。六，銀牌。

一，印刷。本會陳列品目及各項章程圖式，應於開會期内彙録成書，以供衆覽，其板權歸本會所有。至場内景物，非經本會管理員允許，不得描畫及拍照。

一，本會開會後收入各款，如地租、房租、印花税、售物税、搬運費、公車費及入場券費等項，約計必有贏餘，會竣覈收總數，即以此項先行提還股本五十萬元及各股本八釐官息外，其餘作爲紅利，以二十成分派，股東十四成，公積二成，辦事職員共四成。

一，本會告竣後，除已收款提還股本外，所有房屋地基，一律估價變賣，多少儘數作爲餘利，照數勻攤分給，其有願在場内置業者，仍可以公估之價收入。

一，本會會竣後，除將房屋地基公同勘估變價外，仍議酌留若干，改爲公園遊憩之地，凡此等房屋，即仍照公估價目，填換公園股票，每股五元，即交各股東收執，此後即徵收公園入場費及地租等，以給股息。公園集股章程另詳，惟此事仍聽各股東自主，如有不願改充公園股本者，亦可將原股退還，由本會另覓受者。

本章程有疎漏窒礙之處，隨時由事務所決議，酌量變通，仍不得大相違背，以符奏案，其餘各項細章，均分别定之。

《商務官報》宣統二年十一月初五日第二九期《本部奏遵擬獎勵棉業化分礦質局暨工會各章程摺》 奏，爲遵擬獎勵棉業化分礦質局暨工會各章程，分别繕具清單，恭摺彙陳，仰祈聖鑒事。竊臣部籌備清單内開，第三年應行籌辦事宜，計二十二件，業經分别次第辦理，先後奏咨在案。查原單尚有頒佈獎勵棉業章程、開辦化分礦質局、編訂工課規則三項，爲本年應辦事宜，各項章程，自應及時釐訂，俾資提倡。臣等督飭員司，採集成法，分别纂輯，以鼓舞誘掖，爲獎勵農民之方，以分析化驗爲廣闢地利之原，以合羣覃研爲擴張工業之本。計擬訂獎勵棉業章程十四條，化分礦質局章程十一條，工會章程二十五條，均屬農工切要之圖，如蒙俞允，即由臣部通行各省督撫暨勸業道，分别欽遵辦理。所有獎勵棉業化分礦質局暨工會各章程，分别繕其清單緣由，謹恭摺彙陳，伏乞皇上聖鑒訓示。謹奏。宣統二年十二月二十三日，奉旨：已録。

謹擬獎勵棉業章程繕具清單，恭呈御覽。計開：

第一條，此項獎勵以能改良種植，開拓利源，擴充國民生計者爲合格，其僅以販運棉花、紗布爲業者，不在此列。

第二條，此項獎勵，以該地棉花確係改良種法，收成豐足，棉質潔白堅韌，能紡細紗者爲斷。

第三條，凡向不産棉之地，或向不種棉之地，有能創種及改種棉花，約收净棉萬斤以上者，以及向來産棉之區，實能改良種植，花實肥碩，約收净棉五萬斤以上者，先將姓名、住址及棉田畝數，所種何項棉種，報明地方官存案，俟收穫時，仍報清查驗確實，由該地方官彙齊，比較等第，造具詳册，並附棉樣、棉種，彙送勸業道，詳請督撫咨部覈獎。其獎勵等級，以收棉優劣多寡爲準。

第四條，應得獎勵等差列左：一，奏獎本部一等至四等顧問官。一，奏獎本部一等至五等議員。一，酌獎職銜頂戴。一，獎給匾額。一，獎給金牌、銀牌執照。第五條，每届年終，俟各省督撫彙案報齊後，由部詳細審查，分别等第獎勵。

第六條，獎勵以一年一次爲率，凡第一年得獎者，第二、三年收棉之數，並未加多，無庸再獎；若第二、三年超過第一年，收穫時，仍得加給第二、三年應得之獎勵。

第七條，無論集資創設植棉公司，或獨資農業，及尋常農户，均適用本章程獎勵。

第八條，如有集合棉業會或棉業研究所者，詳擬章程呈覈，俟辦理三年，成績昭著，一律酌量給獎。

第九條，凡請領官荒開墾種棉者，均由各該地方官勘明給照，寬定升科年限，出示保護，並隨時報部立案。

第十條，凡新式軋花機及彈棉、紡紗、織布各項手機，或將本地改良之棉花、紗布運銷外省，所有經過各關卡，應如何優加體恤之處，由部咨明稅務處辦理。

第十一條，如有能仿造軋花、彈棉、紡紗、織布各項手機，運用靈便，不遜洋製者，驗明確實，一律酌給獎勵。

第十二條，各地方官如有能實力勸導，成效卓著者，可由督撫咨明，擇優請獎。

第十三條，凡紡紗、織布各廠獎勵，已在獎勵公司章程内規定者，兹不復載。

第十四條，此章程自宣統三年爲實行時期。以上各條，均係試辦章程，嗣後如有應行更訂之處，隨時奏明辦理。

謹擬化分礦質局簡明章程繕具清單，恭呈御覽。計開：

第一條，化分礦質局以應於各省勸業道署或礦政總局内附設。

第二條，化分礦質局以辨別礦質，化驗成分，考求優劣，俾請辦者確有把握，藉收提倡礦務之實際爲宗旨。

第三條，化分礦質局不任開採礦產，暨調查礦山區域，並關於礦務准駁一切事宜，以清權限。

第四條，化分礦質局得附設礦質研究所，暨礦質陳列館，以廣礦學之造就，而謀礦業之發達。

第五條，化分分礦質局應設職員如左：局長一員，掌理局中一切事宜，以勸業道或礦政總局總辦兼充。經理一員，專任化分礦質事宜，以精於礦學者充之。技師一二員，幫同經理化分礦質事宜，以精於礦學者充之。書記一二員，辦理一切文牘事務。

第六條，化分礦質局内，凡攷驗礦質，一切分析新法所需各種器具、藥料、爐鍋等，均應組織完備。

第七條，化分礦質局之責任如左：甲，承辦化分本省調查員履勘未經開採，或停辦各礦之礦質。乙，承辦化分商人請求化驗之礦質。丙，承辦編訂本省各礦礦質化驗詳細表，每届六個月，印發公佈一次。丁，每届年終，應將本年内所有化驗之礦石，隨同化驗詳表，呈部備查。

第八條，凡礦商來局請求化分礦質，應自礦質到局之日起，儘十五日内，化分完竣，繕具說明書，發給承領。

第九條，凡礦商請求化分鑛質，一切藥料，應按鑛質化驗之難易，以定收費之多寡，至多不過十元。

第十條，各省設立化分鑛質局，准其因地制宜，酌定辦事詳細規則，稟部覈奪，惟不得與部章觸背。

第十一條，此項章程有應增損之處，由部隨時體察情形，酌覈辦理。

謹擬工會簡明章程繕具清單，恭呈御覽。計開：

第一條，本部握全國工業總樞，應於各省籌辦工會，以爲臂指相聯之機關。

第二條，工會以研究工學，改良工藝，倡導工業，拓增實際上之進步爲宗旨。

第三條，工會別爲總會、分會二種，於各省省城應設總會，於各府廳州縣應酌設分會，其有專爲某項工業設特別工會者，應定名爲某工會。

第四條，總會設總理、協理各一員，分會設總理一員，概由各該會董事中投票公舉，稟由勸業道，詳部覈准札派。

第五條，總會、分會各應視會中事務繁簡，以定董事員額之多寡，惟總會至多不得逾二十員，分會至多不得逾十五員，均由衆公舉，會員無定額。

第六條，總會、分會董事，以備具左開各項程度者爲合格：一，品誼。言行純正，未曾干犯法令者。二，才能。曾於工學上確有心得，或於工藝上著有成績，或於工業上富有經驗者。三，資格。或爲該地方土著，或遊宦流寓該地方，已逾五年，且年届三旬以上者。四，名望。平素顧全公益，爲多數商民推重者。

第七條，凡從事工業，已逾五年，且平日行爲端謹，經會中多數職員認可者，得入會爲會員。

第八條，總理、協理均以一年爲任滿，董事以二年爲任滿，每次改選，應於任滿三月前舉行，仍以得票多數爲當選，如總理成績較著，或爲公衆推服，准由該會稟由本省勸業道，詳請聯任，惟不得過三年。

第九條，總分會中各項事務，除關係緊要者，須稟部覈奪外，餘均商承本省勸業道辦理。

第十條，會議分爲二種：一，尋常會議，每月至少三次。二，臨時會議，遇有重要事件，由總理招集，或由多數董事商請招集。凡會議均以總理爲主席，如總理因故不能到會，總會由協理代之，分會由總理委託董事代之。

第十一條，董事暨會員，均應分任調查本地所産之原料及輸出輸入之製造品，並應調查境外及外國所暢銷或新創各物品，隨時報告本會，以備會議時研究參考。

第十二條，工會遇各項工業，有彼此侵害傾軋情事，應妥爲開導規勸。其有營業已著成效，而遭意外失敗者，亦應設法維持。

第十三條，每季或每月，須將會議事項及各種報告刷印成書，發給會中人員，以備參考，並呈部查覈。

第十四條，本部有委令調查事項，應公舉數人分任辦理，詳細禀覆。

第十五條，凡關於裨助工業各事項，均應實力提倡，相輔而行，列舉如左：一，工業講習所。二，工業試驗所。三，勸業場。四，各項製造工廠。五，工業報館。

第十六條，本地所産原料，如有能改良舊商品，或創製新商品者，應設法糾集資本，協力舉辦。

第十七條，凡非工會範圍内應有事項，概不得假工會地集議演説。

第十八條，除關於工業事件，有確蒙冤抑屢訴不得伸理者，得秉公代爲申辨外，其餘訴訟事件，不得干預。

第十九條，不得糾衆罷工，妄肆要挾。

第二十條，凡會中職員私假工會名義，有不正當行爲者，發覺從嚴究辦。

第二十一條，總協理董事各員，凡於任内勤勞特著，經衆公認者，得由部給予奬札，以爲名譽奬勵，其能倡辦或改良工業，確有成效者，得由部按奬勵專章，奏請給奬，以爲特别奬勵。

第二十二條，開辦及常年經費，或由地方公款中酌量撥助，或由發起人及工商營業者擔任籌措，惟不得勒派。

第二十三條，會中一切開支，概從儉約，每年由董事中公舉二人，分任會計，仍由總協理及董事隨時稽查，每月收支款目，應開明貼示，以供衆覽，年終繕造清册，分給會中各員，並呈部查覈。

第二十四條，各省所設總分各會，准其因地制宜，酌擬詳細規則，禀部覈定，惟不得與部章觸背。

第二十五條，此項章程有應行增損之處，由部體察情形，酌量辦理。

紀事

于寶軒《皇朝蓄艾文編》卷二二《會議奏覆伍大臣礦務條陳疏》 光緒二十四年九月初十日，准軍機處交出使美、日、秘大臣伍廷芳具奏開辦礦務條陳杜弊章程各摺片，本日奉硃批，着王文韶等會同總理衙門議奏，片併發，欽此。臣等查原奏内稱，中國地大物博，各國環伺，乘間要求，非第利其土疆，實亦羡其礦産。我誠定計於先，廣爲籌辦，可貽我民之樂利，即可杜他族之覬覦。從前辦法有三：曰官辦，曰商辦，曰官商合辦。官辦則公款難籌，商辦則私財不給，官商合辦，則商恐受制於官，亦難取信於民。瞻顧徘徊，事機坐失，是惟華商承辦，許附洋股，或相維制，此法誠良。若内地商民，或因資本不足，或因礦師難延，或因機器難購，欲求速效，且資熟手，勢不能不轉任洋商。既任洋商，則必須善訂章程，始可有濟。杜弊之要，約有數端，條陳清地界、訂年限、明抽分、占華股、嚴稽覈、防後患以備採擇等語。臣等查中國礦産富饒，甲於五洲，爲外人所覬覦，已非一日，特以華人資本不裕，向用土法開採，收效無多。近來風氣既開，華商亦多糾集公司，思效西法開採，每以資本不足，請借洋款，事當開辦伊始，利之所在，弊即隨之，自非善訂章程，誠不足以杜後患。該大臣條陳各節，洵屬杜弊防微之道。此次臣等議定章程，已將該大臣陳奏各條，酌爲採入。至原片又稱西人遊歷來華，探測礦産殆徧，人皆洞澈，我反茫昧。應由總理衙門延請上等礦師，并招致曾經出洋肄習礦務學生，隨同總局委員，游歷各省，按址履勘，詳細記載，列册備查。并行知各疆臣，檄下地方官，各就本轄境内，博訪周咨，確查礦産所在，存報總局，庶幾披圖按籍，一一可稽等語。臣等查局中擬設礦務學堂，延請礦師，曾經奏明在案，祇以經費難籌，一時尚未及舉辦。至肄習礦務學生，亦經奏明由南北洋大臣遴派聰穎子弟出洋，尚未據該大臣咨報，從前學生有選派出洋肄業者，并無專習礦務之人，現尚無從招致。惟二十一行省産礦地方，所在多有，與其由總局派員往勘，勢不能周，不若由各該地方官就地查明，較爲切實。應如該大臣所請，由各省將軍、督撫轉飭各該地方官，於所轄境内，察訪産礦處所，無論已開未開，及開而復閉者，詳細探明，確勘繪圖貼説，於六個月内，咨報總局，以憑覈辦。如蒙俞允，即由臣等咨行各直省，遵照辦理。所有議覆各緣由，理合恭摺具陳，伏乞皇太后、皇上聖鑒訓示。再，此摺係礦務總局主稿，會同總理衙門辦理，合併聲明。謹奏。奉硃批：依議，欽此。

光緒二十四年十月十六日。

康有爲《戊戌奏稿·清厲工藝獎創新摺五月》 奏，爲請勸厲工藝，獎募創新，以智民富國，恭摺仰祈聖鑒事。竊臣深維立國致治之故，當審時變清息之宜。孔子時聖，以其知新，故新民爲先，禮時爲大。吾中國之致教風俗，數千年如一揆也，只有保守，而絶無進化者，蓋尊古守舊爲之也。夫中國何爲尊古守舊，蓋一統閉關，無所求望，但君主寡欲，國無兵争大亂，小民不飢不寒，仰事俛畜，養生送死無憾。教化既行，則號稱太平，登封行而頌聲作，以爲郅治之極矣。故中國人語稱天下，印度、羅馬人亦語稱天下，蓋皆限于地域聞見使然也。夫人之願欲無窮，而治之進化無盡。雖使黄金鋪地，極樂爲國，終有愁怨，未盡美善，但使永永閉關，則昔一統之治法，使民無智無欲，質朴愿慤，禮節廉耻，孝弟忠信，相安相樂，亦復何加焉。無如數十年間，汽船自絶海而駛來，鐵路由異域而通至，電線電話可萬千里而通語文，甚且汽球翔舞于空中，雖有高城峻天，亦復無關可閉矣。臣竊怪諸歐小國，僅如吾一府一縣，大如英、德、法、奥、意，亦不過吾一二省，其民大國僅得吾十之一，小國得吾百之一，而大國富強，乃十倍于我，小國亦與我等，其理何哉？深考其由，則以諸歐政俗學藝，競尚日新，若其工藝精奇，則以講求物質故。自乾隆末華忒新創汽機，英人以爲地球復生日，自嘉慶元年，拿破侖募奬新器新書，而精器日出，至今百年，創新器者凡十九萬余，于是諸歐強國，遂以横行大地，搜括五洲，夷殄列國，餘波震盪，遂及于我，自是改易數萬千年之舊世界爲新世界矣。近者電學新發，益難思議，但就往者汽機所成，倍人力者三十，故其國富強之力，亦倍三十，是故安南、緬甸、安尼斯、馬尼達斯加土地人民，與英法比者，英法力實三十倍之，故如巨象之壓猫犬，曾不一蹴矣。吾國土地人民十倍于彼，而富強力三十倍，則亦三倍于我，故吾幸未滅，而爲彼所弱，可比較而得之矣。方今萬國交通，政俗學藝，日月互校，優勝劣敗，淘汰隨之，置我守舊閉塞、無知無欲之國民，投于列國競争日新又新之世，必不能苟延性命矣。臣每思之，恐懼無已。雖然，以中國之廣土衆民，發明新民之義，以知新爲學識，以日新爲事業，奉我聖訓，採彼良規，奬導新機，講求物質，一轉移間，而吾富強加三十倍，無敵于天下矣。夫士農工商，國之石民，而世有輕重。吾國古者首去漁獵，則以農立國，是故分田制禄之經，重農貴粟之論，布滿經史，甚至天子躬耕以勸導之。以重農故，則輕工藝，故詆奇技爲淫巧，斥機器爲害心，錦綉纂組則以爲害女紅，乃至欲驅末業而緣南畝，此誠閉關無知無欲之至論矣。若夫今者汽船鐵路，電線飛球，一器之出，震驚萬國，破變教義，一廠之大，人十數萬，有如小國。若夫德有得賚賜後膛槍而勝奥，有克虜伯炮而破法，工業所關，劇大如此。夫工者因物質生化之自然，而變化妙用之，及至講求日新，精妙入神，則人代天工矣。夫天稱造物，神曰造化，曰造云者，工之謂耳。故國尚農則守舊日愚，國尚工則日新日智，乃理之相尋，視其所導而已。今美國人士晝夜研精，皆日以思創新器爲事，若吾國人之事八股舉業然。若愛的森一創電燈，一創留聲器，不數月而行徧萬國，但彼率舉國人爲有用日新日智之業，吾率舉國人爲無用守舊日愚之業，所行所趨之道相反，故致富致強之道，亦適相反，而成正比例也。夫今已入工業之世界矣，已爲日新尚智之宇宙矣，而吾國尚以其農國守舊愚民之治與之競，不亦慎乎？皇上誠講萬國之大勢，審古今之時變，知非講明國是，移易民心，去愚尚智，棄守舊，尚日新，定爲工國，而講求物質，不能爲國，則所以導民爲治，自有在矣。乞下明詔奬勵工藝，導以日新，令部臣議奬創造新器，著作新書，尋發新地，啓發新俗者。著新書者，查無抄襲，酌量其精粗長短，與以高科，並許專賣。創新器者，酌其效用之大小，小者許以專賣，限若干年；大者加以爵禄，未成者出帑助成，其有尋新地而定邊界，啓新俗而教苗蠻，成大工廠以興實業，開專門學以育人才者，皆優與奬給，則舉國移風，争講工藝，日事新法，日發新議，民智大開，物質大進，庶幾立國新世，有恃無恐，伏乞皇上聖鑒，謹奏。

桐聲《光緒政要》卷二五《准總理衙門奏陳增定礦務章程》 先是上年十月間，曾據路礦總局奏稱，礦務鐵路，誠能辦理得宜，可以益國計，裕民生。然天下事，利與弊恒相因，設辦法稍有參差，將使奸商劣紳，串通影射，壟斷把持，而公正妥實之紳商，反退縮向隅，無以自效。且既辦以後，利益稍有端倪，不肖官吏，又或從而覬覦，百端魚肉，利源未擴，弊竇叢生，斷無可以持久之理。今欲興利除弊，自非慎始圖終不可，如遴選公司，嚴覈股本，示洋股之限制，保華商之利權，及用人購地，選匠鳩工，征收税課，稽查出入等事，亟應明定畫一章程，以資遵守，而垂永遠。謹擬礦路公共章程二十二條，摺内并聲明此後因時制宜，有應行增改之處，隨時體察情形，奏明辦理等語，已奉旨照准通行在案。玆據總署奏陳鐵路一事，於去年十一月初一會奏，通分別緩急次第辦法，均經先後奉旨通行各在案。其礦務自開辦以來，亦有應就前章申明增定者，竊維華洋各商，會同集股，設立公司，在國家一視同仁，准其開辦之本意，原欲令各該商獲均沾之利，非欲令各該商據獨擅之利。今請辦礦務之華洋各商，因章程准各公司勘定產礦處所，動輒混指某省府分若干，縣分若干，並不確指某縣某處，計明段落里數，是徒使奸商串通影射，壟斷把持，轉致公正妥實紳商退縮向隅，無以自效，殊與准辦之本意，大相剌謬。並應明示限制，除已經批准之案，仍照會同辦理外，嗣後各該商請辦礦地，祇准各指定某縣之一處，不准兼指數處，及混指全府全縣，以杜壟斷而均利益。又查前次定章，華洋合辦，一切權柄，操自華商，以歸自主，惟內載已集華股十分之三，即准招集洋股開辦，雖係爲廣招徠開風氣起見，然股本華三洋七，輕重既已不平，事權即恐旁落，易開喧賓奪主之漸。應將原章釐正，除已批准之案不計外，嗣後華洋股本，均令各居其半，方准開辦，以免偏畸，仍由華商出爲領辦，若洋商不由華商領辦，徑行請辦者，概不准行。又查前次定章，各省紳商呈請辦礦，該地方官察其無背章程，即咨報總局覈奪，不得率行批准，其在總局遞呈者，亦必咨查原省，然後批准，以杜朦混招搖等弊。是定章本意，凡由華商呈辦礦務，必須查明批准後，始招集洋股合夥，方免弊端，若未經遞呈，及遞呈尚未批准，先與洋商合夥，指辦某處礦務，迨經行查，實多窒礙難行，徒令該商詣勘等用，不特無以示體恤，且朦混招搖之弊，仍未能除。亦應將原章申明，增定嗣後華商請辦礦務，必俟查無窒礙，業經批准，始准招集洋股，訂立合同，再將該合同呈送，聽候覈准開辦，若先行合夥而後呈請者，概行駁斥。又查前次定章承辦者，自批准之日起，至多不過六個月，即呈報開工，倘迂延不辦，所有批准之案作廢。又內載如有事故，不在此列，然因此而託故遷延者，將徒有標估之名，並無開辦之實。今應明與定限，自批准之日起，統以十個月爲期，無論有無事故，若逾期不辦，即將批准之案查銷，由地方官查明，另招他商承辦，該商不得爭論，餘仍照前次奏定章程辦理。其議開在先各礦，仍照舊覈辦，以免紛擾。此總署奏定礦章之大略也，疏入報可。

邵之棠《皇朝經世文統編》卷六三《山西商務總局集股章程》 山西巡撫部院胡奏設山西商務局摺片，再前准總理各國事務衙門咨議覆御史王鵬運講求商務一摺，奏奉諭旨，飭令各督撫於省會設立商務局，由各商公舉殷實穩練、素有聲望之紳商派充局董，將該省物產行情，逐細講求，以期擴充商利。嗣又准咨議覆前翰林院侍講學士文廷式條陳養民事宜一摺，行令仿照設立商局章程，招集紳商，廣爲勸辦各等因。查原奏內稱，開渠、種樹、繅絲、藝茶、植棉等項，或非晉省所宜，或須逐漸推廣，能否開辦，容臣體察情形，再行奏明辦理。惟所稱葡萄、釀酒、皮毛、筋角等貨，皆係北土所產，自宜及時擴充。查晉省葡萄隨在皆有，尤以文水一帶所產爲最。近年設處教民能仿西法釀酒，其味濃厚芳冽，誠能設局開辦，延請華洋人之精此業者，教之釀造，設法銷售，其利當可與泰西香餅等酒相敵。且古昔酒酤在官，米麵糟麯皆官爲之準量，此則民爲釀售，官爲補助，尤屬有利無弊。至於羽毛、齒革，載在禹貢，本與金錫同珍，今之皮毛諸貨，產自口外者，通行海內，晉省腹地，亦間有之。但工劣質粗，行銷尚滯，若能招商設局，延訂專門，講求機器，舉口內外毛貨加工精造，自可廣銷路而擴利源。惟是人情樂與觀成，難與圖始，晉省僻處偏隅，素未講求西法，商民率皆狃於故常，若但由官設局勸辦，衆情不免疑沮，非得本省殷富紳商、品望素著之人，爲之倡導，恐難集事。查有籍隸山西之刑部候補郎中曹中裕、候選道冀以龢、候選知府劉篤康並皆識見明通，品行端謹，鄉望素孚，擬調該員等來晉，由臣督同司道，與之商辦一切，必能聯絡官商，合爲一氣。俟在省城設立商務總局後，即就本省土貨易於行銷者，先行集資試辦，此外查有可興之利，再隨時推廣，即將來開辦礦務，一切招商集股事宜，亦可派令經理，如蒙俞允，擬請旨飭下部臣，速令該員等來晉，藉資襄助，實於商務大有裨益。謹附片陳請，伏乞聖鑒訓示。謹奏。光緒二十二年五月初九日，奉旨：着照所請，吏部知道。欽此。

公啓者，晉省爲古聖建都，制度文章，率先天下而倡始，然唐俗勤儉，類皆謹厚自安，雖盛時著譽富強，實則仍相古樸，觀於山川蘊蓄，藏富於地，而無法以取之，甚至服賈習勞者，幾遍四方，而輸轉之艱難，莫爲之計，至今而事機日棘矣。溯自海疆互市以來，南北行商頻聞折閱。迨倭韓事起，晉民之商於旅奉者，損失至千數百萬之多，以致市井蕭條，閭閻困悴。夫貧者弱之，始有心世道者，深思其故，豈巧與拙異勢，遲與速異宜，人工之於機巧不可以強爭歟？抑人各一心，而無以自奮，恥於相效，而莫爲開創耳。方今朝廷博采讜言，詔興商務，我蘄帥胡大中丞通籌全局者，開天算各學，以握其源，復奏立商務局，最以裕國阜民，期以集思廣益。竊謂通商惠工，聖道之所不廢，今之商務，非第法泰西之所長，實則復周官之遺意耳。或謂濱海之區，耳濡目染，故業商者易於爭長而取法。晉則見聞所限，瞠乎後矣，不知商務之興，以貨財爲主，晉之貨以煤鐵爲大宗，地利所藏，猶之不竭之淵、不涸之倉也。如能精心采練，設法轉運，則利源日闢，其勃興可以操券，然非聚衆人之力以爲力，合衆人之財以爲財，勢必觀望遷延，因循自誤，利權一失，欲再收回，難矣。譬如家有窖藏，我不自取而仰屋憂貧，一旦他人取之，雖悔奚及。由是觀之，開礦以出煤鐵，火車以利轉輸，實晉中之先務，如織布、火油、毛貨等亦宜次第擴充。近今有志之士，蒿目時難，爭相砥礪，苟能有稗於國計，雖毀家紓難，皆誼不容辭。況本厚者利寬，又有人焉導以先路，有不樂觀厥成，而共襄是舉者乎？紳等躬膺委任，亦思竭盡智能，而全省所關，舉凡開拓振興之策，聯絡保護之方，苟非將伯助予，實恐無能展佈。所望諸同人顧全桑梓，與各省諸君子協力興舉，各來厚資，俾成大業。當玆利源甫辟，在近者實力提倡，在遠者同聲應求，是則深佩而跂望者者也。附呈招股章程，諸乞匡其不逮。謹啓。前渾源州學正、太平柴淇，揀選知縣太谷張惠，內閣中書太谷曹中成，刑部候補主事太平劉篤敬，工部營繕司員外郎靈石何乃□，刑部貴州司主事忻州杭履晉，前京畿道監察御史臨汾曹溶，吏部稽勳司員外郎洪洞賀勛，工部候補主事太谷楊長澡，候選知縣吉州馮作棟，刑部候補郎中太谷曹中裕，候選道介休冀以龢，浙江嚴州府知府太平劉篤康，國子監學正學録夏縣賈景仁謹啓。

一，晉省此次籌辦商務，事煩款巨，首爲開采煤鑪，業已勘定平定、潞、澤三處礦苗最旺之處，以次購機開廠，分鑪煎煉，隨時運銷。次爲火車鐵路，係與煤鐵鹽務運銷相輔而行，潞安、平定兩處并擬接入芦漢幹路，自可搭載客貨，廣開利源。三爲機器紡織，即以本省棉花、毛貨織成布疋氈毯，分路行銷，免致利權外溢，餘如葡萄酒、煤油、自來火等，皆擬次第招商興辦。計購機鑪、鋼軌，置路設棧，一切約需成本銀八百萬兩以上，方敷周轉。現就本省所招股本銀兩，先行擇要試辦，一俟商股招齊，即當次第辦理。

一，用款既多，不得不廣爲招徠，除本省紳富官場，由總局收銀付息外，所有外省招商集股事宜，現擬稟明撫憲，札委妥實紳商分赴外省通商各口岸，廣爲招集，其收款匯解，統由新泰原、大德通、大德恒等票號就近經理。

一，所招股本，每股庫平足銀一百兩爲一股，自一股至千股，皆可附搭，每股作兩次交，自注册之日起，每股先交銀五十兩，付給局中收條。半年後，定爲二次交銀之期，再交銀五十兩，即將前次收條繳回，由經手之票號換給股票息摺，以憑取利分紅，如第二期之五十兩不交，即將股分銷除，并將以後應得紅利扣除，不能分派。

一，晉省設局督辦紳辦，照中國買賣常規，參以外洋公司章程，所有各項司事，多於商股之中選充，以期得力，不派委員，并除去書差、文案名目，其掛名乾館之類，一律禁絶，靡費既少，利息自豐。至各項出入，均有總簿，每日有流水，每月有小結，每年一總結，隨時皆可查覈，而有股之人，亦可隨時入局察看。開辦一年之後，按年刊刻總結清單，分寄各省，俾有股者一覽而知，以免蒙混侵蝕各弊。

一，各股應得息銀，均自各事開辦之日起算，如礦務係從開煉煤鐵之日起，鐵路係從開車行走之日起，織布係從開機動工之日起，每年除正、臘、閏不計外，其餘十個月，按五釐行息，余外再分紅利、付利，分利皆於年內臘月中旬，由晉省總局先期知會各省，即由各票號就近按摺支付。

一，商局辦有成效，至結帳之期，除將每年官利應提稅課，及紳董礦師薪水、局費，勇糧一切開支外，作爲十股，計算二成提充公用，一成提作總局花紅，餘七成按股均分作爲紅利。如擴充鐵路及推廣生意，需添湊成本之處，或即從此七成內提款，或另請股東添本，均由總局臨時知照股東辦理。

一，股大任重，許派人常川在局，充當司事，以便檢查。凡股分一萬兩以上准派一人，二萬兩准派兩人。到局應辦何事，應受薪水若干，須由總局量才酌派。若其人不稱職，或不安本分，准由總局隨時謝退，仍請原主另派，不得徇情誤公。

一，本局興辦各事，需才甚多，所有司帳、監督、工匠人等，均量才器使用，約給薪工，按月支發，不准掛借挪移。除飯食、燈油、紙張、雜用按照實數開銷外，所有應酬等項，概不得冒銷，倘有侵漁虧空等弊，由局總辭退另舉，仍惟原保之人著追賠墊，以重公項。

一，晉中五金各礦最多，自設商局後，不得任意私開，如各省有願出己資集股開採者，除平定、潞、澤三處外，准其妥議章程，稟由地方官詳請大憲覈示，一面親到總局，公同考覈，俟奉批准後，再由本局照章勘驗，稟明後發給憑單，收取帖費，傳令開採。此外如織布，製造洋火、紙酒之類，凡須購機辦理者，皆許各商出名認辦，然總須由總局發給憑單，以昭畫一。如有私行招股，虛設公司，影射漁利，欺騙所至，或累及本局聲名，一有風聞，即當認真查察，稟請嚴究。

一，晉省設局，量力任事，嚴禁糜費，可無意外虧折，如或日久利微，亦斷不累及股主，派認虧空，特先聲明，俾無顧後瞻前之慮。

一，買得股票後，或有要事需款，願將股票轉售於人者，聽其自便，本局按期付利，但憑股票股摺辦理，惟不准中路抽掣股本，緣股銀皆已成貨，不能摇動大局。

一，各廠章程均用西法，開鑛之礦師、製造之洋匠，均須稟明撫憲，函知出使大臣，在各國訪延名手，訂請來華，綜理一切，庶不致虚糜巨款。

一，晉省設局，官與紳商同心合力，不恃官勢，不侵商權，銀錢帳項，買賣各事，紳商經理彈壓，地方保護利權，官爲主持，如有事涉衙門，有紳承當，決不致貽累商民，無可疑懼。

一，晉中設局，本係創辦，凡各省官紳士商，有能明晰機器製造、礦務利弊者，或訪聞總局中有何弊端，無論有股無股之人，皆可來局面談，或路遠以函相示。要知此事爲保我中國利權，凡我中國之人，諒無不願襄成此舉，本局中深願集思廣益，決不敢自私自用，蔽塞聰明。

一，本局創辦之始，週年行息初定三釐，因恐商情不能踴躍，故改定五釐，此後無論外省、本省，一律以五釐起計，以廣招徠。查各公司章程，有臨時擇便酌改之例，本局此次重訂，與前訂者微有不同，總期振興商務，非敢好爲紛更。以上招股章程十五條，均稟經大憲核定，先行刊刻，俾衆周知。此外礦務、鐵路、織布等事，各有專訂章程，隨後稟定刊呈，特先聲明。

「中央研究院」近代史研究所《礦務檔》第一册《外務部奏酌定礦務章程摺光緒二十八年二月初八日》 光緒二十八年二月初八日，外務部具奏，謹奏，爲酌定礦務章程，恭摺仰祈聖鑒事。光緒二十七年十二月二十五日，政務處具奏開辦礦務一摺，奉旨依議：欽此。欽遵抄摺知照前來。臣等當即按照奏内所稱，延聘礦師，查勘礦山，及豫購機器，廣招商股各節，詳加籌議，復於本年正月十六日，欽奉諭旨：派張翼總辦路礦事宜。臣文、臣鴻仍奉命督同辦理，自應仰體朝廷振興之意，悉心籌畫，以濬利源。臣等竊維中國礦產之富，甲於五洲，特以地質素昧講求，開採未能如法，鳩貲試辦，成效茫然。近來風氣漸開，始知西國礦學之精良，機器之利便，然必有能識礦師之人，而後不爲下等礦師所惑，有自製機器之廠，而後不以廣購機器爲難。際此庫款空虚，經費萬難籌措，自不得不借資商力，廣爲招徠。顧華商見小欲速，勢散力微，集累萬之鉅貲，收効在數年以後，勢必遷延觀望，裹足不前，而奸詐嗜利之徒，又往往以一紙呈詞，希圖攬辦，斥之則有所藉口，准之則益啓效尤，甚且勾結外人，輾轉售賣，其弊必至於利權盡失，爲今之計，惟明定畫一章程，使人人曉然於厚生利用，但能上下交益，國家固無所私，無論華洋各商，皆可照章承辦。其有違背定章，任意要索者，仍應堅持駁阻，杜絶弊混，即所以鼓舞商情。臣等博訪周咨，公同商酌，謹擬礦務章程十九條，恭候欽定，如蒙俞允，即由臣部通行飭遵。其有未盡事宜，應由礦路總局，隨時體察情形，奏明辦理。所有酌定礦務章程緣由，謹繕摺具陳，伏乞皇太后、皇上聖鑒，訓示遵行。謹奏。奉硃批：依議，欽此。

謹擬籌辦礦務章程十九條，恭呈御覽。

一，凡擬開辦礦務者，或集華股，或借洋款，均須先行稟明外務部，其稟或自行投到，或由該省州縣詳請督撫專咨到部，俟奉批准後，方可爲准行之據，未奉批准以前，不得開辦。

一，此項稟咨，如外務部覈奪以爲可行，即知照路礦總局，詢以此事可否批准，俟接到可准之復文後，即由外務部知照總局，發出准行執照，此照奉到，方可開辦，其照費視成本多寡，酌提百分之一繳局，以資辦公。

一，開辦之人，必須係原稟領照之人，自行舉辦，不得私將執照轉賣他人，倘欲售賣，或在開辦以前，或已辦之後，須由原辦之人，會同接辦之人，照上兩條復行稟請立案領據，方可轉交接辦。

一，該處地主原有不從之權，須由原稟之人，向其先行説明，商定價銀，報明立案，不得私行交易。倘該地關係國家必須開辦之故，其地主雖有不從之權，亦應聽國家之意，由官公平發給地價，任憑開辦。

一，遞稟開辦者，或華人自辦，或洋人承辦，或華洋人合辦，均無不可，惟地係中國之地，舉辦係由中國准行，無論何人承辦，均應遵守中國定章，倘出有事端，應由中國按照自主之權自定。

一，礦產出井，視品類之貴賤，以別税則之重輕。現酌定煤、鐵、碲、砂、白礬、硼砂等類值百抽五，煤、油、銅、鉛、錫、硫磺、硃砂等類值百抽十，金、銀、白鉛、水銀，等類值百抽十五，鑽石、水晶等類值百抽二十五，均作爲落地税。其有税則未載之礦質，應視物類之相近者，比照抽收。其出口税，仍照章在税關完納，自納出口税以後，内地釐金概不重征。此項出口礦税，爲新增之款，應在税關另款存儲，聽候撥用。

一，各公司承辦礦務，自發給執照之日起，限十二個月内開工，如逾期不開，執照作廢，該礦即由總局另行招商承辦，並登中外各報，聲明某省某礦現因執照作廢。

一，礦山准造枝路，以便轉運礦産，惟只准造至最口，如與榦路相近，即准接連榦路爲止。

一，附近開礦處所，應設礦務學堂，爲儲材之地，該學一切薪水經費，均由該公司自行籌給。

一，凡開辦所需機器材料等件，除運自外洋照章歸海關收税外，内地釐金，概不重征。如在内地採買材料，經過關卡，查明實係運往開礦處所，准給執照，免釐放行，惟不准夾帶别貨，違者照章罰辦。

一，公司顧用礦師，赴各處勘礦，應呈報外務部，咨明各該省督撫札飭地方官實力保護，如有意外之事，惟該地方官是問。至購地開辦，如遇百姓阻撓，及工匠滋事，由公司呈報，地方官即應隨時曉諭彈壓，尤應嚴禁胥吏需索，倘有前項情事，一經查出，或被控有據，嚴參不貸。

一，礦産地畝，民地則照市值購買，官地則令備價承租，惟民地雖購買過户執業，仍須照中國原定田則，完納錢糧，以符賦額。至各礦所用地段，只准足敷蓋廠各用爲限，不得多佔。

一，公司購用地畝，自應公平給價，不得強佔抑勒，亦不得抬價居奇，並不准以有礙風水，藉詞阻該地主不願領價，願入股份，即按照原值，給予股爲憑。

一，採驗礦苗，應須打遇有田舍墳墓所在，設法繞越，如實在無法繞越，應商明業主，由公司優給貲費，以便遷移。

一，礦廠如須安設巡兵護廠，專用華人，所需教練經費口糧，均由該公司自行籌備。廠内除管理機器，經理賬目，必須聘用洋人外，其一切執事工作人等，均應多用華人，該公司從優給予工價。如礦峒有壓斃人口等事，亦應由公司優卹。

一，華人在外洋礦務學堂卒業學生，願回華充當礦師，及外洋各埠華商，願回華礦者，准其外務部明如該生等勘礦確有見地，貲本實在充裕，俟辦有成效後，由外務部奏請給奬，以示鼓勵。

一，各公司承辦某礦，所有華洋股東，國家但任保護，如有虧折成本，國家不認賠償，倘因貲本不敷，借用洋款，亦還與國家無涉。

一，開採以後，每年結賬，除提還本息外，如有盈餘，以成之二五，報効國家。

一，此次新章未定以前，凡已開辦各礦，及曾經議定之處，除出井税課，合同内聲明按照奏定專章者，應照此次所訂第六條辦理外，其餘仍照合同覈辦，以示大信。嗣後華洋各商欲承辦礦務者，均照此章辦理，此外未盡事宜，應俟隨時增損，以期盡善。

王樹枏《張文襄公全集》卷一七九《吕大臣盛大臣來電并致外務部劉制台袁制台光緒二十八年四月初六日亥刻到》 第六款請准英人應能無論何處買地租地，買房租房，以便居住、貿易、製造、連安設機器，以備一切之用。開送時，即痛切辯駁，摒與不議，近來馬使每次會議，仍嘵嘵不休，初執日本馬關約，謂英國須照此推廣。答以日約第三款，係准以暫時租棧存貨，並非許其長遠僑居貿易，及買地買房，設機製造。馬使又謂英人挾巨貲至内地貿易，實於中國有益，如恐滋事，可由領事查明正經商人，取其銀兩押作擔保。答以目前只能照日本約辦，俟中國律例改後，各國商民能悉照中國律例辦理，再行推廣。從前大西洋及葡萄牙條約，均不准入内地買地，設立行棧，即傳教人買地，亦係用教堂之名，不能自買。此時若准英國之請，恐他國亦須效尤，且領事均係見好商人，請給憑據，必無不准，於中國關礙實多，各省斷不能准。馬使又云，現在福公司鑛師可在内地開鑛，即與在内地僑居無異，請問是否歸中國官與中國律例管理。答以與福公司訂立合同，有管理各鑛師之權。馬使又云，中國新訂鑛務章程，無論洋人、華人，俱可入内地開鑛，此即與准其在内地買地租地，僑居貿易無異。答以開鑛新章，不過論其大意，其有洋人承辦者，將來訂詳細合同時，必另有章程，敘明鑛務。洋人歸中國官管轄，斷不能聽其自往買地開辦。馬使遂將買地及安設機器等字抹去，仍再四糾纏，或限制人數，總請籌一善法。當將去臘部願電、江鄂歌電、保定諫電議駁此款，節録出示，馬使仍屬商請部示。竊思此款祇能准照馬關之約，暫行租棧存貨，馬使以日約本可一體均霑，不得謂之利益，必欲較日約有加。近又見都中頒行開鑛新章，無論洋人華人，均可開辦，執以要求在鑛路大臣訂立此章，意在開闢利源，以廣招徠，原不料英使即持以爲准其入内地買地貿易居住之證。海寰等現雖設詞力辯，究不知將來承辦洋人到部遞稟時，能否將該商買地，仍歸中國官買，或租給若干年，或以地作股，及鑛師鑛匠歸地方官或華總辦管轄一節，補行聲明，方不致有礙。此款並聞各國尚以抽税太重，擬請更改可否，乘機並將窒礙之處，詳慎修補，以杜各國藉端援引，別生枝節。此事關繫天下安危，萬難稍爲遷就，務望籌示方略，大局幸甚。海寰、宣懷。歌。

中國第一歷史檔案館《光緒朝朱批奏摺》第一〇二輯《光緒二十八年十月初四日浙江巡撫任道鎔摺》 頭品頂戴開缺浙江巡撫臣任道鎔跪奏，爲紳商承辦礦務，改訂章程，恭摺仰祈聖鑒事。竊照光緒二十四年，浙省紳商高爾伊請設立浙東寶昌公司，開採衢、嚴、温、處各屬煤鐵等礦，向義國惠工公司商人沙標納貸款銀五百萬兩，訂立合同，並取義國公使薩爾瓦葛保款單，擬議開辦章程。稟經前撫臣廖壽豐據情具奏，九月十四日，恭奉硃批：著統轄礦務鐵路總局大臣，會同總理衙門，妥議具奏。欽此。嗣經路礦大臣覆奏，以高爾伊所擬礦章，與奏定通行章程不符，應令妥籌釐正。十月十六日，奉旨：依議。欽此。咨行到浙，當經轉飭去後，兹據該紳商候選道高爾伊於原請承辦浙東衢嚴温處各礦外，又請兼辦浙西杭湖兩府礦務，當飭將前擬章程查照部定新章重加釐訂，並將昔年與惠工公司原訂貸款合同及義使保款單，呈驗禀請奏咨前來。臣查浙省所產煤鐵等礦，多有苗質顯露之處，若能集資開採，得人經理，自足開闢利源。惟本年二月間部定新章，凡開辦礦務，應由外務部覈奪，知照路礦總局復准，俟發出准行執照，方可開辦。今該紳商貸款請開各屬礦產，自應遵照辦理，除將呈送章程咨明外務部、路礦總局查覈外，理合恭摺具奏，伏乞皇太后、皇上聖鑒，敕部覈覆施行，謹奏。外務部議奏。

于寶軒《皇朝畜艾文編》卷二三《會奏明定礦務鐵路章程疏》 本年六月二十四日，遵旨開設礦務鐵路總局摺內，聲明應辦事宜，隨時具奏。九月初十日，議復胡燏棻條陳礦務事宜摺內，聲明另行覈定章程各在案。臣等查礦務鐵路，誠能辦理得宜，可以益國計，裕民生。然天下事，利與弊恒相因，況此事至繁重，辦法稍有參差，將使奸商劣紳串通影射，壟斷把持，而公正妥實之紳商，反退縮向隅，無以自效。且既辦以後，利益稍有端倪，不肖官吏，又或從而覬覦，百端魚肉，利源未擴，弊竇叢生，斷無可以持久之理。今欲興利蠲弊，自非慎始圖終不可，如遴派公司，嚴覈股本，示洋股之限制，保華商之利權，及用人、購地、選匠、鳩工，徵收税課，稽查出入等事，亟應明定畫一章程，以資遵守而垂久遠。臣等博訪周咨，就華洋成式中斟酌採擇，謹擬礦務鐵路公共章程二十二條，恭候欽定。如蒙俞允，即由臣局通行飭遵，此後因時制宜，有應行增減之處，再由臣等體察情形，隨時奏明辦理。所有明定礦務鐵路章程緣由，理合恭摺具陳，伏乞皇上聖鑒訓示。再，此摺係礦務鐵路總局主稿，會同總理各國事務衙門辦理，合併聲明。謹奏。奉硃批：依議，欽此。

礦務鐵路公共章程二十二條

一，礦路分三種辦法：官辦、商辦、官商合辦。而總不如商辦，除未設總局以前，業經開辦者不計外，此後總以多得商辦爲主，官爲設法招徠盡力保護，仍不准干預該公司事權。

一，總局奏准未經奉旨設局以前，無論官商擬辦未確之事，均應報明，聽候分別准駁，不得作爲定案。所有設局以後，各省開辦礦務，無論官商、華、洋，均應按照本總局奏定章程辦理，其有援引設局以前各省礦路章程請辦者，概不准行。

一，東三省、山東、龍州三處礦路事務，均與交涉相關，此後無論華洋股分，概不援案辦理。

一，礦路本係兩事，准分辦，不准合辦。凡鐵路公司所有沿路開礦章程，不得援案請辦，即礦山准造支路到水口，以便載運礦產，亦祇准造至最近水口，併不得搭客載貨，暗佔鐵路利益。其有應造支路運礦之需本，須先行繪圖，報明本總局查覈。

一，承辦礦路，俱設立學堂，以爲儲材之地，業已奏明通行，一律照辦。

一，各省紳商有遞呈該省地方官，請辦礦務事宜者，該地方官先察其人，如果公正可靠，家資股實，其所請辦無背奏定章程，即咨報總局覈辦理，不得率行批准。其有在總局遞呈，亦必咨查該紳原籍地方官，確實無疑，然後批准，以杜招摇等弊。

一，礦路公司勘定某處必經之地，應由地方官先行曉諭，俾衆咸知，不得故意抗玩。至公司買地，遇有廬墓所在，務當設法繞越，以順民情而免争執，不得勉强抑勒。

一，凡經總局批准承辦礦路者，自批准之日起，無論華股、洋股至多不得過六個月，一准開工，不得遲延。未據呈報開辦日期者，所有批准之案作廢。如實有意外之事，不在此例，亦須預行報明。

一，集款以多得華股爲主，無論如何興辦，統估全工用款若干，必須先有己資及已集華股十分之三以爲基礎，方准集洋股。如一無己資，專集華股洋股與借洋款者，概不准行。

一，借洋款必須先禀明總局，由局覈定，給予准照，該商方能有議借之權，仍聲明商借商還，中國國家概不擔保。其未得准照，私與洋商借者，雖稱已經畫押，總局概不作據。

一，公司借用洋款，議定草合同，先送總局覆覈，如與總局奏定章程不符，仍不能以草合同作據，應飭令再議，始終意見不同，可與他國商人另議。如洋商私相借貸，設有虧累，不得向總理衙門控追。

一，設立公司，有准用借洋款者，應照成案，由本總局咨明總理衙門內，照會該國駐京大臣照覆後，方爲定准。即洋商有情願借款與該公司者，亦須稟明該國駐京大臣，照會總署，由總署咨詢本總局，是否准該公司定借洋款，照覆後方能作據，否則作爲私借辦理。

一，凡辦礦路，無論洋股洋款，其辦理一切權柄，總應操自華商，以歸自主，惟該公司所有賬目，應聽與股洋商查覈，以示公平。

一，有人興辦礦路，聲稱已集貲本，及股分若干者，應將銀款呈明驗實，以徒冒混。

一，各省凡辦礦路地方，必有借重地方官之處，如有地主阻撓，工役聚衆等事，一經公司呈報，該地方官即妥爲曉諭彈壓，毋得推委，尤應嚴禁胥役訛案情弊，如不切實保護，准公司呈訴總局，查實奏參。

一，凡公司彼此争利，或他事有礙公司利權者，應就近由地方官判斷，免致兩傷，或因判斷不公，准稟由總局詳細覈辦，以示保護。如係華商彼此争執，應由兩造各請公正人理論判斷，倘實因判斷不服，准其另邀局外人調處。兩國國家，不必干預。

一，凡礦路所用洋人，前往各處勘驗，應責地方官切實保護，不得推諉，倘遭意外之處，惟該地方官是問。

一，凡華人承辦礦路，獨力貲本五十萬以上，查明實已到工，辦有成效，或出力勸辦，實係華股居半者，應照勸辦賑捐之例，請給予優獎，以廣招徠。

一，無論獨辦集股，均准專利，至年限長短，俟臨時察看貲本輕重，獲利難易，再爲酌定。

一，礦路經過地方，應設關徵税，及礦産出井出口各處，應由總局會同户部另定章程，奏明辦理。至盈餘歸公之款，鐵路應按十成之四，礦務十成之二五，提出繳部。

一，各公司一切情形及賬目等事，應聽總局隨時調查，或派人前往閲看。

一，各處礦路所有現行一切細章，統應彙送總局覈定，局中另繕表譜格式，分行各省。所有公司辦理礦務情形，應於本年年終如式填寫，送總局查覆。

政學社《大清法規大全》卷七《商部奏勸辦商會酌擬簡明章程摺》 竊維泰西向重商學，列爲專門，其爲商人者，皆以經營貿易之圖，視同身心性命之事，用能任重致遠，凌駕五洲。日本地處亞東，風氣早闢，雖其物産之盛，不逮中國遠甚，而商業蒸蒸日上，亦頗足與歐美抗衡。縱覽東西諸國，交通互市，殆莫不以商戰角勝，馴至富強，而揆厥由來，實皆得力於商會。商會者，所以通商情，保商利，有聯絡而無傾軋，有信義而無詐虞，各國之能孜孜講求者，其商務之興，如操左券。中國歷來商務，素未講求，不特官與商隔閡，即商與商，亦不相聞問，不特彼業與此業隔閡，即同業之商，亦不相聞問。計近數十年間，開闢商埠，至三十餘處，各國羣趨争利，而華商勢涣力微，相形見絀，坐使利權旁落，浸成絶大漏卮，故論商務於今日，實與海禁未弛以前，情事迥異。臣等忝膺恩命，亟思振興商政，上慰宸廑。現在體察情形，力除隔閡，必先使各商有整齊畫一之規，而後臣部可以盡保護維持之力，則今日當務之急，非設立商會，不爲功夫。商會之要義約有二端：一曰剔除内弊，一曰考察外情。中國商人積習，識見狹小，心志不齊，各懷其私，罔顧大局。即如絲茶兩項，爲出口貨之大宗，往往以散商急思出脱，跌盤争售，而一二殷實巨商，亦爲牽累，其他貨物之作僞攙雜，卒至虧本者，難以枚舉。有商會，則亟宜聲明罰例，儆戒將來，此則剔除内弊之説也。中國地大物博，百貨殷闐，特製造未精，販運不廣，利歸外溢，亟待挽回。即如玻璃紙張，洋蠟肥皂之類，凡洋貨之適於民用者，皆華商力能仿造之貨，如果辦理得法，逐漸擴充，不徒自造自用，並可詳探各國市情，以廣銷路。有商會，則必應議設公司，藉圖抵制，此則考察外情之説也。惟商會之設，其中詳細節目，應由各商自行集議，酌定簡章，具報臣部查覈。至提綱挈領，臣部實總其成，入手之方，端資提倡。臣等公同商酌，謹擬商會簡明章程二十六條，繕具清單，恭呈御覽。如蒙俞允，即由臣部刊刻頒行，並擬勸諭各業之商務較巨者，先在京師倡設商會，以開風氣之先。至外省各業商人，有能併心壹志，籌辦商會者，應責成該處地方官，該商等，將會章呈案時，即行詳報督撫咨部，不得稍有阻遏，以順商情。此項章程，將來或有增改之處，仍當隨時奏明辦理。謹奏。光緒二十九年十一月二十四日奉旨：依議。欽此。

政學社《大清法規大全》卷七《商部奏定商會簡明章程二十六條光緒二十九年十一月二十四日》 第一款，本部以保護商業，開通商情爲一定之宗旨，惟商民散處各省，風尚不同，情形互異，本部勢難周知其隱，鉅細靡遺，自應提綱挈領，以總其成。至分條繫目，則在各省各埠設立商會，以爲衆商之脈絡也。

第二款，凡各省各埠，如前經各行衆商公立，有商業公所，及商務公會等名目者，應即遵照現定部章，一律改爲商會以歸畫一，其未立會所之處，亦即體察商務繁簡，酌籌舉辦。至於官立之保商各局，應由各督撫酌量留撤。

第三款，凡屬商務繁富之區，不論係會垣、係城埠，宜設立商務總會，而於商務稍次之地，設立分會，仍就省分隸於商務總會。如直隸之天津、山東之烟臺、江蘇之上海、湖北之漢口、四川之重慶、廣東之廣州、福建之厦門，均作爲應設總會之處，其他各省由此類推。

第四款，商務總會派總理一員，協理一員，分會則派總理一員，應由就地各會董齊集會議，公推熟悉商情，衆望素孚者數員，仍由會董會議，或另行公推，或留請續呈任議決後，稟本部察奪。

第五款，商會董事，應由就地各商家公舉爲定，總會約自二十員以至五十員爲率，分會約自十員以至三十員爲率，就該處商務之繁簡，以定多寡之數。舉定一月後，各無異言者，即由總理將各會董職名稟明本部，以備稽查。至任滿期限，及續舉續任等，悉如上條辦理。

第六款，公舉會董，應以才、地、資、望四者爲一定之程，如下所列，乃爲合格。一，才品。手創商業，卓著成效，雖或因事曾經訟告，於事理並無不合者。二，地位。的係行號鉅東，或經理人，每年貿易往來，爲一方巨擘者。三，資格。其於該處地方設肆經商，已歷五年以外，年届三旬者。四，名望。其人爲各商推重，居多數者。

第七款，商會總理協理，有保商振商之責，故凡商人不能伸訴各事，該總協理，宜體察屬實，於該地方衙門，代爲秉公伸訴。如不得直，或權力有所不及，應即稟告本部覈辦。該總協理設有納賄偏徇，顛倒是非等情，或爲會董及各商所舉發，或經本部覺察，立予參處不貸。

第八款，凡商務盛衰之故，進出口多寡之理，以及有無新出種植製造各商品，總會應按年，由總理列表彙報本部，以備考覈。其關繫商業重要事宜，則隨時稟陳，至尤爲緊要者，並即電稟。

第九款，各會董既由各商公舉，其於商情利弊，自必纖悉能詳。應於每一星期赴會，與總協理會議一次，使各商近情，時可接洽。偶有設施不致失當，若商家有緊要事件，則應立赴商會酌議。其關繫商務大局者，應由總理預發傳單，届期各會董及各商理事人，齊集商會，公同會議，務須開誠佈公，集思廣益，各商如有條陳，儘可各抒議論，俾擇善以從，不得稍持成見。

第十款，商會會議，必須照會議通例章程辦理，凡開議時，應以總理爲主席，該會董事到場者，須有過半之數，否則不應開議。至議事之法，假如一人建議，更有一人贊議，或復有人起而駁議，總之不論人數若干，均須令言者畢其詞，而後更迭置議，擬衆議決，由書記登册，俟下次會議，將前所議決登册者，當衆宣讀，無所不合，即由主席簽字作准。一切會議章程，應按照本部嗣後奏定公司條例（詳見第八十六七條又第八十九條至第九十四條、又第九十九條至第一百二條）辦理，毋得違異。

第十一款，會董或有徇私偏袒情事，致商人有所屈抑，准各商聯名稟告商會，由總理邀集各董會議議決，即行開除其情節較重，查係屬實者，即具稟本部，援例罰懲。至總理、協理或他董通同徇庇等情，准各商稟控到部，查辦誣控者，反坐。

第十二款，總理、協理專司商務案牘，呈報商情，及代商伸理各事，其於商人利益所在，不得稍有所染，即應行提倡，應行整頓，凡可興利除弊之舉，亦必邀同會董，會議議決，方可舉辦，不應偏執專擅，轉拂商情。如有上項情弊，准各董，或各商人公稟到部，察覈辦理。

第十三款，分會辦事章程與總會同，惟按季宜將商務情形，列表報由總會，彙報本部查覈。其應行提倡整頓各事，則就近與會董議妥辦理，移知總會備案。至關商務重要及緊急事宜，仍隨時先行函電本部，一面移至總會，以免遲延。

第十四款，商會既就地分設，各處商情不同，各商會總理，應就地與各會董議訂便宜章程，稟呈本部覈奪，總以有裨商務，無背本部定章爲斷。

第十五款，凡華商遇有糾葛，可赴商會告知總理，定期邀集各董，秉公理論，從衆公斷。如兩造尚不折服，准其具稟地方官覈辦。

第十六款，華洋商人，遇有交涉齟齬，商會應令兩造各舉公正人一人，秉公理處，即酌行剖斷。如未允洽，再由兩造公正人，合舉衆望夙著者一人，從中裁判。其有兩造情事，商會未及周悉，業經具控該地方官，或該管領事者，即聽兩造自便。設該地方官、領事等，判斷未盡公允，仍准被屈人告知商會，代爲伸理。案情較重者，由總理稟呈本部，當會同外務部辦理。

第十七款，商會開辦之始，應先由該地方官體察情形，借給公房一所，以資辦公，一俟積有餘款，酌爲蓋造，逐漸擴充，以臻完備。

第十八款，商會應由各董事刊發傳單，按照本部嗣後奏定公司條例，令商家先辦注册一項，使就地各商家會内，可分門别類，編列成册，而後總協理與各會董，隨時便於按籍稽考，酌施切實保護之方，力行整頓提倡之法。至於小本經記，不願至會注册者，悉從其便，不得勉強，轉失保商本旨。

第十九款，凡商家定貨之合同，房地出入之文契，以及抵押稱貸之券據，凡可執以爲憑者，均應赴商會注册，將憑單上蓋明圖記，以昭信實，而杜誑詐欺僞等弊。

第二十款，中國商人向無商業學堂肄習經商一切，故凡爲商者，悉係父傳其子，師傳其弟，所有行號簿册，各不相同。設有訟告，呈堂覈帳，眉目難清，胥吏藉得高下其手。現由本部釐定帳簿格式如下開三項，即頒行各商會，妥慎印行，各商會並蓋明圖記於上，每季由會董發交各商家，俾如式登記，設有糾葛，即以此項帳簿爲據。至各商每季實需簿册若干，悉任自行酌計開單，加蓋牌號，交會董憑單向商會支給。

一，流水簿，照記每日出入各項。二，收支月計簿，照記積日成月出入各項。三，總清簿，照記全年來貨之源，銷貨之數，往來之存欠，開支之數目，贏虧之實在，以爲一行號之總册。

第二十一款，商會原所以保商，而辦公經費，不可不事籌計。今擬酌輸於商，而仍從保商之意者如下列三項，此外該商會不得於部定章程外，别立名目，再收浮費。

一，注册費。按照各業注册之實數，酌輸毫釐，由該商面繳商會，掣取收條爲准。二，憑據費。按照注册憑據所載之實數，及期限之多寡，酌輸毫釐，由執有憑據人面繳商會，掣取收條爲准。以上兩項，姑列條目，其辦理情形，層折較爲繁重，自應由各商會明定專章，以期輕重適當，詳慎無弊。三，簿册費。按照市價酌定，不得高擡，按季由會董向各商收取，繳呈商會，隨掣收條，如有苛派居奇情弊，准衆商聯名具控本部覈辦。

第二十二款，各商會應於每年底，由總會開列四柱清册，將所收公費，報部查覈。除節省開支外，其實存項下，應以七成爲商會公積，以一成爲總理協理及分會總理紅奬，以二成爲會董紅奬。

第二十三款，商會既以公費七成提爲公積，各分會應按季將餘款解交總會，彙存的實銀行生息，總理及會董，不得任意挪動，違者按例罰懲參處。至應行酌量動支者，除後開各項事宜，准其覈實報銷外，餘須稟准本部，方可動用。一，分會每月不敷開支，並無可再事撙節者，該總理及會董，可公商於總會，由總會會議借墊若干，俟日後有餘，繳還墊本。二，購置房地，添辦應用器具，以及修理擴充等事，均准總理邀集會董會議，酌量開支，惟無論公積若干，總須留存萬金以上，不得全數支給。三，公積之數，約逾五萬兩以外，遇有巨商創設行號公司，足以抵制進口貨物，收回中國利權者，該商集資已得十之七八，尚短二三成，一時無可招集，各會董會議時，可從衆議決，量予資助，用示國家振商之至意，惟該商素無聲望，會中未能堅信者，概不准行。四，大市設值，銀根奇緊，該商爲該處人望所繫，適以積貨過重，不能周轉，一經倒閉，必致牽累商務大局者，總會應舉行特别會議，從衆議決，准將存貨抵借公積款若干，力爲維持。訂期繳還月息，約以四釐爲率，以副保商之實政。其無關商務大局，或以資本虧蝕，致欲停閉者，不得朦混擅移。五，公積款俟日漸充裕，准各商會添建房舍，購置就地所出之精良貨物，名曰陳列所，蓋隱師外國博物院之意，而先從簡便，立有基礎，冀得次第推廣，互相觀感，俾中國商品，漸臻月異日新之效。

第二十四款，商會之設，責在保商，然非一視同仁，不足盡其義務，各商品類不齊，其循分營業者，固多，而罔利病商，自相踐踏，亦復不少。又如柴米、油豆攸關民生日用各物，無故高擡，藉端壟斷等情，該總理及會董務須隨時留心稽察，如有上項情弊，宜傳集該商，導以公理，或由會董會議，按照市情，決議平價，倘或陽奉陰違，不自悛改，准該總理等移送地方官，援例懲治，以警其餘。

第二十五款，現届開辦之初，應先就各省商務最繁、次繁之區，設立總會、分會，嗣後商務日有振興，則商會亦因時推廣。其南洋各商以及日本、美國各埠，華商較多者，亦即一體酌立總會、分會。至考察外洋商務，本部業經另訂專章，行知出使各國大臣，酌派隨員領事，遵照辦理。

第二十六款，凡商人有能獨出心裁，製造新器，或編輯新書，確係有用，或將中外原有貨品，改製精良者，均准報明商會，考覈後，由總理具稟本部，酌量給予專照年限，以杜作僞仿效，而示鼓勵。

政學社《大清法規大全》卷一〇《商部奏出洋華商回至内地請飭各省一律妥定章程切實保護摺》 竊臣部接據檳榔嶼、新嘉坡、小吕宋商董聯名稟稱，商等散處南洋各埠，多係籍隸漳、泉兩府之人，福建商務之興衰，尤爲關切。前閩浙總督許應騤奏設保商局於厦門，遵奉上諭，遴選公正紳董，妥爲籌辦，不准關津胥吏藉端勒索。嗣竟僅以委員司其事奉行不力，上下離情，凡閩人由南洋歸來，按人抽收局費，並無遴選公正紳董，設法保護之實際，致令怨聲載道。擬請奏派公正紳董，駐紮厦門，辦理保商局務，以聯商情而蘇民困。並將保商局積弊，如紳董以市儈混充，有名無實，委員司事人等，半支乾修，商人被人欺凌、投訴不理，添募勇丁，尤多虚額，商人行李，往來未嘗護送，出入款目，從未造報，商人往來，任意勒捐，請領執照，多方留難，斂取商民之資財，有名無實，半歸糜費，南洋華商，至以勒捐局目之等情，刊單呈遞前來。臣等查福建保商局，辦理不善，弊竇滋多，先經御史葉題雁奏參，奉旨飭查，旋據兼署閩浙總督崇善據實查覆，請將督辦不力之道員延年等分別懲處，並聲明現奉諭旨，設立商部，飭令各省分設商務局，厦門保商局，既與商民隔閡，應即裁撤，附入擬設之商務局，專選士商信服之公正紳董，認真督飭，實力整頓，將進出款目，紳董銜名，按月通報查察等語。本年十月十六日，欽奉上諭：著照所擬辦理等因。欽此。是福建保商章程，業由閩浙總督遵旨，妥爲釐訂，以後閩省回籍華商，當可實收保護之益。該商董所請奏派紳士，駐紮厦門一節，自可毋庸置議。仍由臣部咨行該督，迅將改定章程，並所派紳董銜名，咨報臣部查覈。惟臣等伏查華商出洋貿易，不下百數十萬人，南洋各埠略分閩、粤兩幫，若歐美各洲尤以粤商爲多。光緒二十六年正月間，兼署兩廣總督德壽奏明，先在省城設立廣東保商總局，派公正紳士管理，省外沿海各處俟辦有成效，再行體察推廣，奉旨允准在案。該局自開辦以來，有無成效，商民往來，是否稱便，省外各處，曾否推廣，事越數年，未據奏咨有案。此外沿海省分，亦不乏出洋經商之人，本年二月二十三日，奉上諭：現在振興庶政，講求商務，一切應辦事宜，全在得人，尤應體恤商情，加意護惜。各埠華商人等，凡有因事回華者，其身家財産，均責成各省督撫，嚴飭地方官切實保護，即行妥定章程，奏明辦理等因。欽此。欽遵在案。現在各該省疆臣，曾否各就地方情形，妥定章程，設法保護，臣部無憑查察，相應請旨，飭下直隸、兩江、兩廣、閩浙各總督，山東、江蘇、浙江、廣東各巡撫，一律妥定章程，奏明辦理。總期旅居華商樂歸故土，以仰副聖朝惠愛僑氓，無遠弗届之至意。謹奏(光緒二十九年十一月初四日，奉旨一道，已恭録卷首)。

再，臣等查保商局，閩省設於厦門，粤省設於省城，即使逐漸推廣，亦衹沿海各處，不及腹地。傳聞華商回籍後，地方胥吏遇事刁難，里族莠民藉端苛索，或詐取重賄，或勒令捐資，不得已據情控訴，官不爲理，甚至有挾資歸來，不數月而蕩家破産者。似此種種情弊，州縣抑不上聞督撫，無從查究，致令海外僑氓，不得安居故土。現在疊奉諭旨，招徠華商，興辦一切事宜，若不力除積弊，深恐裹足不前，尤失朝廷一再訓誡之意。應請旨一並飭下沿海各省督撫，嚴飭各該管州縣，隨事隨時，認真保護，遇有以上苛待情事，查明按律嚴懲，以恤商艱而通民隱。謹奏。光緒二十九年十一月同日奉旨一道。欽此。

政學社《大清法規大全》卷一四《外務部咨南洋嗣後礦務須奏明辦理不得擅立合同文光緒二十九年十一月二十九日》 查光緒二十四年八月間欽奉諭旨：各直省如有開鑛、築路、借款，及一切交涉事件，均須於事前將辦法詳細奏明，聽候朝廷酌奪，毋得擅立合同，致多窒礙等因。欽此。查近來各省辦理鑛務，未能畫一，現本部申明向章，於光緒二十九年十一月二十三日具奏，請旨飭下各省將軍、督撫，嗣後無論華洋商人訂立合同，請辦鑛産，務須遵照前奉諭旨，先行咨明本部暨商部，詳細覈議，俟將合同覈定後，照案奏明，請旨遵行，毋得遽將所擬合同擅行訂定，致多窒礙等因，本日奉硃批：依議。欽此。相應恭録諭旨，咨行貴大臣欽遵查照，遇有華洋商人請辦鑛務，應將所擬合同先行咨部覈辦可也。

桐聲《光緒政要》卷二九《命議商律》 欽奉上諭：通商惠工，爲古來經國之要政。自積習相沿，視工商爲末務，國計民生，日益貧弱，未始不因乎此。亟應變通盡利，加意講求。前據政務處議覆，載振奏請設商部，業經降旨允准。茲著派載振、袁世凱、伍廷芳先訂商律，作爲則例，俟商律編成奏定後，即行特簡大員開辦商部。其應如何提倡工藝，鼓舞商情，一切事宜，均著載振等悉心妥議，請旨施行。總期掃除故習，聯絡一氣，不得有絲毫隔閡，致啓弊端。保護維持，尤應不遺餘力，庶幾商務振興，蒸蒸日上，阜民財而培邦本，有厚望焉。欽此。

《東方雜誌》第一年第三期《商部奏擬訂礦務暫行章程摺》 竊臣部於光緒二十九年十月間奏定鐵路章程摺内，聲明礦務章程前經欽奉諭旨，飭令劉坤一、張之洞采擇各國礦章，詳加參酌，現在張之洞尚未議定，應由臣部先擬試辦章程等因，奉旨：依議，欽此。欽遵在案。今張之洞業經回任，聞其於泰西礦務各書編譯，尚需時日，臣部自奉旨綜綰礦路事宜，責有專歸，目前風氣漸開，各商紛紛請辦礦務，若無定章准駁，難期畫一，況事關華洋交涉，尤宜審慎周詳。查光緒二十四年十月間，路礦總局曾經奏定礦務鐵路公共章程二十二條，二十八年二月間，外務部又經奏定礦務章程十九條。以上各項章程，覈諸現在情形，均有應行修改增補之處，臣等公同商酌，擬定礦務暫行章程三十八條，開具清單，恭呈御覽。如蒙俞允，即由臣部通行名省遵照，並咨明外務部，照會各國駐京大臣備案，嗣後俟張之洞輯有專書，仍應歸併辦理。謹奏。奉旨：依議，欽此。

《東方雜誌》第一年第三期《商部咨外務部商標注册應由商部管理文》 光緒三十年正月二十八日准貴部咨稱，據總税務司申稱，案查牌號注册一事，准英國大臣將參贊擬改之處函送前來，當查所添之意，均可照行，除將原章十三條改爲十四條，繕備華洋文各一分送呈外，理合備文申請，鑒覈施行，相應將該總税務司改訂商牌掛號章程十四條，照鈔一分，咨送貴部查覈，等因前來。查保護商標一事，原係商律中之一門。近來日本商人屢有各種商牌，紛紛來部呈請注册，本部正在籌議章程，作爲專律。兹准貴部咨送總税務司及英國參贊先後擬訂商牌掛號章程，檢閲諸條，洵屬周密，應由本部詳細參酌，期於華洋商人一律保護，無所偏倚，俟擬定後，即行咨商貴部覈定，再行奏明，請旨頒行，届時再請貴部劄飭總税司遵照，並轉飭津滬兩關暫行代辦，作爲代理商標注册分局，所有發給執照及收納注册公費各事，均應遵照部定章程辦理。再查各國商務均有專管之部省，着爲通例，前年中英續議通商行船條約，係在中國未設商部之先，是以約内第七款載有由南北洋大臣在各管轄境内設立牌號注册局所一處，派歸海關管理等語，現在本部責有專歸，此項商牌注册局所，自應照各國通例，由本部專司管轄。

《東方雜誌》第一年第三期《商部咨外務部商標由商部給照及保護創制版權專利亦歸商部文》 光緒三十年正月二十九日，准貴部咨稱，據總税司申稱，商牌掛號，已改訂備文申呈。伏思津、滬兩關登簿注册，恐兩局號式相混，不如津局均按單數，滬局均按雙數，以免複雜。至各局掛號之標牌，似應知照商部備案，或係按件知照，抑係按期知照，並是否徑行商部，抑應轉遞之處，應請貴部與商部酌定辦法，俾有遵循。再，美約第十第十一款、日約第五款内載，創制及書籍注册兩事，應否歸入津滬注册，抑另設專署辦理，亦請酌奪。查商牌注册改訂章程，續經咨送查覈在案，復據申請酌定注册辦法，並美日約内如何保護創制及版權之利，相應一並咨行貴部，酌覈聲復，等因前來。查本部綜綰商務，凡一切應行提倡保護諸端，皆屬專責，所有商牌注册一事，若非歸併一處辦理，誠如總税司所稱，登簿注册，號式相混，實恐在所不免，且既分津滬兩關注册，即使一用單數，一用雙數，而商人有徑赴本部呈請掛號者辦理，尤恐紛歧。現在商律内之商標一門，本部正擬從速編訂，奏明辦理。總税司所擬津、滬兩關設局注册之處，應改爲由該兩局代辦商牌注册收發事宜，業經咨呈貴部，酌覈在案。嗣後凡商人赴津滬兩局掛號之件，應由該兩局按照定章收費，先給商人收費憑單，一面將商牌式樣隨時徑報本部，按件編號，注册後，填就執照，加蓋印信，寄交該兩局，分別發給，庶不至有複雜參差之慮。仍俟妥定章程，再行咨呈貴部，行知總税務司，轉飭遵辦。至保護創制及版權各利，亦應由本部訂章定律，次第舉辦，相應咨呈貴部，查照覈覆，以憑辦理。

《東方雜誌》第一年第三期《商部咨覆外務部美使函詢商標版權專利籌辦情形文》 光緒三十年正月二十九日，准貴部咨稱，美國康使函稱，案查中美新定商約已經批准交換，可以實在施行。該約第九、第十、與十二各條内載明，保護商標注册及創制各物，並允設文專管衙門，定有創制專律，給發專照。又，書籍、地圖、印件、鐫件，亦援照商標保護之法，極力保護各情。本大臣兹據美國商人稟詢，上項各款，應請明告如何保護，方得享此利益，望早爲查覈，作速見復。查美約所載上項各款，兹准美使函詢，相應咨行貴部，查照覈辦聲復，等因前來。查本部係專管商務衙門，現當開辦伊始，百端待舉，所有商標注册及保護創制各物與書籍等保護之法，本部正在妥擬章程，編訂專律，應俟次第酌定，奏明頒行後，再請貴部照會各國駐京公使，轉飭各洋商遵照，相應咨呈貴部查照，先行照復美使。

《東方雜誌》第一年第五期《商部奏擬訂公司注册試辦章程摺》 竊臣部於光緒二十九年十二月初五日具奏商律公司一門，擬請刊刻頒行等因，奉旨：依議，欽此。欽遵在案。查公司律第二十二條載，凡現已設立，與嗣後設立之公司及局廠、行號、鋪店等，均可向商部注册，以享一體保護之利益等語。臣部編輯商律，首列公司一門，凡有公司局廠赴部注册者，即予以應得之利益，意在力袪曩日涣散之弊，與夫隔閡之情，俾商務得以日臻起色。現公司律雖頒行未久，已有華洋商人陸續到部呈請注册者，則此項章程亟應先爲定妥，以資開辦。在商人，以承領部照爲憑，藉獲遵循之准；在臣部，以各商報名爲斷，實施保護之方。譬如振裘，必提其綱，庶此後商務之盈虚消息，以及各公司局厂是否遵守商律，臣部得以隨時查覈，遇事維持。臣等謹督飭司員，參酌中外情形，擬定公司注册章程一十八條，繕具清單，恭呈御覽。如蒙俞允，即由臣部刊刻，通行各省遵照，並咨明外務部照會各國駐京大臣備案，一面遴選司員經理其事，俾專責成。至此項章程，擬請先行試辦，倘有應行增補更改之處，仍當隨時酌訂，以期周妥。謹奏。奉旨：依議，欽此。

政學社《大清法規大全》卷九《商部咨復南洋洋商附股祇能在於口岸文光緒**三十年六月十八日》**　光緒三十年五月二十五日，接准貴大臣咨稱，准貴部咨所有奏定商律第三十五條及第五十七條原文辦理，並援照鐵路鑛務章程，不得逾華股之數，以示限制，咨行查照到本大臣。查事關全國內地商務，統覈約案，不得不再由其說，以求折衷於是。前議英約，英使因英人惠通公司附有華股，該公司擅營別業虧本，請向附股華商追補。當以違背定章，並以條約本無准華洋合股之條，駁不准理，故擬設此款，以圖追償前虧。嗣允其彼此附股，不能執此追理前案，故約文重在華附洋股，應遵守公司定章。下文所云，英民購中國公司股票，當守本分，與華民之有股分者相同，此不過對待之法，至於准附與否，乃當統覈全約意義，互相考證。是約第八款內，於洋商設廠，既經限以口岸，凡准附股，亦祇能附於華商口岸所設之廠，前文業已聲明，附股設廠，同載一約，先後參觀，其義自見。至日本新約，本援英約，而設日約不但准洋商附股，且准合股經營，合辦公司。所謂合股經營，合辦公司者，即係合設公司及各項貿易而言，與設廠開行，實無二致，更非附股可比。且當日立約命意，因日約第一款已載明，一切悉照各國與中國商定辦法，無稍歧異，其權利商務，亦不得較各國致有軒輊。日約既援英約，而設其辦法權利，又與各國無異，而英約業已載明，洋商祇准口岸設廠，則附股與合辦公司，亦祇能在於口岸，約文意義，不難互證明確。至鐵路各處訂章，多係借資營造，以路作抵，本不能作爲洋商產業。鑛務於新約內，本已許共合資，亦與製造等公司約載限設口岸不同，誠以目下交涉之難，遇事必當加慎，用就管見所及，合再咨請考覈，俾有遵循，等因前來。查公司律第三十五條及第五十七條意義，本部迭准貴大臣來咨，業經詳細申明，兩次通行在案。茲准前因，既以洋商設廠祇准口岸，則商律所載洋商附股，亦祇能在於口岸，自係爲保護華商，預杜轇轕起見。合再據文申明，以免誤會，而防流弊。相應咨行貴大臣，查照備案可也。

《東方雜誌》第一年第九期《商部咨行農工商綜計表填注格式》　一，各省已辦農工商諸政，若局廠、學堂、公司等項，無論官立、私立，均須列表咨部備覈。二，局廠、學堂、公司等項，每所爲一表，不得並立。三，表式大小，悉照部頒尺寸刊刻填注，以便匯訂成帙，不得歧異。四，表式分十一格，按格填注如左：第一格大書某省某局（公司、學堂等仿此）。第二格建置（填注某年月日，由某將軍、督撫奏准設立；私立注某年月日，由某某設立。如私立改歸官辦，或官立招商續辦，其沿革一例填注）。第三格地址（填注設於某府某縣之某地，占地若干，如農務，須注明撥購官私地畝若干）。第四格員董（填注總辦某人，提調某人，及各項辦事人員若干；私立注總董某人，經理某人，及各項辦事人員若干；如有洋工程師、洋教習、洋匠等，更須注明某國某人，訂立合同若干年分；學堂注教習若干，員學生若干）。第五格貲本（填注官款若干，由該省何款項下籌撥；私立注股銀若干，每股銀數若干，共若干股，或官股，或商股，或洋股，或華股，各若干，均須分別填注）。第六格規則（填注辦事章程若干條及一切規模，分別詳載，如有更章，摘敘原委注明）。第七格決算（填注開辦經費若干，當年經費若干，及各項開支分別詳載，其收項若干，及贏餘花紅等項，均須分別填注）。第八格程功（填注辦有何效，學堂注程度何處，卒業若干員；農務注開墾若干頃，有何等種植；工務注有何等新制品，共制若干品；商務注轉運若干處，有何種利益抵制輸入品）。第九格咨報（填注某年月日立表咨部，曾否咨報別衙門立案）。第十格提要（填注該局廠、學堂、公司等親旨所在，以及大略情形）。第十一格隸入（填注該局廠等所有附屬之局廠等項名目，公司、學堂仿此）。五，凡隸入之局廠等項，有事實可報者，仍另立一表，按格填注，而於建置格內，添注隸入某局字樣，餘仿此。六，此表每年一編，責令該局廠、學堂、公司等自行按格填注，呈報匯咨到部備案。

《東方雜誌》第一年第十二期《論商標、注册不應展期》　商標者，所以防奸商之攘奪美名，攙雜僞品，故各國皆設商標注册局，以保各商應有之權，而商務愈盛。中國無之，各國商人嘖有煩言，以爲中國不舉行保護商標之政，則各商虧損甚鉅。於是英商乘專使馬凱來滬會議商約之時，公請馬凱以保護商標一事，要求中國，卒能如願以償，得於英約第七款內載明（中國現亦應允保證英商貿易牌號，以防中國人民違犯迹近假冒之弊，由南北洋大臣在各管轄境內設立牌號注册局所一處，派歸海關管理其事，各商到局輸納秉公規費，即將貿易牌號呈明注册，不得藉給他人使用，致生假冒等弊）。而中美續訂商約第九、第十、第十一款，中日續訂商約第五款，亦均載明保護商標，及書圖版權專利各項，蓋以副各國商人之期望也。夫當中英訂立商約之時，商部尚未設立，故有南北洋派歸海關管理之語。迨美、日兩國與中國續訂商約之時，中國已設商部，故約中但言中國設立注册局所，而不言海關。及赫總税務司則以英約有海關字樣，不待南北洋大臣之命，遽擬商標注册章程，呈請外務部從速施行，其所擬章程，未免有偏袒洋商之處。嗣經外務部咨行商部，商部以爲保護商標，乃商部應盡之責，於是重訂商標注册章程，咨請外務部會奏。外務部遽商之於各國駐京使臣，其後某某等國使臣，商請酌改數語，某某等國使臣則未覆。商部以此項章程，原因各商陸續投稟，亟請注册，故先行訂此試辦，嗣後如有應行商改之處，不妨隨後再定通律，遂奏明請旨，准於本年九月十五日施行。夫保護商標，乃主國應盡之責，亦即主國應有之權。此項試辦章程，既經采擇各國通例，參協中外之宜，毫無偏袒，即不商於各國，亦未嘗不可舉行。乃外務部竟以草稿商之各使，各使嘱改者改之，其體恤各國商人之心，可謂無微不至矣。各國商人貿易中國以來，素以中國不保護商標爲憾，多方設法，竭力要求，一旦竟有開辦商標注册局之期，抑且所定商標，毫無偏袒窒礙之處，則各國商人，當必有歡欣鼓舞之者，而何以十七日北京電，竟謂各國駐京公使，除美、日外，余皆請展商標注册之期，以順商情耶。則商約載明保護商標，順商情也；速定章程，順商情也；以章程之稿，商之各使，順商情也；定期實行，順商情也。十五日開局之後，商人願即來注册者聽之，願稍緩再行注册者亦聽之，何在不可以順商情，而必展緩設局之期，何耶。各使聲言此事，並非有所不願，其言甚甘，然又謂當與美日兩國和衷議辦，不知議辦者何事。竊謂中國之保護商標，乃自盡其責，本無庸各使之干預，各使之請爲展期，已有干預中國商政之迹。故於此展期六個月之間，恐有商改章程之舉。商部自宜堅持定期，勿爲摇動，並聲明各國商人之中，如有不願即行注册者，注册局並不勉強，但開局之期，業經奏定，不可展緩，則亦無所爲不順商情也。

《東方雜誌》第一年第一二期《實施商標注册之糾葛》 實施商標注册之期，本定於九月十五日，當時僅照會英、美、日三國，以此三國會與中國訂立商約也，於是未經照會各國，群起反對，而尤以德爲最。夫辦理商標，本是内政，初不須知會各國，今之照會，是適授人以權，一誤也。如恐人阻撓，則應照會於未奏定之前，不應照會於奏定之後，使無轉圜之地，二誤也。且既照會矣，則各國皆應照會，不應只照會三國，三誤也。其尤大誤者，則開辦之期，距奏定之日太近，路遠之國，不及趕到，致來偏袒之譏，承辦諸員，未必不爲人所籠，四誤也。此次之紛紜，實亦人謀之不臧矣。

政學社《大清法規大全》卷一四《商部咨南洋土法開採柴煤小鑛減輕領照費作爲鑛章附件文光緒三十年十二月初八日》 本部綜綰路鑛，所有鑛務章程，業於本年二月具奏，奉旨允准，並通行各省將軍、督撫，一體欽遵辦理在案。查本部前訂鑛章，係指五金各鑛，及機器開煤成本在萬金以上者而言，至於土法開採柴煤一項資本在萬以下者，均未列入。嗣准熱河都統以該處地瘠民貧，凡小本經營，必須量加體恤，先後咨請變通鑛務辦法。又據辦理安徽蕪湖晉康煤鑛公司吴德懋先後禀稱，皖省鑛産甚多，柴煤一項，尤爲日用炊爨所必需。嗣經前巡撫王定章非資本十萬金者不准開辦，是以小本經營者，聞風裹足，貧民生計維艱，反多私挖，應請變通照費章程，各等因前來。當以本部責在保商，所有商民艱苦之情，自宜量加體恤，折中酌定。凡五金鑛及煤鑛成本在萬金以上者，一律遵照部章辦理，至於土法開採柴煤各項小鑛，所有擔保銀兩一節，如萬金以下者，領探鑛照，應按資本四分之一，開鑛照應按資本之半，均由領照人交呈保單等因，咨復熱河都統立案，並知照安徽巡撫援案辦理各在案。此外各省鑛務紛繁，倘有柴煤小鑛，自應一律照辦，免致歧異。且内地各處開鑛，用土法者較多，尤應廣爲提倡，俾小民減輕成本，實於鑛務有裨。相應咨行貴督查照立案，作爲本部鑛章附作，一體飭遵辦理可也。

政學社《大清法規大全》卷九《商部咨南洋申明商律内洋商附股字義文光緒三十年　月》 光緒三十年二月十二日，准貴督咨稱，近年洋商得與華商合股，在中國内地營業者，惟路、鑛兩事，其設廠製造之利，久爲洋商垂涎所未得，亦即爲保護華商生計之要。前年會議英約，英使馬凱即以此再三要求，經劉前大臣等堅持力拒，始克於英約第八款第九節載明，洋商用機器製造，祇能在通商口岸。然約内載有明條，洋商尚有勾串華商，妄圖内地設廠，或藉借資本，意圖虧蝕管業者。今查公司商律五十七條所載，原係按照英約第四款，購買股票辦法，惟該約第八款内，既載有洋商用機器製造，祇能在通商口岸，則兩事同載一約，前後參觀，内地華商所設公司，不應附股，其義自見。今商律内僅論附股，深慮洋商朦串，各省一時不及領會，一經開端，即難堅拒，不可不杜其漸。可否由貴部覈明條約，申明商律五十七條意義，咨行各省，一體備查，以免誤會。除將商律照刊分發外，相應咨復，希即酌覈施行等因。查公司律第五十七條一則曰，中國人設立公司，則凡洋商勾串華商，妄圖内地設廠，藉詞借款等弊，各該地方官即應詳查呈報，不容稍涉含混，致蹈覆轍。再則曰，外國人有附股者，此無論英約第四款，意義相合，即歷稽各約款，華商公司，無不准洋商附股之專條，則公司律不得不顧計及此，而著爲此條。三則曰，即作爲允許遵守中國商律及公司條例，是於不能禁止洋股之中，爲挽回主權之計，律意顯然，本部實深切致意。現在訂章定律，莫不力求審慎，按奏定路鑛章程内均載有，華洋合股，洋股不得過於華股之數，又不准以土地抵借洋款。各條蓋深恐權因股重，而倒持地，以借款而削弱，特明定界限以範之。至英約第八款第九節，於機器製造一層，隱以口岸二字爲内地之對鏡，當時議約，既難明著内地不得製造數字，則目前定律，豈能顯言内地公司不能附股。況此節下文，專注在廠税，而公司律五十七條，專注在中國人公司，以力保主權，則與英約所載，不相干涉，即合觀詞意，亦兩無觸背。律取隱括，體例所限，礙難如約文之可著邊際。嗣後如有洋商希圖内地設廠，自應據約章以爲斷，若華公司附搭洋股，自應執定律以爲衡，即在洋商，亦斷不能援律文所載，以爲准其在内地設廠之據，是在各將軍督撫達權濟變，操縱有方，就約文律意而會其通，庶幾主權可保，相應咨明貴督，希即分到查照辦理。

政學社《大清法規大全》卷八《商部奏擬訂商標注册試辦摺》 竊維商人貿易之事，各有自定牌號，以爲標記，使購物者一見而知爲某商之貨。近來東西各國，無不重視商標，互爲保護，與製造專利之法，相輔而行。中國開埠通商，垂數十年，而於商人牌號，向無保護章程，此商牌號有爲彼商冒用者，真貨牌號有爲僞貨攙雜者，流弊滋多，遂不免隱受虧損。今臣部綜綰商務，業將一切保商之政，次第舉辦，則保護商標一事，自應參考東西各國成例，明定章程，俾資遵守。上年迭准外務部咨，據英美日各國駐京使臣先後照稱，續議通商行船條約内，英約第七款，載有互保貿易標牌一事；美約第九、第十、第十一各款，日約第五款，均載明保護商標，及圖書版權專利各項，請即設局開辦注册事宜等情，並將總税務司赫德代擬商標注册章程，抄送到部。臣等伏查英約簽字，係在光緒二十八年間，其時臣部尚未奉旨設立，故約内有由南北洋大臣在各轄境内設立標牌注册局所，派歸海關管理之語。迨美、日約簽押，則在臣部開辦以後，故并未載有南北洋設局字樣。現經臣等公同商酌，擬將標牌注册事宜，即在臣部設立總局，選派專員，妥慎經理，并令津海、江海兩關，設立掛號分局，商人以標牌呈請注册，除在總局掛號者，照章覈辦外，其在津、滬兩關分局掛號者，由分局轉送總局覈辦，俟應發照時，仍交原掛號處，轉給收執，庶事權歸一，而辦法可免分歧。現當開辦之初，所有一切條目章程，尤宜博考詳稽，以期周妥。茲將總税務司代擬注册條款，詳加釐訂，復由臣等採擇各國通例，參協中外之宜，酌量添改，擬定試辦章程二十八條，謹繕清單，恭呈御覽。如蒙俞允，應由臣部刊刻頒行，定期設局開辦，并飭津滬分局，遵照辦理。此項章程，原以各商陸續投稟，亟請注册，臣等是以擬請先行試辦，嗣後如有應行增改之處，統俟彙入商標通律，譯輯成編，再行奏明，恭候欽定。至商標原爲保商之要舉，無論華洋商人，既經照章注册，自應一體保護，以示平允。惟英、美、日三國續定商約，皆以互保爲言，如有華商牌號在英、美、日注册者，彼國亦允保護。此外通商各國續議約章，尚未訂定，應由臣部咨明外務部，照會各國駐京使臣，聲明臣部奏辦商標注册章程，係准華商洋商一律遵辦，應商明未經議定商約之各國政府，查照通例，亦允保護華商牌號，先行照復備案，俟定約時，一併列入，以免參差而昭睦誼。除俟擬定圖書版權專利各項章程，再行奏明辦理，謹奏。光緒三十年　月奉旨：依議。欽此。

《申報》光緒三十一年正月十九日第十版《商部新定礦章附件》 本部總管路礦，所有鑛務章程，業於本年二月具奏，奉旨允准，並通行各省將軍、督撫，一體欽遵辦理。查本部前定礦章，係指五金各礦，及機器開採成本在萬金以上者而言，至土法開採柴煤一項資本在萬金以下者，均未列入。嗣准熱河都統以該處地瘠民貧，凡小本經營，必量加體恤，先後咨請變通礦務辦法。又據辦理安徽蕪湖晉康煤礦公司吴德懋先後禀稱，皖省礦産甚多，柴煤一項，尤爲日用炊爨所必需，嗣經巡撫王定章，非資本十萬金者，不准開辦，是以小本經營者，聞風裹足，貧民生計維艱，反多私挖，應請變通照費章程各等因前來。當以本部實在保商，所有商民艱苦之情，自宜量加體恤，折中酌定。凡五金礦，及煤礦成本在萬金以上者，一律遵照部章辦理，至於土法開採柴煤各項小礦，所有擔保銀兩一節，如萬金以下者，領照應按資本四分之一，開礦照應按資本之半，均由領照人交呈保單等，咨復熱河都統立案，並知照安徽巡撫援案辦理各在案。此外各省礦務紛煩，倘有柴煤小礦，自應一律照辦，免致岐異。且内地各處開礦，用土法者較多，尤應廣爲提倡，俾小民減輕成本，實於礦務有裨。相應咨行各省查照立案，作爲本部礦章附件，一體飭遵辦理可也。

政學社《大清法規大全》卷一《商部奏請旨通飭各省力挽頹風摺》 竊商業以信義爲體，以母財爲用，現今市面日緊，各省人心風俗，日益澆漓，奸商倒欠之案，愈出愈奇，地方官輒視爲錢債細故，不爲清理，信義不孚，銀根愈緊，商業所由不振也。臣部綜司商政，若不實行保護之政，即提倡亦徒託空言，自非首先釐清商人詞訟，不足以除積弊而戒因循。伏查光緒二十九年八月初六日，欽奉上諭：現在振興商務，全在官商聯絡一氣，以信相孚，内外合力維持，廣爲董勸，以期日有起色等因。欽此。又是年九月初一日，臣部奏請通飭力行保商之政一摺，奉上諭：中國自互市以來，商務日盛，現在設立商部，正宜極力整頓，相與維持。惟中國商民，平日與官場隔閡，情誼未能遽孚，而不肖官吏，或且牽掣抑勒，遇有詞訟，不能速爲斷結，辦理不得其平，以致商情不通，諸多阻滯。著各直省將軍、督撫，通飭所屬文武各官及局卡委員，一律認真恤商，持平辦理，力除留難延擱各項積弊，以順商情而維財政。倘有不肖官吏，仍前需索留難，著隨時嚴查參辦，勿稍徇隱等因。欽此。欽遵各在案。上年如上海福懋祥商號，倒欠漢口、上海各莊款四十三萬兩，商情惶惑，經臣部咨行南洋大臣、江蘇巡撫，主持嚴辦，始得減成歸結，即爲中外合力維持之明效。乃近時如江西豐豫亨一案、熊作衡一案，山東合德號一案，江寧大德莊一案，均由臣部行查，各該地方官，有閲六七月未覆者，有閲四五月未覆者，疊經臣等督飭，文電交催，仍復任意遲延，案懸未結，實屬疲玩已極。查定例載，各部院行查外省事件，俱以接到部文之日爲始，除扣去屬員查覆往返程期外，統限二十日出文咨部，其有必須輾轉行查，限一個月内出咨。若係一時不能確覈者，即於限内先行咨部展限，如有遲延，照事件遲延例議處等語。現在江西等省，辦理商人詞訟，如此遲延，實屬顯違定例。又如路政、鑛務、航業、農務、土貨、製造、工藝各項事宜，均爲國家要政，刻不容緩之圖，疊經臣部通行各省，切實督催，招商設立公司，趕緊興辦。無如外省官吏，除南北洋、河南、廣東各省，業經次第籌辦外，其餘往往視爲具文，屢催罔應。至於保護商人一事，臣等於接見外埠商人時，屢經詢及，無不疾首蹙額於地方胥役劣紳之需索刁難種種苛擾。上年太僕寺卿張振勳到京時，臣等又詳詢外洋僑氓情形，該京卿亦謂保商之政，不在空言，若官吏需索之弊，一日不除，則商務斷難起色等語。恭查光緒二十九年十一月初四日，内閣奉上諭：商部奏出洋商民回華，請飭保護各摺片，出洋華商，疊經諭令該督撫切實保護，逐漸推廣。若如所奏，華商回籍後，地方胥吏，遇事刁難，里族莠民，藉端苛索勒詐，種種積弊，成何事體。亟應嚴行查禁，實力保護等因。欽此。當經臣部恭録諭旨，行知遵照，並分别咨行各該省督撫，一律妥定章程，奏明辦理在案。迄今一年有餘，惟兩廣總督鈔録保商局章程，咨送到部，此外各省，並無隻字聲覆。即福建省保商局，曾否改定章程，辦理有無成效，亦未遽奏咨有案。伏念朝廷重視商政，屢奉諭旨，殷殷誥誡，各省大吏，宜如何仰體德意，督飭屬吏，實力振興。況目前商政基礎雖立，而閭閻風氣未開，尚多觀望，全賴部臣、疆吏相與悉心合力，提倡經營，或可圖收遠效。乃臣部設立，甫經年餘，在各省督撫中之通達時務者，尚能協力維持，而故見自封者，或且視爲多事，浸存懈怠之心，如此情形，臣部辦事無從措手。應請明降諭旨，通飭各直省將軍督撫嚴飭地方官，嗣後遇有商人詞訟，秉公迅爲理直，毋許延擱拖累。並查照光緒二十五年，刑部議覆兩江總督奸商倒騙定例治罪成案辦理，仍隨時咨明臣部立案。其江西等省，未結各案，應由臣等再行電催，限一月内清結，不得再事延玩，以恤商情。至於各項商政，尤應一律趕緊興辦，出洋華商回籍，應恪遵迭次諭旨，切實保護，逐漸推廣，並釐訂章程，迅速報部。總期力除壅隔，百廢俱興，倘再有前項積壓需索等弊，應請照例予以應得處分，以挽頹風而肅商政。謹奏（光緒三十一年四月二十二日奉旨，已恭録卷首）。

中國第一歷史檔案館《清代軍機處電報檔彙編》第二六册《發湖廣總督張之洞電爲商礦章事光緒三十一年五月初四日》 前英使函詢礦章，本部於三月刪電催詢，迄未見覆。現在英使又來催詢，尊處曾否酌定，希迅即電復爲盼。外務部。支。

政學社《大清法規大全》卷一四《商部奏商民私賣鑛地應請申明約章以維權限摺》 竊維路鑛農工諸政，泰西各國，皆以此爲開通商務之基，故其通國人民，靡不殫精竭思，合力營置。然其於轄制之權限、境土之尺寸，則必兢兢焉自保主權，他國人民萬不能侵損其毫末，可見權限所在，不容須臾忽也。中國商民不知此義，往往圖目前之小利，不顧日後之隱憂。近年以來，各省私佔鑛地鑛山之案，層見疊出。至各處租界之外，民間農田、房産，亦寖假而售諸外人。若不設法查禁，流弊何可勝言。查各國通商條約，外國商民只准在通商口岸租地建置，又從前總理衙門成案，傳教士買地建堂，其賣契内只可載明賣作本處教堂公産字樣，若係洋人在内地置買私産，與條約不合，仍應禁止。是洋人在内地置買産業，原非條約所准行，又總理衙門通咨各省文稱，嗣後各教堂置買産業，不必先行報明地方官等因。可見若非教堂置買産業，均應先報地方官查覈，且教堂置買産業，雖不必先報地方官，而買妥之後，則仍由地方官蓋印税契，其是否教堂置買，原不難確切稽查。臣等參攷約章，界限本極分明，徒以姦民貪圖重價，私自售賣，而地方州縣不加深察，或吏役人等私受賄託，朦准税契，迨至事成之後，商令退讓，洋人亦不無虧累，反復相持，往往釀成交涉。臣等詳加籌度，與其事後爭執，轇轕繁多，何如事先防維，爲拔本清源之計。擬請飭下順天府尹、各省將軍督撫等，嚴飭各該地方州縣，於商民稅契事件，務令澈底查明，勿稍含混。倘有商民將地產私售外人，未經查出，輒予稅契者，即將該州縣照例參處。地主及吏役人等，如查有串通朦混情事，一併治以應得之罪，以儆效尤。現值修訂法律之際，應否訂定專條，另由臣等咨行法律大臣，酌覈辦理。謹奏。光緒三十一年五月日奉旨：依議。欽此。

政學社《大清法規大全》卷一四《商部奏清釐鑛産請飭各省設局援照江督奏案辦法摺》 竊臣部於光緒三十一年七月二十七日，准軍機處鈔交兩江總督周馥奏，查明三江鑛産所在擬招商試辦並出示禁止私售一片，奉硃批：商部知道。欽此。欽遵鈔交到部。查原奏内稱，前准商部咨商，民私賣鑛産，流弊滋多，請嚴密查禁，奏奉諭旨：依議。欽此。咨行欽遵在案。兹據查勘三江鑛務補用道陳際唐稟稱，奉委查勘鑛務，經委員帶同鑛師，歷抵各處，詳細指勘，現將江、皖、贛三省著名鑛産，逐一開呈，計所産銀銅煤鐵各鑛，苗質甚旺，且係官山居多。現擬招商集股試辦，飭地方官查照前案，欽遵諭旨，出示諭禁，私賣明定限制，庶幾弊源可清，免滋後來糾葛等語。臣等查鑛人之利，載在古經，徒以研究無人，以致千百年來，菁華未洩。若不早爲整理，則藏富於地，而不自知，殊爲可惜。今兩江督臣首先遵旨，派令專員，將江甯、江蘇、江西、安徽等省鑛産之區，一一勘明，以期招商試辦，洵屬挈領提綱，有裨要政。除由臣部咨行該督臣，將詳細辦理章程，送部覈訂通行，並派員再加勘探詳細里數外，其餘各省，不乏著名鑛産，自應一律援照辦理。相應請旨，通飭各直省將軍督撫，迅即籌設鑛政調查局，專選諳練廉正之員，咨由臣部加札，作爲鑛務議員，令其酌帶熟識鑛産之工師，周歷各府廳州縣，詳爲探勘。凡鑛地坐落官民界址，鑛質苗線隱顯短長，均一一記載明晰，隨時報部，並由臣部擬刊各省鑛産表，令按表填送，與臣部前飭各省填送已開各鑛之鑛務總表，相輔而行，庶各省寶藏瞭然心目之間，而每歲辦鑛之情形，有無起色，臣部即可藉以稽覈。夫辦事之要，在專其責任，尤必嚴其考成，否則多設一局，多委一差，循名而未嘗覈實，其於商政，仍無裨補。擬請自此次奉飭辦理後，由臣部咨行各將軍、督撫，嚴飭所屬，除將已開各鑛照前給之表式填送外，其未開之鑛，即按照兩江總督所奏辦法，迅速籌辦。統計三年之内，如查有切實探勘，力事提倡，確著成效之員，准由臣部擇尤獎勵。其敷衍塞責，探勘未能確鑿，致民間仍私相售賣者，應請與該管地方州縣，一併懲處。如此懲勸兼施，或於整頓鑛務，不無裨益。謹奏（光緒三十一年八月十七日奉旨一道，已恭録卷首）。

政學社《大清法規大全》卷一《商部咨各省呈請專利辦法文光緒三十一年九月二十一日》 查東西各國近百年來，討究藝術，研精闡微，一切事物，無不日趨於新。凡國中士民，有能創新法，得新理，製新器，實便民而利用者，准其呈官考驗，得實則給以憑照，許其專利若干年，他人不得仿效。其獎勸甚至，而定例尤嚴，必須確係創作從來未有物品，始得享此利益。所以人人竭思殫慮，求索新法，用能智巧日出而不窮。近來中國風氣初開，商民漸知專利之益，往往尋常仿製物品，率行稟請專利，覈與各國通例，殊屬不符。本部綜理商政，提倡不遺餘力，所有各項公司局廠，凡有關振興商業，挽回利權之舉，正宜設法勸辦，俾得逐漸推廣。間有創辦公司，本部准予專辦者，然均指定地方，其範圍極狹，實於力與維持之中，仍寓嚴示限制之意。蓋先辦之人，一經准其專利，則雖有資本雄厚者，且將坐視壟斷，無所措手，不特無此辦法，且足窒興盛之機，殊與本部振商宗旨相背。查前年與美日等國訂定商約，載明創製之物，准予專利執照。本部正擬訂定此項專利章程，一經奏定施行，均應一律遵守。現在各省商人呈請專利，往往即行照准，或咨部立案辦理，殊屬參差，亟宜酌定辦法，以昭劃一。現擬嗣後各省呈請專利者，自接到此次部文之日爲止，無論華洋商人，均須咨報本部，先行備案，俟專利章程施行後，再行覈辦。其有未接部文以前，業經批准之案，應予通融辦理，仍將已准各案，一律報部。惟有年限已滿，續行呈請展限者，應均按照現擬辦法辦理。其有援案呈請專辦者，亦應咨由本部，覈明情形，分別准駁，切勿即予照准，以免紛歧而維商政。相應咨行貴大臣查照，通飭所屬，一體遵照辦理，是爲至要。

王樹枏《張文襄公全集》卷六五《進呈擬訂鑛務章程摺光緒三十一年十一月二十八日》 竊照光緒二十八年七月欽奉上諭：鑛務爲今之要政，昨經劉坤一、張之洞電奏，采取各國鑛章，詳加參酌，妥議章程等語，所見甚是，即著該督等，將各國辦理鑛務情形，悉心采擇，會同妥議章程，奏明請旨，務期通行無弊，以保利權而昭慎重。欽此。嗣劉坤一因病出缺，經臣遴委華洋各員，購取英、美、德、法、奧、比利時、西班牙等國鑛章，詳加譯録，於二十九年冬，咨送外務部，交侍郎伍廷芳參酌編輯。三十年十一月，由該侍郎將擬訂中國鑛章稿本郵寄來鄂，網領具備，惟似覺近於簡略，其所定鑛地界限，不得過三十方里，亦覺限制太寬。復經臣交在滬之英國鑛師布盧特，重加增訂，書成後，又復委派多員，暨遊學日本法政科畢業學生等，並采取日本鑛章，細心參校，臣覆加酌覈，其中條款，凡於中國情形稍有不宜者，必再三研求，詳審酌定，冀免流弊而保利權。謹纂成中國鑛務正章七十四款，中國鑛務附章七十三條，分訂兩册。查各國通例，凡屬土地，分爲地面地腹兩層，民間産業止能管及地面，其地腹，則概爲國家所有，故雖本國人民開鑛，其准駁之權，咸聽命於官。至五金之屬，及寶石等貴重鑛質，更非官不得開采。至他國人民，斷不准承辦本國鑛務，或設立公司，間有外國人附股，而事權仍是本國人爲主，股分仍是本國人爲多，日本律法尤嚴，開鑛公司直不准外人附股。惟中國於未定鑛章以前，已准洋商在内地開鑛，此時自未便概加拒絶，第從前所訂合同，每有損礙華民生計，及侵我主權，妨我治理之處，現在中國與各國議訂商約，均有鑛務一條，其文云：中國政府允願招致華洋資本，興辦鑛業，凡各國人民能遵守中國所定鑛務章程者，均准其在中國開采鑛産，惟須比較諸國通行章程，於鑛商亦不致有虧等語。是此次所訂鑛務章程，無論新舊鑛商，但使於洋商不致有虧，其於華民生計、中國主權、地方治理，必當設法保持，修改完善，用資補救，不宜過於遷就，坐棄遠大無窮之利權。查中國所富有者，鑛地，所缺乏者，資財，自無妨藉資於外國富商，要之必令其有利可圖，而不令外人獨專其利，斯爲最平最妥之方。故現訂鑛章聲明，各國人民必能遵守中國法律，乃准其承充鑛商。又洋商非與華商合股，斷不准其獨自開采。其合股之法，則無論官地民地，華商洋商，業主以鑛地作股，鑛商以銀作股，若係丙字類之鑛，其股分之數，有地之業主與出銀之鑛商各占其半，除用費歸鑛商自籌外，餘利均分，蓋大宗緊要之鑛，全在丙字一類。至如乙字類鑛質較賤，得利較薄者，地股只作全股十成之三，以示區别。其作股一半之辦法，現有直隸臨城縣煤鑛成案可援，一切可資仿辦。其真正華商有資本者，儘可自充銀股之鑛商，與業主商允合辦。力不能獨任一鑛者，仍准其附入銀股之洋商，並設立專條，令洋商力加優待，具詳章程之内。誠以開鑛一事，資本甚鉅，學問甚深，專恃華商之微資，土法之淺嘗，斷無大效，惟以鑛地與洋商合股，則業主與出資本之人分享其利，最爲簡要公平，然必俟除盡用費得自餘利之後，以地作股者，方能分潤，則洋商自不致有虧。竊惟中國今日定章，明准外人在内地開鑛，比較各國通行章程，已屬處處從寬，加之於鑛界年租、鑛産出井税，均予量從輕減，明示我重權輕利，庶洋商均願就我範圍，不撓法紀。且處處皆國家與人民共享其利，上等之鑛，其餘利國與民各得其半，中等之鑛，其餘利全數推以予民，此固足見聖朝寛大惠民之政，超越環球諸邦，亦可藉以鼓舞愚氓，不致狃於積習，沮撓大利。果能上下相信，中外相安，將來地利大興，窮民有養，百貨日通，農工商賈利益交資，此乃經國久大之遠謀，豈在目前區區之租税。微臣區區之意，實注於此。上年二月，商部奏定鑛務暫行章程摺内聲明，仍俟臣處輯有專書，歸併辦理，以免歧異等語，自應參互考訂，歸於畫一。茲謹將擬訂中國鑛務正章、鑛務附章各一册，繕寫成帙，恭呈御覽。擬請敕下外務部、商部詳加覆覈，俟覈定後，其正章即作爲鑛律，附章即作爲詳細條目，請旨頒行，俾鑛業日興，利源日濬，實於國計民生均有裨益。

硃批：外務部、商部議奏，書併發。欽此。

《東方雜誌》第三年第二期《財政處户部會奏遵旨設立天津銀錢總廠酌擬開鑄簡明章程摺》 竊臣等欽奉諭旨，設立鑄造銀錢總廠，業將建設天津緣由，並勘定地勢，籌商建造情形，隨時奏報在案。查鑄造銀銅各幣，必須購置合宜機器，當經督飭該提調等，向天津瑞記洋行定購美國常生廠新式鑄造銀銅圜通用機器全份，訂立合同，限期運津，並由該提調等會同昇任天津道王仁寶，將全廠工程催趲建造，嗣於本年春間工程修造報竣。該洋行所定各項機器，亦已催令陸續運齊，督飭華洋工匠隨到即行安設，現亦安配完竣。當即遴派員司，招集工匠，於本年(乙巳)五月初八日，開機先行試鑄銅幣。臣那桐、臣張百熙於本月先後前往天津，覆加察勘，各項機器尚屬靈便堪用，廠房建造亦均如式，惟機器原定每日可出大小銀銅各圜共六十餘萬枚，現時甫經試鑄，機器未免生澀，人手亦未熟諳，出數尚少，將來運用純熟，自當日見增加。除將全廠房屋機器照成圖樣二分，並鑄成銅幣四種，已先行呈進外，茲謹將酌擬簡明章程八條繕單進呈御覽，嗣後仍當由臣等督飭該提調各員加意經營，因時籌畫，一俟辦理稍有把握，即當鑄造銀幣，並添購機器，逐漸推廣，以期仰副朝廷整齊圜法，通變宜民之至意。再，此摺係財政處主稿，會同户部辦理，合併聲明。謹奏。光緒三十一年七月二十二日具奏，奉旨：依議，欽此。

謹將酌擬天津銀錢總廠簡明章程恭呈御覽。一，本廠係奉特旨設立，與各直省所設不同，惟因運煤運料之便，是以前經臣等奏定在天津設廠。現在廠屋業經造齊，宜定名稱，臣等公同商酌，擬命名曰户部造幣總廠，所造三品之幣，即文曰大清金幣、大清銀幣、大清銅幣，通行天下，以歸一律。一，本廠之設，原以整齊圜法，本須鑄造金銀銅三品之幣，惟圜法關係重要，不厭詳求，金銀兩種分兩成色，尚須通籌定議，而近年以來制錢短少，京師當十大錢亦苦不敷行用，是以擬先鑄銅幣。現定銅幣計分四種，大者重四錢，值制錢二十文，次重二錢，值制錢十文，又次重一錢，值制錢五文，最小者重四分，值制錢二文，成色均定爲紫銅九十五分配白鉛五分，以上銅鉛成色，均須配足鑄成之後，仍隨時提出化驗，設有不符，則應回爐重鑄，俾免參差。一，前奉旨，由户部撥給銀四百萬兩作爲開鑄成本，現在購地建廠，工料各費，並購備機器銅鉛雜料，即係由户部隨時商撥，其創辦員司匠役薪水工食，係由財政處生息項下暫行撥用，銅幣開鑄之後，所獲餘利，除本廠開支各項，並留公積及花紅各一成外，其餘全數提存户部，嗣後擴充鑄務，增廠添機，及籌備鑄造金銀幣成本，屆時需用款項，仍由户部照數撥給。一，本廠鑄出銅幣，自應先盡京師行用有餘，再發行各省，無論是否通行銅圓地方，均可將本廠所鑄銅幣運往發行，該地方官均應隨時保護，飭令市面商民流通行用，一切公款並須與制錢一律照收，不得稍分畛域，如有阻撓挑剔者，即由財政處户部查明參辦。一，本廠隸於户部，部庫調取銅幣，搭放俸餉，本應照成本覈算，惟本廠與各省不同，各省不過户部偶然調取，本廠須供户部常年之用，若均照成本覈算，則局用薪紅將無所出，且本廠除成本外，餘利本係全歸户部，自無庸沾沾於此，擬嗣後鑄成銅幣，解交户部，搭放俸餉者，即照户部搭放扣回銀數作價，以保餘利。一，本廠事務重要，必須在事各員實心實力，方能日起有功，勸懲之方，不可不設。查廣東、吉林兩省因鑄造銀銅各圓獲有餘利，業經該將軍、督撫將出力各員擇尤保獎，況本廠事屬創辦，頗費經營，尤應酌定功過規條，以昭懲勸。擬請俟開辦二三年後，著有成效，即將實在出力各員，由臣等擇尤酌保，其在廠不及二年者，不得列入，其有不甚得力之員，則當隨時撤換，儻查有舞弊營私劣迹，即行據實糾參。一，各省鑄造銀銅各圓，所得餘利，除近年有認解練兵經費並浦江工程外，其餘多稱留辦地方新政之用，作爲本省外銷，經户部催令，將詳細章程報部，至今多未開報。今本廠辦理各事，出入均係部款，經臣等飭令實用實銷，自未便以歷來各省造册報銷之成例相繩，嗣後每届年終，應令該提調等督飭員司，將該廠一年出入款項，據實開具簡明清單，報知財政處、户部，由臣等覆覈具奏，以歸簡易而昭覈實。一，本廠每届年終，將鑄出銅幣收回款項，除銅鉛煤炭各項價值，以及添修工程薪水局用各項支款外，合計净利若干，分作十成，提一成作爲本廠公積，一成作爲花紅，下餘盡數撥交户部，其所提一成花紅，參酌各省章程，以十之三分給提調各員，以十之五分給全廠員司匠役，以十之二分解財政處、户部，作爲飯食銀兩，至公積一成，仍按年列入公款，作正開銷。以上各條，係體察現在情形，分別酌擬，其餘未盡事宜，或有應行增改之處，當隨時斟酌損益，奏明辦理，俾臻妥協。

政學社《大清法規大全》卷一四《商部咨各省柴煤小鑛占地在一方里以内者請領探鑛開鑛執照照章減繳半費文光緒三十二年二月二十六日》 案，查本部奏定鑛務暫行章程，凡請領探鑛執照，每紙繳費五十兩，開鑛執照所領之地，在十方里以内，應繳照費一百兩，多一方里加費十兩，以三十方里爲限。凡發給探鑛執照，應繳呈存股實行號保單，擔承銀五千兩，開鑛執照擔承銀一萬兩。嗣經變通柴煤小鑛章程，凡成本在萬金以下者，領探鑛照，其擔保銀兩應按資本四分之一，開鑛照應按資本之半，由領照人呈交保單各等因，歷經咨行辦理在案。查各省柴煤小鑛，所在多有，均係居民小本經營，用土法開採，誠宜廣爲提倡，以興地利。近查開採柴煤小鑛，所佔鑛地，多有不及一方里者，雖已將擔承銀兩酌予變通，而應繳照費，若仍飭令一律遵章呈繳，恐民力猶有未逮。本部體念商艱，現議將照費章程再行量爲變通，凡用土法開採柴煤小鑛，占地在一方里以内者，請領探鑛、開鑛各執照，均按照定章，照費銀數減數一半。如此分別辦理，除開採五金各鑛，及機器開煤，成本較鉅者，仍一律遵照定章外，所有土法開採柴煤小鑛，均可減輕成本，易於集事，實於鑛務不無裨益。

王彦威等《清季外交史料》卷一九六《修訂法律大臣沈家本等奏請設立專條懲治僞造外國銀幣罪犯摺》 修訂法律大臣、刑部左侍郎沈家本，右侍郎伍廷芳，奏爲僞造外國銀幣，例無治罪明文，擬請設立專條，以資引用事。竊惟銀圓創自西班牙、墨西哥諸國，中國近亦鑄造，各省流暢通行，惟利益所在，詐僞因之而生，是以私造變造之案層見迭出。上年財政處會同户部，奏請嚴定私造銀元、銅元、紙幣治罪章程，經刑部議以按照私籌制錢例，從嚴治罪。凡私鑄銀元、銅元，僞造紙幣，不論贓數次數，但經鑄成造就，爲首及匠人均擬斬監候，照章改爲絞監候，秋審入於情實，爲從發遣新疆，給官兵爲奴受僱，及知情買使者，杖一百，徒三年，如鑄造未成，畏罪中止者，爲首及匠人發極邊足四千里充軍等因，奏准通行在案。是私造銀元、銅元、紙幣，已有定章可循，惟是此項新章，係專指私造中國銀銅元、紙幣而設，誠以銀銅元、紙幣爲我國家財政所繫，故擬罪獨從其重。至於外國銀元，中國雖一律通行，惟究以國寶不同，如有僞造，擬罪自宜略分輕重，以示區别。查各國法律，私鑄一項，均以本國、外國分别治罪。如法國刑法，凡僞造改造金銀貨幣，處無期徒刑，僞造改造外國貨幣，處有期徒刑。俄國刑法，凡私鑄俄國錢幣，無限公權全奪，罰作八年以上十年以下苦工，私鑄外國錢幣，無限公權全奪，罰作四年以上六年以下苦工。英國刑法，凡僞造貨幣，處終身徒刑，僞造外國貨幣，處五年至七年之徒刑，或二年以下之囚獄。日本改正刑法，以行使之目的，將貨幣、紙幣僞造、變造者，處無期或五年以上之懲役，將國内流通之外國貨幣、紙幣僞造、變造者，處三年以下之懲役。是俄、法、英、日各國治罪之輕重雖有不同，而私造外國貨幣，均較本國處刑爲輕。現在中國銀幣盛行，而外國銀元流通内地，並無歧視，以致僞造外國銀元人犯，所在多有，現行律例，並無治罪明文。與其就案斟酌，臨事鮮有依據，何如定立專條，隨時可資引用。臣等公同商酌，擬請嗣後凡僞造外國銀元行使，無論贓數次數多寡，爲首及匠人均於奏定私鑄銀幣章程絞罪上減一等，擬以流三千里，其爲從及私造未成之犯，各於流罪上減一等問，擬所得流徒罪名仍照章收入習藝所工作。似此明定章程，庶立法寬嚴得中，而匪徒知所警戒矣。如蒙俞允，即由臣等通行内外問刑衙門，一體遵照，謹奏。光緒三十二年四月初二日，奉旨：依議。

政學社《大清法規大全》卷一四《商部咨各省嗣後凡發鑛照各省及該商將給領日期具報並出示曉諭文光緒三十二年四月初九日》 案，查本部奏定鑛章内開，凡稟請辦鑛，應由本部發給執照爲憑，一爲探鑛熱照，一爲開鑛執照，業經通行各省。故凡稟請辦鑛者，一經覈准，呈領探鑛執照，或開鑛執照，即行填發，咨由各省督撫飭屬轉給，歷經辦理在案。乃本部風聞邇來各省所屬，往往接到此項執照，并不隨時轉發，任意稽壓。間有一二官吏，於給照時，甚至藉端需索，多方刁難。該管地方官，於該商民等探開時，未能極力保護，或因事阻撓者，有之；或因此擾累者，有之；或因居民疑阻，遇事未能維持調護，以致别生詞訟，爭較滋事者，有之，種種擾害，言之深堪痛恨。中國地大物博，鑛産饒富，祇以各省興辦尚屬寥寥，遂致利源未闢，成效卒鮮。本部綜司鑛政，不惜極力提倡，凡商民請辦各鑛，仍以地方官確查爲辦事關鍵，維持保護，共此責成。且開鑛爲目下要政，與地方上均有密切之關係，是以上年八月間，奏明請飭各省設立鑛政調查局，遴派鑛務議員。原爲慎重鑛産，開闢利源起見，當此風氣初開，商業競争之世，地方官宜如何提倡保護，埽除從前積習，藉以興實業而挽利權。嗣後本部擬定辦法，凡所發鑛照等件，咨行各省督撫飭屬轉發，各督撫接到部文，應即飭屬轉知該商，立即具領，並將發給日期專咨報部，一面令該商於承領鑛照後，出具結單，填明何月何日領到，由該商逕行郵寄本部，以便覈對而肅鑛政。

政學社《大清法規大全》卷一四《商部咨各省鑛税按季具報文光緒三十二年四月初九日》 上年十一月間，本部具奏各省煤鑛收税請飭一律遵照部章一摺，奉旨：依議。欽此。業經分行欽遵在案。查原奏内稱，本部奏定鑛章第三十四條内開，鑛産出井，視品類之貴賤，以别税則之重輕。第三十五條内開，鑛産出口關税，仍照税關章程徵收，納此税後，其内地釐卡，概不重徵等語，自宜一律遵守，應請飭下各省，一體遵照，所屬鑛地，不得於完納出井出口税外，别有徵收，以恤商艱各等因。本部意在聲明定章，提倡鑛政，俾鑛税咸歸一律，而承辦商人有所遵守，估計資本較有把握，庶群情鼓舞，各省鑛務自必日有起色。現在各省均經設立鑛政調查局，遴派鑛務議員，於鑛政應辦事宜，亟須切實整頓，招商承辦。此項鑛税，統共抽收若干，自應查照奏案，分别開列清單，按季具報本部，以備查覈。

《東方雜誌》第五年第四期《農工商部奏擬定礦務章程施行日期片》 再本年（丁未）八月十三日，臣部會同外務部具奏覈議礦務章程一摺，奉旨：依議，欽此。欽遵在案。原奏内稱，此項章程宣佈施行日期，應俟奉旨允准後，由農工商部酌定，咨行各省查照辦理，等語，現已將奏定章程刊印成書，頒發各省遵照，惟展轉布告周知頗需時日，且按照新章，各省應行預備事宜，均須在定期施行之前，次第布置周妥，届時方能一體遵行。臣等體查情形，擬請自本年（丁未）八月十三日奉旨之日起，限定六個月，算至明年（戊申）二月十三日，作爲宣布施行日期，届期即一切遵照新章辦理。如蒙俞允，即由臣部通行各省，欽遵查照，並將應行籌備各事宜，遵章妥速辦理，務於奏定施行日期之前，先行報部查覈，以重礦政。謹奏。奉旨：依議，欽此。

政學社《大清法規大全》卷九《商部修律大臣會奏議訂商律續擬破産律摺》 前准軍機處交片内開，光緒二十九年十一月十一日，奉上諭：商務商律，現已設有商部，即著責成該部，詳議妥訂等因。欽此。當經臣部趕速，先擬商律之公司一門，奏准頒行，並聲明此外各律，仍由臣等次第擬訂，奏明辦理在案。竊維商律之有公司一門，所以使已成之商業，咸得有所維護，乃或因經營未善，或因市價不齊，即不能不有破産之事，而狡黠者，往往因緣爲姦，以致弊端百出，貽害無窮。故刑部於光緒二十五年十月間，議覆前兩江督臣劉坤一奏奸商倒騙請照京城錢鋪定例分别辦理摺内申明，治罪專條，自枷杖軍流，以至永遠監禁，蓋謂近來商情變幻，倒騙之局，愈出愈奇，必如此嚴懲，庶奸商知所畏服。然詐僞倒騙者之出於有心，與虧蝕倒閉者之出於無奈，雖皆謂之破産，而情形究有不同，詐僞倒騙，洵屬可恨，虧蝕倒閉，不無可原。若僅以懲罰示儆之條，預防流弊，而無維持調護之意，體察下情，似於保商之道，猶未盡也。兹經臣等督飭司員，調查東西各國破産律，及各埠商會條陳商人習慣，參酌考訂，成商律之破産一門，由舉董清理，以迄還債鎖案，尤注重於倒騙情弊，爲之分别詳議監禁罰金等項罪名，脱稿後，咨送法律大臣臣家本、臣廷芳，會同商定。都凡九節六十九條，繕具清册，恭呈御覽，如蒙俞允，即作爲欽定之本，由臣部刊刻頒行，各直省將軍督撫都統府尹，一體遵照。嗣後遇有倒閉案件，即無須援引刑部前奏比照京城錢鋪之例辦理，以免兩歧而昭公允。抑臣等查東西各國破産律，有專爲商人而設者，有不專爲商人而設者，臣部責在保商，而此項破産之律，本與民人有相關之義。今中國民法尚未訂定，其有雖非商人破産之案，除依臣家本、臣廷芳編訂之訴訟法辦理外，其餘未賅載者，應准地方官比照本律辦理。是以臣部所訂破産律，准令民間財産，赴商會注册，以備稽查，仍責成地方官，握行法之關鍵，而以商會輔之。結案後，由地方官詳咨臣部查覈，其有關罪名者，並俟年終時，彙咨刑部存案，俾昭愼重。各省凡有破産之案，各督撫應嚴飭地方官，克期定結，不得狃於積習，視錢債爲細故，以仰副疊次諭旨殷殷誥誡之至意。謹奏。光緒三十二年四月日，奉旨：依議。欽此。

商部奏定破産律（光緒三十二年四月奏准）

第一節，呈報破産。

第一條，商人因貿易虧折，或遇意外之事，不得已自願破産者，應赴地方官及商會呈報，俟查明屬實，然後將該商破産宣告於衆。

第二條，該商呈報時，應聲明破産緣由，將各項賬簿，送呈地方官查閲，應呈各項賬簿如左：

一，歷年收支簿（以十之内爲限）。二，現存銀錢簿。三，現存貨物簿（注明價值）。四，現存産業簿（田地房屋之類，均應注明價值，及單契上之户名號數）。五，現存傢具簿（貴重之物注明價值）。六，借放對數表（欠人若干，人欠若干，並有無字據帳摺，均須注明）。

第三條，地方官收到各項賬簿，於逐頁騎縫處，分别蓋印，移交商會，加蓋圖記備查。

第四條，宣告破産後，除該商必需之衣服傢具外，所有財産貨物，由地方官先行查封，交商會代管。

第五條，呈報破産後，若有妥實保人具結，准該商在外聽候傳唤，但不得擅離處所，無保人者，留住商會，免其管押。

第六條，若該商倒閉，不自呈報破産，先由各債主查知，赴地方官呈報者，應先傳該商到案，訊係屬實，並無倒騙情弊，仍照以上各條辦理。

第七條，公司呈報破産，由董事及查賬人具呈，無論合資股份，應將股東姓名，住址，開列附入。

第八條，凡雖非商人，有因債務牽累，自願破産者，亦可呈明地方官，請照本律辦理。

第二節，選舉董事。

第九條，宣告破産後五日内，商會應於該商同業中，遴選公正殷實者一人，任董事之責，清理破産一切事務。

第十條，商會舉定董事後，該董即可禀官啓封，督同破産者，將現存銀錢貨物，産業傢具，及一切字據，逐件點收，開具清單，送呈地方官及商會存案後，即歸該董經理。

第十一條，破産者與人往來函件，董事有檢閲之權。

第十二條，董事如遇賬目不明之處，可隨時向破産者查問。

第十三條，董事辦理不善，商會可隨時另舉更换，前董應將經手事件交代清楚，由後董書立收據，報官存案。

第十四條，董事經理財産貨物，及開支事内費用，如有侵蝕浮冒等弊，商會或各債主查明費據，准其報官追繳。

第十五條，董事經理事件完結時，由各債主公議，在攤還債款内，酌提酬勞。

第十六條，董事經理事件完結後，須將辦理情形，具呈報明地方官，覈准結案，始可卸責。

第三節，債主會議。

第十七條，凡宣告破產後，由地方官出示諭令各債主開明所欠本息清單，並所執字據，送交商會覈辦，宜視債主程途遠近，酌定期限，商會應將以上情節登報布告。

第十八條，商會收到各債主單據，加蓋圖記後，即製給收照爲憑，結案後，所有單據，或應塗銷，或應發還各債主，應將收照繳由商會，分別辦理。

第十九條，商會應將各債主單據，並破產者各項帳簿字據，發交董事，覈對無誤，即定期知照各債主會議。

第二十條，屆期各債主到者未齊，商會應再展期登報布告，若展期已滿，尚有一二債主未到，而所佔債額不及四分之一，董事即可邀同已到債主，先行議決，未到之債主，祇能聽從公斷，不得別生異議。

第二十一條，各債主議決之權，以從多數爲定，如意見相同之債主，佔有債額四分之三，亦可議決。

第二十二條，各債主應會同董事，公定平均成數，一律收回，不得擅取該商貨物作抵，並不得串通他人，出頭追討。

第二十三條，債主會議時，呈報破產具結，及列借券中之保人，均應到場，隨同料理。

第二十四條，債主會議時，許破產者在場聽議，如有與已損害之事，准其申訴，聽憑公斷。

第四節，清算帳目。

第二十五條，債主單開數目或有不符，應由董事調查債主帳簿、手摺、回單、信件，逐一覈對，並可邀集關於此事之經手人等，當場詢問。

第二十六條，未到期之債及各項期票，自呈報破產之日起，均准作爲到期提前辦理。

第二十七條，該商與人賣買借放之事，雖已訂立契約，尚未交貨付銀，經呈報破產，均應作廢。

第二十八條，債主如有互欠破產者之款，除准其抵銷外，所餘債額，應於各債主一律辦理。

第二十九條，無論何項公司呈報破產，除注册時，聲明有限，應照公司律第九條辦理外，如係無限，或內有股東擔負無限責任者，將公司產業變償，尚有不足之數，由董事會同公司總司理人，算明每股應攤還債額若干，登報布告。各股東知悉，若股東將所認股分，應攤之債數還清，董事應掣予收照，報由商會，移知地方官立案，即與該股東無涉。

第三十條，公司內各股東償債，應由董事會同公司總司理人，體察各股東情形，應攤債額內，如有股東措繳不足，准其分別量繳，收齊款項，通盤扯定成數，令各債主收回。

第三十一條，自宣告破產之日起，該商所欠債項，均免算利息，惟有照第三十五條辦理時，不在此例。

第三十二條，抵押主宜報由董事查明，抵押之物，實在倒閉兩月以前，並無寄頓等弊，方准抵押主將物實行管理及拆動變賣。

第三十三條，抵押主宜將印契稅單，或所在字據呈驗，經商會簽字，地方官蓋印後，方准將抵押之物實行管理，並聽變賣，如係產業，即可過户，毋庸另立絶賣憑據。

第三十四條，抵押之物須經董事估計價值，若逾於所欠之數，除抵還本息外，應將餘款交董事，歸入財產項下，攤還各債主抵押之物，董事有贖回另售之權。

第三十五條，抵押之物因逆料市價，勢必騰貴，其數將逾所欠之外者，各債主可商同董事，如照抵押主，展限三個月歸董事，待價變賣，限滿無論已未變賣，或贏或虧，仍由董事按月計息，連同原本，算還抵押主收回。

第三十六條，抵押之物慮及跌價，或性質易於霉壞，不能久屯，經抵押主告知董事，查明果無別項情節，立即簽字，許其變賣，如係標封貨物，亦准先行變價，以免耗折。

第三十七條，抵押之物如遇重疊典借款項者，其物提歸董事，變賣得價，無論押之前後，數之多寡，合兩家款目，分出股份，將所賣之價，按股均分。

第三十八條，商人出有向支期票使用，若經受票人持票，到向支之莊號簽字，承認如期付款後，雖遇出票人破產，受票人屆期仍可向該莊號憑票支款，倘此項期票未經向支之莊號簽字，若遇出票人破產，該莊號可以不認此票。

第三十九條，破產者放出之帳，經董事查覈後，開明各欠户數目清單，送交地方官出示，限各欠户於一月內，赴商會覆對明白，仍按原立期限清還，若欠户避匿不到，或延誤不交者，由商會報官追繳。

第四十條，帑項公款，經手商家倒閉，除歸償成數，仍同各債主一律辦理外，地方官應查明情節，如果事屬有心，應照倒騙律，嚴加治罪。

第四十一條，事内經費，可由董事在破産者財産項下，覈實支用，開單送交商會，及各債主查覈，認可後，方准支銷。

第五節，處分財産。

第四十二條，董事及各債主，查明破産者實係情出無奈，並無寄頓藏匿等弊，應將現存財産貨物，公估變賣得價，並追清人欠之款，通盤覈算，定出平均成數，攤還各債主收回，即各具領狀二紙，分送地方官及商會存案。

第四十三條，他人寄存之財産貨物，應向董事告明，查係屬實，方准原主取回。

第四十四條，呈報破産前半月内，批買之貨物，未經付款，原件尚未拆動者，賣主可向董事告明，查係屬實，准將原貨物取回。

第四十五條，破産之商不得涉及其兄弟伯叔姪暨妻，並代人經理之財産，凡有財産照商會章程赴商會注册，將契券呈驗，加蓋圖記，或邀親族見證簽字，方爲有據。

第四十六條，一家財産業經分析，如在一年以前，曾在商會呈報存案者，破産時，准由董事查明，告知各債主，可免其牽入破産案内議償。

第四十七條，破産者在他號附有資本，應將股票合同，交與董事，歸入財産項下備償，惟須憑董事向該號他股東商定辦法，各債主不得逕向索欠。

第四十八條，倒閉之商若將財産償還各債後，實係凈絶無餘，並無寄頓藏匿情弊，應由董事向各債主聲明，准於未攤分以前，在財債項下，酌提該商贍家之費，約數二年用度，以示體恤。

第六節，有心倒騙。

第四十九條，凡商人吞没資財，詭稱虧折，有心倒騙者，經債主控告，或商會查知，報由地方官，應先將現存財産貨物查封，交商會代管，一面緝提該商，管押審辦，將倒騙情形，出示布告。

第五十條，倒騙之案，仍由商會選舉董事，辦理一切事務。

第五十一條，商人席捲鉅資，倒騙潛逃，並無帳簿可查，地方官應即行文通緝，一面標封現存産業貨物，由商會舉董，邀集各債主，眼同查點，造具清册，並彙齊各債主所呈單據，開列户名欠數，報官存案，先將所存産業貨物，估價變賣，通盤覈定成數，令各債主收領，俟該商緝獲到案，再行追繳。

第五十二條，凡有心倒騙之案，除將財産貨物變價備抵外，酌量情節，處監禁二十日以上，三年以下，或罰金五十圓以上，一千圓以下，或監禁與罰金併科。

第五十三條，凡左列各項情形，以倒騙論。一，關於契紙帳簿字據等類，隱匿銷燬，或塗改僞造，及虚揑者。二，於倒閉前，將財産貨物，寄頓他處，或詭託他人名下，或虚立債主户名，或先向外欠折扣收帳，或串通他人出頭冒認者。三，爲損害債主起見，於倒閉前一月内，將貨物賤值售脱，或不惜重利圖借款項，或濫出期票使用者。四，平日用度奢侈逾恒，或濫向本號支取銀錢貨物，或買空賣空，冀圖僥倖，並無可望之款，以致虧折者。五，借債之時，並無的款可望償還，或經營商業，並無確實資本者。六，既經呈報破産，故意延緩，不將財産貨物，一切權利，及放出債項，在地方官或董事處悉行呈報，或不將財産貨物，除本人及家屬需用之衣服外，悉行交出者。七，既經呈報破産，私自清還一二債主，致各債主所得，未能彼此平均者。

第五十四條，犯第五十三條一、二、三、四等項者，必待各債主告發，經董事查有確實證據，方可報官審辦。

第五十五條，在倒閉前兩月以内，該商將財産貨物，故意贈送與人，或假託抵押債主，或將未到之債，提前償還，有確實證據者，各債主可以不認，由董事將前項追回，歸入財産項下辦理。

第五十六條，凡倒騙之商，不得沾第五條第四十八條之利益。

第五十七條，犯第五十三條第二項之同謀勾串人，應照爲從於首犯罪上，減一等科斷。

第五十八條，倒閉之商逃避無踪，並無財産可償，致所欠之債，毫無著落者，令擔保人照該借券内所保之數認賠，若擔保係二人以上，俱有分任之責，但借券内並未擔認款項，及呈報破産後，僅保該商人在外聽候傳訊者，不在此限。

第五十九條，擔保人賠償後，如倒騙之商到案，將所欠之債議償了結者，擔保人收回賠償之款。

第六十條，借券中之擔保人，如與倒騙之商一併逃避者，應照爲從於首犯罪上，減一等科斷。

第六十一條，商家使用莊款，及批取貨物之款，其先有人特具信函，或簽名帳簿，願作擔保者，如遇倒騙之商逃避，應照列名借券中之擔保人，一體辦理。

第六十二條，商家專任夥及經理，該夥如有侵蝕挪移及私行營業等弊，以致虧折倒閉者，除嚴提該夥到官審實，照有心倒騙治罪外，應將所有財產查封，歸入該商財產項下備償，商會將該夥姓名及舞弊情節，登報布告，商家不得雇用。

第七節，清償展限。

第六十三條，商家因市面緊迫，一時周轉不靈，或因放出之帳，暫難收回，致不能應期償還債項者，准其據實呈報，商會邀集各債主會議，酌予展限，或另籌辦法，免致倒閉，以盡維持之誼，呈報展限，應聲明各款如左：

一，聲明展限緣由。二，呈送歷年收支簿，現存銀錢、貨物、產業、傢具各簿，及借放對數表。三，聲明如何償債之法，訂期何時，並以何項作抵。

第六十四條，債主會議展限，議決之權，照第二十一條辦理。

第六十五條，展限以議決之日爲始，不得逾一年以外，若到期仍不能清償，應即呈報破產。

第八節，呈請銷案。

第六十六條，倒閉之商，如查明情節，實有可原，且變產之數，足敷各債至少十分之五，可准其免還餘債，由商會移請地方官銷案。

第六十七條，倒騙之商，如果知悔自首，將所欠之債，按十成補繳清完，各債主許其自新，具呈商會聲明，俟商會議決後，移知地方官銷案，免其治罪。

第六十八條，地方官據商會移請銷案，即行出示曉諭，一面令商會登報布告，以兩月爲限，各債主果無異議，方准銷案，仍由地方官詳由督撫咨報商部查覈，並候年終彙咨刑部存案。

第九節，附則。

第六十九條，本律自奏准之日起三個月後，爲施行之期。

政學社《大清法規大全》卷四《商部奏酌擬獎給商勳章程摺並章程》 竊維近百年來，環球各國，藝術競興，新法新器，月異而歲不同，綜其要端，舉凡農業、工藝、機器、製造等事，靡不進步甚速，收效甚鉅。中國地大物博，聰明才力，不難傑出，乃通商垂數十年，雖經次第仿辦，惟咸拘守成法，莫能改良標異，推陳出新，而每辦一事，需用機器原料，類須取給外洋，故進口洋貨日增，而出口者僅恃生貨，一經製造販運來華，遂獲鉅贏，坐使利源外溢，漸成漏卮。推原其故，豈皆辦理之未力，殆亦提倡之未盡其道也。查歐美當二百年前，所有新法新器絕少發明，自英國首定創新法，製新器者，國家優予獎勵之例，自是各國踵行，其獎勵最優者，乃至錫爵。此例既頒，人人爭自濯磨，講求藝術，每年所出新器，多至千數百種。論者謂歐美實業興盛，其本原皆在於是。現在臣部工藝局日漸擴充，勸工陳列所將次開辦，亟宜因勢利導，設法提倡。其有創製新法新器，以及仿造各項工藝，確能挽回利權，足資民用者，自應分別酌予獎勵。臣等公同商酌，謹就現在亟須提倡各端，擬訂獎給商勳章程八條，各按等級給予頂戴，由臣部奏請賞給。現在中國工藝尚在幼稚之時，如章程所載製造輪船、鐵路、橋梁，以及電機、鋼鐵等項，一時尚難，其人不得不稍從優異，以資鼓舞振興。臣等自當隨時嚴覈所造之品，果係精心自造，確能及格，方予奏請頒賞，以昭慎重。夫講求實業，必有器具可驗，非等空談，似尚無虞冗濫。謹繕清單恭呈御覽，如蒙俞允，即請作爲專章，由臣部分咨各直省將軍督撫，通飭出示曉諭，以新觀聽，似於振興實業，不無裨益。謹奏。光緒三十二年月日奉旨：依議。欽此。

謹將擬訂獎給商勳章程，繕具清單，恭呈御覽。

一，凡製造輪船，能與外洋新式輪船相埒者，能造火車汽機，及造鐵路長橋在數十丈以上者，能出新法，造生電機及電機器者，擬均獎給一等商勳，並請賞加二品頂戴。

一，凡能於西人製造舊式外，別出新法，創造各種汽機器具，暢銷外洋，著有成效者，能察識礦苗，試有成效，所出礦產，足供各項製造之用者，擬均獎給二等商勳，並請賞加三品頂戴。

一，能創作新式機器，製造土貨，格外便捷者；能出新法製鍊鋼鐵，價廉工省者；能造新式便利農器，或農家需用機器，及能辨別土性，用新法栽植各項穀種，獲利富厚，著有成效者；獨力種樹五千株以上，成材利用者；獨力種葡萄、蘋菓等樹，能造酒約估成本在一萬圓以上者；能出新法製新器，開墾水利，著有成效者，均擬獎給三等商勳，並請賞加四品頂戴。

一，凡能就中國原有工藝美術，翻新花樣，精工製造，暢銷外埠，著有成效者；能仿造外洋各項工藝，一切物件，翻新花樣，暢銷外埠，著有成效者，擬均獎給四等商勳，並請賞加五品頂戴。

一，凡能仿照西式工藝，各項日用必需之物，暢銷中國內地，著有成效者，擬均獎給五等商勳，並請賞加六品頂戴。

一，凡上開列應獎各款僅舉大端，其有未盡事宜，應均比附此項章程，由本部酌覈辦理。其有所製之器，所辦之事，成效卓著，實屬特異者，應由本部專摺奏請恩施，量加優異，以新觀聽。至尋常工藝，製作精良者，未便概給此項商勳，應由本部參照功牌式樣，另造商牌，以備隨時給發。

一，凡請獎者可將所製之器，所辦之事，呈明本部，查覈辦理，或由各省管理商務官員，暨各處商會代報，由本部切實考驗，分別給獎，以昭慎重。

一，凡此項商勳應由本部隨時奏請，並即參照寶星獎牌式樣，由本部酌量仿製，以備應用，並擬定執照一紙，將所製之器，所辦之事，一一詳列照内，隨同此項商勳，發給本人收執，以昭信守。

《商務官報》光緒三十二年五月二十五日第九期《商部工藝局各科藝徒章程》 第一條，本局藝徒，以聰穎強健及年在二十歲左右之青年爲合格。

第二條，凡藝徒自入局之日起，學習三年爲滿，期滿之後，考其技藝，優者給與文憑，作爲工匠或留局用，或聽其出局營業，不及格者，再令學習一年，然後作爲滿期。

第三條，藝徒須有妥實之保薦。

第四條，藝徒之伙食及住宿，均由本局供給，其衣服之類，均須自備。

第五條，每月由本局酌給津貼銀兩若干，以爲零用。

第六條，藝徒之作業時刻，每日以十小時至十二小時爲限。

第七條，休息日期均不得回家，設有不得已之事，故而欲告假者，須由本人親屬，將情形告明本局，方得照准。

第八條，本局爲藝徒前途起見，特備講室，於每星期課以修身、國文、算術、理化等普通之學科。

第九條，藝徒之犯章者，量其輕重記過，輕者記小過一次，重者記大過一次，三小過作一大過，三大過則黜革。

第十條，凡藝徒之黜革，除性情愚魯，不堪造就者，姑從寬宥外，其因犯章被黜者，均著原保薦人償還伙食及津貼銀兩，倘原保薦人不承認者，交地方官酌量處罰。

第十一條，未滿期前，自行告退，及故意犯章而希黜革者，亦照第十條辦理。

第十二條，本章程自光緒三十二年四月起施行。

光緒三十二年五月　日

《商務官報》光緒三十二年五月二十五日第九期《商部工藝局鑿井簡章》

一，開井者，須預到本局訂立合同，各執一紙爲據，然後定期開工。

二，動工之日，應先付井款半份，餘俟收工後繳清。

三，開工後，所有工師、藝徒伙食零費等項，均歸本局自備。

四，開井無論深淺，總以水質甘美爲度。

五，如用各項吸水器，須另行加價。

六，每鑿一井，以井蓋釘好爲竣工。

七，工程既竣，倘有水路不通，或下部之桶有裂縫，應歸本局加修，如上部之桶經風吹日曬，以致損壞，應歸開主修理。

鑿井價目表

一，特等甜水井價格，臨時理訂。

一，一等甜水井，深十五丈，商二十丈，桶八個，每個厚二寸，長四尺三寸，井口徑四尺，價五百五十元，保險年限，以二至年爲止。

二等甜水井，深十丈至十五丈，桶七個，每個厚一寸六分，長三尺，井口徑三尺五寸，價四百五十元，保險年限，以十二年爲止。

三等甜水井，深十丈以内，桶六個，每個厚一寸二，長三尺，井口徑二尺五寸，價三百五十元，保險年限，以六年爲止。

修井費，每眼洋十八元。

掃井費，每眼洋五元。

光緒三十二年五月　日

《商務官報》光緒三十二年閏五月初五日第七期《批職商郭廷樹稟》 稟悉。上海絲市漲落，本難預定，該商資本既非股實，汪鴻年等名下款項，無論股份借墊尚未交齊，遽行放手收繭，已非謹慎經商之道。現兩造既經涉訟，僅憑一面之詞，未足爲據憑，候札行該管地方官查明，秉公訊斷，仰即凛遵。此批。閏四月十四日。

《商務官報》光緒三十二年六月二十五日第一二期《商部致顧問官張謇及上海商會等論破産律書》 此次錢業諸商，對於本部破産律不無異議，未審諸商以爲窒礙之處，究指何條而言，現尚未接詳稟，本部亦無從懸測。惟本部釐訂此律，本爲便商起見，故上年定議編纂，即先徵各商會及商務議員之意見，嗣經陸續彙齊，始行參照起草。故此律大半均係採自各處條陳，惟其中有雖爲中國習尚，而按之法理，未甚允協者，則酌量參用各國成例，以期補偏救弊。統按此律，全體沿襲中國習慣者居多，採用外國條文者甚少，誠以中國商民程度未齊，國家法律祇能引之漸進，各國法律雖稱精美，亦不能盡行援據，致蹈過高難行之弊。揆諸本部立法之意，方以限於商民程度，不能過求完備，祇得期以他日改良，乃發佈以後，滬上各報有以此律爲不合習慣，未能實行者，著爲論説，逐條駁議。本部曾詳加查覈，雖有一二見到之處，而大半均未免過慮，又其立論無甚根據，並非法律家之言，故本部以爲無足重輕。此次諸商所陳，諒非人云亦云可比，本部深維定律所以便民，如果諸商確有見地，深明法理，而又周知各處習慣，指出此律何條未便，何條難行，本部詳加覆覈，持論果屬平允，自當虛衷採納，以符立法之本意，惟不能僅憑一業之意見，一隅之風氣，遽爲更張，此爲一定不易之理。凡事難於圖始，中國向無此律明文，商民驟見，以爲轉受束縛，不能與向日習慣並行，其實立法本有深意，若沿用稍久，亦即習爲固然，徵之各國立法之初，大率如是。本部之意，以爲此律果有不便之處，亦須實行以後，始有真據，若僅觀律文，遽謂全體不能通行，究非持平之論也。執事深達大體，當能亮本部之苦衷，希與諸商剴切勸導，勿狃積習，勿存誤會。本部本無固執之意，諸商亦宜有求進之心，是在執事以律意善與諸商解釋之而已。至各國立法，本均有理由書，此次諸商異議，恐亦爲未得真解所致，現已飭員趕緊編纂，一俟成書，以後即當頒佈各處也。**【略】**

按，破産律奏定已届三月，現已入實行期內，上海、寧波、鎮江錢商中，有以爲不便，請暫緩施行者，由顧問官張殿撰及商會代達，商部故復此書。

《商務官報》光緒三十二年八月初五日第一六期《礦章礦地不得過三十方里釋義》　量遠近，以錢長爲度，五尺爲步(二步即一丈)三百六十步(即一百八十丈)爲里。量地面之大小，以面積爲度，一百平方寸爲一平方尺，二十五平方尺爲一平方步，四平方步即一百平方尺爲一平方丈，二百四十平方步(即闊一步，長二百四十步，計一步正方者二百四十方)爲一畝，五百四十畝爲一平方里，計十二萬九千六百平方步(即三萬二千四百平方丈)，三十方里(即闊一里長三十里)爲一平方里者三十，計三百八十八萬八千平方步(即九十七萬二千平方丈)，即一萬六千二百畝。若闊三十里，長三十里，則爲方三十里，計九百方里，與此不同，如圖。

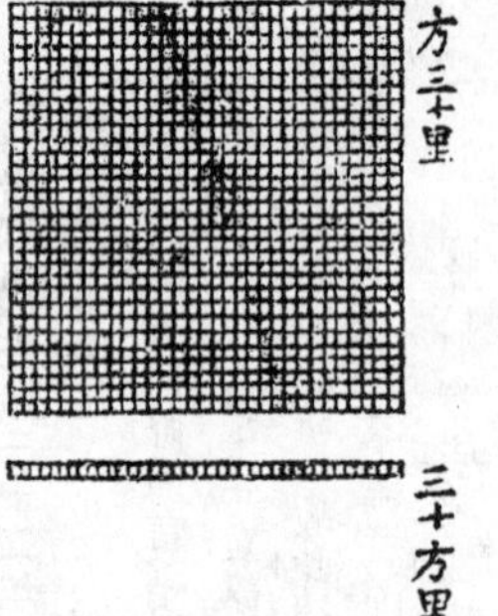

長處不得逾闊處四倍

量面積之法，以長闊相乘，得數爲面積。按定理，面積爲一定者，長與闊爲反比例(即長加增，則闊減少，長減少，則闊加增)，故同一三十方里之面積，可以量作極狹極長，則跨境逾遠，定章以長不得逾闊處四倍爲限，則長與闊之比，至多不過如四與一之比，以長分爲四份，則與闊同。故以三十方里化爲丈數九十七萬二千方丈，分爲四份，即得二十四萬三千方丈爲闊之正方面積，開平方得四百九十二丈九尺五寸零三厘餘(依推算錢糧定例，小數不滿五者去之，滿五者收爲一數)，取整丈，得四百九十三丈弱，即二里一百三十三丈弱(所差不及五寸)爲闊，四倍之，得一千九百七十一丈八尺零一分餘，取整丈，得一千九百七十二丈，即十里一百七十二丈(所差不及二寸)爲長。礦地三十方里之長，不得有過此限，闊之增減，隨長而變，長既有定，則闊不必另設限制。

按礦章內礦地不得過三十方里一語，頗多疑義，今特録登周君之作，以餉關係斯業者。

《商務官報》光緒三十二年十月初五日第三十二期《批董文田呈》　據呈已悉。該商人此次照資本銀兩補繳公費，覈與部章相符，自應准予注册，惟查呈式內既以雙如意爲字號，以後招牌如仍用雙如意字樣，應俟本部商標局開辦後，另案辦理。除將前繳公費洋銀五十元發還外，所有發給收單執照，仰該商人具領可也。此繳。九月十五日。

政學社《大清法規大全》卷三《農工商部奏請通飭各省研精工藝並先酌予獎勵摺》　竊臣部於本年十月十八日具奏進呈陳列所貨品，臣文治、臣肇新蒙恩召見，面奉懿旨：應令各省將製造各品精益求精，力求進步等因。欽此。跪聆之下，仰見聖慈提倡工藝之至意，欽佩莫名。伏查工藝一事，爲商務之基礎，是以史遷有言，虞而成之，工而出之，商而通之，工商二者，實有互相維持之益。臣部自設立以來，迭經先後咨行各省，調查各處工藝局章程，力爲勸導。本年四月間，復經通咨各省，就商會處所籌，設勸工廠各在案。誠以中國工業正當幼稚之時，非示以模型，無由收振興之明效。茲者仰荷聖明在上加意提倡，臣等謹當恪遵諭旨，通飭各省地方官及各商會，將已有之工藝極力改良，未有之工藝殫精仿造，每年作爲課程，編成工業進步表，彙送臣部備覈，以期廣興美利，漸杜漏卮，惟是進步之方，端資觀感。查本届各省咨送臣部陳列所各品，除廣東、浙江兩省尚未解到外，其中如直隸、山東、湖南各省繡貨等件，及各省工藝局所製布疋等件，均係官廠製品，京師砂器、福建漆器、江蘇燙畫等件，均係該工匠自製精品，現在亟求進步，自應酌予獎勵。臣等公同商酌，擬請將各省官廠製品由臣部給予匾額，工匠製品由臣部參照功牌式樣，酌給獎牌，藉示觀感。如果將來各省所製商品日益精美，銷路暢旺，卓著成效，再由臣部按照奏定商勳章程，分別給獎，用以示等差而表寵榮。如蒙俞允，臣等謹當欽遵辦理。光緒三十二年十月二十八日具奏，奉旨：依議。欽此。

政學社《大清法規大全》卷七《農工商部札行各總分商會准設商務分所文光緒三十二年十月》 據本部三等顧問官候選道錫金、商會總理周廷弼稟稱，竊維商會之設，所以聯絡商情，惟大多數之聯絡，必積小多數之聯絡以成之，積村堡以成鄉鎮，積鄉鎮以成縣邑，苟鄉鎮之商業，不能互相聯絡，則居縣邑而言，聯絡非失之範圍狹小，即失之呼應不靈。伏讀鈞部商會定章，商務繁富之區，不論會垣城埠，設立總會；於商務稍次之地，設立分會，尋繹憲意，本欲由源及委，次第推行，將保護商業之盛舉，普及於凡有闤闠之區。祇以開辦伊始，提綱挈領，商埠而外，祇能先就府城縣城，擇要試辦，惟是一縣之大，地方遼闊，僅設一會，耳目萬難周到，舉凡導興實業，清釐錢債諸事，勢難周知其隱，鉅細靡遺。職道與各會員再三斟酌，僉謂宜就各鄉鎮凡有商鋪薈聚之處，次第籌設分會之分會，藉廣聯絡而資調查。此項鎮鄉分會，統隸於縣城分會，分之則各自爲部，合之則聯成一氣，譬如身之使臂，臂之使指，部位分明，血脈聯屬，毫無扞格不通之弊，然後可實收聯絡之效。所有一切章程，仍恪遵鈞部定章，不敢稍有增損，惟此爲推廣公益，靈通脈絡起見，與去年所頒推廣鄉鎮分會六條之內，須輪船火車所通之區，方可設立之意，微有不同，合併聲明，是否有當，伏乞批示祇遵，等情前來。查本部前據上海商會總理等稟稱，近來商界漸知商會之益，凡貿易豐盛各村鎮，均欲遵章，請設分會，應請明定章程，以示限制等情，當經酌訂辦法六條，通行在案。嗣據上海南市及如皋豐利場、常熟東唐市等處請設分會，均經本部批令，併入上海總會、如皋分會、常昭分會辦理。茲據周道稟稱，前因自係爲聯絡商情起見，合行札飭各總分會總協理知悉。嗣後各府州縣中，如已設立商會，而各村鎮尚有續請設立者，即令定名爲商務分所，與各該處總分會設法聯絡，所有會董等一體公舉。惟不必公舉總理，並毋庸發給圖記式樣，一切稟報本部文件，均由總分會轉呈，以免紛歧而資聯絡。似此辦法，既與部章不背，亦即周道稟中所稱推廣公益，靈通脈絡之意。惟仍須因勢利導，聽各鄉鎮之便，不得強令設立，轉滋流弊，仰該總理等，即便遵照辦理。

政學社《大清法規大全》卷九《商部奏破産律第四十條請暫緩實行片》 再，臣部接據上海南北市錢業元大亨等合詞稟稱，錢業定章，遇有往來商號，因虧倒閉，所欠洋款莊款，須俟結清後，於欠户還款內，按照成數華洋各商一律公攤，歷經稟辦有案。今各省分滬銀行，官銀號既許各商號脱手往來，與莊等同，茲利益自應與莊等同其責任。設遇倒閉虧欠，亦惟查照定章，於欠户還款內，按成均攤，乞咨請財政處立案等情。嗣與臣部會同修訂法律大臣，奏定破産律第四十條，帑項公款，經手商家倒閉，除歸償成數，仍同各債主一律辦理外，地方官應查明情節，如果事屬有心，應照倒騙律嚴加治罪等語，尚屬相符。當經據情咨商財政處去後，旋准覆稱，查各國銀錢行業，皆受成於户部，或且以資本之半，存之中央金庫，而所用簿籍鈔票等，均由公家領取，户部並有隨時飭令檢查之權。查察極爲嚴密，不患有欺飾隱匿之弊，是以偶遇虧倒，破産之法可以實行。今中國各項貿易，皆任便開設，公家並未加以監察，若遇有倒閉，准其一律扣折，恐存款之受虧必甚。現在户部銀行存放，多係部款，關係極重，暨各省銀行官銀號，多係公款，均應暫照舊章辦理。所有該商稟請立案之處，礙難照准等因，臣等查破産律第四十條，商家倒閉，帑項公款，歸償成數同各債主一律，本係查照各國通例辦理，俾昭平允。茲准財政處覆稱前因，自應將此條暫緩實行，除由臣部通行各省轉飭遵照外，理合奏聞，謹奏。光緒三十二年月奉旨：知道了。欽此。

《商務官報》光緒三十二年十二月初五日第二十八期《批上海商務總會稟》

稟及說帖閲悉。此項破産律，既據稟稱，由各業暨商學公會蘇鎮分會悉心研究，彙繕清摺，稟乞鑒覈前來，自應飭司按照說帖，體察各業習慣情形，詳細覈訂，以期通行。除俟訂正律文，再行札發外，合先批示，並傳知各業各分會可也。說帖存覈。此繳。十一月十四日。

政學社《大清法規大全》卷九《農工商部通咨認真審訊錢債詞訟文》 據山東煙臺商務總會總理張應東等稟稱，大部提倡實業，以求商業之發達，無非爲富強之基礎。爲地方官者，理宜注意商業，刻刻保全，方爲切密。乃有債務急於待理，而各州縣衙門，届時猶有循例之舉，懸牌特書，農忙停訊，錢債細故，概不准理，實足阻朝廷振興商業之進步，而生刁狡冀倖之私心。查職會自設立以來，統計光緒三十三年，分理結錢債訟案八十起，三十四年分七十五起，其未經結者，實止過半，蓋以商會有調處之責，無票傳勒追之理。謹厚者帶帳清查，曲直一言可判，其狡黠之輩，居心誑騙，多有屢傳不到，希圖事外逍遥，而債主計算欠款不滿千金，不願請官追繳，誠以錢債訟案，一入地方衙門，差役如得魚肉，不問債務能否追償，只要堂規，縱地方官廉潔，而衙門上下非錢不行，商民視爲畏途，亦良有以。又有負欠鉅款，逃回原籍，債主呈請帶帳前往候質，商會據情移會地方官傳案，質明追繳，官亦出票，而欠户賄囑衙役，瞞以遠出，地方官亦以錢債細故，不加深問，遂使商人血本無處追償，甚至經會再三移催管官，無奈即據去役、地保等之禀復，以該欠户業經遠出，無從傳訊，一紙空文，移復了事。其實欠户在家，賄差不到，或有案在此處，待質多人，非關提過會，無從覈議，往往備文移提，十關九空。更有一味狡賴，商會無法調停，移請地方官訊斷，多以錢財細故，經久不決，債主血本久懸，受累歇業者，比比皆是，是商業因此敗壞，市面由此蕭疏，殊非體恤商情，維持市面之道。伏查破産已有專律，將來頒行，仍須仰藉地方官，以受實效。可否仰祈鈞部，咨請各省督撫，通飭各府州縣，如商會覈議，有移請應行追結之案，務於文到之日，傳齊兩造，從速質明訊斷，毋任去役受賄，票傳不到。倘有前項情事，應准移請，另派妥役，嚴拘到案訊辦。仍將辦理情形，移復過會彙報，如稽延不復，即由商會移請該管上司提案，秉公訊結，以重商本而維市面等情前來。查訴訟法民事與刑事並重，現在地方官辦理錢債案件，誠有如該總理等所禀，任意延宕，應請嚴飭各屬，力袪前弊，遇此等案件，務須迅速訊理，以恤商艱而維商政，是爲至要。相應據情咨行，查照辦理可也。

政學社《大清法規大全》卷一《農工商部咨查各省興辦實業不得攙合外款文附章程》 案，振興各省實業，凡開礦、務農、工藝、畜牧、種植、墾闢、漁業、鹽務、森林、商務、商埠、公司各有專章，奏准通行，各省均聲明中國自有權利，外人概不得干預。乃近日承辦各項實業之人當呈報開辦時，均注明不招外股，及至經部催辦，或輾轉更易藉口，於貲本不敷，股款未足，輒私行攙合外股，或借用外款，實屬顯違限章。年來由部查辦，此等案件，層出不窮，亟應認真整頓，以重實業而保利權。現特將查辦各情，分咨各省，請各督撫按照咨開各節，通飭所屬，查報覈辦。計開：

一、初經承辦，由部覈准立案，或由各省督撫覈准，咨部立案，或由勸業道覈准，詳由督撫轉咨本部立案之十項實業公司，無論獨資營業、合資營業、招集股份，應查其有無私行攙合外股情弊。

一、已經承辦之十項實業公司，如上開立案營業各項，無論其興辦至三年、五年、十年及十年以外，有無舉辦成效，應查其隨後有無私攙外股，或以該營業地方物業權利抵借外款。

一、已經承辦之十項實業公司，所營實業，至數年、十年、十餘年、二三十年，或原商始終任辦，抑中間因别有事故，或資本不繼，辦理虧折，致更易他商，或另易數商，該所易之各新商，有無違背原商禀准章程，私攙外股及抵借外款各弊。

一、查察承辦實業資本事宜，向例責成勸業道督率各勸業員隨時詳查，詳由本省督撫咨部覈辦。惟近日各省已經籌辦咨議局，及各地方自治選舉參事、董事議員等，調查議辦地方各項憲政，該項興辦實業事宜，亦在查議之列。各承辦公司商人，有無違章私攙外股，抵借外款，國家利權所在，各議員均有稽察議辦責成，應一併統歸詳查舉報。

一、各承辦實業公司商人，既經此次嚴密清查，及以後隨時稽察，如查得有違背定章，攙入外款各實據，即由議局議會議定，停止該商人興辦事項，另易新商辦理。

《東方雜誌》第四年第二期《英屬白蠟辦礦則例》 第一款，釋名例。此例係白蠟西曆一千八百九十九年重訂新例，現在通行者。請領礦地執照，即開礦執照，批給官地契券，領地人可觀爲已有産業，亦可將該地任便發賣，或轉批與人開採者，方言呀囒。准照領地者業蒙批准給照，而丈量立界尚須時日，急於開辦，可先給准照，以便興工。諭知字係將應辦之事通知事主者，方言啰吔。轉批係領執照人將其請領礦地轉批與人開採之批賃字也，方言合同。轉名係將所領開辦執照改换他人名姓者，典押係揭借他人銀項以開礦執照作押契者，打限紙此方言也，係阻人不得將開礦執照轉名交易及一切事故者。探看五金執照即探礦執照。水照係准礦場用水之憑照。山砂執照係准人開採泥皮砂或用水割山砂之准照。凡執照於本例未出以前所領者，不得以本例律之，惟將該地開辦礦務者，必遵本例而行。

第二款，請領礦地執照則例。第一節，請領礦地執照者至該管地税司署進禀，須將該地四至、界限、坐落何處，廣闊若干，逐一聲明，並將入禀人姓名、住址詳叙，各項費用均應照例交足。所請給之地，如係在街場内，或附近公衆屋宇，或近火車鐵路，或近種植田園，恐有傷損妨害之處者，未經參政司覈准，不准量給。第二節，地税司收到該禀，即按照遞禀次序摘由注册，惟請給礦地之人不得以遞禀先後争論。請給礦地多逾二十五英畝者，地税司當據禀申請參政司覈給。第三節，參政司批准該禀後，地税司即飭量地官將該地丈量立界。凡礦地經量地官量妥當，即繪圖注明該地四至、界限，坐落何處，廣闊若干，呈地税司存案。第四節，如量未竣工，領地執照尚未發給，而請地人急欲開辦，地税司業奉參政司批准量地給照之文，丈量已定，可先給准照，並該地圖稿與請地人收執，請地人可到該地興辦。此項准照包括地主權利，並例内地主擔任關係各事，與開礦執照無異。如領照人開辦時，不遵本例第四款第二節而行，以致該地翻覆丈量，乃係自誤，與官無涉。第五節，地税司接到量地官所呈地圖，即令備寫正副領地執照並地圖兩張，用諭知字飭送請地人住所，作爲妥交，請地人由接諭日起三個月内，若不遵諭而行，地税司可將其請地之禀批銷，如先給有准照者，亦一律批銷。如請地人入禀批准後，不欲領受該地，可隨時禀知地税司，將其請地之禀批銷，惟必清繳一切費用方可。第六節，凡開礦執照，經請領者畫押，地税司將該執照呈參政司畫押，並叢官印發回後，地税司即寄交請領人住所，或發諭知字，交原人聲明該執照經已繕好，飭即到領，由接諭日起三個月内，請領者如不遵諭而行，地税司有權將請地之禀批銷，如先給有准照者，亦一律批銷，繕就用印執照由地税司繳呈參政司注銷。請地人雖經交量地費用，執照已經畫押，領有開辦准照，而未經參政司批准畫押者，仍不得索取領地執照。本例未出之前及已出之後，所有請地者均須遵照此例（按參政司爲總理白蠟庶務之官，吉隆芙蓉彭亨，皆先設是職，所以分治各邦者也。八年内，始設總參政司，駐吉隆，統轄四邦，近聞又將有裁總參政司，皆受成於新加坡總督之説。地税司則管理地方税務之官也。所謂費用者，自請領礦地以至差役送諭知字，皆有定章，惟認例一次，則有一次之更改。今將現行者録下。凡量地費用一愛格［二十一丈丁方］，即一英畝一圓，二畝二圓一角，三畝一圓七角五分，自三英畝以上至二十五英畝，皆每畝加五角，伸算自二十六英畝以上至一百畝，皆每畝加四角五，伸算自一百英畝以上至五百畝，皆每畝加三角，伸算自五百零一畝以上至一千畝，皆每畝加二角五，伸算一千畝以上，皆每畝加二角，伸算以視舊例量地，十英畝内一圓六角，伸算三百畝内一圓二角，伸算五百畝内九角，伸算一千畝内七角，伸算二千畝内六角，伸算四千畝内五角，伸算六十畝内四角，伸算一萬畝内三角，伸算一萬畝以上二角，伸算者相去遠矣。其餘領執照一圓，換執照一圓，轉名一圓，查案一圓，鈔案稿每百字二角五分，請給權理字［方言掛沙字］一圓，請銷權理字半圓，注册一圓，典押、轉名一圓，准照一圓，山砂准照五圓，探礦執照二十五圓，諭知字二角五分，諸如此類，不勝枚舉，惟其所定之費用，適足以酬報相當之勞，而止是以在官無枵腹從公之苦，在商亦無任人需索之弊）。

第三款，開礦執照注册則例。地税司須立一册，名爲開礦執照册，將遵照本例所發請領礦地執照之副照裝釘成册。凡領地執照，必留一頁空册，以便日後轉名或别事照例注册之用。地税司又須專立一册，以爲遵照本例第二款第四節發給准照注册之用。

第四款，請領礦地執照則例。第一節，領有礦地執照者，除别式聲明約款與此相反者不計外，有應享下列利權。一，地面地底之五金雜礦，遵照下列第三條，可以開採。二，有權在執照所給礦地内搭蓋公司屋宇，耕種菜園，養畜牲鷄鴨，以爲礦場内工人之用，惟必禀准礦務司方可。三，遵照本例第五款第一節第六條外，有額外利權准用該地面所産木料及山林、柴草、頑石、紅石、石灰石、磚，各種雜石，珊瑚、螺殼、沙、種植、肥泥等類，惟未遵照一千八百九十七年之例，出有開採雜質執照者，不得將上列各物運出該地界以外。第二節，領有礦地執照者，除别式聲明約款與此相反者不計外，應遵守下列約款。一，經領礦地執照者，應依期交納地税，與經承委員妥收。二，地界劃定之後，須在當眼處豎立界碑，安放妥當，勿致遺失。三，由領開礦執照日起六個月内，必須開辦礦務。六個月内，當遵執照所列按畝招工之數，雇足工人，或用機器以代人力者，則照機器之馬力計算，每一匹馬力代工人八名。領開礦執照後，不論何時，因財力不及以至中途停止逾十二個月之久，或工人不能如數招足者，即將該執照批銷，礦地歸官，若有真實憑據、證明現在非人力所能强爲，將情由禀求參政司，免遵此例，可批准展限六個月，然必先繳費用，倘領照者欲求展逾六個月之限，必經參政司審量，以爲可行，然後批准加給限期。領開礦執照後，無論何時，若查已停辦至兩年之久者，可將該照批銷，礦地入官，不必通知領照人（按原例，每英畝須用工人二名，嗣改爲一名，今多有不及一名，且屢逾限而屢求展限，亦不批銷者，蓋因礦地有旺弱，道路有遠近，開採有難易，實有不可繩以一律者。地税司、礦務司守其經，參政司行其權，是以舉措咸宜，民至如歸。所謂依期交納地税者，即官給礦地之歲税也，每一英畝歲税一圓，如地底有别項五金，當另納出口税，地底僅有錫質者，具詳出口錫税專章。錫價每百斤價值三十二圓者，每帕［三百斤爲一帕］税銀十圓，價在三十三圓以上，每百斤加價一圓，則每帕加税二角五分，價在四十五圓以上，每百斤加價一圓，則每帕加税五角，均照逐日電報市價算。錫砂出口一百斤作七十斤算，蓋議此則例時，錫價尚出入於三十五圓之間，又因提化公司設在境外，故議及錫砂出口推算法。查一千八百七十七年則例，凡開礦地方已給二十一年期限執照者，所出之錫無論價值幾何，每帕税銀二圓，錫砂出口一百斤作六十五斤算。一千八百八十五年又定值百抽五，山砂減半之例，前已給有二十一年執照者，不在此例，錫砂每一百斤作六十八斤算，蓋道路漸辟，程工漸易，故出口税亦漸增，至今遇錫價高至八九十圓時，則錫税即值百抽十二圓，礦商苦其太重，常有議求減税者。請領礦地之弊，恒在有勢力之家，彼知有礦苗處所，即設法請領，因以爲利，其意欲俟他日興旺。然後轉批或轉賣，可以坐享其成，而法律亦不能限制，計至巧也。此款限期開辦，限畝招工，逾期不辦，或招工不足者，可以批銷，而勢力無所施其巧，若非藉以漁利者，又可原情，准理寬其期限，不稍苛刻。此等作用，固賴參政司之有特權，尤賴地税司、礦務司之能就近詳查，允協於正，故能攸往咸宜，放而皆准）。

第五款，開辦礦務則例。第一節，凡地經開辦礦務，無論何時發現有他質礦苗，參政司可諭令領照人承辦，由接諭日起限十二個月内，即當認真開辦，如敢故違，參政司可論領照人將某處礦地繳回，若因繳回該地以致有礙其礦，由此虧本，可從公估價賠補，惟不得因議賠償，而計及地底所藏他礦價值。二，領照辦礦之人須妥慎用精當之法開採，不得累及鄰近，或致驚險受虧。三，領照人所得礦地，除照第四款第一節所享利權，准用地方外，若未稟經地税司批准，不得擅將該地作爲别用。四，官委巡員可於合理時候，至其礦場或礦廠屋宇查看。五，領照人須將該地爲何人所有，繳主何人，四至爲何人之業，據實填寫，懸於辦事廳及工人駐紮之處，若礦務官諭令將該格式紙寫某國字，懸掛某處，亦當遵行。六，如公家因造屋修路，委人到該礦地内搬運泥土、沙石、木料等，以爲公益之用者，領照人不得阻挡索價。七，領照辦礦者須立真實數簿，詳記礦務或别項費用，另置錫砂簿一本，注明何日進錫砂若干，何日賣錫砂若干，以便礦務官或其委員隨時到查。八，遇公家須將該地方取回，以爲公衆之用，照例公議賠補，領執照人於收款後，即當將地呈繳。九，請領執照者當任鄰近地方之人出入其地，惟須礦務官查明無礙該礦主之利權方可。十，礦務司爲保護工人免受險傷起見，得隨時示諭領照人，當認真奉行。十一，礦務司委人到該處探地，若係合理時候，領照人當任該人查採，不得攔阻。十二，依本例前二條，係領照人擔任，若該地已批與他人開採，則領照人、承批人及管理開礦之人均須擔任。第二節，請領礦地執照，因犯本例批銷，而既納地税者，批銷已定，應將批銷後之税銀交回。第三節，若查確領照人有犯本例，應將該領地執照批銷者，地税司有權稟准參政司發一諭帖給該領照人，倘領照人有所不甘，准由接諭日起限一個月内，據情稟訴參政司覈奪。領照人若不能訴明其並非犯例情由，參政司即於轅門報内聲明該照應行批銷，礦地入官。所發諭帖，以交該領照人親收爲宜，若不能交，則將此諭帖登諸轅門報内，至少以三次爲率。此項諭帖，仍宜抄貼於該照所領礦地之當眼處。上列本例與第四款第二節末條之批銷礦地執照例不同。第四節，請領礦地執照，業經批銷，其地入官者，除由參政司於轅門報内聲明，仍發貼示諭於該礦地當眼處，轅門報已登批銷執照之案，由該地即已入官凡堂判依此定案。第五節，請領礦地執照，年限屆滿，欲换新照者，須於未到期前十二個月，稟求地税司换給新照，惟必向守本例參政司，乃准换給。第六節，凡請領礦地執照之人，欲繳回執照所領之地，或全繳，或半繳，或繳十分之幾，必先稟知地税司，清完税項，方准將該執照批銷。無論繳回該地幾何，領照人應稟請地税司將繳回之地丈量清楚，以便呈繳量地費用，並將舊照呈繳，以便换給未繳回礦地之新照，領照人必係向遵本例而行者，方准繳回舊照。第七節，無論何項執照，准照經批銷或過期者，地税司得發諭知字，令其交出執照或准照，不得抗違。第八節，凡請領開礦執照，在本例未出之前者，領照人須稟知地税司，將其舊照繳回，换給新照，免繳下開各項費用。地税司據稟，即當收回换給。如他人於該照所轄礦地有同權開採他礦者，不能繳回，本例已出之後，若有礦地執照，係舊時請領着，應准遵照本例，請换新照，並納量地分界等費，餘均豁免，但换新照時，只准給舊照所有礦地，不得求多；其限期亦只准按舊照接續，不得求展（按舊例，凡地方僻遠，未設管理礦官之處，可先通知該處商董，給字爲憑，三個月後，照例稟請該管官辦理。亞洲人請領礦地，在十英畝以内者，管理人可以給予，不必稟准參政司。若請地不及十英畝者，由巫來由官允許，亦可照准。一千八百八十二年，華商鄭景貴稟請將前領執照限期二十一年之礦地展限二十一年，合爲四十二年，由議政局覈准批給。蓋英官對待礦商之政策，全視其實力何如，參政司雖有判斷之特權，而事理之當否，皆由局員酌議，占三從二，以定其案，所以民情畢達，虛實備悉，措置悉得其平也）。

第六款，礦地轉名轉批，典押打限則例。第一節，本例出後，不論何處礦地，於本例未出以前所領執照，或參政司於本例未出以前，業經批准延至本例出後，始給舊式執照者，或遵本例領有新式執照及准照者，其轉名、轉批、典押等事，均應遵照本例而行，如敢故違，該照作廢。轉批期限不逾十二個月者，不在此例。第二節，凡欲轉名、轉批、典押其地者，必兩造或權理人或律師，親到該管地税司處，帶齊所有關涉該地之執照文憑等件，若將該地轉批者，須帶地圖，將轉批地段用紅劃開，注明原領執照號數，與領照時日，又留餘紙，以便注明承批者之姓名及號數時日。第三節，立轉批典押等字據，須照格式紙繕寫，據事立字，如有别情，必經地税司允准，方可。兩造必親到畫押，畫押時，須有下列一人爲證。在自蠟轄境畫押者，以審事官、礦務司、地税司、聯政國總臬司堂之各律司，或參政司遵照本例，派定之公證人，經登轅門報者充之。若在轄外地方畫押者，則以該處審事官、公衆證人、英國正副領事，或經參政司發給憑照，專任一人，在該處爲證人者充之。凡印官作證者，須蓋官印爲據。第四節，凡轉批典押等字據，命權理人代畫押者，該執照不得入册，若權理人呈有權理憑照，而其執照中有前條所列之人畫押者，准其入册。第五節，地税司收清例納費項，並歷年地税後，即在執照内加一小批，注明交易事件，及兩造姓名、交易時日，如係轉批，須注明册内地圖第幾號合爲一册，名爲轉批礦地圖册，按照本例第六款第二節，在帶來圖批之空紙處填寫號數、時日、姓名。執照副張亦須注一小批，必須地税司作證，載明正執照號數。第六節，轉批、典押等字據，必載正執照號數，存一張於地税司署，以備查考。第七節，凡轉名、典押、轉批文件，經入册後，地税司當交回應領人收執。第八節，凡典押事件，地税司如有確據，證出兩造經已交代清楚者，即於執照内，用硃筆批明妥還欠項字樣，簽名爲據，並着承領典押之人簽名，注明時日、號數。堂判時，如已證明某典押單業已兩造交代清楚，而承典人因不在場，或因事不能畫押者，得免其畫押。第九節，凡經兩造同赴地税司署禀明轉批業已交回或批銷者，地税司即將該執照用硃筆横寫交回批銷字樣，畫押爲據。其餘各事，須禀經礦務司或經堂判，再行覈辦。第十節，承典人因所典之銀本利不清，又經字催欠主償還欠項逾三個月而仍不還者，應據實禀明地税司，該司得將所典押執照内之地，在署拍賣，除照本例之外，承典人不得妄行發資典地。地税司欲將該地發賣，必先諭知地主，俾得至署訴明，以憑覈奪，若地税司拒其陳訴，或判斷不公，以至受虧者，該地主可至臬司署上控暫停發賣，惟由地税司斷案日起限一個月内，准其上控，過期概不受理。第十一節，權理人及掌管家業人或應得繼業人，如有該地主之遺書，或授權管業字據，得認爲礦地之主。經理生意人無論受人之托，或照例代理，亦得作爲地主。凡遵照此例而地税司不准其入册爲地主者，得行上控，其上控之期，以三十日爲限。第十二節，倘執照准照等件或有錯漏，總地税司得令地税司改正，並注明改正時日，簽名爲據，但不得刮去原字。第十三節，凡執有遺書授權字據，及允許而未轉名之字據，或别等未入册之單據，而於某段礦地執照有關涉者，得在地税司處入打限紙，阻止該地不得轉手交易，俟有通知字，然後再行發賣，須照打限紙所列各款，明白注入交易單據。二，地税司接到此等打限紙，即須將收到時日、鐘點注明册内，立出諭知字，由郵局寄交領照人之被打限者。三，打限紙無論係打限轉名，抑係别事之有關於礦地執照尚未了事者，概不能將交易轉名等字據入册。四，不論地主或他人，爲争該執照所轄礦地，得請票傳打限人到堂，令其將打限紙收回，無論打限人曾否依期到堂，審事官得按兩造證據定案，如係争論執照之事，則依照律例行之。五，凡已入打限紙於地税司署者，被打限之領照人得禀請地税司，取回打限字，地税司應先論知打限者，令其於二十一日内到堂，問明緣由，如交諭知日後二十一日，打限者尚不到堂質訊，地税司得將打限紙批銷，注明册内，惟由臬司知照地税司展限日期者，不在此例。六，禀内須叙明被打限之執照主住址，以便送諭知字。七，入打限紙者，一經接到諭知字，可至臬署請票，求再展限，此票必須送至被打限人住所，使知再求展限之故，届時被打限者無論到堂與否，臬司得即照例定案。八，人打限紙者，得隨時禀求地税司取回打限紙，惟未取回打限紙以前之堂費，臬司得判令請打限紙之人遵繳。九，打限紙如已取回，或訟案業經了結，地税司概須注册。十，打限者或其權理人不得因一事打限兩次，但照下列十二條，地税司應有打限並展期之權，不在本例限制之内。十一，除地税司外，凡無故擅自打限，或一再求展限期，以致被打限人因此受虧者，應由該打限者賠補。十二，如地税司查知某地原係官業，或疑是官業者，無論何時，得出打限紙，禁止將該地方轉手交易。如該地係幼童，或癲狂失心之人，及現時不在該處之人所有者，地税司得出打限紙，禁止轉手交易。如該地執照或有錯漏，及棍騙之徒有不合例之交易，必須禁止者，地税司得出紙打限。十三，本款第十三節，專指關涉礦地之執照，准照逾十二個月之限者而言，若其時不及十二個月者，不在此例。第十四節，礦地執照須遵下列地例章程：畫界丈量、繳納地税、分地。遺失執照，給副張執照。撥地爲公衆之用（按此款明定各人權限，使交易者循例而行，無枉無縱，亦屬綱舉目張之事。是以地税司、礦務司皆無定額，有一埠設一官者，有數埠統屬一官者，以人治事，即以事之多寡定人，礦場有大小，人工有多寡，而礦務亦有繁簡，各項盟用取諸礦商，則官不糜禄，遇案即辦，無稍延宕，則商無廢事。英人以地方之財，辦地方之事，所屬各埠莫不皆然，此尤其親切而著明者耳）。

第七款，采取山砂准照則例。第一節，地税司有權發給每人一張之采取山砂准照。第二節，山砂准照，係准其有權在照内批明地方采取山砂，應交原人收執。第三節，領山砂准照者，須遵下列章程而行。每張准照以用至英十二月三十一號截止。其權限及如何采取，須遵礦務司或礦務巡員指示。采取山砂人，如不遵照內章程，或不遵本例，及有抗違合例之示諭者，礦務司即將該照批銷。采取山砂，或營繕他項工程有關山砂之時，須將准照携帶在身，以便查驗時，當堂呈出，其照費應照例繳納（按，采取山砂似與礦政無甚裨益，然無論一二人或數人、十數人、數十人，貲本不甚充足者，皆可資以爲生，且深山窮谷，山頂河邊，常有礦苗發現，往往因此而探出極佳極富之礦脈，先路之導，非偶然也。是以一千八百九十二年，議政局爲振興地方起見，定例准人采取山砂，免其税銀，無庸領照。嗣因採者日多，又於一千八百九十八年定例，山砂税銀值百抽五，其後因錫價加多，減收半數。現例每人領一准照，須納費五元，期限又迫，蓋防其有礙大宗礦地也。實則礦山尚未發現之時，此項准照之有功於探勘礦苗，正非淺鮮耳）。

第八款，探採五金執照則例。第一節，地税司經奉參政司批准字樣，有權發給探採五金礦苗執照。探採五金執照與一千八百九十七年所定之地段律例無涉。執照乃遵本例所發之探採五金字據，執照人是領執照之人。第二節，具稟請領執照，當繳例費，並聲明欲探何項礦苗，及該處地名、坐落方向。地税司設一專册，以載稟內要事，其執照則先稟請者先給，遇有争執之事，不得以入稟先後争奪。第三節，探視五金執照，定有格式紙，照填發給。第四節，領照人有權興工探採該地之礦苗，然如何探採，仍須聽礦務司指示。第五節，領照人得將該地所探出之五金運售，惟必照例納出口税。第六節，此項執照，只准探視官地，或雖係民業，而地主准其探採者，其業經他人請領之地，不准擅探。第七節，所探地於合理時候，應聽礦務司及其委員查看工程，如礦務司詢問探採情形，領照人當據實稟知。第八節，地税司、礦務司或巡礦委員於合理時候查看執照，領照人即須呈出任查。第九節，如有犯探地例或犯本例，參政司即將該執照批銷。第十節，下列各項利權，准領照人遵例享受，如有別項則例，與此相反者不計。一，有權在批准地內開採礦苗。二，所探地內，任其先擇一段，廣闊若干，稟由參政司准給，以酬其探地之功。三，經給探礦執照，所轄之地他人不得請領，亦不得給與他人種植，必俟領照人先行請領該地之後，其餘方得批給他人。四，如執照期滿，欲再探者，須將探地工程詳稟參政司，俟問明探採始終緣由，並不犯例，而又經照例納費者，方准給領新照，在其前探地方接續探採，但續探之地，不得多過前探之地一半。五，執照內准探若干時日，由參政司覈奪注明。六，請領執照，除照例納費外，如經地税司勘定地位方向者，應納別項之費。七，領照人中途停止探採，參政司得將該照批銷（按，探礦酬功之典，每議例案必有更改，初例以銀酌賞，嗣改爲給地酬勞，嗣請領探礦執照納費二十五元，嗣又改爲酌給酬勞之地，不准任其自擇，至此次定例，乃如此優給利權，蓋振興礦務，全恃探礦者篳路藍縷，以啓山林，其重視而優待之也有以哉）。

第九款，礦場用水則例。第一節，本轄境之川港河溪泉流水道，皆爲官有之業，其本例未出以前，舊頒執照已注明某水爲某人所有者，不在此例。第二節，礦地主若未商准礦務委員，不得擅將水道更改，或使他人代改，以免有礙他人或他處應用之水。第三節，爲自益礦地而擅改水道，無論自改或他人代改，均惟該地主是問，如有真礙實據，足以證明係他人所改者，不計。第四節，礦務司有權發給開礦人水照，准用某處地方，及用何法開浚，或改引暫用某水若干。水照准用十二個月，不得過期，請換新照，須經礦務司覈准。第五節，礦務司如諭知某礦主限於何時呈出水照，接諭者當依例遵行。第六節，礦主或夥伴，或開礦工人，領有水照者，須遵照內條款而行，不得越例，其已稟准巡礦委員者，不計。第七節，凡前節所列各項人等領有水照者，如有違犯照內條款，礦務司得將該水照批銷。第八節，礦務巡員有權分該礦過額之水，凡關涉此事者，均須遵行。如須字據，可給字據爲憑，倘分水不公，准稟知礦務司覈辦。第九節，辦礦用水轉車以致有礙別礦者，經礦務司推度，確以爲然，即行禁用，該用水轉車者，應即遵行。第十節，參政司有權發給執照，准人在官地，或經丈量之地，整水圳泉溝、過水澗、築堤、瀦水及一切貯水、引水、塘陂等事，並在照內批明用水幾何，時候若干，如何用法。領此照者有權在官地或經丈量之地，遵依照內所准之權而行，其已經丈量之地，領水照人應酌賠該量地主費用。第十一節，領照人之利權，其代理人、受託人皆能照行，惟連續兩年尚未興工開礦者，將照繳回。第十二節，照前例經發執照，參政司不論何時何事，有權令其繳回，或改換照內條款，如領照者因此受虧，應即酌量賠償。第十三節，上節賠償之法，照一千八百九十七年地例秉公酌賠。第十四節，礦務司有權飭令礦主享受第四節、第十節、第十一節之利權，准其至他人礦地，自出費用，整水圳泉溝、過水澗，使過額之水引至別礦分用，惟原礦主如有證據，聲明通引上列水道確實有礙於原礦者，該礦主不得妄行（按，錫礦大要，水利爲先，若無水，雖得礦砂，不能淘洗，勿論用機器也。即尋常礦地，恒有數日不得水，必停工以待，數月不得水，則坐以待困者，是以貲本家往往不惜重費，遠在數里以外浚溝、架澗、引水、通津，且有築堤堰塘，瀦蓄天降行潦之水，必備日用之需者，亦有鑿井深至數丈，用車汲取暗泉之水，以備淘洗之需者，若無法律以維持保護，則涓滴之泉，勢必至各視爲財命之源，爭之不已，輒興大獄，此款杜漸防微，實爲要鍵，蓋自定例以來，未嘗稍改者也)。

第十款，礦務工程則例。第一節，礦務司有權出諭知字，飭礦主將礦地四址界劃分明，倘礦主不遵礦務司，得令人代爲分割，索償費用，其礦務司簽押之單，即作爲全案索償之據。第二節，凡火藥、爆藥、火水、火油等易於引火之物，不准在礦場及公司内外鄰近地方堆放過多，並不准任便取用，如礦務司給有憑照，准放何處，限定若干，及如何堆放者，不在此例。第三節，礦務巡員有權飭令現在開辦之礦如何開採，以省工程，如礦生請領憑單，可給字據爲證，其有不願遵辦者，得禀知礦務司褫奪。第四節，如礦地遇有不測，致礦工斃命，或損傷者，該礦司理人應即寫明緣由，禀知礦務司，由礦務司親至該處相驗，並查訊致此之由，然後備録供詞，知會地方官。第五節，凡礦務司事人，得爲國家代定本礦場應行章程，聲明犯某條者，罰款幾何充公，但其章程須呈經參政司批准，方得施行，凡罰款充公被罰者，理伸後，可以取回，有不願繳者，司事人得告官索取，並可將該被罰人工銀扣抵，如工人負屈，得於三十日内往附近審事官處控告，求爲伸理。第六節，礦内所出砂土，如未經礦務巡員允許，不得堆在未經開采地方，其新辟礦地，不在此例。第七節，礦務巡員得指定處所，以爲該礦堆積砂土之用。第八節，礦務巡員得令礦主將採完之地任人堆放砂土。第九節，礦務司得令礦主將未開之地任人堆放砂土，惟借地者，必立保結，或存銀爲質，如因堆放砂土以致累人受虧，即須賠補。第十節，礦務司有權飭令礦主將砂土泥渣，與礦内搬出之物，以及溝棚水車水溝等如何安置。第十一節，礦主若無礦務司准照，不得擅自舉辦開窿挖岩等工程。此項執照應給與否，當由礦務司酌辦，如礦務司允給執服，亦得於下列條款之外加批條款，設礦務司不允給發，請領執照人得求礦務司給回不允給發之緣由字據，再行上控。第十二節，開窿挖岩執照條款。一，寫明礦地界限。一，聲明人命産業皆已保險。如有人證出該領照人有犯條款，或礦務司見該礦辦理不善，將有人命産業之險者，得隨時將該執照批銷或删改之。第十三節，礦主應將窿口、井口常時加意圍好，以免損傷人畜。參政司得准某礦主免遵此例，惟須畫押爲憑。第十四節，礦内窿口、岩門之天面地底及四旁，均須用木料支撑穩固，務使工人作工時上落，經過安穩無虞。第十五節，礦内務須設梯或上落機器，以便上落便捷，不靠索絞之力。第十六節，所有窿岩之内，必須遵照礦務司意見，設定妥適通氣之處。第十七節，除本例執照内所准條款不計外，凡開挖泥溝或用别法藉水勢冲去泥皮等事，概不准行。第十八節，礦務司得經參政司允准，發給執照，准人用水勢冲激開礦，惟須於照内批明准開若干時日，如何辦法。開辦此項礦務，爲時不逾十二個月者，礦務司得徑自發給執照，無庸禀准參政司。第十九節，此項執照當批明某處准放砂土，領照人須存銀於庫務司署爲質，以爲日後抵償填塞窿岩、糞除泥塾及賠補借地堆放砂土之用。第二十節，照前兩節所給之照，如有證據，證出領照者不遵照内條款而行，或所辦工程不妥，將損官家物業，及壞他人之利權物業者，礦務司得將該照批銷，或打限若干時日，若因批銷打限而虧累，可上控於參政司(按，礦場應行章程，所以准辦礦司理人代訂者，因礦地之形勢攸殊，工程之法度不一，利宜如何興，弊宜如何革，必相其地，察其工作，而後能定其章程也。況開大礦與小礦不同開高山與平原不同用機器與用土工不同開窿掘岩與鑿井浚湖又備不同因時制宜隨地異制約束工人慎防危險之法不能預定，全在操縱權衡者，故宜不爲遥制，但令代訂章程，呈請批准，仍復力任維持保護。誠以辦礦要着，端在工人。得打工場愈大，工人愈多，良秀不齊，控馭必寬嚴並濟，此輩何知，遇事推諉，稍不如意，則冲激易生，且其力足以有爲聚之，足以害事管理之法，此統率營兵爲尤難。若無官力爲之保護，雖有章程，亦多抗阻，所以此項章程，必聲明司理人代國家擬訂也。蓋辦礦司理人多山礦場出身，一切利弊，無不洞見，廠結批却導窾，自易服人，所定罰款，亦必允洽不平，則鳴事所恒有平，而猶鳴者未之有也。定例工人負屈，准其上控，比年以來，竟未聞有因此而上控者，可知此項章程由司理人代訂，更無流弊也。況保人命、防危險之責，官惟礦主是問，礦主不能不惟工人是問，若無罰款以繩其後，偶一不慎，弊即隨之，惟各有責任，各盡其職，而事乃無不治矣。此議政局所以准司理人代訂章程之微意也)。

第十一款，礦官職制則例。參政司得隨時由轅門報内派委下列官員奉行本例：礦務司、副礦務司、礦務巡員、礦務巡差。上列各員之權力責任，悉遵本例，並照法律作爲受職人員。副礦務司之權力責任，與正礦務司同(按，礦務司以下各官，必須學習礦務，熟諳辦法，如吾國人所謂礦師者，方准充任)。

第十二款，礦務司責任則例。第一節，凡官員派充礦務司者，即授以一等審事官之權，以便傳調人證到堂訊究。本例所授礦務巡員之權礦務司，得攝行之。第二節，凡案件有關涉現行開礦之人，無論股東、夥伴、工人，有不依本例而行者，礦務司得依照本例查訊判斷，追繳罰款。第三節，開礦人如有互相爭論下列各事，礦務司得查訊判斷，並有使其遵行判詞之權。一，爭論整置水車、泉溝、水道、水閘、塘陂及用水、引水先後等事。二，爭論礦地界綫。三，爭論關涉礦務錯漏事項。四，凡有關涉礦務之事，得令開礦人陳述緣由。第四節，凡在礦務司署請票者，呈繳費用與巡理廳同（按，礦務司乃查礦之官，而必授以一等審事官之權者，蓋欲其過事訊斷，隨處可以查辦，不令開礦者曠日持久，以致有誤礦政也。蓋礦事之繁賾無窮，案情之蕃變百出，熟勘其弊置，則誠僞立剖，稍受瞞聳，未有不治絲而棼者矣。其以開礦人互相争論之事，歸礦務司裁判，非以分巡理廳之權，正所以輔巡理廳之不逮也）。

第十三款，稟控礦事則例。第一節，凡因礦務控告者，可寫一簡明稟帖，呈請礦務司辦理，其面稟者，不論何時何地，均准録供代稟。礦務司一接稟帖或面稟，即可出票傳集被告及一干人證，至某處訊問。二，被傳人及證人必須依期至該處候審，經礦務司質訊，并親至其地勘驗後，即行定案。三，被傳人如不到案，礦務司有權即行斷定。四，礦務司收稟後，無論何時何地，如原被告及一千人证均已齊集無礙，兩造可以即行判斷，或案卷人證俱齊，而質訊之後，尚有疑竇者，可以展限時日，再行定案。五，礦務司得隨意擇定一人爲陪審員。第二節，無論何等律師，概不得至礦務司堂代人辯護。第三節，礦務司未經判定之案，可以提歸臬堂審判。第四節，礦務司未經判定之案，臬司應於礦務司將該案送到後，即行開審。第五節，除臬司衙門外，凡錢債案件之有關涉礦務者，審事官有權將該案移交礦務司判斷，礦務司判斷此等案與判斷争論案件無異，如兩造有不甘願者，准至臬堂上控。第六節，依本例，無論何時何地，礦務司得任用何種方言，查訊判斷面稟或控告之案件。第七節，礦務司所訊問判斷之事，俱當存案，所有口供，須親筆繕入册内，凡争論已定之案，兩造均准照納費用，鈔録全案口供。第八節，礦務司已定之案，尚未奉行者，應將定案堂判畫押蓋印，移交有權管理之錢債衙門查照辦理。此等定案堂判之費用，與錢債衙門同。第九節，礦務司所定之案及諭令遵行之事，有不甘願者，可至臬堂上控，但自定案堂判日起以三十日爲限，過期不准。第十節，臬司審判此等上控之案，須知會礦務司到堂互質。第十一節，礦務司得票傳礦地主、開礦人或礦場工作人於合理時候至某處訊問，各該人等務必依期至該處候訊。第十二節，若現開之礦，有不依本例第五款第一節第二條所定，致累及鄰近，或因此受虧者，礦務司得飭令將全礦或其一部停止工作，至遵例之日爲止。第十三節，若現開之礦出有不測事故，致傷人命者，礦務司有兼任驗屍官之權。第十四節，凡已量之礦地内，所有各礦，礦務司一律有權管理（按，任官惟材，各因其能，俾展所長也。關涉礦務之案，必由礦務司裁判，雖臬堂提審，亦必知會礦務司互質，其重視礦務司也，以其精於礦學，可以片言折獄也。礦務司判斷有不服者，又准上控臬堂，所以杜礦務司上下其手，防患未然少意也。夫礦務司責任之重如此，管理之難又如此，是以西人研究礦學，必有專門，非僅恃其分化礦質，又未嘗恃其採驗礦苗也。吾國延聘礦師，未有礦場與之管理，彼恐素餐貽譏，乃沿其望氣知礦之説，張大其辭，一若熟視地面可以洞穿地底也者。其實上有赭者，下有鐵，上有鉛者，下有銀，上有丹砂者，下有鉒金，上有磁石者，下有銅金，管子之書，早發明於二千年以前，西人試驗礦山之明征，大率類此。至礦脈從何而起，由何而訖，礦路何處是廣，何處是狹，人無穿地之眼，孰能洞窺其微。若如世俗所言，彼輩已精礦學，便可操券而得，則天下金山銅穴衆矣，彼固能如取如携者，何不據以自富，而猶貿貿焉受千數百元之月薪，以供他人驅策哉）。

第十四款，礦務巡員則例。第一節，礦務巡員責任。一，礦務巡員應設一册，逐日注明所辦何事，按期呈交礦務司。二，礦務巡員如須查看執照、准照、水照等件，可令礦主呈繳。三，查驗各照後，應查察其人是否遵依照内所列章程實力奉行。四，若查知何人在官地，及留爲公用之地，或種植地方，擅行開礦，證據確鑿者，即親至該處勘驗查訊。查訊後，如確見有上列地方擅行開礦之事，照例即當拘究者，可飭巡捕差役拘解究辦，若側須控告者，可自行控告。五，隨時親至各礦查驗開礦者，有無犯例，若見形迹可疑，即當報知礦務司。礦務巡員須小心提防礦務，以免損害人命房産。第二節，礦務巡員權限。一，礦務巡員因奉行上例所授之責任，得遵照本例發佈示論，若有人請領字據爲憑，亦可照例發給。二，若親見有犯本例者，可即拘人至巡理府公堂訊問，不必請票。第三節，礦務巡員如查得某處礦地或其器械將有損傷人命房産之虞者，得令礦主或開礦人小心提防，以免失機誤事，如須從速修理者，可飭即行興辦，一切費用，由礦主或開礦人自出（按，責任權限，凡在官者，皆有應盡應守之職，而獨於礦務巡員大書特書，申明其義者，蓋此項人員官卑職小，薪俸無多，又最親切礦務之人，若不定其責任，則應盡之義務必不能盡，或將玩時愒日矣。若不定其極限，則應守之例案，必不能守，或且藉以漁利矣。本例籌及於此，所以愈細微而愈慎重也）。

第十五款，巡礦差役則例。巡差責任在幫助巡員辦理公務，受巡員之指揮。巡差於奉行其責任之事時，有緝捕人犯之權。

第十六款，科罰則例。第（一）（二）節，凡不遵例稟准，而擅用官地，或因辦事而用官地，或開礦故意犯例者，審實罰銀不過一千圓，所有機器、傢伙、器械、房産、礦砂及别項物産，一概充公。第二節，如不遵照第二款第五節、六節，第五款第十八節，第九款第六節，第十款第一節，第十三款第十一節所出之論知字而行者，審實罰銀不過一百圓，再犯三犯者，審實每日罰銀不過二圓，至遵例之日爲止。凡不遵本例下列第十二節第二條所出之諭知字呈出礦苗者，或不遵令呈報擅行買賣交易者，審實罰銀不過二百五十圓。第三節，如不遵所給之執照內條款而行者，罰銀不過五十圓。如計日罰款者，審實每日罰銀不過五圓。第四節，如未奉有地税司准照，擅在礦地起造屋宇，審實後，除由地税司將其屋宇拆毁外，罰銀不過二百五十圓。如其情節有合於本例第四款第一節者，不在此例。第五節，如不遵第七款第三節之山砂准照條款者，審實罰銀不過五十圓。第六節，如不遵探礦執照條款者，審實罰銀不過一百圓。第七節，違犯第九款第二節，或不遵第九款第六節，及第十款第十節所出之令而行者，審實罰銀不過五百圓。如計日議罰者，審實罰銀每日不過十圓，至遵例之日爲止。第八節，違犯第十款第一節至第二十節等例者，每條審實罰銀不過五百圓。如計日議罰者，審實罰銀每日不過十圓，至遵例之日爲止。第九節，如有犯礦務司礦務巡員之令，而例內未載罰款者，審實罰銀不過二百五十圓。第十節，凡依本例所出之各項規條章程，有敢故違者，審實罰銀不過一百圓。如罰款係連續者，審實每日罰銀不過二圓，至不犯規日止。第十一節，參政司於下列各事，得訂立章規，惟必呈由總參政司覈准。諭知規章。凡關於開礦之事，無論明湖水割，或開窿，均得訂立章程。照本例第十款第五節，參政司得隨時出示，將前項章程增補批銷，礦主及司理人應備呈報單規矩。礦主或司理人應如何收藏礦地圖照及呈驗規矩。定本例所明定章程，謹防不測，免致損傷人命。隨時删改，加增格式紙及費用。定本例所設官員之權限責任。無論與以上之事有無相同，皆能設立規章，以行本例。所定規條章程，一經總參政司覈准，登諸轅門報內，即作爲則例。第十二節，在本轄地采取之五金，必須納税或出口税，由參政司隨時覈定税，則呈由總參政司覈准，登諸轅門報通行曉示。第十三節，凡采取之五金，依例皆當納出口税，惟礦質多少無定，參政司以爲須變通辦理者，得呈由總參政司，免其照舊收納出口税，但須按該礦用人若干，照納每年定額税若干。凡已按人照納歲定額税之礦，參政司得於轅門報內發佈命令，飭將所有采取之五金，呈交礦務司查驗，其未經查驗者，不准發賣。第十四節，凡本例未定以前，所有已經丈量或未丈量之民地，政府得經議政局議准後，令將該地繳回開辦礦務，其地價及地上所置之物，應照一千八百九十七年地例，請公正人公估酌賠，惟在地內所有五金，不能要求賠補。第十五節，凡經發給種植執照之地，如欲改辦礦務，必由政府商令議政局批准，方准照辦。第十六節，如查得某礦工人有犯本例或犯本例所定章程，則是與礦主犯例無異，其罰款應責令礦主備繳。除該礦主證明工人所犯之事委係不知情者，不在此例外，如證出係工人自犯者，則罰款應由該工人自行呈繳。第十七節，凡違犯本例本款第二節至第九節各條之案，一、二等審事官皆可審判，如犯本款第一節之例者，須由一等審事官審判。第十八節，保護礦務官員，不得妄行控告。一，無論何項官員，因遵照本例或規章而行其權限責任所應爲之事，無背下列各節者，不得擅行控告。如作書通知該員後，仍不悛改者，准其控告，惟須述其控告緣由，從事發日起須過三個月外。二，控告大要當聲明被告係無故詭詐謀害，或辦事怠慢草率，如堂訊時原告不能證出被告實據，則反坐之。三，定案後，如原告理直所有被告應繳堂費，仍准豁免，其由審事官斷定所控之事理，應繳出堂費者，不在此例。不合例之開礦執照，作爲無用廢紙。第十九節，遵照一千八百九十一年則例第三條，所出之領礦地執照未經政府蓋印者，應即作廢，如經參政司批准，作爲有效者，不在此例（按，此款明罰赦法金作贖刑，所以範圍不過，曲成不遺者，胥有斟酌於其間，人惟不知例禁，往往有誤罹法網者，有罰鍰而無監禁，所以保其廉耻，即所以養其豪氣輕重，諸罰有倫，民無嗟怨，雖由礦産富饒，管理有法，而刑寬政簡，其裨於振興之道，亦非淺鮮也）。

政學社《大清法規大全》卷二《農工商部奏華商設立公司製造鐵路材料請予立案並援案暫請免税摺》

竊臣部接據漢陽鐵廠浙江鐵路公司及職商宋煒、臣顧潤章、顧溶、鄭清濂、許蓋等禀稱，各省鐵路均籌自辦，鋼鐵之用至繁。漢陽鐵廠，現經改良煉鋼，擴充化鐵以後，鋼鐵各料，多而且精，毋俟外求。然該廠係以生鐵煉成熟料，尚非製器之場，除拉造鋼軌及附屬零件外，凡鐵路所需橋梁、車輛，仍須取辦外洋，厚利外溢，殊爲可惜。職商等現已聯合同志，集得股分銀三十五萬兩，名曰揚子機器製造有限公司，即購漢廠鋼鐵各料，以造鐵路橋梁、車輛、義軌三宗爲本務，逐漸推廣，以日後能辦至製造母機爲止。業經派人出洋購辦機器，並聘雇著名造橋工師、造車匠目，一面相度地勢，修建廠屋，一俟機到匠齊，即行開辦。惟念製造車橋，係屬裨益路政，與別項商業不同，懇請先予奏明立案，並請援照漢陽鐵廠成案，建廠機器，及一切物料進口，遵則完税，惟廠中所出貨物，暫免出口税釐五年，以輕成本而勸工業等因，並擬定集股開辦章程十五條，呈覈前來。臣等查各省籌辦鐵路，原爲收挽利權起見，而一切材料，均須購自外洋，漏巵仍鉅。近歲漢陽鐵廠自造鋼軌，尚屬精良，前經臣部通飭各省鐵路公司，一律訂購。惟橋梁車輛，雖有原料而無翦裁配合之機，不能成器，誠能另設專廠製造，與該鐵廠相輔而行，既可裨益路工，兼可維持鐵政。茲據該職商等擬集合股本，設立機器製造有限公司，自製鐵路材料，洵足以收挽利權。漢口工商最盛，軌線四通，且與漢陽鐵廠相鄰，就地取材，灌輸自便。查該所定章程，係遵照公司律辦理，尚屬妥洽，應請先予立案，藉資提倡。至所請援照漢陽鐵廠成案，暫免出口稅釐一節，查本年三月間，臣部會同郵傳部奏請各省商辦鐵路所用材料，擬照官辦之路，暫行免稅，仰蒙恩准在案。該公司製造車橋等物，本在鐵路材料之中，擬請援案，暫准一體免稅，毋庸另援漢陽鐵廠成案，轉涉兩歧。此外建廠購機及一切物料，仍令遵章完稅，以示限制。如蒙俞允，即由臣部咨行稅務大臣、度支部、郵傳部、湖廣總督欽遵，分別辦理。謹奏。光緒三十三年七月初三日奉旨：依議。欽此。

政學社《大清法規大全》卷一《農工商部奏遵議擬訂華商辦理實業爵賞章程摺並章程》 光緒三十三年六月二十四日，奉上諭：朕欽奉慈禧端佑康頤照豫莊誠壽恭欽獻崇熙皇太后懿旨：從來求治之道，養民爲先，古人重府事修和，外國亦最尚實業。方今中國生齒日繁，庶而未富，生財大道，亟宜講求。國家特設農工商部，綜理一切，乃數年以來，風氣尚未大開，則官吏提倡之力，勸導之方，有未至也。著各將軍督撫，迅飭所屬，於應興各業，極力振興。凡有能辦農工商礦，或獨力經營，或集合公司，確有成效者，即予從優獎勵。果有一廠一局，所用資本數逾千萬，所用人工至數千名者，尤當破格優獎，即爵賞亦所不惜。應如何分別等差，該部即妥議具奏，並逐年如何增進列表，以聞朝廷，於大小官吏，亦即以此課其殿最，用予勸懲。敢有怠玩因循，保護不力，定行嚴處，不稍寬貸。總期地無曠土，境無遊民，馴致富強，有厚望焉。欽此。欽遵到部。仰見朝廷注重實業，諄諄倡導之至意，臣等忝持商政，責有攸歸，敢不實力圖維，以期上宣德意，下振商情。伏查漢有卜式輸邊，以致通侯楚之子文毀家，乃爲令尹，有功則賞，史册昭然。今五洲之大，均以商戰立國，國之有農工商實業局廠，其扼要與軍儲戰具相等，則凡國內巨富，海外僑商，能出資本，創設實業局廠者，其功自不可没。臣等公同籌議，擬即以資本之大小，雇工之多寡，爲國家爵賞之等差。上自子男之崇，卿秩之尊，懸爲六款之殊榮，以振非常之實業。謹擬就簡明章程十條，繕具清單，恭呈御覽，如蒙俞允，即由臣部刷刊，通行各直省將軍督撫，各出使大臣，一體欽遵，傳諭各商，俾知鼓舞。至臣部逐年提倡各項實業，次第覈准興辦者，每屆年終，均編列簡明紀事表册，藉資考覈。謹奏。光緒三十三年七月十三日奉旨：依議。欽此。

謹將遵擬華商辦理農工商實業爵賞章程，繕單恭呈御覽。

謹按秦漢之際，富民輸財助邊者，每特賞民爵關内侯。近時日本商人，有以巨資急國難者，亦賞男爵，而英國凡創辦大商業者，國家亦特予爵賞。現值商戰時代，朝廷注重實業，富國養民，其功與敵愾埒，亟應釐定等差，以資獎勵。

第一條，凡商人無論獨資合資，附股營業，應得爵賞，即以個人資本之大小，所用工人之多寡爲差。

第二條，此項爵賞，總以所辦實業，能開闢利源，製造貨品，擴充國民生計者，爲合格。其僅以販運周轉，匯兑營利爲業者，不在此列。

第三條，應得爵賞等差列左：

一，資本二千萬元以上，擬請特賞一等子爵。二，資本一千八百萬元以上，擬請特賞二等子爵。三，資本一千六百萬元以上，擬請特賞三等子爵。四，資本一千四百萬元以上，擬請特賞一等男爵。五，資本一千二百萬元以上，擬請特賞二等男爵。六，資本一千萬元以上，擬請特賞三等男爵。七，資本七百萬元者，擬請特賞三品卿，逾八百萬元者，並賞花翎。八，資本五百萬元者，擬請特賞四品卿，逾六百萬元者，並賞戴花翎。九，資本三百萬元者，擬請特賞五品卿，逾四百萬元者，並賞加二品銜。十，資本百萬元者，擬請特賞四品卿銜，逾二百萬元者，並加二品頂戴。十一，資本八十萬元以上，擬請奏獎二品銜。十二，資本五十萬元以上，擬請奏獎三品銜。十三，資本三十萬元以上，擬請奏獎四品銜。十四，資本十萬元以上，擬請奏獎五品銜。

第四條，凡設立局廠，其所出資本，覈與特賞五品卿以上合格者，雇用工人應以五百人以上爲率，覈與特賞三等男爵以上合格者，雇用工人應以千人以上爲率。

第五條，此項子男爵，擬請作爲商爵，不給歲俸。其承襲等差，應視所營實業能否世守，届時由本部查明，奏請覈辦。

第六條，此項三品卿至五品卿，應即以所營農工商實業，分别冠以農業、工業、商業字樣，以昭激勸。

第七條，凡興辦寔業，無論獨資合資附股，須將所認資本全數繳足，工作僱齊，局廠成立，赴部覈准注册，並由本部調查確實，並行文本籍地方，查明該商人品望身家，再行酌覈奏奬。

第八條，凡商人或獨出資本，分辦各項局廠，或將所有資本分附各項局廠，但確係實業，即可將資本合併計數，按照第二、四、七條，酌覈請奬。

第九條，凡商人原有官階職銜，在應得奬勵之上者，准將此項奬勵移奬該商之胞兄弟子姪，惟不得濫移遠族。

第十條，凡商人得有子男爵卿秩者，應行儀注，悉照欽定大清會典所載，以示優異。

以上各則，係破格奬勵，專爲提倡華商實業起見，其合資股分各公司之集股創辦人，應得奬勵，擬將本部奏定奬勵華商公司章程參酌改訂，奏請施行。至製造美術資本、人工較少，而能獨出心裁，挽回利權者，仍照本部奏定奬給商勳章程覈辦。現在農工商各項實業，正資提倡，此項章程，係屬因時制宜，特擬簡明辦法。所有未盡詳備之處，隨時斟酌損益，奏明辦理。

政學社《大清法規大全》卷四《農工商部奏改訂奬勵華商公司章程片並章程》

再，臣部於光緒二十九年九月間，具奏奬勵華商公司章程一摺，奉旨：依議。欽此。欽遵辦理在案。現遵旨擬訂辦理實業爵賞章程，專以個人資本覈計，所有集股創辦之商，非平日信望素孚，才能邁衆，附股者決不信從，況一局一廠創辦經理，擔負較重，不無勞勩。應請將此項奬勵章程，稍寬其格，定爲奬勵集股創辦人專章，俾與爵賞章程，相輔而行，庶出材出力，各盡其忱，論賞論功，兩得其當。謹將酌改各條，繕單併呈御覽，伏候命下施行。謹奏。光緒三十三年七月十三日奉旨：依議。欽此。

謹將改訂奬勵華商公司章程，恭呈御覽。

一，集股二千萬圓以上者，擬准作爲本部頭等顧問官，加頭品頂戴，並請仿寶星式樣，特賜雙龍金牌，准其子孫世襲本部四等顧問官，至三代爲止。

一，集股一千五百萬圓以上者，擬准作爲本部頭等顧問官，加頭品頂戴，並請特賜匾額，准其子孫世襲本部頭等議員，至三代爲止。

一，集股一千萬元以上者，擬准作爲本部頭等顧問官，加頭品頂戴，並請特賜匾額，准其子孫世襲本部二等議員，至三代爲止。

一，集股八百萬圓以上者，擬准作爲本部頭等顧問官，加頭品頂戴。

一，集股六百萬圓以上者，擬准作爲本部二等顧問官，加二品頂戴。

一，集股四百萬圓以上者，擬准作爲本部三等顧問官，加三品頂戴。

一，集股二百萬圓以上者，擬准作爲本部四等顧問官，加四品頂戴。

一，集股一百萬圓以上者，擬准作爲本部頭等議員，加五品銜。

一，集股八十萬圓以上者，擬准作爲本部二等議員，加五品頂戴。

一，集股六十萬圓以上者，擬准作爲本部三等議員，加六品銜。

一，集股四十萬圓以上者，擬准作爲本部四等議員，加六品頂戴。

一，集股二十萬圓以上者，擬准作爲本部五等議員，加七品頂戴。

一，自四等顧問官以上，應由本部專摺奏請給奬，自頭等議員以下，應由本部分別給奬，每届年終彙奏一次。

一，商人原有職銜在所定等第之上，准其遞加一等，譬如集股四十萬圓，本身已有五品頂戴，應准換四品頂戴，仍作爲本部四等議員，餘以類推。以上各條，係就集股之數量爲覈減，藉資鼓勵，其餘仍照光緒二十九年九月間奏定奬勵華商公司原章辦理，合併陳明。

一，商人集股若干，或本身已有職銜，不願再加本部職銜者，准其具呈聲請，移奬該商之胞兄弟及親子姪，惟不得濫移遠族。

一，奬勵公司，固以列名於首者爲斷，若係數人同集之股，勢均力敵，亦可呈請分奬。譬如五人各集股二十萬圓，合爲一百萬，即照集股二十萬圓覈奬，五人各作爲本部五等議員，餘以類推。

一，商人得有本部顧問官及議員職銜者，均無庸在本部當差，惟遇有關係商務稍弊，應行建白之事，准其隨時具函，逕達本部，祇須叙事詳明，一切體裁，概不拘以繩尺，其事或准或駁，由本部酌覈辦理。

一，商人既得有本部奬勵職銜，自應優加禮貌，如在京外各處，有以事關商務謁見督撫司道等官，自四等顧問官以上，均按京卿儀注，頭等議員以下，均按部員儀注，行庭見禮，惟遇有招摇包攬不法各情，仍由地方官按例覈辦。

一，以上奬勵章程，應在公司開辦一二年後，著有成效，由本部查驗得實，方准酌覈給奬。其尚未開辦，僅在本部呈驗資本，以及辦理久無成效者，不得濫行給奬，庶於鼓勵之中，仍寓限制之意。

一，向來官場出資經商者，頗不乏人，惟狃於積習，往往恥言貿易，或改換姓名，或寄記他人經理，以致官商終多隔閡。現在朝廷重視商政，亟宜破除成見，使官商不分畛域，合力講求，庶可廣開風氣。如有世家巨族，出資凑集公司，辦有成效者，亦准按照以上章程奬給。其或已有官階職分較崇者，另由本部隨時酌量情形，奏明請旨給獎，以示優異。

政學社《大清法規大全》卷四《農工商部奏援照軍功加獎成例酌擬商業外獎摺》 竊臣部於本年七月十三日，遵旨議奏華商辦理實業爵賞章程，又片奏改訂獎勵華商公司章程，均奉旨：依議。欽此。欽遵通行在案。臣等伏查五洲列國，其國本之強弱，大抵視實業之盛衰以爲衡。朝廷注念商途，特飭訂定獎章，所以激勸而提倡之者，無微不至。惟是四方殷富，能以萬億資本創興實業者，雖聞風興起，未必乏人，而當此商力薄弱之時，大抵以中人之資，規一時之利，散之若尋常之營業，聚之亦莫大之利源。既均爲廛市之編氓，即同在朝廷之涵覆，亟應區分等次，以期沾溉恩榮。臣等公同商酌，擬援照軍功外獎，酌給功牌成例，別爲三等，曰七品獎牌、八品獎牌、九品獎牌，以備隨時給發。凡商人出資營業，自一萬圓以至八萬圓以上，著有實效者，由臣部查覈無異，擬即分別酌給此項獎牌頂戴，用昭激勸。查臣部上年八月間奏奉允准之商勳章程内載明，尋常工藝製作精良者，未概便給此項商勳，應由臣部參照功牌式樣，另造商牌等語。臣等竊以爲工商兩途，相爲表裏，則獎勵之言，自應一律辦理，均作爲臣部獎牌，隨時酌給，以示平允而免向隅。如蒙俞允，即由臣部分咨各直省將軍督撫，暨各出使大臣，通飭所屬，曉諭各商，俾知奮勉。謹奏。光緒三十三年八月十三日奉旨：依議。欽此。

《商務官報》光緒三十三年九月初五日第二十三期《本部具奏遵旨覈議鑛務章程繕具清册摺》 謹奏，爲遵旨覈議鑛務章程，繕具清册，恭摺仰祈聖鑒事。光緒三十三年五月二十八日，准軍機處鈔交湖廣總督張之洞奏請早定鑛務章程一摺，奉旨：該部議奏。欽此。又於六月十六日，准軍機處鈔交張之洞附奏補録英國商約第九款請敕部覈辦一片，奉硃批：該部知道。欽此。臣等伏查該前督前於光緒三十一年十二月間具奏遵擬鑛務章程一摺，奉硃批：外務部、商部議奏，書併發。欽此。由軍機處鈔交到部。據原奏内開，光緒二十八年欽奉上諭：鑛務爲今之要政，昨經劉坤一、張之洞電奏采取各國鑛章，詳加參酌，妥議章程等語，所見甚是。即著該督等將各國辦理鑛務情形，悉心採擇，會同妥議章程，奏明請旨，務期通行無弊，以保利權而昭慎重。欽此。嗣劉坤一因病出缺，經臣遴委華洋各員，購取英、美、德、法、奧、比利時、西班牙等國鑛章，詳加譯録，咨送外務部，交侍郎伍廷芳參酌編輯。該侍郎擬定稿本，郵寄來鄂，復經臣重加增訂，書成後，又派多員並採取日本鑛章，細心參校，臣復加酌覈，謹纂成中國鑛務正章七十四款、附章七十三條，繕册恭呈御覽等語。臣等查興辦鑛務，爲大利所在，而措施失當，亦貽害靡窮，故纂訂章程，於寬嚴操縱之處，條款繁簡之中，必須體察情形，斟酌盡善，始能通行無阻，而有事關華洋交涉者，尤宜審慎周詳。該前督原擬章程，所有區別地面、地腹，釐定鑛界、鑛鋭，分晰地股、銀股，暨於華洋商辦鑛一切限制，防閑之法，條理至爲周密，而尤注意於中國主權，華民生計，地方治理。據稱係采取各國鑛章，遴派多員，參校編輯審定，良具苦心，惟此項鑛章關係重要，既經訂定，必期實行。當以農工商部前奏鑛務暫行章程，數年來，各省遵行，尚無流弊，一面仍遵守舊章辦理，一面即將新訂章程逐細研求，務期益臻妥協。所有原章内關係交涉各條，應由外務部覈議，其餘概歸農工商部查覈。據原奏内稱，上年商部奏定鑛務暫行章程摺内聲明，俟臣處輯有專書，歸併辦理，以免歧異，自應參互考訂，歸於畫一等語。臣等當將新舊章程詳細比較查覈，所有前訂章程立法較嚴之處，各省遵行已久，自應查酌增改，免致紛歧。又臣部有綜覈鑛務之責，凡辦鑛應行報部覈奪各事宜，亦應參酌前章，劃清辦事權限，俾内外互相維持，藉收統一事權之效。再查臣部前經奏令各省設立鑛政調查局，遴派鑛務議員，經理全省鑛務，並擬訂章程，奏准遵行在案，現在新訂官制尚未通行，應即派令鑛務議員，遵照此項鑛章並原訂鑛政調查局章程，辦理全省鑛務，以專責成。至原章内關係交涉諸條，暨該前督附奏英國商約第九款各節，外務部查該前督片奏内聲稱，改定鑛章一事，曾於英國商約内詳切聲明，一則曰擇他國章程與中國相宜者，再則曰期於中國主權無礙，於中國利權無損。此次所擬鑛章，較之各國通行章程，但有加寬，並無加嚴，議准之原約具在，似不必過於遷就等語。臣等詳加查覈，此次原章内關係交涉各條，既經該前督參酌商約訂定，自可按照所擬辦理，現已將原擬正附章程由臣等會同覈明，謹繕具清册，恭呈御覽，伏候欽定。至此項章程宣佈施行日期，應俟奉旨允准後，由農工商部酌定，咨行各省，查照辦理。所有覈議鑛務章程緣由，謹會同恭摺具陳，伏乞皇太后、皇上聖鑒。再此，摺係農工商部主稿，會同外務部辦理，合併聲明。謹奏。

光緒三十三年八月十三日具奏，奉旨：依議。欽此。

《商務官報》光緒三十三年十月初五日第二十六期《本部奏擬定鑛務章程施行日期片》 再，本年八月十三日，臣部會同外務部具奏覈議鑛務章程一摺，奉旨：依議。欽此。欽遵在案。查原奏内稱，此項章程宣佈施行日期，應俟奉旨允准後，由農工商部酌定，咨行各省，查照辦理等語。現已將奏定章程刊印成書，須發各省遵照，惟展轉佈告周知，頗需時日，且按照新章，各省應行預備事宜，均須在定期施行之前，次第布置周妥，届時方能一體遵行。臣等體察情形，擬請自本年八月十三奉旨之日起，限定六個月，算至明年二月十三日，作爲宣佈施行日期，届時即一切遵照新章辦理，如蒙俞允，即由臣部通行各省，欽遵查照，並將應行籌備各事宜，遵章妥速辦理，務於奏定施行日期之前，先行報部查覈，以重礦政。所有擬定礦務章程施行日期緣由，謹附片陳明，伏乞聖鑒。謹奏。

光緒三十三年九月十四日具奏，奉旨：依議。欽此。

政學社《大清法規大全》卷三《農工商部咨各督撫飭屬行銷土布文光緒三十四年五月》 光緒三十四年四月初四日，據江蘇海門商務分會總理劉燮鈞稟稱，通海土性宜棉，性輭絲長，推爲中國棉花之冠。除美國木棉莖葉高大，花實肥碩，稍讓一籌外，考諸紀載，棉花一名吉貝，來自印度，迄今比較優劣，通海之棉，肥白柔韌，勝於印度孟眉，誠由工作之精良，不僅種類之高下，而通海之棉，亦分優劣，尤以通境東鄉海門西鄉各處爲最良，同此人力之栽培，抑亦土性之肥瘠。通海土布向銷東三省，每歲約銷十萬餘件。近年來，洋布盛行，洋紗充斥，以致土布減銷，倘能推廣土布銷路，俾各營兵士、各局警察、各校學生衣服全用土布，則利權不致外溢，棉業藉可振興。擬求奏請定章，分咨各省督撫轉行各局所，非特通海之福，抑亦產布各地之福等情前來。查近年來紗布進口，日益增多，實爲漏卮之第一大宗，民間紡織，漸至失業。該分會總理所請分咨之處，係爲推廣土布銷路起見，自應照准。除批飭切實勸諭，設法改良，以濬利源而振商業外，相應咨行貴督撫查照，迅飭所屬各營各局各校衣服，酌用土布，提創實業，俾利權不致外溢，棉產藉可振興，希將辦理情形，隨時報部備案，可也。

政學社《大清法規大全》卷一五《權衡圖説總表及推行章程摺》 光緒三十四年三月二十八日，軍機處鈔交農工商部尚書臣溥頲等奏，會擬畫一度量權衡、圖説、總表及推行章程一摺，奉旨：會議政務處議奏。欽此。臣等遵將原奏等件，公同覆閱，詳加考覈，竊謂修明舊制，已極精詳，更定新章，宜求完密，謹爲我皇太后、皇上陳之。原奏度以營造尺，量以漕斛，衡以庫平爲制度之準則，此爲恪遵祖制，一定不易之經。查量衡之數，皆起於度，中國度數出於律尺，西法則用子午周之略數，原本不同，爲用則一。聖祖仁皇帝稽古同天，因心作則，累黍布算，而定營造尺；測量體積，而造新樣斗升，爲部製鐵模所本。今以御製律吕正義之尺圖，與倉場衙門所存康熙四十三年部製鐵斗較其尺寸，毫釐不爽，是知斗斛之容積、法馬之輕重，悉定於營造尺之寸法，實爲萬世所當遵守。至各省有司衙門沿用之營造尺、漕斛、庫平，原器既失，以致參差不齊，未盡合於舊制，自經此次釐正，當令顜若畫一，此經國宜民之本也。原奏兼采西制與酌量增損，逐漸仿製各節，查歐西各國，因度量衡體製不合，窒礙於商業者殊多，乃於法之巴黎設立萬國同盟公會，考訂各國度量衡大小異同與其比例，特立專章，以便交涉，蓋除一二國自爲風氣，餘皆入會，得享平等之利益焉。英磅行於中國始自商埠，繼及榷關，而學堂、工廠等事，皆利用法之邁當，風氣所趨，習而不覺。設爲責實循名之計，恐有數典忘祖之虞，是宜正厥名稱，定爲比例，日用既便，於計算交往，亦得以統同。近來私家著述，多有中西度量衡比較表，大都用會典，尺圖不甚畫一，宜乘此次定章，載入官書，俾知信用。且今日整齊之法，即他年入會之基也。所稱增損八端，如度制之内，增鏈尺、摺尺、捲尺三種；量制之内，增勺、合、概三種，及各增圓式一種；衡制之内，改鐶齒及法馬之形式，改以營造尺一立方寸純水量之重，爲權之重率，又增重稱一種，毫釐法馬六種。臣等按諸圖説，詳其體用，或有關於學理，或取便於施行，大率以因爲創，足補考工之缺。惟是科學日備，器惟求新，理化氣機之用表尺，精微之製，莫不究極數理，衍爲專門，豈可習用而不知其原，循途而不師其轍。應由該部於官廠之内，兼立學堂，以資仿造，此又采用西制，必宜精益求精者也。原奏於頒行新器，斟酌次序，擬定章程，大抵由官以及於商民，由省會商埠以及於内地，其期由二年遞緩至十年，辦法尚爲妥慎。蓋度量衡之不同，沿襲太久，驟與更張，或多扞格，且民間成用之物，一旦令其廢棄，則惜費亦出於人情。然如各省所用尺斗與稱，雖較定制頗有增加，而舉物之長短、大小、輕重，以相衡其價值，亦不甚懸絶。可知一時難改者，由於習慣之自然，而於生計無所損益，誠得良有司徐爲轉移，則更革當易爲力。惟銀之用平，則官商倚爲利藪，必須明定制幣，乃能畫一。至於行政機關，雖未完備，而如各省度量衡局，有調查統一之專責，如咨議局商會，有定章檢察之公權，疆吏總其大綱，持以實力，則整齊風俗，庶可收效於異時耳。雖然欲求畫一之源，首在製造，次則信用。東西國度量衡之制，皆聽民間造賣，然其稽察之法，至爲精嚴，或設檢查公所，或由市區警長按時考驗，法有專條，民有公德，加以章程周密，故欺僞難施。中國官器，悉遵部頒祖模製造，而各省所用，參差不一，何況民間。若以西法行之，則機關不備，紛擾滋多。今定畫一之器，必使式樣材料，毫無差忒，則製造宜出於機器，商家本小利微，豈能任此。原奏由部特設一廠，凡各種度量衡之器，悉由官造官賣，自爲行政統一之要圖。應請准其試辦，惟一廠所造，必不敷用，多設分廠，則經費較鉅。又斗斛平稱，重大之件，道遠者轉運爲艱，應如何妥籌良法，請飭下該部會商各督撫，另擬詳細章程，奏明辦理。至此次所定暫行章程四十條，大綱粗具，如有窒礙之處，亦應隨時修改，以臻美備。謹奏。光緒三十四年八月初三日奉旨：依議。欽此。

政學社《大清法規大全》卷四《農工商部奏南洋商董懇准酌製佩章以示優異摺》 竊臣部前據南洋西里百島望加錫埠中華商務總會稟稱，外洋風氣初開，在會任事人員，必應稍示優異，庶僑商咸知感奮。擬請部頒銀牌式樣，一面鐫部名年號，一面鐫會董姓名，由商會遵照自製，分給各董佩帶，並咨明駐和大臣，照會和外部允認，電飭所屬和官接洽等情，當經咨行調任出使和國大臣錢恂，查覈聲覆。茲准復稱，銀牌之制等於徽章，外國遇事集會，會各有章，本屬恒事，似不妨允其所請，由部頒定式樣，准彼自鑄佩帶。至望加錫商會等字，宜並用洋文，以便外人識認，自不至別生枝節等語。臣等伏查西人通例，凡有集會，莫不各佩徽章，以爲識別。其事原無足重輕，惟僑商流寓殊方，不忘祖國，茲得舉充會董，必思有以標異，庶足資鼓勵而示寵榮。望加錫商會請給此項銀牌，既准調任出使大臣錢恂查覈，並無違礙，擬即由臣部參照商牌式樣，一體遵照辦理。如蒙俞允，臣部即分咨各出使大臣，並札行各埠華商總會，傳諭各商董，一律准其照式佩用。謹奏。光緒三十四年八月十三日奉旨：依議。欽此。

《申報》宣統元年正月二十日第四版《鄂督飭講商律》 鄂督陳小帥以中國現值商戰劇烈時代，非各商會結合團體，力求進步，終無優勝外人之望，漢口既有商務總會，宜擇於商律案有研究之人，開會演講，故特札行該會，照知各分會，一體遵照。

《申報》宣統元年正月二十三日第五版《商民法草案》 沈、俞兩侍郎辦理商法、民法草案，異常慎重，不時電商京外各司法官，以求和衷共濟。惟云各省實官諳習法律者甚鮮，將來能否不任意批駁，尚未可必。

記者曰：京師諳習法律之員，亦不多，將來脫稿能否完善，不致犯駁，亦未可必。

《申報》宣統元年正月二十三日第五版《商標注册章程》 農工商部爲提倡商業起見，急欲實行商標注册章程，刻已將各國現行之各項商標式樣調查完畢，即擬參照各國成例，重行編訂，以備施行。

《申報》宣統元年正月二十三日第六版《破産律草案》 農工商部溥尚書以破産律應於本年施行，本部前訂草案，早於去年奏明咨送法律館編纂，迄今尚未覈覆，昨特咨文催辦。

《申報》宣統元年正月二十八日第三版《工場法》 制定工場法，爲歐洲各國一般之事實，英、法、德三國姑勿具論，凡爲工業國，莫不有之。就制定之沿革論之，各有緩急之差異，而其親此法爲必要，則爲歐洲列國所同。然現今將欲認爲國際法律者，如德帝之以此法案付於列國工場法會議是也。

工場法之内容，各國未能相同，而其適用之範圍，有僅限於工場者，有不僅限於工場而及於家居製造者。又如勞動者之年齡及勞動時間之制限，各國之規定亦不相一律。其所以差別者，大半由於各國工業發達之程度，及其國固有之歷史上、地理上與夫各種之事情。余不能舉各國之工場法，一一評論之，竊舉各國工場法之概要，及其目的之若何，藉以明工場法於社會改良法上之地位而已。

按工場法之目的，在於保護勞動者之幼工、未成年工、女工。英、法二國之工場法，皆有明文。德國工場法，對於成年男工，亦有保護之道，而其重要之規定，無非在於前列諸勞動者。夫國家設此法律，其所以對於此種之勞動者而加特別之保護，無他，蓋以此種勞動者，爲勞動者之種子，且就衛生道德教育，加以充分之保護，欲以圖勞動者地位之改良進步也。迨多方計畫，卒歸無效，而勞動問題，乃姑發生，執社會改良主義者，設工場法，以保護此種勞動者，即此意也。

歐洲各國之工場法，必設勞動者最低年齡之規定，凡不達一定之年齡，不得使役於工場。其所以設此限制者，誠以工場勞動異於他之勞動，最害身體之發育。其發育之程度未足者，則必不堪服勞役，況幼年知識未開，普通教育尚未領會，故幼工之勞動時刻，與未成年工相異者，蓋欲以暇日修其學業也。其對於一般勞動者，而亦有時刻之限制者，此爲衛生上起見，所以完全其身體之發育也。

以上所述，爲各國工場法之大較也。夫年齡與勞動之關係，皆由於衛生上、教育上，各國之規定，大略相同，亦社會改良最要之目的也。其對於女工而加特別之保護者，保其健康也。且以婦女之本分，爲能盡家庭之職務，強而使之服勞役，未免紊亂家族之關係，故宜加以特別之保護也。至其禁婦女之作夜工者，所以維持婦女之道德也。

政學社《大清法規大全》卷一五《農工商部奏籌辦度量權衡畫一制度并設立製造用器工廠情形摺》 竊臣部於光緒三十四年八月，准内閣會議、政務處咨行，議覆臣部會同度支部具奏畫一度量權衡制度并推行章程一摺，奉旨：依議。欽此。當即督飭局員，按照定章，切實籌辦，惟茲事極繁重，又極瑣細，奉行者忌操切，亦忌因循，非臣部與各省合力統籌，同時並舉，不能收效，然非施之有序，持之勿懈，仍不能有功。臣等竊本此意，先將臣部應辦之事，與各省入手之方，分別施行，期於就理，現已粗有端緒，謹撮舉綱要，爲我皇上陳之。其屬在臣部者，非有度量權衡之器，不能實行。在昔有部頒法馬之舊章，今日即以製造用器爲首務，而此項製造，必有原器以爲準則，必用機器，以期精密；必設廠，以資工作。中國此事既無大匠，亦少專門，其用機器者，除科學内所用權度外，更屬無聞，不能不取法於東西各國。查各國原器，皆用白金，取其精堅，不至變易，其入法國邁當公會者，并由會中製給母器，以爲標準。我國雖尚未能入會，然欲求製作之無差，亦必有不磨之原器。已咨行出使法國大臣，在英法名廠用白金製造一尺一法馬以爲原器，并向外洋訂購機器，以備製造。其設廠處所，即在西直門内臣部實業學堂之後，新購地址一區，所建廠屋，衹求敷用，不事美觀。現屆春融凍釋，已在興工，約六七月内可以竣事，一俟原器機器到齊，即可開工製造。計定購原器機器及工廠房屋，約共需銀六萬兩，廠中工料一切，將來仍可於器價内收回，惟當開廠之初，不能不先行籌墊。擬先儲備銀六萬兩，以資周轉，此皆籌辦工廠之事。至度量權衡局，仍附設臣部署内，以免特設一局，又多縻費，此臣部現在籌辦之情形也。其屬於外省者，已照奏定章程，擬由各省派員分赴各處調查，度量權衡舊器，酌留一種，及各省官衙局所應用官器若干，查明報部，以便預備之兩事，先行咨商辦理。蓋人情狃於所習，迹涉更張，必多疑阻，惟先將舊器酌留一種，既不驟强以所難，復不至如以前之錯雜，行之既便，即全改新器，亦必不難。此在四川早經籌辦，故臣部即酌採其意，以爲下手之端。現准熱河都統覆稱，熱城衡制已經照辦，直隸、吉林、廣東等省，或委勸業道，或派候補道員，爲該省度量權衡局局長，亦在推行，惟官器應用若干，尚多未復。然非官府早樹以風聲，何能使閭井相安於日用。仍當由臣部分別咨催，以期迅速。至臣部定章，猶恐與外省情形不宜，均咨令委籌見復。現惟甘肅略加商榷，他省尚未有違言，此又外省現在籌辦之情形也。抑臣等更有請者，度量權衡之事，重在學理，尤重在實行。法國邁當之制，起數於地球子午周四千萬分之一，其後推測，亦不盡符，因各國已大半通行，遂不復深求其學理，可見力行之效，直可及於外邦，何況施於國内。中國度量權衡之學理，至我聖祖仁皇帝，已闡發無遺，特以五方所用，萬有不齊，市儈緣以爲奸，商民因而受弊，是以畫一整齊之法，臣工屢以爲言，各國列之商約。我德宗景皇帝勤求民隱，特沛綸音，由臣部與度支部會同釐訂，臣等於此事之學理，既一遵聖祖之成謨，於此事之推行，尤欽奉先皇之寶命，敢不畢志經營，實行畫一，以副原奏九年之限，期與憲政相足而相成。必須各省一律程功，斷不可以或作而或輟，應請旨飭下各將軍、督撫、都統督率藩司及勸業道，其未設勸業道之處，即責成所派專員，竭力奉行，早收實效，以成聖世大同之治，臣等不勝幸甚。謹奏。宣統元年閏二月二十八日奉旨：依議。欽此。

《商務官報》宣統元年三月初五日第八期《批張汾呈》 呈悉。查商人獨貲營業，赴部注册，應即遵照部定呈式，將名號、營業地方、開設年月、資本數目、總經理人姓名、住址，詳細開明，由商會加蓋圖記，繳費到部，方可照准。茲該所呈商號，均未詳細聲叙，所請礙難照准。此批。閏二月初九日。

政學社《大清法規大全》卷二《農工商部奏順直官紳籌設京師蠶業講習所請飭各省仿辦摺》 竊臣部於宣統元年二月十五日，據順直官紳前湖南岳州府知府魏震等呈稱，邀集同鄉紳耆，捐資興辦北方蠶業，現於京師宣武門内二龍坑地方購地一區，建築校舍，延聘女教習，采取東西各國蠶業新理，招考女生，分科教授，二年畢業，以爲京畿傳習蠶業之先導，名曰京師蠶業講習所。並由浙省購取湖桑萬株，雇覓桑工來京試種，果於地脈相宜，自當陸續推廣。開辦經費約需一萬餘金，同鄉量力認捐，現已集有成數。謹將一切辦法，稟明立案，並請撥款補助，以維久遠等情前來。臣等伏查蠶桑本業，關繫衣被之源，近畿一帶，如薊、易、安平等州縣，俗習蠶績，民資利賴。京師爲四方觀聽所繫，從前順天府設有蠶桑局，稍資勸導，收效未宏。近來風氣漸開，紡織桑麻各局廠，日有增置，而本源所在，究以考求蠶業爲基礎。該官紳等深念本圖，邀集同志，捐資購地，籌設京師蠶業講習所，允足提倡實業，啓導新機，自應准予立案，並由臣部每年撥給經費銀三千兩，俾資補助。惟京師首善之區，雖已創辦有人，風聲克樹，而各直省地多遺利，亦應同籌興作，以爲厚生敎俗之謀。擬請飭下各省將軍、督撫，體察地方情形，酌量仿辦。其業經設有蠶桑局所省分，迅將現在辦法規章，詳細咨部，察覈立案，實於本富要圖，不無裨益。謹奏。宣統元年四月初十日奉旨：着依議。欽此。

政學社《大清法規大全》卷一五《農工商部咨行各省仿照貴州酌留度量權衡舊器辦法文宣統元年六月》 宣統元年四月二十五日，接准貴州巡撫咨開，據農工商局司道松堉等詳稱，黔省僻處荒陬，商路閉塞，小民每拘守一隅之見，沿其習慣，所有度量權衡各器，極爲復雜。今遵部章，先將度量權衡舊器酌留一種，省城辦法，已飭商會公議。逐條公議，覆據稱度以公議尺爲通用，查該尺比較部頒營造尺新圖恰長一寸，量以上年官較之斛斗爲通用，權以十六兩爲通用，衡以公估砝碼爲通用，以上四種，商會公議酌留。至於外屬辦法，即以省城擬留之四種，由本屬飭匠各製一標準器，札發各府，爲各屬府州縣比較留用之標準。各屬得有此標準器，舊器合者留之，稍不合者改之，大不合者，雖不便盡改，但使一切交易，照此標準器折算，亦與改留無異。將來部中新器頒到，再飭改用，庶商民不致驚爲創舉，畫一較易爲力。所有酌留度量權衡舊器辦法等情，詳由貴州巡撫轉咨前來，本部詳閱所陳酌留舊器辦法，極爲扼要，所擬以省城酌留之四種，各製一標準器，發爲各屬比較用器之準，合則留用，不合則改，大不合則折算，執簡馭繁。較之本部奏定推行章程第二十二條，以各州縣所留者，折合府城之一種，再以府城所留者，折合省城及商埠之一種，再以省城商埠所留者，折合官器之辦法，較爲直截，在本省亦易於通行，洵足匡本部定章之所不逮。應將此法通行各省，酌量仿辦，以冀易於畫一。除另文分別咨行各省外，相應節叙原文，咨請貴將軍督撫等，查照飭遵，並希將上年十一月咨商各節，現在如何籌辦，以及官衙局所究須應用官器若干，一并查明見覆，以憑覈辦可也。

政學社《大清法規大全》卷一三《農工商部札各省商務總會曉諭公司局廠解送陳列物品文宣統元年六月》 接准本部勸工陳列所咨稱，查此次重建勸工陳列所，調取各省陳列物品，自上年九月本部具奏，奉旨通行後，迭經函電催詢，各省寄到之物，尚屬無多。此次復經本部行文調取，除各省將軍、督撫陸續解到者，本所加意保護外，他如各處公司局廠，如有寄售寄贈寄陳之件，本所均爲特別保護，當不致再有意外之虞。此次陳列所移建於空曠之地，並不逼近市廛，空氣自易流通，物品亦易保險。該公司局廠如運送陳列品到京時，本部並爲咨行崇文門稅務衙門，查與該公司局廠來文數目相符，立時免稅放行，以免留難。且查本所章程總綱第五條內載，本所每年彙集各處工藝出品，分別等第，加擬評語，呈請本部，查與奏定獎給商勳商牌章程相符者，或奏獎以一、二、三、四、五等之商勳，或酌獎以七、八、九品之獎牌各等語，皆所以提倡獎勵，俾工業日益發達，以期仰符本部勸工之本旨。擬請劄知各省商會，再將此意明白宣示，俾各處公司局廠恍然周知，庶各處寄送物品者，或不生觀望之心，而本所冀可收參考之效，咨請查照，覈奪施行等因前來。查本部此次重建勸工陳列所，前此迭經劄飭該商會，隨時調取最優物品，陸續解送，並先後劄發表格章程各在案，茲復准該所咨稱前因，合行札飭該商會，扎到，仰即遵照可也。

政學社《大清法規大全》卷七《農工商部札各省商務總會各商與洋商定貨受貨商會概不負責文宣統元年七月》 據奉天商務總會稟稱，准奉天勸業道函開，接交涉司函，准德領事函稱，本省商務總會暨分會章程，本領事苦未周晰。凡與洋商交易，該商會有代各商家定貨訂立合約之權否。代各商立約時，或須總協理簽字，或議董等員簽字，或全體簽字，或只蓋用商會鈐記。倘有背約欠款等事，曾經商會代立合約者，當向總協理索款，抑向受貨各家索款，迨至涉訟，當訟何人，均乞詳示等因，准此。查來函所稱各情，本司無案可稽，應請貴道查明，詳細見復，並希移行商會，將該章程送司覈復等因。查德領事所詢各節，未審貴總會曾否有代各商定貨訂立合約之事，即請查明賜復，以憑覈辦等因前來。當以商會責在保商，有代商伸訴冤抑之權，並無代商受訴賠償之理。如德領事所詢各節，不特與商會性質不符，且與部章相背，況定貨受貨，係屬個人與個人擔負，即令轇轕涉訟，商會亦與領事同立第三人地位。茲准前因，敝會不但無代人定貨立約之情事，亦並無代人簽字立約之章程等情，移請轉移在卷。但職會猶有慮者，各省商會林立，其在通商口岸者尤多，華洋雜處，定貨受貨之事，時所恒有。萬一因立約之故，應付稍涉疏虞，即啓外人以要求之漸，事關大局，擬請覈定專章，通飭各省商務總分會一律遵守等情前來。查商會爲商人公共團體，各商與洋商定貨受貨，誠如該商會所禀，係屬個人關係，商會概不負責。嗣後各商若有與洋商定貨受貨交涉，商會應遵照定章，概不得代爲簽字立約。至該商會所請釐定專章一節，查商人定貨受貨，係契約問題，自應歸併普通商法規定，無庸特設專章。合行札飭該商務總會，傳知各分會，一體遵照。

政學社《大清法規大全》卷一《農工商部奏籌辦實業擬借公債參用富籤票辦法摺》 奏，爲籌辦實業，擬借公債，參用外國利息富籤票辦法，並商明度支部，釐准保息，以示大信而資鼓舞，恭摺具陳，仰祈聖鑒事。竊惟臣部之責，原在提倡實業，開濬利源，設立以來，各省稟辦之局廠公司，已逾數百，而成績終覺甚鮮，大利尚難驟興者，蓋有二故：一則無事不需款。多財善賈，自昔已然。今則新法新器日多，非鉅款不能集事，欲營一業，必藉衆擎。大之如西國之託辣斯，小之如東洋之株式社，皆合衆人之財，以爲財，合數世之利，以爲利，故無不可成之功。即以中國已事言之，凡能集厚資，如開平、萍鄉煤礦、輪船招商局之類者，雖屢經折耗，而卒爲工商界之魁。其他本小力微，非操豚蹄以祝篝車，即朝播種而夕期耘獲，稍不如願，即已資本不繼，而停罷隨之，此實業不興，由於無款者一也。一則無事不需時。上地三易，樹木十年，本無速效，而中國之操農商業者，大都僥倖旦夕之謀，故墾荒林礦，皆爲大利，而成效在數年數十年之後，即多憚而不爲。近年來，惟烟台張裕釀酒公司，能爲二十年之儲藏，不規規目前之利，然非有該公司之財力，亦何以堪之。此實業不興之故，又其二。而所以不能持久，則仍由無款以致之也。其屬於商民者，情形既如此矣。如果臣部財政充盈，則遇有可興之利，或官辦以爲倡導，或商辦助其資費，亦近日各國通行之良法，何嘗不可圖功。無如臣部向來大宗入款，衹有江海關賠款生息一項，自去年來，息款所入，不及往年十分之一，而臣部所辦之各項學堂局廠，未有者方在增益，已有者亦待擴充，因應已窮，何能旁及。大凡生利之事，必以成本爲先，現在國計極艱，民生重困，集資籌款，皆屬爲難，何從得有。臣本計不獲已，惟有籌借債款之一法，然借外債，則流失滋多，臣部實未敢輕於嘗試。借公債，則自招信股票之後，信用未復前者，直隸籌辦公債，分爲四期，本利均還，而爲數並不能多。去年郵傳部舉辦京漢贖路公債，給以常年七釐之息，許以京漢一成餘利，定期還本，可云優厚，而至今應者寥寥。公債之難成如此，自非設法變通，難期踴躍。查歐洲各國，有所謂利息富籤票者，附籤票於債券之中，給以輕息，而不還本，爲募集公債之一種方法，在德、義、奧、匈諸國，皆有官辦此種債票。臣部擬仿其制，試辦勸業富籤公債票，以爲鼓舞公債之計。其法，製公債票一千萬張，每張售洋一元，共集一千萬元。署付籤捐票辦法以三百萬元爲獎金，以一百萬張爲得獎之票，以一百萬元爲臣部製票辦公經費，及各處經售債票，扣除用費五釐之款，除得獎之壹百萬張不計外，其餘不得獎之九百萬張，均作爲公債票，年給二釐之官息，至六十年爲止。此在臣部，衹實收六百萬元，而仍給九百萬元之息，且付息至六十年，期於本利均有著者，無非爲開風氣而彰國信。此項債款，均存官辦銀行，專備興辦農工商礦各項實業，及補助商辦各項實業之需，凡有興辦及補助之舉，必擇人所共知，較有把握者，以期款不虛糜，事皆有濟，庶可作國民之氣，樹勸業之型。惟年付官息一層，爲信用所在，必須籌有的款，經臣等商之度支部，請由大清銀行保息，以示大信。業經度支部復函允准，理合奏明請旨，如蒙俞允，擬先試辦一年，如有成效，再當接續展辦，總以一年售票一次，給獎一次爲率，所有細章以及指辦之事，恭候命下，再行詳擬奏陳。抑臣等尚有不能已於言者，公債之舉，西國習爲故常，其民亦視同義務，然尚有利息富籤之法，以爲激勸之資，況中國此事幾同創舉，非激獎不能樂從，非示信不能經久。是以迫而爲此，猶恐局外不諒臣部不得已之衷，或且以爲不經見之舉，甚有疑爲近賭者。不知西國富籤本分三種，其中惟計數富籤一種，西國學者以爲近於賭博。此種利息富籤，爲誘掖公債起見，不聞譏議，載籍具存，可以復按。況中國現在事勢非興實業，無以致富強，非有資本，無以興實業，但使有一款之可籌，亦何必權宜而出此。無如各項皆成竭澤，無米實不能炊，惟有此項公債之法，尚爲有益於國，無損於民。以言政體，則德奧等國，未嘗因此而損其大國之威名，以言本計，則商礦各端，或可用此而有圖成之實力。各省彩票，尚且行之無弊，何況此爲公債性質，有利無害，當在聖明洞鑒之中，仰懇宸斷施行，不勝幸甚。所有臣部擬辦勸業富籤公債票，以興實業緣由，除咨明度支部外，理合恭摺上陳，伏乞皇上聖鑒訓示。謹奏。宣統元年八月二十二日奉諭旨：着依議。欽此。

政學社《大清法規大全》卷一四《農工商部咨酌量變通現行礦章文宣統元年**八月日》** 案，查光緒三十三年本部奏定礦務正附章程，業經刊印通行各省，並將奏定施行日期咨行，一體遵照辦理在案。查此項章程，經本部會同外務部，詳細釐定，條理周密，防閑限制，均極精嚴，將來礦務繁興，自可實行無弊。惟現在各省商民辦礦，風氣尚未大開，雖經竭力提倡，或猶不免觀望疑沮。本部體察情形，似宜將現行礦章酌量變通。略從寬簡，俾商民不苦束縛，得以一意經營。復經奏請將新定礦章詳加查覈，如有可以變通，與商民多資利益，於公家並無妨損之處，即斟酌損益，量予通融，亦經奏准遵照在案。所有原章内一切防閑限制諸條款，宜如何變通改訂，已由本部咨商外務部，分别詳覈。惟章程内應收租税各款，如礦界年租、官地紅利、出井税則等項，自新章施行以來，各省多未能照章征納，而在定章以外者，又多另有捐釐等項抽收之款，或沿用本省舊章，或仍從地方習慣，以致名目紛歧，而抽收多寡，亦無從覈較，且多未詳細報部查覈。現在既擬改訂礦章，自須調查各省現辦情形，以備參酌改訂，冀可一律照章實行。除分咨各省查明聲覆外，相應咨行貴督，希即傳飭該管各員，查明本省征收礦產税捐各種辦法、各項名目，並與部章多寡差異之處，逐細查覈，據實聲明報部，以備彙總參考，酌量改訂，奏明辦理，可也。

度支部《幣制奏案輯要》卷二〇　度支部謹奏，爲鑄造國幣一事，權擬將各省所設銀、銅各廠分别撤留，所留之廠，統歸總廠管理，恭摺仰祈聖鑒事。竊惟推行幣制，頭緒紛繁，要以統一鑄造爲先務，誠以鑄幣本中央特權，斷無任各省自爲風氣之理。東西各國貨幣條例，且以此訂爲專條，顯以示權限之所在，隱以謀圜法之整齊，用能主輔相權，而幣制之基永固。查光緒二十九年，前財政處奏准在天津設立造幣總廠，以後各省所設銀銅各廠，仍復錯雜其間，所鑄形式既異，成色亦復參差。近年以來，疊經臣部一再奏咨，飭令銅幣各廠停鑄，其兼鑄銀銅，或專鑄銀幣各廠，前以幣制未訂，未便遽令停止，致礙民間應用，現在幣制既經釐訂，亟應將各省所設銀銅各廠一律裁撤，專歸天津總廠鑄造。惟中國幅員遼闊，非一廠所能敷用，擬請將漢口、廣州、成都、雲南四處之廠改爲分廠，統歸天津總廠管理。東三省情形與他省不同，擬就奉廠基址暫改分廠一所，一俟總廠鑄數漸充，再由臣部酌量該省市情，應留應撤，奏明辦理。其餘各廠，即應一律裁撤。此次釐訂國幣，成色分量及一切形式，自與舊幣有别，所留各分廠，現今所鑄無論何項貨幣，一律暫行停止，應俟祖模頒發後，再行開鑄，以昭劃一。至裁撤各廠出入款目及一切機件、物料，擬令各省正副監理官會同各該廠總會辦，點驗覈算，開具詳細表册，呈部彙覈，其機件物料存留原省，改作别用，抑或運歸總廠備用之處，隨時由臣部會同各督撫妥商辦理。如蒙俞允，應請飭下各督撫，將各該省所設之廠分别撤留，遵照辦理，並由臣等札飭該監督，將各分廠總辦認真遴選勤慎穩練、諳悉幣制人員，呈請臣部覈准，奏派分往各處，克日開工，期於新幣流通，早爲普及。所有鑄造國幣，應專歸總廠管理緣由，理合恭摺具陳，伏乞皇上聖鑒。謹奏。宣統二年四月十五日具奏，本日奉旨：依議。欽此。

《商務官報》宣統二年五月初五日第十一期《批民婦侯黄氏禀》　禀悉。據稱，倒欠官商巨款懇援破產律一節，查該律現在改定，尚未實行，礙難照准，前已批示在案。至懇請准保釋放、清理各債等情，候札飭厦門道，體察情形，酌覈辦理，可也。此批。十二月初三日。

度支部《幣制奏案輯要》卷二四　度支部謹奏，爲酌擬造幣廠章程，繕單具陳，恭摺仰祈聖鑒事。本年四月十五日，臣部具奏鑄造國幣應一事權，擬將各省所設銀銅各廠分别撤留，所留之廠，統歸總廠管理一摺，奉旨：依議。欽此。欽遵辦理在案。惟是推行幣制，鑄造一項關係最爲重要，當此改章伊始，所有總分各廠内部如何組織，權限如何劃分，亟應明定章程，以資遵守。兹經臣等督飭員司，悉心規畫，酌擬造幣廠章程十八條，繕具清單，恭呈御覽。如蒙俞允，即由臣等督飭該監督等切實奉行，不容稍有踰越，嗣後此項章程如有應行修改之處，應由該監督等斟酌擬訂，呈由臣部覈准，奏明辦理。所有酌擬造幣廠章程緣由，謹恭摺具陳，伏乞皇上聖鑒。謹奏。宣統二年五月十六日具奏，本日奉旨：依議，欽此。

謹將酌擬造幣廠章程，繕具清單，恭呈御覽。

第一條，造幣廠歸度支部管轄，掌鑄造國幣一切事宜。

第二條，造幣廠設總廠於天津，設分廠於武昌、成都、雲南、廣州四處，並暫設奉天分廠一處，其分廠統歸總廠直轄。

第三條，總廠設正副監督各一員，由度支部開單請簡管理總分各廠一切事宜。各分廠各設總辦一員，幫總辦一員；總廠設正坐辦一員，副坐辦一員，均由正副監督遴選妥員，呈部覈准奏派，秉承正副監督，分理各該廠一切事宜。

第四條，總分各廠應設工務長一員，由正副監督遴選妥員，呈部覈准派充，其餘藝師、藝士及各員司，由各廠酌定員數，呈部覈定。

第五條，度支部籌備鑄幣專款，發給總廠，分派各廠應用，所有各省舊設銀銅開廠機器、廠房、材料，准總廠選擇提用。

第六條，部庫所有各種銀兩，准總廠隨時呈領，鑄成銀幣，照國幣則例第十三條，解交部庫。

第七條，各省藩運關庫等處所存銀兩，與别項銀圓，應次第交大清銀行，轉交造幣廠代鑄，鑄成國幣後，由各省照章行用。

第八條，前條銀兩銅圓，由大清銀行運交就近總分各廠化驗，內含純銀在九八五以上，准照國幣則例第十三條，換給各種新幣，所有由廠運往該省費用，准其作正開銷。至由該省運往總分各廠運費，由大清銀行覈實計算，仍歸該省擔任。

第九條，總分各廠於鑄出之幣運往各省，該地方官均應切實保護，其經由火車輪船運道，應請飭下郵傳部，通飭鐵路、招商各局，一律減收半價，以重國幣而利推行。

第十條，總分各廠應鑄輔幣數目，由大清銀行斟酌市面情形，隨時擬定數目，呈由度支部覈准，飭廠照鑄。開鑄之始，暫定爲主幣八成，輔幣二成，飭廠照鑄。

第十一條，總分各廠鑄成國幣數目，每十日一次，呈報度支部查覈。

第十二條，總分各廠鑄造新幣，重量、成色、公差之類，必須遵照奏定則例辦理，並遴派精通化學人員，隨時化驗，如有不符，即回爐重鑄，以免參差。

第十三條，總分各廠所鑄各幣，由總廠呈送度支部化驗，度支部亦得隨時任抽各廠所鑄各幣，化驗查覈。

第十四條，造幣廠出入款項，由總廠按季詳造表册，呈報度支部，按年總結。除表册外，並應呈報預算決算清册，各分廠應將該廠收支數目與銀銅等幣出入情形，每月一次，呈報總廠，仍每日將帳簿結算清楚，以備總廠隨時查覈。

第十五條，各分廠如雇聘外國人員，應行呈由正副監督覈准，方可派充。其餘藝師、藝士及各員司，由各分廠總辦、幫總辦遴派妥員，呈報正副監督覈準，加劄派充，仍六箇月一次，開列名單並履歷、到差年月，呈報總廠，總廠按年一次，彙報度支部查覈。

第十六條，造幣廠所有在事各員，由度支部照前財政處原定章程，每届三年，將實在出力各員擇尤酌保，其在廠不及二年者，不得列入。在事各員，倘有舞弊營私情事，由度支部隨時查明，據實糾參。

第十七條，各廠有緝訪私鑄、防衛廠料等事，應請各省督撫協助者隨時呈請督撫施行。

第十八條，總分各廠辦事細則，由總廠擬訂，呈由度支部覈准進行。

度支部謹奏，爲酌擬印刷局章程，繕單具陳，恭摺仰祈聖鑒事。光緒三十二年，前財政處會同臣部奏發行紙幣，宜設印刷官局，次年復經臣部奏擬定建局地方，並遴員綜理各等因，先後奉旨允准，欽遵辦理在案。現在該局建造房屋，安置機件，及雕刻銅版等物，業經粗具規模，即可從事印刷，惟局內事務，工務，頭緒甚繁，亟應妥訂章程，以資遵守。茲經臣等督飭員司，悉心規畫，擬訂印刷局章程二十八條，繕具清單，恭呈御覽。如蒙俞允，即由臣等督飭該總幫辦等，切實奉行，認真經理，不容稍有踰越。除俟此項紙幣印刷合用，呈由臣等選擇式樣再行進呈外，所有酌擬印刷局章程緣由，理合恭摺具陳，伏乞皇上聖鑒。謹奏。

宣統二年五月二十九日具奏，本日奉旨：依議，欽此。謹將酌擬印刷局章程繕具清單，恭呈御覽。

第一條，印刷局由度支部奏設，辦理全國紙幣及各項有價證券，將來各種報牘、簿籍印刷事務，得由本局臨時擴充辦理。

第二條，印刷局設總辦、幫辦，稟承度支部，主持全局一切事務。

第三條，印刷局分事務、工務二所，每所酌分科股，依次列左：

事務所所屬各科：

書記科

會計科

庶務科

存儲科

守衛科

工務所所屬各科：

製版科：鋼版股、電版股、管版股。

印刷科：凹版股、凸版股、溼紙股。

製色科：配合股、製造股、洗濯股。

完成科

機器科

第四條，印刷局設事務所長一員，暫由幫辦兼充；工務所長一員，由總、幫辦遴派。凡關於事務、工務事宜，由各該所長稟承總幫辦覈辦。

第五條，事務、工務所屬各科，每科設科長一人，由總幫辦督同所長，節制一切。

第六條，每科視事之繁簡，酌設科員、股員，不定額數。

第七條，印刷局每日作工時候，自午前八時起，至十二時止，午後一時起，至五時止，各員司人等，均須依規定時刻經理職務。

第八條，每逢星期萬壽、聖節、端陽節、中秋節，各休假一日，年節自臘月除日起，至正月初四止，休假五日。

第九條，印刷局員司除例假外，每年請假，不得逾二十日，違者按日扣算薪水。

第十條，印刷局員司遇有疾病及有要事告假者，當將假期內應辦職務告知直接管理員，且薦人代理，由所長遴選。告假至三日以上，應由管理員回明所長，轉請總幫辦委人代理。凡所遴委之員，如適係該員薦引之人，該代理人如有過失，仍歸該員擔任。

第十一條，凡員司初入局者，須有官紳保證，此外工匠、藝徒、一切人等，其初入局時，除取具甘結照片之外，亦須有資本三千金，及開設在五年以上之股實店鋪，或同鄉京官擔保；惟該同鄉官如請假回籍，或改放外官，該工匠、藝徒須另請有相當資格之人，換立保單繳局。

第十二條，印刷局所辦印刷有價證券，事屬創舉，所有雕刻過板各技，向無專門熟習之人，所以不惜重貲延聘外國專門技師，來局招集學徒，分門教授，又復優給學徒辛膳，原期造就人材，以供將來任使。各學徒果能專心研究，學有心得，本局當酌予獎勵，如有中途輟業，或干犯局章等情，斥退後，仍勒令具保人追繳辛膳各費，以示懲儆。

第十三條，各學徒受本局教育及優給辛膳，畢業後，應在本局服義務六年，每年仍酌給津貼銀兩，義務滿後，由工務所長臚列技藝程度，呈請總幫辦分別覈定薪水，如有畢業後不肯遵章在局當滿義務者，除勒令具保人追繳辛膳各費外，仍須酌量處罰，以儆效尤。

第十四條，凡初入局，一切人員，其前三箇月，均作爲試用之期，本局衹酌給津貼若干，如果品行端正，辦事勤奮，再由該管所長轉請總幫辦定給薪水。

第十五條，印刷局員司薪水，視事務之輕重而定，現當開辦伊始，例額未定，一切從廉給發。

第十六條，印刷局工作分爲藝徒、工徒兩項，分隸於各科股，於未入局之先，曾受有中小學教育者爲藝徒，否則皆作爲工徒，藝徒、工徒又各分三等，視學業之優劣爲定。

第十七條，各科股進退各工匠、藝徒，均由該管所長查明開單，呈請總幫辦覈奪施行。

第十八條，印刷局日行事件，由書記科逐日登記，呈請總幫辦覈閲，分飭該管各科辦理，其事體重大者，由總幫辦呈明度支部覈定，再行飭辦。

第十九條，印刷局款項、材料出入，每日由該管科股開列簡明清單，呈請總幫辦查覈，每月總結一次，列表呈覈，每半年大結一次，並將現存機器材料版面開列存簿，以備點驗，每年辦理次年預算，本年決算，由總幫辦呈請度支部覈辦奏銷。

第二十條，印刷局員司辦事，各守權限，遇有彼此交涉之件，須和衷商辦，倘各員有意見不同之處，須稟告所長，轉請總幫辦覈定。

第二十一條，各科股如有提議事件，均由兩所長妥商後，再請總幫辦覈定施行。

第二十二條，各科股應辦之事，除本局章程規定外，如有特別事項，各科長應商同所長，稟請總幫辦裁奪。

第二十三條，工務事務所屬各科，彼此如有交涉之件，須先行通知所長，轉飭各科接洽，以明權限而杜爭執。

第二十四條，凡工務所所屬各科股，如需用物料，先由工務長覈定蓋戳，轉送事務長蓋戳，再發交庶務科照辦。

第二十五條，印刷局員司有異常勤奮者，每届年終，由該管所長呈報總幫辦，酌予獎勵。每届三年，由總幫辦擇尤爲出力者，呈請度支部奏獎一次。其關係工務之員，如能技藝精熟，自成專家，或發明新法，新機器，有益於國家印刷事業者，由總幫辦徵集證據及證明書，呈請度支部優予奏獎。

第二十六條，印刷局員司有因循誤公，隨時由所長呈報總幫辦，酌量輕重處罰，其罰則如下：

一，訓誡。二，罰薪。三，更換。四，追繳賠償。

第二十七條，印刷局員司如有洩漏機要，以及所犯情節重大者，由總幫辦密呈度支部，按律治罪。

第二十八條，以上各條，均係試辦章程，嗣後如有應行修改之處，及未盡事宜，得隨時酌議改訂。其各所各科辦事詳細章程，另訂專章辦理。

甘厚慈《北洋公牘類纂》卷二一《上海商務總會致天津商會討論商法草案書》 上海商務總會敬奉書於中國海内外各埠商會諸公執事，我中國商人沈沈冥冥，爲無法之商也，久矣，中國法律之疏闊，不獨商事爲然。商人與外國人貿易，外國商人有法律，中國商人無法律，尤直接受其影響。相形之下，情見勢絀，因是以失敗者，不知凡幾，無法之害，視他社會尤烈，此可爲我商界同聲一哭者也。我商人積數十年之經歷，可爲艱苦備嘗矣。其中顛頓狼狽，時起時仆，倦得佹失，通盤計算，幸勝之日少，而敗潰之日多，此何以故。此惟無法律之故。近者預備立憲公會致書於敝會及商學公會，極言商法必須商人協辦，亟宜討論，敝會與商學公會意見相合，因即日會議，詢謀僉同，均願擔任經費，協同商議，已具書答復去矣。兹將預備立憲公會原書録呈尊覽，抑敝會因預備立憲公會之觸發，又生無數之感念，試以二近事證之。一，漢口錢商同大等五家，因英商麥加利銀行所用之跑樓，假銀行名義，向錢莊拆銀五萬兩，嗣以跑樓倒逃，錢商向錢行索償，該銀行聲稱此款並未入銀行之櫃，不能承認。錢商赴英國起訴於裁判所，得直除償還正款五萬兩之外，並按日計息，此中外交涉之一事也。一，上海義昌等商號數家，與福州閩關銅幣局交易，幣局欠商號銅胚價款十餘萬兩，屢索不得，呈控農工商部，旋奉欽差大臣斷，僅將該局總辦革職，並查抄監追所欠商人價款，不令幣局如數歸還，故商款至今無著，此官商交涉之一事也。按外國法律，理事員權限有變，更不得對抗善意之第三者。跑樓以銀行名義向錢莊拆款，從中作弊，銀行欲不認，而英國法律不許，幣局總辦以幣局名義向商購買銅胚，商人要求幣局將價款照償，而當道不許，此非英官之厚待華商也，亦非滬商之不如漢商也。英國有法律，華商於法得直，中國無法律，而官吏可以任情判斷，違背公理，而不知其非也。其他糾葛，往往涉訟，至數年數十年不決，又或區區細故，狃於偏私，各不相下，當事者既無一定之法律，以範其心思，旁觀者亦無可據之條文，而爲之評判，至第三者無故受累。論者皆委之於晦氣，而無可如何。官吏可上下其手，怨家多傾陷之方，此爲何等世界乎？然此猶指紛争之已見者而言也，若無形之障礙，又不可殫述。無運輸法，則運輸不發達，而難於流轉，無保險法，則保險不發達，而易致恐慌，皆足爲商業之障害。洋商謂我華商道德獨厚，惜法律不具，不足以維持之，故興業最難。政府一定公司律，再定破産律，雖奉文施行而皆未有效力，卒之信用不立，道德有時而窮，規則蕩然，事業何由而盛。長此頹廢，吾商業其終不競乎。今預備立憲公會既首創此議，敝會即商請預備立憲公會擔任此事，由預備立憲公會招集學問之士，潛心討究，以求合乎各國法理，今適用於國際貿易，復由敝會與商學公會招集商界公舉代表，與之協議，以求合乎中國商業上之習慣，令今可施行。獨是中國商習慣千頭萬緒，決非上海一隅所能盡。以僑商言，則有外洋各埠；以通商口岸言，則有沿江沿海各埠；以普通商情言，則有内地各省府廳州縣，凡設立商會之處，皆有機關，皆可公舉代表，莅滬協議。用敢奉瀆左右，謹擬於本年十月十四十五兩日，在上海愚園開特別大會，奉邀各貴會各舉代表，莅滬集商一次。嗣後或請代表員駐滬，隨時商辦，或囑寓滬紳商代陳意見，或由敝會特設通信機關，函詢各貴會，請各貴會發抒高見，依期答復，以資參考，各從其便。自經此次聯絡之後，不但商法草案一事，便於討論，而一切商情之利弊，業之盛衰，公司之聯合，航軌之交通，並現今商事政策之得失，應如何改良之處，皆可合力研究，以求進步，其詳細規程，仍候大會協議公決。除先期逐日登報廣告外，先此肅布，伏冀裁察。

甘厚慈《北洋公牘類纂續編》卷二二《勸業道孫道多森詳定勸業公所辦事細則》 第一章，則規。第一條，本則係謹遵奏定各省勸業道官制第十七條之規定擬立。第二條，本則自奉本省督憲批准及申報、農工商部、郵傳部立案後施行之。第三條，本則將來如有修改增删等事，必須照第二條稟准立案後，始能施行。第二章，公所之組織。第四條，本公所謹遵奏定各省勸業道官制第十二條所規定，分設六科，辦事科目列左：總務科，農務科，工藝科，商務科，礦務科，郵傳科。第五條，每科各設科長一員，副科長一員，稟承勸業道，率領所屬人員，辦理各科主管之事務。第六條，各科酌量事務繁簡，分別設置科員，分股任事，以專責成。如現在有某股事簡，得派令本所人員兼辦，俟將來事多時，再隨時增設。第三章，人員之職務。第七條，各科人員執行職務之時，統勸業道之命令，指揮監督。第八條，各科科長，有掌管本科各項事務及監察本科各科員之全責，凡本科緊要文件，均歸科長擬稿，尋常文件，由科員擬稿，科長有覆覈之責。第九條，總務科科長除掌本科各項事務外，並應稟承勸業道之命，考覈各科人員勤惰，及協商各科，整理一切事務。第十條，各科副科長，凡屬科長之職務者，皆有襄助協理之責，如遇科長因公他出，不能到所，得代行其職務。第十一條，各科科員應受本科科長及副科長之指揮監察，辦理本股之事務。第十二條，各科事務之界限，如有不能明析分配之時，應稟請勸業道覈奪指示。第四章，各科之專務。第十三條，總務科内分設五股：一，機要股。二，編存股。三，收發股。四，會計股。五，庶務股。第一，機要股掌管左列之事項：一，分派及綜覈一切公文。二，監管印信。三，擬訂或綜覈各種章則合同。四，掌管秘密文件。五，擬一切緊要文稿。六，籌畫實業及交通機關之設置。七，籌辦實業交通各項學堂。八，考查實業成績，其應得褒獎者，列册備查。第二，編存股掌管左列之事項：一，分檔編儲各科文書。二，分類摘録各科文件，以備編輯報告書。三，編訂全部統計表。四，覈對文稿。五，考覈各科書職之勤惰。六，收藏圖書版片。七，管理各實業公司注册之事。第三，收發股掌管左列之事項：一，管理全部文件之發送。二，管理外來文件之收受。三，分造收發由簿詳列文件之事由。四，稽查門役聽差等，關於收發文件，有無稽遲、擱壓、遺棄、私拆等弊。五，編存收發文件之存根回條，以備查覈。第四，會計股掌管左列之事項：一，統籌全局應需經費。二，綜覈收支賬目。三，管理銀錢出納。四，清造報銷。五，管理官有財産。第五，庶務股掌管左列之事項：一，籌辦應行購置之事。二，管理庖厨宿舍。三，約束丁役。四，經管物品。五，辦理一切雜務。第十四條，農業科内分設三股：一，農政股。二，森林股。三，水産股。第一，農政股掌管左列之事項：一，關於農政上調查之事。二，關於興水利之事。三，關於農業傳習之事。四，關於農業試驗場之事。五，關於墾荒之事。六，關於農産物改良之事。七，關於牧畜改良之事。八，關於茶絲蠶棉各業提倡之事。九，關於提倡監察農會，及一切農業團體之事。第二，森林股掌管左列之事項：一，關於林業獎勵保護之事。二，關於林業傳習之事。三，關於試種苗圃之事。四，關於勸辦森林公司之事。五，關於經營官有林野之事。六，關於調查林野交通之事。第三，水産股掌管左列之事項：一，關於水産動植物保護繁殖之事。二，關於漁場調查之事。三，關於漁具漁船及取漁法調查改良之事。四，關於收發漁業准帖之事。五，關於擴棄漁業公司之事。六，關於研究水産物製造及保藏之事。七，關於保護沿海漁業者之事。八，關於籌辦漁業傳習之事。第十五條，工藝科内分設三股：一，工務股。二，審定股。三，登記股。第一，工務股掌管左列之事項：一，關於工業調查之事。二，關於工業試驗所之事。三，關於工業傳習所之事。四，關於監察保護工廠之事。五，關於勸辦工廠仿製洋貨之事。第二，審定股掌管左列之事項：一，審察發明工藝品之利弊。二，評定改良或仿造工藝品之優劣。三，比較同類工藝品之等級。第三，登記股掌管左列之事項：一，關於考工發給獎牌之事。二，關於禀承農工商部發給專利憑證之事。三，關於造具工業表册之事。第十六條，商務科内分設三股：一，商業股。二，調查股。三，公司股。第一，商業股掌管左列之事項：一，關於商律所規定之商會，及類似商會一切商業團體之事。二，關於提倡普通商業之事。三，關於照章請發商勳之事。四，關於賽會及博覽會物産會之事。五，關於度量權衡之事。第二，調查股掌管左列之事項：一，調查市面盈虚。二，調查本省商業衰旺。三，調查洋商生意衰旺。第三，公司股掌管左列之事項：一，考查各公司資本是否充足。二，監察各公司營業有無違背商律。三，勸籌設立各項公司。第十七條，礦務科内分設二股：一，礦政股。二，考驗股。第一，礦政股掌管左列之事項：一，關於礦章施行之事。二，關於礦業監察保護之事。三，關於監收礦税之事。四，關於理處礦界争執之事。五，關於礦務公司營業之事。六，關於礦師聘請之事。七，關於覈發探礦執照之事。第二，考驗股掌管左列之事項：一，關於考查地質土性之事。二，關於化驗礦苗之事。三，關於礦地測量之事。四，關於探礦之事。第十八條，郵傳科内分設三股：一，路政股。二，郵電股。三，船政股。第一，路政股掌管左列之事項：一，關於勸諭人民集資推廣支路之事。二，關於彈壓保護之事。三，關於條陳鐵路利弊得失之事。四，關於奉郵傳部及本省督憲特别命令調查稽覈之事。五，關於勸諭人民集資興辦轉運公司之事。第二，郵電股掌管左列之事項：一，關於保存電局收支報告清單之事。二，關於查考展修路線之事。三，關於電局郵局保護之事。四，關於考查局員禀報部憲之事。五，關於籌款擴充線路之事。六，關於咨商電局推廣整頓電政之事。七，關於條陳郵局利弊得失之事。第三，船政股掌管左列之事項：一，關於商船保護之事。二，關於勸興航業之事。三，關於航路調查之事。四，關於船舶檢查之事。五，關於船舶注册之事。六，關於船員養成之事。第十九條，依奏定官制第十八條規定，原設之農工礦各局所，自應歸併，按科分配管理，但未歸併以前，本公所有總司考查之責，應遵照辦理。第五章，辦事時日。第二十條，辦事時間，每日辰刻到所辦事，至申刻休息。第二十一條，每星期日各科人員例得休息一日，但有緊要事項，仍應到所辦理。第二十二條，設立會議處，每星期六日午後，勸業道率同各科人員到會議處會議一次，如有重要事故，急待會議者，得隨時傳集。

圖表

政學社《大清法規大全》卷一四《商部新定探鑛開鑛部照格式光緒三十年月》

照根：商部爲存根事。兹據某省某縣人某某稟請（探勘開採）某省某縣所屬某某鑛地，當經（中叙案由），應即准其（探勘開採）某鑛。自給照日起，扣至某年某月某日止，著即將此照繳銷，須至存根者。計開　坐落　四址　産質　線道（深廣）　保單　光緒某年某月某日　騎縫某字第某號　（探開）鑛執照騎縫某字第某號

商部爲給發執照事。光緒三十年二月初一日，本部具奏鑛務章程一摺，本日奉旨：依議。欽此。欽遵並通行各省將軍督撫，一體祗遵辦理在案。查奏定章程内第二條開，凡稟請辦鑛，應由本部給發執照爲憑，未經發照以前，不得舉辦。今將執照分爲二等：一爲探鑛執照，一爲開鑛執照等因。兹據某省某縣人某某稟請（探勘開採）某省某縣所屬某鑛地，當經（中叙案由），應即准其（探勘開採）某鑛。自給照日起，扣至某年某月某日止，著即將此照繳銷，務須遵按部定（探開）鑛各條章，程妥慎辦理。爲此特給執照，以資信守，須至執照者。計開：坐落　四址（東西南北）　産質　線道（深廣）　保單　右給某某收執　光緒某年某月某日

政學社《大清法規大全》卷七《商部頒發各商會商務分類總册表式札》

案，據江寗商務總會總理本部議員劉世珩申稱，竊查江寗爲省會之區，市廛櫛比，商賈雲興，凡欲實行保商之政，非將各行業詳細調查，編列商册，不足以便稽查而周保護。是以議員於光緒三十年，會將省城内外大小各宗行業牌號，調查實數，計行業一百零八類，舖户五千三百三十二家，即經繕具清册，呈送在案。嗣遵章舉辦商會，凡在寗垣大小各宗商業，復經議員飭由各商董，將前項商册，復行挨次查對明確，以昭覈實。類如錢業一項，前册將錢土、錢米附於其中，今則錢業、土業、米業分別查編，各歸各董經理，尤覺一目了然，絲毫不紊。兹届光緒三十一年終，應行申報之期，所有寗垣内外大小各宗商業，計查有一百十七類，共計舖户五千四百十七家。據各業商董分門別類，具報到會，理合彙齊，造具總册，備文申報，伏乞鑒覈立案等情前來。本部綜持商政，於各省各埠商務情形，調查一切，不厭求詳。兹閲該議員劉世珩所造册報，門分類別，包括靡遺，至爲詳備。除照准立案外，爲此刊刻式樣，札發札到該議員總理等，仿照成式，於各該省埠城鎮街市大小行業，切實調查，遵式填寫，編定成册，按年彙報本部備案，以資考覈，幸勿延擱，切切。

第一表式（書口）

今將所查過城内外及附城鎮市街道地名編成一表開列於後

城内中路	城内東路	城内南路	城内西路	城内北路	城内各路
某街	同上	同上	同上	同上	同上
某巷	同上	同上	同上	同上	同上

某省城街道地名表　某商務總會調查

第二表式（書口）

今將所查貿易各商業多寡數目編成一表開列於後

滿三百	滿二百	滿一百	滿五十	滿十數	不滿十數
以上	以上	以上	以上	以上	
某業	同上	同上	同上	同上	同上

某商務總會調查

第三表式（書口）

以上係合共計　千　百　十　號　店舖

行業類　某商務總會調查

光緒　年　月　日呈

第四表式（書口）

一號舖	開設城　街　係　行業某年開設 號東　執事

某行業類　某商務總會調查

《商務官報》光緒三十二年五月二十五日第九期《商部頒發各商會理結訟案格式札》

爲札行事。案，據本部議員江南商務總會總理申稱，商會之設，原以

組織羣情，維持公益爲宗旨。自總會開辦以後，所有一切舉措設施，靡不悉准定章，決諸公議。中國商界教育，夙所未興，所謂信義道德諸端，均不無稍有缺陷之處，以是該處各業商鋪，興衰更易，至爲無常，而其中因倒欠錢債，以糾纏於訟累者，乃時有所聞。議員等奉飭總理該會究心於此，竊謀挽回，每時扶持公益，革除羣害爲義務，與該會理事等員董互相激勸，凡遇各業此等倒欠錢債訟案，一以竭力勸導，從速理結，以息訟累爲宗旨，故凡有赴商局控追，以及奉督憲發局飭訊之案，皆由議員隨時飭由該會各業商董，遵照奏定章程，傳齊中証，開會雅議，憑兩造當面秉公議勸理結，俾其勿延訟累。現綜計該會自開辦至今，理結此等錢債訟案，蓋已不下數十餘起，而其中時有曾經糾訟於地方衙門，經年未結之案，乃一至該會，評論之間，兩造皆輸情而遵理結者，功效所在，進步日臻。議員並飭該會理事員董等，將該會所有理結錢債各案，特立一表，凡諸案由事實，以暨原被中証姓名，控發理結年月實情等類，均令一一明晰注載，以便事前既易研求，而事後亦易於考查，且凡有各案年月，皆以理結之日爲斷，於此亦足覘遲速功過之事者也。茲將自光緒三十年十二月開辦之日起，扣至去年年終爲期，計已一年，所有該會理結各業錢債訟案，計共五十七起，彙録清表一册，呈送鑒覈。嗣後凡遇有理結各案件，仍歸一年彙録清表，申報一次，以便稽考，等情到部。查江南商務議員所呈表册，條分縷晰，一覽了然，所有各商會申報理結各業錢債訟案，自應歸成一律格式，爲此刷印格式，札行該會議員，仰即照式刷印，按年將理結各業訟案，詳細填注，呈報本部，以資查考，可也。此札。

（表式）

月分理結　　業錢債訟事一起

案由	原被姓名	中證姓名	控告年月	理結年月	結案實情

書口光緒三十　年　商務　會理結各業錢債訟事清表

《商務官報》光緒三十二年六月十五日第一一期《商部頒發商業注册呈式札》

爲劄行事。查本部所擬公司注册試辦章程，前已奏准通行，歷經辦理在案。此項章程，係指公司注册而言，乃商人往往以獨出資本所開之局廠、行號、鋪店，按照公司呈式，填寫到部，呈請注册，殊屬誤會。茲特定出商業注册呈式，嗣後商人獨出資本所開之局廠、行號、鋪店，不得稱爲公司，仍以局廠、行號、鋪店名稱，照後開呈式報部，歸入商業注册，不得用有限、無限字樣；繳納公費銀兩，悉按公司注册章程第九、第十、第十一各條辦理。覈准後，即行文該省地方官飭屬保護，其商業資本銀在五百兩以下者，毋庸注册。爲此札飭札到，該商會議員即便曉諭各商，遵照辦理可也。此札。

商業注册呈式

具呈　省　府　縣　方

爲呈請注册事竊　所應聲明各款呈請注册伏乞

商部注册局查覈施行須至呈者

計開

名號

作何貿易

開張年月日

營業有無期限

總號設立地方如有分一併列入

出資人姓名住址該局廠、行號、鋪店，如係祖遺産業，爲兄弟或伯叔所公有者，注册時，宜由□長者出名具呈，其餘産主，可在呈內以次列入，如係婦人産業，即用門氏呈請。

資本數目。

總經理人姓名住址總經理人如有更換，應隨時赴該處商會報明，由商會呈部備案。

近代工業調查統計與同業組織總部

《近代工業調查統計與同業組織總部》提要

晚清時期，清政府内外交困的局面與日俱增，在内憂外患的壓力之下，清政府對待近代工業的態度亦逐步發生變化，從禁止、限制逐步轉變爲鼓勵發展。故而清政府在其統治末期，曾積極開展工業調查統計，推動工業同業組織的建立，也曾主辦或組織工業企業參加各類展覽會，近代工業的發展出現了一些新的局面。

本總部主要收録晚清時期與工業調查統計、同業組織相關的各類文獻。本總部下設《近代工業調查統計》和《同業組織與近代工業部》。因近代中國曾經參加或者舉辦多次工業展覽會，其中很多内容與近代工業密切相關，因此在這個總部中，我們另附《近代工業展覽會部》。由於近代同業組織以上海與蘇州二地最具特點，且資料最爲豐富，故而《同業組織與近代工業部》下另設三個分部，分别是《上海同業組織與近代工業分部》《蘇州同業組織與近代工業分部》和《其他地區同業組織與近代工業分部》。緯目包括綜述、紀事、藝文、圖表，各部、各分部緯目根據收録文獻的特點與内容進行設置，故而有所差異。

目録

近代工業調查統計部

綜述

《商務官報》光緒三十二年十一月十五日第二六期《各省鑛脈一覽》　中國礦產之富，甲於地球，而蒸汽世界所一日不可缺之石炭，其產額尤爲世界之冠。唯交通之道未備，採掘之法未精，而風水迷信尤牢不可破。故遷延至今日，雖有各國代任其勞者踵出，盡力唯恐不至，然已經營者，要不過區區一小部，苟欲詳述無遺，其勢有所不能。唯就其鑛脈之大體觀之，則東三省有石炭、鐵鑛脈，黑龍江一帶有砂金，北部如直隸、山東、山西、河南、陝西、甘肅六省有無盡藏之炭層。其他如金、銀、銅、鉛、錫、鐵、硝石、石油等鑛亦甚多，中部如浙江、江蘇、江西、安徽、湖南、湖北、貴州、四川八省，則有金、銀、銅、鐵、鉛、安質母尼、硫黄、石炭、石油等鑛。南部如福建、廣東、廣西、雲南四省，則富於銀、銅、含銀硫化鉛、亞鉛、錫、鉛、鐵等鑛，而石炭亦不乏，且雲南尤富於寶石。由是觀之，多藏者既如是，艷羨者又如彼，一誤再誤，往事不可問矣。而今而後，吾國上下，其知所勉乎？今試述各省大略如左，聊以供懲前毖後者參考之資，固非獨鋪陳物產已也。

第一東三省　東三省金鑛，散佈烏爾額河、格爾德額河、環義山、寧古塔地方，綏芬山低地、圖們江低地、松花江低地、達窪克尼、長白山山脈一帶。雖已有開採者，然以禁止中廢，亦有從未經人開採者，而長白山(山)一帶金鑛，尤稱富饒，外人稱之曰滿洲惟一大富源。

炭礦在遼陽以北數十里，其地曰北字河，產半無煙炭，炭層延亘甚長。又復州城之南，產無煙炭，其質絶佳，名曰復州炭。每輸至烟台、營口、皮子窩及近傍島嶼，其他如撫河水、賽馬集、太子河上流沿岸、本溪湖、錦州府、寗遠縣、中後所各地，皆有石炭鑛。

第二直隸　北部產出石炭甚多，據列希脱好亨調查，曾發見該地石炭層，蓋達七千尺之厚。開平炭礦，則在石城、唐山之間。此炭坑最著名，在明朝已發見，其炭質雖不甚佳。然用新法開採，其產出額之多，爲東洋第一。其他若房山縣附近，保定府、蔚州、西寗州、石門塞等皆有炭田。又熱河附近，金、銀、鐵等礦甚富。

第三山東　山東富於炭田，其中如沂州炭田，面積之廣尤甲於全省。石炭之外，并產赤鐵、褐鐵等鑛。次於沂州者，爲博山炭田，面積亦甚廣。博山縣爲本省工業繁盛之地，製造既多，需石炭亦多。此外如章邱、濰縣、萊蕪、新泰等有望之炭田，更指不勝屈。山東除石炭外，更有金屬諸礦，沙金則各處河流中皆有之。又銀、銅、鉛等則產自新城縣、莒州縣各地。

第四山西　山西之石炭及鐵鑛床，蓋綿亘重疊，以分量而言，實爲全國之冠。據列希脱好亨言，炭田之區域，凡亘一萬三千五百平方英里，其間炭脈，絶無割裂崩斷之處，炭層自二十英尺至五十英尺，平均當四十英尺。若就今日世界所消費石炭而言，則山西一省所產之額，可供一千年之用。

鐵礦床之面积，雖不如石炭床之廣大，然其褐鐵、磁鐵礦質地精良。今日所發見者，即自平定至孟縣一帶地方，與自路安至陽城一帶地方，此地開採石炭、鐵礦，蓋始於二千年以前。又與陝西交界之處，尤富於石油礦。

第五江蘇　炭層蟠蜒於江之西方，即接連安徽省境界之地。如龍潭、棲霞、元山、初山、湖山、林山、馬機井、直牘山、幕府山、石瀾山、老虎洞、王家凹、石蘭山、太平山、華山、小茅山、岡山、朱家坳皆其較較者，今皆在採掘中。而產出額最多者，則推青龍山。又江寗府句容縣，則有銅山屬於官業，所以供鑄造銅元者也。

第六安徽　炭田之所在地爲南陵、太平、銅陵、宣城、貴州、繁昌等。繁昌南鄉之五華山，產出尤多。其炭質爲無烟炭，初不亞於開平。且此處附近西北一帶之地，到處有私占炭山，日日所採之額亦甚巨。宣城炭礦，亦頗有望。其礦脈亘數百里。

第七雲南　雲南礦脈之富，爲全國冠。有金、含銀硫化鉛、鐵、銅、亞鉛、錫、鉛等礦甚多。更有紅寶石、黄寶石、青寶石、碧寶石，爲他處所無。

第八江西　袁州地方，從贛江右折，溯渝水約二百里之邊，露出炭層甚多。又渝水上流，即袁州西北數里之地，亦有炭山數處。其中最著名者，爲宜春炭鑛。其品類分爲無烟炭、塊炭、粉炭三種。

萍鄉地方，從蘆溪約二十餘里之雲居鋪附近一帶，更有絶大之鑛脈。其炭種略同袁州，採法則較進步，而本省所著名之炭田，則爲豐城、萍鄉、興安、樂平、饒州等處，皆以漢口爲集中市場。

第九湖南　湖南鑛山，調查迄未精審。其著者如衡陽縣所採炭坑，其額每日約達三百石，輸至漢口，湖南、湘北二省，近日發見安質母尼，頗爲富饒。其在湖南者，如寶慶府之新化縣，岳州府，長沙府之益陽縣及永州府等，鑛質皆絶佳，每日採掘約五六百噸。

第十湖北　宜昌府屬之長場地方，及荆州府屬之宜多縣管内，皆産有良質之石炭。其他如鐵、銅、安質母尼、黑鉛、白鉛、硫黄、石炭等鑛，皆極豐富。其中如大冶鐵山，尤著名於世，此鑛在武昌府之大冶縣，所産者爲磁鐵、褐鐵。每日採掘額，磁鐵鑛約一萬五千噸，褐鐵鑛約一千二百噸，此地更有石灰山産額絶巨。蓋沿鐵路諸山，無不産石灰者。又石灰窯下流數里，磯頭之下有大石灰田，而馬鞍山及王三石産，尤爲漢口附近之良炭，各國汽船競購用之。

第十一四川　亘西藏一帶，有金、銀、銅鑛脈，鐵鑛則徧地皆是，烈希脱好亭曾測其石炭地域，蓋達二十五萬方吉羅邁當。此地所産石炭，在揚子江流域中，號稱最良，金之産地，則爲雅州府下打箭鑪，成都府附近川北管下中壩場，建昌及嘉定府一帶地方，其中尤以打箭爐爲最。又揚子江上流沿岸産有砂金，重慶對岸真武山地方石炭尤多，重慶嘉定、保甯、卭州等管下皆産有石油。

第十二福建　福建富於石料，爲厦門地方特産，輸出外國者，以吕宋爲多。每年輸出額約二萬、三萬斤不等，其種類有藍三影、白三影、普通三影三種。銀鑛則在黄海、黄社、玉林場、劉洋、新興、黄桐等處；鉛鑛則在玉林場、八房、後洋等處；銅鑛則在小葉、按嶺、車盂、池龍等處。其他更産錫鑛、水晶、明礬等。石炭、鐵鑛雖亦不乏，然不甚著。

第十三廣東及廣西　廣東省德慶州及開建縣下之涌流地方，皆發見極精良之鑛脈。又廣西蒼梧縣連亘涌北卡水黎老金鷄山等一帶，金鑛甚富。

《商務官報》光緒三十四年十一月十五日第三〇期《中外各要地之石炭需要》

漢口

當地一帶，係廣漠之平野，林木無幾，薪炭仰給於宜昌、沙市及四川，運送之費所耗甚巨，價值不得不昂。故居民之爐竈，大都賴石炭之用。是等居民消費之量，雖靡得而究其詳，然第以漢陽、武昌、漢口三市而論，居民百萬，一年所費實不下二十萬噸。此外機器工廠二十餘所，一年所費亦需十五萬噸。其炭之自外國來者，以日本炭爲最多，上等者每噸八兩四五錢，尋常者六兩五錢至七兩不等。炭之自内地來者，則江西、湖南兩省所産。湖南之衡州、寶慶，湖北之宜昌、維源口、興國州，産無煙炭，湖南之永州，湖北之江夏、嘉魚，産有煙炭。此外江西萍鄉之炭，亦輸入一大宗。以上各種，皆用民船輸送，經釐卡，故難得其詳實之統計，然約計總不在三十萬噸以下。四川龍王洞之石炭，品質最良，惜搬運爲難，不能供一般之需要。直隸開平炭，自前年起，稍稍由京漢鐵路運至漢口，然每年不逾二萬噸也。綜計去年日本炭之輸入者，以七月至九月爲最多，有三萬五千噸，價值二十一萬一千五百三十六海關兩。去年全年内地炭之輸入三十萬噸，價值一百八十萬海關兩。然内地之炭，至漢口後，復有轉往九江、南京、鎮江、上海各處者，爲數無幾，大抵用民船或輪船裝運。

將來漢口進步之餘，必一躍而成工業地，其發達當在想象之外，工業既經發展，則石炭之需要益切，輸入必可大增，而萍鄉之炭，必能爲外國炭之强敵。

上海

自金銀兑價變動以來，外國來貨日減，至供給不能與需要相應，價格日以騰貴。當金融窘迫之際，各號家幾於束手不復進貨。至去臘始稍稍活動，其價值開平炭一噸在六兩、七兩之間，日本炭一噸價亦相彷，惟此外之外國炭，一噸值十五兩或十四兩。

新嘉坡

當地石炭需要之量數，每年在六十萬噸内外，近年亦無甚增減，其需要最大者爲船舶。至於工廠及鐵路所用及其餘各處所用，不過七萬噸耳。此其所需要之炭，大都來自印度、澳洲、日本、英國等地。而此數地方輸入之多寡，各年亦互有消長。綜一千九百三年至一千九百七年而觀，印度輸入炭最多之年份，有四十六萬四千噸。日本炭輸入最多之年份，有四十萬噸。澳洲炭輸入最多之年份，有二十一萬九千噸。英國炭輸入最多之年份，有八萬五千噸。而此五年之平均輸入，以日本爲最巨，每年有六十七萬噸。其次印度有十四萬九千噸，其次澳洲有八萬七千噸，英國有六萬五千四百噸。炭之價值，則以英炭爲最高，每噸售十四弗五十仙；澳洲次之，一噸值十一弗七十仙；日本一噸十弗五十仙；印度一噸十弗。此外有自彼南來者，一噸八弗五十仙，炭之品質亦以英炭爲最良，蓋其炭大都以供英國東方軍艦之用者也。

汕頭

當地輸入之石炭，其十分之八，係日本炭。且近年該地之輸入石炭，每年須增十萬噸，炭塊一噸值十二弗，碎炭一噸值十一弗內外。查汕頭地方，其汽船出入之盛衰，工廠興否之如何，殊難預測。今之需用火力者，惟有豆餅廠及石炭廠耳。然電燈公司之設立，及潮汕鐵路之延長，已在籌措之中，汽船之由此往還於南洋各島西貢盤谷等地者，亦歲增繁密。然則石炭之需要，必將大倍於從前，而日本炭之來競爭者，亦必有加無已。

印度石炭情形

印度產炭之地，以本加爾州爲最盛，占其全國總產額之八成。其餘各地所產，皆無幾也。然綜計全印度之炭產，近年非常增進，千九百六年三月起至千九百七年四月止，共出炭九百七十八萬三千二百五十噸，比於三十年前即千八百七十八年之產額所增者，實九倍之，今將其產地約分爲四區則如左：

	千九百六年之產額	開工年月
拉尼根休	三，六五〇，五六三	千八百七十八年前
雪哀利亞	四，〇七六，五九一	同
啓里圖	八〇三，三二一	千八百九十三年
他爾登根休		千九百一年

外國炭之輸入於印度者，當千八百八十七年，有八十四萬八千八百七十噸，爲數最巨，以後逐見減少，以印度本地出產日增之故也。外國之炭，大都輸入於孟買，以英國炭爲最多，澳洲炭次之。前十年間，每年平均輸入澳洲炭二萬二千八百噸，近年日本炭復來競爭，澳洲炭漸見退避。近十年間，澳炭來者平均不過一萬六千餘噸，而日本炭來者平均三萬二千一百噸，然至千九百六年，澳炭又復增加，過於日本之炭。

印度炭之輸出，皆由加耳各答起裝，已往十年，輸出已多，其額竟占全國產額之二分六，乃最近三年，一躍而佔全產額之九分。至其輸向之地，則錫蘭、新嘉坡也。各地之炭，其在新嘉坡之價值如左：

印度碳	十五留比十二安
日本炭上	十六留比十四安
日本炭次	十六留比零二安
英國炭	二十五留比零九安
澳洲炭	十八留比十二安

印度之消費石炭，無從得其確數，然從其產出額中扣除輸出額，加入以輸入額，庶可得其大概。然則近三年間平均，每年消費八百二十五萬噸也，其中之九成八分，係印度炭。此外之三分，則外國炭，其消費之別則如左：

鐵路用	二，七〇〇，〇〇〇
本加爾商埠用	一，〇〇〇，〇〇〇
內河小輪用	四五〇，〇〇〇
製麻工廠用	五〇〇，〇〇〇
綿紗工廠用	六一〇，〇〇〇
其餘工廠及家用	二，九六五，〇〇〇

《商務官報》光緒三十四年十一月十五日第三〇期《天津商況去年全年》

去年天津貿易，比前兩年較爲減少，然比之三年以前之各年，非但未有遜色，且頗見增進。但市面之實況，則不能無不滿足之情態耳。試就輸入品而論，以光緒三十二年輸入過多之故。貨之屯積者已多，去年上半年又陸續來貨，愈形停滯，價格大落。六月以後，幸而來貨尚少，存貨亦稍疏散，然適值銀價暴落，遂終無起色。至於輸出貿易，以銀價暴落之故，似可畧有補救，而實際不然。蓋比於輸入貿易尤爲不振，其故因天津之輸出貿易，以羊毛及毛皮爲大宗，皆經由上海運至歐美市場，以應其地之需要者也。歐美市場，去年財界數遇恐慌，需要大形減退，輸出之商，無不大蒙損耗者，而輸向倫敦、漢堡之貨，臨交易時節將盡之時，減價至三四成。然尚罕有過問之人，故此兩處之輸出商，所虧尤鉅。日俄戰爭之時，上海之巴比阿商店輸入石油於海參崴，一攫千萬，然至今春已陷於破產之悲境，蓋投貲於皮毛之業使然也。

山西、陝甘、東三省皆天津貨物運銷之地，然今東三省已出乎天津勢力範圍之外矣。東三省貨物，其由天津運往者，已經絕跡，不可復見。而直隸一帶農作欠收，加以銅貨下落，農民購買之力大爲減少，且近年連遭水旱，元氣虧耗，猝難遽復。一文之銅貨，爲十文之銅貨所驅逐，殆絕跡於市場，細民之困半由於此。且十文之銅貨，以鑄造太多，流通既廣，竟至以百五十枚方能易銀圓一枚。比之初年價值，已跌落三成矣。而日用必需之品，其價格反因以日騰，夫錢賤物貴，民之工資以銅計者，固受其損，即凡以銀計者，亦無不被其影響，經濟界所以日見困難也。故統觀全市，除外國商人以外，凡中國商人信用之基礎，漸見搖動，不能穩固。以外商不急於清賬，故年底之時，倒閉尚少，誠幸事也。今試詳其當年之貿易情形如後。

去年輸出入之經過海關者，其價額總計九千八百萬兩，此其中六千百萬兩，係外國貨輸入之價；千九百萬兩，係中國貨輸入之價；千七百萬兩，係中國輸出之價。蓋去年之貿易價額，比前兩年雖稍減退，而比之以前，尚稱發達。然此特自表面觀之耳，若按其純貿易額（即將再輸出於他處之貨扣除以後之净額），則知天津市面比於其餘口岸，殊爲減色矣。當光緒三十一年及三十二年天津比之他口岸，尚占第二之地位，洎乎去年，則退居第四位，而漢口、廣州兩埠反超乎其上也。試表其實數如左：

	三十三年	三十二年	三十一年
上海	一三七，〇〇〇，〇〇〇	一六八，〇〇〇，〇〇〇	一七六，〇〇〇，〇〇〇
漢口	一一五，〇〇〇，〇〇〇	九七，〇〇〇，〇〇〇	一一二，〇〇〇，〇〇〇
廣州	一〇三，〇〇〇，〇〇〇	九四，〇〇〇，〇〇〇	九二，〇〇〇，〇〇〇
天津	九六，〇〇〇，〇〇〇	一一三，〇〇〇，〇〇〇	九六，〇〇〇，〇〇〇

然此後數年，天津仍能恢復其第二之地位否？據現狀而觀，殊難爲決。蓋去年之貿易價額九千六百萬兩，比於前年顯然減少千八百萬兩。夫外國貨之輸入減退三百二十萬兩，尚爲少數，可不必論。中國貨之輸入，竟減少一千萬兩。合之輸出，是共減少四百六十萬兩也。此其困弊之原因，豈倉猝間所得而祛之者乎！

輸入貿易

天津輸入之外國貨價額六千百萬兩，比於三十一年增加百六十萬兩，比於三十二年減少三百二十萬兩以上。六千百萬兩之中三千八百萬兩，爲直接之輸入。又二千三百萬兩，係由中國各口輸入者。直接輸入云者，謂由外國航船逕運到津，及由上海轉口到津者。若併秦皇島一分合算在内，則其總額得六千五百萬兩，而其中四千九十四萬兩，爲直接輸入。

天津直接輸入貨之中，以棉布爲最巨，其價額在七百五十九萬千兩以上。其中以歐美之白布爲多，其次則鐵路材料、棉紗、麥麪、石油、砂糖、米、木料等。

近年直隸農作欠收，糧食多仰給於他處，麥麪之輸入，亦漸增多。外國之米，以安南之輸入爲主，麥麪以美國輸入爲主。内國之米，來自南方，麥麪則全來自上海。合内外國貨計算，米之輸入，比前年減少，而麪增於前年者二倍。

前年米與麪合計，輸入六百九十六萬兩。以前年與昨年合算，此兩年中天津付出之糧食代價，實有千四百七十六萬兩，而兩年中之輸出貨合計值三千九百萬兩，出入相較，糧食代價，已抵其進款之三成。此最近十年所罕見者，則其餘輸入貨之需要衰薄，非無故也。至於輸入米麥，内國外國，互有多寡，其表如左：

		三十一年	三十二年	三十三年
米	外國産	二，四二一	二九，一六五	四七一，四五七
	内國産	一，二五〇，〇二一	一，〇四一，三一二	三九三，〇三一
米	外國産	一一，三二七	二三三，四八六	九二二，八四五
	内國産	三三，三七六	四四四，三五七	二四〇，五三二

砂糖輸入五十七萬八千餘担，價額在二百六十萬兩以上。去（國）（年）糖輸入者五十七萬八千七百三十九担，中國糖輸入者十四萬九千四百四十一担，此外尚有日本糖一萬九千七百五十担。糖之來自外國者，以前年爲最多，去年稍少。然砂糖之需要，方日有增加而未已也，以内、外國糖合算，則砂糖一項，實歲需七十萬担。

石油之需要，亦漸加多，距今四年以前，每年所需不出一千萬加倫每加倫重中國六斤。去年乃竟至二千萬加倫以上。當光緒三十年前天津所銷盡係俄油，自三十一年美油競争得勝，俄油漸減。今其市面，又爲美油與斯馬脱拉油競争之時代。

機器之輸入，逐年增加，則因敷設鐵路、添設工廠、經營市街鐵路及文化進步而然。津浦鐵路既已開工，市街路線正在延長也。紡織機器以來自日本者爲主，而中國自製織機運銷内地，數亦甚多。蓋直隸産棉之地，此項工藝，方在振興，外國及中國各口之棉布輸入，逐年減少，亦以此也。三十一年英國白布輸入七十三萬疋，去年一百十三萬疋，尚稱無減。惟此外各種布疋及美國布疋，莫不大減。美國之白布由二百十七萬疋減至百二十萬疋，蓋幾去其半矣。而棉紗輸入三十萬七千三百三十六担，價額七百七十萬，比於前年雖減三萬六千担，比於大前年，則增五萬六千担。

火柴來自歐洲者至微，殆不足道。惟來自日本者有五百二十萬戈羅斯，價九十八萬五千兩，按此項輸入，亦以大前年爲最多。因前此輸入過多，故前年乃形減少耳。而去年之減少，則因匯兑困難及農民歉收之故。

要之，各項輸入之中，除米勿論外，其餘上海之麪粉、綿紗、紙煙、綢緞、茶、土布等，皆比前年減少。號爲增加者，惟磁器、桐油、砂糖等耳，中國内地工業，雖在幼稚時代。然觀近年之趨勢，正未可輕視。上海之紙煙、紡績、麵粉、紙，青島之皮酒，已頗有成效。其餘如塞門德、土鋼、鈕鐘、鈹玻、洋燈、皮革、肥皂等製品，亦日漸湧出，原料豐富，而勞銀低廉，其發達殊未可當也。

輸出貿易

當地物産之輸出額，千七百二十五萬兩，比前年減少四百餘萬兩。其中直接輸出於外國者二百零七十一萬兩，其餘皆經由上海而輸出者也。秦皇島輸出之額百四十二萬九千兩，其中直接輸向外國者僅六萬六千兩耳，大半皆經由海參崴以輸出者，天津輸向中國各口之貨千五百十八萬兩，比前年之千九百二十四萬兩減少二百萬兩。而此千五百萬兩之内，有一千萬兩仍係轉展而銷於歐美者。如豚毛、羽毛、羊毛、馬毛、牛皮、黄麻、草辮等類，然則實際消費於外國之貨，共值千二百餘萬兩也。又天津及秦皇島輸出貨物消於内地者，約六百五十萬兩，以開平爲大宗，其次則酒類、花生、黑棗、藥材、豆類、瓜果、紅棗、鹿角、杏仁、黎子、玉蜀黍、棉花、乾菜、香菌、鐵路材料等。鐵路材料，蓋塘山工廠所製，蘇省鐵路所購用者也。

羊毛及毛皮於前年輸出，爲額頗鉅。而去年仍減至與四年前相等，草辮一項，從前本屬重要輸出，乃近年歷減，迥不如六年前之盛，或者以爲爲膠州所奪，殆可信也。開平煤歷年有增無減，去年所産，約逾百萬。而河南、山西之煤來者亦至多，茶葉一項，當十年以前由天津運經張家口、恰克圖以入西比利亞者，爲數不貲。然今多取道他處，故由天津集散者，遂以無幾，將來京張鐵路竣工，庶幾可復昔日之盛也。

内地貿易

外國貨之運入内地者，價額三千三十一萬四千兩，比大前年減二百六十萬兩，比前年減七百十四萬兩。其所向之地，直隸最多，千九百五十七萬兩。其次山西，四百七十六萬兩。甘肅百八十三萬兩，河南百三十五萬兩，山東百十六萬兩，大概運向奉天、吉林者，迥不如前，而運向河南、陝甘者則勝乎前。

概而論之，自日俄戰後，北方景象初見平復，内外商人競事輸入，商況繁盛。三十一、二年之間，天津貿易之額，達於一億兩以上，爲前此所未經見。然商人之基礎，素未堅强，一經銀價之變動，與農業之衰疲，遂頓然陷於窮窘。華商積欠至二、三千萬，商會提議以籌救濟，外國領事亦頗爲善後之謀，不起恐慌之禍，誠幸事也。入今年來，貿易之額，尚不及去年。據經驗家之談，照現在情形而觀，海關所入必短百萬。且此後二、三年内恐未能恢復舊觀。將來内地鐵路若大發達，方能相携並進，則振興之期，當俟之五年、十年後矣。鐵路發達之後，有種貨物，或不免爲他處口岸我吸收，然大概終不能捨天津而他適也。將來京張之路，必轉爲天津壟斷蒙古一帶物産，山西之路，可以開西方之富源，津浦鐵路可以拓南部之交易。若爲持久之計，以待時機，則目前之衰罷，未足患也。

農工商部統計處《農工商部統計表》第一册《表例》 遵照奏定農工商部職掌事宜，以農工商爲三大綱。檢查各司檔册卷宗，臚列子目。分類隸入，比事屬辭，以挈實業統計之綱領。

自光緒二十九年七月，商部開辦之日起，至三十三年分止，歷辦各項要政，業已條貫件繫，依類編列。其三十四年所辦各事，概不列入，應俟編訂三十四年統計表時，續行填列，以清界限。

就農政、工政、商政編訂總表，以年月爲經，以事實爲緯，並於每類之首，臚列奏案章程，以詳原委。商政事宜較多，爰分上下二表。

自光緒三十二年九月，工部歸併商部，改爲農工商部。所有河工、水利、船政覈銷，均歸入農政項下，其業經農工商部辦過奏銷、咨銷各案，均逐一注明並填列總表。其二十六年後，原工部覈銷之案，有須備參考者，亦擇要填注分表中，以便檢查。

總表四宗，有以一綱貫二目者，如農會、商會、公司注册各門，均以奏案章程冠首爲綱，而農務總會、農務分會、商務總會、商務分會、公司注册、獨資商業注册，分列於後爲目。有事實較簡，依類附列者，如河決辦賑附河工門，《商務官報》附商業學堂門，繡工科、銀器科、印刷科合併一門，用免繁瑣。

分表四十九宗，因事立表，務求簡要。有以省分爲綱者，如農會、商會、商船公會、礦務商業、訴訟諸表是。有以品類爲綱，仍繫以省分者，如農業、工業、商業、各局廠公司諸表是。有以年分爲綱，仍繫以省名國名者，如礦務議員、商務議員、商務隨員諸表是。有按照奏定章程，分等立表者，如顧問官爵賞商勳、獎勵公司諸表是。有事實較多，分年立表者，如商務分會、公司注册、獨資商業注册、商貨運輸諸表是。

礦務表所列，大都以農工商部覈給探照開照，暨奏咨有案者爲準。其各直省礦政調查局報告各宗，則另編礦政調查表，分現開、未開、已停三項，按照省分次第編列。所有未經具報，如吉林等省，應俟隨後補列。

分表所列事實，均以年月爲次。其以省分爲綱，品類爲綱，年分爲綱諸表，仍於每省每類中，各以年月爲次，表尾均合計一總數，與總表合計各數相符，庶幾總分各表，同條共貫。

農工商部，興辦各局所學堂，除辦事員彙填一總表外，如農事試驗場、高等實業學堂、藝徒學堂、工藝局、繡工科、銀器科、印刷科、勸工陳列所、商務官報局諸處，均分別列表，散隸農工商諸政之內。權衡度量局、商標局籌辦伊始，應俟隨後補列。

總分各表，均按農政、工政、商政分別編列。其職官經費、各局所辦事員等項，亦均另訂專表，俾資考覈。

表中所列事實，悉以農工商部奏准、覈准、批准之公司、局廠、學堂、礦務、農會、商會，暨奏獎商業、斷結訴訟、覈銷工款諸大端爲斷。其餘一切提倡保護咨行各省籌辦之案，概不列入。

統計之要，因事起例。此次編訂各表，均就農工商部歷年檔案，擇要規定其有應增應減、應合應分暨各項未盡事宜，均俟續訂統計表時，察度大概，釐定表式，務期完密，以覘實業進步之機。

《商務官報》宣統二年八月十五日第二一期《中國礦業志》

第一節　石炭

一、萍鄉煤

向者德人黎都芬氏，遊歷中國各省，履查諸礦山，製浩博之報告書，以公諸世，頗惹動外人之注意。自是中國人，亦漸有著手採礦事業者。光緒二十八年二月，先發佈礦業條令。三十一年九月又頒佈礦政調查局章程，以期礦業之發達，然因技術鈍拙，資本缺乏，交通機關，亦未甚完備。凡屬于華人之經營者，其規模殆皆幼穉，鮮有足觀者也。

在直隸省開平礦之外，係華人之自辦者頗多，山東省有中興煤礦公司，該公司之所有產，坊子礦最有名，其產額約達十六萬三千噸，至近年併設煉炭工場。河南省有懷慶府下清化鎮之煤礦，其他安徽、湖南、山西、關東等諸省會皆開採煤礦。現在各省煤礦中，出煤最多且礦質純良者，爲奉天之撫順礦、直隸之開平礦也。而撫順、開平二煤礦，其採礦權利現握在日、英兩國掌中，姑置不論。茲就萍鄉諸礦而述最近所調查之情形。

萍鄉煤礦，在雲居舖之東方，以天滋山爲中心，而跨湖南省，礦區頗廣，礦脈亦大。自張文襄設立礦務總局以來，依舊法採礦者，已著減少。礦務總局以六百萬兩之資本，安置最新式之機械，並敷設鐵路，建築廠舍，以大規模從事採礦。至光緒三十三年，合併大冶鐵鑛及萍鄉煤礦，而改稱漢冶萍煤鐵鑛廠有限公司。盛杏孫宫保嘗爲之總辦，總攝礦務，及至昨年，乃使萍鄉運煤鐵路，獨立經營，礦區廣，煤層薄，全部成五層，長及二米達，短不過半米達。現有橫竪兩坑，各深及三百七十尺餘，採出煤量，各達至四十六萬噸。現在設備，雖未甚完全，尚能得七十萬噸云。本年供給漢陽之鐵政局六萬噸，其他漢陽附近之工場十萬噸，長江航路之汽船十萬噸。又分銷于漢口下流之地方者，亦達三萬噸。煤質太脆弱，當運搬時易成粉碎，最適爲焦炭之原料，故每年消費二十萬噸占焦炭之煉造，以十噸石炭，煉出六噸焦炭，供給鐵政局，年達十萬噸内外。其焦炭因品質頗優，在漢口市場，保一噸九兩五錢之廉價，漸唤起歐美人之需求矣。

二、撫順煤與開平煤及山東煤

撫順煤礦，在奉天之東方，沿渾河延長及五里，煤層以一百八十尺爲最厚，八十尺爲最薄。目下開採者，千金寨三坑，楊伯堡二坑，老虎臺二坑，凡計七坑。採礦機關逐漸完備，能日出二千五百餘噸之純煤。近又計畫二大竪坑之開鑿，已下錐動工，不遠當可告厥竣工。此兩坑完成之時，一坑一日可採得二千五百噸之石炭。茲表列最近三年間之採煤量，及販賣額於左：

年次	採煤總量	南滿鐵路用	尋常販賣額	特約販賣額
年	屯	屯	屯	屯
千九百七	二三五，八五八	一四五，六八八	二六，六三三	二九，九九九
千九百八	四四二，二九〇	二七五，六〇三	一〇五，七九五	五七，七三六
千九百九	七〇六，〇四二	二九九，二八三	二五三，八一五	一六〇，九五一

就此表以觀，撫順煤之產額，比千九百零七年之二十二萬五千餘噸，千九百零八年增二十一萬六千餘噸。至千九百零九年更增二十六萬餘噸之多，南滿鐵道用煤，於千九百七年，約增十三萬噸外，殆無增減。尋常販賣額及特約販賣額，年年增多。特約販賣之額，不料至千九百零九年，一躍而增至十六萬餘噸，其礦業之發達，銷路之開展，于此可見矣。

開平煤礦，係中國新式採礦之嚆失，而際庚子亂後，被英人騙取者。故直隸總督李文忠，于千八百七十六年創興開平礦務局，招聘英人金汔氏，委以礦務一切事宜，一面開唐山、西山、林西之諸坑；又一面開運河，修鐵路，以便運煤之用，可惜此礦際庚子之亂，爲英人所攫，以至於今也。

目下開平各礦山，俱著手竪坑之開，鑒將來其工程完成時，一年可採出二千六百萬噸内外之石炭。然現在採出煤額，止於一百二十萬噸内外，其售路亦未免壅塞，大抵多分銷於中國鐵路、機器局廠及他北洋各地之工場。共向中國諸港輸出之額，共達至三十萬噸以上，考此煤之特質，與萍鄉煤同，頗適於焦炭之原料。夫以十成石炭中，有六七成之焦炭，消費于焦炭之煉造者，其額亦不少矣。

山東煤礦，多出自濰縣、博山、嶧縣三地方，比撫順、開平二礦品質稍劣。濰縣煤礦不但礦脈最爲豐富，且其礦區位在膠濟鐵路之中樞。故運輸極便也，其出煤年額已達至四十餘萬噸。若南阡一坑，乃延長亘七十餘里之大横坑也。博山煤礦亦廣及四十五餘方里，深率二百尺至二百八十尺之大竪坑，煤層有七、八尺之厚，出煤年額約達至五十萬噸。嶧縣有著名中興煤礦公司。濰、博二縣之煤礦，固多屬德人之經營。該公司亦係華、德兩國人之合辦，實權歸德人之手。其資本股株之九成，係德人之所有。此三縣地方之出煤量，凡計有一百六十十二萬七千噸，供給軍艦之燃料外，近又與北德國路透汽船公司及其他二、三商船會社，締訂石炭賣買之契約云。

三、日本煤輸出與中國煤之關係

上海、香港、星架坡三埠，俱屬石炭之集散地，稱東亞三大石炭貿易市場。其消費年額，香港三十萬噸，星架坡七十五萬噸，上海一百萬頓内外，而日本石炭，佔其總額之八成。茲表列最近上海輸入各地石炭之數額於左：

煤種	明治四十三年上半期 屯	明治四十二年下半期 屯	明治四十二年上半期 屯
英炭	八，三三二	二，三○○	九，一四三
濠洲炭	七六六	一，三七七	一，四一七
東京炭	一二，七四四	二，○二五	二，九○二
開平炭	八○，五八一	一○一，五九○	六七，六九七
山東炭	一六，八四八	二一，七○三	一四，六三八
漢口炭	二，一八七	一八，四九四	八，六一六
撫順炭	一二，九七○	一九，八七四	六，四六○
山西河南炭	八，三五三	三○	……
計	一五一，七八一	一七六，三九三	二九，八七三
三池炭	九七，二四九	一○八，一二三	九三，二九五
築豐炭	二一九，一八五	二二○，一九三	一九六，二二六
長崎炭	三八，九九一	四一，五七三	五一，八三二
唐津炭	四三，六九四	三九，四八○	四八，二○九
計	三九九，一二○	四一○，○六九	三八九，五六二
合計	五五○，九○一	五八六，四六二	五○九，四三五

以日本築豐、三池煤之輸入爲最多，開平煤次之。上海市場，殆歸日本煤與開平煤之割據。茲可注意者，撫順煤與萍鄉煤之競争是也。

夫萍鄉煤及撫順煤，與日本煤競争之開幕，一在漢口，又一在韓國。近時漢口之工業異常發達，石炭之消費隨之增進，至見有三十萬頓之需求。築豐之塊煤二等保六兩二錢之高價，萍鄉煤反是，以五兩八錢之廉價而對峙競争。因此日本煤遽減其輸入之數額，對於萍鄉煤之二十五萬頓，不過有二成之輸入。而觀在韓國煤市之狀況，日本煤於千九百零七年有十四萬頓之輸入，千九百零八年有十九萬頓之輸入者，昨年千九百零九年竟減至九萬九千頓，是蓋因與撫順煤競争，優勝劣取之結果也。即自漢口排擠日本煤之萍鄉煤，與在韓國壓迫日本煤之撫順煤。今又於上海，而開競争之端焉。

撫順煤殆無硫磺分，粘結性甚少，燃燒最宜，但運搬多危險，有爆炸之虞。萍鄉煤品質不劣於撫順煤，性質脆弱，故易粉碎，俱各有一長一短。在上海市場，日本杵島塊煤值六兩五錢，撫順煤值七兩。萍鄉煤亦已在漢口市場值五兩八錢，更加以漢滬間之運費及關税，則與撫順煤殆無高下，故一般消費者應歡迎廉價之日本煤。然目今形勢，萍鄉、撫順兩種煤之輸入，益漸增加，日本煤却呈益漸減退之狀，茲表列日本煤最近十年間之輸出額，及其對生産額之比例，以資參考。

年次	輸出額 噸	輸出與生産之比例 成
明治三三	三，三八四，五八九	四，五二
三四	二，九五一，一八六	三，二七
三五	二，九六九，五三九	三，○六
三六	三，四六六，五三九	三，四四
三七	二，九○七，七五○	二，七一

三八	二,五三二,五九四	二,一一九
三九	二,四四五,九七七	一,八八
四○	二,九六八,三九七	二,一五
四一	二,九○九,○六七	一,九六
四二	二,八四四,二七四	一,八八九

此間之輸出，以明治三十三年之三百三十八萬頓，及三十六年之三百四十六萬頓，爲最高額。其對生産額之比例，以上兩年之四成五分二釐，及三成四分四厘爲最高，而漸次減退，以三十九年之二百四十四萬頓二成八分八釐爲最低。茲爲區別輸出方面，並列示輸出數額之增減於左：

	明治四十二年 屯	四十一年 屯	四十年 屯
清國	一,二六九,七八三	一,二五二,八三五	一,二七六,二八一
關東州	二○,七三三	三七,三六一	二七,四一六
韓國	九九,六三七	一九○,三一四	一四四,七一二
香港	九一二,四三八	八五四,○二一	八二四,○三三
印度	五六,六五七	三九,○○四	五二,七二三
海峽殖民地	二三八,八一一	三一三,三五一	二六六,一二九
蘭領印度	四○,○一四	三七,六三四	五五,九八七
佛領印度	二二,二八四	一○,一○四	七五○
露領亞細亞	二五,五二四	二四,八二六	三八,二五八
比律賓	七○,○五三	九,五五三	二,四五○
英國	三五,三二八	二九,九八八	二二,九七九
米國	二八,七七四	五三,六七一	一五○,二五三
墨西哥	九	二五○	二六,五六八
布哇	一五八	二	八○○
其他	二四,○六八	一一,三○二	三三,一五一
計	二八,四四,二七四	二,六六三,一一六	二,九二二,四九○

由此觀之，日本煤之輸出，在滿、韓地方著示減少，在香港、印度、安南、菲律賓羣島稍見增多。近年以來，日本經濟界沈滯不振之影響，致使石炭減縮國內之消費，並壅塞海外之輸出。且向海外輸出之壅塞，致生産過剩，存貨溢滯，而市價暴落。由九州之礦業家一面在國內限制産額，又一面則向海外開拓銷路，岌岌不止。因至本年，漸恢復石炭之價格，海外銷場，亦復見起色。如是東亞石炭之商戰，漸次變遷。今之上海，爲激烈競争之舞臺。現在之生産費，一圓九角一仙八釐之撫順煤，據南滿鐵道會社之所定十年計畫撫順煤礦自日俄戰後由南滿鐵道會社經營，當不遠見其縮減生産費於一圓二角五錢，加以低廉之運費，於輸運經濟上，比日本內地煤，占一層優勝之地位。故他日採礦愈盛，出煤益增，必驅逐日本煤於大陸各市場之外。又生産費一兩六錢五分之萍鄉煤，亦以於地理上與運輸經濟上，有卓絶優勝之勢力，將不遠可冀雄飛于大陸諸市場，則在上海日本煤之勢力將來必一敗塗地。如是而競争之舞台，益當擴其範圍，而遷于香港，再轉于星架坡又加一層激烈之競争矣。

第二節　鐵礦及其他雜礦

一、大冶鐵礦

中國鐵礦，其豐富亞於煤礦，大江南北到處開採。鄂省之興國、武昌、大冶，贛省之萬載、進賢、德化，豫省之信陽，晉省之澤州、平定，皆産鐵礦。在其他各省，亦皆有之。現今最有名者，則大冶鐵山也。

自吳淞溯長江，約五百里，漢口下流七十九里之南岸，地名曰石灰窑，距此十八里之內地，有蜿蜒數十里之山脈，鐵礦之外，出産滿俺、石灰、石炭、苦灰等雜礦，普稱之爲大冶鐵礦山。張文襄總督兩湖時，計畫中原鐵路之敷設，因考古史，而定大冶有鐵礦，使德國之礦師，實地踏查，果發見鐵礦。光緒十六年遂着手開採，二十一年創設鐵政局於漢陽，一切經管悉委諸盛宫保。先是由德國礦師發見鐵渣，德國政府不禁垂涎，因要求採礦權利，文襄不許以他條件，撤回其要求，即大冶鐵路自石灰窑至獅子山及鐵礦山延長二十五里之線路，以建設資費六百萬兩，用德國礦師包辦敷設，而枕木悉成由鐵材。該鐵路之輸送力，年計六十萬頓，貨車每一輛搭載鐵渣十頓，乃至十二頓，一日輸運八回，每一回累帶十二輛，年輸送三十五萬頓內外，悉由石灰窑附諸船運。其輸出于日本若松製鐵所者，宣統元年約達至十萬頓，本年更可及十二萬噸。又漢陽鐵政局，昨年用九萬頓，本年則可用十二萬頓云。

此大冶鐵礦，曾與日本政府，訂鐵渣賣買之契約，即以光緒二十五年盛宫保與日本政府之協定：（一）定契約之期限爲十五年間，（二）定賣買年額爲五萬頓，（三）定賣買價格爲一頓二圓四角，（四）訂每二年變更價格之契約。至三十二年，向日本政府借入三百萬圓之款，同時變更契約：(一)定賣買價格爲一頓三圓，(二)每十年變更價額，(三)賣買年額爲六萬頓以上，如是大冶鐵鑛年年輸出六萬頓以上於日本，以供其兵器製造之原料也。要之大冶鐵山，鑛脈豐富，堪稱無盡藏之寶庫。且採取甚易，含有鐵分，及六成七分餘，或謂一年採取百萬頓之鉅額，尚可保七百年之長久，良可驚歎也。

二、漢陽鐵政局

初由張文襄支出官款五百萬圓，專屬于官辦。光緒二十一年，改爲官督商辦而委諸盛宫保，對於官府所支出之官資，定以鐵一頓銀一兩之計算，次第償還。因與漢冶萍煤鐵礦廠有限公司之設立同時，由民間招集五百萬圓之股份，前年更增資二百十萬圓。現在之資本額，共達至一千零十餘萬圓。兹將向據礦師之報告資本評價額列如左：

	兩
漢陽鐵政局	一二，二七〇，〇〇〇
大冶鐵礦廠	一一，三〇〇，〇〇〇
萍鄉煤礦廠	一五，五〇〇，〇〇〇
棧橋汽船	一，七五〇，〇〇〇
楊子江公司株金	五〇〇，〇〇〇
計	四〇，八七〇，〇〇〇

備考：流動資金及各種物品材料不在此内

又該廠之製鐵工程率，合新溶爐一座、舊溶爐二座，一日約製造四百五十頓之銑鐵；合新反射爐四座、舊反射爐一座，一日約製二百五十頓之鋼鐵。又由此鋼鐵，年鑄造五萬頓内外之鋼貨。

因近時各地陸續敷設鐵路之故，鐵貨之需用激增。又因向美國輸出之增進，漢陽之鐵貨至益廣其售銷之區域。今諸國所有鐵路延長，雖已達二千八百里，目下屬于工事中者及屬于敷設計畫者極多，橋樑車輛不算外，鋼鐵之需要尚及五千萬頓。將來益當增加，現向美國輸出之漢鐵，年達二三萬頓，將來益當增加，可至與歐洲之鐵争衡於北美市場也。

三、金銀銅銻

中國各省，殆皆有金、銀、銅、錫諸種之鑛物，其數不遑枚舉，大抵多依舊式之土工而採掘者也。夫金之産也，以滿洲爲第一，吉林、黑龍江兩省之金鑛，不唯其産額豐富，金質亦極純良也。若夫漠河金鑛，尤北滿金鑛之巨擘，嗆炙人口者久矣。其他山東半島之山岳，四川之成都、建甯等地，亦皆産金，且在四川之邊地，藉資金于喇嘛，而從事採金者多。又廣西、雲南諸地，亦皆産沙金也。

銀鑛之産地，以四川盧山，廣西之貴縣、賀縣，滿洲之吉林等處爲最。銅鑛則以湖南省常甯之産爲第一，其他各地亦有之，未有足觀者。銻之一鑛，乃湘省唯一之鑛産，已年年輸出鉅額於海外矣。其輸出年額，有十萬餘擔，其價額約達至二十三萬兩内外。目下長沙製銻廠悉屬商辦，因有三大窒礙：(一)官吏之束縛，(二)技術之拙劣，(三)資金之缺乏。雖未至□期發達，亦可得數中國鑛業之一。兹表列長沙府下製銻廠之資金額，及製鑛額於左：

公司名	資本金 兩	製煉額 噸
萃昌	六〇〇，〇〇〇	(純)五
誠住		(粗)二
保利	二〇，〇〇〇	(粗)六
大成	五〇，〇〇〇	(粗)一〇
湘裕	四〇，〇〇〇	(粗)六

備考：純者精煉之銻，粗者粗煉之銻，誠住公司不記資金之數者，蓋以其爲漢口嘉利洋行之支店也，製銻數額則一日之産額也。

湘省内地出亞鉛、滿俺、石灰麻石諸種之礦産。若石膏一礦，産額甚巨，可與銻亞並數，爲長江沿岸所輸出礦物之一。其輸出於日本者，頗達鉅額，年達十餘萬圓。蓋此石膏最適於白硫酸石灰製紙陶型之製造，故需求益增也。

《商務官報》宣統二年九月初五日第二三期《論中國紡績業》 第一節

内外綿絲比較

一、外國綿絲之輸入

上海開港後，外國綿絲之輸入中國，實以英國棉絲爲最先。一千八百五十九年，英國棉絲首先有十一袋之輸入，後來輸入逐漸增加。一千八百八十五年，有印度棉絲之輸入，竟壓倒英國絲，而擴大銷路。一千八百九十年，又有日本棉絲之輸入，於是最稱良質之英國絲，首爲廉價之印度絲所驅逐，更被日本絲侵奪售路。至甲午以後，復有中國棉絲之出現，自是英國絲之於中國市場，遂失其勢力矣。

甲午及庚子之影響，致減退外國棉絲之輸入。其後以長江一帶地方，農物豐作，又著甚增進棉絲之需用，且日本内地紡績事業勃興，日本絲之輸入，漸能凌駕印度絲。中國紡績業，以上海爲中心點，從此漸多，其後中外人所營紡績工場，陸續創立，邇來一盛一衰，紡績事業之興廢固所難免，近年始稍就整頓。茲將最近四年間上海輸入外國棉絲數量，表示於左，以資參考。

	一九〇六年	一九〇七年	一九〇八年	一九〇九年
	擔	擔	擔	擔
奥大利	……	……	二一	……
英國	二一,九三八	一七,八一一	一七,三一三	一三,一七一
香港	二,九九七	九,一二三	一一,四二九	八,六三四
印度	一,二〇三,六二八	九七四,五四二	七三三,一八七	一,〇九〇,一八七
意大利	一二	五二四	……	……
日本	四〇五,九四六	三六一,八三九	二三一,五〇八	四三八,一九六
合計	一,六三四,五二一	一,二六三,八三八	九八三,四五八	一,五五〇,一八八

英國絲之極盛，自一八八五年至一八九四年間，其中一八八八年，實輸入六萬五千六百二十八擔之多，嗣受印日棉絲之壓迫，一九〇六年，遽減至二萬一千九百三十八擔，至於昨年（一千九百〇九年）更減至一萬三千一百七十一擔。而一九〇二年輸入一百三十萬九千餘擔，一九〇三年輸入一百二十萬四千餘擔之印度絲。雖見有多少之減額，尚能一九〇六年輸入一百二十萬餘擔，一九〇九年輸入一百九萬餘擔。日本絲則漸增其輸入數量，昨年至佔全輸入之三成五分云。

二、内地紡績業之發達

中國内地，無論何處，無處不産棉花。然其産地之最著名，爲上海浦東、崇明島、通州、九江、漢口、甯波等處也。此等地方之棉花，從前不過爲土絲之原料。近年以來，則竟爲機械綿絲之原料，而栽培益盛矣。中國紡績家乃起而用新式機械，取内地棉花以爲原料，所造出機械絲，遂得與外人争衡。邇來中國紡績業，以上海爲中心，漸臻發達。至於今日江漢各地，紡績工場，森然林立，大有可觀。茲將各地所有紡績户數及其錘數，表示於左：

名稱	地名	錘數
怡和	上海	七二,三五四
老公茂	同	三〇,五四八
瑞記	同	四〇,〇〇〇
萃盛	同	五五,五二〇
又新	同	六五,〇〇〇
上海	同	四五,八七二
華新	同	一五,五七六
祐源	同	二八,〇〇〇
祐通	同	一二,〇〇〇
振華	同	一一,六四八
公益	同	二五,〇〇〇
九成	同	一〇,〇〇〇
朱	同	一一,二〇〇
鴻源	同	四〇,〇〇〇
内外	同	二〇,〇〇〇
通久	甯波	一七,〇〇〇
和豐	同	一一,〇〇〇
湖北	漢口	九〇,〇〇〇
織布局官沙局	武昌	八〇,〇〇〇
蘇綸	蘇州	二五,〇〇〇
業勤	無錫	一二,五〇〇
振新	同	一〇,一九二
通益公	杭州	一五,〇〇〇
通惠生	肅州	一〇,〇〇〇
大生	通州	四〇,〇〇〇
大生	……	二六,〇〇〇
太倉	……	一二,二〇〇
……	……	一五,〇〇〇
承德府	天津	二五,〇〇〇
……	香港	五五,六三二
裕泰	常熟	一〇,〇〇〇

合計	……	九四七,二四二

右列中國內地計達三十一户(公司),九十四萬七千二百四十二錘,其中上海一縣最佔多數,其紡績錘數殆佔全錘數之半數云。茲查各埠輸入內地綿絲之狀況大略如左:

地名	一九〇六年 擔	一九〇七年 擔	一九〇八年 擔	一九〇九年 擔
杭州	三	八一〇	一五,〇〇六	五,七七八
漢口	一五		一三九	二二〇
寧波	一五〇	五一八	一五,一六八	三四,八七六
上海	……	七七	三〇	三
蘇寄	……	……	……	一,一一九
合訂	一六八	一,四〇五,	三〇,三四三	四一,九九六

諸內地所產華絲之輸入,寧波最佔多數,杭州次之。內地所產華絲之大部分雖輸入于寧波,然悉屬上海絲,與之競争者乃印度絲及日本絲。至於近年上海絲益增其產額,抵制外國絲之輸入。茲更對照內地綿絲之輸出量,以考中國紡績業之消長。

	一九〇六年 擔	一九〇七年 擔	一九〇八年 擔	一九〇九年 擔
杭州	三	三七五	一四,四五〇	六,六二三
漢口	……	九	一三二	二一
寗波	一五〇	五一八	一三,二〇三	三五,二七六
上海	八五,二一二	一八六,三一五	三五〇,九八八	三八二,五二七
蘇州	……	九三	……	六〇九
合計	八五,三六五	一八五,三二〇	三七八,七七三	四二五,〇五六

蓋內地綿絲,徵有一種苛税(所謂輸出税),故不便輸出於外埠,大抵多充作本地之需用耳。然獨上海絲,堪與外國絲競争,輸出頗盛。若使華絲業免此苛税,則不唯上海絲。凡內地綿絲,皆可輸出於外埠,而堪與外國絲争衡也。

三、內外綿絲之品質

觀內外綿絲之售路,日本絲於長江一帶,及大河以北地方,販路較廣。其在湘、鄂地方,自甲午後,日本絲殆尤佔售路。印度絲於滇、蜀地方,售路較廣。上海絲以江蘇省爲根基,漸擴張販路。至於英國絲,只被用於裝飾品及絹織物,售路不廣也。

英國絲,大抵多三十碼、三十二碼之細絲,而光澤彈力俱比他絲優,品質最良,價格亦貴。印度絲,惟十碼、二十碼之粗絲,光澤品質俱不見嘉,但價格極廉。至於中國華絲,色澤皓白,十四碼及十六碼者售路最廣,其品質比日本絲稍下,比印度絲稍優。而日本綿絲十六碼及二十碼細絲之輸入爲最多,蓋日本絲巧用美棉、華棉、印棉各棉種花爲原料。其所謂混棉之法,極得其宜,彈力强,光澤富,類節亦少,比英國絲價格低廉,故在中國市場最被歡迎也。

第二節 在中國印度綿絲

一、印度紡績與中國之關係

印度以紡績聞名於世久矣,全球紡績界除英、美二國,則印度紡績可居首位。其紡績錘數一九〇八年達五百四十萬錘,有中國之八倍、日本之三倍。茲查最近六年間,印度紡績錘數大略如左:

一九〇四年 錘	一九〇五年 錘	一九〇六年 錘	一九〇七年 錘	一九〇八年 錘	一九〇九年 錘
五,一一八,一二一	五,一六三,四八六	五,二九三,八三四	五,三三三,二七五	五,四〇〇,〇〇〇	六,〇五三,二三一

即以一九〇四年比之一九〇九年,則增加九十三萬餘錘之多。然其向中國輸出貿易,受日本絲及中國絲之壓迫,近來漸就衰減,到處存貨,皆見滯不振之狀。茲表列最近十年間印度綿絲,向上海香港輸出,及在該港存貨數額於左:

年次	輸出 袋	存貨 袋	年次	輸出 袋	存貨 袋
一九〇〇	二四六	三五六	一九〇五	六四八	五五三
一九〇一	五五三	四八四	一九〇六	六〇七	五二〇
一九〇二	五五五	五六三	一九〇七	四一九	六〇〇
一九〇三	六一六	六〇七	一九〇八	四三七	五一四
一九〇四	四七〇	四七九	一九〇九	五一〇	四七七

紐約綿市之恐慌,致大影響於世界紡績市場。加以長江一帶地方之兇作,

一九〇七年及一九〇八年，此兩年中印度紡績，極沈衰之時也。其輸出之增額，以一九〇三年之六十一萬六千袋爲最高額，其後漸次衰減，一九〇五年以來，存貨尤爲溢滯。但一九〇七年、一九〇八年兩年中，因輸出減額，反於其販賣上，稍呈好景況。至一九〇九年，絲價騰貴，竟致阻礙售路之發達矣。

孟買紡績聯合會長藍智氏於紡績聯合會中，謂印度紡績界之沈衰，原因由於生産過多與原棉騰貴，深戒同業者，毋復眩惑於中國貿易云。

二、細綿絲之輸出

日本綿絲向中國輸出者，十六碼最多，二十碼次之。至於十四碼、二十八碼、三十碼，其數甚少。印度絲十碼之輸出最多，二十碼亞之，十二碼、十四碼、十六碼之大絲，亦尚有少額之輸出。夫中國華絲，亦與印度絲同爲十二碼、十四碼、十六碼、二十碼之大絲，印度絲於中國市場，殆不受中國絲之壓迫也。然印度絲光澤彈力俱劣於華絲，且其原棉之纖維過於粗大，故不適於紡出細絲。而印度絲與華絲之競爭，一固由於絲價之低昂，而決定商戰之勝敗，尚不在是。蓋近時中國紡績家，不但以華棉爲原料，尚能混用印度棉，而紡出廉價之精絲。故粗大之印度絲於中國市場，爲華絲所驅逐，加以印度棉花之消費，漸壅塞海外輸出之途，而益增國内需用之額，遂至失需給兩者之均衡，而見綿絲産額之餘剩。兹列示近年印度棉花之需給，及國内消費之狀況於左：

	一九〇四五年	一九〇五六年	一九〇六七年	一九〇七八年
需給關係	二,九五三,七二〇	二,九八三,三七〇	三,五四五,〇八六	二,五〇〇,〇〇〇
國内消費	一,四七三,三二七	一,五八六,四二四	一,五五二,四五三	一,五〇〇,〇〇〇
餘剩	一,四七八,三九三	一,三九六,九四六	一,九九二,六三三	一,〇〇〇,〇〇〇

即棉花需給之關係，概不見其變動。然國内之消費額，伴于紡績錘數之增加，著示增加之勢。至於海外輸出，即以向歐美及日本輸出而言，則已見逐年減退之狀矣。而國内消費之棉花，因海外綿絲貿易之不振，紡成綿絲，至停滯於國内及海外市場，織成綿布，亦堆積於國内。兹將最近三年間印度綿布之生産額，與其輸出額，對照比較於左：

	一九〇七八年 碼	一九〇八九年 碼	一九〇九一〇年 碼
生産額	七四六,七二四,五六九	七五四,七三五,五二三	八八八,六三八,三三二
輸出額	六七,九四〇,五五〇	六九,九八一,九二六	八五,二二七,五八三

綿布之輸出，不伴乎其生産之增加，生産餘剩，停滯于國内。蓋可謂紡績界沈衰不振之一原因。凡業此者，類皆悲觀綿布貿易之前途，頗思講求挽救之策，於是印度紡績界，發現一大問題，爲諸紡績家所研究不怠者，即細絲之紡績是也。近年印度紡績家，欲振興綿絲貿易，提倡棉業之改良，獎勵細絲之紡績，果能不求原料于外國，而獲得三十碼經絲、四十碼緯絲之原棉于自國之内耶？此即疑問之一也。縱使栽培得宜，而獲得細絲之原棉，能紡出細絲，又求其銷路於何方耶？此則疑問之二也。若以爲售銷于中國者，於品質之上，能得與英國絲競争歟？於價格之上，能得敵日本絲之低廉歟？此則疑問之三也。由此觀之，印度細絲之前途，誠不免有疑慮焉。

第三節　中國紡績工業

一、華人之能力

論中國工業之前途者，必以華人之企業能力有無爲斷，或者樂觀，或者悲觀，意見所歸，因人各異。惟中國實業界值甲午後，一時頗有企業之熱。嗣因受内地兇荒之影響，遽歸冷寂，及臻近頃，漸見復熾。然紡績事業纔就整理之見端，經營基礎尚極薄弱，殆難卜其前途。故華人之於工業，觀有無科學的能力，吾不能斷言也。

其運用資本之情形，不問屬於個人經營與屬於股分組織，嚴秘資本金之實數，而不劃明資本金與融通之區别。將損益計算，附諸等閒，且其當事者，只圖私利而不顧公益。因不得鞏固基本之實，而陷於破産之慘境者，比比皆是。是實由於法規之不備，與知識之缺乏也。而中國工業之不發達，殆職是之故矣。然目今上海、漢口及其他各地，華人所營紡績工場，組織完全，規模宏大，殆有不讓于外人者，實爲不少。徵此事實，可知華人不乏企業之能力也。次就技術上之能力及勞動上之能力觀之，雖比外國人有多少劣點，然決不可謂之無能力也。但因教育程度太低，在上當支配之任者與在下當勞動之役者，俱不解工業所以組織之本義，唯汲汲于充其私慾，而不顧公利，此華人所以易陷於舞弊，而中國工業所以不振也。

二、紡績原料

中國内地，到處皆產棉花。今者水陸之便漸開，棉花之集散大易於昔日。然中國之紡績家，就購買棉花一事，殆等閒視之，不拘何時常迫於目前之必要而購買之；其購買之量又以目前之用爲限，不敢預買多量，以備後用。雖新棉出市，舊棉落價之時，苟已有若干存棉，不迫於急用，則不多買之。一旦存棉已盡，至迫于急用時，方忙迫而購買。其故由于資本不敷，而融通不便也。是資本之不給，金融之不通，可謂之中國紡績界之遺憾。至於邇年，印度棉花之於中國，頗增進其消費程度，蓋由於中國紡績家混棉法之實行，此足見華人已有混棉技術之進步矣。

夫細絲紡績之一事，今世界之新趨向。就英國及日本觀，於細絲紡績之上，有三大關係：(一)原棉供給之關係，(二)混棉技術之關係，(三)氣候風土之關係是也。英日以有此關係，佔優勝之地位，固其可也。至於原棉供給之關係，尚不若中國之爲便也。蓋中國土地肥沃，物産豐富，若細絲原棉固出自國内，混棉技術亦次第有進，將來細絲紡績之發達，可翹足而待，又況其勞動人力之富爲天下之冠乎。由此觀之，中國紡績業之前途，有斯厚望，則華人紡出之細絲獨支配大陸市場，而驅逐洋絲于國外之時期，必不在遠矣。

紀事

農工商部統計處《農工商部統計表》第一册《農工商部奏編成第一次統計表册摺》 農工商部謹奏爲遵旨設立統計處，編成第一次農工商統計表册，恭摺具陳，仰祈聖鑒事。光緒三十三年九月十六日，内閣奉上諭：朕欽奉慈禧端佑康頤昭豫莊誠壽恭欽獻崇熙皇太后懿旨，本日憲政編查館奏請，飭各省設立調查局，各部院設立統計處各摺片，統計一項宜由各部院先總其成，著各部院設立統計處，由該管堂官派定專員，照該館所定表式，詳細臚列，按期咨報，以備刊成統計年鑑之用等因，欽此。欽遵鈔出，並准憲政編查館咨行到部。竊維統計一項綱維庶政，就歲會月要之中，籌酌盈劑虛之計，關係至爲重要。臣部職司農工商諸政，爲全國實業總匯之區，利導整齊，尤以統計爲扼要辦法。上年欽奉諭旨，遵即設立統計處；遂派司員，按照臣部職掌事宜，悉心規畫，釐訂各項表式，彙送憲政編查館，覈定咨復。當由臣等督飭該司員等，昕夕趕辦綜覈各司卷宗，自光緒二十九年七月臣部開辦之日起，至三十三年十二月止，所有歷辦各項要政，約分農、工、商三大綱，酌定子目，如式填列年經月緯，比事屬辭，立總表以挈綱要，訂分表以紀事實。因事起例，詳晰臚陳。臣等伏查臣部開辦之初，首以集合商會、提倡公司爲整理商政之基礎，刱訂公司律、商會簡章、公司注册章程，奏准頒行，俾資遵守。而猶慮商情之未盡鼓舞也，先後釐訂爵賞商勳、獎勵公司等第以示獎勸，遴派顧問官、商務議員、商務隨員以資聯絡。比年以來，統計各直省暨外洋各埠，設立商務總會四十四處，商務分會一百三十五處。其農、工、商各項局廠公司之呈部注册者，集股合貲一百七十八家，獨貲三十七家；呈部立案者，集股合貲、獨貲一百四十家，分年立表，遞有增加，足見風氣日開，漸有起色。自三十二年九月，奉旨改爲農工商部，遵將河工、水利、船政、覈銷諸政，逐項列入。三十三年九月間，奏定農會章程，通飭興辦，餘如農業學堂、農事試驗場、農業各局廠公司之報部立案者，亦均擇要編列，農政權輿，已可概見工政項下。除臣部原辦之鐵路、電報、輪船劃歸郵傳部辦理，不再列表外，以礦務爲大宗，迭經臣部奏定礦務章程，遴派礦務議員，奏設礦政調查局，廣闢利源，嚴杜流弊。統計各直省礦務報部覈准給照者一百十處，其未經給照，而由礦政調查局報告到部者，現開之礦四百十處，未開之礦三百八處，已停之礦二百二十處，以及工業各局廠公司之報部立案者，罔不條舉件繫，按表可稽。至臣部綜理實業，爲中外觀聽所繫，歷經奏辦農事試驗場、工藝局、高等實業學堂、藝徒學堂，建首善於京師，示通國之模範。各立專表，俾稽成績統計。農工商三項，得總表四分表四十有九，而臣部職官經費，各局所辦事員，亦各另立一表，以備考覈，業已編校完竣，一律告成。謹彙裝六册，恭呈御覽。其各直省未經報部之農工商事宜，業由臣部釐訂表式，通飭調查，應俟報告到時，陸續彙齊填報，總期綱舉目張，實事求是，以仰副朝廷振興實業、纂輯政要之至意。除將表册副本咨送憲政編查館備案外，所有遵設統計處編成第一次農工商統計表册緣由，謹恭摺具陳。伏乞皇太后，皇上聖鑒，謹奏。光緒三十四年九月初四日具奏，奉旨：知道了，册留覽，欽此。

《申報》宣統元年五月十三日第四版《物産事務所開調查員會議蘇州》 蘇垣商務總會附設之物産會事務所，前請各團體推舉調查員擔任調查。各種物品現因陸續推齊，特於日昨在商會開調查員會議，到會者約五十餘人，先由蔣君韶九説明研究調查物産之大略及其方法。又謂商人目光不遠，往往僅知目前小利，如希望陳賽時之免税銷售之利益，不知勸業會將來之大利。調查員問陳賽各品有賣品、非賣品之别，究竟如何區别及陳賽之規則若何。倪協理答：以此事須請示物産會監督，至陳列規則當由商會派各該業到彼照料，臨時酌定。李君敏齋謂陳賽之品，因南洋勸業會限制物品，於場内恐難銷售。惟當將物品指引在何處出售，請陳賽者注明住址。黄君嘉雄云：今日不在研究物品之銷售，注意擔任分類調查爲要。當經李君宣佈調查物品表，請各業分别擔任。陳得時請該所函致各業代表，紹介調查員到該業調查。末由倪協理云：各屬物産會通用細則内之第十條出産一項，請印送各調查員，查照辦理。議畢散會。

《申報》宣統元年五月二十一日第四版《岳州飭辦商業表册之現象湖南》 岳州府魏太守，以現在商業亟須聯絡貫通，隨時整頓，爰特札行商會總董左紳金壽，飭將本城各商及外幫各籍店主與執事人等姓名，一律注明商册並列表，呈覈左紳。奉札後，遵即照辦，詎商業中人不免誤會以爲無端注册，必係按户抽捐等事類，皆觀望不前。隨經該紳傳集到會，詳細説明，羣疑始釋。

《申報》宣統元年八月二十九日第三版《札飭調查度量權衡各器蘇州》 蘇垣農工商局商部議員張觀察因前奉農工商部來文，以本部籌辦劃一度量權衡事宜，現在購機設廠開工伊邇，所有各省省會商埠及商務繁盛地方，向來民間習用之度量權衡各器，係用何種材料製造，其材料産自何處，價值若干以及每年製成銷售之數各若干、各器價值若干，此項鋪户共有幾家，均應調查，以資參考。合將刊定調查表式，札發該議員，遵照將發去表式，分别轉發省城、府城商埠及商務繁盛地方各國會，按照上開各節，詳確調查，逐一填注，克日申送報部，以憑考覈等情，當經張觀察照請商會查照辦理，移送過局，以憑詳報。

《申報》宣統元年九月十三日第四版《札飭報告商品出入數目商務衰旺情形浙江》 農工商部札飭勸業道董李友觀察，略云：本部前奏本年籌備事宜一摺，奉旨：依議，欽此。當經□奏，連同清單通行飭遵在案。查單開第二年通飭各省調查商品出入大概數目，商務衰旺大概情形，編成報告等語。良以貨物貴賤之徵，□於需求供給之故，明乎盈虚消長之理，乃有整齊利導之規，此中消息甚微，而關繫至鉅。本部前訂商會章程第八款，凡商務盛衰之故、進出口多寡之理，應按年列表彙報，以備考覈。又奏定勸業道官制細則，亦有統計報告及各廳州縣每届年終將所辦實業製成表册申報等因。現在各海關道，仍援舊例，每年編成貿易册，於進出口土貨價目及税款比較，載明刊行。其餘各省土貨，亦有造册報部者，惟體例各有參差，即期限未能劃一。兹因憲政之籌備，力求實業之振興，此項報告，本年須將大概數目情形，由地方官或商務總分會，各就所在商埠調查進出口洋土貨總目，比照上年較衰較旺各商品，及其理由彙呈，由勸業道或辦理商政人員編成報告，限此次文到三個月内，一律呈送到部。其詳細數目，仍按照分年籌備，按續辦理，合行札飭該道等，務即遵期呈部，勿得延誤。

圖表

《申報》光緒十年十二月二十一日《十二月二十日》

	原價
招商局新股，三十八兩。	一百兩
仁和保險，廿二兩。	五十兩
濟和保險，廿二兩。	五十兩
平泉銅礦，十六兩。	百零五
開平煤礦，卅五兩五。	一百兩
自來水老股，廿九磅。	二十磅
電氣燈，十兩。	一百兩
賽蘭格點銅，十一元。	一百元
公平繅絲。	一百兩
鶴峯銅礦。	一百兩
中國玻璃粉。	一百兩
牛奶，廿四元。	一百元
旗昌棧碼頭，五十二兩五。	一百兩
叭喇糖公司，十七兩。	五十兩

上海保險公司，十六兩。　五十兩
駁船公司，四十兩。　一百兩
金州煤鐵礦，五十五兩。　一百兩
池州煤礦，六兩二五。　廿五兩
沙沓開地公司，十兩零七五。　卅二兩
施宜銅礦，三十六兩。　一百兩
承德三山銀礦，六兩。　廿五兩
白土河銀礦，八元。　七十五
貴池煤鐵礦，十五兩七五。　廿五兩
火車糖，五十元。　一百元
煙台繅絲，五十兩。　二百五

《申報》光緒三十一年三月初一日第三版《商部調查新疆各礦表京師》

塔爾巴哈台喀國圖山金廠
公司名目：寶新公司
坐落某屬：屬伊塔道塔城
距治方向里數：喀圖山在塔城廳東南五百里
四至界限：戈壁荒遠均係官地未分界限
占地若干方里：地勢寬衍難以逆計
官民地若干畝：概係官地無須丈量畝數
礦綫道幾處：現時喀圖山礦壞甚多，俟該處礦壞研畢，再行覓遷
礦質若何：專辦沙金
官商辦姓名：新疆候補縣丞施再萌
何時山何衙門奉開：光緒廿九年山新疆巡撫委員試辦
礦師何人：現尚未請礦師均土人沿習
用何法開採：購用俄國機器
官款幾何：俸股銀二萬兩
華洋股幾何：均係華股
每股銀數股息若干：每股集銀一百兩周年息四釐
借款幾何：無借款
息金幾何：無借款即無息金
餘利分法：開辦之初需用浩繁，通盤計算，有絀無贏
報効成數：出金不旺入難敷出無從報効
有無自備輪船：鐵路：均無

《商務官報》光緒三十三年十一月二十五日第三一期《京師勸工陳列所第一次貨品表》天産門

礦産	數目	産地	製造人處	價值
紫石質		山東博山縣		
鐵礦質		山東新城縣		
鐵砂	一罐	安徽太湖縣		
鐵砂	一匣	安徽舒城縣		
鐵砂	一簍	安徽霍山縣		
礦質	一匣	安徽宿州		
礦質	一匣	安徽銅陵縣		
煤礦質	一簍	安徽東流縣		
磁土	一匣	安徽祁門縣		
石礬	二方	安徽靈壁縣		
明礬	一瓶	安徽廬江縣		
鐵礦		江南六合縣		
銀礦		江南冶山		
紅砂土		江南六合縣		
煤炭		江南銅山縣		
鐵礦	二塊	仝上		
吸鐵石		仝上		
土硝		仝上		

（續表）

礦産	數目	産地	製造人處	價值
白泥土	一匣	江南徐州府蕭縣		
玻璃砂	一瓶	江南徐州府宿遷縣		
水晶		江南海州		
紫晶		仝上		
千層石	一塊	仝上		
鐵砂		湖北大冶縣		
白石塊煤		仝上		
自然銅		湖北安陸縣		
銅樣		湖北竹山縣		
銅礦		湖北鶴峰州		
錬銅		湖北建始縣		
硫礦		湖北宜城縣		
土硝				
天然銅板	一小塊	四川建屬	强水公司伊尊三製	
天然銅礦	一小塊	仝上		
銻	一小塊	四川天全州		
天生礬	一小塊	四川會理州		
炭精	一塊			
鐵礦		廣西白山寺		
銅礦		廣西獨州		
晶礦		廣西陵雲縣		

（續表）

礦産	數目	産地	製造人處	價值
鐵礦		廣西七都		
煤礦		廣西大嶺山		
錫礦		廣西箭豬窿		
錫礦		廣西茶涌		
銀礦		廣西多寶山		
銀礦		廣西浮石墟		
白泥		廣西北流縣		
藍泥		廣西鬱林州		
錫礦		廣西低陽甲		
金沙		廣西北流縣		
鐵礦		仝上		
煤礦		廣西塘表村		
硫磺礦		廣西羅城縣		
金礦		廣西上林縣太明山		
煤礦		廣西百色廳		
鉛礦		廣西黄花龍		
銀礦		廣西三叉山		
銻礦		廣西下甲山		
錫礦		廣西六峒		
錫礦		廣西長坡		
錫礦		廣西芒場		

（續表）

礦產	數目	產地	製造人處	價值
錫礦		廣西灰羅		
錫礦		廣西龍頭		
錫礦		廣西巴梨		
錫礦		廣西元馬		
銀礦		廣西挂紅廠		
銀礦		廣西南丹土州		
鉛礦		廣西天河縣古邦材		
鉛礦		廣西天河縣坡塘山		
黑鉛樣砂		湖南		
白鉛樣砂		仝上		
揀尾樣砂		仝上		
硫礦		仝上		
樣鉛		湖南常寧		
樣鉛		湖南臨湘		
樣鉛		湖南麻陽		
樣鉛		湖南郴州		
樣鉛		湖南安化		
生金		湖南平江		
樣金		湖南辰州		
樣金		湖南沅陵		
焦炭		湖南		

（續表）

礦產	數目	產地	製造人處	價值
煤質		吉林泥球溝		
煤質		吉林弦子溝		
鐵砂		吉林大猪圈		
鉍質		吉林大尖山		
白金礦		吉林陽河		
銀礦		奉天臨江葦沙河銀子溝		
金礦		奉天輯安小蚊溝		
銀礦		奉天輯安凉水泉		
金礦		奉天輯安長岡		
炸礦		奉天輯安大陽岔		
煤礦		奉天懷仁石灰窑		
石棉礦		奉天懷仁夾道子石		
煤礦		奉天懷仁蒲萄架嶺		
煤礦		奉天臨江三子		
金礦		奉天輯安黎樹溝		
金礦		奉天輯安旂杆頂子		
銀礦		奉天通花小廟兒溝		
沙金礦		奉天通化大廟兒溝		
金礦		奉天臨江三道溝		
金礦		奉天輯安小葦沙河		
銀礦		奉天輯安下羊魚頭		

（續表）

礦産	數目	産地	製造人處	價值
鉛礦		奉天輯安上羊魚頭		
銅礦		奉天臨江三道北岔		
鐵礦		奉天臨江粟子溝		
鉛礦		直隸獨石口廳桃樹底下村		
銀礦苗		直隸獨石口永寧堡		
銀鉛礦	二色	直隸獨石口廳桃樹底下村		
玻璃沙		直隸西甘也石窩		
樣銅		湖南常寧		
樣銅		湖南桂陽		
樣銅		湖南清泉		
樣銅		湖南沅陵		
銻砂		湖南		
生銻		仝上		
樣銻		湖南沅陵		
樣銻		湖南蓋陽		
樣銻		湖南安化		
樣銻		湖南邵陽		
樣銻		湖南芷江		
銅礦		湖北建始縣石板溪		
銅礦		湖北建始縣銅廠坡		
銅礦		湖北建始縣馬路山		

（續表）

礦産	數目	産地	製造人處	價值
銅礦		湖北竹山縣鄧家台		
銅礦		湖北竹山縣四柯樹		
鐵礦		湖北大冶縣獅子山		
鐵礦		湖北大冶縣野鷄平		
鐵礦		湖北大冶縣大石門		
鐵礦		湖北大冶縣鐵門坎		
鐵礦		湖北武昌縣馬鞍山		
鐵礦		湖北武昌縣銀山頭		
白金苗		吉林南山		
金苗		吉林夾皮溝		
銅銀砂		吉林石咀子		
鉛砂		吉林呼隆川		
銅砂		吉林富泰河		
鐵苗		吉林牛頭山		

《商務官報》光緒三十四年二月二十五日第四期《公司註册各案摘要》

北京工藝商局	光緒二十七年五月二十八日，翰林院侍讀學士黄思永創辦，總號在北京琉璃廠，分銷處在天津小洋貨街、上海新聞，股分洋銀十萬圓，每股洋銀一百圓。光緒三十一年續招股分洋銀五萬圓，爲股分有限公司，從事製造景泰藍器、栽絨花毯、羊毛細氈、電鐘等化學製造及中西磁木、銅鐵各器。三十一年起添造紙煙。光緒三十年六月十五日，註册；續招股分，於三十二年閏四月初一日補註。

（續表）

天一墾務公司	光緒二十八年正月，李厚祐創辦，總號在上海，另於錦州分設公司，股分規銀六十萬兩，每股規銀二十兩，爲股分有限公司，從事墾田收租、轉運糧食。光緒三十年八月初一日，註册。
裕昌機器繅絲廠	光緒二十九年五月，三品銜候選道周廷弼創辦，本廠在無錫周新鎮，資本銀洋十四萬元，爲有限絲廠，從事機器繅絲。光緒三十年八月十二日，註册。
昇昌五金煤鐵總號	光緒四年四月，三品銜候選道周廷弼創辦，總號在上海美租界頭壩，分號在牛莊、東營溝、鎮江租界、日本長崎、蘇州南壕、浙江温州，資本銀洋十九萬元，爲有限行號，從事五金、煤鐵、油荳餅等。光緒三十年八月十二日，註册。
保昌典	光緒二十七年八月，三品銜候選道周廷弼創辦，總號在無錫南門外周新鎮，資本銀洋四萬元，爲有限典當，從事質當衣飾、器物、農具。光緒三十年八月十二日，註册。
北洋煙草公司	光緒二十八年十一月，由保定農務局設廠試辦，二十九年十月移至天津，官商合辦，係河南候補道黄璟、翰林院侍讀學士黄思永爲創辦人。總公司在天津閘口洋貨街，分銷處在北京工藝商局，保定農事試驗場、煙台東阜公司、開封黄廣，股分官股銀二萬兩，商股銀四萬五千兩。光緒三十二年續招股分銀四萬兩，爲有限股分公司，從事機器製造整筒、半筒紙捲煙。光緒三十年八月二十九日，註册。光緒三十二年閏四月初一日，補註續招股本。
茂新公司	光緒二十九年七月，張石君、榮瑞馨、榮宗敬、榮德生創辦，公司設無錫西門外，股分規銀六萬兩，每股規銀一百兩，爲股分有限公司，從事機器磨麵。光緒三十年十一月二十日，註册。
燮昌公司	光緒二十二年四月二十日，葉成忠、宋煒臣創辦，總公司在湖北漢口，創始公司在江蘇上海，股分銀四十萬兩，每股銀八百兩，爲股分有限公司，從事製造火柴。光緒三十年十二月初二日，註册。

（續表）

溥利公司	光緒三十年七月初一日，試用知縣馬吉森、通判銜周正元、候選縣丞崔蓮峯、花翎游擊王金升創辦，總公司在漳德府城外，分號擬設懷慶府，股分銀圓二萬五千圓，每股銀圓一百圓，爲股分有限公司，從事引水灌田，講求農利。光緒三十年十二月十五日，註册。
稻香村	同治三年，沈樹百、沈詒記、王慎之、趙錫泉創辦，開設蘇州府城元妙觀東大街洙泗巷，資本足制錢四千二百千文，爲合資有限公司，從事茶食、糖果等類。光緒三十年十一月初八日，註册。
府海公司	光緒三十年四月十七日，嚴與敬、公萬和、顧永發、陸鴻源、朱大吉、俞恒吉創辦，設立上海英租界石路，資本銀二萬元，爲合資有限公司，從事領運公棧官鹽，專售租界。光緒三十一年正月十四日，註册。
朝陽東方小塔子溝金礦公司	光緒三十年七月初一日，久業堂、鄭翼之、鄧毅亭、閻信權、苗韵軒、黄寶森、鄭文棠創辦，設立在朝陽府小塔子溝，股分行平化寶銀四萬兩，每股五十兩，爲股分公司，從事開辦金礦。光緒三十一年正月十八日，註册。
京師華商電燈有限公司	光緒三十年八月十七日，記名御史刑部員外郎史履晉、翰林院檢討蔣式惺、候選州同馮恕創辦，設立北京正陽門内西城根，股分京平足銀二十萬兩，每股一百兩，爲股分有限公司，從事京内外城廂設立電燈。光緒三十一年二月十五日，註册。
博山玻璃公司	光緒三十一年正月初一日，顧思遠創辦，總公司在山東青州府博山縣柳行莊，股分庫平足銀十五萬兩，每股足銀一百兩，爲股分有限公司，從事製造玻璃片，並仿造洋式器皿。光緒三十一四月十二日，註册。
富潤公司	光緒二十一年，嚴樂賢堂、小長蘆館、壽芝山莊、東記、德記、惢記、源記、潤記創辦，總經理帳房在上海浦東富潤里，資本規銀三十萬兩，爲合資有限公司，從事營造房(房)出賃。光三十一年四月十二日，註册。

（續表）

天津機器織絨製遣硝皮廠	光緒二十四年，吴懋昇開辦後，因亂被燬，至二十八年從新規復，在天津錦衣衛橋西，資本銀五十五萬兩，爲有限織絨硝皮廠，從事羊毛、駝絨織成兵衣、洋氈等物，及牛、羊皮製造兵靴、皮帶、子藥袋等件。光緒三十一年五月初二日，註册。
耀徐玻璃有限公司	光緒三十年七月十七日，頭等顧問官翰林院修撰張謇、二等顧問官山西冀寧道丁寶銓、安徽候補道許鼎霖、署湖北武昌府知府黄以霖、候選知府林松唐、福建特用道陳同書、前出使大臣李經方、廣西按察使余誠格、候選知府陳際唐、兩淮鹽運使湯壽潛創辦，總廠在江蘇徐州府宿遷縣河口龍亭地方，股分規銀六十萬兩，每股規銀一百兩，擬逐漸推廣至八十萬兩，爲股分有限公司，從事製造平面玻璃並各種器皿。光緒三十一年五月初七日，註册。
通久源	光緒二十年三月，嚴信厚、湯遠崟、周晉鑣、范翊鈔經理，湯遠榮、湯嗣卿創辦，廠在寧波府城北門外灣頭，股分銀九十萬元，每股二百元，爲股分有限公司，從事軋花、紡紗、織布。光緒三十一年五月初五日，註册。
新和記	光緒二十七年正月十六日，陳連生、陳天生、陳火吉、陳兆齋、陳查某創辦，設立温州府永嘉縣東門外行前街，資本洋銀二萬元，合資五人，作四十股，每股五百元，爲合資有限公司，從事代客配運糖紙各貨，裝儎往來。光緒三十一年五月初十日，註册。
大通源恒記	創辦人葉湘卿、吴松廷、蔡佩瑚、陳筱玉，註册後擇吉開辦，總號設在温州西門外，分號設東雙門及處州府屬，資本英洋一萬元，合資二十人，每股五百元，爲合資有限行號，從事代客報關、海運過塘，銷售杉竹、木板、煆炭、茶、煙、紙、箬、油、靛、魚鹹、南北山藥各色雜貨。光緒三十一年五月初十日，註册。
福昌茂	光緒三十一年二月十六日，林堯苑、林啓昆、林啟助、林南昌創辦，在温州府永嘉縣東門外，資本洋銀一萬元，每股一千元，爲合資有限行號，從事代客配運裝儎糖紙各色土貨。光緒三十一年五月初十日，註册。

（續表）

陳元元	光緒元年四月初十日，陳佩鈞創辦，在温州府永嘉縣東門外行前街，資本洋銀一萬元，獨資創辦，爲有限行號，從事自運各項南紙，裝配船隻往鎮江、揚州、台灣等處銷售，附配木頭、煙葉各色雜貨。光緒三十一年五月初十日，註册。
祺順	光緒三十年十月初十日，陳兆齋、張松江創辦，在温州府永嘉縣東門外，股分洋銀一萬元，每股五百元，爲合資有限行號，從事代客配運裝儎來往貨物。光緒三十一年五月初十日，註册。
彙源公棧	光緒十年十一月初一日，莊得之、王炳侯、劉仁金、朱福同、吴少珊創辦，東西二棧均在上海南市，股分規元銀二十萬兩，爲合資有限公司，從事代江浙承辦糟糧。光緒三十一年五月二十七日，註册。
怡和公斗店有限公司	寧世福創辦，自註册起作爲設立日期，在天津城西集永豐屯，股分行平化寶銀六萬兩，每股五百兩，爲股分有限公司，從事招來糧客糶糴糧石。光緒三十一年六月初三日，註册。
貴池墾務公司	光緒三十年十一月十二日，劉世珩、王源瀚、高炳麟、胡凌漢、章學文、張德華、張彬、劉鑄材創辦，總號在安徽池州府城内四鄉局，分號在各疃二次，股分銀二十萬兩，每股一百兩，爲股分有限公司，從事墾務及隄壩溝渠藪澤應興之利。光緒三十一年六月初四日，註册。
大生紗廠	光緒三十二年三月，頭等顧問官翰林院修撰張謇創辦，總廠在江蘇通州唐家閘，股分規銀一百十三萬兩，每股一百兩，爲股分有限公司，從事機器紡紗。光緒三十一年六月二十七日（原文如此）。
通海墾牧公司	光緒二十六年七月，頭等顧問官翰林院修撰張謇創辦，總公司在通州海門廳呂四場地方，股分規銀二十二萬兩，每股銀一百兩，爲股分有限公司，從事講求種植，兼及畜牧。光緒三十一年六月二十七日，註册。

（續表）

翰墨林印書局	光緒二十九年正月，通州中學校及師範學校、高等小學校創辦，在江蘇通州南門外，股分規銀一萬兩，爲合資有限公司，從事排印各種書籍、報告。光緒三十一年六月二十七日，註册。
廣生油廠	光緒二十八年七月，頭等顧問官翰林院修撰張謇創辦，總廠在江蘇通州唐家閘，股分規銀十五萬兩，每股銀五百兩，爲股分有限公司，從事機器榨製棉油，兼造棉餅。光緒三十一年六月二十七日，註册。
大興麵廠	光緒二十七年十一月，頭等顧問官翰林院修撰張謇創辦，總廠在江蘇通州唐家閘，股分銀二萬五千元，每股銀一百元，爲股分有限公司，從事機器製造小麥麵粉。光緒三十一年六月二十七日，註册。
阜生蠶桑公司	光緒二十九年十月，頭等顧問官翰林院修撰張謇創辦，總公司在江蘇通州唐家閘，股分銀二萬元，爲股分有限公司，從事種植桑株養蠶，收繭繅絲織綢。光緒三十一年六月二十七日，註册。
大生久隆分廠	光緒三十年六月，頭等顧問官翰林院修撰張謇創辦，本廠在江蘇崇明縣久隆鎮，股分規銀六十萬兩，每股銀一百兩，爲股分有限公司，從岸資本曹平估銀一萬兩，爲獨力出資商業，專製和合二仙紙煙。光緒三十一年十一月二十三日，註册。
振新紡織有限公司	光緒三十二年正月，張麟奎、榮瑞錦創辦，總公司設無錫西門外，批發所在東門外，分股辦事，帳房設上海三馬路，股分銀三十萬元，每股一百元，爲股分有限公司，從事機器紡紗織布。光緒三十一年十二月十七日，註册。
保源	光緒三十二年正月開辦。陳康昌、陳隆、曾國護、楊玉彬、余玉輝、黄洪燦、黄藹清、鄧廷傑創辦，總號設景德鎮黄家衕，雲南省之雲南府、東川府、昭通府、宣盛州均設有採買所，資本銀四萬元，合資八人，爲合資有限公司，開採並收買雲南省砝明、黑花各生料，運來景德鎮製煉發售。光緒三十一年十二月十七日，註册。

（續表）

華澄	光緒三十一年七月，祝廷華、陸紹基、吴增元創辦，總號在江陰城高巷内唐公祠左偏，分號擬設北外大街，股分銀九千元，每股銀六十元，爲股分有限公司，從事織布，兼織花色絲綢。光緒三十一年十二月二十九日，註册。
泰興	光緒十年，錢琳記、劉樸記、史謙記、劉思述記創辦，本典設江蘇鎮江府丹陽縣城内大街，資本銀十萬二千五百元，合資五人，爲合資無限公司，從事典業。光緒三十一年十二月三十日，註册。
廣源	光緒十年九月十五日，王屺瞻、夏崇德創辦，本典設江蘇鎮江府丹陽縣埤城鎮，資本銀一萬五千元，合資二人，爲合資無限公司，從事典業。光緒三十一年十二月三十日，註册。
潤源	光緒十年十一月初一日，徐鑑記、楊嘉記、王珍屺記創辦，本典在江蘇鎮江府丹陽縣珥陵鎮，資本銀四萬元，爲合資無限公司，從事典業。光緒三十一年十二月三十日，註册。
同仁泰鹽業公司	光緒二十四年，頭等顧問官翰林院修撰張謇創辦，本公司在兩淮通州，分司在吕四場，股分規銀十萬兩，爲股分有限公司，從事仿日本鹽田蓄滷之法出鹽。光緒三十一年六月二十七日，註册。
大隆油皂公司	光緒二十八年十一月，頭等顧問官翰林院修撰張謇創辦，總公司在江蘇通州南門外，股分銀一萬元，每股銀一百元，從事理化製造粗細肥皂。光緒三十一年六月二十七日，註册。
大達輪步公司	光緒三十年六月，頭等顧問官翰林院修撰張謇創辦，總步在江蘇省天生港，分步在通州西門、上海海門、揚州吕四等處，股分銀五萬六千元，每股銀一百元，爲股分有限公司，從事購置小輪行駛外江内河。光緒三十一年六月二十七日，註册。

（續表）

澤生水利公司	光緒三十年十月，通州、泰興、如皋、海門四州廳，通泰兩分司，大生紗廠、通海墾牧二公司創辦，總公司在江蘇通州天生港，資本規銀十萬兩，爲合資有限公司，從事購置挖泥機器船疏濬河道，仿日本船閘就積泥築成馬路。光緒三十一年六月二十七，註册。
太古莊號	光緒二十五年七月初十日，林毓彦、林清記、蔡惠記創辦，總號設汕頭，分號設潮州府、廣州府、上海、揭陽、香港、厦門、新加坡等處，資本銀二十萬元，合資三人，爲合資有限公司，從事各港匯兑放息銀兩。光緒三十一年七月初三日，註册。
潤豐莊號	光緒二十六年四月十四日，林毓彦、林清記、蔡淵記創辦，總號設汕頭，分號設上海、廣州、香港、厦門等處，資本銀一十萬元，合資三人，爲合資有限公司，從事各港匯兑放息銀兩。光緒三十一年七月初三日，註册。
伯昌莊號	光緒三十一年三月十二日，林毓彦創辦，號設汕頭，資本銀一十萬元，獨力創辦，爲有限行號，從事實業放息生理。光緒三十一年七月初三日，註册。
南豐莊號	光緒三十一年三月十二日，林毓彦創辦，號設汕頭，資本銀一十萬元，獨力創辦，爲有限行號，從事實業放息生理。光緒三十一年七月初三日，註册。
陶記莊號	光緒五年三月初一日，林毓彦創辦，號設汕頭，資本銀三萬元，獨力創辦，爲有限行號，從事實業放息生理。光緒三十一年七月初三日，註册。
允成號	光緒二十年八月十五日，林毓彦創辦，號設汕頭，資本銀一十萬元，獨力創辦，爲有限行號，從事實業放息生理。光緒三十一年七月初三日，註册。

（續表）

資茂號	光緒二十年八月十五日，林毓彦創辦，號設汕頭，資本銀一十萬元，獨力創辦，爲有限行號，從事實業放息生理。光緒三十一年七月初三日，註册。
啓峰行號	光緒十四年五月初一日，林毓彦、林清合、蔡淵記創辦，號設汕頭，資本銀二萬元，合資三人，爲合資有限公司，從事嗹叻、暹羅、安南等處華洋商銀圓生理。光緒三十一年七月初三日，註册。
太古莊號	光緒二十八年十月初一日，林毓彦、林清利創辦，總號設潮陽縣，資本銀二萬四千元，合資二人，爲合資有限公司，從事匯兑放息銀兩生理。光緒三十一年七月初三日，註册。
利發興記行號	光緒十三年二月初一日，林毓彦、林清記、胡承記創辦，號設汕頭，資本銀一萬五千元，合資三人，爲合資有限公司，從事糖水雜貨生理。光緒三十一年七月初三日，註册。
南豐行號	光緒二十五年三月初一日，林毓彦、林雁記、林清合創辦，號設汕頭，資本銀二萬元，合資三人，爲合資有限公司，從事天津、上海、鎮江、煙台、牛莊、福州各港出入口貨、糖油雜貨生理。光緒三十一年七月初三日，註册。
南記行號	光緒十九年十一月十五日，林毓彦、田子記、林清合創辦，總號設汕頭，分號設新加坡，資本銀二十萬元，合資三人，爲合資有限公司，從事嗹叻、暹羅輪船生意。光緒三十一年七月初三日，註册。
伯昌輪船行號	光緒二十八年六月初一日，林毓彦、林清記創辦，總號設汕頭，分號設上海、鎮江、煙台、牛莊，資本銀二十八萬元，合資二人，爲合資有限公司，從事荳餅、荳子、糖、雜貨放息生理。光緒三十一年七月初三日，註册。

福建華寶製瓷有限公司	光緒三十年正月二十三日，林轄存、陳日翔、周之楨創辦，總號設廈門太史港，總廠在金門料羅灣，股分銀十二萬元，每股銀五十元，爲股分有限公司，專採金門白土碗藥，自造中外各種瓷器。光緒三十一年七月初四日，註册。
潮汕鐵路有限公司	光緒三十年四月十六日，張煜南創辦，總局設汕頭，分局設潮州府城，股分銀二百五十萬元，每股二百元，爲股分有限公司，從事運儎潮州、汕頭貨物及人客往來貿易。光緒三十一年七月初八日，註册。
同人豫	光緒二十八年四月，陳文瑋、程璟光、常振翼創辦，總號設湖南省城福源里，分號在漢口至公巷，股分銀十萬元，每股銀一百元，爲股分有限公司，專辦煤務。光緒三十一年七月初十日，註册。
鈞窑瓷業公司	光緒三十年十一月，曹廣權創辦，總號設河南省禹州城西神垢鎮，分號擬設京、津、漢、滬等處，股分銀五萬兩，每股銀五十兩，爲股分有限公司，製造鈞瓷器用。光緒三十一年七月二十日，註册。
上海大達輪步有限公司	光緒三十一年二月十五日，張謇、湯壽潛、許鼎霖、劉錦藻、李厚祐創辦，公司設上海十六舖，股分規銀一百萬兩，每股規銀一十兩，爲股分有限公司，從事輪船、碼頭、棧房等業。光緒三十一年七月二十二日，註册。
福和當鋪	光緒三十一年八月初八日，劉宗浚創辦，號設京都正陽門外煤市街，股分京足銀六萬兩，每股一千兩，爲股分無限公司，從事質當衣飾器具等項。光緒三十一年七月二十八日，註册。
大照電燈公司	光緒三十年四月，郭鴻儀創辦，總公司設江蘇省鎮江府西門外荷花塘，股分規銀十萬兩，每股規銀一百兩，爲股分有限公司，從事機器生發電力，置備電燈行銷本埠通商場，及城内外各用户。光緒三十一年八月初二日，註册。

大有機器榨油有限公司	光緒三十一年五月，席裕福、汪龍標、張焕斗創辦，公司廠房設上海小沙渡，股分規銀一十萬兩，每股規銀一百兩，爲股分有限公司，從事榨油。光緒三十一年八月十五日，註册。
海豐麵粉公司	光緒三十一年八月初一日，許鼎霖、嚴信厚、沈雲沛、朱幼鴻創辦。公司廠房設海州新浦，股分規銀二十萬兩，每股規銀一百兩，爲股分有限公司，從事機器磨麵。光緒三十一年八月十九日，註册。
盛豐年	光緒二十九年三月，廖綿德創辦，總號設順德縣容奇鄉，股分銀一萬元，每股銀一千元，爲股分有限公司，從事買賣蠶繭。光緒三十一年八月二十二日，註册。
公興隆昌記	光緒二十八年五月，陳永昌、霍文暹創辦，總號設廣東省香山縣古鎮鄉北，約股分銀一萬元，每股銀一千元，爲股分有限公司。從事買賣蠶繭。光緒三十一年八月二十二日，註册。
天津造胰有限公司	宋壽恒創辦公司，設天津閘口元會菴内，以註册年月日爲開辦之期，股分銀五千元，每股銀五十元，爲股分有限公司，專作各樣胰子。光緒三十一年九月十三日，註册。
源泰和	光緒三十一年四月十九日，劉景韓創辦，號設揚州府興化縣城内，資本銀五千元，獨力開設，爲已資開設店鋪，從事茶葉貿易。光緒三十一年九月二十三日，註册。
三星紙煙有限公司	光緒三十一年十月十五日，劉樹屏、陳景翰、顧潤章、莊清華、劉樹森、劉垣、朱祖炳、郭熙、印有謨創辦，總號設上海英租界蘇州河南岸戈登路，分銷處設漢口、蕪湖、九江、蘇州、杭州等處，股分規銀十萬兩，每股規銀一百兩，爲股分有限公司，從事機器製造、紙捲煙發售。光緒三十一年九月二十五日，註册。

（續表）

華德中興煤礦有限公司	光緒六年開辦，二十年暫停，二十五年正月添股復開，張翼順、張蓮芬、德璀琳爲創辦人，總礦設嶧縣之棗莊，分礦在嶧縣之山家林，老股洋四十萬元，添招華陸德肆新股洋一百六十萬元，每股洋一百元，爲股分有限公司，從事煤礦。光緒三十一年十月初八日，註册。
濟和	光緒三十年五月二十五日，汪贊綸、劉惠來、劉彦、劉眉基創辦，號設江蘇常州府陽湖縣大寧鄉焦溪鎮，資本銀五萬元，爲合資無限公司，從事典當。光緒三十一年十月二十五日，註册。
崇昌公司	光緒三十一年十月，唐和樂、周承基、馬福松、李長源、黄鍾瑞、徐元懷創辦，總局設上海十六鋪南崇明南門港，分局設吴淞堡鎮二條竪河新開河，資本銀三萬元，爲合資有限公司，從事小輪往來上海崇明搭客裝貨。光緒三十一年十一月初二日，註册。
寧波和豐紡織股份有限公司	光緒三十一年八月二十七日，顧釗、周墉、鄭賢滋、戴動、范翊承、林康年、張翊斌、勵長華創辦，寧波江北岸地方設立公司總行，江東冰廠跟地方設立工廠，股分銀六十萬元，每股一百元，爲股分有限公司，專紡棉紗，兼軋棉花。光緒三十一年十一月二十四日，註册。
仁增盛煙草廠	光緒三十一年八月初三日，孟昭顔創辦，廠設煙台西外河東崖北首海岸，資本曹平銀四萬兩，爲獨力出資商業，製造魚印飛鷹紙煙。光緒三十一年十一月二十三日，註册。
隆盛煙草廠	光緒三十一年十一月初五日，王廷彬創辦，廠設煙台西圩外北首海
匯昌	光緒十年五月初一日，趙曾記、温蔗記創辦，本典在江蘇鎮江府丹陽縣城内，資本銀六萬元，爲合資無限公司，從事典業。光緒三十一年十二月三十日，註册。

（續表）

祥泰	光緒十七年九月初一日，袁幼記、劉念記創辦，本典在江蘇常州府陽湖縣漕橋鎮，資本銀二萬元，爲合資無限公司，從事典業。光緒三十一年十二月三十日，註册。
源豐機器製造油餅坊	光緒三十二年正月十五日，陳琴堂創辦，總號在江蘇省淮安府阜寧縣東鄉執地仁風里，資本銀三萬兩，爲獨力出資商業，從事荳油、荳餅裝運江南各口。光緒三十一年十二月二十九日，註册。
恒源	光緒三十年正月初十日，萬梅記、朱寶記、朱筱公記、王合記創辦，總號在江蘇常州府武進縣奔牛鎮，資本銀四萬八千元，爲合資無限公司，從事典業。光緒三十一年十二月二十六日，註册。
義昌	光緒三十一年正月二十日，史親叙、陳樑、汪啟瑞、陳棠、吴爾亮、周錫康創辦，總號在江蘇鎮江府金壇縣東門城内，資本銀五萬八千元，爲合資無限公司。光緒三十一年十二月二十六日，註册。
仁昌	光緒二十九年三月初三日，崔行恕、查笏堂、汪真誠、陳慈蔭、查子桂創辦，總號在江蘇鎮江府金壇縣北門城内，資本銀六萬元，爲合資無限公司，從事典業。光緒三十一年十二月二十六日，註册。
溥源	光緒二十六年正月十五日，萬梅記、朱繼記、朱寶記、朱筱公記創辦，總號在江蘇鎮江府金壇縣城内，資本銀五萬元，爲合資無限公司，從事典業。光緒三十一年十二月二十六日，註册。
阜興	光緒三十一年正月十五日，伍石、伍瀚、喻乾榮、汪啟瑞、伍芹、伍歐、鞠在公、陳棠、汪贊綸創辦，總號在江蘇鎮江府丹陽縣吕城鎮，資本銀四萬元，爲合資無限公司，從事典業。光緒三十一年十二月二十六日，註册。

（續表）

裕泰紡織有限公司	光緒三十二年二月，朱譜爵創辦，總廠在江蘇蘇州府昭文縣支塘鎮，股分銀五十萬兩，每股銀一百兩，爲股分有限公司，從事紡紗織布。光緒三十二年二月十七日，註册。
永濟	光緒二十五年正月，惲季記、盛觀記、顧源記創辦，總號在江蘇省常州府武進縣鳴鳳鄉卜戈橋鎮，資本銀三萬元，爲合資無限公司，從事典業。光緒三十二年二月二十三日，註册。
亦濟	光緒十年三月，楊貽經、盛同福、張貽德、史親叙創辦，總號在江蘇常州府陽湖縣南鄉前閔黄鎮，資本銀五萬四千元，爲合資無限公司，從事典業。光緒三十二年二月二十三日，註册。
利用樹藝公司	光緒三十一年九月，黄鼎、袁仁茂創辦，總公司在江蘇鎮江府丹徒縣北門外，股分銀五萬元，每股銀一百元，爲股分有限公司，從事租買荒山藝植樹木。光緒三十二年二月二十三日，註册。
商務印書館	光緒二十三年正月初十日，夏瑞芳、鮑咸思、鮑咸昌、高鳳池、沈紹夔創辦，總號在上海，分號已設者京都、天津、漢口、廣州，擬設者奉天、保定、開封、濟南、重慶、成都、常德、長沙、南昌、福州、雲南，股分銀一百萬元，爲股分有限公司，從事印刷石印、鉛印銅版書籍，編輯、繙譯、發行、運售，兑换各種書籍、雜誌、圖畫，鑄售銅模鉛字、鉛版、銅版，兼運售學堂理化器具，及印書紙料、印刷機器，及與上文相關之事。光緒三十一年十二月三十日，註册。
中國紙煙有限公司	光緒三十二年四月，蘇本炎、蘇紹柄、鮑棠、賴經福、葉逵創辦，總廠在上海西門外，分銷處設蘇州，股分銀三萬兩，每股銀十兩，爲股分有限公司，從事以中國煙草製成煙捲。光緒三十二年三月初七日，註册。

（續表）

協發	同治甲子年正月十五日，王啟仁創辦，總號在厦門和鳳前堡港仔口街，資本銀五萬元，爲獨力出資商業，從事金銀首飾及配運珠玉等物。
時益號有限公司	光緒二十七年七月十四日，郭玉泉創辦，總號在香港大馬路，分號設廣東省城迴瀾橋大街，資本洋銀一萬元，合資六人，爲合資有限公司，專用鉛粉製造官粉發售。光緒三十二年三月二十日，註册。
粤東煙草有限公司	光緒三十一年十一月，梁灝綸、陳之肅創辦，總公司在粤東省城仁濟大街，分銷處香港廣泰和、星加坡天然庇能泰昌、南非洲津記、北美洲德和、南美洲福興隆，股分洋銀五萬元，每股五十元，爲股分有限公司，專用機器揀選中國煙草，製造捲煙。光緒三十一年十二月二十九日，註册。
天津華勝燭皂有限公司	光緒三十二年七月，李鎮桐、魏春浦、李鶴鳴、李家桐創辦，總公司在天津獅子林河樓後大街，股分洋銀三千元，每股洋銀十元，爲股分有限公司，發達改良燭皂兩種製造。光緒三十二年七月初三日，註册。
福華紙煙有限公司	光緒三十二年正月，孫鍾偉、葉恭綽創辦，總廠在漢口永寧巷，股分洋例銀一萬五千兩，每股洋例銀一百兩，爲股分有限公司，從事製造紙煙。光緒三十二年三月二十五日，註册。
華豐織布公司	光緒三十二年七月二十五日，鄭芸樓等合資興辦，總廠在北京正陽門外西珠市口大街，資本京足銀五千兩，爲合資有限公司，從事織布。光緒三十二年閏四月初九日，註册。
厦門畜牧公司	光緒三十二年正月十八日，陳鼎元創辦，總號在厦門下八保院前社，股分銀三萬元，每股銀一百元，爲股分有限公司，從事牧養牛羊雞豚等類。光緒三十二年閏四月十四日，註册。

（續表）

厦門藥房有限公司	光緒三十二年正月初七日，高敬廷創辦，總公司在厦門鼓浪嶼，股分銀五萬元，每股銀一百元，爲股分有限公司，從事各色藥品，兼售泰西各國藥材。光緒三十二年閏四月十四日，註册。
湖北廣藝興股	光緒三十一年三月十五日，程頌萬等十人創辦，總公司在武昌省城，分號設廣東省城，資本銀一萬元，合資二人，爲合資有限公司自辦機器，創製如意油各項藥油、藥酒、膏、丹、丸、散等件。光緒三十二年十二月初三日，註册。
吉祥甎瓦公司	光緒三十二年十一月初一日，徐象藩、陳奎齡、秋朝泰、沈庭豪創辦，總號在江西省城德勝門外雞籠山，分號設德勝門外婁妃墓，股分九三八平市銀一萬兩，每股九三八平市銀五十兩，爲股分有限公司，從事機器製造甎瓦。光緒三十二年九月二十六日，註册。
綫機運煤公司	王賢賓、陳鴻儀、李寶恒、王郅隆、吴連元、魏長忠創辦，以轉運煤觔之日作爲開辦日期，總廠擬在直隸房山縣屬花槳左近，並擇要設立分廠，股分津市行平寶銀五十萬兩，每股銀一百兩，爲股分有限公司，從事裝運煤觔。光緒三十二年十二月初九日，註册。
奉天漁業公司	光緒三十二年正月二十九日，黄家傑、孫繼堯創辦，總號在盛京省蓋平縣城内保護漁業總局内，股分銀二十萬元，每小股十元，大股百元，爲股分有限公司，從事振興奉天沿海漁業，改良捕魚製魚之法。光緒三十三年正月十一日，註册。
廣西富强工藝民局	光緒三十三年四月初一日，林柄華、趙炳靈、趙炳麟、蔣光、蔣實英、蔣鑾英創辦，總號在廣西桂林，分號設全州、梧州、南寧、潯州、衡州、長沙、漢口，資本洋五萬元，合資六人，爲合資有限公司，從事織布、熬樟腦、農林。光緒三十三年正月初九日，註册。

（續表）

崇本樹藝公司	光緒三十二年十二月初一日，李懋昌、郭庚、何傳義創辦，總號在江蘇金壇縣西鄉，資本銀三萬元，合資三人，爲合資有限公司，從事樹藝。光緒三十二年十一月十八日，註册。
吴元順生彩蛋號	乾隆二年創設，現吴選青相續經理，總號在江蘇武進縣青果巷，資本銀洋五千元，爲獨資商業，從事自製松花彩蛋。光緒三十二年十二月
分公司	三道街，造紙廠設漢口大智門外，印書館設武昌省城大朝街，竹木漆工、絨繡各科設總公司内，其發行總號設漢口洋街一馬頭，附屬之英東文藝學，現移設中和門，股分洋銀四萬元，每股銀洋一百元，爲股分無限公司，從事設廠製造，一造紙，二印刷，三木工，四漆工，五竹工，六絨綉。光緒三十二年三月二十五日，註册。
贛豐餅油公司	光緒三十一年二月，許鼎霖等十一人創辦，總廠在海州新浦地方，總帳房批發所設上海，股分規銀三十萬兩，每股規銀一百兩，爲股分有限公司，從事機器餅油。光緒三十一年三月初三日，註册。
和保豐公司	光緒三十二年四月，徐念祖、陳嘉湝、梁益三創辦，號設金陵省城花牌樓吉祥大街，股分銀二萬兩，每股一百兩，爲股分有限公司，從事洋貨綢緞製造操衣及學務應用器品。光緒三十二年三月二十九日，註册。
湧源麪粉公司	光緒三十二年四月十八日，劉經繹等七人創辦，總號設天津，分號設京都，股分津平銀三萬兩，每股津平銀一百兩，爲股分有限公司，從事機磨麪粉。光緒三十二年八月十六日，註册。

（續表）

雙如意衛生磨廠	光緒三十二年閏四月二十四日，董文田創辦，號設北京宣武門外蘇線胡同，資本銀二千兩，爲獨力出資商業，從事衛生麥磨。光緒三十二年九月初七日，註册。
梁天保齊三氏丸藥店	光緒九年二月初十日，梁澤餘創辦，號設廣州十三行大街，資本銀一萬元，□兑伸重七千二百兩正，爲獨貲商業，自行訂方修合，製造戒煙藥餅、藥片、藥丸、各種丸、散、餅、油藥酒。光緒三十二年九月初三日，註册。
粵東編譯兼學校用品有限公司	光緒三十二年五月，甘祝泉、畢杏池創辦，總號在粵東省城育賢坊禺山關帝廟内，分號設佛山鎮，股分洋銀八萬元，每股洋銀十元，爲股分有限公司，從事發行編譯書籍，兼學校用品。光緒三十二年九月初三日，註册。
湘裕湘盛公司	光緒二十五年冬月，黄敬輿、張雨珊、朱鞠尊、湯幼菴、張綺梅、楊紹曾、朱鄂生創辦，總號在長沙，分號一設漢口漢陽老街，一設上海英租界，股分紋銀十萬兩，每股紋銀二百兩，爲股分有限公司，從事承鍊承售碲砂生意。光緒三十二年七月二十二日，註册。
恒利紙煙公司	光緒三十二年四月初一日，易懷遠創辦，總號在煙台西海岸恒利碼頭，股分漕平公估銀五萬兩，每股漕平公估銀一百兩，爲股分有限公司，從事製造紙煙運往各埠銷售。光緒三十二年十月初七日，註册。
錦裕織布廠	光緒三十一年四月初一日，李國楷創辦，總號在蕪湖縣下水門外，資本銀一萬兩，爲獨資商業，從事製售絲絨、柳條，東洋各色花布並巾氈等項。光緒三十二年十月十四日，註册。

（續表）

瑞豐輪船公司	光緒三十二年九月初七日，歐陽元瑞、潘誦麐、胡祥林、金曾炘創辦，總號在蘇州閶門外南濠北水衖口，分號設常熟朱草濱、常州表場口、無錫竹場巷、丹陽東門外、鎮江西門外等處，資本洋八千元，合資四人，爲合資有限公司，從事小輪往來蘇常鎮三屬搭客載貨。光緒三十二年十月十四日，註册。
泰初染織公司	光緒三十二年十月初一日，王培茯、謝曰庠、王培遠創辦，總號在泰州城東海安鎮西鄉王家樓地方，股分鷹洋六千元，每股鷹洋十元，爲股分有限公司，從事織染各色布疋。光緒三十二年十月十五日，註册。
寧波禾盛公司	光緒三十二年六月十六日，蔡鴻儀、蔡和霖、鄔卓然創辦，總號在寧波府鄞縣甬江東，股分洋銀十萬元，每股洋銀十元，爲股分有限公司，從事機器礱擦穀米。光緒三十二年十月十三日，註册。
生生電燈公司	光緒三十二年八月初十日，黄美頤、周南、薛蕃、鄒雲章創辦，總公司在蘇州閶門外南濠街新開河橋堍，股分鷹洋十萬元，每股鷹洋一百元，爲股分有限公司，從事電燈。光緒三十二年十月十五日，註册。
寶華織布公司	光緒三十二年七月初三日，馬吉華、胡壽嵩、吴彦章、韓有慶、馮智、王品三、劉永森創辦，總公司在順天府寶坻縣南門外火神廟内，股分京松銀一萬兩，每股整股銀五十兩，零股銀五兩，爲股分有限公司，從事機器織布。光緒三十二年九月十五日，註册。
廣州總商會報有限公司	光緒三十二年九月初一日，廣州商務總會商董創辦，總號在粵東省城十七甫路北第五號門牌，股分銀三萬三千元，每股五元，爲股分有限公司，從事發行報紙兼編譯印務。光緒三十二年十月十一日，註册。

（續表）

中國四民紙煙公司	光緒三十二年八月，朱疇創辦，總號在上海車袋角地方，股分英洋十萬元，每股英洋五元，爲股分有限公司，從事機器製造各種紙卷香煙。光緒三十二年十月十八日，註册。
濟泰公記紡織公司	光緒三十一年十月初一日，蔣汝坊、錢溯灝、宗堯、年莊燾、顧思義、顧思遠、陸長歐創辦，總號在太倉沙溪鎮西鹿鶴涇，股分規銀五十萬兩，每股規銀一百兩，爲股分有限公司，專紡棉紗並軋子花，兼織洋布發售。光緒三十二年閏四月初八日，註册。
濟川行號	光緒壬寅年周西銓創辦，總號在厦門和鳳宫左巷，資本洋八萬元，爲獨資商業，從事實業，兼選名茶配往南洋各埠銷售。光緒三十二年十月二十一日，註册。
謝同泰豆餅陸陳船行	光緒三十二年三月十六日，謝子江創辦，總號在揚州府泰州謝王河牌樓口地方，資本洋四千元，爲獨資商業，從事豆餅陸陳船行。光緒三十二年十月二十五日，註册。
中安煙草公司	唐世鴻創辦，總號在煙台西圩外路北，資本曹平銀二萬兩，每股銀五百兩，合資十九人，爲合資有限公司，從事製造紙煙。光緒三十二年十月十九日，註册。
通惠公機器紡紗公司	光緒二十一年二月，樓景暉、朱榮璪創辦，總號在浙江蕭山縣轉壩頭，股分庫平足銀四十萬兩，每股庫平足銀一百兩，爲股分有限公司，從事軋花紡織。光緒三十二年九月初九日，註册。

（續表）

合義和機器繅絲公司	光緒二十一年，樓景暉、金世棨、金嘉德、陳光穎、陳焕民、朱榮璪、朱同生創辦，總號在浙江蕭山縣轉壩頭，分號設上海，資本洋二十四萬元，合資七人，爲合資有限公司，從事辦繭繅絲。光緒三十二年九月初九日，註册。
森美樹煤炭號	光緒十年三月十五日，錢樹榕創辦，總號在江蘇通州西關外，分號設安徽省池州府貴池縣南門外，資本英洋五千元，爲獨資商業，從事木炭、煤炭。光緒三十二年十一月初二日，註册。
裕興榨油公司	光緒三十二年十一月，程恩培、程錫章、許秉彝創辦，總廠在安徽阜陽縣中流村，批發所設上海、鎮江、漢口，股分規銀二十萬兩，每股規銀二十兩，爲股分有限公司，從事機器榨油。光緒三十二年十月二十八日，註册。
永吉銀硃公司	道光二十四年八月，羅玉書、羅積善堂、貽遠堂、寧遠堂、成遠堂、致遠堂、羅焕章、羅池章、羅迪基創辦，總號在廣東省城南海縣安瀾街中約地方，分棧南海縣屬石公祠直接堤岸大馬路，又香港德輔道，又英租界九龍地方，資本銀二萬五千元，合資原始五人，現遺存九人，爲合資有限公司，從事銀硃、黄丹，鉛粉，兼買賣各色顔料、沙紙、漆精、深靛、彩靛。光緒三十二年十月二十七日，註册。
大成鍊銻公司	光緒二十四年二月，黄進修、黄啓明、黄東谷、戴常英、戴厚德、胡仕安、胡永耀、胡國華、胡堯階創辦，總號在湖南長沙府善化縣南門外，分號一設漢口，一設上海英租界，資本規元三萬兩，合資九人，爲合資有限公司，從事鍊售銻砂。光緒三十二年十一月二十三日，註册。
存仁堂藥店	光緒三十二年八月初一日，繆慎餘堂、李介福堂創辦，總號在雲南省

品類	省分	定名	建設地址	宗旨	辦事人	資本金	章程	呈報立案
紡織類	京畿	永豐紡織公司	京城天津	購紗織布。	楊來昭、佛尼音布。	集股一萬兩。	章程十條，並調查日本紡織廠詳細辦法及接線續梭織機價目等事，均經列表。	光緒三十一年三月，織商楊來昭等呈請立案批准。
		華綸紡織公司	遵化、豐潤、玉田、薊州等處。	專辦實業紡織，先購機織布，俟辦有端倪，再行推廣。	趙善培	集股二萬兩。	章程十條，股票一紙。	光緒三十一年七月，織商趙善培呈請立案批准。
		裕華織布公司	京城虎坊橋曲沃會館	專織各種寬幅花素布疋。	董猶龍	合資四千兩。	章程未呈部。	光緒三十二年正月，職商董猶龍呈請立案批准。
		三益桑麻公司	順天宛平縣屬海甸	採運桑秧，講求種植諸法。	趙文玉、穆霑、文明。	合資二千三百兩。	章程十二條。	光緒三十二年二月，商人趙文玉等呈請立案批准。
		益華織布公司	京城	先辦織布一項，專織各種花素洋布。	韓樹滋、吕鴻綸。	集股一萬元。	章程六條。	光緒三十二年二月，職商韓樹滋等呈請立案批准。
		啓化織布公司	京城	先就織布一項購機試辦，以開民智興工藝爲宗旨。	吕鴻經、王捷銓。	集股一萬兩。	章程六條。	光緒三十二年三月，職商吕鴻經等呈請立案批准。
		京師毛織公司	附入工藝官局建廠製造	專做毛織，如哈喇、絨呢、嗶嘰、毡毯等項。	汪世杰、張漢。	集股三十萬兩。	章程十二條。	光緒三十二年三月，商人汪世杰等稟請立案批准。

（續表）

品類	省分	定名	建設地址	宗旨	辦事人	資本金	章程	呈報立案
紡織類	京畿	和豐織布公司	崇文門内東單牌樓江擦胡同	專辦織布。	任光裕等	集股一萬兩先以二千兩試辦。	章程六章，以振興實業爲主義，俟辦有成效，再行推廣。	光緒三十二年三月，職商任光裕等呈請立案批准。
		華豐織布公司	京城正陽門外珠市口大街路南	試辦織布。	薛家琛、□香□、傅潔臣、張子常。	集股五千兩。	章程十條。	光緒三十二年□月，職商薛家琛等呈請立案批准。
		華盛織布公司	京南采育鎮	先從織布入手，俟有成效再行推廣。	葛毓芝、李佩芝、魏良輔、李振□。	集股二萬元。	章程三則，學徒章程十則。	光緒三十二年□月，職商葛毓芝等呈請
		寶興隆織布公司	京城大佛寺迤東路北	專辦織布。	溥宜	合資一千兩。	章程六條。	光緒三十二年五月，職商溥宜呈請立案批准。
		志成紡紗公司	京城東便門外河沿	購辦機器紡紗。	高蔚光、何復隆、韓慶雲、韓紱、李兆熊、何汝耕。	集股一百萬兩。	章程十條。	光緒三十二年五月，職商高蔚光等呈請立案批准。
		寶華織布公司	順天府屬寶坻縣城	機器織布。	馬吉華、胡壽嵩、吴彦章、韓有慶、馮智、王品三、劉永森。	集股一萬兩。	招股章程二十二條，仿江浙商辦鐵路公司例，分優先股、普通股兩種，統限開辦後三月内兩次交納。開辦章程十條，遵照商律第一節第八節各條辦理。	光緒三十二年六月，職商馬吉華等呈請立案批准。

（續表）

品類	省分	定名	建設地址	宗旨	辦事人	資本金	章程	呈報立案
紡織類	京畿	富興實業紡織公司	直隸玉田縣林南倉鎮	提倡織布。	張樹人	合資五千兩，俟辦有成效，再行續招。	章程九條。	光緒三十二年七月，職商張樹人呈請立案批准。
		盧榮珊紡織局	京城東四牌樓北汪家胡同	購機彈棉紡線。	盧榮珊	合資二千兩。	章程未呈部。	光緒三十二年十月，商人盧榮珊禀請立案批准。
	奉天	富華工藝公司	奉天西豐縣	以紡織染縫爲業。	戚陞慶、郭殿三。	集股以一萬兩爲限，分二百股每股五十兩。	開辦章程六條，集股章程六條。	光緒三十二年七月開辦，八月盛京將軍咨部立案覆准。
	江蘇	崇明大生紗廠	江蘇崇明永泰沙地方	機器紡紗。	張謇	集股八十萬兩。	章程九條，購地訂機仍按總廠舊章辦理。	光緒三十年五月，顧問官張謇呈請立案批准。
		裕昌繅絲廠	江蘇無錫周新鎮	機器繅絲。	周廷弼	資本十四萬元。	章程未呈部。	光緒三十年八月，顧問官周廷弼呈部註冊給照咨飭保護。
		裕泰紡織公司	江蘇常熟、昭文二縣地方。	興辦紡織紗廠。	朱譜爵	集股五十萬兩，先由總理招集三十萬兩，其餘二十萬兩另行招集，限三十一年十二月截止。	章程十二條遵照商律有限公司辦法。	光緒三十一年五月，上海商務總會呈請立案批准。
		因利染織公司	江蘇如皋縣	紡織各種絲綢、各種洋布洋綢。	張有琳、潘雲從。	合資五萬元，分五百股，每股一百元，先集二百股試辦織布。	章程十二條，遵照商律有限公司辦法。	光緒三十一年九月，通崇海花業總會呈請立案批准。

（續表）

品類	省分	定名	建設地址	宗旨	辦事人	資本金	章程	呈報立案
紡織類	江蘇	華澄織布公司	江蘇江陰城内	專織時花條布，放闊江布，各式土布，及各種花色洋布，共二百餘種。	祝廷華、陸紹基、吴增元。	合資九千元。	章程悉遵商律辦理。	光緒三十一年九月，江蘇商務議員陸樹藩呈請立案批准。
		振新紡織廠	江蘇無錫西門外太保墩	仿照日本紡織辦法，先設紗錠一萬支，布機三百只，俟辦有成效，再行推廣。	張麟魁、榮瑞錦。	集股三十萬元。	章程十二條，遵照商律有限公司辦法。	光緒三十一年十月，上海商務總會呈請立案批准。
		絹絲公司	江蘇上海英租界	專紡絹絲，兼仿造綢緞及染色等件。	李厚祐、袁淦、朱珮珍。	集股四十萬兩。	章程三十八條，該公司係中日商人合辦，中國創辦人呈部註册。日本創辦人在上海日本總領事署挂號。	光緒三十一年十月，議員李厚祐等呈請立案批准。
		公盛紡織公司	江蘇、上海蘇州河。	機器紡織。	祝大椿、顧壽嶽。	集股一百萬元，已認定五十萬元，其餘五十萬元另行續招。	章程十二條，以提倡土貨挽回利權爲宗旨。	光緒三十一年十月，職商祝大椿等呈請立案批准。
		濟泰公記紗廠	江蘇太倉州沙溪鎮	機器繅絲。	蔣汝坊、錢溯灝、宗堯年、莊燾、顧思義、顧思遠、陸長廞。	集股三十萬兩。	章程四十條，遵奏定商律辦理。每年春秋兩次特別會議，遇有要事臨時邀集開會，於十五日前開單分送與議各股東。	光緒三十一年十二月，職商蔣汝坊等呈請立案批准。
		蘇經蘇綸絲紗廠。	江蘇蘇州盤門外青陽地	專製絲紗。	老股商張履謙等，新商費承蔭承租。	息借蘇款六十餘萬兩，統歸絲紗兩廠作爲商股。	章程三十七條，不糾洋股，租廠以五年期滿更換商人承租接管。由老股典商五家聯名具保。	光緒三十三年四月，承租職商費承蔭呈請立案批准。

品類	省分	定名	建設地址	宗旨	辦事人	資本金	章程	呈報立案
紡織類	江蘇	利用紡織公司	江蘇江陰北門外閘西	機器紡織。	祝廷華、嚴良桂、洪玉麟、嚴良樾、嚴良恩、章成駒、湯心瑞、錢維錡、吴增元。	集股三十萬兩。	章程二十條，遵商律有限公司辦法。	光緒三十三年六月，江陰商務分會呈請立案批准。
		業勤紡織廠	江蘇無錫東門外	機器紡織。	楊宗濂等。	集股二十四萬兩，每股百兩分二千四百股。	章程未呈部。光緒三十三年八月據職商劉頌年等稟控各節已咨江蘇巡撫飭查核辦，並令遵章妥訂條規呈部註册。	光緒三十三年十月，江蘇巡撫查覆批飭遵照在案。
		虞興織布公司	江蘇昭文大東門外下塘	專辦織布。	盧頤等。	集股一萬五千元。	章程十三條補呈更正第七條，並刷印股票式樣。	光緒三十三年十月，常昭商務分會呈請立案批准。
	安徽	大盛織布總廠，大濟織布分廠	安徽休寧縣屯溪鎮	購機織布。	余顯謨等。	總廠集股三萬四千元，分廠合籌六千元，入股者先繳半數，餘俟開機日續繳。	章程八條，先籌款試辦，俟有成效再行推廣。	光緒三十一年八月，安徽巡撫查覆准其立案。
		開源織布公司	安徽池州府銅陵縣大通中市	機器專織東洋各花色棉布。	劉樾、姚京受、劉鑄材。	集股一萬兩，每股百兩共一百股。	章程十條，悉遵商律辦理。	光緒三十一年九月，安徽巡撫咨部立案覆准。
		大公紗廠	安徽蕪湖	機器紡紗。	唐致隆、宋芳賓、宋芳森。	集股五十萬兩，每股銀十兩共五萬股。	章程九條，援照上海華盛鎮江潤昌各紗廠章程辦理。	光緒三十二年三月，職商唐致隆等呈請立案批准。

（續表）

品類	省分	定名	建設地址	宗旨	辦事人	資本金	章程	呈報立案
紡織類	河南	廣益紡紗公司	河南開封省城	仿造洋紗，隨後推廣織布。	馬希援等。	集股五十萬兩。	章程十五條，股銀分三次繳清，入股時繳十成之四，開辦前繳十成之三，餘限開辦三箇月後繳齊。	光緒三十年十二月，河南商務議員胡翔林呈請立案批准。
	福建	經源染織公司	福建省城	興辦染織。	林守良、林秉方。	藉助官款七千兩，限五年内繳還。公司招集股本一萬元，每股百元，共一百股。	章程十條，官款免息，惟商股應照生理章程起息八釐，以廣招徠。	光緒三十二年閏四月，閩浙總督咨部立案覆准。
	浙江	和豐紡織公司	浙江寧波鄞縣江東冰廠跟	專辦紡織，兼軋棉花。	戴勳、顧釗、周墉、鄭賢滋。	集股六十萬元，每股百元共六千股。	章程二十條，悉遵商律辦理。	光緒三十一年七月，職商顧釗等呈請立案批准。
蠶桑類	湖南	廣生蠶桑公司	湖南郴州城内正街	種桑飼蠶售絲。	陳先澤、陳九韶、歐陽友鑫、潘賢、鍾、田宗崧。	集股一千五百元，原招三十股繳齊，續招三十股分三次繳清。	章程十條，分始、中、終三節。始節除種桑飼蠶售絲外，招集股東子弟教以育蠶繅絲諸法；中節置織機或開線號；終節造繭灶設繭行。其規條所未載者，悉遵商律辦理。	光緒三十二年九月，職商陳先澤等呈請立案。三十三年六月，據湖南商務總會申稱俟郴州覆到即行禀報。
	河南	阜豫蠶桑公司	河南南陽府城東七里	現已購地一百三十餘畝，植桑二萬餘株，擬再擴充地畝蠶舍，培植桑秧，改良蠶絲，以闢利源。	李德炳等。	集股前後湊成二萬兩。	章程四條，遵照商律股分公司辦法，股分繳足不再向股東加添。儻有虧折，遵商律第二十九條辦理。	光緒三十三年六月，職商李德炳等呈請立案批准。

（續表）

品類	省分	定名	建設地址	宗旨	辦事人	資本金	章程	呈報立案
蠶桑類	四川	蠶桑公社	四川合州	提倡實業，創立公社，爲改良蠶桑、開闢利源起見。	張森楷。	張森楷首先出銀一千兩，署州牧陳夔麟出銀二百兩，前後外招股款八千兩，共集股九千二百兩。	章程未呈部。	光緒三十二年五月，職商張森楷呈請立案，當咨四川總督飭屬查覆核辦。
		三台縣繅絲廠	四川三台縣城内	購機繅絲，改良土法，研究工藝，冀廣銷路，而闢利源。	王永靖。	資本未經呈報。	章程未呈部。	光緒三十三年十二月，四川總督咨部立案覆准。

農工商部統計處《農工商部統計表》第二册《農業各局廠公司表》

品類	省分	定名	建設地址	宗旨	辦事人	資本金	章程	呈報立案
麵粉類	京城	雙如意衛生磨麥廠	京城宣武門外蘇線胡同	自製雞磨，取用靈便，所出之粉精潔，有益於衛生。	董文田。	資本二千兩，獨資商業並不招股。	章程據呈式内稱悉遵部章辦理，未經呈部。	光緒三十二年閏四月，商人董文田稟請立案批准；九月呈部註册給照札飭保護。
		豐順麵粉公司	京城	用直隸河南山東等省之麥磨成麵粉，銷路暢旺，仍擬添機擴充辦理。	朱錕。	集股三十萬兩。	章程二十二條。	光緒三十二年八月，職商朱錕呈請立案批准。
	江蘇	海豐麵粉公司	江蘇海州青口	海贛素稱産麵之區，青口一帶地接山東，麥係夜間開花，麵粉味厚而爽，最利養生。設廠於此，可以開通偏僻地方。且向賴出口爲生之行户、船户、小工人等，亦得藉此日謀升斗，不至頓令失業，地方隱患並可潛消於無形矣。	許鼎霖等。	集股二十萬兩。	章程十三條，凡集股、購機、買地、造廠、開機、分利等事，詳細備載。	光緒三十年十一月，職商許鼎霖等呈請立案批准；三十一年八月由上海商務總會呈部註册給照咨飭保護。

（續表）

品類	省分	定名	建設地址	宗旨	辦事人	資本金	章程	呈報立案
麵粉類	江蘇	大豐麵粉公司	江蘇清河縣		劉壽祺、王德楷。	集股十萬兩。	章程十條，所出麵粉不銷本地，專運上海、南京、蘇州、漢口等埠銷售。	光緒三十二年二月，職商劉壽祺等呈請立案批准；四月呈部註册給照咨飭保護。
		裕亨麵粉公司	江蘇揚州府	勸集華股就地設廠，以冀挽回利源。	朱疇。	集股二十萬兩。	招股章程十條。	光緒三十三年六月，職商朱疇呈請立案批准。
	浙江	通久遠麵粉公司	浙江寧波府北門外灣頭地方	招寧波股實紳商於舊有通久源紗廠傍，建設麵廠以挽利權。	嚴信厚等。	集股十萬元。	章程未呈部。	光緒三十年六月，上海商務總會呈請立案批准。
		茂新碾米公司	江蘇無錫縣	原呈開設茂新機器麵粉公司，嗣因麥貴粉賤，銷路疲滯。該廠以機器閒置，添配碾米，係爲羈留工匠，免致坐耗起見。	張石君等。	集股六萬兩。	章程十條。該公司前集三百五十股，每股規元一百兩，現添二百五十股，共集六百股，合成規元六萬兩。官利常年一分起息。	光緒三十年十二月，商人張石君等稟部註册給照，咨飭保護；三十二年十二月上海商務總會呈報改爲碾米准予立案。
紙煙類	京城	大象煙捲公司	京城宣武門外老墻根	設廠製造煙捲，一切均按商家辦理，不設總辦、提調等名目，以節糜費。	周錫璋。	合資五萬兩。	籌辦章程八條。	光緒三十一年，職商周錫璋呈請立案批准。
		富貴捲煙公司	京城	仿製呂宋煙兼造紙煙。	樊敦甫。	資本未經呈報。	章程未呈部。	光緒三十三年十二月，商人樊敦甫稟請立案批准。

（續表）

品類	省分	定名	建設地址	宗旨	辦事人	資本金	章程	呈報立案
紙煙類	直隸	北洋煙草公司	直隸天津閘口	事屬創舉，按試辦成本覈以時價頗有餘利。惟意在抵制，以廣銷爲主，故開辦以來，格外減價招徠，不能計利，俟行銷有準，酌量漸加，方有把握通盤覈計，酌盈劑虛，其利尚厚。	黄璟首先提倡，推爲官總董，李實詒爲商總董，另有司事管理等員。	官商各股共六萬二千兩，擬再招商股四萬兩。自三十年出貨起至年終結算照付官利五千餘元，並彌補前二年開辦經費五千餘元。	重訂官商合辦議約十條，招股章程十條，官任保護，商任經營，貨美價廉，以廣銷路。	光緒三十年八月，職商黄璟等呈請立案批准。
		愛國輪船牌紙煙公司	京城工藝商局内	煙名愛國，藉以表明人人宜有愛國之心。又以商局屢次出洋賽會均得超等文憑，取海外奪標之意，書一商旗輪船曰輪船牌。	黄思永等。	集股五萬元。	招股章程八條。	光緒三十一年六月，職商黄思永呈請立案覆准。
	江蘇	三星紙煙公司	江蘇上海蘇州河南岸	專用機器製造紙捲煙，爲推行土貨起見。	劉樹屏等。	集股十萬兩，分作一千股，每股規銀一百兩，先收六成，計收銀六萬兩，其餘四萬兩以備擴充。	章程二十三條。遵照商律有限公司辦法，股本全數繳足後，不再向股東添取，即有虧耗，亦不向股東追補。	光緒三十一年九月，上海商務總會呈部註册給照咨飭保護。
		四明紙煙公司	江蘇上海車袋角	製造各種紙捲香煙。	朱疇。	集股十萬元，作二萬股，每股五元，先交四成，計洋二元，共計四成股本，洋四萬元，餘俟續招。	章程十三條，遵照商律有限公司辦法。	光緒三十二年十一月，職商朱疇呈部註册給照咨飭保護。

(續表)

品類	省分	定名	建設地址	宗旨	辦事人	資本金	章程	呈報立案
紙煙類	山東	濟和煙草廠	山東濰縣	該廠前在日本開設，濟和公司推廣内地，創製煙捲，以興商業。	邱天錦。	合資九萬元。	創辦章程二十條。	光緒三十二年六月，山東商務議員朱鍾琪呈請立案批准。
		恒利紙煙公司	山東煙台	山東所産煙草性質佳美，爰集合公司用太師、少師、雙師、雲鶴等牌號。	易懷遠。	集股五萬兩，以一百兩爲一股，長年官利七釐，自交銀之日起算。	創辦章程大綱十二條，辦法十六條，招股簡章九條。	光緒三十二年閏四月，職商易懷遠呈請立案批准；十月山東商務議員朱鍾琪呈部註册給照咨飭保護。
		中安紙煙公司	山東煙台	製造紙煙減價銷售，牌號用雀梅圈鹿頭爲記。	唐世鴻等。	集股二萬兩共四十股每股五百兩。	集股開辦章程七條，股東日後有不欲合辦者，不准抽出股本，只可將股票轉售股友。如股友無承接者，始准售給他人。	光緒三十二年十月，職商唐世鴻等呈部註册給照咨飭保護。
	湖北	福華紙煙公司	湖北漢口鎮	機器製造紙煙。	孫鍾偉、葉恭綽。	集股一萬五千兩。	簡明章程七條，開辦後稟請商務局隨時保護。辦有成效，並請轉詳湖廣總督嚴禁冒牌，以免傀奪。	光緒三十二年七月，職商孫鍾偉等呈部註册給照咨飭保護。

品類	省分	定名	建設地址	宗旨	辦事人	資本金	章程	呈報立案
油酒類	江蘇	贛豐餅油公司	江蘇海州青口	因營口設立機器油廠，青口土法餅油因之滯銷，乃改良製造以保利源。	許鼎霖等。	集股三十萬兩。	集股章程十四條，條規二十九條。	光緒三十一年，職商許鼎霖等呈請立案批准，在海屬境内專辦五年。
		大均餅油公司	江蘇常州府城外文成壩	養貧民以靖地方，廣商貨以裕税釐。	惲祖祁等。	集股三十萬元。	章程二十七條。	光緒三十二年十月，職商惲祖祁呈請立案批准。
	安徽	裕興榨油公司	安徽潁州府	爲挽回利權，講求衛生起見。	程恩培。	集股二十萬兩。	章程十二條。	光緒三十二年三月，職商程恩培呈請立案批准，在潁屬境内專辦五年。
	山東	張裕釀酒公司	山東煙台	仿照西法釀酒出售。	張振勳。	集股一百六十萬元。	章程二十四條，另附節略。	光緒三十一年八月，北洋大臣奏辦；三十三年正月裁缺太僕寺卿張振勳呈請立案覆准，在奉天、直隸、山東三省專利十五年。
	河南	啓新榨油公司	河南陳州府商水縣周家口	周家口爲水陸通衢，進出貨物極其利便，現在該處度地建廠，係爲開通商務、利益民生起見。	丁殿邦等。	集股十萬兩。	章程八條。	光緒三十一年十月，職商丁殿邦呈請立案批准。
	湖北	允豐餅油公司	湖北漢口河街昌平里。南京、鎮江、上海均設分號。	湖北爲産豆之區，改良製造以興商業。	凌盛熺。	集股三十萬兩。	章程十三條。	光緒三十三年十月，職商凌盛熺呈請立案批准。

（續表）

品類	省分	定名	建設地址	宗旨	辦事人	資本金	章程	呈報立案
罐食類	江蘇	泰豐罐食公司	上海二十七保二十圖北小沙渡	近日商戰日劇，輸入物品爲數甚鉅，因設此廠爲挽回利源起見。	王家祐。	集股七萬元。	辦事章程八章二十一條。	光緒三十三年九月，上海商務總會呈請立案批准。
		頤和罐食公司	蘇州齊門外東匯	製造食品物精價廉，以期暢銷。	董楷生等。	集股一萬元。	章程八條，照商律股份公司辦法。	光緒三十三年十一月，蘇州商務總會呈請立案批准。
製靛類	江蘇	廣源靛業公司	江蘇如皋縣南鄉范湖洲	如皋産藍最多，徒以製靛襲用舊法，以致銷場日滯。該公司改良製靛，以廣銷路，係爲振興實業起見。	朱祖榮等。	集股一萬元。	開辦簡明章程一扣。	光緒三十三年五月，商人朱祖榮等呈請立案批准。

合計各直省農業局廠公司，業經報部核准立案者，紡織類三十五家，蠶桑類四家。

農工商部統計處《農工商部統計表》第二册《農政總表》

事實／年分	農會	農業學堂	農事試驗場（林業附）	農業各局廠公司	河工塘工（河決辦賑附）	水利	船政核銷
光緒二十九年			十月核准立案直隸農事試驗場。				

(續表)

事實＼年分	光緒三十年	光緒三十一年
農會		七月核准設立山東泰安農桑會。
農業學堂	二月核准立案湖北農業學堂。五月核准立案直隸高等農業學堂。九月核准立案山西農林學堂。	九月核准立案浙股蠶務學堂、粵股蠶務學堂、蠶織女學堂。十二月核准立案
農事試驗場（林業附）		七月核准立案山東農事試驗場、山東林業試驗場。
農業各局廠公司	三月核准立案江浙魚業公司。五月核准立案崇明大生紗廠。六月核准立案通久遠麵粉公司。七月核准立案天一墾務公司。八月核准立案裕昌繅絲廠、北洋煙草公司。十一月核准立案海豐麵粉公司。十二月核准立案廣益紡紗公司、茂新碾米公司。	三月核准立案永豐紡織公司。四月核准立案大象捲煙公司、海贛墾牧公司。五月核准立案裕泰紡織公司、天津機器製絨硝皮廠。六月核准立案愛國輪船牌紙煙公司、通海墾牧公司、貴池墾務公司。七月核准立案華綸紡織公司、和豐紡織公司。八月核准立案張裕釀酒公司、大盛濟織布廠。九月核准立案振興紡織廠、上海絹絲公司、公益紡織公司、畜牧公司。十二月核准立案萬益織氈呢公司、濟泰公記紗廠、啓新榨油公司。
河工塘工（河決辦賑附）		
水利		
船政核銷		

（續表）

年分＼事實	農會	農業學堂	農事試驗場（林業附）	農業各局廠公司	河工塘工（河決辦賑附）	水利	船政核銷
光緒三十二年	正月核准設立山東蘭山農桑支會。		三月二十二日具奏請撥官地興辦農事試驗場，奉旨：依議，欽此。 四月核准立案奉天農事試驗場、福建農事試驗場。 七月核准立案山西農事試驗場。	正月核准立案裕華織布公司、山東魚業公司。 二月核准立案三益桑麻公司、益華織布公司、大豐麵粉公司。 三月核准立案大公紗廠、順昌墾務公司、樟興樟腦公司、裕興榨油公司、啓化織布公司、京師毛織公司、和豐織布公司。 四月核准立案蘇經蘇綸絲紗廠。 閏四月核准立案華豐織布公司、華盛織布公司、經源染織公司、雙如意衛生磨麥廠、恒利紙煙公司、利益公司。 五月核准立案寶興隆織布公司、志成紡織公司、蠶桑公社。 六月核准立案寶華織布公司、皮毛公司、濟和煙草廠。 七月核准立案富興實業紡織公司、富華工藝公司、鞏華製革公司、福華紙煙公司、惠州實業公司。 八月核准立案豐順麵粉公司、製革廠。 九月核准立案永裕墾務公司、廣生蠶桑公司。 十月核准立案大均餅油公司、中安紙煙公司、盧榮珊紡織局。 十一月核准立案四民紙煙公司、崇本樹藝公司。	九月二十日奉上諭，工部歸併商部，改爲農工商部，欽此。 十月奏銷山東黃河三十一年分拋砌甎石各工，用銀二十六萬八千十一兩八錢二分五釐五毫。 十月咨銷直隸清河二十九年分歲修各工，用銀一千一百六十一兩七錢四分。直隸清河三十年分歲修各工，用銀一千四十七兩六錢。 十一月奏銷直隸永定河三十一年分加撥歲修各工，用銀四萬兩。		

（續表）

事實 \ 年分	光緒三十三年
農會	五月核准設立直隸農務總會。九月十四日具奏農會簡明章程二十三條，奉旨：依議，欽此。
農業學堂	正月核准立案四川中等農業學堂。
農事試驗場（林業附）	四月二十九日奏給農事試驗場關防。
農業各局廠公司	正月核准立案奉天魚業公司、溧陽墾牧樹藝公司、崇實樹畜公司。二月核准立案阜生種植公司。三月核准立案正定林業公所、贛豐餅油公司。五月核准立案廣源靛業公司。六月核准立案利用紡織公司、阜豫蠶桑公司、瑞豐農務公司、裕亨麵粉公司。九月核准立案茅麓明農公司、吉金樹畜公司、泰豐罐食公司。十月核准立案允豐餅油公司、虞興織布公司、業勤紡織廠、保牛公司、茂達樹藝公司。十一月核准立案頤和罐食公司。十二月核准立案普生農牧公司、富貴捲煙公司、三台縣繅絲廠、福興墾務公司。
河工塘工（河決辦賑附）	二月奏銷直隸永定河三十一年分歲修搶修備防稭料運脚各工，共用銀十萬三百七十五兩八分七毫六絲五忽。直隸南運河三十二年分歲修搶修各工，用銀一萬二千五百九十六兩四錢八分九釐四毫。直隸東明黃河三十二年分歲修各工，用銀五萬六千六百四十五兩八釐三毫二絲。山東黃河三十一年分歲修各工，用銀五十一萬八千二百二十九兩六錢八分二釐六毫。山東運河三十一年分挑土搶險各工，用銀七萬四千九百九十三兩一分六釐。河南黃河兩岸八廳三十二年分歲修各
水利	
船政核銷	四月咨銷四川打箭爐中渡二十八年分修造渡船，用銀八十五兩二錢九分四釐一毫。十二月咨銷四川茹奉勒烏圍卡拉三十一年分拆修渡船，用銀三十五兩二錢五分零、麥五石四斗四升八合二勺零。四川翁古爾壟三十一年分拆修太平渡船，用銀三十二兩一錢一分、麥三石八斗四升三合二勺零。

（續表）

事實＼年分	光緒三十三年
農會	
農業學堂	
農事試驗場 林業附	
農業各局廠公司	
河工塘工 河決辦賑附	工,用銀三十九萬四千五百四十八兩八錢二分九釐。河南黄河兩岸三十二年分辦過石工,用銀八萬五千二百一兩六錢三釐。浙江三塘三十年分歲修各工,用銀十六萬五千六兩六錢六分一釐三毫五絲六忽。三月奏銷 直隸北運河三十二年分歲修搶修各工,用銀一萬四千三百九十八兩三錢六分二釐八毫。五月奏銷 河南蘭儀滎澤三十二年分歲修各工,用銀一萬一千三百九兩四錢三分六釐。
水利	
船政核銷	

（續表）

事實＼年分	光緒三十三年
農會	
農業學堂	
農事試驗場（林業附）	
農業各局廠公司	
河工塘工（河決辦賑附）	六月奏銷 直隸温榆河三十二年分歲修各工，用銀一千一百二十三兩二錢二釐二毫。 九月奏銷 山東運河三十二年分挑挖北下段各工，用銀三萬六千八百十七兩九錢二分四釐三毫。 十月奏銷 直隸清河三十一年分歲修各工，用銀一千一百九十八兩八錢七分。直隸清河三十二年分歲修各工，用銀一千二百七兩五錢四分。 十一月奏銷 熱河旱河分歲修各工，用銀二千九百九十七兩六錢一分。
水利	
船政核銷	

合計農務總會一處，農業學堂八處，農事試驗場七處（林業附），農業各局廠公司九十五家，河工核銷十九案，船政核銷三案。

定名	農工商部工藝局
建設地址	彰儀門大街
管理	署農工商部左侍郎、內閣學士、耆齡，右參議袁克定。
辦事員	駐局坐辦陳秉鑑，駐津坐辦陳慶麟，駐局幫辦楊鴻綬，稽查處正稽查蕭乃昌，會計處正會計謝栢森，副會計甘國正，庶務處正庶務于守仁，副庶務開周，文案處正書記卓啓堂，副書記黃松年，收發處正收發李秉仁，副收發卓履昌，巡查處正巡查李永清，副巡查薩淩阿，織工科監工傅葆華，染工科監工葉振元，木籐工科監工劉湯銘，皮工畫漆科監工胡紹裘，紙工科監工王岐，料工科監工劉壎，畫圖繡
工科	本局現設十二科：織工科(織巾提花附)、繡工科、染工科(晒布彩印附)、木工科、皮工科、籐工科、紙工科、料工科、鐵工科、畫漆科、圖畫科、井工科，其餘隨時推廣。
工徒	工師十名，匠目七名，副匠目五名，頭等工匠五名，二等工匠三十一名，三等工匠十六名，工徒四百二十六名，統共額訂工師匠目工徒計五百名。
章程規則	本局於光緒三十三年擴充試辦，當將章程重加編訂，計全局以內，除各工科外，所有辦事員司共設八處：曰總務處，總管全局各項公務，由駐局坐辦禀承管理施行。曰稽查處，稽查全局一切利弊，掌管門户鎖鑰、工作時限及匠徒册簿等事。曰會計處，專司領發銀錢款項，核計各項帳簿，按月造具報銷等事。曰庶務處，掌管一切雜務與接待賓客、約束夫役，皆屬之。曰文案處，辦理全局文牘事
經費	光緒三十年，支購地蓋房並各科採辦材料成本，共京平足銀九千六百八十五兩七錢。支常月開支一切經費，共京平足銀一萬六千兩。光緒三十一年，支常月開支一切經費共京平足銀一萬七千兩。光緒三十二年，支修築馬路一切工程，共京平足銀五千七百兩。支常月開支一切經費，共京平足銀一萬三千兩。光緒三十三年，支改良建築工程，京平足銀十萬零八千六百四十三
成績	織工科，織直紋斜紋各種花素細布。染工科，用外洋煤染之法染成各色綢絲布疋。木工科，製中西一切新式木器。皮工科，製皮箱皮匣，現又添製皮靴、皮帶以及各項皮製之品。籐工科，製牀椅几架之類，現又仿照日本竹器，添製斑竹新式各器具。紙工科，製美濃紙、畫圖紙，可作信箋等用。料工科，製各種杯盤瓶罐之屬，素色、染色。一概能做。鐵工科，現正
開辦年月	光緒二十八年五月，爲創始開辦之期。光緒三十三年十月，爲擴充開辦之期。
分銷處所	本局西廠專設售品所一處，又在正陽門外西河沿設售品分銷所一處。
提要	查本局於光緒二十八年，經今郵傳部尚書升任順天府尹陳璧開始創辦，共設工廠十餘科，分官辦、商辦、官助商辦三大類。至二十九年奏請，將本局歸入商部辦理。是年八月，由順天府將本局移交商部，所有局中一切事宜，仍由陳侍郎督飭於上，而局中特派提調辦事，復委時寳璋、卓孝復爲稽查。至三十年十月，陳侍郎調任户部，遂將局事交本局總文案力鈞辦理。至三十二年正月，力鈞交卸，當由商部左丞王清穆接充本局管理，又派張奎爲提調。

（續表）

定名	建設地址	管理	辦事員	工科	工徒	章程規則	經費	成績	開辦年月	分銷處所	提要
			工科監工沈紹澍，井工科監工徐昌本。			宜，收發文件，掌管關防，保存各項文書，繕寫各項公件。曰公發處，職掌庫房材料與各科成品。所有一出一入、一買一賣，均以此處爲關鍵。本局所立售品所兩處，亦附屬之。曰巡查處，凡各匠徒下工以後，上工以前，在號舍食宿盥洗等事，均歸巡查照料而約束之。曰監工處，監工以管束工徒，研求理法爲宗旨。所有匠徒之勤惰、製品之優劣，詳細考核，力求進步，是爲監工之職任。以上八處，爲全局辦	兩零七分。支擴充各科經費，京平足銀二萬兩。支各科採辦材料成本，京平足銀五萬兩。支常月開支一切經費，共京平足銀三萬零三百三十八兩九錢二分五釐一毫。	整飭爐床，籌備器具，尚未開辦。畫漆科，製几架、盤盒等件。圖畫科，畫中法工細花卉，西法水彩山水並各種油畫。繡工科，繡屏風、挂鏡等類，其程度與日本所售高等成品相埒。井工科，統計三十三年，共鑿井十二處。			至是年九月，王左丞又將局務交卸，當由右丞熙彦接充爲本局管理，又委時實璋總理局務。此數年中舊制相仍，歷任辦理，無甚差異。至三十三年三月，今署左侍郎耆齡，左參議袁克定接充本局管理，委陳秉鑑爲駐局坐辦，重加整頓。所有舊有之房間地址，分東西各半，東半另築新廠，其地基房舍原有未購齊者，又補購之，鳩工庀材，經營數月。至九月工竣，遂於十月開廠。現在所辦各工科，有舊有者，有新設者，有因其舊名而又裁併改良者，斟酌損益，

（續表）

定名	建設地址	管理	辦事員	工科	工徒	章程規則	經費	成績	開辦年月	分銷處所	提要
						事之大綱。八處以外，特設講堂，全局工徒分爲兩等，析爲六班，俾各輪班上課，學習修身、國文、簿記、算術等學。本局之章程規則，其大致如此。至於詳細條目，曾經擬定簡章共三編，計十五章二百零九條，業經呈部察閱備案。					共立官辦十二科。所有辦理情形，業於開局之後，由部奏明在案。至舊局西面一半，其房舍廠院專備各商科工作之所。除已有之印刷、織錦、肥皂、華木、銀器各商科外，仍陸續招集，以資推廣。

合計奏辦農工商部工藝局一處。

農工商部統計處《農工商部統計表》第三冊《農工商部勸工陳列所表》

定名	建設地址	辦事員	章程規則	經費	陳列品	寄售品	遊覽人數	開辦年月	提要
農工商部勸工陳列所	正陽門外廊房頭條胡同	總理一員陸大坊，協理一員熙魁，庶務長一員方燕庚，庶務幫辦、理事員、文牘員、司事、書	本所辦事，分庶務、庋設、收支、文牘四處。庶務處規則十則，庋設處規則六則，收支處規則六則，文牘處規則九則。	光緒三十一年，支地價京平足銀六百兩。光緒三十二年，支建築工程及一切開辦經費，共京平	奉天一百四十二件，吉林六十七件，直隸六百八十一件，江蘇一千三百二十件，安徽二百六十一件，山東二百十七件，山西一百二十四件，河南一千零零一件，	北京各省寄售貨品共三萬九千二百八十一件，售出貨品共一萬六千一百八	十七萬三千五百三十四人。附註一：三十二年開辦至年底，遊覽人數六萬五千九百四十一人。	光緒三十二年十月初十日，開辦。	本所陳列貨品，專重工藝製造，將以比較觀摩，爲振興工業地步，而各種天產質料足供製造者，間加搜

（續表）

定名	建設地址	辦事員	章程規則	經費	陳列品	寄售品	遊覽人數	開辦年月	提要
		記、看護，共五十員。	本所采取商品，分教育品、美術品、製造品、機織品四種。本所另訂寄售章程二十七條，遊覽章程十二條。	足銀十萬兩。光緒三十三年，支修理工程採辦物品，共京平足銀六千四百九十八兩零六分四釐。支常月開支一切經費，共京平足銀一萬二千五百四十二兩。	陝西一百四十二件，甘肅四百四十八件，福建九十四件，浙江七百三十四件，江西一百九十一件，湖北二百九十一件，湖南八百七十四件，四川六百八十二件，廣東一千一百七十一件，廣西二百四十八件，貴州二十八件，購入品二千四百六十四件，計三千五百四十三種，共一萬一千一百八十件。	十件。	附註二：縱覽日期，因不收票，其遊覽人數未能併計。		采，以爲考求之資。嗣經編有貨品一覽表，呈部通行各省，以備考核。

合計奏辦農工商部勸工陳列所一處。

農工商部統計處《農工商部統計表》第三册《農工商部印刷科表》

定名	建設地址	辦事員	工科	工額	章程規則	成績品	開辦年月數	經費	提要
農工商部印刷科	宣武門內舊刑部街	提調二員錢承鋕、金紹城。管理一員章震福。會計一員孫紹賢。稽查一員章華。校勘一員張瑞芬。營業二員聶世銳、沈效曾。	排字所、鑄字所、刻字所、鉛印所、石印所、裝訂所。	正工人六名，副工人六名，藝徒二十名。	凡藝徒來科習藝，不收飯資，每於月底，擇其勤於學習者，酌給花紅，以示鼓勵。凡藝徒學習有成，給予畢業文憑，升爲本科工人。既升工人之後，應在本科作工三年，始準他處就業。其在科作工之日，仍按月給予工費，以示體恤。	光緒三十二年刷印本部官報十八萬八千五百册，各種書籍一萬餘册，零件四千餘件。光緒三十三年刷印本部官報二十萬一千三百册，法律館各種刑法書八千餘册，各種書三千七百餘册，零件五千餘册。	光緒三十二年四月開辦。	光緒三十二年，支開辦經費，京平足銀一萬兩。	本科以振興印刷業爲主，凡有定印各件，務求精良。

合計籌辦農工商部印刷科一處。

農工商部統計處《農工商部統計表》第三册《農工商部銀器科表》

定名	農工商部銀器科
建設地址	彰儀門大街工藝局西廠內
辦事員	管理一員潘斯熾，光緒三十一年八月札委，嗣於三十二年八月，奉派考查商務，旋離本差。顧祖彭，光緒三十二年八月札委接辦
工額	總教習一員黃紹鈞，廣東順德縣人。工師八名，均廣東人。藝徒二十名，均直隸人。
成績品	銀輪船一支，銀十二方鏤各樣花卉翎毛人物大酒碗，銀鏤花鍍金竹鶴花盤一對，銀古瓶式五支，大牡丹花洋燭臺一對，銀長四方式鏤人物首飾箱一對，銀長式刻花首飾箱一支，九成金各樣鑲嵌珍珠寶石手鐲三十九件，銀地燒景藍陸軍部章計二座，鏤雲龍七寸銀碟十二件，鏤竹菊花五寸銀碟六件，鑲珍珠寶石戒指一件。以上均光緒三十一年十月開工，至三十三年十二月止，所造之件。鏤花福禄壽三星鑲鍍金大如意二架，鏤花金煙捲盒一件，鏤各式花卉雲龍紙煙匣六十件，鏤花燒景泰藍寶星一座，鏤花四方亭式鍍金煙箱三座，鏤花蝴蝶項鍍金皂盒三件，西式銀手鐲十二件，通龍洗手碗十二件，古瓶式鏤福壽字鍍金酒樽一件，本部商勳正副二座，鏤花高座銀酒杯二件，十二方鏤各式花卉翎毛人物大銀酒碗一件，洋花金戒指一件，雞心式金相片盒一件，鑲珠金手鐲一對，鑲珠寶金鐲三十五支，藝徒成蹟品，銀炮船四件，西式銀手鐲十件，手巾捲十二件，小東洋車十輛，各式銀鍊十條，紙煙盒十件。
開辦年月	光緒三十一年八月開辦。
經費	光緒三十一年，支備置標本及教習、川資，共京平足銀八千六百九十三兩三錢五分二釐四毫六絲。支常月開支一切經費，共京平足銀五千五百五十五兩二錢三分。光緒三十二年，支成本及添置器具等費，共京平足銀二千九百五十四兩八錢五分三釐一毫。支常月開支一切經費，共京平足銀六千五百五十八兩四錢七分。光緒三十三年，支成本及添置器具等費，共京平足銀六千一百五十七兩九錢六分六釐零六絲。支常月開支一切經費，共京平足銀七千七百四十七兩八錢七分五釐。
提要	本科研究工藝，競求美術，製造西式各種銀器，銷行中外，藉爲工界生色。

合計籌辦農工商部銀器科一處。

農工商部統計處《農工商部統計表》第三冊《農工商部繡工科表》

定名	建設地址	辦事員	學科	學額	章程規則	成績品	經費	赴賽	開辦年月	提要
農工商部繡工科	宣武門內西單牌樓磨盤院 謹按,本科係暫租房屋開辦,俟擴充時再另覓處所。	管理一員胡祥鑅,經理一員余兆熊,總教習一員女士沈壽,副教習共七員。	專科刺繡。附科國文、圖畫。	額設女學生八十名。	原訂章程三十四條,續訂規則二十三條。	教習專繡山水、人物、花卉、蟲魚、鳥獸、煙雲、樓閣,學生先繡洋紗本花卉,繼繡緞本花卉,現在頭班能繡套鍼翎毛花卉。	光緒三十一年,支教習川資京平足銀六百兩。光緒三十二年,支常月開支並房租標本等項,共京平足銀七千一百四十兩零九分二釐八毫。光緒三十三年,支購買地基建築房屋,共京平足銀五千四百六十九兩六錢五分。支常月開支並房租標本等項,共京平足銀七千二百兩。	光緒三十三年七月,寄赴英屬麥魯奔賽會繡品大小四十一件。	光緒三十二年五月開辦。	本科宗旨,改良中國繡品,行銷外洋,養成女子優美藝術,俾人能自立,並開通女子智識,教以普通文字,而仍注重繡工,以符本旨。

合計籌辦農工商部繡工科一處。

定名	農工商部藝徒學堂
建設地址	西四牌樓北祖家街
辦事員	監督袁勵準,教務長張鍈緒,庶務長陸長儁,齋務長孫慶錫,檢察員牛光澂、興俊,醫官聞國臣,中文教員六員,中文助教八員,日本教員二十員。
宗旨	改良本國原有工藝,仿效外洋製造,使貧家子弟人人習成一藝,以減少遊惰,挽回利權。
學科	普通科:修身、算學、博物、物理、化學、歷史、地理、圖畫、幾何、國文、唱歌、體操。專門科金工科(鑄金、板金,附)、木工科(細工、雕刻附)、漆工科、染工科、織布科、織衣科窑業科、圖案科。速成科四班,二年畢業;完全科二班,四年畢業;預備科一班,四年畢業。
學額	原奏學額三百名,後添設預備班八十名。
章程規則	七章二十一條四十二則,皆遵照奏定學堂章程辦理。
經費	光緒三十一年,支建築工程,京平足銀六萬兩。光緒三十二年,支教務長等赴東洋聘教員購校品川資等項,共京平足銀一萬三千四百二十九兩七錢四分八釐。支開辦及常月開支一切經費,共京平足銀二萬七千二百三十七兩零四分一釐。光緒三十三年,支建築工程並洋教習租屋修理,共京平足銀五萬七千七百四十四兩八錢。支教務長等二次赴東洋聘教員購儀器預備各科材料,共京平足銀二萬兩。支置買儀器並各項教育品日用品,共京平足銀一萬零八百二十三兩三錢五分三釐九毫。支常月開支一切經費,共京平足銀六萬六千八百五十九兩四錢八分六釐九毫九絲。
開辦年月	光緒三十一年七月,總理學務處會同商部户部奏准立案,三十二年三月開辦。
提要	謹案,本學堂開辦伊始,由部奏派升任右丞紹英爲監督。至三十二年十月,紹右丞升補度支部右侍郎,遂將學堂事務交卸,由部奏派升任右丞熙彦接任。嗣升本部左侍郎,至三十三年四月交卸,復奏派升任前通政司正使郭曾炘接任。七月交卸,奏派南書房行走翰林院編修袁勵準接任。

合計奏辦農工商部藝徒學堂一處。

定名	農工商部高等實業學堂
建設地址	西四牌樓北祖家街
辦事員	監督袁勵準，教務長柏銳，庶務長王大貞，齋務長顧彥龍，文案兼會計官胡子明，掌圖書儀器官汪一誠，監學官程國璠、張象斌，檢察官王昌霖、范家煌，庶務官曾毓驥。
宗旨	講求高等工業，總以實踐試驗爲主。
學科	專科四大綱：化學科、機器科、礦學科、電學科。謹案，本學堂先辦普通二年，教授人倫道德學、數學、代數學、幾何平三角學、地理學、動物學、植物學、物理學、化學、地質學、英文等科，普通畢業後，除專習一科外，仍授人倫道德學、國文、解析幾何學、微積學、圖畫學。現在普通畢業，開辦專科，分四大綱。
學額	原奏學額一百二十名，後添自費附學四十名，共一百六十名。
章程規則	光緒三十年七月十七日奏定，章程十八章二百三十九則以資遵守。
經費	光緒三十年，支建築工程添買地基，共京平足銀二萬零七百七十兩。支購買儀器書籍及開辦一切經費，共京平足銀三萬四千一百二十五兩八錢零一厘。 光緒三十一年，支常月開支一切經費，共京平足銀六萬三千二百八十五兩四錢零九釐。支派遣學生留學外洋經費，共京平足銀五千五百零三兩八錢六分。 光緒三十二年，支常月開支一切經費，共京平足銀四萬五千兩。支學生留學費，京平足銀二千六百十八兩八錢七分。 光緒三十三年，支建築工程，京平足銀三萬兩。支購置化學機器等項，共京平足銀三千六百八十一兩七錢七分。支常月開支一切經費，共京平足銀三萬兩。支派遣學生留學外洋經費，京平足銀一萬八千五百四十七兩二錢九分。
開辦年月	光緒三十年二月二十二日，具奏籌辦高等實業學堂大概情形，三十年九月二十日開辦。
提要	謹案，本學堂開辦伊始，由部奏派升任右丞紹英爲監督。至三十二年十月，紹右丞升補度支部右侍郎，遂將學堂事務交卸，由部奏派升任右丞熙彥接任，嗣升本部左侍郎，至三十三年四月交卸，復奏派升任前通政司正使郭曾炘接任。七月交卸，奏派南書房行走翰林院編修袁勵準接，任其教務長一員。三十年四月間，由部奏派翰林院編修陳驤爲教務長，至三十三年五月告退，由本部員外郎王汝淮署理。未幾，旋派本部員外郎柏鋭接辦齋務長一員，先由教務長兼辦。三十二年七月，派陸軍部郎中顧彥龍爲齋務長。是年十二月，顧彥龍丁外艱，由本部主事胡子明署理。百日後，仍由顧彥龍接辦。庶務長先派法部主事孫傳奭辦理，三十年九月告假，由本部員外郎魏震接辦。三十三年四月，魏震外簡，由本部員外郎王大貞接辦，此本學堂歷任辦事員之大概也。本學堂先辦補習普通二年。三十二年十二月，考試普通畢業一百二十名，發給證書。三十三年三月，招考插班四十名。

合計奏辦農工商部高等實業學堂一處。

事實＼年分	光緒二十九年	光緒三十年
實業學堂 藝徒學堂		二月二十一日具奏籌辦實業學堂大概情形，奉旨：依議，欽此。四月十二日奏派實業學堂監督，四月二十二日奏給實業學堂關防，七月十七日奏訂實業學堂章程，九月十八日奏報實業學堂開學日期，十月十二日奏頒實業學堂圖書集成。
工藝局	八月初六日奉旨，順天府所設之工藝局著歸入商部辦理，欽此。九月十一日奏報接收，工藝局並刊給關防。	
銀器科 繡工科 印刷科		
勸工陳列所		
礦務	八月初六日奉上諭，現在設立商部，所有路礦事務應歸併商部，以專責成等因，欽此。十一月十四日，奏報接收路礦卷宗款項事宜。十月報部核辦安徽窑頭嶺煤礦。	二月初一日具奏礦務暫行章程三十八條，奉旨：依議，欽此。二月報部核辦奉天杉松岡煤礦。三月報部核辦安徽翎猪洞煙煤礦、安徽梁家山煙煤礦。四月報部核辦熱河小塔子溝金礦、江西萍鄉煤礦。六月報部核辦直隸白石溝煤礦。七月報部核辦直隸野北村煤礦、江蘇利國等處煤礦。
礦政調查	十二月熱河都統咨送熱河礦產表冊。	四月陝西巡撫咨送陝西礦產表冊。十月雲南巡撫咨送雲南貴川礦產表冊。
礦務議員附總理		五月奏派安徽礦務總理袁大化。
工業各局廠公司	九月核准立案京師華商電燈公司。	正月核准立案華寶製磁公司。三月核准立案龍章造紙公司。四月核准立案大照電燈公司。五月核准立案漢口玻璃製造廠。七月核准立案耀徐玻璃公司博山玻璃公司。十一月核准立案丹鳳火柴公司鈞窑磁業公司。十二月核准立案翔成筆鉛罐公司。

（續表）

事實＼年分		光緒三十一年
實業學堂	藝徒學堂	七月十七日會奏，議復御史王金鎔奏請添設藝徒及初學堂摺，奉旨：著由崇文門溢徵税項撥給三成，欽此。七月二十六日奏陳籌議藝徒學堂辦法，七月二十六日奏請撥給藝徒學堂官地。
工藝局		五月二十二日奏請撥給工藝局官地。
銀器科	繡工科　印刷科	八月開辦銀器科。
勸工陳列所		三月二十一日具奏設立京師勸工陳列所，道員報效鉅款，奉旨：道員吳懋鼎著以四品京堂候補，欽此。九月二十七日奏訂勸工陳列所章程並刊給關防。
礦務		二月報部核辦直隸饅頭山煤礦、熱河南票煤礦。四月報部核辦熱河潮河川煤礦。五月報部核辦山東金坑金銀礦、山東洪鑾埠金銀礦。六月報部核辦雲南銀洞等處錫礦、雲南陡岩廠錫廠。七月報部核辦安徽冶山煤鐵礦、山西王封山磺礦、奉天西營盤堡煤礦、安徽强家山柴煤礦、安徽猪形山煤礦、安徽罐窑山煤礦。十二月報部核辦江蘇棲霞山煤礦。
礦政調查		八月十七日具奏請飭設立調查局清釐礦產，奉上諭，著各將軍督撫遴員履勘填表咨報等因，欽此。十一月初一日具奏礦政調查局章程二十四條，奉旨：依議，欽此。四月陝西巡撫臣咨送直隸礦產表册。
礦務議員 附總理		八月十七日具奏請飭各省礦政調查局並札派礦務議員，奉上諭，各省所派專員，均准作爲商部礦務議員等因，欽此 九月奏派安徽礦務總理蒯光典。十一月札派江蘇礦務議員陳樹涵。十二月札派山東礦務議員朱鍾琪。
工業各局廠公司		

（續表）

事實＼年分	光緒三十二年
實業學堂 藝徒學堂	閏四月二十三日奏陳實業學堂經費，統由本部籌給。 七月二十七日奏訂藝徒學堂章程，十月十八日奏報藝徒學堂開學日期。
工藝局	
銀器科 繡工科 印刷科	四月開辦印刷科。 五月開辦繡工科。
勸工陳列所	十月初五日奏報勸工陳列所工竣及開辦日期。
礦務	二月報部核辦 順天石梯溝煤礦、順天勾勾崖銀鉛礦、直隸王家樓礦、安徽坦埠柴煤礦。 三月報部核辦 順天仙人洞金礦。 四月報部核辦 直隸馬連圪達煤礦、直隸黑坨山銀礦、直隸老母堂凹煤礦、江蘇孤山花家寺煤礦、直隸柏樹林煤礦、山東金銀胡蘆山金礦、直隸東岸子煤礦、山東棗莊煤礦。 五月報部核辦 安徽長狹坂泉水、塘柴煤礦、安徽瑯山柴煤礦、安徽梅精山柴煤礦、安徽饅頭山陳家沖柴煤礦、安徽饅頭山分水嶺柴煤礦、安徽大楓山柴煤礦。 七月報部核辦 浙江巖店柴煤礦。 八月報部核辦 直隸土木路煤礦。 九月報部核辦 江蘇幕府山煤礦、安徽徐沖口幢山寺煤礦、順天珠窩村銀鉛礦。 十月報部核辦 安徽牛形山柴煤礦、安徽炭沖山柴煤礦、安徽雷家滂柴煤礦、順天青龍澗煤礦。 十一月報部核辦 江蘇仙人洞鉛鐵礦。 十二月報部核辦 奉天小梨樹溝煤礦、奉天鞍子河鐵礦罐土廠、直隸康各莊煤礦。
礦政調查	正月奉天商務局造送奉天礦産表册。 正月河南礦政調查局造送河南礦産表册。 三月湖北礦政調查局造送湖北礦産表册。 閏四月兩江礦政調查局造送江蘇安徽江西礦産表册。 五月黑龍江將軍咨送黑龍江礦産表册。 八月湖南礦政調查局造送湖南礦産表册。 九月四川礦政調查局造送四川礦産表册。 九月兩江礦政調查局續送安徽礦産表册。
礦務議員 總理附	正月札派奉天礦務議員奭良。 二月札派陝西礦務議員張守正。 三月札派福建礦務議員羅臻禄。 四月札派廣東礦務議員周平珍、江蘇礦務議員許鼎霖、江西礦務議員劉景熙、湖南礦務議員涂懋儒。 閏四月札派廣西礦務議員周平珍。 五月札派吉林礦務議員王昌熾、直隸礦務議員梁敦彦，直隸礦務議員鄺榮光。 九月札派四川礦務議員沈秉堃，河南礦務議員韓國鈞。 十二月札派江蘇礦務議員王瓘。
工業各局 廠公司	三月核准立案青城造紙廠。 四月核准立案亨耀電燈公司。 六月核准立案吉祥甎瓦公司上海貨品陳列所。 七月核准立案上海隴西勸業場。 衆和風琴廠。 十月核准立案金陵機器火磚公司。

(續表)

事實 \ 年分	光緒三十三年
實業學堂	
藝徒學堂	
工藝局	十月初四日奏陳擴充工藝局辦法情形。十月初四日奏請工藝局購運物料照章免税。十月初四日奏請工藝局工徒畢業後應准順直各屬聘用。
銀器科	
繡工科	
印刷科	
勸工陳列所	
礦務	八月十三日會奏核議礦務章程正章七十四款附章七十三款，奉旨：依議，欽此。 九月十四日片奏擬定礦務章程施行日期，奉旨：依議，欽此。 正月報部核辦 熱河寶華山煤礦、順天老虎套溝煤礦。 二月報部核辦 浙江杏源莊煤礦、奉天崔家溝煤礦。 三月報部核辦 奉天康家東溝河金礦、奉天高麗溝煤礦、奉天羅家西溝煤礦、奉天馬架子煤礦、安徽倉家沖靈山寺煤礦。 四月報部核辦 山西同善鎮銅礦、奉天牧養正平石門河金礦、山西銅礦峪銅礦、奉天打虎莊煤礦、山西柳莊隘銅礦、山西瓦渣溝銅礦、山西桑池村銅礦。 五月報部核辦 浙江甘脚山煤礦、安徽王家山柴煤礦、吉林乃子山煤礦、奉天小南溝煤礦。 六月報部核辦 浙江水剪頭灣鉛礦、安徽樓坦墩煤礦、奉天北大平煤礦、奉天缸窑溝煤礦。 七月報部核辦 福建珍珠鄉等處煤鐵鉛石灰各礦、安徽煤山壕煤礦、奉天寧遠尖山子柴煤礦、奉天偏道溝柴煤礦、廣東老崑嶺煤礦。 八月報部核辦
礦政調查	二月兩江礦政調查局續送江蘇安徽江西礦產表册。 六月山東礦政調查局造送山東礦産圖。 十月兩江礦政調查局續送江西礦産表册。
礦務議員附總理	二月札派 甘肅礦務議員馬福祥。 三月札派 河南礦務議員張承聲、山東礦務議員蕭應椿、江蘇礦務議員翟衡璣。 四月札派 奉天礦務議員趙臣翼、奉天礦務議員孫海環。 五月奏派 安徽礦務總理李經羲。 六月札派 直隸礦務議員梁如浩。 十月札派 奉天礦務議員祁祖彝。 十二月札派 熱河礦務議員李樹南、湖南礦務議員蔣德鈞、直隸礦務
工業各局廠公司	正月核准立案 營口水道電氣株式會社。 三月核准立案 江西瓷業公司。 四月核准立案 新興造紙公司泰山湧記公司。 五月核准立案 瀋陽馬車鐵道公司、山東華商電燈公司。 七月核准立案 揚子機器製造公司。 八月核准立案 粵湘川鄂鐵路材料廠啓新洋灰公司。 九月核准立案 江西省城電燈公司。 十月核准立案 湖北水泥廠。

（續表）

事實 \ 年分	光緒三十三年
實業學堂	
藝徒學堂	
工藝局	
銀器科	
繡工科	
印刷科	
勸工陳列所	
礦務	浙江烏石灣銻礦、江蘇銅冶山銅煤礦、浙江姜灣山銻礦、奉天白楊木溝煤礦、山東沂州等處煤礦、奉天頭道溝煤礦、安徽八畝田柴煤礦、奉天搭連咀子煤礦、安徽大凹山柴煤礦、廣東那料堡金礦。 九月報部核辦 安徽龜形山柴煤礦、奉天張家溝煤礦、廣東印光山煤礦、江蘇硃山煤礦、江蘇馬鞍山煤礦。 十月報部核辦 江蘇蜈蚣凹柴煤礦。 十一月報部核辦 浙江鉅溪莊銻砂礦、奉天尖山子煤礦、浙江磜谷莊銻砂礦、廣東鶴邊坑頭嶺煤礦、奉天雜樹溝煤礦、廣東清湖洞鉛礦。 十二月報部核辦 江蘇林山煤礦。
礦政調查	
礦務議員 附總理	議員蔡紹基、直隸礦務議員李德順、雲南礦務議員劉孝祚。
工業各局廠公司	

合計實業學堂一處，藝徒學堂一處，工藝局一處，繡工科一處，銀器科一處，印刷科一處，勸工陳列所一處，礦務一百十處，礦政調查十六案，礦務議員三十二員（總理附），工業各局廠公司二十八家。

品類	省分	定名	建設地址	宗旨	辦事人	資本金	章程	呈報立案
電氣類	京城	北京華商電燈公司	西陽門內西城根	本公司專集華股由華商承辦。	史履晉等。	二十萬兩作爲二千股，每股京二兩平足銀一百兩正。	公司章程十三條，用人辦事章程十六條，其用人辦事各節仍隨時呈部核奪。	光緒二十九年九月，職商史履晉等呈報。三十年八月，本部奏准立案。
	奉天	營口水道電氣株式會社	總行設在營口，分行設在日本東京。	創辦營口地面自來水暨電燈電車三項，以足敷該處居民需用爲度。	稟辦人日商天春又三郎，其清、日兩國代表董事尚未據報舉定。	原稟內稱日金二百萬元正因用日金字樣現飭更正。	自來水合同四十五款，電燈電車合同五十五款，大旨無甚出入，均經本部會同郵傳部核議更正，飭遵該會社之産業於合同期滿後歸地方官管業，不取價值。	光緒三十三年正月，外務部咨部立案復准。
	江蘇	大照電燈公司	鎮江西門外荷花塘	機器生發電力置備電燈，以備行銷本埠通商場及城內外各户之用。	郭鴻儀、張謇、惲毓昌。	規元銀十萬兩。	開辦集股章程十三條。	光緒三十年四月，職商郭鴻儀等呈請立案批准。
		亨耀電燈公司	江寧水西門上浮橋	安設江寧城內外各處電燈。	先舉李經楚爲總董，後因差告退，公舉舒繼芬接辦。	股本二十萬兩分二千股每股一百兩。	開辦集股章程十四條。	光緒三十二年四月，江南商務局詳請立案批准。
	山東	山東華商電燈公司	新廠在省城西門外沿城迤北官地。舊廠在撫院署後西北隅，現改爲分廠。	專辦省城電燈，並無別項貿易。	劉道恩。	試辦股本庫平銀四萬兩，續招股本銀十六萬兩，統共以二十萬兩爲限，每股庫平銀十兩共集二萬股。	集股章程十一條，辦事規則用人章程共十條，安裝電燈章程十七條。	光緒三十一年十二月，山東巡撫咨報。三十三年四月，山東商務議員蕭應椿呈送合同章程，五月核准立案。
	江西	江西省城電燈公司	江西省城	專辦電燈一項。	賀贊元、龍鍾洢。	集股五萬兩。	據報訂有招股章程，未據呈部。	光緒三十三年九月，職商賀贊元等呈請立案，當經本部咨查江西巡撫，未准咨復到部。

（續表）

品類	省分	定名	建設地址	宗旨	辦事人	資本金	章程	呈報立案
造紙類	直隸	新興造紙公司	在天津擇地購機建廠	因北洋報館、銀號各處林立，所用紙料率皆購自外洋，漏卮甚鉅，爲挽回利權起見。	楊寶慧、嚴琳。	集股十三萬兩，每股行平化寶銀一百兩，正計一千三百股。	招股簡章十二條，内第三條因與公司律未合飭令更正。	光緒三十三年四月，直隸總督咨部立案復准。
	江蘇	龍章造紙公司	上海租界外臨河	仿造外洋各色紙張。	奉派候補京堂龐元濟爲總理，札派補用道嚴義彬爲協理，江西候補知縣張繼曾爲坐辦。	先集商股三十萬兩，並由本部籌撥官股六萬兩。	試辦章程十條。	光緒三十年三月，本部奏准。三十三年五月開辦。
	浙江	青城造紙廠	湖州府南潯鎮	用新法製造，以振興實業挽回利權。	龐元濟。	資本八萬兩。	派人親赴日本學習製造，卒業回國，廠内經理各事皆係華人。	光緒三十二年三月，職商龐元濟呈請立案批准。
磁業類	河南	禹州鈞窑磁業公司	河南禹州	製造盤、瓶、爐、鼎、碗、碟等件，考究古法，兼仿洋式，如日人痰盂、法人食盤之類，務求古雅精細競爭美術。	由本地官紳籌辦。	集股五萬兩。	公司章程十九條，續訂章程六條。	光緒三十年十一月，河南商務議員胡翔林呈請立案批准。
	福建	華寶製磁公司	福建金門	用中國土質參以東西洋製法。	林輅存等。	集股十二萬元。	公司章程十六條。	光緒三十年正月，職商林輅存等呈請立案批准。
	江西	江西瓷業公司	饒州府浮梁縣景德鎮	改良土貨，仿造外瓷。	湖北補用道孫廷林會同江西司道呈請江西巡撫奏咨立案，官商合辦後改歸商辦，候選道曾鑄等爲發起人，公舉内閣中書康達爲總經理。	前議官商合辦，先籌開辦股本十五萬兩，後改歸商辦，議定股款二十萬元。因不敷周轉，添招二十萬元，共成四十萬元。	先官商合辦，擬定大綱十六條，子目二十二款。後改歸商辦，議定章程八章，計三十條。	光緒二十九年五月，江西巡撫奏准官商合辦，三十年二月本部核准。三十三年五月江西巡撫咨報改歸商辦，三十三年三月復准立案。

（續表）

品類	省分	定名	建設地址	宗旨	辦事人	資本金	章程	呈報立案
玻璃類	江蘇	耀徐玻璃公司	就徐州宿遷玻璃原料最旺之區建設工廠	因玻璃一項窗牖屏鏡所用平片，曾無一廠能自製者，其有損於中國利源甚巨，故合羣力以興實業，便民用以挽利權。	張謇等。	集股五十萬兩。	集股章程二十條。	光緒三十年七月，本部奏准立案，准其在徐州境内專辦十年。
	山東	博山玻璃公司	山東博山縣境内	選購汽機，用西法製造玻璃等件。	顧思遠等。	原集官商股本十五萬兩，續招股本三十五萬兩，共合銀五十萬兩。	試辦章程二十六條。	光緒三十年七月，職商顧思遠呈請立案批准。
	湖北	漢口玻璃製造廠	湖北漢口	製造玻璃等件。	林松唐等。	集股二十萬兩。	章程未經報部。	光緒三十年五月，職商林松唐等呈請立案批准。
甎土類	直隸	啓新洋灰公司	總理處設在天津，工廠設在灤州唐山。	採取灤州豐潤之馬家溝唐山、胥各莊一帶地方土石，用機器製造洋灰，運銷中外，以挽利權。	原由道員唐廷樞招股創辦數年，因虧停歇。現由北洋大臣派運司周學熙爲總理，道員孫多森爲協理。	集股一百萬元，正股定爲二萬股，每股五十元。其先入股之一萬股，每十股另給優先股一股，官利按年八厘。	開辦章程十五條，續訂暫行章程四十條，均經核准奏明立案。大概遵照商律股份有限公司辦法。	先於光緒十二年道員唐廷樞創辦，因虧停歇。二十六年運司周學熙委員試辦，三十二年奉北洋大臣諭招股擴充。三十三年七月北洋大臣咨部立案，八月本部奏准立案。
	江蘇	開成筆鉛罐公司	江蘇鎮江府丹徒縣螺獅山	購機器聘技師，製造鎔化金類之筆鉛罐。	張謇等。	集股十萬兩。	集股章程十三條。	光緒三十年十二月，本部奏准立案。
		金陵機器火磚公司	江寧朝陽門外白土山	專作火磚、火泥並各項陶器。	汪家聲等。	集股二萬元分作二千股每股十元。	招股簡章二十五條，其餘辦事章程均遵商律辦理。	光緒三十二年十月，職商汪家聲等呈請立案批准。

（續表）

品類	省分	定名	建設地址	宗旨	辦事人	資本金	章程	呈報立案
甎土類	江西	吉祥磚瓦公司	江西省城外雞籠山	用機器製造磚瓦，以改良舊法，保護利權爲宗旨。	徐象藩等。	集股一萬兩。	章程未據報部。	光緒三十二年六月，職商徐象藩等呈請立案批准。
	湖北	湖北水泥廠	大冶縣黄石港附近台子灣	就台子灣地方所産石質製造土泥，以供建築鐵路之用。	奏調湖北差委福建存記道程祖福承辦。	由該道創辦之河南清華公司所招股本内，先提三十萬兩作爲開辦之用。	章程未據咨部。	光緒三十三年八月，湖廣總督奏明開辦，奉硃批：該衙門知道，欽此。旋准咨部立案。十月本部具奏奉旨：依議，欽此。
機器類	湖北	揚子機器製造公司	漢口諶家磯地方購地建廠	購買漢陽鐵廠鋼鐵各料，製造鐵路、橋梁、車輛叉軌三項爲本務，逐漸推廣以能辦至製造母機爲止。	浙江全省鐵路公司、漢陽鐵廠，顧潤章、宋煒臣、顧溶、鄭清濂、許益。	集股三十五萬兩，分三千股，每股一百兩。	招股章程十五條，分宗旨股分結賬員董四項。	光緒三十三年六月該公司呈報到部，七月本部具奏將製造鐵路材料援照漢陽鐵廠成案請予立案免税，奉旨：依議，欽此。
		粤湘川鄂四省合建鐵路材料機器廠	武昌省城外濱江之下新河地方擇地設廠	自造鐵路應用鋼鐵各項料物，以塞漏卮爲要義。	由四省派員公同經理。	由四省鐵路股款内公攤每省攤十萬兩共四十萬兩。	章程未據咨部。	光緒三十三年八月，湖廣總督、四川總督、兩廣總督、湖南巡撫會同具奏，奉硃批：該衙門知道，欽此。八月鈔摺咨部立案。
勸工類	江蘇	上海貨品陳列所	上海静安寺路東愚園	陳列各省物品互相比較，以期精進。	劉樹屏等。			光緒三十二年六月，職商劉樹屏等呈請立案批准。
		隴西勸業場	上海	陳列中外商品工藝品以資研究。	李厚祐等。		開辦章程二十一條，其中分參考賣買兩所，各立詳細規則，以昭信守。	光緒三十二年七月，職商李厚祐等呈請立案批准。

（續表）

品類	省分	定名	建設地址	宗旨	辦事人	資本金	章程	呈報立案
雜項類	京城	丹鳳火柴公司	南城地面崇文門外後池	以便民用而保利權。	温祖筠等。	集股五萬兩，撥給官股五千兩。	招股章程十四條。	光緒三十年十一月，職商温祖筠等呈請立案批准，在大興宛平兩縣境内專辦十年。
		衆和風琴廠	西安門内劉蘭塑草嵐子大院路北	製造學堂所用風琴。	王肇恒。	獨資開辦。	並無章程，惟此項風琴據稱係該商獨出心裁仿製，一切機關全係自行構造，並不購自外洋。	光緒三十二年七月，商人王肇恒稟請立案批准。
		泰山湧記公司	正陽門外櫻桃斜街	專製造福壽牌，改良各樣對字轉鏆，自開銅鎖。	張樹桂。	獨出資本以敷用爲度。	並無章程，惟係該商人創製，聲明不准他商仿造，業經本部批准並咨行民政部、順天府飭屬保護牌號，毋許仿製。	光緒三十三年四月，商人張樹桂稟請立案批准。
	奉天	瀋陽馬車鐵道公司	自奉天車站起，入小西邊門，至小西關繞城外一週，回至小西關爲限。	以馬車鐵道一項爲限，不得兼營他業。祇准乘載往來行客，不得搭載手攜物件外之貨物。	華商分省試用道趙清璽、日商大倉喜八郎。	奉天小銀元十九萬元分爲一千九百股，每股一百元。	管理章程四十一條，條規三十二條，合同十四條，圖一幅。營業以十五年爲期，期滿解散。所有不動產全行報効公家，餘估價儘官收買。若期滿彼此願意續辦，再行稟請核奪。	光緒三十三年五月，東三省總督奉天巡撫咨部立案復准。

合計各直省工業局廠公司，業經報部核准立案者：

電汽類六家，造紙類三家，磁業類三家，玻璃類三家，甎土類五家，機器類二家，勸工類二家，雜項類四家，共八類二十八家。

省	礦
奉天	通化縣：大廟兒溝河金礦，崗山二三道溝金礦，帽兒山二道溝金礦，報馬川綫金礦，帽兒山三道溝綫金礦，六道溝銅礦，霸王槽鉛礦，大茘子溝鐵礦，四道江煤鐵礦，五道溝煤礦。興京廳：石廟子金礦，下浹河鐵礦，小浹河鐵礦，杉松河鐵礦，楊大林子鐵礦，小東溝銀鐵礦。興仁縣：石門寨煤礦，上下章丹煤礦。開原縣：英額門煤礦。遼源州：張家溝煤礦，蘆家屯煤礦，尾明山煤礦。錦縣：馬鞍山煤礦。西安縣：柳樹泉眼煤礦。懷仁縣：大小雅河石綿礦。以上各礦現正開採。鐵嶺縣：牧養正金礦，平石門金礦，柴河堡金礦，一面城金礦，猴兒石金礦，五溝頭
黑龍江	木蘭縣：朝陽山煤礦。呼蘭：都魯河沙金礦。餘慶縣：金牛山懷驩，洞馬鞍山煤礦。以上各礦現正開採，據黑龍江將軍於光緒三十二年五月咨送表册。
熱河附	沙河縣：行龍山煤礦，蜘蛛山煤礦。高邑縣：南焦村煤礦。獨石口廳：古子坊煤礦，桃樹底煤礦。承德府：駱駝梁金礦，甲山溝無煙煤礦，無素溝金礦，遍山綫銀礦，王姑屯西溝煙煤礦，龐家溝銀礦，西南溝煙煤礦，轎頂山銀礦，范家溝銀礦，干馬河銀礦，西大窪銀礦，八家子金礦，張三營煤礦，鷹窩川銅礦，松樹溝鐵礦。平泉州：密雲鄉煤礦，銅硐溝鉛礦，霍家地等處煤礦，土槽子銀礦，雞冠山硫金礦，熱水長皋金礦，公主陵金礦，鉛硐子銀礦，三道溝煙煤礦，五家子煤礦，印子峪煙煤礦，寬城子煤礦，西大窪煙煤礦，崗叉廟煤礦，缸窑溝煙煤礦，大小烈山煤礦，老君廟煙煤石煤礦，廟兒梁煤礦，煙筒山銀礦，蘇
江蘇	上元縣：青龍山柴煤礦，佛寧門煙煤礦。宿遷縣：白馬澗玻璃沙礦。海州：小西山白土礦。以上各礦現正開採。句容縣：丁家邊煙煤礦。江浦縣：楊家村鐵礦。江陰縣：黄山柴煤礦，花山煙煤礦，白龍山藍煤礦。丹徒縣：鐵岡頭鐵礦。海州：羽山金礦，錦屏山金礦，馬山硫磺礦。以上各礦尚未開辦。句容縣：石岡山煙煤礦，朱家凹柴煤礦，手巾山白鉛礦，浮山煙煤礦，石蘭山柴煤礦，華山柴煤礦。上元縣：把輝山柴煤礦，安吉山柴煤礦，湖山柴煤礦。江陰縣：白土山白土礦。丹徒縣：螺絲營筆
安徽	貴池縣：洗馬鋪煤礦。涇縣：梅花岡煙煤礦。繁昌縣：江塝冲柴煤礦。宿州：烈山嘴煤礦。霍邱縣：韓家冲柴煤礦。含山縣：前山煙煤礦，杜家山煙煤礦，車嶺煙煤礦。以上各礦現正開採。青陽縣：烏株嶺煙煤礦。東流縣：西華嶺柴煤礦。懷遠縣：虞耕山煤礦。霍邱縣：永灣鉛礦。巢縣：大佛嶺柴煤礦，大千嶺柴煤礦。宿松縣：蠻磨山柴煤礦，劉家山煙煤礦。太湖縣：夾㘭山煙煤礦，章姓山煙煤礦，思常保煤礦，徐姓山煤礦，大石保煤礦。懷寧縣：長安嶺柴煤礦，分龍嶺柴煤礦。潛山縣：多珠夫鐵砂
山東	章邱縣煤礦。淄川縣：菠菜園煤礦，馬家莊煤礦。新成縣鐵礦。泰安縣煤礦。長山縣鐵礦。新泰縣煤礦。萊蕪縣煤礦。寧陽縣煤礦。嶧縣：棗莊煤礦，馬山鐵礦，裘家山鐵礦，隴子煤礦。蘭山縣煤礦。郯成縣煤礦。費縣煤礦。莒州煤礦。蒙陰縣煤礦。封山銀礦。蓬萊縣：望猪溝硫磺鉛礦，金果山銀礦。棲霞縣：艾山花皮連礦，靈山金礦，翠屏山金礦。招遠縣：羅山礬礦，馬耳山鉛礦，玲瓏山金礦，中村集金礦，霧雲山砒礦。寧海州：蘆山金礦，卯山金礦。掖縣：紅巒埠銀礦，紅山銀鉛礦，九堡銀
河南	禹州：三峰山煤礦，桃園鄧禹寨煤礦，候溝煤礦。密縣：棗樹溝煤礦，楊寨煤礦，邵溝煤礦。湯陰縣：教場煤礦。林縣：太平莊煤礦，鐵爐村煤礦。武安縣：鼎盛坡煤礦，大興坡煤礦，長亭鉛銀礦。新鄉縣：沙溝澗煤礦。河内縣：小嶺村磺礦，柏山煤礦，東西馮封村小許莊煤礦，東西王封村煤礦，原長村煤礦，磕井村煤礦。修武縣：塔掌煤礦，廟河煤礦。鞏縣：張家溝煤礦。洛陽縣：崔家溝煤礦。宜陽縣：裏溝後山煤礦。新安縣：匡口磺礦，匡口河煤礦。澠池縣：梁坡煤礦。登封縣：青石嶺煤礦。汝州：陳家里煤礦。

（續表）

省	礦
奉天	金礦，廟兒嶺金礦，象牙山銅礦，三岔子銅礦，武家溝煤礦，大台山西營盤煤礦。興仁縣：太平溝金礦，千山台煤礦，望崗台蓮花，池煤礦，大青山砟礦，媽媽伙洛金煤礦，芍葉溝金煤礦，白石砬子金煤礦，石寨金煤礦。興京廳：灣甸子金礦，肥牛金礦，西大林子金礦，灘州堡子金礦，半拉嶺金礦，金廠嶺金礦，小棗河金礦，岩石嶺子銀礦，大東溝銀鐵礦，杉松崗煤礦。開原縣：三家子大橋溝金礦，牤牛嶺煤礦，沙河溝煤礦，大高麗屯煤礦。通化縣：雙道溝金礦，大小灘平河金礦，林子頭寶渡金礦，小廟兒溝銀礦，帽兒山四道溝煤銀礦，半截河煤礦，鹿尾林煤礦，三岔子砟礦，砬子溝砟礦。
黑龍江	
直隸熱河附	山子煤礦，松樹台煤礦，十大分煤礦。建昌縣：紅旗杆金礦，金廠溝梁金礦，蔘麥地金礦，格里格金礦，刀爾磴金礦，黑大山金礦，梅林皋金礦，百山圖金礦，團山子金礦，冰溝煤礦，五道嶺煤礦，鐵杖子煤礦，蛇立溝煤礦，康家溝煤礦，平台子煤礦，楊樹溝煤礦。朝陽縣：五家子金礦，奈曼溝金礦，黃金溝煤礦，當間溝煤礦，葦子溝煤礦，滲金溝煤礦，興隆溝煤礦，三寶札蘭營，子煤礦，小札蘭營子煤礦，水泉溝煤礦，叚木頭溝煤礦，小楊樹溝煤礦，札蘭營子河東煤礦。赤峯縣：紅花溝金礦，東西元寶山煤礦，柳條溝煤礦。豐寧縣：兩間房煤金礦，官家營子西溝金礦，四道溝煤礦，欒家營子金礦，小窑溝金礦，老果溝硫金礦，窄
江蘇	鉛礦。以上各礦現已停辦。據兩江礦政調查局於光緒三十二年閏四月三十三年二月兩次造送表冊。
安徽	礦，來寶河鐵砂礦。滁州：鳳凰山銅礦，毛草窪銅礦。以上各礦尚未開辦。銅陵縣：銅官山銅琉鐵礦，黃栗山柴煤礦，和嶺柴煤礦，陽隴柴煤礦，獅形洞磺鉛鐵礦。東流縣：烏石磯柴煤礦，閻王閘柴煤礦，湖坦保柴煤礦。南陵縣：黃荆墩柴煤礦。寧國縣：金山嶺柴煤礦。宣城縣：大牛山柴煤礦，鳳凰山柴煤礦，金家邊柴煤礦，楊家山柴煤礦，鄭家壠鼎記公司磺鐵礦。績溪縣：下塢山金礦，大障山銀礦。繁昌縣：五華山煙煤礦，銅山柴煤礦。懷遠縣：老鴉山柴煤礦。壽州：舜耕山柴煤礦。巢縣：葉家山柴煤礦，黃柴山柴煤礦，董
山東	鉛礦，平山銀鉛礦，黃山銀鉛礦，夏邱鋪金礦，括婁山煤礦，福山等處煤礦。平度州：潘家大山等處金礦，嵖岈山鉛礦，廓落崗鉛礦，潘家疃鉛礦，文山煤礦，武山煤礦。濰縣煤礦。益都縣煤礦。博山縣鐵煤礦。峨眉山金礦。團山金礦。昌樂縣煤礦。臨朐縣煤金礦。安邱縣：搶山銀礦，李家埠煤礦，曹家樓煤礦，白石嶺銀礦，丁家溝銀礦。諸城縣：韓家溝花皮，連礦。膠州：花林店鋪磁石礦，小竹山磁石礦，七寶山花皮連礦，孟慈村煤礦，從字屯煤礦，薛家溝河西村鉛礦。以上各礦現正開採。據山東礦政調查局光緒三十三年六月造送礦産圖。
河南	羅山縣：銀洞沖鉛硫礦，面鋪鉛硫礦，陳家樓鉛硫礦。寶豐縣：龍王廟煤礦。以上各礦現正開採。濟源縣：孫真人墳銅礦，三官殿秦嶺銅礦，馬頭山銅礦。嵩縣：德亭焦溝金沙礦，大青溝鉛硫礦，小青溝鉛硫礦。魯山縣：黃沙嶺銅礦。沁陽縣：銅山茶晶礦。桐柏縣：五台河鉛硫礦，竹園鉛硫礦。裕州：維摩寺鉛硫礦。信陽州：譚家河鐵砂礦，朱髻嶺銅礦，山夾店銅礦。光山縣：黃陂澇銅礦，葉家灣銅礦，戴家沖銅礦，沙窩保雲母石礦。商城縣：石門寨鉛硫礦，銀山頂銅硫礦，銀山溝銅硫礦。淅川廳：荆紫關金斗溝金砂礦。

（續表）

奉天	黑龍江	直隸熱河附	江蘇	安徽	山東	河南
懷仁縣：棹木台子金礦，大江沿老黑山河金礦，古馬廟金礦，太平溝底溝金礦，斜溝嶺線金礦，麻線溝金礦，大雅河西溝金礦，涼水泉子鉛礦，老鷹溝鉛礦漏河鐵礦。 遼陽州：弓長嶺金礦，石河寨金礦，商家台金礦，小河口銅礦，牛心台銅煤礦，蜂蜜胖子銅礦，紅蓮溝銅煤礦，大榆頂子鉛礦，核桃溝煤礦，柳樹泊子煤礦，茨兒山煤礦，北大甸子煤礦，張家溝煤礦，磨石峪煤礦，韓盤嶺煤礦，雞頭峪金銀礦。 鳳凰廳：弟兄山金礦，白水寺金礦，葦山河金礦，四門子金礦，草河嶺銅礦。 海城縣：鶯窩金礦，楊南溝金礦，什十孫金礦，安盧溝金礦，大抬溝金礦，盤嶺金礦。 岫岩州：莊河金礦，黃台嶺子金礦，石灰窑金礦，香爐溝金礦，		嶺西溝金礦，河南營子金礦，半崖子金礦，王家營子金礦，小黑溝銀礦，大營子小兒溝金礦，九龍山銅礦，龐家溝銀礦，鐵匠營銀礦。 灤平縣：廠子溝金礦，紅旗地金礦，八道河老仟溝金礦。 圍場廳：五台山硫金礦，小葦子溝煙煤礦。 以上各礦現正開採。 赤峯縣：鱸家莊金礦。 圍場廳：錐子山金礦。 以上各礦尚未開辦。 承德府：頭溝金礦。 平泉州：銅硐溝銅礦，轎頂山銀礦。 赤峯縣：啦嗎山金礦，白山吐金礦。 豐寧縣：九連溝硫金礦，塔黃旗西溝金礦，抬不動山銀礦。 圍場廳：半截川煙煤礦。 贊皇縣：王俄村煙煤礦。 以上各礦現已停止。		家山柴煤礦，尖山凹柴煤礦，龍泉庵巴耙山柴煤礦，浄土庵山柴煤礦，梅嶺柴煤礦，披簑嶺柴煤礦。 和州含山縣：馬山柴煤礦。 宿松縣：羅家嘴柴煤礦，老山柴煤礦，汪家灣煙煤礦，傅家隴煙煤礦，茅狗嶺煙煤礦，歐家屋煙煤礦，老虎山煙煤礦，薛家塢煙煤礦，曾子嶺煙煤礦，石家山煙煤礦，雙墩坡柴煤礦，楊家沖城郭山赤崗莊煙煤礦，張家塢柴煤礦，嚴家老塢柴煤礦，張家山煙煤礦，陶家山煙煤礦，張家山舒家山煙煤礦，冷家山煙煤礦，新倉冷姓鋪陶家山鹿駝保南安保煙煤礦。 滁州：張家坂煤礦，官塘沖柴煤礦。 以上各礦現已停止。 據兩江礦政調查局於光緒三十二年閏四月、九月，三十三年二月三次造送表册。		湯陰縣：崔村溝煤礦。 以上各礦尚未開辦。 據河南礦政調查局於光緒三十二年正月造送表册。

（續表）

奉天	黑龍江	直隸熱河附	江蘇	安徽	山東	河南
鍾家堡子金礦，龍王廟金礦，三道河子金礦，黑島煤鐵礦。 海龍府：香鑪碗子金礦，安子河鐵礦。 柳河縣：大林子金礦，稗子溝金礦。 廣寧縣：珠寶山金礦，金家屯金礦。 安東縣：紅石砬子金礦，太平川金礦。 寧遠州：夾山砬子山金礦。 寬甸縣：佛爺嶺銅礦，老營溝鉛礦，北吊帨子鉛礦，大小荒溝鉛礦。 錦縣：帽兒山煤礦，二郎洞煤礦，觀音洞煤礦，閈音洞煤礦，砬河山煤礦，達子營煤礦，叨叭石煤礦，蘇家溝煤礦，牤牛屯煤礦，小寺煤礦，磚瓦窑子煤礦，雙井寺煤礦，校街屯煤礦，沙菓屯煤礦，大窑溝煤礦。 蓋平縣：黃安口北岔銅礦，神樹山金銀礦，黑瞎子溝錫鉛銀礦。 西安縣：柳樹泉眼煤		據北洋大臣於光緒三十一年十一月造送表册，其熱河各礦由熱河都統於二十九年十二月咨送表册。				

（續表）

奉天	黑龍江	直隸熱河附	江蘇	安徽	山東	河南
礦，雞形頂子山煤礦，太平溝裏元寶山煤礦，太平河煤礦，愛青溝煤礦。 西豐縣：太平崗煤鐵礦，元寶山煤鐵礦。 以上各礦尚未開辦。 義州：松樹溝金礦，朱家溝煤礦，杏樹屯煤礦，北太平煤礦，高力井子煤礦。 興仁縣：葦塘溝鉛礦。 復州：元台子老窑坑煤礦。 廣寧縣：小黑山煤礦，石灰窑子煤礦，下萬山子煤礦。 興京廳：土口子煤礦，馬架子煤礦。 以上各礦業已停止，據奉天商務局於光緒三十二年正月造送表冊。						

合計現開各礦：

奉天二十五處，黑龍江三處，直隸九十四處（熱河附），江蘇四處，安徽八處，山東六十五處，河南三十三處。

未開各礦：

奉天一百二十五處，直隸二處（熱河附），江蘇九處，安徽十九處，河南二十三處。

已停各礦：

奉天十二處，直隸十處（熱河附），江蘇十一處，安徽五十七處。

陝西

同官縣：陳家河煤礦，雷家坡煤礦，灰堆坡煤礦，老虎溝煤礦。

澄城縣：下埝村寺前裏煤礦。

韓城縣：冶户川鐵礦，驢蹄溝煤礦，溝門煤礦，戲樓溝煤礦，東渠煤礦，後洞煤礦，平果渠煤礦，東溝煤礦，杏樹凹煤礦。

白水縣：黨家坪煤礦，銀條梁煤礦，軟棗樹煤礦，廟前煤礦，關西井煤礦，同心井煤礦。

漢陰廳：漩窩廳鐵礦。

安康縣：牛山石銅礦。

平利縣：龍潭砭煤礦。

中部縣：峪枝渠煤礦。

磚坪廳：陸口煤礦，小道河煤礦。

延長縣：煙務溝石油礦。

西鄉縣：東鄉鐵礦。

鳳縣：長坪鐵礦。

神木縣：大鹻淖鹻礦，小鹻淖鹻礦。

江西

崇仁縣：張家嶺煙煤礦，龍門江柴煤礦。

星子縣：大排嶺白土礦，佘家斜白土礦，江家山白土礦。

樂平縣：藕塘煙煤礦。

瑞昌縣：岩下聶家柴煤礦，大屋袁柴煤礦。

雩都縣：油蘿山柴煤礦，陳家山柴煤礦，小佛嶺柴煤礦，河樹洞柴煤礦。

餘干縣：大石山煙煤礦。

興安縣：前山煙煤礦。

蓮花廳：瑞坑柴煤礦。

新喻縣：花鼓山煙煤礦，延昌口煙煤礦。

以上各礦現正開採。

玉山縣：葉家塢煙煤礦。

星子縣：蕭家山白土礦，五福港白土礦，板橋山白土礦，青雲莊鉛鑛，破山水晶礦，七磯隴白土柴煤礦。

瑞昌縣：瓜山柴煤礦。

會昌縣：梗坑硫磺鐵礦。

湖北

武昌縣：銀山頭鐵礦，馬安革頭鐵礦。

興國州：炭山灣煙煤礦，胡蘆墩煙煤礦，羅漢山煙煤礦，睡虎山煤礦，鱗魚波煤礦。

嘉魚縣：李家山煤礦，任家橋煤礦，周家橋煤礦。

宜都縣：横磧鋪煙煤礦，紅花鋪煙煤礦。

建始縣：馬鹿山銅鉛礦，土魚河銅礦，銅廠坡銅礦，石板溪銅礦，安壋銅礦，茅草壩硫磺礦，九股山硫磺礦，獅子岩硫磺礦，和尚岩硫磺礦，狗子塲硫磺礦，倒落灣硫磺礦，雙路口硫磺礦，安家槽硫磺礦，龔家坡硫磺礦，流水溝硫磺礦，磺廠坪硫磺礦，螺絲岡硫磺礦，倒流水硫磺礦，大梁子硫磺礦，官店口硫磺礦，黑溝灣硫磺礦，伍家河硫磺礦，呂家灣硫磺礦，青山硫磺礦，土魚河硫磺礦，水吉溝硫磺礦，花子山硫磺礦，小石門硫磺礦，東洛河

湖南

益陽縣：板溪銻礦。

慈利縣：界牌峪雄黃礦。

湘鄉縣：坳台山蜜蜂腦鏨板塘磺礦，涵溪塅鉛礦，烏雲山煤礦，開家衝煤礦。

沅陵縣：花巖山銻礦。

邵陽縣：寶塔坪銻礦。

祁陽縣：洛山煤礦。

郴州：柴山磺礦。

以上各礦現正開採。

據湖南礦政調查局光緒三十二年八月造送表册。

四川

南川縣：萬盛場煤礦。

彭縣：大風壕銅礦。

會理縣：將軍石山銅礦。

鹽源縣：瓜別土司轄地沙金礦，右所土司轄地銅礦。

以上各礦現正開採。

瀘州：門斗山鐵礦。

此礦尚未開辦。

酉陽州：硃砂溪等處銅銻砂鐵水銀礦。

蘆山縣：大穴頭山銀礦。

蓬溪縣：蓬萊鎮煤油礦。

以上各礦現已停止。

據四川礦政調查局光緒三十二年九月造送表册。

雲南

易門縣：香樹子銅礦，豈咱銅礦，牛肩銅礦，馬乾田銅礦，萬寶廠銅礦，新屈銅礦，馬鹿村銅礦。

禄勸縣：多樂廠銅礦。

巧家廳：巧家廠銅礦，大水溝銅礦，茂麓子銅礦，膏梁地銅礦，九龍箐銅礦，大風嶺楊家村銅礦，乾溝銅礦，元寶山馬桑林菩薩林銅礦，大洪箐等九廠銅礦，淌塘銅礦，安樂箐銅礦，杉木箐銅礦。

會澤縣：碌碌廠等三十餘口銅礦。

永北廳：得寶坪銅礦，恒寶子銅礦，得寶子新廠銅礦，得寶子新山銅礦，裕寶廠銅礦。

麗江縣：迴龍廠銅礦，八寶廠銅礦，大竹箐等處銅礦，大發廠銅礦。

楚雄縣：凹舌哨地銅礦。

南安州：三家廠銅礦。

貴州

威寧州：銅廠河銅礦，西良山銅礦。

以上各礦現在開採。

據雲南礦政調查局於光緒三十年十月造送表册。

（續表）

省	礦
陝西	宜君縣：厚子坪煤礦，崔家溝煤礦。隴州：娘娘廟煤礦，石窑煤礦，苦駝莊煤礦。定遠廳：鹽場響洞鐵礦，石壩子鐵礦，芭蕉灣鐵礦。留壩廳：東河鐵礦。商州：西荆川煤礦，熊耳山煤礦。鎮安縣：貳台仔銅礦。雒南縣：趙家川鐵礦，煤塬煤礦，兑山煤礦。山陽縣：小河口銅礦。邠州：拜家河煤礦。淳化縣：老虎嶺煤礦。以上各礦現正開採。孝義廳：租子川鐵砂礦，蔡玉窑鐵砂礦，義興保鐵砂礦。華陰縣：松果山自然銅礦。鄜縣：苗家莊煤礦，同峪口煤礦。延川縣：永平川煤礦，青平川煤礦。
江西	興國縣：蠟樹下鐵礦。德化縣：金雞嘴金雞頭鐵礦，油洲窊銕礦，虎首山良天羅鐵礦，鐵門檻鐵礦，别脚勢天井窩鐵礦。新城縣：横港橋鐵沙礦。樂平縣：荷樹坳煙煤礦。贛縣：萬松山金沙礦。彭澤縣：崩山柴煤礦。泰和縣：沙逕鐵礦。瑞金縣：黎璧寨柴煤礦。鉛山縣：揭家塢煙煤縣。寧都州：河背村鐵沙礦，温坊鐵沙礦，石頭港鐵沙礦，鶩嶺牌鐵沙礦，筆架隴鐵沙礦。新喻縣：茶山褐鐵礦，佛岑山褐鐵礦。興安縣：雄嶺崗煙煤礦，尖石坑鐵煤礦，大灣煙煤礦，曹家灣煙煤礦。以上各礦尚未開辦。
湖北	硫磺礦，紅硃河硫磺礦，概頭河硫磺礦，賀家坪硫磺礦，焦石硫磺礦，楊家溝硫磺礦。竹山縣：四柯樹銅礦，鄧家台銅礦，聖母山磺礦。以上各礦現正開採。武昌縣：馬婆山鐵礦，廣山鐵礦。黄陂縣：净山廟社未詳礦質。大冶縣：鐵山保尖山脚鐵礦，象鼻山鐵礦，老鼠尾鐵礦，鱗鮀地鐵礦，方家山黑錳礦，紗帽翅鐵銅磺礦，東山堡尖山兒鐵礦，鳳凰堡北窿頭銅礦，猛虎山柴煤礦，石灰堡雞心窩柴煤礦，桐子包柴煤礦，屋後山柴煤礦，棗子園柴煤礦，伍廟堡王家山洋泥石礦，馬叫堡銅録山銅礦，松秧坪多羅蜜銀引礦，石臼山銅礦，喬店堡陳家山鉛礦，余冢山鐵礦猪頭山柴煤礦，金山堡石家山煤礦，猫磯堡四顧山柴
湖南	
四川	
雲南	定遠縣：大茂嶺銅礦。宣威州：小屯銅礦，大屯銅礦，獐子箐銅礦，西冲銅礦，皂衛銅礦，白草地銅礦，紹興河銅礦，大梨樹銅礦，大溝銅礦，阿渣密銅礦。路南州：竹山錫礦。嶍峨縣：峨臘廠銅礦。以上各礦現正開採。定遠縣：母雞溝銅礦，得宜廠銅礦，起龍溝銅礦。以上各礦尚未開辦。易門縣：獅子銅廠銅礦。昆陽州：三尖山馬踪嶺銅礦。嵩明州：月牙子地銅礦，老猴街大山銅礦。羅次縣：下甸大美廠銅礦，腰站濟公廠銅礦，下甸小新廠銅礦。大姚縣：雙龍地銅礦，六苴西木村銅礦。鎮南州：阿雄鄉豹子村銅礦。定遠縣：秀春廠銅
貴州	

（續表）

陝西	洛川縣：圪塄溝煤礦，樊家灣煤礦。紫陽縣：三台山未詳礦質，楸木溝未詳礦質，七寶寨未詳礦質。石泉縣：銀屏山未詳礦質，後雙嶂未詳礦質，後池河未詳礦質。以上各礦尚未開辦。寧陝廳：金雞兩河鐵礦，龍王廟鐵礦，汶水河鐵礦。鄠縣：濕折溝煤礦，銀洞溝鐵礦。畧陽縣：東鄉鐵礦。安塞縣：陳家碥煤礦。洋縣：鐵冶河鐵礦。以上各礦現已停止。據陝西巡撫於光緒三十年四月咨報及陝西礦政調查局於光緒三十一年四月造送表册。
江西	鄱陽縣：炭元頂煙煤礦。萬年縣：鬼嶺煙煤礦。豐城縣：張坊煙煤礦，下澤煙煤礦，南神嶺煙煤礦。清江縣：大窩嶺鐵礦，振塘山柴煤礦。新喻縣：銀銅坡柴煤礦，橫坡裏柴煤礦，老樟坡望山柴煤礦，上鐵山柴煤礦，下鐵山柴煤礦，銀石坳銀礦，鳳形山柴煤礦，昌天龍柴煤礦，木邨山柴煤礦，白梅太塘邊柴煤礦，楊梅嶺柴煤礦，山牛坡煙煤礦，蓮花墓柴煤礦，石崗硫磺礦紅土堎柴煤礦，銅樹坡柴煤礦，老鼠盤倉柴煤礦，高璧上柴煤礦，蕪陂褐鐵礦，金山崚柴煤礦，雞坑口柴煤礦，三十三坑白煤礦。高安縣：高郵市庫下煙煤礦，古樓岡玻璃石礦。興安縣：灰山煙煤
湖北	煤礦，古塘堡藕塘煙煤礦，金山堡五福窿煙煤礦，油花臉未詳礦質，老虎壋未詳礦質，大冶廟鐵礦，鐵門坎鐵礦，鐵山堡佘劉村鉛礦，土橋堡康中煙煤礦。黃安縣：睡虎山銅礦，明家山銅礦，黃金寨銅礦。宣恩縣：尖山坪黑鉛礦，桑木坪鐵礦。京山縣：五寶山煙煤礦，桐樹坡煙煤礦，張殷坳煙煤礦，鳳凰山煙煤礦，木魚夫煙煤礦。興國州：馬面山銅礦，龍角山鉛礦。南漳縣：丁家河銅鉛礦，竹馬溝銅鉛礦。東湖縣：羅家坡硫磺礦，霧渡浦硫磺礦，黃花峒硫磺礦。竹山縣：堰口河銅礦，豐石溝銅礦，秦家坪銅礦，煤炭溝銅礦，古城關銅礦，廟兒溝銅礦，么莊銅礦，三尖山銅礦，伍家坡銅礦，
湖南	
四川	
雲南	礦，青龍廠銅礦，青水河銅礦，高山頂銅礦，大水箐銅礦，挑水箐銅礦，洗澡河銅礦，濫泥箐銅礦，馬泰廠銅礦，龍寶廠錫礦，泰來廠錫礦，老旺廠錫礦，小老廠錫礦，小興廠錫礦。路南州：寶源廠錫礦，萬寶廠錫礦。魯甸廳：端公寨銅礦，烘籠寨銅礦，龍井溝銅礦，唐家溝銅礦，石龍河銅礦，箥合寨銅礦。保山縣：雙河銅礦，核桃坪銅礦，羅漢山銅礦，肆洪廠銅礦，户蒜廠銅礦。順寧縣：馬廠山銅礦。元江直隸州：老霧山銅礦，老霧山附近各銅礦。以上各礦現已停止。據雲南巡撫於光緒三十年十月造送表册。
貴州	

（續表）

省	礦
陝西	
江西	礦，樟樹塢煤礦，東潭煙煤礦，周家山煤礦，竹葉灣煙煤礦。 崇仁縣：三官寨柴煤礦，滄源柴煤礦。 廬陵縣：東坑煙煤礦，西邊山煙煤礦，湖山煙煤礦。 吉水縣：王家田煙煤礦，虎形山柴煤礦，紅旗嶺柴煤礦，墨潭柴煤礦，象形山柴煤礦，神洞柴煤礦。 安福縣：王家山柴煤礦，馬蹄山柴煤礦。 泰和縣：源中村池上鐵礦，橘園柴煤礦。 蓮花廳：檢磐口柴煤礦，水坑柴煤礦，梅嶺柴煤礦。 餘干縣：呈山煙煤礦，塢石煙煤礦。 樂平縣：牛頭山煙煤礦，缸甏山煙煤礦，鳴山背上碼頭煙煤礦，茅屋塲煙煤礦。 瑞金縣：石灰嶺煙煤礦。 會昌縣：蛇山東硫礦鐵礦。 鉛山縣：佛母嶺柴
湖北	陳家坡銅礦。 蒲圻縣：神仙鎮獅子山煙煤礦，荆沙團桃花嶺煙煤礦，竹箕坡銻鉛礦，大羅湖煤礦，馬蹄湖毛栗山煤礦，斗門團黄栗山煤礦，芙蓉山煤礦，古崙團祝家隴煤礦，蕭家竹園煤礦，雙坵團沙坡煤礦，大因團牛山坡煤礦，荆沙團荆泉煤礦。 建始縣：大坪銅礦，烏雲觀銅礦，黄梅埡銅礦，龍潭河銅礦，黑石溝鉛礦。 以上各礦尚未開辦。 咸寧縣：蔣家峒煤礦。 黄梅縣：鷂鷹寨煤礦，王家嘴煤礦。 黄安縣：高磜會煤礦。 長樂縣：灣潭銅礦，揚家台銅礦，犏擔埡銅礦，蕭家灣銅礦。 咸豐縣：大茅坡銅雜鐵質礦。 利川縣：儲料溝銅礦，顔家灣銅礦，和金
湖南	
四川	
雲南	
貴州	

（續表）

省份	
陝西	
江西	煤礦。玉山縣：風扇扭柴煤礦。星子縣：清水隴白土礦。瑞昌縣：龍興源柴煤礦，岩下垅柴煤礦，小山坳煙煤礦，楊樹港煙煤礦，張家港柴煤礦，大坳茗峰尖柴煤礦，觀音洞柴煤礦，乾港柴煤礦，砂屋港柴煤礦，楊泉柴煤礦，萬文紅柴煤礦，黄沙嶺柴煤礦，栗林頭柴煤礦，傅家泉柴煤礦，壚塘柴煤礦，張家坳煙煤礦。貴溪縣：瑶墟滑石礦。德化縣：牛眠嶺柴煤礦。贛縣：隴下西陂山長排嶺紫銅礦。以上各礦業已停止。據兩江礦政調查局於光緒三十二年閏四月，三十三年二月、十月三次造送表册。
湖北	灣銅礦，新小灣銅礦，舊小灣銅礦，米湯溪銅礦，徐家梁子銅礦，金字山銅礦，鐘靈山銅礦，納水溪二太平銅礦。當陽縣：大林堡煤礦，觀音寺煤礦，金米觀煤礦，高然溝煤礦，王家樓煤礦，楊公橋煤礦，劉家灣煤礦，井灣煤礦。麻城縣：八卦頂鉛礦，銀礦山鉛鐵礦，午方山鉛鐵礦，林家山柴煤礦。廣濟縣：大腦山柴煤礦，麟魚渡柴煤礦，金鐘山柴煤礦，尖山兒柴煤礦，大埒背柴煤礦，旗鼓下柴煤礦，細埒背柴煤礦，阮家山水井下柴煤礦，笠兒腦蠟燭山柴煤礦。長陽縣：資坵上岩落子煤礦。鶴峰州：九台香銅礦。宜都縣：獅子山煙煤礦，帽子尖煙煤礦。安陸縣：銅古山自然
湖南	
四川	
雲南	
貴州	

（續表）

省份	礦產
陝西	
江西	
湖北	銅礦，黃金山自然銅礦。 大冶縣：李家衝煙煤礦，陳木石橋煙煤礦，四耳海煙煤礦，童子腦柴煤礦，仙雞山煙煤礦，高椅山煙煤礦，株樹壢煙煤礦，杉樹岩煙煤礦，走馬山煙煤礦，石灰洞寶岩柴煤礦，沖天鳳煙煤礦，陰山溝煙煤礦，石峰尖煙煤礦，紗帽山煤礦，土地廟山煤礦，猫子肚柴煤礦，濫子窿煙煤礦，徐濱窿壋柴煤礦，聖洋港柴煤礦，水竹包柴煤礦，堵城磯煤礦，貓兒磯煤礦，竹木頭柴煤礦，太平菴柴煤礦，桂基坪煙煤礦，陳家灣煙煤礦，大王山煙煤礦，尖山兒鐵雜燐質礦，鐵山堡藟草林黑錳礦，白楊林黑錳礦，鐵山寺鐵礦，南和堡馬頸煙煤礦，西鄉敖山堡王三石煤礦，鳳凰山煤礦，楓樹堡李士墩飛鵞頭煙煤礦，和尚堡
湖南	
四川	
雲南	
貴州	

（續表）

省份	
陝西	
江西	
湖北	華興窿煙煤礦，金山堡中山腦煙煤礦，珠樹下煙煤礦，貓磯堡白峰尖柴煤礦，明家灣柴煤礦，道士洑煙煤礦。 興國州：富山頭煙煤礦，李家灣柴煤礦，佛煙沖柴煤礦，謝佘山煙煤礦，封山崗鮑家衝大興寶坑鉛鐵礦，水晶岩白鉛銀礦，銀山錳礦，觀音岩煙煤礦，古塘海煙煤礦，苦竹窪白鉛銀礦。 以上各礦現已停止。 據湖北礦政調查局於光緒三十二年三月造送表册。
湖南	
四川	
雲南	
貴州	

合計現開各礦：

陝西四十九處，江西十七處，湖北四十九處，湖南十處，四川五處，雲南四十六處，貴州二處。

未開各礦：

陝西十六處，江西三十三處，湖北七十七處，四川一處，雲南三處。

已停各礦：

陝西八處，江西八十四處，湖北九十七處，四川三處，雲南四十處。

省分	定名	地址	礦質	礦界	官辦 商辦 官商合辦	華股 華洋合股	承辦人	經費 資本	核准年月	給照年月 探照	給照年月 開照	附載
奉天	杉松岡煤礦	海龍府屬杉松岡	焦煤	東至鞍子山，西至西岡，南至黃榆□嶺，北至大楊界，共佔地三十方里。	商辦	華股	張紹華、秦德恩、羅玉潤、翟壽廷、闞永年、劉魁一、李茂勝、史璧臣、楊濟春、郭土有。	資本銀二萬兩	光緒三十年二月初七日，由盛京將軍咨報核辦。		三十一年正月二十四日核給開照十張。	杉松岡本係統名，其中舊有煤窰十處，各佔地二三方里不等，除山岡溝岔外，餘皆升科民地，每年由該礦商自行輸租。
	大窑溝煤礦	錦州府屬西北鄉大窑溝	煤	東至龍尾把山根小廟，西至青龍寺南至灰山，北至老墻。	商辦	華股	王岐山、顔之樂、單泳春、張芾、朱可園、曹廷臣。	資本銀一萬兩	光緒三十年九月十六日，由盛京將軍咨報核辦。		三十一年十二月初五日核給開照。	煤礦章程十八條經部查核。
	大台山西營盤堡煤礦	鐵嶺縣屬大台山西營盤堡	煤	東至長山子，西至小邊壕墻內，南至西營盤堡之西，南北至大台山，東西六里，南北五里。	商辦	華股	錫珍、王文恒、黃玉。	資本銀一萬兩	光緒三十一年十月初二日，由盛京將軍咨報核辦。		三十二年五月初一日核給開照。	試辦章程十條經部查核。
	小梨樹溝煤礦	東平縣屬小梨樹溝	炸煤	東至山荒，西至山荒，南至山荒，北至山荒。東西長一里又十分里之五，南北寬十分里之八，共佔地一方里又十分之二。	商辦	華股	王贊廷、馬毓賡、尚自周、徐郁文、聞榮、榮陞。	股本銀二萬兩	光緒三十二年十二月二十四日，由盛京將軍咨報核辦。		三十三年正月二十二日核給開照。	

（續表）

分省	定名	地址	礦質	礦界	官辦	商辦	官商合辦	華股	華洋合股	承辦人	經費 資本	核准年月	給照年月 探照	給照年月 開照	附載
奉天	鞍子河鐵礦，罐土廠	海龍府屬鞍子河	鐵，罐十。	鐵礦東至山岡，西至溝，南至王姓地，北至馮姓地。罐土廠東至岡，西至趙姓地，南至岡，北至溝。		商辦		華股		劉長富。	股本銀一萬兩	光緒三十二年十二月二十六日，由盛京將軍咨報核辦。		三十三年十月初三日核給開照二張。	鐵礦係陳姓山場，罐土廠係許姓山場，已與原地主議明納租。
	崔家溝煤礦	法庫□屬崔家溝	煤	東至荒格，西至馬姓地，南至恒道，北至河溝，佔地一方里。		商辦		華股		馬惠亭。	資本銀五千兩	光緒三十三年二月二十八日，由盛京將軍咨報核辦。		三十三年三月初七日核給開照。	
	康家東溝金礦	遼陽州屬康家東溝	河金	東至康家東溝，西至高家西溝，南至山根，北至山根。		商辦		華股		尚久榮、侯永。	資本二萬元	光緒三十三年三月十四日，由盛京將軍咨報核辦。	三十三年三月二十五日核給探照。		
	高麗溝煤礦	興京廳屬高麗溝	煤	東至河溝，西至山頂，南至謝姓墳地，北至張姓謝姓地，佔地四十六畝。		商辦		華股		宋潤田、宋福田。	資本銀一萬兩	光緒三十三年三月十四日，由盛京將軍咨報核辦；三十三年七月十一日，由東三省總督奉天巡撫咨請換照。	三十三年四月初七日核給探照。	三十三年七月二十六日核換開照。	

（續表）

省分	定名	地址	礦質	礦界	官辦 商辦 官商合辦	華股 華洋合股	承辦人	經費 資本	核准年月	給照年月 探照	給照年月 開照	附載
奉天	羅家西溝小煤嶺子煤礦	岫巖州屬羅家西溝小煤嶺子	爐煤	四至均有界石。	商辦	華股	傅恩財、張國雷、張國瑛、王友山。	資本銀八千兩	光緒三十三年三月十六日，由盛京將軍咨報核辦。	三十三年三月二十八日核給探照。		
	馬加子煤礦	興京廳屬馬加子	煤	東至東山坡，西至西山吊溝，南至三道溝，北至大道，長二里寬一里，計一方里。	商辦	華股	楊翰臣、依宗功。	資本銀五千兩	光緒三十三年三月二十一日，由盛京將軍咨報核辦。	三十三年三月二十五日核給探照。		
	打虎莊煤礦	開源縣屬打虎莊	煤	東至王姓，西至王姓，南至李姓，北至崔姓。	商辦	華股	秦鴻勝。	股本銀一萬兩	光緒三十三年四月初七日，由盛京將軍咨報核辦。		三十三年四月二十日核給開照。	
	牧養正平石門金礦	鐵嶺縣屬牧養正平石門	金河	東至牧養正，西至大盤林，南至洋莊子，北至平石門，佔地八方里一百零三畝十二步二十五分之二十一。	商辦	華股	王宗堂、馮國勳。	股本銀五萬兩	光緒三十三年四月十七日，由盛京將軍咨報核辦。	三十三年五月十一日核給探照。		
	牛頭崖小南溝煤礦	遼陽州屬牛頭崖小南溝	煤	東至王甘溝嶺，西至松樹嶺，南至大南溝嶺頂，北至小南溝口，佔地一方里又分方里之一。	商辦	華股	辛茂第、辛華堂、姜俊卿、趙延純、魯棟。	股本銀一萬兩	光緒三十三年五月初九日，由東三省總督、奉天巡撫咨報核辦。		三十三年七月十五日核給開照。	小南溝即係三道溝八合硐。

（續表）

分省	定名	地址	礦質	礦界	官辦	商辦	官商合辦	華股	華洋合股	承辦人	經費 資本	核准年月	給照年月 探照	給照年月 開照	附載
奉天	北大平煤礦	錦州府義州屬北大平	煤	東至山梁，西至山坡，南至六成窑，北至兔子圈，佔地二方里又十分方里之四分二厘四毫零七忽。		商辦		華股		句德徵、于邵蘭、孫質夫。	股本銀一萬兩	光緒三十三年六月初一日，由東三省總督、奉天巡撫咨報核辦。		三十三年六月十三日核給開照。	
	缸窑溝煤礦	錦州府義州屬缸窑溝	煤	東至山坡，西至山梁，南至小淩河，北至英哥窑，佔地一方里又十分方里之六分八厘八毫二絲。		商辦		華股		句德徵、于邵蘭、李錦堂。	股本銀一萬兩	光緒三十三年六月初一日，由東三省總督、奉天巡撫咨報核辦。		三十三年六月十三日核給開照。	
	偏道溝柴煤礦	寧遠州屬偏道溝	柴煤	東至溝，西至山，南至葫蘆頭溝，北至碭石溝，佔地計十分方里之一分三厘一毫四絲。		商辦		華股		張筱石、曹會臣、朱暢亭。	資本銀二千兩	光緒三十三年七月廿六日，由東三省總督、奉天巡撫咨報核辦。		三十三年八月十一日核給開照。	
	尖山子煤礦	寧遠州屬尖山子	柴煤	東至灰窑嶺，西至山坡，南至山根，北至田地。		商辦		華股		張儒。	資本銀一千兩	光緒三十三年七月十六日，由東三省總督、奉天巡撫咨報核辦。		三十三年八月十二日核給開照。	

（續表）

省分	定名	地址	礦質	礦界	官辦／商辦／官商合辦	華股／華洋合股	承辦人	經費資本	核准年月	給照年月 探照	給照年月 開照	附載
奉天	白楊木溝煤礦	錦西廳屬白楊木溝	煤	東至道，西至分水嶺，南至山，北至溝，佔地十分方里之三厘一毫六絲零五微。	商辦	華股	張儒、孫玉山、王德山。	資本銀一千兩	光緒三十三年八月十四日，由東三省總督、奉天巡撫咨報核辦。		三十三年八月二十八日核給開照。	
	頭道溝煤礦	寧遠州屬頭道溝	煤	東至葫蘆頭溝山根，西至二道溝，南至溝口，北至頭道溝。	商辦	華股	劉仙洲。	資本銀一萬兩	光緒三十三年八月十四日，由東三省總督、奉天巡撫咨報核辦。		三十三年九月初十日核給開照。	
	搭連咀子煤礦	撫順廳屬正黃旗界搭連咀子	煤	東至山頭，西至羅卜坎，南至山崗，北至山根，佔地五十畝。	商辦	華股	孫世昌、佟恩隆、佟松森。	資本銀一萬兩	光緒三十三年八月二十五日，由東三省總督、奉天巡撫咨報核辦。		三十三年九月初九日核給開照。	
	張家溝煤礦	遼陽州屬張家溝	煤	東至東山崗，西至崇寧寺，南至南台子，北至松樹嶺。	商辦	華股	曹佩文、四德堂、王程氏。	股本銀一萬兩	光緒三十三年九月二十七日由東三省總督、奉天巡撫查明咨覆核辦。		三十三年十一月初七日核給開照。	

（續表）

分省	定名	地址	礦質	礦界	官辦 商辦 官商合辦	華股 華洋合股	承辦人	經費 資本	核准年月	給照年月 探照	給照年月 開照	附載
奉天	尖山子煤礦	錦西廳屬尖山子	煤	東至山，西至黃土坎，南至河溝，北至山坡，佔地十分方里之一分五厘四毫三絲二忽一微。	商辦	華股	李聯芳。	股本銀一千兩	光緒三十三年十一月初三日，由東三省總督、奉天巡撫咨報核辦。		三十三年十一月二十六日核給開照。	
	雜樹溝煤礦	錦西廳屬雜樹溝	煤	東至山坡，西至山坡，南至山，北至溝。	商辦	華股	王岐、闞永清、張仲。	股本銀一千兩	光緒三十三年十一月初三日，由東三省總督、奉天巡撫咨報核辦。		三十三年十一月二十八日核給開照。	
吉林	乃子山煤礦	吉林府屬乃子山	煤	東至乃子，山根底草甸，西至腰嶺子過嶺大道，南至大道，北至崗下草甸。	商辦	華股	李茗。	股本吉市中錢十萬吊	光緒三十三年五月初二日，由吉林將軍咨報核辦。	三十三年十月初四日核給探照。		
順天	石梯溝煤礦	昌平州屬九渡河村石梯溝	煤	東至九渡村四里，西至辛庄村十二里，南至北庄村五里，北至西台上村十里。	商辦	華股	李永寬。		光緒三十二年二月十五日，由該商李永寬稟辦。	三十二年閏四月二十八日核給探照。		三十三年五月初九日稟探礦期滿懇請展限，由部照章批准，並札行順天府備案。至十一月十六日續請再行展限，經部批示候行，查順天府復到再示。

（續表）

省分	定名	地址	礦質	礦界	官辦	商辦	官商合辦	華股	華洋合股	承辦人	經費 資本	核准年月	給照年月 探照	給照年月 開照	附載
順天	勾勾崖銀鉛礦	昌平州屬得勝口村勾勾崖	銀鉛	東至羊鼻口，西至分水樑，南至山坡，北至山坡。		商辦		華股		閃國勳。		光緒三十二年二月十五日，由該商閃國勳稟辦。	三十二年閏四月二十八日核給探照。		三十三年五月初九日稟探礦期滿，懇請展限，由部照章批准，並札行順天府備案至十一月十六日續請再行展限，經部批示候行，查順天府復到再示。
	仙人洞金礦	昌平州屬西鄉仙人洞	金	東至溝，西至山樑，南至黑山頭，北至大溝。		商辦		華股		閃國勳。		光緒三十二年三月十九日，由該商閃國勳稟辦。	三十二年閏四月二十八日核給探照。		三十三年五月初九日稟探礦期滿，懇請展限，由部照章批准，並札行順天府備案。
	珠窩村銀鉛礦	宛平縣屬珠窩村	銀鉛	東至溝，西至分水，南至村，北至山坡。		商辦		華股		王蘭亭。		光緒三十二年九月十五日，由該商王蘭亭稟辦。	三十三年正月二十七日核給探照。		
	青龍澗煤礦	宛平縣屬青龍澗	煤	東至百壽溝，又至任洪福地界，西至黃陵巷，南至白澗口，北至大臺。		商辦		華股		林鳳鈞、劉奇坤。		光緒三十二年十月十二日，由該商林鳳鈞等稟辦。	三十三年正月初七日核給探照。		

（續表）

分省	定名	地址	礦質	礦界	官辦／商辦／官商合辦	華股／華洋合股	承辦人	經費 資本	核准年月	給照年月 探照	給照年月 開照	附載
順天	老虎套溝煤礦	密雲縣屬老虎套溝	煤	東至潮河，西至石灰窑溝，南至山根，北至桃園。	商辦	華股	艾知政、曹世臣。		光緒三十三年正月二十四日，由該商艾知政等稟辦。	三十三年五月十八日核給探照。		試辦簡明章程十條。
直隸	白石溝煤礦	曲陽縣屬西北鄉白石溝	煤	東至老君廟六里，西至靈山鎮八里，南至唐河三里，北至大山六里佔地三十畝。	商辦	華股	孫進甲。	股本銀五萬兩	光緒三十年六月十八日，由該商孫進甲稟辦。	三十一年二月十七日核給探照。	三十二年四月十四日換給開照。	大概章程四條。
	野北村煤礦	曲陽縣屬野北村	煙煤	東至河溝東岸上，西至山坡，南至道，北至河溝。	商辦	華股	陳念新。	原集股本銀四萬八千兩，擬續招股本銀二十三萬兩。	光緒三十年七月初五日，由該商陳念新稟辦。		三十一年二月初六日核給開照。	此礦本係陳念新、張鵬元、趙文祥三人稟辦領照，後因張鵬元、趙文祥二人無力墊款，讓歸陳念新一人，另招新股辦理，由部換新照仍接原照年月。
	炭灰鋪村煤礦	阜平縣屬炭灰鋪村東南廢洞	煤	東至分水嶺坡根，西至崖根，南至河，北至分水嶺。	商辦	華股	周萬然、張玉瑢。	股本銀二千兩	光緒三十年九月十七日，由該商周萬然等稟辦。		三十一年二月十五日核給開照。	章程七章。

（續表）

省分	定名	地址	礦質	礦界	官辦／商辦／官商合辦	華股／華洋合股	承辦人	經費（資本）	核准年月	給照年月（探照）	給照年月（開照）	附載
直隸	饅頭山煤礦	阜新縣屬新邱村饅頭山蒙民山地	煤	東至地主，西至河溝西，南至地主，北至地主錫立抹地。	官辦	華款	關内外鐵路局	由關内外鐵路局自行籌款	光緒三十一年二月二十二日，由關内外鐵路大臣咨報核辦。	三十二年六月初一日核給探照。		
	王家樓磺礦	宣化縣屬王家樓界連懷來縣屬	磺	東至胡家莊，西至西窑溝，南至長疃堡，北至譚家莊，地佔二十三方里半。	商辦	華股	郝爾蓀、樂均、英泰、靈昆、英琨、陳勇智。	股本銀五萬兩	光緒三十二年二月十五日，由直隸總督咨報核辦。		三十三年正月二十五日核給開照。	此礦先於二十九年間稟由直隸總督批准試辦。
	馬連圪達煤礦	張家口廳屬馬連圪達	煤	東至察洛圪氣河溝，西至山坡，南至五號村，北至馬連圪達。	商辦	華股	張文炳、宋珠、羅秋圃、張海中、史化南、宋浩、郝長久。	股本銀一萬兩	光緒三十二年四月初六日，由直隸總督咨報核辦。	三十二年閏四月二十三日核給探照。		
	老母堂凹煤礦、柏樹林煤礦、東岸子煤礦。	阜平縣屬老母堂、柏樹林、東岸子。	煤	老母堂凹，東至界石，西至河漕，南至道北至崖。柏樹林東至河漕，西至小河漕，南至東岸子洞界，北至火燒洞界。東岸子東至河漕洞界，西至小河漕，南至河漕洞界，北至柏樹林洞界。	商辦	華股	張玉瑢。	資本銀二千兩	光緒三十二年四月十二日，由該商張玉瑢稟辦。		三十二年四月二十六日核給開照三張。	

（續表）

省分	定名	地址	礦質	礦界	官辦 / 商辦 / 官商合辦	華股 / 華洋合股	承辦人	經費 資本	核准年月	給照年月 探照	給照年月 開照	附載
直隸	黑坨山銀礦	獨石口廳永寧堡界連黑坨山延慶州屬	銀	東至余姓地界，西至桃樹下，南至坡頭，北至坡根。	商辦	華股	王永成。	資本銀五千兩	光緒三十二年四月二十六日，稟請核辦，由該商王永成稟辦。	三十二年九月十五日核給探照。		
	土木路煤礦	張家口廳屬西汎土木路	煤	東至流水溝，西至沙河，南至四至平村，北至官道，計地十六方里。	商辦	華股	李國英、李書新。	股本銀五千兩	光緒三十二年八月十三日，由該商李國英等稟辦。	三十二年十月二十八日核給探照。		
	康各莊煤礦	完縣屬康各莊	煤	東至東山坡，西至平地南，至磨古頂山，北至天葉溝。	商辦	華股	閻魯卿、劉國華。	股本銀五千兩	光緒三十二年十二月十六日，由該商閻魯卿等稟辦。	三十二年五月二十三日核給探照。		
熱河	小塔子溝金礦	朝陽縣屬小塔子溝蒙古珍旗屬地	金	領礦區三十方里，劃定界限，以東南溝爲中心，南至太平溝，北至金廠溝，計長直徑十方里。東至饅頭溝門，西至五家子，計寬直徑三方里，統計直徑三十方里。	商辦	華股	黃寶森、鄭文業。	股本銀四萬兩	光緒三十年四月二十六日，由該商黃寶森等稟辦。		三十年八月二十四日核給開照。	擬具試辦章程十八條。

（續表）

省分	定名	地址	礦質	礦界	官辦／商辦／官商合辦	華股／華洋合股	承辦人	經費 資本	核准年月	給照年月 探照	給照年月 開照	附載
熱河	南票煤礦	朝陽縣屬南票	煤	東至葦子溝，西至白石頭地，南至灰石山，北至溝底。	官辦	華洋合款	關内外鐵路總局與華英公司合辦。	估需行平銀一百萬兩，關内外鐵路總局華英公司各籌一半。	光緒二十四年十月二十三日，由督辦關内外鐵路大臣奏准開辦，三十一年二月咨報到部。			關内外鐵路總局與華英公司擬訂合同十六條，此礦尚未開辦。
	潮河川金礦	灤平縣屬潮河川	金	北至北甸子至六道河十五里，南至于家營八里至石洞子溝門十二里，西至大山梁九里，東至河沿二里。	商辦	華股	吳景毓。	股本銀一萬兩	光緒三十一年四月十五日，由該商吳景毓稟辦。	三十一年四月二十四日核給探照。		擬具章程八條。
	寶華山煤礦	承德府屬鷲窩寶華山	煤	南北長十里，東西闊三里，縱横連屬共計三十方里，南至濠溝，北至石渠，東至下坎，西至上坡。	商辦	華股	馬祖湘。	股本銀庫平一萬兩	光緒三十三年正月二十日，由該商馬祖湘稟辦。	三十三年五月二十九日核給探照。		呈部簡明章程十條。
江蘇	賈家莊煙煤礦	銅山縣屬賈家莊	煙煤	西南界連銅山縣境，東北壤接山東滕縣境。	官督商辦	華股	胡恩燮，光緒二十三年四月改歸吳惇蔭。	資本銀二十三萬兩	光緒八年由兩江總督會同漕督、蘇撫奏准開辦，三十年七月二十一日由漕運總督咨部立案。			

（續表）

省分	定名	地址	礦質	礦界	官辦/商辦/官商合辦	華股/華洋合股	承辦人	經費（資本）	核准年月	給照年月（探照）	給照年月（開照）	附載
江蘇	棲霞山煤礦	上元縣屬棲霞山	煤	東至山頂，西至山腳小路，南至棲霞寺，北至山腳石磨，東南二百丈，南北一百丈，合地一百六十六畝六分。	商辦	華股	何鉞。	資本銀八千兩	光緒三十一年十二月十五日，由兩江總督咨報核辦。	三十一年十二月十八日核給探照。		
	孤山花家寺煤礦	蕭縣屬孤山花家寺	煤	孤山東至孤山，西至路，南至孤山尾，北至柁山路。東西三里，南北四里，計六千四百八十畝。花家寺東至花家寺，西至山水河，南至蝦蟆陵，北至山水河，東西二里，南北三里，計三千二百四十畝。	商辦	華股	馬玉書、邱輔臣。	資本銀二萬兩	光緒三十二年四月二十八日，由兩江總督咨報核辦。	三十三年三月十八日核給探照。		試辦簡章十四條。
	幕府山煤礦	上元縣屬幕府山福地門	煤	東至分水，西至分水，南至分水，北至山腳，東西一里，南北二里。	商辦	華股	錢源。	資本銀四千兩	光緒三十二年九月初二日，由兩江總督咨報核辦。	三十二年九月初十日核給探照。		
	仙人洞鉛鐵礦	丹徒縣屬巢鳳山仙人洞	鉛鐵	東至龔姓山地，西至厲姓山地，南至半山路邊，北至山頂，東西四十七丈，南北五十六丈。	商辦	華股	黃有貴。	資本銀一萬兩	光緒三十二年十一月二十八日，由兩江總督咨報核辦。	三十二年十二月十五日核給探照。		

（續表）

省分	定名	地址	礦質	礦界	官辦／商辦／官商合辦	華股／華洋合股	承辦人	經費 資本	核准年月	給照年月 探照	給照年月 開照	附載
江蘇	銅冶山銅煤礦	句容縣屬銅冶山	銅煤		官辦	官款		資本銀五萬兩	光緒三十三年八月初六日，由兩江總督奏准試辦，是年八月二十五日咨部立案。			
	珠山煤礦、馬鞍山煤礦	上元縣屬珠山、馬鞍山。	煤	珠山東至澗溝，西至山脚，南至分水，北至大岣分水。東西不及一里，南北一里。馬鞍山東至山脚，西至山脚，南至分水，北至大隴口，東西半里南北二里。	商辦	華股	李紹南。	資本銀四千兩	光緒三十三年九月十八日，由兩江總督咨報核辦。	三十三年十一月初一日核給探照。		
	蜈蚣凹柴煤礦	上元縣屬南鄉蜈蚣凹	柴煤	東至山頂大路，西至山邊澗溝，南至紀務本堂，北至謝姓山。東西九十二丈，南北百三十丈。	商辦	華股	趙椿榮。	資本銀一千兩	光緒三十三年十月二十一日，由兩江總督咨報核辦。	三十三年十一月初七日核給探照。		
	林山煤礦	上元縣屬林山	煤	東至林山脚，西至水潭，南至牛肚山下林山北，北至横山小路，計二方里。	商辦	華股	金樹滋、陸紹榮、徐廣明、何潤生、趙春庭。	資本銀六千兩	光緒三十三年十二月初四日，由兩江總督咨報核辦。		三十四年正月二十五日核給開照。	

（續表）

分省	定名	地址	礦質	礦界	官辦 商辦 官商合辦	華股 華洋合股	承辦人	經費 資本	核准年月	給照年月 探照	給照年月 開照	附載
安徽	窑頭嶺煤礦	涇縣屬窑頭嶺	煤	東至窑頭嶺溪河，西至涇縣天主堂山界，南至山頂，北至大路。東西六百八十五步，南北四百九十四步。	商辦	華股	張榮舜。	資本銀二萬兩	光緒二十九年十月十四日，准外務部咨轉，據安徽巡撫咨報核辦。	三十年三月二十七日核給探照。	三十一年三月二十七日核給開照。	
	翎猪洞煙煤礦、梁家山煙煤礦。	廣德州屬翎猪洞、梁家山。	煙煤	翎猪洞東至山巔，西下至魯姓，南至王姓，北至步姓。梁家山東上至山巔，西下至戴姓，南西至山巔，北東至郭姓，合計四百畝。	商辦	華股	楊錫琛、李南軒。後准安徽巡撫咨稱，楊錫琛等自行退讓，由鄭芳蓀、雷耀華、李壽昌、徐清泰接辦。	資本銀三萬兩	光緒三十年三月初五日，由該商楊錫琛等稟報到部，三十二年五月二十一日准安徽巡撫咨覆查明接辦情形。	三十一年二月初三日核給探照。	三十二年五月二十九日核給開照。	章程八條。
	瓜簍鎮冶山煤鐵礦	天長縣屬瓜簍鎮冶山界連江蘇六合縣屬	煤鐵	東至天長縣長興集，西至天長縣瓜簍鋪，南至江蘇六合縣境，北至天長縣長興集瓜簍鋪二鋪，東西三里，南北五里合十五方里。	商辦。	華股。	何象彭、何象雲、金獻長、何韜。	資本銀一萬兩	光緒三十一年七月初二日，由安徽巡撫咨報核辦。	三十一年七月初七日核給探照。		
	强家山柴煤礦	繁昌縣屬强家山	柴煤	東至蛟龍坦，西至横路，南至埋店，北至山磡，東西一百六十步，南北二百步。	商辦。	華股。	吴德懋。	資本銀一千兩	光緒三十一年十月十一日，由安徽巡撫咨報核辦。		三十一年十月十四日核給開照。	

（續表）

省分	定名	地址	礦質	礦界	官辦／商辦／官商合辦	華股／華洋合股	承辦人	經費：資本	核准年月	給照年月：探照	給照年月：開照	附載
安徽	猪形山煤礦、罐窑山煤礦。	貴池縣屬猪形山、罐窑山。	煤	猪形山東至山頂，西至大塘後埂及方姓田，南至大塘後埂，北至大塘後埂猪形山左，東至西一百九十弓，右東至西一百九十弓，南北一百五十九弓。罐窑山東至張姓山溝，西至陳姓分界，南至山崗分水，北至地磡罐窑山，東西南北不及一方里。	商辦	華股	孫發緒、吳炳森、鄭大年、吳南岩。	資本銀共一萬二千兩	三十一年十月三十日，由安徽巡撫咨報核辦。	三十一年十一月初六日核給探照。	三十二年十一月二十五日核給開照。	
	坦埠柴煤礦	東流縣屬晉陽鄉坦埠	柴煤	東至荒山坡，西至路，南至宋孫姓地，北至荒山坡，東西五十四弓一尺二寸，南北二十三弓合計五畝二分。	商辦	華股	方時涵、楊傑真。	資本銀一千兩	光緒三十二年二月二十一日，由安徽巡撫咨報核辦。		三十二年二月二十九日核給開照。	
	長狹坂泉水塘柴煤礦、大塘、大楓山柴煤礦。	東流縣屬長狹坂泉水塘、大楓山。	柴煤	長狹坂泉水塘東至陳姓山，西至朱姓山，南至陳姓山，北至陳姓分水，東西六十弓，南北三十弓，合計七畝五分。大楓山東至山脊，西至分水溝，南至人行路，北至葉姓本山，東西五十弓二尺，南北二十八弓，合計五畝八分八釐。	商辦	華股	吳瀾照。	資本銀一千兩	光緒三十二年五月十八日，由安徽巡撫咨報核辦。		三十二年六月初三日核給開照。	

（續表）

分省	定名	地址	礦質	礦界	官辦、商辦、官商合辦	華股、華洋合股	承辦人	經費：資本	核准年月	給照年月：探照	給照年月：開照	附載
安徽	瑯山柴煤礦、梅精山柴煤礦、饅頭山陳家冲柴煤礦、饅頭山分水嶺柴煤礦。	貴池縣屬瑯山、梅精山、饅頭山、陳家冲、饅頭山分水嶺。	柴煤	瑯山東至宋姓山剖隴，西至湖北至公剖，南至山頂石崗，北至山脚地及小路，東西共一百二十六弓，南北共六十六弓。梅精山東至鷄冠石外水碓冲，西至蛇形外黄家凹小溝，南至山脚地，北至山頂，東西七十二弓，南北二十弓。饅頭山陳家冲東至山下水塘，西至山頂，南至章倫繼山，北至章繼先山，東西十三弓，南北十六弓。饅頭山分水嶺東至山頂，西至山脚姜莊，南至楊德山，北至德魁山，東西十一弓，南北十二弓。	商辦	華股	劉世琛、王源瀚、姚日新、高炳麟、張德華、吳秀升、張彬、胡淩漢、吳藻、章學文。	資本銀一萬兩	光緒三十二年五月初六日，據江南商務局詳報核辦。	三十二年六月初五日核給陳家冲分水嶺探照。	三十二年六月初五日核給瑯山梅精山開照。	

（續表）

分省	定名	地址	礦質	礦界	官辦	商辦	官商合辦	華股	華洋合股	承辦人	經費 資本	核准年月	給照年月 採照	給照年月 開照	附載
安徽	徐冲口幢山寺煤礦、倉家冲靈山寺煤礦。	繁昌縣屬徐冲口幢山寺、倉家冲靈山寺。	煤	徐冲口幢山寺東至仇姓山，西至盛姓山，南至大路，北至山脊。倉家冲靈山寺東至徐姓山脚，西至江邊大路，南至團山小嶺山脚，北至謝姓山脚大路，合計一方里半。		商辦		華股		呂寶賢。	資本銀二萬五千兩	光緒三十二年九月十六日徐冲口幢山寺，三十三年三月十五日倉家冲靈山寺，均由安徽巡撫咨報核辦。		三十二年九月二十日核給徐冲口幢山寺開照。三十三年三月十五日核給倉家冲靈山寺開照。	
	牛形山柴煤礦	涇縣屬牛形山	柴煤	東至山脚下余姓地，西至陶姓馬姓山業，南至裕國廠並山脚下余姓地，北至過水塘郭姓洪姓山業，東西南北合計十一畝六分。		商辦		華股		李鋆。	資本銀一千兩	光緒三十二年十月十一日，由安徽巡撫咨報核辦。		三十三年十月十八日核給開照。	
	炭冲山柴煤礦	宣城縣屬孟羅園水巷炭冲山	柴煤	東至孟姓界，西至文昌宫界，南至何姓界，北至蕭姓界，東西三百二十二步，南北一千一百零四步。		商辦		華股		吴德懋。	資本銀一千兩	光緒三十二年十月十九日，由安徽巡撫咨報核辦。		三十二年十月二十五日核給開照。	

（續表）

省分	定名	地址	礦質	礦界	官辦／商辦／官商合辦	華股／華洋合股	承辦人	經費 資本	核准年月	給照年月 探照	給照年月 開照	附載
安徽	雷家滂柴煤礦	繁昌縣屬石龍冲雷家滂	柴煤	東至山滂，西至田邊，南至黄姓，北至古溝，東西一百五十步，南北一百二十步。	商辦	華股	丁士慶、江壽慶。	資本銀一千兩	光緒三十二年十月三十日，由安徽巡撫咨報核辦。		三十二年十一月初九日核給開照。	
	王家山柴煤礦	宿松縣屬黄泥莊王家山	柴煤	東至本山脚，西至座山官山脚，南至座山官山脚，北至段人山，東西一百五十弓，南北一百六十弓。	商辦	華股	段士璋。	資本銀一千兩	光緒三十三年五月二十四日，由安徽巡撫咨報核辦。		三十三年六月初三日核給開照。	
	梅坦墩煤礦	貴池縣屬上二保橋梅坦墩	煤	東至山崗，西至田邊，南至汪姓地，北至人行路，東西二十九弓半，南北四十三弓。	商辦	華股	沈慶堃、甘鍾泰。	資本銀一千兩	光緒三十三年六月初四日，由安徽巡撫咨報核辦。		三十三年六月十六日核給開照。	
	煤山壕煤礦	貴池縣屬煤山壕	煤	東至山脚水溝，西至鐵帽山腰煤山壕山頂，南至老爺山脚，北至鐵燭形山脚，東西五十四弓，南北三十三弓。	商辦	華股	焦壽林、蘇錫麟、孫瑞芝。	資本銀一千兩	光緒三十三年七月十八日，由安徽巡撫咨報核辦。		三十三年八月初六日核給開照。	

（續表）

省分	定名	地址	礦質	礦界	官辦 商辦 官商合辦	華股 華洋合股	承辦人	經費	核准年月	給照年月		附載
								資本		探照	開照	
安徽	八畝田柴煤礦	貴池縣屬官山口富春山陳家冲山八畝田	柴煤	四至均章姓山脚下，東西一百三弓南北九十四弓。	商辦	華股	定超、黄鵬、翁國元、尉遲福、楊縉、戴承恩。	資本銀一千元	光緒三十三年八月十二日，由安徽巡撫咨報核辦。		三十三年八月二十五日核給開照。	
	大凹山柴煤礦	貴池縣屬峽川區坂里山東首大凹山	柴煤	東至柯景揚山址，西至壕，南至神仙洞石崖，北至水溝。東西四十五弓，南北三十三弓。	商辦	華股	倪鴻、鄭驥。	資本銀一千兩	光緒三十三年八月十二日，由安徽巡撫咨報核辦。		三十三年九月初一日核給開照。	
	龜形山柴煤礦	歙縣屬龜形山	柴煤	東至下塢口，西至朱金山，南至本山後靠山，北至本山脚，合計二千一百八十七步一分二毫。	商辦	華股	汪林、洪業燾、許鴻熙、許敦澂、許毅。	資本銀五千兩	光緒三十三年九月十一日，由安徽巡撫咨報核辦。		三十三年九月二十七日核給開照。	

（續表）

分省	定名	地址	礦質	礦界	官辦／商辦／官商合辦	華股／華洋合股	承辦人	經費（資本）	核准年月	給照年月（探照）	給照年月（開照）	附載
山東	棗莊煤礦	嶧縣屬棗莊	煤	嶧、滕、蘭、費四縣，租占地三千六百餘畝。	商辦	華股	張蓮芬。	資本銀二百萬元	光緒六年經北洋大臣奏明試辦。二十五年復經北洋大臣會同督辦直隸等處礦務大臣奏准開辦。三十二年四月十一日，由北洋大臣山東巡撫咨報核辦。			原奏距該礦界百里內他人不得用機器開煤，十里內民人不得用土法開煤。
	金坑金銀礦、洪巒埠金銀礦。	平度州屬金坑、掖縣屬洪巒埠。	金銀	金坑東至潘家澗西，南至山嶺，西至黑葛拉山嶺，南至大澗，北至北山根。洪巒埠東至黃山東峯後南北溝，西至石山後小道，南至洪巒埠南嶺東峯頂，北至王姓墓碑北標桿。金坑東西七百二十弓，南北一百九十八弓。洪巒埠東西四百八十六弓，南北四百八十六弓。	商辦	華股	戴式棻、陳揚、徐景增、許崇棫。	所有人工、地基、房舍、器具、款項、物料勻攤，抵作十萬兩股本。	光緒三十一年五月十八日，由山東巡撫咨報核辦。	三十三年五月初五日核給探照。		

（續表）

省分	定名	地址	礦質	礦界	官辦/商辦/官商合辦	華股/華洋合股	承辦人	經費 資本	核准年月	給照年月 探照	給照年月 開照	附載
山東	金銀葫蘆山金礦	臨朐縣屬金銀葫蘆山	金	東至玉山，西至廟子菴，南至馬玉嶺，北至嵩山。東西七里，南北三里。	商辦	華股	金世昕。	資本銀二萬兩	光緒三十二年四月初一日，由山東巡撫咨報核辦。	三十二年七月初八日核給探照。		
	沂州等處煤礦	沂州、沂水、諸城、濰縣、煙台等五屬。	煤	共七處計二百一十方里。	華德合辦	華官股德商股	山東礦政局，德商郭思曼。	華官股銀七萬兩，德股未據聲明。	光緒三十三年八月十三日，由山東巡撫奏准開辦。			三十三年七月十四日簽字畫押，原指礦界節經改訂。
山西	大片洞台圪洞磺礦、石曹溝礬水溝磺礦。	陽曲縣屬王封山大片洞台圪洞、王封山石曹溝礬水溝。	磺	大片洞台圪洞東至水渠，西至水渠，南至山澗溝，北至山頂。石曹溝礬水溝東至山澗溝，西至山頂，南至山澗溝，北至山頂。	商辦	華股	劉篤敬。	提撥商務局商款銀三千兩，另招商股銀七千兩。	光緒三十一年七月十五日，由該商劉篤敬稟報核辦。		三十二年四月初一日核給開照二張。	
	同善鎮銅礦	垣曲縣屬同善鎮	銅	北至虎坪，南至鑪峪西，北至籬笆溝西，南至葫蘆峪，南至楞上，北至漆朴溝。	商辦	華股	楊載田。	資本銀五萬兩	光緒三十三年四月二十八日，由山西巡撫咨報核辦。		三十三年五月十一日核給開照五張。	

（續表）

分省	定名	地址	礦質	礦界	官辦	商辦	官商合辦	華股	華洋合股	承辦人	經費 資本	核准年月	給照年月 探照	給照年月 開照	附載
山西	銅礦峪銅礦	垣曲縣屬銅礦峪界連絳縣屬	銅	東至店子溝西，西至仁前寺東二里，南至銅礦峪前村，北至陳村峪後之南溝。											
	柳莊隘銅礦	聞喜縣屬柳莊隘	銅	東至垣曲界，西至上樹坡焦家溝，南至垣曲界，北至石匣。											
	瓦渣溝銅礦	聞喜縣屬瓦渣溝	銅	東至劉家場，西至柴家山，南至樊家山天井溝，北至上莊。											
	桑池村銅礦	絳縣屬桑池村	銅	東北至峪之東山東南至東桑池西一里，西北至河西，南至西峪西山，南至桑池後河，北至南溝。											

（續表）

省分	定名	地址	礦質	礦界	官辦／商辦／官商合辦	華股／華洋合股	承辦人	經費 資本	核准年月	給照年月 探照	給照年月 開照	附載
福建	珍珠鄉等處煤鐵鉛石灰各礦	安溪縣珍珠鄉尾崙山、石龜山、大礤頭山，青洋鄉鉛條疁山、獅鼻崙山，湖上鄉三仔崙係山、占峰山。	鐵，銀，鉛，石灰，煤，白鉛。	東至湖頭鄉邊界，西至青洋鄉邊界，南至大礤山脚，北至尾崙山脚，合計三十方里。	商辦	華股	胡國廉、吴梓材。	資本洋二百萬元	光緒三十三年七月十四日由該商胡國廉等稟報核辦。		三十三年九月十九日核給開照。	
浙江	□□柴煤礦	天台縣□□店	柴煤	東至坑口，西至球山十丈，南至白霧崗，北至大溪，合計二十六畝三分二釐。	商辦	華股	陳恩霖、許□□、王文□、范銘。	資本洋三千元	光緒三十二年七月初七日，由浙江巡撫咨報核辦。	三十三年三月十五日核給探照。		
	杏源莊煤礦	桐廬縣屬至德鄉杏源莊	煤	東至前山塢，西至州地大江，南至下步山，北至青山脚，合計六十七畝四分一釐。	商辦	華股	潘景□、姚勳臣、袁昌衡。	資本銀一萬兩	光緒三十三年二月十二日，由浙江巡撫咨報核辦。	三十三年二月十九日核給探照。		

（續表）

省分	定名	地址	礦質	礦界	官辦 商辦 官商合辦	華股 華洋合股	承辦人	經費 資本	核准年月	給照年月 探照	給照年月 開照	附載
浙江	甘脚山煤礦	臨安縣屬甘脚山	煤	東至崗峯，西至溪路，南至林姓山，北至吴姓山，合計二十畝。	商辦	華股	周欽。	資本洋一萬元	光緒三十三年五月初三日，由浙江巡撫咨報核辦。	三十三年十月初四日核給探照。		呈部章程十一條。
	水剪頭灣鉛礦	仙居縣屬牛頭山水剪頭灣	鉛	東至横坑，西至毛草山，南至魚山，北至七寶尖，合計四畝。	商辦	華股	楊鱣三、李熙元、王夢花、王殿華、吴作鎮、吴樾、徐文桀。	資本銀一萬元	光緒三十三年六月初三日，浙江巡撫咨報核辦。	三十三年九月初一日核給探照。		
	姜灣山銻礦	遂安縣屬楂樹坑姜灣山	銻	東至山脚余明周業，西至余姓衆祀業，南至降詹宗喜業，北至山埃章志林業，合計二十畝零六分。	商辦	華股	沈毓麟。	資本二萬兩	光緒三十三年八月二十六日，由浙江巡撫咨報核辦。	三十三年十月二十一日核給探照。		
	烏石灣銻礦	遂安縣屬烏石灣	銻	東至姜家貫地，西至老柏樹，南至金塝，北至姜家貫山。東西共二百四十尺，南北共四百四十尺。	商辦	華股	吴士杰、余芳柏。	資本洋一萬元	光緒三十三年八月二十六日，由浙江巡撫咨報核辦。	三十三年十月二十二日核給探照。		

（續表）

省分	定名	地址	礦質	礦界	官辦／商辦／官商合辦	華股／華洋合股	承辦人	經費資本	核准年月	給照年月：探照	給照年月：開照	附載
浙江	鉅溪莊銻砂礦、磜谷莊銻砂礦。	開化縣屬鉅溪、莊磜谷莊。	銻砂	鉅溪莊東至牛角尖山余氏祠山，西至溪坑，南至余氏祠山，北至余氏衆墳山，合計四畝。磜谷莊東至內磜底，西至灣內，南至溪，北至尖峯，合計一畝。	商辦	華股	徐士琛、周楠、徐名世。	資本洋二萬元	光緒三十三年十一月十八日，由浙江巡撫咨報核辦。	三十三年十二月初十日核給探照。		
江西	萍鄉煤礦	萍鄉縣屬安源一帶，距縣治東南十餘里。	煤	□□□□是不易分晰，填註亦未據，該公司分別開報，惟據稱購置安源礦基田山一千三百餘畝。	該處居民嚮用土法煉焦溶鐵，至光緒十八年九月湖廣總督派員赴萍設局收買，不自開採，是爲官辦。暨湖北鐵政局購用萍煤之始，二十二年四月督辦鐵路大臣盛宣懷接辦	官商合股	督辦盛宣懷、前總辦張贊宸、總辦李維格。	該礦經費係陸續指撥官款，招集商股。	督辦大臣盛宣懷於督辦湖北鐵廠時，奏明在江西萍鄉購機採煤，二十四年三月二十八日奉旨：著照所議辦理，欽此。是爲准辦萍煤之始，三十二年四月咨部立案。	奏咨有案均在本部，設立以前未據請領執照。		查該礦開辦之始，本以湖北鐵廠爲□基，及至出煤煉焦，尤以輪船招商局□湖北鐵廠爲尾閭，故該三處勢必相需互資周轉。

（續表）

省分		江西
定名		
地址		
礦質		
礦界		
官辦		鐵政局務，旋於二十三年六月派道員張贊宸總理萍廠，自購土井，採煤煉焦，作爲試辦。是時始立官辦基礎，然合計該處礦産歸商辦者，仍居多數。迨二十八年冬，商廠以貨多銷滯，情願歸併官局。二十九年七月議妥訂立契據，合計收回土井三百二十一口，自此盡歸官局辦理。
商辦		
官商合辦		
華股		
華洋合股		
承辦人		
經費	資本	
核准年月		
給照年月	探照	
	開照	
附載		

（續表）

省分	定名	地址	礦質	礦界	官辦 商辦 官商合辦	華股 華洋合股	承辦人	經費 資本	核准年月	給照年月 探照	給照年月 開照	附載
廣東	老崑嶺煤礦	番禺縣屬慕德里司老崑嶺	煤	東至集賢陂，西至紗帽岡，南至連平岡，北至圍嶺，東西一百二十弓，南北一百四十七弓。	商辦	華股	胡國廉、區昭仁。	資本銀三萬元	光緒三十三年七月初一日，兩廣總督咨報核辦。	三十三年七月十八日核給探照。		
	那料堡金礦	陽江州屬田畔墟三龍垌那料堡	金	東至黄羌垌山邊，西至那料村邊，南至咸蝦樹荒坦，北至獅子公嶺脚，合計三百三畝。	商辦	華股	陳錫鴻。	資本洋六萬元	光緒三十三年八月，由兩廣總督咨報核辦。	三十三年八月二十五日核給探照。		
	印光山煤礦	陽春縣屬潭潦岡印光山	煤	東至山脚荒地，西至山脚荒地，南至煙山脚陂塘，北至松岡合計百畝。	商辦	華股	金廣。	資本洋一萬元	光緒三十三年九月十九日，由兩廣總督咨報核辦。	三十三年十月初三日核給探照。		
	鶴邊坑頭嶺煤礦	番禺縣屬鶴邊坑頭嶺	煤	東至鶴邊新莊，西至鶴村，南至水浸，北至田螺嶺，東西三十一丈，南北一十六丈五尺。	商辦	華股	陳堉燊、李煦堂。	資本洋一萬元	光緒三十三年十一月十一日，由兩廣總督咨報核辦。	三十三年十一月二十二日核給探照。		
	清湖洞橫頭值鉛礦	增城縣屬清湖洞橫頭值	鉛	東至大嶺，西至新山，南至新山，北至番禺縣屬鶴岡，合計七十畝零八分三厘三毫。	商辦	華股	李大鳴。	資本銀一萬元	光緒三十三年十一月二十六日，由兩廣總督咨報核辦。	三十三年十二月初十日核給探照。		

分省	定名	地址	礦質	礦界	官辦/商辦/官商合辦	華股/華洋合股	承辦人	經費/資本	核准年月	給照年月 探照	給照年月 開照	附載
廣東	銀洞等九處錫礦、陡岩廠錫廠。	蒙自縣屬銀洞花紮口黃茅山耗子廠，破山硐鼓山廠，牛屎坡新山，龍潭等處，建水縣屬陡岩廠。	錫	箇舊同知所管各廠，僅有附近數十夷民村寨，祇鼓山一帶毗連蒙自縣之大屯寨，陡岩廠下三里，即建水縣之陸岩寨，南方路通三猛蠻耗。	官商合辦	華股	此礦自元時開採，迄今遂爲民間恒産，現共有一百八十餘户集資夥辦。向分四大幫，以蒙自、建水兩縣人爲衆，石屏、通海兩州縣人次之，因情形與他處不同，辦礦人姓名無從填註。	官商股本擬定以二百萬元爲額，現已由官撥籌三十萬元，其各股東已經登註及已收未收者，共計有七十餘萬元。	光緒十二年十二月經雲貴總督、雲南巡撫奏以箇舊廠設招商局，光緒三十一年六月經雲貴總督、雲南礦務大臣奏設各廠官商有限公司，三十一年六月二十日經雲貴總督咨部。			

合計各直省礦務業經報部核辦者一百十處

農工商部統計處《農工商部統計表》第四册《商政總表》

年份＼事實	商會	商船公會	商業學堂商務官報附	公司註冊
光緒二十九年	十一月二十四日具奏商會簡明章程二十六款，奉旨：依議，欽此。			十二月初五日具奏公司律一百三十一條，奉旨：依議，欽此。

（續表）

事實 年份	商會 商務總會	商會 商務分會	商船公會	商業學堂商務官報附	公司註冊 公司註冊	公司註冊 獨資商業註冊
光緒三十年	三月核准設立 上海商務總會。 八月核准設立 通崇海花業總會。 九月核准設立 天津商務總會。 十二月核准設立 安慶商務總會。	八月核准設立 通州花布分會、崇明花布分會、海門花布分會。謹按：該三處嗣經稟准，改作商務分會。		十月核准立案 檳榔嶼中華學校、寧波育德學堂。	五月初二日具奏公司註冊章程，十八條奉旨：依議，欽此。 八月核准註冊 北京工藝商局、奉錦天一墾務公司。 九月核准註冊 北洋煙草公司。 十二月核准註冊 茂新麵粉公司、燮昌火柴公司、溥利公司。	八月核准註冊 裕昌機器繅絲廠、昇昌五金煤鐵號、保昌典。
光緒三十一年	正月核准設立 河南商務總會，重慶商務總會。 五月核准設立 江寧商務總會。 六月核准設立 廣州商務總會。 七月核准設立 厦門商務總會、成都商務總會、小吕宋商務總會。 十月核准設立 蘇州商務總會。 十一月核准設立 福州商務總會。	四月核准設立 錫金商務分會。 六月核准設立 常州商務分會。 八月核准設立 昭文花業分會、周口商務分會、道口商務分會、漳州商務分會。 九月核准設立 嘉定商務分會。 十月核准設立 蘭谿商務分會、石門商務分會。 十二月核准設立 金山張堰鎮商務分會。		正月核准立案 無錫廷弼學堂。	正月核准註冊 稻香村糖果公司、府海食鹽公司、朝陽金礦公司。 二月核准註冊 京師華商電燈公司。 四月核准註冊 博山玻璃公司、富潤公司。 五月核准註冊 耀徐玻璃公司、通久源紡織廠、新和記行、大通源恒記行、福昌茂行、祺順行、彙源公棧。 六月核准註冊 怡和公斗店公司、貴池墾務公司。 七月核准註冊 大生紗廠、通海墾牧公司、翰墨林印書局、廣生油廠、大興麵廠、阜生蠶桑公司、大生久隆分廠、同仁泰鹽業公司、大隆油皂公司、大達輪步公司、澤生水利公司、太古莊號、潤豐莊號、啟峰行號、太古莊分號、利發興記行號、南豐行號、南記行號、伯昌輪船行號、華寶製瓷公司、潮汕鐵路公司、同人豫煤棧、鈞窑瓷業公司。 八月核准註冊	五月核准註冊 機器織絨硝皮廠、陳元元行。 七月核准註冊 伯昌莊號、南豐莊號、陶記莊號、允成號、資茂號。 九月核准註冊 源泰和茶棧。 十二月核准註冊 仁增盛煙草廠、隆盛煙草廠。

（續表）

事實＼年份	光緒三十一年	光緒三十二年
商會		二月核准設立寧波商務總會、湖南商務總會。 四月核准設立奉天商務總會、漢口商務總會。 五月核准設立新加坡商務總會。 六月核准設立蕪湖商務總會。 八月核准設立煙台商務總會、杭州商務總會、雲南商務總會。 十月核准設立長崎商務總會。 十一月核准設立京師商務總會、江西商務總會、巴達維亞商務總會。
		正月核准設立溫州商務分會。 二月核准設立嘉定南翔鎮商務分會。 三月核准設立鎮江商務分會、松江商務分會、如皋商務分會、金山朱涇鎮商務分會、拱宸橋商務分會、山會商務分會、龍江商務分會。 四月核准設立同江口商務分會、上海閔行鎮商務分會。 閏四月核准設立鐵嶺商務分會、法庫商務分會、海贛商務分會、溧陽商務分會、昭文梅里鎮商務分
商船公會		三月初二日具奏商船公會簡明章程十八條，奉旨：依議，欽此。 四月核准設立長沙商船公會。 閏四月核准設立鎮江商船總公會。
商業學堂商務官報附		正月核准立案蘇州公立實業學堂。 二月核准立案湖南明德學堂、爪哇中華學校。 三月核准立案江南中等商業學校、上海金業小學堂。 五月核准立案新嘉坡應新學堂。 七月核准立案天津中等商業學堂。 四月開辦農工商部商務官報局。
公司註冊	上海大達輪步公司、福和典、大照電燈公司、大有榨油公司、海豐麵粉公司。 九月核准註冊盛豐年行、公興隆昌記行、天津造胰公司。 十月核准註冊三星紙煙公司、華德中興煤礦公司。 十一月核准註冊濟和典、崇昌輪船公司、和豐紡織公司。 十二月核准註冊振新紡織公司。	正月核准註冊保源滇料公司、華澄織布公司、泰興典、廣源典、潤源典、匯昌典、祥泰典。 二月核准註冊恒源典、義昌典、仁昌典、溥源典、阜興典、裕泰紡織公司、永濟典、亦濟典、利用樹藝公司。 三月核准註冊商務印書館、中國紙煙公司、華昌電燈公司。 閏四月核准註冊裕商輪船公司、信成銀行、益華織布公司、豐盈榨油公司、利益公司、大豐麵粉公司。 五月核准註冊經源染織公司、濟大典、濟源典、濟源分典、同源典。 六月核准註冊小清河輪船公司、憑心煤礦公司、上海絹絲公司。 七月核准註冊京師書業公司、時益號、粵東煙草公司、華勝燭皂公司、福華紙煙公司。 八月核准註冊華豐織布公司、畜牧公司、福建藥房、湖北廣藝興公
		正月核准註冊源豐油餅坊。 三月核准註冊協發號、東盛升錢莊。 五月核准註冊福興和洋貨店、滋德堂荷蘭水廠。 六月核准註冊福興和錢店、吳金印籐草帽行。 九月核准設立雙如意衛生麥磨廠、梁天保丸藥店。 十月核准設立錦裕織布廠濟川行號、謝同泰豆餅船行。 十一月核准設立森美樹號。

（續表）

年份	商會	商船公會	商業學堂商務官報附	公司註冊
光緒三十二年	會、衢州商務分會。 五月核准設立 昌圖商務分會、清江商務分會、寶應商務分會、震澤平望鎮商務分會。 六月核准設立 鷲鷺樹鎮商務分會、錦州商務分會、大窪商務分會、奉化商務分會、新民府商務分會、開原商務分會、蓋平商務分會、八面城商務分會、榆樹台商務分會、泰州商務分會、建寧商務分會。 七月核准設立 常昭商務分會、慈谿商務分會、鎮海商務分會、連陽商務分會。 八月核准設立 江陰商務分會、川沙商務分會、奉賢莊行鎮商務分會、鎮洋劉河鎮商務分會、順德陳赤鎮商務分會。 九月核准設立 寧河蘆台鎮商務分會、吳江盛澤鎮商務分會。 十二月核准設立 檳榔嶼商務總會。			司、贛豐餅油公司、和保豐公司、湧源公司。 九月核准註冊 粵東編譯校品公司。 十月核准註冊 湘裕湘盛公司、恒利紙煙公司、瑞豐輪船公司、泰初染織公司、禾盛公司、生生電燈公司、寶華織布公司、廣州總商會報、四民紙煙公司、濟泰公紡織公司。 十一月核准註冊 中安煙草公司、通惠公紡織公司、合義和繅絲公司、裕興榨油公司、永吉銀硃公司。 十二月核准註冊 大成鍊銻公司、存仁堂藥店、吉祥甎瓦公司、綫機運煤公司。

（續表）

事實 \ 年份	光緒三十二年	光緒三十三年
商會		二月核准設立保定商務總會。四月核准設立汕頭商務總會。五月核准設立梧州商務總會、三寶壟商務總會、泗水商務總會、日惹商務總會。六月核准設立營口商務總會。八月核准設立
	十月核准設立寬甸商務分會、江震商務分會、南匯周浦鎮商務分會。十一月核准設立順德商務分會、泰興商務分會、婁縣泗涇鎮商務分會、敘州商務分會、新寧商務分會。十二月核准設立崑新商務分會、華亭莘莊鎮商務分會、鳳陽臨淮鎮商務分會、湖州商務分會、硤石鎮商務分會、石城商務分會。	二月核准設立餘姚商務分會、吴城鎮商務分會、樂昌商務分會。三月核准設立磁州商務分會。四月核准設立秦王島商務分會、北海商務分會、德清商務分會、石龍商務分會、新市鎮商務分會。五月核准設立
商船公會		五月核准設立安徽商船總公會。八月核准設立江西商船總公會。十月核准設立廣東內河商船總公
商業學堂商務官報附		四月核准立案川沙廳初等商業學堂。七月核准立案福建中等商業學校。
公司註冊		正月核准註冊奉天漁業公司、富强工藝民局、崇本樹藝公司。二月核准註冊瑞興胰皂公司、廣豐鹹肉公司、大德藥材公司、瑞源莊綢緞號、湘寧青礬公司、六河溝煤礦公司。三月核准註冊蘇省鐵路公司、涇東窑業公司、功德蕒船公司、信成織布公司、益源長公司、精勤實業公司。四月核准註冊公興冰廠、榮華胰皂公司、鎮江機器造紙公司。五月核准註冊工藝商局製辦猪羊腸分廠、兆豐碾米公司、信成煤
		正月核准註冊吴元順生號。五月核准註冊何鏡湖化痰止咳丸藥店，裕源湧鷄鴨蛋廠。六月核准註冊戈裕慶堂。七月核准註冊同裕泰字號元泰典。九月核准註冊黃廣興志記炮燭店，安雅報。

（續表）

年份＼事實	商會	商船公會	商業學堂商務官報附	公司註冊
光緒三十三年	吉林商務總會。 九月核准設立 梭羅商務總會、坤甸商務總會、雪蘭峨商務總會。 十月核准設立 正陽關商務總會、九江商務總會。 十一月核准設立 長春商務總會、仰山商務總會。 十二月核准設立 南寧商務總會、峇釐商務總會。 六合商務分會、定海商務分會、嘉興商務分會、石浦鎮商務分會、乍浦商務分會、撫州商務分會。 六月核准設立 許州商務分會、漳浦商務分會、漯河商務分會、邵武商務分會、於潛商務分會、高安商務分會。 七月核准設立 復州商務分會、田莊台商務分會、下關商務分會、懷仁商務分會、陵街商務分會、安東太平溝商務分會、詔安商務分會、孝豐商務分會、烏青鎮商務分會。 八月核准設立 朝陽鎮商務分會、丹陽商務分會、琿春商務分會、汀州商務分會、淮安商務分會、象山商務分會。 九月核准設立 岫巖商務分會、宿遷商務分會、唐山商務分會、禹州商務分會、	會。		礦公司、永豐油莊公司、清華實業公司、源泰祥灰瓦公司、永新木機織布廠、恒裕錫箔公司、山東華商電燈公司。 六月核准註册 頤和罐食公司、醴陵磁業公司。 七月核准註册 華興水火保險公司、洽源銀號、永春堂藥店。 八月核准註册 商辦自來水公司、信義儲蓄銀行、濬源織布公司、啓新榨油公司、大順煤油公司。 九月核准註册 泰豐罐頭食品公司、啓新洋灰公司、中國集志會社公司、茅麓明農樹藝公司。 十月核准註册 揚子機器製造公司、漢豐麵粉公司、錫金繭絲公司、同文印書館、光明燭皂公司、虞興織布公司。 十一月核准註册 山海關房屋公司、瀋陽馬車鐵道公司、茂達種植公司、黃耀南藥莊公號。 十二月核准註册 廣源靛業公司、華興麵粉公司、怡和源皮毛兼打包公司、公益紡織公司。 十二月核准註册 源昌碾米工廠、源昌五金工廠、源昌繅絲工廠。

（續表）

事實＼年份	光緒三十三年
商會	瑞安商務分會、常山商務分會、寧鄉商務分會、興寧商務分會。 十月核准設立 新賓堡商務分會、儀徵商務分會、高陽商務分會、江浦商務分會、福寧商務分會、奉化商務分會、佛山商務分會。 十一月核准設立 東平商務分會、桐鄉商務分會、東臺商務分會、防城商務分會、威海商務分會、赤磡商務分會、鎮平商務分會。 十二月核准設立 揚州商務分會、從化商務分會、泰州海安鎮商務分會、禄步都商務分會、東流張溪鎮商務分會、饒州商務分會。
商船公會	
商業學堂商務官報附	
公司註冊	

合計商務總會四十四處，商務分會一百三十五處，商船總公會五處，商業學堂十二處，商務官報局一處，公司註冊一百七十八家，獨資商業註冊三十七家。

商務總會表

省分	定名	地址	呈報立案	總理協理銜名	札委年月	會員額數	章程	經費	奏給關防	坿載
京師	京師商務總會	京城正陽門外西柳樹井	章京毛祖模等呈報核准立案。	總理馮麟霈，花翎四品銜候選布理問。協理袁鑑，花翎四品銜山東補用直隸州知州。	光緒三十二年十一月札委初任。光緒三十三年十二月加札續任。	會董二十三員	章程十二章，分定名、宗旨、名位、本會辦公、名位、選舉、入會出會經費、議事、責任、權限、利益、規制諸大綱。	經費常年由各行認捐銀五千二百兩。	光緒三十三年三月奏給關防。	謹按：光緒三十年五月本部奏明勸辦京師商會情形，奉旨允准，隨即選派司員毛祖模等六人辦理商會處事宜，並於前門外西柳樹井先立商會總公所。當據金銀號匯兑莊各商董先後禀設商會，而茶行布行藥行書業並洋貨綢緞莊等商會亦以次成立。因於三十二年十一月即就原有公所改設商務總會，而各業商會咸隸屬焉。
奉天	奉天商務總會	奉天省城	盛京將軍咨報核准立案。	總理孫百斛，奉天人，花翎保送知府。協理粱維康，山西人，監生。總理趙清璽，山東人，花翎分省補用道。協理田緒聖，山東人，花翎道銜。	光緒三十二年四月札委初任。光緒三十三年三月札委接任。光緒三十三年六月札委接任。	會董十六員	章程十三章，分總綱、商政、職務、選舉、信約、經費、會議、權利、責任、勸業、參議、獎勵要義諸大綱，共一百節。	經費開辦時暫由官款代墊，各行有願將公所會館經費酌提捐入者，亦可允准，不願者聽。	光緒三十二年四月奏給關防。	
	營口商務總會	奉天營口	東三省總督奉天巡撫咨報核准立案。	總理潘達球，廣東人，三品封典花翎同知銜。協理李恒春，山東人，花翎同知銜。	光緒三十三年六月札委初任。	會董三十八員	章程三十四條	經費開辦費由總協理等暫墊，常年則收各業註冊費，以充會用。	光緒三十三年七月奏給關防。	

（續表）

省分	定名	地址	呈報立案	總理協理銜名	札委年月	會員額數	章程	經費	奏給關防	附載
吉林	吉林商務總會	吉林省城	東三省總督吉林巡撫咨報核准立案。	總理松毓，吉林駐防花翎特用道。協理牛翰章，吉林人，花翎道員用候選知府。	光緒三十三年八月札委初任。	會董十六員	章程十三章五十一條，分定名、宗旨、名位、選舉、入會、出會、經費、議事、責任、辦公、會報、權利、規制諸大綱。	經費以各商每年年捐之款充用。	光緒三十三年九月奏給關防。	
	長春商務總會	吉林長春府城	吉林將軍咨報核准立案。	總理王計安，奉天人，候選從九。協理張九府，直隸人。	光緒三十三年十一月札委初任。	會董三十六員	章程十章，分總綱、宗旨、名位、選舉、責任、會議、權限、經費、勸業要義諸大綱。	經費以從前公所會館各經費酌撥應用。	光緒三十三年十二月奏給關防。	
直隸	天津商務總會	直隸天津	北洋大臣咨報核准立案。	總理王賢賓，河南試用知府。協理寧世福，候選知府。	光緒三十年九月札委初任。光緒三十二年三月加札續任。光緒三十三年七月加札續任。	會董十二員	章程三十條	經費各商允認常年捐會。費四元以上者，均得入會。三十一年共收會費洋六千二百六十元，除支用外實存洋一百三十六元。三十二年共收會費洋七千七百六十九元，除支用外實存洋二百五十二元。	光緒三十年十一月奏給關防。	光緒三十二年十二月籌辦初等商業學堂稟准立案。
	保定商務總會	直隸保定省城	北洋大臣咨報核准立案。	總理董應書，直隸人，花翎河南候補道。協理樊榕，直隸人，前山西候補知府。	光緒三十三年二月札委初任。	會董五十員	章程十一則，分總義、會所、選舉、會期、權限、經費、集捐、開支、稽核、防弊、平訟諸大綱。	經費凡允認常年會費六元以上者，均得入會，願多認及不願入會者，均聽自便。	光緒三十三年四月奏給關防。	

（續表）

省分	定名	地址	呈報立案	總理協理銜名	札委年月	會員額數	章程	經費	奏給關防	附載
江蘇	上海商務總會	江蘇上海	升任本部參議楊士琦函報核准立案。	總理嚴信厚，浙江人，候選道。 協理徐潤，廣東人，候補道。 總理曾鑄，江蘇人，候選道。 協理朱珮珍，浙江人，候選道。 總理李厚祐，浙江人，分部郎中。 協理孫多森，安徽人，候補道。 總理周晉鑣，浙江人，候補道。 協理李厚祐。	光緒三十年三月札委初任。 光緒三十一年十一月札委接任。 光緒三十二年十月札委接任。 光緒三十三年十二月札委接任。	會董五十員	章程十二章，分定名、宗旨、名位、選舉、入會、出會經費、議事責任、辦公、會報、權利、規制諸大綱。	公議允認六千餘兩，輪電兩局酌撥六千兩。	光緒三十年五月奏給關防。	光緒三十三年六月呈請設立三林塘分所，稟准立案。 光緒三十三年七月呈報開辦滬南分所，稟准立案。
	江寧商務總會	江蘇江寧省城	升任本部參議王清穆函報核准立案。	總理劉世珩，安徽人，江蘇即補道。 協理朱鍾萱，候選訓導。 總理蘇錫岱，江蘇候補知縣。	光緒三十一年五月札委初任。 光緒三十二年三月札委代辦。	會董三十二員	章程九章，分緣起、定名、建地、職制、選舉、入會規則、議事、辦事權限、本會經費諸大綱。	經費由各業擔任。	光緒三十一年五月奏給關防。	
	蘇州商務總會	江蘇蘇州省城	編修王同愈等呈報核准立案。	總理尤先甲，江蘇人，內閣中書。 協理倪思九，江蘇人，選用知府。 協理吳理杲，江蘇人，中書科中書。	光緒三十一年十月札委初任。 光緒三十二年十二月加札續任。 光緒三十一年十月札委初任。 光緒三十二年十二月札委接任。	會董二十二員	章程十一章，分定名、宗旨、名位、選舉、入會、出會、經費、議事、權利責任要義、附屬諸大綱。	經費公議酌籌。	光緒三十一年十月奏給關防。	光緒三十二年正月籌辦實業學堂，稟准立案。

（續表）

省分	定名	地址	呈報立案	總理協理銜名	札委年月	會員額數	章程	經費	奏給關防	坿載
江蘇	通崇海花業總會坿	江蘇通州	職商劉燮鈞等呈報核准立案。	總理張謇，江蘇人，分省補用道。協理劉桂馨，江蘇人，候選知縣。協理林世鑫，江蘇人。	光緒三十年八月札委初任。光緒三十三年正月加札續任。光緒三十年八月札委初任。光緒三十三年正月札委接任。	會董十二員	章程十三章，分定名、地址、宗旨、辦法、職員、選舉、入會、出會、經費、會議、責任、權利、規制諸大綱。	經費由各商每年擔任。		光緒三十二年十二月呈請設立，吕四鎮商務分所，稟准立案。
安徽	安慶商務總會	安徽安慶省城	安徽巡撫咨報核准立案。	總理宋德銘，直隸補用主簿。協理胡遠勛，候選布理問。	光緒三十年十二月札委初任。光緒三十三年三月加札續任。	會董無定額	章程十三條	經費由各商認籌。	光緒三十三年三月奏給關防。	
	蕪湖商務總會	安徽蕪湖	在籍主事吕祖翼等呈報核准立案。	總理李榘，江蘇即補道。協理巫祖楷，候選同知。	光緒三十二年六月札委初任。光緒三十三年七月加札續任。	會董二十九員	章程十二章，分宗旨、會所、名位、選舉、入會、出會、經費、議事、規則、職守、責任、本會權利、辦事規則諸大綱。	經費由各業認籌。	光緒三十二年九月奏給關防。	
	正陽關商務總會	安徽正陽關	安徽巡撫咨報核准立案。	總理方皋，安徽人，道銜候選員外郎。協理王炳先，安徽人，五品銜候選州同。	光緒三十三年十月札委初任。	會董十二員	章程八章，四十二節，分定名、宗旨、權利、註册、職制、選舉、規則、經費諸大綱。	經費暫由各商籌墊。		

（續表）

省分	定名	地址	呈報立案	總理協理銜名	札委年月	會員額數	章程	經費	奏給關防	附載
山東	煙台商務總會	山東煙台	山東巡撫咨報核准立案。	總理梁禮賢，廣東人，候選州同。協理劉兆嵩，山東人，同知銜。	光緒三十二年八月札委初任。	會董二十九員	章程十二條。	經費未經報部。	光緒三十三年六月奏給關防。	
河南	河南商務總會	河南開封省城	河南商務農工局詳報核准立案。	總理邱泰基，山西人，分部郎中。協理馮麟炳，順天人，擬保知州候選布政司經歷。	光緒三十一年正月立案作爲試辦。	會董四十四員	試辦章程二十四條，試辦條規二十四條。	經費由各業酌認。		
				總理馮麟炳，順天人，四品銜候選知州。協理周雲彩，花翎同知職銜。	光緒三十三年四月札委接任。					
福建	廈門商務總會	福建廈門	閩浙總督咨報核准立案。	總理林爾嘉，福建人，二品頂戴候補五品京堂。協理陳綱，福建人，四品卿銜刑部郎中。	光緒三十一年七月札委初任。	會董八員	章程七章三十七條	經費由總協理與全班會員設法妥籌。	光緒三十一年七月奏給關防。	
				協理邱曾瓊，福建人，花翎鹽運使銜。	光緒三十一年十二月札委接任。					
				總理林爾嘉。協理邱曾瓊。	光緒三十二年九月加札續任。					
				總理林爾嘉。協理傅政，福建人，花翎三品銜候選知府。	光緒三十三年八月加札續任。光緒三十三年八月札委初任。					

（續表）

省分	定名	地址	呈報立案	總理協理銜名	札委年月	會員額數	章程	經費	奏給關防	附載
福建	福州商務總會	福建福州省城	福州商務議員何成浩詳報核准立案。	總理張贊廷，福建人，二品頂戴户部郎中銜。 協理李馥南，福建人，花翎同知銜。	光緒三十一年十一月札委初任。 光緒三十三年正月加札續任。	會董八員	章程七章三十七條	經費由總協理與各會員設法妥籌。	光緒三十一年十二月奏給關防。	
浙江	寧波商務總會	浙江寧波府城	升任本部參議楊士琦函報核准立案。	總理吴傳基，知府銜。 協理顧釗，鹽運使銜。 協理鄭賢滋，運同銜。	光緒三十二年二月札委初任。 光緒三十三年二月加札續任。 光緒三十二年二月札委初任。 光緒三十三年二月札委接任。	會董三十八員	章程十一章，分定名、宗旨、名位、選舉、入會、出會經費、議事、責任、權利、規則、附則諸大綱。	經費各業公議籌捐。	光緒三十二年二月奏給關防。	
	杭州商務總會	浙江杭州省城	浙江商務議員萬福康詳報核准立案。	總理樊恭煦，浙江人，前翰林院侍講。 協理顧鴻藻，浙江人，候選道。 協理潘炳南，浙江人，員外郎銜。	光緒三十二年八月札委初任。 光緒三十三年九月加札續任。 光緒三十二年八月札委初任。 光緒三十三年九月札委接任。	會董五十員	章程十章，分定名、明義、分職、選舉、議事、責任、權限、經費、利益、附條諸大綱。	經費由各業公籌。	光緒三十二年八月奏給關防。	光緒三十三年四月呈請設立塘棲鎮分所，禀准立案。
江西	江西商務總會	江西南昌省城	江西巡撫咨報核准立案。	總理劉景熙，江西人，江蘇試用道。 協理朱葆成，安徽人，候選道。 總理曾秉鈺，江西人，分部主事。 協理熊元鍠，江西人，分部主事。	光緒三十二年十一月札委初任。 光緒三十三年八月札委接任。	會董四十二員	章程九章，分宗旨、辦法、選舉、經費、會議、規制、入會、出會、會友會員、伸訴諸大綱。	經費由各業認輸。	光緒三十二年十一月奏給關防。	

（續表）

省分	定名	地址	呈報立案	總理協理銜名	札委年月	會員額數	章程	經費	奏給關防	附載
江西	九江商務總會	江西九江府城	江西巡撫咨報核准立案。	總理鄭官桂，廣東人，花翎三品銜江西試用道。協理盧元銈，安徽人，六品頂戴。	光緒三十三年十月札委初任。	會董十三員	章程十二則，分名稱、宗旨、會所、名位、選舉、會規、經費、會期、議章、責任、權利、規制諸大綱。	經費由入會各幫公同擔任，按照店户大小生意多寡量力捐輸。	光緒三十三年十月奏給關防。	
湖北	漢口商務總會	湖北漢口鎮	湖北商務議員孫泰圻詳報核准立案。	總理劉選青，前署湖南鹽法道。協理鄧奇勳，候選道。	光緒三十二年四月札委初任。	會董四十七員	章程十章，分定名、宗旨、名位、選舉、經費、議事、責任、職權、規制、辦法諸大綱。	經費由各商籌捐。	光緒三十二年七月奏給關防。	
湖南	湖南商務總會	湖南長沙省城	湖南農工商務總局詳報核准立案。	總理鄭先靖，湖南人，候選員外郎。協理陳文瑋，湖南人，湖北試用知府。總理陳文瑋。協理李達璋，湖南人，候選知府。	光緒三十二年二月札委初任。光緒三十三年三月札委接任。	會董四十八員	章程十章，分原起、宗旨、名位、選舉、會約、規則、議例、辦法、經費、責任諸大綱。	經費由各業認捐。	光緒三十二年四月奏給關防。	
四川	重慶商務總會	四川重慶府城	四川總督咨報核准立案。	總理李正榮，雲南人，四品銜分省補用知縣。協理楊怡，陝西人，五品銜候選布經歷。	光緒三十一年正月札委初任。	會董十八員	章程十八條	經費由各業酌輸。		

（續表）

省分	定名	地址	呈報立案	總理協理銜名	札委年月	會員額數	章程	經費	奏給關防	坿載
四川	成都商務總會	四川成都省城	四川總督咨報核准立案。	總理舒鉅祥，四川人，花翎三品銜候選知府。協理喬世傑，山西人，花翎三品銜江蘇補用知府。	光緒三十一年七月札委初任。光緒三十二年七月加札續任。	會董無定額	章程十六則，分定宗旨、設會地、任會員、開會期、懲倒騙、保行商、昭誠信、興製造、備書報、衛商業、除訟累、懲敗類、獎有才、廣聯絡、結團體、列商品諸大綱。	經費由公款提撥。		
廣東	廣州商務總會	廣東廣州省城	兩廣總督咨報核准立案。	總理左宗蕃，廣東人，頭品頂戴候補四品京堂。協理鄭官應，廣東人，二品頂戴儘先補用道。	光緒三十一年六月札委初任。	會董五十員	章程二十四條	經費擬行公科會份法，每份會本科洋銀十元。各行各號統視生理之大小、資本之鉅細，酌認多寡。所收會銀，集有成數，分存生息。	光緒三十一年七月奏給關防。	附設勒流鄉商務分所。
				坐辦黃景棠、朱文沛、區贊森、許應鴻、吳福元、杜榮光、潘金甡。	光緒三十一年七月札委初任。					
				總理左宗蕃。協理羅光廷，廣東人，花翎江西補用知府。坐辦吳福元、侯景星。	光緒三十二年十一月札委接任。					
				總理張振勳，廣東人，本部考察外埠商務大臣侍郎銜裁缺太僕寺卿。	光緒三十三年二月照會接任。					
				協理鄭官應。	光緒三十三年十月札委接任。					
				坐辦侯景星、吳福元、區贊森。	光緒三十三年十月札委接任。					

（續表）

省分	定名	地址	呈報立案	總理協理銜名	札委年月	會員額數	章程	經費	奏給關防	附載
廣東	汕頭商務總會	廣東汕頭	廣州商務總會呈報核准立案。	總理黄玉鏘，廣東人，花翎道銜。協理蕭永華，廣東人，花翎三品銜候選道。	光緒三十三年四月札委初任。	會董十四員	章程十章五十七節，分總則、名分、選舉、入會、出會、議事、責任、權限、建設、經費諸大綱。	經費由各行捐認。	光緒三十三年四月奏給關防。	謹按，光緒三十一年七月間本部升任參議王清穆函報，汕頭地方設立商務分會，由部核准。札委蕭永聲爲總理，嗣於三十三年三月間由廣州商務總會詳報改作總會核准立案。
廣西	梧州商務總會	廣西梧州府城	十三行商董李達明梁來昭呈報核准立案。	總理戴曾謙，廣東人，揀選知縣。協理蘇智邦，廣東人，藍翎同知銜。	光緒三十三年五月札委初任。	會董四十員	章程二十一條	經費以各業生理之大小、資本之鉅細，酌認會份多寡。不收會本，每份衹捐會息銀一角，爲辦公之用。	光緒三十三年五月奏給關防。	
	南寧商務總會	廣西南寧府城	廣西巡撫咨報核准立案。	總理黄增榮，廣東人，即用知縣。協理陳廷禄，廣東人，廩生。坐辦蔣虞、何焕英、李毓芬、王家恩、李漢章、范泰元。	光緒三十三年十二月札委初任。	會董三十四員	章程二十五條	經費暫將粤東會館年捐節省項下，撥充會用。		
雲南	雲南商務總會	雲南省城	雲貴總督咨報核准立案。	總理馬啓元，雲南人，花翎副將。協理王鴻圖，雲南人，花翎二品頂戴，廣東儘先補用道。	光緒三十二年八月札委初任。光緒三十三年正月加札續任。	會董十二員，幫董三十二員。	章程八章，分定名、宗旨、選舉、分職、議事、用人、保護、規則諸大綱。	經費由各業酌輸。	光緒三十二年八月奏給關防。	

合計各直省商務總會業經報部核准立案者，三十一處。

省分	定名	地址	呈報立案	總理銜名	札委年月	會員額數	章程	經費	頒給圖記式樣	附載
江蘇	通州商務分會	江蘇通州	升任本部參議王清穆函報核准立案，初名花布分會，後改爲商務分會。	顧士魁，江蘇人。	光緒三十年八月札委初任。光緒三十三年正月加札續任。	會員無定額	章程未經報部	經費酌量自籌。		附設四鎮商務分所。
	崇明商務分會	江蘇崇明	升任本部參議王清穆函報，核准立案。初名花布分會，後改爲商務分會。	施徵睿，江蘇人，職監。龔祖庚，江蘇人，國子監典籍銜。	光緒三十年八月札委初任。光緒三十二年十二月札委接任。	會員無定額	章程未經報部	經費酌量自籌。		附設內沙堡鎮商務分所。
	海門商務分會	江蘇海門廳	升任本部參議王清穆函報核准立案，初名花布分會，後改爲商務分會。	劉燮鈞，江蘇人，試用教諭。	光緒三十年八月札委初任。	會員三十員	章程未經報部	經費酌量自籌。		
	錫金商務分會	江蘇無錫金匱兩縣	本籍紳商楊宗濂等呈報核准立案。	周廷弼，江蘇人，花翎二品頂戴，分省補用道，本部三等顧問官。祝大椿，江蘇人，花翎二品封典道銜。	光緒三十一年四月札委初任。光緒三十二年閏四月加札續任。光緒三十三年四月札委接任。	會員由每業各舉正副二人，無定額。業小者一員，業大而單行者一員。	章程十二章，計七十條。	經費由舊有各業公所款項內酌撥津貼。	光緒三十一年四月頒給圖記式樣。	

(續表)

省分	定名	地址	呈報立案	總理銜名	札委年月	會員額數	章程	經費	頒給圖記式樣	附載
江蘇	常州商務分會	江蘇常州府城	上海商務總會呈報核准立案。	總理未經派定，公舉領袖會紳五人辦事：惲祖祁、惲用康、盛春頤、錢以振、趙鳳章。	光緒三十一年六月批准立案未加札。	會員無定額，每業各舉二三員不等。	章程二十條	經費由官紳設法妥籌。	光緒三十二年正月頒給圖記式樣。	
	昭文花業分會	江蘇昭文縣城	上海商務總會呈報核准立案。	楊壽標，河南候補道。	光緒三十一年八月札委初任，光緒三十二年十二月加札續任。	會員十二員	章程八條	經費由學堂花捐內酌撥二成辦公。	光緒三十二年四月頒給圖記式樣。	
	嘉定商務總會	江蘇嘉定縣城	商董秦錫棣等呈報核准立案。	周世恒，江蘇人。	光緒三十一年九月札委初任，光緒三十三年二月加札續任。	會董十二員	章程五章三十二條	經費由各商酌輸年期會費。	光緒三十一年十二月頒給圖記式樣。	附設安亭鎮商務分所。
	金山張堰鎮商務分會	江蘇金山縣張堰鎮	上海商務總會呈報核准立案。	陳德霄，同知銜甘肅候補知縣。屠明錩，五品銜候選典史。	光緒三十一年十二月札委初任。光緒三十二年十二月札委接任。	會董七員	章程十二條	經費由入會各號每店按月捐洋三角以充公用。	光緒三十一年十二月頒給圖記式樣。	

（續表）

省分	定名	地址	呈報立案	總理銜名	札委年月	會員額數	章程	經費	頒給圖記式樣	附載
河南	周口商務分會	河南陳州府屬周口鎮	河南商務議員胡翔林詳報核准立案。	丁殿邦，河南人，東河候補縣丞。	光緒三十一年八月批准試辦。	會董五員	章程二十二條	經費由衆會董倡議自書月捐。		
	道口商務分會	河南衛輝府屬道口鎮	河南商務議員胡翔林詳報核准立案。	張丙乾，直隸人，五品頂戴候選布政司理問。	光緒三十一年八月批准試辦。	會員無定額	章程二十條	經費暫由各商墊辦。		
福建	漳洲商務分會	福建漳洲府城	升任本部參議王清穆函報核准立案。	陳汝誠，福建人，候選訓導。 曾宗璜，福建人，候選訓導。 吴一鶴，福建人，五品頂戴。	光緒三十一年八月札委初任。 光緒三十二年二月札委接任。 光緒三十二年九月札委接任。	會員二十七員	章程三十八條	經費由商業自籌。	光緒三十一年八月頒給圖記式樣。	光緒三十二年三月呈報在南靖縣山城墟設立分所。
浙江	蘭谿商務分會	浙江蘭谿縣城東門外	浙江巡撫咨報核准立案。	趙璧輝，浙江人，五品頂戴。	光緒三十一年十月札委初任。 光緒三十三年八月加札續任。	會員尚未定額	章程十條	經費由各業酌籌。	光緒三十一年十月頒給圖記式樣。	
	石門商務分會	浙江石門	浙江巡撫咨報核准立案。	徐多鏐，五品頂戴，監生。 李殿華，邑庠生。 馬昭壽，訓導，歲貢生。	光緒三十一年十月札委初任。 光緒三十二年十月札委接任。 光緒三十三年十一月札委接任。	會董十員	章程十二章五十四條	經費由總理及會董籌墊俟辦有成效再行捐募。	光緒三十一年十月頒給圖記式樣。	

合計光緒三十年、三十一年分各直省商務分會業經報部核准立案者，十三處。

省分	定名	地址	呈報立案	總理銜名	札委年月	會員額數	章程	經費	頒給圖記式樣	附載
奉天	同江口商務分會	奉天同江口	盛京將軍咨報核准立案。	趙志厚，奉天人。	光緒三十二年四月札委初任。	會董十六員	章程十章四十條	經費公議自籌。	光緒三十二年四月頒給圖記式樣。	
	鐵嶺商務分會	奉天鐵嶺	盛京將軍咨報核准立案。	彭錫庚，奉天人，候選縣丞。	光緒三十二年閏四月札委初任。	議董六員，會董十二員。	章程十二條	經費公議自籌。	光緒三十二年閏四月頒給圖記式樣。	
					光緒三十三年六月加札續任。					
	法庫商務分會	奉天法庫	盛京將軍咨報核准立案。	商寶賢，奉天人。	光緒三十二年閏四月札委初任。	會董十五員	章程十四條	經費由商家自籌。	光緒三十二年閏四月頒給圖記式樣。	
				王麟閣，奉天人。	光緒三十三年十一月札委接任。					
	昌圖府商務分會	奉天昌圖府	盛京將軍咨報核准立案。	陳賡德，直隸人，從九品。	光緒三十二年五月札委初任。	會董十三員	章程十四條	經費公議自籌。	光緒三十二年五月頒給圖記式樣。	
				何鵬程，直隸人。	光緒三十三年六月札委接任。					
	鷲鷺樹鎮商務分會	奉天昌圖府屬鷲鷺樹鎮	盛京將軍咨報核准立案。	王東陽，奉天人。	光緒三十二年六月札委初任。	會董十員	章程十二條	經費會中公議擔任。	光緒三十二年六月頒給圖記式樣。	
				喬國華，山西人，選用州判。	光緒三十三年八月札委接任。					

（續表）

省分	定名	地址	呈報立案	總理銜名	札委年月	會員額數	章程	經費	頒給圖記式樣	附載
奉天	錦州商務分會	奉天錦州	盛京將軍咨報核准立案。	王登相，奉天人，七品軍功。	光緒三十二年六月札委初任。光緒三十三年六月加札續任。	議董十九員	章程十章五十八條	經費由各商集議認輸。	光緒三十二年六月頒給圖記式樣。	
	大窪商務分會	奉天昌圖府北大窪	盛京將軍咨報核准立案。	裴連榮，奉天人。	光緒三十二年六月札委初任。光緒三十三年九月加札續任。	會董十員	章程十三條	經費公議自籌。	光緒三十二年六月頒給圖記式樣。	
	奉化商務分會	奉天奉化	盛京將軍咨報核准立案。	顧友棠，浙江人，候選巡檢。	光緒三十二年六月札委初任。	會董六員，會員十三員。	章程十條	經費各業自籌。	光緒三十二年六月頒給圖記式樣。	
	新民府商務分會	奉天新民府	盛京將軍咨報核准立案。	靳存福，奉天人。	光緒三十二年六月札委初任。		章程六條	經費酌籌。	光緒三十二年六月頒給圖記式樣。	
	開原商務分會	奉天開原	盛京將軍咨報核准立案。	高玉堂，奉天人，候選州判。	光緒三十二年六月札委初任。	會董十三員	章程十四條	經費酌籌。	光緒三十二年六月頒給圖記式樣。	
	蓋平商務分會	奉天蓋平	盛京將軍咨報核准立案。	侯顯謨，奉天人。	光緒三十二年六月札委初任。	議董十員，會員十員。	章程六章三十條	經費公議自籌。	光緒三十二年六月頒給圖記式樣。	

（續表）

省分	定名	地址	呈報立案	總理銜名	札委年月	會員額數	章程	經費	頒給圖記式樣	附載
奉天	榆樹台商務分會	奉天奉化縣榆樹台	盛京將軍咨報核准立案。	劉伯勳，奉天人。	光緒三十二年六月札委初任。		章程十八條	經費由各業認捐。	光緒三十二年六月頒給圖記式樣。	
	八面城商務分會	奉天八面城	盛京將軍咨報核准立案。	宋悅，直隸人。 苗芳興，奉天人。	光緒三十二年六月札委初任。 光緒三十三年八月札委接任。	會董十員，會員九員。	章程十五條	經費本地商人公議自籌。	光緒三十二年六月頒給圖記式樣。	
	寬甸商務分會	奉天寬甸縣城	盛京將軍核准咨報立案。	袁發科，奉天人，貢生。	光緒三十二年十月札委初任。	會董十員，會友六員。	章程十條	經費由各業認捐。	光緒三十二年十月頒給圖記式樣。	
直隸	寧河蘆台鎮商務分會	直隸寧河縣蘆台鎮	順天府咨報核准立案。	董雲浦，候選縣丞。	光緒三十二年九月札委初任。	會董十員	章程十六條	經費集議自籌。	光緒三十二年九月頒給圖記式樣。	
	順德商務分會	直隸順德府	天津商務總會呈報核准立案。	翟釗，候選縣丞。	光緒三十二年十一月札委初任。 光緒三十三年九月加札續任。	會員二十員	章程三十三條	經費由各商自籌允認。	光緒三十二年十一月頒給圖記式樣。	
江蘇	嘉定南翔鎮商務分會	江蘇嘉定縣南翔鎮	上海商務總會呈報核准立案。	王維泰，候選直州判。 李樹勛，光禄寺典簿銜。	光緒三十二年二月札委初任。 光緒三十三年六月札委接任。	會員由每業推舉一人，無定員。	章程十四條	經費視各業大小分別承認。	光緒三十二年二月頒給圖記式樣。	

（續表）

省分	定名	地址	呈報立案	總理銜名	札委年月	會員額數	章程	經費	頒給圖記式樣	附載
江蘇	鎮江商務分會	江蘇鎮江府城	兩江總督咨報核准立案。	吴兆恩，三品封典同知銜。	光緒三十二年三月札委初任。	議董三十一員	章程二十條	經費由各業認籌。	光緒三十二年三月頒給圖記式樣。	
	松江商務分會	江蘇松江府城西門外	江蘇巡撫咨報核准立案。	林增鑑，江蘇人，候選同知。	光緒三十二年三月札委初任。光緒三十三年三月加札續任。	會董十員	章程二十四條	經費由每店出月捐三百文以充公用。	光緒三十二年三月頒給圖記式樣。	
	如皋商務分會	江蘇如皋縣城	通崇海花業總會呈報核准立案。	沙元炳，江蘇人，翰林院編修。	光緒三十二年三月札委初任。光緒三十三年五月加札續任。	會員十七員	章程十三章七十一條	經費由各業商情願酌量認助。	光緒三十二年三月頒給圖記式樣。	
	金山朱涇鎮商務分會	江蘇金山縣朱涇鎮	江蘇巡撫咨報核准立案。	丁彦翀，運同銜候選通判。	光緒三十二年三月札委初任。光緒三十三年加札續任。	會董無定員	章程十三條	經費由各會員每月捐洋三角。	光緒三十二年三月頒給圖記式樣。	
	上海閔行鎮商務分會	江蘇上海縣閔行鎮	上海商務總會呈報核准立案。	朱承鼎，江蘇人，附生。	光緒三十二年四月札委初任。光緒三十三年五月加札續任。	會員無定額	章程八章五十四條	經費公議酌籌。	光緒三十二年四月頒給圖記式樣。	附設商餘夜塾體操商會水龍會戒煙會。
	海贛商務分會	江蘇海州	兩江總督咨報核准立案。	沈雲沛，江蘇人，升任翰林院編修。許鼎霖，江蘇人，安徽候補道。	光緒三十二年閏四月札委初任。光緒三十二年十月接手代辦。	會員無定額，准由各幫公舉，或兩員、一員，或數幫共舉一員不等。	章程三十條	經費由魚木各行舊有公積酌提叁肆成，充作開支。	光緒三十二年閏四月頒給圖記式樣。	

（續表）

省分	定名	地址	呈報立案	總理銜名	札委年月	會員額數	章程	經費	頒給圖記式樣	附載
江蘇	溧陽商務分會	江蘇溧陽縣城	上海商務總會呈報核准立案。	狄佑，五品封職光禄寺署正銜。	光緒三十二年閏四月札委初任。	會董八員	原訂章程二十條，由部詳核删去一條。	經費由各商號凑集成數，存莊生息。	光緒三十二年閏四月頒給圖記式樣。	附設東壩鎮商務分所。
				洪受祺，花翎三品銜候選道。	光緒三十三年二月札委接任。					
	昭文梅里鎮商務分會	江蘇昭文縣梅里鎮	蘇州商務總會呈報核准立案。	張鍾萬，花翎候選同知。	光緒三十二年閏四月札委初任。	議董十員，會員無定額。	章程十六條	經費由入會各友酌量自認，多至十二元少至二元。	光緒三十二年十月頒給圖記式樣。	
				張振庠，江蘇人，附生，布政司理問銜。	光緒三十三年四月札委接任。					
	清江浦商務分會	江蘇清江浦	江寧商務總會呈報核准立案。	劉壽祺，浙江補用知縣。	光緒三十二年五月札委初任。光緒三十三年十月加札續任。	會員三十員	章程二十六條	經費視各業大小量力分認。	光緒三十二年五月頒給圖記式樣。	
	寶應商務分會	江蘇寶應縣城	江南商務總局詳報核准立案。	鮑友恪，安徽人，江蘇補用知州。	光緒三十二年五月札委初任。光緒三十三年七月加札續任。	會員無定額	章程七章三十七條	經費由發起人籌墊開辦，嗣後再由各業認捐。	光緒三十二年五月頒給圖記式樣。	擬附設農務會並商業學堂。
	震澤平望鎮商務分會	江蘇震澤縣平望鎮	蘇州商務總會呈報核准立案。	吴棟成，議叙州同銜。	光緒三十二年五月札委初任。	會員無定額	章程十二條	經費由各業酌量輸助。	光緒三十二年五月頒給圖記式樣。	
				凌翔漢，中書科中書銜。	光緒三十二年八月札委接任。光緒三十三年七月加札續任。					

（續表）

省分	定名	地址	呈報立案	總理銜名	札委年月	會員額數	章程	經費	頒給圖記式樣	附載
江蘇	泰州商務分會	江蘇泰州	江寧商務總會呈報核准立案。	王貽哲，江蘇人，前山東范縣知縣。	光緒三十二年六月札委初任。光緒三十三年六月加札續任。	會員二十員	章程十條	經費由各業認捐。	光緒三十三年八月頒給圖記式樣。	
	江陰商務分會	江蘇江陰縣城	江南商務總局上海商務總會呈報核准立案。	祝廷華，江蘇人，吏部文選司主事。	光緒三十二年八月札委初任。	會員無定額	章程二十條	經費酌量勸輸以充公用。	光緒三十二年八月頒給圖記式樣。	
	川沙商務分會	江蘇川沙廳	上海商務總會呈報核准立案。	潘守勤，江蘇人，監生，補用鹽大使。	光緒三十二年八月札委初任。光緒三十三年十一月加札續任。	會員十員	章程十二條	經費由各代表擔任。	光緒三十二年八月頒給圖記式樣。	
	奉賢莊行鎮商務分會	江蘇奉賢縣莊行鎮	上海商務總會呈報核准立案。	徐鳴皋，江蘇人，文生。	光緒三十二年八月札委初任。光緒三十三年八月加札續任。	會董十八員	章程十二條	經費由入會各商公議以貿易大小分認月捐。	光緒三十二年八月頒給圖記式樣。	
	鎮洋劉河鎮商務分會	江蘇鎮洋縣劉河鎮	上海商務總會呈報核准立案。	朱之經，理問銜候選縣丞。	光緒三十二年八月札委初任。光緒三十三年十月加札續任。	會員十六員	章程十二條	經費由入會各商家酌量自認。	光緒三十二年八月頒給圖記式樣。	附設太倉商務分所。

（續表）

省分	定名	地址	呈報立案	總理銜名	札委年月	會員額數	章程	經費	頒給圖記式樣	附載
江蘇	常昭商務分會	江蘇常熟、昭文兩縣。	上海商務總會呈報核准立案。	楊崇光，江蘇人，花翎升用知府，前四川銅梁縣知縣，經人控告，查復屬實，咨行江蘇巡撫飭屬撤銷。邵增鑑，江蘇人，五品銜候選縣丞。	光緒三十二年八月札委初任。光緒三十三年正月札委接任。光緒三十三年十二月加札續任。	會員三十員	章程十五條	經費視各商業之大小，量力捐輸。	光緒三十二年八月頒給圖記式樣。	附福山鎮東唐市商務分所。
	吴江盛澤鎮商務分會	江蘇吴江縣盛澤鎮	蘇州商務總會呈報核准立案。	張慶鏞，江蘇人，五品銜光禄寺署正。	光緒三十二年九月札委初任。光緒三十三年十月加札續任。	會員二十四員	章程十六條	經費暫由發起人擔任代墊，嗣後即以各號友歲捐之費以充公用。	光緒三十二年九月頒給圖記式樣。	
	宜荆商務分會	江蘇宜興、荆溪兩縣。	上海商務總會呈報核准立案。	任錫汾，江蘇人，前四川川東道重慶關監督。	光緒三十二年十月札委初任。	會董十二員	章程十條	經費由各業分認年捐，已得實數七百三十餘元，不敷處向窑業公司借墊開辦。	光緒三十二年十月頒給圖記式樣。	
	江震商務分會	江蘇吴江、震澤兩縣。	蘇州商務總會呈報核准立案。	龐元潤，江蘇人，候選訓導。	光緒三十二年十月札委初任。	會員二十八員	章程十條	經費由入會各友酌量輸助。	光緒三十二年十月頒給圖記式樣。	
	南匯縣周浦鎮商務分會。	江蘇南匯縣周浦鎮	上海商務總會呈報核准立案。	張之儀，州同職銜。	光緒三十二年十月札委初任。	會員二十九員	章程十二條	經費由入會各業自行酌量輸助。	光緒三十二年十月頒給圖記式樣。	附設杜行鎮商務分所。

(續表)

省分	定名	地址	呈報立案	總理銜名	札委年月	會員額數	章程	經費	頒給圖記式樣	附載
江蘇	泰興商務分會	江蘇泰興縣城	江寧商務總會呈報核准立案。	張樹森，江蘇人，候選直隸州州判，拔貢生。	光緒三十二年十一月札委初任。	會員十六員	章程八章四十四條	經費由各行號酌量自認。	光緒三十二年十一月頒給圖記式樣。	
	婁縣泗涇鎮商務分會	江蘇婁縣泗涇鎮	上海商務總會呈報核准立案。	吴懋仁，江蘇人，州同職銜。	光緒三十二年十一月札委初任。	會員十八員	章程十七條	經費由在會各業每店月捐三百文。	光緒三十二年十一月頒給圖記式樣。	
	崑新商務分會	江蘇崑山、新陽兩縣。	蘇州商務總會呈報核准立案。	李慶釗，候選州同。	光緒三十二年十二月札委初任。	會員無定額，約每鎮一二員。	章程十二條	經費暫由發起人擔任代墊。	光緒三十二年十二月頒給圖記式樣。	附設菉葭浜鎮商務分所。
	華亭莘莊鎮商務分會	江蘇華亭縣莘莊鎮	上海商務總會呈報核准立案。	錢維桂，江蘇人，監生。	光緒三十二年十二月札委初任。	會員十六員	章程十條	經費由入會各商酌量輸助。	光緒三十二年十二月頒給圖記式樣。	
安徽	鳳陽臨淮鎮商務分會	安徽鳳陽府臨淮鎮	安徽巡撫咨報核准立案。	何錦玉，候選縣丞。	光緒三十二年十二月札委初任。	會員十六員	章程二十五條	經費由入會各商酌輸自籌。	光緒三十二年十二月頒給圖記式樣。	
福建	建寧商務分會	福建建寧府城	福建商務議員何成浩詳報核准立案。	李太和，安徽人，同知銜。	光緒三十二年六月札委初任。光緒三十三年八月加札續任。	會董十六員	章程三十六條	經費由各商認捐。	光緒三十二年六月頒給圖記式樣。	

（續表）

省分	定名	地址	呈報立案	總理銜名	札委年月	會員額數	章程	經費	頒給圖記式樣	附載
浙江	温州商務分會	浙江温州府城	浙江巡撫咨報核准立案。	王嶽崧，安徽即用知縣。	光緒三十二年正月札委初任。光緒三十二年十一月加札續任。光緒三十三年十月加札續任。	議董二十六員	會議便宜章程十六條，公同酌定經費專章四條，商會入議章程十三條。	經費公議自籌。	光緒三十二年正月頒給圖記式樣。	
	拱宸橋商務分會	浙江杭州省城拱宸橋	浙江巡撫咨報核准立案。	高鳳德，花翎三品銜分省補用知府。吴恩元，中書銜，舉人。	光緒三十二年三月札委初任。光緒三十三年五月札委接任。	會董二十四員	章程十二條	經費由各商認籌撥用息銀。	光緒三十二年三月頒給圖記式樣。	
	山會商務分會	浙江山陰會稽兩縣	浙江巡撫咨報核准立案。	秦文治，二品封典，世襲雲騎尉。	光緒三十二年三月札委初任。光緒三十二年十二月加札續任。	會員無定額	試辦章程十條，續擬章程十條。	經費由各業認定。	光緒三十二年三月頒給圖記式樣。	
	衢州商務分會	浙江衢州府城	浙江巡撫咨報核准立案。	潘文典，浙江人，五品銜。殷之輅，賞戴藍翎，同知職銜。	光緒三十二年閏四月札委初任。光緒三十三年六月札委接任。	會員二十九員	試辦章程十二條	經費由各業按月分認捐款。	光緒三十二年閏四月頒給圖記式樣。	
	慈谿商務分會	浙江慈谿縣城	寧波商務總會呈報核准立案。	任祖全，同知銜，監生。	光緒三十二年七月札委初任。光緒三十三年八月加札續任。	會員二十六員	章程七章二十六節	經費由會員隨時妥爲籌捐。	光緒三十二年七月頒給圖記式樣。	

（續表）

省分	定名	地址	呈報立案	總理銜名	札委年月	會員額數	章程	經費	頒給圖記式樣	附載
浙江	鎮海商務分會	浙江鎮海縣城	寧波商務總會呈報核准立案。	鄭志逌，花翎同知銜分缺間選用知縣。	光緒三十二年七月札委初任。光緒三十三年九月加札續任。	會員十三員	章程十三章四十九節	開辦經費發起人代墊，常年經費由各商酌籌。	光緒三十二年七月頒給圖記式樣。	光緒三十三年正月開辦商業初等小學堂，試辦章程十五章三十節，當即批准。
	湖州商務分會	浙江湖州府城	杭州商務總會呈報核准立案。	沈平章，浙江人，花翎三品銜湖南候補知府。	光緒三十二年十二月札委初任。	會董十三員	試辦章程十節	經費由各商願盡義務擔承認助。	光緒三十二年十二月頒給圖記式樣。	
	海寧硤石鎮商務分會	浙江海寧州硤石鎮	杭州商務總會呈報核准立案。	徐光溥，浙江人，監生，中書科中書職銜。	光緒三十二年十二月札委初任。	議董十六員	試辦章程十四條	經費由總理及各董籌墊，俟辦有成效再由各業量力輸助。	光緒三十二年十二月頒給圖記式樣。	
四川	叙州商務分會	四川叙州府城	四川總督咨報核准立案。	陳秉忠，四川人，同知銜。	光緒三十二年十一月札委初任。	會員二十四員	章程十六條	經費酌量自籌。	光緒三十二年十一月頒給圖記式樣。	
廣東	龍江商務分會	廣東龍江縣城	廣州商務總會呈報核准立案。	葉兆棉	光緒三十二年三月札委初任。光緒三十三年八月加札續任。	會員二十九員	章程十五條	經費公議自籌。	光緒三十二年三月頒給圖記式樣。	
	連陽商務分會	廣東連州陽山縣城	廣東商務總局詳報核准立案。	劉翰瑶，中書科中書。	光緒三十二年七月札委初任。光緒三十三年九月加札續任。	會員二十五員	章程十二條	經費由各業認股用息。	光緒三十二年七月頒給圖記式樣。	光緒三十三年六月呈請設立洺洗大灣魚嘴犀牛潭四埠分所當即批准。光緒三十三年十月呈請添設坐辦六員當即批准。

（續表）

省分	定名	地址	呈報立案	總理銜名	札委年月	會員額數	章程	經費	頒給圖記式樣	附載
廣東	順德陳赤商務分會	廣東順德縣陳村、赤花兩鄉。	廣州商務總會呈報核准立案。	盧林英，附貢生，選用縣丞。	光緒三十二年八月札委初任。	會員二十員	章程十五條	經費由各商認股用息。	光緒三十二年八月頒給圖記式樣。	
	新寧商務分會	廣東新寧縣城	廣州商務總會呈報核准立案。	余灼，附貢生，試用州同。	光緒三十二年十一月札委初任。	會員三十員	章程十六條	經費由各商認股用息。	光緒三十二年十一月頒給圖記式樣。	
	石城商務分會	廣東石城縣城	廣州商務總會呈報核准立案。	柳龍章，縣丞。	光緒三十二年十二月札委初任。	會員十七員	章程十八條	經費由各商認股用息。	光緒三十二年十二月頒給圖記式樣。	

合計光緒三十二年分各直省商務分會業經報部核准立案者，五十八處。

農工商部統計處《農工商部統計表》第四册《商務分會表光緒三十三年》

省分	定名	地址	呈報立案	總理銜名	札委年月	會員額數	章程	經費	頒給圖記式樣	坿載
奉天	復州商務分會	奉天復州	東三省總督咨報核准立案。	鄒乃家，奉天人，附貢生。	光緒三十三年七月札委初任。	會董十二員	章程八條	經費由各商公認。	光緒三十三年七月頒給圖記式樣。	
	懷仁商務分會	奉天懷仁縣城	東三省總督咨報核准立案。	吕恩，山東人。	光緒三十三年七月札委初任。	會董十二員	章程四章二十條	經費公議酌籌。	光緒三十三年七月頒給圖記式樣。	

（續表）

省分	定名	地址	呈報立案	總理銜名	札委年月	會員額數	章程	經費	頒給圖記式樣	附載
奉天	安東太平溝商務分會	奉天安東縣太平溝	東三省總督咨報核准立案。	趙其億，山東人，候選從九品。	光緒三十三年七月札委初任。	會董二十員	章程二十六條	經費公議酌籌。	光緒三十三年七月頒給圖記式樣。	
	田莊台商務分會	奉天田莊台	東三省總督咨報核准立案。	馬履謙，直隸人，候選縣丞。	光緒三十三年七月札委初任。	會董十六員	章程十條	經費由各商公認。	光緒三十三年七月頒給圖記式樣。	
	陵街商務分會	奉天陵街	東三省總督咨報核准立案。	吴善庭，直隸人。	光緒三十三年七月札委初任。	會董十員	章程二十條	經費就地公議妥籌。	光緒三十三年七月頒給圖記式樣。	
	朝陽鎮商務分會	奉天海龍府屬朝陽鎮	東三省總督咨報核准立案。	龐萬春，奉天人。	光緒三十三年八月札委初任。	會董二十三員	章程二十條	經費由本地商人擔任。	光緒三十三年八月頒給圖記式樣。	
	岫巖商務分會	奉天岫巖州	東三省總督咨報核准立案。	尚德愷，奉天人。	光緒三十三年九月札委初任。	會董二十三員	章程十二條	經費各商公議妥籌。	光緒三十三年九月頒給圖記式樣。	
	新賓堡商務分會	奉天興京新賓堡	東三省總督咨報核准立案。	金廷選，正白旗漢軍人。	光緒三十三年十月札委初任。	會董十員	章程二十條	經費各商公議妥籌。	光緒三十三年十月頒給圖記式樣。	

（續表）

省分	定名	地址	呈報立案	總理銜名	札委年月	會員額數	章程	經費	頒給圖記式樣	坿載
奉天	東平商務分會	奉天東平縣城	東三省總督咨報核准立案。	刁鳳瑶，奉天人。	光緒三十三年十一月札委初任。	會董十二員	章程十五條	經費公議酌籌。	光緒三十三年十一月頒給圖記式樣。	
吉林	琿春商務分會	吉林琿春城	吉林商務總會呈報核准立案。	馬善平，直隸人，補用把總。	光緒三十三年八月札委初任。	會董九員	章程十一章七十三條	經費由就地各商擔任。	光緒三十三年八月頒給圖記式樣。	
直隸	磁州商務分會	直隸磁州彭城鎮	天津商務總會呈報核准立案。	王鴻賓，府經歷銜。	光緒三十三年三月札委初任。	會員十二員	章程二十二條	經費由各商自籌按季樂輸。	光緒三十三年三月頒給圖記式樣。	
	秦王島商務分會	直隸秦王島	天津商務總會呈報核准立案。	孫璋，直隸人，縣丞銜。	光緒三十三年四月札委初任。	會董九員	章程二十四條	經費由各商自籌酌輸。	光緒三十三年四月頒給圖記式樣。	
	唐山商務分會	直隸唐山	直隸總督咨報核准立案。	劉俊升，翰林院待詔銜。	光緒三十三年九月札委初任。	會員二十四員	章程二十六條	經費各業認籌。	光緒三十三年九月頒給圖記式樣。	
	高陽商務分會	直隸高陽縣城	天津商務總會呈報核准立案。	韓偉卿，從九品。	光緒三十三年十月札委初任。	會員二十五員	章程十二章	經費各商自籌樂輸。	光緒三十三年十月頒給圖記式樣。	

（續表）

省分	定名	地址	呈報立案	總理銜名	札委年月	會員額數	章程	經費	頒給圖記式樣	坿載
江蘇	六合商務分會	江蘇六合縣城	兩江總督咨報核准立案。	徐承烈，候選同知。	光緒三十三年五月札委初任。	會員二十四員	章程二十條	經費由各業商量力籌助。	光緒三十三年五月頒給圖記式樣。	
	淮安商務分會	江蘇淮安府城	江寧商務總會呈報核准立案。	王慶霖，江蘇人。	光緒三十三年八月札委初任。	會董十員	章程二十條	經費由各業量力酌籌。	光緒三十三年八月頒給圖記式樣。	
	丹陽商務分會	江蘇丹陽縣城	江蘇巡撫咨報核准立案。	董繼昌，江蘇人，附貢生，五品頂戴，候選訓導。	光緒三十三年八月札委初任。	會員十五員	章程十章	經費由註册各商號酌量認繳，各業董彙交本會。	光緒三十三年八月頒給圖記式樣。	
	宿遷商務分會	江蘇宿遷縣城	江南商務總局詳報核准立案。	張桐，江蘇人，同知銜，候選府經歷。	光緒三十三年九月札委初任。	會員二十一員	章程十六條	經費由入會各業酌輸。	光緒三十三年九月頒給圖記式樣。	
	儀徵商務分會	江蘇儀徵縣城	江寧商務總會呈報核准立案。	何家泰，江蘇人，提舉銜，浙江補用通判。	光緒三十三年十月札委初任。	會員二十六員	章程八條	經費先由發起人籌墊開辦，此後常年經費由各業量力輸助。	光緒三十三年十月頒給圖記式樣。	
	江浦商務分會	江蘇江浦縣浦口鎮	江寧商務總會呈報核准立案。	吴大生，江蘇人。	光緒三十三年十月札委初任。	會員十二員	章程十條	經費由各業認籌。	光緒三十三年十月頒給圖記式樣。	

（續表）

省分	定名	地址	呈報立案	總理銜名	札委年月	會員額數	章程	經費	頒給圖記式樣	坿載
江蘇	東臺商務分會	江蘇東臺縣城	江寧商務總會呈報核准立案。	丁立棠，江蘇人，附貢生，太常寺博士。	光緒三十三年十一月札委初任。	會員二十八員	章程八章四十一條	經費由各業籌集。	光緒三十三年十一月頒給圖記式樣。	
	揚州商務分會	江蘇揚州府城	兩江總督咨報核准立案。	周樹年，江蘇人，拔貢，候選通判。	光緒三十三年十二月札委初任。	會員三十員	章程七章四十一條	經費由各業酌輸。	光緒三十三年十二月頒給圖記式樣。	坿設大橋鎮商務分所、邵伯鎮商務分所。
	泰州海安鎮商務分會	江蘇泰州海安鎮	上海商務總會呈報核准立案。	劉芬，花翎同知銜，候選布理問。	光緒三十三年十二月札委初任。	會董八員	章程十三章七十一條	經費自二元以上至四十元止，由各業自行酌量認輸。	光緒三十三年十二月頒給圖記式樣。	
安徽	東流張溪鎮商務分會	安徽東流縣張溪鎮	安徽巡撫咨報核准立案。	林正春，縣丞銜。	光緒三十三年十二月札委初任。	會員十二員	章程十七條	經費入會各業酌輸。	光緒三十三年十二月頒給圖記式樣。	
山東	威海商務分會	山東威海城	煙台商務總會呈報核准立案。	戚廷璣，中書科中書銜，監生。	光緒三十三年十一月札委初任。	會員二十二員	章程十二條	經費由各商號酌認。	光緒三十三年十一月頒給圖記式樣。	
河南	許州商務分會	河南許州	河南商務議員何廷俊詳報核准立案。	王松峰，候選縣丞。	光緒三十三年六月札委初任。	會員三十四員	章程二十二條	經費由各業認輸。	光緒三十三年六月頒給圖記式樣。	

（續表）

省分	定名	地址	呈報立案	總理銜名	札委年月	會員額數	章程	經費	頒給圖記式樣	坿載
河南	漯河鎮商務分會	河南許州漯河鎮	河南商務議員何廷俊詳報核准立案。	李瑞庭，直隸人，五品頂戴，候補典史。	光緒三十三年六月札委初任。	會董三十員	章程二十五條	經費由各業認輸。	光緒三十三年六月頒給圖記式樣。	
	禹州商務分會	河南禹州	河南商務議員何廷俊詳報核准立案。	陶裕恩，五品銜，前國子監助教。	光緒三十三年九月札委初任。	會員十五員	章程八章計十條	經費由入會各商分別擔任。	光緒三十三年九月頒給圖記式樣。	
福建	漳浦商務分會	福建漳浦縣城	厦門商務總會呈報核准立案。	楊子鯤，福建人。	光緒三十三年六月札委初任。	會董十二員	章程三十四條	經費由各商認捐。	光緒三十三年六月頒給圖記式樣。	
	邵武商務分會	福建邵武縣城	福建商務議員吕渭英詳報核准立案。	朱書田，福建人，直隸州州判。	光緒三十三年六月札委初任。	會董六員	章程二十九條	經費由本地商業自籌。	光緒三十三年六月頒給圖記式樣。	
	詔安商務分會	福建詔安縣城	厦門商務總會呈報核准立案。	徐振聲，福建人。	光緒三十三年七月札委初任。	會董十二員	章程三十四條	經費由各商認捐。	光緒三十三年七月頒給圖記式樣。	
	汀州商務分會	福建汀州府城	福建商務議員吕渭英詳報核准立案。	鄭克明，福建人，內閣中書。	光緒三十三年八月札委初任。	議董九員	章程十六條	經費由各業公捐認股用息。	光緒三十三年八月頒給圖記式樣。	

（續表）

省分	定名	地址	呈報立案	總理銜名	札委年月	會員額數	章程	經費	頒給圖記式樣	附載
福建	福寧商務分會	福建福寧府城	福建商務議員呂渭英詳報核准立案。	王邦懷，福建人，五品銜主事。	光緒三十三年十月札委初任。	議董十員	章程七條	經費商業自籌。	光緒三十三年十月頒給圖記式樣。	
浙江	餘姚商務分會	浙江餘姚縣城	杭州商務總會呈報核准立案。	張承績，浙江人，五品銜，湖南縣丞，補缺後以知縣用。	光緒三十三年二月札委初任。	會董十二員	試辦章程十條	經費由錢業籌墊銀洋壹千元。	光緒三十三年二月頒給圖記式樣。	
	德清商務分會	浙江德清縣城	杭州商務總會呈報核准立案。	施涵，就職訓導。	光緒三十三年四月札委初任。	會董八員	試辦章程九節	開辦經費由總理及各董籌墊，常年經費由各商量力擔任情願捐助。	光緒三十三年四月頒給圖記式樣。	
	新市鎮商務分會	浙江德清縣新市鎮	杭州商務總會呈報核准立案。	高振垣，候選訓導。	光緒三十三年四月札委初任。	會董八員	試辦章程十二節	經費由入會各商情願樂輸分業擔承。	光緒三十三年四月頒給圖記式樣。	
	嘉興商務分會	浙江嘉興府城	杭州商務總會呈報核准立案。	高寶銓，廪膳生。	光緒三十三年五月札委初任。	會員二十四員	章程十六章六十條	開辦經費暫由總理及各議董會員籌墊。	光緒三十三年五月頒給圖記式樣。	
	定海商務分會	浙江定海廳	浙江巡撫咨報核准立案。	丁中立，舉人，同知銜，前雲南恩安縣知縣。	光緒三十三年五月札委初任。	會員無定額	章程十二章五十條	經費由入會各商業輸助。	光緒三十三年五月頒給圖記式樣。	

（續表）

省分	定名	地址	呈報立案	總理銜名	札委年月	會員額數	章程	經費	頒給圖記式樣	附載
浙江	石浦鎮商務分會	浙江象山縣石浦鎮	寧波商務總會呈報核准立案。	蕭樹棠，浙江人，監生。	光緒三十三年五月札委初任。	會董十員	章程十二章四十三條	開辦經費由發起人代墊，常年經費公議自籌。	光緒三十三年五月頒給圖記式樣。	
	乍浦鎮商務分會	浙江平湖縣乍浦鎮	杭州商務總會呈報核准立案。	徐應良，浙江人，附貢生，郎中職銜。	光緒三十三年五月札委初任。	會員十員	章程十一章七十條	經費由各行號量力輸助。	光緒三十三年五月頒給圖記式樣。	
	於潛商務分會	浙江於潛縣城	浙江巡撫咨報核准立案。	高春泰，浙江人，同知銜。	光緒三十三年六月札委初任。	議董六員	試辦簡章十條	經費由各業酌量認捐。	光緒三十三年六月頒給圖記式樣。	
	孝豐商務分會	浙江孝豐縣城	浙江巡撫咨報核准立案。	汪維樑，原籍安徽人，監生，孔目銜。	光緒三十三年七月札委接任。	議董十七員	試辦章程十二條	常年經費洋一千元，由各會員允洽樂輸。	光緒三十三年七月頒給圖記式樣。	
	烏青鎮商務分會	浙江湖州府烏青鎮	杭州商務總會呈報核准立案。	盧景昌，舉人，揀選知縣。	光緒三十三年七月札委初任。	會董十員	暫定章程八章	經費由入會各商分力擔任。	光緒三十三年七月頒給圖記式樣。	
	象山商務分會	浙江象山縣城	寧波商務總會呈報核准立案。	歐振清，浙江人。	光緒三十三年八月札委初任。	議董九員	章程十三章四十七節	開辦經費由發起人代墊，常年經費公議自籌。	光緒三十三年八月頒給圖記式樣。	

（續表）

省分	定名	地址	呈報立案	總理銜名	札委年月	會員額數	章程	經費	頒給圖記式樣	附載
浙江	瑞安商務分會	浙江瑞安縣城	浙江巡撫咨報核准立案。	孫詒讓，在籍刑部主事。	光緒三十三年九月札委初任。	會董十七員	章程三十四條	經費由各商籌措量力捐助。	光緒三十三年九月頒給圖記式樣。	
	常山商務分會	浙江常山縣城	浙江巡撫咨報核准立案。	鍾肇晉，浙江人，從九品職銜，軍功五品頂戴。	光緒三十三年九月札委初任。	會董二十二員	章程十四條	經費由入會各商自行輸助。	光緒三十三年九月頒給圖記式樣。	
	奉化商務分會	浙江奉化縣大橋鎮	寧波商務總會呈報核准立案。	孫德昭，浙江人，中書科中書銜。	光緒三十三年十月札委初任。	會員二十九員	章程十三章三十一節	經費由會員隨時酌輸。	光緒三十三年十月頒給圖記式樣。	
	桐鄉商務分會	浙江桐鄉縣城	杭州商務總會呈報核准立案。	董基，五品銜，江蘇試用縣丞，附貢生。	光緒三十三年十一月札委初任。	會董十員	章程七節二十三條	經費由入會各商情願樂輸分力擔任。	光緒三十三年十一月頒給圖記式樣。	
江西	吴城鎮商務分會	江西南昌府吴城鎮	江西商務總會呈報核准立案。	朱錫齡，安徽人，光禄寺署正銜。	光緒三十三年二月札委初任。光緒三十三年十月加札續任。	會董二十四員	章程二十條	經費由各商自認。	光緒三十三年二月頒給圖記式樣。	
	撫州商務分會	江西撫州府城	江西巡撫咨報核准立案。	聶希璜，江西人，花翎員外郎銜。	光緒三十三年五月札委初任。	會董二十九員	章程十四條	經費公議自籌。	光緒三十三年五月頒給圖記式樣。	

(續表)

省分	定名	地址	呈報立案	總理銜名	札委年月	會員額數	章程	經費	頒給圖記式樣	坿載
江西	高安商務分會	江西高安縣城	江西商務總會呈報核准立案。	宋照樞，五品銜，大挑教諭，截取知縣。	光緒三十三年六月札委初任。	會員公推，無定額。	章程二十一條	經費由各業認輸。	光緒三十三年六月頒給圖記式樣。	光緒三十三年九月呈報，在高安縣村前墟設立分所。
	饒州商務分會	江西饒州府城	江西商務總會呈報核准立案。	程宗灼，雲騎尉，附貢生。	光緒三十三年十二月札委初任。	會董八員	章程二十條	經費公議自籌。	光緒三十三年十二月頒給圖記式樣。	
湖南	寧鄉商務分會	湖南寧鄉縣城	湖南商務總會呈報核准立案。	陳炳勛，貴州試用通判。	光緒三十三年九月札委初任。	會董八員	章程十條	經費由各行號紳商酌議量力籌捐。	光緒三十三年九月頒給圖記式樣。	
廣東	樂昌商務分會	廣東樂昌縣城	兩廣總督咨報核准立案。	黃烜林，同知銜，揀選舉人。	光緒三十三年二月札委初任。光緒三十三年十二月加札續任。	議董十一員	章程九章二十五條	經費由各商集股備用。	光緒三十三年二月頒給圖記式樣。	
	北海商務分會	廣東合浦縣北海埠	廣州商務總會呈報核准立案。	關焯基，同知銜。	光緒三十三年四月札委初任。	會員二十三員	章程十六條	經費由各商認股用息。	光緒三十三年四月頒給圖記式樣。	
	石龍商務分會	廣東東莞縣石龍鎮	廣州商務總會呈報核准立案。	袁灝，廣東人。	光緒三十三年四月札委初任。	會員二十九員	章程十五條	經費由各商認股用息。	光緒三十三年四月頒給圖記式樣。	

（續表）

省分	定名	地址	呈報立案	總理銜名	札委年月	會員額數	章程	經費	頒給圖記式樣	附載
廣東	興寧商務分會	廣東興寧縣城	廣州商務總會呈報核准立案。	廖雲濤，舉人，揀選知縣。	光緒三十三年九月札委初任。	會員三十員	章程十章二十六條	經費由各商認股用息。	光緒三十三年九月頒給圖記式樣。	
	佛山商務分會	廣東廣州府佛山鎮	兩廣總督咨報核准立案。	王壽慈，廣東人，補用道。	光緒三十三年十月札委初任。	會董二十八員	章程十六條	經費由各商認股用息。	光緒三十三年十月頒給圖記式樣。	
	防城商務分會	廣東防城縣城	廣州商務總會呈報核准立案。	李華彬，五品銜廣東補用，從九品。	光緒三十三年十一月札委初任。	議董十九員	章程五十一條	經費仿總會公科會分辦法，每分本銀十元，由各商酌量自認，分存生息。	光緒三十一年十一月頒給圖記式樣。	
	赤磡商務分會	廣東開平縣赤磡埠	廣州商務總會呈報核准立案。	司徒奉。	光緒三十三年十一月札委初任。	會董二十九員	章程十六條	經費公議自籌。	光緒三十三年十一月頒給圖記式樣。	
	鎮平商務分會	廣東鎮平縣城	汕頭商務總會呈報核准立案。	陳穎基，優廪生。	光緒三十三年十一月札委初任。	會員二十六員	章程八章三十八節	經費由各商認股用息。	光緒三十三年十一月頒給圖記式樣。	
	從化商務分會	廣東從化縣城	兩廣總督咨報核准立案。	李徵良，附生。	光緒三十三年十二月札委初任。	會董十八員	章程十七條	經費由各商認股用息。	光緒三十三年十二月頒給圖記式樣。	

（續表）

省分	定名	地址	呈報立案	總理銜名	札委年月	會員額數	章程	經費	頒給圖記式樣	附載
廣東	祿步都商務分會	廣東高要縣祿步都	廣州商務總會呈報核准立案。	林乃文，貢生，按察司知事。	光緒三十三年十二月札委初任。	會董二十四員	章程十四條	經費由各商認股用息。	光緒三十三年十二月頒給圖記式樣。	
雲南	下關商務分會	雲南大理府趙州下關	雲南農工商務局呈報核准立案。	舒良輔，雲南人，四川補用知州，廪貢生。	光緒三十三年七月札委初任。	議董十員	章程八章四十條	經費由各會員攤認。	光緒三十三年七月頒給圖記式樣。	

合計光緒三十三年分各直省商務分會業經報部核准立案者，六十四處。

農工商部統計處《農工商部統計表》第五冊《獨資商業註冊表光緒三十三年》

定名	營業	出資人	資本	章程	建設地址	呈報年月	給照年月
吳元順生號	自製松花彩蛋。	吳選青	資本五千元	辦事章程另呈節畧，不分條件。	江蘇常州府武進縣城内	光緒三十二年十二月十九日	光緒三十三年正月二十九日
何鏡湖化痰止咳丸藥店	自製化痰止咳藥丸，分運内地外洋銷售。	何鏡湖	資本五千元七二申銀三千六百兩。	章程四條	廣東廣州府南海縣城内	光緒三十三年四月二十四日	光緒三十三年五月初一日
裕源湧鷄鴨蛋廠	收買鷄鴨蛋，分煉黄白。	楊世僖	資本二萬元	章程遵照獨資商業辦理。	江蘇揚州府高郵州城内	光緒三十三年五月初六日	光緒三十三年五月二十四日
戈裕慶堂	秘製半夏。	戈宇秀遺授戈清祥。	資本五千元	章程聲明凡宇秀公支皆作爲戈老二房。裕慶堂股東蘇申兩店由長房長子經理。	江蘇蘇州府元和縣城内	光緒三十三年五月二十三日	光緒三十三年六月二十一日

（續表）

定名	營業	出資人	資本	章程	建設地址	呈報年月	給照年月
同裕泰字號	銷售棉花、豆麥、油骨、南北等貨。	繆獻廷	資本五千元	辦事章程三條	浙江温州府樂清縣城内	光緒三十三年六月二十八日	光緒三十三年七月二十一日
元泰典	典業。	顧仁壽	資本六萬元	章程遵照獨資商業辦理。	江蘇常州府金匱縣甘露鎮	光緒三十三年五月二十三日	光緒三十三年七月二十七日
黄廣興志記炮燭店	炮燭生理。	黄建輝遺授黄禧、黄露泉。	資本一萬元	章程十五條	廣東廣州府南海縣横江鄉	光緒三十三年九月初四日	光緒三十三年九月十六日
安雅報。	辦日報兼印字局。	梁志文	資本一萬兩	章程九條，遵報律辦理。	廣東廣州府南海縣省城	光緒三十三年八月二十五日	光緒三十三年九月十六日
源昌碾米工廠	機器碾米。	祝大椿	資本四十萬元	因係獨資，不列辦事章程。	江蘇松江府上海縣老閘	光緒三十三年十一月二十七日	光緒三十三年十二月十五日
源昌五金工廠	專做五金。	祝大椿	資本十萬元	章程無	江蘇松江府上海縣虹口頭壩	光緒三十三年十一月二十七日	光緒三十三年十二月十五日
源昌繅絲工廠	機器繅絲。	祝大椿	資本五十萬元	章程無	江蘇松江府上海縣老閘	光緒三十三年十一月二十七日	光緒三十三年十二月十五日

合計光緒三十三年份獨資商業註册十一家，資本銀一萬兩，洋一百十一萬元。

農工商部統計處《農工商部統計表》第五册《獨資商業註册表光緒三十二年》

定名	營業	出資人	資本	章程	建設地址	呈報年月	給照年月
源豐油餅坊	專做豆油豆餅，裝運江南各口銷售。	陳琴堂	資本三萬兩	開辦伊始，俟有章程，再行稟報。	江蘇阜寧縣東鄉執地仁風里	光緒三十一年十二月二十九日	光緒三十二年正月二十四日
協發號	專製金銀首飾及配運珠玉等。	王啓仁	資本五萬元	章程八條	福建同安縣廈門	光緒三十二年三月初七日	光緒三十二年三月十二日

定名	營業	出資人	資本	章程	建設地址	呈報年月	給照年月
東盛升錢莊	兑换銀錢，押款匯兑。	錢福保	資本一萬元	章程七條	浙江永嘉縣小南門内	光緒三十二年三月初七日	光緒三十二年三月二十日
福興和元記洋貨店	洋廣京貨洋布莊。	張文濬	資本六千兩	規條七條	河南懷慶府河内縣城内	光緒三十二年三月十九日	光緒三十二年五月二十五日
滋德堂荷蘭水廠	荷蘭水。	徐培基	資本八千元	章程四條	江蘇蘇州府吴縣	光緒三十二年四月二十二日	光緒三十二年五月二十九日
福興和泰記錢店	錢店兼銀樓。	張門余氏	資本六千兩	規條八條	河南懷慶府河内縣城内	光緒三十二年六月初四日	光緒三十二年六月十五日
吴金印籐草帽行	籐草帽。	吴金印	資本一萬兩	章程無	山東濟南府德州東南鄉抬頭寺	光緒三十二年閏四月初十日	光緒三十二年六月十五日
隻如意衛生麥礳廠	衛生麥礳。	董文田	資本二千兩	章程無	北京宣武門外麻線胡同	光緒三十二年九月初七日	光緒三十二年九月十五日
梁天保齊三氏丸藥店	自行訂方修合，製造戒煙藥餅、藥片、藥丸，各種丸散餅油藥酒。	梁澤餘	資本一萬元	章程八條	廣東南海縣十三行大街	光緒三十二年九月初三日	光緒三十二年九月二十六日
錦裕織布廠	製售絲絨柳條東洋各色花布，並巾氈等項。	李國楷	資本一萬兩	章程五條	安徽蕪湖縣下水門外	光緒三十二年十月十四日	光緒三十二年十月二十一日
濟川行號	經營實業，兼選名茶，配往南洋各埠銷售。	周西銓已没，許氏承夫遺業。	資本八萬元	章程八條	福建廈門和鳳宫	光緒三十二年十月二十一日	光緒三十二年十月二十九日

（續表）

定名	營業	出資人	資本	章程	建設地址	呈報年月	給照年月
謝同泰豆餅陸陳船行	豆餅陸陳船行。	謝子江	資本四千元	章程四條	江寧泰州謝王河牌樓口	光緒三十二年十月二十五日	光緒三十二年十月三十日
森美樹號	木炭、煤炭。	錢樹榕	資本五千元	章程十條	江蘇通州西關外	光緒三十二年十一月初二日	光緒三十二年十一月初六日

合計光緒三十二年份獨資商業註册十三家，資本銀六萬四千兩，洋十六萬七千元。

農工商部統計處《農工商部統計表》第五册《獨資商業註册表光緒三十年、三十一年》

定名	營業	出資人	資本	章程	建設地址	呈報年月	給照年月
裕昌繅絲廠	機器繅絲。	周廷弼	資本十四萬元	章程無	江蘇常州府無錫縣周新鎮	光緒三十年八月十二日	光緒三十年八月二十五日
昇昌五金煤鐵號	五金、煤鐵、油豆餅等。	周廷弼	資本十九萬元	章程無	江蘇松江府上海縣頭壩	光緒三十年八月十二日	光緒三十年八月二十五日
保昌典	典業。	周廷弼	資本四萬元	章程無	江蘇常州府無錫縣周新鎮	光緒三十年八月十二日	光緒三十年八月二十五日
織絨硝皮廠	以羊毛駝絨織成兵衣洋氈，以牛羊皮製造兵靴皮帶等件。	吴懋鼎	資本五十五萬兩	章程無	直隸天津府天津縣錦衣衛橋迤西	光緒三十一年五月初二日	光緒三十一年五月十一日
陳元元行	自運各項南紙裝配船隻，往鎮江等處銷售。	陳佩鈞	資本一萬元	章程八條	浙江温州府永嘉縣行前街	光緒三十一年五月初十日	光緒三十一年五月二十四日

（續表）

定名	營業	出資人	資本	章程	建設地址	呈報年月	給照年月
伯昌莊號	專作放息生理。	林毓彦	資本十萬元	章程二條	廣東潮州府澄海縣汕頭	光緒三十一年七月初三日	光緒三十一年七月十四日
南豐莊號	專作放息生理。	林毓彦	資本十萬元	章程二條	廣東潮州府澄海縣汕頭	光緒三十一年七月初三日	光緒三十一年七月十四日
陶記莊號	專作放息生理。	林毓彦	資本三萬元	章程二條	廣東潮州府澄海縣汕頭	光緒三十一年七月初三日	光緒三十一年七月十四日
允成號	專作放息生理。	林毓彦	資本十萬元	章程二條	廣東潮州府澄海縣汕頭	光緒三十一年七月初三日	光緒三十一年七月十四日
資茂號	專作放息生理。	林毓彦	資本十萬元	章程二條	廣東潮州府澄海縣汕頭	光緒三十一年七月初三日	光緒三十一年七月十四日
源泰和	茶葉。	劉景韓	資本五千元	章程遵商律辦理	江蘇揚州府興化縣	光緒三十一年九月二十三日	光緒三十一年九月二十九日
仁增盛煙草廠	專製紙煙，在內外各埠銷售。	孟昭顔	資本四萬兩	自集資本創辦章程無	山東登州府福山縣煙台	光緒三十一年十一月二十三日	光緒三十一年十二月十九日
隆盛煙草廠。查該廠於光緒三十四年四月間業經由部撤銷註册原案。	專製紙煙，在內外各埠銷售。	王廷彬	資本一萬兩	自集資本創辦章程無	山東登州府福山縣煙台	光緒三十一年十一月二十三日	光緒三十一年十二月十九日

合計光緒三十年、三十一年份獨資商業註册十三家，資本銀六十萬兩，洋八十一萬五千元。已撤銷者一家，資本銀一萬兩。

定名	營業	創辦人	集股 合資	建設地址	有限 無限	章程	呈報年月	給照年月
北京工藝商局	製造絨毡及中西磁、木、銅、鐵各器。	黃思永	集股十萬元	北京順天府宛平縣琉璃廠	有限	章程十四條	光緒三十年六月十五日	光緒三十年八月十二日
奉錦天一墾務公司	墾田兼轉運糧食。	李厚祐	集股六十萬元	奉天錦州大凌河	有限	開辦章程八條，集股章程十條。	光緒三十年八月初一日	光緒三十年八月十二日
北洋煙草公司	用機器製造捲煙。	黃璟、黃思永。	集股六萬五千兩	直隸天津府天津縣閘口	有限	章程六扣	光緒三十年八月二十九日	光緒三十年九月十九日
茂新麵粉公司	機器磨麵。	張石君、榮瑞馨。	集股六萬兩	江蘇常州府無錫縣	有限	章程十條	光緒三十年十一月三十日	光緒三十年十二月初六日
燮昌火柴公司	製造火柴。	葉成忠、宋煒臣。	集股四十萬兩	湖北漢陽府夏口廳漢口鎮	有限	章程五條	光緒三十年十二月初二日	光緒三十年十二月十一日
溥利公司	引水灌田。	馬吉森、周正元、崔連峰、王元金聲。	集股二萬五千元	河南彰德府安陽縣	有限	章程八條	光緒三十年十二月十五日	光緒三十年十二月十八日
稻香村糖果公司	茶食糖果等類。	沈樹百、沈詒記、王慎之、趙錫泉。	合資四千二百千文	江蘇蘇州府長洲縣	有限	章程七條	光緒三十年十一月初八日	光緒三十一年正月二十二日
府海食鹽公司	領運官鹽售銷。	嚴與敬、公萬和、顧永發、陸鴻源、朱大吉、俞恒吉。	合資二萬元	江蘇松江府上海縣石路	有限	章程六條	光緒三十一年正月十四日	光緒三十一年正月二十四日

（續表）

定名	營業	創辦人	集股 合資	建設地址	有限 無限	章程	呈報年月	給照年月
朝陽東方小塔子溝金礦公司	開辦金礦。	胡久業堂、鄭翼之、鄧毅亭、閔信權、苗韻軒、黃寶森、鄭文業。	集股四萬兩	直隸朝陽府小塔子溝	無限	章程十八條	光緒三十一年正月十八日	光緒三十一年正月二十九日
京師華商電燈公司	在京城設立電燈。	史履晉、蔣式理、馮恕。	集股二十萬兩	北京順天府宛平縣正陽門内西城根	有限	章程十六條	光緒三十一年二月十五日	光緒三十一年二月二十日
博山玻璃公司	專造玻璃片，並仿造洋式器皿。	顧思遠	集股十五萬兩	山東青州府博山縣柳行莊	有限	章程二十六條	光緒三十一年四月十二日	光緒三十一年四月十五日
富潤公司	營造房屋出賃。	嚴樂賢堂、壽芝山堂等。	合資三十萬兩	江蘇松江府上海縣浦東	有限	章程七條	光緒三十一年四月十二日	光緒三十一年四月二十五日
耀徐玻璃公司	專造平面玻璃，並各種器皿。	張謇、丁寶銓、許鼎霖、黃以霖、林松唐、陳同書、李經方、余誠格、湯壽潛、陳際唐。	集股六十萬兩	江蘇徐州府宿遷縣河口龍亭	有限	章程十九條	光緒三十一年五月初七日	光緒三十一年五月十一日
通久源軋花紡織廠	軋花，紡紗，織布。	嚴信厚、湯遠崟、周晉鑣、范翊鈐、湯遠嶸、湯嗣新。	集股九十萬元	浙江寧波府鄞縣灣頭	有限	章程十條	光緒三十一年五月初五日	光緒三十一年五月十三日
新和記行	代客配運糖紙各貨裝儎來往。	陳連生、陳天生、陳大吉、陳兆齊、陳查某。	合資二萬元	浙江温州府永嘉縣東門外行前街	有限	章程六條	光緒三十一年五月初十日	光緒三十一年五月二十四日

（續表）

定名	營業	創辦人	集股 合資	建設地址	有限 無限	章程	呈報年月	給照年月
大通源恒記行	代客報關，海運雜貨。	葉湘卿、林同興等。	合資一萬元	浙江温州府永嘉縣西門外	有限	章程三十二條	光緒三十一年五月初十日	光緒三十一年五月二十四日
福昌茂行	代客配運裝儎各色土貨。	林堯苑、林啟昆等。	合資一萬元	浙江温州府永嘉縣高殿前街	有限	簡章二條	光緒三十一年五月初十日	光緒三十一年五月二十四日
祺順行	代客配運裝儎來往貨物。	陳兆齊、張松江。	合資一萬元	浙江温州府永嘉縣行前街	有限	章程六條	光緒三十一年五月初十日	光緒三十一年五月二十四日
彙源公棧	代江蘇、浙江兩省承辦漕糧。	莊得之、王炳侯、劉仁全、朱福同、吳少珊。	合資二十萬兩	江蘇松江府上海縣南市	無限	章程六條	光緒三十一年五月二十七日	光緒三十一年五月二十九日
怡和公斗店公司	招徠糧客，糶糴糧石。	寧世福	集股六萬兩	直隸天津府天津縣永豐屯	有限	章程四十二條	光緒三十一年六月初三日	光緒三十一年六月初十日
貴池墾務公司	墾務及堤壩、溝渠、藪澤應興之利。	劉世珩、王源瀚、高炳麟、胡淩漢、章學文、張德華、張彬、劉鑄材。	集股二十萬兩	安徽池州府貴池縣屬	有限	章程十八條	光緒三十一年六月初四日	光緒三十一年六月二十六日
大生紗廠	機器紡紗，行銷本地及鄰近各處。	張謇	集股一百十三萬兩	江蘇通州唐家閘	有限	章程無	光緒三十一年六月二十七日	光緒三十一年七月十二日
通海墾牧公司	就通海地方近海荒灘購地築隄，種植畜牧。	張謇	集股二十二萬兩	江蘇通州海門廳	有限	章程無	光緒三十一年六月二十七日	光緒三十一年七月十二日

（續表）

定名	營業	創辦人	集股 合資	建設地址	有限 無限	章程	呈報年月	給照年月
翰墨林印書局	機器鉛字活版排印各種書籍報告。	通州中學校、師範學校、高等小學校。	合資一萬兩	江蘇通州南門外	有限	章程無	光緒三十一年六月二十七日	光緒三十一年七月十二日
廣生油廠	機器榨油兼造棉餅，行銷內地及外洋各埠。	張謇	集股十五萬兩	江蘇通州唐家閘	有限	章程無	光緒三十一年六月二十七日	光緒三十一年七月十二日
大興麵廠	機器製造小麥麵粉。	張謇	集股二萬五千元。	江蘇通州唐家閘	有限	章程無	光緒三十一年六月二十七日	光緒三十一年七月十二日
阜生蠶桑公司	種植桑株，養蠶收繭，繅絲織綢，行銷各處。	張謇	集股二萬元	江蘇通州唐家閘	有限	章程無	光緒三十一年六月二十七日	光緒三十一年七月十二日
大生久隆分廠	機器紡紗行銷各埠。	張謇	集股六十萬兩	江蘇太倉州崇明縣久隆鎮	有限	章程無	光緒三十一年六月二十七日	光緒三十一年七月十二日
同仁泰鹽業公司	蓄滷出鹽，運售十二圩行銷湘岸。	張謇	集股十萬兩	江蘇通州呂四場	有限	章程無	光緒三十一年六月二十七日	光緒三十一年七月十二日
大隆油皂公司	製造肥皂。	張謇	集股一萬元	江蘇通州南門外	有限	章程無	光緒三十一年六月二十七日	光緒三十一年七月十二日
大達輪步公司	購置小輪，行駛外江內河。	張謇	集股五萬六千元。	江蘇通州天生港	有限	章程無	光緒三十一年六月二十七日	光緒三十一年七月十二日

（續表）

定名	營業	創辦人	集股 合資	建設地址	有限 無限	章程	呈報年月	給照年月
澤生水利公司	購置挖泥機船，疏濬河道。	通州、泰興、如皋、海門四州廳通泰兩分公司，大生紗廠、通海墾牧兩公司。	合資十萬兩	江蘇通州天生港	有限	章程無	光緒三十一年六月二十七日	光緒三十一年七月十二日
太古莊號	專作各港匯兑放息銀兩。	林毓彥、林清記、蔡惠記。	合資二十萬元	廣東潮州府澄海縣汕頭	有限	章程九條	光緒三十一年七月初三日	光緒三十一年七月十四日
潤豐莊號	專作各港匯兑放息銀兩。	林毓彥、林清記、蔡淵記。	合資十萬元	廣東潮州府澄海縣汕頭	有限	章程九條	光緒三十一年七月初三日	光緒三十一年七月十四日
啓峰行號	專作暹羅、安南等處銀圓生理。	林毓彥、林清合、蔡淵記。	合資二萬元	廣東潮州府澄海縣汕頭	有限	章程十條	光緒三十一年七月初三日	光緒三十一年七月十四日
太古莊號	專作匯兑放息銀兩生理。	林毓彥、林清利。	合資二萬四千元	廣東潮州府潮陽縣	有限	章程八條	光緒三十一年七月初三日	光緒三十一年七月十四日
利發興記行號	專作糖水雜貨。	林毓彥、林清記、胡承記。	合資一萬五千元	廣東潮州府澄海縣汕頭	有限	章程十條	光緒三十一年七月初三日	光緒三十一年七月十四日
南豐行號	專作各港出入口貨，糖油雜貨生理。	林毓彥、林雁記、林清合。	合資二萬元	廣東潮州府澄海縣汕頭	有限	章程十條	光緒三十一年七月初三日	光緒三十一年七月十四日
南記行號	專作荳餅荳子糖雜，貨放息生理。	林毓彥、田子記、林清合。	合資二十萬元	廣東潮州府澄海縣汕頭	有限	章程八條	光緒三十一年七月初三日	光緒三十一年七月十四日

（續表）

定名	營業	創辦人	集股 合資	建設地址	有限 無限	章程	呈報年月	給照年月
伯昌輪船行號	專作嘓叻暹邏輪船生意。	林毓彦、林清記。	合資二十八萬元	廣東潮州府澄海縣汕頭	有限	章程十二條	光緒三十一年七月初三日	光緒三十一年七月十四日
華寶製瓷公司	專造各種瓷器。	林輅存、陳日翔、周之楨。	集股十二萬元	福建泉州府同安縣厦門	有限	章程十六條	光緒三十一年七月初四日	光緒三十一年七月十四日
潮汕鐵路公司	運儎潮州汕頭貨物，暨人客往來貿易。	張煜南	集股二百五十萬元	廣東潮州府澄海縣汕頭	有限	章程二十六條	光緒三十一年七月初八日	光緒三十一年七月十七日
同人豫煤棧	專辦煤務。	陳文瑋、程璟光、常振翼。	集股十萬元	湖南長沙府長沙縣	有限	章程十八條	光緒三十一年七月初十日	光緒三十一年七月十九日
鈞窑瓷業公司	製造鈞窑器具。	曹廣權	集股五萬兩	河南開封府禹州神垕鎮	有限	章程十九條	光緒三十一年七月二十日	光緒三十一年七月二十六日
大達輪步公司	輪船碼頭棧房。	張謇、湯壽潛、許鼎霖、劉錦藻、李厚祐。	集股一百萬兩	江蘇松江府上海縣	有限	章程二十四條	光緒三十一年七月二十二日	光緒三十一年八月初一日
福和典	典業。	劉宗浚	集股六萬兩	京都順天府宛平縣煤市街	無限	章程十四條	光緒三十一年七月二十八日	光緒三十一年八月初三日
大照電燈公司	機器生發電力置備電燈，行銷本埠及城内外用户。	張謇、惲毓昌。	集股十萬兩	江蘇鎮江府丹徒縣	有限	章程十三條	光緒三十一年八月初二日	光緒三十一年八月初九日
大有榨油公司	機器榨油。	席裕福、汪龍標、張焕斗。	集股十萬兩	江蘇松江府上海縣	有限	章程三十三條	光緒三十一年八月十五日	光緒三十一年八月二十二日

（續表）

定名	營業	創辦人	集股/合資	建設地址	有限/無限	章程	呈報年月	給照年月
海豐麵粉公司	機器磨麵。	許鼎霖、嚴信厚、沈雲沛、朱疇。	集股二十萬兩	江蘇海州贛榆縣新浦	有限	章程二十七條	光緒三十一年八月十九日	光緒三十一年八月二十四日
盛豐年繭行	買賣蠶繭。	廖綿德	集股一萬元	廣東廣州府順德縣容奇鄉	有限	章程九條	光緒三十一年八月二十二日	光緒三十一年九月十七日
公興隆昌記繭行	買賣蠶繭。	陳永昌、霍文暹。	集股一萬元	廣東廣州府香山縣古鎮鄉北約	有限	章程九條	光緒三十一年八月二十二日	光緒三十一年九月十七日
天津造胰公司	專作各樣胰子。	宋壽恒	集股五千元	直隸天津府天津縣閘口	有限	章程二十五條	光緒三十一年九月十三日	光緒三十一年九月十九日
三星紙煙公司	製造紙捲煙。	劉樹屏、陳景瀚，顧潤章、莊清華、劉樹森、劉垣、朱□炳、郭熙、印有模。	集股十萬兩	江蘇松江府上海縣	有限	章程二十三條	光緒三十一年九月二十五日	光緒三十一年十月初四日
中興煤礦公司	煤礦。	張翼，張蓮芬。	老股洋四十萬元，添招新股洋一百六十萬元。	山東兗州府嶧縣棗莊	有限	章程尚未議定	光緒三十一年十月初八日	光緒三十一年十月十七日
濟和典	典業。	汪贊綸、劉惠來、劉彦、劉眉基。	合資五萬元	江蘇常州府陽湖縣大寧鄉焦溪鎮	無限	章程六條	光緒三十一年十月二十五日	光緒三十一年十一月初六日

（續表）

定名	營業	創辦人	集股 合資	建設地址	有限 無限	章程	呈報年月	給照年月
崇昌輪船公司	小輪往來上海崇明，搭客裝貨。	唐和樂、周承基、馬福松、李長源、黄鍾瑞、徐元懷。	合資三萬元	江蘇松江府上海縣十六鋪太倉州崇明縣南門港	有限	章程十五條	光緒三十一年十一月初二日	光緒三十一年十一月初六日
和豐紡織公司	專紡棉紗，兼軋棉花。	顧釗、周鏞、鄭賢滋、戴勳、范翊承、林康年、張翊贇、勵長華。	集股六十萬元	浙江寧波府鄞縣江北岸	有限	章程四十條	光緒三十一年十一月二十四日	光緒三十一年十一月二十七日
振新紡織公司	機器紡紗織布發售。	張麟魁、榮瑞錦。	集股三十萬元	江蘇常州府無錫縣	有限	章程十二條	光緒三十一年十二月十七日	光緒三十一年十二月十九日

合計光緒三十年、三十一年份公司註册五十八家，股款銀六百十九萬五千兩，洋八百三十九萬元，錢四千二百千文。

農工商部統計處《農工商部統計表》第五册《公司註册表光緒三十二年》

定名	營業	創辦人	集股 合資	建設地址	有限 無限	章程	呈報年月	給照年月
保源滇料公司	開採並收買雲南砞明黑花各料，運景德鎮製煉發售。	陳庚昌、陳隆、曾國護、楊玉彬、余玉輝、黄洪燦、黄藹清、鄧廷傑。	合資四萬元	江西景德鎮，雲南東川府、昭通府、宣威州設採買所。	有限	合同一紙，章程十一條。	光緒三十一年十二月十七日	光緒三十二年正月初九日

（續表）

定名	營業	創辦人	集股 合資	建設地址	有限 無限	章程	呈報年月	給照年月
華澄織布公司	織布，織花色絲綢二百餘種。	祝廷華、陸紹基、吴增元。	集股九千元	江蘇江陰縣城内	有限	章程十二條	光緒三十一年十二月二十九日	光緒三十二年正月二十二日
泰興典	典業。	錢琳記、劉朴記、史謙記、劉思記、劉述記。	合資十萬二千五百元	江蘇丹陽縣城内	無限	章程無，合同議據四條。	光緒三十一年十二月三十日	光緒三十二年正月二十四日
廣源典	典業。	王屺瞻、夏崇德。	合資一萬五千元	江蘇丹陽縣埤城鎮	無限	章程無，合同議據四條。	光緒三十一年十二月三十日	光緒三十二年正月二十四日
潤源典	典業。	徐鑑記、楊嘉記、王珍記、王屺記。	合資四萬元	江蘇丹陽縣珥陵鎮	無限	章程無，合同議據四條。	光緒三十一年十二月三十日	光緒三十二年正月二十四日
滙昌典	典業。	趙曾記、温蔗記。	合資六萬元	江蘇丹陽縣城内	無限	章程無，合同議據四條。	光緒三十一年十二月三十日	光緒三十二年正月二十四日
祥泰典	典業。	袁幼記、劉念記。	合資二萬元	江蘇陽湖縣漕橋鎮	無限	章程無，合同議據四條。	光緒三十一年十二月三十日	光緒三十二年正月二十四日
恒源典	典業。	萬梅記、朱寶公記、朱筱公記、王合記。	合資四萬八千元	江蘇武進縣奔牛鎮	無限	章程無，合同議據十條。	光緒三十一年十二月二十六日	光緒三十二年二月初八日
義昌典	典業。	史親叙、陳樑、汪啓瑞、陳棠、吴爾亮、周錫康。	合資五萬八千元	江蘇金壇縣城内	無限	章程無，合同議據八條。	光緒三十一年十二月二十六日	光緒三十二年二月初八日

（續表）

定名	營業	創辦人	集股 合資	建設地址	有限 無限	章程	呈報年月	給照年月
仁昌典	典業。	崔行恕、查笏堂、汪真誠、陳慈蔭、查子桂。	合資六萬元	江蘇金壇縣城內	無限	章程無，合同議據九條。	光緒三十一年十二月二十六日	光緒三十二年二月初八日
溥源典	典業。	萬梅記、朱繼記、朱寶記、朱筱公記。	合資五萬元	江蘇金壇縣城內	無限	章程無，合同議據十條。	光緒三十一年十二月二十六日	光緒三十二年二月初八日
阜興典	典業。	伍石、伍翰、喻乾榮、汪啓瑞、汪贊綸、陳棠、鞠在公、伍芹、伍歐。	合資四萬元	江蘇丹陽縣呂城鎮	無限	章程無，合同議據七條。	光緒三十一年十二月二十六日	光緒三十二年二月初八日
裕泰紡織公司	紡紗織布。	朱譜爵	集股五十萬兩	江蘇昭文縣支塘鎮	有限	訂購機器合同二紙	光緒三十二年二月十七日	光緒三十二年二月二十二日
永濟典	典業。	惲季記、盛觀記、顧源記。	合資三萬元	江蘇武進縣鳴鳳鄉卜弋橋鎮	無限	章程無，合同議據四條。	光緒三十二年二月二十三日	光緒三十二年二月三十日
亦濟典	典業。	楊貽經、盛同福、張貽德、史親叙。	合資五萬四千元	江蘇陽湖縣南鄉前閔黄鎮	無限	章程無，合同議據四條。	光緒三十二年二月二十三日	光緒三十二年二月三十日
利用樹藝公司	租買荒山，藝植樹木，先種柏樹，收子榨油。	黄鼎、袁仁茂。	集股五萬元	江蘇丹徒縣城外	有限	租山樹藝章程九條	光緒三十二年二月二十三日	光緒三十二年二月三十日
商務印書館	印刷編譯發行，鑄售銅模鉛字銅板，運售理化及印書紙料印刷機器。	夏瑞芳、鮑咸恩、鮑咸昌、高鳳池、沈紹虁。	集股一百萬元	江蘇上海英租界	有限	章程二十一節	光緒三十一年十二月三十日	光緒三十二年三月十一日

（續表）

定名	營業	創辦人	集股合資	建設地址	有限無限	章程	呈報年月	給照年月
中國紙煙公司	以中國煙草製成煙捲，行銷各埠。	蘇本炎、蘇紹柄、鮑棠、賴經福、葉逵。	集股三萬兩	江蘇上海西門外	有限	章程二十一條	光緒三十二年三月初七日	光緒三十二年三月十二日
華昌電燈公司	創辦電氣燈。	方仰歐	集股十萬元	廣東澄海縣屬之汕頭埠土名福合溝	有限	章程十條	光緒三十二年三月十三日	光緒三十二年三月二十一日
裕商輪船公司	内河小輪。	程英伯、陳樹山等。	合資五千兩	江蘇常州府西門外	無限	合同一紙，章程六條。	光緒三十二年四月二十二日	光緒三十二年閏四月初六日
信成銀行	普通商業銀行兼儲蓄銀行。	周廷弼、唐浩鎮、劉樹屏、周承基、沈懋昭、孫鳴炘。	集股五十萬元	江蘇上海大東門外萬聚碼頭	有限	商業銀行營業章程二十五條，儲蓄銀行辦事條款三十一條，存款章程三十三條。	光緒三十二年三月二十七日	光緒三十二年閏四月初九日
益華織布公司	專織各種花素洋布。	韓樹滋、吕鴻綸。	集股一萬元	京師東單牌樓北新開路胡衕	有限	章程分六章，共二十三條。	光緒三十二年閏四月十五日	光緒三十二年閏四月二十二日
豐盈榨油公司	機器榨油。	張杏恩	集股一萬兩	安慶府小南門城内	有限	章程十條	光緒三十二年閏四月十六日	光緒三十二年閏四月二十二日
利益公司	樹藝墾牧。	章莘耕、陳宗燨。	集股六萬兩	江蘇上元縣朝陽門外	有限	章程十三條，附辦法八條	光緒三十二年閏四月二十四日	光緒三十二年閏四月三十日

（續表）

定名	營業	創辦人	集股 合資	建設地址	有限 無限	章程	呈報年月	給照年月
經源染織公司	染織綢緞、絹紗生理。	林守良、林秉方。	集股一萬元	福建侯官縣文儒坊	無限	章程十一條	光緒三十二年閏四月三十日	光緒三十二年五十二日
濟大典	典業。	盛復記、盛頤記。	合資四萬元	江蘇吴縣城内	無限	章程無，合同議據四條。	光緒三十二年閏四月初一日	光緒三十二年五月二十日
濟源典	典業。	朱怡記、朱駿財、朱寶記、費畹記、馬培公記、孫履記。	合資五萬元	江蘇常州府武進縣孟河	無限	章程無，合同議據十條。	光緒三十二年五月初四日	光緒三十二年五月二十五日
濟源分典	典業。	朱駿財、朱寶記、朱怡記、馬培公記、費畹記、孫履記。	合資三萬二千元	江蘇常州府武進縣魏村鎮	無限	章程無，合同議據十條	光緒三十二年五月初四日	光緒三十二年五月二十五日
同源典	典業。	陸曜珍、馬翠記、吴謙記、沈文記。	合資三萬元	江蘇蘇州府吴縣東渚鎮	無限	章程無，合同議據十二條	光緒三十二年五月十二日	光緒三十二年五月二十五日
大豐麵粉公司	機器磨麵。	劉壽祺、王德楷。	集股十萬兩	江蘇淮安府清河縣西圩門外	有限	章程十條	光緒三十二年四月二十三日	光緒三十二年閏四月初六日
小清河輪船公司	載客裝貨。	唐榮浩	集股十萬兩	山東煙台	有限	章程共三十條	光緒三十二年四月初三日	光緒三十二年六月十二日
□心煤礦公司	開採煤礦。	靳法蕙、曹鳳來等。	集股十七萬兩	河南懷慶府河内縣小許莊	有限	章程二十條，合同一紙。	光緒三十二年五月二十六日	光緒三十二年六月二十五日

（續表）

定名	營業	創辦人	集股 合資	建設地址	有限 無限	章程	呈報年月	給照年月
製造絹絲公司	紡織。	朱珮珍、葉貽銓、李厚祐、沈照、袁淦、藤田四郎、明渡知瑜太郎、王震、王予坊。	集股四十萬兩	江蘇上海四川路	有限	章程無	光緒三十二年六月初二日	光緒三十二年六月二十六日
書業公司	專售一切書籍及學堂應用儀器等類。	馬飛卿、劉健卿、韓子元、魏岱坡、傅玉山、張彩軒、劉子涵。	集股二萬元	北京琉璃廠	有限	章程十條	光緒三十二年五月初二日	光緒三十二年七月初一日
時益號公司	專用鉛粉，製造官粉發售。	郭玉泉	集股一萬元	香港大馬路	有限	合同一紙，章程八條。	光緒三十二年三月二十日	光緒三十二年七月初六日
煙草公司	專用機器揀選中國煙葉，製造捲煙發售。	梁灝綸、陳之鼒。	集股五萬元	粵東省城仁濟大街	有限	章程十七條	光緒三十一年十二月二十九日	光緒三十二年七月初六日
華勝燭皂公司	發達改良燭、皂兩種製造。	李鎮桐、魏春浦、李鶴鳴、李家桐。	集股三千元	天津獅子林河樓後大街	有限	章程二十七節	光緒三十二年七月初三日	光緒三十二年七月初十日
福華紙煙公司	製造紙煙。	孫鍾偉、葉恭綽。	集股一萬五千兩	漢口永寧巷	有限	章程七條	光緒三十二年三月二十五日	光緒三十二年七月十一日
華豐織布公司	織布工廠。	鄭芸樓、鍾菊生、傅潔臣、章崇園、薛允言、介占鰲、鄭香甫、王壽卿。	合資五千兩	正陽門外西珠市口大街路南	有限	合同一紙	光緒三十二年閏四月初九日	光緒三十二年八月初一日

（續表）

定名	營業	創辦人	集股合資	建設地址	有限無限	章程	呈報年月	給照年月
畜牧公司	牧養牛、羊、鷄、豚等類。	陳鼎元	集股三萬元	厦門下八保院前社	有限	章程十條	光緒三十二年閏四月十四日	光緒三十二年八月初七日
福建藥房	製造各色藥品，兼售泰西各國藥材。	高敬廷	集股五萬元	厦門鼓浪嶼	有限	章程六條	光緒三十二年閏四月十四日	光緒三十二年八月十四日
湖北廣藝興公司	分六科設廠，製造：一造紙、二刷印、三木工、四漆工、五竹工、六絨繡。	程頌萬、黄振柱、吴星映、王廉卿、王鼎三、李盛耆、黄仁莢、陳聲甫、涂武丞、杜立權。	集股四萬元	總公司設在武昌省城	無限	章程共四章一百二十三條	光緒三十二年三月二十五日	光緒三十二年八月二十三日
贛豐餅油公司	機器餅油。	許鼎霖、李厚祐、周晉鑣、朱珮珍、陳薰、竇以鈺、張謇、嚴信厚、朱疇、樊芬、陳壽春。	集股三十萬兩	江蘇海州新浦	有限	集股章程十四條，條規二十九條。	光緒三十二年三月初三日	光緒三十二年八月二十三日
和保豐公司	運售洋貨綢緞，製辦操衣及學務應用器品。	徐念祖、陳嘉淮、梁益三。	集股二萬兩	江南金陵省城花牌樓	有限	合同一紙，章程十八條。	光緒三十二年三月二十九日	光緒三十二年八月二十五日
湧源公司	機器磨麵。	劉經繹、王祖壽、劉敦厚、王公恕、王順存、王棣唐、劉中和。	集股三萬兩	直隸天津	有限	合同一紙，章程分五章二十四條。	光緒三十二年八月十六日	光緒三十二年八月二十六日

（續表）

定名	營業	創辦人	集股合資	建設地址	有限無限	章程	呈報年月	給照年月
粵東編譯兼學校用品公司	發行編譯書籍，兼學校用品。	莫伯洢	集股八萬元	粵東省城育賢坊禺山關帝廟	有限	招股章程十四條，辦事章程十條，營業十三條，權限十一條，賬規十條，編譯章程三十四條，書業同盟規則十八條。	光緒三十二年九月初三日	光緒三十二年九月二十六日
湘裕湘盛公司	鍊售硃砂。	黃敬輿、朱鞠尊、張綺梅、朱鄂生、張雨珊、湯幼菴、楊紹曾。	集股十萬兩	湖南長沙	有限	湖南礦務局與湘盛訂立議單十七款，與湘裕訂立議單十八款，又湘盛鍊廠條規共三十條。	光緒三十二年七月二十二日	光緒三十二年十月初四日
恒利紙煙公司	製造紙煙運往各埠銷售。	易懷遠	集股五萬兩	山東煙台西海岸恒利礦頭	有限	創辦大綱十二條，辦法十六條，招股簡章九條。	光緒三十二年十月初七日	光緒三十二年十月二十一日
瑞豐輪船公司	小輪往來蘇常鎮三屬，搭客載貨。	歐陽元瑞等	集股八千元	江蘇蘇州閶門外南濠	有限	合同一紙，章程八條。	光緒三十二年十月十四日	光緒三十二年十月二十一日
泰初染織公司	專製各色布疋兼染。	王培茯、謝月庠、王培遠。	集股六千元	江南泰州城東海安鎮	有限	合同一紙，章程十八條。	光緒三十二年十月十五日	光緒三十二年十月二十一日
禾盛公司	機器礱擦穀米。	蔡鴻儀、蔡和霖、鄔卓然。	集股十萬元	浙江寧波府鄞縣甬江東	有限	章程十八條	光緒三十二年十月十三日	光緒三十二年十月二十一日

（續表）

定名	營業	創辦人	集股 合資	建設地址	有限 無限	章程	呈報年月	給照年月
生生電燈公司	電燈公司。	黄美頤、周南、薛蕃、鄒雲章。	集股十萬元	江蘇吴縣閶門外南濠街	有限	章程二十一條	光緒三十二年十月十五日	光緒三十二年十月二十三日
寶華織布公司	機器織布。	馬吉華、吴彦章、馮智、劉永森、胡壽嵩、韓有慶、王品三。	集股一萬兩	順天寶坻縣南門外火神廟内	有限	合同九條，開辦章程十條，增訂六條，告白二十二條。	光緒三十二年九月十五日	光緒三十二年十月二十三日
廣州總商會報	發行報紙，兼編譯印務。	廣州商務總會商董。	集股三萬三千元	粤東省城十七甫路北	有限	章程七十三條	光緒三十二年十月十一日	光緒三十二年十月二十三日
四民紙煙公司	機器織造各種紙捲香煙。	朱疇	集股十萬元	江蘇上海車袋角	有限	招股章程十六條	光緒三十二年十月十八日	光緒三十二年十月二十六日
濟泰公記紡織公司	專紡棉紗，並軋子花，兼織洋布發售。	蔣汝坊、錢溯灝等。	集股五十萬兩	江蘇太倉沙溪鎮迤西鹿鶴涇	有限	章程分六章，共四十條。	光緒三十二年閏四月初八日	光緒三十二年十月二十九日
中安煙草公司	專製紙煙。	唐世鴻	合資二萬兩	山東煙台西圩外路北	有限	章程七條	光緒三十二年十月十九日	光緒三十二年十一月初二日
通惠公紡織公司	軋花紡織。	樓景暉、朱榮璪。	集股四十萬兩	浙江蕭山縣轉壩頭	有限	章程原議十二條，續議一條。	光緒三十二年九月初九日	光緒三十二年十一月初四日
合義和繅絲公司	辦繭繅絲。	樓景暉等	合資十四萬元	浙江紹興府蕭山縣轉壩頭	有限	合同一紙，條議六條。	光緒三十二年九月初九日	光緒三十二年十一月初四日
裕興榨油公司	機器榨油。	程恩培、程錫章、許秉彝。	集股二十萬兩	安徽阜陽縣城外	有限	章程二十五條	光緒三十二年十月二十八日	光緒三十二年十一月初六日

（續表）

定名	營業	創辦人	集股 合資	建設地址	有限 無限	章程	呈報年月	給照年月
永吉銀硃公司	製造銀硃、黄丹、鉛粉，兼買賣各色顔料、沙紙、漆精、深靛、彩靛。	羅玉書等	合資二萬五千元	廣東省城南海縣安瀾街	有限	章程十條	光緒三十二年十月二十七日	光緒三十二年十一月初六日
大成錬銻公司	錬售銻砂。	黄進修等	合資三萬兩	湖南長沙府善化縣南門外	有限	與湖南礦務局訂合同二十八款，本公司章程十四條。	光緒三十二年十一月二十三日	光緒三十二年十二月初三日
存仁堂藥店	機器創製如意油及各項藥油、藥酒、膏丹、丸散。	繆慎餘堂、李介福堂。	合資一萬元	雲南省城	有限	合同一紙	光緒三十二年十二月初三日	光緒三十二年十二月初九日
吉祥甎瓦公司	機器製造甎瓦。	徐象藩、陳奎齡、耿朝泰、沈廷豪。	集股一萬兩	江西省城德盛門外鷄籠山	有限	章程十五節	光緒三十二年九月二十六日	光緒三十二年十二月初九日
綫機運煤公司	裝運煤觔。	王賢賓、李寶恒、吴連元、陳鴻儀、王郅隆、魏長忠。	集股五十萬兩	順天房山縣屬花槳	有限	試辦章程十六條，附股專章十條	光緒三十二年十二月初九日	光緒三十二年十二月十九日

合計光緒三十二年份公司註册六十五家，股款銀三百五十六萬五千兩，洋三百三十五萬三千五百元。

定名	營業	創辦人	集股 合資	建設地址	有限 無限	章程	呈報年月	給照年月
奉天漁業公司	振興奉天沿海漁業，改良捕魚製魚之法，以保守海權爲宗旨。	黄家傑、孫繼堯。	集股二十萬元	盛京奉天府蓋平縣城内	有限	章程二十二條	光緒三十三年正月十一日	光緒三十三年正月二十五日
富强工藝民局	織布熬樟腦，兼辦農林。	林炳華、趙炳靈、蔣實英、趙炳麟、蔣光、蔣鑾英。	合資五萬元	廣西桂林府臨桂縣省城	有限	章程二十九條	光緒三十三年正月初九日	光緒三十三年正月二十五日
崇本樹藝公司	樹藝。	李楙昌、郭庚、何傳義。	合資三萬元	江蘇鎮江府金壇縣西鄉	有限	章程二十條	光緒三十二年十一月十八日	光緒三十三年正月二十九日
瑞興胰皂公司	製造各種香料胰皂。	毛曾鎣、陸國楨、馬鍾選、趙文淦。	合資三千元	江蘇蘇州府長洲觀前街	有限	章程十條	光緒三十二年十二月十七日	光緒三十三年二月初一日
廣豐公司	專辦醃臘猪腿，兼製鹹肉。	沙元炳、祝福申、汪雲龍、張藩、季樹春、祝壽慈、明焕章、馬本忠、周楨。	集股五萬元	江蘇南通州如皋城内	有限	章程十二條	光緒三十二年十月十一日	光緒三十三年二月初三日
大德藥材公司	發售參茸、膠燕丸、散膏丹、花露飲片。	湯銘新	集股一萬元	江蘇南通州城内	有限	招股章程十二條，辦事章程二十條。	光緒三十三年正月初五日	光緒三十三年二月初三日
瑞源莊綢緞號	專辦綢緞、繡貨、呢羽、布疋。	陳翼鴻、蔡景崧、黄柳園。	合資一萬一千元	廣東潮州府海陽縣艮極坊	有限	章程十三條	光緒三十三年正月二十三日	光緒三十三年二月初三日

（續表）

定名	營業	創辦人	集股／合資	建設地址	有限／無限	章程	呈報年月	給照年月
湘寧青礬公司	收售青礬。	廖樹勛、蔣隆堉、蕭鴻運、陳先照、胡光旭、彭崑英。	集股二萬元	湖南長沙府湘潭縣	有限	規則七條	光緒三十二年六月初三日	光緒三十三年二月初五日
六河溝煤礦公司	開採煙煤各礦。	馬吉森、張孝謙、顧瑗、吴樾、蔣村譚、葉潤含。	集股三十四萬兩	河南彰德府安陽縣六河溝	有限	集股辦事章程共六條	光緒三十三年二月十七日	光緒三十三年二月二十七日
蘇省鐵路公司	籌築江蘇境内路線。	王清穆、張謇、王同愈、許鼎霖。	集股一千萬元，已收一百五十萬零零二百五十元。	江蘇松江府上海縣泥城橋	有限	章程九章七十九節	光緒三十三年二月二十一日	光緒三十三年三月初一日
涇東窑業公司	專辦甎瓦、石灰、柴木、稻草。	陶本懿、陶崇廉、屠善常。	集股一萬元	浙江嘉興府秀水縣	有限	章程五條	光緒三十三年二月二十九日	光緒三十三年三月初十日
功德躉船公司	招商各江輪靠泊躉船。	謝文炳、吴翰、陳壽鴻、查宗謙、汪有暢、劉元炳。	集股三萬兩	安徽池州府銅陵縣大通和悦州	有限	章程十五條，係由皖岸督銷局分别詳咨立案。	光緒三十三年二月二十五日	光緒三十三年三月初十日
信成織布公司	染織布疋、毛巾、線帶。	范家琛	集股一萬兩	安徽潁州府亳州鐵果巷	有限	章程十三條	光緒三十三年三月初三日	光緒三十三年三月十一日
益源長公司	機器織各種洋布。	涂冠羣、周林克、寥冠甲。	合資八千元	安徽安慶府懷寧縣西門外	有限	章程二十八條	光緒三十三年三月初五日	光緒三十三年三月十八日
精勤實業公司	承包工程，買賣地產，造屋招租。	李薇莊	集股五萬兩	江蘇松江府上海縣	有限	章程十條	光緒三十二年十月十三日	光緒三十三年三月二十日

（續表）

定名	營業	創辦人	集股合資	建設地址	有限無限	章程	呈報年月	給照年月
公興冰廠	造冰。	洪有方、葉梓寅、徐斌甫、方海山、夏紫綬、三雅園、陳吉記、倪水泉、屠仁、方金奎、朱忠鉅、榮士坤、楊雲初。	合資二千元	江蘇蘇州府吴縣胥門外	無限	章程七條	光緒三十三年三月二十八日	光緒三十三年四月十一日
榮華胰皂公司	專製胰皂。	張墨林	集股三千元	直隸天津府天津縣小洋貨街	有限	章程二十條	光緒三十三年三月二十八日	光緒三十三年四月十六日
鎮江造紙公司	機器造紙。	曾鑄、尹克昌、鍾道成。	集股二十五萬兩，實收二十二萬五千兩。	江蘇鎮江府丹徒縣北固山下	有限	章程十五條	光緒三十三年三月十七日	光緒三十三年四月二十日
工藝商局製辦猪羊腸分廠	專收猪羊小腸，製成外洋合銷材料出售。	黄玉堂、李樹源、趙仲三、張世卿、胡書田。	集股二萬元	北京順天府宛平縣琉璃廠	有限	廠規四則	光緒三十三年三月二十五日	光緒三十三年五月初七日
兆豐碾米公司	機器碾米。	劉建炎	集股十萬兩，現已招六萬兩。	湖北漢陽府漢陽縣南岸嘴	有限	章程十八條	光緒三十三年四月三十日	光緒三十三年五月初八日
信成煤礦公司	煙煤發售。	馬吉森、崔蓮峰。	集股二萬四千兩	河南彰德府武安縣薛村	有限	章程十二條	光緒三十三年四月二十八日	光緒三十三年五月十四日
永豐油莊公司	製造各種清油。	吕善成、吕子亭、于治安、苗榮春。	集股一萬元	直隸天津府天津縣沿河頭堡	有限	章程三十條	光緒三十三年四月初四日	光緒三十三年五月十五日

（續表）

定名	營業	創辦人	集股 合資	建設地址	有限 無限	章程	呈報年月	給照年月
清華實業公司	先辦榨油一廠。	程祖福	集股二十萬兩	河南懷慶府河內縣清華鎮	有限	章程十六條	光緒三十三年五月十一日	光緒三十三年五月十八日
源泰祥公司	專辦甎瓦礦灰。	葉寶林、蔡春芳、秦仁甫、陸申滬、顧蘭洲。	合資六千兩	江蘇松江府上海縣斐倫路	有限	簡章載合同內，不分條件。	光緒三十三年五月初七日	光緒三十三年五月二十一日
永新木機織布廠	仿製東洋各色布疋及毛巾等物。	張漢楂	集股五千元	安徽潁州府阜潁交界永新集	有限	章程八條	光緒三十三年三月十四日	光緒三十三年五月二十五日
恒裕錫箔公司	製造錫箔並香煙包錫皮。	孫直齋、廖樾衢、王雨亭、任惠風、胡荇薌、余吉甫、王升甫、杜鼎梅。	集股十二萬兩	江蘇松江府上海縣徐家匯	有限	章程十二條	光緒三十三年五月十六日	光緒三十三年五月二十九日
華商電燈公司	創辦電燈。	劉恩駐	集股二十萬兩	山東省城	有限	章程二十四條	光緒三十三年四月二十八日	光緒三十三年五月二十九日
頤和罐食公司	罐裝各種魚肉，蔬果等食物。	董楷生	集股一萬元	江蘇蘇州府長洲縣東匯	有限	章程八條	光緒三十三年五月二十三日	光緒三十三年六月二十一日
醴陵磁業公司	製造各種磁器。	袁思亮、熊希齡。	集股十萬元	湖南長沙府醴陵縣江灣	有限	章程四章，共十九條。	光緒三十三年六月二十三日	光緒三十三年六月三十日
華興水火保險公司	保水火險。	嚴信厚、周晉鑣、施則敬、朱珮珍、徐潤、曾鑄、陳猷、蘇德鑣。	集股一百萬兩，已收五十萬兩。	江蘇松江府上海縣	有限	章程共列五款十二節	光緒三十一年十二月二十四日	光緒三十三年七月初四日

（續表）

定名	營業	創辦人	集股 合資	建設地址	有限 無限	章程	呈報年月	給照年月
洽源銀號	專辦存款並出借各款，以通融街市爲宗旨。	張玉珍	集股十萬元，先收七萬元。	直隸天津府天津縣北門外	無限	章程十六條	光緒三十三年六月初一日	光緒三十三年七月十四日
永春堂藥店	專製藥油、丸散、膏丹。	呂日如、呂昭泉、施述初、馮景雲。	合資八千元	廣東廣州府南海縣杉木欄	有限	章程十三條	光緒三十三年六月二十九日	光緒三十三年七月二十一日
商辦汕頭自來水公司	創辦自來水。	蕭永華	集股六十萬元，現已認定三十六萬元。	廣東潮州府澄海縣汕頭	有限	章程二十條	光緒三十三年七月二十七日	光緒三十三年八月十四日
信義儲蓄銀行【查該銀行於光緒三十四年四月間，業經由部撤銷註册。原案。】	工商儲蓄。	尹克昌等	集股二十萬元，先出十萬元開張。	江蘇鎮江府丹徒縣西塢街		章程十條	光緒三十三年七月二十七日	光緒三十三年八月十八日
濬源紡織公司	織布紡紗，兼織各色被褥面及毛巾等類。	紹彝	集股一萬兩	山西汾州府汾陽縣城内	有限	章程二十八條	光緒三十三年六月初一日	光緒三十三年八月二十一日
啓新榨油公司	機器榨油。	丁殿邦、顧若愚、唐騮。	集股十萬兩	河南陳州府商水、淮寧兩縣，兼轄周家口。	有限	章程十條	光緒三十三年八月十四日	光緒三十三年八月二十一日
大順煤油公司	專售煤油各種火柴。	李柏泉、王松圃。	合資二萬兩	河南陳州府淮寧縣周家口	無限	規則五條	光緒三十三年八月十四日	光緒三十三年八月二十四日

（續表）

定名	營業	創辦人	集股 合資	建設地址	有限 無限	章程	呈報年月	給照年月
泰豐罐食公司	專製罐頭食品。	王家祜、文上康、鄭汝霖、蘇森、唐國華、費輔臣、劉鏡清、鄭鈺廷。	集股七萬元	江蘇松江府上海縣北小沙渡	有限	章程八章	光緒三十三年八月二十三日	光緒三十三年九月初二日
啓新洋灰公司	製造洋灰及洋灰矸子土之磚瓦等件。	周學熙、孫多森。	集股一百萬元，現按八成收股。	直隸永平府豐潤縣唐山	有限	章程十五條	光緒三十三年八月二十八日	光緒三十三年九月初五日
中國集志會社公司	專造學堂應用一切文具，已造成石版紙筆墨水各種。	胡國珍、胡振榜、張紫珍、張敦和。	合資一萬元	江蘇松江府上海縣海寧路	有限	簡章附合同內，不分條件	光緒三十三年八月二十八日	光緒三十三年九月初八日
茅麓明農樹藝公司	墾荒樹藝。	楊良駿、戴光、鄭鴻綸、史致鈞、曹福溶、楊良騆、賀簡、吴周翰、史成、宋育仁。	集股十萬元	江蘇鎮江府金壇縣石馬橋	有限	章程七條	光緒三十三年四月二十二日	光緒三十三年九月二十五日
揚子機器製造公司	專造鐵路橋梁，車輛、叉軌三宗。	漢陽鐵廠、浙江全省鐵路公司、顧潤章、宋煒臣、鄭清濂、許益。	集股三十五萬兩，先交十七萬五千兩。	湖北夏口廳漢口	有限	章程十五條	光緒三十三年九月二十五日	光緒三十三年十月初一日
錫金公司	專繅繭絲。	查仲康、徐文焕、陸也霖。	集股三萬兩	江蘇常州府無錫縣倉橋濱	有限	章程十條	光緒三十三年十月初六日	光緒三十三年十月十八日

（續表）

定名	營業	創辦人	集股合資	建設地址	有限無限	章程	呈報年月	給照年月
同文印書館	機器刷印文報、公牘、課本、書籍等類。	宋德銘、孫本章、張金鑠、顧長齡、沈景臣、金仲綸、李鎮安、張金奎、張晉隆、張汝平。	合資五千元	安徽安慶府懷寧縣近聖街	有限	章程二十五條，由安徽巡撫咨部。	光緒三十三年十月初四日	光緒三十三年十月二十七日
漢豐麵粉公司	機器製造麵粉。	黄蘭生	集股二十萬兩	湖北武昌府江夏縣漢口	有限	章程三十條	光緒三十三年十月初三日	光緒三十三年十月二十八日
光明燭皂公司	機器製造各種洋燭、洋皂。	姚芳亭、王荇泉。	集股二萬元	浙江寧波府鄞縣江北岸	有限	簡明章程十條	光緒三十三年十月初一日	光緒三十三年十月二十八日
虞興織布公司	專織時花條布，改良土布，兼織絲綢毛巾等類。	盧頤、范迪宸、夏雲鶴、彭逢治、吴逢奎、夏官桂、卜炘熙、章鍾慶。	集股一萬五千元	江蘇蘇州府照文縣大東門外	有限	章程十三條	光緒三十三年十月十三日	光緒三十年十月二十九日
房屋公司	修房招租。	姜迺恒	集股一萬五千元	直隸永平府臨榆縣山海關	有限	章程十一條	光緒三十三年四月二十七日	光緒三十三年十一月初八日
瀋陽馬車鐵道公司	專搭載往來行人及行人手携之件。	中國人趙清璽、日本人大倉喜八郎。	集股十九萬元，華商認招十成之六，日商認招十成之四。	奉天奉天府承德縣	有限	詳細章程四十八條	光緒三十三年八月二十九日	光緒三十三年十一月十三日
茂達種植公司	試種竹木果樹，兼畜牧之業。	汪鳳池、汪鳳瀛、笪世熊、眭文藻、李堅。	合資一萬元	江蘇鎮江府丹徒縣洪山窪	有限	章程十二條	光緒三十三年十月二十二日	光緒三十三年十一月十三日

（續表）

定名	營業	創辦人	集股 合資	建設地址	有限 無限	章程	呈報年月	給照年月
黄耀南藥莊分號	製造膏丹丸散各藥。	梁澄波、李榮芬、李汝恭、黄麗生、黄輔記、馬介眉、李承宗。	合資八千四百元	廣東廣州府南海縣晉源街	有限	章程十二條	光緒三十三年七月十一日	光緒三十三年十一月二十七日
廣源靛業公司	專辦藍靛，兼改良製造。	朱祖榮、沙元炳、石碧山、朱焕彩、吴振鴻、張汝霖、張祝山。	集股一萬元，先行試辦，將來以二萬元爲限。	江蘇通州如皋縣南鄉范湖洲	有限	章程十四條	光緒三十三年十一月二十一日	光緒三十三年十二月初一日
華興麵粉公司	機器磨麵。	祝大椿、吴志和、童蘊山、翁寅丞、楊獻叔。	合資四十萬元	江蘇松江府上海縣老閘	有限	章程十一條	光緒三十三年十一月二十七日	光緒三十三年十二月十五日
怡和源皮毛兼打包公司	專做各種皮毛，兼機器打包	祝大椿、顧壽嶽。	合資二十八萬元	江蘇松江府上海縣老閘	無限	章程八條	光緒三十三年十一月二十七日	光緒三十三年十二月十五日
公益紡織公司	紡紗織布。	祝大椿、席立功、顧敬齋、楊獻叔、印錫章。	合資一百三十四萬元	江蘇松江府上海縣曹家渡	有限	招股簡章九條	光緒三十三年十一月二十七日	光緒三十三年十二月十五日

合計光緒三十三年份公司註冊五十五家，股款銀三百四萬兩，洋一千四百九十二萬三千四百元，已撤銷者一家股款洋二十萬元。

類	等	人員
子爵	一等	
	二等	
	三等	
男爵	一等	
	二等	
	三等	
卿秩	三品卿	
	四品卿	
	五品卿	
卿銜	四品卿銜	
加銜	二品銜	祝大椿，道銜，上海商務總會議董、錫金商務分會總理，獨資創辦源昌機器碾米廠、源昌機器繅絲廠、源昌機器五金廠，合資創辦華興棧機器麵粉公司、公益機器紡織公司、怡和源機器皮毛打包公司，共計所出資本在二百萬元以上。光緒三十三年十二月二十三日，本部專摺奏獎，奉旨特賞二品頂戴。
	三品銜	
	四品銜	
	五品銜	

合計奏獎爵賞一員。

商勳表

等	獎勵	人員
一等	加二品頂戴，凡能製造輪船、汽車、鐵橋、新法電機者，得此獎。	
二等	加三品頂戴，凡能創造汽機、察識礦苗者，得此獎。	
三等	加四品頂戴，凡能作新式機器製造土貨，於工藝農務著有成效者，得此獎。	
四等	加五品頂戴，凡能改良中國工藝，仿造外洋工藝，暢銷外埠者，得此獎。	余兆熊，浙江舉人，改良繡品，光緒三十年十月進呈繡屏八幅，蒙賞收，並經本部委辦繡工科，改良刺繡法，頗有成效。三十三年四月初九日，經本部具奏，奉旨賞給此獎。 沈正恂，福建漆商，改良漆器，馳譽五洲。光緒三十年赴美國聖路易萬國賽會，得賞優等飛鷹獎牌，並將所製漆器呈送本部勸工陳列所陳列。三十三年四月初九日經本部具奏，奉旨賞給此獎。
五等	加六品頂戴，凡能仿造西式物品暢銷內地者，得此獎。	吴金印，山東帽商，於光緒二十八年創辦新式籐帽，質美工良，中外推許。山東商務議員呈請照章獎勵，三十三年八月初三日經本部具奏，奉旨賞給此獎。

合計奏獎　四等商勳二員，五等商勳一員。

類別	等級		
顧問官	頭等		
	二等		
	三等		
	四等		
議員	頭等		
	二等		
	三等		龐元濟，候補四品京堂，奏辦上海機器造紙公司，集股銀四十四萬兩，約合洋六十萬元以上。光緒三十三年十二月初八日，本部專摺奏獎。奉旨允准，並特賞正二品封典，嗣經該員於謝恩摺內，陳明已先得有從一品封典。奉旨：著賞給正一品封典。
	四等	李厚祐，分部郎中，創辦奉錦天一墾務公司，集股銀六十萬兩。光緒三十年十二月十二日，本部彙案奏獎，奉旨允准，並賞加四品銜。	
	五等	葉璋，四品銜，候選同知，創辦漢口燮昌火柴公司，集股銀四十萬兩。光緒三十年十二月十二日，本部彙案奏獎，奉旨允准，並賞加三品銜。查李厚祐、葉璋二員，於三十年十二月間，按照本部原訂獎勵公司章程給獎，嗣於三十三年七月間，本部業將此項章程改訂，於集股銀數，稍寬其格奏明，奉旨允准在案。其三十三年奏獎各員，均係按照新章給獎。	

（續表）

顧問官	頭等	
	二等	
	三等	
	四等	
議員	頭等	張謇，三品銜本部頭等顧問官，翰林院修撰，創辦江蘇耀徐玻璃公司、上海大達輪步公司，集股在一百萬元以上。光緒三十三年十二月二十三日，本部彙案奏獎，奉旨允准，並賞加二品頂戴。查該員於三十年三月間，業經本部奏獎頭等顧問官在案。此次照章彙獎，係按所集股銀計算，照章應給此獎。
	二等	嚴義彬，三品銜直隸候補道，創辦浙江通久源軋花紡織廠，集股在八十萬元以上。光緒三十三年十二月二十三日，本部彙案奏獎，奉旨允准，並賞加二品頂戴。
	三等	許鼎霖，二品銜軍機處記名安徽候補道，創辦江蘇海豐麵粉公司、贛豐餅油公司，集股在六十萬元以上。光緒三十三年十二月二十三日，本部彙案奏獎。奉旨允准，並特賞正二品封典。
	四等	樓景暉，四品銜候選州同，創辦浙江通惠公紡織公司，集股在四十萬元以上。光緒三十三年十二月二十三日，本部彙案奏獎，奉旨允准，並賞加三品頂戴。 顧釗，三品銜中書科中書，創辦浙江和豐紡織公司，集股在四十萬元以上。光緒三十三年十二月二十三日，本部彙案奏獎，奉旨允准，並賞加二品頂戴。 蕭永華，三品銜兵部郎中，創辦廣東汕頭自來水公司，集股在四十萬元以上。光緒三十三年十二月二十二日，本部彙案奏獎，奉旨允准，並賞加二品頂戴。 馬吉森，候選道，創辦河南六河溝煤礦公司，集股在四十萬元以上。光緒三十三年十二月二十三日，本部彙案奏獎，奉旨允准，並賞加三品頂戴。
	五等	劉世珩，二品銜度支部右參議，創辦安徽貴池墾務公司，集股在二十萬元以上，光緒三十三年十二月二十三日，本部彙案奏獎，奉旨允准，並特賞正二品封典。 史履晉，御史，創辦京師華商電燈公司，集股在二十萬元以上。光緒三十三年十二月二十三日，本部彙案奏獎，奉旨允准，並賞加四品頂戴。 程恩培，二品頂戴浙江候補道，創辦安徽裕興榨油公司，集股在二十萬元以上。光緒三十三年十二月二十三日，本部彙案奏獎，奉旨允准，並特賞正二品封典。 曾鑄，候選道，創辦鎮江機器造紙公司，集股在二十萬元以上。光緒三十三年十二月二十三日，本部彙案奏獎，奉旨允准，並賞加三品頂戴。

（續表）

顧問官	頭等	
	二等	
	三等	
	四等	
議員	頭等	
	二等	
	三等	
	四等	蔣汝坊，分部郎中，創辦江蘇濟泰公紡織公司，集股在四十萬元以上。光緒三十三年十二月二十三日，本部彙案奏獎，奉旨允准，並賞加四品頂戴。
	五等	程祖福，二品頂戴福建補用道，創辦河南清華實業公司，集股在二十萬元以上。光緒三十三年十二月二十三日，本部彙案奏獎，奉旨允准，並特賞正二品封典。 顧思遠，候選道，創辦山東傅山玻璃公司，集股在二十萬元以上。光緒三十三年十二月二十三日，本部彙案奏獎，奉旨允准，並賞加三品頂戴。 顧潤章，商人，創辦湖北揚子機器製造公司，集股在二十萬元以上。光緒三十三年十二月二十三日，本部彙案奏獎，奉旨允准，並賞加七品頂戴。 黃蘭生，商人，創辦湖北漢豐麵粉公司，集股在二十萬元以上。光緒三十三年十二月二十三日，本部彙案奏獎，奉旨允准，並賞加七品頂戴。

合計奏獎　頭等議員一員，二等議員一員，三等議員二員，四等議員六員，五等議員九員。

農工商部統計處《農工商部統計表》第六冊《農工商部商務官報局表》

定名	建設地址	宗旨	辦事員	章程規則	經費	開辦年月	分銷處所	提要
農工商部商務官報局	農工商部署內	發表本部方針，啓發商民智識，提倡商業前途，調查中外商務。	總纂二員，錢承鋕、金紹城。編纂二員，章乃煒、楊志洵。司賬一員，顧祖璜。書記二員，茅雲路、阮志光。	辦事章程六條，售報章程八條，官銷辦法五則。	光緒三十一年，支常月開支一切經費，京平足銀二千四百兩。光緒三十二年，支常月開支一切經費，共京平足銀一萬一千八百兩。光緒三十三年，支常月開支一切經費，共京平足銀一萬零八百兩。	光緒三十二年四月開辦。	京師及各直省商務議員，商務總分各會，並外洋各埠商務隨員商務總會，均經擔任分銷事宜，每月三期，每期銷數約六千餘册。	按，本報體例分論叢、公牘、法律、章程、調查報告、參考資料、專件、附録各門，有由總纂編纂各員撰著者，有采譯東西各報者，有輯録農工商部奏咨批札，暨各直省商務議員、商務總分各會、各國商務隨員調查報告者，總以有關農工商各項實業者爲主。

合計籌辦農工商部商務官報局一處。

農工商部統計處《農工商部統計表》第六冊《顧問官表》

第等／年分	頭等	二等	三等	四等
光緒三十年	張謇，翰林院修撰，創辦大生紗廠，暨墾牧、輪船、水利、鹽業、蠶桑、榨油、麵粉、油皂、印書等公司十一所，計成本銀二百餘萬兩，每年溢出餘利計三四十萬兩不等，均屬著有成效。光緒三十年三月初一日，本部奏請作爲頭等顧問官。奉旨允准，並賞加三品銜。		周廷弼，三品銜候選道，創辦裕昌繅絲廠，五金煤鐵各公司，並能指示工匠，自行配製繅絲機器，在無錫南鄉開闢周新鎮，創建廷弼學堂，嗣復集股設立信成銀行。光緒三十年十一月二十二日，本部奏請作爲三等顧問官。奉旨允准，並特賞二品頂戴。	
光緒三十一年	袁樹勛，升任江蘇按察使，在蘇松太道任內，適值江浙漁業公司創辦伊始，贊畫維持，洞中肯要，並與各國漁業交涉，因應咸宜。光緒三十一年十一月十一日，本部奏請作爲頭等顧問官，兼充漁業公司監督。奉旨允准。	丁寶銓，升任廣東惠潮嘉道，前在潮州任內，於汕頭保商事務實力講求。南洋各埠華僑，翕然稱頌。嗣復在籍創辦耀徐玻璃公司，著有成效。光緒三十一年四月二十二日，本部奏請作爲二等顧問官。奉旨允准。		

合計奏派頭等顧問官二員，二等顧問官一員，三等顧問官一員。

省名／年分	光緒三十年	光緒三十一年
奉天		
直隸	黃璟，河南候補道，直隸農務局總辦，三十年八月初八日札派，現已離差。周學熙，直隸候補道，旋升長蘆運司工藝局總辦，三十年八月初八日札派，現已離差。	
江蘇	劉世珩，江蘇補用道，商務局總辦，三十年九月初三日札派，現已離差。	陸樹藩，江蘇候補道，商務局總辦，三十一年八月初四日札派，現已離差。
安徽	陳永懋，安徽補用道，商務局總辦，三十年九月二十六日札派，現已離差。童祥熊，安徽候補道，蕪湖商務分局經理，三十年十月二十六日札派，現已離差。	任廷枚，安徽候補知府，商務局提調，三十一年六月二十七日札派。
山東		朱鍾琪，山東即補道，農工商局總辦，三十一年二月初一日札派，現已離差。
山西		劉篤敬，湖南試用道，商務局總辦，三十一年四月初六札派。
河南	胡翔林，河南特用道，農工商局總辦，三十年八月十三日札派，現已離差。	
陝西		吳樹棻，截取補用道，陝西農工商鑛局會辦，三十一年十一月初三日札派，現已離差。
甘肅		
福建		何成浩，福建汀漳龍道，農桑局總辦，三十一年三月十五日札派。玉貴，福建興泉永道，廈門商政局總辦，三十一年六月十三日札派，現已離差。

（續表）

省名＼年分	光緒三十二年	光緒三十三年
奉天	陶大均，奉天驛巡道，三十二年二月三十日札派。彭穀孫，廣西補用道，奉天商務局總辦，三十二年二月三十日札派，現已離差。金還，湖南候補道，奉天商務局總辦，三十二年八月十二日札派，現已離差。熊希齡，候選道，奉天農工商局局長，三十二年十月初四日札派，現已離差。	韓國鈞，河南補用道，奉天農工商局局長，三十三年二月二十五日札派，現已離差。
直隸		孫多森，直隸候補道，工藝局總辦，三十三年十月初四日札派。
江蘇		蘇品仁，江蘇候補道，農工商局總辦，三十三年七月二十一日札派。
安徽		
山東		蕭應椿，山東候補道，農工商局總辦，三十三年三月初八日札派。
山西		
河南		何廷俊，河南候補道，農工商局總辦，三十三年正月十七日札派。
陝西	張守正，陝西特用道，農工商礦局總辦，三十二年七月初八日札派。	
甘肅		彭英甲，甘肅蘭州道，三十三年二月十七日札派。
福建	李毓森，前福建汀漳龍道，三十二年二月初九日札派，現已離差。	呂渭英，福建候補道，三十三年二月二十九日札派。

（續表）

省名＼年分	光緒三十年	光緒三十一年	光緒三十二年
浙江		萬福康，浙江特用道，農工商礦局會辦，三十一年正月二十四日札派，現已離差。	楊葆銘，浙江候補道，農工商礦局總辦，三十二年六月十三日札派。
江西	周浩，江西布政使，農工商礦局總辦，三十年十月初六日札派，現已離差。		傅春官，江西候補道，農工商礦局總辦，三十二年八月十六日札派。
湖北		孫素圻，湖北候補道，漢口商務局總辦，三十一年八月十八日札派。	
湖南	王銘忠，員外郎銜，湖南商務局坐辦總董，三十年十二月初六日札派，現已離差。		
四川		蔡乃煌，四川補用道，商務局總辦，三十一年正月二十五日札派，現已離差。周克昌，山西候補府，川東商務局總辦，三十一年四月二十四日札派，現已離差。	
廣東		左宗蕃，五品京堂，廣東商務局總辦，三十一年九月初七日札派，現已離差。	
廣西		周平珍，分省補用道，廣西商務局總辦，三十一年九月初八日札派。	
雲南		方宏綸，雲南候補道，農工商局總辦，三十一年十一月初九日札派。	
貴州			

（續表）

省名 \ 年分	光緒三十三年
浙江	
江西	
湖北	
湖南	
四川	周善培，四川候補道，商務局總辦，三十三年六月初二日札派。 陳遹聲，四川川東道，川東商務局總辦，三十三年十月初四日札派。
廣東	沈傳義，署惠潮嘉道，三十三年四月十六日札派，現已離差。 劉麟瑞，山西補用道，奏調廣東差遣，三十三年四月十六日札派。
廣西	
雲南	
貴州	

合計札派各直省商務議員四十一員，現已離差者二十二員。

農工商部統計處《農工商部統計表》第六册《商務隨員表》

國名 \ 年分	光緒二十九年
駐英	陳貽範，候選直隸州，二十九年十一月咨報。
駐法	張人傑，江蘇候補知府，二十九年十月咨報，現已離差。
駐俄	
駐德	
駐美	孫士頤，廣東補用知縣，二十九年十月咨報。 蘇鋭釗，分省補用知府，二十九年十月咨報。
駐日本	王克敏，户部學習郎中，二十九年九月咨報，現已離差。 梁居實，候選同知，二十九年九月咨報。
駐奥	
駐義	許沐鑠，候選直州判，二十九年十月咨報，現已離差。
駐比	
駐日斯巴尼亞	
駐韓	

（續表）

國名＼年分	光緒三十年	光緒三十一年	光緒三十二年
駐英		蔡元灝，分省試用同知，三十一年三月咨報。	
駐法	水鈞韶，分省補用縣丞，三十年三月咨報，現已離差。周維廉，州同銜，三十年三月咨報。		汪毅，附生，三十二年正月咨報。王繼曾，通判職銜，三十二年正月咨報。朱誦韓，內閣中書，三十二年十二月咨報。
駐俄			桂芬，候選知府，三十二年九月咨報。
駐德			莫鎮疆，前廣東即用知縣，三十二年五月咨報。李紹澂，學生，三十二年八月咨報。
駐美		容揆，候選直隸州知州，三十一年四月咨報。	
駐日本			何壽朋，學生，三十二年七月咨報。
駐奧	莫鎮疆，廣東即用知縣，三十年五月咨報，現已離差。		
駐義			鳳恭寶，候選通判，三十二年七月咨報。
駐比	沈瑞麟，直隸試用知府，三十年七月咨報。劉錫昌，經歷職銜，三十年七月咨報。		
駐日斯巴尼亞		胡德望，候選縣丞，三十一年六月咨報，現已離差。	黃履和，候選知縣，三十二年正月咨報。
駐韓		王錫庚，分省補用道，三十一年十月咨報。	

（續表）

國名／年分	駐英	駐法	駐俄	駐德	駐美	駐日本	駐奧	駐義	駐比	駐日斯巴尼亞	駐韓
光緒三十三年								李鴻賓，貴州試用通判，三十三年六月咨報。			

合計各出使大臣咨報商務隨員二十六員，現已離差者六員。

農工商部統計處《農工商部統計表》第六册《商政總表》

事實／年份	顧問官	商務議員	商務隨員	爵商賞勳	獎勵公司	商業銀行暨各局廠公司	賽會	商業訴訟	商貨運輸
光緒二十九年			九月初一日片奏請派使館商務隨員，奉旨：依議，欽此。九月咨報駐日本商務隨員王克敏、駐日本商務隨員梁居實。十月咨報駐法商務隨員張人傑、駐義商務隨員許沐鍱、駐美商務隨員孫士頤、駐美商務隨員蘇鋭釗。十一月咨報駐英商務隨員陳貽範。		九月二十一日具奏獎勵公司章程二十條，奉旨：依議，欽此。				各關貨稅出口土貨三萬四千二百九十九萬九千九百七十七兩。進口土貨一萬六千一百三十一萬二千三百二十三兩。進口洋貨三萬四千三百三十萬一百十五兩。稅鈔總額三千五十三萬六百八十八兩一錢七厘。

（續表）

事實＼年份	光緒三十三年
顧問官	三月奏派頭等顧問官張謇。十一月奏派三等顧問官周廷弼。
商務議員	七月初七日具奉擬派各省商務議員，奉旨：依議，欽此。八月札派直隸商務議員黃璟、直隸商務議員周學熙、河南商務議員胡翔林。九月札派江蘇商務議員劉世珩、安徽商務議員陳永懋。十月札派安徽商務議員童祥熊、江西商務議員周浩。十二月札派湖南商務議員王銘忠。
商務隨員	三月咨報駐法商務隨員水鈞韶、駐法商務隨員周維廉。五月咨報駐奥商務隨員莫鎮疆。七月咨報駐比商務隨員沈瑞麟。駐比商務隨員劉錫昌。
爵商賞勳	
獎勵公司	十二月奏獎四等議員李厚祐、五等議員葉璋。
商業銀行暨各局廠公司	九月核准立案濟南編譯印書局。
賽會	三月，美國散魯伊斯賽會得頭等獎牌十三件，金牌十九件，銀牌二十件，銅牌十件，記念牌一件。
商業訴訟	
商貨運輸	各關貨稅出口土貨三萬七千一百五十二萬二千八百七十二兩。進口土貨一萬六千三百七萬三千一百七十七兩。進口洋貨三萬四千八百六十萬三千九十兩。稅鈔總額三千一百四十九萬三千一百五十六兩三錢四分三厘。

事實 \ 年份	光緒三十一年
顧問官	四月奏派二等顧問官丁寶銓。十一月奏派頭等顧問官袁樹勛。
商務議員	正月札派浙江商務議員萬福康、四川商務議員蔡乃煌。二月札派山東商務議員朱鍾琪。三月札派福建商務議員何成浩。四月札派山西商務議員劉篤敬、四川商務議員周克昌。六月札派安徽商務議員任廷枚、福建商務議員玉貴。八月札派江蘇商務議員陸樹藩、湖北商務議員孫泰圻。九月札派廣東商務議員左宗蕃、廣西商務議員周平珍。
商務隨員	三月咨報駐英商務隨員蔡元灝。四月咨報駐美商務隨員容揆。六月咨報駐日斯巴尼亞商務隨員胡德望。十月咨報駐韓商務隨員王錫庚。
爵商賞勳	
獎勵公司	
商業銀行暨各局廠公司	正月核准立案府海食鹽公司。二月核准立案合衆水火保險公司。三月核准立案科學儀器館。四月核准立案富潤房屋公司。六月核准立案集生洋面保險公司，信用銀行。十一月核准立案華興水火保險公司。十二月核准立案商務印書館。
賽會	三月，比國黎業斯賽會得至大榮譽文憑一張，超等優獎文憑五張，超等獎憑六張，榮譽獎憑七張，存記文憑一張，金牌憑紙十三張，銀牌憑紙十六張，均附獎牌。
商業訴訟	正月具報銷案陳長成控王維藩案。五月具報銷案涂景瑜控葉家祥等案。六月具報銷案鼎康錢莊等控宋燧之案，包斯瑩控熊心衡案。七月報銷案郝德寬控王德奎案，姚辰元控姚允中案。九月具報銷案吳立采控同順公布店案。十月具報銷案李厚祐控救護局案。十一月具報銷案王永祥控鄧豁然案。裴維新等控武安縣令案。十二月具報銷案。滬甬錢莊等控
商貨運輸	各關貨税出口土貨三萬六千二百六十八萬八千九百七十四兩。進口土貨一萬六千六百八十八萬四千四百六十一兩。進口洋貨四萬五千八百三十四萬四百八十五兩。税鈔總額三千五百十一萬一千四百兩六錢二分三厘。

（續表）

年份＼事實	顧問官	商務議員	商務隨員	爵商賞勳	獎勵公司	商業銀行暨各局廠公司	賽會	商業訴訟	商貨運輸
光緒三十一年		十一月札派陝西商務議員吴樹棻、雲南商務議員方宏綸。						老鳳祥怡記銀樓案。謙祥益控義合吉案，趙錫藩等控孫盤書案。饒世瓊控楊健恒案。	
光緒三十二年		二月札派奉天商務議員陶大均、奉天商務議員彭穀孫、福建商務議員李毓森。六月札派浙江商務議員楊葆銘。七月札派陝西商務議員張守正。八月札派奉天商務議員金還、江西商務議員傅春官。十月札派奉天商務議員熊希齡。	正月咨報駐法商務隨員汪毅、駐法商務隨員王繼曾、駐日斯巴尼亞商務隨員黄履和。五月咨報駐德商務隨員莫鎮疆。七月咨報駐日本商務隨員何壽朋、駐義商務隨員鳳恭寶。八月咨報駐德隨員李紹澂。九月咨報駐俄商務隨員桂芬。十二月咨報駐法商務隨員朱誦韓。	八月二十八日具奏商勳章程八條，奉旨：依議，欽此。四月奏獎四等商勳余兆熊，四等商勳沈正恂。八月奏獎五等商勳吴金印。		三月核准立案信成銀行。五月核准立案京師書業公司。十二月核准立案信益水火保險公司。	三月，義國秘拉諾賽會，得獎憑一張，獎牌四件。	正月具報銷案瑞和等莊控五豐泰等號案。二月具報銷案袁華堂等控王玉堂等案，孫桂芳控周維經案，鄭明卿等控張家良案，孫希賢控豫泰仁案，吴世康等控聶元龍案。三月具報銷案安溪茶幇松興號控平和令范溶案。四月具報銷案于林川控德恒銀號案，劉怡和合控洪記羅朗軒案。閏四月具報銷案	各關貨稅出口土貨三萬七千十七萬一千九百九十六兩。進口土貨一萬五千八百二十七萬六千一百二十九兩。進口洋貨四萬一千四百十八萬四千六十一兩。税鈔總額三千六百六萬八千五百九十五兩三錢一分六厘。

（續表）

事實 \ 年份	光緒三十二年
顧問官	
商務議員	
商務隨員	
爵商賞勳	
獎勵公司	
商業銀行暨各局廠公司	
賽會	
商業訴訟	李愷控楊芬案。五月具報銷案陸元同控萬維熙案。七月具報銷案沈趙氏控王載陽案。八月具報銷案胡琪等控席裕成案，徐伯揚控謝芷浦案。十月具報銷案楊允之控周鐵英案，臧維春與湖州縐莊互控案。十一月具報銷案沈鴻逵控卓子良案。十二月具報銷案通化縣鋪商聚源當等控前通化縣知縣陳璋案，元鼎等錢莊控趙清壐等案。
商貨運輸	

（續表）

事實／年份	顧問官	商務議員	商務隨員	爵商賞勳	獎勵公司	商業銀行暨各局廠公司	賽會	商業訴訟	商貨運輸
光緒三十三年		正月札派河南商務議員何廷俊。二月札派奉天商務議員韓國鈞、甘肅商務議員彭英甲、福建商務議員吕渭英。三月札派山東商務議員蕭應椿。四月札派廣東商務議員沈傳義、廣東商務議員劉麟瑞。六月札派四川商務議員周善培。七月札派江蘇商務議員蘇品仁。十月札派直隸商務議員孫多森、四川商務議員陳遹聲。	六月咨報駐義商務隨員李鴻賓。	七月十三日具奏爵賞章程十條，奉旨：依議，欽此。十二月奏獎二品頂戴祝大椿。	七月十三日具奏改訂獎勵公司章程二十條，奉旨：依議，欽此。十二月奏獎頭等議員張謇、二等議員嚴義彬、三等議員龐元濟、三等議員許鼎霖、四等議員樓景輝、四等議員顧釗、四等議員蕭永華、四等議員馬吉森、四等議員蔣汝坊、五等議員劉世珩、五等議員史履晉、五等議員程恩培、五等議員曾鑄、五等議員程祖福、五等議員顧思遠、五等議員顧潤華、五等議員黃蘭生。	五月核准立案興業銀行。七月核准立案信義儲蓄銀行。八月核准立案中國集志會社公司。九月核准立案合盛元銀行。十月核准立案同文印書館。	九月，澳大利亞國梅勒本賽會。	二月具報銷案李宗祐控馬希援案。三月具報銷案李慶善等控喬佩元案，陳關福控蔣惠仁等案。四月具報銷案石德潔控劉錫瑞等案，姜冕控阮志復案，何企山控喬振之案。七月具報銷案吴金印控瑞盛元案。八月具報銷案尹寶真控陳玉衡等案，詔安杉商福成號等控陳其華案，謝長福控邱乾鋒案。九月具報銷案李孫氏控張兆駿案。十月具報銷案曹祥麟控楊國垣案，陳	各關貨稅出口土貨三萬九千一百五萬三百八十四兩。進口土貨一萬三千七百五十五萬三千三十兩。進口洋貨四萬二千二百八十三萬八千五百三十一兩。稅鈔總額三千三百八十六萬一千三百四十五兩八錢七分二厘。

（續表）

事實＼年份	光緒三十三年
顧問官	
商務議員	
商務隨員	
爵商賞勳	
獎勵公司	
商業銀行暨各局廠公司	
賽會	
商業訴訟	炳鏞控張廷臣案，泰興商會控曹嚴氏案，陳鼎元等控郭重懷案。 十一月具報銷案 楊德禄等控聚豐錢鋪案，吴繼泰控大名練軍蕭升堂等案，林雲揚控王仁庚案，吴天成等控王德懋案。 十二月具報銷案 黄榮控謝漢潮案，徐家訓控廖景先案。
商貨運輸	

合計顧問官四員，商務議員四十一員，商務隨員二十六員，奏獎爵賞一員，奏獎商勳三員，獎勵公司十九員，商業銀行暨各局廠公司十七家，賽會四處，商業訴訟五十四件，商貨運輸表五宗。

定名	地址	開會年月	宗旨	出品人	赴賽品	獎牌	給獎年月
美國散魯伊斯賽會	美國散魯伊斯城	光緒三十年三月，西歷一千九百零四年四月。	勸諭工商人等或携貨考求，或辦貨貿易。	政府	紅線茶，礦質，度量秤尺，外科醫具，音樂具，花緞等物，繡工，攷古資料，衣服式樣帽杖假花傘鈕子扇，煙草，糖果，糖點醋酸果等。	頭等獎牌執照各十二件。	光緒三十三年四月到部分別存案。
					陶器材質，磁佛，書本，紙，板具，房屋模形，書，筆，紙牌，文玩，玉器，食料植物穀子莢核根種子及雜類植物，玻璃燈紗燈，含漿粉物產品，森林產殖器，禽鳥羽毛，獸皮，玻璃器，人造寶石，耐久裝飾品，模範，木偶，籃，革具，廟中供具豆餅，帆船模形，畷船模形，農具，扇，苎蔴，繩，縫具，蔴姑木耳，菌，草木，根皮之染料，酒，種花器具，乾果，製糖器模形，製繩，機模形，箱，銅鐵鎖，傘，枕，刷，革具，籃，鐘錶匠用具，錫器，刀屬利器，房屋模形。	金牌執照各十六件。 銀牌執照各十九件。	光緒三十三年四月到部分別存案。 光緒三十三年四月到部分別存案。
					漁舟，蠶蜂繭蠟，馬具，夏布，桐油器模形，車輛模形，皮靴，革，綿布，絨，工匠用具，要物。	銅牌執照各九件。	光緒三十三年四月到部分別存案。
				浙江杭州舒清蓮	各種扇骨、扇面扇柄絹片字畫。	頭等金牌一件，二等銀牌一件。	光緒三十三年四月到部分舒蓮記領訖。
				前工部候補郎中、茶磁公司總經理人蘇錫第。	茶磁。	頭等獎牌執照各一件，金獎牌執照各一張，蘇錫第記念牌一件，執照一張，金獎牌一件，執照一張。	光緒三十三年四月到部給蘇錫第領訖。
				廣業公司創辦人梁用弧、鄧廷鏗招集商人王福泰等七十五名。	翡翠，玉石，象牙，古玩，木器，絲茶，繡貨及各新式物件。	銅牌一件，執照一張。	光緒三十三年四月到部給梁用弧領訖。

（續表）

定名	地址	開會年月	宗旨	出品人	赴賽品	獎牌	給獎年月
比國黎業斯賽會	比國黎業斯城烏爾忒及莫斯兩河匯流處之維恩地方	光緒三十一年三月，西歷一千九百零五年四月。	調查工藝，鼓舞商情，慶黎業斯各大工之落成，振比國之聲威。	江南，湖南，湖北，通運公司，宏發。	絲綢	至大榮譽文憑一張。 商部 超等優獎文憑五張。 中國茶業公會連銅牌一。 絲業公會連銅牌一。 磁業公會連銅牌一。 綢業公會連銅牌一。 上海茶業公會連銅牌一。 超等獎憑六張。 江南商務同三張連銅牌一。 杭州舒蓮記連銅牌一。 上海茶磁公司連銅牌一。 江南孤嬰院連銅牌一。 榮譽獎憑七張。 江南商務局劉世珩。 江南商務局。 北京工藝局連銅牌一。 宏發連銅牌一。 江南孤嬰院二張。 上海徐家匯孤嬰院連銅牌一。 存記文憑一張。 杭州舒蓮記周懋功。 金牌憑紙十三張。 江南商務局總辦委員查鍾泰。 北京工藝局黃思永。 杭州舒蓮記蘇慕東。 周懋功 吉實翰。 上海宏發四張。 上海虹口潘鴻泰連銅牌一。 厦門法克篤力公司連銅牌一。 厦門勒斯公司連銅牌一。	光緒三十二年五月到部隨時分給。絲綢茶磁四業另得超等文憑。
				上海茶磁公司，通運公司，宏發，	茶		
				漢口茶公司，湖北，江南，通運公司，吳壽全，宏發，開平公司，利記。	磁器		
				政府，江南，湖北，江南商務局，北京工藝局，宏發。	景泰藍及首飾類。		
				舒蓮記，湖北，宏發，湖南，煙台加洛維紫。	服飾、扇子、草帽、緶類。		
				政府，湖南，湖北，江南商務局，通運公司，厦門勒斯公司。法克篤力公司，宏發，潘豐泰。	繡貨		
				兩湖，湖南，楊欽差，湖北，吳壽全，鄧德。	骨董		
				湖南，宏發，嚴裕，鄧德，白勒穀，色本，通惠公司。	銅器		
				通運公司，宏發，湖北，湖南。	毯子		

（續表）

定名	地址	開會年月	宗旨	出品人	赴賽品	獎牌	給獎年月
				湖北，潘豐泰，宏發，湖南，吳壽全。江南商務局，漢口通惠公司，通運公司，利記，林子材，林乾山，林子屏，林天如，林乾齋，毛順興，吳乾奎，林秀芬。	雕刻	銀牌憑紙十六張。江南商務局。開平公司二張連銅牌一。煙台加洛維紫連銅牌一。宏發嚴德路。宏發譚鈺卿二張。	
				江南，宏發，江南商務局。	木器		
				政府	造紙法、圖籍、棉花。		
				粵海關，粵海關監督。	挖泥船		
				蘭朋	郵政票		
				合本，湖北。	銅銀幣制		
				湖南	蔴布、麵食、木類、棉布、燈籠皮櫈。		
					香皂、種植食物。		
				開平公司	色門土		
				漢口關	馬鞍類		
				湖北，北京，開平。	煤礦		
				漢口關	鐵器類		
				漢口、福州、廣東關。	獵鳥類		
				煙台，漢口，蒙自，南京，牛莊，寧波，上海，汕頭各關。	織工類		

（續表）

定名	地址	開會年月	宗旨	出品人	赴賽品	獎牌	給獎年月
義大利秘拉諾賽會	義國秘拉諾地方	光緒三十二年三月，西歷一千九百零六年四月。	爲慶賀義大利瑞士交界新潑龍山洞鐵道告成，大旨注重運載一門，於比賽工藝之中，寓興求商利之意。	江浙山東漁業公司經理、候補通判羅誠，同知銜孫錫純。	江浙、山東海圖歷史，魚類、介類、海石類及船網漁具影片。	獎牌未送到部。	
				浙江舒蓮記扇鋪	各種扇骨、扇面、扇柄、絹片、字畫。	獎牌未送到部。	
				通運公司張人傑	磁器、景泰藍、繡貨、茶葉。	獎牌未送到部。	
				浙江青田石商人吴乾奎等五家	石貨、茶扇等物	獎憑一張獎牌四面。	光緒三十三年三月到部給吴乾奎等領訖。
澳大利亞國梅勒本女工賽會	澳大利亞國梅勒本地方	光緒三十三年九月，西歷一千九百零七年十月。	研究工藝。	農工商部繡工科教習學生	山水士女小方屏一件，背面士女小直屏一件，笋魚小方屏一件，四季花籃大直屏一件，古瓶萱花小方屏一件，花鳥小直屏四件，洋文横額一件，古松峰猴横屏一件，芍藥花小屏一件，蓮花小屏一件，玉簪花小屏一件，蘭花小屏一件。		
				上海天足會女學堂工藝科女學生	新法工繡花鳥白緞地八尺長窗簾一對，三尺長繡屏四幅，工筆花卉大册頁一件，工筆人物大册頁二件，工筆花卉白緞掛屏二幅，工筆花鳥立軸二幅，新法推繡雲龍白緞椅墊六個，工細抽絲夾繡大被罩一件，仿德法國式像生花十枝，像生果二枝，中國像生折枝花十二枝，工繡花鳥鉛筆插二箇。		
				浙江歸安女士金章金邱棖	菊花魚藻荷花一幅		
				蘇州福壽繡工廠	麻姑仙一件，獅子屏一件		

合計各國賽會，中國官商業經赴賽，報部有案者四處。

《申報》宣統元年二月二十三日第一版《中國紡紗業輸入調查表》 清國揚子江沿岸一帶，紡績業（指綿紗廠）逐年進步。明治四十一年，各紡績會社，共出綿紗一百五十二萬餘擔。日本綿紗大形減退，其原因在銀價暴落，廣東實行抵制，今將各國綿紗輸入上海者，調查列表如左：

光緒三十三年即明治四十年

印度紗　一九一、一五二擔

日本紗　八八、六八三擔

英國紗　三、三三六擔

合計　二八三、一七一擔

光緒三十四年即明治四十一年

印度紗　二一八、一〇三擔

日本紗　二四、〇七〇擔

英國紗　六、一五六擔

合計　二四八、三二九擔

按據上，凡由上海進口者，光緒三十四年，尚有二十四萬八千三百念九擔，約以每擔合銀一百元，計共合銀二千四百八十三萬二千九百元。凡由北方天津、大連灣、營口等處輸入者，尚不在內。若不多設紗廠，以期抵制，則年復一年，中國雖地大物富，亦恐難以支持耳。

《商務官報》宣統元年五月二十五日第一六期《公司註冊各案摘要》

寧紹商輪股分有限公司	宣統元年五月二十五日，虞和德等創辦，總號在上海北市，分號在寧波江北岸，共集股分上海通用銀一百萬圓，每股銀五圓，爲股分有限公司，經營汽船航業。宣統元年七月二十五日，註冊。
毛兼打包無限公司	合資二人，共資本銀二十八萬元，爲合資無限公司，專做各種皮毛兼機器打包。光緒三十三年十一月二十七日，註冊。
源昌機器五金工廠	光緒九年正月，祝大椿創辦，總號在上海虹口頭壩，資本銀十萬元，爲獨資工廠，專做五金。光緒三十三年十一月二十七日，註冊。
公益機器紡織有限公司	光緒三十三年八月，祝大椿、席立功、顧敬齋、楊獻叔、印錫章創辦，總號在上海曹家渡，合資五人，共資本銀一百三十四萬元，爲合資有限公司，從事紡紗織布。光緒三十三年十一月二十七日，註冊。

（續表）

源昌機器繅絲工廠	光緒三十年四月，祝大椿創辦，總號在上海老垃圾橋濱北，資本銀五十萬元，爲獨資無限工廠，從事機器繅絲。光緒三十三年十一月二十七日，註冊。
華興機器麵粉有限公司	光緒二十六年八月，祝大椿、吳志和、童蘊山、翁寅丞、楊獻叔創辦，總號在上海老垃圾橋濱北，合資五人，共資本洋四十萬元，爲合資有限公司，從事機器磨麵。光緒三十三年十一月二十七日，註冊。
源昌機器碾米工廠	光緒二十四年五月，祝大椿創辦，總號在上海老垃圾橋濱北，資本銀四十萬元，爲獨資工廠，從事機器碾米。光緒三十三年十一月二十七日，註冊。
天津福興墾務有限公司	光緒三十年十月初一日，曹嘉祥、鄭翼之、鄧鴻謙、曹紀常、楊兆榮、麥敬臣、曹子元創辦，總號在天津，分號設静海屬地朝宗橋，股分行平化寶銀五十四萬兩，每股銀一百兩，爲股分有限公司，從事開墾種植畜牧。光緒三十三年十二月十五日，註冊。
醴陵土瓷股分有限公司	光緒三十二年四月，劉佐璇、文俊鐸、劉世基、蕭澤薰創辦，總公司在湖南醴陵縣北城姜灣，分銷處在禄口、湘潭、常德、漢口，股分九六足錢三萬串，每股九六足錢一百串，爲股分有限公司，從事瓷器土碗。光緒三十三年十二月二十四日，註冊。
忠信恒	光緒十三年七月初十日，胡弼卿等創辦，總公司在廣東順德桂洲鄉客奇地方，資本銀四萬三千兩，合資十一人，爲合資有限公司，從事絲業。宣統元年五月十三日，註冊。

（續表）

宇豐造燭公司	光緒三十四年十月初一日，李雲臺、孫楚琴、天餘號李鴻祥創辦，總號在上海公共租界四川路，資本銀六萬兩，合資四人，爲合資無限公司，從事機器製造精燭，運銷各埠。宣統元年五月十六日，註册。
四川燭川電燈有限公司	光緒三十四年五月初十日，尹德鈞等創辦，總公司在四川重慶府巴縣城，股分銀三十萬元，每股銀五元，爲股分有限公司，專辦各項電燈。宣統元年五月十六日，註册。
致中和	光緒二十五年二月二十日，鄭炯文創辦，總號在廣東番禺縣石壁鄉，分號在順德縣桂洲東約，資本銀一萬八千六百兩，合資十八人，爲合資有限公司，從事絲業。宣統元年五月十六日，註册。
寶興恒兩湖腦務公司	光緒三十四年十月十七日，劉子貞、林叔臧、吴德厚等創辦，總公司在湖北漢口，分公司設興國、蘄水、嘉魚、蒲圻四處，共集股份銀十萬圓，每股五十圓，爲股份有限公司，從事熬售樟腦。宣統元年七月十二日，註册。
商辦成都樂利造紙公司	光緒三十二年十一月初一日，沈秉堃、周善培等創設，總號在成都省城東門外三官堂側近地方，分號設總府街勸業場，共集股份銀十萬元，每股五十元，爲股份有限公司，製造各種精粗紙張。宣統元年七月十八日，註册。
合升恒煤棧有限公司	宣統元年二月十四日，李紹雲等創辦，總號設北京正陽門外西城根，崇文西直二門外添設分棧，在房山孫周口開廠收貨，資本銀一萬五千元，每股三千元，合資六人，爲合資有限公司，專事運售塊末煤觔。宣統元年二月二十五日，註册。
窑灣裕亨機器麵粉公司	光緒三十四年十一月，朱榮康創辦，總廠在揚州府高郵州，分廠在徐州府窑灣鎮，股份銀十萬兩，每股一百兩，爲股分有限公司，專製麵粉。宣統元年二月十四日，註册。

（續表）

華昌鍊礦公司	光緒三十四年正月初一日，楊度創辦，總號在長沙府城外，股分銀三十萬兩，每股一百兩，爲股分有限公司，專鍊安銻摩尼、白鉛、水銀、雄黄各種礦産。宣統元年二月十七日，註册。
大通内河小輪局	光緒三十三年五月初六日，張時若創辦，總局在江陰縣城外，分局一設蘇州吴縣境内，一設常熟縣境内，資本五千元，爲獨資商業，專設小輪來往内河。宣統元年二月十八日，註册。
華蕚啤酒公司	宣統元年正月，張咀英開辦，公司設天津北營門内，股本銀十萬元，除英股二萬元外，餘均華股，每股百元，爲股分有限公司，創製啤酒，併推廣製造各樣洋酒。宣統元年二月十八日，註册。
泰州福記洋廣雜貨店	光緒三十四年十二月，周銘創設，總號在江寧泰州北門坡子街，並設分號在興化縣東門、阜寧縣益林鎮地方，資本洋一萬五千元。爲獨資商業，專辦洋廣雜貨。宣統元年閏二月二十四日，註册。
蕪湖新裕燭皂廠	宣統元年閏二月二十六日，趙麟設立，廠在蕪湖縣西門外大街百家鋪地方，資本洋五千元，爲獨資商業，專製洋燭洋皂。宣統元年閏二月二十六日，註册。
河南廣益紡紗公司	光緒三十年十二月，徐積勳等創設，總廠在河南彰德府地方，股份庫平銀一百萬兩，每股庫平銀一百兩，爲股份有限公司，專辦紡紗及關於棉業事宜。宣統元年閏二月十九日，註册。
信用銀行	光緒三十二年六月二十六日，林爾嘉、林爾述、林爾臯創辦。總行在厦門太史巷，股份銀五百萬圓，每股銀一百圓，已交二十五圓，爲股份有限公司，從事匯款、存款、借款，並有關買賣准折之銀單票據一切等項貿易。光緒三十四年七月二十八日，註册。

（續表）

阜豐機器麵粉公司	光緒二十四年二月初一日，孫多森創辦，機廠在上海公共租界車袋角，總號設英租界北京路十五號門牌，北京、天津、揚州、無錫、姜埝、蔣壩、漢口、九江、安慶、蕪湖、南京、鎮江、杭州、寧波、福州、煙台、營口等處均有分莊，股份銀一百萬圓，每股銀一百圓，爲股份有限公司，從事機器麵粉。光緒三十四年七月三十日，註册。
長沙和豐火柴公司	光緒二十六年，張祖同、楊鞏、劉國泰創辦，總號在河南長沙北城外古鴛鴦井前，分號設立常德府南城外，股分銀十萬兩，每股銀五十兩，爲股分有限公司，專製火柴。宣統元年三月初七日，註册。
上海鞏華製革公司	光緒三十三年，嚴良沛創辦，總廠在上海新閘，總發行所設英大馬路，股分洋五十萬元，每股洋十元，爲股分有限公司，專以牛羊各種生皮製熟，造陸軍、巡警學堂各項革件，及機器皮帶、箱包靴鞋等品。宣統元年三月初十日，註册。
華商西江航業有限公司	光緒三十四年正月十一日，周字賢等創辦，總號在廣西梧州城外，香港三水暫設代理處，股分銀一萬元，每股銀五元，爲股分有限公司，專置輪船行駛西江上下游，儎貨搭客。宣統元年三月十五日，註册。
廣興昌有限公司	宣統元年正月初四日，余鳳亭、廖煌光創辦，總號在廣東佛山貴縣街，造貨工廠在南海縣鹽步鄉，資本洋二萬六千元，合資十二人，爲合資有限公司，專製各款紙炮。三月二十三日，註册。
廣華生藥油店	光緒二十二年二月二十二日，梁傑如等創辦，總號在廣州省城安瀾街，分號設肇慶府城東門正街，資本洋一萬六千元，合資七人，爲合資有限公司，專辦各種藥油膏丹丸散。宣統元年三月二十三日，註册。
南路新化集益銻砂公司	光緒三十三年九月，楊源懋、粱光瑾創辦，總廠在湖南新化縣錫鑛山地方，堆棧在長沙南城外，股分銀二萬兩，每股銀五十兩，爲股分有限公司，專事收鍊銻砂。宣統元年三月二十四日，註册。

（續表）

迅烈火柴公司	光緒三十三年十月，唐殿蓂等創辦，總號在河南光山縣之新集地方，並設分號在湖北麻城縣宋埠鎮，合資六人，共資本銀九千五百元，爲合資有限公司，專辦火柴、胰燭、造紙等項。於光緒三十四年十月十三日，註册。
華興産業有限公司	宣統元年，曹希麟、張蔚東創辦，總號在天津南門外，股份銀一百三十萬兩，每股銀一百兩，爲股份有限公司，從事建造房間、開闢市場、買賣地畝。宣統元年四月初九日，註册。
彪蒙書室有限公司	光緒三十四年十一月，施崇恩創辦，總號在上海英租界四馬路惠福里，分號設北京、天津、奉天、江蘇、江西、山東、山西、廣東、廣西、四川成都、湖北漢口、湖南、杭州等處，股份銀五萬元，每股銀一百元，爲股份有限公司，從事編纂圖書，兼售科學器械。宣統元年四月初九日，註册。
郭源順雜貨店	同治十年八月十六日，郭國芳創辦，總號在浙江玉環坎門，資本銀一萬元，爲獨資商業，從事糖油南北雜貨貿易。宣統元年四月十一日，註册。
四川潤鴻合資有限公司	光緒三十四年六月十三日，黃孽龕創辦，總號在四川成都府東門外，分號設嘉定、瀘州、重慶等處，資本銀一萬五千元，合資十四人，爲合資有限公司，從事機器製造磚瓦石坭。宣統元年四月十四日，註册。
朱炳昌德安堂	道光三十年正月初二日開辦，現歸朱作求之子絅廉、文寶、祖彝三人繼續，總號在廣東佛山鎮黃傘大街，分號設廣州城外普濟橋、廣州城内惠愛七約、香港皇后大道中，資本銀一萬元，爲獨資商業，從事丸散藥酒藥油貿易。宣統元年四月十五日，註册。
裕商銀行有限公司	光緒三十四年十月，盛昌頤等創辦，總行在上海英租界大馬路南京路地方，股份洋銀一百二十萬元，每股洋銀五十元，爲股份有限公司，從事普通商業，兼儲蓄銀行。宣統元年四月十五日，註册。

（續表）

蘇州振興電燈股份有限公司	光緒三十四年十月十五日，祝大椿、湯嗣新創辦，總號在蘇州府吳縣南濠街地方，股份規銀十萬兩，每股規銀十兩，爲股份有限公司，經理電燈營業。宣統元年四月十八日，註册。
湖北水泥廠	光緒三十三年七月，程祖福創辦，總廠在湖北大冶縣，辦事處暨董事局暫設於上海漢口等處，股份銀六十萬兩，每整股一百兩，零股十兩，爲股份有限公司，從事采取石料，用機器製造水泥運銷中外。宣統元年四月二十二日，註册。
正誼股份有限公司	宣統元年閏二月十九日，吴季昌等創辦，總公司在四川省城内華陽縣學道中街，股份銀八千兩，每股銀十兩，爲股份有限公司，專運教育用品。四月二十九日，註册。
惠安藥房	光緒二十八年正月二十四日，翁道誠等創辦，總公司在汕頭懷安街，股份銀一萬二千元，每股四千元，合資三人，爲合資無限公司，從事中西醫藥醫器洋貨等生意。宣統元年四月二十九日。
怡安產業股份有限公司	光緒三十年十二月初一日，陳文泉、區茂、洪辛武創辦，總號在直隸省宣化府萬全縣張家口，股份京公砝足銀一十萬兩，每股京公砝足銀一百兩，爲股份有限公司，從事購買地畝、修蓋房屋、建築磚窑、種植菓木。光緒三十四年七月初九日，註册。
潘聚順雜貨行	咸豐元年正月，潘志樞創辦，總號在浙江省永嘉縣東門外望京二堡，並無分號，資本銀洋一萬元，爲獨資商業，從事南北襍貨山貨。光緒三十四年七月初九日，註册。
日升條絲煙刨刀號	林鴻圖、林鴻超開設，係祖遺商業，總號設福建省洪川鄉地方，分號設永定縣轄之撫市坎市，資本銀洋一萬元，爲獨資商業，專門製造刨條絲煙刀。光緒三十四年七月十二日，註册。
增盛地產股份有限公司	光緒三十三年七月十六日，李厚祺、李厚祚、董杏蓀、孫鑣、倪思九創辦，總公司在上海英租界二洋涇橋，股份九八規銀十萬兩，每股九八規銀五兩，爲股份有限公司，從事買賣地產、造屋收租。光緒三十四年七月日，註册。

（續表）

直隸灤州礦地有限公司	光緒三十四年五月二十日，周學熙、孫多森創辦，總理處在天津，經理處在灤州開平鎮，股本行化銀一百萬兩，每股行化銀十兩，爲股份有限公司，收買礦產之地，與礦商合股開採，餘地兼辦營造、種植等事。宣統元年閏二月初四日，註册。
北洋灤州官礦有限公司	光緒三十二年十一月初二日，孫多森、周學熙創辦，總理處在天津，礦廠在灤州馬家溝石佛寺窪里等處，股本行化銀五百萬兩，整股每股銀一百兩，零股每股銀十兩，爲股份有限公司，從事開採各煤運銷各處，以供輪路製造及民生日用之需。宣統元年閏二月初四日，註册。
信昌碾米有限公司	光緒三十四年八月十六日，沈縵雲等十三人創辦，總號在上海二十三七鋪豐記碼頭，股本規銀五萬兩，每股規銀十兩，爲股份有限公司，自購機器，代客研碾米穀，兼出租機房寄存客貨，並可隨時採辦糧食，擇宜貿易。宣統元年閏二月初六日，註册。
北洋天津火柴有限公司	宣統元年閏二月初十日，伊廷璽創辦，總公司在天津茶園以東，股本銀三萬兩，每股銀一百兩，爲股份有限公司，專造各種火柴。宣統元年閏二月初十日，註册。
北京厚德商業行銀	宣統元年二月，顧嶝等十二人創辦，總行在北京煤市街甘井胡同。分行在天津針市街，漢口黄陂街，上海抛球場後馬路，廣東濠畔街，山東濟南府芙蓉街，股本銀一百萬圓，每股銀一百圓，爲股份有限公司，經理存款匯兑銀圓、紙幣等項。宣統元年閏二月十六日，註册。
德昌綸繅絲店	光緒三十三年四月二十九日，德昌成等店合資設立，店在廣州順德縣碧江鄉，現無分號，資本銀三萬一千二百兩，合資六人，爲合資有限公司，從事繅絲生理。正月二十一日，註册。
日輝織呢商廠	光緒三十四年十二月成立，樊芬、丁維藩創辦，廠設上海日輝港，股份規銀五十萬兩，均作五千股，每股規銀一百兩，爲股份有限公司，專織華呢千線等項。正月二十一日，註册。

（續表）

瑞興胰皂公司	光緒三十二年十一月，毛曾鎣、陸國楨、馬鍾選、趙文淦創辦，總號在蘇州城觀前街察院場西首，資本銀三千元，合資四人，爲合資有限公司，從事青白各種香料胰皂。光緒三十二年十二月十七日，註册。
廣豐醃臘公司	光緒三十二年十月初一日，沙元炳、祝壽慈、祝福申、明焕章、汪雲龍、馬本忠、張藩均、周楨、季樹春創辦，總號在江蘇如皋縣北門内曹家橋西河沿，另於磨頭石莊夏家園丁堰四城外酌設分號，資本英洋五萬元，每股英洋一百元，爲股分有限公司，從事醃臘豬腿，兼製葷油鹹肉。光緒三十二年十月十一日，註册。
大德藥材公司	光緒三十三年二月二十七日，湯銘新創辦，總號在江蘇南通州城内署前街，股分洋銀二萬元，每股洋銀一百元，爲股分有限公司，從事各種參、茸、膠、燕、丸、散、丹、膏、花露、飲片。光緒三十三年正月初五日，註册。
瑞源綢緞莊	光緒三十二年十月二十七日，陳翼鴻、蔡景崧、黄柳園創辦，總號在廣東海陽縣大街艮極坊，資本銀一萬一千元，合資四人，爲合資有限公司，從事綢緞、綉貨、呢羽、布疋。光緒三十三年正月二十三日，註册。
湘寧青礬公司	光緒三十年七月十八日，廖樹勛、陳先照、蔣隆堉、蕭鴻運、胡光旭、彭昆英創辦，總號在湖南湘潭市鎮，分號設湘鄉打石灣常寧大魚灣，並於湖北漢口設立轉運局，股分銀洋二萬元，每股銀洋五十元，爲股分有限公司，從事收售青礬。光緒三十二年六月初三日，註册。
六河溝煤礦公司	光緒二十九年三月，馬吉森、蔣村譚、張孝謙、顧瑗、吴樾、葉潤含創辦，總號在河南安陽縣六河溝，分號設豐樂鎮高邑正定等處，股分庫平銀三十四萬兩，每股銀一百兩，爲股分有限公司，從事開採煙煤各礦。光緒三十三年二月十七日，註册。

（續表）

商辦蘇省鐵路有限公司	光緒三十二年閏四月初三日，經商部奏准開辦，總理前商部右丞王清穆、協理商部頭等顧問官翰林院修撰張謇、南路協理翰林院編修王同愈、北路協理安徽候補道許鼎霖，皆係商部奏派。總公司設在上海，蘇州設南路事務所，清江設北路事務所，北京設辦事處，股分先招銀一千萬元，每股銀五元，爲股分有限公司，凡江蘇境内之路線，概由公司籌築。光緒三十三年二月二十一日，註册。
涇東窑業有限公司	光緒三十三年正月，陶本懃、陶崇廉、屠善常創辦，總號在浙江嘉興府秀水縣昭二莊列字圩，股分銀洋一萬元，每股銀洋一百元，爲股分有限公司，從事磚瓦、石灰、柴木、稻草。光緒三十三年二月二十九日，註册。
安徽大通功德躉船有限公司	光緒三十一年九月二十四日，謝文炳、汪有暢、查宗諫、陳壽鴻、吴翰、劉元炳創辦，躉船在安徽省池州府銅陵縣屬之大通和悦洲，股分漕平銀三萬兩，每股漕平銀一百兩，爲股分有限公司，專爲招商各江輪靠泊躉船。光緒三十三年二月二十五日，註册。
信成織布有限公司	光緒三十三年二月，范家琛創辦，總號在安徽亳州，股分亳平銀一萬兩，每股亳平銀二十五兩，爲股分有限公司，從事染織各種布疋、毛巾、線帶。光緒三十三年三月初三日，註册。
益源長織布有限公司	光緒三十三年二月初二日，涂冠羣、周懋克、廖冠甲創辦，總號在安徽省安慶府懷寧縣西門外水師協署前，資本洋八千元，作八十股，爲合資有限公司，從事機器織洋線布、洋布、花布、洋老布、毛巾等項。光緒三十三年三月初五日，註册。
精勤實業有限公司	光緒三十二年六月，李薇莊創辦，總公司在上海，股分規銀十萬兩，先招一半，每股銀五兩，爲股分有限公司，從事承包工程、買賣地產、造屋收租。光緒三十二年十月十三日，註册。

（續表）

永新木機織布廠	光緒三十三年六月，張漢槎創辦，總廠在安徽潁州府阜潁交界之永新集地方，股分洋五千元，每股洋五十元，爲股分有限公司。紡織東洋各色布疋及毛巾等。光緒三十三年三月十四日，註册。
鎮江機器造紙股分有限公司	光緒三十三年三月初五日，曾鑄、尹克昌、鍾道成創辦，總號在鎮江丹徒縣北固山下，股分規銀二十五萬兩，實收二十二萬五千兩，每股規銀一百兩，實收九十兩，爲股分有限公司，從事機器造紙。光緒三十三年三月十七日，註册。
北京工藝商局製辦猪羊腸分廠	光緒三十三年四月，黄玉堂、李樹源、趙仲三、張世卿、胡書田創辦，總號在北京琉璃廠工藝商局，分廠設天津老車站保定府西關外，股分洋二萬元，每股洋一百元，爲股分有限公司，專收順直、山西等處所産猪、羊小腸，製成外洋合銷材料出售。光緒三十三年三月二十五日，註册。
公興冰廠	光緒三十三年正月，洪有方、方海山、倪水泉、朱忠鉅、葉梓寅、三雅園、屠仁、榮士坤、徐斌甫、陳吉記、方金奎、楊雲初、夏紫綬創辦，總廠在蘇州吴縣胥門外虎嘯塘岸，資本洋二千元，合資十四人，爲合資無限公司，從事造冰出售。光緒三十三年三月二十八日，註册。
榮華胰皂有限公司	張墨林創辦，總號在天津東浮橋小洋貨街，以註册之年月日，作爲開辦日期，股分銀三千元，每股洋十元，爲股分有限公司，從事胰皂。光緒三十三年三月二十八日，註册。
天津永豐油莊有限公司	光緒三十三年，吕善亭、吕子亭、于治安、苗榮春創辦，總號在天津沿河頭堡地方，股分洋銀一萬元，每股洋銀二十元，爲股分有限公司，製造各種清油，買賣油斤。光緒三十三年四月初四日，註册。
何鏡湖丸藥店	光緒戊子年十月初二日，何鏡湖創辦，總號在廣東省城源昌東街，資本洋五千元，爲獨資商業，自製化痰止咳丸。光緒三十三年四月二十四日，註册。

（續表）

武安縣信成煤礦公司	光緒三十三年二月二十二日，馬吉森、崔蓮峯創辦，總號在河南武安縣，股分彰平銀二萬四千兩，每股銀一百兩，爲股分有限公司，從事煙煤。光緒三十三年四月二十八日，註册。
濟南華商電燈有限公司	光緒三十一年五月十八日，劉恩駐創辦，總廠在山東省城，股分庫平銀二十萬兩，每股銀十兩，爲股分有限公司，創辦山東省城電燈。光緒三十三年四月二十八日，註册。
兆豐機器碾米公司	光緒三十三年五月十二日，劉建炎創辦，總號在漢陽，分號設武昌漢口，股分漢口估平銀十萬兩，每股銀四千兩，爲股分有限公司，從事機器碾米。光緒三十三年四月三十日，註册。
裕源湧雞鴨蛋號	光緒三十三年三月初六日，楊世僖創辦，總廠在江蘇高郵州北門外，分莊設上海，資本洋二萬元，爲獨資商業，收買土産雞蛋，分煉黄白。光緒三十三年五月初六日，註册。
源泰祥磚瓦礦灰公司	光緒三十三年五月，葉寶林、陸申滬、蔡春芳、顧蘭洲、秦仁甫創辦，總號在上海美租界斐倫路，資本銀六千兩，合資五人，爲合資無限公司，從事磚瓦礦灰。光緒三十三年五月初七日，註册。
清華實業公司	光緒三十三年正月，程祖福創辦，總公司在河南清華鎮，總帳房設漢口，分帳房設上海、天津、北京等處，股分銀二十萬兩，每整股一百兩，零股十兩，爲股分有限公司，先辦榨油一廠。光緒三十三年五月十一日，註册。
恒裕機器錫箔公司	光緒三十二年十月，孫直齋、廖樾衢等創辦，總廠設上海，分廠設常熟，股分規銀十二萬兩，每股銀二十兩，爲股分有限公司，從事製造錫箔，並製香煙包錫皮。光緒三十三年五月十六日，註册。
上海華興水火保險有限公司	光緒三十一年五月初一日，嚴信厚、周晉鑣、徐潤、曾鑄、施則敬、朱佩珍、陳猷、蘇德鑣創辦，總公司在上海租界福州路第五號洋房，各埠分行陸續設立，股分規銀一百萬兩，每股規銀二十兩，爲股分有限公司，從事保水火險。光緒三十一年十一月二十四日，註册。

（續表）

頤和罐食有限公司	光緒三十三年三月，董楷生創辦，總號在江蘇省蘇州齊門外東匯，股分洋一萬元，每股洋五十元，爲股分有限公司，從事罐裝各種魚肉蔬果等食物。光緒三十三年五月二十三日，註册。
戈老二房裕慶堂藥店	乾隆四十二年，戈宇秀創辦，現歸戈清祥相續經理，總號在蘇州臨頓路蘋花橋南塊北顯子巷北六十二號門牌，分號設上海縣署西首第八家，資本洋五千元，爲獨資商業，從事秘製半夏。光緒三十三年五月二十三日，註册。
元泰鄉典	光緒元年十一月，顧仁壽創辦，總號在江蘇省常州府金匱縣四十三圖甘露鎮，資本足錢六萬串，伸洋六萬元，爲無限之獨資商業，從事典當。光緒三十三年五月二十三日，註册。
天津洽源銀號無限公司	光緒三十三年六月初一日，張玉珍創辦，總號在天津設立，後辦有成效，再於京師、上海設立分號，股分洋銀十萬元，每股洋銀一百元，爲股分無限公司，專辦存款，並出借各款，以通融街市爲宗旨。光緒三十三年六月初一日，註册。
濬源紡織公司	光緒三十三年三月二十七日，汾州府知府紹彝創辦，總號在汾州府城内汾陽縣署西，分號擇地開設，股分官平銀一萬兩，每股官平銀二十兩，爲股分有限公司，從事織布、紡紗，兼織各色被褥、面毛巾、平巾共一百數十種。光緒三十三年六月初一日，註册。
湖南醴陵磁業公司	光緒三十二年八月，袁思亮、熊希齡創辦，總號在湖南醴陵縣江灣地方，發賣所擬先就湘潭縣十五總地方設立，股分銀十萬元，每股銀二十五元，爲股分有限公司，從事製造各種磁器。光緒三十三年六月二十三日，註册。
同裕泰南北雜貨號	光緒三十三年二月初一日，繆獻廷創辦？總號在浙江省樂清縣十四都虹橋地方，資本洋五千元，爲獨資商業，從事銷售棉花、豆麥、油骨、南北等貨。光緒三十三年六月二十八日，註册。

（續表）

永春堂藥店	光緒三十一年正月十七日，呂日如、呂昭泉、施述初、馮景雲創辦，總號在廣東省廣州城西杉木欄，分號在大南門内雙門底，又在佛山快子街，資本洋八千元，爲合資有限公司，從事藥油、丸、散、膏、丹生意。光緒三十三年六月二十九日，註册。
商辦汕頭自來水有限公司	光緒三十二年七月初十日，蕭永華創辦，公司在汕頭地方，股分銀六十萬元，每股銀五元，爲股分有限公司，從事創辦自來水。光緒三十二年七月二十七日，註册。
啓新榨油有限公司	光緒三十三年十月，丁殿邦、顧若愚、唐驪創辦，總廠在河南省周家口南寨啓新街，分廠設立江蘇省鎮江府丹徒縣姚一灣，股分曹平銀十萬兩，每股銀一百兩，爲股分有限公司，從事機器榨油。光緒三十三年八月十四日，註册。
大順煤油火柴公司	光緒三十三年六月初一日，李柏泉、王松圃創辦，總號在河南省周家口北寨，並在河南省城及郾城縣境漯灣河設立分銷處，資本鎮平銀二萬兩，合資二人，爲合資無限公司，專售煤油各種火柴。光緒三十三年八月十四日，註册。
泰豐罐頭食品有限公司	光緒三十二年閏月二十六日，王家祐、文上康、唐國華、費輔臣、鄭汝霖、蘇森、劉鏡清、鄭鈺廷創辦，總號在上海二十七堡十二圖北小沙渡，股分銀七萬元，每股銀一百元，爲股分有限公司，從事罐頭食品。光緒三十三年八月二十三日，註册。
啓新洋灰有限公司	光緒三十二年七月初七日，周學熙、孫多森、徐履祥、陳惟壬、李士鑑創辦，總廠在直隸省豐潤縣唐山，股分洋一百萬元，每股洋五十元，爲股分有限公司，製造洋灰及洋灰砑子土之磚瓦等件，運銷中外。光緒三十三年八月二十八日，註册。
中國集志會社	光緒三十二年六月，胡國珍、胡振榜、張紫珍、張敦和創辦，總廠在上海海寧路，分廠設浙江寧波五鄉碶，資本銀一萬元，合資四人，爲合資有限公司，從事學堂應用一切文具，現已造成石版紙筆墨水各種。光緒三十三年八月二十八日，註册。

（續表）

黃廣興志記炮燭店	乾隆五年二月十三日，黃建輝創辦，現歸黃禧、黃露泉相續經理，總號設立廣東南海縣神安司橫江鄉，資本銀一萬元，爲獨資商業，從事炮燭生理。光緒三十三年九月初四日，註册。
廣東安雅報館	光緒二十七年十一月初一日，梁志文創辦，總號在廣東省城第七甫，資本銀一萬兩，爲獨資商業，辦日報兼印字局。光緒三十三年八月二十五日，註册。
茅麓明農樹藝有限公司	光緒三十一年十二月，楊良駿、楊良駟、戴光、賀簡、鄭鴻綸、吴周翰、史致鈞、史成創辦，總號在江蘇省金壇縣石馬橋，分號事務所設常州城内，股分銀十萬元，每股五十元，爲股分有限公司，從事樹藝。光緒三十三年四月二十二日，註册。
楊子機器製造有限公司	光緒三十三年七月初三日，漢陽鐵廠、浙江全省鐵路公司、顧潤章、鄭清濂、宋煒臣、許葢、顧溶創辦，總號在漢口，廠設諶家磯，股分銀三十五萬兩，每股銀一百兩，爲股分有限公司，專造鐵路、橋梁、車輛叉軌三宗，以後推廣，至能造母機爲止。光緒三十三年九月二十五日，註册。
山海關房屋有限公司	光緒三十三年五月十五日，姜迺恒創辦，總號在直隸省山海關，股分銀一萬五千元，每股銀五百元，爲股分有限公司，從事修房招租。光緒三十三年四月二十七日，註册。
黃耀南藥莊分號	光緒三十三年正月初一日，梁澄波、黄輔記、李榮芬、馬介眉、李汝恭、李承宗、黄麗生創辦，總莊在香港，分莊設廣州省城晉源街，合資七人，以八千四百元作分莊資本，爲合資有限公司，從事膏丹丸散各藥。光緒三十三年七月十一日，註册。
商辦廣東粵漢鐵路公司	光緒三十二年五月初二日，廣濟醫院、廣仁善堂、愛育善堂、述善堂、崇正善堂、惠行善院、明善堂、潤身社、方便醫院、廣州商務總會、廣州城七十二行創辦，總公司在廣東省城西門外寶華正中，約股分洋銀四千四百零八萬七千八百一十元，每股洋銀五元，以雙龍毫爲本位，爲股分有限公司，建設由省城南海縣屬黄沙至湖南交界樂昌縣屬之砰石地方直接湘鄂鐵路，並先建有案枝路五處，此外各處枝路隨時稟辦。光緒三十三年八月初五日，註册。

（續表）

中日商辦瀋陽馬車鐵道股分有限公司	光緒三十三年九月十五日，本國人趙清璽及日本人大倉喜八郎創辦，總公司在南滿鐵路瀋陽車站附近之地，股分銀十九萬元，每股銀一百元，爲股分有限公司，從事搭載往來行人，及行人手携之物件。光緒三十三年八月二十九日，註册。
光明機器燭皂股分有限公司	光緒三十三年六月初一日，姚芳亭、費冕卿、王荇泉創辦，總公司在浙江省寧波府鄞縣江北岸地方，分設江北岸東方輪船公司碼頭，股分銀二萬元，每股銀洋五十元，爲股分有限公司，製造各種洋燭洋皂。光緒三十三年十月初一日，註册。
漢豐機器麵粉有限公司	光緒三十一年十一月，黄蘭生創辦，總號在漢口董家巷，股分銀二十萬兩，每股銀一百兩，爲股分有限公司，從事機器製造麵粉。光緒三十三年十月初三日，註册。
同文印書局	光緒三十三年七月二十日，宋德銘、張金鑠、金仲綸、張金奎、孫本章、顧長齡、李鎮安、張晉隆、沈景臣、張汝平創辦，總號在安徽省懷寧縣城内近聖街，資本銀五千元，合資十人，爲合資有限公司，從事機器刷印文報、公牘、課本、書籍等類。光緒三十三年十月初四日，註册。
錫經合資繅絲有限公司	光緒三十二年十二月初一日，查仲康、徐文煥、陸也霖創辦，總號在江蘇省無錫縣西門外倉橋濱，股分規平三萬兩，每股銀三千兩，爲合資有限公司，從事蠶繭繅絲。光緒三十三年十月初六日，註册。
浙江興業銀行	光緒三十三年四月十六日，浙江鐵路公司董事會創辦，總號在浙江省杭州宗陽宫暫租保佑坊大街房屋，股分銀一百萬元，每股銀一百元，爲股分有限公司，從事銀行營業。光緒三十三年十月十四日，註册。
鎮江茂達種植有限公司	光緒三十三年十月，汪藥記鳳池、汪荃記鳳瀛、笪飛記世熊、眭龍記文藻、李石記堅創辦，總號在鎮江南城外洪山窪一帶，合資五人，共合銀一萬元，爲合資有限公司，從事種植竹木果樹兼畜牧之業。光緒三十三年十月二十二日，註册。

（續表）

蕪湖益新麵粉公司	光緒二十三年二月，章惕齋創辦，總號在安徽蕪湖縣八都鋪，分號設長沙、漢口、九江、安慶、南京、上海等處，股分銀十五萬兩，每股銀一百兩，爲股分有限公司，從事軋米、磨麵、榨油。光緒三十三年十一月初九日，註册。
虞興織布公司	光緒三十二年九月初一日，盧頤、夏雲鶴、吴逢奎、卜炘熙、范迪宸、彭逢治、夏宫桂、章鍾慶創辦，總公司在江蘇省昭文縣大東門外熙春橋下塘街，股分洋銀一萬五千元，每股銀五十元，爲股分有限公司，專織時花條布、各種改良土布，兼絲綢毛巾等類。光緒三十二年十一月十三日，註册。
廣源靛業有限公司	光緒三十三年四月二十日，朱祖榮、吴振鴻、沙元炳、張汝霖、石碧山、張祝山、朱焕彩創辦，總號在江蘇省如皋縣南鄉范湖州，分號設石莊鎮，股分洋銀一萬元，先行試辦，將來以二萬元爲限，每股洋銀五元，爲股分有限公司，專辦藍靛，兼改良製造。光緒三十三年十一月二十一日，註册。
天津和利地産實業有限公司	光緒三十四年四月，歐陽弁元創辦，總公司在天津河北大馬路，分號設北京東四牌樓北汪家胡同，股份津公砝寶銀五十萬兩，每股銀一百兩，爲股份有限公司，從事購買地畝、建造房屋，兼包辦各項土木工程事務。光緒三十四年六月十五日，註册。
華通水火保險股份有限公司	光緒三十三年三月十五日，林爾嘉、劉安泩、李厚祐、李厚礽、李厚祚、孫鏞、李哲濬、王震、林世傑、樓不詒、倪思九創辦，總行在上海英租界廣東路，股份九八規銀一百萬兩，每股銀二十兩，爲股份有限公司，從事水火保險。光緒三十四年六月十五日，註册。
鳳台縣深村晋益煤礦公司	光緒三十三年八月，馬吉森、鄭永貞、周熙年等創辦，公司在山西澤州府鳳台縣孫村地方，資本庫平銀一萬兩，合資四人，爲合資有限公司，專採煤礦。光緒三十四年六月二十七日，註册。

（續表）

江西瓷業股分有限公司	光緒三十二年四月，瑞澂、張謇、曾鑄、許鼎霖、朱佩珍、樊棻、陳作霖、袁蔚章等創辦，公司製造廠景德鎮、饒州府各一，銷售處，擬設南昌、九江、上海、漢口、北京、天津、奉天、廣州、重慶、厦門、歐美等地方，股份銀四十萬元，每股五元，爲股份有限公司，專營瓷業，改良舊制，推廣銷路。光緒三十四年六月二十七日，註册。
天津麟記煙捲公司	光緒三十四年六月，紀鉅汾創辦，公司在天津金湯橋西，股份銀八萬元，每股八元，爲股份有限公司，專造各種煙捲。光緒三十四年七月初二日，註册。
廣益銀行	光緒二十九年十月二十日，粤商林維芳等十九人合資創辦，總號在新嘉坡吉靈街門牌三十一號，資本銀八十五萬元，每股銀一千元，爲合資有限公司，從事匯兑、揭借、積聚、抵押、兑换等項。光緒三十四年八月初二日，註册。
揚華織綢有限公司	光緒三十二年九月，吴恩元、高鳳德、葉璋、盛起、謝錫嘏創辦，總廠在杭州府武林門外甘露茶亭，股份銀二十萬元，每股銀一百元，爲股份有限公司，從事創織綢紗。光緒三十四年八月初八日，註册。
協慶運煤公司	光緒三十四年五月初一日，李防踰等創辦，公司在河南許州南關地方，俟銷路暢旺時，再於各處添設分號，資本京足銀四千兩，合資五人，又京師第一商業學堂，銀五百兩，爲合資有限公司，專運銷懷慶一帶礦山煤炭，於光緒三十四年八月二十七日，註册。
信立錢業有限公司	光緒三十三年四月，李念祖等創辦，公司在四川成都省城北新街地方，股份九七平銀二十萬兩，每股九七平銀十兩，爲股分有限公司，從事抵借、信貸、存放三部，係銀行之營業。光緒三十四年八月二十七日，註册。
商辦福建鐵路有限公司	光緒三十一年八月二十七日，本部奏准陳寶琛等開辦，總公司在厦門，並在福州、北京分設辦事處，股分先招銀六百萬元，每股銀五元，爲股分有限公司，建築福建全省鐵路，於光緒三十四年八月二十九日，註册。

（續表）

利淮河工小輪公司	光緒三十四年七月二十日，張宗吉等創設，總局在安徽鳳陽府壽州縣正陽關地方，並設分局在壽州鳳台縣洛河街石頭埠長河衛、懷遠縣臨淮關、五河縣福山雙溝花園嘴、盱眙縣老子山高家堰馬頭鎮，共股份漕平銀十萬兩，每股銀十兩，爲股份有限公司，專事開挖淮河淤淺，行駛小輪。光緒三十四年九月初八日，註册。
淘化有限罐食公司	光緒三十三年十月，黄廷元等創設，總號在厦門鼓浪嶼，並設分號於厦門埠，共資本銀一萬五千元，合資十人，爲合資有限公司，專辦醬料、牛乳及食品各種罐頭。光緒三十四年九月十五日，註册。
湧源隆機器麵粉公司	光緒三十三年十一月，李寶源等創辦，公司在直隸承德府赤峯縣城内三道街地方，共股份銀二萬兩，每股銀一百兩，合資五人，爲合資股份有限公司，專辦機器麵粉事業。光緒三十四年九月二十日，註册。
羅廣濟藥油丸散店	光緒二十五年八月，羅森高創設，總號在廣東廣州省城潮音正街，並設分號在肇慶城水街，共資本洋五千元，爲獨資商業，從事丸散藥油生理。光緒三十四年九月二十二日，註册。
商辦蘇經蘇綸絲紗兩廠有限公司	光緒二十二年，周廷弼等創辦，於光緒三十四年，由公司集股接辦，兩廠俱設在江蘇蘇州府元和縣盤門外青陽地地方，老股共銀五十五萬七千六百兩，今又添招新股銀五十萬兩，總計老新兩股合銀一百零五萬七千六百兩，老股每股銀一百兩，新股每股銀五十兩，爲股份有限公司，從事紡紗繅絲事業。光緒三十四年九月二十七日，註册。
禁煙改種記念公司	光緒三十三年六月初一日，孫建中創設，總號在四川重慶府長壽縣殷家地方，分號擬設崇慶、成都、漢口、上海、北京等處，共股本銀十萬元，每股十元，現在每股已交者五元，爲股份有限公司，專辦種桑、養蠶、製絲、織絲、種麥、磨麵等項。光緒三十四年九月二十八日，註册。

（續表）

大恒機器磚瓦有限公司	光緒三十四年七月十七日，戴致和等創辦，公司在本京左安門外成壽莊西南地名燕家窑，並分設在米市胡同南口東夾道内，天津、保府暫託妥實鋪號代賣，共集資本銀一萬兩，爲合資有限公司，事事煉造華洋各式磚瓦。於光緒三十四年八月十四日，註册。
孔鳳春香粉號	同治元年三月初六日創設，現由孔繼榮經理，總號在杭州省城清河坊，並分設在杭州官巷口，及寧波府城東門外等地方，共計三處，孔繼榮、孔繼宗、孔繼美合資銀三萬元，爲獨資商業，專造香粉、香珠、香油、香皂，以及各種香品等類，於光緒三十四年八月十六日，註册。
祥生燭皂股分有限公司	光緒三十四年三月初一日，洪德生、徐志鴻、楊方植等創設，公司在上海新閘，並於天津地方，添設分公司，股份規銀四萬兩，先收半數，計規銀二萬兩，每股二百兩，現在已交者，每股一百兩，爲股分有限公司，專事製造洋燭洋皂。光緒三十四年八月二十二日，註册。
厚生碾米公司	光緒三十四年二月二十五日，蕭賡良創辦，公司在江西省城惠民門外蓼洲大街，並擬於九江、蕪湖、上海、漢口、安慶設立分銷處，所股份九三八平銀十萬兩，共一千股每股九三八平銀一百兩，爲股分有限公司，專辦機器碾米。光緒三十四年八月二十三日，註册。
南昌有限公司	光緒三十四年九月二十四日，萬静研、胡明甫、趙梅卿、朱柳春、張雪洲、朱詠儀、姚益生、王一亭創辦，總號在江蘇松江府南匯縣周浦鎮南八灶地方，股份銀三萬元，每股銀十元，爲股份有限公司，購置機器，採辦花米，軋碾運銷。光緒三十四年九月二十九日，註册。
華安人壽保險公司	光緒三十三年七月初一日，沈敦和、李維方、王勳、丁維藩、朱佩珍、施則敬、沈鏞、鄧耀昌創辦，總公司設上海公共租界黄浦灘，股分規銀五十萬兩，每股規銀十兩，共五萬股，爲股分有限公司，專保人壽險。光緒三十四年十二月初七日，註册。

（續表）

祥森火柴公司	光緒三十四年三月初一日，洪德生創辦，總號設上海舢板廠，股分規銀十萬兩，每股一百兩，爲股分有限公司，專造黑頭安全火柴。光緒三十四年十二月十四日，註册。
萍鄉瓷業股分有限公司	光緒三十一年六月，黎景淑等創辦，號設萍鄉縣東路上埠地方縣城蘆溪兩處，各設批發所，股分龍洋二十萬元，每股龍洋十元，爲股分有限公司，專營瓷業。光緒三十四年十二月二十二日，註册。
公益棉花股分公司	光緒三十四年五月二十五日，葉永勤、竇昌榮、王鏕、竇昌業、王書杰、紀仁安、李佑慶創辦，總公司在江蘇通州掘港關帝廟大街嚴家巷，分號酌設南鄉，總公司股分銀一萬圓，每股銀一百圓，爲股份有限公司，從事棉花生業。光緒三十四年十一月二十三日，註册。
野荸薺鶴記茶食公司	光緒十二年四月初十日，沈曾鑑創辦，總號在浙江湖州府烏程縣南潯鎮，資本銀五千元，爲獨資商業，從事茶食糖菓生業。光緒三十四年十一月二十五日，註册。
利用紡織有限公司	光緒三十四年九月，嚴良恩、嚴良桂、嚴良樾、洪玉麟、湯心瑞、祝廷華、錢維錡、吳增元、章成駒創辦，總公司在江蘇常州江陰北門外閘西地方，分號設上海北市，股份銀三十萬兩，每股銀一百兩，爲股份有限公司，從事機器紡紗，織布發行。光緒三十四年十二月初三日，註册。
四明商業銀行有限公司	光緒三十四年八月十六日，袁鎏、朱佩珍、李厚垣、嚴義彬、李翊燕、虞和德、吳傳基、方舜年、葉璋、周晉鑣、陳薰創辦，總號在上海，分行設在寧波，股分銀一百五十萬兩，每股整股銀一百兩，零股銀十兩，爲股分有限公司，從事商業銀行，兼辦儲蓄。光緒三十四年十二月初七日，註册。

（續表）

華盛輪船公司	光緒三十四年四月十六日，徐功、王祖德、趙士煃創辦，總公司在杭州拱宸橋，一設湖州城歸安碼頭，其餘塘栖新市雙林梅溪泗安虹星橋長興夾浦口烏溪關蜀山鎮宜興和橋鎮賽橋鎮常州等處，俱設分公司，資本銀一萬兩，爲合資有限公司，從事行輪。光緒三十四年十二月，註册。
成都建築勸業場股份有限公司	光緒三十四年四月初一日，周壽蓮等創辦，總公司在四川成都華陽縣地方，股份九七平銀四萬兩，每股九七平銀五十兩，爲股份有限公司，擔任勸業場一切建築事務，及租賃等事。宣統元年五月二十三日，註册。
商辦陽羡宜今齋窑業有限公司	宣統元年三月，陳秉鈞等創設，公司在上海新閘橋路，並附設轉運所產地，及各埠亦擬次第設立發行所，共集股份銀十萬元，第一次先收洋二萬元，其餘挨次招集，每整股合洋一百元，每零股合洋十元，爲股份有限公司，專辦陽羡土產粗細窑貨。宣統元年六月初三日，註册。
啓新洋灰有限公司北分廠	宣統元年閏二月，周學熙、孫多森等創設，工廠在直隸永平府灤州馬家溝地方，共集股份銀三十萬元，每股五十元，爲股份有限公司，先辦磚窑，製造矸子土大小缸、磚、房瓦、水溝管，及各種彩釉等貨品，運銷中外。宣統元年六月初四日，註册。
奏辦蒙鹽有限公司	宣統元年四月十六日，署多倫協副將陳永禄等創辦，總公司在張家口，並分設在多倫諾爾，及什巴爾台達木諾爾經棚科力格爾額木格圖柴達木沙窩子等地方，共集股份銀四十萬兩，每股二百兩，現已招集股本銀二十萬兩，爲有限公司，從事認包蒙鹽分銷原地。宣統元年六月十八日，註册。
裕豐銀號	光緒三十二年十二月，陸家駒、陸家驤、潘永煦等創設，總號在杭城太平巷地方，共集資本洋四萬元，合資三人，爲合資無限公司，承領藩司執照，專設銀爐，代各州縣兑解司道運庫地漕鹽課正雜各款，以及各處匯兑放賬等事。宣統元年六月十九日，註册。

（續表）

同豐永恒記銀樓	宣統元年閏二月十七日，程志范、蔡藹生等創設，總號在江蘇蘇州府城閶門西中市地方，資本銀一萬兩，合資二人，爲合資無限公司，專造各色金銀首飾。宣統元年六月十九日，註册。
和大商業儲蓄銀行	光緒三十四年十二月，莊燾、翁順孫、包國麟、包國鳳、翁庚孫、郭增榮等創設，總行在江蘇揚州府江都縣左衛街地方，共集股本銀三十萬元，每股五十元，爲股份有限公司，從事普通商業銀行兼儲蓄銀行。宣統元年八月十六日，註册。
孫義順茶葉店	乾隆十年十月初一日，查長秀、邵達善、汪國英等設立，總號在廣州佛山鎮廣豐行内，分棧設安徽祁門縣南鄉店埠灘，資本共洋銀二萬四千圓，合資三人，爲合資有限公司，專事販運六安茶葉。宣統元年九月初八日，註册。
聚和紡織勸業工廠	宣統元年八月二十日，石春和、李夢魁設立，總廠在清宛縣大莊村，資本一萬圓，合資二人，爲合資無限公司，專事改良土布。宣統元年九月初九日，註册。
蚨豐織紡工廠	宣統元年八月初十日，楊木森設立，總廠設直隸保定府安州縣南邊吴村，分號在高陽縣城内，資本洋銀一萬元，爲獨資商業，專事紡織各種土布出售。宣統元年九月初十日，註册。
漢冶萍煤鐵廠鑛有限公司	光緒二十二年五月及二十四年三月先後奏准，招商承辦，其大冶鐵鑛、湖北鐵廠、萍鄉煤鑛，係盛宣懷創辦，鐵廠係鄭官應等八人創辦，煤鑛係張贊宸等十一人創辦。煉鐵煉鋼總廠設在漢陽縣大別山下，采鐵運鐵鑛局設在大冶縣屬江邊及各鐵山下，開煤煉焦燒磚鑛局設在萍鄉縣屬安源及各煤山下，均有自造短鐵路，及掛線路輪船，及駁船分頭轉運。總公司設在漢口、上海兩處，其碼頭棧房設在漢口、武昌、大冶、萍鄉、洙州、昭山、長沙、岳州，及上海、鎮江、江寧、蕪湖、九江等處，均有分銷處，所老股銀五百萬圓，擬再續招一千五百萬圓，每股銀五十圓，爲股分有限公司，專辦采鑛、煉鐵、開煤三大端。光緒三十四年二月十九日，註册。

（續表）

裕亨麵粉有限公司	光緒三十三年六月，朱疇創辦，總廠在揚州府，分廠在徐州府窑灣鎮。股分規銀二十萬兩，每股一百兩，爲股分有限公司，專辦機器製造麵粉。光緒三十三年八月初七日，註册。
四海通銀行保險積聚有限公司	光緒三十二年十一月，黄壽山創辦，總行在南洋新嘉坡山仔頂街，股分銀二百萬元，先收一百萬元，每股一百元，爲股分有限公司，專辦保險積聚，並揭借、匯兑等項。光緒三十三年十月二十六日，註册。
泰來機器麵粉公司	光緒三十三年五月，楊奎綬、陳薰、汪大奎、盛炳紀創辦，公司在泰州西門外九里溝地方，另設總帳房於上海後馬路，股分洋十二萬元，每股洋五十元，先交二十五元，爲股分有限公司，專辦機器磨麵兼碾穀米。光緒三十三年十二月十六日，註册。
協和機器繅絲股分有限公司	光緒三十二年，樓景暉創辦，公司在上海新閘，股分銀十六萬元，每股一百元，爲股分有限公司，專辦繅絲事業，於光緒三十四年二月十七日，註册。
福州廣福種植公司	光緒三十二年九月，劉悦巖、楊量予創設，總號在閩縣泛船浦，分號在侯官縣關源里及連江縣山艮地方，資本洋五萬元，合資二人，爲合資無限公司，從事租買民園、荒地開墾、種植樹木。光緒三十二年八月十三日，註册。
宏興織布股分有限公司	光緒三十三年八月，鄧耀昌、梁青山、梁雲階、梁雲甫、林麗堂、鄧榮昌創辦，公司在上海内虹口華界虬江橋地方，股分銀十萬零五千元，每股
湖南商錢局	光緒三十三年十一月二十六日，陳文璋、李達璋、楊壽英、王壽昌創辦，總號在湖南省城，暫賃商務總會公屋開辦，股分銀十萬兩，每股銀一百兩，爲股分有限公司，從事錢業。光緒三十三年十二月十九日，註册。

（續表）

同昌織布股分公司	光緒三十四年，楊來昭、惲毓嘉創辦，總號在京師外城虎坊橋東，股分京平足銀一萬兩，每股京平足銀一百兩，爲股分有限公司，從事機器織布。光緒三十四年正月二十一日，註册。
興記機器磚瓦公司	光緒三十三年十二月二十五日，李祥卿、鄭紀記、梁麗記、鄭月岩、蘇少海、梁焕南、劉詠彰、陳幹廷、張蘭生創辦，總號在安徽蕪湖河南岸易俗鋪外馬塘外壩地方，合資九人，共曹平銀二萬兩，爲合資有限公司，從事磚瓦生意。光緒三十三年十二月二十九日，註册。
舒蓮記扇鋪	同治八年設立，出資人舒清蓮，總號在浙江杭州太平坊，資本洋十萬元，爲獨資商業，製造杭扇。光緒三十四年二月初三日，註册。
溧陽墾牧樹藝公司	光緒三十二年十月，陳公亮創辦，總號在溧陽縣城内湯家巷城外竹簣橋上沛埠三塔蕩，股分銀五萬元，以後擬招足十萬圓，每股五圓，爲股分有限公司，從事墾牧樹藝。光緒三十四年二月初九日，註册。
通益公紡織廠有限新公司	光緒二十八年八月，高鳳德、王賡詩、李國勳、王本立接辦，總廠在杭州拱宸橋，股份洋五十三萬三千三百元，又分期認繳官商洋行各欵洋七十四萬元有奇，每股洋百元，爲股分有限公司，從事紡紗、軋花、榨油。光緒三十三年七月十八日，註册。
啓明成都電燈有限公司	宣統元年五月，陳嘉爵等創辦，公司在四川成都省城内，共集股本銀三十萬元，每股五元，爲股份有限公司，裝置成都全城電燈。宣統元年八月初四日，註册。
祥順洋燭合資有限公司	光緒三十四年十二月十六日，宋季生、宋介生、姚慎卿、蔡源清、俞肅賓、俞承清、許楚卿、許承岳、趙宗、陶協、康永等創辦，公司在上海馬霍路德福里地方，共集資本銀七千兩，爲合資有限公司，從事製造洋燭。宣統元年八月初五日，註册。

（續表）

延年人壽保險股分公司	宣統元年六月十五日，林爾嘉、李厚祚、孫鏕、林世傑、許恩榮創辦，總公司在上海江西路，國内各大埠及南洋、日本等處，添設分公司，股分總共銀洋一百萬元，每股一百元，爲股分有限公司，專事人壽保險。宣統元年十一月二十六日，註册。
中國商務大信銀行	光緒三十四年五月，粤省七十二行商聯同港澳佛梧暨中外各埠華商朱文博等創設，總行在廣州省城太平門外，股分總共銀洋二百萬元，每股五元，爲股分有限公司，從事商業並儲蓄。宣統元年十一月二十六日，註册。
公益商業兼儲蓄銀行	光緒三十四年九月，顧瑗、葉元鋆、姚鴻翼、張祖怡創設，總行設北京騾馬市大街，分行擬設天津、上海、漢口，股分總共京足銀一百萬兩，每股京足銀一百兩，爲股分有限公司，經理匯兑存款暨貸出款項。宣統元年十一月二十七日，註册。
浙江銀行	宣統元年二月初八日，浙江布政使顔鍾驥、試署浙江勸業道董元亮暨浙江紳商等創辦，總號設杭州省城扇子巷，分號設上海北京路，股分總共銀二百萬兩，每股一百兩，爲股分有限公司，經理存放匯劃，發行市面通用銀錢票，及關於銀行則例通行之事項。宣統元年十一月二十七日，註册。
寶升皂燭合資有限公司	光緒二十九年三月初五日，薛熙宇等創辦，號設常州府武進縣河南廂，資本洋一萬元，合資五人，爲合資有限公司，專製洋皂洋燭。宣統元年十一月二十七日，註册。
江合礦務有限公司	原江北礦務公司，於光緒三十四年正月，稟蒙川督，更名江合公司。楊朝杰、桂景昌、文光漢、唐厚培、唐鳴崗、趙城璧創辦，總號設重慶府城内，於江北廳分設辦事處，股分總共川九七平銀二十萬兩，每股五十兩，共四千股，爲股分有限公司，專事開採運銷煤鐵礦産。宣統元年十二月初五日，註册。

（續表）

廣裕實業股份有限公司	宣統元年九月二十四日，張秉彝創辦，總號在奉天廣寧縣城內，並無分號，資本銀小洋二萬元，每股銀十元，爲股分有限公司，專事軋花、彈花、織布、染色等貿易。宣統元年十月二十六日，註册。
川瓷股份有限公司	宣統元年十二月初一，黄士恩等七人創辦，總號在四川瀘州州城，分號擬先設成都、重慶、隆昌、榮昌四處，以次推廣，股份銀龍元五萬元，每股龍元五十元，爲股份有限公司，專就川省土質，製造瓷器，漸及陶器。宣統元年十月二十七日，註册。
溥利有限公司	光緒三十三年五月，譚學裴創辦，由陸軍部奏准設立，總號在直隸省清河鎮，將來擬添設分號，共集股份銀一百萬兩，每股銀十兩，爲股份有限公司，從事製造呢革布服四項，供給軍界及警、學兩界之用。宣統元年十一月十三日，註册。
山西太原電燈公司	光緒三十四年十二月二十七日，曹瑞琮創辦，總廠在山西太原府城内南蕭墻東口，股份銀八萬兩，每股銀五十兩，爲股份有限公司，從事機器電燈。宣統元年十一月十五日，註册。
永壽堂藥店	光緒二十五年二月十四日，蘇瑞生創設，總號在廣東廣州省城十七甫地方，共集資本銀一萬元，爲獨資商業，專辦各種膏丹丸散藥油藥酒。宣統元年十月初四日，註册。
老怡和公司	光緒三十二年八月，梁廣安等創辦，總號在廣東廣州府清遠縣城外下廓地方，共集資本銀一萬四千元，爲合資有限公司，專辦實業土枝火柴等項。宣統元年十月初五日，註册。

（續表）

商辦輪船招商公局股份有限公司	同治十一年，經衆股東稟，奉李爵相奏明，創設總局，在上海英租界黄浦灘地方，並在沿浦分設南棧、中棧、北棧、楊家渡棧、浦東華棧，均建有碼頭駁船，以便起卸貨物。分局設天津、塘沽、宜昌、寧波、温州、香港，均有局棧碼頭。鎮江、南京、九江、漢口、汕頭，亦有局棧碼頭，並設躉船，蕪湖有局棧、躉船，廣州、營口均有碼頭，福州有局房，煙台有市屋，安慶、厦門均有躉船，長沙、沙市、梧州均有地基，岳州、湘潭正擬添設。創辦人爲盛宣懷等十三人，計股份規銀四百萬兩，每股銀一百兩，爲股份有限公司，從事置辦輪船、起造碼頭棧房、裝運各省漕糧軍糧官物，攬載各口客貨。宣統元年十月初十日，註册。

同業組織與近代工業部

上海同業組織與近代工業分部

紀事

上海市工商業聯合會《上海總商會組織史資料彙編》第一章《光緒二十一年十二月二十四日總理衙門奏復御史王鵬運奏請講求商務折》 總理各國事務衙門奏，光緒二十一年十一月十七日，軍機處片交御史王鵬運奏請講求商務一折，軍機大臣面奉諭旨，著總理各國事務衙門議奏，欽此。臣等查該御使所陳，無非欲官商一氣，力顧利權，此周官保富之法，行之今日，尤爲切要。如所稱沿海各省會應各設商務局一所，責令督撫專政，局中派提調一員，駐局辦事，將該省各項商業，悉令公舉董事一人，隨時來局，將該省商況利病情形與提調妥商補救整頓之法，禀督撫而行之，事關重大者，督撫即行具奏一節。一查通商爲致富之原，必令上下相維，始克推求利弊。泰西各國首務富强或專設商部大臣，其他公司商會，隨地經營，不遺餘力。中國各省商行自爲風氣，間有公所會館，章程不一，地方官吏更不關癢痛，公事則派捐，訟事則拖累，商之視官，政猛如虎，其能收上下相維之益乎？自立約互市以來，洋商運貨只完正、子兩税，華商則逢關納税，遇卡抽釐，於是不肖華商，賄買牌照，假託洋商之名；洋商出售報單，坐收華商之利，流弊遂不可究詰。要之歐美各洲商民之捐，名目繁多，如田房捐、存款捐、進項捐、印花捐，較中國釐金加重倍蓰，即香港、新加坡諸島，何莫不然，此皆華商習聞習見者也。至於洋商僅完正、子兩税，便可暢行無阻，利權較華商爲優。然華商食毛踐土，當能仰體國家立約通商之故，不應自外生成，何以假冒牌照之風年來愈熾？良由官商隔閡，官既不卹商艱，商復何知官法？

該御史請於各省設立商務局，俾得維護華商，漸收利權，誠爲當務之急。惟請派設專員作爲提調，以官府之體而親闤闠之業，終難透闢，不如官爲設局，一切仍聽商辦，以聯其情。擬請飭下各督撫，於省會設立商務局，由各商公舉一般實穩練素有聲望之紳商，派充局董，駐局辦事，將該省物産行情，綜其損益，逐細講求。其與洋商關涉者，絲茶爲大宗，近則織布、紡紗、制糖、造紙、自來火、洋胰子諸業，考其利病，何者可以敵洋商，何者可以廣銷路，如能實有見地，確有把握，准其徑禀督撫爲之提倡，再由各府州縣於水陸通衢設立通商公所，各舉分董以聯指臂。所有各該處物産價值漲落，市面消長盈虚，即由各分董按季具報，省局匯總造册，仿照總税務司貿易總册式樣，年終由督撫咨送臣衙門以備參考。其華商互相貿販不與洋商相涉之貨，亦應按照市價公平交易，不准任意高抬，或故爲跌價，以累同業。設經局董查確，應即明爲告誡，若復怙惡，即由局董禀官，將該行店劣蹟榜示通衢，以儆傚尤。

該局所遇有禀官之事，無論大小衙門，均不得勒索規費。各局所地方長吏，月或一二至，輕騎減從，實心咨訪，蓋必有卹商之誠，乃能行護商之政，非徒藉勢位之尊也。各直省果能實力奉行，商情可期踴躍，商利可冀擴充。即華洋交涉亦可得其要領矣。【略】至通商事務，向由臣衙門辦理，該御史請在京師設立商務公所，與臣衙門無甚表異。自應毋庸置議，此均當日議復之辦法也。疏入。報可。

上海市工商業聯合會《上海總商會組織史資料彙編》第一章《光緒二十四年四月二十四日關於設立商務局的上諭》 奉諭内閣：總理各國事務衙門奏，遵議侍郎榮惠奏請特設商務大臣及選派宗支游歷各國一折。商務爲富强要圖，自應及時舉辦。前經該衙門議請，於各省會設立商務局，公舉殷實紳商，派充局董，詳定章程，但能實力遵行，自必日有起色。即著各省督撫，督率員紳，認真講求，妥速籌辦，總期聯絡商情，上下一氣，毋得虚應故事，並將辦理情形迅速具奏。

上海市工商業聯合會《上海總商會組織史資料彙編》第一章《光緒二十四年六月七日著劉坤一張之洞試辦商務局並擬定辦法上諭》 諭軍機大臣等：振興商務，爲目前切要之圖，迭經諭令各省認真整頓，而辦理尚無頭緒。泰西各國首重商學，是以商務勃興，稱雄海外；中國地大物博、百貨浩穰，果能就地取材，講求製造，自可以閣塞漏卮，不致利權外溢。著劉坤一、張之洞揀派通達商務、明白公正之員紳，試辦商務局事宜。先就沿海沿江如上海、漢口一帶，查明各該省所出物産，設廠興工，使製造精良，自能銷路暢旺，日起有功。應如何設立商學、商報、商會各端，暨某省所出之物産、某貨所宜之製造，並著飭令切實講求，務使利源日辟，不令貨棄於地，以期逐漸推廣，馴致富强。事屬創辦，總以得人爲先，該督等慎選有人，即著將擬定辦法，迅速奏聞，毋稍延緩。將此各諭令知之。

上海市工商業聯合會《上海總商會組織史資料彙編》第一章《光緒二十四年七月十三日著總理各國事務衙門咨商各督撫籌辦商務局上諭》 諭：少詹事王錫蕃奏請飭各省設立商會，於上海設總商會等語。現在講求商務，業於京師設立農工商總局，並諭令劉坤一、張之洞先就上海、漢口試力商務局，擬定辦法奏聞，現尚未據奏到。商會即商務之一端，著劉坤一等歸案迅速妥籌具奏，其沿江沿海商賈輻輳之區，應由各該督撫一體查明辦理，所有一切開辦事宜，並著總理各國事務王大臣咨商各督撫詳訂章程，妥爲籌辦。

上海市工商業聯合會《上海總商會組織史資料彙編》第一章《光緒二十四年八月二十九日著張之洞會商劉坤一按所擬辦法八條經辦商務局懿旨》 欽奉慈禧端佑康頤昭豫莊誠壽恭欽獻崇熙皇太后懿旨，國家振興庶務，凡有益於國，有利於民者，均應即時興辦，以立富强之基。前因商務爲當今要圖，特諭劉坤一、張之洞就沿江沿海一帶，先行試辦。兹據張之洞奏稱，應於上海、漢口分設兩局，其上海一局，由兩江總督委員開闢。現於漢口設商務局，以聯絡川陝河南雲貴湘粤等處工商，講求工廠製作商貨銷路等事，並酌擬辦法等語。商務爲利源所係，創辦之始不在恢拓規模，而在考求實際，現在財力未裕，所需經費，無論官籌商藉，皆當以核實爲主，毋稍虚糜。該督所擬辦法八條，均尚扼要。江漢上游爲商務大宗，張之洞責無旁貸，即著督率在事各員，加意講求，認真經辦，隨時會商劉坤一，與上海局聯絡一氣，務期中外流通，確有成效，不得徒飾空言，致負朝廷力圖振作至意。

上海市工商業聯合會《上海總商會組織史資料彙編》第一章《光緒二十四年總理各國事務衙門奏於各省設立商務局勿庸另派大員督辦折》

光緒二十四年總理各國事務衙門奏：准軍機處鈔交侍郎榮惠奏請特設商務大臣稱：中國商人經紀之術，不減東西各國，患在商情涣散，不能齊一，本有輕重，貨有良楛，價有高下，争利傾擠，人各一心，商務所由日壞。若專派大臣，設法整頓，商務必有起色，利權漸能收回。商司販運，工司製造，工爲商源，商爲工委，工務尤爲緊要，而工務必以物産爲盈虚。物産之中，尤以礦務爲先，各省礦産最多，若設立公司，逐漸開來，利源甚溥。惟開創之初，商人苦於資本不足，若經商務大臣考核詳明，不妨請發官款，嚴定章程，官商合辦，俾底於成。請飭各督撫就本省三、四品以上紳士，無論京外職官，但求精於榷算，能知下體者，保薦數員，聽候簡派，專辦本省商務，自能熟悉情形，考究的當，不用員役，一依經商之法，庶工商情無隔閡，上下一氣，利源必興等語。臣等查核侍郎所稱整頓商務礦務，以開利源，自係當務之急。礦務業經奉旨准各省紳商集股設法開採；至商務專派大臣督辦一節，查臣衙門於光緒二十一年議復御史王鵬運奏請講求商務一折，業請於各省會設立商務局。【略】行護商之政，奉旨飭各省遵行在案，所籌非不詳盡。夫以官府親闤之事，終多隔膜，各省商務既由官爲設局，聽各商公舉總董駐局辦事，又有分董以聯指臂，遇事稟由督撫爲之提倡，是即該侍郎所稱聯絡商情，上下一氣之意，似無庸另設大員督辦，徒擁虚名，仍無實濟。爲治不在多言，顧力行何如。請飭各督撫查照奏案，實力遵行。

上海市工商業聯合會《上海總商會組織史資料彙編》第一章《光緒二十五年二月兩江總督劉坤一奏在上海設立商務總局並選嚴信厚爲商務總董折》 劉坤一奏，臣遵奉諭旨，在上海設立商務總局，派委員紳經理，並籌辦農工礦路各學情形，已經奏明在案。旋派在籍翰林院修撰張謇、湖北補用道劉世珩等，馳赴上海設局開辦，選舉絲茶各業巨商嚴信厚等爲商務總董，分飭所屬各舉分董，考求地方物産所宜，貿易興衰之故，廣勸紳富自行設廠，製造土貨，以冀挽回利權。數並令立商學以究原流，搜商律以資比例，設商會以聯心志，撰商報以廣見聞。月以來，商情頗形踴躍。當兹物力艱絀，未敢稍涉恢張，惟當需之以漸，貞之以恒，由上海以東連燕齊，南通閩粤，與漢口商務局聯絡一氣，日久可望振興。至工藝立學，厥分兩門：一曰化學工藝，凡船、械、槍、砲、汽、雷、礦、路等學胥賅焉。已飭上海製造局添設工藝學堂，就款經營，擇期開辦；礦路學之初基，與武備生所習相近，亦由金陵陸師學堂挑選學生，分齋課授。其一曰機器工藝，綜括機工、手工，程效最捷，可開民生衣食之源。當函商江蘇、安徽、江西三撫臣，協力籌款，在金陵設工藝大學堂，三省各招學生數十名，駐堂肄業，一俟擬定章程，另行舉辦。惟勸農設學，閭閻生計攸關，迭飭各地方官詳諭紳民一體遵照。無如農氓椎魯，襲故安常，驟語以耕植新法，疑信參半；且屢遭荒歉，款項難籌，官民力均未逮。現由上海農學報館廣譯報章，頒行各屬，俾鄉里小民耳濡目染，藉開風氣而昭信從，則農學可以遍設矣。得旨：知道了，著即督飭在事各員，認真舉辦，以收實效。

朱壽朋《光緒朝東華録》卷一五四《光緒二十五年六月》 路礦總局奏，華洋各商會同集股設立公司，在國家一視同仁准其開辦之本意，原欲令該商獲均沾之利，非欲令各該商據獨擅之利。今請辦礦務之華洋各商，因章程准公司勘定產礦處，動輒混指某省府分若干，縣若干，並不確指某縣某處計明段落里數，是徒使姦商串通影射，壟斷把持，轉致公正妥實紳商退縮向隅，無以自效，殊與准辦之本意大相刺謬，亟應明示限制。除已經批准之案仍照合同辦理外，嗣後各該商請辦礦地，只准各指定某縣之一處，不准兼指數處，及混指全府全縣，以杜壟斷而均利益。又查前次定章，華洋合辦一切權柄操自華商，以歸自主。惟內載，已集華股十分之三，即准招集洋股開辦。雖係爲廣招徠開風氣起見，然股本華三洋七，輕重既已不倫，事權即恐旁落，易開喧賓奪主之漸，應將原章釐正。除已經批准之案不計外，嗣後華洋股本均令各居其半方准開辦，以免偏倚，仍由華商出爲領辦。若洋商不由華商領辦徑行請辦者，概不准行。又查前次定章，各省紳商呈請辦礦，該地方官察其無違背章程，即咨報總局核奪，不得率行批准。其在總局遞呈者，亦咨查原省，然後批准，以杜朦混招搖等弊，是定章本意。凡由華商呈辦礦務，必俟查明批准後，始招集洋股合夥，方免弊端。若未經遞呈及遞呈尚未批准先與洋商合夥，指辦某處礦務，迨經行查實多窒礙難行，徒令該商空費詣勘等費用，不特無以示體卹，且朦混招搖之弊仍未能除，亦應將原章申明增定。嗣後華商應辦礦務，必俟查無窒礙，業經批准，始准招集洋股，訂立合同，再將該合同呈送，聽候核准開辦。若先行合夥而後呈請者，概行駁斥。又查前次定章，承辦者自批准之日起至多不得逾六個月，即呈報開工。倘遷延不辦，所有批准之案作廢。又內載，如有事故，不在此例，然因此而託故遷延，將徒有開辦之名，並無開辦之實。今應明與定限，自批准之日起統以十個月爲期，無論有無事故，若逾期不辦，即將批准之案查銷，由地方官查明，另招他商承辦。該商不得爭論，餘仍照前次奏定章程辦理，其議開在先各礦，仍照舊核辦以免紛擾。得旨，如所議行。

上海市工商業聯合會《上海總商會組織史資料彙編》第一章《光緒二十六年十一月盛宣懷充會辦商務大臣謝恩折》 奏爲恭謝天恩，仰祈聖鑒事。竊臣接閱電傳邸鈔，光緒二十六年十一月十五日行在內閣奉上諭：盛宣懷著充會辦商務大臣，欽此。聞命自天，感悚無地，當即恭設香案，望闕叩頭。伏念臣姿才凡下，地望俱微，遭遇聖明，敬歷清要，已有叨竊非分之懼，顧蒙寵渥，復厠商曹，置構□于重櫨，策駑駘以千里，内慚力薄，外顧時艱，慮負生成，罔知所措。竊惟西人以商立國，歐美大邦，能以富强縱横五洲者，大抵皆商務興盛所致，故特設專官，修明商政，富國大猷。視之至重。中土由秦漢以降，有抑末之説，不知商爲四民之一。周官司徒之屬，自司市至司關十二職，莫非商政。所以爲商謀者至纖至屑，而所言無者使有，利者使阜，害者使亡，靡者使微，尤商務之精義，西國之善治商學者，亦未能出其範圍也。臣自壯歲創辦輪船、電報，嗣復旁及礦廠、鐵路，涉歷商事，垂三十年，時過後學，所得良淺，但於中外商業通塞之殊，商情舒困之别，利弊所在，略有見聞。今朝廷舉千載曠廢之政，特開商部，將以振起商戰，足國足民，一俟款議大定，所冀上衷周制，下鑒列邦，廣商學以植其材，聯商會以通其氣，定專律以維商市，興工農以浚商源，阻格胥蠲，職事可舉。臣當商承李鴻章次第設施，竭手足之力，矢之以實心，以期仰答高厚鴻慈於萬一。所有微臣感激下忱，理合恭折具陳，伏乞皇太后皇上聖鑒，謹奏。十二月十三日奉朱批：知道了，欽此。

上海市工商業聯合會《上海總商會組織史資料彙編》第一章《光緒二十七年九月嚴信厚上盛宣懷遵飭議辦上海商業公所禀》 宫保大人閣下：敬禀者，竊職道於九月初八日接准上海袁道來函，約會商董等至洋務局，議設商務總會，並抄示憲臺致袁道原函，内開：「上海爲通商總埠，華商向無總會。此次辦理商税事務，各國駐京公使欲在上海開議者，以其有洋商總會，凡商税行船諸事，洋商係切己利害，平日既考求明白，臨時又咨訪精詳，見聞較真，折衷自當，取益防損，厥用彌窮。惟華商毫無預備，應請迅即傳集各大幫董事，即日議立總會，凡商税行船各端，准各幫紳商或各抒所見，或互證所知，開具節略，不拘格式，藉備採擇」等因。仰見憲臺洞悉商艱，挽回利權至意。該商董等恭誦之餘，莫名欣感。惟是官商隔閡，相沿已久，而通商口岸與洋商貿易者，其利權盡在洋商之手，財與勢均不相敵。近年迭奉諭旨，振興商務，講求利病，是官極欲保商卹商，而無處著力，此皆上下不通隔膜之故也。職道前蒙兩江督憲派充上海商務總局總董，莫贊一籌，殊深惶悚，今憲臺議設商務總會，乃近今切要之圖。擬由職道先行籌墊經費，賃屋一區，制備傢具，以作聚會之所，非惟得一精通商務、嫻習公事之提調一員，寓居總會聯絡官商不可。查有江西候補知縣周晋鑣，由商而仕，精明練達，熟諳洋務，洞悉商情，可否仰懇憲臺札派商務總會公所提調，常川駐會辦事，以資臂助，庶各幫各業商董可以朝夕晤談，講求生理。事屬創始，毫無繩墨，先將總會設立，以爲之倡。其有應商、應陳、應改、應争各大端，容當隨事稟陳，所有設立總會選舉提調各緣由，理合稟請大人酌核，批示祇遵，實爲公便。再，上海商賈，向有各幫總會，皆係休息聚會之所。此次若仍襲總會之名，竊恐視爲具文，擬改爲商務公所，以示區别，合並聲明。是否有當，伏候訓示祇遵。專肅，敬請勛安。職道信厚謹稟。光緒二十七年九月。

上海市工商業聯合會《上海總商會組織史資料彙編》第一章《光緒二十七年九月盛宣懷飭准創辦上海商業公所批文》 據稟已悉。中國商務逐年疲敗，誠如所稟。上下隔閡，亦由華商心志不齊，視同業肥瘠，漠如秦越；甚或攙僞攘利，争軋傾倒，致洋商操縱在手，益復朘我利權，言之可勝嘆惋。該道體念時艱，籌墊經費，創設商業會議公所，舉從前壅遏傾擠諸弊一掃而空，意在協力同群，悉心抵制，本大臣殊深嘉慰。各大幫紳董應知此舉爲華商生命所係，仿照西人總會章程，按時集議。遇有應商、應陳、應争、應改諸大端，准其條舉以聞，藉備磋議，不得仍襲總會之名，僅事息游之實。江西候補知縣周令晉鑣由商而仕，據稱練達商情，應候札委商務總會公所提調，駐所辦事，以期呼應靈捷。該道現爲滬商領袖，本係商務局紳董，應即聯絡各幫選舉商董，迅將職名開單呈送，以備隨時傳見顧問，是爲至要。切切！此繳。

上海市工商業聯合會《上海總商會組織史資料彙編》第一章《光緒二十八年二月嚴信厚上吕海寰盛宣懷初擬商業會議公所暫行章程並商董職名稟》 尚書、宫保大人閣下：敬稟者，竊職道前奉盛憲批准，設立上海商業會議公所，並飭將各幫商董職名開單呈送等因。旋蒙盛憲頒給關防，業經職道將開辦公所及啓用關防日期先後申報在案。惟事屬創始，必先有簡明章程立其基礎，然後條分縷晰，逐漸措施，庶無虚事張皇之誚。而公所意在啓承上下，聯絡商情，當此初定章程之際，尤須與衆商意見相同，斟酌盡善，始克家喻户曉，歷久不渝。兹經職道采取上海洋商總會及各處商務局所章程，悉心探討，謹成初擬暫行章程六條，繕寫一編，遂於本月二十一日邀集各業紳董到所公同披閲，互相商榷，均無異議。應即録呈憲核，祇候訓正，以便刻送各業商賈，按議漸行試辦。自後綱領在握，條目即可漸張。所有應商、應陳、應改、應争諸大端，容俟職道續與會議諸員隨時公議稟商外，合將初擬簡明章程，並各業商董職名清單，具稟謹呈鈞鑒，伏乞俯賜批示祇遵。專肅，敬請勛安，伏惟垂察。職道信厚謹稟。光緒二十八年二月。

上海市工商業聯合會《上海總商會組織史資料彙編》第一章《吕海寰盛宣懷核發商業公所初擬章程批文》 稟折閲悉。所擬商業會議公所暫行章程六條極爲妥協，辦法甚是，應候商務大臣宫少保盛查核批示，仰即隨時公同妥議稟辦可也。折存。此繳盛宫保核發商業公所初擬章程批：稟折閲悉。查核所擬商業會議公所暫行章程六條，大致尚屬妥協。擬設之總理會員一人、副總理會員二人，應由各商公舉，稟請札委。既令駐所辦事，承上注下必須籌給公費，以資辦公。其另就南北市各行業各舉商董議員二人，應由總理會員親視各董簽名之後稟明立案。以後如有更動，亦應隨時稟報。此公所本爲商業會議而設，所定常會、大會、特會之期，分别緩急約集會議，辦法甚是，應准如擬，先行刊送。此外應商、應陳、應争、應改諸大端，該道務與各該商董隨時公同商酌妥議，稟辦爲要。此繳折存。

上海市工商業聯合會《上海總商會組織史資料彙編》第一章《光緒二十八年九月盛宣懷張之洞會奏上海設立商業會議公所折》 奏爲上海設立商業會議公所，遴派總董，聯絡商情，以植基礎而待擴充，恭折具陳，仰祈聖鑒事。竊維中國商業之不振，大率由於商學不講，商律不諳，商會不舉。而三者之中，尤以創設商會爲入手要端。臣於光緒二十六年十一月二十三日恭謝天恩折内附片陳明在案。查泰西各國，首重商務，公司總會隨地而有。日本維新之後，亦於各城埠建商法會議所。凡以通隔閡，劑盈虚，聯上下之情，竭維持之力，用能以商戰角勝，雄視五洲。中國自互市以來，風氣日開，朝野士庶漸不至鄙商爲末務。然通國商業逐年疲敗，固由華商心志不齊，視同業肥瘠，漠不關心。甚或詐僞侵攘，互相傾擠，以致洋商乘間伺隙，益得操縱其技力而朘削我利權，揣厥由來，實亦官府未得保護提倡之法，上下各不相謀所致。

遠視西制，近采輿論，商會之設誠非緩圖。伏查光緒二十四年四月二十四日奉旨飭令各省會地方設立商務局，亦已開辦數年。但局爲官設，仍用候補人員，不用商董，未免官與商視同秦越，商情甘苦終難上達於官，以視各國商會用意，大相懸殊。臣自奉命以來，駐紮上海，查上海爲通商首埠，洋商總會如林，日夕聚議，討論研求不遺餘力。而華商向無會議公所，雖有各幫董事，互分畛域，涣散不群。每與洋商交易往來，其勢恒不能相敵。自非仿照洋商辦理，仍必彼團結而我散漫，彼諳熟而我生疏，彼盡得要領而事事占先，我茫無頭緒而著著落後。日復一日，馴至利權坐失，聽命外人，商業決無復振之望。臣私憂竊嘆，蓄之已久。適奉飭與各國專使改訂商約事宜，於此舉尤有關係，益不容緩。遂飭江海關道袁樹勛會同通商銀行總董候選道嚴信厚傳集各幫商董首領議立總會，衆情欣洽，詢謀僉同。即由該道嚴信厚籌墊經費賃屋一區，先行開辦，定名曰上海商業會議公所。即派嚴信厚爲該所總理，另由嚴信厚及各業公舉道員周晉鑣爲副總理，常川駐所辦事。該二員精於綜核，熟悉商情，其平日聲望素爲滬上各界所信服，畀以斯事，當能措置裕如。並一面刊發木質關防以資信守。旋據呈閱暫行簡明章程，尚稱妥洽，並選舉各業商董議員亦均公正可靠。臣復督飭該總理等實心經理，痛除官場習氣，隨時隨事會集各商切實考求利弊，並定常會、大會、特會之期。臣亦與各該員董商人不時接見，從容坐論，勿苛儀節，以期融洽聯貫。遇有應商、應陳、應争、應改諸大端，准令各抒所見，陳遞説帖禀詞，以收集思廣益之功，徐施補救挽回之術。如此行之日久，庶幾商情踴躍，陳説日多，上下之情親，懋遷之群合。彼族見我官商一氣，不似從前壅蔽隔膜，遇有交涉，關於商業者，我若抗争婉辯確有見地，亦必較易轉圜，於商政要端不無裨益。

其餘各省會各通商口岸能否推廣辦理，臣當與張之洞及各督撫隨時籌度。至設立商務學堂、訂定商律專條各節，容再采取東西兩國規制，需以時日，漸行擴充，以仰副朝廷振興商務保護維持之德意。所有上海設立商業會議公所並遴派總董經辦各緣由，謹會同督辦商務大臣調署兩江總督臣張之洞合詞恭折具陳，伏乞皇太后、皇上聖鑒訓示。謹奏。光緒二十八年九月二十一日奉朱批：政務處外務部知道，欽此。

上海市工商業聯合會《上海總商會組織史資料彙編》第一章《光緒二十八年九月派訂各國商約上諭及欽派辦理商約大臣吕海寰盛宣懷與英國修訂商約情形》 欽奉上諭：直隸總督袁世凱著派充督辦商務大臣，與張之洞會同辦理，並會議各國商約事宜。欽此。又奉上諭：候補四品京堂伍廷芳著派充會辦商務大臣，並會議各國商約事宜。欽此。

此次所訂英國商約，共十六款。【略】第十五款云，此次新定税則之後，彼此兩國若欲修改，以十年爲限，期滿，須於六個月之内，先行知照，酌量更改。若彼此未曾先聲明修改，則税課仍照前章完納，復俟十年，再行修改，以後均照此限辦理。嗣後中國若干他國所産或所造貨物，如有給以税則利益之處，則英國所産或所造相同貨物，無論由何人運來進口者，亦一律均沾此項利益。彼此兩國向定條約，若未有規定條約，或廢或改，則仍應遵守第十六款。此次商定條款，漢、英各文詳細校對。惟嗣後如有文詞辨論之處，應以英文爲正義。本約立定，由兩國特派大臣在中國江蘇省之上海，將約之漢文、英文各一份，先行畫押蓋印，恭候兩國御筆批准。在於中國京城，一年限内會晤互換，以昭信守。按此約，係欽派辦理商約大臣工部尚書吕海寰、太子少保工部左侍郎盛宣懷，與英國全權使臣馬凱，分别修改商定，而以兩督總其成云。

上海市工商業聯合會《上海總商會組織史資料彙編》第一章《光緒二十八年十月商約大臣吕海寰盛宣懷奏英國商約定議畫押事疏》 疏云：竊臣海寰、臣宣懷先後奉旨，派令議辦商約，並著前兩江督臣坤一及臣之洞會商籌定，接准英使馬凱開送商約二十四款，臣等悉心查核，所索無一非損我權利，將必不可允各款，立予嚴詞駁拒，擇其無大關係者，徐與磋商，俾得從容籌計。而馬凱開議後，動以和議大綱第十一款，中國已允商改利益爲要挾，其用意尤重在豁除釐金，開通商務。臣等一面往復電商，皆以加税方能免釐爲商約主腦，尤須自行籌定扼要辦法，庶不慮有喫虧。復電商軍機處、外務部、户部，亦謂機不可失。遂向其明索加税允以裁釐，將有關税釐各款，屏不與議，堅持定見，操縱互施。彼爲商論阻撓，故允復翻，議而復改者，不止一次，臣海寰、臣宣懷終不敢放松一步。五月杪，復邀同馬凱偕赴江鄂與前督臣劉坤一、臣之洞共籌抵制，協力争辯，彼見無可要求，始漸就範。計已磋磨八閲月之久，聚議六十餘次之多，舌敝唇焦，不遺餘力。所有籌議加税免釐一款於未定議以前，經臣海寰、臣宣懷專折詳晰奏陳，於定議以後，前督臣劉坤一與臣之洞複合詞電奏，及奉旨責令前督臣劉坤一、臣之洞切實通籌，從長酌議，亦經單銜分别奏復。仰荷聖明，允如所請。此外各款，均經臣等隨時會電具奏。【略】欽奉七月二十五日電旨，昨據劉坤一、張之洞等電奏，與英國使臣馬凱議定商務全約等語，既據該督等會奏稱屢經妥酌定議，即著吕海寰、盛宣懷就近畫押，仍將各條與劉坤一、張之洞悉心詳核辦理，一切務臻妥善，倘有後患，惟該督是問。欽此。【略】即於八月初四日亥刻，會同英使馬凱在上海畫押蓋印，業已先行會電具奏在案。伏思戰後立約，彼既要求多端，萬不能一無所允。然允則於彼有益，於我即屬有損，此理之顯而易見者。臣等不得不權其輕重，設法挽回，但能補救一分，即少受一分之虧損。臣等受恩深重，敢不竭盡心力。會商妥籌，惟期有裨國用，無害民主，一己之毁譽，在所不計。固不敢畏難遷就，貽患將來；尤不敢瞻顧欺蒙，稍涉粉飾。綜論全約利益，彼此似尚得其平，此西報訾馬凱所由來也。【略】謹據實詳陳，以釋宸廑。所有英約告竣，遵旨畫押緣由，理合詞恭折具報，並將約本漢英文各一份，進呈御覽。再，此折因前督臣劉坤一患病，以致會稿稽遲，現已因病出缺，是以不及會銜，合並陳明。伏乞皇太后、皇上聖鑒訓示。謹奏。

上海市工商業聯合會《上海總商會組織史資料彙編》第一章《光緒二十九年三月著派載振等先訂商律即行開辦商部上諭》諭：通商惠工，爲古今經國之要政。自積習相沿，視工商爲末務，國計民生，日益貧弱，未始不因乎此，亟應變通盡利，加意講求。前據政務處議覆，載振奏請設商部，業經降旨允准。茲著派載振、袁世凱、伍廷芳先訂商律，作爲則例，俟商律編成奏定後，即行特簡大員開辦商部。其應如何提倡工藝，鼓舞商情，一切事宜，均著載振等悉心妥議，請旨施行。總期掃除官習，聯絡一氣，不得有絲毫隔閡，致啓弊端，保護維持，尤應不遺餘力。庶幾商務振興，蒸蒸日上，阜民財而培邦本，有厚望焉。欽此。

上海市工商業聯合會《上海總商會組織史資料彙編》第一章《光緒二十九年七月商部奏定開辦緣由疏》欽奉上諭：現在振興商務，應行設立商部衙門。商部尚書著載振補授，伍廷芳著補授商部左侍郎，陳璧著補授商部右侍郎。應辦一切事宜，著該部尚書等妥議具奏，欽此。旋據本部復奏開辦諸端大略：

一，爲分司之制。謂商部衙門，擬分設四司：一曰保惠司，專司商部局所學堂招商一切保獎事宜，賞給專利文憑，譯書譯報，聘請洋工程師，及本部司員升調保獎；一曰平均司，專司開墾、農務、蠶桑、山利、水利、樹藝、畜牧一切生殖之事；一曰通藝司，專司工藝、機器製造、鐵路、街道、行輪、設電、開採礦務、聘請礦師招工諸事；一曰會計司，專司税務，銀行貨幣，各業賽會，禁令，會審詞訟，考取律師，校正權度量衡以及本部報銷經費。此外設司務廳一所，專司收發文件，繕譯電報。其餘未盡事宜，各以類從，次第舉行。此分司之制也。

一，爲設館之制。商部衙門擬設律學館一所，館中設總纂官一員，纂修官二員，均以本部司員兼充。先行廣購外洋商律各書，兼及路礦律、招工律、保險律、報律並各國條約，派定通曉中外文字者若干員專司翻譯，陸續譯出，由總纂、纂修各官審慎採擇，參以中國律例，編成條款，奏請欽定頒行。商報館設提調官一員，亦以本部司員兼充，應將本部所辦招商事宜、集股款目，以及各省各埠土產贏絀、物價貴賤、工藝良楛，均隨時登報，發交各省並中外各埠銷售，藉以鼓舞商情，開通風氣。至此外擬設商學堂局所，容俟酌量情形，隨時奏明辦理。此設館之制也。

一，爲選舉之制。本部創辦之初，已經奏調京員外員，至各省候補道、府，同通、州、縣中，不乏熟諳商學商務之人，嗣後如有歷練精詳辦事切實者，准由各督撫咨部，酌量差委補用。至若取士之法，原不必拘成格。商人素習懋遷，若考以掌故政事，課以文牘，其勢固有所不能，然商情所在，若不加以聯絡，商務焉能起色？嗣後如有在中外商埠充當商董之人，經本部察看，委係行誼誠實，熟習商務，擬即派充本部委員。遇有考察華洋各項商務事宜，酌量委用，如已經得有官職，品望較著，應作爲顧問官，自四等至頭等爲止。至外埠商董子弟，由本部奏調差遣，藉示鼓舞，且收因材器使之效。至翻譯人員，除律學館翻譯商務書籍各有專責外，平日接見外國官，擬用通曉英俄德法日本等國語言者若干員，以備差遣。此選舉之制也。

一，爲考察之制。按通商各埠出產銷場一切情形，本部無從周悉，加以商情渙散已久，求其合力團聚，斷非易事。此中樞紐，要從招商爲第一要務。臣等擬俟規模粗定，即派丞參一二員，帶同得力司員前赴上海等處，招集商董，並考察商務，沿途應編纂日記，勒爲成書，以資考核。至各省各屬土產，及製造所出之貨，共若干類，又各關各埠出口土貨若干類，進口洋貨若干類，並各處有無設立工藝局院學堂，及沿海沿江省分所設機器仿造絲、紗布、煤油、火柴各廠，除該丞參考察詳記外，應由各該省將軍督撫先將已往情形、現辦情形，詳悉諮報本部查核。嗣後應將有無更改情形，按年報部一次，作爲程課。此考察之制也。

其外尚有設立公司，優給養廉，延見華洋商人，分設各省商會諸條，皆宜次第施行，此皆商部奏定開辦之緣由也。疏入，依議。

上海市工商業聯合會《上海總商會組織史資料彙編》第一章《光緒二十九年九月初一日商部奏請力行保商之政疏》疏云：竊維泰西諸邦以商戰立國，其優待本國商民，無不予以應得之利益，保護煦育，俾遂其生。至於貿易盛衰之故，與夫貨物出入盈虚消長之原，亦無弗隨時體察。偶有不便於商民，致妨其生業者，必爲設法以輔翼之，維持之，其大要務在剷不平者而使之平，此其商務所以蒸蒸日上也。中國自互市以來，未嘗不欲仿行其法，徒以洋商應享利益載在約章，遇有不平之事，領事官即爲申理，而華商勢弱力微，其氣既不足以相聚，且平日與官場隔絕，其情又不足以相孚。於是不肖官吏遂至專用壓力，牽制抑勒，種種不平之弊，商民有身受其艱苦而不敢言者，敬爲我皇太后、皇上詳晰陳之：查洋商販運土貨只在海關完納子口半税，領有三聯報單，沿途呈驗，無論近遠，概不重征；而華商運貨出口，則逢關納税，遇卡抽釐。其所抽納之款，已較洋商所完子口稅爲多，乃關吏卡員於照章應納稅釐外，恒多分外之需索。如此畸重畸輕，土貨出口安能望有起色？此其不平者一也；運貨之宜，務在迅速，往往有一日之差，旦夕之殊，而貨價之漲落以倍蓰者。邇來內港行輪運貨業經暢行無阻，各處關卡委員，遇掛洋旗之商船，照章速驗放行，遇無洋旗之商船既不免留難需索，甚至今日不驗俟至明日，明日不驗俟至後日，至於民船划艇更復任意欺凌。華商隱受虧損，而無之如何，此其不平者二也；商人經營貿遷，良非易易，偶有倒欠涉訟情事，自應速爲理值。乃近來外省地方官於洋商詞訟，尚不至故延時日，而於華商涉訟，往往積壓稽遲，甚或居爲奇貨，苛索侵漁，無所不至。此其不平者三也。凡此數端，華商每以相形而見絀。由是洋商中之桀黠者，遂得行其招徠壟斷之計。浸而久之，華商亦且冒洋籍，掛洋旗，所沾之利息，洋商安以華冒洋，誠可謂之姦商矣。曾亦思爲淵驅魚，有養民之責者固不能不分任其坐而均分之，是使華人之資半朘削於洋商之手，而地方官吏且目之曰姦商。夫咎也。臣等忝膺簡命，綜理商政，夙夜兢兢，思有以仰副聖明軫念商民之至意。竊維保商之政不一，而其竅要，在辦事之務得其平。惟是向來官商隔閡，積習已深，非嚴行整頓，不足以致挽救。應請明降諭旨，飭下各直省將軍督撫通飭各該處地方官，嗣後華商販運貨物經過水陸關卡，務須一律迅速查驗放行，不准稍有留難需索。至商人詞訟等事亦應速爲理值，毋得稽延時日，藉端索費。倘或仍蹈故轍，有礙商情，應准商民向地方官處告發，或徑向臣部控訴，一經查察得實，即行從嚴參辦。總之，洋商在中國貿易固應照約保護，華商均屬子民，尤應加以體卹，不得稍有偏倚，並不得多方苛派，以昭平允，而免向隅。疏入，九月初一日奉上諭：商部奏請飭力行保商之政一折，中國自互市以來商務日盛，現在設立商部，正議極力整頓，相與維持。惟中國商民平日與官場隔閡，情誼未能遽孚，而不肖官吏或且牽掣抑勒，甚至報關完稅，多所需索；商船驗放，到處留難；遇有詞訟，不能速爲斷結；辦理不得其平，以致商情不通，諸多阻滯。各直省將軍督撫通飭所屬文武各官及局員委員，一律認真卹商持平，力除留難延擱各項情弊，以順商情，而維時政。倘有不肖官吏仍前需索刁難，隨時嚴查參辦，勿稍徇縱。欽此。

上海市工商業聯合會《上海總商會組織史資料彙編》第一章《光緒二十九年十一月二十四日商部奏爲勸辦商會酌擬簡明章程折》 奏爲勸辦商會，首在提倡，酌擬簡明章程，繕具清單恭折，仰祈聖鑒事。

竊維泰西向重商學，列爲專門。其爲商人者，皆以經營貿易之圖，視爲身心性命之事，用能任重致遠，凌駕五洲。日本地處亞東，風氣早辟，雖其物產之盛，不逮中國甚遠，而商業蒸蒸日上，亦頗足與歐美抗衡。縱覽東西諸國交通互市，殆莫不以商戰角勝，馴至富強。而揆厥由來，實皆得力於商會。商會者，所以通商情，保商利，有聯絡而無傾軋，有信義而無詐虞，各國之能孜孜講求者，其商務之興，如操左券。中國歷來商務素未講求，不特官與商隔閡，即商與商亦不相聞問；不特彼業與此業隔閡，即同業之商亦不相聞問。計近數十年間，開闢商埠至三十餘處，各國群趨爭利，而華商勢渙力微，相形見絀，坐使利權旁落，寖成絕大漏卮。故論商務於今日，實與海禁未弛以前情事迥異。

臣等忝膺恩命，亟思振興商政，上慰宸廑。現在體察情形，力除隔閡，必先使各商有整齊劃一之規，而後臣部可以盡保護維持之力，則今日當務之急，非設立商會不爲功。夫商會之要義約有二端，一曰剔除內弊，一曰考察外情。中國商人積習識見狹小，心志不齊，各懷其私，罔顧大局。即如絲茶兩項爲出口貨之大宗，往往以散商急思出脫跌盤爭售，而一二股實巨商亦爲牽累。其他貨物工作僞攙雜卒至虧本者，難以枚舉。有商會則亟宜聲明罰例，儆戒將來，此則剔除內弊之說也。中國地大物博，百貨殷闐，特製造未精，販運不廣，利歸外溢，急待挽回。即如玻璃、紙張、洋燭、肥皂之類，凡洋貨之適於民用者，皆華商力能仿造之貨，如果辦理得法，逐漸擴充，不徒自造自用，並可詳探各國市情，以廣銷路。有商會則必應議設公司，藉圖抵制，此則考察外情之說也。

惟商會之設，其中詳細節目，應由各商自行集議，酌定簡章，具報臣部查核，至提綱挈領，臣部實總其成。入手之方，端資提倡，臣等公同商酌，謹擬商會簡明章程二十六條，繕具清單恭呈御覽，如蒙俞允，即由臣部刊刻頒行，並擬勸諭各業之商務較巨者，先在京師創設商會，以開風氣之先。至外省各業商人，有能並心一志籌辦商會者，應責成該處地方官，該商等將會章呈案時即行詳報督撫咨部，不得稍有阻遏，以順商情。此項章程將來或有增改之處，仍當隨時奏明辦理。所有臣等酌擬商會簡明章程緣由，理合恭折具奏，伏乞皇太后、皇上聖鑒。謹奏。光緒二十九年十一月二十四日奉旨：依議，欽此。

上海市工商業聯合會《上海總商會組織史資料彙編》第一章《光緒二十九年商部奏定商會簡明章程二十六條》 第一款，本部以保護商業、開通商情爲一定之宗旨。惟商民散處各省，風尚不同，情形互異。本部勢難周知其隱，巨細靡遺，自應提綱挈領，以總其成。至分條係目，則在各省各府設立商會，以爲總商之脈絡也。

第二款，凡各省各埠，如前經各行衆商公立有商業公所及商務公會等名目者，應即遵照規定部章，一律改爲商會，以歸畫一。其未立會所之處，亦即體察商務繁簡，酌籌舉辦。至於官立之保商各局，應由各督撫酌量留撤。

第三款，凡屬商務繁富之區，不論係會垣，係城埠，宜設立商務總會。而於商務稍次之地，設立分會，仍就省分隸於商務總會。如直隸之天津、山東之煙臺、江蘇之上海、湖北之漢口、四川之重慶、廣東之廣州、福建之厦門，均作爲應設總會之處。其他各省，由此類推。

第四款，商務總會派總理一員、協理一員。分會則派總理一員。應由就地各會董齊集會議，公推熟悉商情、衆望素孚者數員，仍由會董會議，或另行公推，或留請續呈任，議決後，稟本部察奪。

第五款，商會董事，應由就地各商家公舉爲定。總會約自二十員以至五十員爲率。分會約自十員以至三十員爲率。就該處商務之繁簡，以定多寡之數。舉定一月後，各無異言者，即由總理將各會董職名，稟明本部，以備稽查。至任滿期限，及續舉續任等，悉如上條辦理。

第六款，公舉會董，應以才地資望四者爲一定之程，如下所列，乃爲合格：一、才品：手創商業，卓著成效，雖或因事曾經訟告，於事理並無不合格者；二、地位：的係行號巨東或經理人，每年貿易往來爲一方巨擘者；三、資格：其與該處地方設肆經商已歷五年以外，年届三旬者；四、名望：其人爲各商推重，居多數者。

第七款，商會總理、協理，有保商振商之責。故凡商人不能申訴各事，該總協理宜體察屬實，於該地方衙門代爲秉公申訴。如不得直，或權力有所不及，應即稟告本部核辦。該總協理設有納賄、偏徇、顛倒是非等情，或爲會董及各商所舉發，或經本部覺察，立予參處不貸。

第八款，凡商務盛衰之故，進出口多寡之理，以及有無新出種植製造各商品，總會應按年由總理列表匯報本部，以備考核。其關係商業重要事宜，則隨時稟陳，至尤爲緊要者，並即電稟。

第九款，各會董既由各商公舉，其於商情利弊，自必纖悉能詳。應於每一星期赴會與總協理會議一次，使各商近情，時可接洽，偶有設施，不致失當。若商家有緊要事件，則應立赴商會酌議。其關係商務大局者，應由總理預發傳單，届期各會董及各商理事人齊集商會，公同會議，務須開誠佈公，集思廣益。各商如有條陳，盡可各抒議論，俾擇善以從，不得稍持成見。

第十款，商會會議，必須照會議通例章程辦理。凡開議時，應以總理爲主席。該會董事到場者須有過半之數，否則不應開議。至議事之法，假如一人建議，更有一人贊議，或復有人起而駁議，總之不論人數若干，均須令言者畢其詞，而後更迭置議，從衆議決，由書記登册，俟下次會議，將前所議決登册者當衆宣讀，無所不合，即由主席簽字作準。一切會議章程應按照本部嗣後奏定公司條例［詳見第八十六、七條又第八十九條至第九十四條又第九十九條至第一百二條］辦理，毋得違異。

第十一款，會董或有徇私偏袒情事，致商人有所屈抑，准各商聯名稟告商會。由總理邀集各董會議議決，即行開除。其情節較重，查係屬實者，即具稟本部，援例罰懲。至總理協理或他董通同徇庇等情，准各商稟控到部查辦，誣控者反坐。

第十二款，總理協理專司商務案牘，呈報商情，及代商伸理各事，其餘商人利益所在，不得稍有所染。即應行提倡，應行整頓。凡可興利除弊之舉，亦必邀同會董會議議決，方可舉辦，不應偏執專擅，轉拂商情。如有上項情弊，准各會董或各商人公稟到部，察核辦理。

第十三款，分會辦事章程與總會同。惟按季宜將商務情形列表報由總會匯報本部查核。其應行提倡整頓各事，則就近與會董議妥辦理，移至總會備案。至關商務重要及緊急事宜，仍隨時先行函電本部，一面移至總會，以免遲延。

第十四款，商會既就地分設，各處商情不同，各商會總理應就地與各會董議訂便宜章程，稟呈本部核奪。總以有裨商務，無背本部定章爲斷。

第十五款，凡華商遇有糾葛，可赴商會告知總理，定期邀集各董，秉公理論，從衆公斷。如兩造尚不折服，准其具稟地方官核辦。

第十六款，華洋商人遇有交涉齟齬，商會應令兩造各舉公正人一人秉公理處，即酌行剖斷。如未允洽，再由兩造公正人合舉衆望夙著者一人，從中裁判。其有兩造情事，商會未及周悉，業經具控該地方官或該管領事者，即聽兩造自便。設該地方官領事等判斷未盡公允，仍准被屈人告知商會，代爲伸理。案情較重者，由總理稟呈本部，當會同外務部辦理。

第十七款，商會開辦之始，應先由該地方官體察情形，藉給公房一所，以資辦公。一俟積有餘款，酌爲蓋造，逐漸擴充，以臻完備。

第十八款，商會應由各董事刊發傳單，按照本部嗣後奏定公司條例，令商家先辦注册一項。使就地各商家，會内可分門别類編列成册，而後總協理與各會董隨時便於按籍稽考。酌施切實保護之方，力行整頓提倡之法。至於小本經紀，不願至會注册者，悉從其便，不得勉强，轉失保商本旨。

第十九款，凡商家定貨之合同，房地出入之文契，以及抵押稱貸之券據，凡可執以爲憑者，均應赴商會注册，將憑單上蓋明圖記，以昭信實，而杜誑詐欺僞等弊。

第二十款，中國商人向無商業學堂肄習經商一切。故凡爲商者悉係父傳其子，師傳其弟。所有引號簿册，各不相同。設有訟告，呈堂核帳，眉目難清，吏胥藉得高下其手。現由本部釐定帳簿格式，如下開三項即頒行各商會妥慎印行。各商會並蓋明圖記於上，每季由會董發交各商家，俾如式登記。設有糾葛，即以此項帳簿爲據。至各商每季實需簿册若干。悉任自行酌計，開單加蓋牌號，交會董憑單向商會支給。一、流水簿，照記每日出入各項。二、收支月計簿，照記積日成月出入各項。三、總清簿，照記全年來貨之源，銷貨之數，往來之存欠，開支之數目，盈虧之實在，以爲一行號之總册。

第二十一款，商會原所以保商，而辦公經費不可不事籌計，今擬酌輸於商而仍從保商之意者，如下列三項。此外該商會不得於部定章程外别立名目，再收浮費。一、注册費：按照各業注册之實數酌輸毫釐，由該商面繳商會，掣取收條爲準。二、憑據費：按照注册憑據所載之實數，及期限之多寡，酌輸毫釐，由執有憑據人面繳商會，掣取收條爲準。以上兩項，姑列條目。其辦理情形，層折較爲繁重，自應由各商會明定專章，以期輕重適當，詳慎無弊。三、簿册費：按照市價酌定，不得高抬。按季由會董向各商收取，繳呈商會，隨掣收條。如有苛派居奇情弊，准衆商聯名具控本部核辦。

第二十二款，各商會應於每年底由總會開列四柱清册，將所收公費報部查核。除節省開支外，其實存項下，應以七成爲商會公積，以一成爲總理協理及分會總理紅獎，以二成爲會董紅獎。

第二十三款，商會既以公費七成提爲公積，各分會應按季將餘款解交總會，匯存的實銀行生息。總理及會董不得任意挪動，違者按例罰懲參處。至應行酌量動支者，除後開各項事宜准其核實報銷外，余須稟准本部，方可動用。一、分會每月不敷開支並無可再事撙節者，該總理及會董可公商於總會，由總會會議藉墊若干，俟日後有餘，繳還墊本。二、購置房地，添辦應用器具，以及修理擴充等事，均准總理邀集會董會議，酌量開支。惟無論公積若干，總須留存萬金以上，不得全數支給。三、公積之數，約逾五萬兩以外，遇有巨商創設行號公司，足以抵制進口貨物，收回中國利權者，該商集資已得十之七八，尚短二三成，一時無可招集，各會董會議時，可從衆議決，量予資助，用示國家振商之至意。惟該商素無聲望，會中未能堅信者，概不准行。四、大市設值銀根奇緊，該商爲該處人望所係，適以積貨過重，不能周轉，一經倒閉，必致牽累商務大局者，總會應舉行特别會議，從衆議決，准將存貨抵藉公積款若干，力爲維持，訂期繳還，月息約以四釐爲率，以副保商之實政。其無關商務大局，或以資本虧蝕致欲停閉者，不得矇混擅移。五、公積款俟日漸充裕，准各商會添建房舍，購置就地所出之精良貨物，名曰陳列所。蓋隱師外國博物院之意，而先從簡便，立有基礎，冀得次第推廣，互相觀感，俾中國商品，漸臻月異日新之效。

第二十四款，商會之設，責在保商。然非一視同仁，不足盡其義務。各商品類不齊，其循分營業者固多，而罔利病商，自相踐踏，亦復不少。又如柴米油豆，攸關民生日用各物，無故高抬，藉端壟斷等情，該總理及會董，務須隨時留心稽察。如有上項情弊，宜傳集該商，導以公理。或由會董會議按照市情決議平價。倘敢陽奉陰違，不自悛改，准該總理等移送地方官援例懲治，以警其餘。

第二十五款，現屆開辦之初，應先就各省商務最繁次繁之區，設立總會分會。嗣後商務日有振興，則商會亦因時推廣。其南洋各商，以及日本美國各埠華商較多者，亦即一體酌立總會分會。至考察外洋商務，本部業經另訂專章，行知出使各國大臣，約派隨員領事，遵照辦理。

第二十六款，凡商人有能獨出心裁制造新器，或編輯新書，確係有用，或將中外原有貨品改制精良者，均准報明商會考核後，由總理具稟本部，酌量給予專照年限，以杜作僞仿傚，而示鼓勵。

上海市工商業聯合會《上海總商會組織史資料彙編》第一章《光緒三十年四月訂上海商務總會章程二十三條》 中國商務總會設在上海，係奉前署兩江總督部堂張、商約大臣盛於光緒二十八年九月會奏，光緒二十八年九月二十一日奉旨允准。竊照上海自開埠爲洋商市場以來，華商人數與華商貿易及利益之在本埠者已大加增。現是處有多數之商人在商務經營之總樞中辦事，雖歷有年所，各幫商均於上海設立會館，爲考察、保護各該幫商之權利，並釐定各該幫畫一之規則，然向未設有社會爲中國商務之代表。且華洋商人先時時起齟齬，半由華商不諳西人規律意思，半由洋商同一不諳中國規律意思。今欲爲中國商人興利，凡從前齟齬等情，應令竭力遠遷，並應設社會仿照洋商商務總會，能合中國商人爲一團質。興起諸善，訂定會友辦法程度，傳達華商與官場、洋商、商務總會、各領事及工部局往還信息。是以光緒廿八年九月，前署兩江總督部堂張、商約大臣盛會奏在上海設立中國商務總會，奉旨允准，現已設立。兹某等在下簽名者，係上海爲首華商會館之董事，已擬有下開節略章程，揭出總會宗旨，爲該總會事務規條，俾該會會友人等得所遵守。

一、題其名曰中國上海商務總會。

二、該總會之宗旨，應觀察保護商務大概利益，並萃集思慮，議論商家大宗利益之事，並力設法杜除弊端，伸雪冤枉，增長善事，通達上下聲氣，釐定實行規則。務令會友與會友及與洋商人等貿易等類簡易可行，收受爲人調停之事。遇有洋務交涉，倘洋商、商務總會倩是總會公同裁判，或延公正人裁判，是項判詞應悉記載，爲將來之證佐，並設掛號册珍藏案卷。

三、中國各商家並商務上所用人員，或有關商務或中國裝船行家者，概可選充會友。如以下所開辦理。

四、每歲捐款至少十二兩，分四季預付。惟會友有自由能多助捐款於會中，數之多寡聽其自奪；欲更動每年捐款之總數，須視每歲大會時會友承認人數之多寡爲從違。凡會友每年捐款過銀壹百兩者，得選充副董事，過銀三百兩者，得充舉董事。見第十節。

五、候選入會人員，一會友爲正薦，一會友爲副薦，一面再由董事投票，投票多者爲合選。

六、凡常會選舉之事，不准倩人代行莅會。會友欠少捐項者，不得干預選舉。凡一行號内之人僅許一人，不許二人同時同舉。

七、倘一行號内之伙友全不在本埠，其受權之代表准得選舉。

八、會友可由董事辭退出位，惟須知會各會友，並於常會聚議時，到者有三分之二以上以爲可行，即令出位。

九、十二會友以上可開常會或特會，均按總會章程辦理。

十、總會中事權：銀錢歸每歲會友大會時公舉董事一班經理，此等董事應由每幫商務會館派一代表任充。如數不足，可由會友中選補，其額至少八人至多十二人爲度。各董事一經舉定，從中再舉一人爲總會正總董，一人爲副總董。如正、副總董均不在會，應由董事中另舉總董、董事聚議，有四人者作爲合例。倘會議時所被舉之人數兩造相等，則可由總董另自加舉一次以作定斷。倘常會時忘舉新董，則舊董仍須在會辦事。

十一、各董事聚議，按月必定一最便作事之日。餘聽正、副總董隨時邀傳。

十二、或有一董出缺，應派他董暫行兼代。董事有權可於各董事中選舉一副董辦理各事，並可於會中選舉會友在副董處襄理。

十三、董事應設公事房一所，用文案一人。公事房房租及文案薪水，應悉在總會款項内開支。

十四、每歲大會定於每年正月。如可舉行，或正月後順便時候。特會須有五會友公請總董邀訂；倘總董他出，由副總董邀訂。開議日期當在會友所請之十日以内。

十五、董事有權可以定律。是律一經刊行，並傳知各會友立即照辦，惟於第二次常會時必呈請定實。既定實後，各會友均宜一律遵守。

十六、每歲所行各事須預備册報，俟常會公允後，刊行傳知各會友；或須登報文告，由董事主政。

十七、凡有用項，須經正董簽押爲憑。其帳於每歲大會時呈各會友閲看，並應派總會中一會友爲查察。

十八、以上規條如欲增減，全憑會友於常會時所到大衆主政。所有增減處，應十日前宣示。

十九、商務總會凡有請託，應即承接，出爲排解。商務中之紛争，由總會預備狀式，於狀式上簽字，願請某會友一人或多人爲公正人，聽候裁處。倘二公正人彼此意見不合，即由總董或副總董核奪。其應繳費，即遵董事隨時所定章專。

二十、每次常會時及董事所辦各事，應詳細記録，存入總會公事房中，由董事擇定順便時候，任從各會友閲看。

二十一、各會友及各會友行内伙友姓名住址，均須刊一行名簿，每半年一删改重印。印成之後，以一册貯總會公事房，洋商商務總會、工部局、會審公堂及縣令處各送一册。

二十二、總會内之會友，如有錢債被人照律具稟控告，公堂傳人，總會可幫同官長查覓該會友，並招保人，務使欲審即到。

二十三、以上各規條，並各增葺規條及新章、新律，倘經議定通行，均宜刊印成書，於各會友入會時各給一册。總會公事房留存一册。洋商商務總會及工部局各送一册。

上海市工商業聯合會《上海總商會組織史資料彙編》第一章《上海商務總會致領袖領事工部局及洋商商務總會函稿》 領袖領事鑒：敬啓者，華商與各業會館首董欲在上海設立總會，爲本埠中國商務代表，並酌定章程，參仿洋商商務總會。此意蓄之已久，並知向無此等總會，亦爲洋商與各領事及工部局所注意。此事已於光緒二十八年九月前署兩江總督部堂張、前商務大臣盛會奏，准在上海設立此項總會。後節經分別籌辦，詳定規章，爲各商人等遵循。現將此項英文章程一本送呈臺閲。敝總會明知此項章程無關洋商與貴領事之事，第急欲送閲者，原爲此事有關振興本埠商務，敝董等意見似宜及時與貴領事、工部局及洋商總會協力同心，彼此扶助，庶幾華洋一例，遇有在公堂涉訟事，有一定章程可以照例公斷，並嚴定冒充牌號之商標權限、專利章程及代人排難解紛。總使現者有不便之處，及礙商務者竭力挽救，務使在商會之人從前與洋商、各領事及工部局有誤會争論之處，此後永遠革除。董等又見西曆四月二十八號《北中國日報》載有工部局總董致貴領事之信並詳細節略，亦曾言及敝處章程内所載第一條後段，二十一、二十二兩條之事。至敝會行名簿所載各位，至今日爲止，皆係體面殷實商人，凡有與洋商往來，遇有錢債細故被控、控人，皆不可苛刻虐待及任意拘拿。以上各節顧聞貴領事及各同寅意見若何，便求示及爲盼。

協理　徐　潤

光緒三十年五月十一日　總理　嚴信厚　同啓

坐辦　周晉鑣

西一千九百零四年六月二十四號

上海市工商業聯合會《上海總商會組織史資料彙編》第一章《光緒三十年五月商部奏勸辦京城商會並推廣上海商會折》 謹奏爲勸辦京城商會，並推廣上海商會情形，恭折具陳，仰祈聖鑒事。竊維商務之盈虚，視乎商力之厚薄，而要以聯絡商會爲樞紐。上年十一月間，臣部具奏商會簡明章程一折，奉旨允准欽遵在案。京地爲首善之區，臣部有提倡之責，自應先行勸辦商會，以爲各省之倡。惟北地風氣未開，倘非開誠佈公明白曉諭，一經誤會，流弊滋多。是以臣等先期選派司員訪覓明白事理之商人，剴切勸告，導其來署，由臣等親行接見，面爲曉諭，俾知舉辦商會實爲聯結團體，挽回利權起見。嗣據金銀號、匯兑莊各業商董稟遵部章設立公所，互相聯絡，遂由臣部發給憑單，俾資遵守，又使該商董等輾轉勸勉，舉事引伸。刻下茶業、綢業、布業均已次第仿辦，漸臻就緒。嗣後各行業聲氣相通，利弊可期詢悉，而一切詞訟細故亦可消彌於無形，此臣部勸辦京城商會之情形也。至於商務之薈萃必歸口岸，而口岸之繁盛首推上海。去年十二月間，臣等奏請將臣部右參議楊士琦留滬辦理商務，推廣商務事宜，誠以上海爲商賈總會之區，風氣早開，措施較易。現據該參議函稱：上海紳商公舉浙商候選道嚴信厚、粤商浙江候補道徐潤，熟悉商情，堪勝總董之任。擬將原設之商業公所遵照奏定章程設法推廣，改爲商務總會，擬訂章程，寄呈核辦前來。臣等查上海所設商業公所，係於光緒二十八年由前商務大臣盛宣懷奏准設立，刊有商業公所關防，辦理年餘，商情尚無隔閡，現經該參議楊士琦督飭該商董等，遵照部章復加推廣。閲其所擬章程，均尚妥洽，因即飭令認真遵辦，並飭將舊用關防繳銷，由臣部另刊木質關防一顆，文曰「上海商務總會關防」，發給應用，以昭信守。此外，各埠再由臣部咨行各省督撫，通飭地方官廣爲勸導，但期風會所趨，群情鼓舞，自不難漸著成效。所有勸辦京城商會，並推廣上海商會緣由，理合恭折具陳，伏乞皇太后皇上聖鑒。謹奏。

光緒三十年五月十二日奉旨：知道了，欽此。

上海市工商業聯合會《上海總商會組織史資料彙編》第一章《上海商務總會第二次暫行試辦詳細章程》

第一章　定名

第一條　本會係上海原有之商業會議公所，今遵商部奏定章程，改爲上海商務總會。

第二章　宗旨

第二條　聯絡同業，啓發知識，以開通商智。

第三條　調查商業，研究商學，備商部諮詢，會衆討論，以發達商業。

第四條　維持公益，改正行規，調息紛難，代訴冤抑，以和協商情。

第三章　名位

第五條　本會領袖議事各員：

總理一員。

協理一員。

會計議董二員。

書記議董二員。

接待議董六員。

庶務議董六員，分察公斷調查中證各事。

臨時添派議董無定額（遇有緊要事件須辦者，可由全班會員中選舉數人專辦。此等議董，或由公舉，或由總理協理委任均可。倘有事屬疑難，非議員中人所能決，必須延請會外人相助，而給以相當之酬謝者，可有臨時議董開議，交議會決其可否）。

第六條　本會在會各員：

會員無定額（會員宜有定額，此時各幫各行入會與否尚難預定，故暫未定額。須俟各幫各行皆已入會，屆時再行酌定員額。計不逾部章五十員之數）。

第七條　本會辦事各員：

坐辦一員。

理事一員。

西律顧問一員（當用西人）。

書記二員。

翻譯一員。

司帳二員。

庶務二員（以上各員均須優給薪水，如不敷用，隨後酌添）。

第八條　本會名望會員：

名望會員無定額。

第四章　選舉

第九條　本會選舉之法：

一、總理、協理。

甲、總理、協理須於議董内推舉，舉定兩員，由商部酌派。

乙、選舉總理、協理，應照商部奏定公舉會董格及本會所定總理、協理格，印出與選舉票同交有選舉之權者依律選舉，每年於年會後擇期舉行。

丙、凡選任總理、協理，須由全班議董公同推舉。其選舉係用機密投筒法，以得數最多者爲總理，其次爲協理。如得數相同，則將同數之人由議董再行投票另選。

附總理、協理格：

一、品行方正者。

二、須在滬有實業者。

三、諳習公牘、明白事理者。

四、身任會員者。

五、年在四十歲上下者。

附機密投筒選舉總理協理法：

選舉票式如下：

上海商務總會
選舉票

第　次　願舉　先生爲　理
字第　號
此票限　月　日投本會筒内

背面刊印總理、協理格，以便填寫。另紙印商部勸辦商會章程第六款，及年在四十歲上下之議董名單附送。凡遇選舉總理、協理之期，先期七日由坐辦將選舉票填寫號數，並填限期，分送有選舉總理、協理權之人，每人二紙。坐辦另立底簿，注明某號分送某人。分發既訖，即將此簿嚴密封固，不可預泄。各人得票填注後，封固送本會，投入筒内。屆期集衆由坐辦開筒點清，注簿，當衆宣示照行。

二、議董。

甲、議董須由會員内選任。

乙、凡選舉議董，先期十四日由本會將選舉票分送有選舉權之人，每人十八紙。其應舉者，除議董十六員外，應添備選總理、協理二員，共十八員，並將議董格同送，以備各人如法選舉。以多數者當選，多數逾額，將數同者用掣簽法掣定；不及額，除舉定者外，示期再舉。

丙、凡選舉議董，亦用機密投筒法，與議董選舉總理、協理同。

丁、議董舉定，俟選舉總理、協理後，由總理、協理酌派分任各職。

附議董格，選舉議董票與總理協理同式：

一、品行方正者。
二、在滬有實業者。
三、諳習公牘、明白事理者。
四、身任會員者。
五、年在三十歲上下者。

三、會員。

甲、業經捐助商會經費，已爲會友，其本幫或本行常年捐數至三百兩以上，經本幫或本行公選爲會員，會衆定議許可者得爲本會會員。嗣後會友續有願捐常年經費者，亦照此行。

附各幫各行選舉會員法：

凡一幫或一行每年公捐會費在三百兩以上得舉會員一人，六百兩得舉會員二人，九百兩得舉會員三人，九百兩以上以三人爲限。捐款交後，由該業或該行董事將捐款各户開一清單送本會。會員定議認爲會友後，遇選舉之期由本會照章分送選舉票，及各幫公舉會員格與清單。所開各户亦用機密投筒法令其照章選舉，送本會投入筒内，定期開筒，以得數最多者當選。

附各幫各行公舉會員格：

一、品行方正者。
二、確係在本業經商者。
三、明白事理者。
四、已經本會定議認爲會友者。
五、年在三十歲上下者。

乙、雖未經衆公舉，而其人每年擔任會費三百兩以上，關心公益，經會員二人公薦，會衆定議許可者，得爲本會特別會員。

第十條　總理、協理應合第九條所載選舉之格式，方准公推選舉，禀請商部加札委用。以一年爲任滿之期。先期三月仍由會董會議或另行公推，或留請續任，隨時公同酌議。

第十一條　議董十六員亦應合第九條所載選舉之格式，方准公推選舉。舉定之後，由總理、協理酌派職任，分任議董應辦之事。

第十二條　議董尚未年滿，因事不能任職者，可由總理、協理酌量於會員中選派暫代。惟遇任滿時，仍照正任年滿之例，一體另舉，以免歧異。

第十三條　自總理、協理以至會員，經衆舉定不得辭讓。

第十四條　會友年未滿二十歲，不得有選舉權。

第十五條　捐款不交，及屢次會議不到者，不得有選舉權。

第十六條　自總理、協理以至議董，既經舉定，凡遇議事必須按期到會。倘有疾病事故不能到會者，亦須先期申明。無故三次不到，應如何議罰，臨時公議定奪。

第十七條　凡望重品優及捐巨款實力贊成本會，經本會友二人以上提議公舉，會員定議公認者，可推爲本會名望會員。

第五章　入會

第十八條　凡願入本會者，須有會員二人，一人正薦，一人副薦，聯名推薦。經本會會員議定得多數者，即允其入會。

附推薦書式。

　　字　省　府　縣人，年　歲，　現在上海　幫　號執事，住　第　號門牌，願入上海商務總會爲會友。　等查得按律經商循規蹈矩，允遵會章，特爲介紹。乞貴會定議允行爲幸。此請

上海商務總會查照。

正會員薦　押
副會員薦　押

光緒　年　月　日

第十九條　常年捐會費十二兩以上者，得爲本會會友。

第二十條　本幫或本行公捐會費開單送本會業經公議允認者，得爲本會會友（此項會友應如何酌按該幫户數予以限制，請公議定奪）。

第二十一條　既經會衆公允入會，須自具信約一紙，簽名交本會收執，以爲入會之據。

附信約式

具信約　字　省　府　縣人，　年　歲現在上海　幫　號執事，住　第　號門牌，願入上海商務總會爲會友，兹將允認之約條列如下：

甲、願守會章。
乙、允從衆議。
丙、允認所舉者爲代陳意見人。

丁、願擔會務。

此請

上海商務總會查照。

光緒　年　月　日　號　押

第二十二條　公司工廠年捐巨款贊成本會，可查照各幫捐數，准一人至三人入會爲特別會員，仍不准逾三人之數，以示限制。

第二十三條　凡在上海按律經商有實在營業之本國人民，得入本會。

第二十四條　莊號不在上海而有分支莊友駐滬者，得入本會。

第二十五條　已入會之會友因事離滬，其伙友持有該號蓋印之函代爲聲叙者，本會可認爲代理。倘係分莊換友，經理陳請改注，亦可照允。

第二十六條　凡下開諸人不得入會：

甲、營業卑賤者。

乙、欠債倒閉未清償者。

第六章　出會

第二十七條　會員會友自願出會者，可具函聲明送本會收存，作爲出會之證，捐助之款，概不給還。

第二十八條　會員會友中有犯下開各款，經會友二人以上舉發，查有實據，有全班會員三分之二議定令其出會者，即令出會，原捐之款亦不給還。

甲、干犯刑憲。

乙、不守會章。

丙、敗壞本會名譽。

丁、侵侮同類者。

戊、行止有虧，同人不齒者。

第七章　經費

第二十九條　本會經費以各商每年年捐之款充用，須分額支、活支二款如左：

甲、額支款由會計議董編列預算表交會員公議允認，按月預開月計表送總理、協理簽字後隨時照行。

乙、活支款用款一百兩以内者，由總理、協理與諸議董公議簽字照發；若數在一百兩以外，須開特會招集全班會員定議施行。

第三十條　每月月報結清後由會計議董交總理、協理會同各議董查對一次，以昭核實。

第三十一條　每月月報查核後，由總理、協理簽字，並將各項發票、收條、往來莊折查對一次，以後不得涂改。

第三十二條　會員會友既經公允入會，即將所允捐之款交本會坐辦查收。由坐辦出具收條，坐辦、總理、協理、會計議董均應簽字，交本人收執。附收條式：

上海商務總會收條

今收到

寶號

先生交到自願入會，

年年捐規元　　兩正，此據。

光緒　年　月　日坐辦　押

總理　押

協理　押

會計議董　押

字第　　號

收條存根

寶號

先生自願入會，　年年捐規元

兩正，已照收入册，留此存根備查。

光緒　年　月　日坐辦　押

第三十三條　每年年會時，由總理、協理將上年各項用款當衆宣告。由會員公舉查帳人二員清查一次，如無錯誤，由查帳人簽名具報，榜示本會，並刊印成冊，呈報商部分送在會諸人，以徵大信。

第三十四條　年會之先，應由總理、協理督飭會計議董將本年應用各款編成預算表。年會時交會員公閱，籌議款項，以備支用。

第三十五條　本會存款須於年會時擇殷實之錢莊，公議允洽，始可將款項存放。

第三十六條　公款積存，如須置買產業，或附公司股分，或交妥實殷户存放者，由總理、協理隨時開特會，招集會員定議施行。

第三十七條　商部奏定商會章程之二十一款應收各費，俟日後揆度情形，公同定議酌量辦理。

第三十八條　商部奏定商會章程之二十二款給獎各節，此時事屬創辦，經費支絀，總理、協理及議董各員皆係殷實紳商，志在急公，肩任會務，應從緩議給，或須酌給車馬費與否，視經費定議。

第八章　議事

第三十九條　本會開會議事，分常會、特會、年會三種。

甲、常會。

每七日開常會，總理、協理至議董齊集會所，酌議應辦各事。倘事關緊要，不能拘定常議之期，可由總理、協理隨時斟酌傳知議董，齊集會議。

乙、特會。

凡會員、會友十人以上欲開特會公議事件者，可具書送總理、協理，於十日内招集會員公同定議。如事關緊要，非議董所能決者，總理再應知照會員，擇期公議決定。

丙、年會。

每年正月開年會二次，由總理、協理酌定日期。登報宣告各議董會員，齊集會所公同定議。

第一次，清查去年帳目，暨公議本年預算表。

第二次，宣告去年調查各項商務情形，公舉辦公務員。

第四十條　本會公議除以下所指各事外，皆以多數定議。

甲、欲創會員、會友新捐。

乙、加增捐數。

丙、動用會中公款。

丁、買賣抵押會中行動及不行動產業。

戊、議退會員、會友。

己、更改本會章程。

以上各節，須有會員中三分之二允許，方可照辦。

第四十一條　議事時，須有會員三分之二到者，方可開會定議。

第四十二條　議事時以可否孰多之數爲准。可者簽名議簿，否者不必簽名。倘事有不便明言者，可用機密投筒法。倘可否之數同，則由總理、協理秉公決定。

附議事機密投筒法

本會内室備有黑白子兩匣，如遇有機密投筒事件，臨時與議各員魚貫入門，各取一子至總理前投入筒内。可者取白子，否者取黑子。投筒畢，由總理傾筒取出，當衆數明宣示。

第四十三條　議事時，各員皆有決定事理之責，不得依違兩可，如既不可亦不否者是。

第四十四條　議事時，由書記員將各人言論詳載議簿之内。議定後，將所議各節榜示本會議廳，並登會報，俾衆周知。

第四十五條　議事須依次序，甲事議畢，然後再議乙事。

第四十六條　議事時，只能議論今日提議之件，不准牽入他事。

第四十七條　議事時，意見不同，各持一議，竟有三議不易斷決者，應由總理、協理告之衆人，立時公舉四人專議此事，於衆人所議中選取二議，擇日再開特會，會同全班會員定議。

第四十八條　名望會員遇有本會重要事件不能決定者，可由總理、協理及全班會員公請來會討論，定有意見，再交會員核議施行。

第四十九條　本會議事時之規制：

甲、遇議事之期，如邀請幾點鐘，務須按時齊到，不得故意延遲，致令衆友久候。由總理、協理於議董内酌派二人任督會之職，開會時摇鈴入座，坐定再摇鈴一次。總理或協理起立宣示本日所議之件，由衆依次議決。議決後，再由監會摇鈴散會。

乙、如有人欲提議一事，須先期叙述己之意見，有會員或會友二人願贊成其説者，簽名於上，送總理、協理閲後，至期開議，倘欲陳説己見，可先告總理、協理，經總理、協理允許者，即離座至提議處陳説，陳説畢，歸次。

丙、欲辯駁者，當時告知總理、協理。經總理、協理允許，至辯駁處陳説，陳説畢，歸次。

丁、凡提議之件，經衆人辯駁後欲再申説己意者，仍告知總理、協理。經總理、協理允許，至提議處陳説，陳説畢，歸次。

戊、本日議事未畢，可由總理告知會員擇期再議。

第五十條　議廳内之禁約：

甲、不得喧嘩談論。

乙、不得隨意涕唾。

丙、不得吸息加煙、紙煙，以及各種水旱煙。

丁、不得紊亂坐次。

戊、在議廳内盡可彼此辯駁，但不得忿争至於詈。會所之外，不得辯論。

第九章　責任

第五十一條　總理、協理有總理協理會務、籌定經費、裁定會章、密議裁定各事之責任。

第五十二條　議董有推舉總理協理、監察會務、籌議經費、討論會章、密議協議會務之責任。

第五十三條　會員有選舉議董、籌議經費、決定會章、裁定會務之責任。

第五十四條　會友有助本會經費及條陳意見以備本會採擇之責任。

第五十五條　名望會員有提議、專議、聽本會裁定之責任。

第十章　辦公

第五十六條　本會應辦各種會務及日行各事，應另立專條。公議裁定後，交辦事員查照施行。

第十一章　會報

第五十七條　本會每月刊印報章一份，分送各會員、會友以備閲看。章程隨後擬定，禀經商部批准，再行酌辦。

第十二章　權利

第五十八條　本會會員之權限：

甲、議舉會内人員及聘請辦公各席。

乙、議准人入會及出會之事。

丙、會議捐款各事及捐款各章程。

丁、議定會中動用公款及買賣動産及不動産各事。

戊、調查商務，隨時設法改正。

己、在會華商争執之件，隨時爲之公斷調處。

庚、隨時改正會章，及代各幫、各行改正舊時規則。

第五十九條　本會會友之利益：

甲、討論商務利益，條陳當道以備採擇。

乙、考查商務利弊及有關緊要消息，隨時附入會報。或刊印傳單，佈告公衆。

丙、會中人員有關涉商務屈抑不平之事，查察屬實，公議遵照部章第七條向官長申訴。

丁、會友有關涉商務事件不諳中外章程法律之處，可至會中詢問。

戊、會友有關涉商務之中外文件解釋不明之字義，可請會中翻譯講解。

己、會中多備中外章程法律書籍與商業有關涉者，備會友查閲。

庚、會中人員如欲考查有益商務之事，本會可作介紹之處，均爲之介紹。

第十三章　規制

第六十條　本會會員、會友既經入會，應一律相待，毋有歧視。

第六十一條　本會章程議定後，非有會員、會友十人聯名請改，經全班會員三分之二定議允准者，不得遽改。

第六十二條　章程雖經會衆公議允改，但未經宣佈以前，應仍照舊章辦理，以免分歧。

第六十三條　凡關係重要之條陳、函信，未經定議以前，可由總理、協理隨時斟酌，暫不將本人之名宣示。

第六十四條　本會每一年刊印商業行號姓名簿一次，先期由在會人員開送編列刊印。印成後，分送在會人員每人一本，不取刊資，仍另繕清册，呈送商部備案。

第六十五條　總理以下各員如有辦事不公允，經會員、會友舉發者，須有在會會員五人聯名方可宣告會衆，擇期公議，派會員查究。如查有實蹟，告知會衆，公同定議撤退另舉。如係商部加札之員，應由本會呈訴商部，若未經公議決定，不得用本會之名呈訴。

第六十六條　凡不合本會宗旨範圍以内之事件，未經會衆公同定議，不得擅行。

第六十七條　會中要事，未經宣佈以前，在事各員不得預泄。

第六十八條　在會會員有彼此交易文契，兩造願由本會蓋用圖記代作中證者，總理、協理酌度情形，隨時蓋用。

第六十九條　本會總理、協理，由衆公舉，稟請商部加札任事，自應請刊關防一顆，遇有地方官往來文牘，隨時鈐用，以昭信守。

第七十條　本會日後經費充裕，應隨時酌議設立商務學堂，以期造就人才，興起商業。

第七十一條　在會會員有錢債各事，被人控告公堂，出票傳人，本會可幫同查尋，並隨時酌議代覓擔保，以免羈押拖累。

第七十二條　關涉商務重要事件，雖經會衆公議具稟，非奉商部允准，不得擅行。

第七十三條　以上章程七十二條，既經公議允遵，應呈報商部查核批准，刊印成本，分送在會各人，以昭信守。如有增改，應隨時改刊分送，以免歧誤。

以上各條，應俟呈送商部俟核准咨行後再行照章推舉。現在事屬創始，應暫以創辦之人先行公議充選，以便早日試辦。

光緒三十年五月　日

上海市工商業聯合會《上海總商會組織史資料彙編》第一章《上海商務總會致美總領事兼領袖領事函稿》　大美國總領事兼領袖領事臺鑒：逕啓者，前致一函，並附章程一本，内言二十一、二十二兩條最關緊要，務請加意察核。董等現欲申明，前項章程及總會職司，不獨會審公堂應然，且須推廣至法公堂。因會審公堂與法公堂本屬無異，欲使中國被告輕重適當，莫若兩公堂一例，以昭平允。本總會之意，以後凡有錢債細故控及體面華商，兩公堂亟須改良。此事若非各領事與中國官場商定辦法，則改良亦屬空言。擬請嗣後凡有錢債控案，在洋銀百元以上者，仿照上海各領事衙門辦法，將原告所控節略連同傳票飭令被告限日稟復，再行定期審問。是否如斯，仍候大裁。

協理　徐　潤
光緒三十年六月初八日　總理　嚴信厚　同啓
坐辦　周晉鑣

西一千九百零四年七月二十號

上海市工商業聯合會《上海總商會組織史資料彙編》第一章《上海商務總會致美總領事兼領袖領事古函稿》　美國總領事兼領袖領事古大人閣下：逕啓者，本年六七月間，敝會總董等曾先後兩次致書臺端，述及會審公堂改良之事，兹將原書照録送上，並囑余函詢，未悉貴總領事於此事有無定見。敝董等注重在錢債細故拘拿體面華商之事切須更改，一經商會作保，臨審到堂，似可作爲可靠之據，不必定行拘拿。如此辦法，案可早審早結，想各國會審官定必謂然也。今特專函奉詢敝董前函所指，並此函所言各節，務請早日示復爲盼。

光緒三十年八月　日　書記朱禮琦謹啓

上海市工商業聯合會《上海總商會組織史資料彙編》第一章《德總領事兼領袖領事來信》　商務總會臺鑒：徑復者，上年西曆十一月初七日接誦來函，並迭次致領袖領事之信，俱悉一一。會審公廨改良一層，已由各國駐京欽差會同外務部商量辦法。至尋常錢債細故，除巨款恐人脱逃外，均已改提爲傳。除此而外，各國領事現未便再行干預。此復。即頌日祉。

克納貝謹啓

西一千九百零五年正月二十一日

《申報》光緒三十一年五月四日第二版《長沙商會致上海商務總會電爲抵制美禁華工事》　商務總會諸公鑒：來電悉。傳諭各商静候換約改良，否則照行抵制，衆志極堅。

《申報》光緒三十一年五月六日第二版《商務總會覆滬學會函爲華工條約事》　滬學會諸公鑒：頃奉公函，以美設苛例，羣議抵制，貴會擬舉代表人，以期通力協助等情。查敝商會前經兩次集議，深虞能力薄弱，極願同志襄助。兹承明示，具徵諸君子熱心毅力，至爲佩欣。容俟隨時奉約，藉聆大教，以匡敝會所不逮。肅復。祇頌均綏。上海商務總會啓。

《申報》光緒三十一年五月二十七日第二版《汕頭紳商致上海商會電爲抵制美國華工禁約事》　商會諸公鑒：争約必先争廢約，杜絶後患，貴處實行抵制，本埠照行函達外，先電佈汕頭紳商公電。

《申報》光緒三十一年七月二十九日第二版《上海商務總會接商部唐右丞電爲辦理公認美貨事》　頃奉本部貝子爺諭開，各埠華商向外洋廠家定貨，均在一年或數月以前，先行成定，然後到期出貨，定後既無更改。現聞滬埠販運美貨，其現在未售及已定到之貨值，爲數甚鉅，且皆定購在前。夫貨既爲華商所有，實與華貨無異，若概不購用，必致工約未及挽回，華商先已受累。本部愛護部民，兼□並口請張季直、湯蟄仙、周舜卿諸君，聯合商會、商學會及各學堂籌議，凡前經華商已定之各項美貨，無論現存未售，或裝運在途，或已定未裝，展轉批發，如從前□已成定，即須公認照常行銷。至行銷之法，應即妥籌定議照辦，一面轉電各埠，一律辦理等諭。希即□辦，尅日電復。文治。

上海市工商業聯合會《上海總商會組織史資料彙編》第一章《光緒三十一年十月奉商部札委曾鑄朱珮珍爲上海商務總會總、協理並接受任事之移文》 上海商務總會總理候選道曾、協理三品銜候選道朱爲移會事。案奉商部札開，光緒三十一年十月二十日准本部王署右丞電開，上海商會開第一次特會，實行投票公舉候選道曾鑄爲總理，三品銜候補道朱珮珍爲協理，群情悦服，請憑電札委飭遵等因，到部。查上海爲通商巨埠，商務甚繁，所有該埠商務總會總、協理等，關係綦重。現在既據各商董照章特開會議，投票公舉該員等爲總、協理，並准本部王署右丞電稱前因，應即准予札委，以資董率。爲此，札飭到，該總、協理即便遵照到會任事，務將會中應辦事宜悉心經理，俾會務日有起色，是爲至要等因。奉此。旋於十一月二十一日准前任總理直隸候補道嚴、協理浙江候補道徐將關防文卷移交前來，即於是日接受任事，除將到差日期呈報商部及各憲外，相應移會。爲此，合移貴總會，請煩查照施行。須至移者，右移蘇州商務總會。

上海市工商業聯合會《上海總商會組織史資料彙編》第一章《時報》報道上海商務總會選舉議董》 上海商務總會於上年年終時，經全體會員投票選舉議董十九人。舉定謝君綸輝、李君雲書、虞君洽卿、周君金箴、周君舜卿、施君子英、祝君蘭舫、陳君潤夫、嚴君筱舫、蘇君寶森、邵君琴濤、劉君柏生、樊君時勛、袁君聯清、丁君欽齋、袁君泳笙、孫君蔭庭、陳君子琴爲議董。本年正月二十一日復經各議董會議分任監理會中各事。現知議定以蘇君寶森、祝君蘭芳爲會計議董，監察會内收支各項款目，凡五十兩以上者非經總理及會計議董簽字不得支付，會計司事應於每禮拜將帳目呈會計議董查核；孫君蔭庭、施君子英爲書記議董，監察會内往還電文公牘書札及收發條陳諸事；徐君雨之、虞君洽卿、周君舜卿、陳君潤夫爲庶務議董，監察會内庶務及對於會外接待官場諸事；周君金箴、李君雲書、謝君綸輝、劉君柏生、陳君子琴爲理案議董，監理錢債糾葛詞訟諸事；嚴君筱舫、邵君琴濤爲調查議董，監理調查商業及各業入會，分別會員會友册籍。現在嚴君因事在津，由全體議董公認嚴君之子子均爲代表；丁君欽齋、袁君聯清爲糾儀議董，專司議事時會内規則；樊君時勛，袁君泳笙爲中證議董，監察各商契券合同作證諸事。如此條條縷晰，監理有人，想會中諸務必更蒸蒸日上矣。

《商務官報》光緒三十二年七月五日第一三期《批上海商會總理曾鑄等禀》 前據該商會總理等迭次來禀，以内河招商局輪船總局自用煤斤請免捐税，並擬開明所需煤斤噸數，請由招商局發給文照，驗明放行等情。當經本部先後據禀，咨商江蘇巡撫核辦在案。兹准覆稱，據牙釐總局詳稱，此項煤斤大部准其免捐，專指自用之煤。該局往來蘇常鎮各埠，究共小輪幾艘，是何船名，本局無從查核，經照會上海商會查覆，商局小輪共有二十四艘，開送船名，並聲明運煤護照，准由該公司逕行赴局請領等因。本局以商局小輪自用之煤，赴滬購辦，執有完税官單，沿途本准驗免。所有落地一捐，既商部准其免完，此後運煤到地，即憑税單驗放，毋庸由局另給護照，轉多周折，每年運數不得逾二千四五百噸之額，俾有限制。除通飭各局隨時驗放外，相應咨覆查照等因，到部。查此案既據蘇州牙釐局詳准，憑税單驗放，以利遄行，自是體卹商艱，仰該總理等傳知該商局，遵照辦理可也。此批。六月十三日。

《商務官報》光緒三十二年七月十五日第一四期《批上海商務總會禀》 據禀已悉。職商李厚祐等在上海創設製造絹絲股分有限公司，業經本部批准立案。兹繕具規則契約清摺，二扣公費一百九十四兩，遵式呈請注册，具禀前來。查核該公司規則契約，在通商口岸尚無不合，呈内聲叙各款，及所繳公費銀兩，亦屬相符。惟該公司印出空白股票式樣未據附呈，此次先准注册，合行填寫執照，寄由該總理查收，轉交該公司具領，並飭令將股票式一紙補呈，到部備案可也。執照收單發，此批。六月二十二日。

《商務官報》光緒三十二年八月十五日第一七期《批上海商務總會禀》 據禀已悉。鶩郎草圖説已到，業經札飭北京商會，隨時分送，廣爲勸導，至所稱購買各鋪戒煙丸藥發交化驗一節，辦法甚妥，仍俟化驗完竣，隨時禀報本部可也。此批。七月二十二日。

《商務官報》光緒三十二年九月五日第一九期《批上海商務總會禀》 據禀已悉。所陳現在戒煙辦法尚屬周妥，至各肆所售戒煙丸藥，若用嗎啡作引，較之煙灰煙膏爲害更烈。本部前劄該總理等化驗諭禁，係專指嗎啡作引者而言，既據禀請免予禁售，恐致阻其欲戒之心，自是實情，姑准照所禀辦理。一俟振武戒煙釉盛行時，即行報部察奪辦理可也。此批。八月二十一日。

《商務官報》光緒三十二年九月五日第一九期《批上海商務總會稟》 據稟及贛豐餅油有限公司商董等呈式條規章程股單式樣等均悉，該公司前經本部批准，以開辦之日爲始，在海屬境内專辦五年在案。茲閱所擬章程，聲叙各款及公費銀數，尚屬相符，自應准其注册，填給執照，寄由該商會轉交該公司具領。一面咨行地方官飭屬保護，仍將開辦日期報部，並將現行刷印股票一帋呈部備案可也。此批。八月二十一日。

《商務官報》光緒三十二年九月十五日第二〇期《批上海商務總會稟》 據稟已悉。川沙地方既係鄰近上海，商務一切互有關繫，自當共相聯絡，所請設立商務分會，應即照准。所舉潘守勤爲總理，既據稱才地資望均合資格，衆情允洽，自應一並照准，擬呈簡章十二條詳加披核，大致亦均周妥。惟第九條内開「各議董輪流駐所作爲坐辦」句，應改「各議董駐所輪流辦事」，以免與總會坐辦名目混淆，仰即轉飭更正報部。該總理札文一件、圖記式樣一件，隨批發去，仰並轉給遵照可也。此繳。八月二十三日。

《商務官報》光緒三十二年九月二十五日第二一期《批上海商務總會稟》 據稟順利火油公司一案，纏訟經年，枝節旁生，迭經總理等邀集兩造，一再切實理勸。董子珍等自知不合，而又無力全償，因即籌措現銀一萬兩，交由該商會轉給永泰祥等號具領，尚有各户欠該公司款銀八千兩，仍責成董子珍等按户向收，陸續交付該號歸墊。該號不願纏訟，允將餘欠免繳，完案呈請，准予銷案等情前來。此案既經議結，自應准其銷案。此繳。九月初二日。

《商務官報》光緒三十二年十月十五日第二三期《批上海商董蔣永金等公稟》 稟悉。此案前據京、蘇兩帮玉業各商互控到部，當經劄飭上海商會，查明調處，尚未稟覆。茲又據該商董等稟，南京帮人多肆横，難與共事，請飭另立公所等情。已據稟，再劄上海商會，妥定章程，商由上海道持平斷結，以弭衅端而免纏訟，該商等静候毋違可也。此批。九月二十九日。

《商務官報》光緒三十二年十月十五日第二三期《批上海商務總會稟》 據稟已悉。所稱上海南北市錢業元鼎、安裕等十一莊聯名呈稱，瀋陽帮紳富趙清璽、田子超等揭欠莊等往來銀八萬二千餘兩，函電交催，均置不理。請咨行奉天軍督憲札飭府縣，迅傳趙清璽等到案究追等情到部。查趙清璽等欠款不還，如果屬實，自應追究，未便任其延宕。本部已據情咨行盛京將軍，飭屬核辦，俟聲覆到部，再行示知可也。九月二十六日。

《商務官報》光緒三十二年十月二十五日第二四期《批上海商務總會總理曾鑄稟》 據稟已悉。宜興、荆溪兩縣商董前請設立商務分會，並公舉前四川重慶關監督任錫汾爲總理，當經本部批示，以所擬會章第二條内開，會費係由各商業自願湊集等語，究屬如何辦理，飭令詳晰。聲覆去後，茲據該總理等據該處商董等覆稱，係就各商董等自有之業，分認年捐，開列細數，並據該總理等稟稱，尚無抑勒等派情弊，自應照准，派任道錫汾充該分會總理，以專責成，所有札文一件並圖記式樣一紙，仰即轉給該分會祇領可也。此繳。十月初二日。

《商務官報》光緒三十二年十月二十五日第二四期《批上海商會曾鑄等稟》 據稟已悉。現時華商未能運茶出洋，籌助告白經費一節，所請暫緩，尚是實情。惟奥國正當減輕茶税之時，華茶乘此開通銷路，是絶好機會。該洋商向辦華茶，與中國有同利相趨之勢，籌助之數，實亦多寡在我，倘能勸導衆商籌成的款，匯寄外洋，亦足以資聯絡，與茶業不無稗益。至於運茶出洋，設莊自售，各商既知其有利，尤當集成鉅款，合力興辦，速赴事機。所謂從緩者，於事有待之謂，未可宕延擱置，重蹈積習，自昧遠圖。仍仰該總理等善爲提倡，招合大商創立運茶出洋公司妥定章程，振興商業，隨時稟報本部核奪可也。此批。十月初六日。

《商務官報》光緒三十二年十月二十五日第二四期《批上海商務總會稟》 據稟已悉。該總理等所製振武戒煙釉，性質平和，功效頗著，並擬將鶩郎草分別栽種，連同前印圖説及製釉方法，分寄各省商會及振武支社，分頭照樣覓採，製釉送戒，以廣流傳，深堪嘉許。查該商會前呈之鶩郎草圖説，經本部交北京商會分送已罄。仰即再寄二百分到部，以便分咨各省督撫飭屬遵辦可也。此批。十月初二日。

《商務官報》光緒三十二年十一月五日第二五期《批上海商務總會稟》 據稟已悉。查周浦鎮地方係南匯縣屬，接近黃浦，爲水陸交通之鎮，商務素稱繁盛，既據該鎮職商葛學文等呈請設立商務分會，投票公舉張之儀爲總理，由南匯縣查明該職商輿望素孚，應即准予立案。本部核閲所擬章程，大致尚屬妥洽，其經費一節，由入會各業隨便輸貲，具見熱心公益，殊堪嘉許。至該縣屬之新塲閘港魯港等處，仰照稟飭令該總理務與該處各商董遇事互商，隨時接洽，以期聯絡，而免隔閡，是爲至要，除總理另加札派並繕發圖記式樣外，爲此批示。仰即轉知該商等遵照可也。章程總理會董職名清摺均存，此批。十月初九日。

《商務官報》光緒三十二年十一月五日第二五期《批上海商務總會稟》 據稟已悉。該道等辦理上海商務總會，切實整頓，倡導有方，深堪嘉許。茲届一年任滿，自應續派，以符定章。所舉分部郎中李厚祐爲總理，直隸候補道孫多森爲協理，應如所擬加札委派，以資經理，仰即遵照。此繳。十月初二日。

《商務官報》光緒三十二年十一月二十五日第二七期《批蔡煌等稟》 前據稟請設立安亭鎮商務分會，當經本部札飭上海商務總會查明聲復。茲據稟稱，安亭鎮雖當蘇松太三屬中區，惟鋪户無多，商務未臻繁盛，似宜先設商務分所，隸屬嘉定分會，以資聯絡而便研求等語。查福建石碼鎮及江蘇豐利場等處，歷經本部批准，設立商務分所，並入漳州暨如皋分會辦理在案。該處事同一律，應歸並嘉定分會辦理，即定名爲安亭鎮商務分所，一切稟報本部文件，應由該分會轉呈，毋庸發給圖記式樣。此批。十一月初五日。

《商務官報》光緒三十二年十一月五日第二五期《批上海商務總會稟》 據稟已悉。該道遵札赴湖，會同該地方官查縐機兩業訟案，曲譬曉諭，動其悔心，具見持平公正，衆情允洽，本部深爲嘉尚。所呈機縐兩業，議定章程，詳加披閱，均臻妥善，應即准予銷案。仍由該總董等隨時勸導，遵章辦理，不致再啟釁端爲要，章程附存。此批。十月十六日。

《商務官報》光緒三十二年十一月十五日第二六期《批上海商會稟》 據稟已悉。職商李徽莊等擬集股十萬兩，創辦精勤實業公司，以期推廣商場，振興市廛。本部詳核該公司開辦章程暨股票式樣，尚與注册章程相符。惟查察人臨時再舉，尚有未合，應俟舉定後再行呈核，公費稟據暫存。此批。十月二十一日。

《商務官報》光緒三十二年十一月十五日第二六期《批上海商務總會稟》 據稟已悉。職商謝日庠等擬集股六千元，在泰州城東海安鎮西鄉王家樓地方試辦泰初染織有限公司，收本鄉子弟學習，遵章呈請注册等情。本部細核該公司章程、合同、股票式樣、所繳注册費，均屬相符，自應准其注册給照，合行填給執照收單，寄由該總理轉給具領可也。此批。十月十九日。

《商務官報》光緒三十二年十二月五日第二八期《批上海商務總會稟》 稟悉。前因陳昌記襪店呈請注册，未蓋總會圖記，慮有轇轕等情，札行查覆。茲據稟稱，該店互控冒牌訟案未結，莫辨真僞等情，自未便准。其注册仍俟瑞道飭員查核各店遠年帳簿，分別先後真僞移覆後，再由該總理等具呈到部，以憑核奪。此批。十一月十七日。

《商務官報》光緒三十二年十二月五日第二八期《批上海總商會稟》 據稟暨清摺均悉。婁縣泗涇鎮既稱商務繁盛，自應准其設立商務分會，以資聯絡。所擬章程亦屬妥洽，職監吳懋仁既經該總會行查松江分會，委係辦事勤能，衆商悦服，堪爲總理，應即如擬，加札委派。希將該總理詳細履歷補送到(都)〔部〕，所有札文圖記式樣，仰即轉飭該總理遵領可也。此繳。十一月十六日。

《商務官報》光緒三十三年一月二十五日第一期《批上海商會稟》 稟悉。查茂新機器麪粉公司，曾經本部注册立案，開辦有年，刻因麥貴粉賤，銷路疲滯，擬改爲碾米，免機器閑置，工人坐耗薪資，係爲整頓公司、講求商務起見，自應准予立案。惟此次既改碾米，其一切辦法及股東資本有無更動、增加，應飭該公司補呈聲敘，仰該商會轉飭遵照辦理可也。此批。十二月初一日。

《商務官報》光緒三十三年一月二十五日第一期《批上海商務總會稟》 據稟，職董袁洤等擬集股一百萬圓，在上海創設交换所股分有限公司。凡貨物及各種股票編號列價售買，譯具日本各章程呈鑒等情，業經據情咨商江督蘇撫，札行滬道議復，俟復到，再行核奪辦理。此批。十二月二十七日。

《商務官報》光緒三十三年二月二十五日第四期《批上海商務總會稟》 據稟，常州商務分會於上年十二月十八日公舉惲紳祖祁續任總理，稟請本部加札委用等情。上年五月間，該分會將章程呈請立案，以所擬與部章不符，批飭另訂候核在案。迄今尚未稟復到部，該商會辦理經年，究竟遵守何項章程，應候稟復到日，再行核辦，仰即轉飭遵照可也。此批。二月十二日。

《商務官報》光緒三十三年二月二十五日第四期《批上海總商會李厚祐等稟》 據稟已悉。朱涇鎮分會總理創設阜生種植公司，附呈試辦草章，懇予立案等情，該總理講求樹藝，先行集股試辦，於振興林業不無稍補，所擬草章亦尚妥洽。本部自應先准立案，惟據稱，官荒各土山及曠地約有四十餘畝，先行試種等語。如果確係官荒地畝，應即飭令自向地方官報明領種，毋稍含混，仍將辦理情形隨時稟報本部。仰該總會即傳知該分會總理遵照辦理可也。此批。二月初八日。

《商務官報》光緒三十三年三月十五日第六期《批上海商務總會稟》 稟悉。上海麪粉洋廠此項運麥，有無認捐實據，既經據咨蘇撫飭局查明詳覆，亟應妥籌劃一辦法，以平商情而清轇轕。俟咨覆到日，再行核辦可也。此批。二月二十四日。

《商務官報》光緒三十三年三月二十五日第七期《批義昌成等商號稟》 前據稟，追閩關銅幣局拖欠銅價，當據情准理，電飭上海商會傳知在案。茲據稟催，適准陳欽使電稱，查閱册報均已開支，顯已私挪誆騙，業將馬道參革押追等因。本部深念商家血本攸關，復經電復，如查明該廠款已支出，應向馬道嚴追，僅予參革，尚無以卹商艱等語。仰各商號静候辦理可也。此批。三月初八日。

《商務官報》光緒三十三年四月五日第八期《批上海分會稟》 據稟已悉。精勤實業公司既經舉定袁崧藩、楊竹坪爲查察人員，自應准予注册，填給執照，收單寄由該總會轉交具領，一面咨飭保護可也。執照收單並發。此繳。三月十七日。

上海市工商業聯合會《上海總商會組織史資料彙編》第一章《上海商務總會第三次繕修章程上農工商部稟》 敬稟者：竊維事經研練而愈明，法貴推行以盡利。職會自光緒三十年四月就上海商業會議公所遵照憲部奏定章程，設法推廣改爲商務總會，經前總、協理嚴故道信厚、徐道潤等集衆議訂暫行試辦章程七十三條，呈奉核准有案。遵辦以來，迄今三載。平日悉心體察，遇事刻意講求，秩序雖已井然，綱目尚嫌未備。上年曾道鑄、朱道佩珍等曾擬續加修訂，量變爲通，未及核辦，即行交卸。司員職道等接管以來，默察商情，博咨輿論，竊謂原訂章程本聲明暫行試辦，現值憲部實力提倡於上，各業競求進步於下，滬埠五洲互市，尤宜及時釐訂稟准。實行數月來，檢齊舊章，並曾道等續修未竟各條，一一推勘，就司員職道等考察所及，衆商條議所陳，參互印證，刷印清單，分送職會全體會員及各業商董等請其詳細討論，各抒所見，意在集衆人之長，收合群之益。簽注復會後，其中互有從違者，以多數爲取舍；不置可否者，再集衆取決公議，於本年三月初九日舉行特別大會，當衆宣佈，全體贊成。至是稿本始定，計新增及斟改各款共得九十二條，一以不背憲部定章、不越商務界限爲宗旨。司員職道等更有進者：原章選舉一條，文義太簡。默揣各省商會之振興，全賴群情之踴躍，除名位、責任悉照舊章不敢更易外，擬請凡捐助會費至三百兩以上者，得選舉三權；二百兩以上者得選舉兩權；不滿二百兩者得選舉一權。於權限之中仍寓鼓舞激揚之意。是否有當，謹匯繕清册，肅泐稟陳。伏祈大人俯賜鑒核訓示，俾有遵循，不勝悚惶企禱之至。肅稟，恭敬鈞安，伏祈垂鑒。司員厚佑職道多森謹稟。光緒三十三年四月。

上海市工商業聯合會《上海總商會組織史資料彙編》第一章《光緒三十三年五月初十日奉農工商部批》 稟悉。所呈續修章程九十二條，綱目井然，核與原訂章程更加詳備，應即准其刊印分送，俾衆周知。至選舉一條，擬請凡捐費至三百兩以上者得選舉三權，貳百兩以上者得選舉二權，不滿貳百兩者得選舉一權，於增訂權限之中仍寓鼓舞激揚之意，所議甚是，亦准照行。爲此批示。仰即遵照可也。此批。

《商務官報》光緒三十三年五月二十五日第一三期《批上海商務總會稟》 稟悉。所呈續修章程九十二條，綱目井然，核與原訂章程更加詳備，應即准其刊印分送，俾衆周知。至選舉一條，擬請凡捐費至三百兩以上者，得選舉三權，二百兩以上者得選舉二權，不滿二百者得選舉一權，於增訂權限之中，仍寓鼓舞激揚之意，所議甚是，亦准照行。爲此批示，仰即遵照可也。此批。五月初八日。

《商務官報》光緒三十三年六月二十五日第一六期《批上海總商會稟》 稟及該公司議事清摺，曹竹村節略、榮德生説帖各件均悉。曹竹村所指該廠經理榮德生攬權營私各節，既由該公司九成股東集議剖明，與榮德生伸訴説帖均符，自應毋庸置議。惟曹竹村經衆邀集核賬，托詞不到，乃率領多人赴廠尋衅，並聲稱尚擬上控糾訟，挾私害公，事關大局，應准先予立案。此繳。六月初九日。

《商務官報》光緒三十三年六月二十五日第一六期《批上海總商務會稟》 稟悉。朱涇商會總理丁參翀，既據衆商公舉續任，核與部章相符，自應照准，除另行加札外，此繳。六月十一日。

《商務官報》光緒三十三年七月五日第一七期《批上海商會稟》 稟及品物清單均悉。查上海天足會女工美術品物，既經沈道敦和逕寄梅勒本賽會陳列，自應准予備案，並候據情彙咨外務部，轉復英使查照可也。此批。六月十五日。

《商務官報》光緒三十三年七月五日第一七期《批上海商務總會稟》 稟悉。前據德興地産公司王予坊等稟，同前因，業經本部據情電咨湖南巡撫在案，茲復據該總會以該公司出資價買之地，迫令繳契還銀，並遭羈押代訴寃抑前來，除再咨湖南巡撫切實清查持平辦理外，合行批示，仰該總會即便轉飭遵照可也。此批。六月十八日。

《商務官報》光緒三十三年七月五日第一七期《批上海商務總會稟》 據稟杜行鎮設立商務分所，隸於周浦鎮分會，尚合定章，應准立案。至公舉州同銜奚世棠爲會長，既據聲稱，衆議僉同，應並照准。惟查定章並無會長名目，著即改爲會董，仰即傳知該員實心經理，凡關係商務一切事項，隨時呈由總分會稟報本部可也。此批。六月十六日。

《商務官報》光緒三十三年七月十五日第一八期《批上海商務總會稟》 前據該商會呈請，華興水火保險公司注册一節，當經批飭，該公司將章程第十七條内載，照英例辦理，應行更正並抄録香港挂號，原卷補呈送部，以憑核辦在案。此去後茲接該公司聲明更正，並補呈各節，自應照准，飭局注册。除一面咨飭保護外，合行發給收單執照。仰該商會轉交該公司具領，並將具領日期報部備案可也。此繳。六月三十日。

《商務官報》光緒三十三年八月十五日第二一期《批上海商務總會稟》 稟及清摺均悉。滬南商務分所擬舉王震爲議長一節，雖爲章程所未載，事尚可行，自應照准備案。惟該分所一切事宜，仍應遵照前批，由總會主持，仰即轉飭遵照可也。此批。七月二十五日。

《商務官報》光緒三十三年十月五日第二六期《批嘉定商會稟》 稟悉。周世恒迭經姜文冠及浚源木行等控部有案，業已札飭上海商務總會澈查，所請續任一節，應俟查復到部，再行核奪。此批。九月初六日。

《商務官報》光緒三十三年十月十五日第二七期《批上海商務總會稟》 稟及裕興公司呈式章程等均悉。查該公司於本年四月間稟准立案，並援案稟准，在潁屬境内專辦五年在案。此次遵章繳費規銀一百三十四兩，呈請注册，自應准如所請。惟該章程第二十三節推舉查帳人之權，以股本多者爲重等語，應遵照奏定公司律例第一百條辦理，第二十四節總理宜久其任，苟有大過須全股十分之六認可方能更换等語，苟有大過四字語嫌過當，應行删去。又該公司股票印出時，應呈寄空白一紙到部備案。除先行填給執照收單，寄由總理轉交具領外，合行批示。仰即轉知該公司遵照補呈可也。此繳。十一月初五日。

《商務官報》光緒三十三年十月十五日第二七期《批上海商務總會稟》 據稟及華通章程各件均悉。查保險公司有補助商業發達之力，而水火損害保險，往往指實一定之變故，免事後之糾葛。該公司章程，於水火失慎事由，尚欠詳晰。至所載兵戰各項之事，以及資本存放各節，又嫌範圍太寬。上海爲各業會萃之區，應將保險公司辦事情形，詳細參考訂入章程，報部核奪。俟到日再行核辦注册，仰該總會轉知該公司遵照可也。此繳。九月二十三日。

《商務官報》光緒三十三年十一月五日第二九期《批上海商務總會稟》 據稟已悉。該會總協理任滿，遵章先舉會員，次舉議董，次舉總協理，業經刊啓，分票投齊，當衆開匭，並經欽差楊大臣監視，以周道晉鑣得票最多，自應舉爲總理。其協理一席，該郎中與謝丞綸輝得票同數，又經抽籤，仍屬該郎中等情。除札委周道晉鑣充該會總理外，查該郎中經營實業魄力雄厚，總理商會克孚衆望。此次選舉辦法亦屬周密，應由該郎中改任協理，以資熟手。惟據稱，明年親赴南洋歸興實業，懇祈改派等語，亦係實情。仍候該總理周道晉鑣接辦後酌定，復部核辦。合行批示，遵照可也。此批。十月十八日。

上海市工商業聯合會《上海總商會組織史資料彙編》第一章《光緒三十三年十一月奉農工商部札委周晉鑣爲上海商務總會總理並接受任事之移文》 上海商務總會二品頂戴江蘇補用道周爲移會事。案奉農工商部札開，查本部奏定章程第四款内開，總會總、協理以一年爲任滿之期，先期由會董會議公推等因。茲上海商務總會總理李厚祐等稟稱，本年十一月初五日爲該總、協理任滿之期，業經刊啓分票，先舉會員、次舉議董、次舉總、協理，用階級選舉法，投票齊全，當衆開筩，並經欽差楊大臣監視，以周道晉鑣得票爲最多，應舉爲該會總理等情。查該道在滬多年，熟悉商情，衆望見孚，合行札委該道爲總理，主持會中一切事宜。其協理一席，據稱李紳厚祐與謝丞綸輝得票同數，又抽籤定議，係屬李紳。惟李紳明年親赴南洋，歸興實業，懇祈改派；又稱設因抽籤已定，仍飭承乏，明年營業他出，准其遴員代表到會協理等情。查錫金商務分會總理曾有遴員代表辦法，上海商務繁盛，會中應辦事宜頗多，協理一席遴員代表是否相宜，應由該總理就近酌量定奪，復部以憑核辦可也等因，奉此。敝道祗遵之餘，於十一月十二日准上届總、協理分部郎中李、直隸候補道孫將關防文卷移交前來，即於是日接受任事，所有協理一席親向李部郎再三面商，懇爲贊助，並經會員、會友大衆竭誠挽留，李部郎感衆情真摯，慨然承允。以南洋之行訂期，本在明年，未出洋前仍常川到會協理，商情歡悦，衆口同聲。業由敝道稟請農工商部迅賜加給協理委札，俟奉到再行移知。合將敝道接任會務日期備文移會，除分别稟移外，爲此合移貴總會，請煩查照施行。須至移者，右移蘇州商務總會。

《商務官報》光緒三十三年十二月十五日第三三期《批上海商務總會稟》 據稟，寶山縣羅店鎮職商沈品之等請設羅店商務分會，擬呈章公舉總理，轉稟立案加札等情。查該處爲寶山首鎮，水陸交通，自宜設立分會，以資聯絡。所擬簡章，核與本部定章尚屬相符，自應照准立案。仰轉知該分會遵，即將所舉總理會員等行業履歷呈送到部，再行加札可也。此批。十一月二十六日。

上海市工商業聯合會《上海總商會組織史資料彙編》第一章《光緒三十三年十二月奉農工商部札准李厚祐接充上海商務總會協理已遵札到會協理之移文》

上海商務總會二品頂戴江蘇補用道周、農工商部議員與部郎中李爲移會事。案查敝會總、協理奉文交替案内聲明，協理一席業已專稟農工商部，仍派李司員到會任事，俟奉札再行移知，已分移有案。茲於本月十三日奉農工商部批開：稟悉，協理李厚祐既據稟稱未出洋前仍常川到會等情，應准接充，除另行加札外，合行批示等因。敝協理亦於同日奉札開，悉同前因。謹於十二月十五日遵札到會協理，仍俟出洋定期，再行遴董代表。

《商務官報》光緒三十四年一月二十五日第一期《批上海總商會稟》 據稟已悉。商會宗旨，原爲聯絡商情、振興商業起見，但能多設一處，自可多獲一處之益。漂陽既係縣治，設立分會，應即照准。惟詳核該職商等所擬入會注册章程，如第一條之察驗合同資本，第二條之按月三等繳費，第三條之發給各號門牌，均爲部章所不載，未免蹟近苛擾，殊失立會宗旨，碍難照准。至分會向無協理，去年錫金商會雖曾稟請，亦經批駁在案，應毋庸議。本部於各處稟設商會者，無不詳加體察，經費一節尤爲慎重，誠恐該商等藉聯合商會之名，隱圖按業斂費，並侵地方官權限。是以本部每於批示中諄諄告誡，不憚煩言。仰即轉飭該職商等重訂要章，稟復本部，核奪示遵。此繳。三月二十日。

《商務官報》光緒三十四年一月二十五日第一期《批上海總商會總協理稟》 據稟，該總董等督率茶商董，籌議培種、採焙、防護各法，勸令山户遵照改良，所擬章程八條，均屬妥洽。其第八條潔净尤足保華茶聲名，而白工人不潔之謗。至嚴禁樣箱傳單内載不准先寄樣箱，必俟大帮到滬抽樣出售等語，如能實行，積弊自消，誠信自著，具見該總董提倡勸導，不遺餘力。應由本部將該章程抄飭各省産茶地方商會，一體照辦可也。此繳。三月十八日。

《商務官報》光緒三十四年二月五日第二期《請展米穀出口期限》 上海米穀出口，曾由江督定有期限，現該處商會總理等，以目下米價尚平，因即電稟商部，懇請轉商江督，酌展出口期限，當由商部電達南洋，請體察情形，核辦速復。旋得南洋覆電，擬俟芒種收麥時，如米價仍平，再行察酌具奏。

《商務官報》光緒三十四年二月五日第二期《批上海商會總理曾鑄等稟》 據稟已悉。查此案前准蘇撫咨，據牙釐總局詳稱，該職商張麟魁等在無錫茂新麪粉廠側，籌設振新紡織有限公司，僅請保護，而於釐税絶不提及，無非欲影射免完等語。經本部查核，該職商振興紡織，本無援引麪粉公司之案，請免釐税，未便指爲影射，應飭令遵照蘇屬各紗廠向章辦理，咨覆蘇撫在案。茲據該商會稟，據該職商呈稱，廠屋竣工尚需時日，將來所出紗布多寡莫定，即無從預擬完捐之數。惟無錫既有業勤紗廠開設在先，屆時自可援案報捐，更毋庸預另籌議。一俟開機出貨，運銷各埠，即當援照無錫業勤紗廠報捐，即機器運抵無錫，亦照業勤一律辦理。值此洋貨充斥之時，全恃各華商設廠仿造，庶幾稍塞漏卮，貧苦小民正可藉工度日等情，深與本部振興商務宗旨相合。除據情再行蘇撫查照外，合先抄寄前咨，並覆户部文稿。仰該商會傳知該職商等遵照可也。此繳。三月二十六日。

《商務官報》光緒三十四年二月五日第二期《批上海商會稟》 據稟稱，遵查錦華繅絲廠現因絲市疲滯，虧累甚鉅，股東不願添本，已將賬目理清，決議停閉。並據該公司呈稱，去年八月間，遵章繳納公費一百三十四元，呈請農工商部立案注册，因未由商會加蓋圖記，致奉札查。現在各股東不願開辦，可否請銷前案，並將前呈注册公費給還，以示體卹等情前來。查該絲廠現因虧累停閉，所請給還注册公費，應即照准，合行批示，並將該絲廠前存注册公費一百三十四元，仰該商會轉交具領，仍將給領日期報部備案可也。此批。正月二十四日。

《商務官報》光緒三十四年二月十五日第三期《批上海商務總會總協理稟》 據稟暨轉據閔行鎮商董潘志誠等公呈並清摺均悉。查設立商會，所以聯絡商情，多設一處，自可多獲一處之益。茲據聲稱，閔行爲上海首鎮，瀕臨黄浦，係行駛内河輪船往來杭、嘉、湖三府必經之處，人煙稠密，商業殷闐。現該商董等擬在該鎮設立分會，自爲推廣起見，應即照准，詳核所擬試辦章程，大致尚稱妥洽。惟第五章第一條經費内開派認捐數，又第四章第九條内商派經費各節，恐滋煩擾，應一律妥籌改訂。本部於各商會經費一層，慎之又慎，惟恐有藉端斂費情事，是以歷次批示，不憚煩言，至所舉總理朱承鼎，既係照章公舉，衆望克孚，應並加札委用，爲此批示。仰即轉知遵照，並按本部所指兩條，妥爲更訂，聲覆到部，以符定章。札文一件、圖記二樣一紙，一並發交，即便轉給可也。此繳。四月十四日。

《商務官報》光緒三十四年二月十五日第三期《批上海總商會稟》 據稟已

悉。常、昭二縣爲商務繁庶之區，自宜設立分會，既據投筒公舉在籍紳士楊崇光爲總理，應即照准。惟查核所擬章程第三章職員額數，與部章不符。按照部章，分會董事自十員以至三十員爲率，所有總理、議董、坐辦、司帳、書記各項名目，均在此三十人之内，公同選舉不得另立名目，致蹈官場冗濫之習。第十二章開常年捐款，分作五等，每等遞減洋銀二元，未免蹟近攤派。所稱照江陰辦法，查江陰設立分會時，稟請試辦注册費，曾經批令參酌定數，尚未據呈報核准。所有以上指駁各節，仰即更正，候呈報到部，再行加札委派，並頒給圖記式樣，以資照刊應用。再江陰分會捐款究竟如何辦法，本部深慮各處商人藉商會爲名，藉端攤派，致滋流弊，並仰該總理等就近確查，報部核辦爲要。此繳。四月十四日。

《商務官報》光緒三十四年三月十五日第六期《批上海商務總會總理曾鑄等稟》 據稟已悉。江北各屬出絲不多，各該鄉人不知烘繭繅絲之法，致用食鹽醃繭，冀免蛾成繭破，自損美質，辦法實屬愚陋。該總理擬分行江北各商會，就近勸設烘竈，並延江浙之善於繅絲者分往教導，以期逐漸改良，較之徒恃地方官出示嚴禁轉成具文者，辦理較有把握。應即准如所稟辦理，以開民智而保利權，是爲切要。此繳。閏四月初八日。

《商務官報》光緒三十四年三月十五日第六期《批上海商務總會總理稟》 據稟已悉。蘇經蘇綸費、張兩造爭執一案，經該總理赴蘇邀集兩造，秉公調處，尚未就緒。昨據蘇州商務議員陸道樹藩稟稱，竟與老股收回不足折費商之心，若仍准費商租滿五年，亦無以杜老股之口，祈鑒核察奪等語。查兩廠規模甚大，創始不易，未便聽其轇轕宕延，業經札飭陸道樹藩，飭勸費商按照張紳履謙所開之前七條，一律承認照辦。俟二年合同期滿，歸老股接收，費商所添新機應即令其撤去，另行安置。如費商再堅執不允，即斷歸老股接收等因，仰該總理知照可也。此批。閏四月十一日。

《商務官報》光緒三十四年三月十五日第六期《批上海商務總會稟》 據稟暨清摺均悉。豐利場爲如臯巨鎮，花布絲糧魚鹽出産殷阜，轉據職商胡坤等稟請，設立商務分會，公舉按照磨銜許文魁爲總理，應准立案。惟查核所擬章程第三節董事十員至三十員外，又有文案、會計、書記各員。按照部章，分會董事自十員以至三十員爲率，係包括各項會董而言，且亦不必拘定必滿三十員之額。蓋恐名目繁多，致涉鋪張冗濫之習。第六節第一條商力之所能及，苟充其範圍，似無限制。第七節第七條注册等項，仿照各埠分會章程辦理，語意未清，恐滋苛擾，以上所指各節，仰即轉飭，切實更訂。俟呈報到部，再行加札委派，並頒發圖記式樣可也。此繳。閏四月初四日。

《商務官報》光緒三十四年三月十五日第六期《批上海商務總會稟》 據稟，溧陽分會遵飭改議章程並將東壩鎮附入該會各節均悉。查該分會此次改擬章程，詳加披閲，前經本部指駁，各條均遵刪削。惟第十八條仍不免有侵及官權之處，應即全條刪去，以清權限，餘尚大致妥洽。至另議試辦注册章程一單，查本部於上年十月間通行各省，曾經聲明合同文契等項呈報商會存案，公司行號鋪店應赴部注册，各分界限。茲該分會所稱將牌號、股東、執事姓名各項入會注册，仍以合同文契之注册，誤作本部公司注册辦法，應毋庸議，所舉光禄寺署正銜狄佑既經羣情推舉，衆望允孚，應即加札派充該分會總理。另稟所稱，東壩一鎮未能自倡分會，擬欲歸並入會等語。該鎮各商既經有志講求，深堪嘉許，應即一並照准。仰即傳知該分會遵照，嗣後隨時聯絡，期於商務日有發明，是爲切要。札文一件，圖記式樣一紙，隨批發給，仰即轉交該分會祇領遵辦可也。此繳。閏四月初七日。

《商務官報》光緒三十四年三月十五日第六期《批上海商務總會稟》 據稟已悉。茶業衰敗，寖成積重，經此次該商會勸令茶業各商，議設裕生華茶公司，籌集資本作爲試辦，將來貨到外洋，擬請商部札飭駐各國隨員代爲照料一節。查公司之設，在收實效而挽利權，自非由茶商各派人駐洋經理，及設立茶商陳列所，不足獲競爭之利益。惟創辦伊始，華商魄力尚小，不得不從穩著入手，自應准如所請。俟該商等貨物辦齊，確有放洋日期，呈請立案到部，再行札飭駐各國隨員，代爲照料可也。此繳。閏四月初八日。

《商務官報》光緒三十四年三月二十五日第七期《批上海商會稟》 前據該商會稟，以滬商敦慶隆等三十五號運往牛莊商貨，被日艦扣留未能全數發還一案，經本部據情咨准外務部覆稱，此案於本年正月初八日准北洋大臣來咨，請向日本追索，當即照會日本内田公使。嗣於二月十八日覆稱，此案於明治三十七年十二月，經佐世保捕獲審檢所宣告没收。嗣因抗議，又於明治三十八年十二月，經高等捕獲審檢所重加檢定，仍照前議，礙難更改商該，已據照咨覆北洋大各在案，相應咨行貴部查照，等因前來。仰該商會傳知該號商等遵照。此批。閏四月十七日。

《商務官報》光緒三十四年三月二十五日第七期《批上海商務總會稟》 據

稟已悉。本月初六日，接據船商楊長標等二百四十二人公稟，擬鎮江設立商船總公會，並公舉朱馮壽、吴棣爲協理，懇予札委等情，業經本部照准，分别札委批示遵照在案。並咨行南北洋大臣、江蘇巡撫、江北提督查照備案，飭屬保護。所有札文等件，已經寄鎮江招商局轉給。兹據轉稟前情，合行批示。仰即傳諭該船商等知悉可也。此繳。閏四月十六日。

《商務官報》光緒三十四年三月二十五日第七期《批上海商會曾鑄等稟》

據稟並所擬各業貿易報告表格均悉，上海爲中外交通商業匯萃之地，該總理等先就各行業董切實調查，並印證海關貿易册，以期周密。本部詳加核閲辦法，均甚妥洽，應即照准立案，仰仍切實勸諭遵辦，按時呈部，以憑稽核。此繳。閏四月二十日。

《商務官報》光緒三十四年四月五日第八期《批上海總商會稟》 據稟已悉。前據轉呈常熟、昭文兩縣商董江洽煚等稟請設立常昭商務分會，當經本部查核。該會章程第十二章，常年捐款分作五等，未免蹟近苛派，批令傳知更正在案。兹據稟覆，並附該分會商董更正章程，原呈所擬遵照部章改收注册憑據簿册三項之費，以憑辦公等語。查本部會章第二十一款内開，注册等費聲明姑列條目，其辦理情形層折較爲繁重，自應明定專章，以期輕重適當，詳慎無弊等因。現在各處商會經費類皆變通辦理，該分會經費應暫另事妥籌，總期足敷辦公，不得意存歛費爲斷。仰即傳知遵照，所有總理圖記仍俟會章核定，再行分别札派繕發。至注册等費辦法，究宜如何明定專章之處，並仰該總會酌奪商情，預爲妥擬，迅覆本部，以憑採擇，是爲切要。此批。閏四月二十七日。

《商務官報》光緒三十四年四月十五日第九期《批上海商務總會稟》 據稟暨清摺均悉。閲行分會章程現據更正前來，係就原章畧爲變易，删去商派經費及派任捐數字樣，果能核實辦理，自不至動滋流弊。除將此次更訂會章，准其並入前項章程立案外，仰即轉知該分會遵照，遇事妥慎辦理可也。此繳。五月初六日。

《商務官報》光緒三十四年四月二十五日第十期《批上海書業商會稟》 據稟設立書業商會並章程各件均悉。現在朝廷振興學務，書籍爲開化之津梁，亦教育之關鍵，關係至爲重要，該商等擬設書業商會，於出版一事互相調查，以杜翻刻盜印之弊，組織具有熱心。章程三十五條，大致亦尚妥洽，應即准予立案。惟該商等所擬板權章程，既據稱暫就目下情形酌定，一俟商部板權律頒出，即行遵照改訂等語，應僅就商界定名立義章程第二十五條内開，未入會者願將所出圖赴會掛號目，須納其定價十部之款作爲板權税，應改作爲出板費，板權章程名亦應改爲出板公約，俱符名實，而示區别。仰即遵飭更正後，呈部核奪備案。此繳。五月十四日。

《商務官報》光緒三十四年六月二十五日第一六期《批上海商務總會稟》

據稟並章程均悉。上海南市各商擬就滬南設立商務分會，不舉總理，遇事仍歸總會主持，自係爲聯絡商情起見，所擬章程尚屬妥洽，應即准予立案。查福建石碼鎮及江蘇豐利場等處，歷經本部批准並入漳州暨如皋各分會辦理在案。該處事同一律，應歸並上海總商會辦理，並仰傳知該會董事等，即定名滬南商會分所，一切稟報本部文，應由總會轉呈，毋庸發給圖記式樣。此批。七月二十二日。

《商務官報》光緒三十四年七月五日第一七期《批上海商務總會曾鑄等稟》

據稟已悉。奉賢縣屬莊行鎮，既據該商董王礽祥等呈稱，人煙稠密，市肆殷闐，實爲奉賢縣屬之要鎮，自應准予設立商務分會，詳核所擬章程十二條，大致尚爲周妥。文生徐鳴臯既經衆商公舉，堪勝總理之任，應即加札派充。該分會總理札文一件，圖記式樣一紙，隨稟發給，仰即轉交該分會祗領可也。此繳。八月初三日。

《商務官報》光緒三十四年七月五日第一七期《批上海商務總會曾鑄等稟》

據稟並任紳錫汾原呈息摺均悉。宜興窑貨産地既隸荆溪，民間習焉不察，仍沿舊號改稱陽羡，名實相符。查該生原呈内開，道光以前粗細窑各百餘座，運銷各省，並至日本、越南等處，每年售出貨本不下一百五六十萬金等語。洵爲蘇省陶業中之特色，亟宜規復前業，設法改良。又陽羡茗壺，有人帶至鉢崙，比會得奬，核與該總理所稱倘仿照西式，必能推廣銷路之語，正自相同。應如何創設公司，妥擬章程之處，仰即傳諭該紳悉心籌畫，由該總理等會同擬定辦法，稟請本部核奪立案後，遵章注册。並俟商標局開辦時，再行稟請登録團鶴商標，至摺開備送京師陳列所窑貨十四種，計五十七件，除札行該所點收陳列外，合行批示。仰即遵照傳諭任紳錫汾一體遵照辦理可也。此繳。八月初八日。

《商務官報》光緒三十四年七月五日第一七期《批上海總商會稟》 據稟已悉。江蘇宜興、荆溪兩縣請設立商務分會，擬定會章，公舉總理並請頒發圖記式樣等情。查宜、荆兩縣係屬同城，與錫金等處情形相同，設立分會，自應准予立案。惟所擬會章第二條内開,本會經費係各商業自願湊集等語,究屬如何辦理,並未詳細聲叙,亟應詳加審慎,免滋弊端。仰即傳知該縣商董等詳細聲復,以憑核奪。所有總理委札暨圖記式樣,應俟稟復到部,再行酌核辦理可也。此繳。八月初一日。

《商務官報》光緒三十四年七月十五日第一八期《批上海商務總會稟》 據稟暨清摺均悉。江陰設立商務分會,上年業經批准立案,兹據稟稱,由衆商照章公舉吏部文選司主事祝廷華爲總理,呈請札派等情,自應派充,以資經理。詳核續議章程四條,尚屬妥協。惟原訂章程内第十四、十五兩條,業於上年十月間,本部以注册一項,係指合同契據赴會呈報存案者而言,與公司赴部注册不同等因,批示在案,自應即行删去。所有該分會經費,准暫照續議章程試辦,祇期足敷辦公,不得意存斂費爲斷。仰即傳知遵照,札文一件、圖記式樣一紙一並發給,即便轉交可也。此繳。八月二十一日。

《商務官報》光緒三十四年七月十五日第一八期《批上海商務總會稟》 據稟暨清摺均悉。瀏河爲鎮洋首鎮,鄰江濱海,廛肆殷闐。現在該處擬設商務分會,照章公舉候選縣丞朱之經爲總理,應即照准詳核,所擬章程,大致均屬妥協。惟第十一條内,酌收中證費一節,應照該總會前批辦理,姑准先行試辦。如果歷久無弊,再由該總會報部核奪。至收費多寡,章程内未經叙明,應否按照該總會所擬數目辦理,仰並傳知該分會,酌量妥訂,迅報本部備核。札文一件、圖記式樣一紙一並發給,即便轉交可也。此繳。八月初十日。

《商務官報》光緒三十四年七月十五日第一八期《批莫鎮疆稟》 據稟已悉。候札飭上海商務總會,傳知茶葉各董妥議辦法,並抄録譯函,令將籌助告白經費一節,迅速會商。該員前後籌畫華茶銷路,所陳各節,均尚可取,其留心商務,殊堪嘉尚,仍俟茶業各董,如何定議。報部後,再行札復。此繳。八月初八日。

《商務官報》光緒三十四年七月二十五日第十九期《批上海商會稟》 據稟,袁道淦指陳交易行説帖各節,並簽明上海交換所章程,呈請鑒核等情。查此項律文,本部迭經咨商法律大臣,妥慎編訂。兹據前情,即將原稟章程一並録送法律館查核,俟核復到日,再行示遵可也。此繳。七月初七日。

《商務官報》光緒三十四年九月五日第二三期《批上海商會總理周晉鑣等稟》 稟件均悉。該職商洪德生集股設立祥生燭皂有限公司,並經實學研究會會員用化學新法,採取中國原料仿造外洋燭皂,孜求工藝,謀挽利權,深堪嘉予,查核章程股票息摺及注册呈式,均無不合,應即准其注册。惟該公司所繳公費規銀九十六兩,按照股東四萬兩計算,實浮繳銀十兩,應即發還,合行填給執照收單,並所解規銀十兩,發交該商會轉給該公司具領。至所請援案完納值百抽五正税一道,沿途關卡概免重征一節,仰候咨商税務大臣辦理可也。此繳。八月二十日。

《商務官報》光緒三十四年九月十五日第二四期《批上海商會稟》 稟及布樣均悉。所稱宏興織布公司擬請援案納税一節,仰候據情咨行税務處核辦,復到再行批示飭遵可也。此繳。九月初一日。

《商務官報》光緒三十四年九月二十五日第二五期《批上海商會稟》 據稟該會議董聯任日久,擬先行掣退七人,免與續舉。至總協理係由議董推舉,亦應一律簽掣。迨下届選舉又有續退,則前退者仍須與選,按年遞推,以均勞逸等情,核與部章尚無不合,應即照准立案。此批。九月初九日。

《商務官報》光緒三十四年九月二十五日第二五期《批上海商會稟》 稟悉。海安鎮公舉商務分會總理劉芹,既據補呈履歷行號清册前來,應即照准,除另行加札接充外,合行批示,轉飭遵照。此批。

《商務官報》光緒三十四年十一月二十五日第三一期《批上海商會稟》 據稟,水手公會辦法函詢沈道敦和所議各節,尚有見地,於保護華工亦有裨益,已據情咨請外務部酌核辦理,仰即知照。此批。十一月初八日。

《商務官報》光緒三十四年十一月十五日第三〇期《批上海商務總會稟》 據稟,太倉州城商務繁盛,雖不及瀏河濱江臨海,而蘇省花業,素推太倉爲最。若定名分所,隸屬瀏河分會,則與太倉州境各大鎮交通殊形扞格等語,自係實在情形,應即照准設立分會,以資聯絡。仰轉知該會董等遵章公舉,呈部核辦可也。此批。十月二十八日。

《申報》光緒三十四年十二月十日第三版《滬道移商務總會文爲老介福牌租糾葛事》 爲移知事,本年十一月二十四日奉兩江督部堂端札開,光緒三十四年十一月初三日准農工商部咨案,據上海商務總會電稱,上月會員移送祝葆元與老介福綢莊經手金玉山爲牌租涉訟,屬會理處。十三日分邀兩造及原中人到會談判,經理案議董袁有道詢得,曾有祝之親戚徐顯民即徐爾穀居間調停,介福貼補祝姓銀四百八十兩,有顯民親筆據爲憑証,累經詢徐,從前既有憑據,現在何致纏訟,徐稱當時立據,係受愚弄,職謂公非孩童,不應受愚弄,至此即拍案叫罵,商董忍不與較，改問祝姓，而徐怒益熾，辱罵愈甚，至此事不能理喻。伏念商會代人理勸，本爲和平息訟起見，理案議董據理直説，搜尋証據，爲明晰是非應有之事，乃徐顯民一味蠻横理案，外辱及商會全體等語到部。查老介福因牌租事，貼補祝姓銀兩，既有認許實據，即應和平了結，乃案經商會理處，仍行纏訟，已屬固執。徐爾穀爲出筆作証之人，扛帮翻悔，肆口横罵，身爲職官，不思商會乃奏明設立自治之機關，紊亂秩序，尤屬不合。除咨行直隸總督將候補道徐爾穀記大過一次以示薄儆外，相應咨行貴督查照，札行上海道，責成徐爾穀將此案了結。仍照前議，令祝姓領款息訟，毋得節外生枝，並將辦理情形聲復到部可也等因。到本部堂准此飭，即遵照速將此事了結，詳復核咨等因，到道奉此。查此案前准貴會移道備核在案，兹奉前因，除移徐觀察遵照速將此案了結見復外，相應備文移知。爲此合移貴總會，請煩查照施行。

《申報》光緒三十四年十二月二十六日第二版《滬道移商務總會文爲改良裕蘇鈔票事》 准蘇藩司瑞咨開據裕蘇官銀錢局申稱，案奉憲諭，續製改良一元、五元、十元龍鷹各新票二百萬元，由上海蔚文公司一家承印。現在將次完竣，陸續分批繳局，具文呈請印章，由局委員加蓋圖章，以杜僞混。其票式與從前製有照像舊票最易識別，花紋號碼較爲明細精緻，仍暗藏水印。江蘇裕蘇官銀錢局字樣，兹當換用在即，深恐商民未及通知，應請通飭各屬地方官，一體明白示諭，一面照會商會遵照，並聲將裕蘇局爲力圖推廣起見，商民人等須知此次裕蘇換製改良新票，與從前舊票一律憑票立兑現洋票，上刊將准完丁漕税釐一切官項，不得挑剔抑勒情事，如有僞造，照私鑄例治罪，申請通飭曉諭，俾衆周知等情，到司。據此查核，爲改良新鈔票通用推廣起見，應准照辦。除批示外，咨請查照出示曉諭，並照請商會一體行用等因。准此。除出示曉諭外，合亟備文移請轉致各業一體行。

《申報》光緒三十四年十二月二十六日第二版《農工商部劄上海商務總會文爲美國續行賽會事》 准外務部咨稱，准美柔使照稱，西曆明年二月由二號至九號，本國於飛利濱滿泥拉地方，開一與本年二月間所開一律之賽會。兹奉本國外部大臣文，謂該處仍印就特爲華人，可以聽便前往，赴會之護照請轉達貴部，接照西上年所請赴會成案，通行各省有權發照官員，曉諭華人，如欲前往，請領此項護照，可以無須照費等因。查前次滿泥拉賽會印給華人特别護照各辦法，經本部於上年十一月二十四日咨行在案，兹准前因，除電致南北洋大臣轉飭各關道照辦，並通諭商民知悉外，咨請查照通飭等因前來。查滿泥拉賽會印給華人護照各辦法，經本部於上年通飭各商會遵照在案。兹該處復於明年二月舉行賽會，合行札飭，札到該商務總會，即便遵照，傳諭商民一體知悉。如有願往賽會者，即領照前往可也。

上海市工商業聯合會《上海總商會組織史資料彙編》第一章上海商務總會選舉權數及戊申年被選舉權數》 上海商務總會選舉權數，每權舉二十一人，共八十八票，二百十二權。

共到選舉票：三權者六十票，兩權者四票，一權者二十四票。

未到選舉票：三權者八票，兩權者三票，一權者十三票，共二十四票、四十三權。

戊申被舉權數：

李雲書193	朱葆三190	謝綸輝189	周金箴188	虞洽卿184
周舜卿182	陳潤夫161	嚴子均161	祝蘭舫151	陳子琴144
樊時勛140	邵琴濤140	蘇宗林140	沈仲禮139	劉柏生133
袁聯清131	丁價侯109	席子佩105	金琴孫99	袁恒之84
孫蔭庭83	以上二十一人四十六票□□			
王子展82	葉鴻英82	焦樂山76	印錫章75	席立功71
丁欽齋64	吴少卿63	施善畦63	陳輝庭53	楊信之51
貝潤生51	唐露園48	張石君41	張樂君38	陳瑞海36
林蓮蓀33	譚幹臣33	周翼雲30	夏粹芳29	席德輝28
柏憲章25	施祿生24	孫直齋19	萬厚愚18	金祿甫17
羅焕章16	梁鈺堂16	榮瑞馨15	韓山曦14	朱硯濤13
薛干國12	朱舜田12	姚燕耕9	龐琢齋8	壽卓然7
童藴山7	楊懋堂7	郭瑞庭6	肖谷峰6	金焕堂5
顧蘭洲5	唐晉齋4	鄔挺生4	以上四十三人，二百十六票□□	

《商務官報》宣統元年閏二月五日第五期《批上海商務總會稟》 據稟，請江縣各商仍請設立商會，俾復舊制等情，查該會前因黃錦中控案，經本部奏請撤銷，暫由就近商務總會兼理。兹據前情，應俟將來商務繁盛，體察情形，再行核辦，合行批示遵照。此批。二月二十日。

《申報》宣統元年閏二月初八日第三版《商務總會移滬道文爲謝綸輝事》 前

准貴道來文，內開錢業買空賣空，順康會餘爲最鉅，皆董事謝綸輝暗中主持，爲首謝綸輝布散謠言，敗壞市面各等因准此。當經敝會查明，謝綸輝買空賣空，並無實據，電陳農工商部並移復各在案。現在順康會餘之事已結，謝綸輝錢業董事及商會議董亦均另舉接替，敝會復查謝綸輝既並無主持爲首買空賣空情事，且當市面震動之時，謝綸輝身爲通商銀行大班，又爲承裕錢莊經手，其時放出之款不下數百萬，方維持之不暇，豈肯布散謠言，敗壞市面，自貽虧倒之累。揆其情理，愚者不爲。奉江蘇撫憲批示，有以後甬滬商務不准謝綸輝干預等因。寧波商務本與謝綸輝無涉，亦且從來未曾干預。至滬上董事議董，亦均辭退。惟通商銀行及承裕之事，亦不得謂非商務，自應劃清界限，移請貴道核明，詳復江蘇撫憲，准與銷案，以昭平允而維商業。爲此備移貴道，請煩查照，核辦施行。

〔附〕《滬道復文》

本年二月初六日奉督憲端批，本道詳順康會餘兩莊空盤一案，已罰巨款充公，呈請銷案，由奉批如詳銷案，仰即轉飭遵照，仍候撫部院批示繳。同日又奉督憲批本道，詳謝綸輝滬董辭退，查無主持爲首空盤之事，呈請銷案，由奉批如詳銷案。仰即轉飭遵照，仍候撫部院批示繳，並先於正月初八日奉撫憲批示，兩詳均准銷案各等因，到道，奉此相應録批移會。爲此合移貴總會，請煩查照施行。

《申報》宣統元年閏二月初十日第三版《商會各董復函》 日昨由會中傳示台函，備述尊意，三端展誦之餘，且佩且歉。在執事深思遠慮，固懷謙抑，然上海爲通商總滙，商會爲商務中樞，誠如尊諭，非得大君子出而協助，則弟等將何所依歸。謹就我公所慮三端，詳陳而解釋之，可乎？伏查上年本會理案偏勞宏才，審慎精詳，久所欽佩，凡有評判，無不悦服。協理爲總理輔佐，綜諸事之大綱，無案情之瑣屑。現蒙大部電允挽留，金翁加劄續任，得閣下相助爲理，房謀杜斷，必更相得益彰，此第一端之不足慮也。至於總協理皆屬甬人，未免偏仄，此尤君子之過慮。本會選舉，向用機密投筒法，上月兩次開筒，惟我公與金翁得票最多，係各幫所公舉，即係各幫所公認，既非甬人之私舉，有何嫌疑之可涉，此第二端之不足慮也。如因公務殷煩，恐負虛名而寡實濟，然孫蔭翁爲丁未年協理，赴皖赴津，不常在滬。上年李雲翁改任協理，因恐有南洋之行，亦曾稟奉部復准，俟出洋有期，再自舉員代表。將來台駕如或因公他出，而總理在滬會事，自無虞叢脞，此第三端之不足慮也。尤有進者，本會成立發源於商業，會議公所實尊翁所手創，擘畫之精詳，規模之宏遠，久爲各省所取法。公熱心公益，衆望素孚，務祈上承先志，下慰衆情，力任其難，勿再謙辭，此則弟等所仰望盼禱者也。陳作霖　樊　棻　陳　猷　祝大椿　郁懷智　焦發昱　吳慶第　丁維藩

王　震　周廷弼　席裕福　陳　薰　金清鑣　貝仁元　林世傑　沈懋昭

楊兆鏊　席裕成　丁駿照

《申報》宣統元年閏二月十九日第四版《朱部郎汝珍致上海商會函爲調查商習慣事》 鄙人承修律大臣奏派，前來調查商習慣，爲編纂吾國商法之資料，自維才力短絀，深慮弗勝。然此事大有關係於吾國，商業之前途不能不勉。嘗維吾國商業發達，遠在埃及、腓尼基亞之前，東南瀕海，交通利便，民性活潑，國外貿易日見增加，尤占世界商業重要之地位。近以商戰劇烈，他人常立於主動，爲經濟之强者，吾國每立於被動，爲經濟之弱者。其中原因雖甚複雜，而主要所在，則由下無商學以相研究，上無商法以爲保證，徒藉天然能力與之較勝，故可恃而不可恃也。此不獨吾國爲然，即歐洲中古末期，亦祇有商業團體，無所謂商法。今觀吾國行商，皆有同業規條。又團體所集，恒能目爲裁判，擴而充之，即吾國商法之泉源。惟是兹事體大，審擇至難。董商法含有世界性質，各國大抵從同。然亦因夫國民經濟之程度及事實之習慣，往往離而獨異。吾國地大物博，商事尤極繁瑣，今編制商法，不取裁外國，則反夫從同之傾向，徒取裁外國，不與吾國習慣相應，恐又不利於推行。查憲政編查館奏定逐年籌備事宜，商法一項，應於本年編定，不能不速事調查，顧期限短迫，又乏經驗，深懼疏舛，致負任託。尚賴貴商會諸公時賜論議，俾得有所折衷，本館擬出問題，請逐一答復。（商習慣調查問題録今日本報第四張）

《申報》宣統元年三月初四日第三版《蘇藩照會上海商務總會文爲供布津貼事》 案奉撫憲批貴紳呈上海供布津貼懇勸免收一案，批司會局核議詳復飭遵等因，奉經移局查照在案。兹准咨復前來，除由司主稿會同蘇滬兩釐局詳復免捐外，相應抄稿照會。爲此照會貴紳，請煩查照，轉飭該布商等籌辦施行。（計抄詳）

爲詳復事。案奉憲台批上海商務總會呈上海供布津貼懇飭一律免收由奉批查此案。前據上海布業紳董王豐玉等，以銷數日絀，生計維艱，請援照蘇常等屬之案，免捐供布津貼。稟經農工商部咨行察議，當據司局詳復，上海布業花色甚多，所捐祇希，套兩種，每疋祇收錢二文，爲數甚微，無碍於商民，有益於公項，所請未便照准。據經咨復，農工商部查照在案。兹該紳董等，又重申前請，究竟能否量予體卹，仰蘇藩司會同蘇滬兩釐局體察情形，妥議詳復，再行飭遵，此批

原呈抄發等因。轉移到局，奉此。伏查此項津貼，衹捐希布套布兩種，每疋收錢二文，區區之數，何至累及商民。而司庫供布水脚雖有生息專款，每奉派辦抵支不敷，又全賴此款挹注，本無准予援免之理。第查近來收數，年不如年。三十二年以前，歲收三千餘兩，三十三年僅收銀一千三百餘兩。迨三十四年分，十個半月衹收銀四百餘兩。捐數式微，公家已無甚裨益。而土布之滯銷，商情之艱窘，衡量今昔，亦實有爲難情形。本司等一再體察，擬乞俯如所請，即從本年三月初一日起，前項布捐津貼准其一律寬免，以示體卹。除分別咨行，並飭布捐局將上年十月十六日起至本年閏月底止應繳捐款，趕緊截數批解，此後一概免收，示諭布商遵照外，相應合詞詳復，伏候憲台鑒核批示。臣此係本司主稿蘇滬兩釐局會銜不會印，合並聲明。

上海市工商業聯合會《上海總商會組織史資料彙編》第一章《宣統元年上海商務總會奉部札委周晉鏞續任總理嚴義彬任協理並接受任事之照會》 上海商務總會二品頂戴江蘇補用道周、農工商部二等議員直隸候補道嚴爲照會事。案奉農工商部札開，查奏定商會章程，内開：商務總會總、協理均以一年爲任滿之期，先期仍由會董會議，或另行公推，或留請續任，議決後稟部察奪等語。上海商務總會總理周道晉鏞現屆任滿，據該議董等合詞稟留續任，應即照准加札，以資熟手。嚴道義彬熟悉商情，素孚衆望，堪勝協理，合行札委。札到，該總、協理即便遵照定章，悉心經理等因。奉此。敝總理等衹遵之餘，即將上届文卷帳册清釐交代，於三月初二日會同前協理與部郎中李將關防卷册移交前來，敝總、協理即於是日接受任事，除將到差日期呈報農工商部、南北洋大臣、江蘇撫憲並分別咨移外，相應備文照會。爲此，照會貴會，請煩查照。須至照會者，右照會蘇州商務總會。

上海市工商業聯合會《上海總商會組織史資料彙編》第一章《上海商務總會庚戌年選舉議董》 上海商務總會選舉庚戌年議董，其送出選舉票一百四十二張，各業投票。以開筒宣佈之日截止，共計到選舉票三權者五十九票，兩權者兩票，一權者四十一票；未到選舉票三權者十票，兩權者三票，一權者二十七票。並檢查到票中有數票填名未齊者，開筒宣佈後，如尚有送選舉票到會者，只得作爲罷論。兹將各位被舉權數開列於下：

周金箴210權　邵琴濤191權　陳潤夫188權　周舜卿185權
丁價候174權　王一亭171權　祝蘭舫168權　沈仲禮162權
金琴孫148權　丁欽齋142權　席子佩138權　楊信之133權
沈縵雲132權　林蓮生109權　焦樂山102權　倪錫疇101權
席立功99權　龐萊臣96權　王子展93權　朱五樓91權
關絅之88權

再查照商會稟定章程，應以關絅之先生以上二十一位爲上海商務總會庚戌年議董。

羅焕章86權　施善畦85權　方樵舲85權　陳輝庭81權
夏粹方67權　唐露園67權　鄒薇卿58權　孫蔭庭57權
陳一齋55權　虞瑞卿55權　朱舜田50權　劉梯青49權
李屠清48權　鄧鳴謙47權　韓山曦46權　孫　標46權
萬厚愚46權　許公若42權　施禄生41權　朱曉南39權
姚慕蓮38權　席德輝37權　袁葆笙35權　陳又鑒34權
廖樾衢34權　朱紉鴻32權　王麗薇31權　工修五24權
金介堂22權　唐祥生20權　童韞山20權　朱觀濤19權
唐晉齋16權　周匯三13權　張雲書11權　鄭瑞三10權
謝抉三8權　黄磋玖8權　龐琢齋7權　田資民5權
張鴻祥3權　吴餘森1權

上海市工商業聯合會《上海總商會組織史資料彙編》第一章《周晉鏞辭任電及農工商部復電周觀察稟辭商會總理電》 北京農工商部列堂鈞鑒：職會各業選舉議董票念六（日）開筒，新議董選舉總、協理票三十日開筒。晉鏞謬列多數，次嚴道義彬，次陳道作霖，各董稟部，請鏞聯任總理，嚴任協理。上顧部章，下顧商情，本不敢飾詞諉卸，惟念晉鏞承乏會務一年，毫無裨益，比又身任多役，力難兼顧。仰懇憲恩，俯准辭任，俟各董公稟到部，以次多數之嚴道、陳道接任己酉年總、協理。感悚無極，先求訓示。上海商會職道周晉鏞叩。冬。

上海市工商業聯合會《上海總商會組織史資料彙編》第一章《北京農工商部復電》 商會總理周晉鏞：該總理經理會務向稱得力，既經續舉，應即照案接充，俟稟到札委，毋得固辭。農工商部。魚。

《申報》宣統元年六月三十日第二版《札委上海協贊會協理》 江督張制軍禮上海協贊會文云，據勸業會事務所案呈，南洋創辦第一次勸業會，業經分別呈請派員辦理在案。查勸業會事屬創舉，非先於各省會、各通商大埠設立協贊會預爲籌備，斷難收效。上海地方商務繁盛，素爲中國冠，尤宜迅速成立，以樹各省埠之先聲。兹查有候補道夏敬觀，衆望僉孚，商情素洽，擬請委充爲上海協贊會協理，以期聯絡紳商，廣蒐物品，以爲勸業會之基礎等情。據此合亟札委，札到該道，即便遵照章程，速爲預備。其出品協會關係重要，自應首先組織，並將辦理情形會同在事人員妥爲籌辦，隨時具報該所查考，毋負委任。

《商務官報》宣統元年七月二十五日第二二期《批上海商務總會稟》 稟悉。上海科學、教育兩館歸並合辦，改名爲科學儀器館，備具合同章程，繳呈册費稟請注册一節，本部詳閲章程，大致尚屬周妥，所繳册費銀洋一百三十四元，數目亦屬相符，自應准予注册。至該館牌號第三字與御名相同，理應敬避，應飭改爲科學彝器館，以昭敬慎，合行批示，仰該商會轉行知照，該館補呈更正，以便填給執照可也。册費暫存，此批。七月十七日。

《商務官報》宣統元年八月二十五日第二五期《批上海商會稟》 據稟已悉。南翔鎮商務分會總理李樹勛已滿三届，此次仍請續任，照章應另行公舉，倘一時未得其人，准由該總理暫行代辦可也。此批。八月十五日。

《商務官報》宣統元年八月二十五日第二五期《批上海商務總會稟》 稟悉。所議限制麥粉機廠一案，仰俟江督、蘇撫、皖撫復到，一並核辦，即轉知各粉廠商知照。此批。八月十六日。

《申報》宣統元年八月二十九日第四版《物産會開會之預備松江》 松郡物産會會長李平書君到松，議定九月初九日爲揭幕之期，來賓人收四十文，以充經費，警察則從上海調來。至各縣出品會會長，均請列入本會，爲評議員。聞竟有人就長橋南一帶，賃屋開設番菜館，若趕節然，蓋逆科來與斯會之人必衆也。

上海市工商業聯合會《上海總商會組織史資料彙編》第一章《南市商會分所改名遷移》 南市商會分所現已遷至毛家弄王姓大厦，改稱商務分會，與北市商會聯絡辦理，稟明商部立案。並定初九日開會知照各商董届時莅臨。聞附設之商團公會、商學會仍一體遷移照常附設於内云。

上海市工商業聯合會《上海總商會組織史資料彙編》第一章《商務分會定期開會》 滬南商務分所内設施家弄於姓屋内，尚有商團公會及商學會均附設其中。邇因商務分所已遷到毛家弄王姓大厦，改稱商務分會，與北市商務總會聯絡辦理，即經稟陳商部立案遵行。並定初九日開會，已知照各商董届時莅臨。

《商務官報》宣統元年十月二十五日第三一期《批上海商務總會稟》 據稟已悉。職商薛熙宇等開設寶升公司，製造洋皂、洋燭，繳納册費，繕具呈式，呈請注册保護商標，並援上海宇豐祥生等公司成案，懇請轉咨稅務大臣，照現行機器仿製洋貨完稅辦法，經過第一關，納正稅一道，沿途關卡概免重征等情，當經本部咨行稅務大臣查核去後，旋經本處先行核准，比照現行機器仿造洋貨辦法，祇完正稅一道，沿途概免重征。寶升公司事同一律，應准援照成案辦理，所製燭、皂運銷時，由經過第一關按值百抽五征收正稅一道，給予運單。沿途各關卡驗明照貨相符，並無以他貨影射及漏稅情事者，即予放行，不再征收稅釐。仍俟將來中英新約第八款施行時，即照第九節先納出廠稅章程辦理，以歸一律。除分行外，相應咨請查照飭遵等因，前來本部。查閲該職商等所訂合同等件，大致尚屬周妥，繳納册費洋五十元，數目亦屬相符，自應准予注册。惟該公司設立地方，並未詳細報部，本部無憑填照，除所請保護商標一節，應候本部商標章程頒行後，再行核辦外，合行批飭該商會，轉飭該公司遵照前因納稅，並將設立地方詳細報部，以便填給執照可也。此批。十月初四日。

《商務官報》宣統二年十一月五日第三二期《批上海商務總會稟》 稟悉。職商虞和德等創設上海寧紹商輪公司，遵照查詢各節，分別補報，並添購輪船二名，船身等項附列清摺，呈乞備案並咨飭保護等情，既經分稟郵傳部及江浙兩省巡撫有案，應並照准備案。除咨飭保護外，合行批示，仰即傳知遵照。此繳。十月十二日。

《商務官報》宣統二年二月五日第二期《批上海商務總會稟》 稟悉。上海競立洋燭公司呈驗商標，繳納册費，呈請注册，並援華勝等廠納稅成案，懇請咨商稅務大臣等情。本部查該公司聲明各款，大致尚無不合，所繳册費數目亦屬相符，自應准予注册。惟查該公司係合資性質，將來合資人如有轉售股單情事，應將承買股單人姓名報部備案，又該公司章程第七條所定商標專用一節，亦應候本部商標章程頒行後，另案報部。除據情咨行稅務大臣，俟復到再行核示外，合先填印收單執照各一件，發交該商會，轉飭該公司遵照具領，並將領照日期稟報本部以憑備案可也。此批。正月二十六日。

《商務官報》宣統二年二月五日第二期《批上海商會稟》 據稟及上海協綸繅絲公司呈均悉。既經該公司聲叙明白，應即以合資有限公司注册，惟查注册交納公費資本銀五萬者，照章應交八十九元，前收該商會收據七十四元，尚應補交十五元，且未開明合資人住址。此次先准注册給照，仰該商會轉交具領，並飭遵照補交銀元開明住址到部備案可也。此批。二月十五日。

《商務官報》宣統二年二月五日第二期《批上海總商會呈》 據稟稱，泰初染織公司因布疋滯銷，連年折閲，現已公議停歇，除股本虧折外，所有虧空均歸經理發起人公議賠補，不再累及股東等語，理合稟陳鑒核備案等情。查該公司因虧本停歇，既據稱發起人賠補虧空，别無糾葛，自應准予備案，並飭將原領執照繳銷可也。此批。二月十四日。

《商務官報》宣統二年二月五日第二期《批上海總商會稟》 據稟稱，銅山縣雙溝鎮宏順製蛋公司遵批，將呈式内所列有限改爲無限字樣，續具呈式，並議據抄摺呈會轉稟，乞飭局注册給照，交會轉給具領等情，查該公司此次既經改爲無限，稟請注册，自應照准。除一面咨飭地方官保護外，合行發給收單執照各一件，仰即轉交該公司具領並報部備案可也。此繳。二月十九日。

《商務官報》宣統二年二月十五日第三期《批上海商務總會稟》 據稟已悉。職商徐潤在上海虹口創設景綸紡織衫襪廠，遵繳册費，繕具注册呈式商標圖樣，呈請注册保護，並援案懇請轉咨税務大臣，照現行機器洋貨完税辦法，經過第一關，完納正税一道，沿途關卡免予重征，樣貨出口，援例免税，以示鼓勵等情。查該職商所擬章程，並注册呈式，大致尚屬周妥，繳納册費銀一百一十一兩，核與定章相符，自應准予注册。合行填給執照收單，發交該商會轉給該職商具領。所請援案免税一節，業經咨行税務大臣核辦。俟咨復到日，再行批示飭遵。至所請專利年限及保護商標兩節，應俟本部專利章程及商標章程頒行後，另案辦理可也。此批。三月二十六日。

《商務官報》宣統二年二月十五日第三期《批上海總商會稟》 據稟稱，職商顧履桂等集股本規銀二十萬兩，在上海南市地方創設申大機器麪粉有限公司，現在機器裝齊，廠房工竣，遵章繳納册費銀二百三十四兩，繕具呈式股票息摺及招股章程各件，呈請注册給照等情。查該公司章程所列各款，大致尚無不合，所繳册費銀數，核與定章亦符，應即准其注册。除一面咨飭保護外，合行發給收單執照，仰該商會轉交具領並報部備案可也。此批。四月十一日。

《商務官報》宣統二年二月十五日第三期《批上海商務總會稟》 稟悉。職商葉韶奎、方積鎔在上海曹家渡對岸寶山縣境創設龍華製革廠合資無限公司，呈到呈式合同議據等件及注册公費規銀一百六十四兩、收據一紙，查與定章尚無不合，册費數目亦屬相符，應准注册。其商標圖樣一紙，應俟開辦時另案核辦。除咨飭保護外，合將執照收單各一件發交該商務總會轉給具領可也。此批。三月初七日。

《商務官報》宣統二年三月十五日第六期《批上海商務總會稟》 稟悉。據稱皖路公司拖欠木工姚新記包工銀款各節，業經據情咨行郵傳部飭查，俟覆到後再行批示。此批。五月十七日。

上海市工商業聯合會《上海總商會組織史資料彙編》第一章《商務總會上農工商部電爲請電飭周金箴繼續擔任總理事》 北京農工商部列堂鈞鑒：職會各業十七日選舉庚戌年議董，周道晉鑣得二百十權，邵守廷松得一百九十一權。二十四日董等推舉總、協理，周道得十六票，邵守得十票，照章應請周道連任總理，邵任協理。惟周道以職會第三次稟定章程第十條内，連舉者連任，惟不得超過兩任之語，對衆堅辭，力求另舉。伏查鈞部商會簡章第四款，商務總會派總理一員，協理一員，以一年爲任滿之期，先期三月由會董會議或另行公推或留請續任，議決後稟請本部察奪，等因。是總、協理任期本無定限，會章所稱連舉者連任，惟不得過兩任，係專指連任而言。周道戊巳兩屆僅只一正一連，此次續舉連任，與部章會章均屬相符。滬市爲通商大埠，周道莅任兩年，措置裕如，商情翕服，本年四月南洋勸業會開幕，七月美商來華考察商務，提倡接待，在在均關緊要，尤未便遽易生手，致滋丛脞，合無□仰懇憲恩，俯賜慰留，電飭周道繼續任事，以孚衆望。除另稟外，先求訓示。上海商務總會全體議董陳作霖等公叩。儉。

上海市工商業聯合會《上海總商會組織史資料彙編》第一章《宣統二年四月奉部札委周晉鑣留任上海商務總會總理邵廷松接充協理已遵札任事照會》 上海商務總會二品頂戴江蘇候補道周、三號銜分省補用知府邵爲照會事。宣統二年四月初四日奉農工商部札開：本部奏定商會章程，商務總會總、協理一年期滿，由會董集議，或另行公推，或留請續任，議決後呈部察奪。茲上海商務總會總、協理已屆期滿，據議董等合同稟留周道晉鑣任總理，邵守廷松接充協理，核與成案相符，應准札委，以資得力。札飭遵照定章，悉心經理，毋負委任等因。

奉此。敝總理遵將上屆文卷帳册逐項清釐，於四月初四日續任會務。敝協理同日遵札到會任事，前協理嚴觀察即於是日交卸。除分別呈報咨移外，合將敝總、協理遵札任事日期備文移會。爲此，合移貴會，請煩查照。須至照會者，右照會蘇州商務總會。

《商務官報》宣統二年五月五日第一一期《批上海閔行鎮商務分會稟》 據稟及表册均悉。查所呈表册尚屬清晰，應准備案，惟稟内第四條所載行用錢籌，不論大小行號一律通用一節，漫無限制，流弊滋多，著不准行。所有此項錢籌如已行使，應即一律取銷，切切此批。七月十五日。

上海市工商業聯合會《上海總商會組織史資料彙編》第一章《宣統二年十一月農工商部撤換上海商會總理電》 本埠商會昨奉農工商部電云：商會准軍機處抄交蘇撫復奏，查明蔡草道辦理款項一折内稱：商會周晉鑣等於滬市危迫之際，不能妥籌因應，隨聲附和，貽誤事機，請旨飭部將該總理撤退另舉等因，仰即迅速秉公另舉，報部核辦。農工商部。真。

上海市工商業聯合會《上海總商會組織史資料彙編》第一章《上海商務總會第六届選舉廣告》 啓者：本會現届第六届選舉之期，所有入會之各幫各行各商號前舉入會會員及領袖會友，是否仍舊，抑或另有公選，本會未及周知，務祈各貴業將公舉來會代表之會員、會友台銜、年歲、籍貫、店號、住址、電話，即日詳開送會。因定十二月二十五日至正月初五日爲各業推舉代表之時，初五至十五日爲各代表推舉議董之時，十六日後由議董推舉總、協理，即擇期莅會視事。事關選舉，務祈迅賜開選。除將選舉會員、會友法，刊單另佈外，合亟登報，維冀公鑒。

上海市工商業聯合會《上海總商會組織史資料彙編》第一章《上海商業會議公所議董分工》 議董二十八人，定理事十人、書記二人、會計一人、庶務二人，其餘十三人擔任交涉調查各事，由總協理(副總理)臨時指定。

理事議董十人：

郁屏翰、勞敬修。(星期一)

印錫章、林蓮蓀。(星期二)

楊信之、葉鴻英。(星期三)

夏粹芳、朱衡齋。(星期四)

朱吟江、胡稑薌。(星期五)

書記議董二人：陳子琴、沈聯芳。

會計議董一人：葉明齋。

庶務議董二人：祝蘭舫、周舜卿。

交涉調查議董十三人：朱葆三、陳潤夫、蘇筠尚、王子展、顧馨一、丁欽齋、沈縵雲、唐露園、龐萊臣、施善畦、洪念祖、張樂君、傅筱庵。

上海市工商業聯合會《上海總商會組織史資料彙編》第一章《上海商業會議公所第一次核定章程六條》 計開：

一、明宗旨

本公所之設，爲集思廣益，講求商務起見。上海西商各有總會，日本通商大埠皆設立商業會議所，蓋於公餘之暇，隨時聚會，凡商務切己利害之事，無不考求詳審，是以日見進步，年盛一年。我華商和而不同，涣而不聚，商務利害未能專意講求。兹幸吕、盛兩欽使駐滬會議商税，實華商生命所關，非尋常修約可比，若不乘此商會，力圖補救，則利權坐失。今仿照日本設立會議公所，會非無事，議皆有益，顧名思義，一以商務爲指歸，既不蹈官場積習，亦不侈紙上空談，總期衆情欣喜，互相考究，以仰答朝廷振興商務之至意。至於行用鈔幣、擴充學堂、設立商物院、開創工藝所、糾公司、訂商律，應辦事宜甚多，既非一朝一夕之故，亦非一手一足之烈，俟風氣大開，循序漸進，不難逐件施行。

二、通上下

中國官商隔閡由來已久，今官急欲保商，而無所措手；極欲卹商，而無從著力。蓋其中事皆隔膜，無承起上下之人；交雜華洋，無開通關竅之法。總期官商一體，尊卑相顧。西人以商爲四民之首，非無見也。本公所上傳官府之德意，下達商賈之隱情，務使融洽聯貫，有可以藉手著力之處，隨時稟請辦理。

三、聯群情

華商心志不齊，意見各殊：視同業肥瘠，漠不相關；自私自利，彼争此奪；或高抬價值，或傾軋市情，卒至兩敗俱傷而後已。此皆失於見小欲速，亦由同業不肯齊心，以致利權操縱盡入洋商之手，最爲商務之害。本公所隨時邀集各同行會議，務使群策群力，衆志成城。利如何興，害如何去，在市上售價，或公評其價值，不准濫售。其地頭土貨見新，或公訂其進價，不准彼此搶奪，由公所刻發傳單，劃一遵守。人人有相親相愛之情，庶可收聲應氣求之效。

四、陳利弊

現當會議商稅之時，商務進退，此爲樞紐。值百抽五之關稅行之數十年未曾修改，今昔情形不同，貨價高低懸殊，亟應趁此中外會議之時，令商董將各貨稅則高下，報明公所，以便稟陳商憲，衡量核辦。其各業物價市情，有利當興，有弊當去，如何敵洋產，如何塞漏卮，所謂應商、應陳、應改、應爭諸大端，尤應各抒所見，按事詳陳，庶可轉達商憲，採入約章，以杜欺凌而收權利。

五、定規則

本公所擬設總理會員一人，副總理會員二人，一掌文牘，一掌度支，書記二人爲駐所人員。其他就南北市各行業各舉商董二人入會，名曰議員。簽名以後，遇有應會之期，應議之事，必須群集相議。即或一人事阻，亦必一人親到。其會議日期，參酌東西洋商會章程，曰常會之期，曰大會之期，曰特會之期。常會者，每日或午前午後，無論何業，不妨自約。同行來集會所，將物價市情，或有妨礙不便之弊，及推廣可興之利，告諸書記登諸簡册，俟大會時按册評議。本公所既非衙署，且欲通官商之情，無論何商即可便服惠顧，斷無閽人禁阻。備有廳事三楹，陳以大桌，四列坐具，入門有簽名處，派司事一人主之。來商先至簽名處，告知名姓，行業，登諸册簿，即請至廳事隨意坐談。清茗一杯，余不他供。大會者，本公所定於禮拜某日，恭請商憲駕莅會所，各商董亦群集其處，抒陳所見，並將前此各業所論利弊，評議是非，即由總理、副總理、會員面達商憲，立予准駁以便採入約章。特會者，遇有不平之事，欲求申訴，由受屈之人先三日將事由告知，本公所刊發傳單，邀集公正紳商，屆期同爲調處，以評曲直，捏誣者罰。各董事既須入會，既公正殷實紳商實有貿易於此者，雖不列商董之名，如願入會議事，即由該業董事告知本公所邀爲議員之列。蓋以後如何擴充商務，學堂如何開設，商物院、工藝所如何詳訂商律，糾立公司，在在須資討論，見聞越廣則商智愈開，正毋嫌臣門如市也。

六、追逋負

商務中最要省錢債一事，而地方有司往往視爲細故，雖經控告，無非延宕了事，以致姦商刁僧目無法紀，有故意倒閉潛逃等事。本公所有關商務大局者，不能不秉公與聞，以陳積弊。如有虧負倒欠等案事，可由諒其短，即邀集商董會議了結，固可省事息爭。萬一姦滑之徒難以理喻，立即詳請商憲嚴飭地方官按律懲辦，以儆傚尤。

上海市工商業聯合會《上海總商會組織史資料彙編》第一章《機房及機工章程》　一議　凡薦店友管料機者，必須叙明來歷，不得存私濫保，致壞同業聲名。

一議　料户有假賣料機貨匹脱逃者，唯保人是問，並責令該料户，通知公衆，以後不得帶料。

一議　料户如因年老力疲，不能支持者，先向莊家言明，亦得任其辭退。

一議　留徒操業，均有定例，不准半途而廢，工滿後方得出外就事。

一議　莊家如有歇業者，該徒只准原師推薦，方可收用。

一議　伙友不得(予)〔預〕支(辛)〔薪〕工，違者不用。

一議　凡爲司務者，對於徒弟，須專心教養，以期學成。

一議　凡爲伙友，必須道明前東來歷，若賬頭不清，不得留用。

一議　伙友因虧欠退避者，日後能將此款算清，方許復業。

一議　凡織機工工資，仍照舊章。

一議　伙友如有偷竊東家機工貨匹絲等，一經察出，須將該姓名表白同行，不得復用。

以上所議，均無偏見。凡我同行，各宜遵守行規。如不遵者，查出公同處罰。

光緒　年　月　日　　機業同行公具

上海市工商業聯合會《上海總商會組織史資料彙編》第一章《上海醬油業公所條議》　蓋聞財生和氣，同德尤貴同心；信可復言，慎終宜先慎始。是在通力合作，必期衆志成城。吾業開設上海，生意素推首列。只緣咸同之際，園僅數家，迨至光緒二年，牌增倍蓰，於是各圖熱鬧，莫顧經營，臆見徒存，成本不計。繼使人煙稠密，僅兹十里洋場；要知生理艱難，竟逾雙斤重秤。今又奉有憲諭，鹽捐既須加價，海防復派缸捐，通年之費項愈多，逐些之耗虧甚巨，不思整頓，無以振興，任其廢弛，伊於胡底？爰集同人酌議，創立公所條規，上籌國課無差，下與商資有裨。庶幾生財有道，頻聞恒足之聲；同業無欺，定獲咸亨之象。此啓。

（一）本堂擬公舉董事一人，未舉之前，仍歸萬順、振新、萬康、萬新等四家經理，以專責成。

（二）本堂酌用司事一人，事管堂中雜務，兼協同司月，匯收經費，並稽察各園犯規弊竇。又雇用司事一人差遣。如遇集議等事，再由司月園家，隨帶一二人幫忙，互相關切，不得推諉。

（一）司年、司月，先於上冬拈定司年、司月輪值，互相管理。現未舉有董事，銀錢帳目，一切暫由萬順、萬康、振新三家輪管。各園犯規，公定稽察，以嚴弊竇。

（一）經費由各園日銷醬油項下，每斤提取一文。司月按月收取，匯交萬順、萬康、振新收存，按三個月一期，先後輪值。薪工伙食雜用等費，憑司事向存儲之家領取。鄉園幫貼，按季交納，款項存儲，酌定按月七釐生息，以積源流。

（一）本堂初創，經費現無預存，房屋暫行租住。日後充足，再行擇地起造，以冀興隆。

（一）本堂創設之成，幸蒙大商顧某俯念時艱，竭力勸集同人設立公所，庶幾整頓條規，而商力可舒，籌積經費，而根本可樹。他日尚須立案請示，以圖久遠。

（一）遇有應議之事，知照堂中，由司事繕發知單，邀集公商，以求周妥。

（一）每月初五日各家到堂茶敘一次，無論有事無事，概勿推却，庶可聯絡而釋嫌疑。

（一）同業中有秉教不同者，故堂中權宜，無供獻等期。擬以每年分四季，四次設筵公聚，以敦和宜。

（一）公費除年例運委外，其餘一切公事費項，由堂中提撥，俟將來堆積有款，統歸堂中經理給發，以歸劃一。

（一）堂中數設家具，檢查登簿，外人不准藉用，以免遺失。

（一）本堂係屬公處，親屬友人概不得説情留住，以杜流弊。

（一）鄉園生意，各處風俗不同，因地制宜，如南匯擬分立公所，另有規則，斟情酌理，互相關切，以聯指臂。

（一）鄉園如遇爲難事件，仍須公同酌奪，同業不得坐視不問。

（一）鄉園距滬有遠近，生意有離合，適有公共之間，彼此推心，勿存意見，以昭公允。

（一）各園或有犯規改秤等弊，恐同業中礙於情面，未便認真舉發。現請鹽捕左營吴福海游戎，派人隨時密查，倘有前弊，照章議罰，即於所罰項下，提出二成，以作酬勞。

（一）各園向鄉園折貨，必提有受和堂公所給單爲憑。第路有遠近，故單内填有期限。若無給單，或逾限期，或單少貨多，均作私論，請鹽捕左營查拿，解赴公所。醬油每挑作五十斤，給洋一元二角以充賞號。

（一）各園向公所填領給單，往鄉園運貨，須先繳堂費每擔五十文，以備刷印紙張朱墨之用。公所中須立簿，將某號往某處某園運貨數目若干，逐一登記，以備查核。

（一）本堂初創，略見條則；嗣後各抒所見，隨時訂增，總期盡善盡美。將來經費有餘，並擬酌量推（異）〔廣〕善舉，以爲博濟。

光緒　年　月　日　　上、南、川醬業受和堂公所公議

上海市工商業聯合會《上海總商會組織史資料彙編》第一章《糖幫章程》

竊以法之自上立者曰禁曰防，而自下議者曰規曰約，其名異而實同也。然下擬之規約，非僅以上出之禁防，壟斷之夫，終必有冒不韙而逾之者，其何以計久長而昭炯戒？我幫同志諸人，鑒前車之屢覆，冀後效之可圖，爰議定章，請官核准，給示刊碑，是蓋取諸禁防之嚴，以助夫規約之行者。從今以後，凡我各棧號，各篤鄉誼，同遵勿壞，行見貨物暢銷，蒸蒸日上，豈不懿歟？謹將規約各條，開具於左。

計開：

（一）各行店來棧定貨，除貨色當面看明外，其有價銀包數，以收到成單爲定。如無成單即係未成生意；若成單交後，勿論時漲時跌，兩無異議。

（一）各行店單定之貨，以半月爲限。如期滿不取，若有走潮濕色短秤各情，本棧不認。

（一）貨銀統爲估寶洋例銀，期以二十天交到。從出貨限期滿日起，算票十八天，現銀例扣。若本期無銀交兑，下期不許交易。

（一）貨秤照舊，無容更議。

（一）凡新開棧號，應照幫衆已前交出規銀，如數付入會館，作爲公款；再將所有核准定章，由首士發交該棧號查遵辦理。

（一）以上各條，除請准給示刊碑立於會館外，凡本幫棧號諸人，務各遵守。如有瞻徇情面，或希圖厚利，暗壞規約，一經查出，罰銀五百兩，以一半入會館爲歲修費，一半繳官發作善事。或一犯再犯，以及不肯遵章從罰者，由會館公同

徽治。

光緒　年　月　日

同吉　太古　南棧
糖幫　全興　大德　德興　同啓
鴻大　西棧　同豐

上海市工商業聯合會《上海總商會組織史資料彙編》第一章《米行公議》

謹啓者：吾業仁谷堂，自咸同年間，米用八分，抽提一分積款置房，在大東門内建設之後，旋將行用裁出一分。仍按七分扣用，以昭公允。惟是堂中經費頗巨：自督撫藩臬府縣廳衙科房，規例名目繁多，以及常年祝神齋醮，四季會較海斛，在在需款；近月捐項迭頒出款，更屬不貲。向藉米單一項，爲數稍多，並各行較斛月捐，以資浥注。乃年來沙船漸少，米單日減，堂中既無恒産，又鮮積儲，而出款頻增，只藉月捐，勢難支持，若不亟爲整頓，何以克垂久遠？今特先將月捐舊規重整，再議善後。向以較斛一只至三只者，捐洋一元；四只至六只者，捐洋兩元；七只至九只者，捐洋三元。照此遞加，以歸劃一，不得取巧舞弊，或以多較少，或藉季挨較，如有舞弊，察出議罰。凡我同業，各宜恪守成規，庶幾源遠，咸有厚望焉。

光緒　年　月　日　米業司月公啓

上海市工商業聯合會《上海總商會組織史資料彙編》第一章《油豆餅業議整新規》

蓋經營之道，首重條規；而久遠之方，端資整頓。吾等油豆餅一業，並於上年春間，重加釐整，刊刷規條，通知各處，除一切仍照向定章程外，另議加增。所有大簍油銷客幫者，每件加銀一錢，小簍減半；本城之油，每擔向用二分五釐者，今用五分；元豆每石增用一分；南口餅每擔增加用一分，片餅增加用五釐。銀期仍照向章，無庸更易。每行各備罰款，分福禄壽三等：福字繳銀二百兩，禄字繳銀一百兩，壽字繳銀五十兩，存與公所。如有違章，即將存銀充公。倘欲再向號買賣，須另繳銀兩存公。如未存公者，是不在同行之列，不得向號家買賣。自議之後，即於本月初四日爲始，凡我同行，各宜恪守，無稍違異。願同人始終如一，利益均沾，不勝禱切盼切之至。

光緒　年　月　日　萃秀堂同人公啓

上海市工商業聯合會《上海總商會組織史資料彙編》第一章《雜穀業公議》

竊維商務之興，首推信實；同行之議，尤貴聯情。第經營伊始，必綱舉而目張；貿易事繁，須有條而不紊。吾業懋遷長江，行商申浦，熙來攘往，源源不絶。自近年以來，號數漸增，生意愈廣，每思向無公所，素缺規模，致遇轇葛事情，紛紜争執，言無主宰，理鮮公平；故有受他幫之屈，計難悉數。此由同業章程未立，歸束無從，致有此憾。然而圖謀久遠，非提捐而設法，安得集腋以成裘？爰集合同人，秉公酌議條規，妥訂載列，俾吾儕商人，各知遵守，庶幾業興而利日溥，則大有厚望焉。

一議　司月由同業各號，順次輪值，管理收支公賬，及抄捐事宜，不給酬勞；凡會議等事，歸司月傳單邀請。

一議　同業進口米麥豆麻雜糧菜豆餅等，按件抽銀二釐；如轉往他埠之貨，減抽一釐。其銀按月抄收，永遠歸公。除因同業公事開銷外，集成千兩，公議存莊生息，以圖日後擴張公所之用。

一議　賣貨先請行家各幫看妥，然後議價，定盤後不准藉詞退出。

一議　賣出之貨，須歸原裝，不得調换。

一議　賣貨定盤後，可將擔單派司送交，約數收銀。願待出貨收銀者聽便。其銀期以成立票日起，一律十五天。

一議　掮客買賣，須以客幫成票爲憑，不准收受掮客所出成票；經用概由客出成票，均書凈盤收銀期，一律辦理。

一議　棧租成交之後，歸客自理。如有將次到期之貨，須先商妥證明成票。

一議　各貨取樣須用本幫公樣單，蓋本號圖章；每次只准二磅，過限扣留。他幫樣單，不准藉用。

一議　本幫置備公磅，分交各棧，以備比較。如有客磅不准，即將公磅過較，以昭公平。

一議　來貨寄存各棧，設有作弊情事，一經查出，公禀嚴辦，費由公款撥出。如有人通報棧房偷漏情弊，確有證據，因而查出者，按贜一半充賞花紅。

一議　成盤之貨，設有行家客幫有意不交，及糾葛一切顯違公論者，本幫會齊與該行號停止交易；掮客經手，連月停止。俟前事了結，再行開交。倘曲在同業，公議斷定，飭令依從。

一議　自今聯幫之後，凡有關涉幫中之事，和衷商辦，同心同德，期於妥善。如有不遵以上條規者，察出公同議罰，以事之大小，酌銀之多寡，至少罰銀二十兩，入歸公款。

光緒　年　月　日　楚商　美記號　裕成號

元豐號　成大號

永昌號　議記號

上海市工商業聯合會《上海總商會組織史資料彙編》第一章《豆米業公議條規》

竊惟豆米兩業，原屬一致。豆規既立章程，而米規亦宜整頓，庶得俾米客買豆裝回，不致同途異軌。近沿銷售米石，市上往來，俱用洋銀。同業酌定依豆原價，雖章程粗具，恐日久懈弛，舊章紊亂，殊非商賈信從之道；是以邀集同行，議立規條，以便永遠遵守。今將米業行規，開列於左。

一議　買賣往來，以洋銀爲准；若用錢票换豆等情，須兩方允洽，不得勉强作抵。

一議　行用每石扣洋七分，内有客捐二釐，仍歸行扣除，以充公費。

一議　往來客商，務須投行銷售；如私自銷賣，查出公同議罰。

一議　行客定盤後，不准扒盤退票；不遵規條者，查出公同議罰。

一議　米客買豆價目，悉照豆單合算。

一議　斛子，准用劃一海斛；每年二八月，公同各客，匯較兩次。如有參差，察出公同議罰。該行客敬神戲一臺，公酒四席。

一議　自同治七年起，由各行客酌提義捐，置買大東門内市屋，改建仁谷堂，以爲同業議事公所。俟款足後，即公議停捐。

一議　米糧每石扣客斛錢四文，以給斛司。船家回艙，由客自給，悉照舊例。

以上各條，議出至公。此外未及備載者，悉照舊章不贅。

光緒　年　月　日　同業公具

上海市工商業聯合會《上海總商會組織史資料彙編》第一章《上海金銀玉工整規》

一議　收留徒弟，以三年爲滿，如年輕者四年爲滿，方可開支工錢。

一議　行友每天給工錢三百文，次者一二百不等。

一議　收留他方工人，必須妥人擔保，以備不虞。

一議　凡做一日，當給一日工錢；不做之日，不得在店羈留。

一議　九月二十八日在華光殿集會，每人須出分子錢五百文。

一議　同業有偷漏不端之人，查出公同處罰。

光緒　年　月　日　同業公具

上海市工商業聯合會《上海總商會組織史資料彙編》第一章《銅業菜花行規》

一議　每年於九月初九日公同訂定規約，均宜到會。

一議　外來客人有願入行，須出錢四千二百文。

一議　各號所用伙友，必須向行説明。

一議　私用客司，查出者議罰(辛)〔薪〕工一月，其費歸入同行公所。

一議　伙友進店，以五天結算工錢一次；不用之時，照價如數付清。

一議　行友賬目不清，别店不准收用；如私用者，查出議罰，其費歸入公同設立公所。

一議　客司舊規，每一月申二工計算，每工加給錢念文。

一議　各店夜工，毋許過遲，若不遵者即照亂規而論。

一議　各伙友每年須捐一天(辛)〔薪〕工於同行公所。

一議　收留徒弟以三年爲期，若隱秘不報者，查出議罰銀十兩，歸入同行公所。

一議　徒弟滿師，必須通知同行起捐，當出錢七百文。

一議　常年客司，逢節進出，不得隨時更動。

一議　客司餘支，一月上下亦可。

上海市工商業聯合會《上海總商會組織史資料彙編》第一章《上海裁縫工同規》

一議　行友工價向有定例，在店中做者以件數計算，不以工數計算。

一議　行友上門做者，每日給工錢一百六十文。

一議　行友上門做者，針綫另給。

一議　定做壽衣，工錢控算加倍，不得争執。

一議　各行於九月初一起，每天加工錢四十文。

一議　夜工與日工不同，夜飯後至三更爲一工，工價與日工相等，不得增減。

光緒　年　月　日　成衣業公具

上海市工商業聯合會《上海總商會組織史資料彙編》第一章《銅器整規》

一議　新開字號，須邀請同行赴會。

一議　錫器進貨，有筆管、點銅之别。

一議　筆管價錢，每斤二百餘文至三百餘文止。

一議　點銅價錢，自六百餘文至七百餘文止。

一議　同業公議，筆管不能加入點銅之内，欺瞞買主。

一議　各樣礬器，定價劃一，出售之後，概不退換。
一議　公秤以十六兩爲一斤。
一議　櫃上收買舊錫，准以貨易貨，不准以貨易洋。
一議　舊貨筆管、點銅，均照新貨八折合算；如買主定貨，先交半價爲定。
一議　行友每年給薪水三四十串至五六十串。
一議　收留徒弟，以三年爲滿；滿後酒席謝師，以酬教誨之勞。
一議　各貨定價，係劃一無讓，洋價照市，龍洋銅角，均須貼水。

光緒　年　月　日　　銅業公具

上海市工商業聯合會《上海總商會組織史資料彙編》第一章《上海粉面店規》 竊以同業在上洋城鄉市鎮，開設粉面店生意。年深日久，連年遭歉，生意淡薄，協力辛苦，實係艱難。自今同業公議之後，買賣交易，須盡公平；如有不遵者，查出處罰。今特議定店規數條如下：

一議　祝神之日，均宜到廟拈香，不得以私廢公。
一議　門市生理，隨時定價，以定票爲憑。
一議　粉面定價，概用現錢往來，不得賒欠。
一議　同業不許謀占，不遵者議罰。
一議　伙友出店，須將賬目算清，如有拖欠，同行不得雇用。
一議　同鄉無賴匪黨，各店不得留歇，以免後患。
一議　如有假冒戚友，强賒硬藉，由同業者公同送官究辦。
一議　新開店者，當捐會銀八兩。
一議　各店豆麥粉面進出，不得瞞秘捐釐。
一議　章程定一，無容更改，各宜同心協力，以爲遵守。

上海市工商業聯合會《上海總商會組織史資料彙編》第一章《商部定接見商會董事章程》 中國自通商以後，商務日疲，説者咸歸咎官商之情不通，而公家亦向未講求保商之政，地暌勢隔，措手何從？且商與商心志不齊，意氣不合，往往同操一業，非但平時痛癢各不相關，或反爲傾軋排擠，只圖利己，不顧損人，若不亟行聯絡，設法保護，正恐商業之壞，不知伊於胡底。今本部奉旨設立，屢承保商之詔，日夕孜孜，力求所以上荅宸廑，而下酬衆商之仰望者。爰思商何由保？必須先通商情。情何由通？必須先聯商會。商會者並非本部强令各商聯合，不過使各商自相爲會，而由本部提倡之，保護之，使商與官息息相通，力除隔膜之弊。蓋泰西商政，通都大埠，商會林立，凡商務切己利害之事，無不隨時聚論，考求精當。其所以侵奪華商之利益者，尤不遺餘力，年盛一年。京師雖非通商口岸，而首善之區，本根所係，即命脈所關，苟能同心合力，首先舉行商會聯絡，以爲各省之倡率，則我中國商務之振興，其樞紐實係於此，本部實有厚望焉。

一、各商各業，操術不同，即情勢迥别，商會章程即令各商業中自行擬議。蓋在商家無論大小，本有同行公議之所，商會即是此意。現不妨就原有條規作爲底稿，各商董悉心斟酌，或增或減，大旨以同心合力、互相扶持爲主，定稿後送呈本部核奪存案。如或有未妥，由本部傳令該商董來署，面加討論會同酌改。總期於曲體商情之中，務令遵行無礙，歷久不渝，始爲盡善。

一、各商各業應各舉公正紳商數人，呈遞職名來署謁見，作爲董事。以後所有商會一切事宜即由該董事與衆商會同籌議，悉心擘畫。

一、本部設商會處一所，另派專員接待各商董。嗣後來署討論一切事宜或呈遞條陳，均由商會處隨時回堂酌辦，俟定議准駁，亦由商會處傳知該董事遵照辦理。

一、各業中如有體面巨商欲進謁本部堂憲面陳議論者，即自行來署，先赴商會處呈明來意，由商會處隨時回堂接見，絶無阻遏。惟於議論商務外，不得别有干求之事。

一、各業舉定董事後，商會處即將各業各董銜名注册存案。各商會應訂定常會、特會名目。會議時，如有建白，或有特别要事，即行赴部陳説，至市面行情，亦應隨時開送本部。若有要事，亦由商會處傳知該董即行來署，毋得延諉。

一、各董事常川來署，不必定穿公服，本部門皂等役，不准稍需索留難等事。倘有阻遏，該董事盡可直言指報，由商會處送交司務廳嚴辦。至於各董事潔身自重，亦不可私相授受，以市小惠，致啓需索之漸。

一、各商舉行商會以後，如有商家條陳何利可興，何弊可去，若者宜辦，若者宜停，均由商會處交與商會籌議禀復。凡禀復各件，亦不必拘以公牘體制，只須字蹟明净，蓋用某業商會戳記，送至商會處轉行回堂，分别辦理。

一、以上各條，該董事等均係體面商人，務須明白商會處專爲商會而設，萬不可視爲出入衙署，冀通聲氣之路。凡呈遞禀函不關商會之事，及有別項詞訟，仍行一概送至司務廳，聽候批示准駁，以清界限，而杜流弊。

上海市工商業聯合會《上海總商會組織史資料彙編》第一章《日人評述我國根據商部訂定章程設立商會及接待商會處情況》 由以上奏章觀之，即可察知設立商會之用意，章程廿六條，批准以後，廣爲發佈，以促進商會之設立。今舉其梗概，應分爲商務總會及商務分會二種，商務旺盛之地應設總會，其次則設分會，各分會隸屬於該省内之總會。至於職員，應由該地巨商中推舉總理、協理，呈請商部任命，任期一年，可以連任。總會人員由三十人至五十人，分會人員由十人至三十人，視其商務之繁簡而增減之。舉定以後，由總、協理造具名簿呈報商部。此等會員，以具備才、智、資、望之四項者爲合格，四項標準須表明之。

商會之職責總括如下：

一、代商人向地方官申訴。

二、報告商情。

三、裁決華商間及華洋商間之糾紛。

四、認真執行商業帳簿之劃一及商家或其他商人間契約之登記。

五、産業之保護。

六、商品陳列所之設立。

七、外洋商務之考察。

八、版權意匠權及特許權之許可。

此外關於重要職員會議與議員會議之方法，以及重要職員之罰則，亦須加規定。不過此項章程，原只規定商會之綱領，至其細則，應准各地商會就此章程範圍内自行訂定。蓋中國版圖極大，東西風尚不同，南北習俗各異，其勢不得不如此。

根據商部章程而設立商會者，以上海爲嚆矢，早在光緒二十八年五月，鐵路大臣盛宣懷首先倡議設立上海商業會議公所，一切組織，仿照西洋，自訂章程，募集會員，迨商部發佈上述章程，遂後據以改組。不過當時商會組織尚未完全，因此欲以當時商會來測驗及格商界之實際效果，殊不可能。兹僅就其現狀略述如下。

上海商會即商務總會，是根據商部所公佈的商會章程第二款將舊上海商業會議公所改組而成。設在美租界虹口愛而近路二層樓内。商部駐滬接待商會處亦在其中，該處是商部爲調查上海附近生産銷場而派遣的官吏行轅，今將其駐滬人員之銜名録下：

商部左參議　王清穆

商部右參議招商局總辦　楊士琦

保惠司主事　王大貞

保惠司主事　單　鎮

主稿　王克誠

書記　張吉餘

顧問　神津助太郎

此接待處係與上海商會同時設立，其中以主稿爲事務長，王清穆領導一切，書記於其下助之。顧問神津氏係東亞同文書院第一期畢業生，去年四月聘用，孜孜不倦地盡力於指導。予等就其詢問一切，頗爲便利。商會之事多由神津氏教導，現正就各種商品産業商政等草擬調查方案。目下接待處所努力者，主要是各種調查，其他關於商會的禀請文件以及商部的札文訓令等，也是它所專意辦理的。

上海市工商業聯合會《上海總商會組織史資料彙編》第一章《上海商務總會第三次稟定詳細章程九十二條》 第一章　定名

第一條　本會係上海原有之商業會議公所，今遵農工商部奏定商會章程，改爲上海商務總會。

第二章　宗旨

第二條　聯絡同業，啓發智識，以開通商智。

第三條　調查商業，研究商學，備農工商部諮詢、會衆討論，以發達商業。

第四條　維持公益，改正行規，調息紛難，代訴冤抑，以和協商情。

第三章　名位

第五條　本會議董　計二十一員：

總理一員　總理會内事務。

協理一員　協理會内事務。

會計議董二員　監察會内收支各項款目。

書記議董二員　監察會内往還電文、公牘、書札、收發條陳諸事。

庶務議董四員　監察會内庶務，及對於會外接待官場諸事。

糾儀議董二員　監察議事時會室内規則。

調查議董二員　監察調查商業，及調查各業入會，分别會員、會友册籍。

理案議董五員　監理錢債糾葛、詞訟諸事。

中證議董二員　監察各商契券，合同作證諸事。

臨時特派員無定額（原注：遇有緊要事件須辦者，可由全班會員中選舉數人專辦其事，爲臨時特派員，或由總理、協理委任均可。倘有關係公益疑難之事，非會中人所能決，必須延請會外人相助而給以相當之酬謝者，臨時可由議董提議）。

第六條　本會在會各員：

會員無定額（會員宜有定額，此時各幫、各行入會與否尚難預定，故暫未定額。須俟各幫、各行皆已入會，届時再行酌定員額）。

第七條　本會延聘辦事各員：

坐辦一員。

理事一員。

西律顧問一員。（當用西人）

書記三員。

繕校四員。

翻譯一員。

司帳二員。

庶務二員。（以上各員均須優給薪水，如不敷用，隨後酌添）。

第八條　本會名望會員：

名望會員無定額。

第四章　選舉

第九條　本會選舉之法：

一、總理、協理。

甲、總理、協理須於議董内公舉，舉定兩員，稟請農工商部札派。

乙、選舉總理、協理，應照農工商部奏定公舉會董格及本會所定總理、協理格，印出與選舉票同。交有選舉之權者依律選舉，每年於年會後擇期舉行。

丙、凡選任總理、協理，須由全班議董公同推舉。其選舉係用機密投筒法，以得數最多者爲總理，其次爲協理。如得數相同，則將同數之人由議董再行投票決定。

附總理、協理格：

一、品行方正者。

二、的係行號巨東或經理人，每年貿易往來爲一方巨擘者。

三、諳習公牘，明白事理者。

四、身任議董者。

五、年在三十五歲以上者。

附機密投筒選舉總理協理法：

選舉票式如下：

上海商務總會選舉票	第　次　願舉 先生爲總協理 字第　號 此票限　月　日投本會筒内

背面刊印總理、協理格，以便填寫。另紙印農工商部勸辦商會章程第六款，及年在三十五歲以上之議董名單，附送。

凡遇員舉總理、協理之期，先期七日將選舉票填寫號數，並填限期，分送各議董每人一紙，填明兩位。會中另立底簿，注明某號分送某人，分發既訖，即將此簿嚴密封固，不可預泄。各議董得票填注後封固送本會，投入筒内，届期集衆，由坐辦開筒點清注簿，當衆宣示照行。

二、議董。

甲、議董須由會員内選任。

乙、凡選舉議董，先期七日由本會將選舉票分送有選舉權之人，每人一紙，填寫二十一人名。其應舉者除議董十九員外，應添備選總理、協理二員，共二十一員。並將議董格同送，以備各人如法選舉。以多數者當選；得數相同，將同數者用掣簽法掣定照行。

丙、凡選舉議董亦用機密投筒法，與議董選舉總理、協理同。

丁、議董舉定，俟選舉總理、協理後，由總理、協理酌派分任各職。

附議董格，選舉議董票與總理、協理同式：

一、品行方正者。

二、的係行號巨東或經理人，每年貿易爲一方巨擘者。

三、諳習公牘，明白事理者。

四、身任會員者。

五、年在三十歲以上者。

三、會員。

甲、業經捐助商會經費已爲會友，其本幫或本行常年捐數至三百兩以上，經本幫或本行公選爲會員，會衆定議許可者，得爲本會會員。嗣後會友續有願捐常年經費者，亦照此行。

乙、業經捐助商會經費已爲會友，其本幫或本行常年捐數未至三百兩者，經本幫或本行公選爲入會代表，會衆定議許可者，得爲本會領袖會友。

附各幫各行選舉會員法。

凡一幫或一行每年公捐會費在三百兩以上得舉會員一人；六百兩得舉會員二人；九百兩得舉會員三人，九百兩以上以三人爲限。捐款交後，由該業或該行董事將捐款各户開一清單送本會。會員定議認爲會友後，遇選舉之期，由本會照章分送選舉票，及各幫公舉會員格與清單所開各户。亦用機密投筒法，令其照章選舉，送本會投入筒内，定期開筒，以票數最多者當選。

附各幫各行公舉會員格：

一、品行方正者。

二、確係在本業經商者。

三、明白事理者。

四、已經本會定議認爲會友者。

五、年在三十歲以上者。

丙、雖未經衆公舉，而其人每年擔任會費三百兩以上，關心公益，經會員二人公薦，會衆定議許可者，得爲本會特别會員。

附選舉權限。

凡會員、領袖會友均有選舉議董之權。惟選舉權限分爲三等：會員得三權；領袖會友捐助常年經費數至二百兩以上者，得二權；一百兩以上者，得一權。

第十條　總理、協理應合第九條所載選舉之格式，方准公推選舉，稟請農工商部加札委用，以一年爲任滿之期。連舉者連任，惟不得過兩任。

第十一條　議董十九員亦應合第九條所載選舉之格式，方准公推選舉。舉定之後，由總理、協理酌派職任，分任議董應辦之事。

第十二條　議董尚未年滿因事不能任職者，可由總理、協理酌量於會員中選派暫代。惟遇任滿時，仍照正任年滿之例，一體更舉，以免歧異。

第十三條　自總理、協理以至會員，經衆舉定，不得辭讓。

第十四條　會友年未滿二十歲，不得有選舉權。

第十五條　捐款不交，及屢次函邀會議不到者，不得有選舉權。

第十六條　自總理、協理以至議董，既經舉定，凡遇議事必須按期到會。倘有疾病、事故不能到會者，總理請協理代表，協理請議董代表，議董請會員代表，各由本人給予憑信到會承認。

第十七條　凡望重品優及捐巨款實力贊成本會，經本會友二人以上提議公舉會員，定議公認者，可推爲本會名望會員。

第五章　入會

第十八條　凡願入本會者，須有會員二人聯名推薦，經本會會董議定得多數者，即允其入會。

附推薦書式

字　省　府　縣人，年　歲，現在上海　幫　號執事，住　第　號門牌。願入上海商務總會爲會員。等查得　按律經商，循規蹈矩，允遵會章，特爲介紹。乞商會定議，允行爲幸。此請上海商務總會查照。

介紹會員　押

介紹會員　押

光緒　年　月　日

第十九條　凡不歸各幫之商人，如個人營業者，常年捐會費三十兩以上者，得爲本會會友。

第二十條　該幫或該行曾公捐會費，有將會友名單開送本會業經公議允認者，得爲本會會友（此項會友，應如何酌按該幫户數予以限制，請公議定奪）。

第二十一條　既經會衆公允入會，須自具信約一紙，簽名於上，並會費交本會收執，以爲入會之據。附信約式。

具信約　字　省　府　縣人，年　歲，現在上海　幫　號執事，住　第　號門牌。願入上海商務總會爲會員，兹將允認之約條列如下：

甲、願守會章。

乙、允從衆議。

丙、允認所舉者爲代陳意見人。

丁、願擔會務。

此請

上海商務總會查照。

光緒　年　月　日　號　押

第二十二條　公司、工廠年捐巨款，贊成本會，可查照各幫捐數，准一人至三人入會爲會員。仍不准逾三人之數，以示限制。

第二十三條　凡在上海按律經商有實在營業之本國人民，得入本會。

第二十四條　莊號不在上海而有分支莊友駐滬者，得入本會。

第二十五條　已入會之會友，因事離滬，其伙友持有該號蓋印之函代爲聲敘者，本會可認爲代理。倘係分莊换友經理，陳請改注，亦可照發。

第二十六條　凡下開諸人不得入會：

甲、營業卑賤者。

乙、欠債倒閉未清償者。

第六章　出會

第二十七條　會員、會友自願出會者，可具函聲明，送本會收存，作爲出會之證。捐助之款概不給還。

第二十八條　會員、會友中有犯下開各款，經會友二人以上舉發，查有實據，有全班會員三分之二議定令其出會者，即令出會，原捐之款亦不給還。

甲、干犯刑憲。

乙、不守會章。

丙、敗壞本會名譽。

丁、侵侮同類者。

戊、行止有虧，同人不齒者。

第七章　經費

第二十九條　本會經費以各商每年年捐之款充用，須分額支、活支二款如左：

甲、額支款由會計議董編列預算表，交會員公議允認。按月預開月計表送總理、協理簽字後，隨時照行。

乙、活支款用款在一百兩以内者，由總理、協理與諸議董公議，由總理、會計議董簽字照發。若數在一百兩以外，須開特會，招集全班會員定議施行。

丙、無論活支、額支在五十兩以上之款，非經總理及會計議董簽字，不得支付。會計司事應每禮拜將帳目呈會計議董查核一次。

第三十條　每月月報結清後，由會計議董交總理、協理會同各議董查對一次，以昭核實。

第三十一條　每月月報查核後，由總理、協理簽字，並將各項發票、收條、往來莊折查對一次。以後不得涂改。

第三十二條　會員、會友既經公允入會，即將所允捐之款交本會坐辦查收，由坐辦出具收條，坐辦、總理、協理、會計議董均應簽字，交本人收執（附收條式，見下頁）。

第三十三條　本會所收各業、各公司會費，按照認定若干，已收若干，未收若干，分別開具清單，每届半年登報佈告一次。其開支項下須按月列表，半年登報宣佈。每届年終，刻印清册分送會員、會友及各業商人公同檢閲，仍隨時由會員公同稽察，以杜浮濫之弊。

第三十四條　每年年會時，由總理、協理將上年各項用款當衆宣告。由會員公舉查帳人二員，清查一次。如無錯誤，由查帳人簽名具報，榜示本會，並刊印成册，呈報農工商部，分送在會諸人，以征大信。

第三十五條　年會之先，應由總理、協理、會計議董將本年應用各款編成預算表，年會時交會員公閲，籌議款項，以備支用。

第三十六條　本會存款，須於年會時擇殷實之錢莊，公議允洽，始可將款項存放。

附收條式：

上海商務總會收條

今收到
寶號
先生交到自願入會
年年捐規元　兩正，此據。
光緒　年　月　日　坐辦　押
總理　押
協理　押
會計議董　押
字第　號

收條存根

寶號
先生自願入會，　年年捐規元
兩正已照收入册留此存根備查。
光緒　年　月　日坐辦　押

第三十七條　公款積存，如須置買產業，或附公司股分，或交妥實殷户存放者，由總理、協理隨時開特會，招集會員定議施行。

第三十八條　農工商部奏定商會章程之二十一款應收各費，俟日後揆度情形公同定議，酌量辦理。

第三十九條　農工商部奏定商會章程之二十二款給獎各節，此時事屬創辦，經費支絀，總理、協理及議董各員皆係殷實紳商，志在急公，肩任會務，應從緩議。給或須酌給車馬費與否，視經費定議。

第八章　議事

第四十條　本會開會議事，分常會、特會、年會三種。

甲、常會

每逢星期開常會，總理、協理至議董齊集會所，酌議應辦各事。倘事關緊要，不能拘定常議之期，可由總理、協理隨時斟酌，傳知議董齊集會議。

乙、特會

凡會員、會友十人以上欲開特會公議事件者，可具書送總理、協理。於七日內招集全體會員開特會，公議決定。

丙、年會

每年正月開會二次。由總理、協理酌定日期，登報宣告，各議董、會員、會友齊集會所，公同定議。

第一次，清查去年帳目，暨公議本年預算表。

第二次，宣告去年調查各項商務情形，公舉辦公各員。

第四十一條　每七日開常會一次，定准期刻，總協理、議董均宜按期齊集會所，由坐辦將所議事件檢出，依次提議議決。由書記摘叙簡要事由，登報佈告，不得隱匿偏徇。其特會、年會提議事件，亦一律登報佈告。惟遇緊要秘密之事，宜從慎密。

第四十二條　無論特會、常會，應於三日前將所議事由函告與議之人，免得茫無頭緒。至議事時，與議者所陳意見，由書記將各人言論逐一登録議册，由首座簽名於上。

第四十三條　本會公議除以下所指各事外，皆以多數定議：

甲、欲創會員、會友新捐。

乙、加增捐數。

丙、動用會中公款。

丁、買賣、抵押會中行動及不行動產業。

戊、議退會員、會友。

己、更改本會章程。

以上各節須有會員中三分之二允許，方可照辦。

第四十四條　凡議事時，須有議事權之人到有過半，方可開會定議。

第四十五條　議事時，以可否孰多之數爲准。可者簽名議簿，否者不必簽名。倘事有不便明言者，可用機密投筒法。倘可否之數同，則由首座秉公決定。

附議事機密投筒法。

本會内室備有黑白子兩匣，如遇機密投筒事件，臨時與議各員魚貫入内，各取一子，至首座前投入筒内。可者取白子，否者取黑子。投筒畢，由首座傾筒取出，當衆數明宣示。

第四十六條　議事時，各員皆有決定事理之責，不得依違兩可（如既不可亦不否者是）。

第四十七條　議事時由書記員將各人言論詳載議簿之内。議定後，將所議各節榜示本會議廳，並登會報，俾衆周知。

第四十八條　議事須依次序，甲事議畢，然後再議乙事。

第四十九條　議事時，只能議論今日提議之件，不准牽入他事。

第五十條　議事時，意見不同，各持一議，竟有三議不易斷決者，應由首座告知衆人，立時公舉四人專議此事，於衆人所議中選取二議，擇日再開特會，會同全班會員定議。

第五十一條　名望會員遇有本會重要事件不能決定者，可由總理、協理及全班會員公請來會討論，定有意見，再交會員核議施行。

第五十二條　本會議事時之規制：

甲、遇議事之期，如邀請幾點鐘務須按時齊到，不得故意延遲，致令衆友久候。糾儀議董二人專任監會之職。開會時摇鈴入座，坐定再摇鈴一次，首座起立，宣示本日所議之件，由衆依次議決。議決後再由監會摇鈴散會。如在議室内有不照會章舉動，糾伙議董即可起立阻止，各員不得與之争辯。

乙、如有人欲提議一事，須先期叙述己之意見，有會員或會友二人願贊成其説者簽名於上，送總理、協理閲後，至期開議。倘欲陳説己見，可先告首座，經首座允許者即離座陳説，陳説畢，歸次。

丙、欲辯駁者，當時告知首座。經首座允許，即起立辯駁，辯駁畢，歸次。

丁、凡提議之件，經衆人辯駁後欲再申説己意者，仍告知首座。經首座允許，即起立陳説，陳説畢，歸次。

戊、本日議事未畢，可由首座告知與議者，擇期再議。

第五十三條　議廳内之禁約：

甲、不得喧嘩談論。

乙、不得隨意涕唾。

丙、不得吃息加煙、紙煙，以及各種水旱煙。

丁、不得紊亂座次。

戊、在議廳内，盡可彼此辯駁，但不得忿争至於怨詈。至會所之外，不得辯論。

第九章　責任

第五十四條　總理、協理，有總理會務、籌定經費、裁定會章，及公同議決各事，有指揮施行之責任。

第五十五條　議董有選舉總理、協理及被選總協理、監察會務、籌議經費、討論會章、公議決定會務之責任。

第五十六條　會員有選舉議董及被選議董、籌議經費、討論會章、公議決定會務之責任。

第五十七條　領袖會友有選舉議董及籌議經費、討論會章、公議決定會務之責任。

第五十八條　會友有選舉會員及被選會員、助本會經費及條陳意見以備本會採擇之責任。

第五十九條　名望會員有提議專議、聽本會裁定之責任。

第十章　辦公

第六十條　本會應辦各種會務及日行各事，應另立專條。公議裁定後，交辦事員查照施行。

第六十一條　凡既經入會商人，如有錢債糾葛須請本會理處，或請本會代投地方官稟函者，均由本業董事函送來會，即行酌辦。如未經入會之商人，一概不予理處。

第六十二條　凡錢債糾葛，如兩造均願請商會理處，自應即予提議。若止一面請商會提議者，必須查訪情由。如果事直受屈，可將情節佈告。各議董會員中有五人以上之認可，方可開議（認可以簽字爲憑）。

凡經商會允予提議之件，如總協理及議董會員中有與兩造爲兄弟、同族及有至親者，或爲兩造中一面之股東者，均須先期陳明，並將清單繳還，屆時可無庸來會與議，以避嫌疑。會中應即注明緣由，不在無故不到之列。

第六十三條　凡經商會允予提議事件，須於下星期常會即予提議。議決之期至多以一個月爲限，不得積壓延擱。如實有仍應展限之處，須佈告展限緣由，並非壓擱所致。

第六十四條　凡錢債糾葛商會允予理處者，由總協理交於理事或理案議董。先邀兩造詳詢原委，由書記將問答逐句登簿，理事理案，議董及兩造均簽名於上。再定期邀請該業董事到會訪問，所有問答亦由書記逐登，均簽名於上，即行刊送與議諸人，由總理定期開議。開議時，如尚有疑竇，可再集兩造問詢。問畢，兩造退出議室，由總協理、議董公同集議。議決佈告，並登報宣佈。若理屈者願遵公斷，即不必登報，以存厚道。仍按季摘叙簡明事由，具報農工商部備案。附理案試辦章程十條：

甲、會中設一理案室，置長桌一張，環列坐椅，理事員理案，議董坐主位，兩造及證人坐客位，凡非案内人不得入理案室。如甲案未完，乙案來客請坐於接待室，不得混入。

乙、兩造有錢債糾葛事，可先將大致節略送呈本會，由坐辦送總理，交理案議董及理事員查詢。理事應訂准期刻，邀兩造到會查問。先問原告。由書記逐一登簿。問完後，原告及議董理事均簽字於上。再問被告，亦由書記逐登，被告及議董理事亦均簽字。如原、被告有申辯之處，可各申辯一次，亦均簽字。惟無論查問、申辯，兩造均須俟各人全行説畢，方可再行起説。

丙、如兩造有見證人須查問者，由議董於查問兩造畢後，即問見證人證據。其問答由書記逐一登簿，見證人及議董理事亦均簽字於上。

丁、由議董理事員訂期，再請兩造各該業之董事到理案室内將情由詳詢一遍，所有各該業董事及各問答均由書記逐一登簿，該業董事及議董理事亦均簽名於上。

戊、議董理事查畢後，再將全案秉公細心研究一番，擇其是非關鍵之處，另加按語一篇，簽名於後，即送坐辦交會公議。

己、坐辦將全案口録即日排印若干張，不得更動一字，於公斷前三日送總協理及議董各一紙，須蓋回單爲憑。

庚、各議董於三日前接到會中案由，務必先行詳細研究一番，以便臨議公斷。

辛、公斷時，須有議事權者方可入此議室。兩造及見證人均在接待室守候。如案内尚有疑竇，須詢問何人，可隨時邀至議室内詢問，問畢仍退出。公同議決後，各人簽名於上，由坐辦佈告兩造。

壬、甲乙兩造既請商會公斷，即作爲允認本會公斷章程，屆時必須到會，以備議董問訊。或實有事故，應准預先知照改期，否則即作情虚論。

癸、理事必另請明於法律者理案。議董五位，每禮拜各分認一日，會同理事問案。議董有監察理事之責，議董不到，不能查問，俾免偏徇。

第六十五條　凡錢債糾葛，除兩造自請商會理處公斷後或有不遵，任向有司控告外，其餘案件，經地方官移請商會公判者，兩造設有不遵，應由商會據情移復地方官查辦。

第六十六條　會中辦事人，如坐辦理事、書記、繕校、翻譯、司帳、庶務各員，照章月給薪費，名曰本會辦事員。有行法之權，無司法、立法之權，無庸在場議事。惟每届集議，坐辦須至會室聽議，俟總協理、議董會員等議決辦法，遵照施行。如各該員等有偏徇舞弊情事，爲會員查悉，立即公議撤換。

第六十七條　坐辦理事、書記、繕校、翻譯、會計各員，均由總協理延聘，會董認可。如不勝任，議董有三人以上之同意，可隨時請總協理酌換。

第十一章　會報

第六十八條　本會每月刊印報章一份，分送各會員、會友，以備閲看。（章程隨後擬定，稟經農工商部批准，再行酌辦）。

第十二章　權利

第六十九條　本會會員之權限：

甲、議舉會内人員，及聘請辦公各席。

乙、議准人入會及出會之事。

丙、會議捐款各事，及捐款各章程。

丁、議定會中動用公款，及買賣動産及不動産各事。

戊、調查商務，隨時設法改正。

己、在會華商争執之件，隨時爲之公斷調處。

庚、隨時提議改正會章，及代各幫各行改正舊時規則。

第七十條　本會會友之利益：

甲、討論商務利益，條陳當道，以備採擇。

乙、考查商務利弊及有關緊要消息，隨時附入會報，或刊印傳單，佈告會衆。

丙、會中人員有關涉商務屈抑不平之事，查察屬實，公議，遵照部章第七條向官長申訴。

丁、會友有關涉商務事件，不諳中外章程法律之處，可至會中詢問。

戊、會友有關涉商務之中外文件，解釋不明之事義，可請會中翻譯解講。

己、會中多備中外章程、法律書籍與商業有關涉者，備會友查閲。

庚、會中人員如欲考查有益商務之事，本會可作介紹之處，均爲之介紹。

第十三章　規制

第七十一條　凡商人有應議事件具報本會者，用説帖、節略信函，均可稱商務總會總協理某某先生，自稱某業商人某某，不得率用稟呈及某憲大人字樣，致落官場故套。惟應達部由會轉呈之件，不在此例。

第七十二條　凡商人有事請商會提議者，或常會，或特會，應俟商會允准，由商會邀集開議。不得由商人私發傳單，邀人集議，更不准會外之人冒發傳單集議。

第七十三條　凡非商會中人，不得在商會提議，並不得請商會集議。

第七十四條　凡會外人，未經會董公許，不得在會演説。

第七十五條　議事時，會室之内只准議及當日應議之事，不得寒暄酬應談及他話。先到者與後到者亦不必起立招呼，不准送茶、吸煙。種種儀文、一切規則，均遵照農工商部奏定公司律、會議章程辦理。

第七十六條　凡會中所發電報函件，必經全體議董議決，蓋用關防，方可照發。其尋常函件，由總協理與書記議董商發。其關於地方公函及交涉事件，並對於會外重大事件，必經全體議董議決，方可照發。

第七十七條　凡個人有登報聲明，及與地方交涉各事，不得藉商會出名。違者應按照第二十八條不守會章辦理。

第七十八條　上海租界事項：有關於商界事件，有關於地方公衆事件。其商界事件應在商會提議；其地方公衆事件，應另設一紳商公議之處。不得藉商會集議，以期各清界限。

第七十九條　本會會員、會友既經入會，應一律相待，毋有歧視。

第八十條　本會章程議定後，非有會員、會友十人聯名請改，經全班會員三分之二定議允准者，不得遽改。

第八十一條　章程雖經會衆公議允改，但未經宣佈以前，應仍照舊章辦理，以免紛歧。

第八十二條　凡關係重要之條陳、函信，未經定議以前，可由總理、協理隨時斟酌，暫不將本人之名宣示。

第八十三條　本會每一年刊印商業行號姓名簿一次，先期由在會人員開送編列刊印，印成後分送在會人員每人一本，不取刊資。仍另繕清册，呈送農工商部備案。

第八十四條　總理以下各員，如有辦事不公允，經會員、會友舉發者，須有在會會員五人聯名，方可宣告會衆，擇期公議，派會員查究。如查有實蹟，告知會衆，公同定議，撤退另舉。如係農工商部加札之員，應由本會呈訴農工商部。若未經公議決定，不得用本會之名呈訴。

第八十五條　凡不合本會宗旨範圍以内之事件，未經會衆公同定議，不得擅行。

第八十六條　會中要事，未經宣佈以前，在事各員不得預泄。

第八十七條　在會會員有彼此交易文契，兩造願由本會蓋用圖記代作中證者，總理、協理酌度情形，隨時蓋用本會關防，由中證議董簽字，應酌收中證費，歸會存儲公用。

第八十八條　本會總理、協理由衆公舉，稟請農工商部加札任事，自應請刊關防一顆，遇有地方官往來文牘，隨時鈐用，以昭信守。

第八十九條　本會日後經費充裕，應隨時酌議設立商務學堂，以期造就人才，興起商業。

第九十條　在會會員有錢債各事被人控告，公堂出票傳人，本會可幫同查尋，並隨時酌議代覓擔保，以免羈押拖累。

第九十一條　關涉商務重要事件，雖經會衆公議具稟，非奉農工商部允准，不得擅行。

第九十二條　以上章程九十一條，既經公議允遵，應呈報農工商部查核批准，刊印成本，分送在會各人，以昭信守。如有增改，應隨時改刊分送，以免歧誤。

上海市工商業聯合會《上海總商會組織史資料彙編》第一章《英工部局復信》 中國商會總董嚴大人鑒：徑復者，接誦本月二十七日來函，承示開設商會及章程各節，俱已領悉。其中有數條言錢債細故控及貴商會會友、會審公堂辦法擬修正改良一節，既經尊處函致各領事核辦，本工部局凡有振興本埠商務，及使華洋人之居住租界者日加親睦各事，無論何時無不樂與貴商會通力合作，以底於成。此復。

工部局文案濮瀾德謹啓

西曆六月三十日

藝文

顧炳權《上海洋場竹枝詞・頤安主人〈滬江商業市景詞〉卷一〈待創商品陳列〉》所 欲知商品孰稱珍，招集群材設所陳。何種暢銷何種滯，一經聚賽可圖新。

顧炳權《上海洋場竹枝詞・頤安主人〈滬江商業市景詞〉卷一〈商標注册局〉》 爲防魚目混真珠，各繪商標利永圖。設局頒章招注册，好貪假冒可無虞。

顧炳權《上海洋場竹枝詞・頤安主人〈滬江商業市景詞〉卷一〈商部〉》 爲興商務定新章，立部朝中握總綱。分等備員資顧問，廣行保護遍遐方。

顧炳權《上海洋場竹枝詞・頤安主人〈滬江商業市景詞〉卷四〈中西商董〉》 中西商董大權夸，誰是承充例不差。西屬東家非執事，中多執事少東家。

顧炳權《上海洋場竹枝詞・頤安主人〈滬江商業市景詞〉卷四〈董事〉》 各行董事各推尊，有事紛争藉理繁。一業之中權可握，衆心悦服爲專門。

顧炳權《上海洋場竹枝詞・頤安主人〈滬江商業市景詞〉卷一〈商會〉》 會員會董各行充，自下推尊舉最公。風氣漸開商業盛，創興集議易成功。

顧炳權《上海洋場竹枝詞・頤安主人〈滬江商業市景詞〉卷一〈商會〉》 聯絡商情可創新，首先立會到春申。至今各業成團體，無復當年隔膜人。

顧炳權《上海洋場竹枝詞・頤安主人〈滬江商業市景詞〉卷一〈滬商公會〉》 旅商團體結紛紛，滬地同人亦合群。捐集公貲新立會，藉聯梓誼擴多聞。

顧炳權《上海洋場竹枝詞・頤安主人〈滬江商業市景詞〉卷一〈華商公議會〉》 滬濱商務聚華洋，誰願英人獨主張。爲此安排公議董，中西交涉互評量。

圖表

上海市工商業聯合會《上海總商會組織史資料彙編》第一章《上海商務總會備選戊申年（1908）議董台銜録》

姓名	印	籍貫	年歲	執業	業
謝綸輝	綸輝	浙江餘姚	59	北市錢業	承裕錢莊
袁聯清	鎏	浙江慈谿	64	北市錢業	崇餘錢莊
林蓮蓀	世杰	浙江鄞縣	48	南市錢業	立餘錢莊
陳輝庭	猷	廣東新會	59	輪船招商總局	
王子展	存善	浙江仁和	59	輪船招商總局	
施禄生	亦爵	江蘇吴縣	57	輪船招商總局	
周金箴	晉鑣	浙江慈谿	61	電報總局	
柏憲章	斌	厢白旗	44	電報總局	
周翼雲	萬鵬	江蘇寶山	44	電報滬局	
薛午園	正榮	山西平遥	59	西幇匯業	蔚長厚
葉鴻英	逵	江蘇上海	48	日本洋貨業	源昌號
李雲書	厚祐	浙江鎮海	41	商船會館	天餘號

（續表）

姓名	印	籍貫	年歲	執業	業
金琴孫	清鑣	江蘇吳縣	40	通商轉運公司	榮記號
張樂君	嘉年	浙江鄞縣	55	米豆業萃秀堂仁谷公所	恒大行
郭瑞庭	鴻儀	廣東朝陽	49	潮惠會館	德順土行
楊信之	兆鏊	浙江烏程	60	廠絲業	泰康祥
朱舜田	孝浚	浙江慈谿	50	緒綸綢業公所	九　章
肖谷峰	寅	浙江餘姚	55	銅錫業	同昌順
麥卓然	國英	廣東香山	52	廣洋貨業普安堂	永安順
席子佩	裕福	江蘇青浦	41	書業公所	申報館
章韞山	廷璧	福建同安	66	泉漳會館	合和行捷裕行
龐琢齊	孝修	浙江定海	50	呢絨洋衣業	元　泰
貝潤生	仁元	江蘇元和	38	洋貨商業公會	瑞康號
虞洽卿	和德	浙江鎮海	41	洋貨商業公會	嗬囒銀行
丁欽齋	駿照	浙江鎮海	56	洋貨商業公會	錦章號
施善畦	兆祥	江蘇吳縣	48	金業公所	大豐永
袁恒之	有道	江蘇丹徒	48	洋布公所振華堂	寶餘號
邵琴濤	廷松	江蘇常州	42	洋布公所振華堂	大豐號
沈仲禮	敦和	浙江鄞縣	50	華商保險公司	華　安
丁價候	維藩	安徽懷寧	43	南邦匯業	又善源
陳子琴	薰	浙江鎮海	50	南幫匯業	源豐潤

（續表）

姓名	印	籍貫	年歲	執業	業
鄔挺生	挺生	浙江奉化	31	吕宋香煙公司	志晉隆
楊懋堂	興德	四川巴縣	37	蜀商公所	
田資民	瑞年	浙江上虞	47	紗業公所	恒元號
萬厚患	鐘安	浙江嘉興	50	當質業	源盛當
陳瑞海	祖烈	浙江鎮海	63	鐵業	可熾號
梁鈺堂	榮翰	廣東高要	55	徽幫茶樓業	永泰源
金禄甫	昌運	浙江嵊縣	53	平水幫茶棧業	
金煥堂	廷芳	安徽婺源	41	徽幫茶號業	天保祥
戚桐芬	廣清	浙江餘姚	51	磚灰公所永諧堂	全泰美
陳潤夫	作霖	江西清江	67	江西會館	天順祥
唐露園	元湛	廣東香山	47	廣肇公所	
朱葆三	珮珍	浙江定海	60	地産公司	慎餘號
嚴子均	義彬	浙江慈谿	36	源通官銀號	
周舜卿	廷弼	江蘇無錫	56	昇昌五金行	
祝蘭舫	大椿	江蘇金匱	52	華興麵粉公司	
張石君	麟魁	浙江平湖	54	茂新麵粉公司	
榮瑞馨	瑞錦	江蘇無錫	36	振新紡織公司	
韓山曦	之鵬	浙江定海	75	涌記煤號	
印錫璋	有模	江蘇嘉定	43	源盛紗號	

（續表）

姓名	印	籍貫	年歲	執業	業
孫蔭庭	多森	安徽壽州	41	阜豐麵粉公司	
劉柏生	樹森	江蘇陽武	39	慎泰恒號	
樊時勛	棻	浙江鎮海	64	葉永豕衆號代表	
蘇寶森	德鑣	浙江鄞縣	53	成記洋貨號	
孫直齊	思敬	浙江會稽	32	恒裕機器錫箔公司	
夏粹方	瑞芳	江蘇青浦	37	商務印書館	
譚幹臣	國忠	廣東開平	69	譚同興廣號	
朱硯濤	錕	安徽涇縣	40	裕源紡織公司	
黄楚九	承乾	浙江餘姚	36	中法大藥房	
唐晉齊	錫章	江蘇金匱	55	唐晉記五金行	
顧蘭洲	家曾	江蘇川沙	55		
席立功	裕成	江蘇吴縣	（原缺）	匯豐銀行	
姚燕賡	錫康	江蘇丹徒	42	府海食鹽公司	
羅焕章	鉛	江蘇吴縣	38	户部總銀行	
席德輝	裕光	江蘇吴縣	37	户部銀行	
焦樂山	發昱	江蘇丹徒	56	户部銀行	

上海市工商業聯合會《上海總商會組織史資料彙編》第一章《1909 年上海商務總會同人録》　上海商務總會謹將選舉己酉年（1909）總協理暨分任會務各議董姓名開呈公鑒：

計開：

總理一員，總理會内事務。

總理　周金箴

協理一員，協理會内事務。

協理　嚴子均

會計議董二員　監察會内收支各項款目。

會計議董　陳潤夫

會計議董　席立功

書記議董二員　監察會内往還電文公牘書札，收發條陳諸事。

書記議董　陳子琴

書記議董　席子佩

接待議董二員　監察會外接待官場諸事。

接待議董　周舜卿

接待議董　祝蘭舫

庶務議董二員　監察會内庶務諸事。

庶務議董　陳輝庭

庶務議董　金琴孫

糾察議董二員　監察議事時會室内規則。

糾察議董　樊時勛

糾察議董　丁欽齋

調查議董二員　監察調查商業及調查各業入會，分別會員會友册籍。

調查議董　郁屏翰

調查議董　楊信之

理案議董五員　監理錢債糾葛詞訟諸事。

理案議董　王一亭　禮拜一。

理案議董　沈縵雲　禮拜二。

理案議董　焦樂山　禮拜三。

理案議董　貝潤生　禮拜四。

理案議董　林蓮蓀　禮拜五。

中證議董二員　監察各商契券合同作證諸事。

中證議董　吴少卿

中證議董　丁價候

會員姓名	印	籍貫	年歲	董事	執業	住址
吳少卿	慶第	浙江烏程	60歲	絲業會館	成順泰	吳淞路
樊時勛	棻	浙江鎮海	66歲	奉天、四川、湖南、天津、廣西、江西、裕寧、裕蘇、東三省各銀號錢局	江西駐滬官銀號	虹口
林蓮蓀	世杰	浙江鄞縣	50歲	南市錢業	立餘錢莊	吉祥弄
陳輝庭	猷	廣東新會	61歲	輪船招商總局		二馬路第四號
王子展	存善	浙江仁和	61歲	輪船招商總局		王家庫
施祿生	亦爵	江蘇吳縣	59歲	輪船招商總局		
楊信之	兆鏊	浙江烏程	62歲	繭業公所	泰康祥	垃圾橋信成里
朱舜田	孝浚	浙江慈谿	52歲	緒綸綢業公所	九章	二馬路抛球場
陳子琴	薰	浙江鎮海	52歲	南幫匯業	源豐潤	文監師路
丁價候	維藩	安徽懷寧	45歲	南幫匯業	義善源	餘慶里三衖
曹星垣	明魁	山西	50歲	西幫匯業	協同慶	濟陽里
金琴孫	清鏕	江蘇吳縣	42歲	通商轉運公所	榮記棧	三馬路
陳潤夫	作霖	江西清江	69歲	江西會館	天順祥	逢吉里
朱葆三	珮珍	浙江定海	62歲	地產公司	慎餘號	西門外斜橋南
朱成之	宗煦	四川巴縣	40歲	蜀商公所	德昌永	四馬路盤記棧
周翼雲	萬鵬	江蘇寶山	46歲	電政總局		鑫益里

(續表)

會員姓名	印	籍貫	年歲	董事	執業	住址
吳介眉	光照		歲	電政總局		
顧蘭洲	家曾	江蘇川沙	57歲	水木業公所		城内黑橋浜
童輻山	廷璧	福建同安	68歲	泉漳會館 北市錢業	合和行 捷裕行	洋行街後馬路
田資民	瑞年	浙江上虞	49歲	紗業公所	恒元號	四馬路中和里
李雲書	厚祐	浙江鎮海	43歲	商船會館	天餘號	新馬路
貝潤生	仁元	江蘇元和	40歲	洋貨商業公會	瑞康號	山東路永慶里
丁欽齋	駿照	浙江定海	58歲	洋貨商業公會	錦章號	法租界大馬路
鄒薇卿	希曾	江蘇吳縣	61歲	洋貨商業公會	萬昌利	江西路雙慶里
沈仲禮	敦和	浙江鄞縣	52歲	華商保險公司	華安	東昇里
郁屏翰	懷智	江蘇上海	57歲	洋布業振華堂	屏號	抛球場
李柏葆	經贊	江蘇常熟	44歲	洋布業振華堂	鴻大	德馨里
邵壬生	錦銘	浙江餘姚	42歲	磚灰公所永諧堂	和記	法租界
席子佩	裕福	江蘇青浦	43歲	書業公所	集成圖書公司申報館	泥城橋寧波路望平街
周舜卿	廷弼	江蘇無錫	58歲	鐵業	昇昌行	美界虹口頭壩
唐露園	元湛	廣東香山	49歲	廣肇公所		望平街

（續表）

會員姓名	印	籍貫	年歲	董事執業		住址
鄔挺生	挺生	浙江奉化	33歲	吕宋香煙公司	老晉隆	英租界大馬路
王瑞芝	酉鋭	山東黄縣	67歲	山東會館	怡順昌報關行	三洋涇橋
萬厚愚	鍾安	浙江嘉興	52歲 歲	當質業 徽幫茶棧業	源盛當	廣東街
張雲書	裔祥	浙江餘姚	44歲	平水幫茶棧業	和茂	北京路
金介堂	廷蔚	安徽婺源	35歲	徽幫茶棧業	新隆泰	北京路
龐琢齋	孝脩	浙江定海	52歲	呢絨洋衣業	元泰	法界天主堂街
郭瑞庭	鴻怡	廣東潮陽	51歲	潮惠會館	德順土行	洋行街
馬少園	殿臣	江蘇上元	43歲	川漢鎮東皮商公會	恒興瑞	法租界致和里
施善畦	兆祥	江蘇吴縣	50歲	金業公所	大豐永	大馬路

特別會員姓名	印	籍貫	年歲	執業	住址
周金箴	晉鑣	浙江慈谿	63歲	四明銀行	宜昌路
席立功	裕成	江蘇吴縣	40歲	匯豐銀行	黄家宅敦誼里
羅焕章	飴	江蘇吴縣	40歲	大清總銀行	三馬路太平坊

（續表）

特別會員姓名	印	籍貫	年歲	執業	住址
席德輝	裕光	江蘇吴縣	39歲	大清銀行	三馬路太平坊
焦樂山	發昱	江蘇丹徒	58歲	大清銀行	三馬路太平坊
倪錫疇	思九	江蘇丹徒	63歲	交通銀行	四馬路黄浦灘
王麗薇	光奎	江蘇丹徒	43歲	交通銀行	四馬路黄浦灘
沈縵雲	懋昭	江蘇無錫	42歲	信成銀行	南市新碼頭
嚴子均	義彬	浙江慈谿	38歲	源通官銀號	虹口北春江里
王一亭	震	浙江歸安	43歲	大達輪步公司	南市毛家衙
韓山曦	之鵬	浙江定海	77歲	湧記煤號	美租界斐倫路
孫蔭庭	多森	安徽壽州	43歲	阜豐麵粉公司	鐵馬路圖南里
朱硯濤	錕	安徽涇縣	42歲	裕順麵粉公司 裕源紡織公司	車袋閣本廠
祝蘭舫	大椿	江蘇金匱	54歲	華興麵粉公司	垃圾橋北堍
袁葆笙	嘉豫	江蘇上海	46歲	立大中興麵粉公司	浦東高橋鎮
姚燕賡	錫康	江蘇丹徒	44歲	鹽公堂	新馬路昌壽里
夏粹方	瑞方	江蘇青浦	39歲	商務印書館	棋盤街商務印書館

（續表）

特別會員姓名	印	籍貫	年歲	執業	住址
鄧鳴謙	耀昌	廣東番禺	53歲	宏興織布公司	五福里
黃磋玖	楚九	浙江餘姚	38歲	中法大藥房	英租界漢口路
唐晉齋	錫章	江蘇金匱	57歲	唐晉記五金行	美界虹口頭壩
廖樾衢	世蔭	江蘇嘉定	45歲	益隆地產公司	致遠街富康里
龐萊臣	元濟	浙江烏程	46歲	龍章造紙公司	牛莊路

領袖會友姓名	印	籍貫	年歲	董事	執業	住址
程凝園	鼎	江蘇長洲	73歲	南市花業	程大隆	萬裕碼頭里馬路
干蘭屏	城	浙江鄞縣	62歲	木業會館		南市生義(巷)衖
江榮儕	異	福建閩縣	36歲	水果公業時行堂	大有	十六鋪橋北堍
陳樂庭	志濂	浙江紹興	70歲	煤炭業	合泰	鐵馬路
費楚珍	輔寶	浙江慈谿	55歲	皮貨業	信大祥	大東門內四牌樓
林景周	曾賚	江蘇上海	60歲	衣業公所		小東門內

（續表）

領袖會友姓名	印	籍貫	年歲	董事	執業	住址
桂曾元	芬	浙江慈谿	63歲	銀樓業	方九霞	大馬路
陳利華	麗華	浙江慈谿	47歲	洋北海味業	謙裕祥	永安街
任炳榮	燮華	浙江鄞縣	36歲	東洋貨幫	東華	法租界
葉鴻英	逵	江蘇上海	50歲	東洋貨業	源昌	臺灣路
林葆涵	保涵	江蘇鎮海	49歲	民信局業	和泰信局	二馬路
黃序廷	錫爵	江蘇贛榆	43歲	餅油業祝其公所	黃裕興	南市
馬子彝	明倫	江蘇江寧	43歲	北市糖業集益堂	寶豐糖行	法租界泰和里
楊伯平	國治	浙江餘姚	50歲	銀爐業司年	宏久	吉祥里
陳植滋	厚培	江蘇鹽城	26歲	鹽城船幫	源大	南市恒吉里
黃玉書	祥麟	浙江鎮海	37歲	煙業商會健行堂	匯記號	永安街
芮芷薌	璣	浙江烏程	36歲	紙行業	恒通	永安街
壽秀夫	允懷	浙江山陰	59歲	紙業公所景倫堂	壽祥泰	南市西升吉里

（續表）

領袖會友姓名	印	籍貫	年歲	董事	執業	住址
葛吉卿	黼恩	浙江慈谿	52歲	藥業會館		南市吉星里
張新甫	文政	江蘇上元	43歲	京陵緞業	張德茂號	平和里
黃宴秋	河清	廣東海陽	48歲	靛青業留照堂		十六鋪安平南里
張樂君	嘉年	浙江鄞縣	57歲	豆米業萃秀堂 豆米業仁谷堂	恒大	南市毛家巷
黃廉叔	承怡	浙江歸安	39歲	黃絲業	恒成公	四川路
曹雨岑	予銙	浙江鄞縣	58歲	震巽板木公所	順泰木行	下海浦
馬少園	殿臣	江蘇上元	43歲	金鎮糖雜貨業	恒興瑞	致和里
朱節香	澄儉	江蘇上海	40歲	絲吐雜貨業	勤記	寶順里二巷
朱哲甫	紹聞	浙江鄞縣	43歲	日本厢館莊業	元記	法界同安里
顧松泉	征錫	江蘇上海	52歲	藥房業	中西藥房	福州路
閻惠卿	恩溥	直隸天津	33歲	靴鞋業	裕興隆	寶善街
奚賡虞	元良	江蘇上海	55歲	米鋪業	奚義興	大南門外
潘祥生	其鈞	浙江烏程	41歲	申江縐業公所	潘和懋	集益里

個人會友姓名	印	籍貫	年歲	執業	住址
沈馥山	祺	浙江慈谿	38歲	裕興小輪船公司	法租界永安街
賴文卿	元楨	江蘇青浦	40歲	合豐、恒益豐米號	青浦朱家閣
徐菊如		江蘇上海	51歲	裕和公報關行	法租界臨平里
汪子垣	大奎	江蘇吴縣	57歲	泰來麵粉公司	東海里
黃亮臣	鏡仁	廣東香山	41歲	悦興隆茶磚公司	博物院路
董杏生	杏蓀	浙江鎮海	31歲	中國商業輪船公司	五馬路
錢仲勛	經銘	江蘇吴縣	44歲	蘇州地産公司	蘇州古市巷
朱吟江	得傳	江蘇嘉定	35歲	福隆久記木行	南市
胡方鎰	方鎰	浙江慈谿	52歲	協成洋布號	河南路餘慶里
陳輅清	廷鏕	浙江烏程	32歲	陳與昌輅記絲號	英租界定源里
朱心臣	作仁	江蘇吴縣	46歲	興和蜜糖號	里咸瓜街
趙鏡清	敏淦	江蘇長洲	43歲	永康洋貨號	天津路景行里
应筱梅	渭濱	浙江海寧	51歲	公慎洋貨號	天津路長鑫里
張少霞	永耀	江蘇吴縣	55歲	成康洋貨號	江西路
董杏生	杏蓀	浙江鎮海	31歲	東益煤公司	狄思威路
徐養齋	懋鈞	江蘇陽湖	39歲	晉泰昌西煙號	新開河
虞含章	祖輝	浙江鎮海	42歲	科學藝器館	棋盤街

滬北商團體操會義勇隊打靶部超等畢業生，本會予以一權選舉權，認爲特別個人會友。

個人會友姓名	印	籍貫	年歲	執業	住址
石運乾	健甫	浙江鄞縣	29歲	信益公司	
徐通浩	统豪	浙江鄞縣	25歲	怡和機器房	
袁恒之	有道	江蘇丹徒	41歲	花旗銀行	
劉綬蓀	光雲	安徽休寧	38歲	和囒銀行	
胡筠秋	迺釗	江蘇上海	21歲	華比銀行	
陸葆泉	家麟	江蘇上海	25歲	鴻大公司	
胡筠籟	迺祺	江蘇上海	23歲	華比銀行	
楊振驤	彬煥	浙江鄞縣	37歲	豫豐公司	
丁耿庭	聲焴	浙江鄞縣	27歲	浚浦總局	
陸子淵	倫法	江蘇嘉定	34歲	集成圖書公司	
金繼揚	斌	浙江上虞	27歲	豐康洋貨號	
王薌候	文蔚	浙江定海	29歲	花旗公館	
羅叔羲	時雍	廣東番禺	36歲	集昌成	
陳錦堂	賢稷	浙江鄞縣	27歲	老九章綢莊	
邱文彬	煥璘	浙江鎮海	29歲	和囒銀行	
董杏生	杏蓀	浙江鎮海	31歲	增盛公司	
葉咸之	季鳳	江蘇吳縣	27歲	晉和莊	

上海市工商業聯合會《上海總商會組織史資料彙編》第一章《上海商務總會會員行業分類及同人録》

輪船買辦

名稱	姓名	備注	名稱	姓名	備注
招商	唐鳳墀	總買辦	大阪	王一亭	總買辦
怡和	祝蘭芳	總買辦	大阪	張仲庭	總買辦
太古	陳可良	總買辦	鴻安	郭懋之	總買辦
瑞記	吳少卿	總買辦	鴻安	潘毓初	總買辦
美最時	周昭桂	買辦			
美最時	董杏年	買辦			
美最時	張寶康	買辦			

銀行買辦

名稱	姓名	名稱	姓名	名稱	姓名
通商	陳笙郊	麥加利	席錫蕃	花旗	袁恒之
德華	許春榮	道勝	席縉華	荷蘭	虞洽卿
法蘭西	朱志堯	正金	葉明齋	華北	胡寄梅
寶信	席德輝	匯豐	席正甫	義豐	楊信之

木業董事 干蘭屏

紗廠總辦

名稱	姓名	名稱	姓名	名稱	姓名
大純廠	宗子見	瑞記廠	吳少卿	鴻源廠	朱志堯
裕民廠	朱幼鴻	老公茂	郁屏翰	怡和廠	徐官運
上海廠	陳伯春	華盛廠	陳藴珊	華新廠	湯癸生

花業董事　程凝園

匯票號董事　陳治型　李益亭

南市錢業董事　孫荻州　劉杏林

北市錢業董事　陳笙郊　謝綸輝　袁聯青

典業董事　姚滌源

城　内　黄静園　沈梅伯

銀樓牌號執事

名稱	姓名	名稱	姓名
老寶成	費樂章	新寶成	費兆和
老楊慶和	馮菊洲	楊慶和發記	席雲生
楊慶和真記	沈文鑒	老鳳祥	陸荆泉
新鳳祥	鄭肅康	費文元裕記	張梅芳
老裘天寶	徐潤生	新裘天寶	鄭萃堂
北慶雲	李子佩	老慶雲	徐正湘
方九霞	桂增元	景　福	徐華生

綢業牌號執事

名稱	姓名	名稱	姓名
介　福	金玉山	九　章	朱舜田
嘉　綸	金玉山	允　章	葉吉如
晉　昌	嚴石甫	大　章	陳子晉
恒　茂	胡芝田	陳錦章	陳子勤
何恒昌	翁成傳	南北天成	楊秋卿
杭恒富	程少棠	宏昌順	（缺）
雲　章	樓連泉	劉恒泰	（缺）
宏章泰	陳雨廷	九　和	（缺）
久　成	朱鑒堂	益　昌	汪芝江
元　豐	羅坤祥	萬　裕	李泰馨

衣業南市董事　屠子山　陳菊山

衣業北市董事　梁兆坤

茶業董事　俞筱波

米業董事　張樂君

華商糖業牌號執事

名稱	姓名	名稱	姓名	名稱	姓名
源　成	陳良卿	方元生	楊志榮	方蕙和	劉麟書
萃　和	方鶴年	元　裕	劉涵芳	協　和	王凌九
裕大恒	陳望坤	慎　泰	徐聘蘭	鼎　泰	凌一峰

洋商糖業牌號執事

名稱	姓名	名稱	姓名	名稱	姓名
廣源	陳秋賓	祥和	陳鶴卿	鈞和	嚴吉輝
鼎昌	莊明全	余豐	費育麟	泰記	費貽德
協昌	劉延芬	恒裕	張瑞春	乾和	吴蘭言
太和	吴興隆	葆和	吴升湖	鼎新	（缺）

洋貨業董事　許春榮

藥業牌號執事

名稱	姓名	名稱	姓名	名稱	姓名
嘉廣生	童茂芳	義和成	劉裕年	合利源	陳克鈞
裕和源	吴春華	立成	邵巨林	恒泰	張秉章
義成	鄭韞美	慎大	王增榮	久和	孫榮卿
萬成	楊丹霞	大茂	李心如	元豐	劉子祥
慎成	夏初芳	五豐	陳來泰	義隆	裘增榮
恒大	戴笙一	協成	袁錫祥	來儀	張介眉
萬成	毛鶴壽	乾泰	姚芾南	同泰	費安甫
隆昌	陳瀛洲	新大	孫筱甫	永泰	邵良榮
同茂	馮傳省	泰記發	楊丹霞	義記	莊子英

（續表）

名稱	姓名	名稱	姓名	名稱	姓名
振記	程梧蓀	初記	張初善	益豐淯	（缺）
裕大	邵巨元	申莊	（缺）	阜豐成	顧榮芳
萬源	王湘泉	禮記	孫渭嘉	祥記生	童性齋
袁生生	童性齋	盛興杜	曾醉山		

醬園牌號執事

名稱	姓名	名稱	姓名	名稱	姓名
萬春	何容堂	萬楨	張頌壽	萬裕	沈九臯
萬祥	崔叔儀	萬聚	石燮卿	長春	徐亦舟
日新	高啓元	新萬康	高啓元	鼎新	宓嘉恒
萬元	朱仲壽	萬通	費少安	萬隆	葛鴻山
萬和	沈桂山	乾康	徐子美	萬順	吴耀甫
崇新	周龍生	振新	朱學振	萬康	楊少濃
萬升	沈石蓀	萬源	樓仁齋	新萬源	任世榮
萬成	張時雲	新萬通	富雪卿	松盛	陳榮叔
松盛豐記	何禄君	裕成	陳福堂		

珠寶董事　陳養泉

質業董事　余魯卿

上海市工商業聯合會《上海總商會組織史資料彙編》第一章《清季商部農工商部主要職員年表》

（1）商部

年號＼職稱＼姓名	尚書	左侍郎	右侍郎	左部丞	右部丞	左參議	右參議	備注
光緒二十九年（1903）	載振	伍廷芳 陳璧	陳璧 顧肇新	徐世昌 唐文治	唐文治 紹英	紹英 王清穆	王清穆 楊士琦	1903年9月7日設置商部尚書一員，不分滿漢。
光緒三十年（1904）	載振	陳璧	顧肇新	唐文治	紹英	王清穆	楊士琦	
光緒三十一年（1905）	載振	陳璧	顧肇新	唐文治	紹英	王清穆	楊士琦	
光緒三十二年（1906）	載振	陳璧 唐文治	顧肇新	唐文治 紹英	紹英 王清穆 楊士琦	王清穆 楊士琦 熙彥	楊士琦 熙彥 耆齡	九月前改組

（2）農工商部

年號＼職稱＼姓名	尚書	左侍郎	右侍郎	左部丞	右部丞	左參議	右參議	備注
光緒三十二年（1906）	載振	唐文治 熙彥	顧肇新 楊士琦	紹英 楊士琦	楊士琦 熙彥	熙彥 耆齡 沈雲沛	耆齡 沈雲沛	
光緒三十三年（1907）	載振 溥頲	熙彥	楊士琦	耆齡	耆齡 沈雲沛	沈雲沛 祝瀛元	袁克定	
光緒三十四年（1908）	溥頲	熙彥	楊士琦	耆齡 李國杰	沈雲沛	祝瀛元	袁克定	

(續表)

年號＼姓名＼職稱	尚書	左侍郎	右侍郎	左部丞	右部丞	左參議	右參議	備注
宣統元年（1909）	溥頲	熙彦	楊士琦	李國杰	沈雲沛	祝瀛元 誠璋	袁克定	
宣統二年（1910）	溥頲	熙彦	楊士琦	李國杰	沈雲沛 袁克定	祝瀛元 誠璋	袁克定 邵福瀛	
宣統三年（1911）	溥頲 溥倫 張謇	熙彦	楊士琦	祝瀛元	袁克定	誠璋	邵福瀛	

上海市工商業聯合會《上海總商會組織史資料彙編》第一章《上海各會館公所組合名單》 上海爲各省商人雲集之地，各種組合自然發生。其同鄉所組合者曰會館，同業所組合者曰公所，有時公所亦稱會館，會館亦稱公所，兹由其性質上分之如下：

會館（同鄉組合）

名字	所在地	紀要
江西會館	南市董家渡	江西省人之組合也
四明公所	法租界	寧波商人之組合
揭普豐會館	南市	廣東潮州府下揭陽、普寧、豐順三縣人之組合也
泉漳會館	南市	福建泉州、漳州兩府人之組合也
潮惠會館	上海城南	廣東潮州、惠州兩府人之組合也
潮州會館	南市	汕頭商人之組合也
徽寧會館	城南	安徽省徽州、寧國兩府人之組合

(續表)

名字	所在地	紀要
四川會館	美租界吴淞路	四川商人之組合
浙紹公所	城内穿心街	浙江省紹興府人之組合
蘇州會館		蘇州人之組合
廣肇公所	英租界江西路	廣東省廣州府、肇慶府人之組合
京江會館	英租界後馬路	江蘇省鎮江人之組合
江寧公所	西門外	南京人之組合
三山公所	英租界四馬路	山東、山西北省人之組合
錢江會館	英租界後馬路	杭州府人之組合
建汀會館	城南	福建省汀州人之組合
湖南會館	西門外斜橋	湖南人之組合
楚北會館	城南高昌廟	湖北人之組合

以上屬於會館，內有稱公所者亦係同鄉組合也。

公所(同業組合)

名字	所在地	紀要
絲業公所	英租界後馬路	生絲業者之組合
匯業公所	美租界鐵馬路	匯兑業者之組合
豆麥公所		豆及麥商之組合
錢業公所	英租界河南路	錢莊業者之組合
花業公所	南京路	棉花商之組合
洋布公所		外國棉布商之組合
鞋業公所		製造靴鞋及販賣人之組合
木行公所		木材商之組合
煤炭公所		石炭、木炭商之組合
米業公所		米商之組合
醬園公所		醬油釀造者之組合
茶葉會館	黄租界後馬路	茶商之組合
裘業公所		毛皮商之組合
典業公所		當典業之組合
烏木公所		烏木商之組合
紙業公所		紙商之組合
玉器公所		寶石商之組合
洋藥公所		外國鴉片商之組合
煙業公所	美租界	煙草業者之組合
酒業公所		酒業之組合

(續表)

名字	所在地	紀要
綢業公所		綢業商之組合
整容公所		整容業之組合
梨園公所		俳優之組合
商船會館	南市新會館馬路	民船業之組合

以上屬於公所，內有稱會館者亦係同業組合也。

上海市工商業聯合會《上海總商會組織史資料彙編》第一章《上海會館公所補録》　《上海研究資料續集》原注：上表根據《上海縣續志》所載加以整理，事實上尚有漏列者，兹分據各書增補如次：

光緒二年《滬游雜記》

徽州會館	西門外南首
紹興會館	西門外
絲業會館	盆湯弄
江業會館	文運街
杭綢公所	南書錦里
洋貨公所	南書錦里
綉業公所	三馬路
玉器公所	侯家浜
油麻公所	大東門外太平弄
煙業公所	大東門吊橋堍下
煙業公所	老閘大橋北首
南貨公所	南門内也是園浜
火腿公所	大東門外大生火腿店
燭業公所	南門内也是園浜
信業公所	咸瓜街南
木作公所	新北門内硝皮街

光緒三十一年《上海雜記》

東魯會館　虹口
緒綸公所　大東門外
水業公所　後馬路
燭業公所　也是園浜
南貨公所　同上
漆業公所　淘沙場
書坊公所　四馬路小花園
淮揚公所　小南門外

光緒三十四年《上海萬國官商士紳職業住址録》

電政公所　老垃圾橋
徒薪公所　薛家浜十三號
梓業公所　西門外高家弄二十號
烏木公所　福佑路
面業公所　小東門内錫弄
襪業公所　花草浜九十七號
息影公所　新開浜五十九號

宣統元年《上海指南》

山東公所　大東門内大街三十一號
錫金公所　海寧路二一八九號
四明公所　塘山路
煤炭公所　福佑路一〇二號
麻袋公所　大東門陸家宅
彩票公所　老北門土地堂五三號
金陵染業公所　新北門内二六號
海味公所　新北門内點春堂
石匠公所　新北門内城隍廟後
刻字公所　大東門城根十一號
鮮魚公所　法租界洋行街

宣統二年《上海指南》

蜀商公所　寶山路西首
南海邑館　閘北水廠橋路
定海公所　西門外
鐵錨公所　邑廟老公殿
皮鞋公所　百老匯路
踹業公會　老北門
印刷業公義會　天通庵後
中國水手公會　元芳路師善里
日報公會　小花園
通運公所　派克路
保險公會　四川路八十號
梨園公所　老北門内洗馬橋

附：上海會館公所分類統計表

表一：各省同鄉人公建會館公所一覽

地名	1876年前設立	1877—1905年設	1906—1911年設	累計
浙江	4	3	3	10
江蘇	2	3	3	8
廣東	3	1	1	5
福建	2	1	—	3
山東	—	2	1	3
安徽	2	—	—	2
江西	1	—	—	1
湖北	—	1	—	1
湖南	—	1	—	1
四川	—	—	1	1
合計	14	12	9	35

表二：同行業商人公建會館公所一覽

地名	1876 年前設	1877—1905 年設	1906—1911 年設	累計
農林畜魚土產商	10	8	4	22
手工業品土產商	13	4	3	20
城市手工業	6	1	13	20
金融保險及金銀	2	3	1	6
洋貨販賣商	3	—	2	5
交通運輸商	2	—	3	5
文化與服務業	1	3	4	8
息影業（喪葬）			1	1
徒薪（柴炭）			1	1
踹業（鞋業）			1	1
合計	37	19	33	89

蘇州同業組織與近代工業分部

紀事

章開沅《蘇州商會檔案彙編（1905—1911年）》第一輯《商部爲頒發賽會簡章札蘇商總會文光緒三十一年十月十七日》 商部爲札飭事。

本部准出使比國楊大臣咨稱：賽會宗旨專爲改良工藝，非精緻華麗之品不足爭衡。現當貴部整飭商務，無美弗臻。擬請妥定賽會章程，俾商業挽回利權，獲益非淺等因前來。

查東西各國重視賽會，商貨輻輳，使節交馳。非特爲振興商務之基，亦藉爲聯絡邦交之助。近年華商風氣漸開，赴會日衆，徒以不習外事，不諳會章，貨品不精，裝配不善，往往動多隔閡，獲益甚微，至難與外人角勝。現經本部參照各國賽會情形，訂定《出洋賽會通行簡章》二十條，頒行各省，曉諭紳商，俾於赴會之先，預知利便之端，於會事不無裨益。爲此札飭。札到，該商會即便遵照，將此項章程照式印刷，頒發各紳商，廣爲勸諭。嗣後遇有出洋賽會之事，遵章辦理，以資倡導，而便遵循。是爲切要。此札。附刷件。

右札蘇州商務總會總理尤先甲，准此。

章開沅《蘇州商會檔案彙編（1905—1911年）》第一輯《商部爲意大利舉辦賽會事札蘇商總會文光緒三十一年十月十九日》 商部爲札行事。

光緒三十一年十月初八日准外務部咨稱：光緒三十一年十月初七日本部具奏義國密拉諾地方賽會，擬請旨以駐紮義國大臣届時赴會一折，奉硃批：依議，欽此。恭録諭旨，刷印原奏，咨行查照欽遵，等因前來。查原奏内開：此次義國密拉諾賽會，所有華商運貨往賽，應備地段，一切事宜統令該大臣預爲布置隨時保護等語。相應札行該商會遵照，如有華商運貨往賽，應需地段若干？務即報明本部，以便轉電許大臣照辦可也。須至札者。

右札蘇州商務總會總理尤先甲，准此。

章開沅《蘇州商會檔案彙編（1905—1911年）》第一輯《商務總局等爲參賽事照會蘇商總會光緒三十一年十一月十七日》 督辦蘇省商務總局江蘇等處承宣布政使司布政使濮、署江南等處提刑按察使司按察使朱、商務議員二品銜軍機處存記江蘇候補道陸爲照會事。

案准江南商務局咨開：奉商督憲周札准商部咨准外務部咨稱，准駐義許大臣咨稱：義國明年在秘拉諾賽會，請轉商部應否勸諭各商備物赴賽。又准函稱秘拉諾賽會爲慶賀山洞鐵道告成而設，如派員前來，似於路政有裨。再英法等國均許派員，似難靳而不許等語，相應抄録文函各件，咨送貴部查照核復，等因前來。

查義國秘拉諾賽會係爲慶賀開鑿新潑龍山鐵道落成而設，該會所包甚廣，而其大旨尤注重運載、漁業兩門，其餘各項陳賽物件，亦與他國大略相同。該會於明年舉行，外國往賽貨物遲至明年二三月必須交貨。爲期頗促，會場基地亦須預定。相應刷印賽會章程。咨行貴大臣查照，迅即示諭各紳商一體知悉。如有情願入會者，速赴本省商務局及本管關道呈報匯齊轉詳。務於本年十一月以前將赴會商人名數及應用地段若干，詳細報部，以憑轉咨可也，等因並章程到本大臣。准此，今將章程札發。札局遵照趕將章程擺印一百本，刻日分移本省藩司關道及駐蘇商務局，查照一體出示曉諭。如有商人情願備物赴賽者，務於十一月以前將商人姓名及應用地段詳報核咨，並移知漁業公司及呈報盛大臣查照。仍將章程檢送十本呈閱毋違，等因，並發章程到局。奉經飭匠擺印成書，除移漁業公司及報盛大臣外，合將印成章程移局查照，希即一體出示曉諭。如有商人情願備物赴賽者，務於十一月以前將該商人姓名及應用地段詢詳報核咨，等因到局。准此。案前奉部飭，即經敞道出示曉諭，並照會貴總會轉告紳商。凡有運貨往賽者，應用地段若干？務即先行報明，以便轉報在案。兹准前因，除咨復外，合再照會。爲此，照會貴總會，請煩查照，如有商人情願備物赴此賽會者，務於十一月以前將商人姓名、應用地段查明報局，望切施行。須至照會者。

計送章程一本。

右照會蘇州商務總會紳董。

章開沅《蘇州商會檔案彙編（1905—1911年）》第一輯《商務總局等爲勸立工廠、廣習方言以便賽會事照會蘇商總會光緒三十一年十二月十三日》 督辦蘇省商務總局江蘇等處承宣布政使司布政使濮、江南等處提刑按察使司按察使朱、商務議員二品銜軍機處存記江蘇候補道陸爲照會事。

案准蘇州關咨，本年十一月初二日奉商部札開：光緒三十一年十月十八日准駐比楊大臣咨稱：泰西賽會宗旨，原以萃萬國之物産，百工之技藝，由各國監督派員品題，物類既非一地，評隲又非一人，必衆意(簽)〔僉〕同，務昭公允，西商視之至爲重要。得獎憑者，即刊爲匾額，摹入標牌，懸諸市肆，以供衆(類)〔覽〕，得名譽而廣銷路，均在此舉。品題之時，又全賴所派委員以辭理争勝，著著佔先，克邀優奬。

本年七月黎業斯評奬貨物，開會之期，特延吴道宗濂等暨洋員巴士博等十二員爲中國評奬委員，分類分日赴各國會場逐件品評，擬定甲乙送候高等憑奬處復核。所給憑奬計分五等：曰超等奬憑、曰榮譽奬憑、曰金牌、曰銀牌、曰銅牌。曾將擬定華貨奬憑大略電咨貴部在案。按憑奬體例，着重貨物，次重製造之家，經理赴會之人又次之。假如貨物得金牌，製造家及經理人應減一等得銀牌。此次華貨皆由各省督撫暨總税務司承辦來賽，即商人貨物亦僅舒蓮記之杭扇、宏發之銀器係本廠自造，余多販運而來。揆諸給奬體例，實未盡合。將來工藝改良，製造大興之時，自應由本廠自賽，以符通例。

本大臣又籌得一法，特爲各業公所如茶業、絲綢業、磁業諸項，函請高等憑奬處格外各給超等奬憑，俾各商業知所激勵。冀此後商董助力，來者益加踴躍。該會亦允照給。現在華貨奬憑已經高等憑奬處復核無異，除俟領到奬憑分別咨送給發外，相應開具清單，連同中國賽珍册一並咨呈查核等因。

同日復准楊大臣函稱：憑奬一事，凡逢賽會，皆有此舉。我華赴泰西賽會多次，僅據一、二商自行登報，其餘貨品佳美之商不諳西語，未能争辯，湮没不知凡幾。此次來比之商，罕通法語，爲之延員争勝。統計兹會得奬之優且多者，惟我華與日本，應由大部通行各海關曉諭各商，爲他日赴賽張本，等因前來。

查此次黎業斯賽會，官貨以外，商貨由本廠自造者無多。又以言語不通，賴監督爲之延請華洋各員，始能與外人争勝，相應札行該道查照前項文函，及時勸立工廠，曉諭商民廣習方言，以後遇有賽會，得以辟銷路而悉外情，是爲切要，等因到道。奉此，合就備文咨局查照，曉示商民勸立工廠，廣習方言，以後遇有賽會得以辟銷路而悉外情，望切。等因到局。准此，除出示曉諭外，合就照會。爲此照會貴總會，請煩查照，希即轉告紳商勸設工廠，廣習方言，自後遇有賽會得以辟銷路而悉外情，望切施行。須至照會者。

右照會蘇州商務總會。

章開沅《蘇州商會檔案彙編（1905—1911年）》第一輯《商務總局等爲調查赴賽物品事照會蘇商總會光緒三十一年十二月二十六日》 督辦蘇省商務總局江蘇等處承宣布政使司布政使濮、署江南等處提刑按察使司按察使朱、商務議員二品銜軍機處存記江蘇候補道陸爲照會事。

案准寧商務局移開：准貴局陸電開，電悉。查敝局未奉督飭，蘇屬太湖漁業極盛，請速示章程辦法，等因。准此。查此案奉發義國賽會章程，業經刊印成書，移送在案。但敝局現已札飭寧屬各州縣，曉諭各商運物赴賽，並移漁業公司查照辦理。一面派委員紳前赴各屬，會同地方官紳調查出品暨漁具等項，按表登注，采辦、運省匯送上海總會考核，轉送赴賽。緣會期將近，亟宜籌辦匯送。准電前因，除將章程及抄表移送外，合行移局查照，從速辦理，等因到局。准此，查密拉諾賽會一案，前奉部飭即經本道照會辦理，並出示曉諭。嗣奉撫憲札飭，又經通行五府州飭屬一體遵照，如有商人運貨往賽，應需地段若干？即行稟局核奪各在案。兹准前因，合抄表式照會。爲此照會貴紳董，請煩查照辦理施行，須至照會者。計抄粘。

右照會蘇州商務總會紳董。

章開沅《蘇州商會檔案彙編（1905—1911年）》第一輯《蘇商總會爲經綸兩廠老股集款自辦咨會蘇省商務總局文光緒三十二年正月十九日》 爲咨會事。

據絲紗廠息藉老股東張紳履謙、徐紳俊元等函稱：費承蔭承租蘇經、蘇綸兩廠，私添機器，有礙全局，且老股息僅三釐，衆情汹汹，邀同各股集議，推舉代表，僉謂急宜自行集款接辦，並酌加老股利息，衆情允洽等因。到會。查張紳等均公正明通，輿望素孚，既據各老股公推領袖，所有絲紗兩廠另議辦法，應由張紳等直接與貴局議辦一切。除各股集議情形由張紳等聯名具呈撫憲暨貴局查照外，理合咨會貴局查照。事關商界公益，爲此備文咨會。須至咨者。

右咨蘇省商務總局。

章開沅等《蘇州商會檔案叢編（1905—1911年）》第一輯《商部批示光緒三十二年正月二十七日》 據呈已悉。所稱蘇經蘇綸絲紗兩廠現勸令各老股集款自辦，並按年報效學堂經費銀一萬兩，解交商會專儲，爲興辦蘇州實業各學堂之用，該股商等亦一律承認。呈請先予立案等情。查設立實業學堂，係爲振興商務之基礎。各省財力支絀，籌款維艱，果如該總理等所擬辦理，洵屬兩有裨益。

惟原呈既經聲稱，現由各股商向商務局妥訂合同接辦，再行呈報等語，應俟接辦合同訂妥呈報本部後，再行核奪立案。爲此批示，仰即遵照可也。此批。

右批蘇州商務總會，准此。

章開沅《蘇州商會檔案彙編（1905—1911年）》第一輯《商部爲嚴格挑選赴賽物品事札蘇商總會文光緒三十二年二月二十日》 商部爲札行事。

案查光緒三十一年十月初五日，本部參照各國賽會情形訂定《出洋賽會通行簡章》二十條，刷印札行遵照在案。查簡章第六條内開：凡有害風教衛生各品不准赴賽等語。兹准駐比楊大臣函送黎業斯賽會點貨清册到部，詳加檢閲，如神像木主，煙具賭具、婦女鞋帽及一切礙目之件甚多。現今各國重視賽會，中國方應藉此爲開通風氣、振興商務之機。若如上開各件，徒滋外人訕笑，殊與賽會宗旨不符。由本部咨呈外務部，嗣後各國賽會，如遇有税務司置辦官貨賽會之事，應預先訂明，遵照本部前訂賽會通行簡章辦理，轉行總税務司遵照外，相應札行遵照。嗣後華商赴賽之事查照定章檢查貨物，必須足示美觀，有益銷場者，方准赴賽，勿貽外人訕笑，是爲至要。須至札者。

右札蘇州商務總會總理尤先甲、協理倪思九，准此。

章開沅等《蘇州商會檔案叢編（1905—1911年）》第一輯《蘇商總會爲蘇經蘇綸集款自辦請予立案事再呈商部文光緒三十二年二月》 蘇州商務總會爲呈請事。

案奉大部批：【略】奉此，遵即傳知該兩廠老股商妥速議辦。頃據該股商等面稱，公推張紳履謙等集資議章，刻日接辦。並具公稟折件，請代呈大部前來。職等查張紳履謙等皆公正殷實，堪勝辦理廠事之任，所擬接辦條款亦具有條理，上於公家有益，下於商情允協，理合迅將原稟折件，呈請大部俯賜鑒核，准予立案。爲此備由具呈，伏乞照驗施行。須至呈者。

章開沅等《蘇州商會檔案叢編（1905—1911年）》第一輯《張履謙等公稟》

稟辦接辦絲、紗兩廠，墊繳前虧庫款，環請改爲商辦，迅賜立案事。

竊職等前承蘇州商務總會抄示大部鈞批：【略】仰見大部提倡實業、振興商務之至意，感佩莫名。

查蘇經、蘇綸兩廠開辦時，以息藉商款五十五萬七千六百兩作爲股本，曾蒙蘇省商務局照會職等公司會議在案。嗣費承蔭向商務局租辦，職未蒙照會，並未會商。二、三年來，致費商獨斷獨行，老股息銀則減爲常年三釐。又私添機器，不俟商務局議准，專擅開車已二月有餘，引擎、廠屋勢必易於損壞，貽害大局。職等奉批後，遵即會同各老股紳商妥議條款，與駐蘇商務議員陸道樹藩議明，改歸商辦。並仰體江蘇護撫濮清理官款鄭重庫儲之意，願將前辦該兩廠之祝商所虧前領司庫正項銀十萬兩，除解繳外尚欠司庫銀六萬餘兩，悉數由職等籌款一律墊繳清楚，以重庫款。此外應繳各項，仍照章按期清交，不得徇期。謹將接辦條款另折呈請大部鈞鑒，迅賜批示立案，並咨兩江總督、江蘇巡撫，飭屬一體保護，以全舊業而宏商務。實爲公便。謹稟。

章開沅等《蘇州商會檔案叢編（1905—1911年）》第一輯《蘇經蘇綸絲紗兩廠老股接辦條款》 一、遵照稟准商部七條辦理

第一條 墊繳祝故商虧欠藩庫款銀六萬餘兩。祝故商繳存藩庫房屋四所，老股票一萬八百兩，稟請藩憲發還存廠。如須出售，與董事局商酌辦理。

第二條 常年報效學堂經費一萬兩，按季撥付。

第三條 老股加息二釐，合成常年五釐，每年分兩次給付。

第四條 每年撥積谷本銀二萬一千六百八兩七錢，按季解庫。

第五條 每年撥水利本銀一千四百二十八兩，按季解庫。

第六條 每年地租銀二千八百五十三兩五錢四分。

第七條 每年落地子花捐錢四千千文。

一、老股漕平銀五十五萬七千六百兩，老股不論盈虧，常年五釐起息，俟積谷、水利撥清後另行公議。

一、老股添三成，新股每股三十兩，計銀十六萬七千二百八十兩。新股常年一分起息，如有盈餘，紅利照派。

一、老股舊折票一律收回，換給商辦蘇經絲廠、蘇綸紗廠有限公司折票。老股添新股本三成，如有不滿額，由董事局酌量均攤添足新股，並一律填給每股三十兩之折票。

一、年結帳目，由查帳員稽核後報告董事局無誤，刊發帳略分送，以昭信實。查帳員由董事局公舉兩人，應隨時赴廠稽查一切帳目。其酬勞由董事局所提紅利内從優酌送。

一、繳還藩庫之六萬餘兩，於盈餘項下提一成逐年撥付，以撥清爲度。藩庫領出之祝故商房屋四所，股票一萬八百兩，其租息、股息一並撥歸墊款。

一、獲有盈餘，提一成作爲公積，一成撥歸填繳祝商虧款，其餘八成，以二

十份開拆：新股得十四份，董事局及查帳人得二份，總、副經理得二份，各司事得二份（機匠在内）。

一、董事局並無局用開銷，董事局各董酌量支送夫馬。凡刊印股票等因公費用，由廠中開支。

一、各友薪水以及機匠人等工食，每月定期分給，不得預支藉宕。

一、絲廠出租及自辦，均由董事局公議，租金歸廠中經收入册。

一、保險銀兩照章辦理，保險交接由董事局向商務局收回時公商間接辦理。

一、商部注册費三百元，商會常年捐三百元，均由廠中照繳。

一、總經理有管理全廠之權，副經理二人有協助總經理分任各項事務之責。由總經理另訂辦事規條，不得推委，亦不得侵越，以明權限。

一、廠中各友由總經理人量材委用，須報明董事局認可，並取股實商業切實保信，擔保銀錢無弊。

一、總、副經理如有違背章程合同，照公司律辦理。

一、合同以　年爲期，期滿與董事局公議續訂。

章開沅等《蘇州商會檔案叢編（1905—1911年）》第一輯《經綸兩廠董事局及總經理銜名籍貫表》　謹將公司舉定職員銜名、籍貫開呈鈞鑒。計開：

董事局：

張履謙　户部郎中　江蘇吴縣人

吴本善　候選鹽運同知　江蘇吴縣人

吴韶生　三品封職　江蘇吴縣人

葉　榮　候選同知　江蘇吴縣人

陸鼎奎　浙江試用道　江蘇吴江縣人

查帳人：

任之驊　直隸候補道　江蘇宜興縣人

杭祖良　候選員外郎　江蘇人

總經理人：

王立鰲　候選郎中　江蘇元和縣人

章開沅等《蘇州商會檔案叢編（1905—1911年）》第一輯《商辦蘇經蘇綸有限公司股單式樣》　本公司呈報商部注册，原有息藉蘇漕平銀五十五萬七千六百兩爲老股，每股漕平銀一百兩。今續添三成，十六萬七千二百八十兩爲新股，每股漕平銀三十兩。今據〇〇（住址）〇〇〇（姓名）老股名下漕平銀〇〇兩，共〇〇股，合給股單存照。

一、本公司於〇〇〇〇赴商部注册

一、本公司老　股總共　五千五百七十六股
　　　　　新　　　　　五千五百七十六股

一、本公司遵章辦理，所有章程另訂專册，隨股單分送。

一、老股、新股每年匀兩期憑折支息，發息時先期登報佈告。

字第〇〇〇號至〇〇〇號

光緒三十二年　月　日給　董事局簽押

章開沅等《蘇州商會檔案叢編（1905—1911年）》第一輯《蘇商總會理結機工聚衆停工索加工錢案紀録光緒三十二年二月》　案由：查緞業商董等以機匠欲加工價，聚衆停工，禀縣，由商會代遞。

原被姓名：查原告係緞業商人杭祖良等，函由商會代遞公禀，被告係衆機工並無指名。

中證姓名：查無中證。

控告年月：查係三十二年正月。

理結年月：查係三十二年二月。

結案實情：查此案，衆機匠聚衆索加工錢。當時洋價漸漲，該緞商等體卹機工改錢碼爲洋碼。適洋價驟落，機匠等以未沾實惠爲詞，由老機匠向各莊懇商仍以錢碼議加，緞商等允予原價錢碼七十串之外，花緞工酌加一分半，素緞工酌加一分，禀由商會代遞。元和縣會同長、吴兩縣出示曉諭，以安衆心，完案。

章開沅《蘇州商會檔案彙編（1905—1911年）》第一輯《商部爲設立勸工場事札蘇商總會光緒三十二年四月二十三日》　商部爲札行事。案查光緒三十一年六月初九日本部刷印譯本共進會章程，並節録駐比楊大臣咨開：各國賽會未可恃官貨爲久計各等語，通行各省，先就大城巨鎮設立勸工場，備列出産貨物、工作器具，縱人游覽，並隨時調查本地工廠有無增減，工匠有無新制，逐一考校，切實興辦，呈報立案，等因在案。查勸工爲當今之要政，商務之先驅。博覽會一時舉辦不易，自應略師其意，量爲變通。先在地方繁盛之區，責成商會聯絡各幫商人，各設一勸工場。無論原料製造各品，由商會與原主訂明，各送貨樣，前往陳

列，其貨仍屬原主。工場不必出價購辦，但預備寬敞房屋，派人管理，標明出産及製造人名姓，俾衆周知，所費無多，舉事自易。一俟陳列齊備，即行訂期招集各商及本地官紳，評獎優劣，列表報部。其續到貨物，統歸半年一報，並擇其尤者將貨樣送部考驗，酌量給獎。其有技藝精巧，有裨實業者，並由本部考驗酌予優獎，以示鼓勵。嗣後工場日增，彼此通氣，則其陳列之處愈多而銷路亦必愈廣。業其事者，既可增進名譽，又可招徠客商，當無不樂於從事。本部職司商政，不憚再三誥誡，經此次通行之後，但能內外合力維持，多一實心提倡之人，必有成效可觀之日。相應札行該總理、協理遵照，仰即各就本地商務繁盛處籌議設立勸工場，以擴工業而暢銷路，毋負委任。並將辦理情形呈報本部爲要。切切，此札。

右札蘇州商務總會總理尤先甲、協理倪思九，准此。

章開沅《蘇州商會檔案彙編（1905—1911年）》第一輯《商部爲奉省創設商品陳列所事札蘇商總會光緒三十二年閏四月初八日》 商部爲札行事。光緒三十二年四月二十九日准軍機處片，交盛京將軍趙爾巽奏奉省創設商品陳列所，請旨飭部分咨各省輸送商品折。奉硃批：商部知道。欽此欽遵。到部。本部查奉省兵災以後，百廢待舉，商界與國權極有關係，陳列所之設自是當今要政，相應刷印原奏，恭録諭旨，札行該總會遵照。仰即悉心籌辦，廣爲勸諭各業工商人等一體知悉，並由該總會按照奉省寄售繳價章程辦理。仍將辦理情形申報本部爲要。須至札者。

右札蘇州商務總會總理尤先甲、協理倪思九，准此。

章開沅等《蘇州商會檔案叢編（1905—1911年）》第一輯《商部通飭調查商情來札光緒三十二年五月十六日》 商部爲通飭事。

案據江寧商務總會總理本部議員劉世珩申稱：竊查江寧爲省會之區，市廛櫛比，商賈云興，凡欲實行保商之政，非將各行業詳細調查，編列商册，不足以便稽查而周保護。是以議員於光緒三十年曾將省城內外大小各宗行業牌號調查實數，計行業一百零八類，鋪户五千三百三十二家，即經繕具清册，呈送在案。嗣遵章舉辦商會，凡在寧垣大小各宗商業，復經議員飭由各商董將前項商册復行挨次查對明確，以昭核實。類如錢業一項，前册將錢土、錢米附於其中，今則錢業、土業、米業分别查編，各歸各董經理，尤覺一目了然，絲毫不紊。兹届光緒三十一年終應行申報之期，所有寧垣內外大小各宗商業計查有一百十七類，共計鋪户五千四百十七家。據各業商董分門别類具報到會，理會匯齊造具總册，備文申報，伏乞鑒核立案等情前來。本部綜持商政，於各省各埠商務情形，調查一切，不厭求詳。兹閲該議員劉世珩所造册報，門分類别，包括靡遺，至爲詳備。除照准立案外，爲此刊刻式樣札發。札到，該總會等仿照成式，於各該埠城、鎮、街、市大小行業，切實調查，遵式填空，編訂成册，按年匯報本部備案，以資考核。幸勿延擱，切切。特札。

右札蘇州商務總會總理尤先甲、協理倪思九，准此。

章開沅等《蘇州商會檔案叢編（1905—1911年）》第一輯《蘇省商務總局勸諭仿造織布木機照會光緒三十二年六月三十日》 督辦蘇省商務總局江蘇等處承宣布政使司布政使濮、江南等處提刑按察使司按察使朱、商務議員二品銜軍機處存記江蘇候補道陸爲照會事。

本年六月二十二日，准江南商務局咨開，准江南勸業機器工藝總局移開：奉商督憲周批敝局詳報石印木機織布圖樣，分發兩江各府、州、縣，以便民間傳習一案。奉批：據詳已悉。繳。等因。奉此，查此項木機織布圖，現據總理、工藝委員查令鐘泰向上海石印局照式印成一千張，呈繳前來，核與原樣相符。除申送督憲查核外，所有石印木機圖樣八百張，相應抄詳移送查照。希將前項圖樣分發兩江各府、州、縣，以開風氣，藉塞漏卮，等因。並抄稿暨圖樣到局。准此，除分發寧屬各府、廳、州轉發所屬外，抄詳移局查照，希將送到圖樣，分發各府、廳、州、縣，勸諭民間仿造傳習，或來寧就學，以開風氣，藉塞漏卮等因。並圖樣到局。准此，除通飭各府、州分飭所屬，勸諭商民仿造傳習外，合將圖樣照送。爲此照會貴總會，請煩查照，希即勸諭各商民仿造學習，以開風氣，而厚民生。望切施行。須至照會者。

章開沅等《蘇州商會檔案叢編（1905—1911年）》第一輯《江南勸業機器工藝總局詳光緒三十二年六月》 爲詳報事。竊職道前奉憲臺面諭，工藝關係緊要，應飭各州、縣派人來局學習木機織布，並由局設廠專造此機，以備學成後購造回籍傳習，以開風氣，而厚民生等因。仰見憲臺提倡實業、振興工藝之至意。祗聆之下，欽佩莫名。當即諭飭總理、委員查令鐘泰遵辦。旋據該令等復，此項木機係由本局於光緒二十九年在日本購辦兩部，帶來省城照式仿造，招人觀覽，任人學制。現計省中仿造此機者約共有二百架，每架每年出布一百二十匹，核算每年共約出布二萬四千匹。此二萬四千匹之布，即以抵制洋貨，故近年來東洋柳條布進口寥寥。職此之故，收效無形，爲利甚溥。若復令各屬仿照辦理，則利益更屬無窮。現已飭將該機繪成圖樣，條分縷晰，臚列價目，先行石印一千張，分發兩江各府、州、縣，俾衆咸知。此機價值之廉，織布之速，用力之省，遠勝舊日之機，以期逐漸改良。或派人來局學習，不收學費，自辦飯食，學成後由局代爲造機，如數繳還價值，或即照圖樣自行仿造，均聽其便。

總之，實業爲富强之本，而紡織爲實業之大端，若使遐鄉僻壤，人人知織業之功，則漏卮自可盡塞，而華民生計，亦不致爲外人所奪矣。所有札發各屬木機織布圖樣緣由，理合具文詳報，仰祈憲臺鑒核施行，實爲公便。爲此云云。

章開沅等《蘇州商會檔案叢編（1905—1911年）》第一輯《江南商務總局爲刊發商情貨産事照會光緒三十二年七月初五日》 辦理江南商務總局兼管南洋保商事宜司道爲照會事。

照得本局稟請印行《南洋商務報》，以開商智，業奉商督憲批准照辦。所有幹事員暨編校調查各員，並經分別照札延聘各在案。現定於本月十五日出報，爲期已迫，亟須趕緊編印。查本省、外省各業商市行情漲落，及貨産進出一切，爲商界操縱之樞機，極關緊要，自應隨時調查，刊入本報，以裨商政，合行照會。爲此照會貴商會，煩爲查照，希將各業商市行情及各種貨産進出一切，按五日開報本局一次，以便編輯刊印。望切。須至照會者。

右照會蘇州商會。

章開沅《蘇州商會檔案叢編（1905—1911年）》第一輯《吴縣爲請調查理處張國衡破壞行規案照會蘇商總會光緒三十二年七月初十日》 蘇州府吴縣爲照會事。

案據布業尚始公所職商張國衡等稟控，行頭漏秉玉糾同副行頭許浩然聚衆加價，扣布不交，叩求提追等情，業經飭提許浩然到案，訊供收押在案。兹據仁義印花公所司年王燮魏，司月張三寶即三八，暨瑞元坊祝蓮生，祥和坊胡桂堂合郡各印花坊等稟稱：竊被瑞記布號倡減染價，苛給司酒，扣住染洋一案，兹經身等檢呈廿九年行單，並瑞記上年已結染折，申訴在案。業奉鈞批，蒙查廿九年刊單，議明萬載二丈五尺作一疋，白地酒錢每疋九十文，青地每疋廿四文等因。

伏查彼時正在稟請林前憲定章，經合業邀請各布號及夏布莊，會同身等各坊主在尚始公所匯議，緣萬載一尺八寸闊，以二丈五尺抵加長，惠安等小夏布，一尺一寸闊，二丈八尺長作疋計算，似乎輕重偏畸，懸殊不勻。當蒙各布號莊允洽，以二丈作一疋計算，横闊亦一尺八寸，闊每疋計五丈，長作兩疋半算。當初亦及議入有各布號莊蓋戳，允單可憑，惟尺六横闊，每疋四丈五尺，向不印花。近來門市店銷售，所以行單未經刊載。現做加長，惠安等兩疋計算，旋於三十年間復刊行單，發佈各布號莊。歷經四載，蒙各號莊一律照章給算，相安無事，誠如憲批所謂，瑞記豈能獨異，並有各號莊已結染折可稽，且有三十年分發出行單在合郡各布號莊存查，可以飭吊核對。有此三證，在明鏡前何敢蒙飾。

竊思瑞記店主張國衡於三十年分合股創開瑞元印花坊，今春退股卸替，遽然苛給司酒，減短染價，顯係有意敗壞行規，欺壓身業，作俑興訟，爲挾制地步。即商會布業代表員陳少章在協記布號執事，瑞元亦與往來。蒙陳迭次出爲調處，奈張固執不允。協記是布業之領袖，尚且照章給發，如察有身業徇私；一家歧異，甘願重咎。兹被瑞記誣控，扣留布疋，環求飭令瑞記照章給算等情，具稟前來。查該司年王燮魏等所稟，商會布亞代表陳少章迭次出爲調停，定必深知底蘊，是非自有公論。除批示外，合行照會。爲此照會貴商會，請煩派員調查，秉公理處，復縣核奪。望速速。須至照會者。

右照會蘇州商務總會。

章開沅《蘇州商會檔案彙編（1905—1911年）》第一輯《商務總局爲勸諭商人參加賽會照會蘇商總會光緒三十二年七月二十二日》 督辦蘇省商務總局江蘇等處承宣布政使司布政使濮、江南等處提刑按察使司按察使朱、商務議員二品銜軍機處存記江蘇候補道陸照會事。

准江海關移開，奉南洋商憲周札，光緒三十二年五月二十四日准商部咨，光緒三十二年五月初八日准外務部咨稱：本月初八日准英國嘉署使函稱：本國外部大臣咨本國愛爾蘭擬於明年夏間在德博林城開辦萬國賽會，附送賽會章程三件。該章程第六條内開：凡入會者，須於西曆本年七月一號聲明云，惟期限太促，知中國入會實在趕辦不及，但欲往賽會，請立即示知，甚願急電本國，請爲展期，此事或尚可爲等語。

英國愛爾蘭德博林城舉行賽會，該署大臣以聲明入會之期甚促，願電達展期，是盼望中國入會之心，甚爲肫切。相應將原送章程三件咨行查核，從速聲復，以便轉復，等因前來。查英國德博林賽會，其陳賽物件及會場章程，與他國賽會大略相同。該署大臣以聲明入會之期甚促，願電達展期，其盼望中國商人往賽至爲懇切，相應抄録賽會章程，咨行貴大臣查照，迅即轉行示諭各紳商一體知悉。如有情願入會者，務即克期呈由貴大臣電複本部爲要。至赴會商人名數及應用地段若干，隨後再行詳細報部，以憑轉咨可也，等因並抄單到本大臣。准此，除咨行外，合行抄單札關遵照，刻日出示曉諭。如有情願入會者，即行電候轉達，等因計抄單到關。奉此，除遵札出示曉諭紳民、商賈、工藝人等一體知悉，如願赴會，立即開報並分移外，合就抄粘移煩查照，一體示諭各紳商知悉，等因到局。准此，合行照會。爲此照會貴總會，請煩查照傳諭各商業一體知悉，如有情願入會，務即克期開報，望切施行。須至照會者。計抄粘。

右照會蘇州商務總會。

章開沅等《蘇州商會檔案叢編（1905—1911年）》第一輯《歐陽元瑞等爲籌設瑞豐輪船公司致蘇商總會禀光緒三十二年七月》 具禀。商人長洲縣附貢生歐陽元瑞、國子監典簿潘誦麐、江西即補縣丞胡祥林、元和縣附生金曾忻，爲興商立業，挽回利權，求請備案給示，以咨保護事。

竊商等制有順風、元利公司船兩艘，安利輪船一艘，向爲大東、招商、戴生昌、老公茂、立興、大盛六公司租賃。現在立興、大盛已爲大東等四公司買閉，所有商名項下公司輪船未便久擱，現擬自行設立瑞豐公司，添置新船，往來蘇、錫、常、丹、鎮等處，並常熟一處。

查上年大盛公司當創辦時，禀由上海商務總會立案，並予保護。今商等創設瑞豐公司，事同一律。爲此援案求請貴商會立案，並懇俯賜移會所經各縣備案給示，以便即日開班。事關興商便民，且有成案可援，當蒙恩准施行。不勝待命之至。沾仁上禀。

章開沅等《蘇州商會檔案叢編（1905—1911年）》第一輯《咨復江南商務總局文光緒三十二年七月》 爲咨復事。

本月初五日接奉貴總局照開：本局禀請印行【略】以便編輯印行等因。奉此，查蘇州商市行情漲落，大致悉依上海市價爲准，蘇滬商業一氣聯絡。《新聞日報》、《申報》各載省商務類志一項，所有商貨行情，隨時漲落，立即登報，朝發夕至。近今寧滬鐵路火車開行，尤爲捷速，是以一切市面與滬市不相上下。至於貨産進出，均從滬地轉運。蘇商各業入商會者未及其半，該商等均未到會報告，而敝會亦因經費支絀，未能設有調查專員。惟於年終將蘇地商業盈虧大略情形開具清單報部一次，此外各業詳細稽核實未周備。所有蘇州各業商市行情及貨産進出按五日開報一次，未能遵辦之處，合行備文具復。爲此咨復貴總局，請煩查照，希即察核施行。須至咨者。

右咨江南商務總局。

章開沅等《蘇州商會檔案叢編（1905—1911年）》第一輯《紗緞同業爲請懲辦首倡停工之毛石大致尤鼎孚等函光緒三十二年八月初八日》 鼎孚、錫疇兩先生尊鑒：

謹啓者，蘇郡工界以敝業之織匠爲大宗，惟人衆則良莠不一。故聚衆加價，因而滋事者，時有所聞。春間久雨阻工，已有蠢動之患。幸敝業預爲數平，量予加價，乃得彌錮無形。乃上月廿五日，又有莠工毛石大者，藉端米貴，首倡停工，搶梭喊阻，被脅者至數十人。幸工匠中之老成達事者，出而解散，停工之説乃止。竊經歷次停工挾制，聚衆滋鬧，皆莠工爲之□首，關係地方治安，實非淺鮮。即如毛石大之無端倡停，此風胡可以長？現雖暫時遏止，誠恐不久復又煽動。用特瀝陳情形，擬請公祖大人指名訪拿，懲辦示衆，以儆傚尤，實爲公便。該莠工住潘儒巷石家閣，專此報告。並請鈞安。

紗緞同業謹呈

章開沅等《蘇州商會檔案叢編（1905—1911年）》第一輯《商部爲改良麵粉機器札光緒三十二年八月十四日》 商部爲札飭事。

接據出使英國大臣汪來咨内稱：外國新法製造麵粉，係用鋼板加以極大重力，壓麥成粉，故麵粉内並無絲毫雜質。如用汽機運動石磨製面，汽力愈大，石質癒傷，麵粉中不免含有石質等語。查中國機器面廠，現已設立寖多，蕪湖益新面廠據稱即用石磨，其他各廠所用壓機是石是鋼，未據禀報，亟應札行該總、協理，就近傳知各該廠速求改良，以免有礙衛生，致隘銷路。爲此札飭。札到，該總、協理即便遵照辦理可也。切切。特札。

可札蘇州商務總會總、協理尤先甲、倪思九，准此。

章開沅等《蘇州商會檔案叢編（1905—1911年）》第一輯《蘇州關監督照會蘇商總會光緒三十二年八月二十三日》 欽命頭品頂戴署理江蘇督糧道兼蘇州關監督□□題奏道朱，爲照會事。

案准商務局咨開：【略】等因到道。准此，當經陸前監督將原禀照會稅務司核辦，嗣准貴總會咨同前由，又經照會去後。茲准蘇州關稅務司阿照復，内開：本稅務司當即飭傳該公司經理人來關聽候面諭。旋據附貢生歐陽元瑞禀稱：商等備有小輪四只，一名安利，一名醴和，皆係早經自置；尚有廣利、公泰兩輪，係在上海租賃。茲擬逐日專走蘇州、無錫、常州、丹陽、鎮江各處；另有逐日專走蘇州、常熟，均只搭客並不裝貨。碼頭局屋設在閶門外北獅子街，均係舊有，並非買已閉之大盛碼頭局屋。所有自置之安利、醴和兩輪，在申修理告竣，即赴江海關驗船領給憑單；其租賃之廣利、公泰兩輪，亦均向江海關領有憑單、執照，須俟各碼頭、船局布置妥洽，各輪然後從上海進口赴關呈驗。惟各分局均須領有保護告示，方敢開辦，免滋事端，懇請俯准立案，照會分飭經過各縣一體給示保護等情。本稅務司諭以各公司小輪船碼頭定章，應在相王墓對岸二馬路口。現惟碼頭尚未建築，將來務必一律遵飭遷移。又給以試辦傾棄煤渣章程、告示五道，並諭以一切按照内港章程辦理。彼均一一遵照。如此，則核與關章相符。至各該輪赴關呈驗牌照時，及沿途行駛或有違章不妥之處，自當照章扣留罰辦。據稟前情，除將原稟存關備案外，照復查照。等因前來。除咨會商務局，並咨鎮江關查照，暨札蘇、常、鎮三府分飭經過各縣，一體給示保護外，合亟照會貴總會，請煩查照，轉飭該公司遵照施行　須至照會者。

右照會蘇州商務總會。

章開沅等《蘇州商會檔案叢編（1905—1911年）》第一輯《蘇商總會爲瑞豐注册事代呈農工商部移光緒三十二年九月初七日》　爲代呈事。

據瑞豐輪船公司呈稱：照章具呈，並注册費洋五十元，請代呈大部察核，准予注册，保護前來。職等詳加閱看，所具呈詞核與定章相符，所交注册費亦照章無缺。理合呈請大部俯賜鑒核，准予注册，照章保護，實爲德便。爲此備由具呈，伏乞照驗施行，須至呈者。計原呈一件，洋銀五十元。

右呈商部。

章開沅等《蘇州商會檔案叢編（1905—1911年）》第一輯《瑞豐輪船公司股東合同議墨光緒三十二年九月初七日》　立合同議墨。股單：歐陽麟記、歐陽書記、潘頌記、金韻記、胡少記等憑。見立：覃衣言。今爲集合股資，開設瑞豐輪船公司。在蘇城設立公司總局，在無錫、常州、丹陽、鎮江各設分局。共計集資洋八千元，分爲八股：歐陽麟記歸三股；歐陽書記歸二股；潘頌記、金韻記、胡少記各歸一股。當時議定：所有設立蘇州總局及各處分局開辦費用，及建築各碼頭歸麟記、書記經理，所有輪船公司船由頌記、韻記、少記歸管；所得利益照股勻派；總局、各分局招人包辦，一切用人行事由麟記、書記主政，頌記、韻記、少記隨宜幫理。各依資本之大小，分權限之重輕，毋啓爭執。立此合同議墨爲照。

光緒三十二年九月初七日。

立合同議墨　歐陽麟記　歐陽書記　潘頌記　金韻記　胡少記

見立　覃衣言

章開沅等《蘇州商會檔案叢編（1905—1911年）》第一輯《附税務處會同户部具奏光緒三十二年九月二十日》　奏爲核覆湖北機製麻貨請免税釐，應仍查照向章辦理，以重税項，恭折仰祈聖鑒事。

内閣鈔出湖廣總督張之洞奏湖北機器製麻局製造有效，援案請暫免税釐一折。光緒三十二年七月二十日奉硃批：該部知道。欽此欽遵。據原奏内稱：麻之爲物，中國各省皆有之，惟種類略有區別，而製法粗疏，未盡其用。臣到鄂以來，思爲製麻之策，考求多年，籌撥外銷公款，配合機器，建造廠屋，漸次試辦。光緒二十八年招商承租，仍委監司大員督飭製造，循序講求，日有進境。近日該局所織緞紗並各色麻布，均係質地白細，染色鮮明。擬援照上海阜豐麵粉公司一案，所有機器麵粉各廠一律准其暫免税釐之例，請將該局運銷麻貨，暫免完納税釐，以紓商力，而廣銷路等語。

查麻制各貨爲民生服用大宗，該督臣於湖北招商興辦，於漚浸洗湅之法，繅絲染色之宜，逐加考究。現在所出之貨，據稱已著成效，洵足振興大利，杜塞漏巵。惟原奏擬請援照阜豐麵粉公司成案，暫免税釐一節，查阜豐公司一案，前外務部以各國麵粉進口免税載在税則，而華商所製麵粉轉不能免，似華商未免向隅，是以於該公司機製麵粉核准免税在案。至麻類進口向係納税，與各國麵粉進口之概准免税者不同，此項機製麻貨，未便援阜豐面粉公司辦法以爲比例，且湖北織布局亦經奏明遵章納税。製麻與織布情事相等，自應一律辦理。所有該省機製麻貨應請飭下該督臣轉飭該局仍照向章機器製造各貨辦法，於運銷出口時完納正税一道後，沿途概免重征，以重税課，而昭劃一。

至該督臣原奏内請飭各省酌仿湖北辦法，再行考察東西洋新式設立局廠，廣爲製造，自係爲便民起見，應俟奉旨後，由臣等咨行商部，通咨各省遵照辦理。所有核覆湖北機器製造麻局請免税釐緣由，謹恭折具陳，伏乞皇太后、皇上聖鑒。

再，此折係税務處主稿，會同户部辦理，合並聲明。謹奏。

章開沅《蘇州商會檔案彙編（1905—1911年）》第一輯《農工商部爲勸諭工匠赴賽考查事札蘇商總會文光緒三十二年九月二十九日》　農工商部爲札行事。

據出使英國大臣汪咨稱【略】等因前來。

查該大臣所稱各節，洞悉賽會宗旨，實係扼要之言。各商家果能携帶工匠，親臨會地，逐物考求，目前雖費工資，日後確有心得，工藝改良，利源自日見發達。相應粘抄原文，札行該商會廣爲勸諭，設法提倡，使商人争自濯磨，不至再蹈從前賽會故習，庶於振興商業實有裨益。爲此，合行札飭。札到，即便遵照。切切。此札。粘抄件。

右札蘇州商務總會總理尤先甲、協理倪思九知悉。

章開沅等《蘇州商會檔案叢編（1905—1911年）》第一輯《瑞豐輪船公司爲注册事呈農工商部文光緒三十二年九月》 具呈。江蘇省蘇州府吴縣閶門外南濠瑞豐船公司爲呈請注册事。

竊公司照章程内載所應聲明各款呈請注册，伏乞商部注册局查核施行，須至呈者。

計開

名號：瑞豐輪船公司。

貿易：小輪往來蘇常鎮三屬，搭客帶貨。

有無限：有限。

設立年月日：光緒三十二年九月初七日。

營業年月日：無期限。

總號設立地方：蘇州閶門外南濠北水衖口。

分號設立地方：常熟朱草浜、無錫北門外竹場巷、常州西門外表場口、丹陽東門外、鎮江西門外獅子街口。

合資人數：四人。

合資人姓名住址：歐陽元瑞　住齊門外

潘誦賡　住東白塔子巷

胡祥林　住小柳貞巷

金曾忻　住葑門外

資本：共合洋八千元。

合同：另紙抄呈。

規條章程：另紙抄呈。

瑞豐輪船公司

章開沅等《蘇州商會檔案叢編（1905—1911年）》第一輯《瑞豐經理徐森蔭爲在常州建造碼頭稟蘇商總會文光緒三十二年九月》 優附生徐森蔭稟，爲遵章認租，懇恩劃界以免交涉而安商業事。

竊生經理瑞豐輪局，逐日開往蘇州、無錫、常州、丹陽、鎮江等處，在治下西門外吊橋東堍租定周姓房屋，爲瑞豐設局之所，現已陳求商部注册，並稟商會立案保護。惟常地人煩貨雜，往來者衆，非設立碼頭不足安商旅；且表場一段碼頭林立，輪船如織，非指定地界不足以免争端。生邀同董保人等，指定大東碼頭之東、緝私營之西、周姓房屋之前官塘河界約四丈有餘之地，擬爲建造碼頭、停泊輪船之所。爰援招商、生昌、大東之例，稟請認租劃界，懇恩給示保護。惟招商等局之碼頭地居孔要，形勢較勝，租價似可從優。至生所指定之地在三公司之後，地亦偏僻，租價一層，懇求稍從末減。除開局有期，另行稟請給示保護外，敬將遵章認租、懇恩劃界緣由叩求公祖大人電核，懇恩准將大東碼頭之東，緝私營之西，周姓房屋之前官塘河界約四丈有餘之地，爲瑞豐輪局建造碼頭、停泊輪船之所，租洋四元，按月呈繳，蒙恩俯允。並請飭差督同董保設立界碑，庶安商旅，而免紛争，實爲公私兩便。上稟。

此稿稟武進縣賴，後請加，現今開班在即，請將常州表場碼頭，刻日飭差豎立界碑，俾瑞豐輪局停泊有所，庶無違礙之虞。

章開沅等《蘇州商會檔案叢編（1905—1911年）》第一輯《瑞豐輪船公司規條章程光緒三十二年九月》 一　現在先設蘇州總局及無錫、常州、丹陽、鎮江四分局。冬令常、鎮内河淺涸，改道開上海、蘇、錫等處，續設上海分局。其行駛章程悉依關道、税務司頒定通例，不得違礙，致扣留罰辦。

一　蘇州各公司小輪船碼頭，近奉新章應在盤門外相王墓對岸二馬路口，現因碼頭尚未建築，將來必一律遵遷。此時仍在閶門外南濠北水衖口。

一　小輪行駛遵照内港章程辦理。至傾棄煤渣，亦經奉有税關頒發告示，一體照行。

一　本輪船公司係華商集股，所有管理局務及輪船管駕均係華人。如遇他公司輪船同行，當恪守行船章程，毋啓争競。

一　公司各友無論大小各事均聽經理指揮，不得擅自作主。

一　本公司無論輪船、公司船帳房、管船老大、水手等到埠，互相照應，不得袖手旁觀。

一　本公司各友務宜協力同心，辦事謹慎，不得私自舞弊。

一船上搭客上下行李物件，務必招呼妥善，不得多索挑資。

《商務官報》光緒三十二年十月五日第二十二期《批蘇州商務總會尤先甲等呈》 據呈已悉。所稱吴江縣屬盛澤鎮地方，出産綢綾，商務繁盛。現擬就章程，照章公舉總理，呈請札委前來。本部詳核，所擬章程十六條，大致尚妥。光禄寺署正張慶鏞既經該分會公舉，稱爲老成練達，商情素洽，自應照准派充該分會總理，以專責成。所有札文一件並圖記式樣一紙，仰即轉給該分會祗領可也。此繳。九月十四日。

章開沅等《蘇州商會檔案叢編（1905—1911年）》第一輯《農工商部勸令仿照湖北機織麻貨札光緒三十二年十月初七日》 農工商部爲札行事。

案准税務大臣咨稱，本處會同户部核議湖北機製麻貨案，於光緒三十二年九月二十日具奏，奉旨：依議。欽此。欽遵。相應刷印原奏，恭録諭旨，咨行到部。查税務大臣原奏内開，湖廣總督張之洞，考求製麻，招商興辦，據稱已著成效。洵足振興大利，杜塞漏卮，至請飭各省酌仿湖北辦法，再行考究東西洋新式設立局廠，廣爲製造。自係爲便民興利起見，應俟奉旨後咨行商部，通咨各省遵照辦理等語。

查麻製各貨，爲民服用大宗，中國各省皆有，惟製法粗疏，未盡其用。今湖北用機器織造，既已卓著成效，各省自應仿照辦理，化粗爲精，化賤爲貴，於農工生計，裨益實非淺鮮。相應鈔録原奏，札行該商會查照，無論官商，如願仿照辦理，即逕向鄂省查取章程，迅籌開辦，以廣利源，並報明本部備案可也。此札。

右札蘇州商務總會總、協理尤先甲、倪思九，准此。

《商務官報》光緒三十二年十月十五日第二十三期《批蘇州商務總會尤先甲等呈》 據呈已悉。所稱吴江、震澤兩縣同城，所轄鄉鎮十數處，皆商務繁盛，饒有實業。現擬設立江震商務分會，並擬就章程，照章公舉總理，呈請札委前來。本部詳核，所擬章程大致尚妥，復設訓導龐亓潤既據該兩縣紳董公舉，稱爲洞曉公益，熟諳商情，自應照准派充該分會總理，以專責成。所有札文一件並圖記式樣一紙，仰即轉給該分會祗領可也。此批。九月二十九日。

章開沅等《蘇州商會檔案叢編（1905—1911年）》第一輯《農工商部准瑞豐注册給照札光緒三十二年十月二十一日》 農工商部爲札復事。

光緒三十二年九月初七日接據呈稱：據瑞豐輪船公司呈稱：照章具呈，並注册費洋五十元，請代呈察核，准予注册、保護前來。職等詳加閱看，所具呈詞核與定章相符，所交注册費亦照章無缺，理合呈請鑒核，准予注册、保護。並繳注册費等情。到部。查該商等糾合資本銀八千元，設立瑞豐輪船公司，往來蘇、常、鎮搭客載貨，係爲振興商務起見。所擬合同章程，核與公司注册章程尚屬相符，應准予注册給照具領。除咨行保護外，爲此札復。札到，該商會即轉飭知照可也。此札。附執照收單各一件。

右札蘇州商務總會總、協理尤先甲、倪思九知悉。

章開沅等《蘇州商會檔案叢編（1905—1911年）》第一輯《昆新分會方中致蘇商總會康甫函光緒三十二年十一月初七日》 康甫先生執事：公會散後，逕往泳裳處一解，今辰返里。敝處商會尚未立案，前與鼎老言及，屬開示尊處，今特寄奉，望備公文咨部。該費能否通融辦理，托在愛末，亮蒙厚鑒。

電燈公司黃姓，寧波人。此事宜速辦，利權不可外溢，甚望與諸公商之。吾吴商業薄弱，亟宜厚集資本，銀行也、電燈也、自來水也、肥料公司也，速辦爲是。弟心長手短，徒似應龍好望耳。專布，祗請大安。

弟　方中頓首

十一月初七日

章開沅等《蘇州商會檔案叢編（1905—1911年）》第一輯《巡警總局抄送原稟及簡章致蘇商總會照會光緒三十二年十一月十六日》 蘇省巡警總局司、道爲照會事。

據張紳惟一擬呈蘇城商辦農業肥料有限公司招股章程到局。據此，查核所議設立肥料公司，意在清理街道，振興農政，誠屬一舉數備，自應照辦。惟所擬章程，僅屬約略辦法，究竟輿情是否允洽，有無窒礙，應由貴紳等會同博訪輿情，議章復辦。除飭縣議復外，合亟抄章照會。爲此照會貴紳等，希煩查照，趕速會同悉心體察，妥議章程，見復過局，以憑核飭。舉辦此事，務期有成，幸勿稽延。切切。須至照會者

計抄章程

右照會蘇城商務總會。

章開沅等《蘇州商會檔案叢編（1905—1911年）》第一輯《張惟一原稟及招股簡章光緒三十二年十一月》 照録張紳擬呈蘇城商辦農業肥料有限公司招股簡章。

稟吾吴農業甲於他省，邇年以來日漸凋敝，收成短歉，良由糞壅不足，致地

力磽瘠也。各國農政，皆專設肥料廠，收集各種肥料，研究性質、物土之宜，以售農民，誠爲善政。吾吴街衢糞穢充斥，行者厭惡，亟宜設法屏除。同人等方思振興農業，爰擬創立公司。先就蘇城内外分區籌辦，將爲農業肥料屯積廠地，以資研究，並稟請商務局准予專賣。非第於農務大有深益，而街道潔清，庶幾警政可舉矣。事雖猥瑣，而利用無窮，度亦商民所樂從焉。今擬招股簡章如左：

一　本公司招股商辦，每股洋五元，招足二千股，計共洋一萬元。

一　本公司先由商會提議，允許代稟商務局及警察局立案辦理。

一　本公司招股，每股分兩期繳足，第一期於某月、日起，某月、日止，繳洋兩元；第二期於某月、日起，某月、日止，繳洋三元。每期掣付收條，俟繳足後换給股單息折。

一　後入股者，本公司酌定常年一分起息，息銀自每年正月結帳後憑折支付。

一　本公司除分給官利外，每年贏餘分作二十股，以五股提作公積，三股作辦事人花紅，十二股派作各股東餘利。

一　本公司如有認百股以上者，即爲本公司議董。

一　本公司擬就城外設立總廠一所，以存儲肥料，城内按區分設辦事所，以資就近督收。

一　本公司自第一期股銀繳齊後，再行開會集議詳細章程，布發公衆。

章開沅等《蘇州商會檔案叢編（1905—1911年）》第一輯《蘇商總會咨復巡警總局文光緒三十二年十二月》　蘇州商務總會爲咨復事。

案准貴局照開：【略】等因到會。准此，查蘇城街道向不清潔，衛生有礙，殊於警務攸關，張紳擬辦肥料公司，以盡人厭惡之糞穢爲培壅谷木之資料，清街道而益農業，一舉兩得，莫善於此，輿情斷無不洽，一切亦無窒礙。惟原擬章程僅有招股大略，而於如何辦法尚未議及。緣准前因，當經妥商開辦章程十條，又説帖六條，其有未盡事宜，須俟開辦後由該公司自行酌核。相應開具清折，先行咨復。爲此合咨貴局，請煩查照施行，須至咨者。

計附章程清折、説帖清折。

右咨蘇省巡警總局。

章開沅《蘇州商會檔案叢編（1905—1911年）》第一輯《劉恒泰等爲請轉懇派警鎮壓罷工稟蘇商總會文光緒三十二年》　總協理臺鑒：

爲紗機流弊日深，謡傳罷工，稟請給示禁止，派差彈壓，以維商業事。

竊商等各莊所放紗機，均在治下蠡口一帶。近來風氣敗壞，積弊日深，往往私押經團，盗賣貨疋，甚至一機化爲數機，種種弊竇在機户幾視同習慣。是以商等集議整頓，訂章改良，以期共守公德，勿任機户舞弊，致虧血本。惟該處各機户積弊已久，洗革匪易等，非切實禁止，尚恐陽奉陰違，仍循積習。

本年四月間，緞機各工加價，本經示諭彈壓，應臻安謐。至五月間蠡口紗機各工聞而傚尤，商等照緞機辦理，照原工價酌加一成，洋價亦一律照市，無非爲體卹機工起見。乃事經兩月，只因憲示曉逾，致蠡口一帶又有不安本分之徒，煽惑紗機各工罷工要挾。近日，茶坊酒肆謡傳蜂起，雖未露形蹟，而商業攸關，不敢視爲無稽之談，壅於上聞。商等爲先事預防起見，爲此瀝陳緣由，稟呈憲臺大人電鑒，迅予派差飭往蠡口一帶巡邏彈壓，並多給示逾，將私押、盗賣等弊嚴行禁止，以免滋事，而維商業。再該處向有無知之徒專做抵押現賣等事，於莊家機工均有妨害，並請一律禁止，尤爲得便。謹合詞上呈。

具稟紗緞同業：劉恒泰、裕豐正、裕豐泰、曹萬豐、永興洽、德隆豐、王義豐、沈業泰、洽興昌、永昇祥、正裕、福泰、錢泰記、正泰豐、裕泰豐、瑞隆信、恒興載、同康記等。

章開沅《蘇州商會檔案彙編（1905—1911年）》第一輯《出使英國大臣咨文光緒三十二年》　照録出使英國大臣文。

爲咨呈事。

上年十二月接准貴部以出使比國楊大臣咨請妥定賽會章程，内參照各國情形訂定出洋賽會通行簡章二十條，仰見貴部振興商業無微不至之盛意。查楊大臣原咨内稱：賽會宗旨專爲改良工藝一語，至爲扼要。推究賽會之本意，實係商學上事，並非商業上事。在開設會場之國，羅致各國物産製造以供研究，使其工商人等通知各該國之學識、理想、好尚及其歷年程度之比較，以開發其進步思想。在赴賽之國，亦藉其會場以增長見聞閲歷，爲擴充久遠之圖，皆不僅計較一時盈虧已也。故設會之國，往往因某地商學頹靡，商業窳敗，不惜千百萬巨款，於該地開設會（廠）〔場〕以期發達。而赴賽之國亦必以百十萬巨款補助其工商學業人等，使之赴賽。如前年美國散魯伊斯賽會時，公法有會、法學有（會）、醫學有會，農學有會，似於商業並無關係，初不知萃集各項之專門名家討論，演説，則其人民眼界、理想隨在被其影響。一言以蔽之，則凡有國家者，無非欲以激發其民進取之心而已。

中國向來並無商學，(亦)未知賽會宗旨所在，從前委諸税司采辦，徒滋笑柄。近則各省商家間有自願購備物品前往會場者，然每以中國集期廟會之思想，希圖博取一時之小利。平時既無預備，臨時又不研究，且必待該國照會到部，輾轉行文，始行出示曉諭，爲期本已甚迫，赴賽商家又不通西國語言，倉皇失措，何能遂其所求？及至失敗，怨嗟頻興，從此裹足，不敢再作此想。下次别國賽會，又以他商踵之，其茫然不知情形如故，則其失敗亦必如故。於工商學業兩事曾無補益。前蹶後□，接踵相□，良可惘矣。

本大臣查工商兩界不能與外人争競，則國必貧且弱焉。欲與外人争競，必須工商學業分途並進，然後可望起色。發學商學事關教育，固無待言，而工業、商業之興，其關鍵半在領事。領事一職，原爲保護商民，而於本國海關及工商、政界、學界處處有相關之故，其駐紮地方之貨物出口行銷本國者，領事有權稽查，以報海關，並公費隨時采取其地所有天生、人物一切生産，獻諸本國之陳列所，俾作標本，以考知該處人情之好尚，無窮出新，變不離宗，永無誤投折閲之慮。設立領事之爲費雖巨，而收效於領事者殆千百倍。日本旅英僑民不及三百，而有本國之領事一，英人代理之領事二。美國金山一埠，日本商民不及華僑之半，而領署隨譯多至十六七人，列坐排案，手不停揮。問其所事，則僑民婚嫁有報，出入有報，死(傷)有報，貨物往來有報，品類價值消長有報，花色時樣變更有報，簿册之繁，盈筐列架，事雖雜而不紊，費雖巨而非糜。其視我國領署三四人，相對忘言，束手無(册)〔策〕者，真有霄壤之别。英國於領署官職别爲一途，限年二十至二十五歲商學畢業之人投考，録取分補領署。學生比年考校，擢至最高等之總領爲其極級，俸給既優，而罷官之後與各項在官人員同有終身半俸。故其於商務諸事既熟且精，而英、日兩國工商學業之蒸蒸日上，由漸以至今日者，非無本也。至於賽會一事，以争工商學業名譽爲第一義，以求工商學業來日之進步爲第二義，而於販運銷售之盈虧在所不計。誠以工商競争爲日孔長，名譽既得，進步可期，則工商發達，利自無窮。而經理賽會之人，必經練熟悉，及早布置，方免臨時竭蹶。

今中國學堂甫經創辦，教育僅有萌芽，已設領事地方，更屬寥寥無幾。而所有已設之領事，亦係偶爾充當，視同傳舍。既無領事之才之學，經練不足以辦事，權力不足以有爲，其稍通民隱休慼相關者，已□□其難，而欲責以完全領事之職，於國權未伸，法律未備之際，固知其有所不能矣。

領事改良固非一端，亦非一時所可企及，而奄奄垂盡之工商，若不急起而扶植之，勢將無可冀望。賽會補助爲費甚巨，度亦未易辦到。無已惟有兩端庶幾稍事補苴，一則請貴部將各省賽會原理佈告商會，使知此事爲學識起見，日後進步起見，不能爲目前之利。廣勸有資本之商家携同工匠親臨會場，實地考驗，以能使工商學業諸事日起有功爲立。一則請貴部選擇精通西國語言、工科畢業者一二員，派赴歐美，常川往來考查，薪水之外加給川資公費，平時將所至地方工商情形及一切貨物花樣形式標明功用好尚，采取報告，作爲標本。若遇有賽會之事，即由該員充當事務委員，經理其事。庶收駕輕就熟之效，或於赴賽商人不無小補。較之素未講求之監督出使大臣□理等員偶爾經理此事者，當可略勝一籌。

日本初時亦不知賽會爲何事，其後派員考查，漸有條理。每逢賽會必由此一二員經理。熟能生巧，一切由此合格。各國賽會之舉，事所恒有，派有定員，則愈練愈熟，隨時改派，則永遠生手。孰得孰失，不辨自明。往者莫追，來者可諫，事關全國生機，非同小故，用敢縷晰瀆陳，統候鑒查，相應咨呈貴部，請煩查照施行。須至咨呈者。

章開沅《蘇州商會檔案彙編（1905—1911年）》第一輯《農工商部札蘇商總會文光緒三十三年正月十四日》 農工商部爲札行事。

光緒三十二年十二月十一日接准駐義黄大臣咨稱：本年義國密拉諸賽會，所有大略情形當經隨時奏咨在案。兹據本館隨員李鴻賓禀查各節，尚爲詳細，相應將該員原禀咨呈查照，等因前來。查該隨員所禀漁業工藝美術各節，尚有可採，合行刷印原禀，札行該商會。札到，仰即遵照核辦可也。此札。

右札蘇州商務總會，准此。

章開沅《蘇州商會檔案彙編（1905—1911年）》第一輯《農工商部爲斐利濱賽會事札蘇商總會文光緒三十三年正月十二日》 農工商部爲札飭事。

光緒三十二年十一月初六日接准外務部咨稱：准美費署使函稱：來年西曆二月初間斐利濱島滿呢拉地方舉行運動歡迎會，此會開辦只三、四日，並擬大排筵宴，備有游行旗仗，陳列百貨等事。此會舉行大意，係欲鼓動人心向滿呢拉。越數日斐督自必備帖奉請，屆時再爲轉達查照。兹特將此事先行函知貴部，俾悉該會其望中國官商前往赴會，並聞此次該會於中國願赴會之人，設法使其赴會得有隨便旅行之益。特此奉布，即望貴部有□贊成爲荷，等因前來。查斐利濱之滿呢拉地方舉行賽會，是否須派官商前往，應由貴部主持，相應咨行，查照聲復，等因到部。除咨復外，合行札飭該商會，一體傳知。如有願赴會者，迅速報部轉咨外務部辦理可也。此札。

右札蘇州商務總會，准此。

《商務官報》光緒三十三年一月二十五日第一期《批蘇州商務總會尤先甲等呈》 據呈並清摺均悉。所稱崑山、新陽兩縣同爲蘇滬往來要道，商務繁盛，自應照准設立崑新商務分會。本部詳核所擬章程十二條，亦大致妥協，所舉州同李慶釗，既據該商董沈煜等稟稱，練達商務，以充該分會總理，實屬人地相宜，應即如議，加札派充。所有札文一件、圖記式樣一紙隨批發給，仰即轉交該分會祗領，並迅速將該總理詳細履歷補送到部可也。此批。十二月初三日。

《商務官報》光緒三十三年一月二十五日第一期《批蘇州商務總會呈》 據呈牙帖加税情形均悉。事關税項，應由該商會就近稟請地方官酌核辦理。所請咨會蘇撫之處，應毋庸議。此批。十二月初十日。

章開沅等《蘇州商會檔案叢編（1905—1911年）》第一輯《徐梅安等爲開設公司稟蘇商總會文光緒三十三年正月》 具稟。商民徐梅安、劉熹、張熊占、吳裕喜等，籍貫年歲載明信約，爲謹陳特别力圖改良，以遵憲章，以衛生理事。

竊照方今商務振興，工業維新，身等向業圓金即張金一業，行業雖小，其類有五，曰：打金箔、打紙胚、擢張金、切金片、捻金綫，總而名之曰金箔。此五者一氣貫通，如臂之使指，缺一不可，有相生相養之道。如不聯絡，有進路而無出路，或有銷路而無來路，本重利微，類多壟斷，以致類行反權專行之利，專行反無啜飯之計，同業中往往仰不足事，俯不足畜，甚而至於耳不忍聞，目不忍見。爲此通行驚心，不得不亟爲改良，力籌特别，用集股本以設公司，保護同業，於吳邑北亨一下圖薄菱巷中本業圓金公所内，設立蘇城張金一業有限特别公司。買賣箔片，以片换綫，交易進出，一律均歸現洋，持平以待類業，體衈以全同行。擔任義務，規模悉照省城商會章程辦理。所需資本、會費、開費、生財等項，皆由同行自願勉力湊集，不假强爲。並諸前輩公舉徐梅安、劉熹等爲公司正、副經理人，隨時督飭同事一體認真辦理，實心實力，以期久遠，俾同行裨益均沾。兹當開辦伊始，恐有類業蠹棍藉口窒礙把持，滋擾情事，伏乞商憲大人恩准備案給示。並乞札飭三首縣會同一體給示，以全商業，實爲德便。沾仁上稟。粘呈議墨一紙。

光緒三十三年正月　　日具

章開沅等《蘇州商會檔案叢編（1905—1911年）》第一輯《公興張金有限公司公立議墨光緒三十三年正月》 蘇城張金一業本介工商之間，惟業此者煩碎殊甚，致數十年來不能自振。近來有鑒於此，是以組織有限公司，以爲一業之總匯。所有蘇城之業張金者，咸隸於該公司，蓋以結團體而期改良也。伏見商會以保護商業爲宗旨，吾業雖微，豈敢自外。擬將張金公司附入商會，同受保護。所有歲捐會費，理當一律遵繳。凡有本業各事，須由商會主持者，衆業以公司爲領袖，商會以公司爲代表，以期事有歸宿。議立規則十七條，兹不備載。

光緒三十三年正月　　日

蘇城張金有限公司公興字號公立議墨

正執事　徐梅安　副執事　劉雲峰

司帳　朱恒山　司銀錢　張熊占

司貨房　方震溪　掌　櫃　蔣潤馥　吳裕喜　王應春

光緒三十三年正月二十二日驗明，蓋印（蘇州商務總會）。

章開沅《蘇州商會檔案彙編（1905—1911年）》第一輯《農工商部爲參加澳大利亞賽會札蘇商總會文光緒三十三年三月初七日》 農工商部爲札飭事。

案准外務部咨，據英使函稱：本國屬地澳大利亞本年秋間擬在海勒本地方開辦女工賽會，中國能否寄送女藝數品，請與農工商部籌商示復，等因。相應將原送章程咨行貴部查照，等因到部。

查該會係仿照昔年巴黎女工賽會辦法，凡婦女手成之工作，如綉畫、雕刻、紡織、燒瓷及其他等類，無不分科陳列，洵屬有益之舉，合應抄録原送章程，札飭該總會，遍告各項商人。倘有新奇之品果出於女工之手者，務於四月以内由該總會代寄本部。仍俟審定後，再行設法匯寄，藉以表彰中國女紅之成績，本部有厚望焉。此札。附女工賽會章程一件。

右札蘇州商務總會，准此。

章開沅《蘇州商會檔案彙編（1905—1911年）》第一輯《商務總局等爲賽會考查事照會蘇商總會光緒三十三年四月十二日》 督辦商務總局江蘇布政使司陳、署江南按察使司朱、商務議員江蘇候補道陸、江蘇補用道楊爲照會事。

本年三月二十八日准藩司衙門咨開本年三月十六日奉撫憲陳札開：光緒

三十三年三月初九日准南洋通商大臣端咨，竊照賽會之設，東西洋皆視爲至重，大都崇尚工商，在羅致各國物産工藝，區分類别，鬥智争奇，俾各國之人咸得較其精良，用資模仿，實於通商之中隱寓勸工之意。歷屆各國賽會，中國多派員赴會觀覽，蓋近來中國商務已漸次發達，工藝亦競思改良，未始非由於考察賽會之舉，有以開通風氣，增益見聞。

本年三月間日本舉行博覽會，業經札委王道仁東赴東考察在案。兹查有湖北候補直隸州王鴻鈺、江蘇候補知縣高增秩、候選縣丞許鈞均堪派委前往隨同觀覽，以調查外人藝術之進步，爲振興華商製造之機關，擇優取長，智創巧述，本大臣具有厚望。每員各給川費銀二百兩，由江南財政局如數撥給，以資應用。除咨行並札委遵照，前往會同將該會一切物産工藝，所有良法美意詳細考察，悉心條記，録折呈核，毋稍疏忽舛漏，致負委任外，咨會查照，等因到院。札司轉行知照，等因到局。准此，除通行外，合行照會。爲此照會貴總會，請煩查照施行。須至照會者

右照會蘇州商務總會。

章開沅《蘇州商會檔案彙編（1905—1911 年）》第一輯《農工商部爲赴美護照減費事札蘇商總會文光緒三十三年四月十三日》 農工商部爲札行事。

光緒三十三年四月初七日接准税務大臣咨准兩廣總督咨稱：出洋貿易爲振興商務之一端，自美國限制華工，凡出洋游歷經商者，由關繕給護照，送與廣州口美領事簽字蓋印，方能起程前往。此項赴美照費，至金山大埠者每照繳費九十二元，至小吕宋檀香山者每照繳費四十六元，均爲前監督留作内署洋貼。自岑前部堂接管關務，即已化私爲公，歸入新增盈餘報部。現值朝廷嘉惠僑民，維持保護，無間遐邇，如仍取費過重，不足以示體卹。兹擬赴美商民照費一律減半，在官款所損有限，而小民遠適異國，旅費所須不無小補。咨請查照，等因轉咨到部。本部查此項赴美照費，既准兩廣總督減半收取，於出洋貿易商人深有裨益，亟應廣爲佈告，俾衆周知，合行札飭。札到，該商會即便傳知衆商遵照可也。此札。

右札蘇州商務總會，准此。

章開沅《蘇州商會檔案彙編（1905—1911 年）》第一輯《上海商務總會爲南洋運輸關税等事復蘇商總會函》 敬復者，前准大函，以前往南洋群島之貨，何家輪船可以裝運，屬將報關納税之法，詳細見復等因。正擬派友調查，間續准函詢並由許孟賢君來會面問情形，當即轉屬敞會翻譯員邀同許君，前往荷商好時洋行詳查去後。兹據復稱：該行有輪船數艘，專走日本及南洋荷屬等處，約計每月一次。除繞道日本外，可由滬直達爪哇。尋常貨物每噸洋六元半，關税由客自理。凡在滬裝貨，除江海關出口税應由運商自行報關外，抵爪哇後，所有報關納税等事，應亦由該運商就地託人經理，該行只能代爲上棧，此係各埠船行通行辦法，運商定知其詳。至於荷屬税則綉貨肉食值百抽十，窑貨綢貨抽六，磁器古玩未詳税則云云。除將調查情形由該譯員面告許君外，相應泐函奉復。即祈查照爲荷，專復。祇請臺安。

名正肅 三月初三日

章開沅《蘇州商會檔案彙編（1905—1911 年）》第一輯《李鴻賓原禀》 竊鴻賓於本年四月奉委赴義國密拉諾辦理華商賽會事宜，隨即遵照前往設立賽會總事務所，日至會場照料。華商一切所有會内情形，迭經函禀面陳在案。計從四月初四日開會起，至九月二十五日閉會止，此數月間各商尚屬静謐，雖時有瑣事，幸經開諭，率能悦服無忤。六月，小會場工藝所失慎青田玉石，商慘罹其若。蒙憲恩憐卹，發款矜全，胥皆歌詠皇仁，感激憲惠。繼得趕辦貨品，復爲陳設，並能小獲利益，莫非厚德之賜。

七八月萬國評奬，我華商雖屬無幾，如漁業，如工藝，如食物等類膺上奬者不少，足見我國商務原不讓人。所惜商智尚未大開，赴賽者不形踴躍，即有運貨出洋者，不過販賣而來，全爲居奇起見。彼製造之家，不一親歷其地，以求較量而益進步改良之思想，毋怪以地大物博人多之國，事事反落人後，於商務露一端焉。隨員經理會場日久，於各國陳賽間嘗略加考核，覺勝我者居多，兹就管見所及，爲我憲陳之。

一曰漁業。漁業關乎海權，談海防者，計及於編漁户，設漁團，固無論已。即以漁學而言，如殖魚、肥魚、取魚、運魚、藏魚、驗魚病、解剖魚法，歐人事事講求，足資研究不少。又如養魚子、運魚子各機器以及製造各材料、建築各器具，靡不精益求精。又如立漁部、訂漁律、出漁報、建漁學堂、設漁會、辟漁市，不遺餘力，日爲擴張。漁業之舉，若英、若德、若法、若義、若奥均各擅長。我中國初立漁業，赴賽品物雖不過於減色，然與他國相較，除網罟、魚乾而外，凡一切漁學以及各機器、各材料，均遠遜人。我中國江河湖海極闊，魚類極多，使由此力求發達，即漁業一門，未可限量。

一曰工藝。西人工藝日新一日，有機器製造，有手工製造，會場陳機器甚夥，並當場工作。初經瀏覽，幾若服、食、動、用無不賴機器造成。而製造各機，以法、英、比、義、瑞士爲最。所賽品物，法尤爲通場之冠。中國赴賽則僅通運公司，而永發公司惜於七月半後始到，所陳各品未嘗不見重於人。卒之不甚暢銷，其故何也？即如製造一宗，花樣、顔色、染藻均不合西人用式。惟質地堅密，較歐洲出品差勝。西人花樣以生動靈活、疏落淡雅爲佳，顔色不喜濃重，以輕靓爲上。染藻不純用化學料，多雜用草木汁，僉謂能歷久不變。我華品皆不出此，毋惑種種滯銷。再如各貨體質多經緯不匀，浮絲抛起，疙瘩累落。質地雖良，外觀不耀，欲争利於五都之中難矣。又如綉貨一宗，我國純用手工刺綉，外國以機器製造者爲多。年來運賽銷場仍屬不旺者，亦緣畫本不盡活潑，彩色未能配匀，綉成之件又未合西式，亦徒自完其美而已。如欲暢行歐洲，是必先量尺寸，或長、或方、或圓，預測桌幾、窗簾、床榻之能，各適其用爲度。更覓上好畫本，以花木鳥獸爲主，再匀配以彩綫，使生動氣暈。呈幅中不在濃重門（研）〔妍〕，而在疏宕有致，且於四圍絡於鬚縚，方合外人款式。以此競美，庶成有目共賞之作。

又如磁器一宗，法國細磁異常精美，丹馬著色，瑩潤罕儔。日本所制爲值最廉，德、義、奥、荷蘭、土耳其坭瓦器尤便宜之極。然其粗細地質，均不如我景德鎮所産之細膩而堅邇，以銷場能過我者，或繪事見長，或著色乾净，或樣式崇新，均能趨人之好尚也。近如我廣東磁品亦漸輸外地，惜五綵繪畫多粗疏凌亂。宜興坭器銷行雖旺，惜各樣式不甚新奇。西人厭故喜新，銷磁最廣。欲與彼族競利，非視其趨向爲轉移不可。

又如漆器一宗，如四川、福州、潮州等處所製，似均足與外人比較，而終不能争勝於人者，其可議處尤多。即如大小各種匣盒，樣式雖不差上下，而鎖鑰機關尚欠精美，且繪畫雕刻非古鐘鼎即俗人物，否則隸書草書，率皆粗陋。漆色雖佳，花樣不好，致來不完不備之評，殊可惜也。若日本、若俄羅斯所賽，花紋精緻，漆亦光潔，俄之畫工尤細。又若瑞士陳本色木質各匣盒，色澤極似香枏，匣面花紋亦細膩可觀。又一種化學小盒，各顔色俱備，頗供時賞。此非人巧我拙，抑亦未知變計耳。

又如雕刻器一宗，我國金、玉、銀、銅、鐵、象牙、竹木各器，亦能與全歐媲美。今茲評員云，工作雖佳，工緻處須求進步。蓋我國人不鋭氣求新，墨守舊時模範，即棹頭銀銅器間仿西式，亦不過依樣葫蘆，人先我後，亦落下乘。欲求獨出心裁，而富超前軼後之思想，恒不數覯。

再若青田石器，色體均屬可觀，外人頓增好尚。工作求精，亦屬暢銷之品。無如雕琢粗率，品物分列而花樣從同，在各小商爲利起見，每遇賽會，或聯數人或十餘人偕往，以爲來本不大，獲利較多。關税由事務所擔保，地租由事務所通融，運費由賽會處暫墊，以故赴賽之石商多於他商。然其陳設，既不顧結公司，舉動又不諳規矩，甚至同類齟齬，當場口角，屢費調停。

又如扇子一宗，歐人持扇婦女爲多，而又專尚摺扇，不在十分精美，尺寸甚短，扇柄必有小環，兼絡鬚縚，以金銀鏈貫環中，垂於胸前，此習見者也。我國舒蓮記各扇，外人亦競夸尚，而究嫌其長大，即有尺寸短小者，又嫌其無環無縚，且值亦羅昂，觀者雖衆，購者絶少。又如紈扇一類，更難銷行。歐洲男女均尚便捷，紈扇在手，頗滋窒礙，以故問津者尤寡。唯日本紙扇、沙扇充牣其間。樣式纖巧，價亦極廉，銷場極旺。又如竹絲粗紙扇、鐵絲絹扇，樂購者衆，價不過二十生丁、四十生丁，或携或擲，毫不經意。彼以價廉而争買，此以多賣而獲利，其經營處有足多者。凡上所陳，皆中國運賽所有之品，經隨員私相較衡者也。

此外，各國陳賽，隨員觀其彷彿有可約略言之者，一曰機器。如織布、織綢、織毯、織衣褲、製帽履、製糖果、製麵包、製食品、印字印報章、印明信片、釘書、造鎸筆頭、出棉絮、打繩索、造香水、汽水、胰皂、繅絲、造捲煙等類，事事皆以機器爲便。而織綢毯機以法爲最，造麪、繅絲機以義爲最，捲煙機以英、比爲最，外如農務之開墾機、耕種機、耘籽機、灌溉收穫機、製料機，以美洲、英、德爲最。凡此機器，皆令人增羨不已。

一曰海軍。英、法、德、義合賽，皆劃地段，凡兵船形式，槍砲旗幟暨射光燈、千里鏡、定南針及船上所用各機器，各器具並鋼板，鐵板、鋼板、大小砲彈、砲靶、魚雷、魚雷艇、魚雷網以及各圖片，無一不表而出之。又陳各商船形式並旗幟等類。四國所賽，均足競美，而英尤駕而上之。

一曰鐵道火車。凡鐵道之修築法、鐵道之各材料，鐵道上所用之電報郵政，德律風並郵政接遞法，火車之形式、火車之材料、火車之遲速、火車之加快、火車之馬力、火車之加電力、火車頭、火車輪，何者爲運貨者，何者爲載客車，或充牣比賽，或繪畫圖片，均各擅長，法國尤首屈一指。此外，汽車、馬車、電車、脚蹈車紛紛陳設，均極可觀。

一曰水陸運載。水道有海運河運之分，陸地有山地平地之別。水運則講求行船法，經行處遍設塔燈，並水面浮標，凡電報郵政、德律風俱備。至預測海綫、預探航路，預訂章程、建築碼頭、建築堤岸、船上設防患舢板、保險圈，並轉橋練橋，起下貨物機架以及預儲行程糧食，常變時所用器具，悉皆加意講求，無一不臻完善。有如陸運則着重行車法，若等車藉火力而行，若等車藉電力以輔火力而行。凡電報郵政、德律風亦備。至道路之填砌，道旁之標識，道上之巡警，車站之保護，人與貨之保險，收發處之關係，捆扎處之材料，以及一切章程並行路日用之物，靡不經營周密。蓋運載爲灌輸切要，亦即爲利益之脈絡，裕國裕民，莫此爲甚。歐人不遺餘力，或掘海口，或開運河，或架橋梁，或通隧道，往往不惜千百萬金錢，而求水陸之交通者，蓋有由也。

一曰美術。或玉工、或銅鐵工、或石工、或木工、或泥塑、或油畫，以千萬計，聚於一室。若者爲數千年物，若者爲數百年物，若者爲贋造，若者爲新出，種種。標出年號，無爲精美絶倫。歐洲美術，人物最工，寫景次之。義大利尤擅勝長。蓋其講習有素，業此者毋怪獨出冠時，爲全球所不及也。他如雕刻玻璃器，則法國未可厚非。

一曰衛生學。生人貴賤，以生爲重。文明政治，非急切講求不可。今見會場所設，皆由公家擔保助之責，如辟公園，興辦自來水，清潔道路，設考驗食物場。鐵道有守站，海洋有拯救船。於廢業工人則保護之，並設法以扶持之。於老病平人則療治之，並加惠以養育之。於平時戰時傷病軍人則運載之，並逾格以撫卹之。立農家保種積谷之法，協禽畜各種配合之宜，以及工作之危險，水火之防禦，游遠涉山地、平地、潮濕地之旅館，別類以求安吉。考察氣候，熱度寒度，山嵐瘴氣之中病，區分以爲預防。事事爲衛生悉籌，令人增觀美之嘆。

然此不過略舉大端，而其細者、小者尤夥。總而論之，會場之陳設蕃多，皆關生人日用之具，藉赴會爲表彰之舉，即藉赴賽爲比例之由。窳者可求改良，精者益求進步，賽會之關係大矣哉。然衡論各國，法國尤爲翹楚。蓋其國家立專賽會總司，每逢赴賽，由總司飭知商會各行領袖，即由該領袖分呈每行出賽精美貨品，經總司驗准而後運賽他國。又令各商聚議，擇領袖中之尤者，充賽會總監。國家給經費若干，交總監督經手，或代償商家運費，或代納商家地租，預籌赴賽用款。故所賽之處，其局面之堂皇，貨品之完善，鮮有出其右者。

我國家於賽會事，從前應各國之請，雖飭商赴賽，而各商率多不前，聊飭稅務司派洋員販貨前往，不特瓷其中飽，而陳設又多褻品，以致貽笑外人。刻雖不用洋員，而赴賽之大商猶鮮。夫惟屆商務競爭之際，深冀提倡之有人，可否由商部另立一賽會總司名目，更於上海分設一賽會總事務所，即附商務局內，每遇各國賽會，商部分咨各省督撫，各督撫轉飭本省商會，即由各商會先期分行呈報赴賽品物，並令各行之製造一二人隨同赴賽。經本省驗行，咨運商部，即飭知總事務所於出口時再經點驗放行。賽畢時如品物出色，另給以優獎；考察人倘有心得，更酬以名譽。且於往賽時，或助以運費川資，陳設時或代償地租，給以大小玻璃櫃。蓋分行赴賽，則貨品必多，製造人同往，則優劣自辨，公家厚待，則商情鼓舞。繼此振興商務，實基於是。數年來出洋之商，不過販賣以求利益，而利益究歸烏有，無足取也。再我國地大人稠，貨品充牣，現在商務浙茁萌芽，亟宜開大賽會以增商智。歐洲每賽會一次，國家雖貼賠巨款，而人民即因之蕃阜。地段冷落，經賽會而漸辟市場；工藝楛窳，經賽會而進求改造；窮苦工作，經賽會而稍獲贏餘；飲食服物，經賽會而大擴銷路。邦交藉以聯絡，國譽藉以播揚，民智即藉以恢張，裨益處良非淺鮮。現如我國舉行，先以擇地之要，若上海、漢口兩處，俱屬通商口岸，四通八達之界，往來輻輳之區，倘及時開大賽會以廣招徠，是一振興國勢、振興商務之大關鍵。隨員區區，秘積不能自已，因密拉諾會事告竣，謹就所知所見，煩瀆上陳。肅此具稟。

章開沅《蘇州商會檔案彙編（1905—1911年）》第一輯《都朗博覽會賽品目録》 西曆一千九百十一年爲義大利立國第五十週年大紀念期，該國羅馬及都朗兩城官紳聯合全國工商各界，在都朗城開一萬國博覽會，約請各國出品賽會。賽品目録共分二十六類如左：

一、各種普通專門教育品類。

二、測量器、度量衡類。

三、照像、油畫、美術類。

四、各種機器類。

五、各種電機類。

六、建築類。

七、火車、電車類。

八、河湖海各種商船類。

九、空中飛艇類。

十、郵政類。

十一、漁豬産物類。
十二、最新街市行政類（衛生、建築、巡警等）。
十三、室内裝飾家俱類。
十四、樂器、戲館、酒樓類。
十五、森林物産類。
十六、農産、農器類。
十七、食物類。
十八、化妝品類。
十九、紡織類。
二十、裁紡類。
二十一、珠寶、首飾、古玩類。
二十二、皮革製品類。
二十三、新聞及印刷技術類。
二十四、公益類（銀行、當鋪、保險、慈善、工廠、病院、育嬰堂、養老院等）。
二十五、殖民類（交通、獎勵、保護等項）。
二十六、國防類（海陸軍）。

章開沅《蘇州商會檔案彙編（1905—1911年）》第一輯《都郎博覽會會章撮要》

一、會期在西曆一千九百十一年，由四月至十月，與會者須將甲號入場請求單呈於當地委員，以西曆一千九百〇十年三月内爲限。

一、如入場請求單中須用特别構造之會地，亦請於一千九百〇十年三月内將圖樣呈明，所有建築費、監工費均歸出品人自理。

一、如請求單中須將出品機器裝好使其運動，或需水力、汽車、電力、煤氣等類者，請將請求單説明書圖樣於一千九百〇十年十二月内呈明。

一、注册費及半額之地租，須於呈乙號請求單後三十日以内繳納，下欠地租於一千九百〇十年十二月内繳清。凡各項費用不過一百佛郎克者，均須於該册當時繳納。

一、各項出品皆可開具清單，搬入各人租定地界陳列，無須再有别項花銷。

一、各項出品搬入日期，以西曆一千九百十一年三月内爲限，笨重物體如機器等類，及必須由高處或低處始可運入之物件，須於是年正月内交納。

《商務官報》光緒三十三年五月十五日第一二期《批蘇州商務總會稟》 稟悉已照録所陳各節，咨行江蘇巡撫通籌全局，酌核辦理。俟覆到，再行批示。此批。四月二十四日。

《商務官報》光緒三十三年五月十五日第一二期《批蘇州商務總會呈》 據呈，梅里商務分會總理一年期滿，照章公舉，布政司理問銜張振庠，公正練達，素洽商情，堪以接充，並開具履歷前來，核與部章相符，自應准其接充，以專責成。所有札文，仰該總會轉給該員祇領遵照可也。此批。四月二十六日。

章開沅《蘇州商會檔案彙編（1905—1911年）》第一輯《農工商部爲催解應賽物品札蘇商總會文光緒三十三年五月十六日》 農工商部爲札飭事。

案准外務部咨，據英使函稱：澳洲梅勒本女工賽會貨品，至遲須於華曆七月下旬由香港出口。如農工商部尚未將該貨品於一個月内備齊，恐難如期賽到，請再轉致相應咨行貴部查照等因。查該會章程前經譯寄轉行在案，兹准前因，合行札催。務於六月下旬將各項應賽女工之品，匯解到部，以便轉寄。事關賽會，與中國女工前途頗有關係，萬勿遲誤。切切。特札。

右札蘇州商務總會，准此。

章開沅等《蘇州商會檔案叢編（1905—1911年）》第一輯《農工商部爲批准頤和立案注册札飭蘇商總會光緒三十三年六月二十一日》 農工商部爲札飭事。

光緒三十三年五月二十三日接據呈稱：據職商顧仁壽、董楷生、戈清祥等在常州府金匱縣、蘇州府長洲、元和縣地方開設典當、罐食廠、半夏鋪等營業，遵章呈請注册並交注册費洋前來。理合連同原呈及注册費洋呈請察核注册，給照保護。計開：顧仁壽元泰典當資本洋六萬元，繳注册費洋九十二元；董楷生頤和罐食公司，資本洋一萬元，繳注册費洋五十元；戈清祥裕慶堂半夏鋪，資本洋五千元，繳注册費洋五十元。等情到部。查該職商等所繳注册公費銀元，業經如數收訖。【略】其頤和罐食公司所具呈式尚無不合，應准將頤和罐食公司並裕慶堂半夏鋪兩家先予注册。爲此札飭。札到，該商會即便分别轉飭該商等遵照具領，切切。此札。

右札蘇州商務總會，准此。

章開沅《蘇州商會檔案彙編（1905—1911年）》第一輯《農工商部爲參加俄國工藝賽會事札蘇商總會文光緒三十三年七月二十一日》 農工商部爲札行事。

光緒三十三年七月初八日准外務部咨開：光緒三十三年七月初五日准俄璞使函稱：據本國外務部文稱，本國商工部大臣核准擬於一千九百八年，即光緒三十四年夏間於森彼德堡設立萬國工藝賽場，恭奉本國皇太后保護各情。茲據前因，函達貴部。若欲贊成該會，勸各商工携帶一切賽品到會陳列。即望貴國政府通行轉咨各該處，勸各工商前往赴賽。茲將該會注文章程、賽品清單、赴賽保單各十五張函送，查核見復等因，相應將原送章程、清單、保單等件咨請查照辦理，聲復本部，轉復該使，等因前來。

查中國工藝近年頗有萌芽，非與各國互相觀摩不足暢其發達之機。茲准前因，除分別札行外，合將俄璞使原送該會注文章程、賽品、清單、赴賽保單各一分札飭該總商會，廣爲宣勸。如有赴賽之品，務即先期匯報本部，以便轉復該會，妥爲布置一切，以免遲誤。切切。此札。

附譯件。

右札蘇州商務總會，准此。

章開沅等《蘇州商會檔案叢編（1905—1911年）》第一輯《農工商部爲頤和請暫免釐税事致蘇商總會札光緒三十三年十一月十五日》 農工商部爲札復事。

接據呈稱：據職商董楷生等稟設立頤和罐食公司，抵制外貨，減價出售，不無虧耗，請援案暫予免釐五年，據情代呈，等情前來。當經本部以事係釐税，據情咨行該省督、撫查復在案。應俟復到，再行核奪。合行札復。札到，該商會即便傳知該職商遵照可也。此札。

右札蘇州商會總會尤先甲等，准此。

章開沅《蘇州商會檔案彙編（1905—1911年）》第一輯《農工商部爲勸諭商民參賽事通飭蘇商總會文光緒三十三年十二月初一日》 農工商部爲通飭事。

光緒三十三年十一月二十四日准外務部咨稱：美國飛利濱在滿呢拉舉行運動歡迎賽會一事，准美費使來署面稱：飛利濱總督擬定出一種特別護照，發給華人，望中國各海關於發給此項護照時，勿有阻難等語。又准該使照稱：此項執照現已印就分佈駐香港、廣州、厦門、福州、上海、漢口各等處美領事收存，請即電知有權發照之官，通諭華民，如欲前往赴會，可來領照，無須照費等語。除由本部電致南北洋大臣轉飭各關道，按照向章驗給前項專照，勿取照費，一面通諭商民知悉外，相應咨請查照，等因前來。

查滿呢拉歡迎賽會前經本部據函轉致閩粤督飭屬曉諭商民，並札飭各商會傳知在案。茲准前因，合行札飭。札到，該商務總會即便遵照，傳諭商民一體知悉可也。此札。

右札蘇州商務總會，准此。

章開沅《蘇州商會檔案彙編（1905—1911年）》第一輯《外務部爲日本博覽會事咨農工商部文光緒三十三年十二月初一日》 外務部爲咨行事。

光緒三十三年十一月二十八日准日本林使照稱：竊敝國政府定明治四十五年開日本大博覽會於東京，務望各國官民如期光降。業經廣徵物品，中如學藝及工業中之機械並電氣各品，政府特設陳列館以便整列，俾衆周覽。該會雖僅有日本大博覽會之名，而所有物品實欲兼有萬國博覽會之實。總期世界各地觀覽人士陸續齊集，俾帝國産業之發達得以表章於天下。並欲藉各地所出之物品，以啓發敝國人實爲上之智識。爲此，仰望貴國政府惠臨該會，並勸諭各省官民廣出物品送會供覽，實所至盼。茲遵本國政府訓令，謹將該博覽會開設要旨漢譯另紙呈覽，此外尚有關於該會出品及審查各章程容續訂奉達不誤，等因。相應照録日本博覽會開設要旨咨行貴部，查照辦理可也。須至咨者。

章開沅等《蘇州商會檔案叢編（1905—1911年）》第一輯《杭筱軒等爲請懲辦機工郭洪坤致蔣康甫函光緒三十三年十二月二十一日》 康甫先生閣下：

碌碌不克趨領教言，爲歉。茲啓者，同業裕豐正紗緞莊有機工郭洪坤忽爾捲逃，幸該莊知覺後趕即踩緝，僅將其人追獲，即扭送總捕署究辦。惟此係席捲逃遁，非尋常機欠可比，若不嚴辦，則此風日長，紗緞業何堪設想。所慮者總捕署向辦機欠，常以笞責了事。現在該機工所犯至重，必須從重懲辦，乃足以示警戒。是以同業決議，請由貴處專函到署，請其重責後枷號發往各圖，按圖示衆，以儆刁頑，而止傚尤。弟等非爲過甚，實因維持商業，不取稍事姑息也。

再，該犯已捆送到案，如能即日出函，尤爲感禱。專此布上，敬請刻安。

諸先生前均此致候。

弟筱軒、柏如頓首

章開沅等《蘇州商會檔案叢編（1905—1911年）》第一輯《蘇商總會爲請懲辦郭洪坤致總捕分府函光緒三十三年十二月二十二日》 寶芝公祖大人閣下：啓者，敝會會友裕豐正紗緞莊，有機工郭洪坤將所織緞匹捲逃，約值洋式百元。當經該莊知覺赴追，僅將該機工扭獲，送經貴署究辦在案。查紗緞業機欠向由貴署究追，此次機工郭洪坤席捲緞匹，意圖逃匿，情罪較重，非笞責所能示儆。擬請公祖大人從重責懲，枷號發各圖示衆，以儆刁頑，而止傚尤，所以維持商業，至紉德誼，專泐佈懇，敬請升安，諸維冰鑒不備。

總捕分府黄大人

名 正肅

章開沅《蘇州商會檔案彙編(1905—1911年)》第一輯《俄京萬國家具博覽會總理來函》 逕啓者：本會係由皇太后允准護持，設在森彼得堡，自一千九百零八年俄曆八月起至十月止。本國外部深願助此善舉，曾由駐札外國使署函請各國政府入會。現有數國業已答復，並預定會場地位。本總理深望貴國組織專股，實爲特別利益。用特函請貴大臣轉告貴國政府，並祈鼎力協助與一千九百零二年之博覽會一律辦理。本會辦事處並囑本總理敬懇貴國皇太后護持中國專股，並盼貴大臣速復爲幸。俄曆一千九百零八年三月十二號博覽會總理男爵夫人伏爾福押。

章開沅等《蘇州商會檔案叢編(1905—1911年)》第一輯《蘇省牙釐總局爲頤和請免釐税事照會蘇商總會光緒三十三年十二月二十六日》 督辦蘇省牙釐總局司、道爲照會事。

本年十二月二十日奉蘇撫部院陳批貴會呈，代請頤和罐食公司懇准免釐一案由。奉批：查此案現據局詳議復，該職商等援案所請暫免釐金五年，核與部定之案不符，礙難照准等情。已咨復農工商部查照飭遵矣。仰蘇省牙釐總局照會該總會飭遵。此批。呈文鈔發。等因到局。奉此，合鈔局詳並兩院批、照會。爲此照會貴商會，請煩查照，飭遵施行。須至照會者。

計鈔粘。

右照會蘇州商務總會。

章開沅等《蘇州商會檔案叢編(1905—1911年)》第一輯《蘇省牙釐總局復文並督撫批文光緒三十三年十二月》 爲詳復事。

據提調案呈，竊於本年十二月初二日奉憲臺(蘇撫部院陳)札開：光緒三十三年十一月二十三日准農工商部咨(全叙)等因到局，奉此。伏查上海阜豐等機器麵粉公司暫免税釐案内，奉外務部核復：此外機器製造各貨不得援此爲例，奉飭遵照在案。原因各項貨物可用機器製造者多，若紛紛援免，有礙税釐，所以示限制而重捐項。且罐食一物，係零星講究食品，非小民所必需。即使價值稍貴，亦與民食無妨，理應照章逢卡完捐。所請援照機器麵粉暫免五年，核與部定之案不符，礙難照准。奉札前因。除移寧、滬釐局查照外，相應核議，具文詳復。伏候憲臺察核，俯賜批示。並請咨復農工商部查照飭遵，實爲公便。除詳，爲此詳兩院。

督憲端批：據詳已悉。仰侯撫部院核咨繳。

撫憲陳批：如詳飭遵。已咨復農工商部查照飭遵矣。仰即轉移滬釐局知照，仍候督部堂批示。此繳。

章開沅等《蘇州商會檔案叢編(1905—1911年)》第一輯《農工商部爲改良棉種及紡織事來札光緒三十四年正月二十五日》 農工商部爲札飭事。

接准軍機大臣字寄，光緒三十四年正月十一日奉上諭：近年來紗布進口日益增多，實爲漏巵之第一大宗。民間紡織漸至失業，固由工作之未精，尤因種植之不善。利源外溢，何所底止。查美洲等處棉花，種類精良，莖葉高大，花實肥碩，所出之絨，細韌而長，織成之布，滑澤柔軟，勝於内地所産數倍。皆由外國農業家於辨别種類，審度土性燥濕，考驗精詳，故能地産日精，商利日厚。中國棉花質性較遜於外國，種植又不講求，南北各省洵有數處所産較勝，而培植仍多鹵莽，是必須博求外國嘉種，采取培養良法，料美工精，自能廣行各省，保全利權。著農工商部詳細考查各國棉花種類，種植成法，分别採擇，編集圖説，並優定獎勵種植章程，頒行各省，由各督撫等督率認真提倡，設法改良。其果能改良之棉花、紗布，經過各關卡，應如何優加體卹，並著税務處妥籌辦理，以資暢銷。該部未經頒章以前，著各省督、撫先行體察該省情形，勸諭商民實力籌辦，或選擇官地試種，或集股設立公司，多方鼓舞。所屬地方官及紳商如有切實創辦，早著成效，應令將所産棉花送部查驗，准其奏請優奬。此乃興利急務，勿得視爲具文，致負朝廷振興農務、惠利民生之至意。欽此。遵旨寄信前來。

查紗布爲民生服用所必需，各國製造日精，其輸入我國者歲以億萬計，此次特奉諭旨，亟應詳細調查，藉資考鏡。除由本部咨行各出使大臣，迅飭商務隨員，將該國棉花種植及織造紗布，悉心查考，繪圖貼説，詳細報部。所有該國棉花子種，一並選擇采購，寄部試驗，再行訂定奬勵種植章程；並咨各督、撫飭屬詳查見覆，暨將遵旨先行勸辦情形，隨時報部備案外，該省各屬地方現在種植棉花以何處爲最多？以何地爲最良？所織紗布行銷何處？能否仿照洋布與洋紗比較優劣若何？以及有無設立此項公司？或已設公司幾處？自應先行調查，以資比較，而便考核。合行札飭。札到，該總理等即便遵照，並轉知該省各商務分會，一體詳切查明，迅覆本部，毋稍延緩。切切，特札。

右札蘇州商務總會，准此。

《商務官報》光緒三十四年二月五日第二期《批職商費承蔭禀》 據禀及抄摺均悉。前據蘇州商務總會禀稱，籌辦蘇州實業學堂，擬將蘇經蘇綸絲紗兩廠，勸歸老股，集款自辦，每年情願報効學堂經費，請先立案等情。當經本部批飭，按照原呈，俟接辦合同訂妥報部，再行核奪。去後，又具該商務總會呈稱，據兩廠老股商等，公推張紳履謙等，集資接辦，並代呈户部郎中張履謙等禀稱，接辦蘇經蘇綸絲紗兩廠，墊繳庫款，改爲商辦，並擬接辦之法八條，請爲立案各等情。復經本部批飭，以現在已否，按照前次商會原呈，向商務局妥訂，未據聲明，僅據該紳等擬呈接辦之法八條，本部礙難核辦。又查費商與蘇州商務局前定租約訂明，以五年爲期，現計尚未屆滿，因何遽議，由各老股集款自辦。費商承辦該廠，是否確有未洽衆情之處，亦著一並聲覆，以憑核奪在案。仍俟札飭該商務總會訊速具覆，到日，再行核辦。此批。三月二十八日。

章開沅《蘇州商會檔案彙編(1905—1911年)》第一輯《蘇州關爲比利時賽會事照會蘇商總會光緒三十四年二月初六日》 欽命監督蘇州關兼辦通商事宜蘇松常鎮太糧儲道惠爲照會事。

本年正月三十日准金陵關移奉南洋商督憲端禮，光緒三十四年正月初六日准農工商部咨，光緒三十三年十二月初一日接准外務部咨稱：准比國柯使照稱：本國定於西曆一千九百十年在本國京城設立萬國賽會，今將賽會場內商人租用房間地段價目備文知會，祈轉飭貴國前往賽會，各商俾有遵循等因。同日又准咨稱：准日本林使照稱敝國政府定明治四十五年開日本大博覽會於東京，仰望貴國惠臨該會，並勸諭各省官民廣出物品，送會供覽等因。相應刷印原文，咨行貴督查照，希即轉飭各屬一體傳知可也，等因，並抄單及廣告，到本大臣。准此，除分行外，抄單札關移會本省各關，勸諭各商一體遵照辦理等因，並抄單及廣告到道。奉此，抄單移關查照辦理，等因到道。准此，合亟抄單備文照會貴商會，請煩查照，希即勸諭各商一體遵照辦理，望切施行。須至照會者。計抄單。

右照會蘇州商會。

章開沅《蘇州商會檔案彙編(1905—1911年)》第一輯《農工商部札蘇商總會文光緒三十四年二月十六日》 農工商部爲通飭事。

案據留學日本高等商業學校學生談荔孫等禀稱：光緒三十八年，即日本明治四十五年開萬國博覽會於東京青山會場，我國工商出品亟宜慎選，爲將來賽會預備。謹就管見所及縷晰陳請鑒核，等情到部。查閱來禀，各陳各節不爲無見。自應先事預備，隨時慎選。合行刷印原禀札飭。札到，該商務總會即便傳知各商人一體遵照，悉心研究，預備赴賽可也。此札。

附刷印原禀一件

右札蘇州商務總會，准此。

章開沅《蘇州商會檔案彙編(1905—1911年)》第一輯《農工商部爲參賽事札蘇商總會文光緒三十四年三月初七日》 農工商部爲札行事。

光緒三十四年二月十五日准出使日本國大臣李咨開：案查光緒三十四年正月初九日准日本外務省函開：明治四十五年日本大博覽會開會之儀，現准農商務大臣通告合行咨照，以資參考等因。旋准大博覽會局所來函，該會會長子爵金子堅太郎部署一切，稍有端倪，其總規曰會場、房舍之位置，會中地段之分別及所有陳列品之章程規則，待決議後再行發佈。惟開會時期在明治四十五年四月一日，閉會爲同年十月三十一日，會場在東京市青山操場，約寬三十五萬坪，每坪丁方六尺。所有外國政府及其人民均請其與會，外國陳列品凡屬於教育、學藝、機械、電氣及工業五部内者，得於日本大博覽會行政部所建築陳列所内佔有地位，以備陳列。其陳列品之不屬於五部内，或屬於五部内之物品應如何陳列，無論何國均得隨意自籌款項，另設房舍以陳列之。該房設〔舍〕所佔地段無庸納税。其餘關於税則及特别保護各件，均須另訂專章，俟下期議會議決再定。並送日本大博覽經營之方針一册，各等因前來。其宗旨在經濟、教育、典禮、會同四大綱，相應咨請貴部通咨各省，札飭各埠商會一體知照，及時籌畫，妥爲預備。該會一切詳細章程決議定後，再行隨時咨送。

再據東京高等商業學校學生李鳴謙呈送赴會准備暨赴會大綱二十八條前來，合將原禀及清折一並咨送，等因到部。除俟細章咨送到部，再行通飭外，合行札飭。札到，該商會即便遵照傳諭各該埠商民一體知照，俾願赴會者得以預爲籌備，是爲切要。此札。附抄李生原呈及擬赴會大綱二十八條。

右札蘇州商務總會准此

《商務官報》光緒三十四年三月十五日第六期《批蘇州商務總會呈》 據呈暨轉遞平望鎮商董凌棻等公禀並清摺均悉。查平望鎮爲吴江、震澤兩縣所屬，兹據聲稱，自蘇省以達嘉湖，必由此路，是以户口稠密，商業繁盛，擬在該鎮設立商務分會，自爲聯絡商情起見，應即照准。詳核所擬章程十二條，大致尚屬妥洽。惟第七條開注册費分四等收取，未免蹟近攤派，應着妥籌辦法，另行改訂。至所舉總理吴棟成，既係照章公舉，衆望克孚，應一並照准，先予立案，仰即轉飭分會遵將經費一條，妥善另議，並吴棟成詳細履歷，補行造報後，再由本部加札委派，並頒給圖記式樣以昭慎重。此批。閏四月初六日。

《商務官報》光緒三十四年三月二十五日第七期《批蘇州商務總會呈》 據呈暨梅里分會遵改試辦章程均悉。商號年捐經費一節，既據該分會聲稱，聽商自便，不至有攤派苛擾之弊。惟各商樂輸數目，亟應開單呈部，以憑核奪。札文一件，圖記式樣一紙一並發交轉給，仍將開用日期報部備案可也。此批。閏四月十四日。

《商務官報》光緒三十四年四月五日第八期《批蘇州商務總會稟》 前據該商會等稟，請酌減牙行加税各節。經本部迭次咨行江蘇巡撫查復，隨時批示在案。兹准度支部咨，據江蘇籌款所詳稱，三十二年分牙税開徵已久，應仍照所定九行銀數追繳，以符前案。至一年期滿，自三十三年分起，應變通辦理，按牙户大小等次，照舊完一成銀數外，加徵五成等語。應准如所咨，分別辦理，仍俟一年期滿，如查無窒礙，應如何明定章程，以資遵守，再由該省妥擬，咨由本部核辦，相應咨貴部備案等因前來。爲此批示，該商務總會轉行各分會，傳知各牙行一體遵照可也。此批。三月十八日。

章開沅等《蘇州商會檔案叢編（1905—1911年）》第一輯《經綸兩廠蘇商總會老股東議案光緒三十四年四月初十日》 一、蘇州商會老股東推舉周舜（欽）〔卿〕先生爲蘇經、蘇綸絲、紗兩廠接辦之人。

鎮洋瀏河商會老股東代表朱愷儔、汪博如贊成。

寶山羅店商會老股東代表孫誕石、潘桐君贊成。

錫金商會老股東周潛龕從衆贊成。

一、議收回後悉遵商律辦理。

一、新股如何添法。

公議先儘老股，一切辦法從緩決議。

一、租商所添新機。

老股不認接受。

一、呈報商部公舉周紳接收接辦。

請蘇州商會主稿，抄稿函送各商會。

章開沅等《蘇州商會檔案叢編（1905—1911年）》第一輯《蘇商總會爲經綸老股集議收回自辦情形代呈農工商部文光緒三十四年四月十二日》 爲代呈事。

竊據候選同知姚銑等略稱：本年四月初八日奉大部鈞批内開：前據該職商等稟稱：蘇經、蘇綸兩廠費商租期屆滿，懇請派員查估等情。當經本部以業據照會張紳札飭周道會同前往切實詳查，仰俟復到再行核奪，批示在案。兹據張紳、周道呈稱：查復兩廠現在機器、房屋價值細數，並預估修理添本大略情形，繕具表折送部鑒核前來。合即批示，並鈔録原件，仰該職商等邀集各股東統籌辦法，稟部核奪可也等因。

奉此，並先於四月初三日准農工商務局照會，以該廠租期屆滿，費商已遵章告退，自應由老股張紳履謙等收回自辦，以符原案。現在租期於四月二十六日限滿，相距不及一月，若不先行定議，接辦無人，必須停工以待，官商俱受影響，照會職會轉飭股商接辦。等因前來。

職會查蘇經、蘇綸絲、紗兩廠，原以五屬息藉銀兩爲股本，因於本月初三日函知五屬商會，就近轉邀各股東到省集議。兹於本月初十日據姚紳銑等會同張紳履謙等並瀏河、羅店、錫金各商會邀到之各股東公同集議，以股東中周紳廷弼身家殷實，尤於實業夙有經驗，舉以接辦兩廠，必能勝任。復提議費租商去年自添新機一層，僉謂前蒙大部批准撤去在案，此次股商收回自辦，斷無接受新機之理。至如何厚集股本，及遵照章律詳訂章程之處，統俟周紳廷弼接辦後，再行邀集股東公同妥議，稟報大部注册。先將初次會議情形及推舉周紳接辦兩廠緣由，請代呈前來。

職會按費商租期扣至四月二十六日，瞬將限滿，函宜接辦，以免停工。相應據情代呈鈞部鑒核，迅賜札飭周紳廷弼，會同姚紳銑、張紳履謙等，將兩廠機器房屋先行接收，以符原案。並札農工商務局，飭將費租商自添新機依限撤去，以備點交。爲此備由具呈，伏乞照驗施行。須至呈者。

四月十二日

章開沅《蘇州商會檔案彙編（1905—1911年）》第一輯《農工商部札蘇商總會文光緒三十四年四月十七日》 農工商部爲通飭事。

光緒三十四年四月初三日准外務部咨稱：准駐俄薩大臣咨，俄京萬國家具裝飾博覽會函送該會章程，邀請中國入會。開會之期在華歷七月間，如允入會，應先租定會場地位，以備屆時陳列賽品。照譯原函會章咨行核辦，等因前來。

合行刷印原函會章一並札飭。札到，該總會即遵照通行各分會，傳知各商按照會章慎選精良物品，自行料理赴賽可也。此札。

附會章程六分

右札蘇州商務總會，准此。

章開沅等《蘇州商會檔案叢編（1905—1911年）》第一輯《農工商部札飭光緒三十四年五月初一日》 農工商部爲札飭事。

接據呈稱：竊據候選同知姚銑等略稱奉大部鈞批，飭該職商等邀集股東統籌辦法，並職會接准農工商務局照會轉飭股商接辦等因。蘇經、蘇綸兩廠原以五屬息銀爲股本，因函知五屬商會，就近轉邀各股東到省集議。現經姚銑等會同張履謙等，並瀏河、羅店、錫金各商會邀到之各股東，公舉股東中周紳廷弼接辦。復提議費租商去年自添新機一層，僉謂前蒙部批准撤，此次收回自辦，斷無接受新機之理。至如何厚集股本及遵律擬章之處，統俟周紳接收合再行公議稟報。費商租期扣至四月二十六日限期滿。相應據情代呈鑒核，等情前來。查此案業經本部咨行江蘇巡撫就近查看情形，酌核辦理。合行札飭。札到，該商務總會即便遵照可也。此札。

右札蘇州商務總會，准此。

章開沅《蘇州商會檔案彙編（1905—1911年）》第一輯《農工商部爲照送賽會章程通飭蘇商總會文光緒三十四年五月二十六日》 農工商部爲通飭事。

案查比國一千九百十年萬國賽會，業經本部於上年十二月間刷印比國公使來文，並該會章程通飭遵照在案。茲又接准外務部咨送比柯使照送該會總章、陳列賽會各物格式與赴會各物規則，計清册一本，合行刷印來件，札飭該商會遵照一體傳知可也。此札（附刷印章程一本）。

右札蘇州商務總會知悉。

《商務官報》光緒三十四年六月二十五日第一六期《批蘇州商會稟》 據呈及清册均悉。所呈收支清册暨平望分會收支數目，本部逐加核閱，均尚相符，應准一並備案。此批。六月十六日。

章開沅《蘇州商會檔案彙編（1905—1911年）》第一輯《農工商部通飭入會札光緒三十四年六月二十六日》 農工商部爲札飭事。

光緒三十四年六月初七日接准外務部咨稱，准奧國帥護使函稱現：奉本國政府函開，西曆本年九月五號至九號在奥國布拉克埠有開萬國商會公會，此會係各國輪派開設，現在辦理爲第三次。前四年在比國，前二年在義國，曾開第一、第二兩次國會。各商會來赴者約一千二百有餘，此次仍望較前加多。會中宗旨如通商事宜遇有阻隔之處，可以統籌善法，並有關於萬國工藝勸業事宜。囑轉請中國政府派員屆時前往赴會，並請行知各省商會一並派員與會。仍將派出銜名先期示知，並將洋文章程送請咨行查照辦理，等因前來。查此項賽會以統籌通商善法及工藝勸業爲宗旨，現在中國商工等業甫有萌芽，正宜藉資考求，惟會期甚迫，合行函將洋文章程譯成漢文，印刷札行各商務總會。札到，仰即傳知各商一體知悉可也。此札。粘章程一扣。

右札蘇州商務總會。

章開沅等《蘇州商會檔案叢編（1905—1911年）》第一輯《江蘇布政使瑞澂照會周廷弼光緒三十四年七月二十一日》 爲照會事。

本年七月廿一日准貴紳呈稱：竊於七月十八日接奉大照內開：案照蘇經、蘇綸兩廠租期屆滿，遵奉部議，歸老股張紳履謙等收回自辦等因，奉此。查兩廠轇轕多年，委曲調停，甫能就緒，就舊股商均感成全。茲定於本月廿五日接廠，即請派員檢齊簿册，會同點交。一面當由接辦老股繕就三個月期票，備文解繳貴署。至前此面議兩廠辦法第四條內，股息遵照商律辦理，由本廠給發，登報聲明等因。所有四月廿六日至七月廿五日一届股息，本係落空，現既收回自辦，即由本廠給發，以符前議。發息廣告粘列於後。再，廠租一層，係指租商而言，今既收回自辦，自無廠租名目。應交積谷、水利公款及學堂經（經）〔費〕，業已照案解繳等因到司。

准此，查蘇廠接收事宜，前經本司邀集議決，電詳請示。嗣奉督憲覆電准行。自應遵照辦理，定期交接。現歸老股收回自辦，定於七月廿五日接廠，屆時應由商務局派員會同點交，以昭鄭重。所有新機墊本核減一成，應由接辦老股填給三個月清付字樣，並須取具蘇城殷實莊號，到期即付銀票，盡於廿五日以前，先行繳司驗明，轉給費商收執，再准會局接收。否則費商一無根據，難保不別滋異議。至前呈扣繳股息，因議明照舊辦理，是以飭令補繳。茲據聲明，遵照商律，由廠給發，登報廣告，亦無不可。惟此項股息，係自四月廿六日起，至七月廿五日止，核明照給。則積谷、水利、學費之款，攸關公項，亦應照此計算，俾免曠缺。張紳等前交銀八千二百五十九兩一錢七分五釐，核有短繳銀二百四十七兩九錢二分五釐，應即照數補繳來司，以憑並收，作爲四月廿六日起至七月廿五日止應繳廠租，分別轉給。此後仍由老股遵照先繳後辦原案，按季接續照數預繳，以期接（笋）〔榫〕而免落空。其廠租字樣，原指租商而言，但從前老股未接收以前，名稱未定，公牘行用是以仍循其舊。今既收回自辦，自無庸再用廠租名目，應即改爲廠繳公款，庶與租辦有別。要之交接廠務爲期已迫，事關商政，當務其大者、遠者，若沾沾於一字一義之間，（特）〔持〕其末耳。

茲准前因，除移知商務局照辦外，合亟照復。爲此照會貴紳，請煩查照辦理，一俟填給期票，繳足廠欠，即行由局派員會同接收，仍祈見復施行。須至照會者。

右照會花翎二品頂戴分省補用道周廷弼。印。

章開沅等《蘇州商會檔案叢編（1905—1911年）》第一輯《經綸兩廠房屋機器設備估值單五則 光緒三十四年七月》

（一）

謹將蘇綸紗廠房屋估值、水木工料作銀開列於後：

周圍墻垣、前後大門：四座（高扯八尺半，墻厚十寸），共長二百二十一丈（每丈合工料元十八兩），共計元三千三百八十一兩三錢。

門房：平屋二座，上有平頂，下有地板（高十二尺，長二十尺，寬一丈三尺，墻厚十寸），共計地面五方二角（每方合元七十二兩），共合工料元三百七十四兩四錢。

大廠：樓房一座，連繩子衖、水棧房（上層人字木大料洋松六寸、十二寸，柱子八寸方，樓板厚三寸，擱栅二寸、十二寸，下層大料洋松八寸、十六寸，柱子十寸方，地板厚三寸，地擱栅三寸、八寸，扶梯在内），計（高三十四尺，闊十一丈八尺，長三十二丈二尺，墻厚上下十五寸），地面計三百七十九方九角六分（每方合工料元一百四十六兩），共計元五萬五千四百七十六兩一錢。

引擎間：樓房一座，連引擎底脚在内（高三尺零五寸，闊四丈五尺，長八丈四尺，墻厚十五寸），地面合三十七方八角（每方合工料元一百七十二兩），共計元六千五百零一兩六錢。

爐子間：平房一座，連爐間底脚在内（高十七尺半，闊五丈二尺半，長七丈九尺，墻厚十五寸），地面合四十一方四角七分（每方合工料元九十二兩），共計元三千八百十五兩七錢。

大廠後坑厠：二所，外有露天扶梯二張一並在内（高三十四尺，方十四尺，墻厚十五寸），地面二共合三方九角二分（每方合工料元二百八十兩），共計元一千零八十一兩六錢。

煙衖，一條（長四丈五尺，每丈合工料元三十兩，高六尺五寸），共計元一百三十五兩。

大煙囱：一座（高十三丈，對徑十四尺半方），共計工料元三千兩。

喫飯間：平房一所，周圍走郎立貼做式，共計五間（高十二尺，闊二丈八尺半，長六丈六尺，墻厚十五寸），每間合工料元一百二十兩，共計元六百兩。

打包間：平房，内有氣樓地板、板墻、板櫃等在内（租商添築）（高十七尺半，闊四丈五尺，長六丈零五寸，墻厚十五寸），地面合二十四方五角二分（每方合工料元九十兩），共計元二千二百零五兩二錢。

木匠間：平房一所，下有地板（高十四尺，闊二丈三尺，長七丈一尺五寸，墻厚十寸），地面合十六方四角四分（每方合工料元六十兩），共計元九百八十六兩四錢。

修機間：平房一所，内有氣樓地板（高十六尺，闊三十三尺半，長七丈一尺半，墻厚十五寸），地面合二十三方九角五分（每方合工料七十一兩），共計元一千七百零零（兩）四錢。

清花廠：平房一所，上有鉛皮平頂、下有石板，連飛花洞在内（高十八尺，闊七丈一尺半，長十丈零八尺，墻厚十五寸），地面合七十七方二角二分（每方合工料六十五兩），共計元五千零十九兩三錢。

東西棧：花樓房二座，地面高低長短一式，連外面露天扶梯每座二張（内用洋松大料：九寸一尺八寸），擱栅（三寸、十寸），樓板地板厚（二寸），人字木大料（六寸、八寸），大料（六寸、尺二寸），上有氣樓等在内（高三十三尺，闊八丈五尺，長十八丈六尺，墻厚上層十寸，下層十五寸），每座地面一百五十八方一角（每方合工料元一百十五兩），二座共計元三萬六千三百六十三兩。

揀花間：平房一座（高十二尺半，闊三十四尺半，長九丈三尺，墻厚十寸），地面合三十二方零八分（每方合工料元五十兩），共計一千六百零四兩。

軋花廠：房屋一座，内有腰墻、樓板、大氣樓，下有水門汀地面，白鐵屋面（高十四尺，闊八丈二尺，長二十二丈二尺，墻厚十寸），地面合一百八十二方零四分（每方合工料元八十兩），共計元一萬四千五百六十三兩二錢。

軋花廠引擎爐子間：平房二座，上有氣樓，下有石板，連引擎爐子底脚在内

(高十四尺，闊四十七尺，長四十三尺，墻厚十寸)，地面合二十方零二角一分(每方合工料元七十五兩)，共計元一千五百十五兩七錢。

煙囱一條(長二丈，高五尺)，煙囱一座(高六尺，對徑九尺方)：二共計元一千九百兩。

打鐵間：小平房四間(長四丈五尺，高八尺，闊一丈二尺)，每間合工料元三十五兩，共計元一百四十兩。

厨房、柴間：小平房一排，共計十五間(長十八丈，高八尺，闊十九尺)，每間合工料三十五兩，共計元五百二十五兩。

物料所：樓房一座(高二十八尺，闊三丈九尺，長四十四尺，墻厚上層十寸，下層十五寸)，地面合十七方一角六分(每方合工料一百二十兩)，共計元二千零五十九兩二錢。

公司廳：樓房一座，計五間厢房，連竈間共作六幢，周圍墻垣在内(高二丈六尺，闊六丈九尺半，長七丈八尺)，每幢合工料元五百兩，共計元三千兩。

工帳房：樓房一所，計七間兩厢房，並作八幢，周圍墻垣在内(高二丈六尺，闊四丈三尺，長八丈四尺)，每幢合工料元三百八十兩，共計元三千零四十兩。

機匠卧房：樓房二所，共計十幢，連圍墻一並在内(高二丈四尺，闊二丈九尺，長五丈九尺半)，每幢合工料元一百二十兩，共計元一千零八十兩。

總辦住宅：洋樓一座，外有圍墻二丈一尺，並在内(高三十二尺，闊六十六尺半，長五十二尺)，計合工料元八千六百四十五兩。

以上統共估值價元十五萬八千七百十二兩一錢。

（二）

謹將蘇經絲廠房屋估值工料價銀開列於後：

周圍墻垣：量見九十四丈二尺，内，清水圍墻五十九丈四尺，鐵圍柵三十四丈八尺，並入磚墻估計(高扯八尺，長五十九丈四尺)，每丈合工料元十六兩，共計銀九百五十兩零四錢。

門房：樓屋三間，平頂、樓板、地板在内(高二丈六尺，闊一丈五尺半，長四丈六尺半，墻厚十寸)，地面合七方二角零七分(每方合工料一百兩)，共計元七百二十兩零七錢。

巡丁住房：樓房三間(高二丈四尺，闊一丈，長三丈)，每間合工料五十兩，共計元一百五十兩。

堆絲棧：三層樓房一座，上、中、下大料洋松(六寸、一尺、二寸)，欄柵(三寸、十寸)，柱子(十寸方)，樓板、地板(二寸厚)上有平頂屋面，白鐵一應在内(高四丈三尺，闊五丈零五寸，長十一丈五尺，墻厚上十五寸、中十寸、下二十寸)，地面合五十七方五角五分(每方合工料一百八十兩)，共計元一萬零三百五十九兩。

小棧房：樓房三間，内有平頂連過街在内(高三丈一尺，闊五丈零五寸，長三丈零五寸，墻厚上厚十寸、下層十五寸)，地面合十五方零四分(每方合工料一百四十兩)，共計元二千一百五十六兩。

洋樓：一所，連披屋洋臺共合四間(高二丈六尺，闊三丈，長五丈七尺，墻厚十寸)，每間合工料三百八十兩，共計元一千五百二十兩。

繅絲大廠：一座。外披屋一間。大料洋松(六寸、一尺二寸)，欄柵(三寸、八寸)，柱子(六寸方)，地板(一寸五分)，扶梯等一應在内(高三丈一尺，闊二丈二尺，長二十五丈，墻厚上層十寸，下層十五寸)，地面合一百七十五方(每方工料一百十兩)，共計元一萬九千二百五十兩。

稱繭間：樓房一座，下有水櫃，三面無墻，上層周圍五寸板墻(高一丈三尺，闊七尺，長四丈七尺五寸)，地面合十方零四角五分(每方工料五十五兩)，共計元五百七十四兩七錢。

爐子間：平房一座，底脚在内(高一丈四尺，闊三丈五尺，長四丈六尺，墻厚十寸)，地面合十六方一角(每方合工料七十五兩)，共計元一千二百零七兩五錢。

煙囱：一座(高九丈五尺，對徑九尺方)，煙衖(長三丈，高七尺)，共計工料元二千一百兩。

公司廳：樓房五間，二厢房，連圍墻並作六幢(高二丈五尺，闊六丈七尺五寸，長七丈四尺)，每幢合工料三百八十兩，共計元二千二百八十兩。

烘繭間：小平房一所(高一丈，闊十三尺，長四丈八尺，墻厚十五寸)，共計工料元四百五十兩。

小樓房：三間(高二丈三尺，闊二丈二尺，長三丈三尺)，每間合工料元五十兩，共計元一百五十兩。

厨房、柴間：平房六間(高一丈，闊一丈八尺，長七丈八尺)，每間合工料元三十五兩，共計元二百十兩。

小門房：上有平頂、地板，後有小披屋一間（高一丈二尺，闊十二尺，長二丈一尺五寸，墻厚五寸），地面合二方五角六分（每方工料五十兩），共計元一百二十九兩。

以上統共估值價元四萬二千二百零七兩三錢。

（三）

謹將蘇綸紗廠各機估值開列於左：

（三十尺、七尺）爐子三只（壓力一百廿磅），一八九六年造，時值一萬一千一百廿九兩。三六折，計規元四千零七兩。

省煤機水管（一百六十根），刮水引擎，一八九六年造，時值二千零九十八兩。三六折，計規元七百五十六兩。

抽水機一座，一八九六年造，時值五百八十二兩。五七折，計規元三百三十二兩。

熱汽管水管（爐子引擎兩處），一八九六年造，時值一千七百零六兩。七九折，計規元一千三百四十八兩。

四尺方熱水櫃一只，時值四百兩。五七折，計規元二百二十八兩。

（二十四寸、四十二寸）四尺大引擎一座，一八九六年造，時值二萬五千二百九十二兩。五七折，計規元一萬四千四百十七兩。

新引擎扦手一副（備貨），計規元七十六兩。

直流式磨電機一座（壓力一百十磅，三百五十恩表），皮帶水管全，一八九六年造，時值三千九百四十三兩。五七折，計規元二千二百四十八兩。

直流式磨電機又一座，一八九六年造，時值一千六百十一兩。五七折，計規元九百十九兩。

開關板一副，一八九六年造，時值四百七十四兩。五七折，計規元二百七十一兩。

修機間引擎連爐子一座，一八九六年造，時值一千四百五十三兩。五七折，計規元八百二十九兩。

（十二尺長、九寸深）車床一部，（三十尺長，十寸半深）車床一部；轄輪盤機一部，刨床一部，鑽床一部，一八九六年造，時值四千零六十三兩。五七折，三六折，計規元一千四百十九兩。

燒皮棍機一部，割羊皮機二部，頭號清花車二部（鬆花號，器全式），清花車三部，一八九六年造，時值一萬三千兩。五七折，計規元七千四百十二兩。

後添頭號清花車一部，二號清花車一部，一九〇五年造，時值四千一百零八兩。九折，計規元三千七百三十七兩。

二套滾筒打紗頭機一部，一八九八年造，時值九百四十八兩。六五折，計規元六百十七兩。

鋼絲車六十部，一八九六年造，時值五萬八千七百七十六兩。五七折，計規元三萬三千五百零三兩。

鋼絲車十八部（後添），一九〇五年造，時值一萬七千六百三十二兩。九折，計規元一萬五千八百六十九兩。

棉條車十部（三頭，六節，六路），一八九六年造，時值九千四百五十四兩。五七折，計規元五千三百八十九兩。

棉條車三部（後添），一九〇五年造，時值二千八百三十七兩。九折，計規元二千五百五十四兩。

頭號粗紗車十部，一八九六年造，時值一萬零三百四十五兩。五七折，計規元五千八百九十七兩。

頭號粗紗車三部（後添），一九〇五年造，時值三千一百三十四兩。九折，計規元二千八百二十一兩。

二號粗紗車十二部，一八九六年造，時值一萬五千七百四十三兩。五七折，計規元八千九百七十四兩。

二號粗紗車四部（後添），一九〇五年造，時值五千二百八十九兩。九折，計規元四千七百六十兩。

三號粗紗車二十四部，一八九六年造，時值二萬五千零二十七兩。五七折，計規元一萬四千二百六十六兩。

三號粗紗車八部（後添），一九〇五年造，時值八千三百四十二兩。九折，計規元七千五百零八兩。

細紗車五十部，一八九六年造，時值五萬八千七百六十九兩。五七折，計規元三萬三千四百九十九兩。

細紗車十二部（後添），一九〇五年造，時值一萬四千零九十九兩。九折，計規元一萬二千六百九十兩。

人力搖紗車一百二十二部，一八九六年造，時值五千九百十五兩。七九折，計規元四千六百七十三兩。

人力摇紗車三十部(後添)一九〇五年造，時值一千四百五十三兩。九五折，計規元一千三百八十一兩。

打包車五部，一八九六年造，時值九百零三兩。五七折，計規元五百十五兩。

打包車一部(後添)，一九〇五年造，時值一百八十三兩。九折，計規元一百六十五兩。

各種器具零件，一八九六年造，時值三萬三千六百二十八兩。五七折，計規元一萬九千一百六十八兩。

滅火機連進水機、水池等，一八九六年造，時值一萬零二百九十五兩。七九折，計規元八千一百三十四兩。

自來水管龍頭等，連抽水機，時值七千二百三十五兩。五七折，計規元四千一百二十五兩。

廠中備貨，時值四萬兩，三六折，計規元一萬四千四百兩。

軋花廠項下：

引擎爐子，一八九七年造，時值四千七百十兩。四一折，計規元一千九百三十二兩。

各種器具零件，一八九七年造，時值四千六百五十九兩。四一折，計規元一千九百十一兩。

軋花車一百部，時值六千三百六十兩。四一折，計規元二千六百零八兩。

電綫燈泡，一八九六年造，時值八千四百兩。五七折，計規元四千七百八十八兩。

磨電機一部，一八九六年造，時值一千七百六十九兩。五七折，計規元一千零九兩。

共計折實規元二十五萬一千一百五十五兩。

(四)

謹將蘇經絲廠各機估值開列於左：

絲盆絲車三百三十六部，應用水管成包車二部，摇絲車七部，一至十繞絲車七部，時值二萬零四百九十六兩。五七折，六八折，計規元一萬一千七百五十七兩。

水櫃(四尺、四尺、十六尺)五只，(七尺、六尺、八尺)六只，(四尺、四尺、八尺)二只，(四尺、四尺、四尺)一只，時值八千九百兩。五七折，計規元五千零七十三兩。

(二十四尺、七尺)爐子二只(壓力五十磅)，時值四千二百兩。三六折，計規元一千五百十二兩。

引擎(十寸、廿寸)四十八轉，連進水管，時值九百八十五兩。五七折，計規元五百六十二兩。

抽水機一架(十寸、五寸、十二寸)，一切汽水管爐子引擎上各項器件以及風扇一付)，時值九百十兩。五七折，計規元五百十九兩。

共計折實規元一萬九千四百二十三兩。

補絲廠全廠熱汽管，時值二千五百五十九兩。七九折，計規元二千零二十二兩。

(五)蘇綸全廠後添各機器

鋼絲車十八部，一九〇五年造，時值一萬七千六百三十兩。九折，計規元一萬五千八百六十九兩。

棉條車三部，一九〇五年造，時值二千八百三十七兩。九折，計規元二千五百五十四兩。

頭號粗紗車三部，一九〇五年造，時值三千一百三十四兩。九折，計規元二千八百二十一兩。

二號粗紗車四部，一九〇五年造，時值五千二百八十九兩。九折，計規元四千七百六十兩。

三號粗紗車八部，一九〇五年造，時值八千三百四十二兩。九折，計規元七千五百零八兩。

細紗車五十部，一八九六年造，時值五萬八千七百六十四兩。五七折，計規元三萬三千四百九十九兩。

細紗車十二部，一九〇五年造，時值一萬四千零九十九兩。九折，計規元一萬二千六百九十兩。

人力摇紗車三十部，一九〇五年造，時值一千四百五十三兩。九五折，計規元一千三百八十一兩。

打包車一部，一九〇五年造，時值一百八十三兩。九折，計規元一百六十五兩。

計共四萬七千七百四十八兩。

章開沅等《蘇州商會檔案叢編（1905—1911年）》第一輯《農工商局調查商會公司農工商業照會光緒三十四年八月初七日》 督辦蘇省農工商務局司道爲照會事。

照得敝局設立宗旨，重在振興貿易，必須與貴總會聯絡一氣，庶幾商情不致隔閡。惟查舊日檔案，凡本省各府州、縣所設商務分會以及紳商創辦各項公司，皆未咨照敝局備案，以致敝局遇有奉部札行之件，或商民因公會、公司爭訟之事，向敝局遞陳禀牘者，敝局均因無案可稽，無從核奪，殊形不便。現在農工商部奉旨設立統計處，所有調查農、工、商業各項表册，不日頒發。敝局與貴總會皆有會同調查之責，不能不先事預備。兹特派員赴貴總會，調查本省内外各商會、公司暨農、工、商業一切情形，以資研究。除札委本局文案候補知縣張令可均到會調查，隨時禀復外，相應照會。爲此照會貴商會，請煩查照。希將敝局所開事件逐一指示，並將章程一切檢付該令録呈備核。具紉公誼。望切施行。須至照會者。

右照會蘇州商務總會。

章開沅等《蘇州商會檔案叢編（1905—1911年）》第一輯《蘇綸紗廠酬謝蘇商總會函光緒三十四年八月十八日》 鼎孚、似邨先生大人閣下：啓者，蘇經、蘇綸兩廠收回自辦，所有以前公文往還，承貴會諸君筆墨宣勞，不勝感激。兹奉上酬金三百元，敬乞哂納。戔戔之微，豈敢云勞有功者，尚乞酌贈諸君爲荷。專泐。奉煩並道謝悃。祗請臺安。

蘇綸紗廠頓首

章開沅等《蘇州商會檔案叢編（1905—1911年）》第一輯《張履謙等報告收回經綸兩廠致農工商部呈光緒三十四年八月》 三品銜户部郎中張履謙、候選運同吴本善、鹽運司銜分部郎中王立鰲、二品封職吴韶生、三品封職葉榮呈。

爲禀明收回蘇經、蘇綸兩廠情形，並先行墊款補發股息，續開股東會公訂自辦章程，謹陳緣由，環懇鈞鑒事。

竊經、綸兩廠交接稽遲，業將預繳公款，磋商新機價值，先行禀明在案。七月初四日，瑞藩司邀集費商及周紳廷弼、農工商務局蘇道品仁、陳令其壽、商會會員王紳同愈暨職等再三磋議，並承瑞藩司折中理勸，始議定租商自添新機價及租商添蓋廠房，歸老股承受，照農工商務局所開漕平銀六萬二千五百五十三兩五錢九分五釐，折作九成，漕平銀五萬六千二百九十四兩二錢三分五釐五毫，由老股接廠三個月後以現銀一期付清，並由周紳廷弼及職等先期出具殷實錢莊期票，解由藩司衙門，轉組租商具領，以清糾葛。兩造均無異言，即在藩署書立字據。職等與周紳廷弼及費租商簽名畫押訖，瑞藩司及蘇道品仁、陳令其壽、王紳同愈亦在字據簽名畫押，以作中證。此初四日在藩署將新機價值磋商定議立據之情形也。

至積谷、水利兩項公款，職等遵照原案，於四月二十六日費租商退租之日起算，按季撥繳，由經、綸兩廠與藩司衙門核明原案銀數、年限，先行訂立草合同，亦由職等會同周紳廷弼與瑞藩司、蘇道品仁、陳令其壽、王紳同愈簽名畫押。其接收後辦法，亦即擇要酌擬，如應行照繳之學堂經費、落地捐等款，並聲明續添股分不得攙入外國人資本，另具清折，由瑞藩司核准，與積谷、水利草合同一律簽名畫押。此公款早經職等照原案擔任，接辦辦法與職等光緒三十二年原禀相符，同時訂立字據之情形也。

新機糾葛既已公同解決，公款辦法亦經議妥，即承瑞藩司會同農工商務局詳准督撫憲，由老股定期接廠改章呈辦。瑞藩司並備文照會周紳廷弼，於七月二十五日赴廠接收，一面派委農工商務局員陳令其壽、張令可均，將經、綸兩廠點交。職等於是日會同商會總理尤紳先甲等到廠公同接洽。

此經、綸兩廠官商交接之情形也。職等伏查兩廠機器、房屋，叠經祝商包辦、費商租辦，失修過甚，此次交接，復又耽延數月，更加霉銹，一經公司履勘，勢非大加修理，不能開工，即使擇要趕修，而開工日期亦難預定，此老股明既受損、暗又受虧之實在情形也。

職等又查股息一項，計自租商於四月二十六日退租，農工商務局於七月二十五日交出，其間一季股息已至落空，當與周紳廷弼會商籌墊銀兩，先期登報，將一季息銀在廠中補行發給。並定期八月十三日在廠中開股東會，以便參酌商律，妥擬自辦章程，公同決議，再行呈報鈞部查核。

兩廠歷奉鈞批，收回自辦，此次仰賴維持，始有收回之日。所有收回經、綸兩廠情形及墊發股息、開會訂章各緣由，理合臚陳鈞鑒，伏乞垂察。謹呈。

章開沅等《蘇州商會檔案叢編（1905—1911年）》第一輯《農工商局奉部調查江蘇一帶棉業情形照會光緒三十四年九月十三日》 督辦蘇省農工商務局司道

爲照會事。

本年八月二十七日，奉撫憲陳札開：光緒三十四年八月十六日准農工商部咨，本部現在籌設紡紗廠，亟應調查成績，以資開辦。查有甘肅候補道李璜辦事勤能，堪以派令調查江蘇一帶棉業，以何區爲最良，以何種爲最佳，所出紗布歲額若干，以及紡紗、織布各廠歷年辦理情形，逐一查明，隨時具報本部，以憑核辦。除由本部加札委用外，相應咨行貴撫查照可也等因到本部院。准此，札局轉行遵照毋違，等因到局。奉此，除轉行外，合就照會。爲此照會貴總會，請煩查照，希即轉知各分會，一體遵照施行。須至照會者。

右照會蘇總商務總會

章開沅《蘇州商會檔案彙編（1905—1911年）》第一輯《農工商部爲參賽事札蘇商總會文光緒三十四年十月二十七日》 農工商部爲札准事。

光緒三十四年十月初七日接准外務部咨稱：准比柯使照稱：前以西曆一千九百十年在比京設立萬國賽會，當經本大臣屢次照會在案。如他國欲要地段，希早決定，本政府亦願知貴國政府之意見並辦法各等語，咨請核辦等因前來。

查比京賽會派員入會一節，經本部於上年十二月間刷印通行，今年五月間又將該會章程譯印傳知各在案。所有入會物品需用地段，或自賽，或附賽，尚未據報到部。茲准前因，除先行咨復外務部外，合再札催該商務總會即將如何辦法迅復本部，以憑核辦可也。切切。此札。

右札蘇州商務總會，准此。

《商務官報》光緒三十四年十一月十五日第三〇期《批蘇州商會稟》 據呈，盛澤分會續舉總理，張慶鏞仍佔多數，懇請加劄留任等情，應即照准。發去委劄一件，仰即轉給祇領可也。此批。十月三十日。

章開沅《蘇州商會檔案彙編（1905—1911年）》第一輯《農工商務局爲陳列所擇地建場事詳蘇撫陳啓泰文光緒三十四年十一月十九日》 爲詳復事。竊於本年十月十三日奉憲臺批局詳，撥款建設蘇省陳列所附屬勸工場，仿製造外貨，以挽利權。並懇札飭城守營遷空馬路營盤，俾興土木由。奉批：據詳擬於省城閶門外馬路建設商品陳列所附屬勸工場，係爲振興商務，獎勸工業，擴充華産銷路，抵制洋貨輸入，冀挽利權起見，洵屬新政中切要之圖，應准照辦。所需經費銀二萬兩，候札蘇藩司牙釐局，遵照會同籌撥。惟閶門外空營外面操場，前已批准與上海廣仁善堂所購擬（謂）〔爲〕貧兒院之地互相調换。昨又據蘇紳王澤圻等公呈，謂該處營基操場本係民地，業經另批該局查辦，據請以營内基址爲建設陳列所附屬勸工場之用，應由該局查照另批，查勘明確，再行詳辦。仰即知照，仍候督部堂批示繳。等因。並奉憲臺批刑部主事王澤圻等呈請給還營盤操場藉用民地由。奉批：查閶門外空營外面操場，前據上海廣仁善堂咨請，與該堂原購擬設貧兒院被官圈作操場之地互相調换，即經批准，飭縣立案在案。至其營内基址，現亦據該局詳請，爲建設商品陳列所附屬勸工場之用。並據該紳等公呈，謂前項營基操場從前均係民産，兵燹後由官藉用，請飭局示諭驗契勘丈給還，等情。是否屬實，無從懸揣。然果係民地，必有契據可驗，糧串爲憑。仰蘇省農工商務局迅即督縣查考，一面示諭該處各業户，酌予限期，令其呈驗契串，分别虚實，詳復核辦，毋延。此批呈抄發等因各到局。

奉此，查商品陳列所宗旨原爲振興實業，便利民生，而尤重在獎勵輸出物品，使外人藉此爲介紹之資。故建設該所，必須繁盛之區，方有裨益。今營房舊基居閶門外馬路之中，有鐵道交通之便，上海洋商來此觀覽，朝發夕至，莫便於斯。且距留園甚近，由此一帶馬路，市廛林立，可預卜也。事關公益，無論官荒民荒，皆應圈爲公用。該紳等義重桑梓，尤宜樂贊厥成。查近年直隸、湖北、奉天各省以及南京建築陳列所、農業試驗場、法政學堂、陸軍學堂等圈劃民産，發給官價者，更僕難數。此舉事同一例，應請憲臺查照原詳辦理，以便興工建築。職局一面照會勘丈公所潘紳，查明該營盤内如有確係民産，有契據可憑，歲猶納糧者，准該業户呈驗契據，發給官價。其有不願領價者，則另撥官荒，互相調换，以示體卹，而昭公允。相應具文詳復，伏候憲臺鑒核。爲此云云。詳撫憲。

章開沅《蘇州商會檔案彙編（1905—1911年）》第一輯《農工商務局爲勸諭各商備物赴賽事照會蘇商總會光緒三十四年十一月二十四日》 督辦蘇省農工商務局司道爲照會事。

本年十一月十六日奉商督憲端札開：【略】等因到本大臣。准此，查此案於本年正月及六月間先後准農工商部抄單及章程咨送前來，内經抄單飭局勸諭各商一體遵照辦理在案。茲准前因，除分行外，札局勸諭各商迅速備物赴賽，並將赴會物品需用地段，或自賽，或附賽，一切詳細情形，迅速呈報核咨毋違，並奉撫憲陳札同前由，各等因到局。奉此，查此案前奉憲飭，當將章程照送貴商會轉發各分會遵照，並通行各屬一體出示曉諭，俾衆周知在案。茲奉前因，除通札外，合再照會。爲此照會貴總會，請煩查照，希即勸諭各商迅速備物赴賽，並將入會物品，如何辦法，刻日見復，以憑轉詳核咨，望切施行。須至照會者。

右照會蘇州商務總會。

章開沅《蘇州商會檔案彙編（1905—1911年）》第一輯《蘇州關勸諭參賽照會光緒三十四年十二月初五日》 欽命監督蘇州關兼辦通商事宜蘇松常鎮太糧儲道惠爲照會事。

本年十一月二十五日准金陵關移奉南洋商督憲端札，光緒三十四年十一月初三日准農工商部咨，光緒三十四年十月初七日接准外務部咨稱，准此柯使照稱：前以西曆一千九百十年在比京設立萬國賽會，當經本大臣屢次照會在案。如他國欲要地段，希早決定，本政府亦願知貴國政府之意見並辦法各等語。咨請核辦等因前來。

查比京賽會派員入會一節，經本部於上年十二月間刷印通行在案。所有入會物品、需用地段，或自賽或附賽，尚未據報到部。茲准前因，除先行咨復外務部外，相應再行咨催貴督，查照飭屬即將如何辦法迅復本部，以憑核辦可也，等因，到本大臣。准此。查此案於本年正月及六月間先後准農工商部抄單及章程咨送前來，均經抄單移會各關勸諭各商一體遵照辦理在案。茲准前因，除分行外，札關移會各關，勸諭各商迅速備物赴賽，並將赴會物品需用地段，或自賽或附賽，一切詳細情形迅速呈報核咨等因。奉此，除分移外，移關查照辦理，等因到道。准此，合就備文照會貴紳董，請煩查照，希即勸諭各商迅速備物赴賽，並將赴會物品需用地段，或自賽或附賽，一切詳細情形迅速報導，以憑呈報核咨，望切施行。須至照會者。

右照會蘇州商會紳董。

章開沅《蘇州商會檔案彙編（1905—1911年）》第一輯《日本大博覽會開設要旨》 一 會期 此會定在國都東京舉行，於一千九百十二年四月一號，即華曆光緒三十八年二月十四日開會起，至是年十月三十一號，即華曆九月二十二日止。

一 經費 此會開設經費已籌本一千萬元，外加東京市府及其餘各府縣等自備之費用，統計不下二千萬元。

一 性質 此會係由政府主持經營，爲日本從前未有之一極大博覽會。雖不名爲萬國博覽會，而規模設備最爲宏大，並邀請各國政府及商工人等一同入會，以期其實質與萬國博覽會無異。

一 規模 會場地段廣約二百五十一卡，即日本三十萬坪，約合中國一千五百畝。其內預備建造陳列館及各項房屋之地，共約三十一卡，即日本三萬六千坪，約合中國一百八十畝。

章開沅《蘇州商會檔案彙編（1905—1911年）》第一輯《李鳴謙原呈》 具稟留學東京高等商業學校學生李制鳴謙爲日本大博覽會我國參同准備事。

竊博覽會之梗概，依歷史的經驗，實代表物産上發展之事業，於近時比較，而萬國博覽會較之內國博覽會尤臻長足之進步。蓋利用此觀念者，匪唯於國際上之關係有所裨補，且以之爲一種示威的祝典。一千八百七十六年北米合衆國獨立百年時期，於費府大博覽會之結果，卒能變農業時代進而爲工業時代。其駸駸乎發育之進運爲何如耶？

溯大博覽會之源，始發起於佛人，實行於英人，以一千八百五十一年開設於倫敦者，爲萬國博覽會之嚆矢。此後據踵而起者，雖居多數，然或規模狹小，不足冠萬國之名，惟實際以大博覽會稱者，自千八百五十一年至千九百零四年，前後計十二次，內倫敦二次，巴里五次，紐育、維也納、費府市、俄古聖路易各一次。我國出品參同事業，除明治三十六年大阪內國博覽會外，以一千九百年巴里萬國博覽會，一千九百零四年聖路易萬國博覽會爲最近出品參同之時期。今日本政府擇定明治四十五年，即我國光緒三十八年開萬國博覽會於東京，會場敷地總面積約三十五萬坪。業於昨年即明治四十年十一月經外務大臣發通牒於駐日各使臣，彼時各國表選同之意者獨逸。帝國亦既移牒各聯邦政府及國內各商工團體矣，墨西哥、加奈陀政府亦均以出品之通牒返答矣，英領殖民地紐治蘭政府亦既以關於建物之面積及出品等派主任官吏來日本交涉矣，米國政府亦既於今期議會以參同之豫算提出矣，英國商務大臣亦既依此案內狀之勸誘，設委員會着手調查矣。此外陸續申□者，環顧列邦，計日可待。

我國對此問題，其出品之參同當亦從事研究，但以一千九百年暨一千九百零四年之往事觀之，猶未盡美盡善也。蓋一則建築之事務假手於佛人，一則監督之副任授命於米人，其甚者於巴里之出品貽多數骨董之機（譏）評，於聖路易之出品，居末等褒賞之鑒定，此在數年前之中國，迫於實業幼稚之使然，實亦未可厚非者。今則人文進展，物産勃興，商界競爭之思想人同此心，外交親睦之會同勢不容緩。何幸值此不可逸之機會，紹介我國進運之狀態於世界萬國，非此日本大博覽會之時期也耶！

生留學東瀛迅將五載，對此參同事業，尤爲注重之宿題。況大部提倡爲懷，知必有擘畫周詳引爲己任者，但非具提綱絜領之規，斷難收通商惠工之效。謹擬大綱二十八條用備採擇，非敢矜一得之愚，亦聊竭兩端之叩爾。至詳細辦法，容當研究成册，恭呈鈞鑒。先此肅薰上稟，曷勝屏營之至。

章開沅《蘇州商會檔案彙編（1905—1911年）》第一輯《外務部咨》 外務部爲咨行事。

前准比國柯使照稱：接准本國外部文開：西曆一千九百十年在本國京城設立萬國賽會，本國國家尤爲照拂，嗣後該賽會局遇有各項公文章程寄來，再當送請收閱。茲又准照稱：本國京城設立萬國賽會事，今將賽會場内商人租用房間地段價目備文知會，祈轉飭貴國前往賽會，各商俾有遵循，其會場内房間如用一方密達者，價金二十五個佛郎，如在會場内用地一分者，價金十個佛郎，各等因前來，相應咨付貴部查照辦理可也。須至咨者。

章開沅《蘇州商會檔案彙編（1905—1911年）》第一輯《萬國商會公會章程》

西曆一千九百八年九月五號起至九號止，奥國在布拉克城開設萬國商會公會，屆時各國皆派員入會。查該會宗旨，系望各國力杜商情隔閡之弊，即關於萬國工藝實業等項，亦可統籌改良之法，俾臻具備。並將所議各節暨已定規則，明列於左：

第一條　本會照章每二年開議一次。

第二條　凡工商各會欲保護自己利益者，皆可選派代表人前往入會。工商各會司事人等，亦可任便入會。

第三條　入會會費每人應納法金二十佛郎，每會五十佛郎，凡納五十佛郎之工商會，可派三人與會。三人以外如欲與會，每人加納二十佛郎。

第四節　所有會中各問題，應歸本會議論，按照第二條所載之司事人等，不得與議。按照第二條所載之代表人，可以與議。惟每人只有一票，各事須從多數決定。凡□國代表人，其人數在五十名以上，另求分議事項者，悉聽其便。所議之事，仍須從多數定奪，與議諸國須登載册上。

第五條　本會須將議論處所指定。

第六條　宜設立常川委員會一處，專爲預備各事，暨辦理日後施行之事。常川委員會内每國應派正員三名、副員三名，不得過多。

第七條　常川委員會之正副委員，應由各國公會委員中選派，各國總工商會欲行入會者，可有選舉權。委員會會員所用之委任票，至下届公會開始，即行作廢。

第八條　常川委員會會員每人只投一票，各事須從多數定奪。

第九條　常川委員會應設總理一員，副總理一員，辦事官或總書記官一員。下届公會應設在何處，應由常川委員會擇定。未定以前，常川委員會仍設在比京。

第十條　召集常川委員會一事，應由總理主持，凡入會各員内有四分之一請求召集者，該總理即可照辦。

第十一條　凡入會會費應照第三條所載辦理。

待議各節如下：

一　本會應請入郵便公會，各國核減郵費。

一　本會應請各國改良郵便，暨將書信罰資消除。

一　本會應請各國將各國電話聯合一氣。

一　本會應請各國將匯票匯水改成一律。

一　本會應請各國商定劃一法律。

一　本會應請設立萬國航路事務所一處，以便審判海上争端。

一　本會應請各國規定賽會事宜。

一　本會應請各國將出産物品應納關税改歸一律。

章開沅《蘇州商會檔案彙編（1905—1911年）》第一輯《農工商部爲請領護照事通飭蘇商總會文光緒三十四年十二月十六日》 農工商部爲通飭事。

光緒三十四年十二月初三日准外務部咨稱：准美柔使照稱：西曆明年二月由二號至九號，本國於飛利濱滿呢拉地方開一與本年二月間所開一律之賽會。茲奉本國外部大臣文囑，謂該處仍印就特爲華人可以聽便前往赴會之護照，請轉達貴部，按照西曆上年所請赴會成案，通行各省有權發照官員，曉諭華人，如欲前往，請領此項護照，可以無須照費等因。

查前次滿呢拉賽會印給華人特别護照各辦法，經本部於上年十一月二十四日咨行在案。茲准前因，除電致南北洋大臣轉飭各關道照辦，並通諭商民知悉外，咨請查照通飭，等因前來。查滿泥拉賽會印給華人護照各辦法，經本部於上年通飭各商會遵照在案。茲該處復於明年二月舉行賽會，合行札飭。札到，該商務總會即便遵照，傳諭商民一體知悉。如有願往賽會者，即領照前往可也。此札。

右札蘇州商務總會，准此。

章開沅等《蘇州商會檔案叢編（1905—1911年）》第一輯《農工商部爲棉花種類調查事來札光緒三十四年十二月二十八日》 農工商部爲札催事。

案查光緒三十四年正月間欽奉寄諭，着農工商部詳細考查各國棉花種類、種植成法，分别採擇編集圖説，並優定奬勵種植章程，頒行各省等因。欽此。欽遵到部。當經本部通行各出使大臣、各省督撫，並札飭各商務總會一體欽遵詳查具復在案。事近一載，各處復到者甚屬寥寥。現在本部即擬編輯圖説、釐訂章程，亟待各處查復到部，以便廣爲搜輯，克日成書。究竟該省各屬地方種植棉花，以何處爲最多，以何地爲最良，所織紗布以何處銷場爲最廣，以何項製品爲最優，以及播種之法，收穫之數，種類之多寡，工料之良窳，並各該處紳商有無設立此項公司，有無著述此項專書，均應詳細調查，以憑比較，而資採擇。事關特旨籌辦之件，合行札催。札到，該總、協理等即便遵照，並轉知各商務分會，一體詳查，迅即禀復，毋再遲延，切切。此札。

右札蘇州商務總會，准此。

《申報》宣統元年正月初十日第四版《蘇垣商務總會紀事蘇州》 蘇省商務總會第四届選舉日期，業於去年奉部批准緩辦在案。茲悉該會因轉瞬新年將竣，特定於本月二十六日舉行選舉。所有去年各業推舉代表，如有更動，須於本月十九日以前推定，送交會內察核。至本届年會，定於本月十二日下午舉行。本年常會第一期，定於十九日開議一切事宜。

章開沅等《蘇州商會檔案叢編（1905—1911年）》第一輯《祝大椿願入蘇州商會信約宣統元年正月十九日》 具信約祝大椿，字蘭舫，係江蘇省常州府金匱縣人，年五十四歲，在蘇州電燈公司執事，住居上海。願入蘇州商務總會爲會友，茲將允認之約條列如下：一、願守會章；二、允從衆議；三、允認所舉者爲代表人；四、願擔會務。此約。

章開沅等《蘇州商會檔案叢編（1905—1911年）》第一輯《杭祖良等介紹經綸廠代表入會書宣統元年正月十九日》 具介紹書杭祖良、倪開鼎。

茲有蘇州府盤門外青陽地蘇經絲廠、蘇綸紗廠代表王立鰲，願入商務總會，囑爲介紹。另具信約存會備查。專此。敬請總、協理大人臺鑒。

具介紹書杭祖良、倪開鼎畫押

宣統元年正月十九日。

《申報》宣統元年正月二十九日第四版《商務總會選舉紀詳蘇州》 蘇省商務總會本届第四期投票選舉議事，定於廿六日舉行，已紀前報。茲悉是日各業代表，均經到會。下午二時開會，先由理事員報告去年收支、開銷及現存款項，次開筒宣布票數，計得票最多數者倪詠裳、吴似村、尤鼎孚、張月階、杭筱軒、洪少圃、王駕六、龐天笙、潘清之、李燮堂，餘如□鼒君、□子範、吴子和、程彝卿、蔡壽卿、潘賓如、蔡儉安、鄒椿如、李質卿、孫慕周、蔡柏侯，均爲次多數。以上各員均被選爲議董。現定於二月初四日下午，由議董內複選總、協理後，再行報部。

章開沅等《蘇州商會檔案叢編（1905—1911年）》第一輯《王立鰲入會信約宣統元年正月》 具信約王立鰲，字駕六，係江蘇省蘇州府吴縣人，年三十九歲，在蘇州　幫　執事，住居曹家巷，願入蘇州商務總會爲會友。茲將允認之約條列如下：

一、願守會章；二、允從衆議；三、允認所舉者爲代表人；四、願擔會務。此約。

宣統元年正月　日立信約　王立鰲

章開沅等《蘇州商會檔案叢編（1905—1911年）》第一輯《農工商部爲經綸兩廠另舉職員批示宣統元年二月初三日》 農工商部批。

呈暨代呈禀件均悉。蘇經、蘇綸兩廠暫定總理周廷弼現在自行辭退，據稱公擬開會，由股東股票選舉總、協理及各職員等情，應准備案。仍俟舉定後報部備核。仰即傳知遵照。此批。

右批蘇州商務總會知悉。

章開沅《蘇州商會檔案彙編（1905—1911年）》第一輯《農工商部勸諭參賽札文宣統元年二月初四日》 農工商部爲札飭事。

准外務部咨開：奥國於一千九百十年在維也納開獵務會，奥使來部請派員與會。並准出使雷大臣函開：據獵務陳列所提調面稱：本會雖以獵務標題，而各國無論何種商品工品均可赴賽。中國磁器、琺瑯、茶葉、綉貨爲環球所艷稱，奥國尤酷愛之。倘令華商携貨來會，於貴國商業前途必有利益，等因前來。查西曆一千九百十年，即宣統二年，奥京賽會雖以獵務爲名，商品工品均可赴賽，爲此札飭。札到，該商會仰即傳知各商務分會及各處商人等，如有精良貨品願赴賽者，先期報明本部，轉咨辦理可也。此札。

右札蘇州商務總會，准此。

《申報》宣統元年二月初六日第四版《商會複選總協理蘇州》 蘇省商務總會，前經開會投票，選舉議董二十一人，定初四日，複選總、協理各情，已紀本報。兹悉，是日各議董均經到會，投票選舉總理，計得票最多數者張君月階，張君極力辭謝，現已公函挽駕，想必俯允擔任，以盡義務。次舉協理，計得票多數者倪君詠裳、吴君似村，當時以二人票數相同，照章重舉，不意票數依舊平均。嗣經名譽會員王君勝之、吴君卓丞、蔣君季和公同議決，將二人用掣簽法，竟掣定倪君詠裳爲協理。次舉定會計，議董杭小軒、吴似村二人，其餘理案議董，俟於董事會時，推定十人，再行報都存案備查。

章開沅等《蘇州商會檔案叢編（1905—1911年）》第一輯《經綸兩廠選舉結果與票數宣統元年二月十五日》 蘇經、蘇綸絲、紗兩廠已酉二月十五日在蘇州商務總會選舉總、協理、董事員及查帳員。

總　理

王君勝之　得票二千三百二十權

協　理

王駕六君　得票一千四百六十權

董事員

倪詠裳君　得票二千五百四十一權

杭小軒君　得票二千四百九十一權

吴訥士君　得票二千四百四十二權

姚清溪君　得票二千三百二十七權

張月階君　得票一千二百另六權

查帳員

尤鼎孚君　得票二千一百八十六權

吴子和君　得票一千九百四十七權

章開沅《蘇州商會檔案彙編（1905—1911年）》第一輯《農工商務局勸諭赴賽照會宣統元年二月二十二日》 督辦蘇省農工商務局司道爲照會事。

本年二月初十日奉農工商部札開，准外務部咨開：奥國於一千九百十年在維也納開獵務會，奥使來部敦請派員與會。並准出使雷大臣函開：據獵務陳列所提調面稱：本會雖以獵務標題，而各國無論何種商品工品，均可赴賽。中國磁器、琺瑯、茶葉、綉貨爲環球所艷稱，奥國尤酷愛之。倘令華商携貨來會，於貴國商業前途必有利益等因前來。查西曆一千九百十年，即宣統二年，奥京賽會雖以獵務爲名，商品工品均可赴賽，爲此札飭議員，仰即傳知各商務分會及各處商人等，如有精良貨品願往赴賽者，先期報明本部轉咨辦理可也，等因。奉此，合就照會。爲此照會貴總會，請煩查照，希即傳知各商，如有精良貨品願往赴賽者，先行報明本局，以便轉報，望切施行。須至照會者。

右照會蘇州商務總會。

《商務官報》宣統元年二月二十五日第四期《批蘇州商務總會呈》 據呈查明，江震分會總理龐元潤辦事和平，操守可信，被控各節，全無足據，自應無庸置議。該總理歷任兩屆，商情允洽。前據該分會會董投票公舉，仍佔多數，懇留續任，應即照准。兹發去札文一件，仰即轉給祇領可也。此批。二月初十日。

《申報》宣統元年閏二月初二日第三版《商務總會遞推議董》 商務總會選舉總、協理，已誌昨報。兹悉，新舉議董王子展君，因輪船招商局及中國通商銀行事務繁劇，或須出門稽察，不能兼顧，函辭議董之職。是以前日選舉總、協理之時，未經到會。該會於開筒後，當將來函宣布，照章以八十四權之丁欽齋君遞推爲議董。

《申報》宣統元年閏二月初十日第三版《商會董事公留新協理》 嚴子均觀察與各議董書。敬啓者，義彬承諸君子不棄，謬舉爲本年商會協理，事關公益，但爲材力所能及，無不勉效奔走之勞。然鄙見三端，不能不奉達於諸君子之前者，並非不中台舉，務祈亮鑒。商會之興衰，在乎辦事之得人與否，義彬自先君見背後，追隨學習，却不敢自安暴棄。惟去年派爲理案議董，自知資望不足，閱歷未深，竭蹶之處，時深惶悚。以理案一部分之事，猶且如此，何可再加重任，致多貽悞，此其一也。上海爲通商總匯，商會爲商務中樞。商於滬者，各省各幫不乏資望隆重之人，總理、協理皆屬甬人，未免偏仄，偶然一年不足爲奇，連年如此，頗涉嫌疑。雖事屬公舉，並無成見，而處此地位之人，總覺歉然，此其二也。協理非議董可比，必須常川到會，方不負推舉之意，義彬私事較多，馳驅南北，迨無暇時，負虚名而寡實濟，此其三也。有此三端，辜負雅愛，務祈格外見諒，准其告退，另行舉補。義彬非不肯效勞，再求寬假數年，深以閱歷，惟諸公驅而策之可也。

章開沅《蘇州商會檔案彙編（1905—1911年）》第一輯《農工商部爲參加義國賽會事札蘇商總會文宣統元年閏二月初十日》 農工商部爲札飭事。

准外務部咨開：西曆一千九百十一年爲義國中興五十年大紀念，因此舉辦萬國賽會。該會分設兩處，一在羅馬府，開設古玩及新制美術賽會；一在都朗，開設百工賽藝會。由義國文使照請派員赴賽前來，相應咨行貴部查照，等因。並附送洋文章程到部，合摘譯章程，分別札飭。札到，該商會即便傳知分會，曉諭各商遵照，並將赴會各商報部轉咨可也。須至札飭者。抄件

右札蘇州商務總會，准此。

章開沅等《蘇州商會檔案叢編（1905—1911年）》第一輯《農工商務局爲新選總理備案事照復蘇商總會宣統元年閏二月十六日》 督辦蘇省農工商務局司、道爲照復事。

本年閏二月初十日准貴商會移開：據蘇經、蘇綸兩廠股東吳韶生等爲陳明暫定總理自行辭職情形，並奉農工商部批准開會舉定總理各緣由，具呈懇爲移送，並公擬兩廠公司章程到會。據此，相應連同原呈及章程清折移局查照備案。等因到局。

准此，查此案現奉撫憲札，准農工商部咨，飭司、局會同查明，再行核辦在案。茲准前因，合先照復。爲此照會貴商會，請煩查照施行。須至照會者。

右照會蘇州商務總會。

章開沅等《蘇州商會檔案叢編（1905—1911年）》第一輯《姚文佺等懇請蘇商總會代呈稟帖簡章宣統元年閏二月十七日》 敬稟者，職商姚文佺等擬創辦華通有限公司，運辦土貨前往南洋荷屬之爪哇（消）〔銷〕售。繕具稟帖，並附簡章，呈請南洋通商大臣兩江督憲立案，札飭保護。懇請轉爲代遞，俾得早日開辦。事關公益，利國便民。貴會素以提倡商務爲主，定可俯如所請，伏維鈞鑒。

職商候選 訓導姚文佺
縣丞許孝先 上

計附呈稟一件、簡章一件

章開沅等《蘇州商會檔案叢編（1905—1911年）》第一輯《朱汝珍致張履謙函宣統元年三月十九日》 月翁列位仁兄大人閣下：

久耳大名，殊深傾慕。日昨趨候未晤，良用悵然。敬維履祉延釐，允符私頌。弟承修訂法律大臣奏派調查各省商事習慣，爲編訂商法之豫備。誠以編訂商法，爲憲政館奏定本年籌備事宜，不容稍緩，惟是茲事體大，審擇至難。蓋商法含有世界性質，各國大抵從同。然因國民經濟之程度及事實之習慣，亦往往有獨異之處。吾國地大物博，商事尤極繁瑣。今編制商法，不取裁外國則反乎從同之傾向，徒取裁外國不與吾國習慣相應，恐又不能利於推行。敝館先從事調查，實慮及此。

竊維吾國商業發達最早，貴省交通利便，民性活潑，貿易日見繁盛，尤佔世界商業重要之地位。茲由敝館擬出問題，特送上十册，除備貴商會諸公留覽外，請代送貴省各府治商會各一册，均請賜以論議，分條答復。弟一二日内尚當再詣貴商會與諸公討論一切，祈即定期示悉。至貴商會及各府治商會答復之件，務懇准六月内匯齊，郵寄北京宣武門内象房橋法律館，俾與各省答復之件參觀互證，是所切禱。

再者，弟由滬而蘇，見貴省行商皆有同業規條，團體所集，恒能自爲裁判，擴而充之，即吾國商法之泉源。弟日來亦從事蒐羅，但恐猶多遺漏。伏懇貴商會蒐集蘇商各行同業公議規條，不拘雅俗，一並附寄敝館，俾編纂時免與之大相抵捂。此事關於商業前途大有關係，想諸公必能相助爲理由。此布。敬請臺安。

愚弟朱汝珍頓首

三月十九日

章開沅等《蘇州商會檔案彙編（1905—1911年）》第一輯《商習慣調查問題》

第一章 總 則

（一）有稱之商人之特別階級否？若無之，則是否無論何人皆得爲商人？

（二）稱爲商人者之範圍如何？

（三）就營某種商業若有特別制限時，則詳述之。

（四）官吏、公吏等之營商業有無制限？此外有無特就營某種類商業加以制限者？

（五）女（妻或獨立之女）或未成年者有無營商業之列？若有之，則與成年男子營商業之方法有無差異？

（六）有大商人與小賣人之別否？若有之，說明其區別之標準及營商業之方法等有無差異。

（七）有小賣商人與卸賣商人之別否？若有之，亦說明其區別之標準及營商業方法等有無差異。

（八）此外有商人之區別否？

（九）有特爲交易之市場否？若有之，則言其制度如何？

(十)對於商人特有登記否？若有之，則詳言其制度。

(十一)商人在其商業上爲表示自己之名種，要用姓氏否？若係不要，則言其關於用姓名以外之名種有無制限。若有制限，則言其制限如何。又不問有無制限，詳言關於商業上所用之氏名及其他名稱之制度。

(十二)商人表示自己之名稱以外，有表示其商業處所之名稱否？若有之，則詳言其有之之稱及關於此之制度。

(十三)商人有爲表示其商品用文字圖形記號者否？若有用之者，則詳言其制度。

(十四)商人之商業本，據係一種物品否？若有多種物品，則其間有無主從之關係，宜詳説其制度。

(十五)商人有記録其商業情形之帳簿否？若有之，則詳有其制度。

(十六)詳言關於商人在其商業上所使役者(包含商業使用人及商業學徒等)之制度。

(十七)商人在其商業上有以他商人爲代理或居間之常設機關否？若有之，則詳言其制度。

(十八)詳言商人在自己之營業上臨時使他人(不問其爲商人與否)代理自己，或使其補助自己之制度。

(十九)商人有舉其店鋪商品交易上關係等一切事物出頂與他人者否？若有之，則詳言其制度。

(二十)商人間之交易，及商人與非商人間之交易，並非商人間之交易，其間有無差異(例如利息連帶及其他等)？

第二章　組合及公司

第一節　總　則

(一)詳查二人以上共同營商業之情形。

(二)若有外國人共同營商業之際，則詳查之。

(三)區別各種共同商業詳查左列諸事項：

一、官吏之干涉(關於設立營業組織之變更、合並、解散等之監督及罰則)；

二、設立；

三、規約(定款)；

四、名稱；

五、廣告之方法；

六、營業年歲；

七、資本及其增減；

八、公積金；

九、藉入金；

十、事務之執行及其代表；

十一、事務之監督；

十二、盈虧之分配。及設立後至開業時要展緩之際所處之方法；

十三、共同員決議之方法，及於有總會之共同商業，詳言其總會之制度；

十四、各員之出資；

十五、各員之責任；

十六、禁止各員爲同一營業否？

十七、各員之加入及退資解約；

十八、各員所有權利之讓與；

十九、自己商業變爲共同商業之情形，又共同商業變爲自己商業之情形；

二十、共同商業情形之變更；

二十一、一共同商業與他共同商業之合並，又共同商業之讓與；

二十二、破産；

二十三、解散及清算。

第二節　股　份

(一)有二人以上共同有一股者否？若有之，則詳言其關係。

(二)詳查股份帳簿或股東名簿。

(三)股份銀數有不均一者否？若有，宜詳言之。

(四)股份銀數之最多數目、最少數目及最普通數目如何？

(五)股份銀數與發行銀數與差異者否？若有，宜詳言之。

(六)詳查股東是否概係有同等之權利義務。

(七)詳查是否以股份銀數爲股東責任之界限。

(八)股銀繳納之方法如何？

(九)股份銀數公司有消却之者否？

（十）對於股份是否必發行股票？若係發行，則須列舉股票中記載事項之最普通者。
（十一）股票是否必須記載股東之姓名，或有無記名者否？試詳查之。
（十二）是否依股銀繳納之先後異其記載？
（十三）詳查股票遺失時所用之方法。
（十四）股票得自由出頂否？出頂有方式否？又有禁止出頂之時否？試詳查之。
（十五）股份出頂後原股東對於公司尚負責否？
（十六）公司有讓受或質入本公司之股票者否？

第三章　票　據

（一）有匯兑票據、定期票據及支銀票據三種否？試詳查其區别。
（二）有止許持往購買物品之銀票否？
（三）詳查銀行券。
（四）有貨物匯票否？
（五）作成票據或讓與之原因無可考，或被批消或爲不法時，則其票據是否無用？
（六）票面是否無論爲何記載皆可作成？後之記入如何？
（七）代理人使其票據時，要以其事記入票據否？
（八）詳查票據遺失時所處之之方法。
（九）關於匯兑票據詳查左則諸事項：一、作成；二、僞造、變造；三、副本、謄本、補箋；四、流通；五、保證；六、擔任；七、證明無擔任之方法；八、因無擔任之救濟方法；九、因無擔任而第三者爲擔任；十、支付；十一、證明無支付之方法；十二、因無支付之救濟方法；十三、因無支付而第三者爲支付；十四、前記以外之顯著事項。
（十）關於定期票據詳言左列諸事項：一、作成；二、僞造變造；三、流通；四、保證；五、支付；六、證明無支付之方法；七、因無支付之救濟方法；八、因無支付而第三者爲支付；九、前記以外之顯著事項。
（十一）關於支銀票據詳言左列之事項：一、作成；二、僞造、變造；三、保證；四、流通；五、擔任；六、證明無擔任之方法；七、因無擔任之救濟方法；八、因無擔任而第三者爲擔任；九、支付；十、證明無支付之方法；十一、因無支付之救濟方法；十二、因支付而第三者爲支付；十三、前記以外之顯著事項。

第四章　各種營業

（一）就左列各營業詳言其營業之開始，交易之情形，與對手者之關係及出頂、閉歇等：一、買賣業；二、賃貸業；三、製造業；四、銀行業（其他貸金業）；五、銀錢業；六、代理業；七、發行業；八、居間業；九、保險業；十、寄託業；十一、運送業；十二、營造承辦業；十三、勞務承辦業；十四、小客店；十五、客棧；十六、勸工場業；十七、公共歡樂場業；十八、浴場業；十九、飲食店業；二十、電燈及其他供給電氣業；二十一、煤氣業；二十二、出版業；二十三、印刷業；二十四、照像業；二十五、前記以外顯著之營業。

第五章　船　舶

（一）詳言船舶之種類。
（二）詳言數人共有船舶之關係。
（三）關於船舶之債務，其所有者有以其船舶爲限度之責任者否？
（四）以船舶營利者，固常爲其所有者，然亦有爲賃藉人者，若爲賃藉人，則對於其爲交易之人與船舶所有者自爲交易相同否？若有差異，則詳言其差異。
（五）詳言船舶之質入抵當。
（六）詳言船長及船員之雇用、辭退、權限、責任等。
（七）以船舶運送貨物及旅客各有如何情形？試詳言之。
（八）就運送貨物詳言左列事項：一、客貨人與運送者之關係；二、客貨人與收貨人之關係；三、運送人與收貨人之關係；四、代表貨物之單據。
（九）就運送旅客詳言左列諸事項：一、旅客與運送者之關係；二、證明乘船之票據。
（十）詳言船舶之保險。
（十一）船行危險，有冒險貸與金錢者否？若有，則詳言之。
（十二）船舶及貨物因免於共同危險所生之捐害費用等，如何使船舶所有者（船舶賃藉人）及貨物所有者分擔？試詳言之。
（十三）詳言船舶危險遇救之者與船舶所有者（船舶賃藉人）之關係。
（十四）詳言因船舶衝突所生兩船舶間之關係。

章開沅等《蘇州商會檔案叢編（1905—1911年）》第一輯《張履謙復朱汝珍函宣統元年三月二十日》

聘三仁兄大人閣下：

敬復者，前今兩日彼此造訪未值，爲悵。捧誦手示並調查商習慣問題十册，祇領之餘，具見博採周諮，鄭重商法之美意。誠以茲事體大，各處習慣不同，閉門造車者，出門每不能合轍。厚承見委，敢不勉效駑駘，襄斯盛舉。當即遵憲德意將問題轉致各業，依限集議，詳細條答。並調取各項條款，送請貴館核存，以爲編訂商法之預備。敝會每逢星期二常會一次，各議董以次齊集。二月廿二日下午二時又爲常會之期，倘政躬得暇，或請駕臨一叙，俾得仰承丰采，快挹緒論，以表歡迎，無任盼禱。專肅奉復。致請臺安。

名正肅

《申報》宣統元年三月二十四日第四版《商務總會紀事蘇州》 蘇垣商務總會昨有南洋勸業會調查員，到會調查蘇屬各土産及製造品物，以便選取赴會陳列，並擬在蘇設立分會，以便提倡實業。該會總、協理等均表同情，並擬即在商會陳列品物，以襄美舉。

章開沅《蘇州商會檔案彙編（1905—1911年）》第一輯《蘇州府爲創設物産會照會蘇商總會宣統元年三月二十八日》 升用道特授江南蘇州府正堂何爲照會事。

本年三月十一日奉督憲端札開：據勸業會事務所案呈：南洋第一次勸業會業經設立事務所，籌辦一切事宜，分別派員辦理在案。查中國賽會事屬創行，非有熟悉商情人員分途調查，斷難收效，茲經選定蘇州府太倉州兩屬派日本法政畢業生蘇高鼎、日本清華學校畢業生蔣鳳梧，於蘇州太倉所屬地方情形素所熟稔，應請派充該府州調查員，會同該監督實力宣勸，聯絡各本地紳商，迅即設立物産會，搜集出品，定期陳列比較，以備勸業會期前運省與賽地步。務將各地方土産、工藝，每歲出品多寡，原料性質，製造方法及其優劣，應如何改良始能競勝，按照所定章程，詳加調查，按期催促，以收實效。所有該員川資旅費，應由所分別計日按程酌量核給，以資應付等情。據此，除札委外，合亟札飭。

又奉另札內開：案照南洋創辦第一次勸業會，業經奏准並分別派員辦理在案。查勸業會事屬創行，應由各就近地方先設物産會，搜集土産工藝，定期陳列比較，以爲將來運省陳賽之預備。庶商人知所適從，物品可期精進。茲經議定，於各府會地方按照所訂章程，設立斯會，由該屬長官與紳商學界合力圖成。當此時局艱難，朝廷明詔迭頒，兢兢以振興實業爲要務。地方官爲一方之表率，須知此舉乃物藝競爭之關鍵，即國民生計之大原，可與籌備立憲、地方自治等要政相提並重。茲派該府知府爲物産會監督，該商會總理充物産會創立員，會同調查員實力宣勸，趕緊組織，定期開會，認真研究各本地土産工藝，以立勸業會之基礎。本大臣視物産會辦理若何，嚴定功過章程，分別懲勸。事關富强本計，各應竭力舉辦，以底於成。除分別札委外，札府即便遵照，會同調查員及紳商學界妥籌辦法，並轉飭所屬一體遵照辦理。仍將辦法情形先行具報查考，毋稍遲延。切切。此札。等因到府。

奉此，查設會比賽物産，所以促農工實業之進步，爲明歲勸業會與賽起見。會中陳列分天産、工藝、美術、教育等品，應由各屬會同調查員，督飭紳商學界，調集章程内所開各種物品，注明産地，價值，銷額，運銷地方及原料制法，改良方法，盡四、五、六三個月内運送來府。本府擬暫假農學堂後新修房屋爲物産會陳列所，即於七月初一日開辦。按章於一月後期滿開會，並先期一月詳請南洋商督憲派委該會審查員來府會辦。如有物品精美者，呈請商督憲分別給以金、銀、銅等牌，以示獎勵。該會取精用宏，關係富强本計，規模宏大，經費必須置籌，合先約略估備洋一萬元，照章應官紳各半分籌，九縣每縣先捐洋五百元，兩廳每處捐洋二百五十元，共合成五千元。將來如有不敷，由府暫行籌款墊發，再行核數攤派。至紳商應籌之款，章內聲明應就各地賽會演劇各公項中酌量提撥，並募集本地紳富捐款。暨開會時，酌收入場費、小販租地費等類，以資補助。除飭府屬各廳縣速行查明指撥之款實有若干數目，先行具報外，合亟照會貴商會，希煩查照，調集章程内所開各種物品，注明産地、價值、銷額、運銷地方及原料製法、改良方法，盡四、五、六三個月内送府，並將應籌商款數目查明，具復。望切。須至照會者。計抄物産會章。

右照會蘇州商務總會。

章開沅等《蘇州商會檔案叢編（1905—1911年）》第一輯《發送商習慣調查問題簡章函稿宣統元年四月初七日》 茲送上研究商習慣問題簡章　份，請即分派貴業各户，幸勿遺漏。並附書　份，如有未入本會者，並可公同研究。此請

先生臺鑒。

商務總會啓

法律報所頒商習慣問題，請於四月十二日第一期到會領取。

初七日録

《申報》宣統元年四月初九日第三版《蘇州協贊會開會紀詳蘇州》 蘇垣各

士紳，前因南洋勸業會調查員蘇君梯云、南洋事務所坐辦陳君蘭薰，到蘇組織物産會，以爲先事之預備。當因茲事體大，非各界協力贊助籌辦，或難周到。爰定於初七日，藉閶門外大觀茶園，開協贊大會（已登本報專電）。發起者，爲商局張施總會辦，府縣各員暨商會張、倪總協理，及蔣、潘、吴、尤、姚、費諸紳士。是日，會塲職員：總事務員蘇君梯云、蔣君韶九，書記員王君杏春、顧君竹菴、王君康民、尤君賓秋、程君綺霞，糾察員姚君譜琴、杭君小軒、李君質卿、蔣君彤鈞、程君秉之、施君炳卿、龐君天笙、洪君少圃、王君景清、陳君廉仲，臨時糾察員爲孫君起淵，其餘招待及事務各員，不及備載。下午二時，開會。一、陸君兩菴宣佈會塲規則。二、蘇君梯云報告開會宗旨，説明協贊會之性質，以協贊會由勸業會發生，第一次在南洋，第二次在上海，第三次在鎮江，均已開過。今日開會，即名爲南洋勸業蘇州協贊會。三、蔣君韶九宣佈協贊會章程及第三條解釋，以協贊員所辦事務有五大綱，關於共同出品物件，均宜研究。四、勸業會事務所坐辦陳觀察演説勸業會之性質，有公共之利益，有個人之利益，有間接之利益，有直接之利益。五、勸業會事務所會辦向君淑予演説，勸業會可以發達生計，補助教育。今日此會，即請諸君協力贊助。六、發起人由何太尊委金大令彭年演説，勸業會所以督促實業之進行，與各項新政，均有關係。將來實業日增進步，則一國財政日裕，即舉辦要政，經費不至無著。七、演説員費君玉如、潘君承鍔、李君思慎先後演説，大旨謂勸業會之設，可以觸起實業界競争之思念，增進國民生活之程度，今日之開協贊會，所以謀勸業會之發達，輔助物産會之進行。八、公同推舉協贊員三十餘人，另再開協贊員會議，分任調查。當時各員演説，均洋洋灑灑累千萬言，聽者鼓掌如雷。計是日官、紳、商、學界暨各業代表來賓，約七八百人，秩序整肅，可謂極一時之盛矣。

《申報》宣統元年四月十三日第四版《研究商習慣問題續誌蘇州》

蘇垣商務總會，前因法律館朱太史汝珍到會調查商業習慣法，經該會另擬簡章，通告各業，研究各情，已誌本報。日昨該會爲第一次研究商業習慣法之期，計各業代表及各商到會者，約三十餘人，當時草擬簡章八條，其餘應行研究之處尚多。現定每逢星期六，再行會議。

《申報》宣統元年四月十五日第四版《蘇垣物産會事務所定期開會蘇州》

蘇垣商務總會，前因南洋勸業會調查員蘇君高鼎暨首府何太守，議定創設物産會，該會先擬設立物産事務所各情，已紀本報。茲悉該會總協理，定於十六日，即在會所邀集教育會、地方自治會及各團體等會員各業代表開會，集議推舉所長暨坐辦、調查、書記、會計各員，分任一切。

章開沅等《蘇州商會檔案叢編（1905—1911年）》第一輯《劉善浤等爲電話業務改良事復蘇商總會函宣統元年四月二十二日》

敬啓者，捧讀賜書，辱承垂問，足見關懷實業，振工以補助通商也。敝局對於電話改良一節，數月以來，竭其能力所能至，冀以副諸公之望。現干綫植杆規模粗（具），裝版安綫需時稍多，閶門分局一部分則已整理，一切傳遞無障礙矣。簡明新章須先發佈，日内正在印刷中，成時准即寄呈臺鑒。並懇藉重揄揚，紹介，聯絡，息息相關。俾蘇城大家搏晤，言一室之趣，則爲敝局之厚幸也。匆匆布復。敬請貴總會諸公籌安。

弟劉善浤　朱文萃

四月二十二日

章開沅等《蘇州商會檔案叢編（1905—1911年）》第一輯《蘇商總會研究商習慣問題簡章宣統元年四月》

一、宗旨　研究關於蘇地各業之習慣，分類條答，以備法部修律之採擇，而保商人之權利。

二、辦法

（甲）法律館所頒習慣問題，當按期逐條研究。

（乙）問題以外之習慣，可由本會會員隨時調查明確，來會各抒意見，以收集思廣益之效。

（丙）商法所包者廣，凡屬商人，無論營業之大小，於法律範圍皆有關係。不問何項商人曾入商會與否，苟有利害切己應行保護者，其營業之習慣與舊有之規條可作成意見書，投交本會或郵寄本會共同研究。

（丁）凡入會各商號，均可到會研究。其未入會之各商號，須有入會之各商號介紹（具介紹書蓋有入會商號戳記）方能認可。

（戊）此研究商習慣問題，法律館限於六月一律呈報。本會擬至遲於八星期中竣事。

三、時間　本會於四月十一日爲研究第一期，以後每星期六下午二時至五時爲研究時間。事關公益，幸勿過時。

四、地所　設在劉家浜商務總會。

章開沅等《蘇州商會檔案叢編（1905—1911年）》第一輯《蘇省農工商務總局爲電話新章事復蘇商總會函宣統元年四月**》** 敬啓者，頃奉來函詢及電話新章，約出月當可印出送上。所有杆綫曾經添設，尚未竣工。届時當再函告貴會也。承關注之處，殊深感泐。特此，敬請臺安。

農工商務總局啓

章開沅等《蘇州商會檔案叢編（1905—1911年）》第一輯《蘇商總會爲請彈壓張香橋工匠暴動移元和縣文宣統元年五月初九日**》** 移元和縣吴。爲移請事：據紗緞業徐萬泰等稟稱，商等風聞機匠近日又有藉口加價，聚衆停工要挾情事，爲特具稟，懇移元和縣憲迅賜給示嚴禁，並請派差役在倉街迤北張香橋等處一帶巡邏彈壓，以彌隱患，等情前來。據此，查去年五月間，曾據該業興和號等以機匠藉口加價聚衆暴動，業經敝會移請貴縣會同出示，嚴禁聚衆停工，並派差巡邏彈壓在案。兹據前情，相應備文，連同原稟，移請貴縣，煩爲查照，迅予出示，並申前禁。並希遴派干役，在倉街迤北張香橋一帶巡邏彈壓，以免釀成釁端，盼切施行。須至移者。

計送原稟一件

章開沅等《蘇州商會檔案叢編（1905—1911年）》第一輯《蘇商總會爲請彈壓潘儒巷一帶機工罷工事致元和縣函宣統元年五月初九日**》** 次竹公祖大人閣下：

敬啓者，頃由敝會移送紗緞業徐萬泰等請迅賜出示，派差巡邏彈壓，預防機工滋事一稟，諒已遞到。兹據該業等到會聲稱，昨日潘儒巷一帶機工聚衆數十人，强搶機梭，勒令停工。今日又在東其林巷、三家村、獅林寺前等處，嘯聚暴動，勢甚洶洶等云。查城鄉内外，各機户良莠不齊，動輒滋擾，而地痞光蛋乘間煽惑，一星星之火，易於燎原。與其補救於後來，何如防患於未然。務懇臺端迅先派差協保，分頭彈壓。並請一面會同長、吴兩邑尊出示嚴禁，俾不致釀成釁端，地方之幸，尤敝會商界所盼禱者也。專肅，敬請臺安。

章開沅等《蘇州商會檔案叢編（1905—1911年）》第一輯《紗緞同業爲暫加工價請求出示曉諭以靖謡諑稟元和縣文宣統元年五月初十日**》** 具稟紗緞同業徐萬泰、李福號、康永泰、德隆豐等爲暫加工價，藉彌隱患，環請給示曉諭，以靖謡諑事。

竊蘇城機工之價，統以錢碼結算，由來以久。自本年來銅元兑價日長，商等以工情艱苦，議以機工洋價照市作短，藉示體卹。詎以衆工一再懇商，謂傭覓工伙，係每日支取工錢，非酌加工價，不足以示普及，情願洋價永遠照市。而現在暫加工價，如總價縮短，則所加仍聽收回。商等公共議商，以銅元兑價之長，自是實情。而傭伙支取零星，亦似有理。因此，允加花累工價每尺銀一分，素緞七釐，洋價永遠照市。惟此項作爲暫加，一俟兑價短至一千二百文，則所加之數仍需撤除。而銅元即再加長，亦不得藉口要求。當經衆工允願遵照即日開工，(如)〔以〕安生業。並具字備呈，以示允洽。惟城内外機工散漫，一時難以周知，而附和之莠工以及無賴人等謡諑，尚未平靖，則防範仍宜周密，爲此稟請憲臺大人電鑒，即請出示曉諭，俾得周知暫加緣由，並請於十一、二月仍派臺差在雲錦公所附近及舊學前，平江路魏家橋一帶巡邏防範，以杜糾聚，而安工業，實爲德便。合詞上呈。（此稟五月初十夜送元署）

計粘呈機工霞章公所開工字據一紙。

章開沅等《蘇州商會檔案叢編（1905—1911年）》第一輯《蘇商總會爲請密拿機工首領彈壓罷工事致元和縣函宣統元年五月十二日**》** 次竹公祖大人閣下：

傾據紗緞業司年徐寶山、孫榮泉，司月李伯英、程安夫聲稱，訪聞機匠加價後，依舊在彼聚鬧。内有歐來生，住唐家巷橋頭；朱男男住婁門葛伯户巷。以上兩人均不安分，務乞於黎明時飭差密拿懲辦。並祈會同東、中兩路巡官，從速多派巡邏隊，到彼彈壓解散，以戢亂萌，無任盼禱。耑肅。敬請勛安。

再啓者：頃又探聞，若輩約於明日黎明，邀衆轟擊司年、司月帳房，大有洶洶莫遏之勢。事在急迫，務乞迅賜會同中、東兩路，多派巡士彈壓，無任盼切。再請臺安。

蘇州商務總會

宣統元年五月十二日夜

章開沅等《蘇州商會檔案叢編（1905—1911年）》第一輯《紗緞商爲扭獲陶大隆解案究辦事稟蘇商總會宣統元年五月十三日**》** 具稟徐萬泰等，爲莠工節外生枝，解案究辦事。

竊自五月十一日定議暫加工價，迭奉憲臺給示曉諭在案之後，衆工業已周知，各自開工。不意少數之莠工，尚欲死灰復燃。於十二日據機業霞章公所發起人等訪知莠工二人，開呈姓名請辦，一名歐來生，一名朱男男即周男男。商等不及具稟，當由商務總會函請訪拿究辦在案。前於十三日上午，竟有莠工陶大隆、錢阿東二人節外生枝，希圖煽惑，突往衆機工家，强取機梭、底條等物十餘件，霸阻工工。幸經機業發起人等當場瞥見，將□□□□□上前扭住，解到雲錦公所，環請商等代解請辦，適臺差及巡士等在附近巡邏，隨由地保協同解案。商等據機業發起人備述緣由，謂自奉諭開工，業已照常，無如良莠不齊，不肖者於人心未定之時，當欲再事煽惑，以致謠言四起，未臻安謐。今如陶大隆之强取機梭，錢阿東之亂中附和，均屬騷擾工業，不可理喻，故不得已扭解請辦等語。商等除將該犯解案外，爲特稟呈憲臺大人電鑒，請即究辦示懲，實爲德便。

再，風聞唯亭、外跨塘等處，以離城太遠，未能周知暫加緣由，衆工尚在觀望。稟請加發示諭，分段曉諭。而唯亭一處機工尤多，並請酌派臺差，以資彈壓。謹附詞上呈。另粘紗緞業各號一紙。

章開沅等《蘇州商會檔案叢編（1905—1911年）》第一輯《蘇州電話總局裝設電話簡明新章宣統元年五月》　一、德律風改稱爲電話，凡欲裝設電話者，可至金獅河沿電話總局或閶門泰伯廟橋電話分局掛號，填注處所、姓名，照章交費，當即派司匠按次履勘裝設。

一、從前電話機箱由裝户自備（合價三十八元），現由本局代備，裝户免出機箱之費，惟撤退時須先通知，由本局收回。

一、從前裝設電話者，城外繳裝費五十元，城内繳裝費三十元，現無論城内外改收裝費二十元。惟距離城厢以三里之内爲率，過此酌議貼費。

一、電話機箱現改由本局代備，又減輕裝費，加之一切改良用費不少，現改訂各新裝户，無論城内、城外，官商公私一律，每月收月費（即修費）四元。惟對講綫減半。自裝設日起，預繳月費半年。裝户如於半年内撤去，所繳之費概不退還。

一、從前各舊裝户，因機箱皆係自備，本年月費，仍照舊收繳，以示體卹。自宣統二年正月起，一律改收四元，以歸劃一。

一、本局照章所收之各費，皆隨發給收證，以爲憑信。

一、凡裝户遇電話機箱有欠靈通時，可通報本總局或分局，當隨時派司匠察勘修理。以後本局每月派司匠按户察驗一次，如遇電粉、鉛條、煤屑有不適用者，由局中或加或换，不另取資，工匠亦毫不收受小費。

蘇州電話總局布啓

章開沅《蘇州商會檔案彙編（1905—1911年）》第一輯《吴縣爲催辦物産會事照會蘇商總會宣統元年六月十一日》　吴縣爲照催事。

本年六月初七日，准蘇州物産會監督辦事處胡函開：奉府憲札委催，物産會定於七月初一日開辦，現已期近，各屬應送産品約有若干件數，是否如法定？於何日送府？飭即速往調查具復等因。抄札備函，知照趕辦等由，過縣。准此，查此案業經前縣照會在案，兹准前因，除照催紳董會同選舉，復縣詳報外，合行照催。爲此，照會貴商會，煩爲查照。先今來文。希即會同紳董，趕緊選舉，何董擔任調查？何種物品？約有若干件？於何月日送府？速即具復。事關特飭要件，幸勿再稽。望切切。須至照會者。

右照會蘇州商務總會。

章開沅等《蘇州商會檔案叢編（1905—1911年）》第一輯《農工商務局照會蘇商總會宣統元年七月初九日》　督辦蘇省農工商務局司、道爲照會事。

本年七月初五日奉撫憲札開：宣統元年七月初二日，准農工商部咨，接准咨開：案據蘇省農工商務局熊道希齡詳稱：奉札准部咨查明經、綸兩廠歷辦情形，周紳廷弼被擠辭退，王紳同愈現今入都供職，擬請將吴紳韶生等公舉總、協理原稟，懇咨部注銷，另由新、舊各股東定期開會，投票公舉職員，以昭公允，而免物議。乞咨部查照。等情到院。相應咨明查核施行。等因前來。查該廠前因新舊股東彼此傾軋，以致糾訟不休，廠務亦爲所牽制，亟宜公舉妥員，以資經理。相應咨復貴撫查照，飭該廠股東等迅即定期選舉，俟舉定後仍將總、協理銜名報部備案可也。等因到本部院。准此，合就札局，即便照會該廠股東等，迅即定期選舉，俟舉定後仍將總、協理銜名呈候核咨。等因到局。奉此，除照會辦理經、綸兩廠紳董遵照部飭辦理外，合就照會。爲此照會貴總會，請煩查照施行。須至照會者。

右照會蘇州商務總會。

章開沅等《蘇州商會檔案叢編（1905—1911年）》第一輯《蘇商總會代呈總協理資格條文稿宣統元年七月二十七日》　爲呈復事。

准農工商局轉奉撫憲札，准農工商部咨飭定期選舉蘇經、蘇綸兩廠總、協理各等因，奉此，當即轉知辦理兩廠紳董王紳立鰲等。去後，兹據王紳等聲稱：此項奉飭選舉，仰見憲臺慎選經理、維持商業之至意。所有總、協理資格，非預爲擬定不足以昭鄭重，而孚衆望。謹擬選舉資格三條，録折呈求鑒核示遵。並求派農工商局張道察到場監視，以肅秩序等情。據此，職會按王紳等稱各節，係爲恪遵憲飭，妥慎選舉起見，理合據情代陳。爲此備由具呈，伏乞鈞鑒，批示祇遵。須至呈者。

計呈選舉資格三條

章開沅等《蘇州商會檔案叢編（1905—1911年）》第一輯《經綸兩廠選舉總協理資格》 謹將選舉總、協理資格擬呈憲核。

一、年滿二十歲以上有實業上之經驗者；

一、新、舊股份各有二十股以上者；

一、被選舉後能常川到廠任事者。

章開沅等《蘇州商會檔案叢編（1905—1911年）》第一輯《農工商務局爲派員監選照會蘇商總會宣統元年八月十二日》 督辦蘇省農工商務局司、道爲照會事。

奉撫憲瑞批貴總會呈復蘇經、蘇綸兩廠選舉總、協理由。奉批：所擬選舉總、協理資格三條，是否妥洽，仰蘇省農工商務局張道核飭遵照。届時仍到場監視，以肅秩序。並照會該總會知照。此批。呈折抄發。等因到局。

奉此，查此案前奉農工商部飭令開會選舉總、協理已久，未便再事延緩。並先准貴總會移會前來，除俟選舉有期，遵飭到場監視外，合先照會。爲此照會貴總會，請煩查照，希即轉致王紳等知照施行。須至照會者。

右照會蘇州商務總會。

章開沅等《蘇州商會檔案叢編（1905—1911年）》第一輯《蘇商總會關於經綸兩廠選舉結果的記録宣統元年九月初二日》 九月初二日蘇經、蘇綸兩廠選舉總、協理。

總　理：

張月階　得票一千五百十二權　當選

次多數：

尤鼎孚　得票九百十一權

王駕六　得票五百八十六權

協　理：

王駕六　得票一千四百六十權　當選

次多數：

尤鼎孚　得票八百六十九權

章開沅等《蘇州商會檔案叢編（1905—1911年）》第一輯《朱汝珍催辦函宣統元年九月二十日》 蘇州總商會諸先生閣下：

敬啓者，鄙人前以調查商事習慣，親詣貴商會與諸君子面加討論，猥承賜教，並約定答復時期，幸甚！幸甚！揖别後以七月中浣旋京，當將各商會接洽情形報告修訂法律大臣，深承嘉許。現商法已著手起草，各商會答復者僅一二起，或有以本館問題名詞未易瞭解爲言者，不知法律名詞，必謀其畫一，萬難遷就各省之俗。稱具各省學習法政者已不乏人，商會盡可邀同學界中人共相研究耳。

查貴商會尚未答復寄京，用特泐函催速。此事爲貴商會利害所關，敢爲諸君子直言之。考各國商法，雖取從同，然有與固有習慣相違者，亦不得不偶從習慣。敝館未事起草，先事調查，正是此意。茲限期已迫矣，請貴商會按照問題，迅速答復，萬勿再遲。蓋一經編成，恭呈欽定，即成法典。宣佈之後，各國商民之僑居中國者尚當遵守，則本國商民更不能不遵守可知。且現在答復者，已有一二處矣，設已答復者足備採擇而酌爲變通，未答復者視同默認，而後多窒礙，試問處商會者能免商民之指摘乎？總之，事前不盡報告之義務者，事後斷無駁議之權利；事前可採習慣而制法典，事後不能執習慣而議法典。所當爲諸君子傾告者也。所有答復之件，請准於十月内仍如前約，逕寄北京象房橋法律館。毋任翹盼。敬請時安。

朱汝珍頓首　九月二十日

章開沅等《蘇州商會檔案叢編（1905—1911年）》第一輯《蘇商總會爲呈請鑒批公司事致兩江總督呈宣統元年九月二十三日》 爲呈請事。

竊職會本年閏二月十七日據職商姚文佺等稟稱組織華通有限公司一案，當經職會連同原禀呈請前督憲端鑒核批示在案。茲據姚文佺等到會聲稱：此案迄今半載未奉批示，懇爲呈請批示等情前來。理合備由，呈請憲臺察核前案，迅賜批示祇遵，伏乞照驗施行。須至呈者。

右呈兩江總督部堂張。

章開沅等《蘇州商會檔案叢編（1905—1911年）》第一輯《蘇商總會爲華通立案事再致兩江總督呈宣統元年十月初九日》 爲代呈事。

竊職會本年十月初五日奉鈞部批開：據呈已悉。查姚文佺禀請組織華通公司一稟，本衙門檢查檔案，未據呈送前來。或係中途遺失。仰即轉飭補録前稟呈送，再行聽候核示等因。職會當即飭知該職商姚文佺等補稟送會。去後，兹據該職商等補具稟詞，並抄録章程，懇爲轉呈，等情前來。理合連同原稟及章程清折一扣，呈請鈞部俯賜鑒核，批示祗遵。爲此備由具呈，伏乞照驗施行。須至呈者。

計呈原稟一件，章程清折一扣。

右呈兩江總督部堂張。

章開沅等《蘇州商會檔案叢編(1905—1911年)》第一輯《姚文佺原稟》 職商候選訓導姚文佺、縣丞許孝先具稟，爲販運土貨出洋，呈請立案保護由。宣統元年閏二月十六日抄稟爲販運土貨出洋，組織華通有限公司，呈請立案保護事。

竊職商姚文佺等前於丙午冬間，偕福建奏派總視學員陳，前赴南洋群島荷屬之爪哇、婆羅洲等埠襄辦學務，始於今春回國。曾目擊該華僑等愛國之心日見發達，會館學堂已辦有四十餘處，而商會亦漸次成立。惟外人商律苛嚴，僑民智識未開，以故商家營運，無非以洋貨代銷，吸取同胞脂膏而已。邇來華僑漸受教育，饒有土物心臧之意。惜以重洋阻隔，內地商人從未販貨出洋，外埠僑民又因未諳祖國情形，不敢輕於從事。於是乎航路幾絶，而數百萬僑民之日用所需，遂事事仰給於外人。此際日本人反乘隙而來，遽肆其殖民政策。年來居然在商業上極佔勢力，凡大小各埠莫不有日本之製作品。

以群島人數而論，我華僑首佔多數，而土貨竟絶無僅有。當此商業競争時代，自居於嗒然若喪可乎？職商姚文佺等每於接見僑民之時，殺以身處異邦，未睹本國土貨爲憾，諄諄囑以辦貨出洋，開通商業。其一片熱忱，幾乎聲泪俱下。如上年八月間，南洋(八)〔巴〕達維亞華商總會發起中國貨物陳列所，即由姚文佺、許孝先等介紹蘇商會寄往摺扇、綉花拖鞋、各種罐裝食品陳列，大受華僑歡迎，咸得善價售出。於是姚文佺、許孝先等復於課餘之暇，悉心調查兩載有餘，於輸出入品中略知梗概。用敢不揣棉薄，發起華通有限公司，先集得資本一萬元，專以我國各省改良貨物運往銷售，以創辟南洋之商業。將來辦有頭緒，再行設法擴充。

兹先草定簡章，以爲日後推廣地步。但本國土貨出口，道經新(架)〔加〕坡而抵荷屬之爪哇，彼處税則，於對待華人一切，素稱留難苛虐。此次職等組織公司，運貨前往南洋群島，事屬創舉，仰求札飭本國闕道暨駐新(架)〔加〕坡總領事等，照會英、荷所屬各官，遵照條約妥爲保護。迅賜批准立案，俾職商等一面招股，一面開辦，准於四月間趕速起程，庶幾於振興商務之中，寓餉飫同胞之意。利國便民，全賴制憲大人提倡扶持之力焉。專誠上稟。

計呈華通有限公司簡章一件。

《申報》宣統元年十月二十五日第四版《發起全省商團會紀聞蘇州》 蘇商體育會，前因接到南京勸業會事務所函請，組織全省商團，並開大會等情。兹悉洪會長等以組織全省商團，聯絡 氣，實爲商業界上當今之急務，將來設有緩急，可資自衛。惟敝會能力薄弱，不足以樹全省之風聲，自以滬上商團公會發起爲宜，敝會步趨其後，並請通知武陽、錫金等處，以便合力組織，而底於成。兹已函復該會事務所，察核辦理。

章開沅等《蘇州商會檔案叢編(1905—1911年)》第一輯《農工商部對張履謙等當選的批示宣統元年十一月初十日》 農工商部批：前據稟稱蘇經、蘇綸絲、紗兩廠辦理情形各節，當經咨行蘇撫並案查復。去後，兹准復稱：據農工商局詳，經、綸兩廠股東等定期開會選舉總、協理，分兩次投筒，先舉總理一人，次舉協理一人。前户部郎中張履謙、候選郎中王立鰲，得票均佔多數，詳請咨部立案等因。除咨復蘇撫照准立案外，合行批示，仰即傳知該總、協理等遵照可也。此批。

右批蘇州商務總會，准此。

章開沅等《蘇州商會檔案叢編(1905—1911年)》第一輯《華通有限公司招股簡章》 謹將華通有限公司招股簡章開呈憲鑒。

計開：

一 命名華通有限公司，擬販運內地各物爲輸出品，而輸入南洋所産以爲商换之資。似此往返周轉，商業既興，商情又達，可收一舉兩得之效。

二 擬招股本四千股，每股墨銀十元，合成資本銀四萬元。由發起人先認一千股，每股先收五元，即繕就收條給與股人執持。餘俟公司成立後辦有頭緒，再行繳足資本。

三 合計資本金四萬元，以一萬元留滬，以購輸出品；又以一萬元存荷屬爪哇島之泗水埠，以購輸入品，余二萬則留爲兩處公司之後盾等。

四 輸出品今調查得有綢疋、顧綉等件，以及紫(沙)〔砂〕器等物，皆爲島人所深喜，一經輸出，必可利市三倍。

五　輸入品有金鋼鑽石、燕窩、犀角、鹿茸。或爲藥餌，或爲珍飾，列之市肆，必爲中、西人士所寶貴，可無疑義。

六　就上海及荷屬之泗水兩埠各設一陳列所，以爲招徠之計，務使中、西人士易於購求，則商務必蒸蒸日上也。

七　按股發給股票據一份，官利週年一分，以收到之日起息，每年憑票向本公司收取。惟股份只招華股，不招洋股，俾免利權外溢。

八　本公司帳目每年造一總册，結除應付股息暨一切開支外，獲有盈餘，以十四成開派，八成歸股東，兩成爲公積，兩成爲發起人總、協理之酬勞；兩成爲辦事人之酬勞。

九　公司成立後，擬再呈請商部注册，暨上海及南洋兩埠之總商會立案，仍謹遵奏定商律辦理，一切以昭公允。

十　公司成立後，公舉名望素孚，熟悉情形之股東爲公司總、協理，則擔荷雖重，不致貽隕越之差。

十一　各股票有被損污穢等情，准即報明本公司存案，並將原票繳銷，以憑更换。

十二　各股票有遺失火毁等事，准即報明本公司存案，並登報聲明，俟三個月後覓具妥保，另給新票。

十三　各股票更换户名及補换新票，每股均加繳費銀一成，以資辦公。

十四　本公司附股之人，均有權向本公司查帳，惟須照商律定章辦理。

十五　凡出售股票，售股人與購股人均須向本公司預先聲明，更换户名。

十六　本公司係草定簡章，一俟股份招齊，再由股東公訂章程，以臻盡善。

運出貨品：紡綢、熟羅、拷紗、拷香雲紗、各種綉貨、本廠柳條斜紋各種甬布、桌幃、檯(攤)〔毯〕、門簾、帳沿、堂彩、女裳、磁器、染料、玩件、龍旗、絲綫、各種銀器、汗(彩)〔衫〕、洋襪、宜興磁沙、竹刻牙刻玩件、各種折玩扇、各種綉花拖鞋、草履、翠石、罐頭食物、火腿。

輸入各品：鑽石、燕窩、茄楠香、犀角、鹿茸、猴棗、熊膽、麝香。

章開沅等《蘇州商會檔案叢編(1905—1911年)》第一輯《復朱汝珍函宣統元年十一月十二日》　致法律館朱聘三先生大人閣下：

敬復者，前奉惠示調查商事習慣，約於十月内將答復之件函寄貴館，以便着手起草，具見虛衷集益，莫名感佩。惟此項問題爲商人權利義務發生之所在，將來法典制成，均須一律遵守，故此時從事調查，關係甚大，愈難掉以輕心。敝會前徑邀集各業，按照各項問題詳加審查，大致雖已就緒，而逐條編輯，有詞義未妥應須删改者，有條答未詳尚須增補者。因此，前訂十月之期，一時未能照辦，良用歉然。兹聞上海商法草案於十月下旬蔵事，現正邀集各商會公同議決，約計當在本月間方可送呈貴館。敝會所有答復之件，可否展緩一月，俾得從容蔵事，務乞曲亮爲荷。專此奉復，敬請臺安。

蘇州商務總會

十一月十二日發

章開沅等《蘇州商會檔案叢編(1905—1911年)》第一輯《蘇省農工商務局爲奉批立案事照會蘇商總會宣統元年十一月十六日》　督辦蘇省農工商務局司、道爲照會事。

奉督憲批：貴商會代呈職商姚文佺禀組織華通有限公司請立案由。

奉批：職商姚文佺等組織華通公司，販運内地及南洋物産，貿遷有無，係爲振興商業，挽回利權起見，自應准辦。惟所擬公司章程，是否悉臻妥協，仰蘇州農工商務局核明，飭遵具復。並行該商會知照，禀折均抄發。等因到局。

奉此，查該職商姚文佺等禀設華通公司，營業正當，察核所擬簡章僅具大略，尚無不妥之處，似可暫准立案。應飭該職商等俟公司成立後再進行妥議詳章，禀候核示。除詳復外，合就照會。爲此照會貴總會，請煩查照，飭遵施行。須至照會者。

右照會蘇州商務總會。

章開沅等《蘇州商會檔案叢編(1905—1911年)》第一輯《農工商務局爲轉發調查工廠表式事照會宣統元年十一月十八日》　督辦蘇省農工商務局司道爲照會事。

本年十月二十三日准提學司移開：本年十月二十日准藩司咨奉兩江總督部堂張開：宣統元年九月初六日准民政部咨疆理司案呈，現在清查户籍，所有公私營業工場、鹽務、礦産、茶絲等項，及土木、磚石一切工作等類處所，或設於城厢，或設於山野，人類繁雜，良莠不齊，若漫無稽查，善良無由而樂業，宵小亦易於潛縱，殊非所以維秩序而保治安。本部業將奏定調查户口章程頒行各省，其施行細則仍令各該監督因地制宜，斟酌妥訂。至於本章程中未盡事宜，如以上各項工場，該監督等亦當酌量地方情形，載入細則，一並調查，以期完密而便稽核。茲特繪具調查各類工廠表式，分咨各省一律通行，照式核實填注，每年於十月前報部。至調查詳細册籍，仍留存各該省備案，無庸送部，以省繁牘。相應咨行貴督查照辦理可也等因，並表式到本部堂。准此，合行照録表式，札司遵照辦理。並奉蘇撫部院瑞札，同前由，各等因到司。奉此，除通飭遵照外，合將表式移司查照，一體飭遵等因。並表式二紙到司。准此，查此項表式關係營業性質，除將表式檢存一紙備案外，合將表式備文移局查照，一體通飭遵照等因到局。

准此，查此案前准藩司衙門來咨，業經分行在案。茲准前因，除分行並照會外，合再照會。爲此照會貴總會，請煩查照，希即轉知各分會一體查明填送局匯轉。望切施行。須至照會者。

右照會蘇州商務總會。

章開沅《蘇州商會檔案彙編（1905—1911年）》第一輯《農工商部爲護照事札蘇商總會文宣統元年十一月二十二日》 農工商部爲通飭事。

案准外務部咨稱宣統元年十月初五日准美署費使照稱：現奉本國外部文，爲西曆明年二月間飛利濱滿呢拉地方賽會，仍印就赴會護照，特爲華人可以聽便前往，請照前兩年赴會成案，通行各省有權發照官員曉諭華人，如願前往，請領護照，無須照費等因。查滿呢拉賽會印給華人特別護照各辦法，經本部於前年十一月暨去年十二月咨行各在案。茲准前因，除電致南北洋轉飭各關道照辦並通諭商民知悉外，咨請查照通飭，等因前來。

查滿呢拉賽會前由各埠美領事印給華人護照，如欲赴會，即往領照，無須照費各節，經本部於上年通飭部商會遵照在案。茲該處復於明年二月舉行賽會，合行札飭。札到，該總會即便遵照，傳諭商民一體知悉。如有願往賽會者，即領照前往可也。此札。

右札蘇州商務總會，准此。

《商務官報》宣統元年十一月二十五日第三四期《批蘇州商會稟》 前據稟稱，蘇經、蘇綸絲、紗兩廠辦理情形各節，當經咨行蘇撫，並案查復去後。茲准復稱，據農工商局詳經、綸兩廠股東等，定期開會，選舉總、協理，分兩次投筒，先舉總理一人，次舉協理一人。前户部郎中張履謙、候選郎中王立鰲，得票均佔多數，詳請咨部立案等因。除咨復蘇撫照准立案外，合行批示，仰即傳知該總、協理等遵照可也。此批。十一月初八日。

章開沅等《蘇州商會檔案叢編（1905—1911年）》第一輯《三友墾牧公司爲注册事呈蘇商總會文宣統元年十二月》 謹查商部奏定公司注册試辦章程第七條：凡公司設立之處業經舉行商會者，須先將注册之呈，由商會總董蓋用圖記，呈寄到部，以憑核辦。其未經設有商會之處，可暫由附近之商會或就地著名之商立公所加蓋圖記，呈部核辦等因。謹將注册之呈，呈請總、協理先生驗明加蓋圖記，以便呈部核辦。附呈公呈一件。

章開沅《蘇州商會檔案彙編（1905—1911年）》第一輯《蘇商總會爲組織物產會事務所的開會通知宣統元年》 啓者，前奉南洋大臣端札飭各屬設立物產會，以爲南洋第一次勸業會之基礎，同人等擬先組織物產會事務所，於本月十六日下午一時在本會開會，届期務祈駕臨爲盼。此請

○○○先生臺鑒

發起人：蘇州商務總會同人啓

開會秩序：

一　宣佈開會宗旨。

一　公決物產會事務所章程。

一　投票選舉：（甲）公舉創立員。（乙）公舉調查員。（丙）議定延聘坐辦員。（丁）舉定幹事員。分配職務。

章開沅《蘇州商會檔案彙編（1905—1911年）》第一輯《爲徵集物產給調查員的通知宣統元年》 啓者，本所成立以來，迄今已一月有餘，雖經調查，諸君熱心公益，徵集報告，而物品送所者尚屬寥寥。務祈閣下從速調查，不妨將徵集情形先行報告，其物品續再送所。是所至盼。即請

○○○先生臺鑒

蘇州物產會事務所啓

章開沅《蘇州商會檔案彙編（1905—1911年）》第一輯《天產品研究會致蘇商總會函宣統元年》 敬啓者，據昆新兩縣送來布二十四匹、毯四條，非敝會應收之品，合即轉送貴會，請即查收製發收條爲盼。如有教育品、天產品送至貴會，亦請分別，教育品送中學堂事務所，天產品送農業學堂敝所，爲荷。耑布，即請

臺鑒

天產品研究會啓

章開沅《蘇州商會檔案彙編(1905—1911年)》第一輯《物産會授獎清單宣統元年》 得一等獎憑、章各一件者：

同盛緞莊 寶盛緞莊 振亞公司 戎鎰昌 瑞興泰 蘇經廠 恒元春 陸萬昌 汪畏之 徐隆茂 施和記 裴華公司 天孫紡織廠 汪巨川 吴世美 鴻生公司 西乾泰 大達工廠 省立棉作試驗場 吴菊記 江蘇省立模範工場 江蘇省立女子職業中學 汪瑞裕 吴世興

得二等獎憑、章各一件者：

陳桂庭 徐子璈 王裁記 沈正和 公餘工廠 第三監獄 先安公司鮑佩記 美華馬良臣 戈大房秋譚 洽昌永 復勝泰 曹信義 大陸肥皂 大達文製衣廠 沈仁壽天 義茂生 張錫賢 恒春久 三民實業社 怡源盛義和廠 永德 永源 私立垂裕女子職業小學校 張祥豐 沈仁壽天老二房仲青 蘇州警察廳游民習藝所 瑞華 潘頡雲 中國明光公司

得三等獎憑、章各一件者：

第三分監 張多記 高松竹盧 耀華 惠司明 乾泰昌 仇永和 榮記廠 張德興 久華樓 張鳳興 大隆昌記 潤昌 高元宰

得四等獎憑統一件者：

顧四房 潘聚和 曹廷標裕記 洪恒春 良宜堂 馬乃斌

章開沅等《蘇州商會檔案叢編(1905—1911年)》第一輯《蘇商總會爲機工倡言停工請派差彈壓移元和縣函宣統二年正月二十四日》 爲移請事。據紗緞各商到會聲稱，訪聞近日機匠又思蠢動，倡言聚衆停工加價。上午五月環求加價，業經商等允許酌加，並由霞章公所發起人在元和縣署具不再藉口請加切結在案。不料近被匪類煽惑死灰復燃，聞有藉端滋擾等事，請即移縣多派差役，出示諭禁等情前來。查蘇城機匠屢滋事端，頗爲商業之累。前承貴縣派差訪拿示禁，稍形安靖。此次紗緞業所稱各節，顯見有匪類溷蹟，藉停工加價之名，肆意滋擾。相應備文移情貴縣，請煩查照。遴選干差，在平江路、倉街一帶，嚴密查拿，並出示諭禁，以安商業，而靖地方。望切施行。須至移者。

右移元和縣正堂吴。

章開沅等《蘇州商會檔案叢編(1905—1911年)》第一輯《長洲縣爲轉發調查表式照會宣統二年正月二十八日》 蘇州府長洲縣爲照催事。案奉蘇省調查局憲札開：案照憲政編查館奏定章程，法制科第一股調查本省民情風俗，地方紳士辦事及民事、商事、訴訟事各習慣等因。自應擬就表式，轉行各屬調查報告，以便匯核詳咨札縣遵照填送等因。並發表式到縣。

查關係商業各表，業經抄録調查問題照會在案。兹已開篆。合行照催。爲此照會貴商會。煩將前送各表問題，克速逐項調查填答，復候匯送。幸勿再延。望速。須至照會者。

右照會蘇州商務總會。

章開沅等《蘇州商會檔案叢編(1905—1911年)》第一輯《元和縣署爲妥議機業工價事照會蘇商總會宣統二年二月初四日》 元和縣爲照會事。

案准貴總會移據紗緞各商聲稱，近日機匠又思蠢動，倡言聚衆停工加價等情，移煩究禁等因。時適本縣亦有所聞。即經密派查拿，出示曉禁，並諭飭霞章公所發起人查明何人起意，據實禀究。一面剴切勸誡各機匠各安生業，不得被煽生事去後。旋據霞章公所發起人程兆滐等禀稱，身默查機業動静，誠如憲諭，果有前項風聞。實因上年五月間加價一節，當時在機業本未如願，荷蒙憲諭諄諄，未敢違抗。查蘇城商界大小各業，均經增價，錢碼改作洋碼，十分之中陸續增至三、四分不等。惟獨機業仍然如舊，未免向隅，係屬實情。雖蒙上年已將花素累分別酌加，究之杯水車薪，何濟於事。揆厥情形，各機業欲將錢碼改作洋碼方妥。現因人類不一，好事者從而煽惑，致起謡傳。只有叩求派差協身前赴機業茶會彈壓，傳諭各機房照常安業，切勿聽從謡傳，自取咎戾。一面由身訪明何人造謡起忌把持。一俟查出，隨即送案。爲將現在情形先行禀復電鑒等情。據又多派干役協同前往彈壓曉導，已將各機工解散安業，取具該發起人程兆滐切結呈查在案。惟查各機匠動以工價藉口，妄圖要挾，情實可惡。況工價如何，自有定評，應加則加，斷不容以挾制之伎倆，妄作格外之希冀。且該機匠工價，近年以來業已一再增加，本似無可再議，第所稱蘇城大小商業錢碼改做洋碼等語，是否屬實，而以該機業工價合之現在大概市情，究竟有無向隅情事，事關商業，貴得其平。本縣執持兩端，惟冀彼此顧全。自應由該紗緞各業等，速即秉公從長妥議。如果價實未洽，應即酌量分别增收，以昭公允，而善其後，合亟照會。爲此照會貴總會，即煩查照，傳知紗緞業等遵辦。仍將如何議決情形，刻日復縣查核，勿任稽誤，須至照會者。

右照會蘇州商務總會。

章開沅等《蘇州商會檔案叢編（1905—1911年）》第一輯《農工商部批宣統二年三月二十五日》 農工商部批：

兩稟均悉。所呈遵章呈請注册一節，本部業經札飭蘇州商務議員按照原稟各節詳細查復，俟復到再行核示。此批。

右批蘇州三友墾牧公司，准此。

章開沅等《蘇州商會檔案叢編（1905—1911年）》第一輯《蘇商總會致三友墾牧公司函宣統二年四月初六日》 三友墾牧公司鑒：

啓者，貴公司於上年十二月呈部注册，業經蓋用敝會關防報部。茲於四月初四日奉農工商部批回，飭由敝會轉交。因未悉經理人住所，不便將原批送閱。合先備函關照，請貴公司經理人於日内到會，面交批件及接洽一切。至希察照爲荷。此請臺安

蘇州商務總會啓

章開沅等《蘇州商會檔案叢編（1905—1911年）》第一輯《張履謙致尤遂盦函宣統二年四月》 辱承下問，並部批閱悉。惟三友（悉）〔墾〕牧公司稟部注册公事，未審何時呈遞，鄙人全未知曉。想係高載之專制時代所辦，並未通知總理。不識泳翁有所聞見否？乞恕聾瞶。此後公件附繳，藉請遂盦總理先生臺電。

弟履謙頓首

章開沅《蘇州商會檔案彙編（1905—1911年）》第一輯《蘇州府爲調查參賽物品事來照宣統二年八月初三日》 即補道特授江南蘇州府正堂何爲照會事。

本年七月十五日奉巡警道憲汪札：宣統二年七月初五日奉撫憲程札開：宣統二年七月初一日承准民政部咨開：本部具奏德國舉行衛生博覽會，遴員派充監督前往赴會一折，又奏京師設立衛生陳列所一片，宣統二年六月初五日奉旨依議，欽此欽遵在案。相應恭録諭旨，刷印原奏，咨行遵照辦理可也，等因。並原奏一本，到本部院。承准此，合行抄粘札飭。札到，該道即便遵照，轉飭各屬查明關於衛生之製造及天産品物，送由該道匯齊詳請咨送毋違。此札，等因。奉此，查此案先經本道逕行分飭籌備，將所有關於衛生事項者製造及天産品分別查明，或由地方官給價購置，或照會商會徵集，先行造册送查。一俟部文飭解，隨時起運在案。茲奉前因，合亟抄粘，轉飭札府，立即飭屬遵照先今來檄，迅速查明，置備齊全，刻日造册逕行送道，以憑匯齊詳請咨送。事關奉旨飭辦要件，毋稍刻延，切切。等因到府。奉此，合亟抄粘照會。爲此照請貴商會，查照辦理，望切。須至照會者。

計抄粘

右照會蘇州商務總會

章開沅《蘇州商會檔案彙編（1905—1911年）》第一輯《蘇州府爲詳查赴賽物品事照會蘇商總會宣統二年九月初十日》 即補道特授江南蘇州府正堂何爲照會事。

本年八月二十四日奉巡警道憲汪札：本年八月十九日准京師内城巡警總廳章函開：德意志撤克森國於明年舉行萬國衛生博覽會，搜集各國有關衛生物品圖籍，分類陳列，詳判研究，以爲衛生行政改良進步之助。中國亦應加入，部中即派弟前往赴會，惟是此項物品，散在各省，自宜向各省徵集，庶足以期廣博而便赴賽。已具折入奏，奉旨允准。另有部文及翻譯章程送達臺端，計日諒登記室，諸祈鼎力維持，並望從速辦理。務於十月以前寄到等因，准此。

查此案先於未經奉到部文之前，即經本道逕飭各州廳縣速行籌備，將所有關於衛生事項者製造及天産品分別查明，由地方官給價購置，或照會商會徵集，先行造册送查。一俟部文飭解，隨時起運。嗣奉撫憲札准部咨，又經札飭各府州飭屬查明，置備齊全，刻日造册，逕行送道匯齊詳咨，各在案。迄已將及兩月，竟無一處復到，殊屬玩視要政。茲准函稱：前項物品須於十月以前寄到，各屬徵集，匯解須於九月望前到道，方可寄京，不誤定期。而現已八月下旬，爲時僅及兩旬，殊形急迫，亟應責成該府州督飭各屬迅速依限呈辦，以免遲誤。除分札飭催外，合亟札飭。札府立即飭屬遵照先今來檄迅速詳查明確，凡境内關於衛生事項製造及天産物品圖籍，逐一置備齊全，限文到十日内造册，專差逕行送道以憑匯齊詳請寄送，毋再片延，致干委員□□，切速，切速。此札。等因到府。

奉此，查此案前奉憲札節經照會在案。奉催前因合亟照會。爲此照請貴商會查照，希煩迅速詳查明確，凡關於衛生事項製造及天産物品圖籍逐一置備齊全，務依限於十日（日）〔内〕逕送道憲匯齊寄送，幸勿稍延，至盼。須至照會者。

右照會商務總會

章開沅《蘇州商會檔案彙編（1905—1911年）》第一輯《蘇州府來照宣統二年九月十八日》 即補道特授江南蘇州府正堂何爲照會事。

本年九月初七日奉商督憲張札：宣統二年八月二十一日准南洋勸業會審

查總長楊函開：頃據民政部朱僉事面稱：德聯邦京城設立衛生博覽會，經民政部奏派監督並聲明將勸業會中有關衛生出品徵集赴賽，懇通電各省督撫，轉飭協會駐寧委員遵照等情。茲擬通電稿一件送呈察閱，尚祈核定示復，以便飭發抄稿，即祈抽存備案。至寧蘇各屬物産會請逕由尊處札飭一體遵照等因到本大臣。准此，除札勸業會事物所遵照並分行外，合行札飭。札到該府妥速辦理，具報毋違。等因到府。奉此，相應備文照會貴商會，請煩查照施行。望切。須至照會者。

右照會蘇州商務總會。

章開沅《蘇州商會檔案彙編（1905—1911年）》第一輯《張鵬翔等爲徵集赴賽物品事致尤鼎孚等函宣統二年九月二十日》 鼎孚、似村仁兄大人閣下：逕啓者，奉巡警道憲札轉奉撫憲程札，明年德京設立萬國衛生博覽會，飭將境内關於衛生事項及天産品物廣爲徵集，於九月上旬解道匯轉等因。

查蘇屬物産富饒，品類繁庶，中外素知。即如南洋勸業會陳列各品，各省競奇争勝，而蘇屬未居人後。雖由諸君子毅力搜求，然於此亦足窺品物富庶之一斑。現在德京所設衛生博覽會，注意各物，着重衛生。道憲札文所指事類十二項及單開各物，似不難按類搜求。惟期限已逾，奉催嚴緊，弟等固責無旁貸，而執事爲商業領袖，平日倚賴良多。今徵求各物，既附屬商業性質，諒必允相助爲理。務懇執事從速查照單開各物，及札開十二類，廣爲搜求，多方徵集，送候匯轉。至盼至禱。除備文照會外，合亟專布，敬請臺安。餘希朗照不備。

愚弟張鵬翔、吳熙、陳其壽頓首

章開沅《蘇州商會檔案彙編（1905—1911年）》第一輯《元和縣爲催送赴賽物品圖籍事來照宣統二年九月二十五日》 蘇州府元和縣爲照會事。

奉巡警道憲汪札開：案奉民政部咨飭調查各省關於衛生之製造及天産物品，由道匯齊詳請咨送一案，當經先後分飭各屬遵照查明，速行置備齊全，造册送道匯送。一面札飭警務公所醫治科員調查蘇屬各州廳縣製造天産品、各項衛生物品，藥料是何名也，有何作用，出自何境？開折禀復。

嗣准京師内外城總廳章函開：應行徵集此項物品，務於十月以前寄到等因，又經轉催各屬迅速查明解送在案。茲據醫治科員將各屬所産衛生物品藥料開折呈核前來，查閱折開僅止寥寥數種。其餘關於衛生製造及天産各項物品圖籍，悉數難□。該牧令身任地方，自必周知物産，無煩本道一一指陳，應由各屬趕速查明，連同該科員所開各種物品一並依限辦齊，送候匯集詳請寄送。爲時已迫，萬難再延，合亟開單札飭。札縣立即遵照刻日查明備齊，詳細造册，務於九月上旬專差解道，以憑詳請匯寄。事關大部奏明飭辦要件，毋再片延干咎，切切。等因。並抄單到縣。奉此，合行抄單照會。爲此照會貴會，請煩查照。希即查明關於衛生製造及天産各項物品，傳知各商連同單開各物選擇備齊，裝潢雅固，刻速送縣，以憑轉解。幸勿有稽，望切。須至照會者。計抄單。

右照會蘇州商務總會。

章開沅《蘇州商會檔案彙編（1905—1911年）》第一輯《蘇商總會爲選擇赴賽藥品事致陶福庭函稿宣統二年九月三十日》 福老先生臺鑒：德國明年設立萬國衛生博覽會，迭接官廳照會，開單徵集物品。並准民政部派員到寧，飭將勸業會中衛生物品選留一份，移交部派委員，裝運赴德等因。查蘇地出品有藥料各種，係屬衛生物品，現經會議擬請閣下就藥品類中選擇若干，留備運德，並乞與部派駐寧委員先行接洽可也。除函知藥業外，特先奉布，即懇酌奪辦理。仍盼示復爲禱，此請任安。會。

章開沅《蘇州商會檔案彙編（1905—1911年）》第一輯《蘇商總會知照藥業代表函稿宣統二年九月三十日》 致藥業代表：

□□□先生臺鑒：敝會迭接各官廳照會，以德國明年設立衛生博覽會，開單徵集物品，並准民政部派員到寧，飭將勸業會中衛生物品留備運德等因。查單開物品，藥物亦在其内，貴業運送南京勸業會品，現由敝會函致駐寧運送員，請其遵照選留，預備運德。耑此知照。即請臺安。會。

章開沅《蘇州商會檔案彙編（1905—1911年）》第一輯《尤鼎孚致王同愈函宣統二年九月三十日》 三縣來函，情形甚迫。勸業會運回日期，據陶福翁函云：須挨至廿五、六日，其勢不及久待。曾記商會前有留存常熟藥品多匣，或可采取數件，余如縣函所云。戈宋、半夏之類，約購數種，但須裝潢，不過錦匣而已，可否與似村、詠裳先生商酌，以了此事。原信附上公覽，此請杏春仁兄大人臺安。

弟遂盦手啓

卅日

章開沅《蘇州商會檔案彙編（1905—1911年）》第一輯《農工商務局爲齊備參賽物品事來照宣統二年十月初四日》 督辦蘇省農工商務局司道爲照會事。

【略】查赴會物品照該會章程，於本年十一月内即須運德，除貴(有)〔省〕徵集物品請克期飭辦運京外，所有勸業會中物品，現經本部派員到寧先行接洽，應請貴省迅飭出品協會並電飭駐寧出品委員，按照衛生博覽會章程門類，預行選定，各留一分。届閉會時移交本部駐寧委員裝運赴德，實深盼禱。往返運送、保險、裝飾、陳列等費，概由本部擔任。其重要物品，仍應嚴密保護，以免損壞。至在德出品物品價金及帶回物品所得獎章，由赴會監督運歸，分交出品原省。希照辦，並電復，等因到本部院。承准此，合行札飭。札道即便遵照辦理，並移農工商局查照，仍將遵辦情形隨時具報毋違，此札。

同日又奉撫憲札開：宣統二年九月初二日承准民政部咨開：衛生司案呈本部具奏萬國衛生博覽會，派員與會一折，業經恭録諭旨，通咨在案。惟關於衛生各項物品，種類繁多，兹將原訂章程譯印成册咨行，希飭巡警道於該省出産品、製造品，查照有原章所列者，購置齊備。限於本年十月内解運來京，以資應用，相應咨行貴撫查照可也，等因，並章程二本到本部院。承准此，合行札發。札道即便遵照辦理，並將此案原奏抄録一份，並移農工商局查照毋違，此札。各等因。奉此，除分飭外，合抄此案、民政部原奏咨會咨局查照，一體飭辦，等因到局。准此，合就抄粘照會。爲此照會貴總會，請煩查照，希即轉知各商一體遵照施行。須至照會者。

計抄粘

右照會蘇州商務總會。

章開沅《蘇州商會檔案彙編(1905—1911年)》第一輯《吴縣爲催交赴賽物品清册事來照宣統二年九月十八日》 蘇州府吴縣爲照催事。

本年九月十五日奉巡警道憲汪札開：本年九月初八日奉撫憲程札開：宣統二年八月二十九日承准民政部電開：明年德京設立萬國博覽會，前經本部奏派監督赴會，並聲明將南洋勸業會中有關衛生出品預留一分，專備赴會。一面在京師設立衛生陳列所，徵集各省物品，以爲赴會之預備等因，並衛生博覽會章程業經先後咨行貴省查照在案。

查赴會物品照該會章程於本年十一月内即須運德，除貴(有)〔省〕徵集物品請克期飭辦運京外，所有勸業會中物品現經本部派員到寧先行接洽，應請貴省迅飭出品協會並電飭駐寧出品委員，按照衛生博覽會章程門類預行選定，各留一份，届閉會時移交本部駐寧委員裝運赴德，實深盼禱。(來)〔凡〕往返運送、保險、裝飾、陳列等費，概由本部擔任。其重要物品，仍應嚴密保護，以免損壞。至在德出品物品價金及帶回物品所得獎章，由赴會監督運歸分交出品原省，希照辦並電復等因，到本部院。承准此，合行札飭。札道即便遵照辦理，並移農工商局查照，仍將遵辦情形隨時具報毋違。此札。

同日又奉撫憲札開：【略】。嗣奉行准部咨並續准京師内城總廳章函稱：前項物品務於十月以前寄到等因，均經先後札飭趕速查明，籌備齊全，造册送道詳咨各在案。迄已兩月有餘，並無一處送到。事關奏明飭辦要件，豈容如此玩誤。兹奉前因，除先電飭各府州飭屬遵辦外，復核奉發部譯衛生博覽會章程，僅止一本，不敷分發。而册頁繁多，期限迫促，勢難刊印分行，反到遲誤。惟細核章程，第一類曰空氣、曰光、曰地土、曰水。第二類人民居處，如城市街道、廠場房舍、建築經營，並清濾除穢殯殮等事，均係各種原理及變化運用方法。第三類養身術内食物料，如飛潛動植、蛋餅、油蜜、蔬菜、粉面、糖果。又飲料又調和品，如各種茶、煙、酒、醋。第四類人身之衣服及保護法，如材料紡織及沐浴之必需品等項。第五類職業及工商事業。第六類傳染病，如微生物之體形，生育種類，獸體上微生物防疫法、消毒等項。第七類病人看護法及救護生命事務，醫院組織、房屋形式、需要各室(？)。第八類保護及教養嬰兒之法，均爲衛生最要之點。本國出産及製造發明各種物品圖籍，正復不少，自應將關於以上各項一一查明何屬？現有何項物品？發明何項圖籍？刻日購置齊備，總須應有盡有，細大不捐，儘限月内解送。此外第九類交通，如水路舟艦，陸路鐵道行車。第十類陸軍海軍，如場地房屋，兵舍營舍，戰艦食品供給及一應軍需等項。第十一類熱道衛生。第十二類統計表等項，均係布置預備。現行各法雖無堪以辦解物品，亦應將該境所有者繪圖貼説詳載册籍呈送，除分别呈咨外，合亟札飭。札縣立即遵照，節今電檄指飭，將各項衛生製造及天産物品圖籍趕速查明備齊，詳細造具清册，專差解道，以便會詳請寄。爲時甚迫，毋再刻延，致干詳請，嚴懲不貸。切速，切速。此札。並蒙硃標，限期已迫，勿稍延誤，各等因到縣。

奉此，查此案前奉巡警道憲先後札飭，均經照會在案。兹奉前因，合行照催。爲此，照會貴商會。煩照節今來文，迅將吴境所有製造天産各項衛生物品造册，刻日送縣，以憑轉呈道憲查核。幸勿再稽，限期已迫，望速速。須至照會者。

右照會蘇州商務總會。

章開沅《蘇州商會檔案彙編（1905—1911年）》第一輯《張鵬翔等致尤鼎孚等函宣統二年十月底》 鼎孚、似村仁兄大人閣下：德京設立萬國衛生博覽會一案，迭奉警道憲札飭將境内衛生天産各品物搜集申送等因，業經一再開單照會並函催在案。奉到環章，知已函飭駐寧運送出品員將陳列南（陽）〔洋〕勸業會中凡關於衛生物品選留若干分，一俟選定，當即報明轉送等因。無任欽感。期限久逾，層憲三令五申，急於星火。雖南洋勸業會現已閉幕，而選送各物必待收回始行選留，恐緩不濟急，終非善全之策。鄙意以爲品物不必求多，但須將食物用品，如戈宋半夏、滸關蓆等類，每品購備一二，加以裝潢，經可了却一樁公案。務乞執事從速選購天産等品物，查照單開各事類，有即徵集，刻日送候匯轉。感叩勵襄，實無既極。此請臺安。惟照不備

愚弟張鵬翔、吴熙、陳其壽頓首

章開沅《蘇州商會檔案彙編（1905—1911年）》第一輯《蘇商總會爲領取獎牌事致王濟美函宣統二年十一月十三日》 致王濟美酒號函。啓者，頃准縣知事函開，轉奉内務部，據萬國衛生博覽會赴會監督寄到前年德國舉行博覽會，中國館所得獎憑，查有江蘇王濟美得獎牌憑證一份，令發該縣轉給收執，並取收據呈送報部，等因，計送獎牌憑證一份到會。准此，合即轉知寶號希速備具收據，來會領取前項洋文獎牌憑證，以彰榮譽，此致王濟美酒號。

章開沅《蘇州商會檔案彙編（1905—1911年）》第一輯《民政部奏摺》 奏爲德國舉行萬國衛生博覽會，遴員派充監督前往赴會恭折仰祈聖鑒事。

宣統二年二月二十三日准外務部咨稱：准德憲署使函稱：德國撒克森聯邦擬於明年西曆一千九百十一年五月起至十月底止在都城舉行萬國衛生博覽會，以研究近數十年各國所發明之衛生新理及其功效爲宗旨，搜集各科有關衛生之物品圖樣陳列展覽。撒克森政府及該國都城自治會均經協助巨款，克期成立，擬請中國派員赴會等因，並將原譯章程咨行前來。

查德國撒克森聯邦舉行萬國衛生博覽會，業於本年西曆二月在該國都城籌議設會事宜，當經駐德使臣派員前往，並將預備開會情形暨譯出章程咨送外務部，轉咨臣部在案。檢閱原章，類列綦詳。舉凡平治道路，濬洩溝渠，醫療疾病，防止疫癘及一切檢查飲食，改良居處、衣服等項，無一不備。於講求衛生行政，裨益實非淺鮮。東西各國政府無不派遣專員前往與會。本年三月該會復派東方股長林南携帶會場全圖及入會詳章等件，來請派員與會。並述會長之意，謂

中國係亞洲大國，醫學素（商）〔有〕考求，衛生之術發明較早，深盼中國加入該會，並多携物品前往陳列，意極懇切。臣部以衛生行政於地面關（於）〔係〕綦切，當派内城巡警總廳廳丞章宗祥前往外務部，與該員接洽一切，並詳詢各國與會辦法。據稱該會由撒克森君主提倡，規模甚大。與會各項，均須預行畫定會場，並將應行陳列物品先期預備等語。經該廳丞覆陳前來，臣等伏查衛生一事，爲警察中助長行政之大端，現值籌備憲政、推行警務之際，正宜廣求智識，周知世界，該會薈萃各國衛生上特有之長，實爲近世創舉。亟應派員與會，實在觀摩。擬即請旨派該廳丞章宗詳爲赴會監督，届期前往，並便道考察各國警政，以資改良進步之助。所有置備物品並建築會場等事，即由該監督先事籌畫，其應帶醫師、譯員、書記等員，由該監督遴選，仍由臣部核定。所需經費擬援本年法部派員赴萬國監獄會辦法，由該監督核實估計，呈由臣部咨行度支部撥給。如蒙俞允，即由臣部轉飭遵照，並咨行外務部、度支部辦理，除俟起程有期，再行奏報外，所有遴員派充萬國衛生博覽會赴會監督緣由，理會恭折具陳，伏乞皇上聖鑒。謹奏。宣統二年六月初五日奉旨：依義，欽此。

再，查萬國衛生博覽會所有應行帶往陳列物品，亟宜先事籌備。擬於京師設立衛生陳列所一處，將各省關於衛生物品分類陳列，以備赴會之用，並爲將來研究之資。即由臣部衛生司會同内外城巡警總廳辦理，惟物品繁多，匯集不易，擬咨行各省督撫飭令民政司或巡警道，查明各該省關於衛生之製造及天産物品，置辦運京。並咨行南洋大臣，將勸業會中有關衛生出品預留一分，及閉會後運送來京，專備赴會。其農工商部所辦商品陳列所内有關衛生等物並加撥藉應用，以資補助而節糜費。如蒙俞允，即由臣部分别咨行遵照辦理。所有京師設立衛生陳列所緣由，理合附片具陳，伏乞聖覽。謹奏。

章開沅《蘇州商會檔案彙編（1905—1911年）》第一輯《赴賽物品抄單》

計開：

長元吴三縣

大黑豆　益陰補腎，各屬皆出，出蘇州者良。

白藊豆　即延離豆。補脾清肺，無燥温之弊。各屬皆出，出蘇州者良。

山　藥　一名薯蕷。常服補脾，不燥，並非藥店所用之山藥。藥店所用河南山藥，不可煎食。出於蘇州府。

白花百合　清脾補肺之上品，出蘇州府。

龍腦薄荷　辛香通氣，出蘇州府。日本丸散大都采用。

黄獨子　補脾調胃，不燥不烈，解痘毒，小兒尤可常服。出蘇州府。

女貞子　即冬青子。前陰明目，出蘇州府。與旱蓮草搗爲丸，名二至丸，爲益陰上品。

桑葉子　清肝補腎，(乃)〔水〕煎爲膏，各處種桑之處皆有，出蘇州者良。

芡　實　俗名鷄豆肉。補脾澀精，斂陰益腎，無温燥之弊，可以常服。出蘇州府。

綠　荳　清熱健脾，解血分之毒，可以常服。

何首烏　益明固腎，出蘇州府。

芝蘭花　香而不燥，可以解脾胃之毒氣，出蘇州府。

參貝陳皮　用青鹽同製，性解消痰，有開胃之功。出蘇州府。

神　麯　以麯造粬，人常用，爲消食品。

藤　枕　解去風濕，以此作枕，取其涼爽，出蘇州府。

各種涼蓆　蓆草出於蘇州，故織蓆者皆自蘇人。北方所用之蓆，大都蘇州運去之貨居多。

章開沅《蘇州商會檔案彙編(1905—1911年)》第一輯《尤鼎孚等復函宣統二年十一月》　十一月初一日接奉來函，敬悉一一。按各國賽會工商物品赴會陳賽，雖由國家鼓舞，實出商民競爭之心。我國商業幼稚，歷届國內國外賽會，每由官所視爲飭行之件，多方諄逼，已失賽會本意。敝會於南洋勸業會開辦之初，蘇城工商物品僅憑各幫首事好奇爭勝，自集物品，托由敝會運送。即未出價購辦，亦未稍加强逼，與各省之特撥公款委員辦理者，微有不同，是以勸業會中陳設半載有餘，出品人初無間言。今衛生博覽會遠在外國，重洋萬里，蘇地工商不惟視爲畏途，即稍有價值之物，亦不樂代辦寄運，賢長官奉行之艱，諄勸之誠，每多未諒。

敝會前函已將勸業會陳列品中選留若干，函達駐寧運送出品員與民政部特派員接洽轉運，自嫌聊以塞責，亦處於無可如何之境。辱承函諭諄諄，謹布下情，至祈原諒。戈制半夏已列勸業會得獎單內，滸關蓆物質平常，未曾運寧陳列，應否價買敷衍此事，悉仗尊裁。會中用款均由各商支應，未經衆諾，無從籌措。腹心之言，至爲愧汗。肅復，敬請公安。

名正肅

章開沅《蘇州商會檔案彙編(1905—1911年)》第一輯《農工商務局爲選送看護生事致蘇商總會函宣統二年十二月二十三日》　督辦蘇省農工商務局司道爲照請事。

照得本局商品陳列所開辦在即，須用看護生十八人，現擬請由商會選送，以免濫竽。該所設在蘇州，應以蘇人佔居多數，茲酌定蘇州商會選送八人，常、鎮、松、太、上海五商會各選送二人。除伙食由所供給外，每人酌給月薪四元，以資津貼。除分文照會外，合將應有資格開單照請。爲此照會貴總會，請煩查照。如有工商兩界合於應有資格，願充本局陳列所看護生者，務希於明年正月初十以前選送到局，以備派充。望切施行。須至照會者。

計開單：

一、年齡　自十六歲至二十歲。

二、品行　須品行端正，能耐勞苦者。

三、程度　曾習書算者。

四、資格　有工商業普通知識者。

右照會蘇州商務總會。

章開沅《蘇州商會檔案彙編(1905—1911年)》第一輯《元和縣爲轉發陳列所章程事照會蘇商總會宣統二年十二月二十九日》　元和縣爲照會事。准長洲縣移宣統二年十一月初四日奉府憲何札：本年十月初九日奉農工商局憲札：案奉蘇撫部院程札開：宣統二年九月十四日，准南洋通商大臣張咨：據南洋勸業會事務所詳稱：竊職所籌備南洋勸業所，定章先期於各府屬設立物産會，由各州縣收集物品運賽一次，再行輸送本會陳列。是物産會之設，而勸業會之初基。而勸業會特臨時之機關耳，若欲振興工商，非各處設有常特公所，以供實業家隨時隨地之研究，收效斷難普及。

查各(存)〔府〕應設勸工商品陳列所，係奉憲政編查館議定九年籌備表內，必須次第創辦之舉，如閉會後，各地方官紳置籌經費，將各府物産會賽品設法購回，仍於各府屬創立商品陳列所，工商藉以廣告，士農得以推求。不獨出品人受益無窮，即各府屬(示)〔亦〕輕而易舉。且此次與賽物品豐富，既經國民之評議，又蒙政府之審查，孰優孰劣，已有定衡。一轉移間，實獲事半功倍之益。應請札飭各府物産會監督，迅速會同紳商學界籌議辦理。並請奏咨立案，以資提倡。至各省出品開會後，勢必運回，可否仰懇咨明各省督撫轉飭各屬，按照江南各屬一律辦理之處(原文如此)。伏候憲核詳析,分別飭遵等情到本大臣。據此,除批示並咨行外,咨明查照轉飭各屬籌辦,仍祈見復等因到本部院。准此,除咨復外,札局通飭各屬一體遵照,會同紳商學界籌議辦理,等因到局。奉此,查本局前於光緒三十四年十月詳奉督撫憲奏准,就閶門馬路還空營基建築商品陳列所附設勸工場,提倡實業。當經委員監工興築,一面並將各種陳設橱架次第置辦在案。現已一律工竣,所有應需陳列物品,雖經零星采購,尚多未備。茲奉前因,自應遵照派委會同紳商學界籌議辦理,以資陳列而便開幕。除派委本局采辦委員王縣丞世泰赴寧商購,並咨會外,合行札發本所詳定章程暨各寄售章程,通飭札到該府,即使遵照辦理,並將章程分發所屬。轉飭會同紳商學界,一體籌議辦理。毋違。此札。等因到府。奉此,合將章程規則轉飭札到該縣,立即遵照會同紳商學界一體籌議辦理。毋違。等因。札三縣,轉移到敝縣。准此,合行照會。爲此照會貴會,請煩查照,希即會同紳商學界一體籌議辦理。須至照會者。計移送規則一本。

右照會蘇州商務總會。

章開沅《蘇州商會檔案彙編(1905—1911年)》第一輯《爲催送陳列品致蘇商總會函宣統二年底》　敬啓者,敝所現正徵集物品,克期開幕,業經將各府屬商會函催送品到所,以備陳列,已據陸續送到,惟本城尚付闕如。事關公益,敝所與貴會同係附屬農工商一部分,以提倡實業、振興商務爲要旨。且公等熱心任事,斷不至袖手旁觀。惟現在開幕在即,又未便任意延緩。應如何設法鼓勵,俾各商踴躍輸送,不得不與公等斟酌盡善,以期早日徵集,匯送到所。鄙意擬即開會鼓吹,請由貴會擇定日期,傳至各商家,一面由敝所派員到會照料一切。未識尊意以爲何如?專此,祇請臺安。

商品陳列所啓

章開沅等《蘇州商會檔案叢編(1905—1911年)》第一輯《附:農工商部原奏暨奬勵棉業章程宣統二年》　爲遵擬奬勵棉業、化分礦質局暨工會各章程,分別繕具清單,恭折匯陳,仰祈聖鑒事。

竊臣部籌備清單內開:第三年應行籌辦事宜計二十二件,業經分別次第賡續辦理,先後奏咨在案。查原單尚有頒佈奬勵棉業章程,開辦化分礦質局,編訂工會規則三項,爲本年應辦事宜,各項章程自應及時釐訂,俾資提倡。臣等督飭員司采集成法,分別纂輯,以鼓舞誘掖,爲奬勸農民之方,以分析化驗,爲廣辟地利之原;以合群覃研,爲擴經工業之本。計擬訂奬勵棉業章程十四條,化分礦質局章程十一條,工會章程二十五條,均屬農工切要之圖。如蒙俞允,即由臣部通行各省督、撫暨勸業道,分別欽遵辦理。所有遵擬奬勵棉業、分化礦質局暨工會各章程,分別繕具清單緣由,謹恭折匯陳,伏乞皇上聖鑒訓示。謹奏。

宣統二年十二月二十三日准軍機處片交軍機大臣,欽奉諭旨,農工商部奏,遵擬奬勵棉業、化分礦質局暨工會各章程,分別繕單呈覽一折,著依議,欽此。

謹擬奬勵棉業章程繕具清單恭呈御覽。

計開:

第一條　此項奬勵,以能改良種植,開拓利源,擴充國民生計者爲合格,其僅以販運棉花、紗布爲業者,不在此列。

第二條　此項奬勵,以該地棉花確係改良種法,收成豐足,棉質潔白堅韌,能紡細紗者爲斷。

第三條　凡向不産棉之地,或向不種棉之地,有能創種及改種棉花,約收净棉萬斤以上者,以及向來産棉之區,實能改良種植,花實肥碩,約收净棉五萬斤以上者,先將姓名、住址及棉田畝數、所種何項棉種,報明地方官存案,俟收穫時仍報請查驗確實,由該地方官匯齊,比較等第,造具詳册,並附棉樣棉種,匯送勸業道,詳請督、撫咨部核奬。其奬勵等級,以收棉優劣多寡爲准。

第四條　應得奬勵等差列左:

一　奏奬本部一等至四等顧問官;

一　奏奬本部一等至五等議員;

一　酌奬職銜頂戴;

一　奬給匾額;

一　奬給金牌、銀牌執照。

第五條　每届年終,俟各省督、撫匯案報齊後,由部詳細審查,分別等第奬勵。

第六條　奬勵以一年一次爲率,凡第一年得奬者,第二、三年收棉之數並未加多,無庸再奬。若第二、三年超過第一年收穫時,仍得加給第二、三年應得之奬勵。

第七條　無論集資創設植棉公司,或獨資農業及尋常農户,均適用本章程奬勵。

第八條　如有集合棉業會或棉業研究所者，詳擬章程呈核，俟辦理三年，成績昭著，一律酌量給獎。

第九條　凡請領官荒開墾種棉者，均由各該地方官勘明給照，寬定升科年限，出示保護，並隨時報部立案。

第十條　凡新式軋花機及彈棉、紡紗、織布各項手機，或將本地改良之棉花、紗布運銷外省，所有經過各關卡應如何優加體恤之處，由部咨明稅務處辦理。

第十一條　如有能仿造軋花、彈棉、紡紗、織布各項手機，運用靈便。不遜洋制者，驗明確實，一律酌給獎勵。

第十二條　各地方官如有能實力勸導，成效卓著者，可由督、撫咨明，擇優請獎。

第十三條　凡紡紗、織布各廠獎勵，已在獎勵公司章程内規定者，茲不復載。

第十四條　此章程自宣統三年爲實行時期。

以上各條，均係試辦章程，嗣後如有應行更訂之處，隨時奏明辦理。

章開沅《蘇州商會檔案彙編（1905—1911年）》第一輯《農工商務局爲設立寄售處事照會蘇商總會》宣統三年正月十六日　督辦蘇省農工商務局司道爲照請事。

照得本局籌設省城商品陳列所，業經告成，茲定於本年二月初開幕。除本所自陳品物外，特專設寄售處，以餉工商各界。凡有本國貨品願在本所寄售者，均可代價介紹。惟是創辦之始，誠恐未能盡悉，除先刊印傳單，送請貴會分送各界，廣爲勸導外，其前文請派之看護生八名，亦請即日選送來局，俾資派充。除分別照會外，合就照請。爲此照會貴總會，請煩查照辦理。並希見復施行，須至照會者。

右照會蘇州商務總會。

章開沅《蘇州商會檔案彙編（1905—1911年）》第一輯《王世泰致尤鼎孚函》宣統三年三月初一日　鼎孚老伯大人閣下：前承枉顧，有失迎迓。旋奉手諭，又值赴滬，致遲答復，抱歉良多。此次赴滬，幸賴各界熱心贊助，集有成效，暫留敝同事在滬，監裝起運。此外如常、如鎮亦將陸續到蘇，現擬一面着手陳列所有本地出品，預留寬大地位。一面總須仰仗大力，定期開特別大會，召集工商，諄切勸導，俾人人知蘇省商品陳列所總以本地各品爲主。蘇州既爲省城，若物品楛少，出於各處之下，想各界所不願聞也。藉重金言，不難克日成功，蔚爲大觀，不獨蘇省實業界之幸也。所有看護生事，有額待補，請即轉致前途，即日到所。具紉公誼，不勝翹企。專肅，敬請籌安。諸維垂察不莊。

愚侄王世泰頓首　三月朔日

章開沅等《蘇州商會檔案叢編（1905—1911年）》第一輯《農工商部發送棉業獎勵章程札》宣統三年三月初七日　農工商部爲札行事。

上年十二月二十三日，准軍機處片交軍機大臣，欽奉諭旨農工商部具奏，遵擬獎勵棉業，化分礦質局及工會各章程，分別繕單呈覽一折，著依議，欽此。欽遵，傳知到部。茲將原奏並獎勵棉業章程刷印成帙，合行札飭。札到，仰該總會傳諭農民，切實興辦，以阜財用，而厚民生，毋負本部期望之意可也。切切。特札。附刷件。

右札蘇州商務總會，准此。

章開沅《蘇州商會檔案彙編（1905—1911年）》第一輯《王世泰再致尤鼎孚函》宣統三年三月初十日　鼎孚老伯大人閣下：頃奉來諭，敬悉一是。本擬親謁臺端，暢聆教益。緣即刻赴申，不克如願爲恨。蒙許開會，足見熱心公益，感佩何如！令遵臺命，由貴會列名，邀集各界在敝所開會。惟時日仍請酌定，即行示知，以便預備會場。承示傳單，洵稱美備。但敝所現方着手陳列，尚在解裝整理，擬請將傳單中「參觀」改「徵集」，「研究一切」擬改爲「指示辦法」。是否有當，尚祈裁奪。並請分佈傳單之外，另行函請各業代表到會演説，贊襄一切，具紉公誼。不勝盼禱之至。專肅，敬請籌安。諸維垂察不莊。

愚侄王世泰頓首　三月初十日　單稿附呈

章開沅《蘇州商會檔案彙編（1905—1911年）》第一輯《蘇商總會爲陳列所召開特别徵集會通告稿》宣統三年三月十一日　致本會全體議董及各代表並各出品人，三月十一日。

敬啓者，商品陳列所專爲工商提倡營業之發達，商會有贊助之責，故屢次遍發廣告，諄勸各寶號、工界、趕將品物送所陳列。查陳列所徵集貨物，外府州縣源源而來，頗稱踴躍，而本地轉居少數，似不應退居人後。現在開幕在即，亟待本地出品陳列，爰定於三月十四日下午二時在閶門外留園東首蘇省商品陳列所開特别徵集會。届日務請各商號、工界莅所研究一切，並宣佈章程。本商會派員前往招待，切勿觀望是幸。此請，臺鑒。

章開沅《蘇州商會檔案彙編（1905—1911年）》第一輯《江寧勸業道爲赴賽物品裝潢事照會蘇商總會》宣統三年四月初六日　欽命二品頂戴試署江寧勸業道李爲照會事。

奉農工商部札開：宣統三年三月初十日，准駐義吴大臣咨稱：案准赴義賽會監督呈稱：義國本年羅馬得黎詡賽會開幕期近，我國北京暨各直省應賽合格之貨品各種，均已由寧滬分起運義。查陳列賽品，或有設於玻璃櫃内，或有宜裝木框者。場中各國陳列之品，均極輝煌，我國未便簡陋，以貽國羞。但此類裝飾品爲期亟迫，非趕緊設法，或租或購或飭匠師製造不可。本監督因查會章第十八條，所有賽品應用裝潢各費，歸赴賽者自出。今年運義會品，多半遵奉部札，由南京勸業場提出。雖賣品一項，照賽會辦法第九條，將來賣出，可將各費提還。但此時開辦伊始，即須先墊，而所領辦會經費，除付會場地租、海陸運脚、會場注册並保火險等費外，所餘已覺不敷周轉。故無論賣品、非賣品，凡有官府經手咨送者，似應呈請農工商部查照單開，分别咨行各部札知各省勸業道及漢陽煉鋼廠等處，迅速如數匯來義，以應要需，而維會務，等因並抄單轉咨前來。查單開各省官物，所需裝潢橱櫃等費，應歸赴賽者自出，除分别知照外，相應粘鈔清單，札飭該道查照辦理可也，等因並抄單到道。奉此，除分行外，合行抄單照會。爲此照會貴商會，煩爲查照辦理，望切須照。

計抄單

右照會蘇州商務總會。

〔附〕官墊經費

計開江蘇勸業道：盛澤、上海二十一家絲廠出品，通海出品，蘇州商會出品，無錫綉件，庫銀四百兩。

章開沅《蘇州商會檔案彙編（1905—1911年）》第一輯《爲贈送常行券優待券事致蘇商總會函宣統三年四月初七日》　商會諸公鈞鑒：敬啓者，敝所開幕，所有各出品人，由敝所照送常行券，爲有事出入之證。而商界各業，亦宜贈送優待券，以便參觀。惟貴會熟悉各業，其應贈此項優待券者，共約若干，務祈即日示知，照數送上。届時並乞貴會轉贈。專此，順請鈞安。

蘇省商品陳列所啓　初七日

章開沅《蘇州商會檔案彙編（1905—1911年）》第一輯《蘇商總會函復稿宣統三年四月初十日》　昨奉來函，以商界各業優待券囑由敝會轉贈，具征藎畫周詳，至爲佩紉。按敝會各業代表約百餘人，所有此項優待券，擬請惠贈二百張，並懇即日交下，俾使代爲轉贈，通知開幕日期。再，常行券除各出品人照送外，敝會議董及辦事員並請照送前項常行券三十紙，以便嗣後得與貴所往來接洽。是所盼禱。此復，敬請臺安。

章開沅《蘇州商會檔案彙編（1905—1911年）》第一輯《王世泰爲男女賓參觀事致尤鼎孚函宣統三年四月初六日》　鼎孚老伯大人閣下：昨蒙枉駕，暢聆教益，使茅塞之心頓然開朗。本擬親謁臺端，緣公私冗雜，不克如願，尚乞恕之。男女賓參觀事，鄙意極深贊成，已將尊意達之王觀察。細探其意，亦表同情。惟須有正式意見書，聲明其中利弊，俾得轉禀中丞，想亦不難照辦。但瞬息開幕，似宜從速，務乞決定即日撰稿，惠寄敝所，當即轉呈局悉。想長者智珠在握，定能顧及雙方。爲此函達左右，祈與筱軒老伯妥商示復，臨穎不勝待命之至。肅此，敬請籌安。　諸維垂察不宣。

愚侄王世泰頓首　初六日

章開沅《蘇州商會檔案彙編（1905—1911年）》第一輯《農工商務局批宣統三年四月十四日》　查陳列所原訂參觀章程，男女分期。今核蘇州商會略呈四則，謂外人參觀既不分男女之例，獨於本國人民嚴爲規定，轉啓輿情猜貳。此外三條，亦復持之有故，言之成理。所請變通男女分期參觀一節，自可照准。惟該所長隨時認真督察，務使秩序井然，是爲至要。除由本局將原略照録清折，呈報撫憲鑒核外，仰該所長即將此意函復商會，轉致各業出品商人遵照。至常州商會所略各條，是否可行，應由該所長逐條鑒復，以憑核辦。此批常州商會説略發閲。仍繳。　四月十四日

章開沅《蘇州商會檔案彙編（1905—1911年）》第一輯《農工商務局通告各商會舉派代表來蘇參觀照會宣統三年四月十二日》　督辦蘇省農工商務局司道爲照清事。

照得本局籌設省城商品陳列所，前因物品未齊，當經派委陳列所所長王世泰分頭徵集在案。現查各屬將物品陸續運送到所，分類陳列，粗具規模。據該所長禀請開幕，前來。兹今本局選定，於本月十六日爲開幕之期，届期應請商務總分各會，各舉代表來蘇參觀，藉資研究。除分行外，合就照請。爲此，照會貴總會，請煩查照。届期一體來蘇參觀，望切施行。須至照會者。

右照會蘇州商務總會。

章開沅《蘇州商會檔案彙編（1905—1911年）》第一輯《農工商部爲勸諭實業家赴賽會參觀事通飭蘇商總會文宣統三年四月二十九日》　農工商部爲通飭事。

宣統三年四月二十一日准民政部咨稱：據奏派萬國衛生博覽會赴會監督呈稱：此次衛生會集萬邦之精萃，盡世界之大觀，規模甚宏，效益甚溥。東西各國專門學家咸來與會，各國除派專員辦理會務外，其有關係之各官署，均派員觀覽。至工商實業家自行來觀者，更居多數，擬請分咨等情。

查衛生一事至爲重要，所有關於實業、交通、教育、軍事等門應行考求之件，皆吾國現時切要之端。而該會自西曆本年五月開會至十月底止，爲時甚久，足資研究，相應咨行查照派員前往，暨分行各處商會勸令實業家前駐參觀，等因前來。查德國舉行衛生博覽會，我國實業家允宜前往參觀，俾資研究，爲此通飭。札到該總會仰即傳知各商，勸令實業家前往該會參觀可也。切切。

此札。

右札蘇州商務總會，准此。

章開沅《蘇州商會檔案彙編（1905—1911年）》第一輯《盛京將軍趙爾巽原奏》 奏爲奉省創設商品陳列所，請旨飭部分咨各省輸送商品，以保利權，恭折仰祈聖鑒事。

竊維國力之盈虛，視乎實業，而實業之衰旺，操之商場。東西各國，於通都大邑莫不設有商品陳列所，匯萃萬物，各以類從，榜其性質、能力，第其產地、價值，考證有資，交通便易，法至善也。我國氣候清淑，物產殷阜，擬之歐美，殆無多讓。而實業幼稚，外貨浸灌，利源日絀，生計益窘者，蓋於商務之機關倘未備也。皇上軫念時艱，特設商部以提倡之。京師有勸工陳列所之設，誠惠工通商之亟務也。奉省地產之富，推爲上腴，而民智窒塞，農工墨守舊法，就令閉關，終難自給。重以甲午之役、庚子之變、癸卯日俄之爭，外勢浸長，輸入遂倍蓰於前，以樸拙無識之民，而誘以新奇嗜好之品；以顛沛流離之頃，而發其崇拜傚法之思。習慣性成，先入爲主。他日適體之具、養生之需、吉凶賓嘉之有所事，無不仰給於外人。窳惰婾生，脂膏罄竭，患孰甚焉！

查奉省物產，如濱海之魚鹽，東山之材木，漠北之氈裘，遼西之絲繭，其他粱菽、畜產、藥品、油酒之類，產額極富，特以觀感無資，化居乏術，以致闇然未章。現擬於省垣建設商品陳列所，羅致本省土產以及各省貨品，搜求惟備，肆設以列，縱我民庶，任其游覽，俾商知所求而工知所勸。約其辦法，厥有數端：一、專列本國天產品、工藝品。二、本省商店准將貨物送所寄售，並任招徠介紹之責。外省貨物大種批發者，亦可代爲訂購運寄。三、貨物寄售必經本所檢查，不准攙雜僞質，贋冒商標，並標題公平一定之價值。四、調查各省商情，商報暨本所各貨銷數，詳其暢滯之原因，明白佈告，俾知棄取而圖改良。其餘辦事細章，另行詳訂。惟事屬創始，各省輸送商品，應請旨飭下商部分咨各督撫將軍，仿照京師辦法，迅速調齊商品，派員運送來奉。俟送到售出後，仍由奉繳回原價，務期彼此有益，以副朝廷振興實業之至意。所有奉省創設商品陳列所緣由，理合恭折具陳。伏乞皇太后、皇上聖鑒訓示。謹奏。

章開沅《蘇州商會檔案彙編（1905—1911年）》第一輯《各業出品人爲變通男女分期參觀事致蘇商總會略宣統三年四月》 謹略者，蘇省商品陳列所參觀章程，有中西俗尚不同，定爲男女分期，若外人參觀，不拘此例一節，具征體驗人情，委曲周詳之至意。惟商等竊有不能已於言者。按陳列所附有寄售貨物，原期提倡商業，擴充貿易，其性質與中國上年之勸業會，及各國之賽珍博覽等會，但供展覽參考者似乎迥然不同。若限定男女分期，其窒礙不便之處，約有數端。伏讀寄售貨物規則，有雲本所提倡貿易，純乎商家性質，凡有未盡妥善之處，許各商函告本所酌改，等因。用敢不揣冒昧，請得而臚陳之。內地尋常居民，多不以星期記日，男女互來參觀，或適與定期相左，則必有望洋興嘆，廢然而返者。至外埠眷屬觀光省會，不過作信宿之句留，更無從得門而觀止，此易生參觀之觖望者一也。中國上流社會婦女，向來不慣獨行，眷屬出外，多由男子偕陪。至婦女購買物品，仍需由男人論價算值。若男女分期，則女子參觀必居少數，而賣品亦萬不能暢銷，此足爲寄售之阻力者二也。外人參觀，既不分男女之例，獨於本國人民嚴爲規定，其知者固仰體曲喻，謂因風俗之不同。不知者恐誤會滋疑，謂有優薄之歧視，此轉啓輿情之猜貳者三也。如必男女分期，則女參觀日，似宜另用女招待員。今所中陳列物品之看護生，均屬青年，而女參觀日，只許女子入內，不准家庭男子偕陪，別嫌明微，恐有未妥。此爲所中辦事人員計，尤不得不審慎而顧慮者四也。以上四端，管窺蠡測，本屬一得之愚，惟商等各有物品陳列寄售，私冀參觀發達，則全所之幸，亦商等之幸。現屆開幕在即，既有所見，用特略具說帖，呈請貴商會察核。伏乞據轉商品陳列所，可否將參觀定章男女分期一節，通融酌改之處，統候裁奪施行。謹略。

各業出品人公啓

章開沅《蘇州商會檔案彙編（1905—1911年）》第一輯《蘇商總會爲陳列所交接事致議董吴杭函稿宣統三年七月十一日》 致吴似邨、杭筱軒先生。七月十一日。

敬啓者，接准商品陳列所來函，以新舊所長於本月十二日下午二時交替，煩請議董二位到所監視等因。總理囑請閣下届時駕臨該所監視爲盼。特此通知。

章開沅《蘇州商會檔案彙編（1905—1911年）》第一輯《江寧勸業道爲催匯裝潢費照會蘇商總會宣統三年五月初二日》 欽命二品頂戴試署江寧勸業道李爲照催事。

案奉農工商部札以義國賽會，所有各省官物應需裝潢橱櫃等費，應歸赴賽者自出，並單開盛澤、上海二十一家絲廠出品，通海出品，蘇州商品，無錫綉件，共庫銀四百兩，迅速匯匯來義，以應要需等因到道。奉經分别照請查照辦理在案，迄已多日，究竟前項銀兩，是否匯匯，無從得悉。除分别照會外，合行照催。爲此照會，貴商會煩爲查明，迅速匯匯，並希見復，望切須照。

右照會蘇州商會。

章開沅《蘇州商會檔案彙編（1905—1911年）》第一輯《看護生保證書宣統三年八月二十三日》 立保證書。馮敬之。今保到看護生楊作臣入蘇省商品陳列所，看護陳列物品，如有損壞等情，願代該生擔任賠償。須至保證書者。

宣統三年八月二十三日 立保證書 馮敬之

章開沅《蘇州商會檔案彙編（1905—1911年）》第一輯《蘇州府物産會事務所報銷清單》

計開：

舊貫項下

無

新收項下

一收商務總會墊發 洋七百三十元另四分六釐

計共收洋 七百三十元另四分六釐

開支項下

一支綢布佩章 洋五元九角一分

一支宴賓筵席 洋三十一元

一支照架掛屏 洋三十六元三角三分三釐

一支置辦橱櫃器具 洋一百二十八元四角六分六釐

一支裝潢裱糊橱櫃 洋二十四元八角一分九釐

一支配置玻璃鉸鏈銅鎖 洋八十四元四角另八釐

一支運輸物品駁力班力 洋十二元四角四分

一支伙食船隻 洋一百四十五元另六分六釐

一支紙張筆墨 洋三十元另七角七分二釐

一支印刷郵電 洋六十七元四角四分七釐

一支臨時駐所員薪水 洋六十九元三角六分三釐

（照料會場黄蔣值宿）

一支僕役工資勞償 洋二十四元七角二分八釐

一支薪炭油燭 洋一元五角另六釐

一支茶水點心 洋二十一元七角三分七釐

一支雜項 洋四十六元二角六分六釐

計共支洋 七百三十元另四分六釐

實存項下

無

章開沅《蘇州商會檔案彙編（1905—1911年）》第一輯《出洋賽會通行簡章》

一 外國遇有賽會，由商部咨行各省督撫，曉示商人。有願赴賽者，務於期限内呈報本省商務局，商會轉報督撫，匯咨商部辦理。

二 外國會場應設立總事務所，經理華商賽會事宜。届時或奏派監督，或出使大臣就近照料，或派員監理，由外務部、商部酌核辦理。

三 商人呈報時應預備檢查書，開明赴會人之籍貫、姓名、職業、營業所之牌號、地址、赴賽之物品類、號數、重量、容積、産地、價值，呈報總事務所檢查。

檢查書式如左：

赴賽人籍貫、姓名、職業

營業所牌號、地址

赴賽物品類

號數

重量（計若干分量）

容積（應佔若干基地）

産地

價值

四 赴賽物之品類如左：

農業、園藝、林業、水産、化學、工藝、機器、教育、衛生及美術各品，學校生徒之成績，各種工藝製造品。

五　赴賽之物必須選擇精良，即標牌、箱匣、瓶罐之類，亦須色樣鮮明，裝潢精美，以合外人好尚爲主。物品必須分裝堅固，水産一類尤宜裝貯妥適。

六　凡有害風教衛生各品不准赴賽。

七　物件裝箱，須預先詳造貨本清册，按箱編號。到會場時，即憑册目報關。貨册必須相符，以免開驗時多費周折。

八　賽會貨物，准其免税。由該商赴本管關道衙門請給免税單及賽會封條，惟除貨册所開及赴會人隨身行李外，不得夾帶别項貨物。

九　凡裝運、保險、陳列、裝飾各費，均由商人自備。

十　會場應佔基地，候各省匯報後，由商部臨時咨商出使大臣定奪。

十一　會期及會中詳細章程，均由商部隨時頒發各省，或登報佈告。

十二　赴賽之物，經外國會場評定得有奬牌者，應由總事務所開單匯報商部。

十三　外洋各埠華商赴會貨物可逕運會場，呈請總事務所檢查照料。

十四　赴會之物如有損失等事，會場總事務所不任其責。

十五　商人呈報商務局或商會檢查物品時，應附呈説略，將物品之性質、製法，用處簡明記述，以供檢查之用。

十六　商務局及商會應將説略選擇送呈商部存查。

十七　赴會商人所陳列物品，應與各國所陳同類之品用心比賽，取彼之長補我之短，以圖改良之計。

十八　赴會物品或願出售者，或不願出售而專供參考用者，均須用洋文注明。

十九　赴會物品其性質、用處有非外人所能知者，務用洋文著成説略，隨物陳列，爲擴張販路之計。

二十　凡陳列之物，已經人購定而尚在會中者，須用洋文注明，以示區别。

以上第十八條、第十九條、二十條，須用洋文注明。如商人未帶翻譯，可托會場總事務所代爲譯注。

章開沅等《蘇州商會檔案叢編（1905—1911年）》第一輯《蘇商總會爲代遞雲錦公所李祥記等節略移長元吴三縣文宣統三年九月初三日》　移請事。據雲錦公所李祥記等聯名具禀聲稱，奉諭諄勸各莊照常放織，勉力維持等情，請爲據情申復前來，相應收原禀備文移請貴縣，希煩察核備案。須至移者。

計送原禀一件。

移長元吴三縣正堂

章開沅等《蘇州商會檔案叢編（1905—1911年）》第一輯《雲錦公所爲工人聚衆請設法消弭事致蘇商總會略宣統三年九月初三日》　謹略者，竊敝業前奉三縣照會，遵即妥商允洽，於今晨繕禀呈復，並開具節略，報告貴會在案。不意九句鐘時，東路、中路一帶，忽有工界聚衆之耗聞之，實深駭異。現在已由巡警出任彈壓，尚不致暴動。惟此端一開，後患正不可不防。查蘇城紗緞散工，其失業游蕩者，向來約有三、四百人。散則無事，聚衆肇釁。此次猝然聚衆，不免以少數概括多數，號召機工騷擾市面，其實大半係向來失業游蕩之人，並有並無生業、形同地痞者從而附和之。若不迅即設法消彌，勢必挾制安分機工，搶梭把持，以遂其藉端騷擾之舉。現在敝業同業各莊，自二十九日起一律照常放織。工價亦循舊應付，且相率加意維持，以顧大局。不意防於此而變於彼，亦敝業所不料。況各莊平日放織只與承攬之機工直接，其由承攬者另招幫織之散工，則雖本莊亦不識認。現在，聚者自聚，織者自織；稍緩須臾，即恐被此項失業游蕩之人把持停織，脅從滋事，則敝業亦將無從維持，轉負三縣諄維持市面之至意，應請貴會將此次失業工界猝然聚衆一節，公籌消彌之法。毋被煽動良工，致生他變，則地方幸甚，商業幸甚。除禀三縣外，謹再開具節略，伏乞總、協理大人公鑒。

雲錦公所司年月　李祥記　沈常泰　等謹略

章開沅等《蘇州商會檔案叢編（1905—1911年）》第一輯《蘇商總會爲機工聚衆罷工請派兵鎮壓移長元吴三縣文宣統三年九月初三日》　移請事。本日上午九時據紗緞業代表報稱：有機工失業游民藉端聚衆滋事等情，當荷貴縣暨各區巡警馳赴彈壓驅散在案。茲據雲錦公所司年、月李祥書、沈常泰等公禀陳請設法消弭，等情前來。查該公所前奉照會，諄勸各莊照常放織，正在公同勸告，互相維持，另行具禀呈復，並無無故停歇。此次猝然聚衆，顯係無業游民藉端滋鬧。合將原禀移請貴縣，希煩查核，迅飭究辦，以弭隱患而保治安，至爲倒便。須至移者。

計送原禀一件。

右移長、元、吴縣正堂。

總理允(先甲)、協理吴(本善)

章開沅等《蘇州商會檔案叢編(1905—1911年)》第一輯《紗緞業爲機工擅典緞匹典業違例擅收請予調處事致蘇商總會節略宣統三年九月初十日》 謹略者，敝業前有不肖機工擅將緞匹、經緯、機纖一切質典銀洋，其昧良圖私，於紗緞商業損害最大，城中各典間或有之，而鄉典爲尤甚。上年曾經敝業呈請貴會邀集典業領袖允爲取締在案。乃事隔兩年，前敝復見。近來緞業銷路停頓，而對於機工則尚勉爲維持，不圖機工昧良，反不顧商業之損害，竟又有將承攬在家之經緯機纖一切及織成之緞匹，向各當任意典押。而典業中亦竟有不顧公益，收受機工之典押者。前案具在，竟爾反訐，不謂正經營業之商人，下同莠工，良用浩嘆。茲經敝業查得本城典業如洪昌、廣大等典，均有收受機工典押經緯、緞緯之事。並經查得該兩典當票可據。而尤甚者，則爲唯亭咸大典，該處爲機工大宗，莠工昧良典押固不能免，而該典違例收受，更爲不顧名譽之尤。敝業查得該典收受機工一切典押之物，其典票竟編號存櫃，以免票據之播傳，用心誠屬姦狡。查惟亭機户最多，有此不規則之典業，則此風一開，實爲損害紗緞全業之一大漏卮。而貴會成案之信用，亦幾無效。敝業全體同意，惟有呈請貴會克日召集典業代表，協同唯亭、咸大典業及本城廣大、洪昌各執事到會，切實質問，令其明白答復，其違例收受典押之典，城鄉究有若干？唯亭典中尤須實地調查，以杜隱諱。事關商業前途利害損益，爲特開具節略，呈候總、協理大人公鑒。再，屆時並請知照敝業，俾得到會談判，實爲公便。謹略蘇州商務總會。

雲錦公所紗緞業司年月代表全體等公略

章開沅等《蘇州商會檔案叢編(1905—1911年)》第一輯《李祥記沈常泰等略宣統三年九月》 謹略者，敝業雲錦公所於上月二十九日准三縣照會内開，紗緞機工均係食力小民，一經歇業，爲患匪細。希速邀集司年月諄勸各莊照常織放，俾勞動家不致失業，切勿自先紛擾等因。准此，竊維紗緞一業，其平日對待機工，爲整頓貨疋起見，時歇時放，本無無故停歇之理。中秋以後，因鄂亂之影響，金融窒滯，市面恐慌，敝業早經思患預防，互相勸勉，照常放織，以顧大局。茲准前因，自當仰體長官鎮定人心，維持市面之至意，公同勸勉，力爲維持，決不無故停歇，致礙大局治安。並擬將照會印布各莊，以資妥洽。惟救急之計，不能視爲久遠之圖；維持一節，固爲公衆所允，從而期限未明，則責任既重，而後顧亦難擔荷。以全業論，康裕者或可盡力維持，强爲支撑，然僅居少數。而資本歉薄之家，十居八九。值此客貨停購，交易清淡，一經日久，勢必無可周轉。即絲經原料亦有告罄之日。雖在事理明白之人内顧空虛，亦將愛莫能助。此次經貴會設法維持，凡屬紗緞貨疋可以抵押銀洋。然可以濟一時之工價，不能維久遠之絲經。敝業公同籌商，僉謂縣憲照會自當遵照辦理，益加維持，惟日期盡力量所至，只可以半月爲度。如九月十五以後，金融流通，市面安靖，固亦無庸慮及。否則非别籌良法，敝業尤無經久之力量，負此重任。非不知機工衆多，一經停輟，爲患匪細。然爲日既久，勢必至原料空乏，無可放織，以致自顧不遑也。爲此量力支持，明定日期，所有維持機工一節，准以九月十五日爲度，以免含糊貽誤，致滋咎戾。敬呈總、協理大人公鑒。

雲錦公所紗緞業 李祥記 沈常泰 等謹略

其他地區同業組織與近代工業分部

綜述

鄭祖庚《侯官縣鄉土志》卷八《商務雜述》 居今日，非商戰劇烈之世哉。自人洞明計學，多財善賈，吾亞東之市利幾盡爲其所龍斷，國安得不弱，民安得不貧？頃歲以來，睡獅漸醒，百度更始，朝野上下，咸知商務之於富强，有絶大之關係。而鋭意振興，於是團商會，以通商情；集公司，以厚商力；開工藝局，以練習製造；設陳列所，以比較拙工；而於京師則立農工商部，以爲之總機關，而商務因稍有起色矣。侯官爲福州首縣，疆土廣袤，其出産物頗稱繁殖。語云，家有敝帚，享之千金。以之應本境日用飲食之需，當無不足也。然洋貨轉輸，源源不絶，五都之市，技巧雜陳。雖有巧歷，莫能名數，苟不亟籌抵制，則洋貨皆不翼而飛，而土貨浸無人過問。有輸入而無輸出，不幾北行入囊中哉。夫欲籌抵制，必須實力振興，振興奈何，仍不外夥立公司，廣開工藝局，規設陳列所，而商會則實行其聯絡商情，調查商業，勸導改良之政策。而官於商務一途，力加提倡保護，掖而升之於商戰之大舞臺。道盡於此矣，豈有他哉。

鄭祖庚《侯官縣鄉土志》商務雜述《商會》 自商部成立，四海益曉，然富國之必在商，乃相與講求其利弊。凡江海滙通之區，莫不有商會之發現，明以酌劑商業之盈虚，隱且彌縫有司之不及。福州瘠土甲東南，商業之薄弱，殆於無可稱述。顧互市有年，且由上下游輸出之貨，必先滙於福州，於是亦爲閩南一大商埠。達於商律者，因亦亟設商會，計斯會立後，其裨補商界，爲事良多。用誌在會員數，而系以歲月，且詳述其章程，俾知羣之爲益。蓋無論何業，皆可以收效云。福州商務總會，設於光緒三十一年冬，在南臺下杭街，選定總理、協理各一員；又會計董二，庶務董六，會員五十，坐辦、書記、事務、會計員各一。以省會及興、甯、延、建、邵、汀諸埠爲地界，以開通商智、和協商情、調查商業、提倡改良、興革利害爲宗旨。其總協理、議董，皆投票選舉，一年任滿，由會友公舉會員，再由會員公舉議董，而後合全班公舉總協理，議期分常會、特會、年會。凡華商公司、行店，須由會代呈商部注册。將俟經費稍充，籌設商業學堂，而商家債務轇轕，儘可赴會取決焉。

鄭祖庚《侯官縣鄉土志》商務雜述《公司》 合力營業，爲生計界之一變局。而其利益之大而溥，抑惟近世，乃日發明。凡互市繁盛之域，莫不合千百人之力，而宏其勢。福州風氣之開，出於官吏提倡，識者固已苦其晚，而吾民性質，又喜封殖自私。以故，公司之立獨少。然二三志士，殫其心力，以號召同類，歲月既積，則發見亦多。是故在境内者，官則有局有廠，商則輪船、火油爲其大宗。洋商之設立，亦爲著之，詳晰不遺，而其得失是非之所由，讀者可以自得之矣。

農桑局，官設，在水部繪春園。（俗呼爲耿王莊）。同治初，左文襄督閩，創辦桑棉局，近改今名。先從蠶桑入手，意在提倡民辦，所以購製蠶種，及蠶絲應用各器具，皆貶價，以便民間購用。並分設蠶務學堂，及育蠶、繅絲各傳習所，分門以教，而農務則一切開墾水利、山林畜牧之事，均屬之。以期逐漸興辦，隨時延紳到局會議，以藏富於民爲主義。本境土沃桑肥，天氣宜蠶，是以刊給《栽桑淺説》《飼蠶淺説》諸書，且籌官款，爲民津貼，欲廣開風氣，則本境雖地窄人稠，亦足稱生計之一助。又以農務之興，全賴水利。故設局後，即通飭各屬境盡心整頓水利，民力不逮，官補助之（閩縣毗隣長樂縣界有蓮柄港，旱田四萬餘畝，爲石山所阻，營前江水不能引入。局員履勘，知轟炸山石，不如購機抽水過山蓄灌之便，隨遣測算學生前赴蓮柄繪圖，一面核計田畝，爲興辦之基礎）。此蠶務、農務之宗旨也。其隸屬者，各處分局之外，分設堂所甚多：浙股蠶業學堂、粤股蠶業學堂、蠶織女學堂、出洋游學科、勸教農桑公所、農務試驗場、績麻傳習所、墾植牧廠各公司。

工藝廠，官設，就開元、鐵禪兩（等）〔寺〕舊址，改造局廠三，曰織布，曰粗工，曰細工，並附設醫療、探視、戒煙三所。織布廠暫用木質布機，織造各種土布，並巾帶粗工廠，織蓆履，編繩纘草帽，製床榻。凡案細工廠，鎸刻印刷，裁縫影相，洋式諸種器用，廠中藝徒率多犯事者，募專門工師教之，察其靈鈍，因性所近，分授各藝。

電燈公司，紳商合設，在蒼霞洲銀元南局，於光緒三十二年秋間，在籍編修林紳炳章請開設，聘梁祖羣、陳同甸爲機師，並招收藝徒，以資傳仿。

清平藥水消火機器公司，紳士創設，以閩多火患，延燒輒數十百家，鄭孝廉祖仁、徐孝廉友梧，向東洋購一新式消火器，歸督匠仿製，於烏龍試驗。其法傾煤油燃積薪上，噴以藥水，火勢立即消滅，誠消防第一良法。林太史炳章、李孝廉世新、王茂才振先贊成其事，設立清平公司，請官立案，准予專賣特權。

廣福種植公司，商設，在南臺泛船浦，集貲五萬。

小輪船公司，局設臺江汛。

招商分局上海輪船公司，滬總局分設。

下渡誠益蠶桑公司，鄉設。

尚幹蠶桑公司，鄉設。

悅興隆茶磚公司，商設，在南臺泛船浦，合貲二十萬。

印刷公司，施廣文、景琛設，在麗文坊劍池邊。

樟腦局，官紳合辦，光緒三十一年，由日本商收回。

洋商公司：洋油四所，（興隆、德興、天祥係英商，美孚係美商）、大小輪船，（多英商或日本商）、鋸木、（德商）、製氷、（英商）、荷蘭水、（英商）、玻璃、（日本商）、商務印書館，（華洋合辦）。已停者，城内開源燭皂公司、東嶺茶磚公司；在侯官境者，文儒坊經源織染公司。（集貲一萬）。

劉宗北《雄縣鄉土志·商務第十五》 商務之盛衰，視乎商埠之多寡。本境除南關及史各莊鎮外，惟東南鄉之留鎮，尚稱繁庶，餘則南鄉之龍華、北鄉之大營，及西北鄉之趙村三鎮，然亦僅一販鬻穀蔬之市場而已。其當行、銀行之富商大賈，舉無有也。欲合全境百數十村，皆賴此區區者以通有無，足乎，不足乎？是以東南鄉則分赴文安縣及任邱之鄚州鎮交易，東北鄉則赴新城之昝岡鎮，西北鄉則赴白溝鎮交易，以致出境之貨與入境之貨，皆汗漫無紀，即稅則亦無可清釐。故非區域劃然，將孰從而調查之。茲略誌梗概，以俟來者。

豬肉銷行本境，不足之數，有由文安、容城等處販入以供宰割者，其毛則由水路運銷天津。

羊肉銷行本境，不足之數，有本境回人從易州一帶販入本境。

鷄及鷄子，每月有肩販運（鎖）〔銷〕北京，或由大清河船行運銷天津。

鴨及鴨子，有肩販運銷北京及天津，而鴨子間亦銷行本境，鴨毛銷天津。

魚類，向有北京及天津客商在城南十里舖漁業公司收買。其佳品由魚商募人從陸路挑至北京，或由趙王河船行運銷天津，下品則銷行本境。

蝦或生賣，或加鹽煮熟，均銷行本境，間有由任邱之趙北口鎮運銷本境者。

穀類銷行本境，或亦銷行於隣境水旱偏災之區。

高粱除農家自用外，多運至白溝、容城等處，以供釀酒之用。

麥粉多由人力車運銷北京，或由大車運至白溝河裝船，水行百餘里，至黃土坡，由駱駝運北京，或由船運至天津，間亦有由車運至省城銷售者。

煙葉銷行本境，間有肩販運至鄰境霸州、永清一帶銷售者。

綠葉芝麻葉和煙葉揉碎，售之霸州、永清一帶，又有由河運至天津者。

野茶土人蒸晒，售之淶水縣茶店，或由水路售之天津茶商。

緜花銷行本境，並有市自容城境者。

蔬類行銷本境，有由大清河運銷天津者。

棗銷行本境。

土藥銷行本境，亦間有販運隣境售賣者。

火硝，本境有督硝公司二分局收買，一在南關，一在史各莊，運赴天津，歲約百十萬斤。

以上天然產物。

爉燭銷行本境，間有由陸運銷行北京與鄰境集鎮者。

土布及工藝局布，銷行本境。

油果，銷行本境。

錢串，由陸路運至北京、省城及張家口等處，或由水路運至天津。

香油銷行本境，有由人力車運銷北京並天津者。

醋銷行本境。

酒銷行本境，兼有自容城販入者。

蘆粟俗呼甘蔗，銷行本境，以供咀嚼。

簾籮簸箕由史各莊郭村作坊，銷行本境，並運銷文安，惟柳條則購之白溝固安等處。

爆竹銷行本境，或運銷山東北境。

餳糖銷行本境。

乾粉銷行本境，不足之數，由文安縣與任邱之梁召鎮運入本境。

甎瓦銷行本境，合境甎瓦窑，三十餘處。

以上製造品。

右本境貨物之銷行本境及外境者。

馬，自北口外蒙古地由陸路販入本境，在城裏及史各莊留鎮售賣。

牛，每歲由山東一帶，運至城裏及史各莊留鎮售賣。
羊，每歲由易州一帶，運至本境銷售。
綢緞，自任邱縣鄚州鎮及新城縣白溝鎮，運至各廟會銷售。
洋布，自天津由大清河運入本境，在四鄉銷行。
洋紗，自天津運入本境，在四鄉銷行。
煤油，自天津運入，在四鄉銷行。
茶、糖及雜貨，自天津運入本境，在各村鎮行銷。
茶葉，自白溝鎮零售於本境。
煤及石灰，自房山縣境及白溝鎮，由水陸兩路運入行銷。
木炭，自易州由人力車運入行銷。
桃杏梨柿之果品，自西北山由陸路運入行銷。
鹽，自長蘆由大清河運入本境，在各鎮每歲銷行二千五百引。
葦席，自安州運入本境，在各鎮銷行。
葯料，由祁州、鄚州、霸州運銷本境。
右外境貨物之運銷本境者。

馮煦《皖政輯要》卷九一《商會》 商會之設，所以振興實業，維持公益，蓋必於商務研究有素，而後能自立於商戰爭競之世。皖省風氣開通最早，徽州一府，民數商居十之八九。光緒二十四年，巡撫鄧華熙奏設安徽商務總局，爲官商聯絡之始。二十九年，商部奏定商會簡明章程二十六條，咨行各直省切實舉辦。當經商務局勸諭，省城内外各行商董，首先設立安慶商務總會，並遵照部章第三款，於蕪湖、正職各設總會一處。其各州縣所設分會，均就近隸於總會。而安慶總會設於省垣，遇事得與商務局直接，尤爲全皖商會之樞紐。三十四年，巡撫馮煦奏設勸業道，將商務局歸並，特置專科，以一事權，保護提倡，商業日見發達。茲將各處已設總分會及總協理銜名、開辦年月列表如左：

總會、分會	總理、協理	年月
安慶商務總會	宋德銘 胡遠勛	光緒三十一年三月
蕪湖商務總會	李矩 巫祖楷	三十二年十月

（續表）

總會、分會	總理、協理	年月
正陽商務總會	方皋 王炳先	三十四年二月
桐城商務總會	方祖健	三十四年十二月
歙縣商務總會	鮑振炳	三十四年十月
黟縣商務分會	余毓元	三十四年十二月
寧國府商務分會	俞世壽	三十四年五月
貴池商務分會	方汝金	三十四年五月
東流商務分會	林正春	三十四年五月
繁昌商務分會	杜維禧	三十四年十二月
合肥商務分會	王德熙	三十四年十二月
巢縣商務分會	杜琛	三十四年十一月
定遠商務分會	方璧	三十四年十月
宿州商務分會	周召棠	三十四年十二月
臨淮商務分會	何錦玉	三十三年三月
霍邱商務分會	扈開忠	三十四年十一月
建平商務分會	汪盈科	三十四年十一月
全椒商務分會	汪紹禹	三十四年十月
和州商務分會	王步雲	三十四年十一月
六安商務分會	呂烈鈺	三十四年十月
霍山商務分會	吳兆鼐	三十四年四月
天長商務分會	宣檮	三十四年九月

以上各商會均遵照奏定章程辦理，其就地便宜辦事章程，雖各有不同，而大致與部章不背。又光緒三十二年，商部頒發商會章程附則六條，第四條內開：各省商務情形不同，往往一州縣中，商務繁富之區不止一處，彼此相同，無可軒輊，自應量予變通，兩處均准設立分會。貴池殷家匯爲水陸通區，商貨輻輳。該處商董請於貴池分會外設立商務公所，以便就地會議，業經商務局批准立案。但僅有會董四人，並無總理，究不得謂之商會。又青陽廟前鎮與貴池縣毘連，請就近附入貴池分會。石埭橫船渡、七里二鎮請附入安慶總會，均係暫時權宜辦理，不在定章之內，故不著於表。

錄光緒二十九年商部奏辦商會章程原摺　竊維泰西向重商學，列爲專門。其爲商人者，皆以經營貿易之圖，視同身心性命之事，用能任重致遠，凌駕五洲。日本地處亞東，風氣早辟，雖其物產之盛，不逮中國遠甚，而商業蒸蒸日上，亦頗足與歐美抗衡。縱覽東西諸國交通互市，殆莫不以商戰角勝，馴至富强。而揆厥由來，實皆得力於商會。商會者，所以通商情，保商利，有聯絡而無傾軋，有信義而無詐虞。各國之能孜孜講求者，其商務之興，如操左券。中國歷來商務素未講求，不特官與商隔閡，即同業之商亦不相聞問；不特彼業與此業隔閡，即同業之商亦不相聞問。計近數十年間，開關商埠至三十餘處，各國群趨爭利，而華商勢渙力微，相形見絀，坐使利權旁落，浸至絕大漏卮。故論商務於今日，實與海禁未弛以前情事迥異。臣等忝膺恩命，亟思振興商政，上慰宸廑。現在，體察情形，力除隔閡，必先使各商有整齊劃一之規，而後臣部可以盡保護維持之力。則今日當務之急，非設立商會不爲功。夫商會之要義，約有二端：一曰剔除內弊，一曰考察外情。中國商人積習，識見狹小，心志不齊，各懷其私，罔顧大局。即如絲茶兩項，爲出口貨之大宗，往往以散商急思出脫，跌盤爭售，而一二殷實巨商亦爲牽累。其他貨物之作僞攙雜卒至虧本者，難以枚舉。有商會，則亟宜聲明罰例，儆戒將來，此則剔除內弊之說也。中國地大物博，百貨殷闐，特以製造未精，販運不廣，利歸外溢，亟待挽回。即如玻璃、紙張、洋蠟、肥皂之類，凡洋貨之適於民用者，皆華商力能仿造之貨。如果辦理得法，逐漸擴充，不徒自造自用，並可詳採各國市情，以廣銷路。有商會，則必應議設公司，藉圖抵制，此則考察外情之說也。惟商會之設，其中詳細節目，應由各商自行集議，酌定會章，具報臣部查核。至提綱挈領，臣部實總其成，入手之方，端資提倡。臣等公同商酌，謹擬商會簡明章程二十六條，繕具清單恭呈御覽。如蒙俞允，即由臣部刊刻頒行，並擬勸諭各業之商務較巨者，先在京師倡設商會，以開風氣之先。至外省各業商人，有能並心壹志，籌辦商會者，應責成該處地方官，俟該商等將會章呈案時，即行詳報督撫咨部，不得稍有阻遏，以順商情。此項章程，將來或有增改之處，仍當隨時奏明辦理等因。奉旨：依議。欽此。

〔附〕陳列所

省城設立陳列所一處，凡皖省土產及外省商品，均得送所陳列，比較優劣，爲改良地步。

光緒三十一年六月，商務局詳稱：竊維本局爲振興商務之所。皖省係不通商埠之區，商民智識錮蔽，見聞淺陋。現雖創設商會，提倡商情，而於貨物出產，多不考究。至於工藝製造、銷場出路，尤未加意講求，僅托空言，究無實濟。查南北洋諸省，現均設有商品陳列所，規模壯麗，耳目一新。皖省財力固未充足，亦未便置之不議，擬請酌量變通，即於本局附設陳列商品館所。飭令全皖州縣，各將境內所出物產廣爲選購，裝飭齊全，配制精采，准將價值、運費據實開報，並注明產地、製法，解送本局核收，轉發館所代售，所獲價值隨時發還，俾令陸續解運，用資考察，仍由本局責成員司悉心經理，以免損失。並由本局刊刷勸設商品陳列所啓，分致省城內外各寅僚紳商。竊願大衆集資襄成此舉，所有窮鄉僻壤之產，尋常日用之需，無論本省外省所出，皆可送局寄售，酌中定價，隨時填發收據，售後領價繳據，酌取經費一成，津貼局用，此外，不許分毫需索。似此廣搜博採，考工有方，庶於商務可望起色，等因。經巡撫誠勛批准，咨部立案，即於是月開辦。專派司事二人，經理委員一人，由商務局員兼充。現商務局歸並勸業道，因改建於道署東偏，仍歸商科管理。據商務局卷。

〔附〕全省商路

商務之盛衰視乎銷路之通塞。欲求通行無滯，非疏浚商路不爲功。安徽全省商路，前由商務總局考查立說，詳奉咨部頒行，照錄如下：

安徽全省東界江浙，南界江西，西界湖北，北界河南。各圖志所載，大抵於山川之形勢，古今之沿革，言之綦詳，從未有專爲商賈運道籌者。今博采士紳之說，參以旅客之聞見，證之舊有之圖表，竊謂振興商務，必以疏通運道爲先。運道有二：一航路，一陸路。安徽襟江帶淮，南北諸水交流而錯匯。其陸路則山谷崎嶇，負戴艱阻。故欲疏通各屬之土貨，斷宜大開航路，以暢其往來。而航路所不及者，則量築鐵路以輔之。此其大較也。

請先言航路：安徽航路最要在江，次要在淮。江自湖北之黃梅、江西之彭澤迤邐以入皖境。其沿江諸郡縣之貨，由內河達江者，約分南北二岸。南岸則東流之河口，貴池之黃湓，銅陵之大通，繁昌之荻港，蕪湖之大關，當涂之金柱關，凡寧、池、太、廣諸屬之貨，胥於是東抵江寧，以達於江蘇。北岸則望江之華陽，懷寧之鹽河，桐城之樅陽，和州之裕溪，凡安、廬、滁、和諸屬之貨，胥於是東逾江浦，以達於江蘇。此沿江航路之大略也。若淮水則自河南之睢寧、沈邱東南流以入皖境，其濱淮諸水輸各屬之貨以入淮者，亦分南北二岸。北岸水較多，最著者二，曰沙河，曰渦河。沙河起河南之朱仙鎮，東南流至界首集入皖境，中經□□、阜陽、潁上等縣，至正陽關對岸之八里垛而入於淮。渦河起亳州，中經渦陽、蒙城、懷遠，至鳳陽之臨淮關而入於淮。淮北之貨於是匯焉。南岸水較少，最著者曰淠河，起六安之兩河口，至正陽關而入於淮。淮南之貨於是匯焉。諸水入淮，而後南過鳳陽至盱眙，北過五河至泗州道洪澤湖，出清河以達於江蘇。此沿淮航路之大略也。其有不必假道江淮，而可徑通鄰省者，皖南則有徽州之徽河、祁河、婺河。皖北則有全椒之□□、英山之鷄鳴河。徽河一名新安江，起黟縣之魚亭，過休寧之屯溪，至歙縣之街口，以達於浙江之淳安，其下游爲錢塘江。祁河一名大洪水，起祁門縣城，西南流至倒湖，達江西之景德。婺河起江灣，西南流過婺源城，至太白達江西之樂平，又東流會祁河，過饒州入鄱陽湖，此徽境通浙通贛之航路也。□□出全椒達烏衣出皖境，至六合之划子河大河口、東溝口諸處入江，爲百貨所匯，此滁屬中通蘇之一航路也。英山雖轄於六安，然相距絶遠，峻嶺間之，其運道必由西南隅之鷄鳴河直出皖境，以抵蘄水之黄石港，此六屬中通鄂之一航路也。綜是數者，更於其間多浚支港，以宣其滯，量設小輪以速其程，航路商務自當大振。

若夫航路所不及而又當鄰省出入之沖，值南北交接之會者，則擬築鐵路四支，以聯絡而輪引之。自東流之張溪鎮，逾建德以趨景德而達全贛，其間擬築路二百餘里，則皖贛之貨通矣。建平以平直抵四安，逾嘉湖而達蘇杭，其間擬築路百里，則皖浙之貨通矣。此二路皆在皖南。上起安慶北盡六安州治，築路三百餘里。中起巢縣北至正陽關口，築路三百餘里，則江淮之呼應靈，而豫皖之交通捷矣。此二路皆在皖北。總之，安徽全省之運道，以水運爲經，以陸運爲緯。故欲振興商務，當以航路爲主，鐵路輔之。僅就考查所及，縷陳大略。

紀事

上海市工商業聯合會《上海總商會組織史資料彙編》第一章《光緒二十四年湖廣總督張之洞奏漢口試辦商務局及應辦要事八端疏》 疏云：竊照承准軍機大臣字寄六月初七日奉上諭：振興商務爲目前切要之圖。【略】仰見朝廷通商惠工，阜財利民之至意。欽佩莫名，查商務乃今日要政，上海爲沿海總匯，漢口爲上海要衝，鐵路樞紐，自應分設兩局。除上海一局，由兩江督臣劉坤一委員開辦外，茲於漢口設立商務局，以鼓舞聯絡上游川陝河南雲貴湘粤等處工商爲要義。其商學、商報、商會及講求工廠製作商路等事，江楚兩局各自籌辦。遇有應行聯絡通貫，或應互相協助之處，隨時知照會商辦理。雖分爲兩局，仍聯爲一氣，所有應辦之事，其要有八：

一曰啓發。商報、商會、商學，皆係啓發之事，商報係采訪沿江沿海各口岸暨鄰省本省土地所産及人工所造各貨市價銷路，并譯各洋報所載商務兼譯西書之有關商務者，分期出報。商會係由本局商量邀集各省各幫大商，入局定立商會，或面商、或通函、或登報，互相討論考校，以期聯絡協助，力厚氣旺。商學係考求制貨理法，銷貨道路，綜校護商律例，以及中外盈絀，銀價漲落，各國嗜好，各業衰旺各情形，自應設立學堂，延師教習，方能增長知術。惟中國設立商學，華人能任教習者斷無其人，若延請洋教習，經費太巨；且設堂經費，亦屬不貲，斷難舉辦，惟有赴外洋學習。惟西洋過遠，東洋較便，商會中人有願往者自備資斧，或由商會籌集公款，湊齊人數若干，由該局稟臣發給護照前往，并咨明總理衙門，暨出使大臣查明。至設局之始，不能不酌籌經費，以資刊報設會等事之需，擬於整頓牙帖項下籌撥。以後商務漸興，果有成效，方可與衆商酌擬籌費之法。

二曰倡導。製造土貨，需用機器，華商不知成本若干，有無利息，未敢試辦。現擬除已設之紗布絲麻各局外，其餘土貨之需用機器者，若牛皮、骨角、紙張、竹器、漆器、洋蠟之類，均可次第籌辦，官籌本若干，并借商款若干，先設數廠，令其觀感，見有成效，自知仿行；或代爲訪求製造之法，及需用何項機器，以爲之倡。

三曰合力。商務必集公司，方能大舉。一省商力不足，合他省以益之，查上游四川雲貴等省，出産土貨甚多，而地勢較偏，購機選匠，種種不便，且機器運至川江以上，實屬不易，銷路亦窄。若造成後，再運至下游行銷，徒多往返耗費，至於陝甘、河南、兩廣、湖南，亦不如漢口地勢適中四達。現擬於漢武一帶衝要地方，購買路段，以備入商會者，在此地段内購地造屋，或設行棧，或設機廠。

四曰塞漏。現在洋商已准在内地設廠製造土貨，無從禁阻，愈開愈多，華商更難覓生計，即使日後續開，固著著落後，莫若議與洋商合辦，既免占我全利，并可學其工藝，此亦補救漏卮之一法。

五曰祛習。中國商賈積習，識陋見小，亦思依仿新式辦運新貨，而偷減工料，貨質全非，以假亂真，以劣攙優種種欺僞，以致外人割價退盤，甚至無人過問，其貨真價實之商，反爲所累；甚有招集股分，意存誆騙，事未辦成，資已用罄，遂至人人畏避，公司難集，商務莫興，實緣於此，必須明定賞罰，以示懲勸。

六曰保護。近日各省倒賬之案，層見叠出，漢口、沙市已屬不少。商局既設，未倒之先，官爲訪察防護，既倒之後，官爲嚴追懲辦。凡曾經倒塌之商，照西例飭令報窮，列諸商報，使遠近咸知，以後永遠不准更名充商貿易。

七曰體恤。嚴禁税關厘卡留難需索，新制土貨可以抵制洋貨者，奏明輕減，或暫免厘税，定明專利年限，不准他商仿造。

八曰獎勵。新創機廠，暨捐資興辦商會、商報、商學及在外洋學成工藝回華，可資實用者，奏明請獎。

以上八端，總之不外於抵制洋貨，依仿洋式，借助洋師三義，從此著手，方爲有關内地商務大端，由粗及精，由近及遠。即將前經奏設之勸工勸商局，歸并此局之内，其中事體繁博，現在先立大概章程，此後隨時籌劃變通，務期以漸推廣。查有奏調湖北差委廣東候補道王秉恩，端廉切實，才力精强，商務綜核，尤所擅長，此次另片奏調之江蘇候補道程儀洛，廉正核實，不辭勞怨，擬委令該兩員會同總理局務。謹奏。

中國第一歷史檔案館《德宗景皇帝實録》卷五二三《光緒二十九年十一月》 甲辰，商部奏，勸辦商會，酌擬簡章二十六條，以資遵守，從之。

中國第一歷史檔案館《光緒宣統兩朝上諭檔》第三〇册《光緒三十年三月》 軍機大臣字寄兩江總督魏，光緒三十年三月初一日奉上諭，商部奏，據江蘇在籍翰林院修撰張謇條陳鹽業公司辦法，擬變通鹽法，設廠造鹽，一切煎法、運法、銷法，由公司稟請鹽政立案等語。兩淮鹽課，爲帑項大宗，關係重要，著魏光燾督飭運司，將所陳各節妥籌議奏。原片著節鈔給與閲看，將此諭令知之，欽此。遵旨寄信前來。

中國第一歷史檔案館《光緒宣統兩朝上諭檔》第三〇册《光緒三十年三月》 光緒三十年三月初一日内閣奉上諭：商部奏江蘇在籍紳士創設商業公司，卓著成效，請破格獎勵，作爲商部顧問官一摺。翰林院修撰張謇著賞加三品銜，作爲商部頭等顧問官，欽此。

中國第一歷史檔案館《德宗景皇帝實録》卷五三〇《光緒三十年五月》 庚寅，商部奏，勸辦京城商會，并推廣上海商會，將原設商業公所改爲商務總會，刊給關防，報聞。

《申報》光緒三十一年六月十九日第四版《鎮江將舉辦商會鎮江》 商部因鎮江爲通商大埠，華洋雜處，若無商會，以聯絡商情，何以合羣力，而資抵制。爰一再電催常鎮道，飭商舉行，刻道憲已與錢業商人議妥，以道生莊、静源莊執事人爲商會總理，自餘各業每業公舉一人爲會中議員。

天津市檔案館《袁世凱天津檔案史料選編·袁世凱爲商部訂定出洋賽會通行簡章事札津商會光緒三十一年十月二十八日》 爲札飭事。十月十七日准商部咨開：本部准出使比國楊大臣咨稱：賽會宗旨專爲改良工藝，非精緻華麗之品不足爭衡。現當貴部整飭商務，無美弗臻，擬請妥定賽會章程，俾商業挽回利權，獲益非淺。等因前來。查東西各國重視賽會，商貨輻輳，使節交馳，非但爲振興商務之基，亦籍爲聯絡邦交之助。近年華商風氣漸開，赴會日衆，徒以不習外事，不諳會章，貨品不精，裝配不善，往往動多隔閡，獲益甚微，致難與外人角勝。現經本部參照各國賽會情形，訂定出洋賽會通行簡章二十條，頒行各省，曉諭紳商，俾於赴會之先，預知利便之端，於會事不無裨益。相應刷印咨送查照，曉諭紳商一體知悉，以資倡導而便遵循，是爲切要。等因到本大臣。准此，除分行外，合行札飭。札到該總會即便遵照辦理，此札。計抄單。

〔附〕出洋賽會通行簡章

一、外國遇有賽會，由商部咨行各省督撫，曉示商人，有願赴賽者，務於期限内呈報本省商務局、商會，轉報督撫匯咨商部辦理。

外國會場應設立總事務所，經理華商賽會事宜。届時或奏派監督或出使大臣就近照料，或派員監理，由外務部、商部酌核辦理。

三、商人呈報時，應預備檢查書，開明赴會人之籍貫，姓名職業，營業所之牌號、地址，赴賽物之品類，號數，重量，容積、産地，價值，呈報總事務所檢查。

檢查書式如左：

赴賽人籍貫姓名職業

營業所牌號地址

赴賽物品類

號數

重量計若干分量

容積應占若干基地

產地

價值

四、赴賽物之品類如左：

農業、園藝、林業、水産、化學、工藝、機器、教育、衛生及美術各品，學校生徒之成績，各種工藝製造品。

五、赴賽之物，必須選擇精良，即標牌箱匣瓶罐之類，亦須色樣鮮明，裝璜精美，以合外人好尚爲主。物品必須分裝堅固，水産一類尤宜裝貯妥適。

六、凡有害風教衛生各品，不准赴賽。

七、物件裝箱須預先詳造貨本清册，按箱編號，到會場時即憑册目報關，貨册必須相符，以免開驗時多費周折。

八、賽會貨物准其免税，由該商赴本管關道衙門請給免税單及賽會封條。惟除貨册所開及赴會人隨身行李外，不得夾帶别項貨物。

九、凡裝運保險陳列裝飾各費均由商人自備。

十、會場應占基地，候各省匯報後，由商部臨時咨商出使大臣定奪。

十一、會期及會中詳細章程，均由商部隨時頒發各省，或登報布告。

十二、赴賽之物，經外國會場評定得有獎牌者，應由總事務所開單匯報商部。

十三、外洋各埠華商赴會貨物可徑運會場，呈請總事務所檢查照料。

十四、赴會之物如有損失等事，會場總事務所不任其責。

十五、商人呈報商務局或商會檢查物品時，應附呈説略，將物品之性質、制法、用處簡明記述，以供檢查之用。

十六、商務局及商會應將説略選擇送呈商部存查。

十七、赴會商人所陳列物品，應與各國所陳同類之品用心比賽，取彼之長、補我之短，以圖改良之計。

十八、赴會物品或願出售者，或不願出售而專供參考用者，均須用洋文註明。

十九、赴會物品，其性質、用處有非外人所能知者，務用洋文著成説略隨物陳列，爲擴張販路之計。

二十、凡陳列之物已經人購定而尚在會中者，須用洋文註明，以示區别。

以上第十八條、十九條、二十條，須用洋文註明，如商人未帶翻譯，可托會場總事務所代爲譯註。

《商務官報》光緒三十二年七月五日第一三期《批煙錢行商人稟》 稟悉。查本部前飭各業設立商會，原爲約集同業，隨時研究，以期商業日有起色，該商等如願設立煙業商會，應即妥擬章程呈報到部，再行核奪。至所請照常兑换銀洋各節，本部礙難照准。此批。六月十八日。

《商務官報》光緒三十二年七月五日第一三期《批湖南商務總會詳》 據詳並表均悉。該總理偕儲備倉基地建造房屋，設立商會，建屋則假之公地，用款則籌自商家，一切佈置尚稱妥善，自應准予立案，仍望切實經理，始終勿懈，是所切盼。此批。六月十一日。

《商務官報》光緒三十二年七月五日第一三期《批江寧商務總會詳》 據詳暨轉據泰州業商孫叙平等公呈並清摺均悉。所稱泰州地方爲裏下河門户，各場來往要區，商務繁盛，現該商等擬在該處設立商務分會，公舉江承恩爲總理，應即照准。詳核所擬試辦章程，大致尚稱妥洽。惟第五條開，凡商人有事不能伸訴，總理體察屬實，可代爲秉公申訴，惟未赴本會註册商家，即不得享以上利益一節，是以註册爲要挾之具，殊失保商本旨。查本部定章雖載有註册費一項，然又載明小本經紀不願至會註册者，悉從其便，誠恐商會創辦之始，稍一不慎，輒滋流弊。仰即傳知該商等妥爲更訂，並開具汪承恩職銜、籍貫、年歲、履歷，俟呈部後，再行加札委派可也。此批。六月初七日。

《商務官報》光緒三十二年七月十五日第一四期《批廣州商務總會稟》 據稟已悉。查該職莫伯洢擬在廣州府番禺縣集股本銀八萬元，設立粤東編譯兼學校用品有限公司，發行編譯書籍兼學校用品，洵於學界有益，除編譯章程内有應歸學部核奪者，由該公司自行呈明學部示遵外，餘如招股章程第七條内載，第二期股銀如不照交，將第一期交過之股銀充公云云。查此條與商律第四十一條及四十二條不符，應展限十五月，查照商律辦理。又書業同盟規則第二條内載，省外書業有公司股份者，亦可附入成德堂，惟須補入行底銀。查補入行底銀一語，未列銀數若干，及如何辦法。又第六條内載，欠帳之店寫回單據，每欠帳一元，補息一仙，如再逾期，聽憑科罰究追云云。按聽憑科罰究追，亦應聲明罰例辦法。第十二條内載，既經公司代發行之書，如有翻刻，無論同盟與非同盟，公司均不與交易，並聯行抵制云云。按發行之書既稱公司代爲發行，則非公司編譯可知，翻刻一層，宜有區别，亦應明定限制。其餘所定各項章程，大致尚屬妥適，應令該公司將以上所指各節逐款聲明，補呈到部，再行核辦，公費暫存。此批。七月初三日。

《商務官報》光緒三十二年八月五日第一六期《批寧波商務總會稟》 據稟慈谿分會遵飭改擬章程請派總理各節均悉。查該分會此次所呈更訂章程，已遵將本部指駁各節逐一删改，所擬尚屬周妥。同知銜任祖全既經衆情推舉，堪勝總理之任，應即加劄，派充爲該分會總理。劄文一件、圖記式樣一紙隨批發給，仰即轉交該分會祇領可也。此批。七月十九日。

《商務官報》光緒三十二年八月十五日第一七期《批廣東商務總局詳》 據詳暨清摺均悉。連州陽山地方現擬設商務分會，照章公舉中書科中書劉翰瑶爲總理，應即照准。詳核所擬試辦章程十二條，大致尚屬妥洽，惟第七條内本會經費商捐商辦，請免造册報銷等語，與部章第二十二款不符，應改爲於每年底開列四柱清册，由總會彙報本部查核，以昭慎重。及公科會分生息備支一節，務應妥慎辦理，必俟衆商允洽，公同酌定，再行開單呈部，以憑核奪。至開支一切，尤應力從撙節，勿致稍涉虚糜，是爲至要。札文一件、圖記式樣一紙，一併發給飭交，並轉知該分會，遵照指駁之處，妥速更訂聲覆本部可也。此批。七月二十四日。

《商務官報》光緒三十二年九月五日第一九期《商部奏雲南省垣設立商務總會摺》 奏爲雲南省垣設立商務總會奏明立案恭摺仰祈聖鑒事。竊臣部接准雲貴總督丁振鐸咨，開據雲南省垣職紳馬啓元王鴻圖等呈稱，案奉議設雲南省城商務總會，迭經邀集各紳商公同籌議，宣布設立商會之宗旨，各商均屬歡欣踴躍，公舉啓元爲總理，鴻圖爲協理，謹於本年三月間暫假省垣箇廠地方爲開會之區。是日，到會各商約二百五十餘人，衆情允洽。茲謹查照商部奏定章程，並體察本省商務情形，擬定章程八章，期於不煩不擾，簡明易行，以資整頓，其有未盡事宜，隨時呈請增改，漸期完備，合將所擬試辦章程懇予咨部立案，並請援案發給關防，俾資信守等情，咨請覈辦前來。臣等伏查雲南地處邊陲，藴蓄非不宏富，特因風氣開通較晚，商業素少講求。近以開關商埠，築造鐵路，百事振興，所有蒙自、思茅、騰越等處進出貨物，日見繁盛，商界見聞漸廣，事機可乘，亟應實力提倡，加意經營，俾得日徵進步，較諸内地各省商會，關繫尤爲緊要。臣等查覈所擬試辦章程，計定名明義，選舉分職，議事用人，保護規則共八章，條理完備，尚屬妥洽可行，所舉總理馬啓元、協理王鴻圖既係衆情允洽，應即照章准予派委，所請援案發給關防，覈與臣部歷辦成案相符，亦應一併照准，恭候命下，即由臣部照章分别辦理。所有雲南省垣設立商務總會，奏明立案緣由，理合恭摺具陳，伏乞皇太后、皇上聖鑒。謹奏。光緒三十二年八月十八日具奏。奉旨：依議，欽此。

《商務官報》光緒三十二年九月十五日第二〇期《批廣州總商會稟》 據稟已悉。前據梧州十三行商董李連明等稟請設立商會，當經查核所擬會章未盡妥洽，分别批飭該商董，並札該總會查明稟覆，以憑核奪。嗣據該商董等將所指各節陳明到部，復經批令。俟廣州總會稟覆，再行核奪各在案。茲據稟稱前情，雖經將該埠行號聯蓋圖章清摺，轉呈到部，惟該商董等於本部指駁各節，並未照章更正，核與部章殊多未合。仰仍傳知該商董等，務即遵照前次批示各節，切實訂正，另議章程，清摺稟覆本部，以憑核奪，是爲至要。此批。八月二十八日。

《商務官報》光緒三十二年九月十五日第二〇期《批廣東商務總會詳》 據詳暨清摺均悉。順德陳村、赤花兩鄉，現擬設立陳赤商務分會，照章公舉選用縣丞盧林英爲總理，應即照准。詳核所擬創辦章程十五條，大致尚屬妥洽。惟第八條本會經費商捐商辦，請免造册報銷等語，與部章第二十二款不符，應改爲於每年底開列四柱清册，由總會彙報本部查核，以昭慎重。又上科會份生息備支一節，務應妥慎辦理，必俟衆商允洽，公司酌定，再行開單呈部，以憑核奪。至開支一切，尤應力從撙節，勿致稍涉虚糜，是爲至要。札文一件、圖記式樣一紙，一併發給飭交，並傳知該分會遵照指駁之處，妥速改訂，聲覆本部可也。此批。八月二十八日。

《商務官報》光緒三十二年九月二十五日第二一期《批廣州商務總會稟》 據稟暨清摺均悉。所稱轉據商董余灼等稟請，在廣東新寧地方設立商務分會一節，自可准予立案。惟核閱所呈簡明章程十五條中，大半爲收集會份起見，與本部設立商會本旨未符。此外各條，又於商業公益未甚注意，尤多缺點，自應一體更訂，呈部核奪。仰即轉飭遵照可也。此繳。九月初三日。

《商務官報》光緒三十二年九月二十五日第二一期《批江蘇商務議員陸樹藩稟》 據稟，職員孫旭初等在東唐市設立商務分會，稟請加札委用，並頒發圖記式樣等情。查本部前以近來風氣漸開，商界均知商會之益，每州縣中凡遇村鎮，均請設立商會，未免紛歧，酌定辦法六條，以示限制，通行札飭在案。東唐市係屬常熟縣鎮市，該縣紳業經先後設立常昭分會、梅里分會各一所，孫旭初所請在東唐市設立商會一節，核與章程不符。惟該職商係爲聯絡商情，振興商務起見，應准予立案。查江蘇上海南市及豐利場等處，歷經本部批准，併入上海總會暨如皋各分會，辦理在案。該處事同一律，應歸併常昭分會設法聯絡，所有會董等一體推舉，惟不必公舉總理，並毋庸發給圖記式樣。一切稟報本部文件，應由分會轉呈，以符成案。此繳。九月初三日。

《商務官報》光緒三十二年九月二十五日第二一期《又批》 據稟各鄉鎮擬設商務分會之分會一節，業經通行各總、分會知照。嗣後各府縣中如已設立總、分會，而各村鎮尚有應續設立者，即令定名爲商務分所，與各該處總分會設法聯絡，所有會董等一體公舉。惟不必公舉總理，並毋庸發給圖記式樣。其一切稟報本部文件，均由總分會轉呈，以免紛歧而資聯絡。既與本部前定辦法六條不背，亦即原稟所稱推廣公益、靈通脈絡之意，仰即遵照辦理可也。此繳。九月初五日。

《商務官報》光緒三十二年九月二十五日第二一期《批錫金商會總理周廷弼稟》 據稟，在錫金地方設立商業半日學堂，試辦一年期滿，擇尤發給各班學生修業證書，請予立案一節。現在振興商業，商人知識未開，自非授與普通學問，不足競勝商界。該總理於錫金商會成立以後，聯絡各業會員，創辦半日學堂，深堪嘉尚。嗣後仍應認真籌辦，逐漸推廣，以副本部厚望，表册存。此繳。九月初五日。

《商務官報》光緒三十二年十月五日第二二期《批漳州商務分會稟》 據稟已悉。漳州分會總理曾宗璜病故，總理一缺自應另舉，以符定章。五品銜歲貢生吳一鶴，既據該議董等公舉，堪以接充總理，應即如擬札派，以資經理。仰即遵照。此繳。九月二十一日。

《商務官報》光緒三十二年十月十五日第二三期《批江西商會會董曾秉玉等稟》 據稟暨清摺均悉。查該商會此次所稟更訂章程，已將本部指駁各節逐一删改，所擬尚屬妥洽，自應照准。前舉候選道劉景熙爲總理，候選道朱葆成爲協理，應俟奏明後加札委派，並頒發關防，以資應用可也。此批。九月二十六日。

《商務官報》光緒三十二年十一月二十五日第二七期《批廣州商務總會稟》 據稟暨原呈規條章程均悉。查該公司在廣東省城南海縣安瀾街中約地方製造銀硃等貨，既係祖遺產業，設立已有年所。此次所呈註册呈式，及新訂規條章程並註册費八十元，核與部章均屬相符，自應准其註册，填給執照收單，寄由該商會轉交該公司具領可也。此繳。十一月初五日。

《商務官報》光緒三十二年十二月五日第二八期《批橫濱中華會館董事鮑焜稟》 據稟已悉。酌改稅則一事，前准南洋大臣電，已咨外務部籌商辦法，旋准外務部覆稱，已電達南洋大臣，二十八年已訂新約，未便仍以二十一年之約期滿爲詞，且所爭是彼國進口稅，與約載稅則亦無涉。本部已照請日使轉達其政府，允改與各國一律，並電楊使設法磋商等因，行知在案。茲據前因，合行據文批示，該董事一體知悉可也。此批。十一月十四日。

《商務官報》光緒三十三年三月二十五日第七期《批丁錫純稟》 前據該武生稟請設立易州商務分會，本部札飭直隸商務議員詳查核辦。茲據查復，易州僻處山陬，商務未盛，該武生亦與商情隔膜，所請毋庸置議。此批。三月初四日。

《商務官報》光緒三十三年一月二十五日第一期《批檳榔嶼商會林克全等稟》 據稟並章程清摺均閱悉。查檳榔嶼爲新加坡脣齒相依之地，閩粵商賈聚處有年，市面夙稱繁盛，惟當此商戰競勝之場，海外經營者尤宜互結團體，維持公益。詳核所擬試辦章程十一章，大致悉照新加坡辦理，組織極爲完備，果能實力施行，自於商界甚有裨益，應即准如所擬。至於會中被舉人員，懇請援案概予札委，既係爲鼓舞羣情起見，自應一體量予變通，照准辦理，以資獎勵。所有關防委札，均俟奏明，奉旨允准，再行頒給。該紳商等既經公舉爲正副總理，足徵衆望素孚，商情允洽。現當創設伊始，尤宜實心實力，妥慎經營，遇有海外僑商願回內地籌辦商界各項要事，務即隨時稟陳本部核奪，庶幾聲息相通，免致隔膜，本爵部堂尤有厚望焉。此批。十二月初二日。

《商務官報》光緒三十三年一月二十五日第一期《批常昭商務分會稟》 據稟稱，職商盧頤等集股洋銀一萬五千元，擬在昭邑大東門外下塘地方創辦虞與織布有限公司，遵章繳費，呈請註册前來。查布疋、毛巾等項，爲民生日用所必需，該職商聯合同人勸辦實業，自是爲開通風氣起見，應先准其立案。惟查該公司章程第七條內載，入股給票後如本人願將股票出讓者，先儘本公司股東收并，不願收并者，讓與他人，隨時報明公司註册，換給票摺，但不得轉輾抵售，有壞本公司名譽等語。原文尚欠明晰妥洽，應改作入股給票後如本人願將股票出售者，先儘本公司股東承售，如本公司股東無人承售，方准售與他人，應先期將承售人姓名報明公司註册，換給票摺，方能作准，不得輾轉私售，並不得售與外國人。再股票式樣須用刷印，方與部章相符，應令轉飭該職商等補呈刷印股票式樣，並改正章程第七條呈送到部，再行核辦。至商標註册一節，應俟本部商標局開辦時，另行呈報核辦可也。册費洋銀六十元暫存。此繳。十二月初二日。

《商務官報》光緒三十三年一月二十五日第一期《批廣州商務總會稟》 據稟稱，職商關福山等集貲本洋銀二萬四千元，在粤省西榮巷創設參茸丸藥公司，呈繳合同並註册費洋六十元，申請註册給照，等情前來。查該職商合同聲明各款，大致尚妥，惟所繳公費六十元核與定章未符，應飭令遵公司註册章程第九條内開，甲公司股本不過一萬元繳銀五十元，乙股本過一萬元外，每多股本五千元或不足五千元，均加繳銀十元，以至二萬五千元爲率等語。該公司貲本二萬四千元，應繳註册費洋八十元，方合部章辦法，應俟補繳公費到部，再行核辦。仰該商會即傳知該職商遵章辦理，洋銀六十元暫存。此批。十二月初三日。

《商務官報》光緒三十三年一月二十五日第一期《批江寧商務總會呈》 據呈，該省商務總局所設商品陳列所及寄售處，辦法尚爲周密，門類亦復賅備，務當竭力擴充，將本國外國各商品搜集無遺，以期興業勸工，日臻美善。至該所章程，前已經職等呈明該局，隨時報部查核，毋違。此批。十二月十六日。

《商務官報》光緒三十三年一月二十五日第一期《批北京商務總會稟》 據稟並清摺均悉。該總理等籌措經費，即日開會，殊堪嘉許，仰即按照定章竭力經理，悉心提倡，總期實事求是，毋負本部殷殷期望之至意，應用關防，俟奏准後即行發給可也。此批。十二月初九日。

《商務官報》光緒三十三年二月五日第二期《批（胡）〔湖〕南商務總會稟》 據稟已悉。該會遵章續舉總、協理，並請添派坐辦二人，藉廣思益，查所舉各員均係素孚衆望，堪以一同札派。惟總理袁思亮業經本部奏派，在參議上行走，奉旨允准在案，自應飭令即日來部當差，以資臂助。該總會總理一席，仰即按照定章，另行投票公舉，迅速呈部核奪，以憑札派可也。此批。正月十一日。

《商務官報》光緒三十三年二月五日第二期《批職商張長益等稟》 據稟並所擬憑單註册章程均悉。查此款載在商會章程，自應由各地方商會體察情形辦理，江寧自有商會，該商又非部派之總、協理，豈容越俎代謀，所請設立江寧産業公所並頒發圖記各節，應不准行。此批。正月十一日。

《商務官報》光緒三十三年二月五日第二期《批職商哈斯巴他爾等呈》 據喀喇沁王職商哈斯巴他爾等呈稱，在喀喇沁旗創辦工藝局一所，就本地所産各項材料，勸導本旗蒙漢人等謀生之道，製造而外，兼授文字。所籌備資本，集股已有鉅款，並就近稟明本旗札薩克郡王，請爲保護立案，業於去年六月開辦，稍有成績等情。查該職商熱心公益，勸導有方，深堪嘉尚。惟既稱工藝商局，又名勸業有限公司，名目不免紛歧，自以定名爲勸業有限公司爲是。至所呈布疋等件，業經札交京師勸工陳列所陳列矣，仰即知照。此批。正月二十日。

《商務官報》光緒三十三年二月二十五日第四期《批杭州商務總會稟》 據呈已悉。所稱餘姚一邑地當寧紹要衝，爲商旅往來必經之處，現擬設立餘姚商務分會，據該縣商董經暄等擬就章程，照章公舉總理，造册呈請札委前來。本部詳核所擬章程，大致尚妥，該職商張承績既據該縣商董公舉，稟稱該員素具實業，夙爲本邑商人推重，自應照准派充該分會總理，以專責成。所有札文一件並圖記式樣一紙，仰即轉給該分會祇領可也。此批。二月初八日。

《商務官報》光緒三十三年二月二十五日第四期《批天津商務總會稟》 據稟已悉。秦王島爲白河流域不凍口岸，每歲大沽凍口，輪船由此進出，自應設立商會，以期口岸振興。既據該處商業分所稟請，設立商務分會，並公舉總理，擬具章程二十五條。本部查閲所擬章程，除第十條各鋪户常年津貼，分作三等，未免迹近苛派，應改爲由入會各鋪户酌輸毫釐，不准勒派，以符定章；第二十二條應全行删去。仰即轉飭該總理等遵照更改，呈部核定，再行加札委用可也。此繳。二月初十日。

《商務官報》光緒三十三年三月五日第五期《批江西商務總會稟》 據稟，吴城鎮係南昌府屬，商販往來假道之區，素稱繁盛，應請設立商務分會，公舉光禄寺署正銜朱錫齡爲總理等情，既據查明，衆望素孚，應即照准。核閲所擬章程二十條，尚屬妥協，其經費一節，由會友量力認輸，亦尚可行。除另行加札並繕發圖記式樣外，仰即轉給該總理遵照可也。此批。二月十五日。

《商務官報》光緒三十三年三月五日第五期《批杭州商務總會稟》 據稟德清暨新市兩處擬設商務分會一節，本部查該總理等稟稱，已經切實調查，均屬商務要地，自應准其各設分會。惟分會總理，務照奏定商會章程第六款第四項所開，方爲合格。現在德清暨新市兩處所舉總理是否與定章相符，仰即查明稟復核辦可也。此批。二月十九日。

《商務官報》光緒三十三年三月五日第五期《批廣州商務總會稟》 稟悉。廣州商務總會總理，經會董各行商等舉定張太僕振勳接充。廣州爲内外商務之樞機，責任綦重，必須得人而理，商務方能起色。張太僕既爲内外商人所悦服，必能措置咸宜，有裨商務，本部自應照准。除另行照會張太僕外，合行批示遵照可也。此批。二月十五日。

《商務官報》光緒三十三年三月十五日第六期《批北京總商會稟》 據稟永豐當請給憑單等情，查該當鋪係屬新設，附入商會，曾否呈報順天府有案，仰即詳細聲覆本部，覆到再行核辦。至公興當請繳換憑單一節，仍仰先將舊單繳銷到部，再行填給。此批。二月二十三日。

《商務官報》光緒三十三年三月十五日第六期《批通崇海商會呈》 據呈暨清摺均悉。所舉坐辦屠耆、議董俞邦林等，既經該商會照章公同選舉，應即准予立案，仰該坐辦等認真經理，毋負委任，摺存。此批。三月初一日。

《商務官報》光緒三十三年三月二十五日第七期《本部奏京師設立商務總會摺》 謹奏爲京師商務總會援案請給關防以資信守，恭摺仰祈聖鑒事。竊臣部於光緒三十年五月間，曾經奏明京師商會勸辦情形。奉旨：知道了，欽此。欽遵在案。當經臣等選派司員，就明白事理之商人，剴切勸導，俾知商會有提倡保護之益，所關於商業者甚大，嗣據金銀號匯兑莊各商董稟請，先設公所，互相聯絡，由臣部給發憑單，以資遵守。兩年以來，該司員等聯同各商董輾轉勸勉，凡京師大宗行號，均能聲氣相通，漸臻融洽，遂於上年冬間勸令設立商務總會，照章投票，令各商董公舉總協理，由臣士琦率同該司員等前赴公所監視開票，按照複選舉法，公舉得花翎四品銜候選布理問馮麟霈、花翎四品銜山東補用直隸州知州袁鑑二員。臣等伏查該員等名譽素優，商情悦服，且出自公舉，核與定章相符，自應札派馮麟霈充該會總理，袁鑑充該會協理，以專責成。旋據該總協理等稟稱，於上年十二月初十日，即就原立之公所改設商務總會，擬訂會章，乞照各省總會成例，請給關防前來。臣等詳加查核所擬章程，條理粗備，尚屬可行，自應援照成案，刊刻木質關防，發給應用，俾資信守。所有京師設立商務總會，援案請給關防緣由，謹恭摺具陳，伏乞皇太后、皇上聖鑒。謹奏。

光緒三十三年三月初八日具奏。奉旨：依議。欽此。

《商務官報》光緒三十三年三月二十五日第七期《批汕頭商會稟》 據稟已悉。此次改設總會，添舉花翎三品銜候選道兵部郎中蕭永華爲協理，既據稱照章投票選舉，得占多數，自應照准，仍仰遵照部章，將該總協理所有商業行號詳晰聲復本部備案。俟奏明後，再行頒給關防，加札委派。所擬章程尚屬周妥，應即准予立案。此批。三月十一日。

《商務官報》光緒三十三年三月二十五日第七期《批烟台商務總會稟》 據稟已悉。稅務大臣咨復，此次繭稅暫照值百抽五征收，札飭司道遵辦在案。該稅司面談一節，當在奉到飭知之後，並非先後變詞，海關繭稅本有定章，此次稅務大臣允暫照值百抽五征收，已屬曲體商艱，持平辦理。查安東等處所產山繭本不及浙江之佳，復經日本購辦回國，需用愈廣，則價值愈昂，就使稅則減輕，恐絲業仍難起色。本部總司商政，自當竭力扶持，至於整頓改良之法、挽回補救之方，該商等利害切身，尤應聯絡同行豫籌辦法。若專持減稅爲抵制之資，尚非長策。除另札飭遵照外，合再批飭該商會傳知各絲商遵照可也。此繳。三月初四日。

《商務官報》光緒三十三年三月二十五日第七期《批杭州商務分會呈》 據呈造送商務分類總册，於拱宸橋一帶行號調查頗詳，堪備稽核。惟册內載烟館八十二家、土行十三家，於各業中居最多數。現在欽奉諭旨，限六個月禁絶，仰該商會妥爲勸喻，俾令逐漸改業，免致一旦失所爲要。此批。三月初七日。

《商務官報》光緒三十三年四月五日第八期《批江寧商務總會稟》 稟悉。泰州分會改正章程，尚無不合，准該立案。至另舉總理，仰即遵照本年二月十九日通飭，將該員才品、地位、資格、名望，照本部定章第六款詳具履歷報部，再行核辦可也。此批。三月十三日。

《商務官報》光緒三十三年四月五日第八期《批梧州商務總會稟》 據稟已悉。遵改章程尚屬妥協，應准立案。惟所舉總、協理，應照本部定章第六款，將該員等才品、地位、資格、名望切實開具詳細履歷報部，以便加札。所請發給關防，仰候本部奏明後再行刊發，該商會務即遵照定章認真辦理，是爲至要。此批。三月十四日。

《商務官報》光緒三十三年四月五日第八期《批北京總商會稟》 稟悉。此案前准民政部咨，以誠璋遺控張同文霸産，兩造各執一詞，案懸莫結。兹據該總理等約集各行公議，擬飭張同文將豐榮棹椅舖收閉，收回倒價，尚得事理之平。仰即定期邀集兩造到會，當衆曉諭，如果均無違執，即日稟復，以憑咨照民政部斷結可也。此繳。三月十七日。

《商務官報》光緒三十三年四月五日第八期《批仁大典等稟》 稟悉。查洛舍鎮距德清新市不遠，自應設一分會，已札飭杭州商務總會調查三處商務孰爲扼要，俟覆到再行示遵可也。此批。三月十四日。 據稟，牙帖加稅，商力難支，恐弱者或繳帖以求銷黠者，引外人以自衛，牙税未增，奸商迭起等因，所陳亦非無見。惟税政商情，自應兼顧，常屬各商會先後亦以此事稟部，仰候併咨江蘇巡撫核辦，俟復到批示可也。此批。三月十四日。

《商務官報》光緒三十三年四月五日第八期《批錫金商會稟》 稟悉。該商會續舉總理，既據聲稱，祝道大椿常川在申經營各業，難以兼顧，所請以孫道鳴圻代辦一節，核與前案尚符，應即照准，所有總理祝道大椿、代辦孫道鳴圻履歷，及有何商業，仰即遵照本年二月十九日通飭，詳晰聲叙報部，以憑查核而符定章。此繳。三月十四日。

《商務官報》光緒三十三年四月五日第八期《批湖南商務總會稟》 稟悉。該會董遵照定章開會集議，以原任協理陳文瑋辦事認真，不辭勞瘁，稟請派爲總理，所遺協理請以原舉坐辦李達璋接任，又前次稟舉之坐辦周聲洋、楊愛英請一併分别札委，既據稱投票公舉，僉同認可，自應照准。除另文札派外，合行批示遵照。此批。三月十四日。

《商務官報》光緒三十三年四月五日第八期《批顧問官周道等稟》 據稟，蘇省牙帖加收税銀，民情凋敝，不堪經此重征，臚舉辦法，乞咨度支部通咨督撫再行核議等情。本部適據鎮江、江陰商務分會先後稟同前由，事關税政商情，業已據稟，併咨蘇撫通籌核辦，俟復到再行批示。此繳。三月十四日。

《商務官報》光緒三十三年四月五日第八期《批廈門商務總會稟》 兩稟均悉。查巡警防營均屬地方内政，亟應由本地官紳體察情形，妥爲籌辦。美領事以原議憑單費專辦巡警有無成案可稽，安海古陵防營是否不應裁撤，已據情咨行閩浙總督酌核辦理。林總理經辦保商事宜，卓著勤勞，不辟勞怨，本部正資臂助，現聞患病，廑念殊深，望即安心調理，遇有重要之事，仍應極力維持，所請以會中一切事務卸交協理等暫行接辦之處，應毋庸議。此批。三月十八日。

《商務官報》光緒三十三年四月十五日第九期《批新嘉坡中華商會等稟》 據稟並清册已悉。該總理等經衆商公舉爲正副總理，足徵輿望素孚，自應札委以專責成，其餘重舉協理議員等應並照准加札。除分札外，此批。三月二十日。

《商務官報》光緒三十三年四月十五日第九期《批補用道劉坦稟》 稟悉。長春商會公舉總理一事，並准吉林將軍咨稱，衆商公舉高宗舜等接充，唯該會未將章程及該總協會董等履歷清册送部，無憑核辦。除咨飭補送外，合行批示遵照。此批。三月二十二日。

《商務官報》光緒三十三年四月十五日第九期《批泗水華商總會稟》 續據稟稱，泗水埠商智未開，亟宜籌辦中華商會，所請劄派正、副總理及議員等並頒給關防各節，核與新嘉坡中華商會辦法大致相符。除前呈章程履歷一併備案外，仰即將所舉總、協理及各員董有何項商業行號詳晰開送到部，再行核辦。此繳。三月二十二日。

《商務官報》光緒三十三年四月十五日第九期《批嘉定商務分會呈》 呈悉。沈書田准予辭退，周傳讃爲該會董事一節，究竟該商有何商業行號，仍仰遵照本部二月間通飭，一併切實聲叙，覆到再行核辦。此批。三月二十五日。

《商務官報》光緒三十三年四月十五日第九期《批江南商務總局詳》 據詳並清摺，查各省商務繁盛之處，一縣之中已設有商務分會者，准再設商務分所，業於上年九月間通行遵照在案。兹據稟請，在揚州大橋鎮籌辦商務支會，仍應作爲商務分所。仰該商傳知江寧商務總會，轉飭該會董等按照分會定章，實心經理，一切事宜，隨時報由總分會轉稟本部可也。三月二十八日。

《商務官報》光緒三十三年四月十五日第九期《本部奏安徽省垣設立商務總會摺》 謹奏，爲安徽省垣遵章設立商務總會，援案請給關防，恭摺仰祈聖鑒事。竊臣部於光緒三十年十二月間，接准升任安徽巡撫誠勳咨開，安慶省城設立商務總會，由衆商照章公舉在籍職商前直隸補用主簿宋德銘爲總理，補用知州候選布理問胡遠勛爲協理，遵照奏定會章，參酌地方情形，擬訂章程十三條，先行試辦，咨部查照立案等因。當經臣部核覆，並札飭該總、協理遵照試辦去後。本年二月間，又准安徽巡撫恩銘咨稱，該總、協理奉委以來，克盡義務，兹由衆商公舉續任，並援案請給關防，以資信守等語到部。臣等伏查安徽省垣，有江淮交通之利，當吴楚襟帶之間，商業權輿，急應提倡。該商會試辦兩年以來，頗能實力講求，振興各業。總理宋德銘、協理胡遠勛擬訂章程，亦尚妥協。近來如浙江、江蘇、福建等處，均於省垣設立商務總會，迭經臣部先後奏准在案。安慶事同一律，所請發給關防，核與臣部成案相符，應即照准。除由臣部照章辦理外，所有商會援案請給關防緣由，理合恭摺具陳，伏乞皇太后、皇上聖鑒訓示。謹奏。

光緒三十三年三月二十八日具奏，奉旨：依議，欽此。

《商務官報》光緒三十三年四月二十五日第一〇期《批廈門商務總會稟》 稟悉。所呈外埠回籍華商姓名、籍貫、清册及照像存根，辦理尚爲詳實，應准備案，嗣後華商回籍，仍當移請各該地方官切實保護，以安華僑而振商務。其護照存根仍彙案報部可也。此批。四月初九日。

《商務官報》光緒三十三年四月二十五日第一〇期《批瓜哇華商張朝錫稟》

前據稟厦門道與各領事私訂鼓浪嶼公地章程，民情憤激等語，當經咨行外務部核復去後。兹准咨稱，此項章程前於光緒二十七年間由閩督電達全權大臣，與各使商辦，經由該督奏准遵行在案。該商等係屬誤會等因，合行批示，仰該商等知悉可也。此批。四月十一日。

《商務官報》光緒三十三年四月二十五日第一〇期《批清江浦商務分會呈》

據呈已悉。另册所開理結各業錢債訟事，辦理尚稱平允。惟辦結月日間有未註清者，嗣後務須按件註清，以便稽考。仰即遵照可也。此批。四月初二日。

《商務官報》光緒三十三年四月二十五日第一〇期《本部奏汕頭設立商務總會摺》 謹奏，爲廣東潮州府汕頭商務繁盛遵章設立商務總會援案發給關防恭摺仰祈聖鑒事。竊臣部於光緒三十一年六月間，接據汕頭職商蕭郁文等三十人公同稟請，遵章設立商務分會，擬訂章程呈送到部，當經臣等核復，飭令先行試辦去後。嗣於三十二年五月間，接據廣東商務總局布政使胡湘林等詳稱，汕頭一埠商務繁盛，應請改作總會，以符定章，並援案請給關防等情。旋由臣部飭知該商會另議章程，並公舉總協理呈候核奪在案。兹據汕埠衆商公舉花翎道銜黄玉鏘爲總理，花翎三品銜候選道兵部郎中蕭永華爲協理，改訂章程五十七條，呈報到部。臣等伏查汕頭一埠，襟江帶海，航路交通介港厦之間，爲廣東濱海要區，商務夙稱繁盛，出口土貨以糖、紙、竹、磁、錫器、麻、布等爲大宗，與南洋各埠聲氣聯絡，歸國華商往往寄廛其間，振興實業，亟應設立商務總會，以資提倡。查核所擬章程，遵照奏定會章，參以地方情形，大致均尚妥協。所舉總理黄玉鏘，協理蕭永華，亦均設有商業行號，足孚衆望，自應准予派充。至援案請領關防一節，近來如直隸之天津、江蘇之上海、福建之厦門等埠，均經設立商務總會，迭由臣部先後奏給關防在案。汕頭事同一律，擬並照准，恭候命下，即由臣部照章辦理。所有汕頭設立商務總會、援案發給關防緣由，理合恭摺具陳，伏乞皇太后、皇上聖鑒訓示。謹奏。

光緒三十三年四月初九日具奏。奉旨：依議，欽此。

《商務官報》光緒三十三年四月二十五日第一〇期《批厦門商務總會稟》

據稟已悉。查閲呈報商會保商貢燕，各項下所有一切支銷開存數目，均屬相符。自應准其核銷，至所稱商會因經費不敷，撥借保商項下三千餘元貢燕。因行商拖欠未清，撥借保商項下三千元，此兩項均應俟籌有足數，即當從速歸還，各清各款，是爲切要，清册存。此批。四月初九日。

《商務官報》光緒三十三年五月五日第一一期《批杭州商會稟》 據稟在仁和縣塘棲鎮設立商務分會，隸於杭州總會，公舉董事等員均係熟諳商務，衆望素孚等情，本部核與成案相符，應即照准。仰該董事等於應辦事宜，按照定章實心經理，隨時報由總會稟部核奪可也。此批。四月二十日。

《商務官報》光緒三十三年五月五日第一一期《批川沙廳商務分會稟》 據稟，擬就商會經費撙節開辦小學堂，俟有成效，再辦實業學堂等情，係爲開明商智起見，所擬簡章亦妥，自應准予立案。惟保護學校，係地方官應盡責任，既據稟明提學立案，自無庸再行檄飭保護。至命名，應改爲商會公立初等商業學堂，以符其實，仰即切實興辦可也。此繳。四月十八日。

《商務官報》光緒三十三年五月五日第一一期《批湖南商務總會稟》 據稟，擬請暫令本部參議上行走之袁道思亮赴湘代收湘路股款等情具悉。惟本部事務殷繁，該道係奏派大員襄理部務，礙難離署，所請應無庸議。至路政現歸郵傳部主持，應逕稟郵傳部核辦可也。此批。四月十四日。

《商務官報》光緒三十三年五月五日第一一期《批職商曾鑄等稟》 據稟，公司營業年月日係屬無限，前稟自係誤會，又收股係分三次，第一次、第二次均給收條，第三次方發股票。此次係第一次收，未出股票，是以未能將式樣呈核等語。查該公司既據聲叙明白，自應准其註册，合行填給執照收單並餘銀一百五十一兩，發給該商具領，並俟股票印成，呈部備案可也。此批。四月十六日。

《商務官報》光緒三十三年五月十五日第一二期《批奉賢莊行鎮商務分會稟》 據稟，在奉賢胡家橋鎮設立商務分所，隸於莊行鎮分會，公舉董事等員，確係實業商人，衆望素孚等情。本部核與成案相符，應即照准，仰該董事等於應辦事宜，按照定章實心經理，隨時報由分會呈部可也。此批。五月初二日。

《商務官報》光緒三十三年五月十五日第一二期《批梹榔嶼中華商會稟》

稟悉。該會公舉張令韶光爲坐辦，應即照准。除另行札委外，此繳。四月二十八日。

《商務官報》光緒三十三年五月十五日第一二期《批錫金商會稟》 稟悉。既據查明祝道大椿設有實業，核與定章相符，自應加札委用。所舉孫道鳴圻爲代辦一節，有案可援，應一定照准，仰即傳知該道遵照可也。此批。四月二十七日。

《商務官報》光緒三十三年五月十五日第一二期《批北京商務總會稟》 據稟已悉。所稱爐房六十七家，公舉正、副董事，繕具章程，並各商字號、住址及執事人姓名清單，呈請附入商會等情，核與歷辦成案相符，應即照准附入，以資聯絡。所有憑文憑單及戳記式樣，一併填發，仰即轉給可也。此批。四月二十六日。

《商務官報》光緒三十三年五月十五日第一二期《批拱宸橋商會稟》 據稟任期已滿，遵章告退等情。現據該分會議董等，公舉該總理續任一年，稟請本部核奪前來。該總理既經公舉，占最多數，自應照章續任，以資熟手。除另行加札飭知外，爲此批示。此繳。四月二十四日。

《商務官報》光緒三十三年五月二十五日第一三期《批江寧商務總會稟》 呈悉。該會申送光緒三十二年理結各業錢債訟案表册，本部詳核表内取結各案辦理，尚屬平允，且能迅速斷結，無積壓之弊，殊堪嘉許。合行批示遵照，表存。此批。五月十四日。

《商務官報》光緒三十三年五月二十五日第一三期《批江蘇崑新商會稟》 稟悉。崑山縣菉葭浜鎮商人稟請設立商務分所一節，核與部章相符，應即照准。所舉商董陳國鈞，既係衆望素孚，並准立案。呈閱試辦章程，亦尚無違礙，仰即轉飭遵分會章程一律辦法可也。此批。五月十一日。

《商務官報》光緒三十三年五月二十五日第一三期《批寧波商會稟》 稟及石浦商務分會章程均悉。更改各條，核與定章尚符。惟第三十條，再請地方官到會判斷句，應删去「到會」二字，較爲妥洽。札文及圖記式樣仰即轉給，並傳知一併遵照可也。此批。五月十二日。

《商務官報》光緒三十三年六月五日第一四期《批廉泉等呈》 續呈清摺均悉。前呈書籍既經學部審定，自應准予立案，以杜翻印。除分札各商會一體飭遵外，合行批示遵照，書存。此批。五月二十五日。

《商務官報》光緒三十三年六月五日第一四期《批鎮江商會稟》 據稟已悉。所呈自上年四月至本年四月通年收支各款，及各業訟案清册，均尚詳細，應准備案，仰即遵照可也。此批。五月二十五日。

《商務官報》光緒三十三年六月十五日第一五期《批長崎商會稟》 據稟并春季集議事由册均悉。查該埠商務近來頗爲清減，固由關税繁重，然該商等務當顧全大局，固結團體，力圖振頓改良，以冀商務日有起色，本部有厚望焉。此批。五月二十九日。

《商務官報》光緒三十三年六月二十五日第一六期《批泗水華商總會稟》 據稟遵議各節已悉。所陳外洋地面與内地不同，未能遽行試辦等語，亦係實在情形。惟就商會餘款撥購滬寧小票一節，商會經費，係屬公款，羣情是否允協，應由該總理邀集會董，妥議核辦，毋庸勉强承認，轉拂商情，是爲至要。此批。六月十四日。

《商務官報》光緒三十三年六月二十五日第一六期《批泗水華商總會稟》 兩稟及會員名册均閲悉。查此案業經本部於五月十四日，將各員分别札派在案。所請發給關防一節，仍候本部奏明後，再行頒給可也。此批。六月十一日。

《商務官報》光緒三十三年六月二十五日第一六期《批吴江商務分會稟》 據稟並續擬章程職員表册均悉。本部核閲章程所載各節，條理明晰，用意周到，果能切實遵行，必於該處商務大有裨益，應即准予立案。此批。六月十三日。

《商務官報》光緒三十三年七月五日第一七期《批江蘇海門商會稟》 呈及春季議事表册均閲悉。核與原頒格式，尚無不合，自應准予立案。至平時經理錢債事由，並收支清册等項，應如議准，俟年終彙報，以歸簡便。此批。六月十五日。

《商務官報》光緒三十三年七月五日第一七期《批清江浦商務分會稟》 稟悉。查閲所稟各節，皆係維持典商起見，應即照准，候據情通咨各地方官及各商會遵照。惟典籤一節，徒滋紛擾，且僅行於淮北各典業，應勸令革除，免多枝節，仰即遵照。此繳。

《商務官報》光緒三十三年七月十五日第一八期《批漢口職商裕恒益等稟》 稟悉。德昌厚倒欠一案，前據漢口商務總會稟部請追，當經本部據情電咨護理川督在案。兹准復稱，德昌厚倒欠渝款，渝貨全抵，恐尚不敷，沙漢另有宜昌貨產，足抵川款還川，鄂款還鄂，尚屬平允等語。仰即遵照辦理可也。此批。六月二十四日。

《商務官報》光緒三十三年七月十五日第一八期《批安溪商民林金聯等稟》 前據該商稟稱，同安縣新訂船篷夫價章程，尚多掛漏，迭經札飭厦門商務總會及船政局核議籌辦。兹據先後申稱，各處地方遠近不同，夫價難以一律，經傳該商到會面議，意亦僅在編號訂牌，此外別無意見。除札飭永春州、同安、安溪、晉江、南安、惠安等縣，廈防同知、金門縣丞，各就所轄船籥，速速編號訂牌外，理合會同申復等語，合行批示該商等知悉。此批。六月二十七日。

《商務官報》光緒三十三年七月十五日第一八期《批京師商會稟》　據稟存根清册均悉。所請續頒空白憑單四册，應即照數發該商會祇領，仍俟填發完竣，再行請領可也。此批。六月二十四日。

《商務官報》光緒三十三年七月二十五日第一九期《批蕪湖商會稟》　稟悉。該總會總理江蘇即補道李棨、協理候選同知巫祖楷，一年期滿，既據該會董等合詞稟留續任，自應照准接充，以資得力。除另行加札外，合行批示遵照。此繳。七月十一日。

《商務官報》光緒三十三年七月二十五日第一九期《本部具奏營口商埠設立商務總會摺》　謹奏，爲營口商埠設立商務總會，援案請給關防，恭摺仰祈聖鑒事。竊臣部於本年三月間，接准前盛京將軍趙爾巽咨稱，營口爲通商口岸，向稱繁盛，兩遭兵燹，商務不無凋敝。現既收回地面，亟宜設立商會，以期聯絡，而資整頓。已據營口衆商公舉總協理、坐辦等員，擬定章程三十四條，咨請核辦前來。經臣部查核，以所舉總理係在營口供差人員，並未聲明有何營業，與定章未符，咨飭補行聲叙去後。兹准東三省總督徐世昌、奉天巡撫唐紹儀咨稱，該商等復投票公舉，就占多數者，舉定總理、協理、坐辦各一員，議董十八名，會員六十名，均註明經理行號，並將年籍、才地、資望詳列清摺，請加劄委用，並頒發關防，俾專責成，庶營埠商業不無裨益等語。臣等伏查營口商埠爲東三省咽喉要地，商賈輻輳，亟應設立商務總會，以與津滬兩埠互相聯絡，藉資灌輸。所請發給關防，覈與歷辦成案相符，擬具章程，亦尚妥洽，應即照准。除總、協理各員由臣部照章劄委外，所有營口設立商務總會，請給關防緣由，理合恭摺具陳，伏乞皇太后、皇上聖鑒訓示。謹奏。

光緒三十三年六月二十九日具奏。奉旨：依議，欽此。

《商務官報》光緒三十三年七月二十五日第一九期《批江西商務總會呈》　呈悉。所請仿照兩湖辦法，試辦江西勸業場一節，係爲提倡工業，銷售土貨起見，用意深堪嘉許，自應照准立案。除咨行兩江總督、江西巡撫查照辦理外，仰即擬定章程，妥籌開辦，務期將各處貨物，廣爲蒐羅，以便改良而資比較，兼將所定章程，呈部核奪可也。此批。七月初一日。

《商務官報》光緒三十三年八月五日第二〇期《批江蘇崑新商務分會稟》　稟悉。新陽縣巴城鎮職商盛嘉猷等呈稱，該鎮商市紛繁，擬請就地設立分所，以便隨時集議辦公等情。既據查明該鎮貿易繁盛，舉董黄公槐委係公正練達，所請設立商務分所一節，核與部章相符，應即照准立案。仰該分會轉飭遵照分會章程，一律辦理。凡有關係商務情形，隨時具呈，由總、分會稟報本部可也。此批。七月二十一日。

《商務官報》光緒三十三年八月五日第二十期《批嘉定分會稟》　稟悉。查南翔業經設有商務分會，自應與嘉會互相聯絡，不得各存意見。所請於外岡等鎮各設分所等情，多一局面，即多一開支，且恐各挾私見，轉滋擾累。上海商務至繁，總會之外，自當設一分所。嘉定係内地一隅，每年商務若何，未據該總理具報，知商情無所擴張，可以想見，况多設分所，亦與定章不符。所請著不准行。此批。七月二十二日。

《商務官報》光緒三十三年八月十五日第二一期《本部咨東三省督撫文爲設營商日報館事》　爲咨覆事，接准咨稱，據奉錦山海道蔡紹基呈稱，據營口商務總會總理潘達球等稟稱，營口爲通商之埠，商情涣散，欲通商情，惟報章與商會實相表裏，公同核議，擬招股本，創設營商日報館，附於商會，按日出報，於本埠商業民風，不無裨益。謹擬章程，仰乞恩准，轉詳咨部查核立案等情，理合備文呈請施行，據此相應開鈔章程，咨行查照，等因前來。查該總理等所請創設營商日報館，係爲開通商情起見，自應照准立案，核閲章程大致尚妥。惟第三條本報館開辦後，所有論説遵照報律各款，一切章程悉依商律辦理等語。查報律由民政部主持，尚未奏定。現在無從遵照，應改爲本報館開辦後，一切章程悉依商律辦理。俟民政部奏定報律，一體遵行，相應咨覆貴督撫查照飭遵可也。須至咨者。

《商務官報》光緒三十三年八月十五日第二一期《批蕪湖商會稟》　據稟，擬備資游歷英、法、德、奥各國考察商務，以廣見聞等情，志趣遠大，深堪嘉尚，所有該商會總理應辦各事，即責成協理巫祖楷兼攝。事竣回國後，仰即稟報可也。此批。七月二十六日。

《商務官報》光緒三十三年九月五日第二三期《批海門商務分會稟》　呈及夏季議事表册均閲悉。核與原頒格式尚無不合，自應准予立案，所稱籌解商業學堂及禁烟兩事，自屬當務之急，仍仰悉心籌畫，妥速辦理。至所稱營口布税驟加至值百抽二五，議請照常抽收一層，向例抽收若干，仰即詳細呈報，再行核奪。

此批。八月十四日。

《商務官報》光緒三十三年九月五日第二三期《批厦門商務總會稟》　稟悉。據稱該總會總、協理第二届期滿，遵章選舉，仍以林爾嘉爲總理，傅政爲協理，均占多數，合詞稟請委用等情前來。自應照准，以資接辦。除另行加札外，合行批示，仰即遵照。此繳。八月十四日。

《商務官報》光緒三十三年九月十五日第二四期《批高錫齡等稟》　稟及清册均悉。據稟留潘守勤續任總理，本應照准，惟原稟内稱川沙商界素甚猥鄙，罔知公益，上年遵設商會，有市痞等造謡反對，希圖破壞，懇恩飭下上海商務總會移廳出示保護等情。查商會之設，本爲啓發商智、聯絡商情起見，川沙分會設立已近一年，果能辦理得宜，何至羣情疑阻。倘實有不肖商民從中搬弄，希圖阻撓，儘可隨時移請地方官懲辦。以商情未洽，欲藉官長文告，爲懾服衆心之地，殊非本部勸設商會之本意。究竟川沙商界如何藉口反對之處，仰即臚舉寔事，詳細稟復。所有總理潘守勤加札續任一節，應候復到再行核辦。此批。八月二十一日。

《商務官報》光緒三十三年九月十五日第二四期《批江西商會稟》　呈及履歷清摺均悉。該總、協理任事一年，深資得力。現届期滿，既據申稱，由衆商公舉分部主事曾秉鈺、分部主事熊元鍠爲總、協理，應准照章，由部加札委用，仰即分别轉給可也。此批。八月二十五日。

《商務官報》光緒三十三年十一月五日第二九期《批營口商會稟》　兩稟均悉。所稱營口商業被粤商東盛和等五號倒欠鉅款，市面震動，人心荒駭，自屬實情，已據情咨行度支部酌核。先行籌撥官款若干，藉資周轉，以維市面而安人心。仰即傳知各商遵照。此批。十月十六日。

《商務官報》光緒三十三年十月五日第二六期《批爪哇中華商會稟》　據稟已悉。該埠係爪哇王建都之地，所有流寓該埠華僑，自非海口各埠商會所能兼轄，應即照准，設立中華商務總會，俾資保護。詳閲所擬章程，亦尚周妥。除另文分别扎委總、副協理，並俟本部照章奏給關防，再行刊發外，爲此批示遵照，並將扎文坿給祇領可也。此批。九月初十日。

《商務官報》光緒三十三年十月五日第二六期《本部具奏吉林設立商務總會援案請給關防摺》　謹奏，爲吉林省城遵章設立商務總會援案請給關防，恭摺仰祈聖鑒事。竊臣部於光緒三十三年五月十九日，接准署吉林將軍達桂咨開，案查吉林省於上年九月間創設商會，當經飭派花翎道銜衣秉璋爲總董，花翎候選知府牛翰章爲副總董，並據仿照滬津商會各定章，參酌本地情形，擬章五十一條，暨在會辦事各員姓名、年籍，分晰造具册摺，呈請立案，據此轉咨前來。臣部詳覈所擬章程尚屬周妥，惟各省商會皆沿用總理、協理定名，該會創立總、副董名目，殊屬兩歧。又定章總、協理須由就地各會董集議公推，稟候臣部酌核委用，該會所派衣秉璋、牛翰章二員是否出自公舉，未據照章聲叙，當經臣部駁飭更正去後。兹據覆稱，遵約總、協理定名，照駁更正，並遵章於六月二十二日齊集會所投票公舉，得票最多得軍機處存記吉林遇缺即補道松毓爲總理，花翎道員用候選知府牛翰章爲協理，並繕具營業履歷，援照歷辦成案，請給關防等因到部。臣等伏查吉林省爲根本重地，今當百廢俱舉，振興商業尤爲當務之亟，允宜設立商務總會，以資倡導。所請發給關防，核與臣部成案相符，應即照准。除由臣部照章劄委總、協理外，所有商會援案請給關防緣由，理合恭摺具陳。伏乞皇太后、皇上聖鑒訓示。謹奏。

光緒三十三年九月十四日具奏。奉旨：知道了。欽此。

《商務官報》光緒三十三年十月五日第二六期《批福建商務議員申文》　據申已悉。所稱各節，本部詳加披閲，於閩省商業之盈虚、貨幣之通窒，實能洞悉本源，確有見地。至謂金銀機關握貿易之管鑰，制商業之生命，其影響且及於農工數語，尤爲扼要，足資參攷。茶、木、紙、笋四項近年日就衰退，應如何加意講求、振刷利弊之處，仰該議員隨時聯絡商民，設法補救，用副本部振興實業之至意。除將申報各節轉飭商報館登載外，爲此批示。此批。九月初六日。

《商務官報》光緒三十三年十月二十五日第二八期《批杭州商會稟》　呈悉。高董赴東調查，所呈日記於紗廠情形頗有心得，深堪嘉尚，仰即傳知該董加意研究，以振實業而挽利權，本部有厚望焉。此批。十月初一日。

《商務官報》光緒三十三年十月十五日第二七期《本部奏坤甸設立商務總會援案請給關防摺》　謹奏，爲和蘭國屬地坤甸華僑設立華商總會援案請給關防以昭信守，恭摺仰祈聖鑒事。竊臣部於光緒三十三年七月間，接據新嘉坡領事官孫士鼎電稱，和蘭國屬地坤甸華僑聯名電稟商會成立，懇先立案，當經電飭照准，並令將章程呈候核奪。嗣據該領事官孫士鼎稟轉，據坤甸華商總會正、副總理賴喜圖、周升翹等稟稱，商等久居外洋，見夫歐美商人足跡所經之地，靡不設立商會，以握一方之利權，邇來華商智識漸開，南洋各埠均次第籌設商會，坤甸雖僻處一隅，僑寓華民縱不逮新嘉坡之多，實可與巴達維亞相埒，且其地港汊數十處，悉以坤甸爲總匯之區，亟宜籌設總會，藉資聯絡。本年四月間，合埠華商舉行投票，商等忝在被舉之列，誼不容辭，本應先行報部，以僑居他國領土，舉動不免拘牽，遂於六月間禀准和官，再請新嘉坡領事官代爲報部，旋奉電准，商情極爲騰躍，謹擬具章程及各會員履歷清册，懇乞呈部等情。查所訂章程雖稍有變通，第揆之外埠情形，尚無不合，所舉正、副總理各員亦係僑情夙洽，應請援案，奏給關防等語。臣等伏查坤甸一埠爲和蘭領土，華商旅居其地者，與巴達維亞各僑户口不相上下。和屬諸埠本年奏請設立商會，迭經奉旨允准在案，風聲所樹，全僑歸誠。查閲所擬章程，核與各外埠商會所訂尚稱一律，而與奏定部章宗旨亦無違異，應即准予立案，分别劄飭該商等爲正、副總理，並查照歷辦成案，頒給關防，藉資信守。臣部自當隨時督飭，妥籌辦理，並咨照考察南洋商務事宜，臣部侍郎楊士琦順道前往察勘。所有和蘭屬地坤甸埠設立華商總會、頒給關防緣由，理合恭摺具陳，伏乞皇太后、皇上聖鑒訓示。謹奏。

光緒三十三年九月二十四日具奏。奉旨：依議。欽此。

《商務官報》光緒三十三年十月十五日第二七期《批江西商務總會禀》 據禀已悉。詳閲所呈報告書，並夏季議決事件簡明清册，具見該會於一切應辦事宜，頗能悉心籌畫，臚列亦甚詳明，即應照准備案，書存。此批。九月二十九日。

《商務官報》光緒三十三年十一月五日第二九期《批江西商會禀》 據申，請設村前分所，核與部章相符，所呈章程亦尚妥洽，惟總董朱開泰履歷未經註明，商業行號坐辦張鴻書履歷只註開設糧食油房，未叙字號，均與定章未合。仰即轉飭遵照補報到部，再行核辦可也。此批。十月十五日。

《商務官報》光緒三十三年十一月五日第二九期《批京師勸工陳列所呈》

據呈及章程均悉。該總理等所稱開辦以來，事務日繁，擬將庶務處設收支各處，另立專章，以及採取寄售各章程，均行增訂酌改，均尚妥洽。仰即督同各員司事辦理，持久勿懈，本部有厚望焉。此批。十一月二十五日。

《商務官報》光緒三十三年十一月五日第二九期《批廣州商會左宗藩等禀》

據禀暨清摺均悉。新寧分會章程現稱遵照指駁各節，轉飭更訂，本部覆加查核，尚屬妥協，自應照准，所舉總理余灼既經衆商公舉，應即准如所請，加札委派，以資經理。發去札文圖記，仰即轉飭該總理遵領可也。此繳。十一月二十一日。

《商務官報》光緒三十三年十一月五日第二九期《本部具奏九江商務總會發給關防摺》 謹奏，爲九江商埠設立商務總會援案請給關防，恭摺仰祈聖鑒事。竊臣部於光緒三十三年十月初九日，接江西巡撫瑞良咨稱，據農工商礦局司道詳准，署九江道汪瑞闓移稱，九江爲通商口岸，市廛櫛比，商務繁興，經前升道瑞澂於光緒三十年間，諭飭各業商董按照部章設立商務總會，公舉花翎三品銜江西試用道招商局總辦鄭官桂充任總理在案，惟協理尚未選定，當經劄飭仿照泰西選舉之法，投票公選。兹據選得六品頂戴職商盧元銈熟悉商情，素孚衆望，堪以委充協理，繕具章程履歷，請加劄委，並頒給關防等情，詳請轉咨到部。臣等伏查九江商埠常揚子江之中，權爲上下游之樞紐，商舶營運，舳艫相接，與湖北之漢口、山東之煙台情事相同，允宜設立商務總會，俾得與江西省城總會互相聯絡。查閲所擬章程大致周妥，所請發給關防，覈與臣部成案相符，應即照准。除由臣部照章劄委總協理外，所有九江商務總會請給關防緣由，理合恭摺具陳，伏乞皇太后、皇上聖鑒訓示。謹奏。

光緒三十三年十月十七日具奏。奉旨：依議。欽此。

《商務官報》光緒三十三年十一月五日第二九期《批常昭商會禀》 據禀，福山商務分所成立，公舉正、副會董，坿呈簡章八則，轉請前來，核與定章相符，應即照准備案。查常熟東唐市請設分會，前經本部批另定名分所，併入常昭分會辦理去後，未據該分所轉請呈報，殊屬不合。仰即轉飭，仍遵前批隸屬分會，迅速呈報，以符定章可也。此批。十月十五日。

《商務官報》光緒三十三年十一月十五日第三〇期《批蘭溪縣商務分會禀》

據禀已悉。查商會辦公經費照章應由各商酌撥輸助，不得苛勒，所請該縣米捐或各業所出月規悉數改撥商會，以資辦公等情，事關地方用款，本部未便率准，逕禀該地方官核奪辦理可也。此批。十一月初五日。

《商務官報》光緒三十三年十一月十五日第三〇期《批長春商務總會禀》

據禀已悉。查閲所呈章程履歷，與部章尚屬相符，應即照准立案。所有應用木質關防，除俟本部奏准，再行刊發外，爲此批示遵照，並將總、協理札文各一件，先給祇領可也。此批。十一月初六日。

《商務官報》光緒三十三年十一月十五日第三〇期《批樂昌商務分會禀》

禀册均悉。查閲册内所報本年秋季集議各事由，洵爲興利除弊起見，如能實力施行，自足聯絡商情，維持商務，除將所呈清册准其備案外，仍按季造報，以憑考察。此批。十一月初六日。

《商務官報》光緒三十三年十一月二十五日第三一期《批京師商會稟》　稟悉。銀根短絀，市面危險，該商會力顧大局，妥籌補救，得能轉危爲安，足徵因應咸宜，深堪嘉尚，兹發去匾額字樣。仰即模刊懸掛，以示獎勵。此批。十一月初十日。

《商務官報》光緒三十三年十二月十五日第三三期《批京師商會稟》　稟及表摺均悉。送到各種原器亦尚良好，惟按諸例定尺寸仍有不符，姑存，俟將來彙齊較准再行核示。至順屬各處通用之度量衡，已札行順天府飭各州縣調查，該商會可毋庸派人前往，並即知照。此繳。十一月二十六日。

《商務官報》光緒三十三年五月十五日第一二期《批北京工藝商局呈》　前據該局呈稱，創設製造猪羊腸分廠，遵章呈請註册給照等情。復據續呈原刊股票息摺式樣前來，查閱所開各款及公費銀數，均尚相符，應即准其註册，合行填給執照收單，發交該局具領可也。此批。五月初二日。

甘厚慈《北洋公牘類纂》卷一七《天津考工廠招考工業簡易章程》　一，廣告。各項工業在限期内，外州縣限三個月，本埠限兩個月，送自製之品於本廠，考驗優劣，分給獎牌，以廣名譽。送到者，先給收條爲據。其外省送來製品，亦可與考。惟自購或别人購送者，不在此例。二，廣告辦法，共分五事：一登報；二貼告白；三雇人送告白於各工廠各商號；四在每項工業中，各託一二人，令其徧達同行；五外州縣由總局行文，地方官出示曉諭，並由本廠刷印告白，送交各州縣代貼，願來者將製品徑送本廠，無須由地方官轉送。三，凡送製品必須標明品名價目，及製造人之姓名、年歲、籍貫、住址，並習業年數。如係出自公共之手，亦可祇書字號，與總理人之姓名。四，考取各項工業，就各項中，各定名次。其各項中之優等，以各項中送製品到廠之最優者得之；其未送製品到廠者，雖優不給。五，發獎後，其所送製品，任憑原主取回。倘有願將所製品寄贈本廠者，聽。如有願在本廠寄售者，倘經賣去全價，均歸本主，本廠不取分文。六，獎牌共分二類，以金銀二色别之，而二類中，各分超、特、優三等。七，考取之法，共分五事，而以百分爲額。一考其製造之難易，作法之巧拙，裝潢之美惡，以四十分爲足額。二考其成色之高低，價值之貴賤，參合比較，以物美價廉者爲上，物美價不廉，或價廉而物不美者，次之，以三十分爲足額。三考其利用之廣狹，以三十分爲足額。四考其利用所關之美惡，以與世俗人心，或衛生上之最有利益者爲上，以十分爲足額。五考其工人，及該廠號之名譽道德如何，以十分爲足額。八，凡非獨出心裁，創造新法新式，及不能抵制洋貨，行銷外國，而積分如下者，皆給予銀色獎牌。一積分由九十至一百者，給予超等。二積分由八十至九十者，給予特等。三積分由七十至八十者，給予優等。九，凡積分如上，而爲獨出心裁，創造新法新式，或能抵制洋貨，能行銷外國者，皆給予金色獎牌。十，審查員由本廠選派，其各行中，亦可酌選公正明通者一二人，作爲參證員，均書名於獎牌。十一，第一年每年考取兩次，以後每年考取一次，應編列次數。自第一次以至若干次，均將投考及給獎花名註簿。十二，考取名次，發榜宣示，並題名本廠之優待室内，兼登報章。十三，考取之品目，分類如下：一木製品類，二五金製品類，三絲綿毛麻製品類，四草竹製品類，五紙張及紙製品顯，六皮角牙製品類，七玻璃製品類，八教育品類，九服飾品類，十刷印品類，十一油漆品類，十二染色品類，十三雕塑品類，十四繪畫品類，十五化學製造品類，十六食物品類，十七機械類，十八照像類，十九陶器類，二十珐瑯鍍金類，二十一雜品類。

直隸工藝局摘録土産名色請飭各州縣購送陳列考驗文並批

爲詳請事。竊照職局前經稟請憲台札飭各府州縣，將該處土産及製造之物，開列表摺，酌選樣件，解交考工廠，陳列考驗。又由職局函致各屬教官，並發交徵訪土産表目各在案。兹查各州縣牧令，及各教職申到表册中，所載物産，儘有可采之件，而未經購送者頗多。現已由職局摘録名色，分别函致各該州縣，照購寄津。所需物價及運費，俟采辦到後，由職局照付。惟恐各州縣視爲具文，任意延緩。擬懇憲台札飭各該州縣遵照，按單開各件迅速采辦，專差送津，並逐件註明價值、店號、住址，以憑考驗而資提倡，殊於工業大有裨益。所有職局摘録土産名色，請飭各州縣購送陳列考驗緣由，理合詳請憲台察核，飭遵實爲公便。計詳送清摺一扣，謹將各屬土産表目所載物産，摘録恭呈憲鑒。計開：宣化府宣化縣：煙草，白礬、青礬、硫磺（出西溝窑，現在開採）、磁石（出龍門縣）、石粉（漿衣用硝）、口城（白色）、水城、包金土（出蔚州，中有金星）、煤礦（府南雞鳴山）、西窑溝礦（未開）、煤炸（燒鐵用又名藍炭）、山羊皮、羔羊皮、毛毡、絨毡。宣化府龍門縣：羊毛毡、羊毛。順天府香河縣：棉花、白布、洋絨手巾（每張約津錢三百文，該縣工藝廠自造）。順天府涿州：棉花（以三斤去子，可得一斤，值制錢五百文，長絨者尤佳，每斤值七八百文）、猪鬃（以上二種行銷外洋）。順天府霸州：靛、火硝（每斤值制錢百文左右，年銷十餘萬斤）、棉花（長絨、白、細而佳，出亦甚多)、羊毛毡、龍鬚草、蒲葦蓆。順天府寶坻縣：煙葉。順天府東安、固安、武清等縣：柳杆(可製爲槍砲藥)。永平府灤州：紅色牛毛織毯(最好最大者，每張約制錢五百文，出長凝鎮等村莊)，桑抄紙(安各莊等村多桑，即以桑皮抄紙)、桑條編筐、長絨棉花。永平府臨榆縣：煤礦(礦産之煤，本地名之曰砟，有亮砟、黑砟、立砟之分。本縣石門寨黑山窑煤質極佳，蓄藏亦富，惟洞路深遠，車水不易)。永平府撫寧縣：桑皮紙(産遷安縣)。承德府：鉛礦(産平泉境内)、銅礦(在八溝南二十里小四溝)、金銀礦(已開採)、魚兒石(産朝陽、建昌各縣山中，石不甚堅，層層可剥，各有魚形，隨剥隨異，無相同者)、鹿角器、皮茵褥、欂欏藺(産建昌縣)、鹻、綿綢。承德府朝陽縣：金礦，萊毛子溝礦距縣治一百十里，向有商人承辦，以水旺停工，現已添股購吸水鍋爐；又沙金溝礦距縣治北一百二十里，苗線尚好；又小塔子東南溝礦距縣治東北二百九十里，苗線甚旺，現經商人稟請開採，尚未奉批；又大黑山礦距縣治北二百十里，苗線尚好；又八家子一帶河内向産金沙，在縣治東北二百數十里。煤礦，三寶札蘭營子礦在縣北一百十里，苗線尚佳，前經土人採挖，以水深而止；又灰通礦在縣東北二百八十里，苗線尚旺，現有土人採挖；又大楊樹溝礦在縣東四十里，有土人開採；又札蘭營子礦在縣北三十里，有土人開採；又岳家營子礦在縣北八十里，有土人挖採；又興隆溝礦在縣北六十里，土人開採，以水深而止；又刺梅花溝礦在縣南一百七十里，現有土人挖採；又南音子礦在縣治南一百七十里，現有土人挖採；又葦子溝礦在縣南一百八十里，苗線甚旺，曾經土人挖採，現有英商打鑽。保定府祁州：硝鹽、棉花。保定府束鹿縣：各色皮貨(出新集，應酌擇精細者，每種采購一件)。河間府景州：鹻蓬(其物可熬鹻，故曰鹻蓬)、城土(蓬下土可熬爲小鹽，惟稍苦，土下多硝)。天津府滄州：鹻、蠟、硝。正定府晉州：棉花、花生、黄緑琉璃盆、荆條編造筐簍、柳條造筐籮。正定府靈壽縣：藍靛、葦蓆、荆筐、柳箱。正定府平山縣：粗布(每疋制錢千文左右，每年行銷至二十五六萬餘疋)。正定府贊皇縣：煤井(縣東南王俄村，于光緒二十八年掘得此井，今歸臨城縣境)。正定府藁城縣：絨花布。深州：土綢、蠶繭、蠶絲(細絲二絲胡絲)。深州饒陽縣：饒綢(堅緻光華，勝于杭紡，惟織此者少)。趙州栢鄉縣：芝麻油(土人以芝麻磨成香油，製造尚爲得法，味極清香，行銷北京、天津諸地)。趙州臨城縣：漆樹(深山之中多漆，鍊熟後光明如鏡)、煤(城西山中以産煤爲大宗，近鈕郎中秉臣設局開採，銷售頗旺，山石中又多生鐵)。趙州高邑縣：淮藍靛(土性最宜，獲利頗厚，芒種後種子，霜降後熱，每斤數十文至三百文不等，以色之濃淡爲差)、小藍靛(每斤一百至四百文不定，以色之濃淡爲差)、乾子土(出縣城西南十八里岡嶺之西，土人穿地六七尺深便得之，土有黄、黑、白三色，每筐八十餘斤，值大錢十七八文，爲甕窑諸物之質，冀州、南宫、新河等燒瓦盆亦用之，其白色者可以粉牆，並去衣上油污)、棉花(每斤二十四兩，價值六十至百文)(以上四種均由商人躉販)。冀州棗强縣：羊皮(可做真珠皮毛，洋商時來購運)。大名府南樂縣：鹽土、城土、硝土(以上三種漉而煑之，以化學加精製造，可以暢銷，惜現以鹽硝係禁物未辦)、草辮，明流酒(法用黍米作粥，加麥麯釀成，味香而不烈，能解暑禦寒，治血鬱氣鬱之症，可入藥品)、明黄酒(法用黍米作粥，和明流酒釀成，味極甜美，有加薑棗製者能養老，善入血分)、汴綢、汴緺(聞該縣已興辦織綢)。大名府開州：楊木、柳木(開來價值每株四五百文，其長短粗細應再詢明)。大名府東明縣：黑片綾、黑腰帶。順德府廣宗縣：粗布、帶。順德府内邱縣：橡子(染青色布最佳)、接骨石(接骨妙品)、煤礦(西邵明村、磁窑溝二處煤富質佳，惜未開採)、毡毯、蜂蜜。順德府鉅鹿縣：線帶。順德府南和縣：藍靛(東韓河郭辛寨等村皆産此，色勝于河南)、火硝(城内之土皆出火硝，其下即硝鹽)、皮硝(城土能作皮硝，挖地爲坎，歛城土於其中，以水浸之，硝即浮于水面)、羅底絹、棉絲線、首帕(有緺紋、平面二種，亦出郝鎮)、帶(有緺紋腰帶，其線對合而織，故紋甚深，出城東郝橋鎮)。順德府邢台縣：雞皮緺、駝毛毯、汴綾山綢。順德府：橡樹、漆樹、煙草、火硝、茶樹(其木堅細，白如象牙，故名木牙)、沙河南界土(加陀僧入土可燒窑器)、山羊皮、綿羊皮、汴綢、線毯(出褡連店，界在沙河南界)、栗樹(製器絶美)、雞皮絲帶(可久用不敝，亦有用棉花線爲之者)。廣平府雞澤縣：藍靛、煙葉、白布(每年約數萬疋，每疋值京錢八九百文)。廣平府磁州：火硝、粗磁器(出彭城鎮窑)、藍靛、煙葉。天津府青縣：草帽(馬連坡)。宣化府西寧縣：西寧石(前已申送，均係小件，請飭再申送大件十數種)。

督憲袁批：據詳，各屬申到表册儘有可采之物，而未經購送者頗多。皆由各該地方官畏難苟安，不知振興實業爲何事。仰候摘録清單，嚴札飭催各該府州縣按照單開土産及製造之物，迅速采辦，專差逕送考工廠驗收陳列，所需物價運費，統由該局照付，並逐件註明價值、店號、住址，以憑考驗而資提倡，不得延玩。此繳。

甘厚慈《北洋公牘類纂》卷二〇《署督憲楊准稅務大臣咨天津商業勸工會免減稅釐礙難照准札飭工藝局移知商會文》 爲札飭事。八月初八日，准稅務大臣咨，本年七月二十八日，接准咨稱，准農工商部咨，天津商務總會開辦商業勸工會，照減二成稅釐。本月内計報進出口華洋各貨，共二十九萬八千二百餘件，免二成稅，銀八千九百十一兩二錢六分，與未開會前，銷數頓增，各商受益非淺，請轉咨立案。嗣後每年按期舉行，本部應即照准立案，至免減二成稅釐一節，應否咨明稅務大臣之處，應由貴督查酌辦理等因，相應咨請查核示覆飭遵等情前來。查天津商務會開辦商業勸工會稟，由貴大臣飭關道核議，照減二成稅釐，自係爲開通風氣，提倡商業起見。該會進出口華洋各貨，銷數增至二十九萬餘件之多，固見商情踴躍，亦由希圖減免稅釐之故。惟貨物用銷，祇有此數，此贏彼絀，勢所固然。如徇該商會所請，每年按期舉行，均准免減二成稅釐，必至各行商紛紛觀望，視該會爲利藪，不特分言之爲減，即合言之亦無所爲增。且各省創設商會，方興未艾，如均引以爲例，邀見免稅，致令牟利之富商，有所趨避，妨礙公家課釐，更難臆計。所有該商會請按季舉行勸工會免減稅釐之處，礙難照准，相應咨覆貴大臣查照飭知可也。等因，到前大臣，移交署大臣准此，合行札飭，札到該局，即便轉移該商會遵照。

《商務官報》光緒三十四年一月二十五日第一期《批如皋商會稟》 據呈已悉。豐利分所自刊圖章，徧查前稟及章程内均未聲明，本應駁斥。第念該所遇有轉呈之件，若無鈐記，似不足以昭憑信。仰該分會篆給方式、豐利商務分所戳記式樣，飭即刊刻鈐用，仍將開用日期報由該分會呈部備案。並傳知上海、江蘇、江寧各總會知悉其原篆之章，飭即銷毀。至商人註册牌號，應按年造册報知該分會，轉呈本部查核。此批。十二月二十一日。

《商務官報》光緒三十四年一月二十五日第一期《批江西總商會稟》 稟悉。商人販貨，關卡留難，事關地方稅政。該總協理所請，由總商會發給護照一節，自宜體察地方情形，以定准駁。業經本部據情咨行江西巡撫飭查。俟聲復到部，再行飭遵可也。此批。十二月二十一日。

《商務官報》光緒三十四年一月二十五日第一期《批清江商會稟》 稟悉。聚和祥控靳燮岑負債一案，既據該商會移交請河縣追繳，自應聽該縣秉公訊斷，該商何得妄請免提。查本部設立商會，固爲保商起見，然於商人錢債糾葛，祇有調停議結之權，兩造既不能調停議結，由會送官，乃不聽官提訊，尚執商會即原告代表爲詞，未免跡涉袒庇，殊屬非是，所請應毋庸議。此批。十二月二十五日。

《商務官報》光緒三十四年一月二十五日第一期《批吉黑兩省代表職商周康壽等電並呈》 據呈及電稟均悉。該職商等擬辦吉、黑兩省實業，思保利權，其志洵屬可嘉。惟該兩省地大物博，風氣未開。現在西伯利亞鐵路已通，商務由陸東漸，影響甚大，急宜聯絡商情，以圖抵制。查哈爾濱乃西幹鐵路經過要衝，爲東省商務之中心點，應咨行該省將軍體查情形，札飭該處交涉局員，勸導商人設立商會，公舉總、協理，遵照本部商會章程辦理。庶官商無虞隔閡，互結團體研究利弊，以後辦理各項實業方有入手之處，仍俟覆到，再行核辦可也。此批。三月十七日。

《商務官報》光緒三十四年二月五日第二期《批蕪湖商會稟》 前據該公司繳納公費，呈請註册給照等情。當經本部札飭該商會，確查稟復在案去後。茲據復稱，該公司現經改歸華商，原領香港執照，業由上海英律師哈華托稟請註銷，其所招股本確係足額，所製米麵油三項，運銷各路，均無窒礙。惟原印股票式樣，因已填給各股東，並無多餘，應請邀免印送，等情前來。此次既據該商會查明各節，應即准其註册，發給收單執照，並前繳公費多餘銀二十一兩，仰該商會統交該公司具領，並將給領日期報部備案可也。此批。正月十四日。

《商務官報》光緒三十四年二月五日第二期《批厦門商會稟》 據申稱商會籌費困難各節，自係實情，商會爲保商而設，所有該會不敷款目，應准連同上届欠項一併在保商項下支銷。惟已經承認會捐各商，仍應照舊繳納，以便維持公用可也。此批。正月二十六日。

《商務官報》光緒三十四年二月五日第二期《批奉天商務議員呈》 據呈並商務局章程均悉。該局綜持全省商政，關繫甚重，詳核所定各章，提綱挈領，條理秩然，其間分晰六科，於商界應辦各事，包括靡遺，足收羣策羣力之效。該議員等嗣後務當實力奉行，始終勿懈，固不宜拘墟自囿，亦不可稍事鋪張，總期實事求是，俾東省商務蒸蒸日上，本部殊有厚望焉。此繳。四月初二日。

《商務官報》光緒三十四年二月五日第二期《批清江商會商董張符元等稟》 據稟並代呈典業各節略均悉。所稱清江典業積困情形及摺開各節，業經據情劄飭江南商務局，移會淮陽道查照核辦聲復。除架捐一項，應由本部另行酌核辦理外，至清江開辦商會，未據呈報有案。仰該商董查照本部奏定商會章程，迅將開辦日期，並公舉總理等員，呈報本部核奪爲要。此繳。四月初二日。

《商務官報》光緒三十四年二月五日第二期《批福建號商陳士元等稟》 據稟已悉。查石碼地方，商務薈萃，向爲水陸要衝。其形勝界連廈漳之間，該號商等請在該處設立商務分會，可與廈門總會、漳郡分會聯絡一氣，自應照准。至圖記式樣，毋庸由分會擬呈，俟將擬定章程，暨公舉總理，呈部察核後，再行札派准充，並繕發圖記式樣可也。此繳。四月初二日。

《商務官報》光緒三十四年二月十五日第三期《批長崎華商總會稟》 稟悉。查長崎華商總會第二次選舉總理，留請續任，准其加札去後。茲據復稱，協理既屬另舉，原札呈繳聲明更正，應即註銷，另行札委。附札文兩件，即便轉知該協理等祇領可也。此批。二月初八日。

《商務官報》光緒三十四年二月十五日第三期《批副將胡得盛稟》 據稟已悉。查商船公會章程並旗照式樣，本部於三月間，甫經奏准施行。該員所稱墊款試辦各節，既未呈由本部核准，應即一律撤銷，以符奏案。至於鎮江地面是否應設總會，及札派總理之處，應俟船會成立，集衆公議呈報，再行核辦，該員不得干預。此批。四月初八日。

《商務官報》光緒三十四年二月十五日第三期《本部具奏南寧商務總會援案請給關防摺》 謹奏，爲廣西南寧商埠設立商務總會援案請給關防，恭摺仰祈聖鑒事。竊臣部於上年二月間接准署廣西巡撫張鳴岐咨稱，據職商蔣虞等稟稱，南寧地鄰邊境，風氣未開，非速設商會，使龍州、百色、左右二江及横潯各州、各埠多設分會，聯絡一氣，不足以挽利權而興商業，遵章公推總、協理各員，請加札委頒給關防等情，並黏鈔章程名單到部。當經臣部察核所擬章程，尚未完全，飭令補正去後。嗣於十一月間接考察外埠商務大臣張振勳咨稱，據該職商等遵照部開，將文義未完之章程補足聲覆，並請將四川即用知縣黃增榮派充總理，歸善縣稟生陳廷禄派充協理前來。臣等伏查南寧地方居鬱江之中匯，民猺錯處，水陸交馳，自光緒三十二年經前廣西巡撫林紹年奏請開作商埠後，商務日形發達，亟宜設立總會，俾得與梧州首尾銜接，以資控綰。除由臣部照章札委總、協理外，所有南寧商務總會請給關防緣由，理合恭摺具陳，伏乞皇太后、皇上聖鑒訓示。謹奏。

光緒三十四年正月二十七日具奏。奉旨：依議。欽此。

《商務官報》光緒三十四年二月十五日第三期《批蘆台鎮商會稟》 據呈光緒三十三年秋冬兩季集議事由均閱悉。惟寥寥四號，有年分而無日月，且從第五號續前填寫，并無來文聲叙明白，殊堪詫異。查閱所報，語太含糊，無從索解。如第七號云，有倒閉者數家，已持平了清。究竟倒閉者幾家，係何等商業，欠款若干兩？第八號所載派開錢帖由會蓋戳，尤與商會權限不合，種種疎忽，殊負委任。案查本部於三十三年四月十八日，曾經參照杭州拱宸橋商會議事清册，頒定格式，通飭各商會遵式呈報在案。該商會何以並不遵辦，仰即詳晰稟復。此批。二月初五日。

《商務官報》光緒三十四年二月十五日第三期《批杭州商會稟》 稟及清册均悉。菱湖、雙林請設分會，自應按照兩鎮商務情形，分別辦理。菱湖商務較盛，且係輪船必經之地，應准設立分會。其雙林，即改設分所，隸於湖州分會。仰即分別傳知，附去菱湖總理札文，并即轉飭祇領可也。此批。二月初三日。

《商務官報》光緒三十四年二月十五日第三期《批杭州拱宸橋商務分會稟》 稟及清册均悉。查閱册開上年冬季公議各事，維持調護，頗協機宜，應即准予備案，嗣後於一切應辦事宜，仍着隨時妥爲處置，是所厚望。此批。二月初八日。

《商務官報》光緒三十四年二月二十五日第四期《批廈門商會稟》 稟及章程清册均悉。既據稱泉州地屬郡垣，民稱富庶，物産亦素稱繁盛。自洋輪通行以後，商業轉形廢弛，自應設法聯絡整頓，以挽利權。所請設立商務分會，洵屬知所先務，查閱章程，尚於部章無悖，應即准予立案。仰候將公舉之總理等詳細履歷，商業行號，稟復到日，再行核辦。此批。二月十一日。

《商務官報》光緒三十四年二月二十五日第四期《批吉林總商會稟》 兩呈均悉。查商會代受屈商人伸訴，原係照章辦理。惟伸訴事件，以關於商事爲限，而判決之權，仍在地方官。地方官以聽斷曲直爲已責，商會以不背是非爲公論，所以宣達下情，即所以振興商務。若地方官與商會稍存意見，則彼此不免偏徇，殊非和衷共濟之道。除往來公牘體例，業經明訂通飭，并剳飭吉林勸業道，轉飭延吉廳，將成春湧案平允迅速斷結，報部備案外，合行批示。仰該總會移知琿春分會，化除成見，仍隨時與地方官接洽，是爲至要。此繳。二月初十日。

《商務官報》光緒三十四年二月二十五日第四期《批鐵嶺商務分會呈》 呈及清單均悉。總理彭錫庚，既實係得票仍占多數，自應照准續任。除加札委用外，合行批示。此批。二月十二日。

中國第一歷史檔案館《德宗景皇帝實録》卷五八七《光緒三十四年二月》

熱河都統廷杰奏，熱河設立總商會，漸著成效。現已通飭各屬，一律設立分會，以資聯絡，下部知之。

《商務官報》光緒三十四年三月五日第五期《批寧波商務總會會董稟》　稟及清摺均悉。前據該總會稟稱，公舉秦運炳接充總理，鄭賢滋續任協理等情。當以來呈並無商董列名及得票數目，殊與向例不符，經部指駁在案，茲具繕具選舉得票各員清摺，公懇札委前來。查秦運炳有何行號實業，並未經詳列，應俟補報，再行札委。協理鄭賢滋得票多數，公舉續任，自應照准。除加札派充，並附去札文一件，仰俟轉給祇領外，合行批示。仰該會董等即便遵照可也。此批。二月二十二日。

《商務官報》光緒三十四年三月五日第五期《批梭羅中華商會稟》　稟悉。前發委札，久未寄到，當係郵局延誤。除由本部飭該局外，合行補給委札三件，仰即祇領，仍將奉札日期報部。前札收到，應即繳回。至議員施桂彰，自行辭退，既經公舉張嘉謨接充，自應照准立案可也。此繳。二月十九日。

《商務官報》光緒三十四年三月五日第五期《批通崇海商會稟》　據稟並清册均悉。該總會所呈三十三年分理結各案，錢債訟案表册及通州商務分會理各案表册均稱明晰，應即准予備案。此批。二月十八日。

《商務官報》光緒三十四年三月五日第五期《批汕頭商務總會稟》　稟及清摺均悉。鎮平商務分會總理陳款基稟報，開用圖記日期，並造送會員商業集議事由、收支款數各摺，均稱明晰，准予備案。仰即飭知可也。此批。二月二十二日。

《商務官報》光緒三十四年三月十五日第六期《請設立梧州商會》　廣西梧州十三行商董李達明等，擬設立梧州商會，請商部准予立案。商部查核所擬章程，有與部章不符之處，因飭俟廣州總商會稟覆到部後，再行核示。

《商務官報》光緒三十四年三月二十五日第七期《批商務議員陶大均彭穀孫呈》　據呈，籌辦岫巖州屬各處商務分會日期均悉。查商會之設，原爲振興商務起見，不妨多多益善。既據聲稱，岫巖州屬，如人孤山、青堆子、人莊河，相距名一百數十里之外，幅幀遼闊，均係沿海商務繁盛之區，自應量予變通，准其各設商務分會，以資聯絡。惟核以本部奏定章程，凡各處創設商會者，須將該商會如何辦法，暨公舉之總、協理等姓名、籍貫、營業各項詳細具報，由本部核准後，加札委派，並頒給關防圖記，方准開辦。茲均未據詳細造報，各處章程亦未報部，無從核奪。又查本年三月間，該議員等呈報錦州、開原等處設立商會，單内註稱，業於上年十一月中即經開辦者，現除通江口、鐵嶺核准立案外，餘均未據續報。如何情形，仰該議員等務即遵照部章，一併迅速飭催報部核辦，以重商政而歸畫一，幸勿遲延，是爲切要。此繳。閏四月十四日。

《商務官報》光緒三十四年三月二十五日第七期《批泗水商會稟》　據稟，請援照新加坡商會稟准成案，由商會發給商照以便華僑各節，並附呈擬作商照章程到部。本部查閲章程，斟酌周密，尚無流弊，應照所請立案，仰即遵辦可也。此批。三月初十日。

《商務官報》光緒三十四年三月二十五日第七期《批厦門商務總會稟》　稟悉。據稱現在保商項下，所收洋客經費，較之往年，僅得半數。局中費用，已屬不敷，而各項津貼，則仍如前索取，種種棘手，自是實在情形。除已咨行閩浙總督札飭興泉永道轉致税司核實經收外，所有該局用項，暨各項津貼，仰即通盤籌畫。如有可以撙節之處，該總、協理等務再斟酌，分別辦理可也。此繳。閏四月十六日。

《商務官報》光緒三十四年四月五日第八期《本部咨閩浙兩廣總督文爲准泗水商會發給回華商照咨行，飭屬保護事。》　咨行事。光緒三十四年三月初六日，接據泗水商務總會總理黄俊慧等稟稱，華僑由洋回華，擬援照新嘉坡商會稟准成案，由商會發給商照等情，並擬呈商照章程前來。本部查閲所擬章程，防維周密，尚無流弊，除已批准立案外，相應鈔録原稟章程，咨行貴督查照，飭屬妥爲保護可也。須至咨者。

《商務官報》光緒三十四年四月十五日第九期《批錫金商會總理周廷弼稟》　據稟並表均閲悉。查錫金商會經費一事，迭經本部飭令詳晰聲覆，以憑核奪在案。茲據稟稱，各業認繳商會經費，即由向設各業公所經費内，酌量撥出。其貿易大而公費足者，列入一二等。其無公費而貿易較小者，列入三四等。統由各該業董自行酌認，開辦以來，均無異言等語。查商會經費，係爲辦公起見，既聲稱統由各業自認足徵，商情樂輸，尚無勉强，應即照准立案。嗣後該總理務即妥慎籌辦，核實開支，照章按年造册報部，以備查核可也。此繳。五月初八日。

《商務官報》光緒三十四年四月十五日第九期《批海門商務分會稟》　稟及表册均悉。所呈三十二年份各種表册均稱詳晰，自應准予備案。惟各種記事表內所載各案，罰款纍纍。查商會原有保商之責，因公議罰，應令衆商信服，方昭公允。該總理等仍應詳慎辦理，毋使商人退有後言，是所切望。此批。四月初五日。

《商務官報》光緒三十四年四月十五日第九期《批常州商務分會呈》 據呈並清摺、章程均悉。查該分會於上年五月間，由上海商務總會轉據署常州府知府許星璧請設立常州商務分會，曾據聲明，該分會隸於上海總會，當經本部批准，並頒給圖記式樣，遵式刊用各在案。茲閱來呈及所擬章程，總理之外添設協理，會員以五十員爲限，皆與本部定章不符，礙難照准，章程發還，應即另行妥訂，呈候本部核定飭遵。此批。五月初七日。

《商務官報》光緒三十三年四月二十五日第一〇期《汕頭商會蕭郁文稟》 據稟已悉。此次蕭永聲身故，照章續舉花翎道銜黄玉鏘爲總理，既據稱老成諳練，衆望素孚，投票占有多數，自應如擬辦理。惟本月接據廣東商務局詳稱，汕頭商務極爲繁盛，擬援重慶、厦門之例，改設總會，業經本部飭令轉知該分會，另擬總會章程，報部核奪在案。仰俟定議改章後，再行加札委派可也。此繳。五月二十日。

《商務官報》光緒三十四年五月五日第一一期《批江寧商務總會詳》 據詳暨職名、章程各摺均悉。查清江浦地方，向稱南北水陸要衝，爲各種貨物運輸之樞紐，舟車輻輳，商業殷闐。現據職商張符元等稟，請設立商務分會，公舉浙江補用知縣劉壽祺爲總理，應即照准，另摺開會董張兆元等三十員，准其一併立案，所呈試辦章程二十六條，大致尚屬妥洽。惟第二十二條内開憑册費字樣，想係憑據費之誤。又第二十三條，先由總理飭收支處按額支、活支二項列決算表句，當是預算表之誤，均應一律更正。札文一件、圖記式樣一紙仰即轉給，並傳之該分會遵照辦理可也。此批。五月二十二日。

《商務官報》光緒三十四年五月五日第一一期《批奉天商務總會稟》 呈悉。復州商務分會續舉總理吴敬所，既據該總會查明，委係妥實殷商，素孚衆望。並將履歷呈送前來，應即照章札派，以專責成。發去札文一件，仰即轉給祇領可也。此批。四月二十四日。

《商務官報》光緒三十四年五月五日第一一期《批厦門商務總會稟》 稟悉。所呈第二届光緒三十二年八月起至三十三年七月止理結錢債訟案清册，本部詳加考核，所摘案由，本部不限以四字爲句，轉致詞意不明。此次姑准備案，嗣後務須提綱挈領，扼要摘録，以便考核，册存。此批。四月二十四日。

《商務官報》光緒三十四年五月五日第十一期《批福建恩貢張用舒稟》 稟及抄批、章程等件均悉。前據建寧商會總理李太和稟，請於商務分會内附設農務分會，公舉謝家驄爲總理等情，并呈章程、履歷到部，當經本部查閲，所擬章程尚無不合，批准立案，並札委謝家驄爲總理，頒發圖記式樣在案。茲據該生等稟稱各節，仰候札飭福建商務議員詳細秉公查復，俟稟復到日，再行核示。此批。四月二十日。

《商務官報》光緒三十四年五月五日第一一期《本部具奏成都商務總會援案請給關防摺》 謹奏，爲四川成都省城遵章設立商務總會援案請給關防，恭摺仰祈聖鑒事。竊臣部於光緒三十一年七月十九日接准調任四川總督錫良咨稱，前據商務總局詳請設立商務總會，當經批飭開辦在案。茲據詳稱，查有花翎三品銜候選知府舒鉅祥學識宏通，商情練達，堪以委充總理。花翎三品銜江蘇補用知府喬世傑才具開展，資本殷實，堪以委充協理，並繕具章程，詳請咨部給劄等情。據此轉咨前來，當經臣部照准分别札充，先行試辦，其章程間有與部章不符者，均經札飭，妥議更改去後。茲於本年二月二十四日，接准護理四川總督趙爾豐咨，據四川商務總局詳稱，該會總理舒鉅祥現奉委充駐渝川漢鐵路公司總理，並會辦川東商務，一時返省，遵章集衆投票公舉，得前委協理江蘇補用知府喬世傑爲總理，花翎三品銜分省補用知府周祖佑爲協理，並另行改訂章程，造具總、協理各員履歷，援照歷辦成案，請給關防等情，轉咨到部。臣等伏查成都爲長江上游，百貨駢集，實爲川省商務發源之所，允宜設立商務總會，以資倡導。查閲所呈改訂章程，亦大致妥協，所請發給關防，核與臣部成案相符，應即照准。除由臣部照章札委總、協理外，所有成都商務總會援案請給關防緣由，理合恭摺具陳，伏乞皇太后、皇上聖鑒訓示。謹奏。

光緒三十四年四月十九日具奏。奉旨：依議。欽此。

《商務官報》光緒三十四年六月五日第一四期《批楊匯溪等稟》 稟及會章均悉。該會員等設立工界團體會，係爲聯合僑情、振興工業起見，既據呈明美政府註册，應即准予立案。工商兩界關繫密切，該會員等務與該埠中華商會聯絡一氣，互相維持，以保利權而謀公益，是所厚望。此批。五月十五日。

《商務官報》光緒三十四年六月十五日第一五期《本部具奏望加錫中華商務總會援案請給關防摺》 謹奏，爲南洋和屬望加錫埠華僑設立商務總會援案請給關防，恭摺仰祈聖鑒事。竊臣部於光緒三十四年四月初十日，接據南洋西里百島望加錫埠商會總理花翎副將銜湯河清等稟稱，職商等遠居海島，久沐皇仁，迭次恭讀諭旨，庶政維新，凡屬僑商，嚮慕尤切。去冬特簡大臣出洋考察商務，駐節爪哇，風聲所樹，薄海懽騰。查望加錫爲西里百島最大商埠，帆檣麕集，百貨流通，附近各島二十餘埠所出物産，皆以望加錫爲運輸門户，關係最爲緊要。去冬十月間，就本地創設商會，一時遠近報名入會者，計四百餘名，用投票公舉法，經衆推河清爲正總理，中書科中書銜梁英武爲副總理，又協理、坐辦、議員等計三十三名，將原設福建公祠改爲商會辦事公所，議定章程八十條，多仿照泗水、三寶壟、新嘉坡成案辦理，謹逐條繕摺，並造其各會董履歷、籍業清册，呈請立案，並頒給關防，俾資遵守等情前來。臣等伏查望加錫埠地鄰爪哇，距泗水海綫六百餘英里，華商旅居其地者甚多，且同爲和蘭領土，泗水及三寶壟、巴達維亞各埠華商創設商務總會，迭經臣部奏請立案，均奉旨允准在案。兹閲該商會所擬章程，核與各外埠尚稱一律，即於奏定部章亦無違異。除該會正、副總理、協理各員業由臣部分别加札委用外，應即查照成案，刊發關防，並隨時督飭，妥籌辦理，以仰副聖朝懷遠振商之至意。所有南洋和屬望加錫埠華僑設立商務總會援案請給關防緣由，理合恭摺具陳，伏乞皇太后、皇上聖鑒訓示。謹奏。

光緒三十四年五月二十九日具奏。奉旨：知道了。欽此。

《商務官報》光緒三十四年六月十五日第一五期《批彭城鎮商會稟》 前據該分會稟，職商李麟閣等擬請設立蓄積公司一節，業經本部咨行直隸總督飭屬詳查去後。兹准復稱，李麟閣等均非殷實之家，商望亦未素孚等因到部。所請開設蓄積公司之處，應毋庸議。此批。六月初三日。

《商務官報》光緒三十四年六月十五日第一五期《批鎮江商務分會稟》 稟悉。所呈三十三年報銷清册，並理結各案表册，本部詳加考核，尚屬妥協，應准備案。至大港鎮擬設商務分所，既係商務繁盛之區，亦准備案。仰將該所會董履歷清册，迅速呈報可也。此批。六月初四日。

《商務官報》光緒三十四年六月二十五日第一六期《本部具奏河南商務總會援案請給關防摺》 奏爲河南省城商務總會試辦漸有成效援案請給關防，恭摺仰祈聖鑒事。竊查河南省城籌設商務總會，係於光緒三十一年正月間，由臣部前商務議員河南候補道胡翔林呈請立案，繕具章程規條、總協理、會董職名清册到部，並據聲稱，河南風氣未開，與沿江沿海各省情形迥異，而京漢鐵路次第銜接，外貨之灌輸漸廣，不於此時舉辦商會，未免坐誤事機。惟勸辦之初，各商未喻指歸之所在，因親莅會場反覆演説，稍明事理者轉相告語，始各融洽，應請作爲試辦，暫刊鈐記，以資辦公。所舉總、協理俟一二年後，果有成效，再行呈請，由部劄委，以昭慎重等語，當經飭知該議員妥爲辦理去後。迭經該議員隨時倡導，得能粗具規模，接任議員河南候補道何廷俊復賡續維持，三年以來，商情日見聯絡，成效漸著。兹據議員何廷俊申稱，現任總理五品職銜尚書勛、協理同知職銜李步蟾，經各商董公舉，得票爲最多數，該總、協理久在卞省經商設肆，衆望素孚，應請加札派充，並奏給關防，俾資信守等情前來。臣等伏查河南省城爲中原綰轂之區，京漢幹路告成以後，尤屬商貨雲集，運輸益廣，該議員等籌設商務總會，先後試辦三載。現既據稱，商智漸開，較有進步，所請發給關防，核與歷辦成案相符，應即照准。除將總、協理照章加札委用外，所有河南省城商務總會援案請給關防緣由，謹恭摺具陳，伏乞皇太后、皇上聖鑒訓示。謹奏。

光緒三十四年六月初八日具奏。奉旨：依議。欽此。

《商務官報》光緒三十四年六月二十五日第一六期《批江寧商會稟》 稟及説帖均悉。寧垣緞業日就衰落，非力求改良，不足以維工業而挽利權。詳閲説帖，於該業時代緣起、工作情形，條分縷晰，言之頗詳，具見究心實業，殊堪嘉尚。如能聯絡業户，徐圖整頓，使之出品日精，銷路日擴，挽回補救，有厚望焉。此批。六月十三日。

《商務官報》光緒三十四年六月二十五日第一六期《批杭州商會稟》 稟悉。德清商務分會總理施涵一年任滿，現經該會董等投票公舉得占多數，留請續任，自應照准，發去札文一件，仰即轉交祇領可也。此批。六月初十日。

《商務官報》光緒三十四年七月五日第一七期《商部奏浙江省垣設立商務總會摺》 謹奏，爲浙江省垣遵章設立商務總會奏明立案，恭摺仰祈聖鑒事。竊臣部接准浙江巡撫張曾敭咨開，據在籍紳士前翰林院侍講樊恭煦、候選道顧鴻藻文稱，案照上年春間設立省城商務總會，一切草創，嗣經各商董公舉恭煦爲總理、鴻藻爲協理，仰蒙照准在案。恭煦等事繁責重，深懼弗勝，因集在會各業董事，舉定議董十六人，爲衆商代表。謹遵奏定會章，參考蘇、滬等處辦法，將應辦事宜逐條提議，公同研究，擬訂章程三十六條，先行試辦，其有未盡事宜，隨時集衆會議，呈請商部核遵，漸期完備。合將所擬試辦章程、員董名單分别繕呈，懇予核咨商部立案，並請援案發給關防，以資信守等情，咨行查照核辦前來。臣等伏查浙江省垣，有江河交通之利，商業素尚繁盛，前經開闢商埠，現復籌築鐵路，凡閩、贛、皖三省與浙毗連各處，土貨礦産，皆將於此轉輸，商務之興，尤堪預計。近來蘇、滬等處，久經設立商務總會，風氣日開，籌辦諸事，均於商界深有裨益。杭州地方情勢相同，亟應遵章籌辦，以期漸收振興提倡之效。臣等查核所擬試辦章程，計分定名、明義、分職、選舉、議事、責任、權限、經費、利益、附則十節，條理完備，尚屬妥協可行。所舉總理前翰林院侍講樊恭煦、協理候選道顧鴻藻，亦均屬熟悉商情、素孚衆望之人，應即照章准予派委。所請援案發給關防，核與臣部歷辦成案，亦屬相符，擬並照准，恭候命下，即由臣部照章分別辦理。所有浙江省垣設立商務總會，奏明立案緣由，理合恭摺具陳，伏乞皇太后、皇上聖鑒訓示。謹奏。

光緒三十二年八月初八日具奏。奉旨：依議，欽此。

《商務官報》光緒三十四年七月五日第一七期《批江寧商務總會呈》 據詳暨轉呈章程均悉。所稱泰興設立商務分會一節，此案並據江南商務總局詳請立案到部。所舉總理相同，惟章程間有歧異之處。如該局轉呈章程内有坐辦一人，又經費内有註册券據簿册等費。查本部會章第二十一款内開，註册等費曾聲明姑列條目，其辦理情形層折較爲繁重，自應明定專章，以期輕重適當，詳慎無弊等因。現在各處商會經費，類皆變通辦理。該分會經費，應暫另行妥籌，祇期足敷辦公，尤以力從撙節爲要。該總會所呈章程内，却無此條，想在業經更訂以後，除札復江南商務局外，爲此批示，仰即遵照傳知該分會，迅將章程釐定劃一，呈部核奪可也。此批。八月初八日。

《商務官報》光緒三十四年七月五日第一七期《批江寧商務總會呈》 據詳暨轉呈清摺均悉。查泰興地方，南濱長江，北通裏下河一帶，人民豐阜，市廛櫛比。既據該縣職商孫端祺等，呈請設立商務分會，自爲聯絡商情起見，應即照准，詳核所擬章程八章，大致均尚妥洽。惟經費一節，應照定章於每年底開列四柱清册，報由總會彙報本部查核。候選直隸州判張樹森，既經照章公舉，衆望均孚，應並加札委用，爲此批示，仰即傳知遵照。札文一件、圖記式樣一紙一併發交，即便轉給可也。此批。八月初五日。

《商務官報》光緒三十四年七月五日第一七期《批江南商務總局稟》 申悉。前據江南商務總局申報，寧屬典商改當貨以十八個月爲滿，並寫票以龍圓出入等情，當經本部札復，已咨行江督斟酌辦理，俟復到再行核奪在案。兹准復稱，典商取贖期限，援案改短，於貧民尚無窒礙。寫票改用洋碼，於當户亦無虧損等因到部。查寧屬典商改章各節，既准江督查明照辦，自應准與備案。惟未經改章以前，各該典所當各貨物，取贖期限仍應循照舊規，並銀當銀贖，錢當錢贖，不得稍有牽混，仰即傳諭各典商一體遵照。此批。六月二十日。

《商務官報》光緒三十四年七月五日第一七期《批江西商務總會稟》 呈及撫州商務分會清摺、表格各件均悉。查閱三十四年分春季議決各案，尚屬妥愜，調查商業表格亦尚清晰，應准存案，仰即傳知該分會遵照，並將未結各件從速清理報部可也。此批。六月二十六日。

《商務官報》光緒三十四年七月五日第一七期《批撫州商務分會稟》 稟及清摺均悉。會董舉定二十九員，與商會定章尚屬相符，總理聶希璜一年期滿，既由衆商公舉續任，亦應照准，發去札文一件，仰即由該總理祇領任事可也。此批。六月二十四日。

《商務官報》光緒三十四年七月五日第一七期《本部具奏熱河設立商務總會援案請給關防摺》 謹奏，爲熱河地方設立商務總會遵旨立案並照章請給關防，恭摺仰祈聖鑒事。竊臣部於光緒三十四年二月初七日准内閣鈔文，熱河都統廷杰附奏熱河設立商會情形一片，奉硃批，該部知道，欽此。欽遵。旋准熱河都統將該總會詳細章程咨送前來，查原奏内稱，熱河地處邊隅，並無通商大埠，各屬商民亦多拘泥成法，罔識變通，當此商戰競争之世，自非力爲提倡，不足以繼長增高。前准部文咨令設立商會，當劄委熱河道謝希銓遵章公舉會員，以縣丞銜官銀號商鄭寶齡爲總理，同知銜錦生潤票號商王兆業爲協理，先在郡街設立總會，以期實力研究，挽回利權。試辦一年，市面頗形改觀，商務漸臻發達，其餘各屬業經通飭，一律設立分會，以期聲氣聯絡，組織完全等語。當經臣部查核，以向章商會總、協理均由就地商董公推熟悉商情、衆望素孚者數員，造具出身、履歷、商業行號清册呈部，酌予札委，歷經辦理有案。因又咨行熱河都統，轉飭造册申報咨覆到部。臣等伏查熱河地方界鄰東三省及内蒙古各旗，疆域遼闊，物産豐饒，徒以商人積習相沿，識見狹小，以致製造不精，販運不廣，利源阻塞，難與外商争衡。今熱河都統設法提倡，先於郡街設立總會，以示模範。擬訂章程十八條，大致均甚周妥，既經奏奉俞旨，自應欽遵立案，並頒給關防，俾資信守。除該總會總、協理業由臣部加札委用外，所有熱河商務總會請給關防緣由，理合恭摺具陳，伏乞皇太后、皇上聖鑒訓示。謹奏。

光緒三十四年六月十九日具奏。奉旨：依議。欽此。

《商務官報》光緒三十四年七月五日第一七期《本部札廣州汕頭上海福州廈門各商務總會文飭赴梅丹賽會事》爲札行事，光緒三十四年五月二十七日接准外務部咨稱，光緒三十四年五月二十四日接准和希使函稱，本國屬地蘇門答臘海島梅丹地方，於西曆八月杪擬開賽會，內有處所預備中國陳列貨品。此舉於中國甚有利益，凡來會貨物，應免出進口各税，本國東印度總督已札行蘇島各海口，遇有來會貨品，概免進口各税，應轉飭廣州、汕頭、福州、廈門、上海等處，凡往和屬梅丹地方賽會者，一律免徵出口各税。現届開會日期不遠，請即速行設法辦理等語，咨請查照等因前來，爲此札行各商務總會，札到各該商務總會。仰即傳知各商，如有貨品情願赴賽者，當即先期預備申報本部，以憑辦理可也。切切，特札。

《商務官報》光緒三十四年七月五日第一七期《批如皋商務分會董占鼇等稟》稟悉。前據該總理稟稱，已届任滿，遵章選舉，留請續任。當經批飭，仍應俟會董等合詞開列被選各員得票數目，稟部核奪。茲據該會董聯稟到部，自應照准，除加札外，合行批示。此批。六月二十四日。

《商務官報》光緒三十四年七月十五日第一八期《批福建商務議員吕道渭英申》據申及清摺均悉。上洋廳商務分會應先准立案，核閲章程大致尚妥。惟第三十九條一款，由商務議員句下，應改呈請農工商部查核立案；又第四十條開墾荒田一節，於條末應加牒請地方官查明核准方可興辦字樣。仰即轉飭更正報部，並俟該總理會董等銜名、商業行號清册到部，再行核辦可也。此批。七月初七日。

《商務官報》光緒三十四年七月十五日第一八期《批霍山商會會董朱杏衣等稟》據稟，孫得休被罰揑控紳董，乘間妄稟，意圖破壞，商會請札飭安慶商務總會派員秉公調查等情。查此案前據該分會總理來稟，當即札飭安徽勸業道將霍山，商情惶惑，應迅速調停，以維商會。一面妥擬持久辦法，確切查明復部等因在案，合行批示。仰仍聽候勸業道秉公核辦可也。此批。六月二十九日。

《商務官報》光緒三十四年七月十五日第一八期《批江寧商會稟》稟悉。泰興商務分會總理期滿，公舉續任。查該會總理於上年十二月爲一年任滿，自應照章，先三月選舉，何以延至本年始行，據情轉詳，其中因何遲緩，仰即飭復稟報。惟據稱此次投票公舉，仍以張樹森得數最多，應即加札委任，以資熟手，附去札文一件，轉給該總理遵照可也。此批。七月初四日。

《商務官報》光緒三十四年七月十五日第一八期《批寧波商會呈》呈悉。慈谿分會總理任祖全任滿辭退，另舉職商任企尹接辦，既據聲稱，該職商熟悉商情，素孚衆望，應准接充，以資經理。附札文一件，仰即轉給祇領可也。此批。七月初二日。

《商務官報》光緒三十四年七月十五日第一八期《批上海科學儀器館虞輝祖稟》稟悉。學堂石版一項，需用浩繁，購山採製，事屬可行。惟此石版不乏仿製之人，若概行禁阻，必有求過於供之患，於商界、學界均有未便。該商但能製造得宜，又處上海優勝之地，銷路自然暢旺。所請專利，礙難准行。至優免税項一節，當經本部據情咨行税務大臣查核去後。茲據覆稱，查機器製造各貨，運往各處，祇完正税一道，值百抽五，沿途概免重徵。經總理衙門、外務部先後核准有案，今虞輝祖採取江西玉山縣石試造石版，自係仿造洋貨，應准其比照機器製造各貨，運往各處，祇完正税一道，值百抽五，沿途概免重徵，以示維持工業之意。所請暫予免税，應毋庸議。除分咨並札知總税務司轉飭各關税務司遵辦外，咨復到部，仰該商即便遵照圖存。此批。八月初十日。

《商務官報》光緒三十四年七月二十五日第一九期《批湖南商會稟》據稟會務繁多，懇請添委坐辦以期得力等情。查本部歷辦上海、廣州各成案，均僅委坐辦一員，茲據前情，應即量予變通，以順輿情。附發坐辦陳家珍委札一件，仰轉給祇領可也。此批。七月十四日。

《商務官報》光緒三十四年七月二十五日第一九期《批神户正領事稟》據申報，光緒三十四年春季神户、大阪華商商務情形表册，查閲所開貨價，比較旅居人數、進出輪帆噸數，甚屬周詳，除摘登商務官報外，合行批示。七月初九日。

《商務官報》光緒三十四年七月二十五日第一九期《認籌萬國商會之經費》巴黎創設萬國商會一事，已由駐法劉大臣據法京義國商會董事吕畢尼之言，轉告商部，并照譯該董所擬章程及附表等，咨送查閲（咨文見公牘門）商部查該董所擬商會章程，專爲研究各國在法商務起見，據所呈貨值表，中國每年運法貨物爲數至百七十八兆佛郎之鉅，而向來華商在法者絶少，斷難自立商會，果能附入該會，藉收聯絡推廣之效，洵於商務前途，不無裨益。既經該董吕畢尼商請入會，應即照允。如將來此會成立，所有常年中國應攤會費，當由本部酌量籌認，俾照一律，業以此意咨覆黄大臣查照辦理，并請於一切應辦事宜，就近妥爲照料，隨時諮報本部核辦。

《商務官報》光緒三十四年七月二十五日第一九期《批新嘉坡總商會吴世奇稟》 據稟並章程均悉，查華商貿易海外，心存祖國，亟宜隨時勸諭回華，俾得興辦各項實業。該總理等所擬，嗣後該會商人回國，由會發給護照，聲明不取照費，自係爲易於保護起見。簡章十二條亦均妥協，應准照辦。除由本部抄録章程咨行閩浙、兩廣總督轉飭地方官切實遵辦，並札飭各處商會查照辦理外，仰即將此項護照式樣迅速呈部備案可也。此批。八月二十三日。

《商務官報》光緒三十四年七月二十五日第十九期《批許德修等稟》 稟悉。德清分會施涵，現届期滿，既據該會董等稟稱，投票續舉，仍以施涵得票爲最多。懇請加劄續任等情，應即照准，附發劄文一件，仰即轉給可也。此批。七月初十日。

《商務官報》光緒三十四年八月五日第二〇期《批梧州商會吴作棠等稟》 稟悉。梧州商務總會總、協理一年届滿，經該會董等公舉蘇智邦、盧桂榮接充總、協理。核與定章相符，應即照准。除另行加札外，合行批示。此批。七月十九日。

《商務官報》光緒三十四年八月五日第二〇期《批杭州商務總會呈》 據呈暨章程履歷名單均悉。既稱嘉善爲航路交通之所，核閲章程亦尚妥洽，請設分會，應即照准立案。札派朱其鎮爲該分會總理，圖記式樣一併篆發，仰即轉給。仍將奉札日期報部，所呈總理履歷及各董名單僅註商業，未詳字號，飭即遵照補報，以符定章。此批。七月二十三日。

《商務官報》光緒三十四年八月五日第二〇期《批吉林商務總會稟》 稟悉。所請設立烏拉商務分所，核閲章程大致尚妥，應即准予立案。所有該所一切稟部事宜，均由該總會代呈，仰即篆發戳記式樣，交該所刊刻鈐用，以資信守，仍將開用日期報由該總會呈部備案。其所擬正、副領袖議董名目，爲部章所無，應改爲總董字樣，以歸劃一。查景祥等原稟内，有請辦烟膏斗税等語，並非商會分所應辦之事，應呈請地方官核奪，飭即傳知遵照。此批。七月二十六日。

《商務官報》光緒三十四年八月二十五日第二二期《批杭州商會稟》 前據職商吴恩之等稟稱，集股二十萬元，在杭城甘露茶亭地方，創設揚華織綢公司，懇予專利年限，並請援照上海織布局案，完納正税，概免重征等情。當經本部飭令，該商遵章赴部註册，聽候核辦。至專利、納税兩層，有礙同業，未便照准，批示在案。兹該商會據情呈請註册，連同該公司集股辦事章程，並繳納公費洋票一百三十四元到部。查該公司所呈各項規條及招股章程，大致均尚妥協，所繳公費洋元數目核與部章相符，應即照准註册保護。除商標一項，應俟本部開辦後另案稟報核辦外，合行發給收單執照。仰該商會轉交祇領可也。此批。八月初六日。

《商務官報》光緒三十四年八月二十五日第二二期《批寧波商會稟》 稟悉。據稟鎮海商務分會總理二届期滿，經會董等先期票舉，徐鍾英爲總理，並開營業表式，呈請加札委充等情。查該總理既經各會董公舉，自必衆望交孚，應即照准，除另行加札派充外，札文一扣，仰即轉給祇領可也。此批。八月初八日。

《商務官報》光緒三十四年八月二十五日第二二期《批定海同會稟》 稟悉。前請總理續任一事，因來稟未蓋戳記，與例未符，飭另稟在案。兹據另稟加戳前來，應即照准，坿發札文一件，仰即轉給祇領可也。此批。八月初九日。

《商務官報》光緒三十四年八月二十五日第二三期《批桂林商會稟》 稟及章程，職名册均悉。查周道平珍前據該省京官公稱，該員包賄敗俗，不孚衆望，臚列多端，僉請查究等情，當經本部咨行兩廣總督確查聲復在案。兹該董等請以周道平珍充該會總理，查總理爲全會領袖，必須品行端正，衆望允孚，方足以資提倡。應飭該董等照章妥慎公舉呈核，所舉周道平珍，應毋庸議。至協理劉廷彬，既稱票居多數，應與各董事一併先准立案。俟另舉總理到部，再行加札，頒發關防，其職名册未及商業行號，應即補註呈部，以符定章。核閲章程，大致尚妥，惟各條内商部字樣均應改爲農工商部，仰即遵照。此批。八月初六日。

《商務官報》光緒三十四年八月二十五日第二二期《批李德純稟》 稟悉。武穴鎮設立商會，究竟有無窒礙，所舉總理有何執業行號，是否殷實可靠，仰候湖北勸業道查明申復，再行核辦。此批。八月初五日。

《商務官報》光緒三十四年九月五日第二三期《批營口商會稟》 稟悉。此案東盛和五號倒閉，牽動合埠商業。據該商會稟，經關道由大清銀行墊款受産，俾衆債户攤償。現銀轇葛紛繁，迄今始克就緒，所呈節略清單，均准立案。其餘未盡事宜，仍仰迅速辦結，以維商務。此批。八月二十一日。

《商務官報》光緒三十四年九月五日第二三期《批厦門商會稟》 稟悉。該會兼辦貢燕，總理林爾嘉辦理向尚得手，業經電飭，作爲代辦總理。兹據稟稱，第四届選舉，仍舉該總協理續任。自應一併照准，加札派充，以資得力。札文二件，仰即轉給祇領，仍將奉札日期，報部備案。至該總會各董，有無更换，亦應遵章選舉，造册呈核，以符定章。此批。八月二十六日。

《商務官報》光緒三十四年九月五日第二十三期《批楊蔭棠稟》 稟悉，查正定商務分會，雖據稟稱近議設立，並未報部立案。該商竟控稱總理，殊屬荒謬。惟念所稟各節，事關委員勒捐虛實，亦宜查究。仰候札行直隸商務議員，確查覆部，再行批示可也。此批。八月二十七日。

《商務官報》光緒三十四年九月五日第二十三期《批蕪湖商會稟》 稟悉。蕪湖商務總會總理李渠又届一年期滿，由會董公舉續任，核與定章相符，應即照准，以資熟手。除另行加札外，札文一扣，仰即轉給祇領可也。此批。八月十七日。

《商務官報》光緒三十四年九月五日第二十三期《批瑞安商會稟》 據稟，該會董請以舉人李炳元接充瑞安分會總理。究竟該舉人現營何業，未據聲叙來；稟又無商會圖記，礙難照准。應俟按照章程，詳細聲明到部，再行核辦。此批。八月二十六日。

《商務官報》光緒三十四年九月五日第二十三期《批杭州商會呈》 據呈，於潛商務分會總理高春泰任事一年期滿，經衆公舉，得票仍占多數，擬請加札續任等情。本部核與定章相符，應即照准，發去札文一件，仰即轉給祇領。此批。八月二十六日。

《商務官報》光緒三十四年九月十五日第二十四期《批安慶商務總會稟》 呈及章程、清摺、表册均悉。建平分會章程既經安徽巡撫駁飭更正，應與所舉會董等員，一並准予立案。仍俟皖撫咨文到部，再行札委總理，頒發圖記式樣。至該分會所呈表册，及理結各案，辦理尚屬妥協，均准備案可也。此批。九月初五日。

《商務官報》光緒三十四年九月二十五日第二十五期《批吉林商務總會稟》 稟册均悉。磐石縣商務分會試辦章程第五條内開，糾議二員、中正二員，查各省商會，均無此項名目；又第十六條内，依次遞加四字，語涉含糊，應飭照删。此外，章程各條所稱商部之處，均應改作農工商部，餘條尚稱詳明，應即照准。除總理另行加札派先，並埘去圖記式樣札文各一件，轉給祇領外，合行批示，仰即飭遵改正，復部備案可也。此批。九月初六日。

《商務官報》光緒三十四年九月二十五日第二十五期《批杭州商務總會呈》 呈悉。所稱餘杭設立商務分會，並公舉廩貢生吴頌聲爲總理。查閲試辦章程及行業履歷，核與定章尚屬相符，應准加札派充，仰即轉給祇領可也。此批。九月初七日。

《商務官報》光緒三十四年九月二十五日第二十五期《批梭羅商會稟》 稟及清摺均悉。坐辦施大壎因事回國，既經公舉晉江縣生員龔顯燦接充，並添舉稟補之議員李悌興等十七名，應即一律補給札委，以專責成。發去札文十八件，仰即轉給，仍將奉札日期報部備案。此批。七月二十八日。

《商務官報》光緒三十四年九月二十五日第二十五期《批羅治平等稟》 稟悉。所呈試辦商會章程大致尚妥，惟請於撫寧城内設立商會，連同昌黎、欒州等各城鎮在内，是否可行，仰候行查後，再行酌奪。此批。七月二十八日。

《商務官報》光緒三十四年九月二十五日第二十五期《批京師商會稟》 稟悉。錢業商董汪鑑珍告退，公舉趙玉田接充，既據稱商情熟習，衆望素孚，自應照准，發去憑文一件，仰即轉給祇領可也。此批。七月二十八日。

《商務官報》光緒三十四年九月二十五日第二十五期《批福州商務總會呈》 據呈，福州府福清縣地廣民稠，商貨雲集，亟宜設立分會，聯絡商情，所呈試辦章程尚無不合。至公舉總理吴海珊，既係南洋泗水埠福泰號商，又據聲稱公正明練，應准札充，以資經理。所有舉定會董等行業履歷，仰即轉知遵章册報備案，附劄文一件，轉給祇領可也。此批。九月十三日。

《商務官報》光緒三十四年九月二十五日第二十五期《批鄭宗楷稟》 據稟公舉歐陽清續任總理，並舉謝承堯爲代理，懇請給劄各節。添舉代辦，未據聲明緣由，無憑核辦。仰候明白聲叙，再行給劄。此繳。九月十二日。

《商務官報》光緒三十四年九月二十五日第二十五期《批安慶商務總會呈》 呈悉。天長縣設立商務分會，公舉州同銜附生宣燾爲總理。既據聲稱，該生商情熟悉，衆望咸孚，應即照准加札，以資經理。附札文一件，仰即轉給祇領可也。此批。九月十三日。

《商務官報》光緒三十四年十月五日第二十六期《批江南商務總局稟》 據詳轉據商人方福泰等稟，請在鹽城縣上岡鎮，設立商務分會，公舉馮滋深爲總理等情。查核所擬章程，尚與定章相符，應即照准，除另札委充外，並發去分會圖記式樣一紙，仰即祇領刊用，仍將開辦日期報部備案。此批。九月十九日。

《商務官報》光緒三十四年十月五日第二十六期《批江西商會稟》 呈悉。所稱鉛山設立商務分會，並公舉中書銜葉韵萊爲總理，查閲試辦章程及行業履歷，核與定章尚屬相符，應准加札派充，仰即轉給祗領可也。此批。九月十八日。

《商務官報》光緒三十四年十月十五日第二七期《批安班瀾商會稟》　據稟，抽收出口貨捐一節，係暫爲創立學堂，培養合埠子弟，衆商公認，並非抑勒等語，均悉用意，原無不合。惟現在商會章程，均無此條，即梭羅、日惹等處，亦係通融辦法，均未稟部有案。仰仍遵照前札，毋庸訂入章程可也。此批。九月二十二日。

《商務官報》光緒三十四年十月十五日第二七期《批福州商會稟》　稟悉。所呈光緒三十年至三十三年註册各商字號，並收支數目清册，詳加考核，具見辦理妥洽，尚無流弊，殊堪嘉許，應准備案。至各地商情不同，商民程度，未必皆齊。所請通飭各分會，將各商字號註册之處，應從緩議可也。此批。九月二十七日。

《商務官報》光緒三十四年十月十五日第二七期《批泰州商人電稟》　電稟悉。查泰州分會，隸屬江寧，姜堰隸屬泰州，距城只三十里。照章，一縣不得設兩分會，泰州應立分會，姜堰自應作爲分所。該商等所請設立分會，著毋庸議。此批。九月二十九日。

《商務官報》光緒三十四年十月十五日第二七期《批瑞安商會稟》　稟悉。該會董等公舉李炳光接充瑞安商務分會總理，既據聲明行號營業，且係素孚衆望，自應照准。除另行加札委充外，仰即遵照。此批。九月二十五日。

《商務官報》光緒三十四年十月十五日第二七期《批杭州商會呈》　稟悉。該總會呈報嘉善分會，奉到委札圖記式樣，並補送總理業董履歷清摺到部，應即照准備案。此批。九月二十五日。

《商務官報》光緒三十四年十月十五日第二七期《批周浦商務分會稟》　呈悉。該商人葛學文等集股三萬元，在周浦鎮地方創辦軋花碾米公司，開具章程合同並股票式樣，繳納公費八十三元，稟請註册給照等情前來。查該公司章程內聲叙各款，大致尚無不合，所繳公費洋元數目核與部章相符，應即准其註册。除一面咨行地方官保護外，合行批示，發給收單執照，仰該商會轉交具領可也。此批。九月二十七日。

《商務官報》光緒三十四年十月二十五日第二八期《批江寧商會詳》　據詳稱，興化各商王萬興等，擬設商會，妥議章程，公舉總理，請核示等情，並坿章程履歷清册前來。本部詳加復核，尚與定章相符，應即照准。坿發札文一件，並該分會圖記式樣，仰即轉交祗領可也。此批。十月十四日。

《商務官報》光緒三十四年十月二十五日第二八期《批厦門商會稟》　稟悉。該會總理林爾嘉歷任以來，實心任事，採辦貢燕，亦著勤勞，誠堪嘉尚。惟所請奏獎一節，現在各商會尚未舉行，應俟彙案核辦。此批。十月初六日。

《商務官報》光緒三十四年十月二十五日第二八期《批通崇海商會稟》　據詳，姜堰鎮爲商務繁盛之區，並據該鎮商人聯名稟陳各節，應准改設分會，以資聯絡而順輿情。除飭泉州分會將前設之姜堰分所撤銷，並銷毁戳記外，仰即速舉總理，擬呈章程，以憑查核劄委可也。此批。十月十四日。

《商務官報》光緒三十四年十月二十五日第二八期《批緬甸商會稟》　呈册均悉。查閱集議事由，尚屬妥洽，此次所舉正副總協理，亦與定章相符，應准立案。除加札外，合行批示。此批。十月初七日。

《商務官報》光緒三十四年十月二十五日第二八期《批泉州商會稟》　稟悉。泉州府李守弭匪保商，輿情愛戴，僉請留任，自係實在情形。惟紳民稟留官長，有違定例，所請電咨閩浙總督之處，應毋庸議。此批。十月初七日。

《商務官報》光緒三十四年十月二十五日第二八期《批江西商會稟》　呈悉。江西商務總會總理會秉鈺、協理熊元煌，一年期滿，由會董公舉續任，核與定章相符，應即照准，以資熟手。除另行加札委充外，札文一扣，仰即轉給祗領可也。此批。十月初四日。

《商務官報》光緒三十四年十月二十五日第二八期《批河南礦政調查局稟》　據稟，檢查礦務章程，並無柴煤小礦減少照費專條，應如何核減之處，乞示遵等情。查柴煤小礦，在一方里内者，照費應減半，呈交擔保銀兩。資本在萬金以下者，領探礦照，應按資本四分之一開礦照，按資本之半，均由領照人交呈保單。前經本部於光緒三十年十二月、三十三年二月，先後咨行各省將軍、督撫，以爲本部礦務副件，轉飭一律遵照在案。現在柴煤小礦，自應仍照前咨辦理，仰即遵照可也。此批。十月初七日。

《商務官報》光緒三十四年十一月五日第二九期《批京師商會稟》　據稟，錢業商會援照當行起藏章程，呈請立案，並懇轉咨出示等情，除准備案外，業經分咨民政部、步軍統領衙門、順天府辦理。此批。十月十六日。

《商務官報》光緒三十四年十一月十五日第三〇期《批張松亭稟》　據稟已悉。查探礦執照，均由各省礦政調查局發給。該生稟請探驗銅坡溝鉛銀礦，已咨直督轉飭核辦，仰赴該局聽候批示可也。此批。十月二十八日。

《商務官報》光緒三十四年十一月十五日第三〇期《批杭州商會稟》 稟摺均悉。蘭谿分會總理趙璧輝三次任滿，經衆公舉孫鶴齡接充，自應照准，發去札文一件，仰即轉給祇領可也。此批。十月三十日。

《商務官報》光緒三十四年十一月十五日第三〇期《批長春商會稟》 據呈長春商務衰敗情形，並附物産表請鑒核等情。查商會有提倡商務之責，長春商務應如何整頓之處，仰即就近妥籌辦法，隨時申報所呈物産表，尚見調查詳細，應准備案。此批。十月二十七日。

《商務官報》光緒三十四年十一月十五日第三〇期《批徐通銘稟》 據稟，該會總理王嶽崧續任期滿四屆，選舉仍占多數，公議稟留續任，懇籲核准等情。查第四屆選舉續任，核與各省商會通例不合，惟據稱温州商會現任勸招路股之責，該總理經手路股數十餘萬，未便遽易生手，姑准所請，改派爲代辦總理，以資熟手。除札飭外，合行批示遵照。此批。十月二十七日。

《商務官報》光緒三十四年十一月十五日第三〇期《批廣州商務總會稟》 據稟，該會協理一年期滿，由該會董集衆公舉總理張京堂振勳留請續任，另舉區質森爲協理，並添舉坐辦一員，開具清摺，稟乞察核備案，分别劄委等情。查所舉各員既據稟稱，商情悦服，均即照准。除總、協理另行分别照會札委外，合行批示。此批。十月三十日。

《商務官報》光緒三十四年十一月十五日第三〇期《批蕪湖商務總會稟》 呈册均悉。據報光緒三十三年八月至三十四年七月集議各事由，尚屬妥協，嗣後仍按年册報可也。此批。十月三十日。

《商務官報》光緒三十四年十一月二十五日第三一期《批京師商會稟》 稟悉。該錢業商會籌擬銀票保管期限，懇咨民政部各衙門一併立案等情，應即照准。除據情分别轉咨外，合行批示。此批。十一月初七日。

《商務官報》光緒三十四年十一月二十五日第三一期《批江寧商會詳》 據詳已悉。泰州分會續舉總理陳恩沅，既據查明，委係會董等公同選舉，應准加札，以專責成。附發委札一件，仰即轉給祇領可也。此批。十一月初三日。

《商務官報》光緒三十四年十一月二十五日第三一期《批吉林商會呈》 呈暨清册均悉。農安商務分會總理一年期滿，照章公舉總理、議董等員，既係投票公舉，均即照准立案。發去該分會總理張振聲札文一件，仰即轉給祇領可也。此批。十一月初三日。

《商務官報》光緒三十四年十一月二十五日第三一期《批樂昌商會稟》 稟悉。本年樂昌晚稻尚稱豐稔，商務日有起色，深堪嘉慰。又查集議事由册内考驗茶質等事，均能從根本上講求，尤合本部興商之本意。除將原册備案外，合行批示。此繳。十一月初三日。

《商務官報》光緒三十四年十一月二十五日第三一期《批厦門商會申》 據申，龍巖州各業商等請設商務分會，公舉職商連焕奎爲總理，擬呈章程册報履歷，核與定章相符，應准立案，並發去札文一件，仰即轉給祇領。此批。十一月初三日。

《商務官報》光緒三十四年十一月二十五日第三一期《批桂林商會稟》 稟及清册均悉。查該董等前具公呈請以周平珍充該會總理，並准廣西巡撫咨同前因，經本部以廣西京官函稱，該員劣迹多端，批令投票另舉總理，並職名册内補註各商董商業行號遵改章程呈核等因去後。一面咨復廣西巡撫，以所訂章程内有不合之處，須改訂呈核，轉飭遵照各在案。嗣後該董等來稟，縷陳周平珍被謗原由，又經録稟函致廣西京官，旋接復函，以該商周平珍易名周沅，承包廣西賭餉，經御史周樹模附片奏參，平日衆望不孚，若舉爲商會總理，必至枝節横生，或釀出事變等語，該董等仍應懍遵本部迭次咨批，迅即公舉總理，並將該會章程改訂呈核。此批。十一月初八日。

《商務官報》光緒三十四年十一月二十五日第三一期《批安慶商會呈》 據呈已悉。核閲巢縣商務分會章程，尚屬妥協，自應准予立案。廪生杜琛業經衆商公舉，堪勝總理，應即札充，以專責任，圖記式樣一併纂發。仰即轉給，仍將刊用日期報部備案。此批。十一月初八日。

《商務官報》光緒三十四年十二月五日第三二期《批江寧總商會》 詳悉。據稱安徽旅寧職商宋恩銓等呈請設立安徽駐寧商務分會等情，查各省會及郡縣每一地方無論總、分會，僅准設一商會，旅寧人數雖多，而各省各籍之經商於寧者亦必不少，若紛紛請設分會，勢必漫無限制，所請批准立案之處，應毋庸議。此批。十一月十七日。

《商務官報》光緒三十四年十二月五日第三二期《批湖州商務分會代呈》 據呈已悉。查職商沈曾鑑此次續呈聲叙各節，核與定章尚屬相符，自應准予註册，給照具領，餘容飭保護外，合行填發收單執照寄交該分會，轉飭該商遵照，並將給領日期呈報本部，以憑備案可也。此批。十一月十六日。

《商務官報》光緒三十四年十二月五日第三二期《批福建建寧農務分會稟》 稟悉。該農務分會所呈續訂章程十八條，其間多係會中應行興辦事件。惟第六條內載，倘查明實是無主之業以下等語，應改爲應報明地方官核准後酌量墾種；又第十六條秉公裁判句應改爲秉公調處；又第十八條語多蕪雜，迹近攻訐，應即删除。總之章程格式不在繁文，祗應以簡當明净，俾能切實遵守爲主義，仰該分會即便遵照以上所指各節更訂，呈部備案可也。此批。十一月二十日。

《商務官報》光緒三十四年十二月五日第三二期《批直隸商務議員詳》 詳悉。既據委員查明，秦皇島商務分會總理孫璋辦事諸多未協，應即由部札飭交卸，除將該分會案卷圖記飭令仍遵前案移交山海關總會辦理外，合行批復。此批。十一月十五日。

《商務官報》光緒三十四年十二月五日第三二期《批厦門商會申》 據申，送詔安分會説略、表册各件，本部詳加考核，該總理於詔安商况，尚能洞見本源，深堪嘉尚。除將原册備案外，合行批示，仰即傳知該總理遵照可也。此批。十月初十日。

《申報》光緒三十四年十二月十二日第四版《商餘學會組織雜誌漢口》 漢口商餘學會，係各華商所組織，以研究商業進步爲宗旨。現發起人李逮聞、葉東川、嚴詩菴諸君，於初四日開常會時，提議擬將各會友之意見，彙集成篇，名曰《商業雜誌》，每星期發行一册，當經議決公推劉君實餘擔任編纂事宜。

《商務官報》光緒三十四年十二月十五日第三三期《批京師商會稟》 稟悉。該商會維持市面，體恤民艱，深堪嘉尚，所擬具領擔還各辦法，於挹注之中，仍寓慎重之意，亦屬可行。惟事關款項，應由度支部主持，已據情咨商核辦矣。此批。十一月二十五日。

《商務官報》光緒三十四年十二月十五日第三三期《批安慶商會稟》 據稟，巢縣設立商務分會，公舉廪生杜琛爲總理，附呈章程、履歷，請予核准立案，加札委用，並頒鈐記式樣等情前來。查閲章程内第四條第一款載本會經費遵章，於註册、憑據、簿册三項内酌收毫釐等語。本部商會章程所有酌收註册、憑據、簿册費三項暫時未能實行，歷經批示各商會遵照在案。此次巢縣商會所擬收費章程自應一律照改，仰即轉飭遵照。俟更正章程呈送到部，再行核准立案札委。此批。十一月二十二日。

《商務官報》光緒三十四年十二月十五日第三三期《批杭州商會稟》 稟悉。塘石門灣設立商務分所，請刊戳記以昭信守，核與歷辦成案相符，應即照准。塘棲、雙林各分所事同一律，亦應照准給戳。仰該總會分別篆給戳記式樣，轉飭照刊鈐用可也。此批。十一月二十二日。

《商務官報》光緒三十四年十二月十五日第三三期《批京師商會稟》 據稟，十二月初一日另舉總協理，當衆開票，請派員到會監視等情，應即照准。除届期由部派員到會監視外，爲此批示，仰即遵照辦理可也。此批。十一月二十八日。

《商務官報》光緒三十四年十二月十五日第三三期《批三寶壟中華商會稟》 稟悉。懇頒發商、學兩種官報，並議事調查表式等情，除《學務官報》已咨由學部逕寄外，所有本部《商務官報》並議事調查表式兩種，又甲辰、乙巳、丙午紀事表册一併交郵局分別寄發，收到後仰即稟復。此批。十二月初二日。

《商務官報》光緒三十四年十二月十五日第三三期《批湖北同鄉京官蔣芳增等稟》 前據稟稱，吴家改口興築坦坡各節，迭經先後據咨湖廣總督遴員馳勘妥籌辦法，並批示在案。兹准復稱，准咨札委魁道允恭、施道紀雲督同府縣會勘吴家改口等處水勢地形，繪圖貼説，議定削堤爲坡，永不建磯，丁家埠小磯損壞，改修坦坡，龍頭拐坦坡不能稍逾尺寸各條，所以爲改口分流計者，至爲周密，潛江、天門兩縣紳耆會合書押，各無異詞，咨部查照等因，並附議單圖説到部。查該道等所擬辦法亦尚周妥，既經潛江、天門紳耆會議簽押詳報鄂督咨部，自應准予立案，仍由部咨行鄂督，飭將此次議單所列各條並全案原委勒石河干南北兩岸，紳耆彼此永遠遵守，以防河流而順輿情，合行抄録原咨圖單批示，該紳等遵照。此批。十二月初三日。

《申報》光緒三十四年十二月十六日第四版《江西商務總會上商部電》 北京商部堂憲鈞鑒：黄家瑜兄弟等在南昌所開怡生厚莊於前月倒閉，實因接濟漢口怡生和等聯號所累，計八九兩月，由南昌運漢之銀二十餘萬，現共欠南昌各商款四十餘萬。查廬陵、撫州、南昌等處財產約祇值十餘萬兩，已不敷抵償。若再劃出，更何能受其鉅虧。前已據情電稟湖北督憲，兹因各商號愈加迫切，特稟懇憲部作主維持，准以黄氏在贛之財產全數抵償贛債，庶免累而又累。所關甚巨，伏乞保全，不勝感激。餘稟詳江西商會。支。印。

《申報》光緒三十四年十二月二十五日第三版《商界反對商會總理宋安慶》

贛省商會總理宋學銘，素行不孚衆望，邇又以加抽膏土捐一事，各土商大不爲然。經巡警卞道將該土商拘留六名，有某商代爲關説，宋初不願繼，乃勉將該土商保出。嗣有某甲私赴姚裕昌土店購買烟土四元五角，比被偵探拿獲，巡警道勒罰該店九十元，請宋出爲調停，宋置不理，商界大譁，刻已糾集多人，在撫轅稟請斥退矣。

《商務官報》宣統元年一月二十五日第一期《批鐵嶺商會稟》 前據該商會員董等，公舉彭錫庚續任總理，經本部以該總理連任已滿三屆，照章未便續充，批飭另行公舉在案。茲據稟請援照天津、温州等處成案，再令續任等情。查温州商會總理，因經手鐵路招股事宜，款項甚鉅。天津商會總理，因創辦學堂勸工會等事，均由各該商會員董留請接辦，是以照准。該總理彭錫庚並無經手重要事項，未便接辦，應遵前批，另行公舉妥員，稟部札委。未舉定以前，暫由彭錫庚代辦會務可也。此批。正月十六日。

《商務官報》宣統元年一月二十五日第一期《批徐州商務分會稟》 據稟，蕭縣設立商會，擬具章程並履歷清册，呈請察核等情。查閲章程，大致尚屬妥洽，惟捐會費六元一層，應仍照部章，由各商酌量認輸，不得限以數目，仰即轉飭遵改。至總理路世棠，既經各商公舉，應即照准札充，附去札子一件，仰即轉飭祇領可也。此批。三十四年十二月二十日。

《商務官報》宣統元年一月二十五日第一期《批廣州總商會呈》 呈及章程清摺等件均悉。新安縣屬之深訓埠，三縣交界，爲華洋進出口貨必經之路，請設分會，自應照准。核閲所訂簡章，大致尚妥。惟本部所訂商務總、分會與地方官衙門行文章程内開，分會與本省及他省督撫司道均用呈，府廳州縣用牒呈等語。仰即轉飭遵照更正，即將原擬之第十條内尋常稟牘，改用函摺各語删去，遵照部章辦理。所舉總理黄大魁，既經公推，應即照章札充，以資經理。附去札子一件，並篆給圖記式樣一紙，仰即轉給祇領，仍令將遵改章程，及將奉札及開用圖記日期，一併報部備案可也。此批。三十四年十二月二十日。

《商務官報》宣統元年一月二十五日第一期《批鎮平商務分會稟》 前據該商會稟請，以該縣財神廟公地，擴充市場，當經本部行查去後。茲准兩廣總督咨稱，該地已歸勸學所爲辦公之用，由善後局批准有案，未便改撥商會，致涉分歧等因，合行批飭遵照可也。此批。正月十六日。

《商務官報》宣統元年一月二十五日第一期《本部具奏廣西柳州府設立商務總會請給關防摺》 奏爲廣西柳州府設立商務總會援案請給關防，恭摺仰祈聖鑒事。竊臣部於光緒三十四年十月初五日，接准廣西撫臣張鳴岐咨稱，據廣西農工商務總局詳稱，案據柳州府知府楊道霖稟稱，柳州紳商左慶欣等集議創設柳州商務總會，聯合各幫籌款生息，作常年經費之用。遵章公舉總協理、坐辦各員，擬具章程十八條，列摺呈核等情。當以總會之設，係爲聯絡商情，整理商務起見。惟總、協理須曾辦實業之人，經費應按年造報等語。批示去後，旋據柳州府稟復到局，查該紳商等所舉鹽大使梁耀基爲總理，州同銜馮廷幹爲協理，既據柳州府查明，均係經商有效，幹練穩慎，衆紳推服。會内經費仍於年終造册呈報，自可照准設立，請咨部核辦等語，據情咨請核辦前來。臣等伏查柳州北負苗嶺，下達黔江，地形險要，商貨駢闐。該處紳商等請設商務總會，公舉總、協理，均經該省農工商務總局司道查核在案。所擬簡章，大致尚屬妥洽，應即准予設立，以資聯絡。至所請奏給關防一節，擬由臣部查照歷辦成案，刊刻發給，並隨時札飭妥慎籌辦，以仰副聖朝振興商務之至意。所有柳州商務總會援案請給關防緣由，理合恭摺具陳，伏乞皇上聖鑒訓示。謹奏。

光緒三十四年十二月初五日奉旨：依議，欽此。

《商務官報》宣統元年一月二十五日第一期《本部具奏江西景德鎮設立商務總會援案請給關防摺》 奏爲江西景德鎮設立商務總會援案請給關防，恭摺仰祈聖鑒事。竊臣部前據景德鎮職商吴簡廷等稟請，於景德鎮設立商務總會，當即咨行江西巡撫查覆。旋准江西巡撫復稱，飭據農工商局查明，該鎮設立總會并無窒礙，已飭速具章程，咨部核辦等因。十一月間，復據吴簡廷等稟稱，遵擬試辦章程八十三條，并公舉經理瓷業公司之内閣中書康達爲總理，經理滇料公司之縣丞陳庚昌爲協理，繕具職名履歷，呈報到部。臣等伏查景德鎮爲中國古四鎮之一，産瓷之富，甲於全球。每歲運銷計值三百萬元以上。工作既盛，遠近商賈，捆載争趨，遂爲贛、皖接境各州縣商務扼要之地，亟應設立商務總會，以啓智識而資聯絡。該職商吴簡廷等所擬章程，尚稱周妥，公舉總、協理各員，既經創辦實業，且屬衆望咸孚，自應照准札委，并援歷辦成案，由臣部刊刻關防一顆，文曰景德鎮商務總會之關防，頒發鈐用，俾資信守。即責成該總、協理等於奏定商會章程所載應辦各事，悉心籌畫，妥慎經理，以期仰副朝廷振興商務之至意。所有景德鎮商務總會援案請給關防緣由，理合恭摺具陳，伏乞皇上聖鑒。謹奏。

光緒三十四年十二月十五日奉旨：依議，欽此。

《申報》宣統元年正月二十六日第四版《蘆溪市設立商會江西》　江西萍鄉縣蘆溪市商務繁盛，設有巡檢一員分治。現經商號集議，擬設商務分會一所，以結商團。當經舉定總董等情，呈請商務總會報部立案。

《申報》宣統元年二月初三日第四版《商會新舉總協理武昌》　武昌商務總會總、協理任滿，於二十二日在勸業場開會選舉。是日勸業道武昌府各官，均蒞會監視，並舉工商兩中學堂監督范吉六、權謹堂兩君，爲臨時監督，投票選舉，呂超伯得票最多，爲總理；殷友愚次多數，爲協理。

《申報》宣統元年二月初四日第四版《巢縣商會成立安慶》　巢縣地方爲水陸通衢，商業繁盛之區，前經各行號遵章創設商務分會，公舉廩生杜琛爲總理，擬具規章上稟當道，轉咨農工商部，准予加札開辦。兹准大部咨復該縣，略謂該地方既稱爲商務繁富碼頭，察核所擬章程，尚屬不背部章，應准開辦，所有該會總理杜琛委札及圖記式樣，另行札發安慶商務總會，轉給該分會祗領。

《商務官報》宣統元年二月五日第二期《批杭州商會稟》　稟悉。湖州商務分會總理李愷，已届任滿，既據該會員公舉續任，以資熟手，自應照准，附去札文一件，仰即轉飭祗領可也。此批。正月十八日。

《商務官報》宣統元年二月五日第二期《批汕頭商會稟》　稟暨章程、清摺均悉。該會協理蕭永華，一年任滿，照章投票公舉，仍以該協理最占多數，留請續任，自應照准加札，藉資熟手；續舉議董等員，重訂試辦章程，與本部定章，尚無不合，准其一并備案。至下届總協理、議董，著改爲同時選舉，以符定章。除協理另行札委外，合行批示遵照。此批。正月十八日。

《商務官報》宣統元年二月五日第二期《批江西商務總會呈》　呈悉。增生徐舒欽所著圖説，於學理尚近，具見用心有素，所製各件應准立案。惟近今學術日新月異，仰轉飭該生於科學新書，詳加研究，俾深造詣而資實用。此批。正月二十五日。

《商務官報》宣統元年二月五日第二期《批海門商會劉燮鈞稟》　稟悉。所稱創辦商業學堂，籌撥經費，請飭海門廳隨時保護各節，已咨兩江總督轉飭辦理矣。此批。正月十八日。

《商務官報》宣統元年二月五日第二期《批安慶商會呈》　據呈已悉。巢縣設立商務分會，業經更正章程，本部詳核，大致尚妥，自應照准立案。廩生杜琛，既經該分會衆商公舉，堪勝總理，應即照准派充，以資得力。札文及圖記式樣一併給發，仰即轉交。此批。正月二十日。

《商務官報》宣統元年二月五日第二期《批京師商務總會稟》　前據稟懇轉咨郵傳部，將電報局捐助之款，改爲津貼，照舊頒發等語，當即據情轉咨去後。兹准郵傳部咨覆稱，電報改歸部辦，從前捐助各款，自應一律停止。惟本部四政均具營業性質，京師商會又爲商業領袖，自應變通辦理，以資補助。所有從前捐助每年京足銀五百兩，應即改爲津貼，由本部飭電政局，按年照數頒發等因，合行批示，仰該總會遵照可也。此批。正月十八日。

《商務官報》宣統元年二月十五日第三期《批廣州商務總會稟》　稟悉。新塘商務分會總理湛際清，經衆商公留續任，仍請加札委用等語。自應照准，附去札文一件，仰即轉飭該總理，悉心經理可也。此批。七月二十五日。

《商務官報》宣統二年二月十五日第三期《批湖南商務總會稟》　稟及抄件均悉。職商王廣桓與張金鑑合資創設大經織辮公司，遵章呈請註册。本部查核所呈合同章程呈式，並册費銀元數目，與定章尚屬相符。惟據稱稟准專利十年，未經湘撫咨部，無案可稽。至展限一層，應俟限滿時，再由湘撫查明情形，咨部核奪。此次先准註册，除咨飭保護外，合行發給收單執照，仰該商會轉交具領，並報部備案可也。此批。四月二十六日。

《商務官報》宣統二年二月十五日第三期《批煙台商務總會稟》　據稟，遵批轉飭政記等輪船公司補繳册費，除順義公司俟租定輪船，再行稟請郵傳部頒給船牌，以便行駛外，仰祈察核註册給照等情。查該公司等此次補繳洋元數目，核與部章相符，惟順義公司應將册費暫存，俟領有牌照，再行稟部註册。餘均照准，合行發給政記、毛合興兩公司收單執照，仰該商會轉交具領，並一面咨飭保護可也。此批。四月二十七日。

《商務官報》宣統元年二月十五日第三期《批厦門商會總理林爾嘉稟》　據稟稱貢燕伸資難收，商號積欠不繳各節。查此案業經本部，於宣統元年正月具奏，欽奉諭旨，農工商部奏厦門貢燕擾累滋多一摺，著由閩浙總督採辦，准其作正開銷，欽此。由軍機處片交，傳知到部。此項貢品，於本年正月奉旨之日起，嗣後改歸官辦。經本部録旨鈔奏，咨行閩督欽遵辦理，並札飭該商會一體欽遵在案。至商號舊欠伸資，仍應查照原奏，由該商會移請地方官，催繳歸還，以清款目可也。此批。二月初七日。

《商務官報》宣統元年二月十五日第三期《批正陽關商務總會呈》　據呈，豫岸准鹽商人楊祥順等，請平均鹽價，保岸暢銷等情，事關鹺政，應稟由該管衙門，就近酌核辦理。所請轉咨度支部核辦之處，應毋庸議，仰即轉知該商等遵照。此批。二月初五日。

《申報》宣統元年二月十八日第二版《商務總會稟農工商部文爲邀請美商來華事》　竊職會於上年九月間准駐滬美領事田夏禮函（曾見前報從略）等因，當以爲時太促，未及邀請，美商業已回國，遂作罷論。繼而探知日本各商會此次接待美商禮意優渥，其由美至日，特派專輪相迓，其在日往來各埠，均稟請政府給予頭等車船免票。其抵東京也，農商務省大臣特派專員照料。其開歡迎會也，供張華美，並請外務省、農商務省各大臣一同蒞會，賓主勸酬，極一時之盛。美商等既歎貨品之精良，復感款待之誠敬，中情歡愜，交誼益敦。今夏四月分美邦西澳德而省舉行賽會，擬即邀請日商往觀，以爲酬答，從此日美兩國商界情誼必日益浹洽，貿易必日益擴張，固知交通之世非善於交際不爲功，即在商界猶然也。職道等有鑒於此，擬踐美領事前約，藉通款曲之誠，冀收桑榆之效，函商各大埠商會，意見相同，現已聯名作書，由駐滬美領事轉遞邀請，合將緣由先行稟陳。俟得美商來華確音，並姓名人數以及開會典禮日期、場所等類，再當陸續詳稟。惟事關外交，擬請鈞部先行咨明外務部、郵傳部立案，此後美商來滬，或須分往他埠游歷，能否隨時請給車船免票之處，候示遵行。一面並求會咨各督撫，札飭地方有司加意保護，以示優禮。

《申報》宣統元年二月二十一日第四版《部准開辦商務分會安慶》　農工商部日昨咨覆皖撫，以宿州周純秀遵章設立商務公會，查閱所擬章程，尚稱妥洽。惟章程第十一款內開整頓錢鈔各節，務須妥慎經理，免拂商情，公舉周召棠爲總理，核與定章尚無不合，均應照准。附發圖記式樣以及札文各一件，希即轉給祗領開辦，以昭憑信。又以桐城縣紳商公舉總理方健祖，擬具規章，稟請設立商務分會，核與部章尚不相背，自應照准，發來圖記式樣並委札各一件，咨請轉給祗領，以憑開辦等情。朱經帥准咨後，即行分別行知遵辦。

《商務官報》宣統元年二月二十五日第四期《批福建福安商務分會呈》　據呈，爲禁種罌粟起見，擬將運銷本省之麥，由會給照，以免關卡留難一節。查各省商會向無發給護照辦法，所請應毋庸議。至該縣既允給照，即應將向來衙役勒索積弊，切實嚴禁，以便商運而興農業。仰該總理仍與該縣妥商辦理可也。此批。二月十七日。

《商務官報》宣統元年二月二十五日第四期《批留學英國礦學生梁焕彝呈》　據呈已悉。該生等現將致遠公司所購巴黎赫倫士米會社提煉各種礦質秘法，及機器專利權，全行售與華昌公司。所有一切權利，以後應悉歸華昌公司享有。准如所請，將致遠公司名目及專利原案，一併取消，並候通咨各省督撫存案，並咨出使法日葡國大臣，轉咨法外部知照赫倫士米會社可也。此批。二月初十日。

《商務官報》宣統元年二月二十五日第四期《批九江商務總會呈》　據稱，綿花滲水發潮，請飭整頓一節。所陳不爲無見，查此項弊端，前年業經本部通行查禁在案。現正編定獎勵種植章程，應即酌量採入可也。此批。二月初十日。

《申報》宣統元年二月二十七日第四版《景鎮商會成立江西》　景德鎮商務總會去年由吴簡廷等發起，稟請撫院暨農工商部奏明立案，並舉定總理康達、協理陳庚昌，日前行開印禮，各商號會員到會者一千餘人。首由陳君庚昌代表總理行叩闕禮，次書記員胡君郁文宣讀上諭及農工商部奏摺札文，次庶務員吴君瑶笙啓用關防，並宣佈報部暨各省公文三十餘件，次全體會員公賀，次提議俟康總理出都，本會再擇吉行開幕禮。次提議會場規則，請書記員再行詳訂。是日上午，開會至午後三句鐘，而來賓慶賀者猶絡繹不絕云。

《申報》宣統元年閏二月初五日第四版《湖北籌辦博覽會之規畫武昌》　鄂督陳小帥，擬在平湖門外乙棧籌辦博覽會，飭勸業道妥擬規章，稟復核奪，已紀前報。茲悉勸業道鄒元汴、善後局總辦金峙生、官錢局總辦高佑諸已會議數次，以湖北商務繁盛，物産豐饒，亟應提創賽會，以資比較。但初次開辦，一切設備多不完全，範圍不能過大，擬先就武漢銷行內外各國商品，並此外本省商務較繁口岸，如沙市、宜昌、樊城、老河口、武穴等處，所銷行品物，一併附入，開一勸業獎進會，業經會擬簡章十五條，並出品商人報名規則八條，先行稟奉鄂督核准，批飭勸業道移行各衙門、武漢等處商會，並移請江漢關道照會各國領事，轉諭洋商知照，一面由勸業道出示曉諭商民人等，一體知悉。

《商務官報》宣統元年閏二月五日第五期《批廣州商務總會呈》　據呈，赤坎分會總理司徒泰，任日期滿，經衆公舉，得票仍占多數，照章留請續任一節，核與定章相符，應即照准。至該分會因事務紛繁，添舉關恩光爲坐辦，並准備案，發去札文一件，仰即轉飭遵照。此批。二月二十五日。

《商務官報》宣統元年閏二月五日第五期《批黄幼宸稟》 前據該公司稟請註册立案，當因稟摺有互異處，咨行兩江總督飭屬查復去後。兹准江督復稱，據鎮江商會查明，該公司專在鎮江車站附近購地造屋出租，於地方上毫無窒礙。前呈誤繕，現已更正等情，咨請查照立案施行等因到部。除核准立案外，合行批示，仰該公司於股分招齊時，遵章呈部註册可也。此批。二月二十日。

《商務官報》宣統元年閏二月五日第五期《批杭州商務總會稟》 稟悉。湖南商務分會總理陸文瀾，已届任滿，由該會董遵章選舉，合詞稟留，應即照准加札，以資熟手，坿去札文一件，仰即轉交該總理遵照可也。此批。二月二十六日。

《商務官報》宣統元年閏二月五日第五期《批寧波商務總會呈》 呈及清摺章程均悉。處州府各商鋪，呈請設立處州商務分會，公舉葉鳳鏘爲總理，擬具簡章，暨總理履歷各摺册，請加扎立案，並頒發圖記式（業）〔樣〕等情。查處州出産尚多，自應設立分會，以資聯絡。葉鳳鏘既經投簡公舉爲總理，亦即照准。惟章程第八條，斗升秤尺由本局詳定一律標准等語。查度量權衡，本部現正釐訂製造，日後頒行，各省自有劃一章程，該分會何得擅自詳定以爲標準。又第十三條，合同文契券據，均應赴局註册，將憑單蓋明圖記等語，此近於地方官税契辦法，尤非商會權力所能及，應將此二條删去，免滋流弊。又章程内屢稱，本局及赴局字樣，商會何得設局，尤屬不合，亦應查明改正。會董各員均未註明商業行號，並應補叙，仰即轉知遵照，即將章程應删、應改之處删改妥洽，並補註會董商號，稟部核奪後，再行加札委充，頒發圖記式樣可也。此批。二月二十日。

《申報》宣統元年閏二月初九日第三版《商務總會上蘇撫稟常屬五縣養蠶腐敗請示嚴禁**》** 竊職會接據上海繭業公所商董楊兆鏊、章鈞、周廷弼、薛翼運、孫鳴圻、楊建綸、吴慶堂、顧壽嶽、葉晉紳等聯名呈稱，常州府屬之武陽、錫金、江陰五縣土産，向以絲綢爲大宗。光緒三十年間因鄉民養蠶日益腐敗，於春繭之中攙雜夏繭，當經稟縣通詳出示，嚴禁有案，乃日久玩生，較前尤甚。竟於春繭夏繭而外，多一秋繭，又有所謂洋種者，實即春蠶與夏蠶交合而生，俗稱夏夾季繭，質甚糙脆。鄉民貪其易養，相率效尤，每夾雜於春繭之中，使收繭者不爲識别。近來上海絲價非不昂貴，各絲廠之折蝕無盈餘者，良由繭質之混雜暗受虧損。日本養蠶繅絲日精一日，且日多一日，吾國絲業已大受影響，況復甘自敗壞，以後更難爭勝。浙江之紹興育蠶售繭原較錫金優勝，現在嘉興、湖州以及長江一帶産繭之區，均日益講此，絶無常府五縣前項各弊，使各絲廠日後收繭咸含此就彼，不但常府五縣千萬利源日就消滅，即釐金、賦税因亦短絀，届時雖欲挽救，恐已無及。董等目擊情形，不忍坐視，除由公所另編淺近文言，遣人分往各鄉廣爲勸諭，並知會武陽、江陰分公所一體照辦，暨呈請各該縣出示諭禁外，所有上開常府五縣養蠶積弊，懇即稟請蘇撫憲頒給示諭，札行釐捐總局暨常州府，轉飭各縣一體出示嚴禁，以維商務而挽利權等情。據此，查育蠶爲貿絲根本，前數年意大利人條陳搜剔病蠶，辦法至精至細。可見外人於養蠶一事，競爭不遺餘力。若春夏夾雜，衹圖近利，則此事何堪持久，據呈前情，除分移外，理合稟呈，俯賜察核，准予給示札行牙釐總局常州府轉飭各縣一體出示，從嚴申禁，以保利源而裕賦税，實爲公便。

《申報》宣統元年閏二月十二日第三版《窑灣鎮商務分會成立清江**》** 徐屬窑灣鎮商務，素稱繁盛。去歲由各商集議，設立商務分會，公擬章程，并舉定王祖培爲總理，稟准大部，特於二月二十七日，假蘇鎮揚公所開會任事，是日來賓除本鎮各商號外，州尊暨本鎮文武印委各員，紳學兩界，并邳屬各集鎮商號之執事，共約百有餘人。先由徐州清鄉局坐辦吴太守静山演説，刻當商戰之時，設立商會，最爲切要之圖，惟須實事求是，勿盗虚聲，庶成效可期。繼由應州尊韓卿演説，商會成立，原補官力之不及，惟須研究公理和平辦法，使風氣開通，庶可日期進步。又由釐捐局總辦鄭大令筱軒演説，商會重在維持商務，本鎮積弊日深一日，極宜固結團體，整頓改良，庶商務可以蒸蒸日上。後由該會代表鄧君築之演説開會之宗旨，與本會應興應革之利弊，至晚始散。

《申報》宣統元年閏二月十五日第三版《蕪湖商會之辨誣安徽**》** 蕪湖商會全體會員爲法人代道員索款事，上書商會總理，略謂奉交陳君明遠來函，大衆公閲，其詆毁於商會者甚深，而尤以賄通干預，任意污衊，實爲公論所不容。查匯隆典爲崔紳國因開設，延其同族國新管理典事。上年崔紳故後，其子有泰等恐因家累波及典業，准照部章入會，享保護之利益。迨後崔國新因他事奉縣看管，崔故紳分設典業多處，調度銀錢，以匯隆典爲總機關，無人籌畫，各典慌恐。商會有維持商務之責，隨即移縣釋回，此應盡之義務。至去臘法人羅克賴持條向該典索款，事已經官，會中初不與問，嗣因典夥夏静廷留縣候訊，時逢歲底，該夥經手之事甚多，請飭暫回料理。各事公議移縣，理無不合，既未訊實，何用押追。若謂貴州電報係該典夥面奉縣諭，轉請商會電達貴州查復，詳細調查，確是正本清源之法。至潘君爲會中公正會員，係同業公舉，徐君乃會中辦事之員，職掌收支，公議決定發電之事，責有專司，理無推諉，何得以賄通出頭干預等詞，任情謗毁。且查匯隆抄來呈會各件，法人羅克賴始言存銀於匯隆，而陳君咨關道文又云撥存局款。此次函内附抄存票，與匯隆前次抄呈存票字字皆同。如果羅克賴已資存於該典，存票則寫本人收執，何必又寫貴州礦務商局等字，可見脈絡不明，自相矛盾，商會但評公理，審判之事，責在有司。此事業已經官，儘可使陳君親自來蕪，兩造抵質，曲直是非，自有水落石出之一日，毋徒以口舌争也。

《商務官報》宣統元年閏二月十五日第六期《批寧波商會呈》 據呈送平陽分會章程，並總理銜名、職業清册到部。覆核章程，尚無不合，應准備案。總理陳錫琛既係公舉，應即劄委，以專責成，發去委札並圖記式樣，仰即轉給祗領可也。此批。閏二月初三日。

《商務官報》宣統元年閏二月二十五日第七期《本部具奏雪蘭莪設立華商總會援案請給關防摺》 謹奏，爲南洋雪蘭莪地方設立中華商務總會援案請給關防，恭摺仰祈聖鑒事。竊臣部前據新嘉坡總領事官孫士頤申稱，雪蘭莪華商，於光緒三十一年間，曾經邀集同志，創立商局。現擬遵照部章，改爲商會，以歸劃一，繕具章程，公舉總、協理各員，申請加劄委用，頒發關防等情到部。查閲該章程，有應行酌改之處，劄飭更正，並先行札委總、協理在案。兹據署領事官左秉隆申稱，據該會華商遵照部開章程更正前來。臣等伏查雪蘭莪本巫來由舊地，現歸英人保護，其管轄之埠有四十餘處，星羅棋布，華僑散處，其中農工與商均占多數，自非設立商會，無以聯合羣情。該總理陳秀連、協理辛百卉等，既請將該處原有商局，改爲商會，亟應查照歷辦成案，給予關防，文曰雪蘭莪中華商務總會之關防，俾資信守，仍即責成該總、協理妥爲經理，以仰副朝廷加惠僑民、振興商務之至意。所有南洋雪蘭莪地方，設立華商總會，援案請給關防緣由，理合恭摺具陳，伏乞皇上聖鑒訓示。謹奏。

宣統元年閏二月初八日具奏。奉旨：依議，欽此。

《商務官報》宣統元年閏二月十五日第六期《批杭慎修等呈》 呈及農工雜誌均悉。該會長等組織農工研究會，按月出書一册，係爲開通民智起見，用意深堪嘉尚，應即准予立案。惟此書既以農工爲宗旨，則採取論説，均應在農工範圍之内，於實業方有裨益。至所請交换《商務官報》一節，已飭令該報局照辦矣。此繳。閏二月初三日。

《商務官報》宣統元年閏二月十五日第六期《批望加錫商會稟》 據呈稱，正、副總理各員一年届滿，遵章投票，公舉湯河清等各員，造具履歷清册，懇加札委等情，核與成案相符，應即照准。除分别札飭外，合行批示。此批。閏二月初三日。

《商務官報》宣統元年閏二月二十五日第七期《批三寶壟中華商會稟》 稟及履歷表册均悉。該會舊董三十名，請援案酌給獎札；新董八名，乞援例另加札委等情。本部核與成案相符，應即照准。除正、副協理應俟彙案奏獎外，兹發去獎札三十件、委札八件，仰即分别轉給祗領。此批。閏二月初十日。

《商務官報》宣統元年三月五日第八期《批如皋分會呈》 呈册均悉。創設初等商業學堂，公衆認可，足徵該地各商熱心教育，培養商才。本部深爲嘉許，自應准予立案，仰即認真經理，以宏造就，本部有厚望焉。此批。閏二月十九日。

《商務官報》宣統元年三月五日第八期《批梅里鎮商務分會稟》 據稟已悉。梅里鎮仍隸昭文，既據自行檢舉，自應准予更正。其常熟縣所轄之唐市鎮，據稱商務較繁，擬設分會一節。查閲所擬章程第九條，註册費分五等，由二元至十二元，實與本部章程顯相違背。從前常昭分會總理楊崇光，即是分等收費，巧立名目，經人控告，業經本部咨行江蘇巡撫立予撤銷，並通飭各商會知照在案。何以此風，尚未革除。除由該總理轉飭唐市鎮商，將章程删改，再行核辦外，其梅里分會目前係否分等收費，著一併稟復，切勿隱匿，致干未便。此批。閏二月廿六日。

《商務官報》宣統元年三月五日第八期《批日惹商會稟》 稟及表册均悉。該總會第三届選舉總理各員，稟請加札等情。查所舉總理張廷序，被控有案，尚未據駐和使臣查復，業飭盧國徽暫代會務，俟復到，再行札委。所有協理以下各員，應先照章札委，附去札文十六件，仰各祗領，仍將奉札接辦日期，報部備案。此批。閏二月二十日。

《商務官報》宣統元年三月五日第八期《批蕪湖商會呈》 呈悉。匯隆、匯豐兩典商慨捐鉅款，創設初等商業學堂，足徵熱心公益，殊堪嘉尚。仰該商會按照學部定章，赶即經營，以期早日成立，俾收實效，並將辦理情形，隨時報部可也。此批。閏二月十九日。

《商務官報》宣統元年三月五日第八期《批江寧商務總會稟》 據稟已悉。

查各國商業繁盛之區，每届一年，主持商務之人，必舉各業盈虧之數，盛衰之故報告於衆，以爲取益防損之道。我中國各處商會，鮮有見及於此者。今該總理等獨能留心體察，將一年中各業盈虧，列表申報，深堪嘉尚。所論各節，亦切中肯綮。我國商業類多，囿於近利，昧於遠見。所賴該總理等，聯絡衆商，本其盈虧之迹，以求其□□□，因隨時隨事肫切勸導，於以持盈保泰，救弊補偏，俾商業前途日有起色，本部有厚望焉。此批。閏二月十九日。

《商務官報》宣統元年三月五日第八期《批安慶商務總會稟》 據稟已悉。天長縣銅城鎮爲商貨往來之地，距城有百里之遥。該鎮商民擬設商務分所，公舉會董，核與部章相符，應即准其設立，並隸屬天長縣分會。即由該分會刊給戳記，以資憑信，一切報部文件，仍由天長縣分會轉呈，以免紛歧而資聯絡，仰即傳該會董一體遵照。此批。閏二月二十五日。

中國第一歷史檔案館《清代軍機處電報檔彙編》第三二册《收山東巡撫致外務部電九月初八日》 十二日，美國實業團莅煙台，即日駛赴福州。查由煙至福，青島在該路中心，中德商人均願邀請該商等莅臨，以表歡迎之意，藉可察知中德兩國之商業，與商人之盛情。頃接青島都大臣來函所述，與琦意相同。祈轉致美使囑該商等，務必莅青，以慰中德商人之望。勸業道已赴煙台接待，即可陪同赴青，並飭省城商會派人前往照料一切，祈轉商盼復，寶琦。虞。

《申報》宣統元年三月初六日第四版《黟縣商會成立安徽》 農工商部咨皖撫云，黟縣地方遵稟設立商務分會，查閲所擬章程，尚無不合。稟生余敏元既據衆商公推爲總理，應准加札委用，附發札文、圖記式樣各一件。咨請貴撫札飭勸業道轉發該會總理祗領，遵照部章，悉心經理。

《申報》宣統元年三月初八日第四版《舉辦商務分會計畫安徽》 安徽廣德州地方近年商務日繁，惟商務分會迄今未辦，殊爲缺點。各商現擬遵照部章，開會集議，投票公舉熟諳商情正董，擬定規則。稟由該州汪直牧上詳皖撫，轉咨農工商部，懇予核准開辦商務分會，以維商業。

《申報》宣統元年三月初十日第四版《稟設廣德商務分會安徽》 廣德州境爲水陸交通要衝，近以商務日繁，該處各商董糾集商業鋪户開會，籌議遵照部定奏章，創設商務分會。擬投票公舉熟諳商情總理，業已妥訂規則，呈請該州轉詳撫憲，咨請商部准予開辦，以維商業。

《申報》宣統元年三月十二日第四版《香洲商埠開幕詳情廣東》 初三日，香洲開埠，適值大雨滂沱，張制軍、李水提、陳勸業道、吴分統、拱北關税司賀子蘭，以及省商、港商、澳商各乘輪莅會。是日到者，以數千人。該埠形勢依山傍水，天然絶好商埠。一點鐘，雨霽，張督率員弁登岸，行開埠禮，隨宣布張督訓詞，李水提、陳勸業道等頌詞。散會時，復值大雨，到會者衣履盡濕，兹將張督訓詞，節録如下：宣統元年二月三日，爲香山縣香洲商埠開埠之期，本部堂親臨觀禮，爰進在事諸君而言曰：夫益有廣狹之不同。競已然之利，其益狹；開未然之利，其益廣。斯埠也，地勢開拓，外濱大洋，内依山嶺，輪舟便於停泊，闤闠易於經營，洵天造之商場也。今諸君籌集厚貲，□其□創立商埠，所謂開未然之利，當合羣力以謀者。異日交通之利便，商務之振興，百物雲屯，梯航駢集，固可翹足而待。而於歸國之華僑，亦得以受廛居肆，咸樂聚處於斯。其爲裨益民生，擴充利源，豈不大且溥哉。方今處商戰之世，波譎雲詭，亟宜各謀自立，恐後争先。今日新埠之闢，諸君既能倡之於前，仍望有以善成於後，俾他日香洲一埠，日新月盛，蔚然爲吾粤生色，則在事者之責也，亦在事者之榮也。諸君其勉之哉。

《申報》宣統元年三月十三日第四版《浙省設立出品協會杭州》 浙撫增中丞，前准南洋大臣咨，以南洋創設第一次勸業會，於宣統二年四月朔開會，九月晦閉會。此舉造端宏大，爲期已近，種種預備，刻不容緩。現擬先飭各屬，設立地方物産會，更請各省各商埠，設立出品協會，相應將簡章草案，一併咨會查照，轉飭所屬暨商會，迅速設立出品協會，蒐集商品，於開會期前運寧陳賽，以興實業而勵工商，仍希將辦理情形速復等因。當將簡章草案札飭商礦局，遵照移行各屬暨各商會，一體迅速遵辦。

《商務官報》宣統元年三月二十五日第一〇期《批廣寧商務分會稟》 稟册均悉。廣寧溝幫子鎮設立商務分所，所舉總董丁國仕等，既據稟稱，皆係明白事理，衆望素孚，應准立案。仰仍轉飭該會董等，遵章辦理，並由該分會刊刻圖記，發交該分所開用可也。此批。三月初十日。

中國第一歷史檔案館《宣統政紀》卷一一《宣統元年三月》 御史葉芾棠奏，和屬爪哇各島，華民僑寓者，不下數十萬人。始設中華會館，繼設中華學堂、中華商會。現泗水又倡立補助祖國海軍會，然華僑愛國之心愈切，外人之忌亦愈深。近來苛政叠興，於我華民，不以平等相待。其最不平者，抽收人税，則比和之上等人。至偶涉詞訟，輒以爪哇下等人律之，不問是非曲直，稍拂和官之意，即酷禁三月，然後訊案，雖辯護士不能干涉，他如身後遺産，必追入官，過境越界，必請路字，購房置器，必徵重稅，種種苛待，無所底告。光緒三十三年，曾蒙簡命大臣，徧歷南洋撫慰。今年春閑，又派員乘艦前往，僑民無限歡迎，第爲日無多，非設領事常駐是邦，不足以資保護。南洋新嘉坡、仰光各埠中國已設領事，爪哇事同一律，請飭下外務部與和使交涉，於該埠派領事官駐紮，撫馭華僑，并商除一切苛政，俾得各安生業。下外務部知之。

《商務官報》宣統元年四月五日第一一期《批撫州府商務分會總理聶希璜稟》 據稟稱，奉劄散佈朱希魯農林畜牧調查書，並照式刊刷一千本，分別移會臨川縣，及牒呈農工商務分局，合將照式印就調查書一本，請賜察核立案等情。具見該總理熱心公益，實力奉行，不負本部提倡之意。所呈照印書本，應即准予立案。嗣後仍望該總理，隨時勸導農民悉心研究，俾實業日臻發達，本部尤樂觀厥成也。此批。三月十六日。

《商務官報》宣統元年四月五日第一一期《批江寧商會詳》 詳及抄摺均悉。查閱抄呈全案，誠如江督批示所云，章應祥與縣差，均有不合。案經翻控復查，現在已否斷結。該分會總理張樹森，始終勸解調停，尚無不合。其高星齋諸人，平日聲名如何，此次有無幫訟把持情事，通崇海商會稟請撤退該分會總理，會員是否意屬因公，抑有別情，統候札飭江寧商務總局查明稟復，再行核辦。此批。三月十八日。

《商務官報》宣統元年四月五日第一一期《批福建商務議員呂渭英申》 據申稱，永定商情渙散，急需設立商會，以資聯絡等情。查閱所擬章程，尚無不合，自應准予立案。惟所舉總理賴籍有無商業，是何行號，經商若干年，未據詳細申叙。所請加札及頒發圖記式樣之處，應俟聲復到日，再行核辦，仰即轉飭遵照可也。此批。三月十七日。

《申報》宣統元年四月初八日第四版《咨設寧波出品協贊會南京》 江督端午帥咨浙江巡撫文云，案照南洋創辦第一次勸業會，業經派員前赴貴省調查，一切物品並宣勸紳商組織協會，咨明在案。查貴省寧波府屬物產豐富，工藝勃興，即應先設出品協會，蒐集土產出品，設所陳列，預爲比較，以備明年運寧與賽之地步。茲查有翰林院編修盛炳緯，內閣中書范翊鈐，農工商部四等議員顧釗，寧波商務總會總理鄭賢滋、吳傳基等，才識閎通，熱心公益，均於寧波商情最爲熟悉，以之分任寧波出品協會協理，必能收效。除已分別照會札委外，相應備文咨會貴撫，請煩查照，迅飭寧紹台道暨寧波府等，會同該協理，按照章程，體察地方情形，妥籌興辦，至紉公益。

《申報》宣統元年四月初十日第四版《鎮江組織勸業協贊會鎮江》 南洋第一次勸業會，業由端午帥通飭各屬將所産天然、人爲各品，分別種類解送該會陳列，以便工業界比較優劣，力圖將來進步。現特派陶賓南君爲鎮江府屬勸業調查員，日前陶君莅鎮，特邀集商會總協理暨商學界各員，假座錢業公所商議，擬在鎮創設協贊會一所，議定鎮屬調查詳章並調查區域，厥後物産彙集并研究標注法，以便解送總會。

《申報》宣統元年四月十一日第四版《勸業談話會之詳情松江》 本月初九下午二時，勸業委員郁君就雲間師範學堂開談話會，府尊戚太守，華、婁、張、劉兩大令，以及紳商學界到者甚衆。戚太守、郁委員、張大令，及邑紳謝宰平、雷繼興、張少枚諸君，相繼演説勸業會宗旨及入手辦法，推定協贊會辦事各員，設總機關於商會，而以教育會、勸學所輔之。另設分類調查各員，分任調查，推定各員如左：總機關調查員五人：（商會）鄭子崧、（勸學所）陳菊生、（教育會）謝宰平、（紳商二界）黃淵甫、林錫田。分類調查員十三人：（顧繡）盛小舟、（五穀）張若水、（園蔬）吳燮齋、（藥品）吳起章、（布品）胡蓉初、朱竹亭、（海濱水產）盛生初、顧臣廬、（蠶桑）程子美、葉志善、（桑種）沈執青、（藥材）楊蓉羲、（美術水墨畫）沈子華。

《申報》宣統元年四月十三日第三版《集議調查商習慣問題杭州》 本月初九日下午二時，商務總會准農工商礦局照會，邀集衆商會議商人習慣調查方法。屆時各業董到會者六十八人。調查局並派科員蔡承煥、伍步楹二君，莅會旁聽，由總理金月笙君宣布開會宗旨，委托孫佑臣君代讀大旨。以本會今日集議，係准農工商礦局照會，並頒到商習慣調查問題，囑爲詳細討論，逐條答復，預備法律館採擇起見，事關編輯，不厭求詳。前法律館奏派朱太史汝珍到杭，由承樸等面詢調查方法。據云，凡各商家自議同業行規，悉數蒐集，雖浴堂薙髮，亦不妨採録及之等語。但商界習慣，其議有章程及規則者，調查尚易入手。至若市廛各商店積習相沿，並未著有條議，而各商安之若素。此種積習，範圍闊大，意義混雜，調查偶有不週，即將來法律推行有未能盡利之處。且各處風俗人情不同，有宜於此，而不宜於彼者，有宜於前，而不宜於後者。商法與商家有密切關係，今既蒙諸君莅會，務望各舉所知，各抒所見，無論何項營業，以及極微極細之生意，但有關於工商之積習者，必一一詳告。所有各業行規，以及種種積習，務於月内報告本會，是所至盼。至不入會各商，總會無從聯絡，務乞諸君於相知各商店代任訪問，庶無遺漏。至將來報告文詞，但求達意，無庸計及工拙也。讀畢每人分送法律館編《商習慣調查問題》一本（案，問題内容區分五章，每章二十餘節，概用法政講義，文法全係東洋名詞，詰屈聱牙，文理複雜，非但商中十九費解，即未習法政者，亦難驟然索解）。次由金總理延請調查局法制科員蔡承焕君演説調查之必要，及入手種種辦法，議畢散會。

《商務官報》宣統元年四月十五日第一二期《批江西商會稟》 稟悉。查閲册開上年冬季議決各事，按式填註，頗稱明晰，應准備案。另稟所請撫州、饒州分會，上年冬季辦理各事摺表等件，亦尚清晰，應准一併備案。仰即傳知該分會，一體知照。此批。四月初七日。

《商務官報》宣統元年四月十五日第一二期《批勃良安中華商會呈》 據呈，該會會員一年任滿，經衆公舉，楊明簡續任正總理，陳邦貞爲副總理，陳仁義爲協理，吴興統爲坐辦，自係商情熟悉，衆望允孚，並續舉及新舉之支應、文案、議員等應一併照准札充，以專責成。附去札文四十九件，仰即祇領，仍將奉札日期報部可也。此批。四月初一日。

《商務官報》宣統元年四月十五日第一二期《批江寧商會稟》 據稟並清摺均悉。所有泰州農務分會，由三十三年三月起，至三十四年十二月止，收支各款，查核銀數，尚屬相符，着即准銷，嗣後仍按年報銷，以清數目。摺存。此批。四月初七日。

《商務官報》宣統元年四月十五日第一二期《本部具奏南洋霹靂埠設立華商總會請給關防摺》 奏爲南洋霹靂地方設立中華商務總會援案請給關防，恭摺仰祈聖鑒事。竊臣部前據新嘉坡總領事官孫士頤申稱，霹靂地方爲英國保護，巫來由四州府之一小埠，隸於該府，凡七十四埠，請援照雪蘭峨成例，設立中華商務總會，並將總理胡國廉所擬會章，呈請察核等情到部。查閲該章程，有應行酌改之處，札飭更正，並飭將協理議員名册補送，以憑核辦在案。兹據署領事官左秉隆申稱，據該會華商遵照部開，將原章程所擬收各經費，一律輕減，祇期足敷辦公，不拂華僑，以副朝廷體恤商艱之至意，並將會董履歷清册，申送前來。臣等伏查，霹靂在巫來由地股西岸，以前本係自主之國。嗣緣海盜刦掠，始歸英人保護。華人在彼開礦，頗獲厚利，徒以閩、粤兩幫各立門户，睚眦小故，動輒成仇，自非早設商會，無以化畛域而聯聲氣。除所舉總理花翎三品卿銜胡國廉、花翎二品道銜協理姚克明，照章由臣部加札委用外，亟應查照歷辦成案，給予關防，文曰霹靂中華商務總會關防，俾資信守，仍隨時責成該總、協理等妥爲經理，以紓僑困。所有南洋霹靂地方設立華商總會，援案請給關防緣由，理合恭摺具陳，伏乞皇上聖鑒訓示。謹奏。

宣統元年三月十九日具奏。奉旨：依議，欽此。

《商務官報》宣統元年四月十五日第一二期《廷弼稟》 款協同辦理等情，已據咨江蘇督撫飭縣查明核辦，並示在案。此次所請酌提繭捐，指撥荒價經理官契各節，事關地方公款，既據該道呈請蘇藩司暨農工商務局核辦，應逕候地方大吏酌核示遵，所請由部再咨江督蘇撫之處，着毋庸議。至另稟所陳耆民徐維，新捐助會費洋弍百元，懇給匾額一節，雖爲數無多，究屬熱心公益，當兹農會籌辦伊始，自伊量予提倡，以開風氣。着發去匾額字樣一件，仰該會轉給祇領，俾資觀感可也。此批。四月初七日。

《商務官報》宣統元年四月十五日第一二期《批宜荆分會呈》 呈悉。據稱陽羡宜今齋現經擴充辦理，改爲股份有限公司。所有總公司轉運所暨發行所，均已成立，呈請本部立案等情。除准先予立案外，仰即轉飭該公司，遵章呈部查核註册可也。此批。三月二十九日。

《商務官報》宣統二年四月二十五日第一三期《批商人楊占甲儒稟》 據稟暨陶瓶樣品均悉。本部詳加查閲，製造雖未極精美，然尚屬講求工藝，力圖改良，頗堪嘉許。此後仍當加意究研，精益求精，俾臻完善，本部有厚望焉。此批。七月二十七日。

《申報》宣統元年五月十二日第三版《電飭速辦出品協會南昌》 江督致電贛撫云，南昌撫台鑒：接傳道巧電悉。貴省物品總會，煩我公主持傳道籌辦，業已成立，感慰實深。九贛出品協會、景萍瓷煤出品協會，仍希鼎力提倡，轉飭速辦，並飭傳道知照爲荷。

《商務官報》宣統元年五月十五日第一五期《批巴達維亞華商總會申》 申悉。該總理等會同王司員，傳集商董磋商國籍辦法，並派各董員將國籍呈報表，分途勸報，隨時呈送駐和大臣彙齊咨部。具見辦事實心，殊堪嘉尚，統俟陸大臣彙咨到部，再行分别轉咨辦理。至所陳和政裁判事權，及苛待華人各節，亦俟王司員回華呈部，再行核辦，仰即知照。此批。五月初二日。

《商務官報》宣統元年五月十五日第一五期《批肇慶商務分會稟》 前據稟，

請將肇慶分卡，裁撤歸併等情，當經據情轉咨核辦在案。茲准外務部復稱，此事前因美使來照，以美貨由廣州運往西江，較他國從香港、澳門運往者，納税較多，當經咨准税務處復稱，已由粤督飭令區員於肇慶、白土口、羅定口、德慶四處，設立釐卡等語，自係專爲稽征運往西江未完半税之洋貨而設。茲該厘局，將不出口之土貨及出口蓆貨，加抽釐金，以致滯銷，不惟不能限制洋貨，反令土貨受虧辦法，實屬非是。除電粤督轉飭查明，分別辦理外，相應咨復等因，合行批示，仰即知照，静候粤督部堂查明辦理可也。此批。五月初二日。

《商務官報》宣統元年五月十五日第一五期《批廣西商會稟》　據稟已悉。該總理等擬籌集資本，設立公司，廣爲播種，抵制洋紗，收回權利，殊堪嘉尚，仰即悉心籌辦，毋得始勤終怠。此批。四月二十九日。

《商務官報》宣統元年五月十五日第一五期《批鄧汝賢等稟》　據稟，在安平縣地方，設立馬尾行商會一節。查光緒三十三年三月間，張其淮稟請，安平縣創設振興皮毛鬃尾行，經本部批駁在案。該商等所稟各節，事同一律，應毋庸議。此批。五月初一日。

《商務官報》宣統元年五月十五日第一五期《批吉林商會呈》　呈悉。赫爾蘇地方商民擬設商務分所，公舉正副總董各員，核與成案相符，應即准其設立，該總會刊給圖記，以資憑信。此批。五月初二日。

《商務官報》宣統元年五月十五日第一五期《批厦門商務總會申》　申及清册均悉。漳屬水灾，待拯孔急。該商會提倡賑捐，集成鉅款，洵屬急公好義，睠懷祖國，殊堪嘉尚。所呈僑商姓名册，已咨行閩浙總督，先行存案，一俟捐事辦畢，由閩浙總督奏請給奬，仰即遵照可也。此批。四月初八日。

《商務官報》宣統元年五月二十五日第一六期《批吉林商務總會呈》　前據呈稱，綏芬廳因車捐封閉寧古塔分會等情，當經本部録稟咨行吉林巡撫派員查辦去後。茲准復稱，查此案綏芬廳李署丞，因學堂巡警經費不足，無從籌辦，與寧古塔商務分會議定試辦車捐，提成歸公，藉資補助，原無不可。惟試辦之初，理應先行具稟，請示准行，方能開辦。詎竟率爾批准，以致商民未能信從，其擅專之咎，實屬難辭。商會會長孫彦卿於車户聚衆抗捐之時，既不能認真勸阻，反行率衆請免，置前定章程於不顧，並一再飾詞電稟，亦屬不合，本應各予嚴懲。惟據阮守聲稱，各該員均已自知愧悔，地面安静如常，且查平日辦事，尚能認真，將李署丞達春記過一次，孫會長彦卿飭由商務總會傳諭申斥，用示薄懲，商會亦已開辦，並無被封情事，姑免深究。車户柳容爲首率衆抗捐，擬杖八十，照章罰金等因前來。合行批示，仰即轉飭遵照。此批。五月十二日。

《商務官報》宣統元年五月二十五日第一六期《批日惹華商總會呈》　呈悉。前因該商會新舉總理張廷序，被控有案，未即加劄。當咨請陸大臣查辦，茲據該議董等呈稱，張廷序並無把握作弊諸劣跡，請將控案註銷，迅賜札委等情，並准陸大臣電請，照准給劄等因到部。除電復陸大臣外，准將張廷序前次控案註銷，補給劄文一件，轉交該總理祇領，仍將奉劄日期報部備案可也。此批。五月十二日。

《商務官報》宣統元年五月二十五日第一六期《批杭州商會呈》　據呈，沈蕩鎮商務分會稟留總理續任，請加札委充等情。查吴賡華充當總理，一年任滿，此次投票公推，仍占多數，自係商情允洽，衆望克孚，應即照准札充，以專責成。附去札文一件，仰即轉交祇領，仍將奉札日期報部備案可也。清摺存。此批。五月十一日。

《商務官報》宣統元年五月二十五日第一六期《批杭州商務總會呈》　據呈，長興縣紳商等請設商務分會，公舉候選訓導歲貢生欽鳳翔爲總理，擬具章程、履歷，呈請加札給鈐等因。查長興係商賈輻輳之區，請立商會，自應照准，所訂章程，大致尚無不合。惟第四章第七節，並呈報撫院商務局聲明備案一語，應改爲並呈報撫院勸業道查核備案；又第七章第二十二節有司字樣，應改爲地方官。所舉總經理欽鳳翔，既據呈稱，素孚衆望，應即照章札派，以專責成，發去札文一件，仰即轉交祇領，該分會應用圖記式樣，一併篆給刊用，仍將奉札日期暨開用圖記日期，報部備案可也。此批。五月十四日。

《申報》宣統元年六月初二日第三版《查辦莫干山交涉近聞杭州》　湖屬武康莫干山前被各國洋商藉詞避暑，展轉購地影佔，不數年全山殆遍，並有開設旅館、分佈電線電話、私運乳泉出洋等情，本年經官紳合力發起，擬向各國交涉，收回土地主權。前經派委候補知縣宋畿壽大令馳赴該縣，會同地方官先行查勘繪圖，以憑核辦。現聞宋大令以辦理掣手，力辭缴札。當經王總辦回明撫院，改委府照磨張汝衡、准補武康典史潘二尹、測繪員汪慶麟、本局測繪吴昌言等四員，尅日馳往，會同該縣洪令子靖詳密勘測，繪成全山圖説畝分及地民買賣原案，限期稟復候核，並聞湖州紳學界亦擬羣力分任，爲官場後盾，現已分別入山調查矣。

《申報》宣統元年六月初二日第三版《商務總會第一次選舉大會紀事安慶》

安慶各行商前以商務總會總理宋德銘、協理胡遠勛不洽商情，由紙業鳳大成領銜聯名公呈撫院另舉總、協理，奉批照准，遂刊佈傳單，訂於二十七日假座明倫堂開商務總會第一次選舉大會。是日，各商赴會者約五六百人，惟錢業中人延不赴會，各行商候至良久，主席張杏書（其昌祥錢莊大總管事）始請程柳風代表到會，時已三句鐘矣。始摇鈴開會，先由代表主席程柳風宣佈開會宗旨；次由書記沈竹鈞報告一切以選舉總、協理，諸君今日宜反覆斟酌，慎毋爲宋胡二君之續；次宋寶田報告部章所訂總協理之資格，並略陳意見；次路閬村演説選舉辦法，衆皆鼓掌，歡聲雷動，遂發選舉票，各商人相持争議未決。周君兆熊即離席而言曰，商務總會係由各行商集合而成，此種大團體今日選舉辦法，宜先由各行商各選舉一代表，然後再集合行代表續行推舉總、協理，以總其成，綱領一清，始得端倪，則總理何患舉非其人，衆拍掌稱善，無如票已投齊，遂作罷議。旋當衆開匭，一一宣佈畢。當選者以路琪光（字閬村）六十六票爲最多數，次張杏書（字雨春）五十三票，再次許汲三三十一票，蔡錦堂三十票，時適六句鐘，摇鈴閉會，羣至商會聚議。聞當時有不承認路某爲總理者，相率動怒，擬再開會討論其事。是日，會場秩序紊亂異常，任意喧噪，有私議何謂總理者，有並不識商會爲何事者，胡亂一時，令人嗤鼻云。

《商務官報》宣統元年六月五日第一七期《批峇釐商會稟》 稟悉。查國際禮文，惟輪船進口升礮答禮，必掛所敬之國旗，此外並無明文。該會僑商等，所謂非彼籍民，自當以龍旗爲主等語，頗知大體。嗣後，禮節所關，其公共處所及各商店宅，自以專用本國龍旗爲正。惟遇尋常交際，亦有兼用他國旗者，仰即仿照該埠他國商人成例辦理。除咨行駐和陸大臣知照，遇有和官干涉，隨時駁正外，合行批示遵照。此批。五月二十二日。

《商務官報》宣統元年六月五日第一七期《批望加錫中華商會稟》 據稟。請將該商會議員，加札委派等情，核與成案相符，應即照准，除札飭外，合行批示。此批。五月二十三日。

《商務官報》宣統元年六月五日第一七期《批京師商務總會稟》 稟悉。錢業商董柳登月告退，公舉王發運接充。既據稱樸誠練達，老成持重，自應照准。發去憑文一件，仰即轉給祇領可也。此批。五月二十日。

《商務官報》宣統元年六月五日第一七期《批湖南商務總會稟》 據稟，平江縣職商等，請設商務分會，公舉二品頂戴候選道凌文芾爲總理，擬具章程、履歷，稟請加給鈐記等因。查平江縣商務繁盛之區，請立商會，自應照准，核閲所訂章程，尚無不合；所舉總理凌文芾，既據稟稱才地資望，均屬合格，應即照章札派，以專責成。發去札文一件，仰即轉交祇領，該分會應用圖記式樣一併篆給刊用，仍飭將奉札暨開用圖記日期，報部備案可也。此批。五月二十一日。

《商務官報》宣統元年六月十五日第一八期《批高陽商務分會稟》 據稟已悉。高陽一帶，地多滷質，植棉當屬相宜，所稱楊木森現在安州屬之吴村，設立鐵輪紡織廠，粘呈試辦簡章。又該總理與石春和，在清苑縣屬之大莊村，合資籌辦鐵輪織布工廠，均先准予備案。惟該兩廠均無字號，大莊村一廠並無章程及資本數目，應即詳細補呈，仍俟該廠成立，遵式赴部註册，再行照章分飭地方官保護可也。此繳。五月二十七日。

《申報》宣統元年六月十九日第三版《常屬物産會進行之狀况常州》 常屬物産會於本月初一日成立，昨十五日，錫金江靖暨武陽幹事長均到所，提議應辦事件如下：一，會場。初擬借用萬壽亭，嗣以該處尚係一片荒場，恐不合用，遂改用天寧寺爲會場。一，事務所經費。武陽先將百元交出，各縣亦即日交到，其餘百元俟第二期再交，官認之百元，請府尊札飭各縣令從速交來。會場經費則以八邑公所售得之二千餘元，除認繳諮議局研究會費五百餘元，尚餘一千餘元，即以之動用。一，各科職員。文牘科江靖已舉定章繹山君，陳列科武陽人多不願擔任，當推陸新吾君，陸君亦不肯承諾，然一時乏人，辭之不獲，始允暫代。會計科錫金尚未舉定代表，糜羲人君云返里後，即當舉來，庶務科宜荆初以周組園君代表，周君現已返里，擬作函往催，并將所議各節告知各團體云。

《申報》宣統元年六月三十日第三版《商會第二次會議出品協會廣東》 江南勸業會廣東出品協會第一次會議情形，經見前報。昨在商會開第二次會議，其提議事件列左：一，議籌辦處，公議設在晏公街總商會内。一，議籌款出品，公議先集股本三十萬元，辦天然品、工藝品之精良者運會陳賽，如須擴充，再添股本，其餘行商自願運品物前往，或附本會之内，均爲贊成。一，議舉協理，公議先舉黄鶴雲、岑伯著、秦祥光、何秋巖，以後陸續再舉，俟舉齊後，公議支配辦事部分。一，議由總協理延聘書記員，速擬集會股本，及辦事章程，定日宣佈。一，議先刊關防，文曰江南勸業會廣東出品協會之關防，由勸業道詳請督憲刊送行用。

《商務官報》宣統元年七月五日第二〇期《批日惹中華商會代表員李建置稟》 稟悉。所請購買福建鐵路股票，作爲永遠工業各節。除准予立案，並經本部抄稟，照會福建鐵路有限公司總協理查照，及札飭福建商務議員，轉飭該員原籍地方官立案外，合行批示。此批。六月二十四日。

《商務官報》宣統元年七月五日第二十期《批廣州商務總會呈》 呈摺均悉。所稱防城商務分會總理李華彬，既公舉得票多數，自應准予續任，附去札文一件，仰即發給該員祇領可也。此批。六月二十五日。

《商務官報》宣統元年七月五日第二〇期《批撫州商務分會呈》 所呈撫州物産種類清册，尚稱詳晰，應准備案。此批。六月二十日。

《商務官報》宣統元年七月五日第二〇期《批鎮江商會稟》 稟悉。職商許興祥呈驗紗羅三種，雖織法染色，均已改良，惟與各處新出之通行紗羅，無甚區別，所請專利一節，未便照准。仰即傳知該商，仍再悉心研究，果能獨出心裁，確有特別新奇之品，再行呈驗，以憑核與專利可也。此批。六月二十日。

《商務官報》宣統元年七月五日第二〇期《批湖南商務總會稟》 據稟，瀏陽縣各商試辦瀏陽商會，擬具章程，公舉總理，懇核准札委，並頒發圖記式樣等情。查閲該會所擬章程，大致尚屬妥適，應即照准。總理李光第，既據各商公舉，核與定章相符，亦應照准札充，附去札文一件，並圖記式樣一紙，仰即轉給祇領。此批。六月二十日。

《商務官報》宣統元年七月五日第二〇期《批檳榔嶼中華商務總會稟》 稟册均悉。該會正副總理等員，現屆任滿，經衆商公留續任，請加札委用等情。核與成案相符，應即照准，附去札文十五件，仰即祇領，仍將奉札日期，報部備案可也。此批。六月二十二日。

《商務官報》宣統元年七月五日第二〇期《批梅里商會稟》 稟悉。本部前以唐市鎮商會章程註册，分等收費，核與部章違背，批令轉飭更改，並飭梅里分會，一律照改在案。茲據稟稱，梅里分會已遵飭將章程更正，自應准予立案。其唐市鎮分會章程，並據聲稱，轉飭遵改，亦應照准立案。該會總理張祖誠既經各商公舉，核與定章相符，合行加札委用，發去札文一件，並圖記式樣一紙，仰即轉給祇領可也。此批。六月二十五日。

《申報》宣統元年七月初八日第三版《稟報商會坐辦爲難情形寧波》 奉邑王令稟甬府文云，有商會僕人與巡士口角，赴局喧擾，經巡官將其暫置拘留所，即有商會坐辦王禹甸等來署請將人釋放，知縣允其查明情由，即行開釋，王禹甸等退出未及，一時聞有商家數十人在巡局滋擾，隨即親詣彈壓。當商民聚赴巡局時，適有香店夥在路便溺，巡士向阻，店夥不服，巡士拘送至局，該店夥因見商民吵鬧，亦出言狂妄。時值巡官他出，巡長吴紳基將該店夥掌責。迨知縣到局，該商民等已將局前警燈敲破，操場栽種樹木盡行拔去。知縣深恐别生事端，當即片邀王禹甸來局，將商會僕人交其帶回，香店夥亦同時釋放，人衆始散。事後由巡官查明，擅責之巡長吴紳基斥革另充。六月十三夜，又有香山堂藥店主張德明，因與巡士口角，張德明即率令多人至局吵擾，知縣立往查訊，張德明雖稱止伊一人赴局理論，而隨同附和及在場觀看者已不下百餘人。經知縣切實開導，始各散去。茲據正董蕭湘以當時舉伊爲巡董，有商會坐辦附生王禹甸意頗不悦，旋又會議。王禹甸又以商家捐款欲歸商會辦理。此次接連鬧局，未始非王禹甸唆令所致，請將警察改歸商會兼理，繳送委札，叩乞轉請退董等情具稟。並據副董周日宣，亦以警局因商捐齟齬，枝節横生，蕭董告退，伊等獨力難支，稟請退董前來。知縣伏查巡士不遵警章，固應嚴辦，商會坐辦王禹甸因非商民信服，不令收捐，輒煽惑商民與巡警屢起衝突，實屬非是。前據蕭紳以商捐不歸商會諸事掣肘，節次來縣告退，知縣以該紳老成諳練，鄉望素孚，未便以一二人之反對，遽行退董，一再慰留。今復與副董周日宣先後具稟乞退，應否准如所請，另行舉董接辦。抑仍令蕭紳等照常辦理，以資熟手之處，仰祈察核示遵。

《申報》宣統元年七月初十日第三版《丙棧歸併勸業奬進會武昌》 鄂省官修乙丙兩棧，毗連一處，規模頗稱闊大。武漢勸業奬進會即借乙棧房屋開辦。現奬進會因乙棧房屋不敷分佈，擬將丙棧歸併，以期寬展。業經稟奉鄂督批准，並與丙棧經理鄧君紀常商妥，准於七月半讓出，以便奬進會預備一切。

《商務官報》宣統元年七月十五日第二一期《批保定商務總會稟》 據稟，並轉呈商人劉藻林創製起水機器，均該商講求機件，匠心獨運，所製抽水機器一具，尚屬靈便可用，於農民灌田，深有裨益，由部先予立案。至所請專利一節，俟本部訂定專利章程，再行核辦，仰即傳知該商遵照。此批。七月初八日。

《商務官報》宣統元年七月十五日第一八期《批浙江瑞安商務分會稟》 據稟，該分會總理李炳光，第二次任滿，仍請續任加札等情。查該總理前據商民伍學易電控，包訟侵權，賄放要犯各節，業經電飭寧波總商會查明稟復。茲復據該商民稟控該總理，朋比爲奸，並粘抄全案到部。已札飭浙江勸業道查辦，應俟稟復到日，再行核奪。且本部新章，分會總理加札之案，應呈由總會移請勸業道核轉，業經通行遵辦在案。嗣後，應照新章辦理，毋得逕自達部，以歸一律。此批。九月二十五日。

《商務官報》宣統元年七月十五日第二一期《批日惹商會總協理盧國徽等稟》 據司員王大貞轉呈，該總協理報告日惹商會情形，及所陳各節，均爲尊國體，嚴自治起見，殊堪嘉尚。除國籍法已經頒布外，其商會稟稿准其自存副本，憲政宣講所准由提倡創辦，中國禮法成書，如《大清通禮》之完備，《吾學録》之簡明，均可先行購備參考，并俟禮部禮學館新編《通禮》告成時，再行頒發。至南洋設領事官一節，已由外務部咨駐和大臣商辦，兹據稟陳，仰候再行奏明辦理可也。此批。七月初二日。

《商務官報》宣統元年七月十五日第二一期《批廣州商務總會呈》 據呈已悉。廣州省城恒和堂藥店，呈請註册一案。本部詳閲聲明各款，核與定章尚無不合，所呈註册公費洋五十元，數目亦屬相符，自應准予註册。惟該商店出賣各項藥品，稍或不慎，生命攸關，自經此次註册之後，選料務取精良，配合務期如法，新製藥品尤應呈請地方官化驗，不得朦混欺人，致礙衛生。至向來禁售之藥，亦不得藉口業經在部註册，濫行出售。除分別咨飭地方官照章保護外，合行填給執照收單各一紙，發交該商會，仰即轉飭該商店遵照承領，並將領到日期呈報本部，以憑備案可也。此批。七月初三日。

《商務官報》宣統元年七月十五日第二一期《批寧波商務總會稟》 稟悉。兹谿分會總理任企尹，現屆期滿，公留續任，核與定章相符，應即照准，附去札文一件，仰即轉交祇領，仍將奉札日期報部備案可也。此批。七月初七日。

《商務官報》宣統元年七月十五日第二一期《批安慶商會稟》 稟悉。歙縣商務分會總理鮑振炳任滿，衆商公舉許鴻熙等三人，呈請酌派總理一員，加札委用等情前來。查許鴻熙得票居最多數，堪勝總理，應即札充，發去札文一件，仰即轉交祇領，並將奉札日期報部備案可也。此批。七月初三日。

《商務官報》宣統元年七月十五日第二十一期《批直隸高陽分會稟》 據稟稱，遵批飭令楊木森補呈織布工廠字號，並轉飭在春和合資籌立工廠，趕即擬定開辦章程，及資本數目、工廠名號，一併報部。嗣據呈報，楊木森所辦吴村工廠蚨豐在春和，與李夢魁合辦大莊村工廠，字號聚和，合資一萬元，並簡章辦法，由會轉稟，呈請鑒核遵章註册等情。查該會此次補呈聚和工廠章程，大致尚無不合，應即准其立案。至註册一節，該蚨豐、聚和兩廠，資本各一萬元，應照章各繳册費五十元，並開具各廠註册呈式到部，再行核辦，仰即轉飭遵照可也。此批。七月初七日。

《申報》宣統元年七月十八日第四版《定期開會調查出品江西》 贛屬物産總會事務所，前經勸業道傅觀察春官稟，奉督撫憲核准設立，現聞傅觀察商同本所職員，定期七月十七日，假商務總會，邀請各業董事到會，分給各項章程表格，商議調查出品事宜，並本會進行方法，以便籌備一切。

《商務官報》宣統元年七月二十五日第一九期《批四川萬縣職商傅廷榮稟》 據稟，該職商被濮德泰即同興榮晉私圖騙，迭控未結，呈各批示，咨飭提究等情，已據咨四川總督飭查核辦。仰即回省静候辦理可也。此批。九月二十七日。

《商務官報》宣統元年七月二十五日第二二期《批杭州商務總會稟》 據呈，乍浦商務分會總理徐應良，續任期滿，經衆商合詞稟留，請加札委用等情。核與成案相符，應即照准，發去札文一件，仰即轉交祇領，仍將奉札日期報部備案可也。此批。七月初九日。

《商務官報》宣統元年七月二十五日第二二期《批廣州商務總會呈》 據呈，東安縣衆商呈請設立商務分會，公舉總理等員，擬具章程，造送履歷，懇乞立案，加札頒發圖記式樣等情前來。查該縣商務日興，應准設立分會，核閲所擬章程，尚無不合，所舉總理等員，既係公推，應即照准，附去總理札文一件、圖記式樣一紙，仰即轉交祇領，並將奉札暨啓用圖記日期，報部備案。此批。七月十三日。

《商務官報》宣統元年七月二十五日第二二期《批常州商會呈》 呈及清摺均悉。所請創辦商業體育會，查閲章程，尚無不合，應准備案可也。此批。七月十七日。

《商務官報》宣統元年七月二十五日第二二期《批温州商會稟》 前據該會稟請，公舉在籍候補道吕渭英接充總理等情。當經本部批飭，候查閩督核辦在案。兹准閩督咨復，查明吕渭英現已離差，並未在閩等因。查該道既經辭差回籍，經各商公舉接充，該會總理自係衆望交孚，應即照准札充，發去札文一件，仰即轉給祇領可也。此批。七月十三日。

《商務官報》宣統元年七月二十五日第二二期《批福州商務總會稟》 呈悉。所請註册各商由會填給牌照各節，應即照准。至未曾註册者，請地方官出示曉諭，盡行註冊一節，跡近强迫，礙難照准，合行批示遵照可也。此批。七月十七日。

《申報》宣統元年七月二十九日第四版《南京協贊會第二次會議紀事南京》

南京協贊會前已成立，昨於二十一日復開會議，公推總理李梅庵觀察爲主席，宣布開會宗旨。次由陶君賓南代表提議事件，期於實行者，共有五項：（甲）籌備教育、衛生、武備各館出品，（乙）請發起各項專門研究會，以便明年開會時實行研究，（丙）組織外賓招待會，（丁）就會場左近發起建築事業，（戊）組織日報。以上五項，皆逐一説明重要之關係，及應由協贊會發生之理由，請到會諸君分别擔任。是時，徐固卿統制及督練公所諸公擔任武備館出品事宜，李梅庵、王少炎，梅□漪、李筠伯各觀察及王大令雷夏擔任教育館出品事宜，王君少炎并擔任商業各項專門研究會。其餘如擔任發起招待外賓、研究會等，共有二十餘項，訂於本月二十八日，再行開會籌議。

《申報》宣統元年八月初一日第三版《慰留惲紳辦理賽會常州》 常州物産會早經八邑公推惲紳心耘爲正幹事長。兹聞惲紳有辭退之意，張安帥特加函慰留，大旨謂賽會關係地方，最爲重要，常屬物産，夙稱繁盛，主持會務，俾臻發達，非賴貴紳碩望不可云云。

《申報》宣統元年八月初四日第三版《物産會展緩會期之原因常州》 常郡物産會假定天寧寺，已誌前報。惟據該寺住持僧冶開謂，該寺每奉十月十五日起至三十日止，爲打七之期，勢難更改他處，又無相當之場所，不得已改於十一月初一日起，至初十日止，爲陳列之期。十一日，方開正式會，已由事務所函告各邑公決矣。

《申報》宣統元年八月初四日第四版《添闢後湖商場之計畫漢口》 漢口商務，近年日漸繁盛，各紳商因擬以後湖增闢商場，但該地綿亘數十里，積水汪洋，欲興修成市，自應從開闢馬路入手。現由商會總、協理，及諸董事發起，擬就城垣馬路，上自橋口水電公司上首起，下至劉家廟京漢鐵路車站北，興築馬路二十六條，每條長約四百丈，闊四丈。又修横馬路五條，每條長約二千六百丈，統共馬路約一百二十里，工竣後，再畫分畝數，營造房屋。但後湖之地，業主衆多，須得公衆認可，始能決議。刻已擬具章程及意見書，定於初六日，假商會開會，邀集各業户會議，公同讓地修路規則，再稟當道立案開辦。

《商務官報》宣統元年八月五日第二三期《批長崎華商總會稟》 稟册均悉。查菜餅一業，爲我國出口貨中之大宗貿易，該商會現議規則，不准於公價定議後，私自賤售，並囑上海辦貨各號，改用保證票，以符東銷規例辦理，頗爲合宜，仍望將此外各貨貿易，隨時整頓爲要。此批。七月二十四日。

《商務官報》宣統元年八月五日第二三期《批江陰商務分會呈》 據呈稱，利用紡織公司，於本年三月間，續招股銀十萬兩，遵章加繳册費，特備規元銀票三十兩，連同股票式樣，由會呈請部核等情前來。查此項續繳册費，現經收到，除飭局將該公司續招股本銀數，補註原册外，合行發給收單一紙，仰該商會轉交可也。此批。七月二十三日。

《商務官報》宣統元年八月五日第二三期《批南洋蘇門答臘日里棉蘭商民邱清德等稟》 稟悉。該僑商等遠居島外，創辦學堂，足徵深明大義，殊堪嘉尚。除由本部抄録章程咨行學部立案外，合行批示。此批。七月二十六日。

《商務官報》宣統元年八月五日第二三期《批吉林商務總會呈》 呈悉。五常廳設立商務分會，公舉總理，繕具試辦章程併履歷清册，懇請札委頒給圖記式樣等情。查閲所擬章程，尚無不合，應准備案。于瀚翀既經衆商公舉，得票獨多，自應加札委用，以專責成，坿去札文一件、圖記式樣一紙，仰即轉給祗領，仍將奉札日期報部可也。此批。七月二十五日。

《商務官報》宣統元年八月五日第二三期《批杭州商會呈》 據呈，桐鄉商務分會總理勞絅章，一年期滿，經衆商公舉續任，請加札委用等情，核與成案相符，應即照准，附去札文一件，仰即轉交祗領，仍將奉札日期報部備案可也。此批。七月二十日。

《商務官報》宣統元年八月五日第二三期《本部具奏大阪中華商務總會援案請給關防摺》 謹奏，爲日本大阪地方設立中華商務總會援案請給關防，恭摺仰祈聖鑒事。竊臣部接准出使日本大臣胡惟德咨案，據駐神户兼管大阪領事張鴻甲稱，據大阪商董賀英偉等稟稱，大阪機廠林立，商務繁盛，爲日本工商業之中心點。華商貿易，每年價額約二千萬元。今擬開辦商會，於本年三月間開會，投票公舉議董十二人，由議董内公推通判職銜叢良弼爲總理，監生張益三爲協理，均係經商年久，衆情悦服等情，合將總協理、議董名籍清册，及試辦章程，申請轉咨，奏頒關防，加札委派等情，咨請奏明辦理前來。臣等伏查大阪向爲日本製造最盛之區，輪軌交通，工廠林立。自建築港口以後，凡貨品之運輸，可以直接出入，商業遂日益發達，與神户、横濱、長崎相埒。華人在此經商者，爲數甚多，每年貿易價額達至二千萬元，徒以勢涣力微，未能聯絡。茲該商董等集議，創設商務總會，所呈章程各條，間有與部章未符之處，業經飭令更正，其餘尚稱妥洽，所舉通判職銜叢良弼、監生張益三爲總協理，既係衆望交孚，自應照准，由臣部加札委充，並查照歷辦成案，刊給關防一顆，文曰大阪中華商務總會關防，藉資信守，仍由臣等咨行駐日使臣，隨時考察監督，以期激發忠愛之忱，擴充工商之業，仰副朝廷嘉惠僑民之至意。所有日本大阪中華商務總會援案請給關防緣由，謹恭摺具陳，伏乞皇上聖鑒訓示。謹奏。

宣統元年八月初二日具奏。奉旨：依議，欽此。

《商務官報》宣統元年八月五日第二三期《本部具奏越南南圻商會援案請給關防摺》 謹奏，爲越南南圻地方設立中華商務總會援案請給關防，恭摺仰祈聖鑒事。竊臣部接據越南南圻地方華商公稟稱，光緒三十三年間，蒙農工商部右侍郎楊巡越勸諭，設立商會，並蒙發款爲保商之助。華僑全體仰沐朝廷德化，踴躍歡欣，望風引領，爰於宣統元年四月十四日開會，投票公舉議員，並由議員中再舉總協理，當電稟在案。商等詳稽南洋各埠會章，參酌本埠情形，擬定章程十二款，並總協理議員履歷、清摺，稟請查核施行等情前來。臣等伏查越南與滇、粵接壤，華民僑寓甚多，而以南圻爲出入之總匯。互市以後，華商與各國商人雜處，勢涣力微，情誼隔閡，自非設立商會，無以聯合羣情。茲該埠各商稟請設會，公舉花翎員外郎銜李立爲總理，五品銜郭紹智、州同銜强思賢爲協理，所擬章程大致尚屬妥洽，自應照准設立，併按照歷辦成案，刊給關防一顆，文曰越南南圻中華商務總會關防，俾資信守，仍即責成該總協理妥爲經理，以仰副聖朝嘉惠僑民、振興商務之至意。所有越南南圻設立華商總會，援案請給關防緣由，謹繕摺具陳，伏乞皇上聖鑒訓示。謹奏。

宣統元年七月二十一日具奏。奉旨：依議，欽此。

《申報》宣統元年八月十三日第四版《大通組織商會安徽》 大通爲長江之中心點，商務頗稱發達。現各行業在兩湖會館集議，擬組織商務總會，維持商業，並舉李紳國楷等爲總協理，所有一切章程，均遵部章辦理，業已稟請銅陵縣，轉□撫憲核示祇遵矣。

《申報》宣統元年八月十五日第三版《旅贛皖紳歡迎代表之踴躍江西》 旅贛全皖路礦會，於初六日假江南會館開特別會，歡迎代表。是日，由該會總理諸君先後到會，赴京代表江湘風觀察，暨江菊圃、朱禮齋、沈仲盤、朱培真各觀察，陸續莅會。官學軍商各界到者，約數百人。下午二句鐘，由余季華大令搖鈴開會，汪心慰君宣布開會宗旨，頌歡迎詞。代表江湘風觀察登台演説，該礦關係全皖利害，報告在京與外部各□籌商對付方法，與凱約翰舌戰多次，凱氏理屈詞窮，誘挾百端，終無效果，不得已遁回故國，並將來如何集股自辦，方無後患各等語。崔臣五大令出蕪湖拒礦會公函，報告麥奎招工五百餘人，在該礦修路動工强蠻手段。復由余季華、錢銘崖兩君相繼演説，以集股自辦，結合全皖團體，方爲對外善後唯一之方針。至五句鐘時，合拍一影而散。

《商務官報》宣統元年八月十五日第二四期《批杭州商務總會總理潘炳南等呈》 呈悉。上虞縣地方設立商務分會，衆商公舉朱鴻儒爲總理，繕具履歷清册，並該會簡章，呈請札委頒發圖記式樣等情到部。查所擬章程，惟第十四條一時尚未實行，應行删去；第十五條，會款借出，利息應從輕酌定，勿得過重，餘尚妥洽。所舉總理朱鴻儒，既經公推，應即照准。附去札文一件、圖記式樣一紙，仰即轉交祇領，仍將啓用日期報部備案可也。此批。八月初四日。

《商務官報》宣統元年八月十五日第二四期《批寶應商務分會稟》 稟悉。該分會總理鮑友恪，三届已滿，該商等以得票多數，仍請續任，並請以吴家達作副等情。查該總理既經由衆公留續任，應即照准，改爲代辦，並令吴家達襄同辦理，以資臂助。至該總理稟詢三月間郵呈訴訟事由各清册，早經本部收到備案矣。仰即分别知照。札附。此批。八月初五日。

《商務官報》宣統元年八月十五日第二四期《批江寧商務總會詳》 據詳，揚州商務分會牒稱，江都縣瓜州鎮設立商務分所，公舉總董等員，並呈簡章、履歷清册，懇乞鑒核等情前來。查閲簡章，尚屬妥洽，所舉各項，亦屬合格。應准備案，該分所戳記，即由該分會照章刊給，以資信守可也。此批。八月初五日。

《商務官報》宣統元年八月十五日第二四期《批寧波商務總會稟》 稟悉。前據臨海商務分會稟稱，海門既設分所，復有人在該處創設台州商務分會等情。又據台州紳商度支部主事鍾頌禧等電稟，台州海門六邑總口輪船匯集，商貨流通，應遵章設立台州商務分所，事類駢枝，應否歸併等情。業經劄飭勸業道，併案查覆，俟復到，再行核示可也。此批。八月初五日。

《商務官報》宣統元年八月十五日第二四期《批奉天商務總會稟》 稟册均悉。所請在本溪縣地方設立商務分會一節，查閲章程，尚屬妥洽。惟第十五條，分别大小鋪家，公攤經費，應改爲量力捐輸。總理常崇起既經衆商公舉，自應照准，附去札文一件、圖記式樣一紙，仰即轉給祇領可也。此批。八月初三日。

《申報》宣統元年八月二十日第四版《商學公會批司核議杭州》 紹郡商學公會，由職商鮑承先等發起。前已開會成立，並聯名稟由省台呈送簡章，環請先行立案，咨部各節。當奉增中丞批云，據稟請設紹興商學公會，並呈章程，似與商會主管事項界限，不免混淆，未便遽准立案，仰勸業道會同提學司核議詳復，再行飭遵辦理。

《商務官報》宣統元年八月二十五日第二五期《本部具奏京師勸工陳列所開辦日期摺》 奏爲移建京師勸工陳列所工程完竣，擬定開辦日期，恭摺仰祈聖鑒事。竊臣部前因京師勸工陳列所創辦有效，猝被焚燬，當即體察情形，亟宜遷地重築，以復舊規。仍應調取各省物品，解送陳列，俾供衆覽。擇定廣安門内，臣部工藝局西偏隙地，寬敞適宜，業將籌辦大概情形，奏奉俞允在案。遵即飭將應用樓房，核實估修，一面咨行各省督撫，並札知各省商會，搜集各項工藝製造品暨天產物，彙解來京，以備陳列，並仍按照前定章程，令京外各商精選上品物件，准其寄售，不取寄費，以爲實行獎勸之計。復飭該所擬定詳細章程，經臣等查核，均尚周妥，亦經行知各省在案。幸各疆臣多視斯舉爲重要，選購各項商品，陸續派員齎送來京。現在該所屋宇已經落成，各省解到物品，雖尚未齊，已可粗敷陳列。擬即於本月十五日開辦，飭將物品庋設齊楚，俾復舊觀。臣等竊維京師勸工陳列所之設，樹首善之風聲，作四方之標准，實爲全國工業所關。近來南洋籌設勸業會，期以薈萃觀摩，爲改良競進之地。欽奉明諭，飭令各省督撫協力籌辦，仰見朝廷重視農工商業實力振興之意，京師勸工陳列所，雖辦法性質與勸業會稍有差異，而藉以開通商智，鼓舞羣情，用意正復相同，亦胥賴各省力與贊成，俾可萃集通國天產、人工特出品物，以隆上都而觀萬國。除仍由臣部咨行各省督撫，凡已經解送者，應再飭查，遇有新出物品，隨時採訪，廣爲羅致。其未經解送物品之省，應迅速選購委解以資比較外，所有京師勸工陳列所開辦日期暨辦理情形，理合恭摺具陳，伏乞皇上聖鑒。謹奏。

《商務官報》宣統元年八月二十五日第二五期《批雪蘭莪中華商務總會稟》 稟悉。所請發給會友回華護照一節。查閱章程，尚無不合。惟照式內稱先朝諭旨及聖恩，均應三抬，以符體制。除准予備案，並分咨奥督、閩督查照，飭屬保護，及札行廣州、福州、厦門各商會遵照辦理外，仰即知照。此批。八月十五日。

《商務官報》宣統元年八月二十五日第二五期《批清江浦商務分會稟》 稟悉。該會總理現届任滿，公舉張楨接充，應即照准。所舉汪錦爲代辦，並准一體備案。除札委總理外，合行批示。此批。八月初十日。

《商務官報》宣統元年八月二十五日第二五期《批新嘉坡中華商會稟》 據稟及章程表册等件均悉，該會設立道南兩等小學堂，懇咨學部立案，札行提學使司發給鈐記等情。已據情咨行學部查核立案，札行福建提學使司，發給該學堂鈐記，俟復到，再行批示。此批。八月初十日。

《商務官報》宣統元年八月二十五日第二五期《批杭州商會呈》 據呈，海鹽縣城衆商援案設立分會，公舉總理，擬具簡章，造送履歷，懇乞核准立案加札，并給圖記等情。查閱簡章，尚無不合，總理金廉泉既係公推，應准加札。惟會董各員，未據造送履歷，應令補呈到部，以符定章。附去札文一件、圖記式樣一紙，仰即轉交祇領可也。此批。八月十五日。

《商務官報》宣統元年九月五日第二六期《批日惹中華商會稟》 稟及增訂章程均悉。所請分別職員辦事勤惰，紀録功過各節，係爲互相勸勉起見，用意甚佳。倘經各商公議贊成，自可准其照辦。惟會員呈訴請用稟帖一節，核與定章未符，仍應照章改用説帖，以符體制，合行批示。此批。八月十八日。

《申報》宣統元年九月初五日第四版《鎮屬溧陽籌備出品會紀事鎮江》 鎮屬溧陽縣商會，於初三上午十時，在本會開出品籌備會，先由狄信之君報告開會宗旨，次由王君宣讀歡迎南洋勸業會陶科長詞，陶科長旋起致謝，並演説賽會之關係及其利益大旨。謂内地之農工商人，非受教育不能爲實業人材。内地之農商品，非加研究不能期實業之進步。賽會會場乃絶大之實業速成學堂，亦即絶大之實業，研究所，其間發達成就之功，幾於不可思議。又謂近世之爲商、爲工、爲農者，非有世界思想、國家主義，不足以自謀生活。欲發生農工商民之世界思想、國家主義，尤非借賽會之力不可，衆皆鼓掌。又次申明物產會與賽珍會之區別，所陳賽者非奇技淫巧之品，乃人生日用之品，珍奇之品未必處處皆有，日用之品則無地無之。並指示調查城鄉物品及徵集方法。前後演説共三小時之久，一時到會者，實繁有徒。次由狄信之君，及商學會各職員擔認分别籌備出品，以備選送鎮江物産會陳賽。閉會時已下午三時矣。

《商務官報》宣統元年九月十五日第二七期《批江西商會呈》 呈悉。吉安府設立商務分會，公舉總理，擬具章程、履歷清册，請加札委充，並給圖記式樣等情。查所呈章程，大致尚妥。惟第七章内各條，尚有應行删改之處，另單開明，應即飭令更正，呈部核奪。所舉總理，既係經衆公推，應准札委，附去札文一件並圖記式樣一紙，仰即轉飭祇領，仍將刊用日期，及更正章程報部可也。此批。九月初一日。

《商務官報》宣統元年九月十五日第二七期《批杭州商會稟》 據呈，武康縣衆商設立商務分會，公舉總理等員，擬具章程，造送履歷，呈請核准加札，並頒發圖記式樣等情。查閱所擬章程，尚無不合。總理林鍾秀既係公推，應准札充，以專責成。所舉議董各員，核與成案相符，並准一體備案。發去總理札文一件、圖記一紙，仰即轉交祇領可也。此批。八月三十日。

《商務官報》宣統元年九月十五日第二七期《批奉天廣寧商務分會呈》 呈及清摺均悉。據稱勸業資本在廣寧縣地方，開設廣裕實業有限公司，籌辦軋花織布等事，自係爲振興工業起見。查閱所擬章程，尚稱妥洽，應先准予立案，仍俟填具呈式，並照資本二萬圓，應繳册費七十圓到部，再行核辦，發去註册章程一本，仰轉給閱看可也。此繳。八月二十九日。

《商務官報》宣統元年九月十五日第二七期《批廣州商會呈》 據呈已悉。廣州孫義順合資有限公司，販運六安茶葉，呈請註册一案。本部詳閱呈式合同等件，核與定章尚無不合，所繳註册公費洋八十元，數目亦屬相符。自應准予註册，除分别咨飭地方官照章保護外，合行填印執照收單各一紙，發交商會，仰即轉飭該公司具領，並將領照日期呈報本部，以憑備案可也。此批。九月初七日。

《申報》宣統元年九月十七日第四版《籌議出口免税辦法杭州》 南洋勸業會賽物免税，已由南洋大臣奏准在案。兹聞浙撫以杭、甬兩處出品，若由商經運南京，不如運至上海，交由董事會填給運單，直赴南京會場陳列，較爲妥便。日來已擬有辦法簡章，不日即當宣布，並知照杭甬兩處出品會所矣。

《申報》宣統元年九月十八日第三版《松郡延長物産會期松江》 松郡物産會，現因各處欲觀者衆，連日天雨，致阻游跡，遂公決延長會期，俟二十一日女賓觀止後，從二十二日起至二十五日止，再放男賓參觀，期四天。

《商務官報》宣統元年九月二十五日第二八期《批江寧商務總會申》 據申已悉。所稱籌備南洋勸業會辦理情形，經紳商會議，於江寧府設立物産會，而於各屬設出品協會，以助其成。所有調查省垣及外縣本地産品，現已大宗購齊，布置陳列，辦理神速，可嘉之至。該會慨認會款五萬元，具見該總協理等熱心公益，不遺餘力，尤堪嘉尚。應即照准備案，並此後隨時隨事，仍望實力贊襄，冀觀厥成，爲此批示，仰即遵照可也。此批。九月初十日。

《商務官報》宣統元年九月二十五日第二八期《批廣州商務總會呈》 據呈已悉。廣州芸香閣黄三昌美珍氏合資有限公司，製造煙墨，呈請註册一節。本部詳閱該公司聲明各款，核與定章尚無不合，所繳註册公費洋五十元，數目亦屬相符，自應准予註册。除分别咨飭地方官照章保護外，合行填印執照收單各一紙，發交該商會，仰即轉飭該公司具領，並將領照日期呈報本部，以憑備案可也。此批。九月十五日。

《商務官報》宣統元年九月二十五日第二八期《批高陽商務分會呈》 據呈送商人石春和李夢魁合資設立聚和紡織廠註册呈式及辦事章程，並稱該商等，爲提倡實業起見，未立合同，理合聲明，請註册給照等情。本部核閲所呈章程，大致尚妥，前繳册費五十元，按資本一萬元核算，與部章亦屬相符。應即准其註册，除該章程内稱商標稟部立案，應俟本部開辦後，另案辦理外，各行發給執照收單各件，仰該商會轉交具領，並一面咨行保護，仍飭該商等訂立合同，呈部備案。此批。九月初七日。

《商務官報》宣統元年九月二十五日第二八期《本部具奏貴州商務總會援案請給關防摺》 奏爲貴州設立商務總會援案請給關防，恭摺仰祈聖鑒事。竊臣部前准貴州巡撫咨稱，貴州商務總會經商董何雄輝等，擬就章程，稟請設立，據咨核辦等語。當經核准，試辦在案。兹復准該撫咨稱，據勸業道向步瀛，轉據貴州商務總會申稱，現經各商投票，選舉花翎三品銜前四川在任補用知府成都水利同知李忠鑑爲總理，運同銜分省試用知州馬汝駿爲協理，並造具總協理暨會董等員履歷清册，申請轉詳咨部札委，頒給關防等情，咨請核奏等因前來。臣等伏查黔省處萬山之中，土瘠民貧，商情涣散，物力苦窳，亟須設立商會，實力勸導，互相聯絡，庶利源漸期開闢，實業可以振興。該商董等於省垣適中之地，設立總會，以爲提倡自屬切要之圖。前呈章程二十條，間有未妥之處，業經咨行轉飭更正，其餘均尚妥協，試辦兩年，尚有成效。所舉總協理，既據聲稱衆望交孚，除照章札委外，自應援案，頒給關防，俾資信守，仍由臣部責成該總協理等，妥爲經理，務求實效，以仰副朝廷振興商務之至意。所有貴州設立商務總會援案，請給關防緣由，謹恭摺具陳，伏乞皇上聖鑒訓示。謹奏。

宣統元年九月十二日具奏。奉旨：依議，欽此。

《商務官報》宣統元年九月二十五日第二八期《批長樂商會稟》 稟悉。該商會所稟長樂縣裁撤商團，以商捐提入官款。又前收鋪捐，不恤商力各節，業經據情咨行兩廣總督查辦。俟復到後，再行批示。九月十五日。

《商務官報》宣統元年九月二十五日第二十八期《批杭州商會呈》 呈悉。於潛商務分會總理高春泰，兩届任滿，仍由會董等公舉續任。核與定章相符，應即照准，附去札文一件，仰即轉給祇領可也。此批。九月十五日。

《申報》宣統元年九月二十九日第四版《大通鎮開辦商務分會安慶》 大通商董，以該鎮爲水陸孔道，商賈雲集，碼頭繁盛，商務逐漸發達，稟請皖撫設立商務分會，以維市面。皖撫當即准如所請，據情轉咨農工商部核覆後，再行飭知遵辦。

《申報》宣統元年十月初一日第四版《路礦總會秋季大會紀略安慶》 皖省路礦總會，於二十五六兩日，在縣明倫堂舉行常年秋季選舉大會。首由會長洪思亮報告今日開會之宗旨，繼書記報告本會一切出入文件，會計報告出入款項畢，即宣佈會章，公訂否行與決行事件。至十一時，摇鈴散座。下午一時，復振鈴入座，即投票選舉各屬調查職員，及宣佈職員之被選舉者，至五時停會。

《商務官報》宣統元年十月五日第二九期《批候選通判李保生富簽公債》 呈及條陳均悉。本部籌辦勸業公債票，原因風氣未開，鉅款難集，故參用西國利息富簽票辦法，酌給獎金，以資鼓勸。要在每票祇給一獎，每給一獎，即收回一票，然後獎勵可期廣及，款項不至虚糜。查閲所陳於籌畫分派之法，頗爲詳審。惟於其中事實，尚有未盡明瞭之處，即如正彩、伴彩，以及末尾二字相同、末尾三字相同，數極繁賾，將來必有既中正彩，又中伴彩，又同末尾一票，而得數獎者。況所云末尾三字相同，仍即末尾二字相同之票，徒使購者多八萬九千九百九十一雙獎之人，而在公家少收八萬九千九百九十一張之票，駢拇枝指，窒礙難行。至擬列正彩，至九千五百號之多，不知摇彩之際，唱號登記，種種需時，每日僅能出彩千餘號。若如所擬，必須五六日，方能竣事，於實際亦恐難行。另擬變通辦法二種，減少票額，縮短時期，取便行銷，不爲無見。惟事關奏案，未便更張，且與各省彩票無别，亦與此次擬辦債票之宗旨不合。至紅票每百加給補水，承銷前五名之人，另給獎金，亦屬鼓勵之一法。然爲數綦微，恐紅票未必因而居奇，承銷亦未必因之踴躍。此中關鍵，尚待籌商。若紅票長期通用，恐民信未堅，轉虞抑勒紅票，隨處兑换，恐詐僞迭出，流弊易滋。又如票止外人購買，强分畛域，轉啓糾紛，籌設儲蓄銀行，應俟公債集成，方能議及。以上各節，細按來呈，雖多未盡曲當之處，而斟酌研究，頗見苦心，應即留存以備參攷可也。此批。九月十六日。

《商務官報》宣統元年十月五日第二九期《批温州商務分會呈》 據呈已悉。温州濟安公司集股四萬八千五百元，開設公司，經營鹽業，遵章呈繳註册公費洋八十九元，請核准註册等情。本部以事關鹽政，當經咨行度支部查核去後。旋准度支部復稱，温州鹽業公司並未據報部有案，業經咨行浙撫飭查所請註册之處，應候查復再辦等因前來。爲此批示該商會，轉知該公司遵照，俟浙撫查復，由度支部轉行到部，再行核示可也。此批。九月二十一日。

《商務官報》宣統元年十月五日第二九期《批通崇海商會詳》 詳册均悉。該會總協理現届任滿，既經衆商公推劉桂馨接充總理，林世鑫續任協理，應即照准，所舉坐辦陳啓謙暨議董劉樹森等并准一體備案。除分札外，合行批示。此批。九月二十四日。

《商務官報》宣統二年十月五日第二九期《安徽巡撫朱奏按察司舊管驛傳文件移交勸業道片》 再據提法使吴品珩、勸業道童祥熊會詳稱，竊查憲政編查館考核提法使官制摺，開驛傳事務，舊屬按察司。上年奏定，勸業道官制改歸該道管理等語。現查安徽按察使，既已遵改爲提法使。自應按照奏定官制，即將按察使舊管安徽驛傳文件，並勘合火牌書吏卯册一併移交勸業道管理，以符定章。兹於宣統二年十月十九日，由司移交勸業道接收會銜，詳請奏咨立案等情前來。臣覆核無異，除咨部查照外，謹會同兩江總督臣張人駿附片具陳，伏乞聖鑒。謹奏。宣統二年十二月初五日奉硃批：知道了，欽此。

《商務官報》宣統元年十月五日第二九期《批吉林商務總會稟》 稟册均悉，烏拉分所請改分會一節，既據稟稱，該處商務日漸繁盛，應即照准。所舉總理傅乃蔚，因事不克常川到會，再三懇辭，議以得票次多數之文順充當。既經各商公議，應准變通辦理，以順商情。惟該會現在改稱分會，所有前訂分所試辦章程，正副總理、議董等名目，應俟更改之處，仰飭迅速改正，呈部查核，附去該會總理札文一件並圖記式樣一紙，仰即轉給祇領，並將分會戳記，飭令繳銷可也。此批。九月十九日。

《商務官報》宣統元年十月十五日第三十期《批高陽商會稟》 前據該商會以所織色土布、斜紋土布、各樣土棉手巾應如何納税之處，懇示遵照等情，當經據情咨行税務處核復去後。兹准復稱，准北洋大臣咨，據該關道詳函稱，准抄關署副税務司復稱，高陽機織寬二尺二寸、長六丈之色土布一項，曾經本關稟蒙總税務司批示，每疋征税銀四分。其棉手巾一項，前次報關時，係照原報估價，每打值銀四錢，按值百抽二五征税。其斜紋土布一項，現尚未經報運，本關未覩貨色，未便懸擬税章。本處查色土布、棉手巾，均經天津抄關，定有征税章程，自應按章完納。至斜紋土布一項，有粗細之别，應如何完税之處，亦應由該抄關憑貨核定等因到部，合行批示，仰即遵照。此批。十月初一日。

《商務官報》宣統元年十月十五日第三〇期《批錫金商會稟》 稟及册二件均悉。查本部奏定章程第二十二條，商會所收公費除節省開支外，其實存項下應以七成爲商會公積，歷經通飭遵照在案。兹閲該會所呈光緒三十四年收支清册，新收項下共洋四千六百餘元，開除項下脩金一項已支三分之一。此外既支紙張辦公貨食等費，又有應酬費、客費、雜用等費，以入抵出，非但公積無着，且至年年虧墊，殊非持久之道。此次姑准報銷，嗣後該會於一切開支，務宜核實撙節，以符定章。除業董清册准予備案外，合行批示。此批。九月二十六日。

《商務官報》宣統元年十月十五日第三〇期《本部具奏日本横濱設立中華商務總會援案請給關防摺》 奏爲日本横濱地方設立中華商務總會援案請給關防，恭摺仰祈聖鑒事。竊臣部接准出使日本大臣胡惟德咨稱，案據駐横濱總領事吴仲賢申稱，横濱華商遵立横濱中華商務總會，於本年五月間投票公舉花翎同知銜盧瑞棠爲總理，花翎三品封典知府銜吴廷奎監生魏之俊爲協理，擬就章程，並開具總理各員履歷清册，呈請轉咨，奏頒關防加札委派等情，咨請奏明辦理前來。臣等伏查横濱一埠，與日本東京相距僅百有餘里，其地既密邇該國都城，舟車交通，百貨駢集，商務之繁盛，與大阪、神户諸大埠不相上下，華人經商於此，上者有廣、閩、三江各幫，而以廣幫爲最夥，徒以勢涣力微，未能聯絡。兹該商等創設商務總會，所呈章程各條間有與部章未符之處，業經飭令更正，其餘尚稱妥洽，所舉總協理盧瑞棠等既係公推，自應照准，由臣部加札委充，並查照歷辦成案，刊給關防一顆，文曰横濱中華商務總會關防，俾資信守。仍由臣等咨行駐日使臣，隨時考察監督，以期激發忠愛之忱，擴充工商之業，仰副朝廷嘉惠僑民之至意。所有日本横濱中華商務總會援案請給關防緣由，謹恭摺具陳，伏乞皇上聖鑒訓示。謹奏。

宣統元年十月初二日具奏。奉旨：依議。欽此。

《商務官報》宣統元年十月十五日第三〇期《批湖南商會稟》 據稟，永州擬設分會，公舉總理，繕具章程，請頒圖記式樣等情。查閲該會所擬章程，大致尚無不合，應即照准。總理周炳文，既據各商公舉，核與定章相符，亦應照准札充，附去札文一件並圖記式樣一紙，仰即轉給祇領，並飭將會董銜名，報部備案可也。此批。九月三十日。

《商務官報》宣統元年十月二十五日第三一期《批廣州商務總會呈》 據呈稱，廣州府清遠縣城下廓老怡和公司司事梁炳林等，集股壹萬四千元，開設火柴公司生理，遵章開具呈式並合同章程清摺，繳納册費洋六十元到部，請註册給照等情。查該公司章程所列各款，及册費洋元數目，核與部章尚屬相符。應即准予註册，除一面咨飭保護外，合行發給收單執照，仰該商會轉交具領，仍將給領日期報部備案可也。此批。十月初四日。

《商務官報》宣統元年十月二十五日第三一期《批廣州商務總會稟》 據呈，羅定設立商務分會，公舉總理會董等員，擬具章程，造送履歷，懇乞立案頒發圖記式樣等情。查所擬章程，惟第十八條應行删去，遇有華洋交涉事故，按照本部定章第十六款辦理，其餘尚無不合。總理盧宗璜暨會董盧滙川等，既係公推，應准備案，發去總理札文一件、圖記式樣一紙，仰即轉交祇領可也。此批。十月初六日。

《商務官報》宣統元年十月二十五日第三一期《本部具奏張家口設立商務總會援案請給關防摺》 奏爲張家口設立商務總會援案請給關防，恭摺仰祈聖鑒事。竊臣部前由内閣鈔出察哈爾都統誠勳具奏張家口創設商務總局並組織商會情形一摺，於光緒三十三年十二月十九日奉硃批：農工商部知道，欽此。欽遵鈔出到部，並准該都統抄録原奏，連同章程及商董名册，咨照前來。當經臣部核准立案，並將章程未妥各條，咨飭更正去後。光緒三十四年九月間，復准該都統咨稱，張家口商會成立，公舉同知銜區茂洪爲總理，大理寺評事宋懷洋爲協理，連同暫行章程，暨總理等名册，請查照核辦等語。復經臣部先行札委總理，並由該都統刊發鈐記試辦各在案。兹復准咨稱，該商會自設立以來，已逾一年，現在鐵路通行，商務益盛，該商會遇事秉公辦理，衆論允孚。據全體會員，將前擬試辦章程更正，稟懇轉咨發給關防等情，咨請核奏等因前來。臣等伏查張家口爲口北第一巨鎮，近接蒙旗，遠通庫恰，實爲商貨運輸最要之區，徒以風氣未開，商情涣散。近自京張路成，交通利便，中外商賈來者日多，地勢較前開通，商業益形發達。前准試辦商務總會，於提倡聯絡各事，卓著成效，章程已遵飭更正，尚屬妥洽可行，亟宜援案，刊給關防一顆，文曰張家口商務總會之關防，以昭鄭重而資信守。應由臣部責成該總理等妥爲經理，以期仰副朝廷振興商務之至意。所有張家口設立商務總會，援案請給關防緣由，謹恭摺具陳，伏乞皇上聖鑒訓示。謹奏。

宣統元年十月十二日具奏。奉旨：依議。欽此。

《商務官報》宣統元年十一月五日第三二期《批奉天廣寧商會呈》 呈暨清摺均悉。廣寧縣廣裕實業公司呈請註册一案，本部詳閲該公司聲明各款，大致尚無不合。所繳册費小洋七十元，數目亦屬相符，自應准予註册。除分别咨飭地方官遵章保護外，合行填印執照，收單各一張，交該商會轉飭該公司具領，並將領照日期呈報本部，以憑備案可也。此批。十月二十五日。

《商務官報》宣統元年十一月十五日第三三期《批吉林商會稟》 呈悉。該會擬設商業學堂，以款項難籌，有志未逮。據各屠商聲稱，查巡警局所設之檢驗場，每年所收捐款十萬吊以上，除經費外，所餘甚鉅。請每年飭撥十分之五，以爲初等商業學堂專款等情。查檢驗場係巡警局所設，所收捐款，自應爲該局行政經費。若如來呈所云，商家捐款，提作商學經費，似爲公允，則凡各處捐款撥充公用者，何一非出自商家。豈得謂辦學，始可捐商款也。該會擬辦學堂以開商智，應即商諸勸業道，或由各商酌捐，或由他項撥給，以資補助，方爲正辦。如有成議，再行稟部核奪，所請飭撥檢驗捐款之處，着毋庸議。此批。十一月初六日。

《商務官報》宣統元年十一月二十五日第三四期《批江西商務總會呈》 據呈，南豐縣職商黄萃升等，稟請在該縣城内，遵章設立商務分會，開具總理會員履歷章程呈請札委，並圖記式樣等情前來。查閲所擬章程，尚無不合。該職商張履豐既係經衆公舉，堪勝總理，應即加札。附去札文一件並圖記式樣一紙，仰即轉飭該總理祗領，並將刊用日期報部可也。此批。十一月十二日。

《商務官報》宣統元年十一月二十五日第三四期《批福州商會稟》 詳及清册均悉。永安縣商董擬設商務分會，公舉總理，繕具章程並履歷清册，詳請加札委用，頒給圖記式樣等情。查閲該會所擬章程第六章第十五條，本分會經費分甲乙二種，甲商幫盈餘公款，乙各號註册捐款。第十六條，本分會註册爲上、中、下三等，上等每年註册費光洋十二元等語，究竟商幫盈餘之款，是否願充商會經費，未據聲明，所訂註册費，迹近勒派，應改爲入會各商量力捐輸經費，俟章程改訂妥善，再行呈部核辦可也。此批。十一月初六日。

《商務官報》宣統元年十二月五日第三五期《批福建商務議員張星炳申》 申及清册均悉。該議員轉據莆田縣韓令詳稱，職商黄瑞裕等稟設立涵江商務分會，公舉訓導黄紀雲爲總理，申請核給札委，頒發圖記式樣等情。查黄紀雲既據册開世營楊瑞裕號商業，應即照准加札。議董林郁璋等履歷清册，並所擬章程四十三條，應准備案，發去委札一件，應即轉飭祗領。此批。十一月十八日。

《商務官報》宣統元年十二月五日第三五期《批蘆台鎮衆商旭同棧等稟》 稟悉。查各商務分會總理，三年任滿，即應另舉妥員接代。其確係熱心任事，素孚衆望，經各會董稟請留任者，應准改爲代辦總理，歷經辦理在案。兹蘆台鎮商會總理董雲浦，三年期滿，業經遵章告退，既據該商號等合詞留請續任，以資熟手。應即照准，改爲代辦總理。除另文札委外，合行批示。此批。十一月二十五日。

《商務官報》宣統元年十二月十五日第三六期《批吉林勸業道詳》 據詳已悉。所稱遵查商會，酌給總協理、議董各員車馬費，均經全體會員公認，自應准其照辦。至此項經費，出自營業税款項下，既奉清理財政處調查有案，應即逕由該商會造報財政處，毋庸本部轉咨立案。此批。十二月初七日。

《商務官報》宣統元年十二月十五日第三六期《批江西商會呈》 據呈，建昌府職商吴嘉麟等，請設商務分會，開具章程，並總理等履歷清册，並請發委札，及圖記式樣等情前來。核閲所擬章程，尚無不合。總理黄維藩，既係公推，應即照准發去札文一件，圖記式樣一紙，仰即轉交祗領，並將刊用日期報部可也。此批。十二月初七日。

《商務官報》宣統二年二月五日第二期《批杭州商務總會呈》 據呈已悉。職商沈銘清等在杭州芝松坊大街，開設中合印書股分有限公司，呈請註册一節。本部詳閲該公司所定章程，大致尚屬周妥。惟所具註册呈式，於創辦人及查察人一條，未能分晰清楚，無憑註册，仰即轉飭該公司補呈報部，以便核辦可也。册費暫存。此批。四月二十二日。

《商務官報》宣統二年二月五日第二期《批京師商務總會總理趙玉田稟》 據稟當行商會牒稱，據和順當商劉宗浚等，合集資本庫平銀七萬五千兩，在京南大興縣屬黄村鎮，置得舊有和順當鋪一座，改爲和順當合資無限公司，遵章繳納册費，連同憑單合同並該當由單各件，由會轉詳備核，註册立案。並請發給執照告示，所呈由單驗訖發還，理合代呈鑒核等情。查該公司遵商律無限開設，和順當鋪所呈合同由單等件，均經核閱，註册公費九十五兩，以資本七萬五千兩核計，與部章亦屬相符，應即准予立案註册。除一面咨飭地方官保護外，合行發給執照收單各一件，並發還由單一紙，仰該商會轉交具領可也。此繳。三月初四日。

《商務官報》宣統二年二月五日第二期《批山東煙台商務總會稟》 稟悉。職商李奎燿等招股十萬元，在煙台創辦芝罘北海輪船有限公司，粘抄章程，繳納册費，呈請註册一案。查公司呈請註册，均應遵照部定呈式，詳細填寫，送部查核。該公司並未送填呈式，關於行輪事宜，亦未定有專章，均屬不合。合行發給公司註册章程一本，仰即轉飭該公司遵照定章，補填呈式，並詳定行輪章程，分送本部，以憑核辦可也。此批。二月十九日。

《商務官報》宣統二年二月五日第二期《批廣東汕頭總商會呈》 前據該商會呈，據汕頭華昌電燈公司聲稱，虧蝕停閉，售與開明公司接辦，呈繳執照，請註銷，原案等情，當經本部批准在案去後。茲據該商會稟據，汕頭開明電燈公司總理高秉貞投稱，承頂已歇華昌公司廠屋機器，接辦汕頭全埠電燈，憑中議定，頂價六萬五千元，簽立字據，約期清付。經將廠屋電機一切器具點交，接收清楚。公司集股貳拾萬元，遵繳册費二百二十五元六角六分六厘，開具合同章程，並股票式樣，呈請註册換給執照等情。查該公司承頂華昌機廠，接辦汕頭電燈，據稱交割清訖，自應准其接辦。該章程二十二條，大致尚無不合，一併准予註册，發給執照收單，並發還册費餘洋九十一元有零，仰即轉交該公司具領，並一面咨飭保護可也。此批。二月初二日。

《商務官報》宣統二年二月五日第二期《批湖南商務總會呈》 呈悉。湖南電燈公司前經本部批准，在湖南省城專辦在案。茲據稟稱，所招股款陸續收到三分之一，將次開辦，懇請註册等情。詳閱所擬章程，尚無不合，應繳公費亦屬相符，本部應准註册，以資保護，相應填發執照一紙，交該商會轉飭承領可也。此批。二月初二日。

《商務官報》宣統二年一月二十五日第一期《批湖南常德職商劉琪文稟》 稟及履歷、甘結並抄件均悉。查此案於光緒三十二年間，據職商涂煥章等稟請，札派饒高福爲常德商會總理，當經札由湖南商務議員查明，饒高福並非殷實紳商，且具稟者在湘係馬名駒列首，旋即稟請除名。在京又改以涂煥章列首，可見具稟人中，已不盡屬甘心情願。如果委派，諸多窒礙，請批斥不准等情。業經本部批示涂煥章等，遵照在案。茲該職商劉琪文等稟請，仍以饒高福爲總理，並具甘結到部。查前兩次稟中，涂煥章之下，即劉琪文之名，此次又改以劉琪文列首，事隔三年有餘，仍以被斥有案之饒高福來部嘵瀆，是該商等有意嘗試，所請着仍不准行。除札湖南勸業道迅飭另舉總理稟部核奪外，合行批示遵照。此批。正月初七日。

《商務官報》宣統二年一月二十五日第一期《批鎮江商船總公會稟》 前據電稟上海設會一節，查正月十六日，據上海道詳據上海縣田令寶榮、浦江水利局王守克誠訪查，解昉實係跡近招搖等語。解昉自應撤回，至所稱另派委員一節，業經札行上海總商會查明情形，候稟復再行飭辦。此批。正月十三日。

《商務官報》宣統二年一月二十五日第一期《批肇慶商務分會稟》 據稟已悉。所稱該會總理劉振勛，一年任滿，遵章投票公舉，仍占多數，應即照准續任。所開送會董各員名册，亦准一律備案。除另文札委續任總理外，爲此批示，仰即祗遵可也。此批。正月初九日。

《商務官報》宣統二年二月五日第二期《批鎮江商務分會稟》 稟悉。商人查濟鑛、查濟炳、查濟純等三人，合資在鎮江開設查二妙堂友于氏友記墨號，援合資有限公司之例，呈請註册一案。查公司律第五條內載，合資公司所辦各事，應公舉出資者一人或二人經理，以專責成；又第七條內載，設立合資有限公司，集資各人應立合同，聯名簽押，載明作何貿易、每人出資若干、某年某月某日起期限，以幾年爲度報部註册各等語。本部詳閱該號原呈，所開總經理人查益生，並非出資之人，於有限、無限一款，漏未填寫，合資合同，亦未呈送到部。以上各節，均與定章不符，合行批示該商會，仰即轉飭該商等，遵照定章，抄録合同，另具呈式，公舉經理人，報部查核可也。册費暫存。此批。正月二十日。

《商務官報》宣統二年二月二十五日第四期《京師商務總會稟》 稟悉。據程玉器行會董李慶麟、馬貴文請繳憑單，換發憑文各節。查該商會前呈該行清摺，內開正董事許文彭、李文輝，副董事張本田書霖，而李慶麟、馬貴文二人，與各商號平列，並未開在前項董事之內，標目未清，是以未發給憑文。茲據該商會補請前來，除姑准發給憑文外，仰該商會轉飭該行繕具明白清摺，補呈存案。此批，四月初八日。

《商務官報》宣統二年二月二十五日第四期《批江西萍鄉拔貢葉先堪等稟》　稟悉。查萍鄉請設分會，前據在籍知縣文啓電稟，嗣據職員胡培堯等稟控萍鄉商會各端劣迹。又據商界張金鰲等電稟劉承華鑽營，萍鄉商會總理衆望不孚各等情，均經本部札飭江西勸業道查復在案。至謂盗列該職等多名，朦稟公舉，懇賜摘釋一節。查並無舉總理公稟到部，所請著毋庸議。此批。五月十一日。

《商務官報》宣統二年二月十五日第三期《批杭州總商會呈》　呈及附件均悉。職商業鑑溶等，招股在錢塘縣江干南星橋地方，創辦永順冰鮮鹽鯗股份有限公司，呈到簡章呈式等，查與定章尚無不合，繳到册費數目相符，應准註册給照，除咨飭保護外，合將執照收單各一件，發交該商務總會轉給具領，册費餘洋三圓一併發還，仍飭將領到日期，報部備案可也。此批。四月二十六日。

《商務官報》宣統二年二月二十五日第四期《批粤商韋廷俊等稟》　前據稟稱，官紳爭購大沙頭坦地興築新埠一事，當經本部電請粤督飭查去後。兹准電覆，韋廷俊等先未具稟，聞由官收購，始據稟請商辦，其時議論未定，礙難宣布，現經册金局集議簽名，領價交地，並聲請官購官築，不願轉售，於商兹事體大，不得不由官力任其難等因，合行批示祗遵可也。此批。四月二十七日。

《商務官報》宣統二年二月二十五日第四期《批商人會升恒等稟》　據控劣紳希充商會會董，懇飭撤銷一節。查該商等既稱一百一十四家聯名公稟，而並無一家蓋用戳記水印，顯有捏控情弊。所請將會董劉汝棣撤銷之處，著無庸議。此批。五月十一日。

《商務官報》宣統二年三月五日第五期《批營口全體衆商稟》　稟悉。該商會總理潘達球、協理李恒春續任期滿三屆，稟留續任等情。查三届任滿後稟留續任，與各省商會通例不合，惟據稱營埠商情較去歲大爲減色，又爲通商口岸商界交涉所在，時有未便，遽易生手，姑准所請，改派爲代辦總理，以資熟手。除札飭外，合行批示。仰即遵照可也。此批。五月十二日。

《商務官報》宣統二年三月五日第五期《批厦門商會申》　申及章程清摺均悉。據稱同安灌口設立商務分所，擬具章程大致尚妥，應准立案。該分所應用戳記，仰該會照章刊給可也。此批。五月十二日。

《商務官報》宣統二年三月十五日第六期《批蕪湖商會稟》　據呈已悉。明遠電燈公司此次續加股本漕平銀六萬兩，開具清摺，附繳註册公費，請補註册等情，核與定章相符，自應准予補行註册備案。惟查本部公司註册章程內載，凡公司如已報明股本若干，註册後續加股本應按續加之數補繳註册公費等語。今該公司續加股本銀六萬兩，每萬兩應繳銀三兩，共應繳銀十八兩，此外並無分毫雜費。除飭局照章核收外，尚餘洋三元，合行退還。仰該商會轉飭該公司遵照可也。此批。六月初三日。

《商務官報》宣統二年三月二十五日第七期《批常昭商務分會稟》　據稟稱，遵批傳諭同益義記染坊合資公司補具註册呈式，請核准註册給照，並咨飭保護等情。本部查該公司前次所呈章程及所繳册費，核與部章相符，應即准予註册。除一面咨飭保護外，合行發給收單執照，仰即轉發該公司具領，並報部備案可也。此批。六月初五日。

《商務官報》宣統二年三月二十五日第七期《批煙台商務總會稟》　稟悉。商人張葆田獨資二萬圓創設煙台泰記輪船公司，呈到呈式，並繳册費，查與定章尚無不合，應准註册給照。除咨飭保護外，合將執照收單各一件發交該商務總會轉給具領可也。此批。六月初六日。

《商務官報》宣統二年四月五日第八期《批廣東古竹墟商務分會稟》　稟件均悉。據稱永安縣城設立商務分會，請飭勸業道毋詳更改本墟分會等情。查此案尚未據該道稟報，俟呈報到部，再行核奪示遵。此批。五月二十四日。

《商務官報》宣統二年四月五日第八期《批越南南圻華商總會呈》　呈及清摺均悉。該會總理等現届任滿，公舉鄭昭明等二十員爲總理、協理、議員等，應照准加札，以專責成。發去札文二十件，仰即祗領，並遵照部章，悉心經理。至會員年限，擬請延長，改爲三年一任各節。查商會章程係屬奏定，未便擅改，如果該總理等辦事得力，允洽商情，照章有一年任滿留請續任之條，届時再爲呈請核奪可也。此批。六月初七日。

《商務官報》宣統二年四月十五日第九期《批黑河府職商劉應昌稟》　稟悉。據稱擬在黑河府設立商務總會，懇請先予立案，發給圖記試辦等情。查本部新章，籌設商務總會，應呈請本省督撫查核咨部，仰即呈請本省督撫查核，轉咨本部核辦可也。此批。六月二十四日。

《商務官報》宣統二年四月二十五日第一〇期《批撫州商會總理鄭權稟》　該商會前稟，土商雙鵬所控禁煙分所委員顔政邦等挾嫌誣控各節，當經札飭江西勸業道查辦在案。兹據復稱，顔政邦並無盤踞民房，詐贜私押，周令亦無擅用刑責各等情，所控諸多失實，雙鵬出具悔結，懇請銷案等情前來。應即照准，合行批示，仰即遵照。此批。六月二十六日。

《商務官報》宣統二年五月五日第一一期《批加拿大域多利中華商務總會總協理等稟》 據稟，該總理等一年期滿，現已另選接充，該會所有存款移交新總理駱月湖接收，稟請立案等情，並呈送徵信録到部。查該總理既係期滿，存款已交新總理接收，應即准予立案。此批。七月十三日。

《商務官報》宣統二年五月五日第一一期《批京師商務總會稟》 稟悉。已據情再咨郵傳部，從速編訂銀元運價章程頒示，俾資遵守。此批。七月十四日。

《商務官報》宣統二年五月十五日第一二期《批辦理衡山縣巡警局廪貢向蒸稟》 前據衡山商會總理李子美稟控該生縱兵虐商各節，業經咨行湘撫查辦在案。茲復據該生稟陳被誣各節，既經分稟湘撫，應俟湘撫查明原委，併案核辦，仰即遵照可也。此批。七月二十七日。

《商務官報》宣統二年五月十五日第一二期《批鎮安縣打虎山商所稟》 據電稱，鎮安縣加捐車袋將山站商所總理拿縣押逼，并稱商會總理王治國及稅差趙介臣送到縣諭等語。查鎮安商會總理係王恩廣，並非(平)(王)治國。至厲家窩打虎山繞陽河各分所，均未轉稟到部，無案可稽。所稱山站商所總理究係何人，無從周知，仰候詳悉，具稟到部，再行核辦。此批。七月二十七日。

《商務官報》宣統二年五月十五日第一二期《批職商馬玉寅稟》 稟悉。此案已據該職商前控各節，札行安徽勸業道，將蒙城商會總理張廷楨先行撤查在案，應候稟復到部，再行核辦，勿得曉瀆。此批。七月二十七日。

《商務官報》宣統二年五月二十五日第一三期《批保定商務總會呈》 據呈已悉。所請就現設分會行令設法調查，報由總會彙轉各節，自可照准。其順屬分會應隸入京師總會，至天津、保定兩總會，均有調查全省農工商實業之責，應各就所知，分別調查各屬分會。即以道里遠近，報由附近總會彙轉，或分報兩總會，亦無不可。事關統計，不厭求詳，總以實事求是爲主，毋庸斷斷，以畫分界限言也。其統計年限係憲政編查館奏定通行，所請通融之處，礙難照准，合行批示。仰該總會遵照迅速辦理爲要。此批。七月三十日。

《商務官報》宣統二年六月五日第一四期《批奉天鎮安縣打虎山饒陽河裕合棧等稟》 據稟已悉。所控鎮安商會總理王恩廣，調警拘人各節，已札奉天勸業道查明稟復，再行核辦。至打虎山各分所，既未稟部立案，應即一併撤去，提銷戳記，并已札飭勸業道辦理。其鎮安縣各鎮，果有商務繁盛之區，自應籌設分所，仰該商等另行集議，擬具妥章，遵章呈請分會，牒報總會，移由勸業道稟部核奪可也。此批。八月十八日。

《商務官報》宣統二年六月五日第一四期《批嘉興商會總理諸輔成等呈》 據呈稱，嘉興府提訊沈曹氏控高寶銓等一案，高寶銓爲前商會總理，已經邀集全體會董開會研究，決議不能對質，呈請飭遵等語。查此案關係人命，若不到案對質，則沈孝和之溺死是否由於逼勒，何從判決。至謂高寶銓曾任商會總理，無對簿公庭之理，不知准據何律，有此不受審判之權，寔屬荒謬。合行申飭，仰該總理轉飭高寶銓迅速赴案質訊，勿得藉詞延抗。此批。八月十八日。

《商務官報》宣統二年六月五日第一四期《度支部咨本部文爲成都商會請取銷銀圓搭成事》 爲咨覆事，通阜司案呈，准農工商部咨據成都商會電稱，各省行用銀圓向係照章搭用三成，故銀圓賤於銀塊，商民受困，川省尤甚。現在幣制劃一，可否於新幣未行以前，飭各省官私出納純用舊幣，即與取銷搭成之例，以免紛歧，請商度支部示遵等情，咨部覈辦等因前來。查現在新幣未經發行，所有各省官私出納，自應暫照向章辦理，以杜紛擾。該商會所請礙難照准，相應咨覆農工商部轉飭遵照可也。須至咨者。

《商務官報》宣統二年六月十五日第一五期《本部奏南洋士甲巫眉地方改設中華商會請給關防摺》 奏爲南洋士甲巫眉地方改設中華商務總會援案請給關防以昭信守，恭摺仰祈聖鑒事。竊臣部於宣統元年正月間據渤良安埠中華商務總會總理楊明簡等稟請，在士甲巫眉地方設立中華商務分會，並舉中書科中書銜陳泮水爲總理，吴文松爲協理，呈請立案等情，當經照准札委在案。本年七月間，據該分會稟稱，該埠華商約以數萬計，雖非船泊口岸，而山陸鐵路來往交衝，華僑衆多，商務日盛，該埠與渤良安地方相隔太遠，遇有要事欲行開會，與總會商議，路遠阻隔，聲氣每苦不通。爰集衆公議，擬請改爲中華商務總會，仍舉中書科中書銜陳泮水爲總理，吴文松爲協理，呈乞奏請，頒給關防，俾資遵守等情到部。臣等伏查士甲巫眉埠隸屬荷蘭，爲爪哇島内著名部落，其地西連茂物，南接南海，東通芝安恤，氣候炎燠，土脈膏腴，其出産以糖米爲大宗，閩粵華商僑居該埠者，數約五六萬，該華僑遠懷祖國，聯合商會，以爲遥奉聲教之資，其樸誠愛戴，尤堪嘉許，亟宜因勢利導，准其改設總會，俾與渤良安埠商會互相聯絡，共收輔車之益。除總、協理等員由臣部加札委用外，自應查照成案，刊發關防，並隨時督飭妥籌辦理，以仰副聖朝懷遠之至意。所有士甲巫眉埠改設中華商務總會，援案請給關防緣由，理合恭摺具陳，伏乞皇上聖鑒訓示。謹奏。宣統二年八月二十一日奉旨：依議，欽此。

《商務官報》宣統二年六月十五日第一五期《批江寧勸業道詳》 詳悉。查江寧商船公會總理唐道作堯、議董胡學思等互控各節，已於前詳批示在案。仰即仍遵前批，認真查辦，迅速詳復，以憑核奪。此批。八月二十一日。

《商務官報》宣統二年六月十五日第一五期《批鎮洋縣劉河鎮商會總理朱之經稟》 據稟暨章程清册均悉。查各省農務分會總理應稟由該省勸業道查明，稟部辦理，該總理逕行稟請札委，並請發圖記式樣，核與定章不符，未便照准。合行批示，仰即遵照。此批。八月二十一日。

《商務官報》宣統二年六月二十五日第一六期《批湖北宜昌商會稟》 呈報啓用圖記，日期已悉。查來呈首行擅用木刻大字宜昌商務分會總理曹字様，非特對於本部，不應用此式様，即尋常文牘往來，亦何得沾染此種習氣，殊屬妄爲。兹將原呈發還，仰即另具呈文，稟由勸業道核明再報。嗣後該分會稟請加札，及尋常報告之案，均應先由勸業道核轉，以歸一律。此批。九月初三日。

《商務官報》宣統二年六月二十五日第一六期《批海門商會劉燮鈞稟》 前據該商會稟控花商席士廉抛盤賣空，營私舞弊，並王清泉等私抽用錢各節，當經本部據情札飭蘇松太道查復去後。兹據該道呈稱，棉花委員查詢熟諳花情紳商僉稱，沙花抛盤，必須通、崇、海三處開設花行，方能抛售。席士廉於該處均未設分行，早經歇業。王清泉係席士廉舊夥，自席歇業後，遂作掮客。至於私抽用錢，花業定章，掮客取用並非私抽，理合復請鑒核等情。查該道據棉花委員查復各節，自係實在情形，合行批示，仰即遵照。此批。八月二十六日。

《商務官報》宣統二年六月二十五日第一六期《批廣東三水四會商務分會會董等呈》 呈及附稟均悉。據稱三水商務分會總理陳文蔚近被誣控，會内無人辦事，請咨行免予傳訊等情。查三水隸屬廣州，相離甚近，該總理既被誣控，應即自行赴省投案，陳明被誣情事，庶幾水落石出，保全名譽，何得趨避不前，反貽人以口實，所請咨行免于傳訊之處，應毋庸議。此批。九月初四日。

《商務官報》宣統二年七月五日第一七期《批望加錫中華商會稟》 據稟稱該商會正總理湯河清病故，公議以副總理湯重畀暫行兼攝，俟年終任滿，再行照章另舉等情，應即照准，一俟任滿，趕緊另舉，稟部核奪可也。此批。九月十七日。

《商務官報》宣統二年七月五日第一七期《批安徽職商馬玉寅稟》 兩稟均悉，查此案前據該職商迭次來稟，早經本部札飭安徽勸業道查辦，並將蒙城商會總理張廷楨撤退在案。現尚未據詳復，該職商不静候地方官秉公核辦，輒復來部嘵嘵多瀆，殊屬健訟，特斥。此批。九月十七日。

《商務官報》宣統二年七月五日第一七期《批浙江温州商務分會稟》 據稟稱該分會總理吕渭英業已任滿，公舉永嘉學教諭鄭一夔接充。旋因鄭一夔赴任，另舉翰林院編修余朝紳接充，請加札等情。查各省商務分會總理加札之案，應呈由總會移請勸業道稟部核奪，業經通飭遵照在案。兹該分會所舉總理請加札一節，未將履歷造呈。仰即補具履歷，註明商業行號，遵章呈由總會移請勸業道稟部核辦可也。此批。九月十一日。

《商務官報》宣統二年七月五日第一七期《批浙江奉化商會呈》 據呈稱，甬營天順和竹業公行遵批繳納册費，懇註册給照，並札行奉天營口道憲出示保護等情。查該行以股分公司改爲竹業公行，前據浙江勸業道查明貲本確實並無窒礙，業經准其立案。此次遵繳册費伍十元，核與定章相符，前呈規條所列款大致尚無不合，應即准予註册。除一面札飭奉錦山海關道出示保護外，合行發給執照收單。仰該商會轉交具領，並飭聲明有限無限字様，報部備案可也。此批。九月十三日。

《商務官報》宣統二年七月五日第一七期《本部奏廣西潯州府地方設立商務總會等摺》 奏爲廣西潯州府地方遵章設立商務總會並援案請給關防，恭摺仰祈聖鑒事。竊臣部接准兼廣西巡撫魏景桐咨稱，據試署勸業道胡銘槃詳稱，據署潯州府彭言孝轉據商董陳朗階等稟稱，潯州處三江總匯之區，貨物交通，商務繁盛，非設總會不足以聯絡商情，由商董等召集各行力陳公益，公推熟悉商情之藍翎布政司經歷銜鄺晉旒爲總理，四品封典鍾普和爲協理，並擬章程二十二條及總協理、商董各員職名清單，請轉詳咨部，給予關防等情，咨請核辦前來。臣等伏查潯州在梧州之西，三江總匯，爲全省之中樞，商務殷繁，與梧埠相埒，亟應設立商務總會，以資聯絡提倡。詳核所擬章程，尚屬妥協。總理鄺晉旒、協理鍾普和既經公推，應即照准札派。並援案刊給關防一顆，文曰廣西潯州商務總會關防，俾資信守，仍由臣部責成該總、協理等切實經理，以期仰副朝廷振興商務之至意。所有廣西潯州府地方設立商務總會援案請給關防緣由，謹恭摺具陳，伏乞皇上聖鑒訓示。謹奏。宣統二年九月十二日奉旨：依議，欽此。

《商務官報》宣統二年八月五日第二〇期《批直隸勸業道詳》 詳悉。據稱順德府商務分會代理總理翟釗又屆期滿，該分會董事等，仍請代理續任，乞准加札委用等情。查該分會代理總理翟釗，上年據天津商務總會轉據該分會董事等稟請續任，本部以該總理已滿三屆，仍請續任，與歷辦成案不符，批飭照章另行公舉。倘一時不得其人，准暫行代理在案。茲代理又滿一年，自應另行公舉，以符定章，仰即轉飭遵照。此批。十月初二日。

《商務官報》宣統二年八月十五日第二一期《批京師總商會稟》 稟悉。所申會同官商公同籌議，維持市面善後辦法，足徵思慮周詳，深堪嘉尚。至各行設立公所，獎勵存款一節，據稱須俟現議各節辦有眉目，再行提議等語。仰即妥籌辦理，其限制銀錢各號發行票紙等，既據通稟，仰仍候各部府廳衙門批示。此批。十月二十日。

《商務官報》宣統二年八月十五日第二一期《批温哥佛華商總會稟》 稟悉。該商會總、協理等員均以任滿分別續任另舉，既係公推，自應一併札委，以專責成。所稟該處商務情形尚屬明晰，茲發去札文二十件，仰即祇領，並將奉札日期稟報可也。此批。十月十八日。

《商務官報》宣統二年八月二十五日第二二期《本部奏雙城子地方設立中華商會請給關防摺》 奏爲雙城子地方設立中華商務總會援案請給關防，恭摺仰祈聖鑒事。竊臣部於宣統二年六月間，據海參崴總領事桂芳詳稱，據雙城子華商等稟請，仿照崴埠華商會章辦法擬具章程，設立華商總會，投票公舉議董二十四員，復於議董中選舉同知職銜逢學增爲總理，布理問職銜宋德、軍功五品藍翎姚萬財爲協理，將章程及會員履歷呈乞轉詳札委，並頒發關防等情前來。當以所擬章程間有未妥，批飭更正去後。茲據該領事將更正章程並該處地勢商情，申復到部。臣等伏查雙城子距海參崴西北二百餘里，據烏蘇里江上游，爲西畢利、烏蘇里兩鐵路交匯之站，與吉林綏芬連界，西至哈爾濱，北至伯利，南至海參崴三路交通，附近大小集鎮尤多，均有僑商營業，商務因之日盛，華商計有二百餘家，僑民約一萬餘人以上。自應准其設立總會，俾與海參崴商會互相聯絡，以收輔車之益，所呈章程既據遵飭更正，尚屬妥協。總理逢學增、協理宋德等均係公推，應即照准札派，並援案頒給關防一顆，文曰雙城子中華商務總會之關防，俾資信守。仍由臣部隨時督飭該總、協理等妥慎經理，務求實效，以仰副朝廷興商惠僑之至意。所有雙城子地方設立中華商務總會，援案請給關防緣由，謹恭摺具陳，伏乞皇上聖鑒訓示。謹奏。宣統二年十月二十二日奉旨：依議。欽此。

《商務官報》宣統二年八月二十五日第二十二期《批吉林商務總會呈》 呈悉。據稱長壽縣商務分會會計議董呂樹東因事遠行，經衆選學生王樹椿爲該會會計議董，請准備案等情。查本部新章分會總理加札各案，應呈由總會移請勸業道核轉，業經通行在案。此案應即由勸業道稟部，再行備案，仰該會遵照可也。此批。十月二十一日。

《商務官報》宣統二年八月二十五日第二二期《批日惹中華商務總會呈》 前據呈稱，該會前總理李金泉捐助鉅資提倡會務，請咨商外部發給護照。俾得和官優待等情，當經本部轉咨去後。茲准復稱，歷來發給護照辦法，或係官紳出洋遊歷，或係商人前往貿易，均經本部及各海關道分別給予執照，以資保護。至久居外埠之人，並無特別事項，向未給過此種護照。況和屬華僑衆多，前由使和陸大臣與和政府商訂條約，迄未就緒，現正接緒妥籌保獲之法，若以居留之商人發給護照，不特與向例不符，且亦恐無效力，本部礙難照准等因前來。仰即遵照。此批。十月二十一日。

《商務官報》宣統二年八月二十五日第二二期《批京師商務總會稟》 據稟，糧麥雜貨棧行各商擬立商會，呈送章程，公舉董事，請發憑文戳記式樣等情。查與歷辦成案尚無不合，應即照准。除發給憑文戳記式樣外，仰該商會照章填給憑單可也。此批。十月二十七日。

《商務官報》宣統二年九月二十五日第二五期《批寶山羅店鎮商務分會議董等稟》 稟悉。據稱該分會總理朱詒列續任期滿，公舉坐辦朱詒彬爲總理，請迅予加札等情。查本部新章分會總理加札之案，應呈由總會移請本省勸業道核轉，其未設勸業道省分暫由商務議員核轉，業經通飭遵照在案。該議董等應即遵照新章造具總理履歷，如會董等有更換，亦應造具詳細清册，一併呈由總會轉移核詳辦理，以歸一律。分會向無坐辦名目，現在各處設有坐辦者，均經本部批飭刪除，該分會坐辦現既舉爲總理，應將坐辦名目裁去，不必再舉，以符定章。此批。十一月三十日。

《商務官報》宣統二年十月五日第二六期《本部奏黑龍江省城設立商務總會請給關防摺》 奏爲黑龍江省城遵章設立商務總會援案請給關防，恭摺仰祈聖鑒事。竊臣部於本年九月間接准東三省總督錫良、黑龍江巡撫周樹模咨稱，江省商務總會早經成立，前以總理、協理不善，批飭另舉。去年十一月始據舉定州同銜劉玉堂爲總理，監生王永吉爲協理。茲據該商會詳擬會章並總、協理等履歷名册，呈請鑒核轉咨等因前來。當以所擬章程間有未妥，咨覆轉飭更正去後。

茲准將更正章程咨送到部，臣等伏查黑龍江地處邊陲，自改設行省後，墾務日闢，荒土漸變膏腴，鐵路工興，交通較前利便。是以市面因之繁盛，商業日見振興，亟應設立商務總會，以資聯絡提倡。所呈章程既據刪正，尚屬妥協。總理劉玉堂、協理王永吉均係衆商公舉，應即照准，加札委充。並援案頒給關防一顆，文曰黑龍江商務總會之關防，俾資信守。仍由部責成該總、協理等切實經理，以期仰副朝廷振興商務之至意。所有黑龍江省城遵章設立商務總會並援案請給關防緣由，謹恭摺具陳，伏乞皇上聖鑒訓示。謹奏。宣統二年十二月初二日奉旨：依議，欽此。

《商務官報》宣統二年十月五日第二六期《批商户忠信堂等稟》稟悉。據稱已撤撫寧商務分會總理單鵬代墊商會款項二千餘金，請飭籌抵等情。查商會之設，原以保商爲宗旨，其開支不得過鉅，該前總理單鵬墊款何至有二千餘金之多。且查該商會各員名册，單鵬即永增源之鋪東，茲以永增源名號當忠信堂等聯名具稟，其中難免無不實不盡情事，如果墊款確有帳據可憑，仰即自向該商會清理可也。此批。十二月初六日。

《商務官報》宣統二年十月二十五日第二八期《批錫金商會呈》據呈稱遵飭耀明電燈公司呈繳册費一百四元，並將章程清摺註册呈式由會具詳，仰祈鑒核飭局註册給照，俾資保護等情。查該公司在金匱縣北門外設立電燈業，經錫、金兩縣查驗，存項股款已有八萬四千五百元，核與原定資本拾萬元之數所差無幾，該章程十四條復經本部核閲照准立案。此次所繳册費核與定章相符，應即准予註册，一面咨飭保護外，合行發給收單執照，仰該商會轉交祗領并報部備案可也。此批。十一月十六日。

《商務官報》宣統二年十月二十五日第二八期《批吴江縣盛澤鎮商會稟》前據該分會稟請，咨詢民政部厘金是否作爲正税等情，當經本部轉咨去後。茲准復稱，厘金作爲正税送經電達贛、湘各撫在案，蘇屬選民資格對於釐金自應一律，希查照飭知等因前來，合行批示遵照。此批。十一月十二日。

《商務官報》宣統二年十月二十五日第二八期《批安東商務總會稟》呈悉。此案既經該管官廳判決，如果吕耀廷延抗不交，可赴原問官廳呈訴。若經由該商會移請，提法司行文高等廳，解送被告，勒令繳款，是近侵越司法權限，尤與部章第七款所請代商伸訴情形不合，以後如遇有商務訴訟事件，該商會自宜遵守部章範圍，代爲秉公伸訴可也。此批。十一月十三日。

《商務官報》宣統二年十月二十五日第二八期《批日惹中華商會呈》呈悉。據呈調查和屬華僑人數商業，擬在泗水商會開會，集議劃一區域各節，不爲無見。業經據情札飭泗水商會妥議復部，俟復到再行批示。至填報一節，仍應按各商店逐一開列某人營某業，貲本若干，以備考核，其販夫經紀亦應一律查報。此批。十一月十六日。

《商務官報》宣統二年十月二十五日第二八期《批京師商務總會稟》據稟稱剪髮易服，報紙紛傳，輿情未免摇動等情。查此案現經資政院提作議案，是否施行，自以議決後具奏請旨裁奪爲斷。仰傳諭各該商自可照常營業，毋庸惶恐，致滋紛擾。至市面危迫情形，該商會可遵照資政院章陳請各條，逕赴該院陳請可也。此批。十一月十五日。

《商務官報》宣統二年十一月五日第二十九期《批直隸勸業道詳》詳悉。據唐山商務分會總理劉俊升任滿，經衆公舉，稟留續任，懇請札委等情到部。查本部商會章程内開，總理以一年爲任滿之期，或另行公推，或留請續任，先期三日由會董議決稟部查奪等語。該分會總理劉俊升，查係光緒三十三年九月間加札，早經任滿。何以光緒三十四年九月、宣統元年九月均未遵章稟報，殊屬不合。現在始據稟留，核計已有三年，未便再准續任，應飭迅速另行公舉，稟部核辦，以符定章。此批。十一月十八日。

中國第一歷史檔案館《光緒宣統兩朝上諭檔》第三六册《宣統二年十一月二十日》鈐章，宣統二年十一月二十日，内閣奉上諭：農工商部奏京師商務總會稟稱，京師各行商會暨各省商衆，以喧傳翦髮易服，力陳商業危迫，懇予維護等語。國家制服等秩分明，習用已久，從未輕易更張。除軍服、警服，因時制宜，係前經各該衙門奏定遵行外，所有政界、學界以及各色人等，均應恪遵定制，不得輕聽浮言，致滋誤會，特此明白宣示，俾京外周知，以靖人心而安生業。欽此。

軍機大臣署名：臣奕，
臣毓，
臣那，
臣徐。

《商務官報》宣統二年十一月二十五日第三一期《批福州商會呈》據呈暨合同等件均悉。查此案前據高亮等稟控劉崇偉等見利垂涎，謀奪電燈公司各節，當經本部據情咨行閩浙總督查明見復在案。茲據該商會呈請註册，正核辦問，又據高亮等稟控前因到部。查註册一節，應俟訟案了結後，再行核辦。除由本部仍咨閩浙總督併案查復外，爲此批示該商會，仰即轉飭該商等遵照可也。此批。十二月初二日。

《商務官報》宣統二年十一月二十五日第三一期《批長春商務總會稟》　據稟已悉。查税務非商會權限所應干涉，且現在各省諮議局均經設立，寔爲地方紳商全體代表，自能體察輿情，秉公協議。所請通飭新政加税，與商會協議之處，應勿庸議。此批。十二月初六日。

《商務官報》宣統二年十一月二十五日第三一期《批蘇門答剌把東華商會稟》　稟悉。據稱和官必以華人甲必丹中有可勝總理之任者，請迅賜批示等情。查華人甲必丹雷珍蘭三人中擇一爲華商總理，惟仍應投票公舉，以多數爲合格，選舉定後稟部核辦，以符部定章程可也。此批。十二月初四日。

甘厚慈《北洋公牘類纂》卷二一《直隸順德府李守映庚擬呈試辦商會章程》

一、商會爲財政命脈所關，亦由本府苦心組織而成。倘有不肖官吏，於此需索規費者，告發即治以詐贓之罪。商人擅予者，同科。若果爲商會應盡之義務，又當別論。一、立會以開通商智爲第一要義，應先設商人研究所，每星期一會，研究商理，並由縣發商報一分，公舉數人，輪流演説，以謀進步改良。現無公所，即暫假學堂講堂，以便七日一聚。一、順埠極大之利，莫如織氈羊毛棉線，皆本埠所産，一切用費，皆較天津大省天津現有織氈工藝廠，以謀抵制洋氈，應先選聰明子弟，赴津學習，半年卒業，即集股數千兩，開廠製造，以挽利權。聞埠商有欲集股，公建戲園者，何不改興實業。一、東西各國，皆闔國一會。我國即無團體，亦當一省聯爲一會，應稟明督憲，將此埠作爲支會，並移知天津商總查照。一、天津商務應享之權利，順商同享，應擔之義，務順埠同擔，緣順有津商買辦，在此採買羊毛，恐有間接之交涉。嗣後在本埠者，應由本會辦理。在津埠者，即請由津會辦理。一、現當重商時代，國家專設商部，以保商人利益。凡在會者，皆當自認爲國商關卡捐税，不得偷漏繞越，以保存商會名譽。倘或有意外之徵求，違章之苛罰，由商會稟請本府保護。重大事件，即由津會稟請督憲保護。一、本會商人，若因事涉訟輕者，由商董理處。重者，由本府按照商律裁判。另有商務裁判章程，專稟立案。一、順埠商業，以帳局爲大，兼濟商農。而濟農有私濟有公濟，如農家揭債，以地擔保，是爲私濟。若使農會既立謀公利之資本，如鑿井開渠之類，是爲公濟。公濟官以公款擔保，此爲守土應盡之義務。若商董義務之大，則爲力勸紳富，擴充資本。如濟農至十萬兩以外，稟請督憲，從優保奬。

甘厚慈《北洋公牘類纂續編》卷二四《大城縣王口鎮商會試辦規則》　一、商會之設，以保全本鎮商務，不使利權外溢爲宗旨。王口爲大城縣第一鎮，地據水旱通衢，乃商務不能振興，較鄰鎮甚爲減色，皆因無人提倡之故。今闔鎮商家公議設立商會，結成團體，力祛從前積弊，總以興利除害爲要。一、此會以富紳在本鎮有商務營業者爲商董，在會各鋪户領事人爲幫辦。凡遇地面有緊要公事，商董知會各鋪家，秉公核辦，必期無擾地面，然後施行。一、本鎮尤以整頓錢色爲急務，西北接文邑勝芳鎮，東南接静邑子牙鎮，兩鎮俱使清錢，獨王口鎮錢色不齊，以致南北不能通行市面，諸多窒礙，誠爲憾事。一、整頓錢色之法，本會須刻永遠清錢管换管補圖章一副，存於會所，由商董執掌，著入會鋪家各造票紙若干張，其票碼存根，須造底賬兩本，均用齊縫戳記，以一本存本號，一本存會所，將票紙蓋用會所圖章，以爲信票川换使用，且便於稽查真僞，使四鄉四鎮知王口此次斷錢，非從前可比，不致久而生弊，如此方可各處通行。一、鋪家以財東爲主，故欲知某商之虚實，必先問某商財東係某家，未有財東空虚，而伊家鋪内之錢票能永久通行者。兹闔鎮公議，無論某商，必財東有萬元以上之家産者，方准入會出票，然出票亦須有限制錢行，至多不得過一萬，外行至多不得過五千。一、會所經費，須由錢票抽收，每錢票一吊抽京錢四文，每年正月十六日抽收一次，其所抽之錢，交在會鋪家，按四季輪流存儲，以備有事時支用。假如甲鋪自正月初一日起，至三月三十日撥交乙鋪，又乙鋪自四月初一日起，至六月三十日撥交丙鋪，舉此，餘可類推。一、鋪家川换，均使足九六錢，管换管補，每月三十日午前散籌，至晚六點鐘爲度，將各家存欠，撥兑清楚。到初一日，點現錢，不准支吾搪塞。若尋常各家仍撥兑使用，門市開發零票，及收支鄉賬等項，出入亦均使九六足錢，管换管補，不准缺短一文，本號帖即在本號點錢，不得兑付外帖。一、此會之立，尤宜整理地面，倘有匪人攪擾滋事，如唱戲演會，飛帖打網，邀客隨禮散肉散香等類以及鄉保差役各行各市閒雜人等不遵約束任意訛索種種惡習俱宜消除倘有不服理論，敢於抗違者，該商董俱有管理巡警之責，宜帶巡勇彈壓。若再不服，立即送官懲治。不在會之家，遇有土匪訛索等事，商董亦應代爲照料。一、鋪家各宜和平處事，亦不得恃商董之勢，動即逞横，欺壓鄉民。

自立商會之後，凡在會鋪家俱結團體，無論誰家有事，商董宜協同各鋪掌櫃，出爲調處。倘調處不允，有必須興訟之件，則調處各項川資費用，宜由會所開支，而訟費則出在本號，以免助勢欺人之弊。一、清錢新票既出之後，所有舊票，俱宜銷號。凡存舊票者，或點現錢，或换新票，均聽其便，必須一律兑付清錢，不得持新舊兩歧之説，故爲狡展，從中取巧。一、自立商會之後，凡遇有官派應辦正款，如散放賑銀，及公債票等類，向由鹽當兩商，與錢行辦理。兹既立會，外行亦應按照所出票數分攤，少爲協濟。一、此會擬自宣統元年四月初一日起，凡在會各家，均宜自酌其資本之多寡，能出票若干，預刻圖章，製造票紙，以備臨時使用，所存現錢，切宜經手。一、整頓錢色原爲闔鎮公事，在會出票之家，固應行使清錢，不在會之家，亦應一律照辦。本會不立罰章，每至二七大集，商董派巡勇到處稽查，如有故意抗違不出清錢，被巡勇查獲，稟明商董，定行送官懲罰。一、喫欵嫖賭吸食鴉片諸班耗財之事，不止一端，均宜禁止，而煙賭兩層尤宜切忌。凡我同人，誰無身家，均須養贍，以有限之進項，供無盡之花消。一染此病，終身不能脱離苦海。平日一個良善之人，擠出偷支漏，使敗壞鋪章，種種弊竇，及至事敗人間。後悔已晚。如在會同人有犯此禁者，立即革除，不准與會議事。一、每年至正月十六日，商董知會各在會鋪家研究一次。凡有關於利弊等件，均宜隨便改良。會議後，在會所預備酒席，同人依次入座，以示和睦之意。是日，茶飯費由大家公攤，不得過豐，致開奢靡之漸。一、素日不在會之家，以後見此會辦理有法，情願入會，暨新開鋪面伊財東，果有萬元以上之資産者，均准入會。一、在會鋪家，如有移徙他鎮，或歇業不作者，務須赴會所預爲稟明，以便隨時下會，其會所存款，既作爲公項，却不准從中分取。一、商會規則議定之後，逐條繕寫清單，商董同各鋪户領事人公同具稟，並將清單一併呈明縣主，懇請立案，出示曉諭，永久奉行。以上公議規則，先行試辦，如有未盡事宜，再行整頓改良，隨時稟請辦理，合併聲明。

甘厚慈《北洋公牘類纂續編》卷二四《直隸豐潤縣商務分會章程》　一、賣空買空，例禁綦嚴，酌派監查員，會同商董，在市稽查倒把之弊。一、行使銅元，各鎮各商，於下銀市後，銀錢抹兑清楚，則除藉名倒把之弊，如抹銀兩洋元無下户可支者，即付現錢現洋，若抹錢文，無下户可支者，盡交現銅元，不得缺少，如延不抹清，日後遇事，即以倒把論。一、行使對半制錢，銅元各鎮於下銀市後，銀錢或撥，或抹，使其清楚，開平鎮向使制錢，銅元四六，下銀市後，亦皆撥清，則除藉名倒把之弊。如延不抹清，日後遇事，即以倒把論。一、新舊鋪商，如願入會者，先由商董查明本錢多寡，公同酌議，可隨本街入會者，即許入會，不准勉强。一、新開市商鋪，應由本鎮商董查實鋪東何人，鋪本若干，將其紅賬呈由商務分會核明登註總册，蓋用驗訖戳記，以備查考，而免空局誆騙。一、遇有關閉之鋪，本街商董即應查各賬，果不虧錢，則毋庸議。如虧，即由商董查明存項，並貨物傢具若干，照依估價，其鋪房係該東自産，亦估在内。除知會巡警看守外，即行稟明變賣分償，倘不敷抵，仍由商董查明鋪東家産，稟請傳追。雖結案後，如有私藏，再由商董稟究，以警傾騙，而遵商例。一、無論鄉民鋪商拖欠各商銀錢，屢討不給，意欲呈控者，先行携帶底賬呈，由商務分會核明，呈内所列數目，與賬如果相符者，蓋用商會核對數目相符戳記，由該商遵章投遞，聽候批示，以免縣尊查賬之繁。質訊時，仍持原賬呈堂，以憑訊斷。一、在會各商爲鋪事到城，有本鎮商董圖記公事，准住會所，自備資斧，由廚役支應一切。不在會者，不准住宿會所。一外境鄉民商鋪，傾欠在會商鋪銀錢者，本街商董查明屬實，代訴商務分會，轉稟縣尊會票關追，以免無着。一、在會商鋪，如股錢賬目彼此相争，由商務分會總理會董理處，不服稟請縣尊查究。一、在會商鋪外省外縣鋪東櫃掌，遇有關閉，非鋪事清楚，不許回家，違者由商董送究。一、商家因市面緊迫，一時週轉不靈，或因放出之賬，暫難收回，以致不能應期償還者，准其據實呈報，商董邀集各債主會議，酌予展限，或另籌辦法，免致倒閉，以盡維持之誼。一、倒閉前兩月以内，該商將財産貨物，故意贈與人，或假託抵押債主，或將未到期之債提前償還，而有確實證據者，由商董將前項追回，歸入財産項下辦理，違者控追。一、在會之鋪倒閉，經商董查明已破産者，實係情出無奈，並無寄頓藏匿等弊，應將現存財産貨物公估變賣得價，並追清人欠之款，通盤核算，定出平均成數，攤還各債主收回，即各具領狀貳紙，分送縣尊，及商務分會存案。一、商存公款，遇有倒閉，如數賠償。一、商鋪倒閉，如有外客浮存貨物糧石，經商董查明屬實，取有妥保，准許運出。一、商會總理會董有保商振商之責，凡各鎮商董遇事，未便親往，則函知總理會董，於縣尊前，代爲秉公陳訴，或因被傾情急，並緊要事件，不能到案，立訴陳之，總理會董體察屬實，於縣尊前，代爲陳訴亦可。一、總理會董，若有徇私偏袒情事，准各商董聯名稟請斥退。一、商董辦公，若有徇私偏袒情事，准各商聯名稟請斥退。一凡可興利除弊之舉，必須邀集各商董會議議決，方可舉辦，不得擅專。一、前開過鋪商，欠人折還者，再開鋪商，不准入會，川换來往。一、商董應確實查明本街各鋪資本若干，股東何人，開册蓋用本號圖記，呈由商務分會登註總册備查。一、倒閉之鋪，雖經商董查明，不缺本街各鋪銀錢，只缺鎮下鄉户銀錢，亦照破産例，由商董稟明總理縣尊，照例核追。一、總理會董聞各鎮一有倒把之弊，即行知會商董，從速禁止，不服稟究。一、各鎮商董送信差遣薪工川資，均由商董自行籌備。一、鄉民欠貨物作中秋年底二節清賬，如不清償，不得再賒，以免累欠。一、在會商鋪，如外省外縣鋪東，歷年由商董查明各賬，果不空虚，方許川换來往。如空，應即除會，不服稟究。一、本鎮有事，憑商董戳記，函知商務分會轉稟，縣尊查辦。一、借貸或賒糧石，如有註明保人者，一有傾騙，即責成保人償還。一、控追私債提成之案，經商會會同自治社評議者，歸商會、自治社兩所平分，作爲商會局所常年經費，理合登明。

甘厚慈《北洋公牘類纂續編》卷二四《吴橋縣吕令調元詳擬設商務分會文附章程並批》 爲詳請事，竊縣屬地面最小，縱横不過數十里，村落無多，城鄉市面蕭條，所有銀盤洋價漲跌，均以山東德州桑園鎮是聽。所開各鋪，殷實無多，且商情涣散，日形腐敗，甚爲可慮。知縣邀集商界，設法籌議，勸令設立商會，以維市面。兹據職商五品銜張永慶、監生侯席珍、從九黄沛准、從九李茂貴、監生石德潔、監生王廷瓚、附生潘傑、從九張玉清、從九周謙祥、五品銜曹廉勤、從九盧萬林、五品銜魏安楨、從九楊淩高等聯名稟稱，竊奉面諭，飭令組織開會，職等伏思商人營業，專以資本爲基礎，往往有因資本空虚，其浮存兑票，入不抵出，影響及於他號，或因銀錢累欠，致生轇轕，此商界之一大弊。欲祛此弊，非先將商會成立，調查清楚，不足以保商業，而發達經濟。隨即約集城鄉商號若干家，公議在城内創設商務分會，僉推同知銜候補府經歷張崇嶽爲正會長，四品封銜劉祖旃、四品銜李維清爲副會長，擬具簡章十二條，每月開會一次，集議商界事宜，並隨時稽查各號資本虚實，暫就自治研究所爲成立地址，一切會中經費均由在會商號按等攤捐，絶不牽涉會外商號，請轉詳立案，並頒發鈐章加札，以專責成等情。據此，知縣復查，張紳崇嶽、劉紳祖旃、李紳維清均熟悉商情，資多望重，實與會董程度相符，所擬簡章亦尚可行，擬合將組織吴橋縣商務分會情形，並將擬訂簡章開摺，詳請憲台查核立案，並請頒發鈐章加札委任，以專責成，須至詳者。

今將卑縣職商張永慶等所擬簡章，開具清摺，呈請憲鑒。計開：一、名稱，吴橋縣商務分會。一、公所，附設城内自治研究所，俟經費充裕，再行購地蓋造。一、職務，會長一員，副會長二員，調查員、參議員十員，書記一員，局役二名，會長、副會長，參議、調查各員，皆由衆商選舉，以昭公允。一、經費，由在會各商家籌款，按五等攤捐，以資本在二萬元以上者爲最，萬元者次之，五千元爲中等，千元者爲下等，不足千元者又次之，照每月應用經費，按等攤捐。一、權限，正會長管理全會應行事宜，副會長爲幫辦，調查、參議員調查各字號資本貨産，並新設字號，東夥籍貫，資本虚實，並及賬債報告到會者，查理各件事宜，書記掌管文件册簿款項等事。一、境内無論何項商業，凡在會者各領門牌編號註册，遇有錢債賬目交涉，報告本會辦理，不在會者，本會概不干涉。如有投具説帖，請爲查理者，亦准理處，如難了結，送縣訊斷。一、遇有本省集股商業，一經商會認可，必須在會各家各任股東，利益均沾，個人集股者，不在此例。一、本邑浮存錢票盛行境内，商民稱便，由來已久，以後凡有出票之家，必須附近字號，連環作保，本會認可，方准施行。一、本會成立之後，每逢月之十六日，會長、副會長調查、參議各員，於下午一點鐘，到會開議，遇有賬債報告事件，亦於是日報告，此爲常例。倘有緊急事件，由會長傳知各員開會，臨時集議，以免遲誤。一、本會創辦之始，經費無多，每逢開會，祇備茶會，並無酒飯。遇有賬債事件，非一時所能了者，在事各員若無飯費，萬難枵腹，從公，此項經費抽提，業主所報賬債十成之一，以充此款，庶乎公私，各得其宜。一、自商會成立之後，凡外省外縣前來設立字號，出放行鄉各賬，及通行浮存錢票者，非有切實連環，互保稟明，商會認可，不准交易。一、城鎮鄉民欠貨物，作爲中秋年底兩節清賬。如不清還，不准再賒，以免累欠。以上章程，因地制宜，暫行試辦，倘有未盡事宜，應隨時增添，以臻完善，並遵照部頒商會章程辦理。

督憲陳批，據詳已悉，候咨農工商部核復飭遵，繳摺存。

甘厚慈《北洋公牘類纂》卷二一《保定商務總會稟呈試辦便宜章程》 第一條，總義，本會遵照部章，以保護商業，開通商智，聯絡商情爲宗旨，並援照第十四款，議定便宜章程，稟呈核定，以資遵守。第二條，會所，保定自鐵路交通，百貨駢集，實爲商務繁富之區，且地居會垣爲全省商民視綫所注，今擬遵章，於省城適中之地，設立保定商務總會，並仿照江蘇安徽四川等省成案，與天津商務總會，聯爲一氣，遇事會同商酌辦理，以昭劃一。如有重要事件，隨時稟請農工商部核奪。第三條，選舉，本會遵照部章，由會董公推熟悉商情，衆望素孚者，充爲總理協理，稟請農工商部加劄委派，並請發給關防一顆，以資辦公。惟會務紛繁，再由會董公舉坐辦一員，常川住會，仍以夙有聲望，商務練達者充之。會董由行董公舉，以才地資望兼全者爲合格，至多不過五十員。坐辦及會董各職名，由總協理呈報農工商部備查。行董由各商公舉，不限額數。此外應設文牘會計庶務各員，仍以執商業者爲准。如商家實在乏人，始得在外約請，然必須公議認可，方准派充（除約請會計庶務外，擬再於會董内，舉名譽會計庶務各二員，督率辦事，三月一更代，以均勞逸）。第四條，會期，集議會期分爲兩等：一尋常會期，一特別會期，辦法悉遵部章第九十兩款辦理。凡尋常會，每星期一次。特別會，遇有緊要提議事件，應臨時通知各會董，約定鐘點，不得逾時不到。如實有事故不能來會，應到會聲明緣由。第五條，權限，總理爲全埠商民代表，有統核一切之責，協理有會同總理核辦一切事務之責，坐辦常川辦公，有清理事件之責，會董行董遇事會議，有悉心討論，各抒所見之責。惟須總協理公同議決，此外文牘會計庶務，各有專責，均由總協理及坐辦會董，隨時稽察。凡非商號鉅東，及非經營商業者，概不得干預本會事務。第六條，經費，無論何項商業，凡允認常年會費六圓以上者，均得入會，並發給門牌，懸掛該商門首，以便保護。其常年允認之費，即於正月六月，分兩次呈交，由會計處面付收條。如有志切急公，情願多認會費在若干倍以上者，應於會中投票公舉時，加予選舉權以示優待（認會費十倍者，選舉照加一權，以加至五權爲限）。或有自輸巨資，興辦本會要公者，應由總協理稟請核辦。其不願入會者，聽。但會中應得之利益，該商亦不得均霑。至各項註册憑據簿册等費，此時初辦，概不收取，容俟察酌情形，衆商認可，再行明定專章，稟請農工商部察核示遵。第七條，集捐，本會開辦伊始，應行提倡各事，需款浩繁。如各商有願輸巨款，倡立公司，或招徠股本，振興商業，裨益要務者，應由總協理等，稟請農工商部，按照奬勵公司章程，量予奬勵，以昭激勸。第八條，開支，本會除收會費外，概無額款，亦無紅奬。總協理協理及坐辦，均擇本地殷實紳商充之，概不動支薪水。惟坐辦每日到會，或須酌給車馬費，擬俟開辦後，視經費優絀，再行定議。文牘會計庶務各員薪水，均按月按年核實結報。第九條，稽核，本會出入款項，每月底總結一次，由會計造具四注清册，呈由坐辦請總協理核閱簽字，每屆一季，由總協理傳集會董，會核一次。至年終，則開特別會，齊集各會董行董到會，公同攷核。一面造册報部，一面榜示門首，以昭大信。第十條，防弊，本會無論何人，均宜化私見，謀公益，企商務之發達，保全體之名譽。倘有徇庇偏執，專擅等不合情事，除遵照部章第十一、十二等款辦理外，並准開全體特別會，提議公同決定辦理。第十一條，平訟，商家銀錢轇轕質之有司衙門，往往曠日持久，所争之數，不敵訟費之多，最爲商害。此後凡商家與商家有争執事件，應援照部章第十五款，由總協理邀集會董，並該行行董，秉公理論，持平議結，以恤商艱，而除訟累。如評斷後，兩造仍未輸服，再行送呈地方官核辦。此外或事體較鉅，關繫本地商務大局者，仍援照部章第七款，代爲伸訴，稟告辦理。第十二條，本會悉遵農工商部奏定商會章程，酌擬便宜章程十二條，如有未盡事宜，再隨時會議增改，稟請核遵，以求完善。

甘厚慈《北洋公牘類纂》卷二一《唐山商務分會試辦章程》　第一條，本分會係原經巡警局稟派商董設有商務公會。今遵商部奏定章程，改爲唐山商務分會，謹以保護商業，振興商務，開通商情爲宗旨。第二條，本分會恪遵部章，認真辦理，倘事屬創舉，果與保商振商宗旨相各，亦應隨時，咨由天津商務總會，稟請商部核辦。第三條，會務紛繁，需人而理。謹遵部章，就地公推熟悉商情，衆望素孚之總理等，稟請商部加札委用，以專責成，并先令各商家公舉會董十數員，由十數員揀選評議會董二人，會計會董二人，庶務會董二人，輪值到會，監理各項事宜，以期實事求是，至各行商董，亦由就地各商家舉定，即由總理等將各商董銜名，咨由天津商務總會，呈報商部，以備稽核。第四條，無論何項商業，凡屬唐山境内，允認常年會費六元以上者，均得入會。如有外客，住唐貿易商會，亦應保護。惟必須該商等，公舉商董入會，以便遵章，一體優待。第五條，凡入會商號，既情願入會，應將允認之款，分爲四季，呈交本分會，由會計處面給收條，交本人收執。一面製造門牌，發給該商，懸拄門首，以便保護；一面由商會發給執照，以便稽查。第六條，本分會額支款項，應由會計會董編列預算表，商情總理簽字，送會計處，按月照發。第七條，本分會活支款項，數在十元内者，由會計會董與總理等商議，簽字照發。若有特別出項，應邀集全班會董，公議施行。第八條，本分會每月月報結總後，開具清單，并各項收條，來往摺札，應由會計處，呈交會計會董，會同總理等，查對蓋戳，以昭核實。第九條，本分會年總，應於年終開會，齊集各行董，由總理逐款宣告，再於會董内公舉數人，查核無訛，即由查賬人簽字爲據。一面咨請天津總會，具報商部存案；一面榜示會門，以昭大信。第十條，伏查奏定章程，有註册憑據等費，此時事屬創始，擬一概免收，應俟日後，揆度情形，公同定議，酌量辦理。第十一條，公舉總理等及會董各員，均係殷實紳商，志在急公，概不支領薪水，或須酌給車馬費，俟嗣後察看情形，再行定議。第十二條，本分會如有餘款，應由在會各員，公同選擇殷實銀號存放，倘日後動用此款，應先期傳知在會各員，公同認可簽字，然後取用，勿得自專，以昭慎重。第十三條，本分會每逢朔望，集議一次，倘有緊要事件，亦准各行董事來會聲明，立定時限，齊集開議，不准逾時，致同會人渴待。第十四條，本分會設立議簿一件，議事時，由書記將各人議論，詳細載明；議定後，將所議各節，何人創議、何人贊成榜示本會，并登報，俾衆周知。第十五條，凡議事時，須依次序，此事議畢，方議彼事，不准喧囂雜遝，須將應議之事，交會計處登簿，送到議事處，以便挨次開議。再設銅鈴一具，座畢振鈴一次，先由一人起立，宣示本日所議宗旨，由衆依次商酌。議決後，再振鈴一次散會，以杜閒談費時。第十六條，凡辦公均有一定時限，不得過時貽誤，其所定時限，應隨時榜示門首。第十七條，凡應辦各種會務，及日行事件，應特立辦公專條，公同裁定後，交辦事員查照施行，不得自踰權限。第十八條，凡商家轇轕，一經各商來會聲明，應由總理等定期邀集各董，秉公理論，從衆公斷。兩造倘有不服，准其就近具稟地方官，或由天津總會，具稟商部核辦。第十九條，無論紳商，凡有特別條議，果於商務有益，准隨時來會聲明，以資采擇。第二十條，商學不講，率多遇事牽制，因循推諉，本分會擬俟籌有經費，設立商務學堂，造就人才，以維商務。第二十一條，商情不協，由於商智未開。本分會擬延請暢達商務之人，定期演説，准各商人隨便入聽，以資開通，而便聯絡。第二十二條，凡入會各商號所用賬簿，謹遵部定格式，如下開三項，由本分會印訂，并蓋分會圖記於上。每季由會董發交各商業，俾如式登記。設有轇轕，即以此項賬簿爲據。（一）流水簿，照記日出入各項。（二）收支月計簿，照記積日成月，出入各項。（三）總清簿，照記全年來貨之源、銷貨之數、往來之存欠、開支之數目，贏虧之實在，以爲一行號之總册。第二十三條，本分會印發各商簿册工本，按照市價，逐季由會董向各商收取，隨給收條。如有高抬苛派情弊，准衆商聯名具控。第二十四條，本分會辦公之所擬，暫由原有商務公會之財神廟設立，俟積有餘款，酌爲蓋造，逐漸擴充，以臻完備。第二十五條，凡衆商號逐日宜訂閱商報，以期消息靈通，增長識見，爲考求商業之起點。第二十六條，本分會公議試辦便宜簡明章程二十六條，倘有未盡事宜，再由會議時聲明，公同釐定改良。

甘厚慈《北洋公牘類纂續編》卷二四《圍場廳查丞美蔭詳闔境商民遵設商會請立案文附章程並批》 爲詳請立案事，案據卑廳闔境商民官錢局等稟稱，竊以圍場地處偏隅，鄉鎮遼闊，商民散處，風氣未開，祇微利之是圖，置公益於不問，就錢法之一端，屢更屢壞，商務之不講求，亦可概見。今蒙仁憲力加整頓，錢法復舊，市面一新，闔境商民交相慶幸。商等仰體仁憲維持商業之至意，遵章創設商會，藉以開通商智，聯絡商情。雖創辦之初，未必盡臻妥善，而就此萌芽起點，勉求進步，未必非商界之一助也。商等共同議定，官錢局張總理第恩品行學問，素爲人所佩服，又兼老成諳練，洞達時務，堪勝總董之任。福茂長馬文煜、廣順合畢福星公平正直，熟習商情，可充當副董。所有一切章程規條，悉援照省城商務總會章程擬訂，另單抄呈，外圖記一顆，一併呈閲，是否有當，仰懇酌核裁示，准予立案，以便恪遵，實爲德便。計呈章程一册、圖記一顆等情。據此，查圍場出産無多，銀錢兩缺，商業極爲困難，迭經卑職再四傳集，勸導開設商會，以期振興商業，目下甫克成立。兹據公舉總、副董事，並擬簡章等情前來。擬合據情詳請憲台查核，俯賜批示立案，實爲公便。除分詳藩司口北道外，爲此備由具呈，伏乞照詳施行，須至詳者。

今將卑廳設立商會，擬定試辦章程規條，開列清摺，恭請憲鑒。計開商會議定章程：第一條，總義，商會之設，以維持商業，開通商志，聯絡商情爲宗旨。所有章程，悉援照省城商務總會章程擬訂。第二條，本會事屬初創，並無經費，勢難建造房舍。兹蒙廳憲諭飭，將署前關帝廟，作爲商會公所，規模亦頗宏敞，少爲添修，足以敷用，非徒遷就，可免虛糜。第三條，本會照章公舉總董一員，必熟悉商情，衆望素孚者，爲合格。副董六員，二員由衆公舉，其四員即以值年燒雜行董充之。執事各員，均盡義務概無薪水，俟後商會發達，經費盈餘，再公同議給酌勞若干，臨時酌定。第四條，無論何項商業，公許入會，即認常年會費京錢五千，發給門牌，懸掛該商門首，以便隨時保護。此項會費，務於入會時交齊，圍場市面銀錢缺乏，暢行憑帖，歷有年所。今由出憑帖各家，每京錢一千，每年抽制錢三文，按千核算，歸入常年經費。如有不足，再公同籌措。第五條，總董爲闔境商民代表，有統核一切之責。副董有會同總董核辦之責，遇事即邀集會友，悉心研究，務臻妥善。惟本會規模粗具，所有文牘、會計、庶務等職，均無專司，皆暫歸副董兼辦，或由副董邀會中賢能代之。鄉鎮會友，均有稽查之責，會中利弊，皆可直陳。惟未經入會者，不得干預會中事務。第六條，集議會期，分爲二等：一尋常會期，一特別會期。尋常會期照章，每星期一次，鄉鎮會友勢難齊集，只可變通辦理。會中設有銀市，每三日，本街燒雜各行到市，公議銀價，遇有事宜，就便公同討論所有原委，寄知鄉鎮，此即作爲尋常會。倘有緊要事件，必須開特別會者，再定期傳知鄉鎮會友，届時務到，不得無故推諉。第七條，凡同會諸人，務須各化私見，共謀公益。會中事件，悉心籌畫，持平擬議。倘有徇私偏袒專擅情事，即開特別會，公同提議，決定遵照部章辦理。第八條，凡商與商有銀錢轇轕，應遵照部章歸商會，由總副董邀同會友，秉公理處。如兩造尚不折服，再呈送地方官核辦。以上試辦章程八條，悉援照省城商務總會章程擬定，如有未盡事宜，或有窒礙不合之處，再公同擬議，隨時更改。

圍場商會規條二十則：一、總副董既擔任本會義務，須常川到會，籌辦會中一切事件，不使少有廢弛。一、本會以發達商業爲主意，凡在會諸人，於商界中利弊，如有所見，即可到會中討論，亦可隨時函告，視事輕重，由總副董集議核辦。一、入會各商，既經公許入會，列入會册，除報明歇業不計外，無故不准退會。一、入會各商，必須有人介紹，實屬本分經商，方准入會。倘營業卑賤，行爲不正，以及欠債倒閉未清償者，概不得收入。一、入會之後，如有干犯刑憲，敗壞名譽，不守會章，侵侮同類等情事，一經發覺，應即公議斥退，不少瞻徇。一、入會各商所認常年會費，定於每年二月交齊，不得少有拖欠，以資辦公。一、憑帖按千所抽之經費，亦務於每年二月，一律交齊，如添新帖，仍按千照數加抽。憑帖另有規條，兹不贅載。一、會中出入各款，每届年終閉會時，將各項分款，開具清單，張貼會所，以便公同核閲。一、每年正月開會，臘月閉會，應由總、副董酌定會期，傳單齊集。一、總、副董照章一年期滿，由會衆或另公舉，或留接辦，於每年閉會時，投票決定。一、總、副董經衆護定，非確有事故，不得辭讓。一、會中夫役一名或二名，足供看守門户，掃除庭院，置備茶水、煤火、燈燭等驅使可矣。毋得妄用多人，致糜經費。一、無論尋常特别會期，本街鄉鎮在會諸人到會所，均清茶恭候，概無伙食。鄉鎮者，可在會所下榻，有夫役伺候。一、會議時以總、副董爲議長，餘者爲議員，議事於未開議時，先將議題書於牌上，依序議及，各抒所見。如有意見不同，各持一義者，應照投票辦法，以得多數者定議，再將所議各件清録懸榜，俾衆週知。一、議廳以静肅明潔爲主，凡有會議事件，務各恪守議廳規則，違者議罰。一、每提議一事，即詳細登册存會，再録一通送在會各家傳觀。其中如有改良之處，會中人可隨時函告，以便核定。一、本會爲各商平息争端，以清轇轕，藉除訟累起見，各商遇有争執事件，即寫明實在情形，報知本會，由總、副董約衆公同評議，如未經報會，已在衙門成訟者，概不管理。一、各商追討欠債，如爲數無多，或負者一無所有，或其中牽涉婦人，此等情事，概不管理。一、各商因欠債報會者，如情節不實，如揑造賬目借字，一經查出，即照所討之銀錢數目，加倍議罰充公。一、有事集議會中人，不得私發傳單，會外人不得請會中集議，亦不得在會演説。以上規條數則，未必能悉臻周備，嗣後遇有未盡事宜，可隨時增删改訂。

督憲楊批：據詳，該廳擬設立商會，自係振興商務起見，仰即查照商部奏定商會章程，妥定條規，公舉總理，稟候查核，咨部分別立案。委用商會章程抄發，此繳。摺存。

附：近代工業展覽會部

紀事

《東方雜誌》第一年第三期《賽會志略》　北京工藝商局赴美賽會貨品，已發兩次：第一次貨價約六萬圓，第二次貨價約十萬圓。貨品以琺琅、地毯爲大宗，而古玩、玉器、雕漆等物，亦兼有之。中國茶磁賽會公司會員康君達章，現向江西景德鎮定造各種瓷器一百二十四箱，並附帶徽州所産金豆三十二石，轉運美國聖魯伊斯赴賽。美國聖路易斯賽會特設陰教一門，凡各國文明婦女，均請與賽，特派經理婦女若干名，專事照料引導各國預賽婦女。美國聖路易斯賽會美人，特於夕松嶄道上備一農地出賽，計六英畝，長一百三十萬當，闊六十五萬當，中列十四部種美國各處上等植物，若五谷、波羅、橘柚、烟葉、蔗、棉、小麥、芋艿、野草、荷蘭豆、槐樹、蛇卵草、沙窩窩，分東西南北四區，各象其本地所産，以便衆覽。日本派赴美國賽會專使，聞俄國撤去賽物，言於總理，預訂俄國所占會場，以備添陳日本賽品云。

《東方雜誌》第二年第九期《書美洲學報實業界記散魯伊斯博覽會中國入賽情形後》　光緒二十九年，日本設第五次内國博覽會於大阪。我國嘗遣官赍貨，往與其役，其布置一切，有未能盡符與會本旨者，本報曾略獻刍蕘，告之當軸（見第三十九期）。竊冀去年美國散魯伊斯之會，可不致再蹈覆轍矣，而不意其更有甚者，本報亦曾於第八十九期痛切言之。今讀美洲學報實業界所紀中國入賽情形，而始覺吾言之猶未盡也。其言與會之物，與夫與會諸人之言之事，展卷觀之，真有令人目眦欲裂者。彼海關洋員旅華有年，既膺任命，承辦會物，舍此而外，盡有他物可以入賽，不能不知。凡此諸物，其爲吾國之污點，其足致外人之詆誚，亦不能不知，知之而爲之，其必恐吾國商品或中外人嗜好，將輸出日廣，以奪彼族之利，而故代以此物，以爲吾國商業之障耳。否則以我國聲名猶未盡墜，而故假此以快其落井下石之意耳。傳有之曰，非我族類，其心必異。據此爲言，彼本外人，亦何足責。吾特不解夫爲之監督、副監督者，皆中國人，何以睹我國之受此侮辱，而漠然無所動於中也。其習見不怪耶，其太上忘情耶，其爲彼洋員所鈐制而不敢自撤之耶，其殆媚外之極，並此當争者而亦讓之，以示其順從耶。糜百萬之金錢，而購此萬古不湔之耻，雖至愚者不爲，而我國乃竟爲之，可哀也已。

記散魯伊斯博覽會中國入賽情形（鄖陽張繼業撰　節録光緒三十一年正月二十日《美洲學報・實業界》）

西曆千九百零四年，即中曆光緒甲辰年夏，美國散魯伊斯全球博覽會成。蓋舉行購得散魯伊斯百年後之大紀念也，而其最着重之要點，則爲振興商業，推演工藝，代表百年之進步，鼓勵國民之精神，融洽萬國之交際，比較全球之實業，以作二十世紀後商戰之競争也。此會集全球政治、宗教、文化、武備、農工、商藝之大觀，而美國所有建設，無在不表明其百年來進步之神速，與其開拓土地後之效果。當千八百零三年，散魯伊斯爲法人領地，法皇拿破侖頻年戰争，餉源匱乏，欲假款於美而不便措詞。美總統覺佛遜竟能燭其先機，即以一百五十萬金圓購得之，自得此地後，經營不遺餘力，建設省分，修築鐵道，以疏通東西關鍵，内地實業，於焉勃興。當覺佛遜之購此土也，全國物議沸騰，謂不應以百五十萬實資，買此荒廓平沙之地，然豈知其有今日哉。覺佛遜竟不惜以一身爲叢怨之府，冀達其目的而後已。至今銅像巍巍，高立於萬國賽會場中，目而見之者，孰不曰是大英雄，是能爲子孫謀幸福者，而謳歌之、崇拜之之不已，偉矣哉。吾神散魯伊斯之會之雄且大，吾不得不神覺佛遜之魄力矣。至於與會各國，若英、若法，若德窮精極巧，各有其强大不可摧折之概。後進如日本、澳大利、比利時等，皆各有駸駸日上之勢。其外已亡之國，如埃及、波蘭、印度、安南等，入其室，則古物一二件，色敗塵封，凄凉滿目，黑奴紅印，與世並生，而不與世同化，流離遷徙，一任白人之操縱，種族轉眼殆盡，更足傷悼（會場有黑奴紅印學堂，皆白人爲之建設）。若我中國，國雖弱，猶國也，而獨爲世界上所不齒，夫果安在哉。記者僅就中國入賽情形，及外人形容中國之利害，略陳於後，以征我中國腐敗之實迹，有足以招外侮者。凡有血氣之人，聞之當如何興起奮發，及時改良，以湔洗無窮之奇耻深恨，則是記者所亟欲與我海内外同胞共勉者也。

一、入賽人員。華正監督貝子溥倫，華副監督黄開甲，洋副監督美人阿樂爾（海關副税司），洋書記法人巴士伯（在中國海關有年，能操廣東話、京話）。

記者查各國賽會人員，大率皆委員，或管事，餘均爲商人，不過得其政府保護，與該國使臣就近照料，外人即無干預之權。我國則用十五萬圓請洋人辦理，雖有華正監督、副監督之名，均有名無實，事事聽外人之所爲。而各省委員，有到會場二三禮拜而即去者，有挂委員之名，至會場將停之際尚未至者。其熱心任事，極力考察者，惟某某二委員，聞二君有博覽會記，會畢可出版。

一、賽款。

「倫貝子用費多寡未詳。

「華員」

一「黄開甲承辦國亭，聞費四十五萬龍圓，他項未詳。

中國政府」

一「阿樂爾巴士伯用項約四十五萬龍圓。

「洋員」

「承辦賽品用費約四十五萬龍圓。

記者按此次賽會，聞中國政府約費一百七十萬龍圓之數，將來結局，或不僅此而止。聞上年安南賽會，亦由海關代辦，商人工人用費，皆由正項開銷。此次商人，則皆自費。

一、賽品。海關承辦之物，不外古董、玉器、絲綢、磁器、蘇杭扇箑、寧波木器、筆墨等類，其最可醜者，兹擇録如下。

上海裝小脚婦人一，寧波裝小脚病婦一，北京裝小脚婦人一，廣東裝小脚婦人一，和尚一，老爺一（面黑黄。有問者，巴士伯輒取吸雅片烟荅之，並云中國官大半吸雅片烟），兵丁一（録營式），苗蠻七，小城隍廟一座（内貯城隍十殿鬼判），小縣衙門一座（内具各種酷刑，爲文明國人所未見者），小木人數百個（皆泥工苦作肩挑貿易、娼妓、囚犯、乞丐、洋烟鬼等類），小草舍十餘間（皆民間旱澇疫病、困苦顛連之現象），枷號一方（會場初開置於中國地段門外，倫貝子言於巴士伯，始收檢），殺人刀數柄，洋烟槍十餘枝，洋烟燈數具，殺人小照數方。以上列中國段内。（泥人皆過四尺高）

記者曰，他國入賽之品，皆實業學問，或當場試驗，或當場製造，以比較學問上下，手藝高低，間有人類之設，然皆是其國中水陸軍隊。或歷代大偉人遺像，房屋之設，皆是全球著名之大製造場、商業場、大學堂、議院、政務院等類，以視上列我國賽品之醜，奚啻天壤。翰林一，進士一，舉人一，秀才一（皆過四尺高，彎腰弓臂，極形文弱腐敗之態），奎星樓一座（上佔魁星一尊，題曰此怪掌支那之文衡），各省學堂小照數十塊，各口岸教會學堂小照數十塊（功課皆備）。以上列教育館内。

記者按各省學堂小照，雖間有可觀者，然功課多未列明。故不得爲完璧，各教會學堂小照，西人竟以之列於上首，上懸教會白旗，以識别之。中國各學堂小照，則隨便放置，且雜有許多綵繪神像片在内，亦皆題明之曰，某神某等人供之。如醫生供藥王，生意人供財神等類，北京教會所設之匯文書院，有房屋、圖畫、課本，觀者群指此爲京師大學堂。

德國段内之中國物：德國美術館内有油畫一張，係德國伯爵兵進張家口（一千九百年即庚子年），中國官員遮道出迎，乞憐之態，見之氣絶。

美國段内之中國物：美國舊金山市亭内，有中國黄龍綉幔、商鼎、漢磚、古磁等類，云是在北京所得，其外又有舊金山海口圈禁華人木屋。

英國段内之中國物：英國國亭段内，有中國磁器多品，云是在某處戰勝時所得。

比國段内之中國物：比國段内有蘆漢鐵道圖一大幅。

記者曰，西人恒以鐵道比人身之筋絡，人無筋絡，則不能動活，國無鐵道，則學業、商業終難發達。我國近年漸知經營此事，外人之欲攬此利權者，每恃强力以攫取之，若不極力挽回，加意維持，全入白人之手，中國之生機絶矣。

其餘各國國亭内，大半有中國之物，多少不等。問之，則皆爲庚子年聯軍入京時携出者。

一、中國建設國亭之始末及其腐敗。國亭之設，即一國之代表，故建此亭，必按本國之式。其例與建使館相等，則本國之建設此亭，本國之權力應能及者也。黄京卿承辦此亭之始，携帶華工十二人到美，美國工黨群起而攻之，以爲有干禁止華工之例，不準作工，居此五月，無所事事。旋由黄京卿資遣回華，漆匠數人，曾在亭内作工，以所用乃中國之漆。美國工黨亦不準，不得已，乃撤去。另雇美工，異哉。主人雇工，主人有應得之權，外人何得干預，且建設國亭，乃代表一國之式，携帶華工，不過相宜之利用。會畢，仍照美户部所訂華人賽會入口章程，例遣回籍，又非常居美國，以攙奪他國人之利也。而美國工黨，何得援禁止華工之例，一律示行。我國如倫貝子之天潢貴胄，黄京卿之精通西語，竟不能據理力争，美國苛待華人之例，早爲地球上所不許，不過鑒於中國之弱，因其可欺而欺之，必無啓釁之虞也。今此不争，後豈有挽回之一日哉。此亭之設，計費四十五萬，總計正廳五間，左右廳各二間，門樓一座。門外八方小亭一座，牌坊一座，水池一個，周圍遶以石欄。西曆八月十九日晨，大風雨，右廳窗牖皆冲壞，正廳大漏不止，至次日下午三點鐘，始行啓門，遊人皆詫異之。

一、阿樂爾、巴士伯之來歷及其行爲。阿樂爾，美國人，中國海關人員；巴士伯，法人，在海關當差有年，前年安南賽會，經彼辦理，此次又派充書記。巴自中國來時，攜帶華人十名到美，一人因病不能到岸，其外九人在會場供役，與巴同居，華人住地下一層（即地窟，潮濕不堪，黑奴不住之處）米糧由巴發給，九人輪流值炊，巴住華多年，染中國宦習極深，出門均要華人啓門躬立，每日會場灑埽，皆是此九人供役。阿本散魯伊斯省人，今一旦膺中國副監督之職，其炫耀自不待言，每當會場交接，必痛痛快快以中國如何昏闇，商人如何頑固爲言。並云，若無我外人代辦賽品，中國全體，實不知賽會爲何事云云，嗚呼。食人之禄，揚人之醜，朝中有進借用客卿之議者，願三思之。

記者曰，以上所陳，不過就中國入賽情形言之，此次不特虚糜鉅款，又使我四萬萬人之奇辱，永永印入全球人士之腦中，嗟彼洋員，章吾國耻，言之痛心，雖然，往者不可諫，來者猶可追，幸吾國人同鑒於此，而勿以一嘆置之。

《東方雜誌》第三年第六期《比國博覽會調查實録》 西曆一千九百零五年，比國開博覽會於黎業斯，爲布告開國七十五年之紀念，及其教育實業之進步也。會場占地約七萬尺（密達），赴會者四十餘國，而我東大陸，僅占其五。全場分五區：（一）汾場，爲各國之總陳列場。（一）各國風土園。（一）範場，爲各國游戲場。（一）古黎城，乃模效古黎省之風俗者也。（一）闘場，乃比國之農業陳列場也。今就亞洲各國分列之。

一、中國。陳列場有二所：一位置汾場，占地八百五十方尺。與會者，粵、吴、鄂、湘、浙五省而已。陳列品，可分爲三種：一公司陳列品，一私商陳列品，一官陳列品，以美術品爲最多，其餘則爲美洲運來之舊貨而已。公司陳列品，以工藝品爲最多，中以巴黎之華商通運公司、上海之宏發公司爲最，通運公司之磁、茶、絲等，爲外人所贊賞。宏發公司之木、磁、金銀器甚精，多合外人所好。再若南京商會之木磁，上海通運公司之扇，亦有特色。若私商之陳列品，則甚爲腐敗，蓋若輩不知賽會爲何事，徒知謀利而已。此等商人，不下賽會人數之半，而其陳列品，則以石物爲大宗，與義大利之石像較之，誠覺汗顔。間有一二商人，陳有雕刻木器，亦甚可觀，然亦無多，其他則破布銅錢也，女花鞋也，郵票也。此類商人，無事則嬉游争斗，辱國實甚，蓋皆未受教育所致。然其離國數萬里，冒險求商之心，亦足豪矣。再若官之陳列品，則以湖北爲主，然多舊物，蓋由聖魯伊斯轉運至此也。人賽新，我賽舊，亦可異矣。一位置各國風土園，占地二千方尺，建塔一座，高七丈，塔中所陳列者，船型爲多，其他則土像也，破壞之樂具也。又有通運公司所設之茶室一所，裝飾最麗。爲會場獨一無二之飲息處，又有博物館一所，所陳列者，以厦門烟草爲最佳。聞諸西人云，二十年前，厦門之茶，行銷美洲者，不下二十萬斤，今爲印度錫蘭茶市所奪云。其關係科學者，則各礦片也。再若銅器、木器、錫器、紙張，皆甚陳腐，其他則各種建築術之木型，著名之烟槍，此我陳列場之大略也。

二、日本。人稱日本陳列場，爲世界完全陳列場之一，良不誣也。若教育部之學表，學術部之儀器，農産部之動植物，園藝部之植木培樹法，佃漁部之器械，給料部之飲食物，礦物部之礦産，建築部之什物，織物部之衣服，化學工藝部之紙藥，工藝部之金銀、寶石、漆牙器等類，若東京、西京、神户等地之專區，莫不具有特色。其他最著者，則臺灣之樟腦也。

三、波斯。波斯陳列品，以氈類爲大宗，有毛氈、棉氈、絲氈之别。此外則農産陳列品，布置亦甚可觀，前波斯王曾臨此地云。

四、越南。越南即西人所稱印度支那是也，以安南爲主，皆法人所布置。除農産品工藝品外，則安南人之模型也，成泰王之畫像也，其建築則華式，其文學則漢文，不禁令人生唇齒之懼者也。夫西人今日之殖民政策，以張大其藩屬，而謀國母之利益爲主，不然，安南有二百五十萬方里之廣，二千五百萬人民之衆，每年法人所收身税，不下二千五百萬元，而以此資擴張其軍隊，報效其母國，試問法人曾施半點教育於越南人乎，而又以屠屍開墓等野蠻刑法制之，此吾不禁爲法國羞，而爲安南悲也。

五、印度。印度陳列場，爲英人所布置，其陳設品有氈布、銅器云。

賽會布置法，自千八百七十年以來，世界萬國博覽會，不下三十。我國參預其間者，不達十次，而政府又常委之外人。若去歲（一千九百零四年）聖魯伊斯博覽會場用美人，今歲黎省會場用比人，辱國實甚。夫賽會委員，實擔全國之名譽者也。若以此職委之外人，是無異以國權委之外人也。夫西人之愛其國也，較之愛我國也何如，是故外人斷不可用之於國際會上者也。若此次委之比人阿里嗣及法人巴士博，則我國權實操諸其手。若會場之報告書，明言税務司赫德爲各國賽會中國陳列場之總理，揚子江爲法人之範圍也等語，爲人所共見。彼欺我國之弱，豈可道耶。況我國亦非無人，有公使，有隨員，舍公使、隨員而不用，是明示其無權力，無責任也。以鄙見所及，具陳辦法如左：

一任人　夫賽會事非等閒，則任人亦不可不慎，莫若委諸其權於商部，派員一人；由就地之公使，派員一人，而使就地之公使總其成，即總辦、督辦、會辦之謂也。此二員，一則勸獎各省商會，一則布置就地會場。

二公司及商人　無論公司、商人欲往賽者，必先在商部報明所賽何品；在外國之公司、商人，亦必先在使館報明，以杜絕此次辱國物之弊。

三陳列品　公司、商人之貨不足，則用官品補充，其名如左：（甲）教育品。外國陳列品首重教育，蓋以是覘人國之文野也。我國近年所設之官私學堂不少，可由學部彙齊各校課程，及圖書儀器等類，注明西文，若初等教育、中等教育、高等教育、特別教育之課程，繙譯著述以及輿圖報章雜誌等類，是也。（乙）機械品。我國近亦有發明自製機械者，此類亦爲陳列品中之主要。（丙）工藝品。若金、銀、木、篾、法琅、寶石、珠玉時計、銅、鐵、錫、毛等物爲雜類工藝品，若藥料、香料、烟葉、皮紙爲化學工藝品，若車馬航具類爲交通工藝品，若玻璃、陶器、漆器、燈具、桌椅、几案爲什物工藝品，若紗布、毛、絲等類爲紡織工藝品。（丁）美術品。若我國之樂器、畫具、雕刻物、建築物等類皆是。（戊）農、圃、佃、漁品，此四種外人皆分列如下：（一）農業品，如米麥等類爲農業植物品，若蛋酪等類爲農業動物品，棉麻等類爲農業特產品是也。（二）圃藝品，老農老圃已發達於數千年前，今外國之圃藝，若栽種菜蔬、果實、花卉、樹木等類是也。此外尚有林業品，今略。（三）佃漁品，凡佃獵器具模型等類是也。（己）給料品，凡關於飲食者，俱謂給料品。（庚）礦產品，若各地所産之金石煤礦等類是也。（辛）商業品，若商業器具，商業教育品，交通品等類是也。（壬）藩地品，若蒙部藏衛等地之出産，關於學術之研究，工商之陳列者，是也。（癸）軍器品，若湖北鐵政局、江南製造廠、福建船廠所製之槍砲、水雷、船型以及海陸軍應用之物，皆是也。

四建築法　會場之建築，不必拘定華式，若此次所辦房屋，不類廟宇，不類寺觀，涂以紅色，凝目甚矣。

五調察員　調察員非通二三國文字，受高等教育者不可。若近來政府所派之調察員，西文不知，賽品莫辨，不惟無益，而且有辱國體。試詢彼農工商何解，賽會場有幾國，彼必不能答，最易而不耗經費者，則莫若派就地學生爲調查員，且可藉以講學，誠所謂一舉兩得也。

《東方雜誌》第三年第六期《各國賽會志要》　署江督周玉帥前以粵商嚴君其章，曾赴比國賽會，熟悉會場情形。茲屆義國賽會之期，因復飭令前往比賽，以資熟手。聞嚴君特將江寧特産各種絨緞，及商務工藝局所織之花綢、花縑絲、白縑絲各帶一匹，運往陳列。奉、直、江、浙、閩、粵、齊七省漁業公司，應赴義國賽會各品物，業由張季直殿撰派委羅別駕誠隨帶赴義，並爲該會會長。　南美智利共和國定於一千九百零六年四五月間，在本國聖亞哥市開設萬國大博覽會，爲示各種之機械器具，近來新發明之意匠，並搜集各種汽管與印刷機等，以介紹於衆云。

《東方雜誌》第三年第八期《義大利萬國博覽會遊記》　義國今歲會場，較之美、比會場大數倍。　全場分爲二區：一爲樹園區，一爲軍場區，占地一百萬密達。　總陳列場，占地二十四萬五千密達。　其陳列場占地最廣者，則奧國陳列場，有一萬六千密達。　比國鐵路陳列場，占地九千二百密達。　法國占地二萬五千密達，歐洲與會者，有法、奧、比、德、英、匈、瑞、荷、俄、土希臘、西班牙、塞爾維亞、布加利亞等十餘國。　美洲與會者，南美各國共有陳列場一所，北美合衆國有陳列場一所，墨西哥、坎拿大各有陳列場一所。　亞洲有日本、波斯、印度及我國陳列場，我國今歲陳列場，較之去歲比國陳列場，辱國尤甚，蓋我國賽會之目的，在政府則以爲聯絡邦交，在商人則以爲求謀利息而已，與所謂獎勵工商之道，去之甚遠。　去歲比國賽會，幸有各國學生會，竭力勸告政府商民，故辱國之處尚少，而今義國賽會，無學會維持，將來結果，不堪設想矣。

《商務官報》光緒三十二年九月五日第一九期《駐法劉大臣爲法京創設萬國商會事咨商部文附表列調查報告門》　爲咨請事，據法京義國商會董事呂畢尼而稱，創設義國商會於巴黎，已閱廿年，商務發達，成效昭著。　查英、俄、美、奧諸國，均已在此設立商會。　屆計未設商會者，二十三國，以進出口貨值論，德爲首，瑞士次之，而中國居第三，且華貨入法者，值百七十八兆佛郎，而法貨之入華者，不滿八兆，是法國尤爲華貨之一大主顧，在中國尤宜加意維持，以期推廣。　現擬糾合諸國，公設一萬國商會於巴黎，專意講求，有益於諸國。　在法商務各事宜，所有會所常年經費，按照與會諸國與法國進出口貨值總數，比較攤派，約計中國資格，在每年二千佛郎左右。　茲備商會章程一份，中法進出口貨值年表一份，未設商會諸國之次序表一份，呈請收存察核。願否入會，静候賜復，仍一面詢商別國，以期衆擎易舉等語。本大臣查振興商務，端賴商會華貨之銷於法者，爲數甚鉅。惟華商來法者少，斷難自立商會。該董吕畢尼擬創萬國商會，用意甚善，我若附入此會，所費無多，而於商務前途，不無裨益，爲特照譯該董所擬章程及附表等，咨送貴部，請煩查閲，應否入會，並能否酌籌常年會費之處，切盼核奪，見復須至咨者。

謹將吕畢尼君擬創萬國商會之章程照譯如左：

第一條，凡未在法京設立商會，諸國公設一商會於巴黎，以推廣諸國與法國之商務。

第二條，該商會設立巴黎，除與會之國例派會董各一員外，另在紳商中公舉二十一員爲會董。

第三條，與會諸國例派之會董，或以各該國領事充當，或另派專員代表。創設萬國商會之吕畢尼君，亦充常會董。

第四條，該商會應辦之事如下：

一、與與會諸國直接通信。

一、凡關涉商工農財諸事宜，可由該商會自行查考，或由與會諸國交託查考。

一、該商會應設法使與會諸國，及法國之商人貨主直接交易。

一、擇行銷法國之物産陳列會所，俾衆周知。

一、與會諸國之商人，與法國巴黎商人，如有轇轕，可由商會調處公斷。

一、設法在巴黎拍賣，與會諸國之貨物，以廣流傳。

一、巴黎及賽納郡内字號之能置辦與會諸國之農工諸産者，由商會查開清單。

一、與會諸國來法攬銷貨物之人，可由商會指告一切。

一、代與會國訪薦經理人或代銷人。

一、凡欲代法國字號作經理人，或代表者，可由商會查明擔保。

一、開設在法國之字號，是否充實，是否可靠，可由商會查報。

一、商會可代會中商人，收取欠賬，理結賬目，代支期票，並安頓貨物。

一、商會可代訪薦可靠狀師。

一、與會商人虧倒歇業應，如何辦理，可由商會指示。

一、與會諸國之貨物，應納法國進口關稅釐捐，以及法國貨物應納別國進口關稅，皆可由商會查明稅則，分別指示。

一、水陸轉運脚價，可由商會查報。

一、查報農工進步。

一、訪購農工機器。

一、訪雇工人夥友。

一、設法請發法國之創製執照，並幫同辦理商標注册等事。

一、凡有假冒商標等情事，可幫同設法追究。

一、查報注册之新貨。

一、查報法國商務情形及其風俗。

一、商人有受虧者，可幫同向稅關及鐵路局申訴辯正，並索賠償。

一、查報法國股票國債票，及貨物之價值。

一、將法國進出口貨情形，隨時登報。

一、某貨可多銷，即隨時登報通知。

一、查報法國秋收豐歉情形。

一、法國商律若有變更，亦隨時知照。

一、凡和於推廣商務之事，商會應隨時留心考察，分別通知。

虞和平《周學熙集・天津勸工展覽會章程》 一、開會日期以十月初十日萬壽聖節爲正期，自前三日起至後三日止，即自初七日至十三日共爲一星期。

一、會場擇定河北公園學會處前新建考工廠罩棚内，計共劃分幾區，俾各項貨品各以類聚，不得紛紜錯雜漫無界畫，以示整齊。

一、此會宗旨，意在振興工商業擴銷路，所有各項貨物均準訂價出售，任人購買；如有特別之品，僅供陳列不欲出售者，亦準一律入會，惟貨箋應標明賣品與非賣品兩種，以示區別。

一、貨品價值由售主酌定確數，不增不減，於標箋内一一注册，俾購主按照標箋給價，不得高抬虚索，以致互相争執。

一、陳列貨品並非夸奇斗博，不過爲振興本國工藝，故外國貨物暫不列入，其中國貨物不拘何省何縣，均可販運入場，以便互相考較。

一、開會之前十日，凡各工商鋪户有情願入會者，應先到考工廠報明某號、某人、某貨，須經本廠允許後，詳細注册，並填給憑單，以便稽查。

一、各店入會陳設均準懸挂牌號，限定若干寬，若干長，用白鉛油牌，上書黑字，俱懸於本號門闌上方，統歸一律，不得大小參差，致形雜亂，惟寄陳之品應會集一區，另寫特別横牌，此項木牌均由本會備給。

一、各店貨架均由本商酌量貨物所宜自行備辦，但以精雅爲主，不可稍涉粗蠢，至寄陳之品所用度設架應由本會備置。

一、貨品標箋，其格式大小行款，由本會酌定，即由本會備給，各交本商自行填寫。

一、貨物售出，俱取現款，當場交易，購主不得賒欠。

一、會内各店飲食，均由自備，不得舉火爨，以昭慎重。

一、凡火柴、花爆、海菜、魚腥、油鹽醬醋、水果、菜蔬、柴草、煤炭等類，及一切易於燃火，易於朽腐，並氣味不佳，占地太大之物品，概不得入會陳列，以免污穢。

一、會内各商理宜潔净安詳，以合文明舉動，不得喧嘩争吵，以及吸烟、飲酒、賭錢等事，違者議罰。

一、開會日期縱人遊覽，前五日男客遊覽，後二日女客遊覽。

一、開會七日，每日皆擬邀請各項軍樂分班鼓吹，以助興會。

一、地方官紳宜先期分贈優待票，届時茶烟招待，以示優禮。

虞和平《周學熙集·天津勸工展覽會免税規則》 一、勸工展覽會既專收土貨不收洋貨，所有會場進出口土貨應準免納税釐，其洋貨概不準夾帶影射，如查出前項情弊，照例充公。

一、進口貨但查明係土貨入會者，無論價值若干，概免税釐，其出口貨則限定值銀在三十兩以内者，方能照免，過三十兩者不免。

一、會中預備四聯執照，鈔關一張，釐局一張，商人一張，會場一張，作爲存根，此照由會發給，商人不在展覽會者，不得沾此利益。

一、進口貨在開會前三日到會場報名，發給執照，以憑查驗，惟遠地商人與本會或不相識，應先覓有妥實鋪保，再行領取執照，以防冒領之弊。

一、展覽會所售之貨，均貼展覽會小票，如買主實係販運出口，若即於購貨時在會中自行聲明，由會中發給執照，以憑查驗，惟自領照之日起，限定十天以内出口照免，過期作廢。

一、進口赴會之貨，既免税釐，閉會後如原貨仍出原口，亦一例免納，惟出他口則不免，且出原口之貨較進口時只許減不許增，如有影射，查出充公。

虞和平《周學熙集·天津勸工展覽會驗貨領照細則》 一、商人請領進口免照，除本埠著名字號外，必須有殷實鋪保方準發給，倘請免照後貨物不到會場，即由保人照免照所開花色補捐，如遠來客商，無從覓保者，貨物到口後，由會場派人前往領貨入會。

一、展覽會宗旨專爲搜羅精美新式製品陳列貨様，以動人工業思想，每種貨色應以一二件爲限，如同類大宗之貨，與本會宗旨不合，不得請免照進口，其有已經完納釐税之貨，願入會者，多寡聽便，不拘此例。

一、凡請領進口免照者，該貨應到口須將原貨發單呈驗，以便核實估價，該貨應一直提運到會，不得中途轉入行店私自改拆原封，如有中途私自改拆者，應照補釐税。

一、凡領免照入會之貨，至閉會後，如留津埠銷售，應照數補納税釐，其本來未領照已經完過釐税之貨，不在此例。

一、本會係屬創舉，所擬規則均作爲試辦，如臨時有窒礙之處，應由本會總理處與税釐委員妥商辦理，總以不背本會宗旨而又無礙國課爲要。

虞和平《周學熙集·直隸工藝總局詳報實習工場開辦縱覽會情形文並批》

爲詳報事，竊照職局前以實習工場近日官紳客商入場觀者絡繹不絶，員司導引每日應接不暇，而民間尤以未得入覽爲憾，擬自八月二十日起至二十四日止特開縱覽會五日，準男女客分日入場遊覽，以資觀感，業經開折呈蒙憲臺批準照辦在案。隨即轉飭該場遵照辦理去後。

兹於光緒三十二年九月初八日，據實習工場管理員陳縣丞秉鑒禀稱，竊維東西洋諸文明國，工業進步速若電芒，其原動力之所在不外理化之研究日精，社會之鼓盪日劇，故能月異而歲不同。中國實學幼稚，理化驟難深邃，而欲使人人知工業爲富强根本，端賴社會鼓盪之力。前蒙憲諭，卑場籌辦縱覽會。除章程辦法均迭經秉承鑒定外，兹於八月二十日爲第一次縱覽會開會之期。是日黎明，卑場員司、匠徒均各齊集總局，提調、參議、考工廠、陳列館兩處正副管理員，與各處員司、學生亦均先後到場。時届八鐘，總會幫辦臨場，有初等工業學堂樂隊到會，遂行開會禮，本場及總局與各分局員司、匠徒分行肅立庭前，初等工業學堂樂隊作國樂畢，敬聆總辦宣佈朝廷之德意，並宫保督憲提倡工業之盛心，次及創立實習工場之宗旨，逐科逐事添請工師，招募匠徒，力求改良進步，致成今日之現狀，所願在事諸人各盡義務，精益求精，勿以小成而自滿足，勿以困難而生懈怠，殷懇諄至之意見於詞色，凡與聽者無不感動激發也。繼由來賓天津縣學董李茂才家楨致祝詞，先發明此度開縱覽會之趣旨，次稱頌合局諸公經營締造之能力，又次贊賞場中出品之精美，而勉以持久不懈，日益進步，由第一次縱覽會以後二次、三次至數十百次，無限期，無量數，冀我祖國之工業駕駛東西洋而上，詞意優美，仍復從容，在會諸人莫不沁入心脾，而讚嘆今日之舉爲千載一時之佳會。末由各分局員司並本場員司恭賀開會之盛，來賓隨亦出班致賀，闔場工徒復同聲稱賀。禮畢，員司携匠徒等上班工作，由總會幫辦率來賓與各分局員司赴各科周覽。先至稽查處，由稽查員將匠徒名牌上工下工若何摘挂，入各科門首若何懸挂，監工員、稽查員以便稽查，各等辦法一一詳述。過東織布廠，來賓等見各機所織各色布五色繽紛，均嘆賞不置，及觀陳列成品，僉謂花樣新鮮，推爲特色。過織巾科，謂所織各巾勻密堅致。次至染科兼彩印科，均謂布置得法，染法、印法亦均敏妙。次至窑業科，觀作坯、利坯、印坯、殺合坯，更復欣喜稱贊。次至刺綉科，見花卉翎毛鮮妍飛動，均極口稱道弗絶。次至圖畫科，見壁上懸列成績品山水花鳥群，更嘆爲神致如生，僉謂我國美術於此起點，均不禁爲前途賀。次至制燧科，見分桿、蘸藥、裝匣分用手摇機，靈捷巧速。次至提花科，見所織綢緞花樣新鮮，成色高上。次至胰皂科、木工科、木工模型各等科與陳列室，均相推賞，僉謂工業爲立國之本，前此所以黑闇者，以無人提倡也，今蒙宫保盛德，鋭意振興提倡，前後始二年乃至如此發達，結此善果，誰謂中國之工業前途遜於外洋耶。卑職當請以指引所未及，摘抉所未精，乃群相欣賞不一。計是日開會第一日，官立民立各學堂計共六十八堂合之，入覽人計一萬三千之多。二十一日午刻開會，闔邑官紳工商約至一萬一千七百餘人。二十二日一萬五千餘人。二十三日爲女客遊覽日期，大雨終日，有高等女學、準提庵女子小學暨各官眷、紳眷來場參觀，共二百九十餘人，僉謂雨甚遊人必少，正可詳細參觀，路途泥滑亦所不顧，其傾羨感觸於工業者可知。二十四日早晴，自十鐘即有各官紳、工商庶眷屬，陸續來觀，車馬喧闐，幾至途爲之塞，而官立、私立、高等師範、保姆講習所各女子學堂又至，有十餘處，直至五鐘遊人不絶。優待室共備兩處，隨又將東西北三講堂均爲修理潔净尚不敷用；而初等工業學堂樂隊，私立第三中學堂樂隊，私立第三半日工場樂隊，賡續不休鼓吹休明，遊人擁塞，備極歡盛，天津從來開會之特色無逾於是者，是日遊人至萬三千五百人之多。統計五日約五萬數千人，洵爲盛舉，而本邑諸巨紳入覽之餘，尤爲歆動，有擬即行創開工廠以通風氣而興實業者數家，仰見憲臺籌辦此會，其影響於闔邑紳商工業之思想甚非淺鮮。現計會事所費共公化銀四百七十六兩二錢七分八釐六毫，係由卑場常年經費項下暫支，擬請憲臺另發專款以資歸墊。所有卑場開辦縱覽會始末情形，及縱覽人數各緣由，理合將縱覽简章，並開會用費，繕録清折，禀請查覈，轉詳督憲查覈飭銷，並請立案。嗣後按年秋間開辦一次，以興工業而企開通，是否有當，伏候示遵。等情。並送縱覽简章折及開會用費折各一件到局。

據此，職局查實習工場開辦以來，逐漸擴充，此次特開縱覽會，入覽者至五萬數千人之多，風氣大開，成效已著，藉堪仰副憲臺提倡工業之至意。所用開會經費共公化銀四百七十六兩二錢七分八釐六毫，擬即在於考察經費項下動支，飭發歸墊，仰懇恩準飭銷，並俯如所請，嗣後每年秋間開會一次，以資觀感而興實業。除將用過經費銀兩照數撥發歸墊，並飭該場管理員仍將場事認真經理外，所有職局實習工場開辦第一次縱覽會情形，及動支開會經費數月，並擬以後每年開會一次緣由，是否有當，理合照繕清折，具文詳請憲臺察核，飭銷，批示祗遵。爲此備由具詳，伏乞照詳施行，須至詳者。

督憲袁批：詳折均悉，實習工場此次開辦縱覽會，觀聽所傾，成效已著，仰仍督飭切實考校，力求進步。嗣後準於每年秋間開會一次，俾衆觀感，至開會經費銀兩，准在考察經費項下動支，飭發歸墊，如數準銷。此檄。

《商務官報》光緒三十三年三月五日第五期汪有齡《記太平洋商品陳列所》

歐美各國之重要事業，有官立者，有公立者，有私立者。太平洋商品陳列所，以西曆千九百年九月二十六日，設於美國加州之舊金山，乃由公費設立者也。選與公務有關係者二十三人爲管理者，其中二十一人，爲舊金山著名實業家。此外二人則加州大學總長及加州大學商科長也。此陳列所之目的有二：（一）爲本國製造家及商人圖其便利，蓋擴張本國生産物之銷路於外國市場，且與外國之貿易圓滑，此實製造家及商人所希望者也。本所則務使之達其希望而後已。（二）求開拓太平洋沿岸生産物之販路於外國市場，而於外國商人之營輸出業，欲與美國實業家聯絡者，則亦爲之圖其便利。

太平洋商品陳列所，既有以上目的，乃施各種盡其任務之方法，分列如左：

第一，所中特設勸告部，使與太平洋貿易有關係之各商，皆獲便利，部內辦事人由美國及太平洋諸國之各商業會議所與其他商業團體指定。

第二，外國製造業家或購買者，關於太平洋沿岸之財源或生產物，如欲與美國商店聯絡，則由本所爲之介紹以謀彼此便利。

第三，蒐集美國及外國製造業並經手人之商品目録，以備外國購物人欲向美國製造業家或商人有所質問者，其由外國所製造，足與本國競争之品，則由所中報告於製造業家及商人。

第四，各種樣本内，皆詳記生産地、販賣之場所及製造價格等。

第五，太平洋諸國未製品之樣本，亦皆陳列保存。凡有以未製品輸入之事及管理方法報告者，本所尤重視之，且可爲之供給一切。

第六，北美合衆國之製造品，太平洋沿岸之生産物，及外國市場之銷路，皆備有參考書類。有自太平洋諸國來購貨物而並有所質問者，必爲之詳答靡遺。

第七，如有欲送樣本於售主及運送面積較小之貨物於外國商館者，則由本所貨物運送部以最廉之費用，應其請求，當未有貨物運送部以前，美國製造業者及商人，雖欲送樣本或貨物於外國，往往因需費較鉅而止。由是與外國關係，不能密切，致失擴張貿易之機會。自運送部設而其弊始除，凡外國之大市場，均有本所代理人，所寄貨件，無不迅速投送。因擴張太平洋貿易，故曾於最近五年間，擲數萬金圓以圖之。其尤爲注意者，則爲外國通信代理者之組織。凡貿易之機會，關於美國製造品及生產物之質問，外國商人及輸出業者之營業種目並其信用程度，皆由本所與各地代理者彼此隨時報告。

本陳列所會員享受之特典，列記如左：

（一）分駐各地之通信者及代理者，對於關係美國貨物之特别質問，皆有確實報告，通信者及代理者所駐地。如有銷售會員貨物之機會，亦即隨時報告。

（二）會員販賣貨物於外國市場之事，及對於會員貨物之外國競争品，皆由本所隨時注意，彙集報告。

（三）與會員交易之外國，商其購買力、資金並信用等，皆詳細調查，以供參考。

（四）運送貨物至各國時，關税、運費及裝貨之形式如何，皆有報告。

（五）太平洋諸國可以經營之新事業，皆迅速報告，詳加説明。

（六）太平洋諸國之造貨人，特别貨物之照料人，及貨物在外國市場之狀況，皆編列一簿，以供參考。

會員一人，每年納會費七十二圓。現有會員二百二十人。此後願入會者可決其有日增之勢，此陳列所能爲太平洋沿岸之製造業家並貿易者，畀以偉大之報酬，固識者所共信者也。

《商務官報》光緒三十三年四月十五日第九期《批勸工陳列所稟》　稟悉。奉天陳列所所運輸商品，發給免税執照，由該所代爲經理，事屬可行。所有規則章程，自應刷印分佈，以廣招徠。惟事關免税，務須妥慎經理，勿任有影射朦混等弊，其運往各商品，先由該所發給執照，將來彙齊數目，造册呈部可也。此批。三月二十一日。

《商務官報》光緒三十三年六月五日第一四期《本部札上海天津蘇州杭州商務總會文爲女工賽品趕即解部事》　爲札飭事，案准外務部咨據英使函稱，澳洲梅勒本女工賽會貨品，至遲須於華曆六月下旬，由香港出口，如農工商部尚未將該貨品於一個月内備齊，恐難如期賫到，請再轉致相應咨行貴部查照等因。查該會章程前經譯寄轉行在案，咨准前因，合行札催，務於六月下旬，將各項應賽女工之品，匯解到部，以便轉寄。事關賽會，與中國女工前途頗有關係，萬勿遲誤，切切。特札。

中國第一歷史檔案館《光緒宣統兩朝上諭檔》第三三册《光緒三十三年七月十三日》　光緒三十三年七月十三日，内閣奉上諭：朕欽奉慈禧端佑康頤昭豫莊誠壽恭欽獻崇熙皇太后懿旨，農工商部奏南洋華僑商會成立，請派員考察獎勵一摺。南洋各埠華僑居多，類以商業自謀生聚。現在商會漸次成立，朝廷時深注念，甚爲嘉許。著派楊士琦前往各該埠考察情形，剴切宣佈德意，優加撫慰。如有慨集巨資回華，振興大宗商務者，除從優予以爵賞外，定飭地方官妥爲保護，以重實業，而惠僑民。欽此。

《商務官報》光緒三十三年七月二十五日第一九期《批候選道李鳴鶴稟》　據稟及章程均悉。該道擬在上海創辦萬國商品陳列所，蒐集中外貨品，藉以開通民智，所擬章程，尚屬妥協，應准如稟立案。至邀聘英商羅致各國貨品，務須審慎，勿令滋生弊端，所徵貨品亦須將土貨洋貨並行陳列，俾衆商足資觀感，以期輪换智識，比較改良，藉收工藝振興之效，本部實有厚望焉。此批。七月初四日。

《商務官報》光緒三十三年七月二十五日第一九期《批分部郎中議員李厚祐稟》　據稟暨徵求貨品書附調查表均悉。查該議員於上年創設勸業場，擬訂章程，稟報到部，業經本部核准，通飭各省商會在案。前據稟稱，按奉天華産商品陳列所勸業場章程，凡來陳列貿易各貨品，一概免稅等語。查奉天陳列所勸業場，係屬前將軍奏歸官辦，專收華産商品，其原奏内稱奉地僻遠，非援官物免稅之例，不足以廣招徠。該議員所設勸業場地居上洋交通利便，且係兼收洋貨，尤與國課有關，自難援以爲例。原奏又稱，無論官運商運自購，一律免其釐稅，以明年十月爲限，限滿仍照常徵收，是奉省事屬官辦，請免釐稅，尚非漫無限制。該議員稟請援免釐稅，種種窒碍，勢難照准。至所請再據前情，行咨各督撫將軍，飭屬曉諭一節。查勸業徵求貨品，勸諭各商，輸送其機關，全在商會。該議員上年稟辦時，本部業經據情分飭各省商會，一體周知。嗣後該議員應自向各商會接洽，以歸簡便，徵求貨品，書並表存。此批。七月初二日。

《商務官報》光緒三十二年八月五日第一六期汪有齡《中國宜爲内國博覽會之準備議》 人類之活動，一經濟之活動也。經濟之事，上古以牧，中古以農，近世以商、以工，工與商又相藉也。粗製之品，不足以敵精製。天然之惠，不足以負人力。條頓種之雄於世，機器之力也。然製不革不精，力不角不盡，精矣盡矣，不能適今日之慾望，則亦楚人之瑾瑜耳，猶未得以存於世。是故勸業之策，有所謂博覽會者，藉以角力革製，而窺慾望之場也。波旁氏之衰，法國嘗大亂矣，生民杌棿百數十年，乃國是一定，而垂斃之物力頓復舊觀，則巴里一再開博覽會之功也。德意志之民，嘗貴外來之貨而賤土産矣。然不數十年，工業忽興，易賤爲貴，論者亦謂其得助於博覽會也。日本自明治十年以來，每五年開内國博覽會，前三年之開於大阪者，其第五次會也。而其工藝之發達，尤爲吾國士夫所目覩，無待贅述。夫博覽會之功效如是，是故一八五一年開於倫敦，一八五五年闢於巴里，一八六二年開於倫敦，一八六七年開於巴里，一八七三年開於維也納，一八七六年開於希勒特爾匪，一八七九年開於柏林，一八九三年開於市俄古，一九〇年開於巴里，一九〇四年開於聖路易。

今執博覽會之説，以望吾國，有識者必啞然笑也。然而吾國商工，亦奚可厚非。吾國物産與工藝，固大有足爲博覽會之基礎者，物産姑勿論，第以工業徵之。工業可分爲新舊二大類。

舊工業

陶磁器。泥製者，江蘇、四川稱盛，磁製四川、湖南皆有，而景德鎮獨步天下，世謂之九江燒。

細木作。南方多佳木，木作亦南勝於北，廣東棹椅及一切雕刻，江浙棹椅床紫檀紅梔，或雜木而附以蘇木之煎汁，支那故長於思想，故繪畫雕刻，自古有名。

織工。男綢女布。綢織花鳥、山水、雲物，成都、蘇州、嘉興、杭州、甯波、廣東所在皆有，而織工之外，又有繡工，衣裳或綢緞，繡花卉、鳥獸、人物，精美絶倫。日本繡以意匠名，支那繡以精巧名。

紙工。支那者，文字之國也。其紙發達最早，藉草木之質以爲紙，江南最擅，名次浙江、四川、福建、湖南北，近貴州、雲南有以破布爲紙者。

玉工。玉者，吾國西部之特産。崑崙山系塔里木河之上，流自古有名，翡翠楊脂，近益希罕，而粵東之紅蘇，亦貴於世。

筆墨。出於湖南、安徽，餉遺各省，間及日本。

地蓆。出於江蘇、浙江、四川、廣東，江蘇尤草匀而工細，號爲蘇蓆。

竹工刻工。南方多竹，雲南、四川、貴州及諸南省最有名其爲器自箱櫃、床杖、棹椅，以及玩具、菜籃、酒盤及各種小竹器。刻人物、花卉、山水，工尤精巧。又有其餘諸刻工，外人稱之爲支那刻工。

新工業

造船所：廣東、福州、上海。

製絨所：蘭州。

製鐵所：武昌。

磚茶製造所：漢口、九江、福州。

織布局：上海、武昌。

紡績業：上海、廣東。

製絲業：上海生絲紡績會社二十六處，每歲出生絲約一萬二千擔以上。

此其大畧耳，其餘者尚未可更僕終也。爲今之計，宜先開内國博覽會。今者商部已普勸各省，開商請陳列所矣，各疆吏已競設工藝局矣，殆即博覽會之先聲乎。

今請畧言博覽會之辦法，以爲準備之資可也。

博覽會之組織

會外協助：

博覽委員。其職，收買地段，開拓道路。

博覽協賛會。其職，捐資助力，經理一切。

喜賓會。其職，應外賓之詢，指導一切。

客棧協會。屬於協贊會監督，職在聯結近地誠實客寓，以便寓公。

會内建築：

陳列所（農業館、林業館、水産館、工業館、機械館、美術館、通運館、動物館、水族館、教育館）。

參考館。此爲内國博覽會所特有，凡外人取本國土産而製之物，既得入陳列所各館中矣。而物之自外國來者，皆歸參考館以資觀感。

各公所。事務室、審查室、解貨所、諸員公所、各府縣賽品協會之接待所、各官衙特别館，郵便電信局，此外尚有音樂堂、茶食店、休息所等。

鐵路電車等。

博覽會之經費

支出之項：

凡收買地段、建築會場、延長電線、添設鐵道、設備汽船、建設旅館、修築港口、改良道路、改良地方等等，需費甚鉅。然有政府擔任者，有歸人民擔任者。政府擔任者：凡興築各項，僅與會場有關，及永與國家有關。加收買地段，及修築港口等項，其費應歸政府。人民擔任者：凡興築各項，有關於地方人民者。如與官路相接之民設鐵路，及僅通彼此二地方之短鐵道。又如改良道路、設備汽船、建設旅館、改良地方等項，其費應歸人民。

然則支出之項，政府與人民，各任其半數耳。試徵諸前數次之萬國博覽會可知也。

		政府支出 千圓	地方支出 千圓
巴里	一八八九年	六、八〇〇	三、二〇〇
市俄古	一八九三年	五、〇〇〇	、、
巴里	一九〇〇年	八、〇〇〇	八、〇〇〇
聖路易	一九〇四年	一〇、〇〇〇	一〇、〇〇〇

收入之項：

入場券。此項收入之法，莫妙於巴里曾用之彩票法。今使假定入場者，一千萬人。有時須持二券，始準入場，則可發賣千二百萬券。使照千二百萬券之數，而三倍其票數，則可賣彩票三千六百萬紙，每紙價二角，附券二十枚，可得七百二十萬圓，以二十萬圓充發行彩票諸雜費，猶餘七百萬圓。

鐵道收入。

電車收入。

旅館收入。

遊人消費金。

以上各項收入之多寡，視會場大小、遊人多少爲比例。

中國第一歷史檔案館《德宗景皇帝實録》卷五七七《光緒三十三年八月》

兩江總督端方奏，南洋商會成立，派大員前往考查，海外僑民，歡忭頌禱。惟近亦有被逆黨煽惑翦辮改裝者，朝廷鋭意維新，方實行豫備立憲，而逆黨則以政府腐敗，聳人聽聞，朝廷消弭内訌，方力除滿漢畛域。而逆黨則以種族不同，造爲邪説，兩宫母子一心，慈孝無閒，而逆黨則故作疑似之辭，以爲摇惑人心之計。善政既遠於傳聞，謬種乃易於散播。應派考查大臣前赴各島時，廣布朝廷德意，宣示年來力圖富强政策，以維僑情而弭隱患。得旨，著交楊士琦閲看。

《商務官報》光緒三十四年二月二十五日第四期李鳴謙《論日本大博覽會我國赴賽之準備事宜》 博覽會之梗概，依歷史的經驗，實代表物産上發展之事業，於近時比較，而萬國博覽會，較之内國博覽會尤臻長足之進步。蓋利用此觀念者，匪唯於國際上之關係，有所裨補，且以之爲一種示威的祝典。一千八百七十六年，北米合衆國獨立百年時期，於費府大博覽會之結果，卒能變農業時代，進而爲工業時代。其駸駸乎發育之進運爲何如耶，溯大博覽會之源始，發起於佛人，實行於英人。以一千八百五十一年開設於倫敦者，爲萬國博覽會之嚆矢。此後接踵而起者，雖居多數。然或規模狹小，不足冠以萬國之名。惟實際以大博覽會稱者，自千八百五十一年至千九百零四年，前後計十二次，内倫敦二次，巴里五次，紐育、維也納、費府、市俄古、聖路易各一次。我國出品參同事業，除明治三十六年大阪内國博覽會外，以一千九百年巴里萬國博覽會、一千九百零四年聖路易萬國博覽會，爲最近出品參同之時期。今日本政府，擇定明治四十五年即我國光緒三十八年，開萬國博覽會於東京，會場敷地總面積，約三十五萬坪，業於昨年即明治四十年十一月，經外務部大臣發通牒於駐日各使臣。彼時各國表贊同之意者，獨逸帝國，亦既移牒各聯邦政府及國内各商工團體矣。墨西哥、加奈陀政府亦均以贊同出品之通牒返答矣。英領殖民地新基蘭政府亦既以關於建物之面積及出品等，派主任官吏來日本交涉矣。米國政府亦既於今期議會以參同之豫算提出矣。英國商務大臣亦既依此案内狀之勸誘，設委員會著手調查矣。此外陸續申込者環顧列邦，計日可待。我國對此問題，其出品之參同，當亦從事研究，但以一千九百年暨一千九百零四年之往事觀之，猶未盡美盡善也。蓋一則建築之事務，假手於佛人，一則監督之副任，授命於米人，其甚者，於巴里之出品，貽多數骨董之譏評；於聖路易之出品，居末等褒賞之鑑定。此在數年前之中國，迫於實業幼稺之使然，實亦未可厚非者。今則人文進展，物産勃興，商界競争之思想，人同此心，外交親睦之會同，勢不容緩。何幸值此不可逸之機會，紹介我國進運之狀態於世界萬國，非此日本大博覽會之時期也耶。生留學東瀛，迅將五載，對此參同事業，尤爲注意之宿題。蓋非具提綱挈領之規，斷難收通商惠工之效。謹擬大綱二十八條，用備採擇，非敢矜一得之愚，亦聊竭兩端之叩爾。

謹擬赴賽大綱二十八條。

第一條，赴賽準備委員會。

職員：職員之日本遣派，職員之各府縣勸誘。

第二條，事務局之組織。

事務局、出張所。

第三條，會計。

第四條，本邦政府館敷地。

第五條，政府館敷地内之建築物。

第六條，庭園。

第七條，出品陳列地區。

第八條，關於出品之方針。

第九條，關於出品之規程。

第十條，出品之許否。

第十一條，地方團體出品。

第十二條，官廳出品。

第十三條，出品之統計。

第十四條，保險。

第十五條，出品物之輸送。

運賃割引、荷造及發送。

第十六條，實業家之渡航奬勵。

第十七條，陳列裝飾。

第十八條，税關關係事項。

第十九條，出品目録。

第二十條，出品之看守。

第二十一條，出品物之販賣。

第二十二條，審查及褒賞。

第二十三條，賣店及其他場内之營業。

第二十四條，興行物。

第二十五條，入場券之處理。

第二十六條，印刷物。

第二十七條，徽章。

第二十八條，於閉會後之建築物，及出品物等之處理。

《商務官報》光緒三十四年三月五日第五期《奉省設立商品陳列所》 奉省於興商要政，極爲考求。近又創設商品陳列所，以資考究，而勵工業，業已奏請立案，由商部通行各省商會查照。

《東方雜誌》第五年第五期《荷屬賽會》 西曆一千九百零八年八月三十一號，爲荷蘭女皇誕辰，南洋各島荷官届期於蘇門搭臘日麗所屬之棉蘭，舉行賽會，邀請各國工商赴會，作十日陳設，以圖慶賀。業由南洋僑商張京卿煜南布告同胞，届時各賫商品，前往赴賽，以期師長補短，於我國工商有所進步。至賽物入口時，須預先報明公署，以便給憑免税，藉廣招徠云。

《東方雜誌》第五年第六期張謇《京師建設帝國博物館議》 昔者行人採書、太史掌典、司職之屬，詳於周官。蓋不僅文字載籍，皆聚於上。凡天下之鴻寶名器，悉以簿録於天府，主守於藏史也。然考周官外史之制，掌四方之志，掌三皇五帝之書，掌達書名於四方，由是推之，則雖天府之簿録、藏史之主守，必反而公諸天下也，彰彰明矣。

故孔子大聖，將求先王之遺制，考禮樂之所極，必觀於周。其適周而見老聃，亦以老聃主周之藏室耳。莊子曰，孔子西藏書於周室，信如是言，則孔子又曾舉其書歸於周之藏室矣。

偉矣哉，我國有歷史以來，今四千餘年矣。其附麗於歷史而可以資考證者，曰經籍，曰圖繪，曰金石之屬，皇古迄今，不可勝紀。所以綿綿延延，賴以不墜者，實由聚於上者，有朝廷之徵求；聚於下者，有私家之搜輯，但朝廷之徵求，尊爲中秘之藏，而私家之搜輯，則囿於方隅，限於財力。故扃鍵錮篋私於其家者有之，不能責以公諸天下也。居今稽古，其道末由，承學之士，久相慨惜，是以朝野上下，今日所亟宜裁省而補救之者。敢循周官外史之舊章，本孔子藏書之故訓，以祈請於上，以董勸於下，用草議案，貢採擇焉。

夫近今東西各邦，其所以爲政治學術參考之大部，以補助於學校者，爲圖書館，爲博物院。大而都畿，小而州邑，莫不高閣廣場，羅列物品，古今咸備，縱人觀覽，公立私立，其制各有不同。而日本帝室博覽館之建設，其制則稍異於他國，且爲他國所不可及。蓋其國家盡出其歷代內府所藏，以公於國人，並許國人出其儲藏，附爲陳列，誠盛舉也。我國今宜參用其法，特辟帝室博覽館於京師，何以必曰帝室，宣上德而揚國光也，何以必於京師，則又有説。

司馬遷之言曰，教化之行也，建首善必自京師始。其自叙所爲書，亦曰藏之名山，副在京師。誠以帝王之居，輦轂之下，萬國駿奔，四方繁會，將以潤色鴻業，利導齊萌，其所以爲天下先者，必於京師也。况逢我朝右文隆治，政教洋溢，四庫之典籍，什庫之器物，其所甄録，邁宋軼唐。且上蒙列聖萬幾餘暇之鑒題，歲有臣工四方搜討之採進，璀璨繽紛，實難窺測。即仰承欽定之譜録，今傳播於寰海，焜耀於日星者，如《佩文齋書畫譜》、《天禄琳琅書目》、《四庫全書總目提要》、《西清古鑒》、《石渠寶笈》、《秘殿珠林諸編》，皆康熙、乾隆兩朝奉敕撰進之書。以視漢之延閣廣內金匱石室，隋之修文觀文妙楷寶臺，網羅收貯，殆百倍之。若擬以貞觀公私之畫史，景祐崇文之總目，宣和博古之圖，宣德鼎彝之譜，則猶滄海之於行潦，泰岱之於培塿矣。更謹案乾隆四十七年，《四庫全書》告成，純廟特命如內庭所藏，繕寫全册，建三閣於江、浙兩省。諭令士子願讀中秘書者，就閣廣爲傳寫。所謂三閣，在杭州者曰文瀾，在揚州者曰文匯，在鎮江者曰文宗，故東南人士感恩被教，至今能以文學名海內。大哉皇言，垂惠萬禩，豈惟遠抗成周之典謨，抑以近契東瀛之制度，則帝室博覽館之議，雖今始建言，誠所以紹述祖訓，恢張儒術也。

今之世稱文明最古之國，咸推我國，此亦東西各邦之公言也。故政俗之沿革，器物之製作，魁儒碩彦，嘗討論而研求之，其來遊我國者，亦必首詣京師，征其文獻，歸而著書，多所闡述。但其撢採，或得於朝市之見聞，或本於閭巷之風説，語焉不詳。疑而多闕，若此館成立以後，特許外人亦得參觀，則賦上都之壯麗，紀帝室之景物，更有以知我國唐虞三代以至於今，文物典章粲然具備，斯將播爲美談，詫爲希覯矣。故設於京師也尤宜，惟兹事體大，當奏請朝廷敕下籌辦，方足以昭示遠近，震耀觀聽。併當奏請皇太后、皇上頒賜內府所藏，以先臣民，欽派王大臣一二人，先領其事，俟開辦後，則隸其館於學部，特遴專員，任其職守，並宜先布章程。諭令京內外大小臣工，以及世禄之家，嗜古之士，進其所藏，如價值鉅萬，當特加褒賞，以示激勸。且許分室儲貯，特爲表列，其餘進呈，亦付儲藏，則曩所謂聚於上者，既已廓然昭示大公；則聚於下者，亦必願出而公諸天下矣。

且京師此館成立以後，可漸推行於各行省，而府而州而縣，必相繼起。庶使莘莘學子，得有所觀摩研究，以輔益於學校，則此舉也，揆諸時局，誠不可緩。所願朝廷俯納其議而實行之，但建設之初，所宜規畫者，厥有六端。今條列其略，附於左方，其章程當别議。

甲、建築之術。此館既建於京師，則營造之制，宜宏博壯麗，無論矣。所最注重者則擇地，其地便於交通、便於開拓者爲宜，而以占若干之面積，合若干之容量，須先擇定。中建樓九楹，爲供奉御府頒存之品。樓凡五層，或七層，則以頒存之品物容積爲率。樓左爲儲藏內外臣工採進多數品物之地，或聚一人所採進爲一區，或聚二三人所採進爲一區，以類相聚，署爲專室，用示特異。樓右爲儲藏內外臣工陸續採進品物之地，當以天然、歷史、美術别爲三部，分别部居，不相雜厠。館中貫通之地，宜間設廣廳，以備入觀者憩息，宜少辟門徑，以便管理者視察。隙地則栽植花木，點綴竹石，非恣遊觀，意取閑野。室中宜多安窗，通光而遠濕。庋閣之架，毋過高，毋過隘，取便陳列，且易拂掃。

乙、陳列之序。博覽館之建設，有異於工商業及他種之會場，非參究學理，確有規則，見者且非笑之，大要分天然、歷史、美術三部。今既合官府上下之所儲藏，或私家盡出其所有以輸助者。故前條述建築之制，别具一説，蓋以頒存物品及專室所儲，未能一一釐别。然即其部分，當定一秩序，天然部以所産所得之地方爲等差，歷史、美術二部，以所製造之時代爲等差，覘古今之變遷，驗文明之進化，秉微知鉅，亦可見矣。右院既列室分藏，亦可循此以定，條舉件係，立表編號，此雖餘事，亦宜亟行。

丙、管理之法，此館隸於學部，自當由學部派員專管。然爲奉旨特設之盛舉，又爲我國近政之要端，開辦之初，既由欽派王大臣先領其事，則非派一秩位較崇、學術通達之員不可。至於審定編制，尤當不拘爵位，博選名流以任之。其管理之責，雖責成專員，但辦事各員，亦當共任其職，嚴管鑰，禁非常，及其他種種之有妨礙者，均當專定章程，期相遵守。又當遴派視察員、招待員(無定員)用爲糾監導觀之助，必得通東西洋語言文字二三員，以便外洋來觀，有可諮詢；書記三數員，則專掌圖表册籍報告之事，其管理章程當别定。

丁、模型之部。我國有歷史以來，文物嬗變，亦繁賾矣。宫室輿服，下及日用器物之屬，代遠事遷，日有損益。其最大者，明堂太室，後儒各訟其説，元服覆絳，晚近幾忘其制，循名責實，良足悕已。故館中宜特設模型一部，所有古代宫室器物，今之不可見者，當博征圖籍，证於可信，精造模型，分别存庋。且惟學者得所依歸，抑亦歷史美術二科之實踐也。標本雛形，東西洋學校均以爲重。若我國仿漢之印，影宋之書，以及鈎摹之金石，存古奪真，殊多佳妙，附列此類，亦博覽之名義不可闕者。

戊、採輯之例。此館爲我國第一之建設，即可爲全國博覽館之模範，今所請求，則在内府頒發所藏，爲天下先。再行諭令各行省將軍督撫，督同提學使，飭下所屬，一律採進。但此事不在官力之强迫，而在衆願之贊成，應先宣佈，以免胥吏藉端征索。至於定準何時開辦，亦宜申明年限，綜計建築工程，約需一年。益以搜輯物品，則三年後當可成立。惟宜使天下曉然於朝廷此舉，實有綜合禮儀、保存文獻之意，且使私家所藏，播於公衆，永永寶藏，期無墜逸，則將不日成之，有如靈台之詩所誦矣。

己、表章之宜。謹按乾隆間，因敕定《四庫全書》，降旨采訪，江浙兩省藏書家及廷臣朝紳，紛紛奏進。其進呈至五六七百種者，如浙江之鮑士恭、范懋柱、江啓淑，兩淮之馬裕，各賞《古今圖書集成》一部。其進呈至百種以上之江蘇周厚堉、蔣曾瑩，浙江吴玉墀、孫仰曾、汪汝瑮，及朝紳中黄登賢、紀昀、勵守謙、汪如藻等，各賞《佩文韵府》一部，以示嘉獎。三十九年五月上諭，猶傳播於海内也。此次博覽館，搜集古物，更須遠邇甄録，且吉金樂石，值本不資，收藏之家，網求非易。近今之最著稱者，如江蘇潘氏、吴氏之金，豐潤端氏之石，山西楊氏之書籍，江蘇盛氏之書畫，均值鉅金，苦費搜討。果能盡出所藏，粗足蔚爲盛舉。惟當援引前案，請旨給奬，方足以昭勸勵。若獻物既多，價值尤鉅，自應破格奬勵，不惜爵賞。其應如何分别奬賞，請敕下學部會議，奏明立案，庶薄海聞風，紛紛採進，亦如乾隆獻書時也。

《商務官報》光緒三十四年十一月十五日第三〇期《本部咨各省督撫文爲咨催飭屬速報赴比賽會事》 爲咨催事，光緒三十四年十月初七日，接准外務部咨稱，准比柯使照稱，前以西曆一千九百十年在北京設立萬國賽會，當經本大臣屢次照會在案。如他國欲要地段，希早決定。本政府亦願知貴國政府之意見，並辦法各等語，咨請核辦等因前來。查比京賽會派員入會一節，經本部於上年十二月間刷印通行在案。所有入會物品需用地段，或自賽，或附賽，尚未據報到部。兹准前因，除先行咨復外務部外，相應再行咨催貴督撫查照，飭屬即將如何辦法，迅復本部，以憑核辦可也。須至咨者。

端方《端忠敏公奏稿》卷一三《籌辦南洋勸業會摺光緒三十四年十一月》 奏爲江寧省城擬設南洋第一次勸業會，官商合資試辦，以開風氣而勸農工，恭摺仰祈聖鑒事。竊維富强之策，必以實業發達爲要圖；而奬勸之方，尤以合羣競爭爲進步。泰西各國，常於農工商各項品物開設博覽會，以資比較，以供研求。有專門之會，聚一類之器具方法而賽之，如所謂農業博覽會、漁業博覽會者是。有普通之會，則徧羅各國之工業出産而賽之，如所謂萬國博覽會者是。日本初仿西法，即注意於此，先設内國博覽會，專取本國農工商之出品羅列考較，拙者勖以改良，優者特加奬勵。由是農工競勸，商業勃興，程功之速，各國咸相驚異。計其内國博覽會已舉行至二十餘次，近已議設萬國博覽會以與各國相頡頏，固由其民智易開，亦在上所以鼓舞而提倡之者得其道也。中國以交通不便之故，農工商等多守舊法，簡陋相仍，利源外溢而無計挽回，機軸日新而不知争勝。盱衡時局，可爲寒心。比年以來，幸蒙朝廷重視實業，特設農工商專部一，以振興爲主，感應之機捷於影響。祇以各直省尚未議及舉行賽會，凡近來最著之工藝、新進之商業，無可觀摩，終虞囿塞。臣前年奉使歐美，察其農工商業之盛，無不由比賽激勸而來。自涖兩江任後，時兢兢焉以仿行賽會爲急務，惟此舉在中國係屬創聞，經始擘畫，前無所受。迭經邀集省内外官紳、商董等諮詢籌議，意見亦復相同。擬即在江寧城内公園附近紫竹林一帶購地七百畝，組織會場，所需經費，由官商合力擔任，並會議一切辦法，其中緊要關鍵約有五端：一曰宗旨宜純。各國舉行賽會，所投資本事後取償，原屬有盈無絀。惟此次賽會本旨係專以振興實業，開通民智爲主義，事屬創辦，但期激勵商情，不敢急求近利。公家對於此舉當盡實力提倡之責，未便存因以爲利之心。立信大原，全係於此。一曰範圍宜小。賽會既屬創舉，章程、辦法雖有外域之可師，物産調查尚無統計之可據，事在循名責實，不得稍涉鋪張。擬定名爲南洋第一次勸業會，暫避博覽之名，俾免竭蹶之慮。基礎既立，自不難徐圖擴充。一曰體制宜崇。會名雖冠以南洋，南北各省實無歧視，陳賽物品多多益善，全賴農工商部總持要領，各直省共表同情，庶幾收羅閎富，蔚爲盛舉。並擬請明降諭旨，飭派南洋大臣爲該會正會長，以昭慎重。自副會長以下，另由臣與認股各紳商，隨時商酌舉派。一曰褒獎宜優。各國賽會，皆經有學識、有閱歷之員將陳賽物品逐一審查，定其等第，優者給以獎牌、褒狀，擇日舉行褒獎授與式，榮譽所在，人人鼓舞。現擬定褒獎分爲六等：一奏獎、二超等文憑、三優等文憑、四功牌、五金牌、六銀牌，以光商標而拓商業。一曰籌備宜速。茲事體大，期限不可不寬，布置不可不密，然非明訂時期，妥爲預備，誠恐臨事迫促，籌辦難以周詳。擬即定於宣統二年四月初一日爲開會之期，所有預備事宜，應儘是年三月内一律辦理妥帖。如實在籌備不及，當於開會前三月預先通告展緩會期。以上五端，均係體察商情，悉心籌議。其餘未盡各事，另行訂有詳細章程，俾資遵守。至開會經費，預算各項用款，約需洋五十萬元。現由本省官商各半分籌，均已如數認足。在公家維持公益，誼不容辭，而各紳商等竟能踴躍集資，共相贊助，實爲難得。自應仿照各國通例，官任補助，不使商本受虧。一切均援照部定有限公司辦法，官商聯絡一氣，屏除積習，和衷辦理，以期於實業前途大有裨益。除將章程分咨查照外，謹會同江蘇巡撫臣陳啟泰恭摺具陳，伏乞皇上聖鑒訓示。謹奏。

章開沅《蘇州商會檔案彙編（1905—1911年）》第一輯《南洋第一次勸業會簡章光緒三十四年十一月》

一、本會設於江寧省城，招致各省出産工藝復品，以資研究，定名曰南洋第一次勸業會。

一、本會籌集股本五十萬元，作十萬股，每股洋五元，官商各半，按照部定有限公司章程辦理。

一、本會應辦事宜，由認股官商互擔責任，互相考察。

一、本會擇定南京北極閣以北、紫竹林以南購地七百畝爲會場。設董事會事務所於上海，設坐辦事務所於南京。

一、職員

正會長一人，南洋大臣任之。

副會長五人，寧藩司、金陵關道、江海關道；餘由在股紳商公舉紳商學界之有名望者兩人。

董事十三人，在股紳商公舉。

董事會事務所聘用總幹事一人、書記一人、庶務兩人。

會計員兩人，即由董事會内公舉。

坐辦一人，董事公舉。幫辦一人，以及會内應用各員，隨時酌定。

會場幹事員，每部一二人。

會場審查員數人。

查帳員二人。

以上職員，自董事以下，均須公舉，惟坐辦一人，董事舉定後，稟請南洋大臣奏派委用。

一、本會集股、陳賽、建築、轉運各項章程，均須由董事會議決。

一、本會股本俟每届會事告竣，總揭盈虧。如獲贏餘，除提取官利、花紅、獎勵等項外，其餘若干按作十萬股勻攤分給。萬一設有虧耗，議定在官股二十五萬中照數填撥，作爲補助，務使商股本利二項不至有虧，以昭信用。

一、本會開辦自宣統二年四月起開會，以九月止閉會，作爲一届。届期總核收支全數，次算盈虛，揭帳時聲明由坐辦會同董事局，開股東特别大會公決第二届之辦法。

一、開辦之後，萬一各省陳賽之品一時未能踴躍，須憑董事局議決，由本會派員設法采辦陳列之品。其行運資本如有不敷，須由坐辦稟請正會長撥借官款補助，俾資成立。

一、官商股本劃集後，存放上海、南京二處殷實行號，如欲動支款項，須由坐辦協同會計員簽字方準撥付。

一、各省赴賽物品，凡由出産處運至南京，請南洋大臣奏定概免釐税，輪船、火車、水脚減半。並請農工商部通知各省督撫，另由部頒三聯運單發給南京，由坐辦加用關防，再有由上海董事會簽字爲憑。遇有各省商人前來報告，由某處轉運某貨若干件來會陳賽，則給以三聯運單一紙，沿途所過關卡，驗有此項運單，毋得留難阻滯。

一、陳賽之品如有陳賽處售出者，概用印花税，此項印花税歸入本會，收款另有章程，由正會長奏明照辦。

一、第一會未成立之前，商股官息應請南洋大臣另撥的款填付，不在五十萬資本内動支，以固會本。

一、部類。本會陳列品大别有九部，其細目别定之。

第一部，農業、林業及園藝。第二部，水産。第三部，工業。第四部，採礦及冶金。第五部，機械。第六部，通運。第七部，教育品。第八部，圖書。第九部，美術品。

一、建築。會場建設左列各館舍，陳列各部物品。其願另建别館者，但無背會章約，聽其自行辦理，或由本會代辦。其需地若干畝數，均須於三十五年四月以前報告本會事務所，以便酌留地位。

（一）農業院，第一部陳列品附植物園。

（二）水産館，第二部陳列品。

（三）工業院，第三部兼第四部陳列品。

（四）機械館，第五部兼第六部陳列品。

（五）教育館，第七部兼第八部陳列品。

（六）美術館，第九部陳列品。

參考館，華僑陳列所，勸業商場。

一、範圍。本會先就南洋試辦，其他各省赴會陳賽，一律看待。惟外國出産製造之品，雖工場設在中國地方，仍列入參考院。

一、觀覽開會期内，每日午前九鐘至午後六鐘得縱人觀覽。除左列諸人及别有常券外，須照章購有本會觀覽券，方得入内。（一）本會職員。（二）陳列人代表。（三）陳列人及其會場内合例之使用人。（四）赴賽協會之職員。（五）新聞記者。

一、審查。陳列物品除左列諸種外，均須受本會審查員三人以上審查，暗記分數，平均計算。惟審查（員）不得自審查其所陳之物品：（一）在本會所定門類之外者；（二）於九月初一日以後赴會陳列。

一、褒獎。陳列物品經本會審查員審查認爲優等者，按照平均分數，由南洋大臣分别咨請，按等獎給文憑功牌及金銀等牌，分六等。其舉行褒獎贈予式日期，臨時酌定。（一）奏獎。（二）超等文憑。（三）優等文憑。（四）功牌。（五）金牌。（六）銀牌。

一、印刷。本會陳列品目及各項章程圖式應於開會期内彙録成書，以供衆覽，其版權歸本會所有。至場内景物，非經本會管理員允許，不得描畫及拍照。

一、本會開會後收入各款，如地租、房租、印花税、售物税、搬運費、公車費及入場券費等項，約計必有贏餘，會竣核收總數，即以此項先行提還股本五十萬元及各股本八釐官息外，其餘作爲紅利，以二十成分派。股東十四成，公積二成，辦事職員共四成。

一、本會告竣後，除已收款提還股本外，所有房屋地基一律估價變賣，多少盡數作爲餘利，照數匀攤分給。其有願在場内置産業者，仍可以公估之價收入。

一、本會會竣後，除將房屋地基公同勘估變價外，仍議酌留若干改爲公園遊憩之地，凡此等房屋，即仍照公估價目填换公園股票，每股五元，即交各股東收執。此後即征收公園入場費及地租等，以給股息。公園集股章程另詳。惟此事仍聽各股東自主，如有不願改充公園股本者，亦可將原股退還，由本會另覓受者。

本章程有疎漏窒礙之處，隨時由事務所決議酌量變通，仍不得大相違背，以符奏案。其餘各項細章，均别定之。

章開沅等《蘇州商會檔案叢編（1905—1911 年）》第一輯《江寧公園辦事處爲創辦博覽會上南洋大臣端方稟光緒三十四年（1908 年）》

敬稟者，竊職道前奉憲臺札開：照得朗苑華林，萃群英於一圃；山經海志，合異類而同編。蓋索隱搜奇，見聞多則知識愈廣；斗靡比巧，優劣顯則競争始生。方今五洲交通，文明日進，東西各邦，通都大邑莫不有博物之院，賽珍之場。此外森林、農礦、工商之會，尤所在皆是，無美不備，故能智慧咸增，富強並著。江南地當衝要，宿號名區，氣候温和，草木暢茂，本大臣前札飭設立公園辦事處，原欲網羅衆卉，輦致殊方，逐漸推廣，以爲異日博物院基礎。惟現在百廢待舉，財政困難，擬先就紫竹林西偏山前設立植物賽會院，爲之起點。合行札飭，札到該處，即便遵照，迅速會同商務局、實業學堂估量經費，妥訂章程，並將如何劃分種植陳列各區域，暨預備嗣後開拓博物院地步，繪圖貼説，一並詳復勿延等因。

奉此，查賽會之名義不一，若專辦植物賽會院，考察種植，研究農學，其有益於國民已屬不淺，然於勸工興商，未能普及。職道嘗考歐美各國農工商務繁盛之原因，無不由賽會而起。夫賽會之設，萃本邦之物品，列異域之珍奇，精校其良楛巧拙，以勸商勵工，興教進化，與周官司市所謂平市征績誦訓，所謂觀事知俗者，義實符合。又舉凡百新發明之學藝，以示園子弟，上稽邃古文明之迹，下逮紅棕黑諸族蒙獷之俗，生畜之繁，咸陳之一隅，以資其考察，激動其國人競勝之思想，使優者(俞)〔愈〕進於精美，劣者盡化其窳楛。文化之進程，有非可以道里計者。論者謂賽會之與學堂，其收效時期，實一年與二十年之比例，豈過言耶。日本維新以前，即知賽會有關於人民政治力之强弱，故常號召有識之士，并力組織各種賽會。年來東京、大阪迭啓會場，卓著成績。近復預定三十八年開萬國博覽大會，迄今政俗之優美，農工商務之進步，大有一躍千丈之勢。北美洲自東徂西，逐次開賽，以造其國。若英、德、奥、法、比、意連年開博覽大會，而富强之規甲於寰宇，此其明证也。

中國風氣漸開，亦嘗派員赴東西各國與會，然未聞有在本國組織之者，蓋組織賽會最難得者，惟地勢之合宜，交通之便捷，物産之富饒耳。兹擬就江南公園界内附近一帶，購地六百畝，建築會場，擇於三十五年三月，先開國内博覽會，以六個月爲率，合農工商品蔚成巨觀，而分建農業院、工藝院、美術院、教育院、軍器博物院、萬壽宫、人類館、水産館、各省官物陳列所、南洋各島埠陳列所、勸業場，牲畜場，萬生園，以備參考之模型，藉資公園之點綴。所謂會場成則公園立，而金陵城北之興盛克日可待。此地勢之合宜者一。南洋扼長江之要，上溯湘鄂，下達蘇滬，輪帆所指，克期可至。今則滬寧鐵路已通，省城軌道又將告竣，且與公園内之馬路直接毗連，信乎物品之運輸，無往不利。此交通之便捷者二。至若物産種類，尤難枚舉，如本省之織絨綢緞，蘇杭之紗羅綫縐，震澤之絲絹，通州之花布，揚州之漆器，宜興之陶器，温州之竹器、皮貨，廣州之鏤銀刻牙，景鎮之瓷器；又如淮南北之鹽，皖南北之茶，汾漢之釀酒，洪江之榨油，陽江之革器，閩省之雕刻器，永州之銅錫器，九江之銀器，宿遷之玻璃器，類皆最著之工藝。新進之商業倘能廣爲搜羅，比較美惡，惡者去之，美者效之，精益求精，自能争勝而猶不止此。此物産之富饒者三。有此三者，開辦賽會正其時矣。

現經職道與嚴道其章詳加籌議，擬定官商合辦，較易爲力。通盤(予)〔預〕算，計需購地費約洋三萬元，房屋建築費約洋二十萬元，道路河橋修築費約洋五萬元，辦事費約洋四萬元，外加開城築籬及各項雜費數萬元，共需洋三十餘萬元。從寬籌措，擬湊足四十萬元，官商務認其半。預計將來所收地租、房屋租、轉運費、入場劵價，以及各項税釐捐款，大約可獲三四十萬元之譜，而地畝房屋悉成，贏餘獲利之厚，當可操劵。且輸入國民之智識，又不獨植物之一端，實能普及於工商居民。夫工與商以及庶民實維持國家之原體也，我憲臺考察歐美政治，洞悉時艱，熱心提倡，薄海同欽。今之談富强者，非設法振興實業，不能達其目的，固盡人而知之矣。不知欲求農工商業之勃興，非速開博覽會不可，欲開世界博覽會，非先開國内博覽會不可。唯是博覽會之事物紛繁，體用宏大，非一朝一夕之故，一手一足之烈所能竟也。謹先舉會事緣起及其利益摘要上陳，如蒙帥意俯允，擬請憲臺速賜奏明，暨咨農工商部立案，一面籌撥的款，一面選派熟悉南洋各島人員前往各埠招集商股。俾得趕於明春成此盛舉，爲中國倡。除將詳細章程另行妥擬呈送外，所有擬請開辦國内博覽會，官商合辦各緣由，是否有當，仰祈憲臺俯賜察核，批示祇遵，實爲公便。肅此寸禀。

章開沅《蘇州商會檔案彙編（1905—1911年）》第一輯《南洋大臣端方批文 光緒三十四年**》** 據禀已悉。查泰西崇尚工藝，賽會之設，藉比較以爲競争，往往視其國内工商實業程度之淺深，以定範圍之廣狹。近來歐美工藝發達，程度日高，大都舉行萬國博覽會，羅致全球工藝，精研深究，以求其進步之優勝。日本初開賽會，臚陳之品限以本國，今已預定開萬國博覽大會。足見賽會一事，於工藝影響最大，中國風氣雖漸開通，工藝程度尚淺，自宜仿照日本辦法，先專就國内物品羅列比賽。江南地大物博，輪軸交通，商務之繁，爲各省冠。現在城内開闢公園，地勢空曠，組織會場最爲合宜。興商勸工，實以此舉爲緊要關鍵。據稱一切開會費用須先籌定四十萬元，擬由官商各半分認。事關富强本計，自應由官實力提倡，惟官商集股章程亟需詳籌妥訂，預先登報招徠。一面知照金陵、上海各商務總會，切實開會提議鼓舞全國工商之策，並將訂定章程分發各屬，交地方自治局决議報告，各勸本地紳商分别認股。其附近應用地畝，亦須查明官地、民地，酌定相當價值。凡屬官地，即按定價計算作爲官股，民地由官照價收買。如地主願以地畝入股，亦可照現價抵作股本，將來不分官民各股，務須一律辦理，以期公允。候札飭上海道、江南商務局會同該道，按照指飭各節，悉心核議詳細章程，迅速叙具妥詳，呈候核明，奏咨立案。至此事關係重要，全恃官商合力維持，共圖公益。該道務須會商滬道、商務局體察商情，從長籌議，庶足以□周妥。所稱會商嚴道其章詳議辦法一節，應無庸議，仰即遵照。繳。

章開沅《蘇州商會檔案彙編（1905—1911年）》第一輯《公園辦事處會詳稿 光緒三十四年**》** 竊職道琪前請創辦國内博覽會官商合辦一案，奉憲臺批：據禀已悉，查【略】等因。奉此，仰見憲臺振勵工商，鄭重將事之至意。竊維賽會之舉，本國創聞經始，擘畫前無所受，誠有如憲臺所謂此事關係重要，全恃官商合力維持，共圖公益者。職道等夙夜究心，時虞隕越。竊謂此事最要關鍵約有五端：

一曰宗旨宜純。外國舉行賽會所投資本，事後取償，本屬有盈無絀。惟賽會本旨以振興實業、開通民智爲要著，初辦但期激勵商情，不敢急求近利，官家對於此舉當盡實力提倡之責，似未便存因以爲利之心。立信大原，全係於此。

一曰範圍宜小。賽會爲本國創舉，章程辦法雖有外域之可師，物産調查尚無統計之可據，與其博而不精，毋寧名副其實。本届賽會擬請定名爲南洋勸業會，暫避博覽之名，庶免竭蹶之慮。基礎既立，徐圖恢擴。

一曰體制宜崇。會名雖冠以南洋，南北各省實無歧視。陳賽物品多多益善，仰賴憲臺及農工商部憲總持要領，各省共表同情，方能咸與偕來，慰［蔚］爲盛舉。擬懇奏請特簡南洋大臣爲正會長，庶幾規模宏遠，呼應靈通。

一曰褒獎宜優。各國賽會皆經有學識有閲歷之員，將陳賽物品逐一審查，定其等第，其優者給以獎牌、褒狀，擇日舉行褒獎授與式。榮譽所在，人人鼓舞。擬請將會中褒獎等級，先行咨明農工商部立案，届時遵照舉行，以光商標而拓商業。

一曰籌備宜速。茲事體大，本應寬定限期，從容布置，惟遲滯爲辦事通病，散漫又社會常情，其寬縱於前而臨事仍虞迫促，何若展限於後而布置益覺周詳。擬預定光緒三十六年四月初一日爲開會之期，一切預備事宜，應盡三月三十日以前一律辦理妥貼。如實在籌備不及，當於開會前三月預先通告展緩會期。

以上五端，均係體察商情，從長計議，爲舉行賽會切要之圖。至賽會章程，必須公同訂定，職道等已會同寧滬熟悉賽會之紳商多人，按照憲臺指飭各節，悉心核議。股本原擬先籌四十萬元，嗣與上海商董等預算用款，似尚不敷，現改爲官商分籌二十五萬元。職道琪屢奉憲臺面諭，官股籌定候撥，商股二十五萬元已由寧滬兩處鉅商分別認定。竊思以官商合辦之資創興，上下交益之事，自應照各國通例，官任補助，不使商股受虧。一切均援照部定有限公司辦法，官商聯絡一氣，屏除積習，和衷辦理，總以款不虚糜，心無私曲爲主。現已依據以上所述理由，議定南洋勸業會章程二十三條，另繕清折，呈候憲臺核定。奏請頒發諭旨，並請憲臺咨明農工商部立案，以勵商情而昭大信。俟奉硃批後，應請憲臺札飭設立事務所，並通咨各省督、撫憲轉傷各省商務局，勸導各商迅速預備赴賽，並由職道琪將章程登報，另舉妥員分赴各省商埠繁盛之區，籌辦招商陳賽事宜。所有遵飭會同核議，詳細章程，詳請奏咨立案緣由，理合具文會詳。仰祈憲臺俯賜鑒核批於祇遵。

再，此案係公園辦事處職道琪主稿，合併陳明。爲此，備由呈乞照詳施行。

章開沅《蘇州商會案彙編（1905—1911年）》第一輯《端方批文光緒三十四年》

據詳及章程均悉。所稱最要關鍵五端，深得賽會綱領，應準定名爲南洋第一次勸業會，按期籌備開辦。所擬官商合股五十萬元各半分籌，商股二十五萬元既據滬寧鉅商認定，準於何時繳存何處殷實行號，應與各商董商定，隨時報查。官股二十五萬元前據陳道折呈辦法，即經明白批示，分別如數指項撥定在案。惟茲事體大，非一蹴所可成功，全恃朝廷提倡，各省贊成，官商各任其難，則四民均受其益。仰候奏明咨部立案，並咨請各省將軍、督撫通飭各商局、商會，羅致各本地方物産，選擇與會，互資研求，共期進步，以培國家富强之本計。所有本屬各關道、商務局、農會、教育會、勸學所、地方自治局，應候分飭遵照訂定章程，廣爲勸導輔助，以底於成。至南洋各島埠介於温熱二帶，物類蕃庶，工商發達，應另派妥員前往宣勸，蒐集製作珍奇之陳列品，以宏商業而勵商情。尤宜專訂細章，函請各國行商運寄百貨標本，列入參考别館，蔚爲巨觀，藉資考鏡。至一切收支款項，統俟閉會之後，由坐辦會同各股東、董事等結算，公議妥善辦法，禀呈核奪。其關税、釐金、轉運各項未盡事宜，候隨時察核奏咨。現在會場基址需用民地，務即從速購定，繪圖呈核，餘均加詳辦理，仰即分別轉移遵照。繳，章程存。

《申報》宣統元年正月二十七日第四版《鄂省創辦博覽會之規畫武昌》 鄂督陳筱帥，以武漢爲輪軌交通之地。今日已殷繁之極，將來川粤漢兩鐵路告成，當更增加，則博覽會亟宜興辦。查武昌平湖門外，有官家所修乙丙兩棧，規模宏大，而濱江景尤佳。現在鐵路未通，寄居旅客寥寥，擬將房屋劃出若干間，開辦博覽會，搜羅古今精雅之器，及兩湖出産著名之物，陳列其内，供人觀覽，以期振興工業。但茲事體大，特札飭藩司、勸業道、善後局，會同妥擬辦法，奏咨立案，派員開辦。

《東方雜誌》第六年第三期《南洋勸業會記事第一》 江督端午帥擬在江寧城内公園附近紫竹林一帶，購地七百畝，組織南洋第一勸業會。會場所需經費五十萬兩，由官商各半分籌，均已如數認足。當經會同蘇撫陳伯帥奏請於宣統二年四月初一日，爲開會之期，並會議一切辦法，及勸業會簡章，另行開單附奏。

勸業會事務所，設於寧垣花牌樓，初五日成立，午帥親臨觀禮，官場及紳商學工界領袖，相率莅止，到者數百人。上海商務總會總理周金箴，議董虞洽卿、丁價侯、席子佩諸君，亦由滬到寧與會。

先由坐辦陳蘭薰報告，略言此次創辦勸業會之宗旨有三：一振興全國實業，二建造南京市面，三補助社會教育。今蒙陶帥實力提倡，滬上商界諸公，首先贊成，集股十五萬元，寧商宋雨棠獨力肩認股款五萬元，餘五萬元留待他省入股。如他省不認，均由滬商會認集，合共二十五萬元。大帥批認官股二十五萬元，於去年十一月間奏准，上海公舉副會長一人、董事九人，尚有副會長一位、董事四位，由南京商會公舉。惟滬商會協力提贊，先設董事會事務所，現已成立。原章南京應設坐辦事務所，今日爲開所之第一日，將來組織各商埠協贊會，各府州縣物産會，農工商部審查部，一切事宜至爲繁賾，然必按預定期限，逐月趕辦，方可早覩厥成。本所開辦前後大略情形如是。

繼由正會長端午帥演説，謂此所應辦事務，至爲繁重。但使事事能力求精核，力求敏速，一至明年如期開會，四方貨物於此走集，萬民瞻仰於此會歸，民志之好惡，可以共見，工業之巧拙良窳，可以衡較得失，互相争競，互相改良，江南市面，必將由此大起。嘗觀各國工商之盛，無不從國内博覽會入手。吾國近數年來，工商不競，土貨日絀，異物内流。尋其原因，大率由無比較、無奬勵所致。故明年此會之成，不獨商業上有關係，即政治上亦與有光榮云。

繼由周金箴君演述，大旨以處此商戰劇烈之時，應以提倡實業爲急務，然非比較不能求進步。今午帥創設勸業會，得其要領矣，將來吾國商務之發達，可於此卜之。深願在事諸君，暨全國商界同胞，力任其難，共相扶助，則國家幸甚，勸業會幸甚。

再次則坐辦陳蘭薰觀察述及各國以賽會而興商業，當一千八百年間，英國於倫敦首創賽會之舉，倫敦商務遂占世界第一。德國則於柏林、法國則於巴黎、奥國則在維也那，均先後舉賽，商務皆因之興盛。哥倫布初到紐約荒僻之區，因賽會而遂成爲都市，方今商務之盛，全球稱最，賽會之舉，詎不大哉。不寧維是，聚集全球貨物於一方，學界得實地之練習，西人謂觀一次賽會，足當二十年窗下功夫，旨哉斯言。故賽會不特興商强國，實亦興教育也。江寧居長江之中，他日之興盛，固不待言，商務前途，寧有限耶。聽者莫不歡悦。

《申報》宣統元年閏二月十四日第二版《中國品物陳列所特别廣告》 本所現到各種飛禽走獸，如猛虎、猩猩、獅子、黑猴、山狼、花鹿、白鶴、孔雀、蝙蝠、大鼠等，均目所罕見，常蒙賞覽，遊資仍取五分，特此廣告。

《商務官報》宣統元年閏二月二十五日第七期《本部札各省商務總會文爲札送義國賽會章程仰曉諭各商赴賽事》 爲札飭事，准外務部咨開，西曆一千九百十一年爲義國中興五十年大紀念，因此舉辦萬國賽會，該會分設兩處：一在羅馬府，開設古玩及新製美術賽會，一在都朗，開設百工賽會藝會，由義國公使照請派員赴賽前來，相應行貴部查照等因，並附送洋文章程到部，合即摘譯章程，分别札飭，札到，該總會等即便傳知分會，曉諭各商遵照，並將赴會各商報部轉咨可也。須至札飭者。

《東方雜誌》第六年第四期《南洋勸業會記事第二》 閏二月二十一日，南洋第一次勸業會董事會，及勸業會事務所，開上海協贊會。到會者官場暨上海商務總會及各團體職員、各報館代表、駐滬各省紳商學界，計二百餘人。首由議長周君宣佈開會宗旨，大致謂此會雖由端午帥與寧滬少數商界發起，合股試辦，茲事體大，非海内同胞，合力擔任，斷不能完此重大之責任。次由勸業會主任副會長鄭蘇戡京卿演説，謂勸業會發起，官任其責，而勸業會之能發展、能完全與否，則其責任，海内同胞共任之。南洋大臣爲各省督撫之領袖，上海紳商爲各省紳商之領袖，南洋大臣發起斯會，爲能盡南洋大臣之責任。諸君非翊扶斯會爲各省倡，何以完上海紳商之責任。次由勸業會事務所坐辦陳蘭薰觀察演説勸業會之大概，謂天賦中國以完全之農工商資格，倘我國人自甘放棄，致黄毛碧眼之倫，得以扼吭而制其生死，豈不可惜。又謂新政爲圖强之本，理財爲新政之本。勸業會爲理財之本，不植其本，則有消耗而無增殖，庶政必有歇寂之日。又謂勸業會者，全國之大鐘錶也，商人之大實業學校也，商品之大廣告場也，輸運本國貨以向外國之輪船鐵道也。又謂勸業會爲商業界文明之科舉，新法之試院，種種妙譬，發人深省。又次由來賓方守六君演説，略云一日觀會勝於十年就學，賽會之效其大無對，勸業會事務所，爲南洋大臣委任之人所組織，非被委任者，不負責任；董事會爲股東公推之人所組織，非被公推者，不負責任。惟協贊會之事業，人人共負責任，毫無等差，勸業會爲中國無前之盛舉，倘亦竭無前之能力以赴之乎，是在諸君。繼由勸業會事務所幫辦向淑予君演説協贊會之性質地位，及勸業會之效力。謂勸業會事務所爲執行機關，協贊會爲輔助機關，所以必先開於上海者，以上海商務爲各商埠冠。各商埠協贊會，以上海協贊會之利鈍爲利鈍。又謂勸業會之效，蓋中國無成例可以實指，而在外國則證據確鑿，有不可誣者，於是曆數法、英、德、美、日本諸國賽會事業之勝利，衆皆鼓掌。隨後即由向君宣佈協贊會章程畢，議長周君請與諸君分别擔任會務，各會員就别席按册簽名者甚夥，於是摇鈴閉會。

《東方雜誌》第六年第四期《南洋第一次勸業會事務所籌備進行案》　第一期

二月　本事務所成立，奏報並通告協贊會章程屬草，並分佈地方物産會章程屬草，並分佈調查規劃屬草、出品協會章程屬草，並分佈撰勸業會説略，並分佈租賃規劃屬草，並分佈轉運規劃屬草，並分佈陳賽規劃屬草，並分佈會場印花税規則屬草，並奏報分佈物産會通行細則屬草，並分佈開辦協贊會及物産會，奏報議定建築圖案、打樣，協贊會理事就職，協贊會事務所成立，並通告新聞記者招待會。

閏二月　參考館規則屬草，並分佈會場内自來水辦法及章程屬草、會場内電燈辦法及章程屬草、勸工場規則屬草，並分佈調查科科員就職，並開研究會，議定調查詳章並表式。認定調查區域，調查員出發，投標估工，購地，建築科員就職，議定建築次序，開協贊員研究會。

三月　建築開始，着手建築勸工場，爲寧屬物産會陳列之所。協贊員初期出發；地方物産會創立，委員就職；地方物産會事務所成立，地方物産創立委員會同地方官及調查員研究實行辦法、報告組織情形、彙集出品、議定審查方針及分佈。

南洋第一次勸業會協贊會章程草案

（一）宗旨。本協贊會以聯絡各地方官紳實業各界而謀南洋第一次勸業會之發達爲主。

（二）機關。事務所暫設南京花牌樓文昌巷南洋第一勸業會事務所内，如有應設分事務所之處，可酌量附設於各該地方商務局商會，或出品協會事務所内。

（三）事務。分左五種：（甲）關於籌備出品事件，（乙）關於游戲館院設備及招徠事件，（丙）關於招待外賓事件，（丁）關於籌畫觀覽便利事件，（戊）關於增進會場盛況事件。

（四）會員及職員。本會會員皆曰協贊員。協贊員無定額，其職員即由協贊中選任，督辦一人，南洋大臣；總理若干人，由各省會及各大商埠協贊員推舉；協理若干人，由各省會各大商埠協贊員中選任；理事二人；評議員若干人；臨時委員無定額。

（五）資格。凡備左列資格之一者，均得爲本會協贊員：（甲）各部司員及諮議官，與本會會務有關係者。（乙）各省實業行政官吏。（丙）各省商會農會及他項實業團體職員。（丁）各大商號主任及實業公司職員或創辦人。（戊）各省公共團體職員（如自治局、教育會、勸學所等）。（己）各省行政輔助機關人員（如諮議局、調查局等）。（庚）各省新聞雜誌機關主任。（辛）凡各省士商，熱心公益，能擔任本會特别事務者。

（六）選任。本會職員選任方法，分左四種：（甲）凡南洋所屬官員及團體職員，由南洋大臣直接委任。（乙）凡非南洋所屬官員及團體職員，由南洋大臣咨請各部各省委任。（丙）凡經各團體公舉人員，由本勸業會事務所呈請南洋大臣委任。（丁）凡各省耆宿及實業名家，由南洋大臣延請協助。

（七）設備。勸業會會場各種館院，除由勸業會事務所設備建築外，會場東南隅留有隙地□畝，專備組立本會各省認建各省别館，爲陳列各省特别賽品，或各省紳商會集研究之所。至某省籌建之館，即顔曰某省别館。

（八）經費。除事務所經費由南洋大臣籌集外，其關於會場輔助籌備事件，所需經費，及各地方事務所經費，均由各省另行籌集。

（九）褒獎。本會協贊員於本勸業會會務完畢後，由南洋大臣分别褒獎：（甲）奏獎，（乙）褒獎文憑，（丙）金章。

（十）餘則。（甲）本協贊會爲聯合各省規畫全體而設，此外對於會場各項事業，仍當組織各項協會，以期完備。（乙）此項草案，俟協贊會成立後，再行斟酌，更訂詳章。

章開沅《蘇州商會檔案彙編（1905—1911年）》第一輯《農工商務局爲賽品礙難免釐事照會蘇商總會宣統元年三月二十六日》　督辦蘇省農工商務局司道爲照會事。本年閏二月二十六日奉撫憲札開：宣統元年閏二月十七日准南洋通商大臣端咨：宣統元年閏二月初七日准度支部咨制用司案呈：内閣抄兩江總督端奏：江寧省城擬設南洋第一次勸業會，官商合資試辦，以開風氣而勸農工一折，光緒三十四年十一月二十五日奉旨：該部知道，欽此。欽遵到部。並據該督將前項章程咨送前來。原奏内稱：富强之策必以實業發達爲要圖，自莅任後特以仿行賽會爲急務，擬在江寧城内公園附近紫竹林一帶購地七百畝組織會場，定於宣統二年四月初一日爲開會之期，至開會經費預算各項用款，約需五十萬元。現由本省官商各半分籌，均已如數認足。援照部定有限公司辦法，以期實業大有裨益等語。

查江寧設立南洋勸業會，自係振興實業起見，所有開會經費洋五十萬元，由本省官商各半分籌，除商籌一半毋庸議外，其官籌之一半，究係動用何款，應令詳細聲復。再查章程内開，各省赴賽物品，凡由出産處運至南京，請南洋大臣奏定概免釐税一節，當經本部行查税務處據復，赴賽物品彼此售賣，核與尋常商貨趁赴市場無異，該會場所擬報運各省赴賽物品，沿途概免釐税之處礙難照準等語。既經税務處核駁，本部未便准予照辦。又原章内稱，陳賽之品如有陳賽處售出者，概用印花税，此項印花税歸入本會收款，另有章程由正會長奏明辦理。等語。查本部辦理印花税係爲籌補洋土藥税釐起見，將來收有成數，再由部分別酌量撥給各省，以資彌補等因。奏準通行在案。所稱歸入本會收款之處，亦難照準。其餘各條究竟有無窒礙，應由農工商部酌核辦理，相應恭録諭旨，咨行兩江總督遵照可也。等因。到本大臣。准此，除行南洋勸業會事務所遵照，並分咨各省督部堂、撫部院外，咨會查照轉飭等因，到本部院。准此，合就札局即便移行遵照等因到局。奉此，除分別移行外，合就照會。爲此照會貴總會，請煩查照，希即轉知各分會一體遵照施行。須至照會者。右照會蘇州商務總會。

《申報》宣統元年三月二十八日第三版《勸業會事務所之報告南京》 籌辦鎮江物産會。南洋勸業會調查員陶君賓南蒞鎮後，會同承太守，邀請各商於十二十三等日，在商會會議。各幫領袖到者三十餘人，陶君將勸業會辦法、宗旨及利益，反復申説，到會者均極歡迎。當經公推李繼之觀察，及朱朗軒、闞鎔卿三君，爲鎮江物産會創立員，事務所即附設於商會。所有應設文牘、庶務、會計等科，由商會書記吴孝廉南賓、朱明經叔獻諸君，担認義務，並議借李觀察所辦大綸絲廠爲會場。李君已於十六日出揚渡江，應允担認，並議定四月初二日，爲鎮江物産會事務所開辦日期。已由承太守行文壇丹、溧各縣商會，舉員如期到會，公共商議開會日期，及蒐集全府物産辦法。

發起鎮江勸業會。鎮江爲最大商埠，南北客貨甚多，運赴南京陳賽較便。南洋勸業會調查員陶君賓南勸告各商創辦設立出品會，各商領袖通達事理者，提議先設一鎮江商埠協贊會，以爲籌備出品協會之機關，衆皆贊成，已推定李維之、李子宜、嚴月波、朱秉鈞、曹秉仁、吴南賓、陶小軒、魏少輔、曹介之、卓儀堂諸君，充協贊員，發起此舉。現正籌備合宜會所，一俟籌定，即定開會日期，呈請正會長派員蒞會，以昭鄭重。

《申報》宣統元年四月初一日第四版《蘇垣物産會之先聲蘇州》 南洋勸業會調查員蘇君高鼎日前來蘇，到商會調查蘇地物産各品等情，已誌前報。兹悉蘇君昨特面謁首府何太守，請爲通飭各屬，出示曉諭，並擬創設物産會，以資比較，先期邀集各團體開會研究，再集九縣紳商開特別大會，惟物産會之設，擬借閶門外戒幢寺爲會所，又有暫借商務局商品陳列所之説，現時尚未定奪。

端方《端忠敏公奏稿》卷一四《籌備南洋勸業會摺宣統元年四月》 奏爲縷陳南洋勸業會籌備情形，籲請明降諭旨，宣示開會綱要，明定責成，以資觀感，而昭慎重，恭摺仰祈聖鑒事。竊臣於光緒三十四年十一月間，奏設南洋第一次勸業會一摺，欽奉硃批，該部知道，欽此。遵即督飭省内外官紳商董等，趕速籌備，先於江甯、上海兩處，分設南洋勸業會事務所及董事會，派委職員，舉任商董，以專理籌備進行方法。江蘇事務所暫設庶務、文牘、調查、建築四科，酌定先後緩急，約分三期辦理：以議定各項章程，繪具建築圖樣，爲第一期。規畫會場，調查物産，爲第二期。建築完竣，賽品齊集，爲第三期。其第一期應辦各事，已大致就緒。現正選派官紳，分往各地調查物産，聯絡工商，以爲勸業會之先導。一面參仿日本成例，酌定規章，通飭兩江所轄各府屬中，先於本年刱設物産會，以各府知府爲監督，蒐集農産、工藝、美術、教育諸物品，就地訂期開會展覽，此外各省及各著名商埠，均設出品協會，以各關道、勸業道爲監督，徵集漁牧、物産、機械、圖書，及各項製造新奇物品，以立勸業會之基礎，更聯合各省紳學商界開通練達之才，設立協贊會，籌畫交通，補助出品，以作勸業會之機關。至會場布置，擬分設農學、工學、商學、衛生、電學、體操、蹋球、賽馬各會所，分門別類，陳列比較，以資研究，以供觀摩，並擬設別館，准外國人攜物與會，俾得見聞略廣，風氣漸開，於範圍限制之中，仍收比例競争之益。此近日籌備辦法之大略情形也。臣查勸業會之設，發起雖在南洋，若能辦理得法，豫計將來效果，正賴鼓舞全國實業之進步，是以體制既宜加崇，豫備更須周密，且對於會場賽品運集、勸獎補助，均應格外從優，庶籌集較易，而程功可期。向來東西各國，凡遇賽會，無不明奉國君敕令，先期頒告全國，誠以事極重大，非此不足以新一時之觀聽，振通國之精神。迨至開會有期，復敕任親貴大臣爲該會總裁，或審查總長，以備臨時蒞會，舉行開幕及授與褒狀、證書諸禮，主任審查賽品與辨別器用良楛諸事，且有國君親臨召集内外國人，躬行開會典禮者，此皆各國通例。故其未賽之先，皆視爲特別鄭重之舉。既賽之後，無不收文明進化之觀。中國向未仿行賽會，今由南洋刱辦一切章程規則，前無所受締造之法，既較各國爲難；集合之機，又較各國爲塞。若不仿照各國通例，則凡籌措諸端，均有艱於著手之慮。臣近時諮詢僚友，審查商情，通達者咸一意贊成，拘墟者尚不無觀望。蓋以誘掖獎勸之道，猶有所未盡也。竊見比年以來，凡關於憲法、教育、軍備諸要政，迭奉明詔頒佈，不啻三令五申，薄海臣民同深感奮。賽會一事，實與開濬智識，導揚風化，具有無形之感應，而於國計之盈虛、民生之豐嗇，尤息息相通，其關係良非淺鮮。應請明降諭旨，宣示開會綱要，並設正會長一員，專任籌備該會一切進行事宜；審查總長一員，專任臨時蒞會，審查酌定褒賞事宜。審查總長應俟開會前期，奏請簡派。其正會長有豫爲籌備各事，該會既名爲南洋勸業會，臣應即督飭官紳妥爲辦理，至現距開會日期，不過一年，事屬刱行，一切須早爲部署，仍懇敕下各省督撫，不分畛域，豫爲籌辦協會出品等事，一體實力贊助，庶幾海内臣庶咸曉然於朝廷振興實業、優予提倡之至意。將見内外一心，上下相應，争先恐後，相與圖成，得因勢利導之方，自能收事半功倍之效。臣參仿有時，攷查既確，不敢不據實陳請。伏維聖明垂察，准予施行，洵於中國實業前途，大有裨益。除飭取副會長以下任事各員銜名另行咨部查照外，謹會同江蘇巡撫臣陳啓泰恭摺具陳，伏乞皇上聖鑒訓示。謹奏。

章開沅《蘇州商會檔案彙編(1905—1911年)》第一輯《附：端方、陳啓泰原奏宣統元年四月初三日》 再準度支部咨：江寧設立南洋勸業會，自係振興實業起見，查章程内開各省赴賽物品，先由出產處運至南京，請南洋大臣稟定改免釐税一節，當經行查税務處。據復：赴賽物品彼此售賣，核與尋常商貨趁赴市場無異，該會場所擬報運各省赴賽物品，沿途概免釐税之處，礙難照準等語。既經税務處核駁，未便准予照辦等因。在部臣就事論事，專意慎重税課，因屬一秉至公。惟查各國通則，無論大小賽會，從未有招人赴賽而轉征賽品税之例。中國即仿行賽會，似此緊要關鍵，若首先與各國辦法顯有不同，因足貽人口實。且即以中國現勢論，各處實業既未見振興，商情孤離又久成積習，今日即明言概免税釐，尚恐赴賽者未必踴躍，猶必待廣籌招徠倡導之法。若復限之以税釐，勸引稽征同時並舉，商民將聞風裹足，却顧不前。蓋商人經營生計，無不爲利是圖，凡各項赴賽物品，本係由遠道運送，費用已屬不少，再加以沿途税釐，一經通盤籌算，受虧過甚，存顧惜資本之心，易阻其增益見聞之志，理有固然，勢有必至。況現設南洋第一次勸業會，本係特别創辦，迥與他處勸工陳列等所運集貨品者不同，而運賽貨物又全爲特别賽會而來，亦與本地日用要需應銷之貨有異，即予概免税釐，既與尋常征額仍不相仿。一至賽會期竣，實業潮興，銷路加增，此後征額亦將與之俱進，此所謂因民之利而利之也。將來賽會之功效，何若會視税釐之征免以爲轉移。若因此一事阻礙，必使全局解散，群情觀望，且恐已集之會款難與收齊，未來之實業無由發達。功廢半途深爲可惜！此臣所慄慄危懼而尤不敢不據實上陳者也。

會無仰懇天恩，俯念賽會關係極爲重要，准將物品概免沿途税釐，以示提倡而資興感，出自鴻慈逾格，除督飭妥擬免完税釐專章及運貨聯單辦法，另行咨部查照外，理合會同江蘇巡撫臣陳啓泰附片具陳，伏祈聖鑒訓示。謹稟。

章開沅《蘇州商會檔案彙編(1905—1911年)》第一輯《蘇高鼎爲勸業會勸設蘇府協贊會事函宣統元年四月初四日》 敬啓者，南洋勸業會幫辦向君暨總事務員束君，於昨晚由寧來蘇，業已接洽。二君來意，欲於初七以前聯合各界，先開一蘇府協贊會，午前謁見太尊，告以辦法後，午後二時由弟紹至貴會，與辦事諸君商定一切。敬煩執事招呼總協理暨尤鼎孚、潘濟之鄉[?]長到會，以便接頭。

專請載之先生箸安。

小弟蘇高鼎頓首

四月初四日八時

《申報》宣統元年四月初十日第三版《松郡開勸業談話會松江》 南洋大臣端午帥提倡商品工業，設南洋勸業會，派委員郁令來松，定於初九日借座云間師範學堂，開談話會，内分天產、工業、美術、教育四項，就松郡天然、人工上出產各品物，加以研究，以求發達而博名譽，亦商戰競争之要點。不論紳商學界熱心者，均可入會。

《申報》宣統元年四月二十四日第四版《勸業會派員調查絲業南京》 南洋勸業會以絲業爲中國土貨大宗，值此新絲登場，急宜派員赴產絲地方調查市況，以資比較。日昨稟准江督，札委陶賓南君前赴鎮江、無錫、震澤、金壇、溧陽等處，考察一切。

《東方雜誌》第六年第五期《南洋勸業會記事第三》 江督致北京農工商部電。北京農工商部溥尚書鑒：敬電悉。勸業會事，承大部鼎力提挈，感佩無已。兹事體大用宏，在東西各國，每由政府創之於上，商民應之於下，以培國家富强之基。我國初辦，非明降諭旨，不足以聳天下之觀聽。貴部覆奏時，擬懇仿照各國成例，首請頒發上諭，宣佈開會綱要，欽簡親貴爲該會總裁，貴部爲審查總長，方爲正會長，並責成各省督撫，籌辦出品協會。南洋所屬各府廳，則由方通飭，各於本年先辦物産會，以爲勸業會陳賽之預備。所有籌備經費五十萬元，官商各半，商股已逐漸招足，官款亦經指定候撥，另函奉覽。至免税、印花二事，度支部竟未認可。除印花一項，原擬請度支部派員試辦，現已别擬辦法，由方另案議復外，惟賽品免税，在歐美日本諸邦，即他國入口赴賽之物，亦多豁免税釐，内國勸業賽會，則政府無不任提倡獎勵補助之責，未聞有勸人赴賽，而遽征以釐税者。中國前無所受，商民知識，又甚幼稚，即免税尚恐未必踴躍，否則商人愈爲裹足，誠如來示，有竭蹶不支之患。此事於勸業會成敗攸關，方仍擬明定賽品免税細則，轉運聯單，專摺奏陳。現值貴部覆奏，應請申明保護實業政策，免税理由，俾本會得資成立，以追世界競争之趨勢，而開吾國實業之先河。朝廷預備立憲，原爲國計民生，貴部擘畫周詳，亦同此旨。此次勸業會，本爲第一次特别賽會，與他處勸業場陳列所辦法迥異，倘荷玉成，將來開設全國博覽會世界博覽會，亦得樹之基礎，逐次程功，事關大局。尚祈大部有以主持而維護之，一切未盡事宜，統候卓裁見復，無任跂盼。方。

南洋勸業會致遠省各督撫電。南洋籌辦勸業會，已由官商集合資本五十萬元，勘定會場於城内公園附近地方，訂期宣統二年四月朔開會，九月晦閉會。迭經奏準咨明在案，兹事體大，爲日又促，辦理種種，均須切速。現已派奏留江蘇差委陳道琪爲坐辦，專任籌備執行一切。於本月五日，設立該會事務所於城内花牌樓地方，爲會務全體機關。惟是會場雖在南洋，而商品陳賽，會務組織，非得各省同力合作，相助爲理，未易集事。刻下籌備伊始，擬仿各國賽會成例，先由本省各屬設立物産會，外省各埠設立出品協會入手，以立基礎。其餘應備諸事，統飭擬訂分期進行表案，以期按月呈功，不致遲誤。貴省工藝物産，暨實業各界，近承倡持，日益展達，尊處對於此舉，定荷贊成，尚乞不分畛域。至該會各種詳細章則，除飭分别擬呈，再由敝處隨時咨送查照外，特此先電奉聞。

江督札上海道文。南洋第一次勸業會，事屬創辦，搜羅不易，必須各省各埠，就地組織，先具規模。明年開會時，始易藉手。現經定議於南洋所屬各府治，徵集各府屬物産，組織物産會；於全國各省會及各大商埠，徵集各省及商埠物産，組織出品協會。先期陳賽展覽，以爲南洋勸業會之預備。此次勸業會既以南洋爲名，所有南洋各地方一切組織，自應力求完備，惟是各屬風氣開塞互殊。上海商賈雲屯，人知愛國，將來會場，能否生色，以上海官商能否踴躍從事爲斷。且上海一埠，商業殷闐，雖爲全國之冠，而外貨充溢，民力日殫，名爲商務繁盛之區，實即生計日衰之所，非亟加補救，何以挽回利權。前者上海紳商有中國品物陳列所、金石圖書賽珍會之設，紳商之熱心公益，與該道之提倡有方，均可想見。惟事屬草創，範圍或局於一偏，規制未臻乎宏大。兹當南洋勸業會籌備進行之際，亟宜組織上海出品協會，爲各商埠倡，上海紳民有矜式全國之義務，該道又有率先紳民之責任。除照會李紳鍾珏爲上海協贊會總理，並經知照會同該道，另行組織上海出品協會外，合亟札飭，札到，該道務即籌撥的款，會同該紳商等，遵照章程，從速辦理。

《申報》宣統元年四月二十八日第四版《照會設立華僑出口協會南京》 江督端午帥照會南洋各島商會總理文云，案照南洋創辦第一次勸業會，定於宣統二年四月初一日開會，九月底閉會，業經奏准設立事務所，籌備一切事宜，並選派妥員各赴各省調查在案。查南洋各島介於温、熱二帶，物産蕃庶，上藝勃興，將來會場内建有華僑陳列所，自應廣爲搜羅，以資考鏡。夙稔貴總理洞悉商情，熱心公益，應請於南洋各島埠商務繁盛之區，聯絡華僑商界，投法組織出品協會，搜集珍奇物品，定期展覽，以爲明年運甯陳賽之預備。除另選妥員前往調查外，相應備文照會貴總理，請煩查照。

《申報》宣統元年四月二十九日第五版《南洋勸業會開蘇省議員招待會紀事南京》 二十七日南洋勸業會特開蘇省議員招待會，計到者一百數十人。九鐘開會，先由陳蘭薰觀察述蘇省議員與南洋勸業會之關係。次由向淑予君報告南洋勸業會辦事之大略。次由沈芑舫君説明南洋勸業會之必要。次陶賓南君述調查員今後進行之希望，其主任者非陶帥，亦非勸業會，實乃我蘇省之人民也。故我輩對於此事，實不可冷淡。次由張季直君代表全省議員致謝詞，並言勸業會前途之危險，然不可以危險而遂安於不爲，此則國民之責任，而我輩皆當致力，以達其目的者也。時已過午，由會中款以茶點，並攝一影，復演東洋戲法，盡歡而散。

章開沅《蘇州商會檔案彙編（1905—1911年）》第一輯《蘇省農工商務局爲籌設協贊會物産會照會宣統元年四月二十九日》 督辦蘇省農工商務局司道爲照會事。

案奉商督憲端札開：案照南洋創辦第一次勸業會，業經分别派員辦理在案。此舉造端宏大，中國前無所受，非於省會及通商大埠分別先設協贊會、物產會、出品協會預爲研究，斷難收效。近來蘇省輪軌交通，商務蕃盛，各種工藝，日見發明，自應組織協會，以立勸業會補助之機關。查農工商局係專爲求實業而設，自必與工商各界聲氣相通，聯絡較易，合併札局遵照，迅速召集紳商，實力宣勸，赴緊組立協贊會及物產會，各按本省擬定章程，參酌地方情形，妥爲籌辦，以期速成而收實效。本部堂有厚望焉。等因到局。奉此，查此案迭奉憲飭，均經轉行在案，茲奉前因，除分行外，合就照會。爲此照會貴總會，請煩查照，希即轉知各分會，一體籌辦施行。須至照會者。

右照會蘇州商務總會。

《申報》宣統元年五月初六日第三版《曉諭農工商界預備賽會蘇州》 蘇府物產會監督何太守，現因物產會定於七月初一日開辦試驗，恐農工商各界尚有未盡周知，爰再發出六言簡明告示，曉諭周知。

《申報》宣統元年五月初九日第二版《農工商部劄上海商務總會文京師勸工陳列所徵求物品》 接准本部京師勸工陳列所咨稱，查陳列所一切應辦事宜，前經擬具章程呈部核定，當蒙照覆。所擬章程，具見條分縷析，規畫周詳，照准施行等因在案。現值陳列所工程將已告竣，正在妥籌開辦之時，所有各省寄到陳列物品，自上年九月間經部奏准，調取以後，除奉天、吉林、河南、江蘇、江甯寄到之件爲數無多不敷陳列外，其餘各省均未解到。刻因陳列所章程業已刊印，擬請將此項章程咨行各省，並劄交各商會查照迅速籌解，以備參考而符奏案，咨請查照，酌核施行，等因前來。查本部於上年九月具奏重建勸工陳列所，調取各省貨品，先後咨電各省轉飭遵辦，並劄發表格在案。茲復據該所咨稱，前因工程已將告竣，各省所寄陳列物品未到者尚居多數，事關工業前途，且爲觀瞻所繫，應行陳列各品不得不亟爲預備，以期恢復舊觀，合行劄發章程一分，劄飭該商會，劄到遵將所有陳列物品如未經送到者，迅籌解送；已經送到者，仍隨時調取各種改良暨最優物品陸續解送，以備陳列，仰即遵照（章程録第四張專件欄）。

《申報》宣統元年五月十一日第三版《公立中學組織出品協會蘇州》 蘇垣公立中學發起南洋勸業出品協會，日昨由蔣監督等在校内開會，先由蔣君宣告組織出品協會之緣由，次由李君敏齋等相繼演說，聞擇日再行會議，組織一切辦法。

《申報》宣統元年五月十四日第二版《組織上海出品所開會紀事》 南洋勸業會，照章應每縣組織一出品所。昨由上海縣田大令柬邀本埠紳商工學各界，借西門外江蘇教育總會會場，會議組織法。到者二百餘人，先由孫立幹二尹代表田大令，到會報告南洋勸業會組織情形，及上海出品所開會宗旨。次由松屬調查員郁司馬、勸業會辦向淑子君演說，次由來賓馬湘伯君、周廉生君、南市商務分所代表沈縵雲君相繼演說。次提議出品所地方，借設江蘇海運局，未開辦以前，暫假南市商務分所爲通信處。次公推幹事，農界推顧丹泉、謝酉山二君，工界推朱致堯君，商界由南北市商會各推一人，南市推周廉生君，北市未定，學界由勸學所、教育會各推一人，俟後報告其各項調查員，尚待將來補□。時已五句鐘，遂散會。

《東方雜誌》第六年第六期《南洋勸業會記事第四》 南洋勸業會定於明年四月初一日開幕，先令江督所屬江蘇、安徽、江西三省，於今年開設物產會，其餘各省，開設出品協會，已見章程。茲以爲期漸近，蘇、皖、贛三省已陸續爲開會之預備，茲略記其梗概如下：

江寧 三月二十七日，開協贊會。

蘇州 四月初七日，開協贊會，定期七月朔日起，在西閶門外西園，開設物產會。

松江 四月初九日，開談話會，推定協贊會辦事各員。

上海 四月初四日，開招待會，商議設立上海出品協會事。

是日，鄭蘇戡京卿論出品協會與物產會辦理之好壞，不係於物品之優劣，而係於組織之完缺。但能組織完備，使一地方之物產，何者爲優，何者爲劣，何者當推廣，何者當改良，一展覽間，無不了了，即爲最好之出品協會。非必所出之品，能壓倒全會場，乃爲滿足云云。

鎮江 四月初二日，開物產會事務所成立會，舉定協贊會事務所人員，定期十月初一日，假新河大綸絲廠，開設物產會。

淮安 四月初二日，開勸辦物產會。十五日，在清江商會，開物產事務所成立會。定期十月初一日，在商會開設物產會。

通州 五月初一日，開通海物產研究會。

安慶 四月□□日，就商會内商議一切辦法，即附設一勸業協贊會。

江西 四月十八日，開物產總會事務所。

福建 四月十五日，會議出品協會辦法，先設事務所。二十八日，出品協會事務所成立。

《申報》宣統元年六月十一日第三版《催繳勸業會建築費》 南洋勸業會坐辦陳蘭薰觀察隨節入京，昨致上海勸業會電云，勸業會請發上諭，及免税事業經端帥面奏，建築亟需經費，望速催股東繳齊。琪。蒸。

章開沅《蘇州商會檔案彙編（1905—1911年）》第一輯《農工商務局爲端方等再請賽品免釐事照會蘇商總會宣統元年六月二十一日》 督辦蘇省農工商務局司道爲照會事。

本年六月初三日奉撫憲瑞札開：宣統元年五月二十二日準南洋通商大臣端咨：竊照本大臣於宣統元年四月初三日，會同貴前部院陳專差附奏江寧設立南洋勸業會，各省赴賽物品請免沿途税釐，以示提倡一案。茲於五月初十日差弁賫回原片。奉旨：批覽。欽此。備具會回稿咨送。欽遵。查照分別移送備案，並希轉飭等因，到本部院。准此，查此案尚係陳前部院銜姓，未便書奏，除會稿存案，並將回稿鈐印咨還外，合就抄粘札局，即便移行遵照等因到局。奉此，除分別移行外，合就抄粘照會，爲此照會貴總會，請煩查照，希即轉知各分會一體遵照施行。須至照會者。 計抄粘。

右照會蘇州商務總會。

《東方雜誌》第六年第七期《南洋勸業會記事第五》 江寧 五月十八日，南洋勸業會會場行建築開工禮。

又初七日，開辦府屬物産會。

蘇州 初七日，開第二次協贊會。

松江 十四日，開府屬物産成立會，定以試院爲陳列所，未成立前，暫假育嬰堂醉白池爲會場。

又二十日，華婁兩邑出品協會成立。

上海 十三日，會議組織出品所。

常州 四月二十九日，開會提議組織物産會事務所。

五月十五日，開研究會。事務所設敬節外堂，定六月初一日成立，會場擇定東門外萬壽亭，定十一月初一日開會。

江陰 五月十二日，開會選舉物産分會幹事長，及各幹事員。

無錫金匱 初二日，開會組織絲業出品協會。

揚州 二十一日開會，假天寧寺爲會場，定十月初一日開會。

通州 初一日，開大會，研究通海物産會事宜，以通州公園爲會場，定九月初一日開會。

天津 十二日，北洋勸業出品協會成立。

《申報》宣統元年七月初四日第二版《農工商部催取陳列品物》 上海總商會接農工商部札云，准本部勸工陳列所咨稱，查此次重建勸工陳列所，調取各省陳列物品，自上年九月本部具奏，奉旨通行後，迭經函電，催詢各省寄到之物尚屬無多。此次復經本部行文調取，除各省將軍、督撫陸續解到者，本所加意保護外，他如各處公司局廠如有寄售、寄贈、寄陳之件，本所均爲特別保護，當不致再有意外之虞。此次陳列所移建於空曠之地，並不逼近，市廛空氣自易流通，物品亦易保險。該公司局廠如運送陳列品到京時，本部並爲咨行崇文門税務衙門，查與該公司局廠來文數目相符，立時免税放行，以免留難。且查本所章程總綱第五條内載，本所每年彙集各處工藝，出品分別等第，加擬評語，呈請本部。查與奏定獎給商勳商牌章程相符者，或奏獎以一、二、三、四、五等之商勳，或酌獎以七、八、九品之獎牌各等語，皆所以提倡獎勵。俾工業日益發達，擬請劄知各省商會，再將此意明白宣示，俾各處公司局廠曉然周知，庶幾各處寄送物品者，或不生觀望之心，而本所冀可收參考之效等因前來。查本部此次重建勸工陳列所，前此迭經劄飭該商會，隨時調取最優物品陸續解送，並先後劄發表格章程各在案。茲復准該所咨稱前因，合行劄飭該商會遵照。

《申報》宣統元年七月初六日第三版《總商會第一次集議出品協會紀事杭州》 杭州總商會於七月初二日開會，提議補助南洋勸業會，籌款設立協贊會外府分會，先期函請，屆期到杭與會者，如甯波總商會嘉湖各屬分會、金衢分會等共十四處。勸業道董季友觀察率同各科員到場監視，是日會場秩序：一勸業道宣佈開會宗旨，二公推臨時議長，三提議南洋勸業事須組織協贊會，四研究協贊會協贊員，五協贊員應採訪就地物産，六物産會是否各縣各立，七協贊會、物産會之經費應歸各地各籌，八出品協會提前組織，九出品協會之事務所應設何處，十出品協會事務經費應各屬担任補助，十一出品准照調查員審定後赴賽，十二出品運賽諸費除請免税釐外餘應歸出品人担任，十三提議南洋二萬五千元入股方法，十四演説。三句鐘開會，首由董觀察報告開會詞，並委託本署礦務長許緘甫演説開會詞及辦法四端，次由會衆公舉董觀察任臨時議長，仍委許科長代表逐條提議。惟應補助南洋勸業會及分設協贊會、出品協會等經費五萬元，決議官商分任，官款由道移請藩司迅速挪墊籌解，商款應由十一府分担，議定杭州總會認七成，甯波總會認四成，衆贊成出品協會在省城者，有擬借用湖南會館之説，然未决定，議畢已六句鐘，即散會。

《東方雜誌》第六年第八期《南洋勸業會記事第六》　蘇州　六月二十五、二十六、二十七日，在事務所開品評會。

松江奉賢縣　初四日開出品成立會。

上海　初四日開談話會，議定假總工程局爲出品事務所。初七日開各業出品會，借陸家浜圖書公司爲陳列出品所。以六月三十日止，爲調查期；七月二十日止，爲出品期；八月初五日止，爲陳列期；八月十五日止，爲運送期。

常州　初一日物産會成立，會場初議擇定萬壽亭，現議改用天寧寺。

太倉州　五月二十四日開會，研究物産出品一切事宜，事務所設於商會内；會場擇定州城内南園，定十月初一日開會，月底止。

嘉興　六月初一日開會，提議出品協會事，決定附設杭州總商會内。

江西　勸業道已委員赴九江、景德鎮、萍鄉、贛州四處，會同地方官，組織出品協會，並委員分赴各府，合同組織物産分會。

福州　定本年十月間，將天産、製造各物品，匯送協會陳列所。俟開設展覽會後，於明年四月前，轉送南京陳賽。

廣州　南洋勸業會特派調查科長陶遜至粵，於十二日就廣州總商會，邀請各商董，籌辦廣東出産協會，總理張弼士侍郎提議辦法，擬招集資本五十萬元，組織公司，衆皆認可。勸業道復於二十日，假廣仁善堂，邀集各團體，籌議協贊會辦法，公請提學司於年假時，發起廣東全省教育展覽會，即將各項校圖成績，匯送會場，與江浙各省開教育聯合大會。

《申報》宣統元年七月二十七日第四版《物産會進行之狀况松江》　各府出品會雖合紳商學界之力，爲衆擎易舉之謀，然其性質，仍偏重商界。松展出品會本定於七月十六日起，由各屬賫送出品入商會，限八月初一日陳列，目下期限將届，各屬出品送到者寥寥，青屬則由幹事員金紳馳往朱家角一帶催促云。

《申報》宣統元年八月初三日第三版《出品展覽會明日開幕》　上海出品所昨發通告云，本所出品期已届截止，所有各號送到物品，早經陳列員陸續陳列。惟已允出品之家尚有少數未曾送到，實爲缺憾。請將豫備各品，迅於初三日前，送交南市陸家浜中國圖書公司内。本所换取收條，趕爲陳列，否則一經初四日開幕，即有送來，亦無最好之位置矣。展覽期及評判期録下：初五日始，十二日止爲男賓展覽期，十三日始，十五日止爲女賓展覽期，十六、十七日爲評判期。

《申報》宣統元年八月初七日第四版《勸業獎進會佈置開幕武昌》　武漢勸業獎進會總會辦高、下、黄三觀察，以該會開幕在即，所有陳列物品，均已次第到齊，亟應委派内外收掌暨陳列物品委員，以資照料。查有候補知縣夏令丙暉、楊令青、試用府經吴大蘊等三員，堪以派充該會内收掌兼陳列員，補用知縣麟令瑞、巡檢汪兆棠，堪以派充該會外收掌。昨已分别下札矣。

《東方雜誌》第六年第九期《南洋勸業會記事第七》　江寧　七月二十一日復開協贊會，二十三日開研究會，二十八日閉會。

二十一日協贊會提議事項：（甲）籌備教育、衛生、武備各館出品。（乙）發起各項專門研究會，以便明年開會時實行研究。（丙）組織外賓招待會。（丁）勸導特别出品，及組織游戲事項。（戊）提議建築公司招股事件。（己）提議組織勸業報。

蘇州　七月初一日在留園開設物産會。

是日蘇撫以下各官及紳商學界，均於午前莅會。本定十二日閉會，旋議延長兩星期。第一星期柬請官紳各業代表到會，將各種物品，審查研究，分别等第，禀請撫憲給獎。自二十日至二十六日，則由參觀人相與研究，至二十七日閉會。

附録物品清單

天産品　（甲）農業部：（一）五谷一百二十四種，（二）園蔬二十九種，（三）樹藝二十種，（四）器具二十五件，（五）益蟲害蟲二百五十枚。（乙）蠶桑部：（一）蠶五件，（二）桑二件，（三）絲十二件。（丙）水産部：（一）鱗鬐五件，（二）介甲六件，（三）植物十一件，（四）器具三十五件。（丁）藥材部：（一）植物七十五件，（二）動物六件，（三）金石二件，（戊）礦採：（一）石類二十八件。

工藝品　（子）織染部：（一）機織一百四十四件。（丑）□□部：（一）冠履十五件，（二）帶佩九件，（三）裝飾十四件，（四）被服二十三件。（寅）陶瓷部：（一）土器二十件。（卯）髹漆部：（一）雕填十二件，（二）純素十七件。（辰）琉璃珐琅部：（一）琉璃十七件。（巳）五金部：（一）銀器二十九件，（二）銅器九十八件，（三）錫器十六件，（四）鐵器十件。（午）竹木部：（一）竹器二十九件，（二）木器十四件，（三）藤器十二件。（未）玉石部：（一）玉器三件，

(一)石器四件。(申)牙角部：(一)牙器五件。(酉)鞣革部：(一)牛革器七件。(戌)箋扇部：(一)箋紙三十五件，(二)扇三件。(亥)化學製造部：(一)化煉一百二十四件。

美術品

(甲)織綉部：(一)刺綉一百零二件，(二)織錦一百五十六件。(乙)繪畫部：(一)水墨畫七十九件，(二)鉛筆畫九十件。(丙)雕塑部：(一)雕鐫二十六件。(丁)手工編制部：(一)編織二百二十五件，(二)像生花果一百零四件。

教育品　(甲)教授用具：(一)筆墨十五件，(二)器具二件。(乙)理化器械：(一)電學二件，(二)化學十二件。(丙)圖書：(一)木板書五百五十種，(二)鉛印二種，(三)石拓五十種。(丁)標本模型部：(一)動物一百五十七種，(二)植物三百二十五種。

松江　定期九月初一日開物産會。

華亭婁縣　八月十四日開出品會，十六日爲止。

上海　八月初四日在小南門外圖書公司，開出品會，十五日閉會。

揚州　七月初十日在商會集議辦法，定於八月初一日，各州縣先辦出品所；十月朔日開會，會場擬租缺口大街魏氏漪園開辦。

通州　改期十月初一日開會。

天津　七月十六日，借勸工陳列所，開直隸出品協會。

河南　七月十二日，江蘇委員在商會演説，敦勸商人與會。

寧國府　七月初一日物産會成立。

江西　七月十七日開各業董事會調查出品。

杭州　七月初二日總商會開會，集議組織協贊會，出品協會事。

《東方雜誌》第六年第九期《農工商部會奏議覆南洋籌設勸業會及賽物免稅等摺》　奏爲會同議覆南洋籌設勸業會及賽物請免稅釐各事宜，恭摺具陳仰祈聖鑒事。宣統元年四月二十五日，內閣鈔出兩江總督端方奏，縷陳南洋勸業會籌備情形，吁請明降諭旨，宣示綱要，明定責成一摺。附奏赴賽物品請概免稅釐一片。奉硃批：該衙門議奏，欽此。欽遵鈔交前來。臣等伏查賽會一事，爲開通商智獎進實業之要圖，東西各國，展轉仿行。雖規模名目，各有不同，而藉以勸勵農工，推廣商業，收效則一。中國佳種名材，良工精品，隨處有之，只以囿於方隅，局於故步，內地之知識，且未能互換，外商之技術，更難與競爭。非藉賽會以廣見聞，先就國內以開風氣，不能收舍舊謀新之益，爲改良競進之圖。兩江民物殷繁，交通利便，且風氣早開，天産人工，均臻優勝。該督請就是處設立南洋勸業會，以動列邦之觀聽，樹各省之模型，誠爲當務之急。原奏派舉員董設所分科分期進行各節，條理秩然，洵稱詳密。至會場能否繁盛，全視各處運致賽品之多寡爲衡。原奏所陳各省會商埠設立出品協會，及聯合紳商學界設立協贊會，所以羅致新奇，協籌通運。時期既迫，未容視爲緩圖。自應由各省督撫協力通籌，督飭勸導，俾得克期成立，並由農工商部隨時督催，通飭從速辦成，以襄盛舉。至賽物免稅免釐一節，稅務處查各國通例，凡賽會物品進口時，均準其免稅，運進會場陳列。如有沽售者，則於給價時按值抽稅，是於所賽物品，仍視其沽售與否以定征免。今兩江總督籌設南洋勸業會場，所有各省赴賽物品，自可仿照通例。準其以三聯單報運，沿途免征，於出口時，在經過第一關出具保結，限期運入會場；中途不得私卸私售，違者倍罰；該賽品陳列後，凡在場沽售與轉運他處銷售者，照章補征稅釐；其仍將原物運回本處，暨留場備覽者，則概免補征。似此分別辦理，實於提倡實業之中，寓有防範影射之意。至聯單報運，以及在會場內征免辦法各章程，恭俟命下，即由臣處詳晰擬訂咨行該督，轉飭遵照辦理。總之賽會之裨益民生國計，彰彰在人耳目，無待贅言。惟此舉事屬創行，造端既宏，圖成尤速。既經公佈，中外周知，民間方以爲創聞，友邦日藉以覘國，所以誘掖而獎成之者，自不能不稍示優隆，以資鼓舞。查各國舉行賽會，皆先由其國君主頒佈命令，宣告宗旨，其詳章細目，始由部臣核擬通行。該督所請明降諭旨，宣示開會綱要，繫援引各國成例。中國現當百度維新之會，不妨與列邦有風同道之一規，且下之應上，捷於影響。如果朝廷於此事特頒明詔，俾天下知聖主關懷本計，必能於實業益勵推行，挽貧弱而進富强。其機未始不由於此，應諸如該督所奏，明降諭旨，宣示綱要，飭下各省督撫籌辦協會出品各事，將賽品分別豁免稅釐，並即派南洋大臣爲該會正會長，就近督飭經理，庶易觀成。至原奏請派審查總長，則須至開會之日，萃天下之事事物物，陳之一隅。以第其美惡，別其良楛，除徵集外人最新製作，取其少數，另館陳列，專供參考外，均由審查總長選擇學有專門精於鑒別者，分類評定，細核等差。由農工商部發給憑照標牌，推行獎勵實業之政權，拓興全國人民之教養。比賽之效，全係乎此。應俟本年年底確定開會日期，由農工商部奏請簡派大臣爲審查總長，届時莅場開會，以昭鄭重。所有會同議覆南洋籌備勸業會，及賽物免稅事宜，並請明降諭旨各緣由，理合恭摺具陳，伏乞皇上聖鑒訓示。再此摺係農工商部主稿，會同度支部、稅務處辦理，合併聲明。謹奏。

章開沅《蘇州商會檔案彙編（1905—1911年）》第一輯《農工商務局爲賽品欽準免稅事照會蘇商總會宣統元年九月初九日》 督辦蘇省農工商務局司道爲照會事。

本年八月初四日奉撫憲瑞札開：宣統元年七月二十四日準農工商部咨：宣統元年七月十三日内閣奉上諭：振興實業爲國家富强要政，迭經諭令各直省督撫實力提倡，並簡派大臣前赴各國賽會，藉以開通商智，爲改良競進之圖。我國地大物博，誠非薈萃觀摩，不足以造精進。玆據農工商部會奏，議復南洋籌設勸業會及賽會免稅一折，兩江風氣早開，民物繁盛，自應就地設會，樹各省之模型。着派南洋大臣、兩江總督張人駿爲該會正會長，並着各督撫籌辦協會、出品各事，所有賽品準其分別豁免税釐，俟開會有期，屆時由農工商部奏請簡派大臣爲審查總長，莅場開會，用示朝廷勸勵農工，推廣商業之至意。欽此，欽遵。相應將本部會奏摺稿咨行貴撫查照可也。等因到本部院。准此，合就抄粘札局，即便通飭各屬一體遵照，並照會商務總會分行各分會知照等因到局。奉此，除分別移行外，合就抄粘照會，爲此照會貴總會，請煩查照，希即轉知各分會一體遵照。望切施行。須至照會者。

右照會蘇州商務總會。

《申報》宣統元年九月初十日第三版《南洋勸業會進行之狀况江甯》 江督催促會場工程：勸業會正會長張制軍面諭陳蘭薰坐辦，謂會期萬不可改遲，一改會期，則全局精神涣散。惟會場工程亟須趕辦，即照合同，三月半竣工，猶嫌不及，非縮短竣工日期不可。飭請上海董事會推舉代表數人，來省面議。陳坐辦即電致上海虞洽卿觀察等，請速來甯，並□予包工匠人以磚瓦材料免税之權，以便加緊趕工，早日告成。

《申報》宣統元年九月十一日第二版《勸業會照請求新廠特別出品》 南洋勸業會場機械館内需品陳賽，而中國内地製造機械之廠甚少，惟本埠朱子堯君所辦求新廠，能自造各種機械。日前已由陳道特行照請該廠，或運機械，或造模型，以備機械館之陳賽，而開内地製造之風氣。

《申報》宣統元年九月十二日第四版《催辦安徽各屬物産會南京》 勸業會正會長張制軍，以會期孔迫，安徽各屬物産會進行甚覺遲緩，特電致安徽藩司沈方伯、勸業道童觀察，轉飭各屬趕辦成立，以免誤期。並以安慶物産會爲皖省各屬之模範，更專電安慶府，詰問籌備情形，皖省物産會經此一番催促，當可不致再因循矣。

《申報》宣統元年九月二十六日第四版《派員調查甬屬出品協會浙江》 南洋勸業會限期成立，杭甬出品協會及協贊會之進行，迭奉農工商部咨催，增中丞亦異常注意，因該會成立，迄今種種進行，及協贊會之設立，尚未稟報。昨特面諭董季友觀察，詳晰調查，俾便復部，當由觀察遴派勸業公所會計員蔣志培君，即日束裝馳赴甯波，調查該會成立後一切籌辦情形，及各屬協贊會曾否依限舉辦各節，會同該會總、協理，詳細查明稟復，以憑復部。

《申報》宣統元年九月十九日第三版《咨請協助武備出品安徽》 南洋創設勸業會，前已通飭各屬，開辦物産會，協助會品陳列在案。玆江督咨請皖撫轉，飭陸軍各鎮協並公所，籌備武備出品，以便屆期赴賽而興實業。

《申報》宣統元年九月十九日第三版《勸業會建築參考館别館情形南京》 南洋勸業會，爲中國未有之盛舉。以故，外商對於赴會一事，争先恐後，已由駐甯各領事，向勸業會事務所商議，於會場地基内指定面積三百方丈，建築參考館，以爲各國出品陳列之所。將來參考品之精美豐富，自不待言。至各省自許各建築别館以來，目下認建别館者，已報至十一省之多。而四川、浙江兩省，尤先興工建築。吾國物産之豐富，於此可以概見。唯别館專爲比賽建築式樣陳列特別出品，與該省紳商聚會研究之用，其他各種出品，自應於各專門館院陳列云。

《申報》宣統元年九月二十一日第四版《松郡物産會展覽紀盛松江》 松郡物産會，自初九日開幕至十六日，爲男賓展覽期，參觀人數計有一萬三四千人。蘇、常、鎮、通四屬物産會及杭州協贊會等，均派職員到松參觀。十五日，嘉興府英太守雨亭亦親自涖松，經監督戚太守引導入覽。十七日休息一日，十八日爲女賓第一日，展覽期售券二千數百餘張，連童孩計約至三千餘人，當十七休息時，事務所並邀上海英昌照相館，將會場全體攝影七張，以誌紀念。

《申報》宣統元年九月二十一日第四版《武漢勸業獎進會開辦武昌》 陳制軍以武漢勸業獎進會，爲協贊南洋賽會，獎進商業、鼓勵商材起見，故不惜籌挪鉅款，督率經營，力求規模宏博，爲鄂省興商之誘掖。十五日爲開會之期，制軍於清辰到會，司道府縣文武各官、漢口各國領事、洋商，暨武漢紳富商董，亦依次到會。十句鐘時，行開會禮，有軍樂隊奏樂。陳制軍命該會總辦黄道以霖代演説訓詞，勸業道高觀察與武漢兩總商會總、協理，均有演説詞，車水馬龍，頗極一時之盛。十六日起，即准士民人等，購入場券進會遊覽，每人須銅元三枚云。

《商務官報》宣統元年九月二十五日第二八期《批江西勸業道傅春官詳》

據詳並章程表格清摺均悉。所稱籌備南洋勸業會事宜，先於省城設立物産總會事務所，派員分赴各屬，將物産會及磁煤出品各協會，實力組織，並將調查各屬出品刊定表格，分給填報。辦法均極妥協，演説切理饜心，足資啓發，尤足見該道勸業一事夙具熱心，不辭苦心，殊甚嘉尚，爲此批示，仰即督同在所各員照章切實籌備，於該省實業前途有厚望焉。此批。九月初十日。

《申報》宣統元年九月二十五日第四版《殿撰對于物産會之意見松江》 二十二日下午，通州張季直殿撰由杭州乘車來松，展覽松江府物産會之出産品監督戚太守導觀一切，殿撰極注重實業，不尚奇技淫巧，而注意于挽回利權。到會時，惟摩挲絲綢、呢布，考察米、麵、花、豆，至再至三，於蠶豆、黄豆，考之尤詳，且言豆之爲用甚大，最爲有益人體之滋養料。三年前，有人收買載連出口，故會中首宜考核其種類，精究其藝法，能多種多收，必有益於農業云云。四鐘後，乘車回滬。

《東方雜誌》第六年第十期《南洋勸業會記事第八》 江寧　七月二十八日，協贊會開第三次會議，集議組織教育、武備、衛生三館辦法。又有人提議組織教育出品協會。八月初一日，同袍社開武備出品籌備所第一次會議。十八日，江督請上海董事會商董至省，特開招待會。

是日議決數事：一，經費增至七十萬，較舊加二十萬元，官商分認，官股十萬，由江督指撥的款，商股十萬，由各商董力任籌濟，不足，議向天津商會認招半數，餘請他處商會分籌。二，電燈改歸官辦，俾會務不致竭蹶，經各商董議決。三，興築西式旅館，各商董已派人繪圖估工，不日興築。四，招徠商店，開會期近，各商人報請在會場内租賃地段，建築商店甚少。議即廣登告白，以爲招徠。五，建築公司認股，江督深恐閉會後，城北依舊荒凉，議開建築公司，俾各資本家，於該地建築房屋，當由莊君燾、李君鍾鈺，各認五萬元，孫君銘亦爲寧省商民代認五萬元，其餘認股者甚多。

松江　九月初九日，在醉白池開物産會，二十一日爲止。

鎮江　八月初六日，由物産會紳董，暨南洋勸業會調查員，邀集紳商學界，組織出品協會。酌定小碼頭琴園爲商業出品陳列所，定期十月初一日開會，十五日止。教育會於二十二日，邀集學界會議，組織教育出品協會。

通州　會場改定市河岸新建女子師範學校，並改期十月初一日開會。

天津　八月初十日，開直隸銅鐵工出品協贊會。

杭州　初一日，開出品協會事務所成立會。

寧波　十三日，開出品協會事務所成立會。

《申報》宣統元年九月二十六日第四版《勸業獎進會添設直隸館武昌》 武漢勸業獎進會，係分天産、美術、工藝各部陳列物品。兹因直督端制軍運到工藝教育各品四十餘箱，陳制軍以直隸工藝久經該省當道提倡，出品亟爲精巧，應設專室陳列，以副協贊雅意，特飭該會總辦卞、高、黄三觀察，爲設特別室，名曰直隸館，已於日昨布置完備矣。

《申報》宣統元年九月二十七日第四版《札飭傳諭赴賽獎進會長沙》 湘省勸業道唐觀察，前准湖北武漢勸業獎進會電開，武昌開辦獎進會搜集各省物品，前函咨明，並經電達，兹改九月望開會，請尊處速將各器運鄂，至深感盼等因。當由唐觀察札行各府州，轉飭各屬，傳諭商民。如有製造優美物品，剋日運赴鄂省陳賽，並將赴賽商人姓名及所運物件，具報勸業道衙門，一體彙咨。

章開沅《蘇州商會檔案彙編(1905—1911年)》第一輯《農工商務局爲籌辦出品協會事照會蘇商總會宣統元年九月二十八日》 商務議員奏派總辦江蘇農工商務局二品銜分省補用道張爲照會事。

案奉農工商部札開：宣統元年八月初七日接準兩江總督咨稱：案照南洋奏辦第一次勸業會一切籌備事並議定各項專章，均經先後咨明在案。查此舉事屬創行，其有關於實業前途至爲重要。所有各省會及通商大埠應設出名(品)協會，搜集各地方物品，定期陳列開會，藉以研究品類之良楛，預爲運寧與賽之地步。如各省出有特別品類，該會場内另行劃出地畝，專爲各省建築別館之用，以資陳列而示優異。除將出品簡明章程分別咨送各省督撫轉飭遵照外，相應咨請轉飭各省勸業道及商會迅速籌辦出品協會並建設別館。其已定者，促其進行，未定者飭速趕辦，以免遲誤。等因前來。查該會初議明年四月開會，爲期已促，經本部於七月十七日電咨各省督撫，請速飭設立出品協會等因在案。兹準前因，合行通飭該議員遵照辦理，並將籌辦情形隨時聲復本部可也等因。奉此，合就照會。爲此照會貴總會，請煩查照，希即轉知各分會一體遵辦施行。須至照會者。

右照會蘇州商務總會。

章開沅《蘇州商會檔案彙編（1905—1911年）》第一輯《税務處頒發賽品沿途免征及場内分别征免辦法章程宣統元年九月》 南京勸業會場由各省赴賽物品用三聯單出具保結報運，沿途關卡不征税釐，暨在會場内分别征免辦法章程。

計開

聯單報運賽品沿途不征税釐辦法：

一、上海董事會填給運商三聯單應將聯單號數、所運洋土貨色件數、斤兩估值，由某處將裝載輪、民船或鐵路前往南京會場等項逐款填注明晰，方給運商持赴關卡報運。

二、運商持三聯單前赴各處關卡報運賽品，應由出口經過第一關卡查驗單貨相符，統按海關税則核算，應合税釐各若干數，均詳細分注運單三聯之内，責令運商出具保結，將該税釐共計若干數照保二倍銀數，由具結之日起限期三個月内運到南京會場。

三、出口關卡既收運商保結，應將運單截留一聯登簿存查，再將第二聯隨同保單、執照逕寄金陵關税務司收存，以便届期調查核辦。其餘第三聯蓋印給商持運，所過沿途關卡照驗蓋戳，免征放行，俟到南京呈繳金陵海關查對驗明，即將單貨知照會場點收後，即由該關批銷，保單、執照寄回原出口之關卡，以便注銷保結。

四、所有具保赴賽物品越限不到者，應由金陵關税務司按照收存之運單調查，除途中不測遇□事損失，取有地方官或沿途關卡證據，或查有實在情形，准將保單執照批銷發回不究外，其餘未能據實禀復，或沿途私售或私運别處者，應將查明違章當罰案由此批注保單執照内，逕寄回原出口之關卡，俾按保結税釐數目追繳兩倍銀數，歸入該關卡税釐册造報。

五、所有運單具保賽品如於中途轉船或轉車，應呈明經過之關卡批明運單内方準過載。

六、所有運單内赴賽物經過沿途關卡，如查有夾帶影射情弊，應由查出之關卡將夾帶之貨照例扣留懲辦。

七、凡土貨暨礦産，由通商各口並長江西江上下貨物處所暨天生港報裝輪船或鐵路，並由内地運往通商各口，轉裝輪船或鐵路前赴南京會場者，應核算出口正税復進口半税各一道，另半税一道以抵沿途各處釐金。

八、凡土貨暨礦産，由内地報裝民船或内港小輪或鐵路逕運南京會場者，應核算正税一道，以抵沿途常税，又核半税一道，以抵沿途釐金。

九、凡機器仿製洋式貨物，不論由通商口或由内地報裝輪船、民船、鐵路，均應照咸豐八年税則核算正税，或值百抽五正税一道。

十、凡洋貨由通商各口赴賽，除有免重征執照者，免其出具保結，惟批明運單不算外，其餘賽品應與來自外洋赴賽未完進口税者，一律按照光緒二十八年續修進口税則核算正税一道。

賽品在會場内分别征免辦法：

十一、運單内賽會物品點收入場事宜，應由該會場派員專司經理，如有遺失致使税釐無着者，應由會場照補。

十二、稽徵事宜，應由金陵關隨時派員駐場將運單所填税釐復核，於賽品離場時查對分别征收，俟完訖後發給放行單，準其離場。

十三、各省賽品凡留場備觀者，暨陳列未沽退回原處者，應準免補税釐。

十四、各項賽品凡在場内沽售暨離場轉運他處銷售者，除原有免重征執照之洋貨不征外，其餘各貨均應查照運單内税款，分别補征税釐。

十五、所收税款應款歸金陵關税册，其釐款送由監督轉解該省釐金總局。

十六、凡陳列未沽退回原處各賽品，應按原來運單查驗相符，加帖印封標記，責令出具保結，限定日期運到原處，於離場起運時發給專照，注明某年月日由某處原來賽品準免沿途税釐者，俾其持運，並一面將保單執照逕寄原出口之關卡收存。俟該賽品運到時呈報查驗相符，批銷執照寄回金陵關，方準注銷保結。如私運别處越期未到者，即令罰繳税釐兩倍，歸入税釐册造報。如所退賽品係洋貨，若不運回外國，應照章於起岸時完納進口税。

十七、所有離場土貨由到口日起未越一年期限者，報運通商他口，既已完過正税者，應照章發給已完正税憑單。如已完過正半税者，除發給已完正税憑單外，仍將完過之半税於船、車開後照章退還。其報運外洋者，只還半税。

十八、所有離場之機制洋式貨物，由到口日起未越一年期限，報運他處既已完過正税者，應發給機器貨運單概免沿途税釐。

十九、所有離場洋貨由原進口日起未越三年期限者，報運通商他口，其原有免重征執照者，應與在場内完過正税者一律照章發給免重征執照。如報復出外洋，其在場完正税者，應俟船開後退還正税。其原有免重征執照者，應發給復出口往外洋執照，俾其持原進口征税之關呈領存票。至入内地，凡離場洋貨應聽報納子口半税，則給子口税票，無子口税票者，沿途完納税釐。

二十、所有會場陳列賽品，每季應由金陵關監督會同税務司派員到場點查一次，按照原收運單數目分別沽售轉運與存場留觀者，造册申送度支部税務處查覈。

右以上二十條，作爲暫行試辦之章。嗣後如有室礙，應由金陵關監督會同税務司妥議，由税務處核復辦理。再如内地關卡未備海關税則，應將賽品估價按值百抽五作正税，抽二五作半税核算，批注運單内照保兩倍税釐具結。俟遇越限調查當罰時，由金陵關核定應繳之數，批入原送保單、執照寄回各該關卡，以憑照數追繳。

《申報》宣統元年十月初一日第四版《鎮屬物産會成立鎮江》　鎮江府物産會監督暨創立員等，現經商定借城外牌灣之西琴園爲場所，定於十月初一日行開幕典禮。日來佈置一切，將天産、工藝、教育、美術等品均分開各歸一廳，俾參觀人有所比較，並委任招待幹事、庶務照料等員，擔任義務。

《商務官報》宣統元年十月五日第二九期《批武漢勸業獎進會總辦等申》

呈悉。所陳出品協會，擬俟武漢勸業獎進會閉會後，即將所有賽品運往江寧，建設別館各節，具見悉心籌畫，仰即妥慎辦理。此批。九月十六日。

章開沅《蘇州商會檔案彙編（1905—1911年）》第一輯《江蘇提學使爲徵集教育品事致南洋大臣等詳宣統元年十月初七日》　江蘇提學使司爲詳請事。

竊於本年九月二十九日奉撫憲瑞臺札開：宣統元年九月二十一日，准學部咨實業司案呈準兩江總督咨開：據南洋勸業會事務所案呈：南洋奏辦第一次勸業會，所有訂立章則，分期籌備情形業經先後呈請，分別奏咨在案。惟以吾國此舉原屬創行，其事既繁，爲期尤迫，而於各項出品赴會一事，尤宜從速分別籌備，以冀及時可以觀成，臨事不至罣漏。查本會前次訂行各項會章，其中聲明除於各府屬設立物産會，各省商埠設立出品協會及協贊會外，餘凡各處衙署局所，以及官立、公立之勸工、習藝等所，專門實業公司、學堂、機器礦政製造局廠、郵電、輪船、鐵路、礦山等處，均宜仿照各國賽會通例，一體預備出品，各就該處所有産造物品與業務性質及成績統計一切，或備列標本，或製作模型，或規畫圖表，定期運入會場，以資陳賽，而備甄較。其有製造或手工各件，並請特別運寧，當場工作，以資參考。惟須先由該處報明，以便預留地步。兹擬訂出品分類目録及出品簡明章程若干條録呈，分別咨請查照辦理等情。據此，查特別出品既爲本會會場陳列所必需，且藉以覘全國事物之成績，較之尋常工商人等之出品尤爲緊要，除分咨各省督撫轉飭各處預備出品外，相應將出品分類暨出品簡章，一並備文咨送。爲此，咨請查覈，轉飭各省提學使，通飭各該學務公所及各項學堂，一體遵照章程迅即預備出品，先行定期轉運來寧入會陳列，以資比賽而益觀摩。仍請先將各處籌備情形詳細賜復等因，並章程前來。查南洋勸業會業經奏奉明諭，飭下各省籌備協會出品事宜，現在教育甫有發芽，尤應徵集出品以資比較而圖進步。惟教育品類較多，學堂又散在各處，其應如何調取，如何別擇，如何彙送，經理之處應有畫一辦法，始免參差。除將南洋勸業會出品分類綱目咨行外，並經本部酌定辦法數條，相應咨行貴撫，查照辦理可也。等因到本部院。准此，合就抄粘，並將出品分類綱目札發，札司遵照章程移行各項學堂、各學務公所，一體遵照，及早預備出品，以資陳賽而策進步。毋任延宕，是所至要。並先於九月二十一日奉學部札，同前由各等因到司。

奉此，伏查勸業會陳賽物品所以資實驗而求改良，本年秋間，蘇府開辦物産會，憲臺暨撫、督憲派員莅會審查，而在省官紳徵集陳賽，均能有條不紊，外府州現亦陸續開會，以備甄較。良以賽會之舉，實於國計民生確有關係，教育出品關係尤重。現值萌芽時代，尤應多方徵集以爲先河之導。前奉憲臺督憲札飭，令蘇、皖、贛三屬仿照寧學司發起組織教育出品協會辦法辦理。正在籌議仿設。兹奉部飭，凡關於徵集教育出品赴會事宜，責成學司經理，並令各學堂於十二月初一日以前出具出品願書，連同出品送司，總具一書彙齊送會，不得遲誤。又十二月二十日以前，學司須將籌備出品情形申報學部。又出品運送到寧，以宣統二年二月末日爲終止之期各等語。提倡之意至切，督促之期至嚴。學司詳加酌核，司署非暫行專設教育品協會事務所，各府州非暫行分設教育出品研究會，互相連絡，以策進行，恐徵集必多疏漏，赴會必致逾延，殊非慎重要政之道。謹遵照大部暨督憲札飭，參以管見，擬議蘇省辦法九條，即經學司繕具節略，呈奉撫憲臺批示：所以甚妥。飭即具牘。自應迅速遵辦，除詳請撫憲、南洋大臣商督憲核示咨部，並先行咨會南洋勸業會暨分別移行遵照外，理合開具清折二份，具文詳請伏候憲臺鑒核，俯賜批示祗遵。並乞咨明學部，實爲公便。爲此計詳送清折一二扣。

詳南洋大臣商督撫憲。

章開沅《蘇州商會檔案彙編（1905—1911年）》第一輯《蘇省徵集教育品辦法九條》 謹將酌擬蘇省徵集教育品辦法九條，繕折呈請憲鑒。

計開：

一、就司署暫行專設蘇省徵集教育品協會事務所一所，即由學司監督之，爲交通各府州教育出品研究會之總機關。遇有與各府州教育出品研究會應行商榷接洽事件，即由事務所員稟承學司辦理。應於十月十一日以前成立，至會畢報部後裁撤。該所應設庶務兼會計一員，調查員五員，書記生二人，以資辦公。由司陸續札派，以專責成。其經費即在學務經費内撙節開支，核實匯報。其進行方法，另文詳請示遵。

二、各府州應暫行分設教育出品研究會，將來教育品陳列所即附設其中。由府州召集所屬教育會正副會長、勸學所總董、各學堂監督堂長組織之，即由各該府州爲之監督。各府州徵集教育出品事宜，其應如何調取，如何别擇，如何彙送經理之處，即由該會研究進行方法。其大略如左：

（甲）此項教育出品研究會蘇州府應限十月十五日成立，松常鎮太四府州應限十月二十五日成立。

（乙）各研究會研究進行方法，蘇州府應限十月底詳報到司，松常鎮太四府州應限十一月初十日詳報到司。

（丙）各府州研究會會場，即由各府州擇宜佈置。

（丁）研究會職員應設幹事長一人，庶務兼會計一人，書記幹事一人，調查幹事暫不定額，均以名譽職爲宜。調查幹事酌給川資，另設書記生一名，應給辛資。

（戊）研究會開會期以星期日爲宜，以期於教育事宜各無妨礙。

（己）成立研究會之前一星期日，各宜先開一預備會，公舉職員，籌備經費，以免臨時周章。

（庚）前項研究會各於會畢之後，出品運回之時裁撤。

三、各府州研究會一律成立之後，既各將進行方法於十月底、十一月初十日先後詳報到司。蘇州府研究會應於十一月十五日，召集外府州研究會幹事長到會，會議實踐進行畫一方法（有應與司署事務所接洽事宜即於此數日内來所會商）。所有各府州教育出品如何出具願書，填寫出品目録及説明書，於十二月初一日以前依限送司，以憑司署事務所限於十二月二十日以前報部之處，即於會議時議決，報告司署事務所（其已報之後，各屬如有新出之品，應準隨時續報，司署亦即補報學部）。

四、各府州研究會實踐徵集進行方法，即於十一月十五日議定願書目録等項，亦於十二月初一日以前報司，學司即於十二月初十日以前分飭調查員前往逐一調查，以昭核實而憑報部。

五、各研究會須遵照部定辦法，將教育部内最初教育、學校教育、社會教育三門按照門類分别徵集。此外如圖書、科學、學藝、器械、經濟、交通、採礦、冶金、化學、工業、土木建築、染織工業、製作工業、機械、電氣、農業、蠶業、水産業、美術、衛生、醫學之屬，此類事目如有爲已設專門學堂或實業學堂所應肄業者，亦應一律徵集。倘各府州開物産會之時教育品有並入别部者，應由各府州會商紳商劃歸教育出品，以清界限。

六、各府州教育出品既齊集於府城或州城之研究會中，所有出品，除蘇府外，若悉令遵照部飭彙送司署，再由司署送會，路遠費巨，物品又易損壞，未免窒礙。外府州出品應否聽候調查，仍令徑運江寧，以省周折而歸簡易之處，應由研究會會員從長會議，呈由各府州稟司察辦。

七、部頒徵集教育品辦法大要及此項蘇省辦法，應由司各印數千張，發由各府州發會遍佈各學堂，以期周知。

八、蘇省徵集教育品協會事務所公牘即用學司印信，各府州研究會公牘即用各該府州印信，毋庸另刊圖記。

九、此項蘇省徵集教育品辦法如須增删修改，應隨時由司核明，詳定遵行。

章開沅《蘇州商會檔案彙編（1905—1911年）》第一輯《蘇州提學使爲成立蘇省徵集教育品協會照會蘇商總會宣統元年十月初七日》 欽命江南蘇州等處提學使司提學使樊爲照會事。

照得南洋奏辦第一次勸業會，徵集教育出品赴會一案，當經本司詳加酌核，並擬蘇省徵集教育品辦法九條，聲明就司署暫行專設蘇省徵集教育品協會事務所，即由本局監督之，爲交通各府州教育出品研究會之總機關，應於十月十一日以前成立，會畢裁撤。該所應設庶務、會計、調查等員並書記生，由司陸續札派，其經費即在學務經費内撙節開支，核實匯報。先經繕具節略，呈奉撫憲批示：

所議甚妥，飭即具牘。遵即專案通詳，並呈請咨明學部，一面排印原詳辦法，分別移行各在案。現在蘇省征集教育品協會事務所亟應如期成立，以爲各府州教育品研究會之倡。兹擇於十月初九日即就本司署内趕緊開辦，以資辦理。除呈報並分别移行外，相應照會。爲此照會貴總會，請煩查照施行。須至照會者。

右照會蘇州商務總會。

章開沅《蘇州商會檔案彙編（1905—1911年）》第一輯《提學使樊恭煦照會蘇商總會宣統元年十月十一日》 欽命江南蘇州等處提學使司提學使樊爲照會事。

照得司署設立蘇省徵集教育品協會事務所一案，業經擬定辦法九條，於十月初九日開辦，並將原詳辦法排印多份，分别詳報移行，並遵照部飭派委實業科副長、浙江候補知縣錢令寶鎔坐辦該所一切事宜，普通科科員即用知縣孫令洞兼辦該所庶務兼會計事宜，又經分別呈報札委各在案。除飭令該員等常川駐所，以及徵集運送各事，按照各項章程辦法悉心經理，一面與各府州研究會隨時接洽，稟候核辦，並移行外，合行照會。爲此照會貴總會，請煩查照施行。須至照會者。

右照會蘇省商務總會。

《申報》宣統元年十月十二日第四版《敬祝上海出品協會》 南洋勸業會定於明年四月朔開會，上海爲南洋首屈一指之商埠，工商業早見發達，理應極力贊助，是以特開出品協會於張家花園，已於初九日開幕矣。場内設備諸臻完美，足見當事者之頗費經營，並託租界通行之電車，代售入場券，免征車費，以利往來，更可□善於佈置者矣。此會之設，吾所致頌者有五：一，各種物品經此一番陳列，則明年赴會時，劃然有序，不致凌亂參差矣。二，爲南洋勸業會之雛形，俾觀者知南洋勸業會之規模，必較此更大，以引起其赴會之心。三，勸業會之設，惟在激勵人民，致力於工商業而已。今此出品會無異小勸業會，足使觀者恍然於工商業之不可不講究。四，從事工商業者，可比較蘇松太三屬所出物品之優劣，以圖早日改良，而博明年赴會後之優譽。五，我國之工商業窳敗不堪，素爲外人所輕視。上海爲各國人士麕集之所，今以蘇松太三屬之天産物、製造品陳列一處，不下四萬餘種，足使外人知我國亦有精良之物品。【略】嗚呼盛矣。

《申報》宣統元年十月十六日第一版《上海出品協會廣告》 謹啓者，本會開辦經費，係由監督總理等籌墊，並未有人在外募捐，特此聲明。

章開沅《蘇州商會檔案彙編（1905—1911年）》第一輯《樊恭煦照會蘇商總會宣統元年十月十八日》 欽命江南蘇州等處提學使司提學使樊爲照會事。

本年十月十七日奉督憲批司詳遵飭擬議蘇省徵集教育品辦法九條乞示遵由。奉批：詳折均悉。仰候撫部院批示繳，並先奉撫憲批。同前由。奉批：所擬辦法詢屬妥協，仰候將送到清折咨送學部查照，並即督各學堂依期趕辦運賽，毋稍遲逾。仍候商督部堂批示繳。備案折存各等因到司。奉此，查此案前於具詳時聲明，將進行方法另行詳請示遵。現在該所即已成立，組織之事良多，進行之機宜速，自應將進行方法從速擬訂宣佈，俾各屬有所遵守。兹由本司擬訂進行草案内，分爲第一、第二兩期，共二十三條，除開折詳請南洋商督撫憲核示並分别移行外，合先抄粘照會，爲此照會貴總會，煩爲查照施行。須至照會者。計抄粘。

右照會蘇省商務總會。

《申報》宣統元年十月二十一日第四版《武陽擬開出品展覽會常州》 武陽出品所目前調查物品，已達千餘種。現各徵集員紛交到者，約有四五百種。其餘尚陸續送來，聞擬於二十五日，在商會内新落成之圖書館，開出品展覽會，入場券擬收銅元一枚，以示限制。

《商務官報》宣統元年十月二十五日第三十一期《本部咨各省督撫文爲南洋勸業會運賽物品税准由各會監督發單擔保事》 爲咨行事，接准税務大臣咨稱，南洋勸業會賽品一事，前經本處奏准，詳擬聯單報運，以及在會場内徵免辦法各章程，業已通行轉飭遵照在案。兹准南洋大臣電稱，據上海董事會稟稱，商人運賽物品，飭令核算税釐，覓保具結一節，探之商情，尤爲不便等語。敝會定章，凡南洋各縣設一出品所，以知縣爲監督。各府設一物産會，以知府爲監督。各省會商埠之出品協會，以勸業道、關道爲監督。凡有運賽物品，均由各會監督查明件數，限定運期，填發三聯單，飭令運商沿途經過關卡，一律呈驗，蓋戳放行，是各會監督負有擔保責任。凡影射夾帶沿途散售之弊，不杜自絕，較之商民自行覓保，尤爲確實可據。擬請將覓保具結一層，量予删除，可否請示等因前來。查南洋大臣以運賽物品商人覓保具結爲不便，擬由各會監督發單擔保，係爲便商起見，自可通融照辦。惟須聲明各會監督，既認擔保，如中途有私運私售夾帶拆卸各情弊，均仍照前定聯單辦法，就出口經過第一關所，核應納税釐若干，由該監督代繳兩倍銀數，歸入關册，以符定章等因前來。相應咨行貴督撫查照，轉飭遵照辦理可也。須至咨者。

《東方雜誌》第六年第一期《南洋勸業會記事第九》 江寧 九月十八日，江督特派道員陳琪到滬，在董事會集議一切。詢問承包勸業會工程之張裕泰，能否縮短期限，以免展緩會期。旋據張面稱，各館院如農業院、工業院、教育館、美術館、機械館、通運館、水産館、武備館、衛生館、公議廳、辦事處、東方參考館、西方參考館以及各房舍之裏面，準於今年臘月内，一律完工。其各館院之表面粉飾，則須於明年二月内，一律完清。聞張督與董事會之意，亦主張不展期限云。

駐寧各領事，向勸業會事務所交涉，於會場地基内，指定面積三百方丈，建築參考館，以爲各國出品陳列之所。

勸業會自許各省建築別館以來，於是認建別館者，已報至十一省之多。四川、浙江兩省，尤先興工建築。

南洋巴達維亞島商會議董梁祖禄，能自造機器。以中國此次開辦勸業會，深願出品與賽。前曾由該商會照會南洋勸業會，聲明前由。勸業會照復言，會場内本設有華僑出品陳列所一區，梁君研精機械，熱心祖國，本會極爲歡迎。事聞於南洋大臣正會長張制軍，以梁君學有實用，光我會場，復照請爲南洋群島協贊會協理，自行組織協贊會，以示優異。將來審查總長定准奏請特別獎勵，爲華僑生色。

蘇州 蘇撫瑞中丞已將蘇府物産會在會出力人員名譽憑照，加蓋印信，發交首府，分別頒給。計幹事、調查員等百五十餘人，至出品之家，業經審查，擇尤給獎。如李宏興之紗緞，馬乃斌之漁業模型，張楫如之雕刻，虞興公司之紡織，汪聖言之漆器，貝謹之蠶桑標本，徐萬泰之五彩織緞，莊子槃之改良木器，汪和記、范國章、丁洪鈞、尤屏翰之泰西紗緞，頤和公司之罐頭食物，王文周之改良絲車天秤，尊漢閣、漢貞閣之碑帖雕刻，王鳳清之剌紗字對，均經給予獎憑。

松江 青浦出品會前於八月二十五日開會，二十九日閉會。

常州 聞改期十一月十五日開物産會。

鎮江 聞改期十一月初一日開會。

太倉 於十月十五日開會。

淮安 聞改期十二十五日開會。

海門廳 於十月初八日開出品會，十二日停會，即將物品移設通州會場。

通州 十月十五日開會。

奉天 錫總督特委奉天勸業道籌辦東三省出品協贊會，並派員赴吉、黑兩省聯合，於八月二十八日開會提議辦法。

嘉興 嘉興府英太守於九月十三日，邀集紳商學界會議，決定聯合七邑，組織協贊會，定名嘉興府七邑聯合出品協贊會。十月初二日，假嘉興商會，邀集七邑紳商學界領袖，共議辦法。

安慶 九月初八日，開談話會，籌議出品協贊會辦法，由紳界決定於十八日成立。

九江 出品協會於九月十六日，開各業董事會。

湖北 武漢獎進會於九月十六日開會，定期十月三十日停會。按武漢獎進會，先南洋勸業會而成立，應推爲勸業會之先導，故附志於此。

《申報》宣統元年十月二十九日第三版《武陽出品會之大特色常州》 武陽出品展覽會，於二十六日開幕。二十七日，天氣陰雨，參觀者約有一千餘人，會中他種物品，不過五六千件，而金石、書畫，誠爲會場之特色。金石如商斝，新莽泉刀，北魏造象，漢望山亭侯、巨野亭侯等之印，晉太興四年吴寧送故吏民祝，泰和六年等甎。畫如惲薌山、鄒衣白、惲南田、錢茶、山畢蕉麓，字如吕長音、洪北江、孫淵如，皆徵集靡遺。此外如湯貞愍(即雨生)、張皐文(即惠言)、輩之書畫，允無美不備。又鄉先哲遺書、碑帖，約數百種。武陽收藏諸家，無不興高采烈，争先出品，陸續交到者，不計其數。以故，好古家之來參觀者，如入山陰道上，應接不暇。雖值陰雨之天，仍不惜奔走道途，聞已有多人懇請延長數日，以盡其展覽之興會云。

章開沅《蘇州商會檔案彙編(1905—1911年)》第一輯《江蘇諮議局爲籌設勸業共進會及瀝陳免税章程弊端呈兩江總督張人駿文宣統元年十月》 江蘇諮議局爲呈報議決事件事。

案查稟定諮議局章程第四十二條内開：凡議決事件，除議長副議長同意認爲應行秘密在外，均公佈之，並應隨時報告督撫及資政院等語。十月十七日本局會議議決一件，合行繕折呈報，除匯呈資政院暨呈督部堂並本局自行公佈外，謹查照議局章程第二十二條聲明，此爲議定可行事件，呈請撫部院公佈施行。計呈請折一扣，謹將十月十七日議決撫部院交議籌辦共進會案一件，繕具清折，恭呈鈞鑒。

計開：

查原案主設共進會之宗旨爲二：一、欲以共進會爲物産會預備。二、欲以共進會固勸業會之基礎。而其辦法，則謂當由各州縣紳商團體設一共進會事務所，就各該地方原有大宗出品，專提數種互相比較，借公司爲會場，每年開會一次，擇其精良以施獎勵，簡省易行，自無可議。原案如謂設此事固有行政官之倡助以辟其端，亦必借市區之協贊以厚其力。本局以爲欲使行政官克盡倡助之責，非限定權限以此事爲州縣之考成不可，欲使各地方實收協贊之功，非先爲自治團體規定勸業之費不可。擬請撫部院督部堂通飭各州縣，會同商會、自治會限期舉辦，列入考成。並令各城鎮鄉自治公所於本地方自治經費中畫定勸業費，列入預算，庶使倡助者不托空言而協贊者有所藉手。一二年後，各廳州縣之共進會必有可觀。以上一節答復原案，請促共進會之進行。

再，國民之實業思想，尤以除實業家之疑慮爲急。南洋勸業會爲國家提倡實業開章之舉，朝廷特沛綸音，豁免賽品釐税。而税務處頒行免税章程，以各國限制外國賽品進口之成例，施諸國内之勸業會，於内外輕重之際，頗覺程斷未當。觀其所定聯單報運賽品沿途不征税釐辦法及賽品在會場分别征免辦法，多方限制，多方束縛，視賽品與尋常商品無異，使商人望而却步，甚非諭旨所謂分别豁免之意。如第二條核算賽品税釐，責令商人加倍具保，第十條明定優待洋貨之法，第十二條金陵關隨時派員駐場稽征釐税，第十三條賽品永遠留置會場或退還原處者，方能沾免税之惠，實爲章程中謬誤在大者。其餘失於苛細之屬，更不一而足，尤足以阻礙勸業會前途甚大。竊謂商品有征無免，賽品有免無征，此爲各國通例。諭旨所謂分别豁免者在此，而税務處章程乃以賽品在會場分别征免，標題根本已誤。且各省報運賽品，可由出品協會擔任，本省報運賽品，可由各府物産會擔飭，決無爲營業目的而以商品混入賽品之慮。擬請撫部院督部堂會稟轉飭税務處，將此項章程分别更正。此即原案鞏固勸業會基礎之意。以上一節係行(紳)[伸]原案，請除共進會之障礙。

章開沅《蘇州商會檔案彙編(1905—1911年)》第一輯《蘇省徵集教育品協會事務所進行草案宣統元年十月》 計開：

第一期(擬以十月至十二月爲第一期)

一、組織本協會事務所並派職員。

二、通詳督撫憲以事務所成立緣由。

三、通信南洋勸業會事務所，表明本會協贊意義。

四、排印南洋勸業會出品分類綱目暨徵集教育品辦法大要，發交各屬出品研究會閲看，以期周知。

五、向南洋勸業會事務所函取出品諸規則，轉運規則等，發交各屬出品研究會閲看。

六、通信松江府研究會，就近函商上海科學儀器館、商務印書館等，預備大宗教育出品，其出品目録務於十二月初一日以前由松江府研究會函送本協會事務所。以上六條十月内辦就。

七、派調查員參觀蘇州府出品研究會成立後進行辦法。

八、札催蘇州府屬出品研究會辦法及進行表。

九、分派調查員參觀松、常、鎮、太出品研究會成立後進行辦法。

十、札催松、常、鎮、太出品研究會辦法及進行表。

十一、召集各屬研究會幹事員於本協會事務所會議實踐進行辦法。

十二、開調查員研究會，妥議按照目録校封出品，釐定部類之各種辦法，免致臨時張皇。

十三、札催各屬趕辦已經徵集出品之出品目録、出品願書，並行知本事務所調查員實行調查日期。以上七條，十一月内辦就。

十四、分派調查員赴各屬實行調查，品類分别報告，以昭核實。

十五、備辦出品目録，出品願書報部，並咨明南洋勸業會事務所。以上兩條，十二月内籌辦。

第二期(擬以宣統二年正月至二月爲第二期)

十六、研究轉運辦法。

十七、研究免釐章程，妥議起運辦法。

十八、研究陳列方法，會同勸業會出品科員議定大略。

以上三條，隨時與勸業會出品科員直接函商。

十九、札催各屬將續徵集出品之出品目録、出品願書趕緊備辦，並行知調查員實行調查日期。

二十、續行分派調查員實行調查。

以上一條，正月内辦就。

二十一、備辦續經徵集出品之出品目録、出品願書報部，並咨明南洋勸業會事務所。

二十二、派員携帶出品目録與南洋勸業會出品科妥商，租賃陳列橱架事宜。

二十三、分派調查員暫同各屬研究會實行赴運，克期至南京勸業會場，以便陳列與賽。

以上四條，二月内辦就。

《申報》宣統元年十一月初一日第三版《催送教育展覽品山西》 晉提學日前札知各學堂云，前准南洋勸業會咨及學部札，徵送教育各品赴會，業經本司分别通行，限十一月内一律申送到司，會同教育總會，開全省學堂成績展覽會各在案。查學界爲四民之冠，出品列教育於前，歲月不居，程限已迫，若不及早儲備，届時省垣開會，工商各界珍奇駢列，教育之品獨居劣下，必致士林寡色，學校無顔。即明年彙送南洋，登諸廣場，亦必騰笑四鄰，貽羞晋省。爲此再行札催，即便遵照預備申送，勿再延緩。

《申報》宣統元年十一月初五日第一版《上海出品協會延長日期廣告》 本會原定開會一月，期滿閉會，現因内地各處函稱，尚有出品陸續送會陳列，商請延長。本會議定延長兩星期，至十一月二十四日爲止，特此廣告。

《申報》宣統元年十一月初八日第三版《展覽進行會開會紀盛天津》 直隸出品協會，於本月初一日，在公園開會，一切鋪陳點綴，極壯觀瞻。土山前，有松坊一座，額書「展覽進行會」；東西兩馬路，亦各有松坊，西額書「展覽售品處」，東額書「展覽陳列處」，沿路均懸紅燈。售品處在學會處内，陳列處在考工廠内。是日早，工藝局總辦孫多森觀察於各處照料一切，下午三鐘，護督崔方伯蒞會演説。聞該會曾委員三十餘人，往各縣徵求物品，用款至三千數百兩之多，而各處送來天産及製造各物品，僅二千餘種，未免太少云。

章開沅《蘇州商會檔案彙編(1905—1911年)》第一輯《農工商務局爲賽品發單擔保事照會蘇商總會宣統元年十一月十五日》 督辦蘇省農工商務局司道爲照會事。

案奉撫憲札開：宣統元年十月十五日準農工商部咨，接準税務大臣咨稱：南洋勸業會賽品一事前經本處奏準，詳擬聯單報運，以及在會場内征免辦法各章程，業經通行轉飭遵照在案。兹準南洋大臣電稱：據上海董事會禀稱，商人運賽物品飭令核算税釐，覓保具結一節，探之商情，尤爲不便等語。敝會定章，凡南洋各縣設一出品所，以知縣爲監督；各府設一物産會，以知府爲監督；各省會商埠之出品協會，以勸業道、關道爲監督。凡有運賽物品，均由各會監督查明件數，限定運期，填發三聯單飭令運寧。沿途經過關卡，一律呈驗蓋戳放行。是各會監督負有擔保責任，凡影射夾帶，沿途散售之弊，不杜自絶。較之商民自行覓保，尤爲確實可據。擬請將覓保具結一層，量予删除。可否，請示。等因前來。

查南洋大臣以運賽物品商人覓保具結爲不便，擬由各會監督發單擔保，係爲便商起見，自可通融照辦。惟須聲明各會監督，既認擔保，如中途有私運私售、夾帶拆卸各情弊，均仍照前定聯單辦法，就出口經過第一關所核應納税釐若干，由該監督代繳兩倍銀數歸入關册，以符定章等因前來。相應咨行貴撫查照，轉飭遵照辦理可也等因到本部院。准此，查此案前準税務大臣咨行到院，札局移行在案。兹準前因，合再札局，即便移會寧、蘇、滬三釐局，暨移行各府州、各商會一體遵照。等因，到局。奉此，查此案前奉憲飭，業經分别移會在案。兹奉前因，除再移行外，合就照會。爲此照會貴總會，請煩查照，希即轉知各分會，一體遵照施行。須至照會者。

右照會蘇州商務總會。

《東方雜誌》第六年第十二期《南洋勸業會記事第十》 蘇州 十月初九日，開教育出品會預備會，十五日，開成立會。

是日，決定會章十二條，内分出品幹事一人，書記、會計、庶務各一人，調查十二人。所有運送、經理、裝置、陳列四項經費，均由學務公所官立學堂學款處撥款捐助。至公立、私立學堂能捐助者聽，現定每星期日爲常會。至出品分普通、特别兩種，並分歷史、地理、音樂、體育、理科、農學等十四部，設事務所於府中學堂内。

二十五日，在商會提議開辦農工商出品協會。

是日，各業代表到者約數十人，當時設定各代表分别擔任徵集各項出品，明年運賽南京，如紗緞各物，在三件以外，一律免税，餘均照此類推。

上海 出品協會假静安寺路張園爲會場，於十月初九日開會，十一月初九日爲止(施展至二十四日爲止)。

常州 二十六日，開武陽出品展覽會，三十日爲止。府屬物産會，改期十一月二十一日開會，至十二月初五日爲止。

鎮江　二十二日，開教育出品預備會。

揚州　物産會定期十一月初一日開會。

淮安　物産會亦定期十一月初一日開會。

通海　於十月十五日開會，到三十日爲止。

直隸　定十一月初一日，在天津河北公園内開辦展覽進行會，爲明年入南洋勸業會之預備。

杭州　定期十二月初一日，在教育總會開全省學堂成績展覽會。

嘉興　七邑聯合出品協贊會，擬於明年正月開會，會場決定租用蘭溪公所(在東門外春波橋，離車站甚近)。

蕪湖　十月初八日，提議開辦皖南出品協會。二十一日，復開特別大會，議定於明年正月，開出品陳列會，假小花園後柳村餘地爲會場。

二十四日，提議開辦教育出品協贊會。

廬州　定期十一月初一日，開物産會。

九江　物産出品協會，改期十一月初八日開會。

景德鎮　瓷器出品協會，於十月初一日成立。

《東方雜誌》第六年第一二期《南洋勸業會出品分類細目》　第一部　教育

(第一門最初教育)　第一類：胎教方法，家庭教育方法，及改良玩具。　第二類：幼稚園之計畫及其教育之方法、時間，特殊之器具、用品及成績。

(第二門學校教育)　第三類：小學堂(初等、高等)及關於初等教育各學堂之計畫、教授法、時間、科目、教科書、特殊之器具，關於手工之材料及成績品。第四類：中學堂，普通女學堂及關於中等教育各學堂之計畫、教授法、時間、科目、教科書或講義，特殊之器具用器及成績品。　第五類：師範學堂及關於養成教員等學堂之計畫、教授法、時間、科目、教科書或講義，特殊之器具，關於手工之用品及成績品。　第六類：各種實業學堂之計畫、教授法、時間、科目、教科書或講義，特殊之器具用品及成績品。　第七類：陸海軍學堂之計畫、教授法、時間、科目、教科書或講義，堂内特殊之器具用品及成績品。　第八類：美術、音樂、法文、醫學、警察、審判各學堂或講習所之計畫、教授法、時間、科目、教科書或講義，特殊之器具用品，及美術、醫學學堂之成績品。　第九類：簡字學堂、盲啞學堂之計畫、教授法、時間、科目、教科書，特殊之器具用品，及限於盲啞學堂之盲啞學生成績品。　第十類：高等專門及大學各科之計畫、教授法、時間、科目、講義，特殊之器具用品及成績品。　第十一類：各種學會之規則，及其事業與出版物

(第三門社會教育)　第十二類：圖書館、博物館、閱報所等之計畫、管理法及特殊之器具。　第十三類：教育會及各種學藝會、商業俱樂部之規則、事業及報告等。　第十四類：工場教育法及其成績。　第十五類：改良戲曲及其設備用具。　第十六類：游戲品。

第二部　圖書

(第一門圖書)　第十七類：新出各種圖面圖譜。　第十八類：新出各書及既出各書之增訂校正者。

(第二門報帖)　第十九類：日報、週報、旬報、月報及各種雜誌。　第二十類：字帖、畫帖。

(第三門裝訂)　第二十一類：西裝方法及器具。　第二十二類：木裝方法及器具。

第三部　科學藝器械

(第一門科學用器)　第二十三類：關於歷史、地理、文學科之器械、標本、模型及圖畫。　第二十四類：關於實業教育用之器械、標本、模型及圖畫。　第二十五類：關於數學、力學之器械、器具、模型及圖畫。　第二十六類：關於聲學之器械、器具及圖畫。　第二十七類：關於光學之器械、器具、及圖畫。　第二十八類：關於電磁學之器械、器具及圖畫。　第二十九類：關於化學之器械、器具、標本及圖畫。　第三十類：關於博物學之器械、器具、標本、模型及圖畫。　第三十一類：以上各學科以外之學術器械、器具、標本、模型及圖畫。

(第二門測定器)　第三十二類：關於測量術之器械、器具、水準器、磁石、里程計。　第三十三類：度量衡、目盛器械鐘、比重計、晴雨表、寒暖表、地震計及氣象學諸器械。　第三十四類：望遠鏡、顯微鏡及他種神學器械。　第三十五類：樂器八音(西洋)、擊奏樂器(西洋)、動機樂器。　第三十六類：製版。　一，關於雕刻之機具用器及方法。　二，關於照相之機具用品、藥品及方法。　三，關於整版之機具用品及方法。　四，關於電胎之機具用品及方法。　第三十七類：版别。　一，關於木板之機具用品及方法。　二，關於石制板之機械器具及方法。　三，關於活板之機械器具及方法。　四，關於銅板之機械器具及方法。　五，關於鋼板之機械器具及方法。　六，關於謄寫板(真筆、鋼筆、糖印)之機械器具及方法。　七，關於復寫板之機械器具及方法。　第三十八類：印刷。　一，印刷鈔票、聯單、郵票等之

特用器具及方法。二，各種印刷樣本。三，關於各版之印刷方法及注意事項。四，裁紙器械。五，關於裝訂包裝之用具及方法

第四部　經濟

（第一門普通事業之組織、資本額、管理法及成績）　第三十九類：獨建事業。第四十類：合同事業。第四十一類：公司事業。

（第二門交通事業之組織、資本額、管理法及成績）　第四十二類：鐵路。第四十三類：航業。第四十四類：郵政。第四十五類：電報。第四十六類：運輸。

（第三門金融事業之組織、資本額、管理法及成績）　第四十七類：普通銀行。第四十八類：貯蓄銀行。第四十九類：勸業銀行。第五十類：興業銀行。第五十一類：大清銀行、交通銀行。第五十二類：官錢局、票號、錢莊、兑换店。第五十三類：公估局。

（第四門保險事業之組織、資本額、管理法及成績）（附備荒辦法及成績）

第五十四類：人壽保險。第五十五類：火災保險。第五十六類：運輸保險。第五十七類：雜保險。第五十八類：積谷倉。

（第五門商業公共機關之組織、調查録及成績）　第五十九類：商會。第六十類：興信所。第六十一類：票據交换所。

（第六門勞動政策）　第六十二類：職工雇傭法及管理法。第六十三類：勞働者雇傭法及管理法。第六十四類：同盟罷工之處置及豫防法。

第五部　交通

（第一門輪船模型）　第六十五類：暗輪各種。第六十六類：明輪各種。第六十七類：小輪各種。第六十八類：帆船各種。

（第二門車輛及其模型）　第六十九類：火車各種。第七十類：電車各種。第七十一類：馬車各種。第七十二類：蒸汽車各種。第七十三類：脚踏車各種。第七十四類：人力車各種。第七十五類：人力貨車。

（第三門交通器具）　第七十六類：關於郵傳之特别器具。第七十七類：關於運送之特别器具。第七十八類：扛重機、曳重機升降機（水力者電力者）。

第六部　採礦冶金

（第一門採礦機械及方法）　第七十九類：探知地下景况之機械及方法。第八十類：地下搬運之機具及方法。第八十一類：坑夫升降之機械。第八十二類：流通空氣之裝置方法。第八十三類：破坑之採掘或截斷等之機具及方法。第八十四類：採光裝置之方法及安全燈、安全器具。第八十五類：吸水器、煽風器。第八十六類：防止坑内頽壞之機具。第八十七類：關於礦床研究之用器。第八十八類：救助機具。

（第二門礦物種類）　第八十九類：金屬、金、銀、銅、鐵各種銻、鉛、白金、水銀、亞鉛、安質母尼。第九十類：玉及寶石、水晶、玳瑁、瑪瑙、琥珀、銅玉、五色玉、斧石、蛋白石、柘榴石、電氣石、大理石、花崗石等。第九十一類：關於建築用之原料品。四門丁、石膏、石灰、漆、灰、鐵砂及土砂。第九十二類：關於磁器、玻璃、磚瓦之原料品，陶土、磁土、瓦土、瓮土、硅石及砂長石、螢石、耐火黏土、石綿等。第九十三類：關於磨礱用之砂石品，金剛石、硯石、磨刀石、石臼、砥礪、碾硙、磨砂等。第九十四類：燃性礦物，煤、無焰煤、石腦油、土瀝青、泥煤、褐煤。第九十五類：雜礦，硫黄、燧石、顔料、肥料礦、天然礦泉等，山鹽、明礬、硼砂。

（第三門冶金機械及方法）　第九十六類　鎔鑄機及鎔鑄方法。第九十七類　鍛煉機及鍛煉方法。第九十八類　壓榨機及壓榨方法。第九十九類　製板機及製板方法。第一百類　分析機及分析方法。第一百一類　不可燃物之製造機及製造方法。

（第四門冶金製品）　第百二類：金銀錠及半製品。第百三類：荒銅、丁銅、精銅、電氣銅、銑鐵、煉鐵、鋼鐵、鉛鑞、安質母尼、亞砒酸、粘制硫黄、華蒼鉛、水銀等，及各種半製品。第百四類：煉煤、骸煤、揮發油、燈油、器械油、重油、石蠟、精製土瀝青等，及各半製品。第百五類：赤銅、朧銀、真鍮、青銅、白銅、白鑞、金屬之板箔等。

第七部　化學工業

（第一門化學製品）　第百六類：樟腦、樟腦油、龍腦、薄荷等。第百七類：醫術用各藥品。第百八類：工業用各藥品。第百九類：雜用各藥品。第百十類：人造象牙、珊瑚、玳瑁等。第百十一類：漆顔料各種。第百十二類：燭、假象牙、假皮皂等。第百十三類：爆發性各種。第百十四類：脂粉、香料、牙粉、洗粉、香水、香油、印泥墨、墨水。第百十五類：片紙各種。第百十六類：熏香各種。第百十七類：關於以上各種製造之器具及方法。

（第二門燒窑品）　第百十八類：景泰窑、蕩磁、琉璃、珐琅。第百十九類：

陶器。第百二十類：磁器。第百二十一類：土器。第百二十二類：磚瓦。第百二十三類：四門丁、石灰、石膏、漆、灰。第百二十四類：關於以上各種製造之器具及方法。

第八部　土木及建築工業

（第一門……）　第百二十五類：築港。第百二十六類：堤防。第百二十七類：碼頭。第百二十八類：船渠。第百二十九類：疏水。

（第二門交通工事之計畫圖畫及模型）　第百三十類：鐵道。第百三十一類：隧道（鐵道隧道電綫自來水等隧道）第百三十二類：橋梁。第百三十三類：電綫。第百三十四類：海港。第百三十五類：運河。第百三十六類：道路。

（第三門衛生工事之計畫改良方法圖畫及模型）　第百三十七類：市街。第百三十八類：井。第百三十九類：自來水。第百四十類：溝渠。第百四十一類：室内之光綫、暖房、通風、排水等。

（第四門教育工事之圖畫及模型）　第百四十二類：各種學堂。第百四十三類：體操場、游嬉場。第百四十四類：博物院、植物園、動物園、水族館。第百四十五類：藏書樓、閱報所。

（第五門公衆工事之計畫圖畫及模型）　第百四十六類：公園。第百四十七類：監獄。第百四十八類：集會所。第百四十九類：停車場。第百五十類：商品出口檢查所。

（第六門雜工事之計畫圖畫及模型）　第百五十一類：銀行。第百五十二類：倉庫。第百五十三類：郵政局。第百五十四類：工場。第百五十五類：醫院。

第九部　染織工業

（第七門作業機具）　第百五十六類：各種工匠之用器及機械。

（第一門染法及其用具）　第百五十七類：漂白。第百五十八類：浸染。第百五十九類：印染。第百六十類：刷染。

（第二門織物）　第百六十一類：絹織。第百六十二類：棉織。第百六十三類：毛織。第百六十四類：麻織。第百六十五類：絨織。第百六十六類：編物。

第十部　製作工業

（第一門傢具）　第百六十七類：金屬器。第百六十八類：木器。第百六十九類：瓦器。第百七十類：竹器。第百七十一類：藤器。第百七十二類：玻璃器。第百七十三類：皮製器。

（第二門服裝）　第百七十四類：帽（男女）。第百七十五類：衣服（男女）。第百七十六類：靴鞋（女子鞋限於天足者）。第百七十七類：附屬品。

（第三門頭飾）　第百七十八類：翎纓。第百七十九類：珠翠。

（第四門文具）　第百八十類：筆墨及一切桌上器具。第百八十一類：書卷箱架等。

（第五門雜用品）　第百八十二類：梳洗物。第百八十三類：携帶物。第百八十四類：旅行物。第百八十五類：鐘錶。第百八十六類：典式物。第百八十七類：婚禮、喪禮及一切禮物。第百八十八類：玩物。第百八十九類：紙製品。第百九十類：鋪陳品。第百九十一類：裝飾品。

第十一部　機械

（第一門原動機）　第百九十二類：人力原動機。第百九十三類：獸力原動機。第百九十四類：電力原動機。第百九十五類：水力原動機。第百九十六類：風車原動機。第百九十七類：氣罐及其附屬品。第百九十八類：蒸汽機關。第百九十九類：熱氣機關。第二百類：火油機關。第二百一類：煤氣機關。

（第二門傳動及附屬品）　第二百二類：聯動機、滑車齒輪、掣子、杼軸等。第二百三類：滑車鏈條、鎍鑽、調帶等。第二百四類：制動機、給油機、平速器、速度整調器。第二百五類：保安器。第二百六類：煤炭及燃料、自來火等製造機械。第二百七類：脂肪類製造機械。第二百八類：漆、染料、顔料製造機械。第二百九類：製紙機械。第二百十類：製糖機械。第二百十一類：燒窑機械。第二百十二類：紡績機械。第二百十三類：紙烟製造機械。第二百十四類：麵粉機械。第二百十五類：殼米食物類機具機械。第二百十六類：罐頭、洋傘、針、紐扣等製造機械。第二百十七類：土木建築機械。第二百十八類：百工作業機械器具用品。

（第三門補助機械）　第二百十九類：生絲纖維、壓力、爆發力及各種材料試驗機、强弱試驗機。第二百二十類：重體轉動機、吸水機械、空氣及煤氣壓榨器。第二百二十一類：泳氣鐘、潛水器械。

第十二部　電氣

（第一門電燈）第二百二十二類：白熱電燈。第二百二十三類：弧光電燈。第二百二十四類：携帶電燈。第二百二十五類：電燈附屬品。第二百二十六類：光度測算法、分配法及決定光力之器械。

（第二門電車）第二百二十七類：軌道裝置方法及器械。第二百二十八類：給電方法及器械。第二百二十九類：電車附屬品。

（第三門電報德律風）第二百三十類：送電機、受電機、記録機。第二百三十一類：無綫電報器械轉電板。第二百三十二類：電報綫、電話綫、電纜、高架或地下架、海底架之器具及方法。

（第四門各種應用電氣）第二百三十三類：内外醫科、牙科應用電氣機具。第二百三十四類：電氣鍍金器具。第二百三十五類：電氣風扇。

第十三部　農桑

（第一門農事改良）第二百三十六類：播種、收穫土地等之改良法。第二百三十七類：各種農具改良法。第二百三十八類：植物培養法、灌溉法、排水法。第二百三十九類：動物厩欄改良裝置及蕃殖法、飼養法。第二百四十類：肥料調制、貯藏法。

（第二門植物類）第二百四十一類：米（粳米、糯米、香稻米、秈米）。第二百四十二類：麥（小麥、大麥、燕麥、五蕎麥）。第二百四十三類：雜谷（黍秬、粟、玉蜀黍、蜀黍）。第二百四十四類：豆、豆餅：一、豆（大豆、赤豆、粳豆、緑豆、黄豆、蠶荳、邊豆、青豆、七肖豆、落花生、芝蔴）。二、豆餅（草豆餅、光厚餅、營口式豆餅）。第二百四十五類：棉、白棉（白實棉、黑實棉）、黄棉。第二百四十六類：棉製品。第二百四十七類：蔴、大蔴、苧蔴、亞蔴、黄蔴。第二百四十八類：蔬菜。一、根菜各種，二、葉菜各種，三、瓜各種。第二百四十九類：烟葉。一、旱烟、净絲、皮絲，二、香烟、雪茄烟。第二百五十類：各種原料。一、制紙原料，二、制油原料，三、染色原料，四、黏糊原料。第二百五十一類：藥品。一、補劑類，二、非補劑類。第二百五十二類：香辛類。第二百五十三類：植物性油，菜油、胡麻油、生油、桐油、秀油、茶油、梓油、柳實油、花生油、橄欖油、蘇油、柏油、漆油。第二百五十四類：各種植物種子。第二百五十五類：有害植物之標本、圖畫及其芟除方法。第二百五十六類：有益植物之標本、圖畫及其蕃殖方法。

（第三門動物）第二百五十七類：家畜，馬、牛、羊、豕、騾、駝等。第二百五十八類：家禽，鷄、鵝、鴨等。第二百五十九類：蜜蜂。第二百六十類：玩弄動物，鸚鵡、孔雀、黄鸝、犬、猫、白鼠等。第二百六十一類：毛羽皮角。第二百六十二類：動物性油，牛油、猪油。第二百六十三類：蜜蠟屬，白蠟、蜜蠟。第二百六十四類：有害動物之標本、圖畫及其驅除方法。第二百六十五類：有益動物之標本、圖畫及其保護方法。

（第四門肥料）第二百六十六類：糟糠。第二百六十七類：人造肥料。

（第五門農産製品之器械器具）第二百六十八類：烟草製造器具。第二百六十九類：油蠟製造器具。第二百七十類：藥品製造器具。第二百七十一類：製棉器械。第二百七十二類：開墾、耕耘、播種、施肥、灌溉、排水、收穫、調制、貯藏、運搬等器具之模型及圖畫。

第十四部　絲業及蠶桑

（第一門絲業）第二百七十三類：絲行之組織及賣買習慣。第二百七十四類：包裝法及其器具。第二百七十五類：繭行之組織及鮮繭收買方法，干繭運致方法，公共團體之組織及其急宜改良方法。第二百七十六類：生絲輸出之方法及在外國貿易概況。

（第二門製絲）第二百七十七類：絲之種別，如白經、黄經、洋裝絲廠絲、繭子等。第二百七十八類：絲廠之組織及製絲場之設備。第二百七十九類：器械絲之製造方法及其器械。第二百八十類：白黄經之製造方法及其器械。

（第三門出口絲檢查）第二百八十一類：檢查方法。如原量檢查、正最檢查、練減檢查、回絞檢查等。第二百八十二類：檢查之器械器具。第二百八十三類：（原缺）。第二百八十四類　蠶之種別，家蠶、柞蠶、天蠶。第二百八十五類：養蠶改良法及其改良器具。

（第五門樹桑）第二百八十六類：桑之種別（總計二百數十種，不俱載）。第二百八十七類：種桑改良法及其栽植器具。

第十五部　茶業

（第一門茶商）第二百八十八類：茶行之組織及其銷售方法。第二百八十九類：裝置法及其用具。第二百九十類：茶輸出之方法及在外各國貿易概況。第二百九十一類：公共團體之組織及其急宜改良方法。

（第二門製茶）第二百九十二類：茶之種別如左：一、緑茶，珠茶、元珠茶、娥眉、熙春、他溪等。二、紅茶，彩花、白毫、橙色白毫、白毫小種、工夫、武夷碎葉白毫、粉末白毫、碎混茶、碎葉小種、碎葉等。三、烏龍茶，普通烏龍茶包種等。四磚茶，紅茶制，綠茶制。第二百九十三類：製茶方法：一、綠茶制法，如宇治法、再制法之鍋焙法、籠焙法等。二、紅茶及烏龍茶制法，如萎凋、揉捺、罨蒸、暴露、乾燥等。三、磚茶制法，如篩粉、强壓等。

（第三門出口茶檢查）第二百九十四類：檢查方法如形狀、色澤、水色、茶滓、茶力、香味、貯藏。第二百九十五類：檢查器具。

第十六部　園藝

（第一門庭園點綴）第二百九十六類：亭榭、欄杆、橋、假山、花棚、石塔、燈臺等之模型及圖畫。第二百九十七類：琴、棋、書、畫、桌、椅、機、榻、匾、對、毯、帔。

（第二門栽植品）第二百九十八類：果實。第二百九十九類：花卉。第三百類：盆栽。第三百一類：竹木。第三百二類：種子及苗木。

（第三門栽植裝置器具及方法）第三百三類：温室、土窖及苗床等之計畫及模型。第三百四類：接木、溉澆、芟夷、貯藏等移植遮覆之器具及方法。

第十七部　林業

（第一門林業之經營）第三百五類：森林測量、測澍等方法及制案（如喬林、矮中林、保安林等之制案）。第三百六類：造林及森林保護之方法及器具。第三百七類：林産製造森林用之方法及器具。第三百八類：竹林之佈置及保護等方法。

（第二門林産品）第三百九類：建築土木等工事之原料。第三百十類：器具機械等之原料。第三百十一類：工業用原料。第三百十二類：薪炭原料。第三百十三類：藥品原料。第三百十四類：烹調補助品原料。

（第三門林業器具）第三百十五類：林産製造器具。第三百十六類：森林采伐器具。第三百十七類：樹木測量器具。

第十八部　狩獵

（第一門狩獵製品）第三百十八類：裘。第三百十九類：革。第三百二十類：骨象牙。第三百二十一類：羽毛。

（第二門狩獲品）第三百二十二類：陸上動物。第三百二十三類：水中動物。第三百二十四類：兩栖動物。

（第三門狩獵器械）第三百二十五類：弓、矢、銃。第三百二十六類：彈藥。第三百二十七類：網索。

（第四門獵裝）第三百二十八類：衣服。第三百二十九類：靴、鞋。第三百三十類：獵囊及他種附屬品。

第十九部　水産

（第一門漁業）第三百三十一類：漁輪、漁船及其附屬品。第三百三十二類：漁具、海獸獵器具及漁撈方法。第三百三十三類：餌物及蓄養方法、器具。第三百三十四類：捕鯨及漁獸獵之方法。第三百三十五類：運搬與冷藏之方法及其器具。第三百三十六類：遠洋漁業方法。第三百三十七類：漁村組織法及其模型。第三百三十八類：水産物之蕃殖與保護之方法及其器具。第三百三十九類：水産物之標本及圖畫。

（第二門水産製品）第三百四十類：用品。一、真珠、珊瑚、玳瑁、鐵樹、海綿、鯨鬚、鯨牙、鯨骨、介殼等。二、鯨油、蠟魚油等。第三百四十一類：食品，一、魚翅、海參、大尾刺參、魚骨等。二、海蜇、鯗、海蜒、蝦米等。三、水煮罐詰、油漬罐詰等。第三百四十二類：海鹽。一、鹽場裝置模型及製鹽方法。二、普通鹽、燒鹽。

（第三門養殖）第三百四十三類：魚介之蓄養、採卵、孳生、移殖等之方法、器具及其模型、圖畫。第三百四十四類：表示發育順序之標本及圖畫。第三百四十五類：餌料製造之器具及方法。第三百四十六類：（原缺）。第三百四十七類：魚介病害預防方法及病害之圖畫及標本。

第二十部　飲食品

（第一門茶食）第三百四十八類：各種糕、餅、片酥。第三百四十九類：糖色。第三百五十類：京果。第三百五十一類：茶食製法及糕飯糖版並一切器具。

（第二門面粉）第三百五十二類：索面、切面、豆面等。第三百五十三類：藕粉、荔子粉、小麥粉、糯米粉、粳米粉、黄豆粉等。第三百五十四類：製面、製粉方法及圖畫。

（第三門酒　附調味品）第三百五十五類：清酒、麥酒、葡萄酒、火酒、玫瑰酒。第三百五十六類：花露、荷蘭水、檸檬水等。第三百五十七類：醬油、麻油、生油、脂油、面醬等。第三百五十八類：醋、胡椒、芥辣。

（第四門蜜漬　附醬醉品）第三百五十九類：園藝品蜜漬。第三百六十類：農産品蜜漬。第三百六十一類：醬、生姜、醬瓜、醉品等。第三百六十二類：以上各品之製法及其圖畫。

第二十一部　美術

（第一門繪畫）　第三百六十三類：墨筆畫，紙面、絹面、絨面、陶土面、石板面。第三百六十四類：水彩畫，紙面、絹面、絨面、陶土面、石板面。第三百六十五類：油畫，紙面、水面。第三百六十六類：漆畫，木面、紙製品面、土製品面。第三百六十七類：木炭及鉛筆畫，紙面。第三百六十八類：上列各繪畫之器具及顏料。

（第二門雕刻嵌鑲）　第三百六十九類：石、木、磚、象牙、水晶、寶石、金屬等之雕刻品，平面、隆起、全形。第三百七十類：木底牙嵌、牙底八寶嵌、金銀底珠玉鑲嵌，平面、隆起。第三百七十一類：上列各工用器。

（第三門鑄塑）　第三百七十二類：金屬鑄品，人物、用器、徽章等。第三百七十三類：石膏燒泥塑品，人物、動物等。第三百七十四類：上列各工用器。

（第四門美術工藝品）　第三百七十五類：金工。第三百七十六類：漆工。第三百七十七類：陶磁工。第三百七十八類：八寶工。第三百七十九類：染織工。第三百八十類：木、竹、牙象介甲工。第三百八十一類：製版、印刷、照相等之精妙品。第三百八十二類：上列各工用器。

（第五門美術手工品）　第三百八十三類：刺綉。第三百八十四類：編物。第三百八十五類：上列各工用器。

第二十二部　衛生及醫學附救濟

（第一門衛生研究）　第三百八十六類：關於衛生法律之研究。第三百八十七類：學校衛生、工場衛生、家庭衛生之研究。第三百八十八類　時疫預防及檢疫之研究。第三百八十九類　都市改良之研究。第三百九十類：衛生用之器械、器具及圖畫、模型。

（第二門體育）　第三百九十一類：柔軟體操器械，體操之方法、圖畫、器械。第三百九十二類：競馬、競走、競舟及各種運動法並圖畫、模型。第三百九十三類：身體檢查之方法及器具。

（第三門醫學）　第三百九十四類：關於解剖、生理、病理、藥物等研究用之器具、標本、模型及圖畫。第三百九十五類：關於內科、外科、眼科、產科、小兒科、皮膚病科、耳鼻喉科、牙科等治療用之器械、器具、標本及圖畫。第三百九十六類：調制藥品之器械、器具，西藥者，中藥者。第三百九十七類：各種病院之建造之計畫及模型、圖畫。第三百九十八類：獸醫學畜病院之建造之計畫及器械、器具、標本、模型及圖畫。

（第四門慈善組織）　第三百九十九類：孤兒院之計畫及規則。第四百類：救火、防火之方法、器具及成績。第四百一類：犯人感化之方法及計畫。

第二十三部　陸海軍及其用具與戰品

（第一門陸軍）　第四百二類：陸軍用火砲及彈丸。第四百三類：砲兵材料及車輛。第四百四類：工兵材料。第四百五類：鐵道敷設。第四百六類：理化應用。第四百七類：軍用氣球。第四百八類：電信電話。第四百九類：橋梁。第四百十類：裝蹄馬具類。第四百十一類：陸軍地學，測地、地理圖、地形圖、標高圖。第四百十二類：陸軍用各種器械，視力器械、精密器械、照相器械、陸軍典籍等。

（第二門海軍）　第四百十三類：海軍用火砲及彈丸。第四百十四類：海軍砲兵材料及車輛。第四百十五類：軍艦模型及其附屬品。第四百十六類：水事工作。第四百十七類：攻擊及防禦水雷。第四百十八類：理化應用。第四百十九類：海上救助。第四百二十類：無綫電信。第四百二十一類：海軍用各種器械圖案，航海用器械、海軍典籍、海圖、海岸深綫圖。

（第三門經理）　第四百二十二類：督練公所之經營方法及報告等。第四百二十三類：陸海軍之被服、軍裝、寢具、紮營及廠舍器具。第四百二十四類：軍用之糧食貯蓄，食料品及保存食之裝置。第四百二十五類　軍樂。

（第四門戰品）　第四百二十六類：兵器戰炮製造所之材料及製造法。第四百二十七類：彈藥及爆裂藥。第四百二十八類：火柴及火柴製造方法。第四百二十九類：兵器各種。

（第五門軍事衛生）　第四百三十類　關於平時及野戰之陸軍衛生事項。第四百三十一類：海軍衛生事項。第四百三十二類：負傷者輸送方法及其材料。第四百三十三類：負傷者救護會。第四百三十四類：醫馬器具及材料。

第二十四部　統計

（第一門各種統計）　第四百三十五類：教育統計。第四百三十六類：商業統計。第四百三十七類：工業統計。第四百三十八類：農業統計。第四百三十九類：户口統計。第四百四十類：財政統計。

（第二門各種表式）　第四百四十一類、各種比較表。第四百四十二類：各種對照表。第四百四十三類：各種平均表。第四百四十四類：一覽表。

《商務官報》宣統元年十二月十五日第三六期《本部札各商務總會文爲通飭美屬滿呢拉舉行賽會傳諭商民知照事》 爲通飭事，案准外務部咨稱，宣統元年十月初五日准美費署使照稱，現奉本國外部文囑，西曆明年二月間，飛利濱滿呢拉地方賽會，仍印就赴會護照，特爲華人可以聽便前往，請照前兩年赴會成案，通行各省有權發照官員，曉諭華人，如願前往，請領護照，無須照費等因。查滿呢拉賽會印給華人特別護照各辦法，經本部於前年十一月，暨去年十二月咨行各在案。茲准前因，除電致南北洋轉飭各關道照辦，並通諭商民知悉外，咨請查照通飭等因前來。查滿呢拉賽會前，由各埠美領事印給華人護照，如欲赴會，即往領照，無須照費各節，經本部於上年通飭各商會，遵照在案。茲該處復於明年二月舉行賽會，合行札飭，札到該總會，即便遵照傳諭商民，一體知悉。如有願往賽會者，即領照前往可也。此札。

《東方雜誌》第六年第一三期《兩江總督張人駿奏勸業會佈置情形摺》 奏爲遵旨開辦南洋勸業會事屬創舉，需款浩繁，謹將籌議佈置情形，恭摺仰祈聖鑒事。竊臣於宣統元年七月二十五日，接准農工商部咨行，七月十三日，内閣奉上諭，振興實業，爲國家富强要政。叠經諭令各直省督撫，實力提倡，並簡派大臣，前赴各國賽會。藉以開通商智，爲改良競進之圖。我國地大物博，誠非薈萃觀摩，不足以造精進。茲據農工商等部會奏，議復南洋籌設勸業會及賽物免稅一摺，兩江風氣早開，民物繁盛，自應就地設會，樹各省之模型。着派南洋大臣張人駿爲該會正會長，並着各督撫籌辦協會出品各事。所有賽品，準其分別豁免稅釐，一俟開會屆期，由農工商部奏請簡派大臣爲審查總長，莅場開會，用示朝廷勸勵農工、推廣商業之至意。欽此。仰見宸謨宏遠，欽佩莫名。臣查南洋勸業會之設，前督臣端方原奏，係酌取日本初仿西法先設國内博覽會之舉，而暫避其名，務以收小範圍，俾免竭蹶爲宗旨。經費豫算約數，定以五十萬元，由本省官商各半分籌，以宣統二年四月初一日，爲開會之期。所有豫備事宜，盡於是年三月内，一律辦妥。如實在籌備不及，當於開會前三月，預先通告展緩。臣抵任後，接準移交，當以茲事體大，東西各國凡有是舉，籌備之期，遠或十年，近亦數年，現在計距會期爲時已迫，而股本是否足敷，辦事是否可靠，尚無確實把握。隨即邀集認股各紳商，親與詢問，始尚游移，籌議再三，甫允認足二十五萬元之數，官股除由江寧財政局撥付二萬元外，以貢院房屋材料作抵七萬元，估價招領，尚無承受之人，已屬緩不濟急。其餘十六萬元，係以津浦鐵路債票一百八十四張，向各商號押借作抵。此項債票，尚未到齊。據勸業董事會聲稱，即以債票全押，亦且不足指項之數，近以籌辦一切事宜，據承辦委員試用道陳琪稟稱，原估之五十萬元，萬難敷用。請設法寬籌二十萬元，方足以資周轉，是原數猶形短絀，續款又須驟增，此經費竭蹶之實在情形也。至於所辦事宜，節次傳詢事務所原委各員，調閱表册，所定依期進行各節，具有條理。而實行未及三分之二，且會場陳設，千端萬緒，必須場内建築，先期成立，方能着手。應設館所，不下十餘處，工程繁重，係由滬商招匠包辦，訂立合同。限以來年三月完工，裝飾景物，安置貨品，旬日間豈能周妥。且爾時商貨闐集，中西旅寓，屯貨堆棧，多未籌備，尤慮窒礙，此辦事竭蹶之實在情形也。綜此兩端，方日與在事各員，諄切圖維，妥求整理。旋奉明詔式頒，群倫鼓舞。伏念此事開辦伊始，前無所受，風聲所播，中外屬目，既不可少涉鋪張，亦不應過爲苟簡。經費應與寬籌，辦事必嚴程限，當經札飭司局，準以不動部款，設法籌措濟用。一面遴委調寧差遣廣東候補道李哲浚，會同原派各員，趕速催辦。並飭由滬商董事，與會場包工匠人，改訂合同，縮短期限，務令依期開會，以免展延，致滋糜費。現計津浦債票一百三十四張，實可押銀一十一萬五千元，並入財政局前撥二萬元，再爲加籌二十一萬五千元，共爲三十五萬元，商股等共計原認二十五萬元，加認十萬元，已敷原定續增兩共七十萬元之數。惟原議商本受虧，仿照各國通例，官任補助，動用官款，應俟會事告竣，方能核實開報。茲屆清理財政之時，所有外籌外銷款目，均應和盤托出。現因開辦此項勸業會，動用頗鉅，相應請旨先行飭下度支部立案，以符定章。除由臣隨時督飭，撙節開支，切實辦理，並分咨查照外，謹會同江蘇巡撫臣瑞澄恭摺具陳，伏乞皇上聖鑒訓示。謹奏。

章開沅《蘇州商會檔案彙編（1905—1911年）》第一輯《南洋第一次勸業會協贊會草案宣統元年》 一、宗旨　本協贊會以聯絡各地方官紳實業各界，而謀南洋第一次勸業會之發達爲主。

二、機關　事務所暫設南京花牌樓文昌巷南洋第一次勸業會事務所内，如有應設分事務所之處，可酌量附設於各該地方商務局、商會或出品協會事務所内。

三、會務　分左五種：

甲、關於籌備出品事件。

乙、關於游戲館院設備及招待事件。

丙、關於招待外賓事件。

丁、關於籌畫觀覽人便利事件。

戊、關於增進會場盛況事件。

四、會員及職員　本會會員皆曰協贊員。協贊員無定額，其職員即由協贊員中選任總理一人，協理若干人，理事二人，評議員若干人，臨時委員無定額。

五、資格　凡備左列資格之一者，均得爲本會協贊員：

甲、各部司員及諮議官與本會會務有關係者。

乙、各省實業行政官吏。

丙、各省商會、農會及他項實業團體職員。

丁、各大商號主任，及實業公司職員或創辦人。

戊、各省公共團體職員（如自治局、教育會、勸學所等）。

巳、各省行政輔助機關人員（如諮議局、調查局等）。

庚、各省新聞雜誌機關主任。

辛、凡各省士商熱心公益能擔任本會特別事務者。

六、選任　本會職員選任方法分左四種：

甲、凡南洋所屬官員及團體職員，由南洋大臣直接委任。

乙、凡非南洋所屬官員及團體職員，由南洋大臣咨請各部各省委任。

丙、凡經各團體公舉人員，由本勸業會事務所呈請南洋大臣委任。

丁、凡各省耆宿及實業名家，由南洋大臣延請協助。

七、設備　勸業會會場各種（管）〔館〕院除由勸業會事務所設備建築外，會場東南隅留有隙地畝，專備租本會各省認建，各省別館爲陳列各省特別賽品，或各省紳商會集研究之所。至某省籌建之館即顏曰某省別館。

八、經費　除事務所經費由南洋大臣籌集外，其關於會場雜物籌備事件所需經費及各地方事務所經費，均由各省另行籌集。

九、褒獎　本會協贊員於本勸業會會務完畢後，由南洋大臣分別褒獎。

甲、奏獎。

乙、褒獎文憑。

丙、金章。

十、餘則

甲、本協贊會爲聯絡各省規劃全體而設，此外對於會場各項事業，仍當組織各項協會以期完備。

乙、此項草案備協贊會成立後，再行斟酌更訂詳章。

章開沅《蘇州商會檔案彙編（1905—1911年）》第一輯《南洋勸業會事務所詳訂各屬物產會簡章宣統元年》

一、緣起　本所因南洋第一次勸業會業經奏定，以宣統二年四月朔日爲開會期，而事屬創行，吾國各處物產工藝向無集會陳賽專法，深慮一旦臨事搜集，必有挂漏參差、未能詳備之患。用特參仿日本昔年市府物產共進會辦法，詳請南洋商憲通行各屬，於開會期前一年，各將本地所出產物、工藝，一切詳細徵集。定期分地舉行產會一次，爲次年勸業會之基礎。

二、區域　此項物產會既係爲南洋勸業會基礎而設，則凡南洋各屬爲物產匯聚、交通便利之地點，均宜各就所產組織立會，以期詳備。兹僅就南洋商憲轄治之蘇、皖、贛三省，分定設會區域若干處，具列如左：

江蘇省

（一）江寧府屬會場設省城。

（二）蘇州府屬會場設省垣。

（三）太倉州屬會場設州城。

（四）松江府屬會場設上海。

（五）常州府屬會場設府城。

（六）鎮江府屬會場設鎮江。

（七）淮安府屬會場設清江。

（八）海州屬會場設州城。

（九）揚州府屬會場設府城。

（十）海門廳屬會場設海門鎮。

（十一）通州屬會場設州城。

（十二）徐州府屬會場設府城。

安徽省

（一）安慶府屬會場設府城。

（二）徽州府屬會場設屯溪鎮。

（三）寧國府屬會場設府城。

（四）池州府屬會場設大通鎮。

（五）太平府屬會場設芜湖。

（六）廬州府屬會場設府城。

（七）鳳陽府屬會場設正陽關。

（八）潁州府屬會場設府城。

（九）廣德州屬會場設州城。

(十)滁州屬會場設州城。
(十一)和州屬會場設州城。
(十二)六安州屬會場設州城。
(十三)泗州屬會場設州城。

江西省

(一)南昌府屬會場設府城。
(二)饒州府屬會場設府城。
(三)廣信府屬會場設府城。
(四)南康府屬會場設府城。
(五)九江府屬會場設九江。
(六)建昌府屬會場設府城。
(七)撫州府屬會場設府城。
(八)臨江府屬會場設府城。
(九)瑞州府屬會場設府城。
(十)袁州府屬會場設府城。
(十一)吉安府屬會場設府城。
(十二)贛州府屬會場設府城。
(十三)寧都府屬會場設府城。
(十四)南安府屬會場設府城。

此外，各省商品另訂有出品協會章程，咨行各省照辦。

三、組織　吾國內地農工商各業，向者絶無統轄畫一之機關，今一旦組立此會，克期期成，則所有主任之機關與監督之責任，以暨組織一切之職務，所宜預爲之計者，本所兹特先期呈請南洋商憲，於應設斯會之各屬地方，每屬札委一二人爲該會之創辦人，會同地方官籌備一切。並令該地方長官即充該會監督，以期機關有屬，責任較專。至該會以下應設各職員，並録如下：(一)文牘科，(二)會計科，(三)陳列科，(四)庶務科，(五)評議科。凡各科人員之多寡，以事務之繁簡定之。

四、會場　凡各屬設立此會，至實行開會時，由創辦人會同地方官，勘借該地方所有公所、廟宇、祠堂寬廣之地，以爲物産陳列之所，不必另行建築，以省煩費。

五、會用　凡各屬設立此會，關於籌辦實行種種應用之費，本所特酌定每會定額爲○○，各會無論如何不得過於定額之外。至此費全額半數，除應由各該地方官量籌補助外，其餘額費半數，本所並代訂籌集之法，分舉如左：

(一)就各地賽會演劇各公項中酌量提撥。(二)募集本地紳富捐款。(三)開會時可酌收入場費、小販租地費等以資補助。

六、類别　該會徵集本地所出物産、工藝各種置入會場，統須審别各物之原料與制法，一切區分部類，並各部依類次序佈署陳列，不得羼聚雜陳，以致不便於研究參考。本所兹擬物産分類之法具述如左：

甲、天産品

(一)農業部：五谷、園蔬、樹藝、儲藏、器具、肥料、水利、益蟲害蟲標本。
(二)桑蠶部：蠶絲、桑種標本、蠶種標本、器具、場室模型。
(三)水産部：鱗鬐(鰭)、介甲、兩栖、腔囊、植物、儲藏、器具、舟船模型。
(四)藥材部：植物、動物、金石、制合器具、儲藏器具。
(五)礦採部：五金、石炭、雜礦、採礦器具、煉冶器具、山場模型。
(六)狩獵部：皮革、牙角、毛羽、器械、各種標本。

乙、工藝品

(一)染織部：漂染、機織、機器、場合模型。
(二)服裝部：衣服、冠履、帶佩、陳設、裝飾、各種製造之器具。
(三)陶磁部：陶器、磁器、土器、製造器具、窑廠模型。
(四)髹漆部：雕填、磨甸、采繪、八寶、器具、工場模型。
(五)琉璃珐瑯部：琉璃、珐瑯、景泰藍、盌磁。
(六)五金部：金、銀、銅、鐵、錫、鉛、鋼、器用、工場模型。
(七)竹木部：木器、竹器、藤器、柳條器、竹簧器、器具。
(八)玉石部：玉器、石器、器具、工場模型。
(九)牙角部：牙器、角器、骨器、馬尾器、器具。
(十)鞣革部：牛革器、馬革器、羊革器、鹿革器、器具標本。
(十一)箋扇部：箋紙、扇畫紙、造紙器具、槽舍模型、紙料標本。
(十二)化學製造部：蒸釀、化煉、器具、模型。

丙、美術品

(一)綉織部：刺綉、織綿、器具。
(二)繪畫部：水墨畫、油畫、鉛筆畫、器具、調色。
(三)雕塑部：雕鐫、粘土、塑石、膏塑、器具。
(四)鍛冶部：五金、鑲鍍、器具。

（五）陶燒部：紫砂器、磁器、珐瑯、實燒、器具、順序標本。
（六）手工編織部：編織、像生花果、器具、順序標本。

丁、教育品

（一）教授用具部：筆墨、器具、時計、規表、量器。
（二）理化器械部：電學、化學、聲學、光學、力學、水學、汽學。
（三）圖畫部：木版、鉛版、石版、銅版、電胎、器具、印刷機、工場模型。
（四）成績部：普通、專門、實業、女學、校舍模型。
（五）標本模型部：動物、植物、礦物、水產、器具、原料。

按：此表僅列各種物産分部大綱，至詳細類别之法，另以清單説明。

七、標注陳列　會場物産各種，既各區分部類，依類陳列，並須各於該物之次附粘浮籤，標名該物品名、量數、價值、産地等項，以資研覽參考之用。該簽特由本所訂定專式，刊印頒發各會，以便填注陳列。茲將標籤正背兩面格式附録如下：

正　面

第　〇　號

〇	〇	品		〇	〇	部
品名	量數	價值	産地	製造姓名	宣統　年　月　日	〇〇府屬物産會

背　面

效用	每年産額	每年銷額	運銷地方	説略

八、開會期　本所現特詳準南洋商憲定以本年〇月朔日爲各屬物産會開賽之期。會期一月，期滿閉會。凡如蘇寧等屬交通便利之地，應各克期開會，不得稍有延違。至此外内地各屬應須設會地方，一經奉到此項章程，亦須一律趕緊籌辦，次第成立開會，至遲不得逾本年十一月朔日。倘有因循玩忽，致逾此期而未成立者，本所接報告後，定將應任該會監督之地方官詳請撤參，以資儆戒。

九、審查報告　本所頒發此章後，並於詳定各屬物産會開會前一月，詳請商督憲派委該會審查員〇〇人周歷應設該會之各地方，凡於各屬會場之佈置、物産之良楛，以暨辦法之合否，均責成該員詳細報告本所轉呈商憲。

十、獎勵　凡各屬物産會由本所調查員審查報告後，本所當選擇各會物産，呈請南洋商憲施以獎勵，其獎勵法計分三級：（一）金牌，（二）銀牌，（三）銅牌。

十一、運賽　各屬物産會既爲預備南洋勸業會而設，則凡各會物産由本所調查員審查報告以後，本所即當甄擇其品質精美、銷額廣巨、暨堪以改良擴張之出産等，通知該調查員，另填清册，轉呈本所；責成監督該地方官等，克期轉飭送來省，以便列入勸業會場各館陳賽之用。

十二、附則　以上各條，係由本所酌定各屬開設物産會之大略辦法。至各屬地方物産情形，一切有難盡同者，俟實行時，不妨斟酌各地所宜變通而增損之。此外，所並另訂物産會通用細則，發佈各屬以資依據。

章開沅《蘇州商會檔案彙編（1905—1911年）》第一輯《南洋第一次勸業會股份簡章宣統元年》　一、本會籌集股本銀七十萬元，分作十四萬股，每股五元。由南洋大臣提撥官股三十五萬元外，其餘三十五萬元由各處紳商分任。

一、本會爲提倡實業，鞏固商信起見，此項股本將來如有盈餘，官商照章勻派，如有虧耗，一遵奏案，由官股内貼補，不使商本受虧。

一、本會商股應發官息，由南洋大臣另籌的款，不在股本内撥付，以固會本。

一、凡股東應得官利，按週年八釐計算，以掣付本會收條次日起息，會竣發息。

一、會竣結帳，除派付一切開支外，所有餘利，按二十成分派，股東十四成，公積二成，辦事員四成。

一、凡本會股東欲將股票轉押或售與他人者，須詳細報明，由本會事務所代爲過户，惟不得轉押或售與非中國人，違者將股票作廢。

一　凡遺失本會股票者，隨時邀同妥保至本會事務所掛號，一面登報聲明，一個月後無人干涉，即予補給新票。

正會長：南洋大臣張

副會長：江寧布政司樊　江寧提學司李

主任副會長：候補四品京堂鄭

江安督糧道吳　金陵關道王

江海關道蔡　江蘇候補道虞

董　事：蘇錫岱　張子林　桂月華　周晉鑣、朱珮珍

蘇德鑣　祝大椿

坐　辦：陳　琪　宋恩銓　秦　寅　陳蘭薰　嚴義彬

丁維潘　席裕福

章開沅《蘇州商會檔案彙編（1905—1911年）》第一輯《蘇商總會徵集賽品函稿宣統二年二月十一日》　敬啓者，去年物産會，極蒙閣下熱心調查徵集多品，兹南洋勸業會起於四月初一日開幕，敝會應集工商品尚未齊備，特函奉懇閣下，知照各工商家，願送金陵者，務於本月十八日以前，一律送至本會陳列所，舟行彙送勸業會。爲時已迫，務請從速徵集，是所盼禱。此請臺鑒

商會啓　二月十一日

中國第一歷史檔案館《宣統政紀》卷三二《宣統二年二月》　戊子，東三省總督錫良等奏，上年七月準農工商部電開，本部會奏議覆南洋籌設勸業會會期已促請速飭設立出品協會，並飭勸業道聯絡紳商設立協贊會等因。當經轉飭遵辦，現在三省聯合設立協贊會，擬定章程，並擇定三省適中之地設事務總所，以便籌辦。所有該會應需經費，擬援案由三省攤籌。請予飭部立案，下部知之。

章開沅《蘇州商會檔案彙編（1905—1911年）》第一輯《蘇商總會爲招股事致上海商務總會函稿宣統二年三月初三日》　前接惠函，祗悉一是。南洋勸業會招集商股一節，去年由貴會寄到簡章並股分收據兩册，自一千一百二十六號至一千一百七十五號止。敝會分别勸招，惟事創期迫，應者毫無。兹由敝會認定洋一百元，作二十股，特將原册奉繳。即希代填收據寄下，不勝感荷。專此布復。敬請臺安附繳原册兩本。

南京圖書館《中國早期展覽會資料彙編》第一册《勸業會之緣起及其組織》　南洋勸業會發起於前南洋大臣端，事在光緒三十四年秋，閲六月爲宣統元年二月，乃組織機關，實行開辦。遂規各國博覽會事務局之成例，租賃民房，設事務所，師各國博覽會徵集出品之辦法，於南洋所屬各府縣籌設物産會出品所，於各省暨各大商埠籌設出品協會。復思出品之不能踴躍，籌備之不克完全也，又聯絡各地官紳，籌設協贊會，以收協同贊助之功。其始事務所房屋僅有六楹，事務所職員，僅有坐辦、幫辦及文牘、調查、庶務三科，科僅二三人，旋以建築會場，設工程科，繼以各屬物産會、各省出品協會成立，乃設出品科，章牘日繁，亟須纂輯宣佈，乃設編纂科，各屬物産會先後開幕，舉行審查，復設審查科，各科治事日有程刻，而坐辦、幫辦且不時赴各地激勸工商，討論會事，籌建會場。在元年五月，閲二月始鳩工庀材，興動大工。元年七月十三日，朝廷下頒明詔，以南洋大臣張爲正會長，命各省督撫籌辦協會出品，並免賽品税釐，故各處出品協會得以先後成立。至今夏以招待事繁，復添設外事科，並以各科自司文牘，而裁文牘科。凡不隸各科之文牘，即歸文案辦理。先是事務所刊行通告，旋改爲旬報，每月發行三期，至開會期近，紀録益繁，於是復改旬報爲日報，均以編纂科負纂輯之任。顧各科備設，計日程功，究之事屬創行，用宏體大。幸蒙正會長去秋添委李子川觀察，虞和甫、朱叔琴兩大令等，遇事接洽，並承各處官商熱心贊助，得以十四閲月之時期，羅數十行省之方物。至四月初旬，各府各省，紛紛争報賽品起運。

正會長乃咨由農工商部，奏請簡派審查總長臨場開會，並蒙農工商部奏派四品京堂蒯爲提調官，迄審查總長楊蓅甯，各館院已先落成。各處賽品亦次第按部陳列，遂於四月廿八日行開幕禮，預定十月廿八日閉會。至本會經費，經前南洋大臣端原集股本銀洋五十萬圓，官商共認。嗣以會款不足，蒙正會長張添籌股本銀洋二十萬元，亦由官商分認。至其開支，則購地建築及陳列裝飾，已費四十萬圓。製器、搬運、守護及印刷郵費，又十餘萬圓。至事務項下，則所費不過十萬圓，而其支出之爲數較鉅者，概由董事會主持，以昭大信。此其組織之大略也，其機關約分五部如左：

一曰執行機關，即所設之本會事務所以執行一切事宜者也。經前南洋大臣端札委江蘇補用道陳琪爲坐辦，商科舉人向瑞琨爲幫辦，禀承正會長處理本會一切事務，以下分科治事。除前所設調查、文牘兩科，現已裁併外，共分六科，曰出品、審查、工程、庶務、外事、編纂，每科設科長、科副各一員，科員無定數，約共四十餘人，均係遴選留學東西洋高等商科及在内地學堂畢業生，或曾赴各國參

與博覽會務具有經驗之官紳，分別委任，此則執行機關組織之情形也。

一曰監督機關，即所設之董事會以監督財政者也。本會經費七十萬元，係官商分認，官認之費，由公家籌撥；商認之費，由甯滬及外埠僑商分籌。惟是官商合股，則本會財政，官長固有責成，商家亦宜監理。特遵商律股分公司辦法，由認股商家，公舉董事十三人，組織董事會。復由董事會公推會計董事一人，稽核收支各款，工程董事一人，督修會場工程，並派會計員駐所，商承庶務科科長、科副，以經理財物之出入，此則本會監督機關組織之情形也。

一曰預備機關，即所設之出品所物產會暨出品協會以爲本會之預備者也。按本會成蹟之優劣，以出品之多寡爲衡。我國地大物博，交通未便，非預爲籌備，則徵集實難。本會經畫之始，廣派調查員紳，分赴南洋各屬暨各省各大商埠從事調查，並即會商各地官商，於所屬各縣籌設出品所，各府籌設物產會，各省暨各大商埠籌設出品協會，以爲徵集出品之機關。各出品所即以各該知縣爲監督，以徵集一縣之出品，輸送本府物產會；各物產會即以各該知府爲監督，徵集一府之出品，開會展覽一次，隨時均經本會派委審查官前往審查，呈請南洋大臣分別給奬；而各省及各大商埠出品協會，即以各該關道、勸業道爲監督，徵集一省一埠之出品，一律運來本會陳賽。故能萃全國之方物，啟一時之觀摩，此則本會預備機關組織之情形也。

一曰輔助機關，即於各重要地方，聯絡熱心公益之官紳，籌設協贊會以期收輔助進行之効者也。凡舉一大事，集衆擎者易爲功。賽會爲我國數千年之創舉，商民之智識尚淺，任事之熟手乏人，非得各處官紳商學各界素著聲望之人，爲之開導，不足以集大成。本會先於各重要地方籌設協贊會，爲輔助進行之機關，舉有關於籌備出品各事，力有所不及者，則以協贊會爲之輔助。協贊會設總理、協理等員，在南洋所轄境内，公推賢能呈請南洋大臣委任。在各省會及各大商埠，則由各該會員自行選舉，再由南洋大臣分別委任。蓋自開辦以至今日，其希望于協贊會者甚多，現各協贊會互相聯絡。又有聯合協贊會之組織，本會所有設備以及招待各事，當有以匡濟之。此則本會輔助機關組織之情形也。

一曰審查機關，即爲農工商部所組織之審查部，以爲第別良楛、實施奬勵之用者也。竊維賽會之結果，全在審查。本會前經刊發出品分類綱目，搜集方物，按照部類，陳列比賽。欽蒙我皇上簡派農工商部侍郎楊爲審查總長，並經農工商部奏派蒯京卿爲提調，爰就各項出品，分十二部審查。每部設審查部長一員，審查官若干員，會場建有審查室，分類審查，核定等差，由審查總長農工商侍郎楊大臣部發給憑照奬牌，推行奬勵實業之政策，此則本會審查機關組織之情形也。

以上五種機關之組織，其辦法規章，均經奏咨存案，刊佈遵行。茲惟舉其概畧，爲觀覽者告。

南京圖書館《中國早期展覽會資料彙編》第一册《會場之法規》 本會事屬創行，所有一切規章，悉規各國之成例，按本國之内情，悉心擬訂，期於通行於今，垂法於後。茲特擇其關於會場遊覽之各種法規録左，觀者得此，則會場内一切管理招待規則，及遊人所應注意者，備悉靡遺矣。

觀會須知

一本會自宣統二年四月二十八日開會，至十月二十八日閉會。

一各館每日午前八時開館，午後六時閉館。如遇有事故，臨時由事務所公示停止入場。

一觀會者正門由丁家橋進，西側門由三牌樓勸業路進，東側門由豐潤路進，各門每日午前八時開門，午後六時閉門。如開夜會，則午後十一時閉門。

一本會入場券發賣方法，及價目列左：

(甲)普通入場券收小洋三角。

(乙)特別入場券收小洋一角五分，限於軍人學生之着制服者購買。

(丙)童稚入場券收小洋一角五分，限於十二歲以下之童稚購買。惟在五歲以下之童稚免收。

(丁)工役入場券收銅元五枚，由本會於每月初一十五兩日，午前六時至八時發賣。如平時欲購買者，須以該店主，或廠主署名蓋印之函札爲憑，至觀會人隨僕，如主人代購此券亦可，惟每普通入場券一張，以附購一張，同時使用爲限。

一觀會人每人須帶入場券一張，如續觀夜會，須如購夜會入場券一張。夜會入場券收小洋一角。如日中入場未購夜會入場券者，至午後五時以前，須向場内事務所指定之處所補買。

一觀會人入場時，須將入場券交衛士查驗鋏印。出場時，仍將原券交衛士收訖。如日間出場時，無入場券者，須補購普通入場券。夜間則須補購普通入場券，及夜會入場券。

一除各館外，有願入各營業遊戲等處者，須照該處定價納資。

一不准携帶各種物件，及牽各種獸類入場，惟杖傘及提包食橐（寬長厚限在一尺以内）許其帶入。

觀會人如携有零星物件，可寄存場外寄物處，每件收銅元三枚。

一瘋狂醉漢及有碍秩序風俗者，一概不許入場，並得命其隨時退出。

一觀會人如遇有急病及跌傷等事，可入場内臨時病院醫治。

一觀會人如不入茶樓酒肆休息者，得坐場内公共椅，及公共休息所憩息，不取分文。

一各館内及附近等處，不准吃煙，並不得隨意涕唾。

一牆屋樹木及各項動物，不許損害墨污，並禁止抛擲食物瓦礫。

一觀會人非得事務員允許，不許動手或移動陳列物品。

一各館及各省别館陳列物品，除非賣品外，均可定購。惟在開會期内，不得事務所許可，即買定，亦不許搬出會場。

一在館内購有物品持出會場者，須至買約所得搬出證。如在勸工場，及各商店購買者，須在勸工場經理處，及各商店經理處，取得搬出證。

一持出之物，須受衛士及巡警查驗，不得抗拒。惟杖傘提包食橐，不在此限。

一如在場内有遺失物品等事，可速告場内警察及衛士。

一場内設有男女厠所，不准任意便溺。如有男人擅入女厠者，罰洋一元。

一各館陳列物品，非得事務所及出品人許可，不得摹畫或撮影。

一觀會人須遵守場内一切規則，如有違犯，得令退場，並得臨時處分之。

一觀會人如欲詳詢本會事實，及有他種事故，須訪詢者，可至場外問事處詢問。

入場券發賣規則

第一條　南洋勸業會發賣入場券六種，其種類及價目列左：

一普通入場券，定價小洋二角。

二特別入場券，定價小洋一角五分。

三童稚入場券，定價小洋一角五分。

四工役入場券，定價銅元五枚。

五長期入場券（一册三十張），定價大洋五元。

六團體入場券，定價小洋一角。

第二條　本會入場券發賣之方法如左：

一普通入場券，由本會事務所發交各處販賣人、各地協贊會、物産會、鐵路公司、輪船公司，及受本會特許者，分别代售。

二特別入場券，限於軍人、學生之着制服者購賣，由本會事務所直接發售。其不在南京市内之軍營、學堂，可由該長官或堂長，用軍營或學堂名義，寄費向本會事務所售取。但軍人、學生入場時，仍須着制服。

三童稚入場券，限於十二歲以下之男女童稚購賣，由本會事務所直接發售。

四工役入場券，限於工人僕役購買。本會事務所於每月初一十五兩日，午前六時至八時，直接發售。平時如觀會人帶有隨僕，每普通入場券一枚，該主人得代購此項入場券一枚，同時使用。其各大工廠商店工役，平時欲購此券入場者，須持有該廠主或店主署名蓋印之函札，或他項證據者，方得購買此項入場券。

五長期入場券，由本會事務所直接發售。

六團體入場券，由團體領袖人先行通知本會事務所，照本會所訂團體觀會規則，購券入場。

第三條　凡販賣本會普通入場券者，每販賣人限百枚以上，二十萬枚以下，但須照原價全數預繳七折押款，或以有價證券擔保。其賣出之數目，限每星期報告一次，每月結算一次。如未得賣出之券，限閉會前一月退還。販賣人所得利益如左：

一販賣普通入場券至百枚以上者，照原價九五折。

二販賣普通入場券至千枚以上者，照原價九折。

三販賣普通入場券至五千枚以上者，照原價八五折。

四販賣普通入場券至一萬枚以上者，照原價八折。

五販賣普通入場券至五萬枚以上者，照原價七五折。

六販賣普通入場券至十萬枚以上者，照原價七折。

第四條　凡各處協贊會，物産會，鐵路輪船公司，及受本會特許者，如代售本會普通入場券，每次限領五百枚，照原價九五折扣算。其未得售出之券，限閉會前二十日，退還本會。

第五條　本會入場券直接發賣處，其地點列左：

一丁家橋會場正門首。

二三牌樓勸業路會場西側門首。

三豐潤路會場東側門首。

第六條　凡有假造本會入場券者，本會呈請正會長，照假造鈔幣律嚴懲。

團體觀會規則

一軍學商工農各界，固有團體，凡聯合二十人以外，整隊來會參觀者，本會認爲團體觀會。

一團體觀會，每人收費小銀圓壹角。

一某團體擬於某日來會，須先期三日，由該團體領袖直接函知本會事務所外事科，開明人數，即時送給團體入場券，將到會人數，注明券内。

一團體觀會者，到著會場門首，由領袖人持團體入場券，至問事處，由該處問事員驗明人數，飭知衛士放入。

一團體觀會者，出場時，亦須整隊，由衛士收票驗數。

一各府團體來省觀會者，或不及先期通知到著會場時，須俟問事處報告事務所認可，在售票處，購買團體觀會券，然後入場。

一前項規則，凡各團體繼續觀會者，不論次數，均須享此權利。

會場内管理規則

第一章　通則

第一條　此項規則，凡會場以内，皆得適用。

但會場附近及受本會事務所許可之營造等事，亦准用此項規則。

第二條　會場各門，及各館之開閉，以喇叭爲號，其時刻列左：

午前七時，各館開門。

午前八時，各門開門。

午後五時，各館閉門。

午後六時，各門閉門。

但如開夜會，其閉門時刻，午後十一時。

第三條　凡無左列各項資格者，不得出入會場。

一有入場券者。

二有優待券者。

三有本會徽章及門證者。

四有照相券者。

五本會場内着制服之憲兵巡警，及消防隊持有門證者。

六憲兵巡警軍隊公園職員之持有本會門證者。

七郵電夫役着有制服限於本會事務有關係者。

八除前列七項外，經本會事務所特別許可者。

第四條　凡在本會租地及用人工役等，限由將軍廟側門出入。

但在觀覽時間内，不得本會事務所許可，不准貨車出入。

第五條　凡物品未持有本會事務所搬出證者，不准搬出。但傘杖提包食橐，不在此項。

第六條　各館院及附近等處，嚴禁吸煙。

第七條　會場内非得本會事務所特別許可者，不得集會，並不得歌舞奏樂。

第八條　凡在會場内遺失物品，宜即告巡警及衛士。拾得物品，亦宜立交巡警，不得藏匿。

第九條　凡有違犯本會規則者，得令出場，並得臨時處分之。

第二章　觀會人

第十條　凡觀會人，均由丁家橋正門，三牌樓勸業路西側門，豐潤路東側門出入。

第十一條　凡觀會人，須按照本會各門開閉時刻出入。

第十二條　凡觀會人入場時，須將入場券交衛士查驗鋏印。出場時，仍將原券交衛士收訖。

第十三條　牆屋樹木及各項動物，不許損害，並禁止拋擲食物瓦礫。

第十四條　觀會人均宜遵守本會一切規則。

第三章　租地者

第十五條　凡在會場内建築館院，開設商店，飲食店，休憩所，游戲場，及其他特別之設施者，於其設施範圍内外，均宜隨時洒掃，保持清潔。

第十六條　凡租地者，不得於所租地段外，陳設物品器具。如必要陳設者，須先受本會事務所許可，照納租金。

第十七條　凡本會認爲危險或有害衛生之物，得令搬出場外，並得令其爲相當之防備。

第十八條　凡場内出賣物品，及其他收取費資者，均須將定價表揭示，不准任意軒輊。

第十九條　凡出賣物品，及縱人遊覽，均不得强扯，或招喚觀會人，違者酌罰。

第二十條　凡在設施範圍内，均宜備置消防器具，及痰盂唾壺等件。

第二十一條　凡在場内租地及營業之各項館院，及商店等，限於本會閉門一點鐘後，停止營業。

第二十二條　場内除電燈煤汽燈提燈，及受本會事務所許可之燈火外，不許點設他項燈火。

第二十三條　凡在場内租地，及營業之各項館院商店等，限於本會閉門時刻，留一人或二三人看守，其餘一律按時出場。

但留守之人，須先受本會事務所許可備案。

第二十四條　凡在場内租地，及營業之各項館院商店等，本會有隨時檢察之權。

會場内工作規則

第一條　凡在會場租地，及營業建築館院，開設商店，飲食店，休息所，游戲場等，所有一切工作，其開工及落成日期，須先呈明本會事務所備案。

第二條　凡工作時嚴禁火煙等件，其防火方法，並須呈明本會事務所，由事務所隨時派人檢查。

第三條　每日工作告竣，無論木皮竹屑，均宜設法掃除，並預防火燭。

第四條　凡工役人等，在工作場内，嚴禁吃煙。其吃煙者，須先指定距離較遠處所，並須爲相當之防備。

第五條　工作時刻，由午前六時，起至午後六時止。

但時間外，如認爲必要工作時，須先受本會事務所許可。

第六條　凡工作期内，無論各省各府職員，及各店主場主等，均須本人，或相當之代理人，在工作場内，當場監督。

但代理人，須先將履歷呈明事務所。

第七條　凡工作工匠，及用人等，其責任均歸租地者負之。

第八條　凡因工作出入各館院者，須向本會事務所領取門證。至各門出入限四月二十日以前，領取門證。

第九條　凡因出品，欲在館内工作者，不得損壞館内各項什物。違者，照價賠償。

第十條　凡在場内工作，非得本會事務所許可，不得損傷竹木，及裝飾等件。違者，責令賠償。

第十一條　凡在場内建築，及工作者，不得妨害他處工作，及障礙會場景緻。

第十二條　凡有違犯此項規則，本會得取消其許可。如有損害，並得責令賠償。

問事處寄存小包及零件章程

一問事處爲便利參觀者起見，特設寄物處一所。凡零件小包，均許暫時權寄。惟房舍無多，故重大累墜物件，概不收存。

二零件，如洋傘，照相器具，紙件，衣帽，皮包，須鎖好，等每件寄廿四點鐘者，取費銅圓三枚。無論逾時多少，均照加銅鈔三枚。

三小包長約三尺，寬二尺，高約一尺，每件寄廿四點鐘者，取費小洋一角。

四問事處收到物件後，即付收條作爲取件據。此據務，須妥爲收好。如有遺失，不能補還。

五後開物件，問事處概不代爲收存。

一古玩玉器。

二公文及貴重物件。

三銀洋鈔票。

四危險物件，及妨害他人所存之物件。

五鮮果花木。

六脆質物件。

六凡有物件寄存問事處者，本處妥爲存貯。除不可抗力各事外，如有遺失，當查照原物價值賠還。

七問事處員役奉有嚴諭，待人以禮，如有欺詐，以及不恭等事。參觀者請函通本會事務所，以便查辦。

附録陸軍第九鎮徐統制誥誡全鎮軍人入會場參觀應守規則示論

照得軍人以遵守紀律爲先，尤以保全名譽爲重。凡對於社會一切公共之事務，及熱鬧之場所，皆當循循規矩，力顧體面，不得稍自縱逸，以貽笑柄。各營官長，早經面戒，本統制之訓諭，亦不啻三令五申，爾等想習聞之。現在南洋創辦勸業會，爲我國從來未有最新最大之盛舉。深恐爾等於斯會之關係，未有深悉會場開幕後，或有授人指摘之行爲，以爲軍人羞，不得不先期提出，特別誥誡爾等，其悉心聽之。

勸業會爲內國農工商出品之競爭機關。近世紀來，全球公認視爲要圖。南洋此會，前督部堂端奏准創辦，今督部堂張奉天子明詔，派充正會長，以主持之。各省督撫，協同贊助，始克有成。其事之鄭重若是，凡國家與社團所重視者，吾軍人皆當崇拜之而不可忽，此爾等之對於斯會所應致最虔之崇拜者一也。勸業會之宗旨，在鼓勵全國之農工商民，以期啓達國內之生計。生計云者，即衣食住三者之謂。爾等現充軍役，暫不必自謀生計，然試問爾之衣食住，何自來乎？且徵兵與募兵殊，入伍之初，皆爲農工商民。退伍而後，仍將各還其故業。生計發達之影響，直接間接於我軍人至重，此爾等之對於斯會所應表最親之感情者二也。世界競爭，日益酷烈，以兵戰，尤貴以農戰，以工戰，以商戰。勸業會聚全國之農工商品，以蒐討之，蓋將提倡農戰、工戰、商戰之全局，以與世界角逐，而我軍人所擔任之兵戰，庶可因之而益加發達，此爾等之對於斯會所應增最高之熱力者三也。

爾等對於斯會，應致最虔之崇拜，表最親之感情，增最高之熱力。既已如前所云，則爾等對於會場之規則，自應遵之守之，而不得蔑視之，而故犯之矣。且會場之規則，獨立之規則也。實業界之有賽會，猶之吾軍界之有大操。當舉行演習之際，雖任人民參觀，而戰綫以內之禁令，則無論何許人，均不得違犯，賽會亦然。吾軍人之應遵守彼會場規則，亦猶之彼人民之應遵守吾操場之禁令耳。此尤爾等所易了然於心者也。

況乎會場一隅，爲比較萬類之中心，不獨以賽物品。且將以賽人格，凡物之布列會場者，其工質之優劣，一經衆目之品評，無可逃遁。人之往來會場者，其人格之優劣，一經衆目之品評，亦無可逃遁。會場開幕，各界之人雲集類聚，咸來觀會，競表其優美。高尚之人格，以邀榮譽。吾軍人之蒞斯會場者，應若何表示軍人之人格，以一聳衆目乎。若各界之人，咸雍雍肅肅，雅雅魚魚，而吾軍人獨多可訾之處，爲公衆所指摘。吾國之人本有輕視軍人之成見，經此比賽益彰著其劣點，從此人皆視吾軍人之人格，不能與他界伍，可羞孰甚於此。

興言及此，爾等自愛自重之心，當各勃然興起。然而本統制，仍不能不爲爾等鰓鰓過慮者，又有故焉。凡人居恒無故，每能確守範圍，一遇與會之時，往往失其常度。會場之上游戲事項必多，蓋以點綴會場之盛況。開幕期內，凡劇場、歌場、馬場、角力場、煙火場，與夫酒館、冰館，及各項飲食館等，林立相望，加之裙屐沓雜，士女如雲，游觀之下，興致驟增腦筋，或因之而激動心氣，或因之而粗浮，此時此際，最易忘其所以。一有觸發，即易滋事端。從來蠻觸之舉動，每生於些小之口角是非，提撕警覺於先，未有不敗壞滅裂於後者。

至於軍紀風紀，爾等無論何時，皆應遵守固矣。然本鎮平日之軍紀風紀若何，他省之人不盡知也，他國之人不盡知也。會場之上，爲中外視線所集。凡見吾軍人之出入會場者，將借以覘吾平昔教育之程度，而以例其餘，或見會場以內，軍人來觀，漫無節制，或見目兵敬禮長官，精神姿勢，有不合度，則將曰，此軍素無軍紀也。或見服裝塵污，或見鈕帶鬆弛，或見三三五五而言笑苟且，尾尾瑣瑣而動作卑鄙，則將曰，此軍素無風紀也。以少數人，及短時間之不謹飭，致貽人以話柄，甚爲爾等不取。甚或有無券，而誤入會場，及與人競觀而喧嚷哄鬧等無意識之舉動，偶然發現會場訪事者，採登傳單，刊入報紙，無遠無近，咸執爲憑證，以譏誚本鎮爲無軍紀無風紀之軍隊，而無可辯護。既敗軍聲，且傷國體，不尤堪太息痛恨之甚耶。慎之又慎，責在爾等。

抑本統制更有進者，軍需餉項，皆取給於農工商民之租税。吾軍人乃從事訓練，克成勁旅，以保護農工商民之身家及其財産，此報彼酬，相需爲用。會場之出品及觀覽人，農工商民居大多數，苟見吾軍人嚴肅方正，紀律秩然，有偉大之觀，無卑鄙之跡，咸欣然於軍隊之足恃，益堅其納租養士之熱忱，軍事前途，庶有可望。且自今年新正以來，羊城變亂，蘇台擾攘，新軍名譽盡矣。吾江南徵兵，開辦已歷五載，辛苦經營，幸能維持至於今日，倘能借會場機會，一表示新軍之好模範於衆目，昭彰之下，俾新軍名譽得以復振，其關係豈淺細耶。此則本統制所日夕祈望，而深企爾等之仰體此意，而黽勉以赴也。

總之，賽會一事，爲國家重要之新政策，而實爲社會公共之新事業，於我軍隊關係甚多。我第九鎮既與會垣，本鎮之名譽，因斯會而驟增也易，因斯會而大減也亦易，一視爾等之遵守軍紀風紀否耳。今與爾等約，非假期不得入會場。凡入會場者，遵守會場之規則，一如遵守本鎮之紀律。會場各館院中，如武備館陳列軍用品及戰具等事，爲爾等所應注意研究、參考者，其他教育、農業、工藝等館，有益智識者，皆可參觀。至於游觀場所耗費甚鉅，且易生是非，不必入覽。無論出入會場，或在道路行動，軍紀風紀，均宜格外注意，一以保全名譽，鄭重軍人之人格爲目的。稍有非爲，必較平時加重懲罰。倘敢驕横不法，亂及會場秩序，軍法具在，慎勿嘗試。本統制爲爾等全體名譽起見，不憚反覆申誡，其各凜之毋違。

附録第九鎮稽查目兵入場規則

一於勸業會場適中之地，設立總稽查處，凡能達會場之路口，得設立分稽查處。其總稽查官派鎮協署，暨各標營中級軍官充之。每一星期選派一次，並另於差遣，及隊官階級之員，選一員副之，均臨時由鎮署酌定指派。分稽查官，用各標營隊官排長暨學習差遣官充之。先期由各團隊長，或獨立營管帶選定人員，開單呈送鎮署，以後即照單輪派，以均勞逸。

一分稽查官，每路一員，計分六路，預定各標營，分路擔任，其地點如左：

（一）三牌樓口，派三十三標。

（二）董家橋，派馬標。

（三）緑筠花圃附近派混成協。

（四）豐潤路，派工輜兩營。

（五）丁家橋，派三十四標。

（六）龍倉巷，派砲標。

一分稽查官一員，得帶目兵四名，至星期日，每路分稽查官得派二員，目兵得派至六名或八名。

一總稽查官常川駐於場内，隨帶弁兵四名至六名，亦可臨時酌定。

一總稽查處爲各路分稽查之機關，凡會場内外職司稽查官兵，均歸其督飭監視。所有一切命令報告，亦歸其管理。

一總稽查官，及分稽查官，但有稽查本鎮各標營之責任，不得涉及範圍以外之事。

一各路稽查每日到會，及撤回之時刻，按照會場開會閉會之時刻而定，臨時由總稽查官命令遵照。

一各路稽查官兵每日一交换，但總稽查官，則一星期一交换。

一總分稽查而外鎮署，或另派密查，及行動巡查，以輔助各稽查視察所不及。其人員無定，或着軍衣，或着便服，亦不能預定。但總分稽查官，及隨帶目兵，則必着軍服。

一各兵丁分班站崗時間，應以兩點鐘更换一次。

一各隊站崗務宜身體端正，軍服整潔，不准購買食物，輕舉妄動，任意言笑，私自吸煙。違者，從重懲辦。

一各隊站崗時，除有特别要事外，不得擅離崗位，至二十步以外。黑夜雖陰雨之時，亦不得畏難苟免。違者，重辦。

一各隊站崗時，每人隨身均有警笛。夜晚並添執百步燈一個，遇有非常要事，即鳴警笛，飛速報告。

一各隊官長宜在所派地段各崗位之處，常川梭巡，查察勤惰。會場各門，均須專有官長照料。

一夜晚之間，由司令處每一點鐘發號籤一次，交各營站崗之兵，輪流傳遞。傳至一週之後，仍繳司令處，以察勤惰，庶免疏虞。

一夜晚口令，宜格外注意。凡非出入道路之處，所見之人，倘有問而不能答者，即行盤詰。

一各隊兵棚帳柵，均宜整潔，火燭尤宜防範。

一各兵掛號上街，必須手持號簽，身穿軍服，不得數人同走，並不准任意遊眺。

一會場内平常不許兵夫私自擅入。開會後，何日准各營輪流排隊，由官長帶同入場觀看，應候司令處臨時傳諭。

一遇有中國政界軍界學界各官員經過，凡穿禮服者，均行立正如注目禮。

一遇有外國人經過，有中國官員陪行者，宜行立正注目禮，無官員陪者不問。

遇制台將軍楊欽差本軍總統，即行舉槍禮。

一各兵對於一般之軍人，須知同袍大義，互相敬愛，即便被人欺侮，亦不准當場争執，可稟本管上官持平辦理。

一遇有車馬擁擠諸事，如無警察之處，即隨時勸導，按序進行，無令填塞道路。有警察之處，即不過問。

一遇有口角鬬毆者，宜隨時善言解散。如其不遵開導，即扭送附近警局。有警察之處，即不過問。

一會場出入之人，如有手携包裹，行走倉皇，形迹可疑者，宜嚴加盤詰。如言語支吾，即扭送附近警局。

一遇有遊覽人等，不循道路，任意窺伺者，宜即阻止。

一遇有大幫飢民闌入會場者，宜極力勸阻。如有警察力能彈壓，即不過問。

一遇有流氓土棍，三五成群，所在滋事者，隨時驅禁。違者，即扭送附近警局，但不可遽然用武。

一會場外空曠之處，如有人遊獵，動用火器者，一概禁止。

一遇有婦女往來，除問路徑准其指導外，不得無故接言。

一各兵如拾得遺物，應送交附近警局招領。

一會場内如有火警及盜竊搶刼滋鬧非常之事，應如何彈壓辦理之處，俟接准勸業會事務所，送到章程時，另行傳諭。

右傳沿江巡防隊步隊各營，宣統二年三月二十七日。

《商務官報》宣統二年五月十五日第一二期《江督張會同南洋勸業會審查總長本部右堂楊蘇撫程奏勸業會在事各員擬擇尤保奬片》 再，實業爲富强本計，欲圖實業之振興，必先舉行博覽會，東西各國莫不注重於此。今南洋第一次勸業會，係倣照各國内國博覽會辦法，造端宏大，前無所承，黽勉進行，至於成立。外國報章登載，咸謂我國辦事之切實，程功之迅速，以此次所設之勸業會爲最固。由上秉聖謨，率循罔越，亦賴羣策羣力，有以致之。所有在事各員，不無微勞足録，可否仰懇天恩，准俟勸業會閉會後，由臣擇尤保奬，以資鼓勵，而勸後來之處，出自逾格鴻施。除咨農工商部查照外，謹會同審查總長農工商部右侍郎臣楊士琦、江蘇撫臣程德全，附片具陳，伏乞聖鑒訓示。謹奏。

章開沅《蘇州商會檔案彙編（1905—1911年）》第一輯《南洋勸業會研究會第二次通告各團體書宣統二年五、六月間》 敬啓者，本會前經刊佈簡章，布塵臺鑒。五月二十一月開大會舉定職員，宣告成立。兹將議決辦法數條續陳清聽，幸垂察焉。

一、本會業與勸業會事務所商妥，凡研究員持有本會所給证劵者，無論在何處購買勸業會入場券，均減爲每劵收小洋一角。

二、本會前定分館研究日期，兹經大會公决改定如下：農業館，六月十一日至二十日。醫藥館，六月二十一日至二十五日。教育館，六月二十六日至七月初五日。工藝館，七月初六日至十五日。武備館，七月十六日至二十日。機械館，七月二十一日至二十七日。美術館，七月二十八日至八月初五日。通運館，八月初六日至初十日。

三、上列研究日期，係爲預備共同研究而設，惟必各個研究先有所得，然後會集討論，或自抒所見，或聽專家議論，互相印证，趣味盎然。故各個研究尤爲切要，應聽自由，不必依此期限。

四、各個研究時，應請筆記所得，報告本會，即不及筆記，亦得依簡章第十條辦法，至本會事務所自行陳説。由專門書記代爲記録，惟專門書記止於第二條所列研究期限以内，在事務所恭候。

五、出品人及專門學家及富於經驗確有心得之人，皆爲本會所渴望來會者。此外熱心研究之同志，均請廣爲介紹，按期來會研究。

六、本會爲廣勸人研究起見，擬懇將上列諸條，設法廣爲傳佈，或於宣講所剴切宣講。聯大群以謀進步，冀合勸業之真旨，收賽會之實效，則本會區區之意也。

七、本會事務所設在勸業會南首丁家橋東江蘇諮議局新舍内。如有見教，請惠臨或函示均可。

南洋勸業會研究會敬啓

章開沅《蘇州商會檔案彙編（1905—1911年）》第一輯《南洋勸業會研究會職員名姓氏表》 會長：李瑞清（梅庵）

副會長：梁祖禄（炳農） 錢寶書（幼琴）

總幹事：張謇（季直）

副總幹事：蔣秉章（季和）

書記幹事：孟森（蒓孫） 姚明輝（孟塤） 徐雋（果人）

招待幹事：陶游（賓南） 顧琪（花岩）

庶務幹事：張福楨（偉如） 錢恕存（季琛）

會計幹事：徐仲令（庶候）

駐所幹事：黄炎培（韌之） 鍾福慶（叔進）

章開沅《蘇州商會檔案彙編（1905—1911年）》第一輯《李瑞清等爲籌集研究會經費事致蘇商總會函宣統二年六月十六日》 敬啓者，敝會成立以來，深荷實業諸大家相繼贊助，以圖勸業會之發達，而謀農工商改良之方針。猥以事繁責重，經濟時形支絀，恐不足以副諸公熱心提倡之盛意，彌增惶悚。竊維農工之擴張進步，端賴商家。想貴總會實望俱隆，登高一呼，群山易應。倘承顧念公益，慨助經費，一面並轉告各分會，酌量分任，俾敝會得克終其事，至紉公誼，惟希裁復爲禱。祇頌大安

南洋勸業會研究會 李瑞清 梁祖禄 錢寶書

張　謇　蔣炳章謹啓

章開沅《蘇州商會檔案彙編（1905—1911年）》第一輯《萬豐載呈送賽品清單宣統元年六月十七日》　送上

雪月閃　雪青　一匹　每尺一元一角五分
元青　洋薔薇泰西緞

品蘭金絲羅文海竹梅庫緞　一匹　每尺一元

品月閃　雪青　一匹　每尺一元八角
竹灰　十景洋花芙蓉緞

雪白星文杜鵑玉蘭紗　一件　每尺七角五分

蘭雪青實洋桃西紗　一件　每尺五角

湖色淮一支梅玉蘭紗長衫　一件　每件十七元

葵花五采薔薇内局庫緞旗襯　一件　每件三十八元

竹灰五采枝竹梅内局庫緞女襖　一件　每件二十元

竹灰五采大匹蘭内局庫緞馬甲　一件　每件八元五角

天青一枝大春秋特别泰西緞馬褂　一件　每件十五元

共計十卷

上商務總會臺照

己酉年六月十七日

萬豐載書柬

章開沅《蘇州商會檔案彙編（1905—1911年）》第一輯《江震分會報送參賽工藝品清單》

布類	價值（每尺大洋）	出品者
杜中布	二分七釐	吴江縣黎里鎮附近鄉人
瓦楞布	三分六釐	同上
窗格布	三分五釐	同上
珠柳條	三分六釐	同上
白柳條	三分九釐	同上
花柳條	四分五釐	吴江縣同里鎮金仲禹家
柳紋柳條	四分五釐	同上
旗蒂柳條	四分五釐	同上
調紋柳條	五分五釐	同上
白柳條	四分	同上

章開沅《蘇州商會檔案彙編（1905—1911年）》第一輯《農工商務局爲創設協贊總會事照會宣統二年六月二十一日》　督辦蘇省農工商務局司道照會事。

本年六月初九日奉撫憲程札開：本年六月初三日準督部堂電開：勸業會蒙尊處鼎力協助，業經開幕，惟會務之發達，全恃贊助會爲樞紐，各處贊助機關及人員分處四方，無由會集，現擬一協贊總會，務乞轉飭協贊會及協贊人員照章預備一切，或先舉代表來寧會商辦理。至總會開會日期，俟定妥後再行奉告。駿。江。印。等因到本部院。准此，除電復外，札局遵照，迅速轉飭各屬協贊會及協贊人員預備一切，或先舉代表到寧會商辦理，仍將預備情形刻日具復等因到局。奉此，除分行外，合就照會。爲此，照會貴總會，請煩查照，希即轉知協贊會人員迅速預備一切，或先舉代表到寧會商辦理，仍將預備情形刻日見復。望切施行，須至照會者。

右照會蘇州商務總會。

章開沅《蘇州商會檔案彙編（1905—1911年）》第一輯《常昭分會爲更正賽品件數事致物産事務所函宣統元年六月二十二日》　月階、詠裳、韶九三位仁長先生鑒：

敬啓者，勸業會物産出品一事，承南洋商憲倡挈於先，尤有貴會協贊於後，各屬商工自必各出其長，以仰副□□盛意。惟敝處貨産雖不爲聊寂之區，奈非爲無用物，即屬鈍拙品。一月以來，研究徵集不過六十四品，然皆陋劣不堪陳賽，不過聊以塞責。本月十八日始集事，二十日上午九時畢，賴二邑莅會，觀覽談話約一小時，並將正副品物表携去，至今日始將表册繳出，並附申監督處文書一角。惟見諸申文稿云，計陳列品五十七件，此係以表計數，未實按諸物産。如土布表中，紫花布、白花布合一表，棉花表中，紫花棉、白花棉合一表，箬笠表中，晴雨笠五種合一表，公司布表中，方巾布、格子布、仿歐被面布合一表。未曾分晰，致缺報七品。敢希開報時，代爲補入。鑒本擬親解貴所，藉聆一切，兼賞美品。適會事冗雜，只得仍派原代表曹復孫君解送，代表一切。倘有續認品物者，當隨時報告，囑爲送會。專此，謹頌文明進步。

晚名正肅

六月二十二日

又：竹箸表兩品合一表，統計六十五品缺報有八品。

章開沅《蘇州商會檔案彙編（1905—1911年）》第一輯《農工商務局爲勸導參觀勸業會事照會蘇商總會宣統二年七月十四日》　督辦蘇省農工商務局司道爲照會事。

本年七月十一日奉撫憲程札：宣統二年七月初九日準督部堂張庚電開：勸業會開幕條經兩月，現值天氣漸涼，賽品已備審查，開始研究時務，望各省行政機關及農工商學各團體莅會考察，共圖精進，以收斯會之實益而副貴督撫之初心。祈貴督撫望賜轉飭所屬，示諭勸導各界聯絡團體，偕來參觀。閉會約十月底，時會已促，特此電陳，並希賜覆，無任企盼等因。准此，除電復外，札局遵照，克日轉飭所屬，示諭勸導赴會參觀，共圖精進，是爲至要等因到局。奉此，除分別移行外，合就照會。爲此照會貴總會，請煩查照，轉知各分會一體遵辦施行。須至照會者。

右照會蘇州商務總會。

中國第一歷史檔案館《宣統政紀》卷三八《宣統二年七月》　農工商部右侍郎楊士琦奏，南洋勸業會之設，原以觀摩激勸。此中端重審查，計江蘇、安徽、江西物産會及各省協會，運賽物品，別爲二十四部陳列之件，青説明書者十餘萬種，足徵土地蘊藏，工業發達，已派定人員於七月朔開始審查報聞。

章開沅《蘇州商會檔案彙編（1905—1911年）》第一輯《勸業會事務所爲頒發獎品事照會物産會事物所宣統二年十月底》　南洋勸業會事務所坐辦奏留江蘇補用道陳爲照會事。

案照會場陳列賽品，除一等奏獎已於十月二十六日經審查總長、正會長在會場公議廳當場發給外，所有應得獎憑及金銀牌各獎品業經發敝所轉發在案。茲查得獎人數較多，誠恐錯誤，轉費周折，公議全數送請貴會及各省出品協會聯合會核收，分別轉發以昭妥協。相應備文照送。爲此，照會貴會，請煩查收賚回，會同各該地方官長開會分發，以昭鄭重，具紉公誼。並希見復。須至照會者。計照送獎一千九百二十二份，金牌二百九十七份，銀牌一千一百八十五份。

右照會各屬物産會事務所。

中國第一歷史檔案館《宣統政紀》卷二四《宣統元年十月》　兩江總督張人駿奏，開辦南洋勸業會，事屬創舉，而經費支絀，辦事竭蹶，整理不易。謹與在事各員諄切圖維，一面加籌的款，一面趕速催辦，由滬商董事與包工匠人改訂合同，縮短期限，務令依期開會，以免延展而誤事機，下部知之。

章開沅《蘇州商會檔案彙編（1905—1911年）》第一輯《黃炎培爲答謝資助經費事致尤鼎孚等函宣統三年五月初六日》　鼎孚、似村先生大人閣下：敬復者，頃奉惠書，蒙寄到貴總會慨助南洋勸業會研究會經費鈔銀一百元，如數收領，實感公誼。敝會報告書業已開印，一俟殺青，即當賚送臺端，敬求大教。先此肅函鳴謝。祇頌公安

弟黃炎培頓首

五月初六日

章開沅《蘇州商會檔案彙編（1905—1911年）》第一輯《蘇州府爲獎憑事移蘇商總會文宣統三年四月初五日》　即補道特授江南蘇州府正堂何爲移送事。

本年三月二十九日，准南洋勸業會事務所坐辦、奏留江蘇補用道陳移開：案照敝所自閉會以後，當將各會辦事出力員紳，分別開具清折，詳蒙正會長批准獎給徽章及獎憑執照褒狀各項。並將各物産會監督，暨各會中已經到省候補各員辦事尤著勞績者，另咨各省督撫憲加給外獎，以示鼓勵而垂紀念。惟查貴會辦理會事各員，勛勞既屬卓著，會場亦資贊助。茲奉正會長發交貴會應行給獎員紳徽章十六枚，褒狀九張，獎憑十三張。相應另附清單，備文移煩查收，分別轉發各員紳收執。並準蔣紳炳章函告江蘇教育總會褒狀一張，炳章及蔣沈孟淵徽章各一枚，已先爲收領分寄。等因到府。准此，除移送外，合亟抄單並獎品移送。爲此，合移貴商會，請煩查收，分別轉送各員紳收執。望切施行須移。計抄單。

右移商務總會。

章開沅《蘇州商會檔案彙編（1905—1911年）》第一輯《蘇州府物産會在事得獎人員清單》　工藝部員同知銜吴理杲；

三品銜度支部郎中張履謙；

候選布政使理問倪開鼎；

舉人高人俊；

職商陶鎔；

女界手工部員三品命婦蔣沈孟淵；

幫同辦事出力員候選員外郎杭祖良；

監督代表候補知縣夏敬業；

駐寧代表翰林院編修蔣炳章。

以上十員各給徽章一枚。

趙樹貴等《陳熾集・庸書》外篇卷上《賽會》 西人之心計工矣，其維持商務也至矣。其始，莫亟於開博覽之會，所以開其先也。其繼也，莫要於減出口之征，所以持其後也。夫天下人之才力聰明，其不能不有差等也久矣。上焉者，獨具智巧，自辟町畦，變化神奇，宜民利用，生而知之者也。中焉者，亦趨亦步，倣法前人，規矩準繩，範圍不過，學而知之者也。下焉者，則頑蠢無知，自安愚弱，貪饕慵惰，鹿豕與遊，是人役也。今中國、泰西、日本，滔滔者大率多中人耳。彼南洋、印度、非洲諸種族，則下愚也。然上焉者，窮思極慮，其心勞矣。中焉者，繼長增高，其事逸矣。博覽云者，互证參觀，以耳目代心思之用，是使民逸獲之由也。況五洲之風土各別，萬邦之物産攸殊。萬寶五金，六谷百果，及草木鳥獸，羽毛齒革之屬，丘陵川谷，蚑飛蠕動之倫，寒帶、温帶、熱帶之所宜，山人、澤人、海人之所得，旁搜博採，薈萃於一堂，因而審其良楛，别其美惡，時其棄取，決其從違。一物不知，儒者所耻，多能博學，遂以成名，使古聖人有知，當亦引爲大快也。

今日萬方和會，四海大同，以有易無，裒多益寡，罄山川之寶藏，天地不能閟其光；廣億兆之見聞，聖哲不得私其學。易世而後，新者皆故，變者皆常，窒者皆通，分者皆合。百姓日用焉，而不知舉世習見焉，而不爲怪矣。故曰天也。泰西博覽之會，五載十載，輒一舉行，商務振興，不遺餘力。日本亦仿立農桑、工藝諸會，講明而切究之，國勢日强，民生日富。中國絲茶之利，盡爲他國攘奪以歸，而罌粟之花遍於内地，海防製造，講求五十載，仍須倚仗洋人，狼狽相依。若瞽之有相，不有以轉移而變化之，恐知之匪艱，行之維艱。後之視今，亦猶今之視昔耳。

宜詳考各國立會之制，先於滬、漢等埠，籌款試行農桑、礦務等會，以勸民間。俟東省鐵路既成，則於天津購地造屋，綜集中西，設一博覽會，九重親莅，以重其事。中外之金石、古玩、名畫、法書，以及山海之珍奇，工作之器物，均可入會，購者議價，觀者取資。立會之費，預籌專款。會散後，儲爲博物院，備後人考鏡之資。嗣後逐漸推行，數歲一舉，以開風氣，以拓利源。至各省賽會迎神，雖亦鄉儺遺意，然作爲無益，動肇争端，何如以此易之，使斯民有取法之資，薄海無久遺之利也。

今之論者，動以奇技淫巧詆斥泰西，而朝野上下之間，所用者觸目皆西人之物。不禁不作，仰給於人，力盡財殫，坐以待斃，堂堂大國，爲日本所竊笑焉，抑獨何哉！

全國圖書館文獻縮微複製中心《清季鈔電匯訂・貴州巡撫電》 陸軍部鈞鑒：前因委員赴甯賽會，就便赴滬採購槍彈。咨蒙大部核准，並知照稅關驗放，委員到滬。正議購間，適准大部咨，以鄂廠槍價減成，應先訂購，免利權外溢等因。當即電知，改由鄂廠訂購五響七九步槍五百枝，每枝價銀十五兩三錢六分，鋼彈四十萬顆，每千價銀三十三兩六錢。鄂省允派輪送至常德，交黔委員接運，約計十月半後，可以交接，乞先知照稅務處，電飭各關驗放，實爲公便。鴻書。銑。印。

全國圖書館文獻縮微複製中心《清季鈔電匯訂・兩廣總督來電》 陸軍部鈞鑒：南洋開勸業會，粵省軍械廠自造槍砲子彈，送武備館陳列，計六米里八小口徑五響無烟步槍貳枝，馬槍貳枝，輕機退管快砲貳尊，隨帶槍子貳百壹十顆、砲子壹百肆拾捌顆，並圖貳拾肆張，圖説拾壹本，共裝拾箱，隨同地方出品，附輪運甯，請轉稅務處，飭關驗放。勛。篠。印。

甘厚慈《北洋公牘類纂》卷二〇《天津勸工展覽會免稅規則》 一、勸工展覽會，既專收土貨，不收洋貨。所有會場進出口土貨，應准免納稅釐，其洋貨概不准夾帶影射，如查出前項情弊，照例充公。一、進口貨但查明係土貨入會者，無論價值若干，概免稅釐。其出口貨，則限定值銀在三十兩以内者，方能照免。過三十兩者，不免。一、會中預備四聯執照，鈔關一張、釐局一張、商人一張、會場一張作爲存根，此照由會發給商人，不在展覽會者，不得沾此利益。一、進口貨在開會前三日到會場報名，發給執照，以憑查驗。惟遠地商人，與本會或不相識，應先覓有妥實舖保，再行領取執照，以防冒領之弊。一、展覽會所售之貨，均貼展覽會小票，如買主實係販運出口，若即於購貨時，在會中自行聲明，由會中發給執照，以憑查驗。惟自領照之日起，限定十天以内出口照免，過期作廢。一、進口赴會之貨，既免稅釐。閉會後，如原貨仍出原口，亦一例免納。惟出他口，則不免，且出原口之貨，較進口時，祗許減，不許增。如有影射，查出充公。

甘厚慈《北洋公牘類纂》卷二〇《直隸工藝總局詳考工廠開辦勸工展覽會入會貨品援案免稅文並批》 爲詳請事，竊查外洋各國勸興工業，每歲必開展覽會數次，以資觀感。職局所辦考工廠，有提倡工業之責。現擬在公園新考工廠，開辦勸工展覽會，自十月初七日起，至十三日止，共計七日，專取本國製品陳列比賽，以徵進步，業經稟蒙憲台諭飭照辦。伏思開會比賽，與尋常售貨不同，物品固宜求多，尤以精美爲上。各屬局所紳商，無不樂預此會，但恐因有税捐，裹足不前，體察情形，非免税捐，無以廣招徠。查天津皇會成案，凡預會貨物值銀在三十兩以内者，概行免納税捐。今考工廠開辦展覽會，爲提倡工業之關鍵，擬請比照皇會成案，所有預會貨品，均由職局驗明，給予憑單，轉請津海關道發給護照，免納税捐。至此次貨物，既以本國製品爲限，應請毋庸限制銀數，以期招致精品，庶於比賽之義，可資鼓舞。職道等爲開通風氣，振興工業起見，昨經晤商津海關梁道，意見相同，理合具文，詳請憲台察核批示祇遵，並請飭行津海關道，暨釐捐總局轉飭各分關局卡，一體遵照辦理。爲此備由具詳，伏乞照詳施行，須至詳者。

督憲袁批：據詳已悉。該局考工廠開辦勸工展覽會，預會貨品擬比照成案，請免税捐，係爲獎勵工業要舉，自應照准，候行津海關道暨天津釐捐總局查照，轉飭各分關局卡，一體遵照辦理。此繳。

甘厚慈《北洋公牘類纂》卷二〇《天津勸工展覽會章程》 一、開會日期，以十月初十日萬壽聖節爲正期，自前三日起，至後三日止，即自初七日至十三日，共爲一星期。一、會場擇定河北公園學會處前新建考工廠罩棚内，計共劃分幾區，俾各項貨品，各以類聚，不得紛紜錯雜，漫無界畫，以示整齊。一、此會宗旨，意在振興工商，並擴銷路。所有各項貨物，均准訂價出售，任人購買。如有特别之品，僅供陳列，不欲出售者，亦准一律入會。惟貨籤應標明賣品與非賣品兩種，以示區别。一、貨品價值，由售主酌定確數，不增不減，於標籤内，一一注明，俾購主按照標籤給價，不得高抬虚索，以致互相争執。一、陳列貨品，並非誇奇鬭博，不過爲振興本國工藝，故外國貨物，暫不列入。其中國貨物，不拘何省何縣，均可販運入場，以便互相考較。一、開會之前十日，凡各工商舖户，有情願入會者，應先到考工廠報明，某號某人某貨，須經本廠允許後，詳細注册，並填給憑單，以便稽查。一、各店入會陳設，均准懸挂牌號，限定若干寬，若干長，用白鉛油牌上書黑字，俱懸於本號門闌上方，統歸一律，不得大小參差，致形雜亂。惟寄陳之品，應會集一區，另寫特别横牌，此項木牌，均由本會備給。一、各店貨架，均由本商酌量貨物所宜，自行備辦。但以精雅爲主，不可稍涉粗蠢，至寄陳之品，所用庋設架，應由本會備置。一、貨品標籤，其格式大小行款，由本會酌定，即由本會備給，各交本商自行填寫。一、貨物售出俱取現款，當場交易，購主不得賒欠。一、會内各店飲食，均由自備，不得舉火炊爨，以昭慎重。一、凡火柴、花爆、海菜、魚腥、油、鹽、醬、醋、水菓、菜蔬、柴草、煤炭等類，及一切易於燃火，易於朽腐，並氣味不佳，占地太大之物品，概不得入會陳列，以免污穢。一、會内各商理宜潔净安詳，以合文明舉動，不得喧嘩争吵，以及吸烟飲酒賭錢等事，違者議罰。一、開會日期，縱人遊覽。前五日男客遊覽，後二日女客遊覽。一、開會七日，每日皆擬邀請各項軍樂，分班鼓吹，以助興會。一、地方官紳，宜先期分贈優待票，届時茶烟招待，以示優禮。

趙樹貴等《陳熾集·續富國策》卷四商書《博物開會説》 太史公《貨殖傳》曰：「太上任之，其次教誨之，其次整齊之，其次利導之。」蓋商人牟利之心無孔不入，其操奇計贏，因利乘便，先知逆測之竅要，父且不能傳之子，徒且不能受之師，無中外古今一也。苟官爲經理，或加以限制，或侵其事權，必將掣肘多方，弊端百出，欲振興商務而商務益衰。所謂太上任之者，誠千古之要言妙道也。

然泰西諸國商務大興，其所以教誨整齊而利導之者，實有其法。蓋恐商人愚暗，自私自利，受制他人不能復規遠大也。整齊之法，則公司而已矣，商律而已矣，商會而已矣。利導之法，則遊歷也，減税也，開埠也，行輪也，修道也，建官也，設兵也，給文憑也，助經費也，商力所不足者官輔之，商情所不願者官通之，商之計慮所不能及者官成之，西國之性命於商也若此。至於教誨之法，則日報學堂而外，賽會一事，實擴充商務之本原，所以浚發心思，開明耳目，使商人之智慧日增，而商貨之流通日廣者，胥是道也。泰西各國，君民上下，皆亟亟焉視賽會爲要圖，籌集巨金購買隙地，大興土木，廣致珍奇，如英京倫敦、法京巴釐及西班牙、比利時、瑞士諸邦，均屢舉不一，舉經一次賽會，則其國工商技藝各業勃興，若絲業、茶業、糖業、礦業尚有專會，皆所以考求物産，利便民生，鼓舞商情，裨益國計，其所見至遠而用意至深。

惟美國百年大會，規模尤爲閎遠，中國亦以物入賽，且派員遊歷紀載，以擴見聞。惜撥款無多，備物過少，逼窄褊小，貽笑遠人。而磁漆木器諸工，西人争相購買。維時日本通商各國僅十餘年，器物既精，占地復廣，西人稱其工藝必將遠勝中華。蓋工業商業之盛衰，即以覘國勢之强弱耳。光緒十九年，美國希加高城設立四百年博物大會，則已窮奢極麗，備宇宙之大觀，集資一千萬元，購地七千餘畝，建房修道諸費三百餘萬元。綜計十五院，一曰農務院，凡百谷、百草、餅餌、糖蜜、瓜芋、牛乳、魚、肉、烟、茶、酒、漿、農器、糞田之物皆是也。二曰種植院，凡種樹、種果、種花、種菜、種葡萄、種桑、種茶、種蔗諸法皆是也。三曰六畜院，凡牧畜、馬牛、驢騾、綿羊、山羊、橐駝、犬豕、猫兔、家禽、野禽、野畜之類皆是也。四曰漁務院，凡鹹水、淡水養魚、捕魚、釣魚、腌魚、貯魚諸器皆是也。五曰礦産院，凡礦石、地學、煤、鐵、金、銀、銅、錫、鋁、鋅、鎳、鈷、銻、鉍、鉀、汞、顔料、各石各寶石、分礦、煉礦諸器具皆是也。六曰機器院，凡發力、傳力、滅火、紡織、印書、照相、木工、石工、泥工各機器皆是也。七曰運務院，凡鐵路、街道、各車、各船、馬駝、人力、運人運物之法皆是也。八曰工藝院，凡化學、藥餌、油漆、器皿、玻璃、象牙、雕刻、珮飾、鐘錶、絲綢、衣服、彩綉、象皮、燈燭、刀鎖諸物皆是也。九曰電務院，凡電氣、吸鐵、量電、發電、增電、通電、電燈、電報、電鍍、金銀各器皆是也。十曰文藝院，凡文字、音樂、圖畫、刻石、模金各事皆是也。十一曰藝學院，凡衛生、醫術、學校、書籍、測候、工程、商務皆是也。十二曰人事院，凡古今中外房屋、服飾、器物、神佛、軍械、戰具、獵器皆是也。十三曰女工院，凡各式花邊、綉作、針黹等物皆是也。十四曰郵政院，凡各國日報、電音、傳聲、留聲諸器皆是也。十五曰政治院，凡本國各國交涉、戰争、工商、治法、民情、政俗皆是也。全地球中，天地所生動植飛潛及古今中外手工機器所成諸物，無不搜羅薈萃於一堂，因得而考其良窳，第其高下，别其精粗美惡，粘帖價目，合用者即購而歸。遊觀者多至三千萬人，皆知天下之大，萬物之賾，各國人民風土物業之若何，因而擴其見聞，增其識力，益其技能，知本國之所出何者可以行銷，他國之所成何者可以仿造。而所收遊資多至二千萬元，川資旅寓之費不與焉，本國利也，他國之以物往賽者亦利也，其益於天下萬國之物産人工者，尤有無形之大利也。惟中國之物較前會尤稀，由美署派人往觀，尤非慎重邦交之意，實不足以示四方而觀萬國也。

日本先於其國中舉行絲茶、農桑、礦務各小會，十年以後亦擬舉行大會，頡頏泰西，故其工藝商務之興，如潮驟長，十年前出口之貨僅值三千萬元，今歲增至二萬萬元，而國帑充盈，百廢俱舉，其收效有如此者。

中國舉行大會，驟難集此巨金，况物産無多，未堪比賽，獨不可如日本之舉行織布、紡紗、開礦諸會，以立之基乎？今各省風俗，賽會迎神，糜費無藝，傷人肇事，時有所聞。賽會之名同而實則異。何如嚴禁神會，由官主持，開場造屋，飭沿江沿海各埠，各運貨物比賽銷售，則風氣漸開，亦免陋俗相沿，作無益以害有益矣。

中國此時工藝未興，而土産各物萬匯千名，可以行銷外國者何限？誠能派人遊歷，設法仿行，則通商惠工，其富强可翹足待，斯即黄帝日中爲市之意，有益於利用宜民、博物多識者，實非言思擬議，斯窮不止，商羊萍實，共駭神奇，海賦山經，徒增炫麗而已。必執崇本抑末之言，苦相詰難，則必希風太古，老死不相往來，或盡屏遠人，仍如前日之閉關絶市焉，斯可矣。

甘厚慈《北洋公牘類纂續編》卷二四《南洋勸業會事務所代訂各省出品協會章程草案》　一、緣起。南洋第一次勸業會，業經奏明，以宣統二年四月朔日爲開會期。惟以中國地大物博，傳集匪易，且各地方農工商等，業向無集會陳賽專法，有不得不先事籌備，分地集合，以期完善周密者。現除南洋直轄之蘇皖贛三省，已由本所參仿日本共進會辦法，詳訂各府屬物産會章程，通飭本年分期舉行外，本所特復代訂此項出品協會草章，以爲其餘各省，及著名實業（如茶業絲業等）倣照各國賽會組織協會辦法，各於省城及著名商埠所在，組織出品協會，以便彙集物品，定期展覽，及轉運陳賽之用。

二、定名。此次出品協會，應由各省各大商埠組織者，由南洋大臣咨請各省長官，督同地方紳商辦理，即名曰地方出品協會，其各大著名實業，如在南洋管轄境内者，由南洋大臣札飭該業舉辦。如在境外者，則由南洋大臣咨照該地方長官，轉飭該業舉辦，其名即定爲某業出品協會（如茶業則定爲茶業出品協會，絲業則定爲絲業出品協會，餘以類推。）三、組織。内部組織一切，均由各省各業，自行裁定，以期切合情勢。其大概應設各職，畧定如左：（一）監督，（二）總理，（三）協理，（四）書記，（五）會計幹事，（六）庶務幹事，（七）陳列幹事，（八）評議員，（九）臨時職員。以上各員，以事務之繁簡，定人數之多寡。

四、區域。凡各省會及著名商埠，或該地有著名大實業者，均可組織出品協會。其餘或一二府屬，或十數府屬，如物産豐富，另自組立該會者，亦可各視情勢所宜，酌量增設。惟均須於事先報知該省地方長官，轉告本所，或直接通告本所，以便查考。

五、會所及會場。凡該會籌備一切事宜，應設之事務所，即設於各該省之商會局所，或勸業道署内。如爲各專業所組織之出品協會，則設於該業之公所内，以期事權，可以合一，而費用復可節省。至該會出品尅期彙集之後，當即由該會另行擇借公所祠宇等合宜之地，布置會場，以資該會開展覽會之用。

六、會用。凡該會關於會務之籌備組織，與出品蒐集展覽轉運之一切費用，均由各省各業分别設法籌措擔任。至其用額之多寡，則各視其地出品之豐嗇，與道路之難易爲衡。

七、彙集。該協會自成立後，凡爲該會區以内，應隸之各屬地方，所有著名之天産工藝一切物品，均應尅期分類蒐集，以資完備。

八、陳列。該會出品彙集齊備後，即由該會職員等督同，該會之各出品人，一律搬運入場，分類依次陳列。至其分類之法，另以清單説明（此項分類清單照物産會細則特注）

九、標注。該會出品分類陳列後，並即於各類出品之次，附黏浮簽，標明該出品之名類量數價値産地一切，以資考究。其標簽，爲正背兩面式，預由本事務所按式刊印，發由該會職員，按照各出品人所具説明書中所述，種種最要填入，以資畫一。所有標簽正背兩式，附録如左（簽式畧）。

十、展覽。該會自成立後，一面將各種出品，分類蒐集，依法陳列。一面即須先事訂期通告本會所隸之各處，擇地舉行出品展覽會，屆期開會，任人游觀，以資研究。惟此項展覽會期，至多以兩月爲度，不得過事延長，致碍運賽。

十一、審查。該會出品展覽期中，凡於各類出品良楛美惡，高下進退，一切必須有備具專門學識，而富於經驗者，爲之審查品類等級，分别報告本事務所。惟此項審查員，或即由該協會自行舉派，或仍由本事務所遴員酌派，屆時再由本所籌議定奪，先期通告各會。

十二、轉運。該會出品審查已畢，展覽閉會後，由各會職員相察道路遠近，按照本事務所所訂轉運規則，分别起手轉運，尅期至南京勸業會場，以備陳列與賽。

十三、附則（甲）以上各條係本事務所代訂，出品協會之大畧辦法。其餘一切未盡事宜，均俟各省各埠，或各業實行組織時相時度勢，酌量增損改訂。惟改訂後，須報明本事務所。至於通用細則，可參考本會各項章程，及物産會通用細則，臨時酌定。（乙）該會名義，雖爲贊助南洋勸業會而設，其實效力所至，仍於本省農工商學各界事業關係較切，利益較宏，且一切農工商會陳列習藝等所，亦可因此組織，惟望各省官紳視爲切己之圖，切實舉辦，並希隨時隨事，賜示一切，以匡不逮。

甘厚慈《北洋公牘類纂續編》卷二四《南洋第一次勸業會會場租賃規則》

第一條，凡中國人爲營利起見，願在本會場内，開設各項商店，及游戲館院飲食店舖者，得租借場内地段辦理。惟須於宣統元年九月三十日以前，向本事務所訂立租賃契約，方能作準。第二條，凡願租借本會會場地段者，宜先期開具願書，將租地面積，經營事項，及建築圖樣，詳細載明，呈請本事務所訂定。第三條，凡願租本會會場地段者，既受本事務所之許可，須即另覓妥保，同至本事務所訂立租賃契約。第四條，凡租賃人應納地租，按會場地段，分爲五等，以方丈計算地租，概收大洋。如有奇零數目，則用四捨五入法計算。一等地（每日每方丈大洋二角）二等地（每日每方丈大洋一角六分），三等地（每日每方丈大洋一角二分），四等地（每日每方丈大洋八分），五等地（每日每方丈大洋四分）。第五條，凡租金，自本會開會之日起，算至閉會之日止，須於在場開工之前，一律預繳。第六條，凡出品人於場内開設商店者，如出賣之品，與本會會場陳列之品相同。其地租減收半價，以示優待。惟地址面積，須由本事務所指給。第七條，凡租賃人在所租地段建築房屋，須本人所委託之代理人，常在場内管理工作。惟代理人之姓名，須報明本事務所。第八條，凡建築房屋，如與原呈圖樣有所變更，及一切裝飾等，須受本事務所之許可。第九條，凡建築房屋限於本會開會期十五日以前竣工。閉會後二十日，以内拆去。惟竣工，及拆去之時，須受本事務所檢查。如二十日以外，不遵章拆去者，本事務所有代爲拆卸之權。第十條，凡租賃人在會場内所建房屋，於閉會後，不願拆去者，須於訂立租賃契約時申明，另訂專約辦理。其所須地段面積，由本事務所指給。第十一條，凡租地人如轉租與他人，或用本人名義，與他人公同營業，須報由本事務所許可。第十二條，凡租賃人所設商店，須將貨物價目逐件籤明，其不便籤明之物，另立價目表，懸掛衆人易見之處。第十三條，除租賃人，及租賃人所，僱用之看守人外，不得在場内歇宿。第十四條，凡租賃人於所租地段周圍，須洒掃清潔，違者酌罰。第十五條，凡租賃人賣出之物，須將種類價目量數，每星期報告事務所一次。第十六條，凡開會期内，如租地人自願歇業，須受本事務所之許可。第十七條，凡租地人違背本會規則時，本事務所得勒令歇業，其預繳之租金，概不退還。第十八條，凡經本事務所勒令歇業者，其所建房屋在開會期内，由本事務所另行招人租住，本人不得抗拒，亦不得向租住人别徵租金。本會閉會後，由本事務所將房屋交還本人，照章拆卸。第十九條，凡已開具租地願書，於宣統元年八月三十日以前，不來本事務所訂立契約，或訂定契約後三個月内，尚不開工建築，或至開會十日以内，不來陳設者，即將原議契約作廢。其已建之屋，援照本規則第十八條辦理。第二十條，凡本規則，如有增損變更之處，臨時由本事務所公佈，遵照辦理。

甘厚慈《北洋公牘類纂》卷二〇《北洋洋務局稟定中國工商赴日本大阪賽會章程並批》 一、各海關監督，遴派明練商務之員，招勸商人，選採洋人合用之貨，赴會賽售。惟發火之物，及腐臭之物，不得夾帶，限於　月　日辦齊，將各貨細單，知照海關彙報綜辦會務之員。其貨彙送上海，由招商局派船運送出洋。該商人或隨貨前往，或託人代售，各聽其便。除進出口免税外，其運費保險費存棧租地看守等費，例由該商自理，而官爲保護。一、向來西國大會，倘有中國紳商，將家藏古玩書畫珍寶等物，寄洋赴賽，並不出售者，所有水脚保險，由官發給。此次應否照辦，應請咨呈外務部查案核定，行知各海關，出示曉諭。惟須聲明，倘原物遺險損失，只能照保險價值，向公司索償，不得返索原物。一、各商寄洋貨物，無論自運，或代人帶運，均須預先稟請海關，轉報出使大臣，約需陳設地步若干尺，以便代爲租定，租價仍歸各商自給。一、凡商人不願出洋，但將貨物寄賽寄售者，應令先期將貨物名色件數莊箱尺寸，應需陳設地步，派員經理，租價仍由該商自給。事竣後，倘有餘貨，或願寄回，或願拍賣，均須附報聲明，俾可結算交代。一、應請外務部通行各海關，凡有呈報赴會貨物，由各海關監督，照會税務司給憑驗放，一面咨明出使大臣查照。一、本届商人赴會貨物，即派招商局船專送到日本後，再由出使大臣添派委員，會同承辦之員，妥慎經理。其船價，或減半，或全免，再行酌定。一、凡商人有願赴會，設肆售貨者，亦應先期報明應需廊廡房屋庭院棚舍若干間，或須代賃器具等件，一切租賃之費，應由商人自給。惟應在海關道衙門呈驗，提貨准單，俾免租定返悔，多費周折。一、凡赴會物件，箱面必得有一定記識，擬於封條上繪畫龍形，書明大清國運赴日本賽會物件，並須照譯英文於上，以免舛錯。一、中國商人能將得該會賞牌者，本省督撫給予功牌匾額，以資獎勵。一、向來辦會，必須備陳出色物件數事，會竣後，即贈以國君。此次或由官爲採辦數種，或俟會竣後，購買商人餘剩之物數種，以贈日本，以符歷次辦會之成案。

督憲袁批：詳摺均悉。候咨呈外務部查核辦理，並分行各關道，一體遵辦。此繳。

甘厚慈《北洋公牘類纂》卷二〇《招商局稟擬本年日本明年美國賽會承裝赴賽人貨章程》 一、外洋各國舉行賽會，中國國家或商民如裝運貨物赴賽，由江海各口轉運至上海者，招商局自當視同客貨，一律承裝，應收水脚，按照客貨所收之數，以八折核收。倘有護送賽物之人，其水脚亦按八折收取。惟每次貨物，即多至百件，亦不得逾十人。一、凡赴賽之物，裝招商局輪船，應減收水脚者，必須以裝載口岸之海關免税單爲憑。如指稱官商賽物，而並無海關免税憑單者，招商局不將水脚減收。一、各省官紳，如將有賽會之國請柬赴會，乘招商局輪船者，倘該賽會國經辦會務之董事，未與招商局訂議在先，招商局不以此項請柬爲憑，而減收水脚。一、招商局並無常川來往日本、朝鮮、越南、吕宋暨歐美等各國口岸之船，是以招商局祇能承認將官商赴賽之物，由沿江沿海各口岸運至上海，其由上海海口出洋一切裝運等事，均須由官商自理，招商局不能代辦。一、如外洋各國賽會之時，中國國家有大宗賽物，運往賽會之處，或國家特派大員前往觀賽，須令招商遣派商船運送者，所有船費，暨煤觔薪工火食等用項，應准招商局按照日期，實報實銷，俾於報効之中，仍寓體卹商人之意。

甘厚慈《北洋公牘類纂》卷二〇《督憲袁准商部咨送出洋賽會簡章通飭津海各關道暨天津商務總會遵照札》 爲札飭事。十月十七日，准商部咨開：本部准出使比國楊大臣咨稱，賽會宗旨專爲改良工藝，非精緻華麗之品，不足爭衡。現當貴部整飭商務，無美弗臻，擬請妥定賽會章程，俾商業挽回利權，獲益非淺等因前來。查東西各國，重視賽會，商貨輻輳，使節交馳，非但爲振興商務之基，亦藉爲聯絡邦交之助。近年華商風氣漸開，赴會日衆，徒以不習外事，不諳會章，貨品不精，裝配不善，往往動多隔閡，獲益甚微，致難與外人角勝。現經本部參照各國賽會情形，訂定出洋賽會通行簡章二十條，頒行各省，曉諭紳商，俾於赴會之先，預知利使之端，於會事不無裨益。相應刷印，咨送貴督查照，曉諭紳商，一體知悉，以資倡導，而便遵循，是爲切要等因，到本大臣。准此，除分行外，合行札飭，札到該口，即便遵照辦理。計抄單，商部訂定出洋賽會通行簡章十二條。第一條，外國遇有賽會，由商部咨行各省督撫，曉示商人，有願赴賽者，務於限内，呈報本省商務局，商會轉報，督撫彙咨商部辦理。第二條，外國會場，應設立總事務所，經理華商賽會事宜，届時或奏派監督，或出使大臣就近照料，或派員監理，由外務部商部酌核辦理。第三條，商人呈報時，應預備檢查書，開明赴會人之籍貫姓名職業營業所之牌號地址赴賽物之品類號數重量容積産地價值，呈報總事務所檢查。檢查書式如左：赴賽人籍貫、姓名、職業，營業所牌號、地址，赴賽物品類、號數、重量（計若干分量）、容積（應占若干基地）、産地，價值。第四條，赴賽物之品類如左：農業、園藝、林業、水産、化學、工藝、機器、教育、衛生，及美術各品學校生徒之成蹟，各種工藝製造品。第五條，赴賽之物，必須選擇精良，即標牌、箱匣、瓶罐之類，亦須色樣鮮明，裝潢精美，以合外人好尚爲主。物品必須分裝堅固，水産一類尤宜裝貯妥適。第六條，凡有害風教衛生各品，不准赴賽。第七條，物件裝箱，須預先詳造貨本清册，按箱編號。到會場時，即憑册目報關貨册，必須相符，以免開驗時，多費周折。第八條，賽會貨物，准其免税，由該商赴本管關道衙門，請給免税單，及賽會封條。惟除貨册所開，及赴會人隨身行李外，不得夾帶別項貨物。第九條，凡裝運保險陳列裝飾各費，均由商人自備。第十條，會場應佔基地，候各省彙報後，由商部臨時咨商出使大臣定奪。第十一條，會期及會中詳細章程，均由商部隨時頒發各省，或登報布告。第十二條，赴賽之物經外國會場評定，得有獎牌者，應由總事務所開單彙報商部。第十三條，外洋各埠華商赴會貨物，可逕運會場，呈請總事務所檢查照料。第十四條，赴會之物，如有損失等事，會場總事務所，不任其責。第十五條，商人呈報商務局，或商會檢查物品時，應附呈説畧，將物品之性質製法用處，簡明記述，以供檢查之用。第十六條，商務局及商會，應將説略選擇送呈商部存查。第十七條，赴會商人所陳列物品，應與各國所陳同類之品，用心比賽，取彼之長，補我之短，以圖改良之計。第十八條，赴會物品，或願出售者，或不願出售而專供參考用者，均須用洋文注明。第十九條，赴會物品，其性質用處，有非外人所能知者，務用洋文，藉成説略，隨物陳列，爲擴張販路之計。第二十條，凡陳列之物，已經人購定，而尚在會中者，須用洋文注明，以示區別。以上第十八條、十九條、二十條，須用洋文注明。如商人未帶繙譯，可託會場總事務所，代爲譯注。

近代工業企業家、工程管理人員與工人總部

《近代工業企業家、工程管理人員與工人總部》提要

伴隨著近代工業在中國的出現，一個新的社會群體開始在中國誕生，他們對西方工業文明有更直觀的認知，對西方工業技術有更深入的理解，成爲中國近代工業發展不可或缺的因素，這個群體就是中國近代工業企業家、工程管理人員與工人。

本總部主要收録晚清時期有關中國近代工業企業家、工程管理人員與工人的各類官私文獻。然而令人遺憾的是，由於各種原因，對於企業家、工程管理人員與工人的文獻記載極爲缺乏，使得該總部總量相對有限。本總部下設《近代工業企業家部》《近代工業工程人員部》《近代工業管理人員部》和《近代工業工人部》。緯目包括綜述、論説、記事、圖表，各部緯目根據收録文獻的特點與内容進行設置，故而有所差異。

目録

近代工業企業家部

綜述

羅文彬《丁文誠公遺集》首卷《國史本傳》 命下，沿海各督撫會籌，寶楨在賈莊工次，密疏大要，請精練水師各技，經營船政機器各局，購船則鐵甲，宜防海口，戰宜兼用輪船舢板，籌餉宜就釐金，照各州縣錢糧正雜之例，不容弊混。舍此而別求掘煤開礦，即使獲利，亦多隱患。至海疆有事，則利於持守，而不利於輕戰。戰勝，彼不過損一二船而止；不勝，則我損實多。

楊書霖《左文襄公全集》卷首《國史本傳》 國家建都於燕，津沽實爲要領。自海上用兵以來，泰西各國火輪兵船直達天津，藩籬竟成虛設，星弛飆舉，無足當之，非急造輪船不爲功。船廠之地，臣已擇定福建羅星塔一帶地方，開漕濬渠，水清土實。先購機器一具，鉅細畢備，覓雇西洋師匠與之俱來，先以機器造機器，積微成巨，化一爲百。機器既備，成一具輪機，即成一船；成一船，即練一船之兵。比及五年，成船稍多，可以布置沿海各省，遥衛津沽。由此更添機器，觸類旁通，凡製造槍砲炸彈，鑄鐵治水者，益生民日用者，均可次第爲之。計五年内，約費不過三百餘萬兩，如能辦理得人，以後必多獲益。得旨，試行。八月，調陝甘總督。九月，奏陳閩浙兵制，請減兵加餉，就餉練兵。下部議行。十月，奏陳臺灣吏事、兵事宜早綢繆，略言臺灣設郡之始，由内地各標營調兵，更番戍守，三載爲期，用意深遠。自班戍之制不行，有册無兵，戰船無一存者。自道標裁轍，遇有剿捕事宜，文員不得不借重武營，一任其虛冒侵欺，莫敢究詰。吏事則官索陋規，民好械鬭。宜復班兵舊章，三年更戍，仍設道標，俾有憑藉，申明鎮兵歸道察看之例，互相維制，移修船之費，製船巡洋，募練水兵，永革鎮道以下陋規，別籌辦公津貼。生番有心内附，宜弛墾荒之令，齒於編氓。上悉嘉納。又奏薦丁憂在籍前江西巡撫沈葆楨，接辦船廠事宜。詔嘉宗棠於輪船船廠事在必行，不以去閩閣置，沈毅有爲，能見其大，尋奏報交卸西征，請命前浙江按察使劉典幫辦陝甘軍務。

《新民叢報》第四年第四號《商部乙巳年紀事簡明表》

例言四則

一，本表體例，悉仿甲辰年紀事簡明表辦理。自本年正月起，至臘月封印日止，所辦各事，依類編列，名曰乙巳年紀事簡明表。其封印後，所辦各事，當附入下届表中，以免遺漏。

一，甲辰年公司註册僅九宗，本年增至六十餘宗，足臻商智日開，漸知保護之益。又本部顧問官、議員暨駐紮各國商務隨員，各省商務議員，均有增派更換，兹統依類，列表附後。

一，甲辰年礦務僅五宗，本年增至三十餘宗；各省商會僅七宗，本年增至二十五宗，故特添列發給礦照及商會總、協理兩表，以便與紀事表，互相參閲。

一，路務、礦務議員，本年甫經奏准，現在路務議員，僅派詹天佑、潘志俊二員；礦務議員，僅派陳樹涵、朱鍾琪兩員，故暫不另列表。

農

畜牧公司，同安陳鼎元稟辦，由厦門商務總會轉報，擬集資本三萬元，十月二十六日批准，設在厦門。皮毛公司，伊犁將軍馬亮奏設，奉旨議奏，六月初二日，本部會同户部議覆照准。

工

中等工業學堂、藝徒學堂，七月十七日學務處會同本部、户部議覆。御史王金鎔請設藝徒及初等、中等各學堂摺内奏明，派本部右丞紹妥擬章程，次第籌辦。所需款項，奉旨由崇文門溢徵税項酌撥三成，七月二十六日，本部籌擬辦法奏明，奉旨允准，隸屬京師高等實業學堂辦理，現正籌辦。

京師勸工陳列所，三月二十一日奏明辦理。四月初六日派本部員外郎祝瀛元等爲總理、協理暨庶務長，九月二十八日奏給關防，並擬訂辦事、採取、寄售、遊覽章程四大綱，設在正陽門外廊房頭條胡衕，俟工程告竣，擇日開廠。

永豐機器紡織有限公司，職商楊來昭等稟辦，擬籌股本四萬兩，先行購紗織布，三月二十五日批准立案，設在北京。

常昭裕泰機器紡織有限公司，職商朱譜爵等稟辦，由上海商務總會轉報，擬集股本三十萬兩，五月初六日批准立案。

華綸機器紡織有限公司，職商趙善培稟辦，先集股本二萬兩，用人工機器購紗織布，七月二十三日批准立案，設在遵化。

和豐機器紡織有限公司，職商顧釗等稟辦，由創辦人認集股本四十萬元，八月十六日批准立案，設在寧波。

華澄機器織布有限公司，職商祝廷華稟辦，由江蘇商務議員陸樹藩轉報，擬集股本九千元，紡織各種花布，九月二十六日批准立案，設在江陰。

無錫振興機器紡織廠，職商張麟魁等稟辦。由上海商務總會轉報，擬集股本三十萬元，有限，先設紗錠一萬枝，布機三百枚，仿製花旗各布，十月初十日批准。

公益機器紡織有限公司，職商祝大椿等稟辦。擬集股本一百萬元，紡織棉紗及原、白印花各布，十月二十日批准立案，設在上海。

因利染機有限公司，職商段有琳等稟辦，由通崇海花業商會轉報，擬集股本二萬元，仿造日本手工機器，先辦織布，並將土靛設法改良，九月十一日批准立案，設在如臯。

富華有限公司，職商杭慎修等稟辦，擬集股本一萬兩，仿造各種洋貨，先從織布辦起，七月二十九日批准立案，設在北京。

上海製造絹絲有限公司，本部議員李厚祐稟辦，現集股本四十萬兩，收買次繭絲頭，分化製造，十二月初七日，批准立案。

萬益機器製造氈呢公司，職商潘汝杰稟辦，擬招股本五十萬兩，十二月十二日批准立案，設在天津。

裕源機器織麻有限公司，職商張廣生等稟辦，由江南商務議員劉世珩轉報，擬集股本三十萬兩，專織裝米麻袋，十月二十一日奏明立案，設在蕪湖。

贛豐機器餅油有限公司，職商許鼎霖等稟辦。擬集資本三十萬兩，購機榨制豆餅、豆油，三月十六日批准立案，設在贛榆縣青口。

啓新機器榨油有限公司，職商丁殿邦等稟辦，擬集股本十萬兩，購機榨製麻豆各油，十二月十五日批准立案，設在河南周家口。

北京紙煙有限公司，工部郎中周錫璋稟辦，先墊資本五萬兩，購機製造，並往日本調查辦法，四月二十八日批准立案，由工藝官局撥地建廠。

三星紙煙有限公司，職商劉樹屏等稟辦，由上海商務總會轉報，擬集股本十萬兩，購機製造，十月初四日批准立案，設在上海。

煙台華商電燈公司，職商孫克選稟辦，由北京電燈公司作保，九月初三日批准立案，約需資本十五萬兩。

北京玻璃有限公司，職商蔣唐祐稟辦，設在工藝官局，擬招股本十萬兩，現往日本調查辦法。

志城磚瓦有限公司，職商徐鏘鳴奏辦，由山東商務議員朱鍾琪轉報，擬集股本三萬兩，購機製造，十一月十一日批准立案，設在濟南。

鑛

熱河灤平縣朝河川金鑛，職商吳景毓稟辦，經熱河都統查明咨部，四月二十四日核准探勘。

順天府昌平州河子澗村銀鑛，商人李宏富稟辦，行查順天府咨覆，三月二十二日批准探勘。

安徽天長縣冶山煤鐵鑛，商人何象雲等稟辦，經皖撫查明咨部，七月初七日核准探勘。

山西陽曲縣王封山礦礦公司，山西商務議員劉篤敬稟辦，七月二十五日批准闢辦。

奉天海龍府遠來窑煤礦，商人張紹華稟辦，經盛京將軍查明咨部，正月二十四日核准開採。

奉天海龍府義和窑煤礦，商人秦德望稟辦，經盛京將軍查明咨部，正月十十四核准開採。

奉天海龍府進寶窑煤礦，商人翟壽廷稟辦，經盛京將軍查明咨部，正月二十四日核准開採。

奉天海龍府玉盛窑煤礦，商人羅玉潤稟辦，經盛京將軍查明咨部，正月二十四日核准開採。

奉天海龍府永順窑煤礦，商人關永年稟辦，經盛京將軍查明咨部，正月二十四日核准開採。

奉天海龍府永益窑煤礦，商人劉魁一稟辦，經盛京將軍查明咨部，正月二十四日核准開採。

奉天海龍府萬利窑煤礦，商人楊濟春稟辦，經盛京將軍查明咨部，正月二十四日核准開採。

奉天海龍府人和窑煤礦，商人李茂勝稟辦，經盛京將軍查明咨部，正月二十四日核准開採。

奉天海龍府同德窑煤礦，商人史璧臣稟辦，經盛京將軍查明咨部，正月二十四日批准開採。

奉天海龍府順發窑煤礦，商人郭士有稟辦，經盛京將軍查明咨部，正月二十四日批准開採。

奉天錦州府大窑溝煤礦，職商王岐山等稟辦，行查盛京將軍咨覆，十二月初五日批准開採。

奉天鐵嶺縣西營盤堡煤礦，職商錫珍等稟辦，經盛京將軍查明咨部，十月初十日核准。

安徽廣德州翎猪洞煤礦，職商楊錫琛等稟辦，行查皖撫咨覆，二月初三日批准探勘。

安徽廣德州梁家山煤礦，職商楊錫琛等稟辦，行查皖撫咨覆，二月初三日批准探勘。

安徽貴池縣猪形山煤礦，職商孫發緒等稟辦，經皖撫查明咨部，十一月初六日核准探勘。

安徽貴池縣罐窑山煤礦，職商孫發緒等稟辦，經皖撫查明咨部，十一月初六日核准探勘。

安徽繁昌縣强家山煤礦，職商吳德懋稟辦，經皖撫查明咨部，十月十四日核准開採。

安徽東流縣喜山岫煤礦，職商陳啓昌等稟辦，經皖撫查明咨部，十一月初六日核准開採。

安徽東流縣養山塅煤礦，職商陳啓昌等稟辦，經皖撫查明咨部，十二月初六日核准開採。

直隸曲陽縣白石溝煤礦，商人孫進甲等稟辦，行查直督咨覆，二月十七日批准探勘。

直隸宣化縣雞鳴山煤礦，職商沈壽康等稟辦，行查直督咨覆，六月十六日批准探勘。

直隸曲陽縣野北村煤礦，商人趙文祥等稟辦，行查直督咨覆，二月初六日批准開採。

浙江桐廬縣皇甫村煤礦，商人張仰雲等稟辦，經浙撫查明咨部，二月十六日核准探勘。

浙江餘杭縣車口坂煤礦，職商陶濬宣等稟辦，經浙撫查明咨部，三月十一日核准探勘。

江蘇句容縣龍潭煤礦，龍潭官礦局撥款辦理，經江督咨部，二月二十五日核准開採。

江蘇上元縣棲霞山煤礦，職商何鉞稟辦，由兩江礦政調查局查明，詳經江督咨部，十二月十八日核准探勘。

張家口廳海拉坎山煤礦，職商楊鈞宸等稟辦，行查察哈爾都統咨覆，十月十一日核准開採。

商

上海高等實業學堂，就南洋商務學堂改設，專課商學。二月十一日奏准，派本部右參議楊爲監督，三月初一日奏給關防，現正擬訂章程，兼籌添設輪電專科。

中等商業學堂，本部顧問官周廷弼獨力創辦，七月二十六日批准立案，設在無錫周新鎮。

信成商業普通銀行，本部顧問官周廷弼稟辦，四月十六日批准立案，擬集股本五十萬元，兼辦儲蓄銀行事業，設在上海。

匯通銀行，候選道林爾嘉稟辦，十二月初三日奏准奉旨：林爾嘉著俟服闋後，以五品京堂候補。現籌資本二百五十萬元，厦門設立總行，北京、上海各設分行，香港、新加坡、檳榔嶼、南洋各埠，均擬推廣設立。

通濟銀行，職商劉坦稟辦，擬招股本五十萬兩，先自出資十萬兩創辦，十二月初四日批准立案，設在北京。

中國合衆水火保險有限公司，候補京堂龐元濟等稟辦，擬集股本一百萬兩，二月二十九日批准立案，設在上海。

集生保險有限公司，職商林毓彦稟報，招集股本五十萬元，專辦洋面保險等事，七月初五日批准立案，設在汕頭。

上海大達輪步有限公司，本部顧問官張謇等稟辦，擬集股本一百萬兩，先就上海十六鋪附近購地建步起造棧房，二月十一日批准，八月二十七日奏明立案，十月二十一日奏給關防。

浦口農工商業有限公司，職商陳寶書等稟辦。七月初九日批准立案，擬集股本三十萬兩，籌辦各項實業。

重慶商務總會，四川川東商務局遵章籌辦，由川督咨部，正月二十五日核准，並札派李正榮、楊怡爲總理協理。

厦門商務總會，本部左參議王蒞厦邀集紳商重訂會章報部批准，七月十六日奏給關防，並將厦門保商貢燕事宜，先後奏歸該會辦理，札派林爾嘉、邱曾瓊爲總理、協理。

江寧商務總會，江南商業公會商董周善義等遵章請設批准，五月二十二日奏給關防，並札派劉世珩、朱鍾萱、何鉞爲總理、協理、坐辦。

蘇州商務總會，紳士翰林院編修王同愈等遵章請設，六月十五日批准，十月初五日札派尤先甲、倪思九爲總理、協理，十月初八日奏給關防。

廣州商務總會，粤省七十二行商董遵章請設，由粤督咨部，六月二十七日核准，並札派左宗藩、鄭官應、黄景棠等爲總理、協理、坐辦，七月十六日奏給關防。

福州商務總會，福建商務議員何成浩遵章籌辦，七月十七日批准，十二月初二日奏給關防，並札派張贊廷、李馥南爲總理、協理。

成都商務總會，四川商務議員蔡乃煌遵章籌辦，由川督咨部，七月二十九日核准，並札派舒鉅祥、喬世傑爲總理、協理。

河南商務總會，河南商務議員胡翔林遵章籌辦，正月二十四日批准立案。

蕪湖商務總會，紳士吕祖翼等遵章請設，九月二十日批准立案。

湖南商務總會，湖南商務議員王銘忠遵章籌辦，十一月二十二日批准立案。

無錫商務分會，紳士候補京堂楊宗濂等遵章請設，四月初八日批准，並札派周廷弼爲總理。

汕頭商務分會，職商蕭郁文等遵章請設，七月初八日批准，並札派蕭永聲爲總理。

漳州商務分會，職商黄慶琛等遵章請設，七月初九日批准，並札派陳汝誠爲總理。

嘉定商務分會，紳商秦錫棟等遵章請設，九月二十六日批准，並札派周世恒爲總理。

蘭溪商務分會，蘭溪紳商遵章請設，由浙撫咨部批准，十月十四日札派趙璧輝爲總理。

石門商務分會，紳商朱紹濂等遵章請設，由浙撫咨部核准，十月十八日札派徐多镠爲總理。

金山縣張堰鎮商務分會，職商王仁祺等遵章請設，由上海商務總會轉報，十二月十八日批准，並札派陳德霄爲總理。

常州商務分會，常州各業商董遵章請設，由上海商務總會轉報，六月初一日批准立案。

江陰商務分會，紳士吴穆清等遵章請設，由上海商務總會轉報，八月二十一日批准立案。

周口商務分會，河南商務議員胡翔林遵章籌辦。八月二十二日批准立案。

道口商務分會河南商務議員胡翔林遵章籌辦，八月二十二日批准立案。

海贛商務分會，紳商龍錫恩等遵章請設，由江督咨部，八月三十日核准立案。

鎮江商務分會，鎮江關道郭道直遵章籌辦，由江督咨部，十月初八日核准立案。

如皋商務分會，職商陳光源遵章請設，由通崇海花業商會轉報，十月十九日批准立案。

金山縣朱涇鎮商務分會，紳商丁彦翀等遵章請設，由蘇撫咨部，十一月二十日核准立案。

長崎商會，長崎華商遵章议設，由駐日本楊大臣咨部，七月初一日准予立案。

小吕宋中華商會，小吕宋華商董事邱秉鈞等遵章議設，由駐美梁大臣咨部，七月初八日准予立案。

北京商會總公所，正月间設立在前門外西柳樹井。

北京靴鞋行商會，十一月十九日批准，董事傳慶涵等八人。

北京錢行商會，十一月二十日批准，董事趙玉田等八人。

天津商報，天津商務總會籌辦，稟經直督咨部。八月十三日准予立案。

王樹枬《張文襄公全集》卷二二八《抱冰堂弟子記》 一，在粤創鑄銀元，歲獲盈餘三十餘萬，是爲中國鑄銀幣之始。昔林文忠建議，欲鑄銀元，爲宵人造言阻止。【略】

一，在湖北創設槍砲廠、鍊罐（銅）（鋼）廠、造無烟藥廠。從前，江南上海製造局，皆製造他物，間或兼造軍械。北洋製造局止造槍砲彈。福建船政局專造船。鄂廠爲中國設槍砲、鋼、藥專局之始。

一，中國初設鐵廠時，言者多請開徐州利國鑛，以徐州運道不便，且鐵路南北皆自漢口發端，鐵廠必近於武漢方合。乃主開大冶之鐵鑛以供用，設煉鐵廠於漢陽。又以鄂境煤質疏薄，不宜燒焦炭煉生鐵，訪得江西萍鄉縣煤鑛，其地與湖南醴陵縣鄰，地居上遊，乃决計開之。今已大效，萍煤冶鐵相資爲用，是爲東半球設鐵廠之始。日本製煉所，尚在其後。

一，今日洋布洋紗，歲耗中國四千餘萬。故在湖北設織布紡紗繅絲製麻四局。注重者，尤在麻局，以麻爲中國土産甚多而賤。南北各省皆宜，此爲富民塞漏上策，乃創設之。織成綢緞與絲織者無異，織成布與棉花織成者無異，是爲中國設製麻廠之始。

一，在鄂設銀幣、銅幣局。湖北所造，較他省所造爲優，料足工精，故江浙等省暢行，其價高於他省所造。

一，以外國收買中國牛皮，以去製練後轉售入華，漏卮無算，故創設製皮局自製，現已告成出貨。

王樹枏《張文襄公全集》卷首《墓誌銘》 及移楚，則一以路政工業爲務。大冶産鐵，江西萍鄉産煤，公設煉鐵廠漢陽，既奏開之資路用兼造砲械。以荆壤宜桑棉麻枲而饒皮革也，因設織布、紡紗、繅絲、製麻、製革諸局，佐之以隄工，通之以幣政，用盡地利，抵洋貨。

長谷川長田郎《中國經濟全書》第一輯《第三節工業家》 中國今日之工業，尚在家内手工時代，蓋其國人因循姑息，墨守舊法，畏難苟安，而不注意于改良。其于用新式機械以爲大工業者，實缺乏此能力與勇力者也。近來開港之地，固間有新式之工場，然惟于半製品與不需精巧技術之製造業，而其數且甚少也。夫工業之始，經營也，原不可不有冒險之性質，然中國人則見其危險，即趨避之不遑，而未肯投機以一試，故工業家而有資本者，於國内不常見。不僅不足以比大商人，且大半皆大商人兼業之也。

《兩廣官報》第四期《原詳》 惟查粤省辦理鑛務，近年漸有增加，除清單内開商辦鑛務共九起外，陸續尚有禀請勘辦、開辦者，自應逐起調查報告，以重鑛政。當又通飭行查，疊經催辦，迄未依期具復，以致未能彙總轉報。茲奉飭催，前因用將清單内列各起特派專員，分赴各該鑛區，會縣查明，禀復前來。查儋州那大墟、烏槍嶺等處，暨那金嶺等處錫鑛，係由胡紳國廉、區紳昭仁，於光緒三十四年，迭禀大部核發開鑛執照，疊經照請查明現辦情形。現准復稱，採有錫砂二萬餘觔，運出外洋一萬一千七百餘觔，擬探有銷路，及開採發達，再行設廠化煉。該僑興總公司辦理墾鑛事宜，奏定一綱十目。現在先謀交通商埠，然後墾鑛事宜可以次第舉行。其新安縣白石塘鉛鑛，係職商葉大韶等承辦，於宣統元年八月，奉准給發開照，飭據縣委查報，該鑛窿内水勢洶湧，須購置大件機器抽水，現暫停工。一俟機器購到，再行續辦。陽春縣潭潦崗印光山煤鑛，前由興利公司職商金賡承辦，嗣因金賡病故，改由蘇紳應祥接辦，於宣統二年五月奉准給發開照。因公司賬馮景星侵蝕股款，涉訟經年，已行縣集訊追究，資本不繼，暫行停工。增城縣賢堂村横頭直鉛鑛，係職商李大鳴承勘，於光緒三十四年正月奉准給發勘照。該鑛工程浩大，相距水程三十餘里，前集股本業已用罄，現尚停辦，俟籌足股本，再行接續辦理。以上各鑛，均飭列表填繳。此外胡紳國廉禀辦之番禺縣老昆嶺煤鑛，陳商錫鴻禀辦之陽江州那料堡金鑛，先後禀請退辦，已分飭該管地方官，另行招商承辦。又陳商堉燊等承辦番禺縣坑頭嶺煤鑛，飭據縣委查復，該商曾於宣統元年正月，到坑頭嶺開工。嗣因無煤，旋於四月間停工，已批縣照章撤銷，弔取勘照彙繳。此飭查商辦各鑛之大概情形也。

竊以粤省商辦鑛務，歷年提倡維持，較前稍形踴躍，無如尚鮮明效大驗者，其原因雖不止一端，而其大較，則不外集合公司股款，往往資本無多，半途中輟，加以鑛學未精，探勘既未得法，工作亦鮮改良，冒昧從事，希圖幸獲，卒之黄金虚擲，而成效難期，遂誘爲十鑛九空，坐此數弊，其影響於鑛務前途者甚大。職道體察情形，熟籌審顧，以爲非遴聘鑛師，購備鑽機，先從事於探勘，不足以策進行。上年，聘請美國鑛學畢業生王生寵佑充當鑛師，又向新旗昌洋行購置柏拉呼機鑽，以爲辦鑛之先導，會以王生兼任西省鑛務，未能常川在粤探勘。本年復禀，蒙憲台諭飭，改聘工科進士江順德爲全省鑛師，正在周歷調查，擬俟勘有佳鑛，由官家開辦一二，以爲民倡。又蒙電商廣西撫部院，借用汽力鑽機全副，及飭整頓擴充化分鑛質局，凡於鑛務多一分研究，即於事實少一分障礙。自當隨事隨時禀承鈞指，妥慎辦理。並將商人陸續禀請，勘辦開辦各鑛，上緊督催，調查完全，另行詳晰具報，以副憲台暨大部振興鑛務之至意。所有遵飭查明廣東商辦鑛務各緣由，理合先行備具清摺説明，及填列統計表，詳請察核，俯賜轉咨農工商部察照，實爲公便。

紀事

羅文彬《丁文誠公遺集》奏稿卷一二《保舉薛福成黎庶昌暨徐建寅創辦機器片光緒元年八月初二日》 同知銜候選知縣徐建寅，志正才明，洞精西學，業經總理衙門奏保在案。臣先於四月間，亦經咨調該員前來商辦機器製造各事。現擬俟其到東，即須委辦。從前欽奉諭旨，有令直隸督臣李鴻章揀派明幹委員，會同東省委員登州鎮總兵陳擇輔，赴粵洋購辦機器雇工一切事宜。昨准李鴻章函稱，亦即派委該員前來，會同辦理，合併聲明，爲此附片具陳，伏乞聖鑒。謹奏。

中國第一歷史檔案館《德宗景皇帝實録》卷二八《光緒二年三月下》 以上海機器製造局出力，賞西國員匠傅蘭雅等十一名加銜有差。

中國第一歷史檔案館《光緒宣統兩朝上諭檔》第一〇册《光緒十年閏五月二十一日》 軍機大臣字寄都察院左都御史錫、内閣學士廖。光緒十年閏五月二十一日奉上諭：有人奏左宗棠保舉之署津海關、道盛宣懷贊營牟利，在蘇州、上海開設錢莊當店，與民爭利，該員私虧甚鉅。李鴻章將其奏署關道實爲該員彌補之地。並聞金州煤礦，但聞集股，並未開辦，即係該員總辦，請飭確查劾奏，撤銷保案，即予罷斥，嚴追所集股本六十萬歸款等語。著錫珍、廖壽恒按照所參各節，確切查明，據實具奏，毋得稍有徇隱。原片著摘鈔給與閱看，將此各諭令知之。欽此。遵旨寄信前來。

中國第一歷史檔案館《德宗景皇帝實録》卷一八八《光緒十年六月下》 又奏，遵查盛宣懷參款，得旨。盛宣懷被參逢迎接納等情，現經查明，無據可指。其開設錢莊當店，亦非在服官省分，即著毋庸置議。惟承辦礦務，未能周密，以致衆商疑慮，實難辭咎，盛宣懷著交部議處。

中國第一歷史檔案館《德宗景皇帝實録》卷一九〇《光緒十年七月下》 諭軍機大臣等：左宗棠奏，人才屈抑可惜，請旨飭查一摺。據稱署直隸津海關道盛宣懷，前經部議降級調用，聞係因礦務辦理含混，鋪張失實議處。查礦與電皆屬因公，該員將礦商股本，挪入電綫股本，是否稟明挪移，所收礦本有無虧耗，如何勒限辦理，請旨飭查妥議等語。著李鴻章、曾國荃將該員經辦開礦電綫事務全案，詳細查覈，據實具奏。原摺均著鈔給閱看，將此各諭令知之。

朱壽朋《光緒朝東華録》卷八五《光緒十三年九月》 唐炯奏：據知縣于德楙自東洋電報，礦師二人業已聘定，並酌定應用器械，約八月底自日本起身，計十月底可入滇境。屆時臣當親赴昭通、東川、曲靖三府，貴州威寧一帶，相度開辦銅鉛各廠，俟有成效，西南兩迤再漸次推行，至招商局承辦八起頭批，現僅得銅二十餘萬斤，臣仍督飭極力趕辦，務於年内足數，以便起運不敢遲延。下户部知之。

中國第一歷史檔案館《光緒宣統兩朝上諭檔》第二四册《光緒二十四年七月十九日》 交總理各國事務衙門。軍機大臣面奉諭旨：本日委散秩大臣銘勛奏請試辦官礦局，以資報效一摺。著總理各國事務衙門傳銘勛到署，將實在辦法詳細詢明，即行覆奏，欽此。相應傳知貴衙門欽遵辦理可也。此交。

中國第一歷史檔案館《光緒宣統兩朝上諭檔》第二五册《光緒二十五年九月十六日》 軍機大臣面奉諭旨，奎俊奏川省礦務商務，請派大員督辦各摺片。李徵庸著以三品卿銜，專充督辦四川礦務商務大臣，准其專摺奏事。候選道陳光弼籌墊鉅款，好義急公，著會辦川省礦務商務，兼總辦保富公司。餘著照所議辦理。欽此。

中國第一歷史檔案館《光緒宣統兩朝上諭檔》第二七册《光緒二十七年十二月初一日》 光緒二十七年十二月初一日，内閣奉上諭，現值時局大定，亟應整頓路礦，以開利源。著仍派王文韶充督辦路礦大臣，加派瞿鴻機充會辦大臣，張翼幫同辦理。其關内外鐵路事宜，改派袁世凱接收，胡燏棻會同辦理，務各認真籌畫，實事求是，以保利權。欽此。

中國第一歷史檔案館《光緒宣統兩朝上諭檔》第二八册《光緒二十八年二月初七日》 光緒二十八年二月初七日，内閣奉上諭，張翼奏瀝陳下情一摺，據稱鐵路礦務兩事，責任繁重，自揣望淺資輕，請加派大員等語。路礦爲興利要圖，張翼既經簡派，自應殫精竭慮，任勞任怨，力圖報稱。前已特派王文韶、瞿鴻機督辦。所有一切事宜，該侍郎自可隨時會商王文韶、瞿鴻機酌覈辦理，應即悉心規畫，認真籌辦，以副委任。所請添派大員專司其事之處，著毋庸議。欽此。

中國第一歷史檔案館《德宗景皇帝實録》卷五〇五《光緒二十八年九月中》 諭内閣，直隸長蘆鹽運使楊宗濂著開缺，以三品京堂候補，督辦順直機嚴紡織局事務。

中國第一歷史檔案館《光緒宣統兩朝上諭檔》第三一册《光緒三十一年八月十四日》 軍機大臣字寄商部，各直省將軍督撫。光緒三十一年八月十七日奉上諭：商部奏請飭清釐礦産，以保利權一摺。中國地大物博，礦産之富甲於全球，祇以研究無人，遂致利源未闢。又或姦徒勾結，設謀售賣，輾轉影射，流弊滋多，亟應澈底清釐，認真整頓。茲據商部奏稱，周馥所陳委查三江礦産，並集股試辦，禁止私售各節，有裨要政，請飭各省一律援照辦理。

中國第一歷史檔案館《光緒宣統兩朝上諭檔》第三三册《光緒三十三年六月二十四日》 光緒三十三年六月二十四日，内閣奉上諭，朕欽奉慈禧端佑康頤昭豫莊誠壽恭欽獻崇熙皇太后懿旨，從來求治之道，養民爲先。古人重府事修和，外國亦最尚實業。方今中國生齒日繁，庶而未富，生財大道，亟應講求。國家特設農工商部，綜理一切。乃數年以來，風氣尚未大開，則官吏提倡之力，勸導之方，有未至也。著各將軍督撫迅飭所屬，於應興各業，極力振興。凡有能辦農工商礦，或獨力經營，或集合公司，其確有成效者，即各從優獎勵，果有一廠一局所用貲本數逾千萬，所用人工至數千名者，無當破格優獎，即爵賞亦所不惜。應如何分別等差，該部即妥議具奏，並逐年如何增進列表，以聞朝廷。

中國第一歷史檔案館《光緒宣統兩朝上諭檔》第三四冊《光緒三十四年三月十四日》 交農工商部商約大臣盛。本日商約大臣盛宣懷奏，創辦公司，請籌的款，以充公股而開風氣摺。奉旨：著照所請，股票及利息，均著交農工商部，欽此。相應傳知貴部大臣欽遵可也。此交。

中國第一歷史檔案館《光緒宣統兩朝上諭檔》第三六冊《宣統二年六月初五日》 軍機大臣欽奉諭旨，民政部奏華僑熱誠愛國忠悃可嘉一摺，候選郎中陸乃翔，在南洋各埠創立商會，興辦學校。現復糾合華股，創辦實業，深堪嘉尚。陸乃翔著俟辦有成效，再行優予獎勵。該部知道，欽此。

甘厚慈《北洋公牘類纂》卷一八《工藝局詳選派司匠前往日本考察造紙情形公文並批》 爲詳報事，竊照職局前稟，選派司事工匠，隨同職道炳瑩、卑府福彭，前赴日本考察織布造紙方法。蒙憲台批准在案，職局遵即選派司事一名、工匠二名，隨同前往，並諭令張教習奎，就近在東嚮導一切。其織布工匠，即由卑府帶赴和歌山地方，察看機織情形，業經卑府稟報，並遵奉憲札，會同教養局籌議。另文詳請舉辦其造紙一事，即由職道炳瑩分派張教習，帶領該司事工匠，赴牧溪地方，詳細考察。據稱，查得該處造紙，均係手漉，與中國南省情形畧同。惟原料均係雁皮、三椏、楮皮爲多，至稻草、藺草、竹殼等項，皆係粗紙所用。近以粗紙工多價廉，頗難獲利，製者頗少。其製法每皮料百斤，先一日以令水漬透，次日以苛性曹達六斤，入沸湯中化訖，再下曹達灰六斤，始下料煮一點鐘，翻撥令勻，取出漂淨，揀去渣滓，打碎成絨，然後入槽，槽中下蜀葵根汁二斗，和勻，即可下簾漉紙等情，並附呈紙樣曹達，及原料種籽，稟請核辦前來。職局查日本造紙法，本由中國傳入。近年以來，加意講求，用曹達煮料，較之中國用石灰者，既速且潔。蜀葵根汁，中國間亦用之，然皖贛等省多用香椒葉，蜀中多用大小滑藥，黔省多用大風葉。其滑澤潔淨終遜蜀葵，是以精緻迅速，出產日增，每歲所出約值二千萬元上下，流銷我國甚多。亟應講求，以塞漏卮。惟此事必以產料爲主，查日本所用三種樹皮，楮即穀樹，一名構樹，黔省造紙用之，直隸此樹尚少；其餘雁皮、三椏，本省是否有此種樹，容俟考察明確，再行設法試辦。至該司事工匠等，並張教習奎在東嚮導一切，往返川資，並工匠工食衣履，共計公砝平化寶銀七百六十七兩有奇，業由考工廠經費項下撥發。除將紙樣曹達，及原料種籽存局備查外，所有選派司事工匠，前往日本考察織布造紙情形，並用過川資等項銀兩，理合詳請憲台查覈。

督憲袁批：據詳已悉，仍仰將造紙產料，考查明確，設法試辦。此繳。

甘厚慈《北洋公牘類纂》卷一八《商人高鵬雲爲自造新器請商會轉詳商部立案准予專利稟並批》 稟爲謹遵部章，獨出心裁，自造新器，改製貨品，確係有用，報明考核，轉請商部酌給專照年限，叩請憲恩俯賜立案轉稟，以期專利而興商業事。竊商自立福記雜貨鐵器鋪生理，因知東省販運豆油極爲暢旺，銷廣利薄，洵爲目今極大生意。但其做法甚爲笨拙，用力極大，而出產無多，心竊非之。本年三月間，奉省萬太隆號曾在義善洋行定購，軋豆做餅炸油手摇人力小機器二架，當由外洋購來一架。九月間始行運至奉省，查看情形，頗爲夯劣，非人力所能運動，遂復另購一架，雖形質稍靈，仍復不能行用。遍查東省一帶，軋豆餅做豆油，嚮用人工馬力碾豆做油，皆用力多，而成功少。惟營口有一家，用水火大機器做油，然資本極大，非有巨款，不克集事。迨後恭讀商部奏定簡明定章第二十六條内載，凡商人有能獨出心裁，製造新器，或編輯新書，確係有用，或將中外原有貨品，改製精良，均准報明商會考核後，由總理具稟本部，酌量給予專照年限，以杜作僞仿傚，而示鼓勵等語。商晝夜圖維，寢食俱廢，不遑安處，總思化腐爲靈，變巧去拙，用盡心思，製成一器，試有成效，總期抵制洋器，不使利權外溢。倘中國所造適用，又何須購自遠方？況洋人已遠購兩次，均不適用。惟商現在所造用人甚少，用力極微，添製大小輪盤三個，止須一人手摇，可底四人八馬之力，出產相等，而工力懸殊。屢經明試，均有成效。至洋人雖經屢購屢造，迄無效驗可睹，即另造有成，尚不知能否適用，且價值較昂，道途較遠。聞洋人所造，每架作價二百四十兩，商號所造每架作價二百二十兩，外洋一見中華之器，製造既易，價值復低，則廢然思退，不復另購再造矣。又東省遠客紛紛前來爭購，僉稱東省一帶，頗能暢銷，兼可包售，是此項機器，即可從此改良。另製造成後，仍應照章報効，以盡義務。第事屬創始，名爲試辦，擬初造試辦之前十年，統計銀數，提出五分作爲報効，迨辦成暢行之後十年，統計銀數，提出十分，儘數報効。至此項報効，究交納何處，所歸何項動用，應候憲示遵行，庶國民義務既可稍盡，商之誠悃亦可稍紓。從此諸物設法改良，利權不致外溢，亦抵制洋貨之一端也。第中國人民，積習最深，一切器物製作，每多不肯自用心思，獨出心裁，自成一器。偶見他人造作有成，必欲仿傚，摹製冀圖，分銷争利，甚至互相傾軋，此中國人民之通病也。刻下人力手摇機器，均已造成。足登機器，現仍趕造，尚未齊備，定購之家，固屬不少。照此仿造，亦復甚多，似應稟懇憲慈，允發執照，仍准商獨門自造，專利十年。無論中外商民人等，概不准中國仿造外洋運售，俾專商利，而保商業。倘能照此試行，將來辦有成效，不特貲本較輕，即油價亦可稍減，是出貨易而招徠廣，銷貨多而報効增，油價賤，即民力亦可稍舒，亦裕國、便民、卹商之一道也。商爲遵部章，出新裁造新器，以期抵制外洋各貨，保全中國利權，故不憚煩勞，稍盡國民義務起見。伏乞憲恩立案，俯賜允准，並懇咨會工藝局憲飭委協同驗明，並懇轉乞宫保督憲，咨明商部，賞發執照，實爲公德兩便。附呈機器圖説一帋呈驗，合併陳明。頂祝上稟商會批，仰候函請工藝總局札飭考工廠，派員查明，以憑照章，詳請立案。

近代工業工程人員部

論説

宋賡平《礦學心要新編》卷中《礦務廠中條例六則》 一用人宜審察也。廠地工役禁用匪人，勿使人多於事。當開廠之時，若招工人，則匪類皆來，反招賊入内。今要議妥善之法，每股户保用三五人，均宜問姓名年貌居趾，以便給牌立户，造册查覈。如來歷不明，及無妥保者，不准在廠逗遛。如違，立即查究，則廠工無匪徒，一體肅清矣。

一廠規宜整飭也。既開廠之後，承認之户，與用工人，或口角事故，宜廠正理處。不得在廠吸食洋烟，爭鬬賭博，酗酒燒會，結盟偷盗等事，如違，查出某所爲，以十户是問，大則送官懲辦，則廠規整飭矣。

一廠總宜慎也。當各處紳衿承認後，必須酌定名數，先開承認之户，工人三五名之年貌、姓名、居趾，集成十户，一户至十户，彙一小册，作爲一廠第一户，定爲廠首從。第一廠至五廠，再彙小册，作爲一圖。第一圖定爲廠長，再核其廠長名數，彙一總册，從某甲起，至某甲止，擇其老成練達者，定爲廠總，隋時更換添改，按月呈報，不得稍懈，則廠户無混淆矣。

一稽查宜認真也。當撻礦之時，每户多寡不一，必須廠總認真稽核，視每户之多少，按日註明入册。再將各户所撻之礦，交廠正處收存。再由廠正發交各爐頭收存，鎔鍊均要三面明稱，記賬入册，以便查考，不得混淆，以多報少，則礦無侵吞之弊矣。

一需用各物，宜於附近地方公買也。當籌備各物之際，廠户必須會同廠正司事等，在近地採買油米一切，以益本地居民。但彼此照市價公平交易，不得估勒高抬。如有不遵，查出立究，則用物不難矣。

一省會宜設總局也。當試辦之初，各處紳商良民，均各投到，必設局始有居住，應待之所。公本宜交總局收存，始由總局發廠辦理，所集公本務期源源而來。廠上所得之礦，鎔化成餅，不能傾銷，必須解交總局成錠，方知實在情形□色。總局擇其殷實老成練達者，充當司事，賬房巡丁口食，均照章支發，月終稟報。廠務礦務一切公件，均自本局辦理，以免錯亂，往返公牘，不致貽誤，故總局宜設省垣也。

宋賡平《礦學心要新編》卷中《廠務夥規細目列後》 一議櫃房重地，不准閒雜人等擅行出入。最爲緊要之件，外及文案公事房，一並禁止擅入。其各凛遵毋違。一議廠内人等，如工匠告假，外管事務須搜檢有無夾帶礦砂等物，然後放行，以此物攜去無用，免遭踏也。一議工匠人等，各名下家門親友來會，各自接待。其大鍋飯每餐百錢，在各人工價内扣，以杜濫食之弊。

一議工匠人等，不准竊人物件，及廠左右鄰家小菜、雞牲、柴草等類，如蹈斯惡習，除折扣賠價外，立刻逐出。一議廠内人等，務須和睦，不准戲玩口角撻架，不成事體。如起初不治，以後習以爲常，故初犯者立逐。

一議工匠人等，各有執事，各有專司，不准吸洋烟及偷吞烟丸等事。如自問去不脱烟，可自告辭，免行逐出。一議廠内人等，謹遵廠規，不准捏造謡言，挑惹是非，及棚齊告假等事，違者查出立革，永不收用，各守戒規。一廠内人等，不准借故摧諉，有怠公事，及亂食他人之飲食，及借人物件不還。如違者，致成口角，加倍重罰。一議工匠人等，工貲不得過支，亦不得過存，以免兩誤。一議廠内上下人等，不准招摇撞騙。查出送官究治，亦不得狂歌號叫，羣聚撻玩，違者議罰。

本廠謹白。

宋賡平《礦學心要新編》卷中《新擬招工條規》 凡同夥辦廠者，不必盡是一處之人，而所用工匠，即可因各商分地招集。其甘願到廠傭工者，務須講明到底每月工貲若干，即由所顧之商，於其家中按月給發。若一年半載，告假回家，或由廠總開銷，均要領有回票，由本處糾商查驗，方爲無過。如無回票，即是私逃，由廠總知會該處紳商，其工資口食，歸該紳商薦主賠出，決無異辭。每月工資一千五百文，牙祭二次，每日散葉煙一次。其作工得力與否，因時照工增減。若辦金廠，則照工懸紅，依所得之數，酌予優奬。凡得金百兩以上者，報明給奬，以示鼓勵。其最多者，爲得頭彩，奬銀五十兩，以至十彩，依次減等。如有連得三四次者，即稟明廠官，賞給六品功牌，用示榮身。如不遵廠規，横行兇惡，依所犯之罰，亦與賞彩，按次相同。招工之法，凡年逾五十者不用，癡蠢無力者不用，面帶輕浮者不用，五官不正者不用，吸食洋煙者不用。雇工俱係生手，礦師自能教習，又必三五人取具連環妥保，地鄰甘結。設有病患不測，與廠無干，惟給周恤錢數千而已，此與保甲招練丁之法相似。工匠須有來歷，不招跑野廠之金夫子。

此由廠法十則內推出，諸紳商一體傳觀。如有未妥處，再爲籌商。凡辦廠者，須因人因地，隨時制宜，而立法不外此，故招集砂丁，不可不慎之於始。中國人稠，聚易散難，人作苦工，並不厭苦，然照尋常工價，多不能持久，廠務宏大，未可以刻薄行之也。倘辦法失當，難保無事，何者，工在廠中，既有統率，又有責成，兼以連環互保。一人有過，而使衆人皆受其過，動輒得咎，或能自束。若一經犯規，擯斥出廠，無聊無賴，勢必妄行無忌，勾結夥黨，阻撓廠事，妨礙廠事，至使廠事終不能順手以辦，今酌一善法，以保之。保之善，莫善於借團以保礦，借礦以養團。招工時，先於各該處紳商分地所薦引之人，擇其年富力强、忠實精幹有爲者用之。反是，則裁汰之。如一廠能容百人，先招百人選練，如一廠能容五十人，先招五十人選練。廠之大小，由此類推，一俟礦師教習有日，視其人一一皆可充作砂丁，即以該地紳商統馭一團，即爲一廠，既係同鄉共井，守望相助，處常則通力合作。如有外警，則羣起抵禦保護，雖制挺亦可代兵刃。若能捍衛出力，而並能得礦最多者，即稟明廠官，於尋常工價外，按功給予優獎，以勵後勁。古人所謂寓兵於農，此則實寓兵於工也。似此較另招保廠勇丁，庶免紛擾，而亦少窺伺尋釁之弊，身親其事者，當慎之。

宋賡平《礦學心要新編》卷中《廠中忌諱須知》 禮曰，入境問禁，入國問俗，入門問諱。忌諱二字，惟廠最甚，洞內洞外，廠房爐房，尤多避忌。須知有此忌諱一說，乃可以制服工人，少生口角，亦使不敢妄造謡言，毫無警懼，因而小心，惟恐出口犯忌，衆必鼓躁，從此肅凛，認真做事，亦調護廠務之一道也。其所忌之事，如水叫灰，石叫牛子，眼睛叫二嘓嚕，油叫清水，鋪蓋叫麻花，火房叫帽盒，小孩負荒礦進出者叫螞蟻子，砂丁叫弟兄，掌門叫管事，碗叫蓮花，火叫亮子，炭硐錘手名之曰摸地王，更有精光倒踢四大忌諱最爲緊要。至於硐中即憂患險難等字，均不可說，説即犯忌，一言一動，莫不乾惕。禍福無門，惟人自召，心之善惡，更不待言。至同事諸人，其所忌者，惟其心耳。要知有枉生，即有誤死，趨吉避凶，君子不廢，若有異心，必另生枝節。蓋礦爲地寶天財，人心苟不端，方不惟求福不得，反招天怒，因有意不到奇禍。第一忌諱，戴紅冬帽之公衙人，如見此輩來廠，則廠必敗，山腹内或作吼聲，如人湧走一般，次日負出之礦，金銀竟化爲烏有。如上年吕太守笙樓在滇，有滇撫張委勘滇廠，當有地方官照例隨帶差役前驅到廠，硐内果發響聲。迨太守至，廠中人以實稟報，初猶疑惑不信，以爲若輩刁狡，爲匿課張本。面廠人，復以礦之走，遠近東西，據實稟復，太守隨即飭令前導眼同驗試，果不謬，當駭然返。迄今猶籍籍人口，此其明效大驗也。故每見委員辦廠，百無一成，皆自邪之過也。當開爐煆鍊之時，正在溜銅之際，忌昧天良之人臨場觀看，看則銅汁自散，爐火飛瀑，躍起傷人，或化不成銅片，或成沍蠟湯，而汁不分，或成和尚頭，而汁不鎔。倘壞一爐，則礦皆莫有，而爐更要擇毀另造，前後計算，折本已多，是不可以不慎也。欲求廠旺，必同夥諸人，先正心地，此又辦廠者第一要義也。至於駕馭之道，自有權宜，此等工人，非尋常職業可比，大都勇悍亡命之流。因我華辦廠缺貲，故工價甚減，若西人開採，則以重價雇工，而金銀廠尤加倍，信夫重賞之下，必有勇夫，以故驅之從事易。若中人則反是，使迫以威勢，則愈見其不可行。況硐外之人，不能制硐內之人，必平素馭之得其法，臨事始俯首聽命。若徒脅以制之，以紳壓之，此輩口出怨言，恃衆刁頑，必生異心，甚有釀成巨禍者，不獨硐內之礦難出，而全廠之大局廢矣。則言廠務者，又忌大恃威勢，素昔預爲布置，以收衆志成城之效焉可。

紀事

《商務官報》光緒三十二年四月初五日第一期《商部調用人員彙誌》 商部近來振興各業，公牘日繁，並常派員分往各省調查路礦各項事宜，需才孔亟，因特援照外務部新章，奏調京外各員夏偕復、袁思亮等十四人，到部差遣。

《商務官報》光緒三十二年四月初五日第一期《札派造紙公司協理》 龍章造紙公司總理龐京卿元濟，咨呈商部，請派嚴道義彬爲公司協理，駐滬辦事，當由商部下札派充。

《商務官報》光緒三十二年閏四月十五日第五期《添派總理》 劉道世珩總辦江南商務局多年，於商界情形極爲熟悉。春間，應調來京，充財政處提調要差。現由商部奏請，派爲京師勸工陳列所總理，藉資熟手。

《商務官報》光緒三十二年五月十五日第八期《川漢鐵路求才》 川漢鐵路，已調用留美學生胡棟朝爲工程師。川督以各省路政方興，需才孔亟，胡君既習專門，恐延攬者必多，因於日前電達商部，乞主持飭速赴川，商部知胡君已抵東京，當准來電，轉致駐日楊大臣，促胡君迅速赴川，藉贊路政。

《商務官報》光緒三十三年五月二十五日第一三期《批趙元春稟》 據呈已

悉。所請發給諭帖，派赴本部工藝局應差各節，應俟九月間，來部聽候差委可也。此批。五月十五日。

《商務官報》光緒三十三年十月二十五日第二八期《本部具奏工藝局擴充辦理情形暨開局日期摺》 謹奏，爲臣部工藝局添築新廠，力圖擴充，謹將辦理情形，暨擬定開局日期，恭摺仰祈聖鑒事。竊查臣部所設之工藝局，原爲講求製造，提倡工藝之地，歷經遴員撥款整頓，改良規模，漸已畧備。近復屢奉諭旨，飭令各省振興實業，鼓勵商民。京師首善之區，尤宜勸勵維持，以期工業繁興，俾爲各省表率，自非由官設局廠先行推廣研求，不足以示模型而資觀感。臣部前曾奏請，將工藝局附近官地劃撥，僅敷商辦各科各廠之用。現復就該局左近添購地基，建築新廠，增設工科，大加擴充，以宏模範。惟布置經營，事同創始，當即責成臣部左丞耆齡、右參議袁克定，悉心經理，次第籌辦。兹據聲稱，新建廠房，將次工竣，規制閎敞，足備擴充。擬分設織工、繡工、染工、木工、皮工、籐工、紙工、料工、鐵工、畫漆、圖畫、鑿井等十二科，招集工徒五百名，聘募工師，分科傳習，預計易學者，一年即有可觀；難習者，兩年亦能收效。並附設講堂，授以普通教育。設立成品陳列室，羅列貨品，以資研究。設立考工樓，搜集中外新奇製造，以備參考。擬定試辦簡章三編，計十五章二百九條，臣等詳加核閱，均屬周妥。現在一切設備整齊，十月初十日恭逢皇太后萬壽聖節，普天同慶，率土臚歡，謹即於是日開辦，俾萬衆觀瞻，羣情鼓舞，藉以宣揚我皇太后、皇上興商勸工之盛意。至該局購買地基，需銀一萬三千餘兩。新建廠屋宿舍及售品二處，計房九百七十餘間，共需銀八萬八千餘兩。預備各科材料成本，需銀五萬兩。增置新式器具等項，需銀二萬兩，均係核實估計，陸續由臣部如數籌撥。其常年經費，仍應按月由部核支，以重局務。嗣後該局應辦事宜，即督飭局員遵章妥慎經理，期收實效。所有工藝局擴充開辦情形，謹恭摺具陳，伏乞皇太后、皇上聖鑒。謹奏。

光緒三十三年十月初四日，具奏。奉旨：知道了，欽此。

《商務官報》宣統元年閏二月初五日第五期《批李金戣等稟》 據呈已悉。查湖南勸業道業經設立礦政調查局，自應裁併，以一事權。惟湘省礦務，比年官紳合力提倡，漸見振興。上年十月間，湖南巡撫咨部裁併礦政，調查局仍以蔣紳德鈞爲會辦，正爲聯絡官商，維持礦政起見。兹據該職商等所陳各節，是該局平日辦事，尚屬妥洽，應准咨行湖南巡撫免予裁撤，以順商情。此批。二月二十日。

俞陸云《庸菴尚書奏議》卷一一《設立硝磺局片宣統元年五月初六日》 再硝磺雖屬鑛類之一種，而實爲軍用所必需，非普通實業可比。鄂省官辦硝磺，先由善後局招商，發給執照，採運往往遲延後時，或運不足數。近年來，兵工鋼藥廠製鍊强水，需磺尤夥，非由官經理，設有闕乏，關繫實非淺鮮。自鑛政調查局設立之後，即歸該局兼辦，察度鋼藥廠需用數目，先期購備，源源濟運，並一面委員圈山開採，稽查私販。辦理以來，尚無停工待料之虞。此次裁併鑛政調查局，歸勸業道管理，應將硝磺一項畫出，設局專辦，名曰硝磺總局，刊刻關防，委派專員，妥慎辦理，以供應兵工鋼藥廠製造之用，免至有誤要需。除咨部查照外，理合附片陳明，伏乞聖鑒，敕部立案施行。謹奏。

《商務官報》宣統元年六月初五日第一七期《批廣東勸業道稟》 據稟，現就勸業公所内坿設度量權衡局，先行派員分赴各屬調查，以爲將來之比較，辦法尚稱妥洽。查得黔省現擬辦法，先在省城於通用舊器中，酌留一種，製爲標準器。札發各屬，比較所用舊器與之相合者，即行留用，不合者即行改定。大不合，而又不能一時改定者，方用折算。較本部定章第二十二條，以各州縣所留者，折合府城之一種；再以府城所留者，折合省城及各商埠之一種；再以省城商埠所留者，折合官品之辦法，較爲簡截。本部現已采擇其法，通行各省，酌量仿行矣，仰即查照。此批。五月二十二日。

《商務官報》宣統二年六月二十五日第一六期《批永平府商人趙深張太昌稟》 呈悉。據控史景漢侵吞巨款，盧委員斷結不公，懇札直隸勸業道提訊各節。查該商與史景漢夥營何種商業，商號係何名稱，呈内均未聲叙。本部無從飭查，仰補呈明白，以備核辦。此批。九月十三日。

全國圖書館文獻縮微複製中心《清季鈔電匯訂·湖廣總督電》 陸軍部鑒：據兵工廠王道壽昌稟，朱京卿遵照部章，訂於九月十八、十九兩日考試。工匠手工請放假兩日，以重關防。職廠工匠共千餘人，若全放假兩日，計耗一千餘元。今赴考者，祇二百六十餘人，若全廠停工，有損鉅款，可否令赴考之工匠，悉詣已停之砲廠砲彈廠考試，以免全廠停工等情。查所稟係實情，應請大部電商朱京卿，免全放假，將少數工匠提開考試。爲叩。瑞澂。咸。印。

近代工業管理人員部

論説

全國圖書館文獻縮微複制中心《清陸軍部檔案資料彙編・船政司》 掌修造建築等項事宜（遵奏定海軍處職掌載入）

一，掌管製造人員之補官任職，及教育考驗擬俸等事項。

一，掌管各艦隊之修造事宜。

一，掌管水塢旱塢事宜。

一，稽核廠塢各項工程事宜。

一，稽核廠塢職工事宜。

一，稽核廠塢及學堂之建築工程事宜。

一，稽核廠塢及所用物料之配置試驗等事宜。

一，掌管船隖傢具産業等事宜。

一，掌管軍艦進隖事宜。

一，稽核各種器具之修造事宜。

一，掌管各種礮機之審定等事宜。

一，掌管軍艦子藥運動機之審定等事宜。

全國圖書館文獻縮微複制中心《清陸軍部檔案資料彙編・輪機科應辦事宜》 一，掌管管輪人員之任官補職，及教育考驗擬俸等事項。

一，掌管各艦隊機器之製造試驗配置修改各事項。

一，研究各項機器學術等事宜。

一，稽核各艦隊輪機報告事宜。

一，繪擬各項圖樣事宜。

一，稽核各艦隊機艙器具之配置事宜。

全國圖書館文獻縮微複制中心《清陸軍部檔案資料彙編・軍實司》 掌器械彈藥一應軍裝製造存儲銷用各項事宜。（遵奏定廳司職掌載入）

製造科應辦事宜。

一，各省改練陸軍，置購一應軍裝軍火等項核銷。

一，各省善後防軍水陸各營製造軍裝軍火核銷。

一，各省善後防軍各營採買外洋槍礮子彈等項核銷。

一，各省機器製造局採買外洋暨内地硝磺鋼鐵物料等項核銷。

一，各省駐防旗兵按年操演槍礮領用藥鉛數目核銷。

一，各省緑營官兵製造軍裝旂幟等項核銷。

一，各省緑營官兵按年操演槍礮用過藥鉛核銷。

一，廣州籌備軍裝動用經費銀兩核銷。

一，各省學堂購買軍裝儀器等項核銷，會同軍學司軍需司辦理。

一，發給京外旗營操演槍礮應領硝磺鉛子。

一，恭遇陵差，照章奏請發給在京各衙門，請領隨扈帳棚樁橛等項。

一，承勘製造廠地址事宜。

一，承核槍礮口徑及式樣事宜。

一，承辦考查各製造廠所造各種槍礮，及配用各項子彈事宜。

一，經理各製造廠建設試驗槍礮地址事宜。

一，核訂子彈專廠事宜。

一，經畫軍械畫一事宜。

一，承核製造軍用皮革器具材料事宜。

一，經畫製造海陸軍用火藥事宜。

一，經理各省火藥局，整頓製造事宜。

一，調查各國現時最新槍砲，並仿造事宜。

一，考驗各種槍砲利弊，並研究改良事宜。

一，管理奬勵創造新式軍械工業事宜。

一，稽核各省殘損舊式軍械，並經管修整事宜。

一，槍砲製造廠未成立以前，承管各省選擇購買事宜。

一，核訂購買軍械合同事宜。

一，核檢各製造廠，隨時改良事宜。

一，審查各製造廠應用一切鋼鐵煤炭材料良楛事宜。

一，調查各省所出鋼鐵煤炭材料性質及其價值事宜。

一，考核各製造廠火藥局按季申報事宜。

一，查覈各製造廠代造各項軍械物品事宜。

一，稽查各製造廠辦事章程事宜。

一，考核各製造廠款目，會同軍需司核辦事宜。

一，稽察各製造廠局辦事人員成績，並會同軍計司查取各該局員司銜名、履歷、出身事宜。

一，經理各廠附設兵工學堂章程學額，並課程教育人員名册事宜。

一，承辦派送兵工學生出洋學習製造事宜。

一，調查各國兵工學堂章程事宜。

一，承辦兵工學堂考驗畢業，并發給執照事宜。

紀事

中國第一歷史檔案館等《中國近代兵器工業檔案史料》第一輯《毛鴻賓奏丁日昌已赴上海片同治二年十月十五日》 再，臣於十月初四日欽奉寄諭，飭催江西候補知縣丁日昌趕緊赴滬，督匠攢造火器，以資攻剿等因，欽此。

遵查該委員於臣未經到任以前，已由輪船駛赴上海。該員質樸精練，曉暢戎機，前經提臣昆壽帶赴高州軍營，一切資其贊畫。卓興、方耀素有嫌隙，經該員開陳大義，力爲排解，兩人遂相和睦；是該二將之成功，皆丁日昌調和之力。臣向不識其人。聞其學術湛深，才識出衆，非徒以火器見長。惟在籍官紳，例非衝鋒陷陣，不得越級奏保。而現在高州軍務已蕆，揆厥所由，其功甚偉。臣不敢壅於上聞，相應據實陳奏，恭候聖主施恩録用，以示鼓勵。謹會同署廣東撫臣郭嵩燾合詞附片陳明，伏乞聖鑒訓示。謹奏。

中國第一歷史檔案館等《中國近代兵器工業檔案史料》第一輯《丁日昌奏請將熟悉洋務之參將王榮和留滬差委折同治八年七月二十三日》 江蘇巡撫臣丁日昌跪奏，爲熟悉洋務之參將經手事件未完，擬請仍行留滬以資臂助，恭摺據實覆奏，仰祈聖鑒事。

竊臣承准軍機大臣字寄，同治八年七月初二日奉上諭：文煜等奏洋務日繁，請調員來閩差遣，英桂奏請飭江蘇撥還閩硝各折片等因，欽此。當即恭録分別札行欽遵去後。

伏查參將王榮和原籍福建，生長新加坡。臣前在李鴻章處辦理營務，訪聞王榮和精通外國語言文字，即行招訂來營。其時洋人之開花炮、火箭製造方法秘而未宣，當即購覓泰西製造軍火書，令王榮和隨翻隨試，甚有准驗，叠次蘇營出力，洊保今職。初未在閩服官，並非由閩調赴江蘇。迨營務告竣，即在蘇松太道衙門辦理翻譯事宜。旋值創立機器鐵廠製造槍炮、輪船，派令該參將在局兼理各務，均極精細穩妥，深得其力，實爲上海辦理洋務必不可少之員。前准閩浙督臣英桂咨會飭調，當因該參將經手多事，勢難交替赴閩，即據現署蘇松太道杜文瀾詳經通商大臣馬新貽咨留在案。今奉諭旨，飭令赴閩差遣，自應欽遵就道。惟查該參將在滬辦理中外交涉以及翻譯各件仍多未完，必須熟手經理方臻妥協，一時交替乏人，實有難以赴閩之勢。且該參將(尚)〔向〕未在籍，於福建情形轉覺生疏。據署蘇松太道杜文瀾詳請奏留前來。

臣查上海一隅爲洋人麇集之地，交涉事件之繁甲於他省。王榮和在上海翻譯多年，甚爲得力，相應仰懇聖恩俯准將福建盡先補用參將王榮和仍行留滬，以資熟手。至閩省硝斤，業經行司查案籌還。除俟詳覆至日另行辦理外，謹會同通商大臣兩江總督臣馬新貽據實覆陳，伏乞皇太后、皇上聖鑒訓示。謹奏。

同治八年八月十八日軍機大臣奉旨：另有旨。欽此。

中國第一歷史檔案館等《中國近代兵器工業檔案史料》第一輯《丁寶楨奏請調温子紹許應驟到山東委用片同治十一年十月三十日》 再，練兵必先利器，製造尤貴得人。東省前因整頓水師，經臣奏明委員赴粵購製師船，並擬籌修沿海炮臺，所需槍炮火器均應陸續製造，即留防軍及通省各營軍械亦當認真講求，以期適用。查近來中國火器多係購自外洋，臣以爲欲圖自强須求諸己，若徒藉資於人，終非根本之計，是以數年來，於本省及外省留心采訪精諳機器之員，以爲製造之用。

茲查有廣東順德縣在籍候選員外郎温子紹，於天文、算學、地理、水道與其輪船及各項機器皆能細心研求，深得蘊奧，其所製槍炮火器均臻妙捷。而又有候選縣丞許應驟，籍隸廣東番禺縣，日與温子紹苦心力學，將外洋奇巧之處盡得其傳。後訪聞該員温子紹，人品甚正，心地樸實，洵爲現時有用之才。東省現辦水師，整頓營務，相應請旨飭下兩廣督臣、廣東撫臣，即令在籍候選員外郎温子紹、候選縣丞許應驟迅速來東，交臣查看委用，以資得力。理合附片具陳，伏乞聖鑒訓示。謹奏。

同治十一年十一月十三日軍機大臣奉旨：欽此。

中國第一歷史檔案館等《中國近代兵器工業檔案史料》第一輯《瑞麟等奏請將温子紹暫留粵辦理製造軍火事片同治十二年五月二十四日》 再，臣等承准軍機大臣字寄，同治十一年十一月十三日奉上諭：丁寶楨奏，在粵製造師船，請飭派員駕駛來東，及調員赴東差委等語，欽此。欽遵飭行查照。

除山東師船造竣，揀派水師將弁會同道員李宗岱駕送回東，另行奏報外。查候選員外郎温子紹、候選縣丞許應驃，諳習機器，實爲有用之才，目前山東整頓水陸營務，自應飭令該員等前往差遣，惟温子紹在粵先經臣等札委該員購買機器，督率工匠，參酌外洋做法製造槍炮軍火等件，以期精益求精，正當開辦之時，未便遽易生手，現令縣丞許應驃先遵諭旨馳往山東。並經善後局司道等會同山東道員李宗岱，查有在籍江蘇試用從九品歐陽明亦於機器最爲熟習，飭令一同赴東差遣委用，可期得力。其員外郎温子紹一員，應請暫留粵省辦理，俟經手事竣，再令前往。據該局司道等詳請具奏前來。除咨明山東撫臣查照外，謹合詞附片具陳，伏乞聖鑒。謹奏。

同治十二年閏六月十八日奉硃批：知道了。欽此。

中國第一歷史檔案館等《中國近代兵器工業檔案史料》第一輯《丁寶楨奏薦徐建寅薛福辰片光緒二年十月初三日》 再，臣查洋人製造之精，全恃苦思力索，糜費不貲，始克成爲絶詣。中國踵而行之，彼創我因，原屬事半功倍。然非專門名家，洞悉奥竅，往往循迹象而遺神明，卒不能得其要領；甚或因人成事，多爲洋商所愚，徒滋糜費。至製造軍火諸器，各國尤恃爲不傳之秘，即任購買，亦往往以舊式及用剩不堪之物搪塞，不肯輕以利器授人。查該員徐建寅，前在滬局考核多年，翻譯各種書籍，於化學、機器、槍炮、軍火講求有素，而於中外情形尤爲熟悉，前經總理各國事務臣暨臣先後奏保各在案。此次承辦東局機器，一切皆係自出心裁，繪圖定造，器精價廉，毫無浮冒，洵屬心思縝密，精力兼人；而其綜核名實，條理精詳，尤爲不可多得。至會同辦理之濟東泰武臨道薛福辰，心思精密，於機器、洋務頗能講求，而事事踏實。此次造廠購器各項，極力撙節，省費較之他局幾至數倍。查徐建寅係道銜候選郎中，當此需材孔亟，自應奏懇恩施，量予録用。現東局規模業已全備，應資該員一手竣事，可否俟該局製造軍火要需著有成效，即由山東撫臣給咨送部引見，候旨録用；濟東泰武臨道薛福辰，可否賞給二品頂戴之處，均出自逾格鴻慈。謹附片具陳，伏乞聖鑒訓示。謹奏。

光緒二年十月十二日軍機大臣奉旨：徐建寅俟經手事竣送部引見。薛福辰着賞給二品頂戴。該部知道。欽此。

中國第一歷史檔案館等《中國近代兵器工業檔案史料》第一輯《丁寶楨奏請優奬曾昭吉片光緒二年十月二十五日》 再，臣前奏請設機器局製造軍火，誠以軍火爲國家禦侮之資，自洋人槍炮精利遠過中華，迄今各路軍營皆競用洋槍，此不得已而思變計也。然變則可通，通則可久。中國知用洋槍而不能自造洋槍，非受制於洋人，即受騙於洋行，非計之得者也。臣此次立局，意在出自心裁，不使外洋一人夾雜其中，期於力求争胜。自得候選郎中徐建寅總司局事，一切規模大備，無一事假借洋人，業經專折奏報在案。

惟臣於徐建寅之外，又據臬司陳士杰述及該司同里之候選通判曾昭吉一員，深通機器，堪以試用，當令招致來東。臣接見其人，樸訥似不能言，詢之外洋各項機器，則雲向未經見而自能冥心獨造。臣當以現在英人所稱極好之槍名爲亨利馬氏呢者與之閲看，詢其能否仿造，則略無難色。臣謂此槍爲外洋第一利器，現尚無外洋此項機器，恐製造不能有成。該員則謂機器亦可意造，何必盡求之外洋。臣且信且疑，即酌給經費，令其自造機器，照式製造。未及兩月，竟造成一百二十餘杆，以之比較馬氏呢，其靈巧捷便毫無异致。臣復以兩槍相對演放，其及遠與馬氏呢等，而出聲之響，入靶之勁，似有過之。詢以製造格林等炮，則云更易爲力。臣又考其製造機器並製槍所需之煤鐵價值、工匠辛金等項用款，爲費不過一千三百餘金，極爲減省。查英人馬氏呢之槍，機器最煩，其作法爲該國最巧之工，其致用外洋爲極上之器，而曾昭吉憑空創造，竟與相等。能作此槍，則凡外洋之機器均無足爲其所難矣。至購買馬氏呢槍價值，前經福建撫臣丁日昌開單交臣，每杆實需價銀二十四兩六錢，不能短少分毫。今曾昭吉所造，每杆計僅費銀十兩有零，較之購買外洋者已省銀十四兩數錢，而精利相敵，是其器精價廉，足見該員於機器製造不惟得其要妙，實可見諸施行。從此精益求精，以後無難争勝。查洋人於機器一事，自以爲獨絶一時。今該員曾昭吉心思精妙，言之必行，不惟製造不假借於外洋，並製造之機器亦復不假借於外洋，實爲開局以來所未有。我國家今日得此人材，實深慶幸。合無仰懇天恩俯准，將候選通判曾昭吉以同知選用，以示優异，俾其益加振奮，於鼓舞人材大有裨益。至該員所造之槍，臣擬入都時隨帶二十杆，咨送軍機處暨總理衙門查驗，用昭核實。謹附片具奏，仰祈聖鑒訓示。謹奏。

光緒二年十一月初五日軍機大臣奉旨：着照所請。該部知道。欽此。

中國第一歷史檔案館等《中國近代兵器工業檔案史料》第一輯《劉坤一奏請獎勵溫子紹片光緒五年四月初六日》再，查廣東爲濱海要區，必得輪船駕駛，且旗、綠各營分別抽練，需用槍炮亦多，經前督臣瑞麟於同治十三年設立機器局自行製造，並經奏明委派在籍紳士花翎候選員外郎・加捐三品銜・江蘇試用道員溫子紹經理，迄今數年。該紳資性聰明，深諳西法，所有製造槍炮以及火箭、水雷等項無不合用，其格林炮一項靈巧不讓外洋，而價值則減大半，是以直隸各省紛紛來粵購買。廣東近來度支拮據，該紳於局中經費與一切工料無不力求節省，每遇放款不敷，自行在外墊借接濟，俾無廢事，其公忠尤爲可嘉，宜乎名聞遐邇，山東、江蘇、雲貴、越南等處爭欲羅致也。

查各省設立機器局及同文館，所有得力人員，屢經奏懇施恩量予獎勵。今溫子紹辦理粵東機器局著有成效，且其人亦係國家有用之才，堪備任使。可否仰懇天恩賞給二品頂戴，以昭激勸之處，出自逾格鴻施。臣謹附片具陳，伏乞聖鑒訓示。謹奏。

光緒五年四月二十九日軍機大臣奉旨：溫子紹着賞給二品頂戴。該部知道。欽此。

中國第一歷史檔案館等《中國近代兵器工業檔案史料》第一輯《丁寶楨奏薦薛福辰片光緒六年五月十九日》再，查添設機器，製造槍炮軍火，實爲今日要圖。從前臣在山東創辦機器局製造火藥，早經迅迅告成。現在山東撫臣周恒祺悉心經理，隨時與臣往返函商，均謂該局軍火精美，足與外洋相埒，工費亦極節省，頗敷各海岸防軍之用。臣不勝欣幸。

因念該局辦理成功亦殊不易。當日創辦之始，賴有二品頂戴・按察使銜・前山東濟東泰武臨道薛福辰，精强廉正，於購器則洞曉利弊，於督工則嚴明有法，用能規模閎整，製造精良，其經營創始之功，殊不可没。且該員於中外大勢，尤能洞澈機宜，確有心得，素爲曾國藩、李鴻章所重。竊惟現在籌辦海防，不獨東北各省關係緊要，即東南如福建等省皆有外洋交涉要務，本省製造事宜均屬需才孔亟。近日復欽奉諭旨，飭令各直省保舉各項人才，所有堪膺保薦人員，應俟體察確實，即行恭疏。遵旨陳奏：查薛福辰係臣久經任使，且曾任煩缺之員，其於諭旨内熟悉中外交涉事宜、善製船械各條，均能勝任，用之已著明效。臣不敢壅於上聞，謹即據實附片具陳，以供聖明録用，伏乞聖鑒。謹奏。

中國第一歷史檔案館等《中國近代兵器工業檔案史料》第一輯《張樹聲奏請俟第一號蚊子船工竣即令溫子紹起程赴吉折光緒六年》奏爲粵省製造局員遵旨飭赴吉林，現與北洋大臣往返函商，請俟仿造第一號蚊子輪船工竣，即趕緊起程，先行恭摺覆陳，仰祈聖鑒事。

竊臣等於光緒六年四月二十九日承准軍機大臣字寄，光緒六年四月初九日奉上諭：李鴻章奏遵籌吉林選將造船等事宜各折片，據稱混同、松花等江，輪船均可駛行，若製造舢板、長龍各船，不足以資守御。李鴻章所奏在三姓附近水深溜大之處設廠籌造小輪船，如粵東仿造蚊子船等式，上可駛行伯都訥省城一帶，下可駛巡黑河口轉入黑龍江，洵爲目前切要之圖，即着照所議辦理。道員溫子紹在廣東制器有年，頗有心得，現在吉林創始需才，較粵省防務尤爲緊要，着張樹聲、裕寬飭令該員酌帶造船得力工匠，並將俊啓上年代購神機營設廠之機器，選擇合用者，由海道運至奉天營口，再由陸路運至吉林，以資創設船廠之需。溫子紹暨隨帶工匠機器赴吉川資，着該督撫、監督設法籌給等因，欽此。當經轉飭道員溫子紹欽遵去後。

旋據稟稱：去冬自行捐資報效仿造蚊子船一隻，現在工程僅及一半，正在布置機器炮架一切，約九月尾可以竣工。粵局向無洋人，皆該道一人隨時督率各工講求調度，實無別人可以接手。奉飭續造蚊船一隻，大宗料件亦已購備，無人可以交託。請俟此項船隻趕造完竣，即行部署赴津，面請李鴻章指示。並據瀝陳：吉林設廠，粵匠技優者不肯遠離，平等者帶往無濟，機器體質極重，機關甚微，陸運數千里，易致疏虞；造船物料，購自南洋，往返動須半年，易致耽誤，工價數倍，轉運繁難；北地苦寒，南人畏冷，製造慮難應手，經費恐多虛縻各等情前來。

臣等伏查粵省自行仿造蚊子船，變通辦理，局員溫子紹先行捐置一號，議定另籌銀兩，發交該機器局添造一號。一俟此兩號告成，果與外洋蚊子船相爲頡頏，再行製造兩號，以資分佈。業經前督臣劉坤一會同臣裕寬於上年十二月奏奉諭旨着照所請，先行試辦等因，欽遵在案。竊惟吉林北邊重地，設廠造船，規畫深遠，既需溫子紹前往經理，自未便因粵省續造蚊船久稽時日。惟仿造蚊船，亦係中國創始之舉，溫子紹捐置一號，鈎心鬥角，事由一手經理，若令棄之而去，固屬可惜。且李鴻章原奏亦言，吉林籌造小輪船，如粵東仿造蚊子船等式，今仿造之船尚未下水動輪，其合式與否，即溫子紹亦須試驗駛行始有把握。臣等當與北洋大臣李鴻章往返函商，兹准復稱：温子紹所陳吉林設廠爲難各節，皆係實在情形，事關重大，原非一蹴所能定見。請令温子紹於本年秋間第一號蚊船蕆工後，馳赴津門籌商，或少帶工匠先往吉林察勘一切，再行定議等因。臣等已督飭温子紹將捐造第一號蚊船並日加工迅速蕆事，即行遵旨馳赴天津，聽候李鴻章籌商飭辦。其粵海關購存機器，亦俟温子紹選擇帶往，再與俊啓設法籌給川資，以備應用。除俟届時再行奏報外，所有機器局員温子紹請俟第一號蚊子輪船工竣即令起程赴津緣由，謹合詞恭摺覆陳，伏乞皇上聖鑒訓示。謹奏。

中國第一歷史檔案館等《中國近代兵器工業檔案史料》第一輯《吴大澂等奏請調王德均徐華封等赴吉差委片光緒七年五月二十二日》 再，近來西法講求算學、測量、制器、開礦日精一日。中國風氣漸開，東南各省人才輩出，競爲有用之學，於軍中製造尤多裨益。吉林邊土，八旗子弟不乏可造之材，自宜仿照各省，延師教習，口講指畫，心領神會，日久自能貫通。現擬創設機廠，需才孔亟，臣於機器、礦務素未究心，茫然不知其源委，自應奏調諳練西學之員，以資臂助。

查有總辦天津機器局候選道王德均，老成練達，熟諳機務，綜核名實，條理精詳，在李鴻章所設機器中最爲得力之員，未必能久離津局，擬請暫行奏調來吉。所有應蓋廠房，應購機器，應儲物料各事宜，臣與王德均逐事籌商，布置一切，酌帶委員、工匠，以供策遣，略有頭緒，即令回津。此創辦之初，不能不求助於津局也。此外應調人員，訪得候選通判徐華封，識別礦産，精於制器；候選知縣丁乃文，於算學、機器製造槍炮，均極明晰；候選縣丞遊學詩，精通西國語言、文字、算學、機器：皆不可多得之才。徐華封現在上海機器局，丁乃文現在江寧當差，遊學詩現在福建船政局，相應請旨飭下直隸總督、兩江總督、江蘇巡撫、福建船政大臣，分别飭令該員等來吉差委。臣與徐華封等素未謀面，詳加諮訪，知其品端學邃，非尋常耳食者可比。臣爲機廠需員起見，是否有當，謹會同吉林將軍臣銘安合詞附片具陳，伏乞聖鑒訓示。謹奏。

中國第一歷史檔案館等《中國近代兵器工業檔案史料》第一輯《李鴻章奏由王德均在津代籌吉林機器局事宜片光緒七年六月二十日》 再，承准軍機大臣字寄，六月初一日奉上諭：吉林地方緊要，現在整頓邊防，所有製造軍火，修築炮臺，均屬目前要務。吴大澂擬於省城開設機廠製造洋藥、彈子等件，即着照所請行。另片奏請暫調天津機器局道員王德均來吉林差委，着李鴻章即飭該員前赴吉林等因，欽此。遵即轉飭候選道王德均知照。

旋據王德均禀稱：凡事創始維艱，製造門類紛繁，尤難罄述，惟有緊要數端，不能不爲代籌者。一，須因地制宜。吉林水道不能直達，陸路運重糜費稽時。一，機器重過數千斤者即難運行。吉省購器，應擇輕小之件爲宜。一，須籌經費。津、滬各局皆有指定巨款，積久經營，規模始見宏敞，吉省無此物力，器料驟難全備，只可酌量購用如足搭手摇及汽爐之類，僅備隨時修理軍械。他如儲料、造藥、建廠用匠各事宜，已會同津海關道鄭藻如及機器局員酌擬辦法，開折寄達吴大澂察核。並稱由津局就近照料較易設法，即親自前往亦不過如此辦理等語。

臣查王德均老成練達，研精機器，經臣委辦行營製造局，十有餘年，用費較他處節省，而造各件亦蔚然可觀。蓋以該局與機器局互相附麗，諸務均可通融，而王德均又能精心擘畫也。誠如吴大澂所稱爲臣處得力之員，未能久離津局。因思吉林經費既形支絀，運路又極艱難，經始之初，尚難倉卒就緒。王德均所擬各條，切中事理。吴大澂循照籌辦，當可漸入門徑。况吉林運器購料，必由天津，王德均在津代籌，盡可隨時照料。俟各種緊要機具、物料稍備，再令王德均等選派熟習委員、工匠前往，不致誤事。除咨明吴大澂查照外，理合附片覆陳，伏乞聖鑒。謹奏。

光緒七年六月二十三日軍機大臣奉旨：知道了。欽此。

中國第一歷史檔案館等《中國近代兵器工業檔案史料》第一輯《丁寶楨奏請奬勵曾昭吉等三員折光緒十年十二月初三日》 太子少保頭品頂戴四川總督臣丁寶楨跪奏，爲川省機器局委員勤慎將事，請給奬勵，仰祈聖鑒事。

竊查川省設立機器局，製造機器槍藥等項，事屬創始，辦理殊艱，全賴在局委員人等，潔己奉公，認真督造。開局之初，即議定功過章程，如執事各員克稱厥職，准酌給奬勵。兹查自光緒六年八月開局之日起至八年十二月底止，所有營造及製成機器、槍藥等項並各項經費銀兩，業經開具清單，詳核奏銷在案。惟在局人員，謹司職事，不憚勤苦，未便没其微勞。除候補人員並司事、工匠人等由臣分别酌量給奬外，所有知府銜候選同知曾昭吉、府經黄德純、巡檢高啓文，在局最久，辦事尤爲得力，均非候選人員，無從給奬，未免向隅。合無仰懇天恩俯准給予曾昭吉、黄德純、高啓文等三員加級以示奬勵之處，出自逾格鴻慈。除咨部外，所有川省機器局員勤慎將事，請給奬勵緣由，是否有當，理合恭摺具奏，伏乞皇太后、皇上聖鑒訓示。謹奏。

光緒十年十二月三十日軍機大臣奉旨：着照所請。吏部知道。欽此。

中國第一歷史檔案館等《中國近代兵器工業檔案史料》第一輯《吴大澂創設吉林機器局出力各員仍請給奬折光緒十二年十一月十四日》新授廣東巡撫臣吴大澂跪奏，爲創設機廠在事各員异常出力，吁懇天恩敕部仍遵前旨給奬，以勵人才而資激勸，恭摺仰祈聖鑒事。

竊臣前因吉林創設機器廠，在事各員勞績卓著，遵旨擇尤保奬，會同吉林將軍臣希元兩次披瀝上陳，於光緒十一年十二月初五日奉旨，着照所請，該部知道，欽此。聞命之餘，同深欽感。嗣准吏部核議奏駁，鈔録原奏咨行到臣。

竊惟方今時局要務，不外船政、軍械兩大端。中國於機器製造向無專官世業，近年來始於津、滬、閩、粤等處創設機廠，仿照外洋製造船械。吉林係國家根本重地，東北袤延二千餘里，東南直出圖們江海口，内拱皇畿，切近肘腋，邊防關係亟於他省，機器製造尤爲當務之急。從前東三省需用軍火，動由内地各省接濟，轉運需時，倉卒恐難應手。臣前奉命督辦寧古塔等處事宜，揆時度勢，於吉省適中之地，創設機廠，爲軍儲浚不涸之源，即爲邊要裕緩急之用。當創辦之初，吉省委員從未講求機器製造等事，謀始乏人，樂成無日。同知宋春鰲等不憚數千里跋涉而來，深知機廠爲時局要務，關係最重，事成之後，又蒙恩准給奬，無不感奮圖功。臣今春奉命勘界，道出吉林，見該廠自行創造新式槍炮，機括極靈，施放亦准，足爲臨陣衝突之利器，上年曾經臣希元派員解送神機營試演。是其潜心機學，不屑沿襲泰西之明驗。事成而無以奬勵，道遠而反致向隅，邊地需才，更無激勸招徠之術。查部咨所稱概不准保，係爲慎重名器，窒礙章程起見，現經海軍衙門王大臣酌議保奬章程，量爲變通，於光緒十二年七月十四日奏奉懿旨依議，欽此，則機器製造本在應保之列。海軍衙門原奏内開：海軍實有關係者，無過於機器、船政。各省水陸操防、船政、機器，或與海軍相輔而行，或爲海軍必需要務，懇請慈恩飭下吏部開除不准保奬之禁。凡沿海省分應保營、局各員，尋常保奬以五年爲限；如有奇才异能，創製軍械或得力船隻，由該省督撫考驗明確，咨送海軍衙門覆驗屬實，即破格懇恩録用。其非沿海省分，操防、機器皆爲固圉要務，並懇恩准比照海軍保奬年限章程，擇尤酌保各等因。今吉林視沿海省分爲尤要，機器製造非尋常營局可比，創造新式槍炮尤爲才能出衆之見端。該員等五六年來，不避艱險，厥告成功，洵屬异常出力。所有宋春鰲等二十八員，合再繕具清單，吁懇天恩敕部仍遵前奉諭旨給奬註册，以維時局而勸方來。除開單咨送海軍衙門查照外，謹會同吉林將軍臣希元合詞恭摺具陳，伏乞皇太后、皇上聖鑒訓示。

再，擬保各員有聲請改奬及原銜舛錯者，謹予單内一律更正，合併陳明。謹奏。

光緒十二年十一月十七日軍機大臣奉旨：着仍遵前旨給奬。該衙門知道。單并發。欽此。

〔附〕清單

謹將吉林機器製造在事尤爲出力各員擬保官階，敬再繕具清單，恭呈御覽。

計開：

四品銜知府用江蘇試用同知宋春鰲，請以知府仍歸原省補用。雙月補選道龔照玙，前由道銜分省補用知府請補缺後以道員用，今請以道員不論雙單月盡先選用。直隸州用候選知州汪啓請加運同銜。吉林烏槍營鑲紅旗藍翎佐領鳳翔，請以應升參領協領之缺盡先前補用，先换頂戴。吉林通溝站七品筆帖式晋昌，請以本省主事盡先前補用，先换頂戴。候選中書科中書江輝，請以同知選用。指分直隸候補知縣陸保善，請加同知銜。候選鹽課大使沈庚垚，請以知縣不論雙單月遇缺選用。五品銜候選州判張廣生，請賞給五品封典。議叙候選州判汪鈞澤，前請以知縣不論雙單月遇缺選用，今改請俟得缺後以知縣用。北河試用州判徐國楨，請歸先儘班補用。同知銜知縣用浙江試用縣丞王叔蕃、指分安徽盡先補用縣丞邱瑞麟、指分河南試用縣丞周桐豫，以上三員均請以知縣仍歸原省補用。指分直隸試用縣丞顧元勛，前請以知縣不論雙單月遇缺選用，今改請以知縣仍歸原省補用。廪生楊世濂、廪生蘇紹基，以上兩員均請以訓導不論雙單月盡先前選用。指分北河分缺先補用主簿查富璣，請以縣丞歸先儘班仍留北河補用。附貢生王錫恩、文生邵瑞琮、文生程玉照，以上三員均請以縣丞不論雙單月選用。候選從九品申丕鼎、候選從九品馬汝舟、文童宋福生、文童黄祖德、文童王同慰，以上五員均請以巡檢不論雙單月選用。游擊用兩江盡先都司沈廷棟，請以游擊仍歸原省補用。藍翎千總孫超，請以守備盡先補用。

軍機大臣奉旨：覽。欽此。

中國第一歷史檔案館等《中國近代兵器工業檔案史料》第一輯《張之洞奏請開復温子紹片光緒十五年十月二十日》再，前因在籍江蘇試用道温子紹辦理廣東機器局未能核實，經臣奏參先行革職，澈底查辦；旋經查明尚無侵吞浮冒情弊，惟物料不免虛糜，除將領款駁扣外，另行責令賠繳銀二萬兩，並將添建製造局廠屋之費責令捐修，該革員業經革職，請免置議等情具奏，奉旨：溫子紹賠繳銀二萬兩，即着撥充海防經費，餘依議。該部知道。欽此。各等因在案。

茲據善後局司道詳稱：所有此項罰款，早經該革員照數呈繳，其責令修捐廠屋，亦已遵照落成。伏查廣東先時向無機器，自同治十二年始由該革員奉委開辦，維時草創之初，規模未備，物料購自外洋，工徒招從廛市，其采辦之輾轉折耗，製造之拆改頻煩，良由工藝生疏時勢使然，尚非該革員侵蝕入己。頻年以來，工匠解者漸多，轉相授受，現今陸續開設各廠，取用不竭，溯厥由來，實爲該革員開其風氣。是其功過本不相掩。且先年所報支用數目，業經核刪銀一萬五千五十兩，又將應領未發之款駁扣一萬五千兩，又另責令賠繳銀二萬兩，並將移設城西新建製造局添造廠屋之費責令捐修，是追繳之項已屬不少。前經奏明如此辦法毫無浮冒，既無浮冒，則其創辦之效，似亦未可盡没。當此用人之際，該革員於機器之學雖屬疏淺，然究曾經考核講貫，且又歷練有年，未嘗不堪造就。所有應賠、應修各項，均已遵照分別完繳清楚。詳懇奏請開復前來。

臣覆查該革員溫子紹，從前辦理機器局務物料不免浮糜，工徒不盡得力，由於開辦之始。事出有因，並非營私中飽，至其風氣所開，未必竟無微效，亦經臣於前奏聲明。該司道等所詳均係實情，現在應賠、應修各項既經該革員分別完繳，尚屬深知愧奮。合無仰懇天恩俯准，將已革二品頂戴花翎・江蘇試用道溫子紹原官頂戴翎枝一並開復，仍歸江蘇原省試用，免繳捐復銀兩，以觀後效。出自逾格鴻慈。謹附片具陳，伏乞聖鑒。謹奏。

光緒十五年十一月初六日奉硃批：該部議奏。欽此。

中國第一歷史檔案館等《中國近代兵器工業檔案史料》第一輯《李瀚章奏請開復溫子紹片光緒十六年八月初七日》 再，二品頂戴花翎江蘇試用道溫子紹，前在廣東創辦機器局，用度未能節省，經前督臣張之洞奏參革職，罰賠銀二萬兩，並責令捐辦製造局廠屋。嗣因賠項繳清，建屋完竣，查其在差時並非營私中飽，而創辦機器，講求洋法，尚有微勞，復經前任督臣張之洞及臣兩次奏請開復。接准部咨，該員參案係以免其置議奏結，礙難照准，臣亦何敢再三瀆求。惟查溫子紹於機器製造曆練多年，頗有心得，實爲可用之才。現在粵中製購各國槍炮，其碼彈所存無幾，若非善爲仿造，設遇有警，有槍無彈，何以應敵？臣前派廣甲輪船赴北洋合操，間有局製銅拉火未能合式，開炮即難靈便，可見一物未精，所關匪細，平時不講，遇敵必撓。溫子紹專精於是，爲他員所不及，現值需人之際，合無仰懇天恩俯准將該員賞還原品頂戴翎枝，留粵經辦機器製造等事，以資得力之處，出自逾格鴻慈。臣爲講求軍實起見，是否有當，理合附片具陳，伏乞聖鑒訓示。謹奏。

光緒十六年九月初五日奉硃批：着照所請。吏部知道。欽此。

中國第一歷史檔案館等《中國近代兵器工業檔案史料》第一輯《長順奏南山火藥局篩藥房轟傷人命請飭兵部對主管官弁分別議處片光緒二十年四月初三日》

再，據管理火藥局藍翎升用守備盡先千總孫超稟稱：南山火藥局篩藥房最易失事，故近年改造板屋布頂。本年三月十四日，各匠徒在房工作，不知因何起火，將該房匠徒轟傷身死者十四名，幸所做藥料無多，但將板房頂布轟去，未延他屋。此係匠徒自不小心，既已轟死，起火之由無從究問。所有各尸身均隨時棺殮，交各該家屬認明領埋，並優給撫恤銀兩。一面將轟毀板房趕緊賠修，已另撥匠徒照常工作。惟造藥司事把總銜監生鄭蓮生，職司專管，未免疏於防範；孫超既管理局務，於篩藥房即有兼統之責；請核辦等情前來。

奴才查火藥局轟斃人命，雖因篩藥失事，與存儲之藥不同，惟轟死匠徒至十四名之多，司其事者自難辭咎。所有該管官弁盡先千總孫超、把總銜監生鄭蓮生相應請旨飭下兵部分別議處，以示儆儆。除飭孫超此後務宜督率司事工作人等加意小心巡查俾免疏虞外，所有火藥局篩藥房轟傷人命緣由，謹附片具陳，伏乞聖鑒訓示。謹奏。

中國第一歷史檔案館等《中國近代兵器工業檔案史料》第一輯《着將南山火藥局孫超交部議處鄭蓮生斥革之上諭光緒二十年四月十九日》 光緒二十年四月十九日內閣奉上諭，長順奏本年三月間南山火藥局篩藥房失火，轟毀板房，傷斃匠徒十四名，請將該管官弁分別議處等語。吉林南山火藥局因篩藥失火，該管官弁未能先事防範，以致轟斃多命，實屬咎有應得。盡先千總孫超着交部按照奏定章程議處，司事把總銜監生鄭蓮生着即斥革，餘着照所議辦理。該部知道。欽此。

中國第一歷史檔案館等《中國近代兵器工業檔案史料》第一輯《譚鈞培奏請獎勵雲南機器局周瑞璧片光緒二十年十月二十五日》 再，行軍以利器爲先，製造以精工爲要，所以運籌軍械，亦得與衝鋒陷陣共叙其勞。滇省緊鄰緬、越，邊防廣袤，軍政不可一日稍松。近年設立機器局，製造洋式軍裝、火藥，制法巧繁，經理頗難得力。查有大關同知周瑞璧，前因調署留省，派委督辦該局事務。該員自到局以來，刻意講求，製造各物俱臻精細，在差兩年有餘，無間終始，似未便没其微勞。查該員前於剿平猓黑木戛寨夷匪案内出力奏保在任以知府前先補用，光緒十五年四月初九日奉旨依議，欽此。茲據雲南布政使史念祖會同善後局司道詳請將該員周瑞璧開去大關同知本缺，以知府仍留雲南歸候補班前先補用，以示獎勵，而昭激勸。並聲明大關同知係夷疆要缺，滇省現有應升、應調、應補人員，應請照例扣留外補。理合造具該員出身履歷，詳請奏咨等情，前督臣王文韶未及核辦卸事，移交前來。臣復查無异。合無仰懇天恩俯准將雲南大關同知在任前先補用知府周瑞璧開缺，以知府仍留雲南歸候補班前先補用。出自逾格鴻施。除將該員履歷送部查照外，謹附片具奏，伏乞聖鑒訓示。

再，雲南巡撫係臣本任，毋庸列銜，合併陳明。謹奏。

光緒二十年十一月二十七日奉硃批：着照所請。吏部知道。欽此。

中國第一歷史檔案館等《中國近代兵器工業檔案史料》第一輯《延茂奏吉林機器局蒙混情弊請將前總辦達桂等交部議處折光緒二十二年七月二十三日》 署理吉林將軍奴才延茂跪奏，爲吉林機器局弊混顯然，非澈底清查不足以資整頓，謹據實糾參，恭摺仰祈聖鑒事。

竊查吉林機器局之設，創始於光緒七年，迄今十有六年，而在局任事最久者，爲現在督辦三姓礦務之道員宋春鰲。奴才前任奉天學政時，兩次按試吉林，即聞該局侈口鋪張，虚糜特甚，第以事無實據，未便作出位之思。方今時事艱難，正臣子痛心疾首之日，乃過蒙天恩權守斯土，凡有利之可興，弊之可去，皆分内應辦之事，萬不敢存五日京兆之心。該局自創設以來，衣鉢相傳，牢不可破，動輒藉口於款項之不足，賠累之太甚，工匠之跋扈，轉運之艱難。局員方挾以爲重，長官竟無可如何。此等壞習，原不始於吉林，而近日吉林之風氣，已駸駸乎有城中高髻四方一尺之勢。

奴才自本年六月初八日接任，先後接准前將軍長順咨開：吉林機器局收支各款，每歷交接時，向歸截日報銷，以清款目。本將軍於六月初三日附片奏明，光緒二十二年五月底止以前所有該局收支款項歸長順造册報銷，自六月初一日起，以後支需款目由延茂造報，並飭該局將五月底以前不敷經費銀兩及庫儲各項料件各數目，開具清折咨送前來。奴才查該局清折内開，不敷庫平銀四萬四千餘兩，又庫儲料件折内有紫銅十萬零六千餘斤。伏思此項不敷銀兩及所儲料件，既經前將軍長順奏明將來由奴才造册報銷，則銀款之因何不敷，料件之是否符合，自應逐款查明，以符奏案。且奴才與前將軍長順訂交數十年，素知其天性仁慈，待人未免過厚，而該局又巧詐跋扈，無人不受其欺，是以將該局之總辦達桂等暫行撤差，另委此次奏調之内閣中書容賢接辦，並檄飭分巡道聯陞親歷該局，逐款清查去後。查前將軍長順轉據該局開列交代各項料件清折，内有各色紫銅一項十萬六千餘斤，迨經盤查過稱，庫存實有三萬六千餘斤，而該局即趁此清查亦報爲三萬六千餘斤，反謂初報長順時之十萬六千餘斤爲筆誤。復經檢查庫房收發流水各簿，截至前將軍截期交代之日止，應存紫銅四萬三千餘斤，並取具管庫司事甘結，經分巡道聯陞、中書容賢申報前來。

奴才復查該局歷年以來，弊混欺蒙已成錮習，即此紫銅一項，三面考證全不相符。然則前此所報十萬六千之數，謂非欺蒙長順而何？且據該局聲稱，並未備文申報，是以未經存案。夫歷任交代全以案牘爲憑，今該局於申報交代要件並不立案，是其蒙混情弊已屬顯然。相應請旨將撤差之機器局前總辦記名副都統花翎協領達桂、五品藍翎分省補用州同魏春寅先行交部議處，交吉林分巡道聯陞逐款清查，分别研訊。如另有别項情弊，再行從嚴參辦，以儆將來，而重公款。所有查出機器局料件前後不符，先行糾參各緣由，理合恭摺具陳，伏乞皇上聖鑒訓示遵行。謹奏請旨。

硃批：着照所請，該部知道。

中國第一歷史檔案館等《中國近代兵器工業檔案史料》第一輯《兵部等奏吉林機器局前總辦達桂委員魏春寅議以革職折光緒二十二年九月二十九日》 兵部等部謹奏，爲遵旨議處事。

内閣抄出署吉林將軍延茂奏，奴才自本年六月初八日接任，先後接准前將軍長順咨開，吉林機器局收支各款，每歷交接時，向歸截日報銷，以清款目。本將軍於六月初三日奏明，光緒二十二年五月底止以前該局收支款項歸長順報銷，自六月初一日起以後支需由延茂造報，並飭該局將五月底以前不敷經費銀兩及各項料件數目，開具清折咨送前來。奴才查該局折開不敷庫平銀四萬四千餘兩，庫儲料件折内有紫銅十萬六千餘斤，伏思此項不敷銀兩及所儲料件，既經長順奏明將來由奴才造册報銷，則款之因何不敷，物料之是否符合，自應逐款查明以符奏案，並檄分巡道聯陞親歷該局，逐款清查去後。查前將軍長順轉據該局開列交代內，有各色紫銅十萬六千餘斤，迨經盤查過稱，庫存實有三萬六千餘斤，而該局即趁此清查亦報爲三萬六千餘斤，反謂初報長順之十萬六千餘斤爲筆誤。復經查庫房收發流水各簿，截至前將軍截期交代之日止，應存紫銅四萬三千餘斤，並取管庫司事甘結，經分巡道聯陞、中書容賢申報前來。奴才復查該局歷年以來弊混欺朦已成錮習，即紫銅一項，三面考證全不相符，然則前次所報十萬六千之數，謂非欺朦長順而何？且據該局盧稱，並未備文申報，是以未經存案。夫歷任交代全以案牘爲憑，今該局於申報交代要件並不立案，是其朦混情弊已屬顯然。相應請旨將撤差之機器局前總辦・記名副都統・花翎協領達桂、五品藍翎・分省補用州同魏春寅先行交部議處，等因。光緒二十二年八月初十日奉硃批，着照所請，該部知道，欽此，欽遵抄出到部。

查此案吉林機器局申報交代朦混之前總辦・記名副都統・花翎協領達桂等，經該署將軍奏請先行交部議處，欽奉硃批着照所請。應請將吉林機器局前總辦・協領達桂，比照文職官員朦混革職私罪例，議以革職。吏部查吉林機器局委員・分省補用州同魏春寅，既據該署將軍奏稱於申報交代要件並不立案，是其朦混情弊已屬顯然，武職既經兵部議以革職，所有分省補用州同魏春寅，應請亦照官員朦混革職私罪例，議以革職。所有遵旨議處緣由，是否有當，伏乞聖鑒訓示遵行。

再，此折係兵部主稿，會同吏部辦理等因，光緒二十二年九月二十九日具奏，本日奉旨：依議。欽此。

中國第一歷史檔案館等《中國近代兵器工業檔案史料》第一輯《譚鍾麟奏廣東製造火藥局被焚予責任者分別處分片光緒二十三年十二月初四日》 再，廣東省製造火藥局在城西七八里外增步地方，四無居民。碾藥用鐵盤，機輪旋轉皆鐵器，以鐵磨鐵則生熱，故時以水潤之。本年十一月二十四日，正在碾藥工匠疏於灌水，致鐵盤與鐵輪相碰，火藥自燃，燒燬造成藥百餘斤，轟斃工匠十一人，廠屋九間，同時震榻壓傷地屋工匠八名。專辦委員楊國昌聞聲趨視，被火燒傷甚重，越七日身死。幸製造槍彈廠另隔一墻，未及延燒，工匠二百餘人皆無恙。兼辦委員熊全萼在東局，旋即往救，勢已無及。據司道查明禀報前來。

臣查此次失慎，咎在工匠。專辦委員・候補驍騎校楊國昌例應革職，業經傷斃，應毋庸議。兼辦委員・准補遂溪縣知縣熊全萼猝不及防，應請旨交部察議。會辦、司道等遠隔城烟，非意料所及，請免置議。除飭司道、府縣將傷斃工匠掩埋、撫恤，並擇妥慎之處另建製造火藥局一區外，所有藥廠被焚緣由，謹會同廣東巡撫臣許振祎合詞附片具陳，伏乞聖鑒，敕部議覆施行。謹奏。

光緒二十四年正月初十日奉硃批：吏部議奏。欽此。

中國第一歷史檔案館等《中國近代兵器工業檔案史料》第一輯《延茂奏委春海接充吉林機器局總辦片光緒二十四年正月初六日》 再，吉林機器局歲支巨款，專司製造軍火子藥並修治槍炮各事，關係軍儲，責任最爲重要。現在鑄造銀圓一事，亦歸該局兼攝，事務益形繁劇。所有總辦一差，非穩慎可靠之員不足以資委任。上年六月奴才到任後，因查明該前總辦達桂等辦理不善，據實奏參，改委奏調之內閣中書容賢接辦，當經隨折聲明在案。茲據該總辦容賢呈報丁憂，請假回旗。遺差查有副都統銜花翎協領春海，老成穩練，堪以接充。除檄飭遵照外，理合附片陳明，伏乞聖鑒。謹奏。

硃批：知道了。

中國第一歷史檔案館等《中國近代兵器工業檔案史料》第一輯《延茂等奏吉林機器局員弁充差已屆五年照章擇優保奬折光緒二十四年七月二十二日》 奴才延茂、英聯跪奏，爲吉林機器製造局文武員司、工匠等勤奮充差已屆五年限滿，謹照章擇優保奬，恭摺仰祈聖鑒事。

竊查前准海軍衙門咨，奏定保奬章程內開，各省水陸操防、機器，凡沿海省分應保營、局各員，尋常保奬以五年爲限。其非沿海省分，操防、機器皆爲固圉要務，並照海防保奬年限章程擇優酌保，以免向隅等語。於光緒十二年七月十四日欽奉懿旨之日起，扣限五年，方准保奬等因，咨行欽遵在案。查上届經前將軍長順遵章將在局文武各員弁奏請奬勵，奉部議准在案。

茲查吉林機器製造局自十七年七月十五日起，扣至二十二年七月十四日止，已届五年期滿。惟奴才甫經到任，所有該局員司、工匠是否出力均未能周知。因先將該局存儲各項料件派員逐一盤查，並將辦理不善之總、會辦等分別撤參，派員接辦各情形，均於二十二年七月暨二十三年四月先後具折陳明，奉旨允准在案。嗣經督飭接管各員認真整頓，現在該局文武員司及工匠、書識等均能各勤廠職，於製造軍火、修理槍械等事無不加意講求，悉皆適用，洵屬尤爲出力，自應照章將在局出力文武各員弁先期造册咨部立案。

茲查明該局員司、工匠、書識等實在尤爲出力者，文職五十三員名、武職六員名，謹繕其清單，恭呈御覽。合無仰懇天恩飭部核議准照所擬分別給獎，以示鼓勵之處，出自逾格鴻慈。

除咨總理各國事務衙門查照，並將各員弁履歷咨送吏、兵二部及武職應奬千把外委另咨兵部核議，並出力較次者由奴才等分別酌給功牌外，所有吉林機器製造局製造軍火、修理槍械等項均能適用，遵照五年限滿章程擇尤保奬緣由，理合恭摺具奏，伏乞皇上聖鑒訓示。謹奏。

光緒二十四年八月初十日奉硃批：該部議奏。單二件并發。欽此。

中國第一歷史檔案館等《中國近代兵器工業檔案史料》第一輯《陶模爲聘魚雷局總管事致外務部之咨呈光緒二十八年二月二十八日》爲咨呈事。光緒二十八年正月二十四日，承准貴部咨開：光緒二十七年十二月二十一日，准德國穆使函稱，接據廣州德國署領事聲稱，德國人胡羊利者在黄浦魚雷局充當總管，歷有年所，現擬歲底辭退回國。按兩廣總督之意，所開胡姓總管魚雷局之缺，暫行勿庸另補。查該局素屬德國人總管，凡所用各料，如雷艇、魚雷機器等物，均係由德國購來，倘再聘請外人總管魚雷局，則將此缺仍補一德國人爲妥。

中國第一歷史檔案館等《中國近代兵器工業檔案史料》第一輯《錫良等奏請將祁祖彝留川補用片光緒二十九年十二月初三日》再，川局槍械不精，固由機器粗笨，抑亦不得其人所致。製造本專門之學，舉凡建置機輪，較合膛彈，毫厘參錯，利鈍懸殊。茲查有貴州候補通判祁祖彝，向在美國學堂多年肄業，究心藝學，秘奥能窺。經奴才電調來川，飭令詳加考察，指授工匠，兩月以來，漸有起色。現在出洋購機，有道員章世恩之誠篤耐勞，操守可信，又得該員爲之研究，則一切更臻妥善，將來全機運蜀，督率工匠，觀摩傚法，裨益非淺。

但該員係貴州人員，購機又川省重事，借才异地，難以一心志而專責成。現奉諭旨，嗣後除軍務省分，不得紛紛奏調等因，欽此。仰見朝廷澄叙官方，杜塞幸進，欽佩莫名。惟川省機器拓辦新廠，造槍配藥，用備軍儲，以資禦侮，事雖殊於行陣，理實寓於戎機。況本省並無明通製造之員，購新機之員委派更不敢拘牽常格，遷就用人，合無仰懇天恩俯准將貴州候補通判祁祖彝留川以(本)班補用，並免繳離省分發銀兩，俾得專心製造，用當其才，必大有裨於戎備矣。是否有當，謹會同兼署成都將軍副都統奴才蘇嚕岱附片具陳，伏乞聖鑒訓示。謹奏。

光緒二十九年十二月二十四日奉硃批：覽。欽此。

中國第一歷史檔案館等《中國近代兵器工業檔案史料》第一輯《練兵處奏川省奏調祁祖彝可否允准恭候聖裁折光緒三十年二月初十日》再，據調署四川總督錫良片奏，請以電調之貴州候補通判祁祖彝留川補用，並免繳離省分發銀兩一節。查該員祁祖彝既已到川，自應暫歸錫良差遣委用。伏查上年十月間，恭奉諭旨，嗣後除軍務省分外，不得紛紛奏調等因，欽此。該署督所請祁祖彝留川補用，並免繳離省分發銀兩，自是爲需才孔亟起見，臣處未便擅擬。可否仰懇恩施允准之處，伏候聖裁。謹附片具陳，伏乞聖鑒。謹奏。

光緒三十年二月初十日奏，本日奉旨：毋庸議。欽此。

中國第一歷史檔案館等《中國近代兵器工業檔案史料》第一輯《丁振鐸奏查明雲南機器局總辦莫楷領支款項尚無知情入己各弊折光緒三十年十一月二十八日》雲貴總督兼管巡撫事臣丁振鐸跪奏，爲查明管理機器局道員領支款項尚無知情入己各弊，先行議結，恭摺仰祈聖鑒事。

竊查總辦雲南機器局試用道莫楷，自光緒二十八年接辦該局事務以來，領款較多，核查出入各數不符甚巨，顯有浮冒，當經奏參革職，歸案查辦。光緒三十年十月初四日奉硃批，着照所請，該部知道。欽此。欽遵轉行辦理去後。

茲據署雲南布、按兩司陳燦、普津，試用道柳旭、曾垂治等，督同雲南府知府鄒馨德、署昆明縣知縣桂福，調齊機器、善後兩局案卷、册簿，詳細核查。該革員在差一年八個月零，共領銀八萬二千餘兩，逐款查對，計浮冒銀一萬一百七十餘兩，實由物料轇轕，司事朦混冒銷所致。蓋機器局應造一切軍火皆有定額，年來如團練處、軍械所迭次屬其代造槍枝、銅帽、筆碼等項，爲數不少，均就局儲之料，隨時造交，將價收回，而該革員族侄莫明德代爲經理收支事件，即乘機舞弊，所有代造各處軍火用去工料，均一概羼入本局册報，朦混冒銷，該革員辦事疏率，以致受其朦蔽。質之在局各員及嚴訊匠役人等，情節皆同，該革員實尚無入己及知情冒銷情事。現經點驗該局存儲，已買未銷物料，共值價銀六千一百七十八兩零，善後局已據册報，未領款項，亦實存銀四千一十二兩零，共合銀一萬一百九十一兩二錢，抵除前項冒銷之數，尚屬有盈無絀。惟莫明德聞拿潛逃，飭緝無獲，應請先行議結等情，會詳請奏前來。

臣查已革雲南試用道莫楷，總辦機器局務應如何妥慎經理，乃任其族侄莫明德朦混冒銷銀一萬餘兩之巨，雖查明該革員尚無知情入己各弊，冒銷之款亦經抵收清楚，但事前毫無覺察，顢頇溺職，咎無可辭，業經革職，應毋庸議。提調各員平日專管工廠事務，冒銷一層無從覺察，情尚可原，並已撤差，亦請免議。莫明德仍飭嚴緝，獲日究辦。

除該局一切事務已另遴員，妥定章程，認真整頓外，所有查明總辦機器局道員領支款項，尚無知情入己各弊，先行議結緣由，謹會同雲南巡撫・調署貴州巡撫臣林紹年恭摺具陳，伏乞皇太后、皇上聖鑒訓示。謹奏。

硃批：該部知道。

中國第一歷史檔案館等《中國近代兵器工業檔案史料》第一輯《袁世凱奏王仁寶未完事件清理就緒後再行入覲片光緒三十一年七月》 再，天津道王仁寶蒙恩簡放浙江按察使，即應入都陛見。惟查德州機器製造局規模宏大，係由王仁寶經營締造，未完事件尚多，擬請暫留，該司清理就緒，再行入覲，以清經手。理合附片具陳，伏乞聖鑒訓示。謹奏。

光緒三十一年七月十三日奉硃批：着照所請。欽此。

中國第一歷史檔案館等《中國近代兵器工業檔案史料》第一輯《錫良奏請將章世恩等留川省補用片光緒三十一年十二月初一日》 再，近來新政叠興，百端待舉，欲期得人而理，固非闒冗者所能圖功，亦非懵昧者所能從事。各屬地方創辦要政，牧令豈盡明通，全在道府爲之督飭提倡。至省城所設各局，皆以爲道員總辦，若該總辦未能明其肯綮，切實振興，則諸政終有名而無實。

奴才自維弇陋，深資群力衆材相助爲理。兹查有總辦機器局奏調河南候補道章世恩，辦事素稱結實，操履尤極謹嚴。自前年派令出洋考察工藝，躬歷歐美，博訪勤求，具有心得。現經整理局務，專精考核，確見日起有功。【略】以上三員，均經奴才考察得實。合無仰懇天恩俯念川省人材難得，准將河南候補道章世恩、候選道方旭，並將候選道徐樾開去威遠縣底缺，一並留於四川，仍以道員補用，俾得借收指臂之效。該道等應繳留省等項銀兩，可否並懇援照調任山東撫臣張人駿奏留道員楊晟，暨前署督臣岑春煊奏留羅崇齡等成案，准予免繳，出自逾格鴻施。【略】除飭取各該員履歷另行咨送外，理合附片具陳，伏乞聖鑒訓示。謹奏。

三十二年正月十八日奉到硃批：着照所請。該衙門知道。欽此。

中國第一歷史檔案館等《中國近代兵器工業檔案史料》第一輯《張之洞奏請獎勵湖北兵工鋼藥兩廠出力各員折光緒三十三年七月二十六日》 太子少保體仁閣大學士湖廣總督臣張之洞跪奏，爲湖北兵工、鋼藥兩廠製造槍炮、彈藥著有成效，在事出力各員，援案懇請獎叙，以示鼓勵，恭摺具陳，仰祈聖鑒事。

竊惟强國首重練兵，而練兵必先製械。近年來，各省增練新軍，改編營制，凡各鎮、協所用軍械，皆須通國一律，故陸軍部近議建立四大廠，使所出器械日多、日精，以備緩急之用。誠以全國命脉所在軍械，精粗利鈍之分，即國勢强弱存亡所係。然以目前計之，除漢陽一廠規模業已略備外，其餘各廠凡擇地、購機、選匠、建廠各事胥待經營，計製成器械總須在數年以後。若是，則漢陽一廠似尤宜提倡鼓勵，俾在事各員精神振作，於各廠未成之日，精心研究，使造成之品日見精進，所出之數日有增多，以應各省購撥之用。

查湖北兵工一廠經臣創始於光緒十六年，經營籌度歷七年而規模始具。初名槍炮廠，其時機器尚少，製造不多。復經設法擴充，添購機器，始易今名，業經奏明在案。臣督飭經理各員勤加考究，從前初辦時每日所出七密里九口徑毛瑟快槍不過十餘枝，今則每日造五十餘枝；槍彈一項由日造數千顆，近加至五萬餘顆；所造三生七格魯森快炮，自開機起至二十五年止，共得六十餘尊；嗣於二(十)五年改造五生七過山快炮，每年自六十餘尊至九十尊；開花炮彈由五萬餘顆遞加至每年七萬餘顆；所造各種槍、炮，子彈與購自外洋者無所區別。至鋼藥廠，陸續增設煉鋼、拉鋼各廠，所出鋼質亦頗精韌；藥廠所造成無烟藥，足能源源接濟，使兵工廠無誤製造子彈之用。實屬成效昭著。近年各省購辦軍械，每多取諸鄂廠。上年陸軍部、巡警部、步軍統領衙門亦各電令解交槍枝、子彈，均經臣隨時飭該廠如數解往交納驗收。計自開機日起，截至三十二年年底止，共造成馬、步快槍一十萬零一千六百九十枝，槍彈四千三百四十二萬七千九百三十一顆，各種快炮七百三十尊，前膛車炮一百三十五尊，各種開花炮彈六十三萬一千七百零五顆，前膛炮彈六萬零八百六十顆。查在廠歷年辦事各員，或督催工作，或綜核料款，均能寒暑無間，勞瘁不辭，實係异常出力。查該廠於光緒二十四年經臣奏請獎勵一次，所保係二十三年以前出力人員，距今計及十年之久，已届兩次例保之期，在事人員實屬始終勤奮。兹擇其尤爲出力者，分别异常、尋常勞績兩案，彙爲一案，奏請給獎。謹繕具清單，恭呈御覽。合無仰懇天恩俯准照獎，以昭激勸而勵將來。出自逾格鴻施。此外，在事出力人員，容臣分别給予外獎，藉資鼓勵。除飭取各員履歷咨部外，所有兵工廠在事尤爲出力人員，理合恭摺具陳，伏乞皇太后、皇上聖鑒。謹奏。

光緒三十三年八月初七日奉硃批：該部議奏。單并發。欽此。

〔附〕清單

謹將湖北兵工、鋼藥兩廠在事最爲出力各員，按照异常、尋常勞績，分別請獎。繕具清單，恭呈御覽。

計開：

二品頂戴湖北試用道高凌霨，請仍以道員歸候補班補用。四川松潘鎮總兵張彪，擬請加提督銜並賞給三代正一品封典。分省試用同知劉錫祺，請免補同知以知府分省補用。湖北試用知縣韓方樸，請免補本班以直隸州知州補用。指分湖北試用縣丞王來炘，請免補本班以知縣歸候補班補用。候選縣丞李德源，請免選本班以知縣盡先選用。游擊用盡先補用都司黎元洪，請免補都司以游擊盡先補用。盡先補用守備何榮，請免補守備以都司盡先補用。守備銜留浙補用千總沈鳳銘，請免補千總以守備盡先補用。盡先補用千總曾廣大，請免補千總以守備盡先補用。（查上開高凌霨一員，係該兵工、鋼藥兩廠總辦，統籌全廠事務勞怨不辭；張彪一員係該兩廠會辦，專管製造事宜，殫心研究，裨助甚多；黎元洪一員，係兼辦該兩廠武提調，派令專考究製造各事；劉錫祺、韓方樸、何榮、沈鳳銘、曾廣大五員，係炮廠、槍廠、藥廠、炮架、炮彈各廠監工、查工委員，日夜在工，指授匠徒，督催工作；王來炘、李德源兩員，係專管物料庫房委員，於備辦料件、綜核款項，深資得力。以上十員，實係最爲出力之員，均擬請准照异常勞績給獎。）

湖北補用道蔡琦，請加二品頂戴。分省補用知府岳廷彬，請俟補缺後以道員用。同知銜准補興山縣知縣王奎照，請以同知在任候補。湖北試用知縣曾輔翼，請俟補缺後以同知直隸州用。候選縣丞王毓嵩，請俟選缺後以知縣用。盡先補用游擊李應時，請俟補游擊後以參將盡先補用。盡先補用守備馬光啓，請俟補守備後以都司盡先補用。督標右營左哨千總餘明炘，請以守備在任盡先補用。盡先補用千總喻化龍，請俟補千總後以守備在任盡先補用。荆州城守營把總吴椿林，請以千總在任盡先補用。（查上開蔡琦一員，係兵工廠提調，岳廷彬一員，係鋼藥廠提調，經理該各廠事務俱能殫竭心力，勞瘁不辭；王奎照、曾輔翼、王毓嵩三員，係駐省總局暨兩廠文案收支委員，辦理文牘，經管銀錢，勤勞素著；李應時、馬光啓、余明炘、喻化龍、吴椿林五員，係各廠正副監工暨檢查槍械委員，俱能認真經理，克勤厥職。以上十員，俱係出力之員，均擬請准照尋常勞績給獎。）

硃批：覽。

《商務官報》光緒三十四年五月十五日第八期《批靴鞋行商董票》 據禀已悉。所有縫綃行工人，唆使縫靴桶工人，於閏四月十五日，因索增工價，齊行罷工等情。查工人無故罷工，實有不合。惟此案應由地方官辦理，業經據情咨行巡警部查明究辦，仰即遵照。此批。閏四月二十五日。

《商務官報》宣統元年九月二十五日第二八期《均益紗布合資有限公司》 宣統元年正月，沈燮鈞、林世鑫創辦，總號在上海南市生義街，資本銀五萬兩，每股銀五百兩，合資二十四人，爲合資有限公司，專事運銷紗布兼油豆餅。宣統元年九月十七日註册。

中國第一歷史檔案館等《中國近代兵器工業檔案史料》第一輯《趙爾巽爲留蔡琦辦理四川兵工廠事致軍機處電宣統二年八月十六日》 王爺、中堂鈞鑒：敬肅者，竊查川省兵工廠經始於光緒三十年，至本年四月始克開工，歷時六年，用款二百餘萬，規模宏大，所有機器均係現時世界最良新式，非得素有經驗之員委任辦理，竊恐鹵莽從事，反譏虛擲。爾巽前請調之湖北道員蔡琦，素不相識，惟前在鄂中，該道正充當鄂省兵工廠提調，見其辦事切實，規畫井然，旋爲拔委總辦廠事。及爾巽來川，因見川廠機器漸齊，開工在即，需用匠役頗多，一時難於造就，因函致該道代爲覓雇，到川試用，成績均佳，可見該道平日辦事、用人均尚可信。旋即電商鄂督調川差委，覆電認可，始爲附片奏陳。昨奉硃批，未邀允准，當即欽遵在案。

惟查該道到川以來，總辦廠事頗著成效。其未到時，所調滬、鄂、粤各廠匠役，與本省舊用匠工多不相能，迨該道一到，悉聽指揮，即所雇洋匠亦均心悦誠服，孜孜盡力，可望日起有功。向使早能得人而理，亦不至迨至如此之久。今若驟易生手，誠恐廠務或有退步，殊非慎重軍儲之意。事體重大，委任無人，殊深焦灼。聞有謂該道在鄂辦廠成績未多上達宸聽，遂致未邀允准者，不知是否確實。然查該道在鄂廠初充提調，本無辦事全權，繼委總辦，整理廠務，較前實有進步。至鄂廠出品未能比美外人，則緣機器已屬舊式，造藥尚乏高選。此在各省舊廠皆然，原因不一，不能以爲辦事人之咎。而該道辦廠經驗在今時已屬難得。查前奉諭旨本係邊省調人不在禁止之列，仰見朝廷深鑒邊省用人之難。准此例外之恩，是否可再爲援案據實陳請之處，仰懇鈞右代爲詳陳准予暫時委用，俟物色得有優於該道者，即奏請更換。伏候鈞示祇遵。

再，現在我國造兵科專門人才僅有正參領陳幌一人，本有調川成約，嗣爲陸軍部調用，遂不得不求其次。今日人才均萃京師，外省用人本無上駟可求矣。專肅，敬請鈞安，伏乞垂鑒。趙爾巽謹肅。

中國第一歷史檔案館等《中國近代兵器工業檔案史料》第一輯《趙爾巽爲請代奏懇准蔡琦充當四川兵工廠總辦事致軍機大臣那桐電宣統二年十一月初七日》

北京。那中堂鈞鑒：閣。川省兵工廠用款二百餘萬，甫經成立。本年調湖北道員蔡琦充當總辦，大加整理，廠内諸務始克就緒。數月以來，全廠洋匠、工徒數百人，無不翕服趨公，已達出槍目的。且以新意用笋殼製成彈盒，堅實輕省，成績良好。惟前調該道折片，硃批未允所請，當將一切詳情函請鈞處代爲申請，未准函覆。若遵即到處，據右迄無一應；若欲緘默不言，誠恐貽誤大局；若驟更易生手，又恐中道隳廢，成功可惜，糜帑堪虞。至蔡道與爾巽素（無）相知之雅，前在鄂中見其辦事尚有條理，任事亦極赤誠，始予拔擢。今自調川以來，察看該道始終一轍，心精力果，實屬可用之才。且現在能辦兵工廠人員尤極缺乏，如陸軍部能將陳榥委派來川，夫復何言！若求其次似蔡道者，在川亦實爲不可多得。此外，爾巽意中絶不見有可當一面之才，即不敢輕付以數百萬重大之任。所有爲難下忱，可否請商承王爺、具勒爺、徐中堂代爲陳奏，俾予轉圜。大局幸甚！切盼覆音。爾巽叩。陽。

中國第一歷史檔案館等《中國近代兵器工業檔案史料》第一輯《趙爾巽爲仍請委蔡琦試辦四川兵工廠事致軍機處電宣統二年十一月十四日》 軍機處鈞鑒：申。川省兵工廠用款二百餘萬，於本年四月甫經成立。技師聘於外洋，工役求於江鄂，以至大小員司半皆借材异地。因川省既無成範可循，而美錦尤不敢使人學制。況一廠之内萃集五方，雜處千數百人，若總綱挈領之員事非經驗，誠恐虚擲巨金，貽誤大局。因思前在鄂中，看有道員蔡琦辦廠尚有經驗，人亦勤樸耐勞，且此次外來匠役半由該道招致，當可委令試辦。因電商鄂督擬調來川，復電認可，始爲附片奏陳。旋奉硃批，未邀俞允，當即欽遵在案。惟川省現無辦廠可靠人員，而事體重大，雖加委任各該員等，亦未敢貿然擔負。至爾巽所知人員，惟有正參領陳榥學有本源，堪勝此任，前年來川，本有成約，嗣經陸軍部調用委任，以至不果。此外籌思至再，遴選俱窮，深嘆今時辦事之難，人才之乏。至於道員蔡琦，前在鄂廠本係提調，並無辦事全權。嗣充總辦，整理廠事，較前實有進步。頃聞有謂該道在鄂辦廠成績未著者，不知鄂廠出品不能比美外人，實因機器已舊，經費未充，習於因仍，原因不一。在各省舊廠皆然，不惟專爲總辦一人之咎。若以該道在川所造槍枝，較其成績大有不同。現川廠技師、匠役經該道調和融洽，悉聽指揮，孜孜盡力，出品與洋製無异。又能於附屬物品就地取材，可節經費，實屬成績昭著。可否仰懇朝廷俯念邊省用人尤難羅致，暫仍准令該道試辦，一俟物色得人，再予更換。川廠幸甚！爾巽爲慎重數百萬國帑，不敢嘗試起見，是否有當，謹請代奏。爾巽叩。願。

中國第一歷史檔案館等《中國近代兵器工業檔案史料》第一輯《陳夔龍爲委派魏允恭任德州機器局總辦事致陸軍部之咨文宣統三年十月十六日》 欽差大臣辦理北洋通商事宜都察院都御史直隸總督部堂陳爲咨會事。

竊照德州機器局總辦言道敦源現經奉旨署理直隸巡警道，所遺德州機器局總辦差使，查有魏道允恭堪以派委接辦。薪夫銀兩照案支領。除分行外，相應咨明貴部，請煩查照施行。須至咨者。

右咨陸軍部。

近代工業工人部

綜述

中國第一歷史檔案館等《中國近代兵器工業檔案史料》第一輯《榮禄奏遵查傅雲龍被參各款情形折光緒二十二年五月十一日》 奴才榮禄跪奏，爲遵旨查明總辦北洋機器局道員傅雲龍被參各款，據實復陳，仰祈聖鑒事。

竊奴才奉命赴津查辦事件，四月二十三日請訓後，准軍機大臣字寄，本日奉上諭：有人奏督辦北洋機器總局候補道傅雲龍任意妄爲，毫無忌憚；該道之子范根、范鈒在局招摇；委員邱姓朋分平餘；張霨克苦工匠；辦理鑄鋼等廠，徒播虚聲，耗蠹帑項；等語。着榮禄按照所參各節秉公確查，據實具奏，毋稍徇隱。原件着鈔給閲看，將此諭令知之，欽此。遵旨寄信前來。

奴才馳抵天津，當以該局一切事件向歸北洋大臣管理，非咨查該大臣不足以昭核實，因逐款咨查，並調取該局各項卷宗册折，札飭該道暨該局提調王錫藩如實禀復去後。旋據北洋大臣咨復，並該道及提調委員等出具禀折切結前來。奴才復於五月初五日會同北洋大臣王文韶率領司員等親往該局各廠悉心查閲。謹將原奏指參各節爲我皇上縷晰陳之。如原奏内稱，該道充督辦後，任意妄爲，毫無忌憚，該局自委員、武弁、書手、工匠、夫役添换不下二三百人，非由情入，即以賄來，非顯宦子弟即無賴少年，長子范初在京當差，次子范根、三子范鈒在局日與各廠之顯宦子弟恣意招摇，轉相汲引，鋼廠委員鍾姓、司事戴姓，皆認該道爲義父，致津中呼機器局爲孩兒國各節。查據北洋大臣復稱：該局員弁、書手、工役約二千人，該道於光緒十七年二月派充該局會辦，二十一年四月始委總辦局務，所换委員如提調鄭嘉榮係另調别差，帳房委員帥畹係告假省親，炮子廠委員韋丞鼎係奉批撤委，工程廠委員慶志係請咨引見，尚非無故開除。其改委之鋼廠委員鍾穆生、機器廠委員傅鎮鋼、無烟藥廠兼繪圖委員姚申錫、栗藥廠委員劉式和等，均係禀候批示，始行改派，尚無請託情事。各局員薪水有限，亦未聞以賄得差者，書手、工役各項人等，或因病故開缺，或因誤工斥革，並無更换二三百人之多。該道次子范根、三子范鈒年甫成立，向在圖算學堂肄業，並無在局招摇、汲引等情。所稱顯宦子弟、無賴少年，查無其人。候選縣丞鍾穆生、司事戴姓，密加查訪，並無認該道爲義父之事。津中呼機器局爲孩兒國，亦未聞有此説等語。既據北洋大臣查復，奴才亦經采訪，均無確據。又原奏内稱，帳房委員邱姓係該道親串，入銀皆湘平，出銀不足津平，平餘朋分；機器廠委員張霨，該道同鄉，刻苦工匠，向例元旦休息十三日工食照舊發給，該道聽張霨之言不發此款，欲以分肥，致各廠工匠於二月初三四兩日聚集千餘人鼓噪大嘩，賴提調王錫藩力爲排解，其事乃寢各節。查據北洋大臣復稱，該局帳房邱錫釗係屬司事，與該道微有瓜葛，該局入款皆係庫平，出款則或發湘平，或發津平，或發行平，均照庫平折算，有帳據可查。委員張霨與該道同鄉，該局向例每年十二月二十五日停工，次年正月初八日開工，休息十三日工食照舊發給。上年因遠方工匠、學徒於停工前先期告假，開工後又任意遲延，委員張霨即將到工遲者所應發十三日工食罰扣歸公，而按期到工者仍舊發給，以示勸懲。罰扣者約百餘人，二月初三日曾有數十人至提調王錫藩處懇求轉發，提調面回該道允准。惟委員張霨雖爲整頓廠務起見，而各匠徒年終放工，歸家道路遠近不同，應加體恤，該員輒創此議，以致衆心不服，實屬辦理不善。該道聞禀即行補發，尚未始終聽信張霨之言等語。調閲該局支發帳簿底册，並证以提調王錫藩禀結，尚屬相符。又原奏内稱，該局前數年博採西洋水陸兵操、製造軍械諸書，譯爲十二部，由該局刷印妥百餘部，分佈各廠，俾資講習，該道封閉甚密，不准一人閲看；有自行采輯各國之書，編成數十百卷，並捏注某部爲長子范初所著，某部爲次子范根、三子范鈒所辦，其書皆膳寫多次，圖算學堂内有匠役二十人專爲該道鈔寫擺印；工料、器具皆取自局中，公館長夫無自雇者，柴薪、煤炭、庫房物料、各廠器具，每日由局搬運，堆積如山各節。查據北洋大臣復稱，該局向有博採西洋水陸兵操諸書，有魚雷圖解、秘本艇雷紀要共十二種譯印成書，原爲分佈各廠講習，該道收存庫中，局員有欲觀者，禀明登簿聽其取閲，並未封閉。其自輯各國之書，間有飭圖算學堂匠役代爲鈔寫擺印者。局廠用煤甚伙，煤塊未經燒過者，廠中本屬無用，且所用有限，尚無堆積如山之事。長夫人役在局供其使令，公館另有家丁，皆係出資自雇等語。調閲局中譯印書十二種，均係有用。其自輯各書、拾用廠煤等事詳加查訪，尚與來咨所言相符。又原奏内稱該道所監造之槍子藥少子重，炮子砂綫砂眼太多，均不可用一節。查據北洋大臣復稱，從前由外洋購來槍藥，因年久受養氣所致，故不堪用，並非該道經手所造；現在各廠所造槍子、炮子發給各營者甚多，未聞有不堪應用等語。奴才於初五日親赴該局煉鋼廠、銅帽廠、機器廠、炮子廠、棉藥廠、無烟藥廠查看，據該道將上年四月接辦局事起至本年四月止，製成各項火藥、槍子、銅帽，子彈數目開單呈閲，奴才會同王文韶將所造炮子、槍子抽提數箱驗看，尚無砂綫砂眼。惟據該道聲稱，鋼鐵熔化傾注時火氣稍微，則易出砂綫砂眼，鑄出查有情形者，隨時提出另鑄等語。復據該道及各廠委員出具所造子藥並無不堪用切結前來。又原奏内稱，去年北洋大臣王文韶定於九月到局查看，該道聞信即平治道途，彩畫各廠，添修橋座並牌坊數十座，扁額數十方，每扁皆有跋語，鑄鋼廠云：自雲龍肩局務而鋼始成，無烟藥廠云：無烟藥爲雲龍所創，其實鋼炮子並未鑄成，無烟藥不特未造，廠基亦未墊訖，程文炳奉命剿回時，向該局要鋼炮子、無烟藥竟無以應；該局報銷之款，未曷徹究，年來所費又增數萬各節。查據北洋大臣復稱，該局彩畫各廠，添置扁額，間撰跋語，或紀年月，事屬尋常。鋼廠創於十九年，至去年六月鋼始煉成，現製造鋼炮器具，一俟炮成即行鑄子。無烟藥廠係該道所創，廠已建立，將次興工。程文炳並未請領鋼炮子，其指領無烟藥二萬磅，因未開造，未能應撥。所稱增費數萬，該局現在創辦鑄造銀元，添置機器，所增之數，稟請奏明有案，原參所指，或即因此傳訛。該局常年經費報銷，均有册檔可稽，並無加增數萬兩成案等語。既據該大臣復稱，似無擬議。

以上各節，經北洋大臣王文韶確切查復，奴才復督同隨帶司員逐款詳核，並往該局親加閲看，其查無實據者，自未便過事吹求，其事出有因者，亦不敢曲爲隱諱。除該道委用員役尚無請託，顯宦子弟、無賴少年及認義父、孩兒國各節，查無其事，至局中譯印各書，尚非封禁，公館丁役係屬自雇，均無不合，槍炮子間有砂綫砂眼者，尚非該道經手所造，程文炳請領無烟藥因未開造，無從應撥，常年經費並未加增，亦無不合，至拾煤、修道、建坊、題額等項，事屬細微，均請勿庸置議外，惟查道員傅雲龍總辦北洋機器局，責任綦重，應如何秉公率屬廉謹自持，乃任令其子傅范根、傅范鈒在該局圖算學堂肄業，並將親串邱錫釗派充帳房司事，雖無招摇、汲引、朋分平餘情事確據，究屬不知遠嫌；至以自輯之書飭令學堂匠役多人代爲鈔寫擺印，亦屬不合；機器廠委員張霨於向例應發匠役工食輒創議罰扣，以致衆心不服，幾至釀成事端，實屬辦理不善，該道雖未始終偏聽張霨之言，而其始之罰扣究屬輕聽，亦難免操切之咎。相應請旨將試用直隸州州判張霨、候補道傅雲龍一並交部分别議處，張霨先行撤差，傅范根、傅范鈒飭該道自行約束，勿庸在堂肄業，帳房司事邱錫釗、鋼廠委員鍾穆生、司事戴姓一並撤去差事，不准在局盤踞。現造之各項子藥及鑄鋼廠、無烟藥廠均係武備要需，非提驗數種，查閲一周，即足以辨精窳而決利鈍，應請飭下北洋大臣王文韶，隨時督同局員悉心考驗，務期一律工堅料實；並將該局所造槍、炮、子、藥，按季造册咨部，以備考核。不得徒播虛聲，耗靡帑項。局中所購槍藥，雖因年久致受養氣，仍應責成該道設法修整，以免廢棄。至該道能否勝任，應由北洋大臣隨時留心查看，斟酌辦理。所有查明總辦北洋機器局道員傅雲龍被參各款緣由，謹據實復陳，是否有當，伏乞皇上聖鑒訓示。謹奏。

光緒二十二年五月十三日奉硃批：另有旨。欽此。

中國第一歷史檔案館等《中國近代兵器工業檔案史料》第一輯《天津海防支應總局呈報北洋淮練各軍機器製造局委員工匠薪糧工食銀兩清册》光緒二十五年九月　天津海防支應總局呈爲造報淮軍案内北洋淮練各軍機器製造局委員、工匠薪糧工食、置辦料物價值等項銀兩事。

竊照製造西洋炮火各局用款，向與洋人交涉，無例可循，於同治四年二月十七日附片奏明：嗣後支放各款，均應專案核實請銷，奉旨覽，欽此，欽遵。嗣又遵照光緒八年部議新章，以各省設立機器局，常年經費亦當立有範圍。當查淮軍案内，機器製造局額領經費每月銀五千兩，嗣因金磅加增，各料購價較昂，奉准每月酌加銀四百兩。所給經費歲造大宗物件，歷經按季繕折詳咨兵、工部查考，並隨案聲明已制未成及廠用與撥發各處零星各物暨修理之件，仍按年開報。並截至光緒二十三年十二月底止，將製造各項用款，分年詳晰造册附奏請銷在案。

伏查此次淮軍報銷，因馬步各營於光緒二十五年二月初一日起，分别裁併改編，更易營制餉章，奉飭將正月分用款提歸二十四年分軍需案内造報，以清界限。惟該局製造用款，頭緒紛繁，難於月計，蓋配購各料皆與洋商交易，向係按季結算，且成造大宗物件輒須累月，動用物料牽前搭後，月終難於截數，自應照章按年造報，以昭核實。茲據承辦該局委員將光緒二十四年正月起截至是年十二月底止，額領淮餉製造經費，内除海防製造槍子支款照數劃除外，所有淮軍案内仿製修改洋軍火器械物件，支過委員、幫辦、工匠、夫役薪糧、公費、工食，購置料物價值等項銀數開報前來。至應給薪工由湘平改發京平加扣平餘銀兩，除稟數另款存儲外，理合分晰造具細數附列淮軍第二十七案報銷第四册，呈請伏候總理衙門查覈備案。

須至册者，計開：

委員幫辦人等薪費項下

一、上届截至光緒二十三年底止，淮軍第二十六案册報截存辦理局務熟諳洋法委員：候選道蒯光轂，月支薪糧銀三十兩，自光緒二十四年正月初一日起截至是年十二月底止，連閏計十三個月，共支薪糧銀三百九十兩。直隸候補知府潘青照，月支薪糧銀八十兩，自光緒二十四年正月初一日至二月底卸差住支止，計兩個月，共支薪糧銀一百六十兩。直隸候補知府顧廷枚，月支薪糧銀四十兩，自光緒二十四年三月初一日奉飭接辦前項遺差起，截至是年十二月底止，連閏計十一個月，共支薪糧銀四百四十兩。以上委員三員共支薪糧銀九百九十兩。

一、上届截至光緒二十三年底止，淮軍第二十六案册報截存幫辦十六名。内：經理文案幫辦範期祥月支銀十二兩。又，丁同春月支銀十二兩。又，陳士志月支銀八兩。收支帳目幫辦張鴻遠，月支銀十二兩（該幫辦於正月初一日住支，調收發軍械幫辦李祚鈺接辦）。又，牛寶善月支銀十二兩（該幫辦於七月初一日住支，另派顧敬照頂補）。收發軍械幫辦李祚鈺，月支銀十二兩（該幫辦於正月初一日接辦收支帳目事務，遺缺另派王浚川頂補）。采辦物料幫辦鄒德美，月支銀十二兩（該幫辦於七月初一日住支，另派何永祺頂補，改月支銀十兩）。物料庫房幫辦張樹筠，月支銀十兩（該幫辦於正月初一日住支，另派陳鑒瑩頂補，改月支銀十二兩）。又，章學瀛月支銀十兩。又，趙雲龍月支銀八兩（該幫辦於四月初一日調辦木工廠事務，遺缺另派胡開泰頂補）。前機器廠幫辦董祖植月支銀十二兩。又，程鵬本月支銀十兩。翻砂廠幫辦孫瑞鼎，月支銀十兩（該幫辦於四月初一日住支，另派胡兆瑗頂補）。木工廠幫辦陶德鈺，月支銀九兩（該幫辦於四月初一日住支，調物料庫房幫辦趙雲龍接辦）。熟鐵廠幫辦李維藩，月支銀八兩（該幫辦於正月初一日住支，另派張發祥頂補）。火器廠幫辦許鵬飛，月支銀八兩。以上幫辦十六名共月支銀一百六十五兩，自光緒二十四年正月初一日起截至是年十二月底止，連閏計十三個月，共計支薪糧銀二千一百四十五兩。

一、該局應需公費奉准每月酌給銀一百兩，自光緒二十四年正月初一日起截至是年十二月底止，連閏計十三個月，共計支公費銀一千三百兩。

工匠工食項下

前機器廠：一、上届截至光緒二十三年底止，淮軍第二十六案册報截存工匠一百三十七名，内除二十四年正月起撤退更换不計外，實存原募工匠一百十五名。内：王廣順原支銀十七兩，加支銀一兩，共月支銀十八兩。姜佑廷月支銀十三兩二錢。王阿保月支銀十二兩六錢。【略】以上前機器廠工匠共支工食銀七千六百三十七兩六錢七分。

翻砂廠：一、上届截至光緒二十三年底止，淮軍第二十六案册報截存工匠二十九名，内除二十四年正月起撤退更换不計外，實存原募工匠二十二名。内：歐陽滿原支銀三十九兩，加支銀三兩，共月支銀四十二兩。謝阿六月支銀十兩一錢四分。晋雲升月支銀八兩五錢。【略】以上翻砂廠工匠共支工食銀二千六兩九錢六分。

木工廠：一、上届截至光緒二十三年底止，淮軍第二十六案册報截存工匠六十六名，内除二十四年正月起撤退更换不計外，實存原募工匠四十八名。内：譚文華原支銀三十兩二錢，加支銀一兩二錢，共月支銀三十一兩四錢。任大曾原支銀十三兩五錢，加支銀一兩五錢共月支銀十五兩。梁文焕原支銀五兩五錢八分，加支銀二錢四分共月支銀五兩八錢二分。【略】以上木工廠工匠共支工食銀三千一百三十二兩一錢四分。

熟鐵廠：一、上届截至光緒二十三年底止，淮軍第二十六案册報截存工匠五十五名，内除二十四年正月起撤退更换不計外，實存原募工匠四十九名。内：潘明德原支銀二十四兩，加支銀四兩共月支銀二十八兩。王萬升月支銀十二兩五錢。【略】以上熟鐵廠工匠共支工食銀二千九百三十三兩三錢六分。

火器廠：一、上届截至光緒二十三年底止，淮軍第二十六案册報截存工匠十三名，内除二十四年正月撤退更换不計外，實存原募工匠十名。内：曾佐德原支銀三十兩二錢，加支銀一兩二錢共月支銀三十一兩四錢。劉映斗月支銀五兩五錢四分。【略】以上火器廠工匠共支工食銀七百五十九兩七錢六分。

小工工食項下

一、上届截至光緒二十三年底止，淮軍第二十六案册報截存小工七十四名，内除二十四年正月起撤退更换不計外，實存原募小工六十七名。内：王殿魁原支銀四兩一錢九分，加支銀三錢四分共月支銀四兩五錢三分。張大啓原支銀三兩九錢八分，加支銀三錢四分共月支銀四兩三錢二分。【略】以上小工共支工食銀二千八百八十兩八錢三分。

總計委員、幫辦、工匠、小工共支薪費工食銀二萬三千七百八十五兩七錢二分。

長夫工食項下

一、上届截至光緒二十三年底止，准軍第二十六案册報截存長夫三十名，每名日支銀一錢，共日支銀三兩。自光緒二十四年正月初一日起，截至是年十二月底止，連閏除建六日，計三百八十四日，共支工食銀一千一百五十二兩。

中國第一歷史檔案館等《中國近代兵器工業檔案史料》第一輯《金陵製造洋火藥局光緒二十五年冬季人員薪費清折光緒二十六年十月》 謹將金陵製造洋火藥局，光緒二十五年冬季分，供應員弁、司事、工匠、兵夫人等薪水、工食、口糧及總局公費等項，遵照二十、二十四等年兩次奉飭裁減成案，分別人數、銀數開具清折，呈請鑒核。

計開

一、提調一員，月支薪水銀五十八兩。一、文案兼管機器一員，月支薪水銀三十六兩。一、隨局差遣委員二員，内一員月支薪水銀二十六兩，一員月支薪水銀十四兩。一、管理帳務、收發物料、監管各廠司事九名，各月支薪水銀八兩。一、書識三名，各月支薪水銀四兩。一、差弁二名，各月支薪水銀六兩。一、親兵十四名，各日支口糧銀一錢二分，扣建。一、長夫三十六名，各日支口糧銀一錢，扣建。以上員弁、司事、兵夫人等計六十八員名，每月共支薪糧銀三百八十八兩四錢。

一、機器匠正手一名，月支工食銀二十四兩。一、修理機器匠四名，内二名各月支工食銀十三兩，二名各月支工食銀七兩四錢。一、燒炭匠五名，内二名各月支工食銀五兩，三名各月支工食銀四兩六錢。一、提礦匠四名，内一名月支工食銀五兩，三名各月支工食銀四兩六錢。一、提硝匠七名，内三名各月支工食銀五兩，四名各月支工食銀四兩六錢。一、和藥、配料、磨炭、碾硝礦匠七名，各月支工食銀五兩四錢。一、碾藥匠八名，各月支工食銀九兩。一、鍘藥、壓藥匠七名，各月支工食銀六兩。一、篩藥、光藥匠八名，内三名各月支工食銀七兩，五名各月支工食銀六兩二錢。一、烘藥匠四名，各月支工食銀六兩。一、壓餅藥匠二名，内一名月支工食銀六兩，一名月支工食銀五兩六錢。一、管理機輪匠八名，内二名各月支工食銀十一兩二錢，二名各月支工食銀十兩，四名各月支工食銀八兩五錢。一、燒汽爐匠十一名，各月支工食銀四兩六錢。一、裝藥匠三名，内上手一名，月支工食銀五兩二錢，下手二名，各月支工食銀四兩二錢。一、機器鐵匠六名，内正手三名，各月支工食銀八兩四錢，副手三名，各月支工食銀三兩六錢。一、廣木匠一名，月支工食銀七兩四錢。一、本木匠六名，各月支工食銀三兩六錢。一、廣瓦匠一名，月支工食銀六兩。一、本瓦匠二名，各月支工食銀三兩六錢。一、刮净干柳枝、揀刷柳炭等小工九名，各月支工食銀三兩。以上造藥、機器等工匠計一百四名，每月共支工食銀六百二十六兩。

一、總局公費月支銀九十兩。

統計員弁、司事、工匠、兵夫人等薪糧、工食，及總局公費等項，共月支湘平銀一千一百四兩四錢。

查前項薪糧、工食、公費銀兩，均係核實支給，遵章報部查覈在案，理合登明。

中國第一歷史檔案館等《中國近代兵器工業檔案史料》第一輯《金陵製造洋火藥局光緒二十五年雇用機器造藥工匠人等工食銀兩册光緒二十七年六月》 委辦金陵機器製造洋火藥局江蘇候補班前補用道楊慕璇呈爲造報事。

竊照金陵設立局廠，仿照西法，用機器製造槍炮粗細各種洋火藥，每年應需物價、工資薪費等項，均於額定經費銀數内開銷。所有製造工匠，必須嫻熟機器造法，技藝優長之人，應給工資等項銀兩，實難繩以常例，奉准酌定支給。業將截至光緒二十四年九月初一日起，至是年十二月底止，計四個月支用款項，列爲第十五案分晰造册，詳請奏銷在案。

茲將光緒二十五年正月初一日接造火藥起，截至是年十二月底止，計十二個月，支過前項機器製造藥等匠工食銀兩，分晰造具細數，列爲第十六案第二册，呈請大部查照核銷。

須至册者，計開：

一、機器匠工手程文壽一名，月支工食銀二十四兩。自光緒二十五年正月初一日起，截至是年十二月底止，計十二個月，共支工食湘平銀二百八十八兩。

一、修理機器匠四名，【略】共月支工食銀四十兩八錢。自光緒二十五年正月初一日起，至是年十二月底止，計十二個月，共支工食湘平銀四百八十九兩六錢。

一、燒炭匠五名，【略】共月支工食銀二十三兩八錢。自光緒二十五年正月初一日起支，截至是年十二月底止，計十二個月，共支工食湘平銀二百八十五兩六錢。

一、提磺匠四名，【略】共月支工食銀十八兩八錢。自光緒二十五年正月初一日起支，截至是年十二月底止，計十二個月，共支工食湘平銀二百二十五兩六錢。

一、提硝匠七名，【略】共月支工食銀三十三兩四錢。自光緒二十五年正月初一日起支，截至是年十二月底止，共十二個月，共支工食湘平銀四百兩八錢。

一、和藥、配料、磨炭、碾硝磺匠七名，【略】共月支工食銀三十七兩八錢。自光緒二十五年正月初一日起支，截至是年十二月底止，計十二個月，共支工食湘平銀四百五十三兩六錢。

一、碾藥匠八名，【略】共月支工食銀七十二兩。自光緒二十五年正月初一日起支，截至是年十二月底止，計十二個月，共支工食湘平銀八百六十四兩。

一、鍘藥、壓藥匠七名，【略】共月支工食銀四十二兩。自光緒二十五年正月初一日起支，截至是年十二月底止，計十二個月，共支工食湘平銀五百四兩。

一、篩藥、光藥匠八名，【略】共月支工食銀五十二兩。自光緒二十五年正月初一日起支，截至是年十二月底止，計十二個月，共支工食湘平銀六百二十四兩。

一、壓餅藥匠二名，【略】共月支工食銀十一兩六錢。自光緒二十五年正月初一日起支，截至是年十二月底止，計十二個月，共支工食湘平銀一百三十九兩二錢。

一、烘藥匠四名，【略】共月支工食銀二十四兩。自光緒二十五年正月初一日起支，截至是年十二月底止，計十二個月，共支工食湘平銀二百八十八兩。

一、管理機輪匠八名，【略】共月支工食銀七十六兩四錢。自光緒二十五年正月初一日起支，截至是年十二月底止，計十二個月，共支工食湘平銀九百六十兩八錢。

一、燒汽爐匠十一名，【略】共月支工食銀五十兩六錢。自光緒二十五年正月初一日起支，截至是年十二月底止，計十二個月，共支工食湘平銀六百七兩二錢。

一、裝藥匠三名，【略】共月支工食銀十三兩六錢。自光緒二十五年正月初一日起支，截至是年十二月底止，計十二個月，共支工食湘平銀一百六十三兩二錢。

一、機器鐵匠正手三名，【略】共月支工食銀二十五兩二錢。自光緒二十五年正月初一日起支，截至是年十二月底止，計十二個月，共支工食湘平銀三百二兩四錢。

一、機器鐵匠副手三名，【略】共月支工食銀十兩八錢。自光緒二十五年正月初一日起支，截至是年十二月底止，計十二個月，共支工食湘平銀一百二十九兩六錢。

廣木匠張蘭鑫一名，月支工食銀七兩四錢。自光緒二十五年正月初一日起支，截至是年十二月底止，計十二個月，共支工食湘平銀八十八兩八錢。

一、本木匠六名，【略】共月支工食銀二十一兩六錢。自光緒二十五年正月初一日起支，截至是年十二月底止，計十二個月，共支工食湘平銀二百九十五兩二錢。

一、廣瓦匠周長齡一名，月支工食銀六兩。自光緒二十五年正月初一日起支，截至是年十二月底止，計十二個月，共支工食湘平銀七十二兩。

一、本瓦匠二名，【略】共月支工食銀七兩二錢。自光緒二十五年正月初一日起支，截至是年十二月底止，計十二個月，共支工食湘平銀八十六兩四錢。

一、刮凈干柳枝、揀刷柳炭小工九名，【略】共月支工食銀二十七兩。自光緒二十五年正月初一日起支，截至是年十二月底止，計十二個月，共支工食湘平銀三百二十四兩。

以上共計湘平銀七千五百十二兩，折合庫平銀七千二百四十八兩八錢六分六厘一毫五絲八忽四微。

統計一冊，共請銷機器造藥工匠人等工食，係歸戶部核銷，庫平銀七千二百四十八兩八錢六分六厘一毫五絲八忽四微。

查前項請銷銀兩，均係奉准酌定，核實支給，並無浮冒，應請大部查照核銷，理合登明。

中國第一歷史檔案館等《中國近代兵器工業檔案史料》第一輯《雲南布政使司等造報雲南機器局員司工匠薪工銀兩章程清冊光緒三十一年十二月》 雲南等處承宣布政使司、雲南善後籌餉報銷總局爲造報事。

遵將滇省機器局從前原設及現在整頓、裁改設立各員司、工匠薪工銀兩章程，造具清冊呈請查覈立案，爲此具冊。

計開：

一、開局試辦暫時設立委員、書丁、夫役章程

總辦知府一員，月支薪水銀五十兩。總辦將官一員，月支薪水銀四十兩。文案州縣一員，月支薪水銀三十兩。經管冊報一名，月支薪水銀十兩。管帳一名，月支薪水銀六兩。總書一名，月支薪水銀五兩。管理軍火物料一名，月支薪水銀五兩。採買物料一名，月支薪水銀四兩。局丁六名，每名月支工食銀二兩，共銀十二兩。看門夫二名，每名月支工食銀二兩，共銀四兩。水火夫二名，每名月支工食銀二兩，共銀四兩。燈油紙張筆墨每月支銀六兩。文案帳房采辦月共支火食銀一十二兩。以上薪水工食局費火食月共支銀一百八十八兩。

匠目工食項下：匠目一名，月支工食銀五十兩。

沙模廠工食項下：匠工一名，月支工食銀三十五兩。一名，月支工食銀十五兩。化銅匠一名，月支工食銀六兩。學徒一名，月支工食銀三兩。小工一名，月支工食銀三兩。以上沙模廠月共支文銀六十二兩。

車廠工食項下：匠工一名，月支工食銀三十兩。打磨大汽爐匠一名，月支工食銀二十一兩六錢。學徒一名，月支工食銀三兩五錢；一名，月支工食銀三兩。小工一名，月支工食銀五兩；四名，每名月支工食銀三兩，共銀一十二兩；九名，每名月支工食銀二兩五錢，共銀二十二兩五錢。以上車廠月共支銀九十七兩六錢。

打磨銅帽廠工食項下：匠工一名，月支工食銀三十兩。學徒一名，月支工食銀四兩五錢；一名，月支工食銀三兩五錢；六名，每名月支工食銀二兩五錢，共銀一十五兩；一名月支工食銀三兩。小工一名，月支工食銀四兩五錢；一名，月支工食銀二兩五錢；一名，月支工食銀三兩；五名，每名月支工食銀二兩五錢，共銀一十二兩五錢。以上打磨銅帽廠月共支銀七十七兩五錢。

筆碼廠工食項下：匠工一名，月支工食銀三十五兩。學徒二名，每名月支工食銀三兩，共銀六兩；二名，每名月支工食銀二兩五錢，共銀五兩。小工一名，月支工食銀五兩；一名月支工食銀二兩五錢；四名，每名月支工食銀三兩，共銀一十二兩；三名，每名月支工食銀二兩五錢。共銀七兩五錢。以上筆碼廠月共支銀七十三兩。

外鐵廠工食項下：匠工一名，月支工食銀五兩；三名，每名月支工食銀二兩五錢，共銀七兩五錢。以上外鐵廠月共支銀十二兩五錢。

內鐵廠工食項下：匠工一名，月支工食銀三十兩；一名，月支工食銀六兩。學徒一名，月支工食銀二兩五錢。小工一名，月支工食銀四兩五錢；一名，月支工食銀三兩五錢；三名，每名月支工食銀三兩，共銀九兩；七名，每名月支工食銀二兩五錢，共銀一十七兩五錢。以上內鐵廠月共支銀七十三兩。

木廠工食項下：匠工一名，月支工食銀十兩；二名，每名月支工食銀六兩，共銀一十二兩。以上木廠月共支銀二十二兩。

修槍廠工食項下：匠工二名，每名月支工食銀二十兩，共銀四十兩；一名，月支工食銀十兩；一名，月支工食銀六兩，一名，月支工食銀三兩五錢；四名，每月支工食銀三兩，共銀一十二兩；三名，每名月支工食銀二兩五錢，共銀七兩五錢。以上修槍廠月共支銀七十九兩。

以上總共月支薪工等銀七百三十四兩六錢。（前件，查前項薪工銀兩，係該局於光緒十年開局試辦，粗具規模，所有員役、工匠每月開支銀七百三十四兩六錢均係有定之款，曾於光緒十六年造冊奏咨立案，並聲明檄委總辦江南製造局候補道聶緝矩，向瑞生洋行定購製造七種彈子機器全副、滾銅皮機器全副，尚未到滇。其應行按圖起蓋廠房、添募工匠及廠內應增一切費用，統俟提解到滇後，再行逐款核明，據實造報等因在案。此外，遇有隨時短雇工匠，數目多寡均難預定，應請俟報銷時，再行列冊造銷。登明。）

一、續定委員、書丁、夫役章程

總辦道員一員，月支薪水銀一百兩。遇委實缺道員兼辦不支薪水，月支公費銀五十兩。提調知府一員，月支薪水銀五十兩（該員於光緒二十九年內委設）。文案佐雜一員，月支薪水銀十六兩。監督佐雜一員，月支薪水銀十六兩（該員於光緒二十六年內委設）。稽查佐雜一員，月支薪水銀十六兩（該員於光緒二十六年內委設）。收支一名，月支薪水銀六兩。管庫一名，月支薪水銀六兩。繕書一名，月支薪水銀七兩。管筆碼廠新汽爐一名，月支薪水銀六兩（光緒二十七年內添設）。管鐵廠一名，月支薪水銀六兩（光緒二十六年內添設）。管槍、木廠一名，月支薪水銀六兩（光緒二十七年內添設）。管沙模、車廠一名，月支薪水銀六兩（光緒二十七年內添設）。管打磨廠一名，月支薪水銀五兩（光緒二十六年內添設）。管銅帽廠一名，月支薪水銀四兩。買辦一名，月支薪水銀四兩。書辦一名，月支薪水銀五兩。局丁四名，每名月支工食銀二兩五錢，共銀十兩。門役一名，月支工食銀二兩。更夫二名，每名月支工食銀二兩，共銀四兩。親兵五名，每名月支餉銀二兩七錢，內什長一名，加給銀三錢，共銀十三兩八錢。心紅、油燭、紙張月支銀六兩。收支買辦、繕書、管庫、管工月共支伙食銀一十二兩。以上薪水、工食、局費，月共支銀三百零

六兩八錢。

工匠工食項下：正工頭一名，月支工食銀五十兩。

沙模廠工食項下：副工頭一名，月支工食銀三十七兩。匠工一名，月支工食銀八兩五錢；一名，月支工食銀七兩；一名，月支工食銀六兩五錢一名，月支工食銀四兩五錢；二名，每名月支工食銀四兩，共銀八兩；一名，月支工食銀三兩五錢；三名，每名月支工食銀三兩，共銀九兩；三名，每名月支作食銀二兩五錢，共銀七兩五錢。以上沙模廠月共支銀九十一兩五錢。

車廠工食項下：副工頭一名，月支工食銀三十五兩。匠工一名，月支工食銀一十兩；一名，月支工食銀六兩五錢；二名，每名月支工食銀四兩五錢，共銀九兩；二名，每名月支工食銀四兩，共銀八兩；五名，每名月支工食銀三兩五錢，共銀一十七兩五錢；八名，每名月支工食銀三兩，共銀二十四兩；四名，每名月支工食銀二兩五錢，共銀一十兩。以上車廠月共支銀一百二十兩。

打磨廠工食項下：匠工一名，月支工食銀一十二兩；一名，月支工食銀九兩；一名，月支工食銀四兩五錢；三名，每名月支工食銀三兩五錢，共銀一十兩零五錢；三名，每名月支工食銀三兩，共銀九兩；六名，每名月支工食銀二兩五錢，共銀一十五兩。以上打磨廠月共支銀六十兩。

筆碼廠工食項下：副工頭一名，月支工食銀一十二兩。匠工三名，每名月支工食銀四兩五錢，共銀一十三兩五錢；一名，月支工食銀四兩；六名，每名月支工食銀三兩五錢，共銀二十一兩；七名，每名月支工食銀三兩，共銀二十一兩；十名，每名月支工食銀二兩五錢，共銀二十五兩；一名，月支工食銀二兩。以上筆碼廠月共支銀九十八兩五錢。

外鐵廠工食項下：匠工一名，月支工食銀四兩五錢；一名，月支工食銀二兩五錢。以上外鐵廠月共支銀七兩。

內鐵廠工食項下：副工頭一名，月支工食銀四十兩。匠工一名，月支工食銀一十兩；一名，月支工食銀八兩；一名月支工食銀七兩；一名，月支工食銀五兩五錢；三名，每名月支工食銀五兩，共銀一十五兩；二名，每名月支工食銀四兩五錢，共銀九兩；五名，每名月支工食銀三兩五錢，共銀一十七兩五錢；十二名，每名月支工食銀三兩，共播三十六兩；七名，每名月支工食銀二兩五錢，共銀一十七兩五錢。以上內鐵廠月共支銀一百六十五兩五錢。

木廠工食項下：副工頭一名，月支工食銀八兩。匠工一名，月支工食銀六兩；三名，每名月支工食銀五兩五錢，共銀一十六兩五錢；十三名，每名月支工食銀五兩，共銀六十五兩；一名，月支工食銀二兩五錢。以上木廠月共支銀九十八兩。

銅帽廠工食項下：副工頭一名，月支工食銀一十兩。匠工七名，每名月支工食銀五兩，共銀三十五兩；一名，月支工食銀四兩五錢；一名，月支工食銀三兩五錢；八名，每名月支工食銀三兩，共銀二十四兩；四名，每名月支工食銀二兩五錢，共銀十兩。以上銅帽廠月共支銀八十七兩。

老汽爐工食項下：匠工一名，月支工食銀四兩；一名，月支工食銀三兩；一名，月支工食銀二兩五錢。以上老汽爐月共支銀九兩五錢。

泥匠工食項下：匠工一名，月支工食播四兩五錢；一名，月支工食銀三兩；三名，每名月支工食銀二兩五錢，共銀七兩五錢。以上泥匠月共支銀一十五兩。

回火爐工食項下（該爐於光緒二十年添設）：匠工二名，每名月支工食銀三兩，共銀六兩；一名，月支工食銀二兩五錢。以上回火爐月共支銀八兩五錢。

新汽爐工食項下（該爐於光緒二十年添設）：匠工一名，月支工食銀三兩五錢；二名，每名月支工食銀三兩，共銀六兩；一名，月支工食銀二兩五錢。以上新汽爐月共支銀一十二兩。

化銅爐工食項下（該爐於光緒二十年添設）：匠工一名，月支工食銀三兩五錢；四名每名月支工食銀三兩，共銀十二兩；一名，月支工食銀二兩五錢；一名，月支工食銀二兩，以上化銅爐月共支銀二十兩。

槍廠工食項下（該廠於光緒二十七年添設）：副工頭一名，月支工食銀十兩。匠工四名，每名月支工食銀六兩，共銀二十四兩；二名，每名月支工食銀五兩五錢，共銀一十一兩；一名，月支工食銀五兩；三名，每名月支工食銀四兩五錢，共銀一十三兩五錢；七名，每名月支工食銀四兩，共銀二十八兩；十二名，每名月支工食銀三兩五錢，共銀四十二兩；二十三名，每名月支工食銀三兩，共銀六十九兩；十六名，每名月支工食銀二兩五錢，共銀四十兩；一名，每名工食銀二兩。以上槍廠月共支銀二百四十四兩五錢。

以上總共月支薪工銀一千三百九十三兩八錢。（前件，查前項薪工銀兩，因該局製造各項軍械漸次擴充，添設爐廠，局務紛繁，於光緒二十二年即遴委道員總辦，以專責成。又於光緒二十六年添設委員、司事，分管各廠稽查、工料。總共每月合開支薪工銀一千三百九十三兩八錢，均係有定之款。遇有隨時短雇工匠以及趕做夜工加給銀兩，數目多寡均難預定，應請俟報銷時，再行列册造銷。所有前項委員、司事均於光緒三十年七月内，因前總辦莫道製造各項款多浮冒，當經概行裁撤，另行安定章程，委員接辦，以專責成。登明。）

一、現在設立委員、書丁、夫役章程

提調知府一員，月支薪水銀五十兩，現在係雲南府鄒馨德兼辦，不支薪水伙食。監督州縣一員，月支薪水銀四十兩。文案州縣一員，月支薪水銀四十兩。收支州縣一員，月支薪水銀四十兩。採買州縣一員，月支薪水銀四十兩。稽查武弁一員，月下薪水銀十六兩。分督各廠佐雜四員，每員月支薪水銀十六兩，共銀六十四兩。管庫司事一名，月支薪水銀十五兩。書辦二名，月支薪水銀十兩。採買司事一名，月支薪水銀十兩。管稱司事一名，月十薪水銀六兩。監督處司事一名，月十薪水銀八兩。收支處司事一名，月支薪水銀八兩。文案處司事一名，月支薪水銀六兩。壯丁二名，每名月支工食銀一兩五錢，共銀三兩。局丁四名，每名月支工食銀一兩五錢，共銀六兩。看門一名，月支工食銀三兩六錢。茶房一名，月支工食銀三兩。打掃夫一名，月支工食銀三兩。更夫一名，月支工食銀三兩。委員、司事、壯丁、局丁，月共支伙食銀四十八兩四錢。

筆墨、油燭、紙張，月共支銀一十四兩四錢。

以上月共支薪工等項銀三百八十七兩四錢。

工匠工食項下

槍廠：工頭一名，月支工食銀四十二兩。匠工一名，月支工食銀十七兩；八名，每名月支工食銀八兩，共銀六十四兩；一名，月支工食銀七兩五錢；一名，月支工食銀七兩；一名，月支工食銀六兩五錢；一名，月支工食銀六兩四錢；一名，月支工食銀五兩五錢；一名，月支工食銀五兩四錢；一名，月支工食銀五兩；四名，每各月支工食銀四兩五錢，共銀十八兩；二名，每名月支工食銀四兩四錢，共銀八兩八錢；一名，月支工食銀四兩；三名，每名月支工食銀三兩五錢，共銀一十兩五錢；二名，每名月支工食銀三兩，共銀六兩；一名月支工食銀二兩八錢；一名，月支工食銀二兩五錢。以上槍廠月共支銀二百一十八兩九錢。

筆碼廠：工頭一名，月支工食銀二十五兩。匠工一名，月支工食銀二十兩；一名，月支工食銀八兩五錢；一名，月支工食銀八兩；四名，每名月支工食銀五兩，共銀二十兩；六名，每名月支工食銀四兩五錢，共銀二十七兩；五名，每名月支工食銀四兩，共銀二十兩；三名，每名月支工食銀三兩五錢。共銀十兩五錢；五名，每名月支工食銀三兩。共銀一十五兩；三名，每名月支工食銀二兩八錢，共銀八兩四錢；一名，月支工食銀二兩五錢；二名，每名月支工食銀二兩，共銀四兩。以上筆碼廠月共支銀一百六十八兩九錢。

銅帽廠：工頭一名，月支工食銀十八兩。匠工一名，月支工食銀十一兩；一名，月支工食銀七兩五錢；一名，月支工食銀五兩五錢；一名，月支工食銀四兩五錢；二名，每名月支工食四兩，共銀八兩；六名，每名月支工食銀三兩，共銀一十八兩；二名，每名月支工食銀二兩八錢，共銀五兩六錢；一名，月支工食銀二兩五錢。以上銅帽廠月共支銀八十兩零六錢。

車廠：工頭一名，月支下食銀三十七兩。匠下一名，月支工食銀八兩；一名，月支工食銀七兩五錢；一名，月支工食銀六兩；一名，月支工食銀五兩五錢；三名，每名月支工食銀五兩，共銀一十五兩；一名，月支工食銀四兩五錢；二名，每名月支工食銀四兩，共銀八兩；六名，每名月支工食銀三兩五錢，共銀二十一兩；一名，月支工食銀三兩；一名，月支工食銀二兩八錢。以上車廠月共支錢一百一十八兩三錢。

鐵廠：工頭一名，月支工食銀四十二兩。匠工一名，月支工食銀十四兩；二名，每名月支工食銀八兩，共銀一十六兩；一名，月支工食銀六兩五錢；一名，月支工食銀六兩；一名，月支工食銀四兩五錢；二名，每名月支工食銀四兩，共銀八兩；七名，每名月支工食銀三兩五錢，共銀二十四兩五錢；五名，每名月支工食銀三兩，共銀一十五兩。以上鐵廠月共支銀一百三十六兩五錢。

沙模廠：工頭一名，月支工食銀四十兩。匠工一名，月支工食銀十兩零五錢；二名，每名月支工食銀五兩五錢，共銀一十一兩；一名，月支工食銀四兩五錢；一名，月支工食銀四兩；二名，每名月支工食銀三兩五錢，共銀七兩。以上沙模廠月共支銀七十七兩。

新汽爐，匠工一名，月支工食銀五兩。一名，月支工食銀四兩；三名，每名月支工食銀三兩五錢，共銀十兩零五錢。以上新汽爐月共支銀一十九兩五錢。

木廠：匠工一名，月支工食銀九兩；一名，月支工食銀六兩五錢；四名，每名月支工食銀六兩，共銀二十四兩。以上木廠月共支銀三十九兩五錢。

回火爐：匠工二名，每名月支工食銀三兩五錢，共銀七兩。以上回火爐月共支銀七兩。

老汽爐：匠工一名，月支工食銀五兩；一名，月支工食銀三兩五錢。以上老汽爐月共支銀八兩五錢。

打磨廠：匠工一名，月支工食銀十五兩；一名，月支工食銀五兩五錢；一名，月支工食銀五兩；二名，每名月支工食銀四兩，共銀八兩；一名，月支工食銀三兩五錢。以上打磨廠月共支銀三十七兩。

化銅爐：匠工一名，月支工食銀五兩；五名，每名月支工食銀三兩五錢，共銀一十七兩五錢。以上化銅爐月共支銀二十二兩五錢。

泥匠：匠工一名，月支工食銀五兩；一名，月支工食銀三兩。以上泥匠月共支銀八兩。

以上總共月支薪工等項銀一千三百二十九兩六錢。（前件，查前項薪工銀兩，於光緒三十年，因該局總辦試用道莫楷辦口粗率，款多浮冒，經督部堂丁、前撫部院林附片奏參在案。當將舊設各員於七月底一並撤差，另行委員接辦。復經札委雲南府知府鄒馨德兼充提調，督同各廠委員妥爲經理。經此次整頓之後，在局各員不得不優給薪水，嚴定功過獎罰章程，庶可以照核實而資懲勸。所有各員自八月初一日起，每月開支前項薪工等銀一千三百二十九兩六錢，均係有定之款。遇有隨時短雇工匠以及趕做夜工支給銀兩，數目多寡均難預定，應請俟報銷時再行列册造銷。登明。）

中國第一歷史檔案館等《中國近代兵器工業檔案史料》第一輯《金陵機器局造報光緒二十九年常年工匠工食銀兩册光緒三十二年十月》 金陵機器製造總局呈爲造報事。

竊照金陵設局仿照外洋製造各種槍炮、車輛、架具、炸彈、銅火等件，分設機器、翻砂、鐵、木、火器各廠，雇募工匠常年製造。業將截至光緒二十八年底止支過工食銀兩，列爲第二十二案，分晰造册奏銷在案。

伏查此次光緒二十九年正月起，前項各廠工匠工食均仍照案接支，所有先後增除加減起止數目，並歲修各廠屋群房，短雇小工各匠支給工食銀兩，一律截至是年十二月底止。相應將放過銀兩，分晰彙造細數，列爲第二十三案第二册，呈請伏候大部查照核銷。

須至册者，計開：

一、上届第二十二案報銷，截至光緒二十八年十二月底止，册報機器廠實存工匠三百四名。內：李長慶月支洋五十元。徐伍保月支洋三十九元。駱元珍月支洋三十元。【略】王汝發等三十四名各月支洋三元，共月支洋一百二元。以上截存工匠三百四名，計共月支洋二千四百十八元八角。【略】總計機器五廠，自光緒二十九年正月初一日接支起，截至是年十二月底止，連閏計十三個月，共支工食洋三萬三百十九元一角。每元銀七錢，共合湘平銀二萬一千二百二十三兩三錢七分，折合庫平銀二萬四百七十九兩九錢四分七厘八毫九絲一忽五微。

一、上届第二十二案報銷，截至光緒二十八年十二月底止，册報翻砂廠實存工匠三十六名。內：李士慶月支洋二十五元。朱傳芳月支洋二十元。張春林月支洋十五元。【略】童家盛等二名各月支洋三元五角，共月支洋七元。以上截存工匠三十六名，計共月支洋三百二十五元四角。【略】總計翻砂二廠，自光緒二十九年正月初一日接支起，截至是年十二月底止，連閏計十三個月，共支工食洋三千四百十元。每元銀七錢，共合湘平銀二千三百八十七兩，折合庫平銀二千三百三兩三錢八分七厘五絲。

一、上届第二十二案報銷，截至光緒二十八年十二月底止，册報熟鐵廠實存工匠五十名。內：陳阿和月支洋三十四元。杜慶泰、錢錫生等二名各月支洋三十二元，共月支洋六十四元。【略】沈長福月支洋四元九角。以上截存工匠五十名，計共月支洋五百八十八元六角。【略】總計熟鐵二廠，自光緒二十九年正月初一日接支起，截至是年十二月底止，連閏計十三個月，共支工食洋六千九百三十一元六角。每元銀七錢，共合湘平銀四千八百五十二兩一錢二分，折合庫平銀四千六百八十二兩一錢五分七厘六毫七絲六忽三微。

一、上届第二十二案報銷，截至光緒二十八年十二月底止，册報木作廠實存工匠五十六名。內：胡正海月支洋四十四元。勒兆喜月支洋十七元五角。【略】虞福年等三名各月支洋三元，共月支洋九元。以上截存工匠五十六名，計共月支洋五百一元。【略】總計木作二廠，自光緒二十九年正月初一日接支起，截至是年十二月底止，連閏計十三個月，共支工食洋五千五百四十五元。每元銀七錢，共合湘平銀三千八百八十一兩五錢，折合庫平銀三千七百四十五兩五錢三分七厘六忽六微。

一、上届第二十二案報銷，截至光緒二十八年十二月底止，册報火器分局實存工匠十四名。內：戴大宏月支洋二十元。康守富月支洋十八元。【略】陳得名等二名，各月支洋三元，共月支洋六元。以上截存工匠十四名計共月支洋一百九元。【略】總計火器分局，自光緒二十九年正月初一日接支起，截至是年十二月底止，連閏計十三個月，共支工食洋一千三百九十一元。每元銀七錢，共合湘平銀九百七十三兩七錢，折合庫平銀九百三十九兩五錢九分二厘七毫八絲二忽。

歲修機器、翻砂、鐵、木、火器各廠屋並辦公群房，拆卸烟囱、墻壁、添瓦、墁地，及安裝機器、鍋爐、車床等件，短雇小工各匠工食項下：一、雇用泥水匠四千九百七十二工、木匠一千五百九十五工、石匠八百三十八工、油漆、竹幾各匠六百五十五工，均每工錢二百文，共支工食錢一千六百十二千文，照市價共合庫平銀一千二百二十五兩七錢六分八毫八絲。一、打夯、挑築、鋪墊、搬運雇用小工四千八百二十四工，每工銀八分，共支湘平銀三百八十五兩九錢二分，折合庫平銀三百七十二兩四錢二厘八毫一絲四忽一微。

統計一册，共請銷機器、翻砂、鐵、木、火器各廠，常年工匠並短雇各匠工食係歸户部核銷庫平銀三萬三千七百四十八兩七錢八分五厘一毫五微。

查前項請銷銀兩，均係核實支給，並無浮冒，應請大部查照核銷，理合登明。

中國第一歷史檔案館等《中國近代兵器工業檔案史料》第一輯《金陵機器局造報光緒二十九年員司等薪糧及公費等項銀兩册光緒三十二年十月》 金陵機器製造總局呈爲造報事。

竊照金陵設局仿照外洋製造各種槍炮、車輛、架具、炸彈、銅火、水雷等件，事務極爲紛繁，監督工作，采辦料物，催提押運，搬抬起卸各項差使，在在需人。奉飭分派經理，以期周妥。所有員弁、司事、書識薪費，親兵口糧等款，業將截至光緒二十八年底止支過銀兩，造册詳請奏銷在案。

伏查此次光緒二十九年正月起，前項員司、書識、親兵人等月支薪費、口糧，均仍循案接支，一律截至是年十二月底止。相應將放過銀兩，分晰彙造細數，列爲第二十三案第三册，呈請伏候大部查照核銷。

須至册者，計開：

一、督辦、監造、提調各員項下：督辦監造局務江蘇候補道吴學廉一員，月支薪水銀一百兩。自光緒二十九年正月分接支起，截至是年十二月底止，連閏計十三個月，共支薪水湘平銀一千三百兩。會辦局務江蘇候補道荆光典一員，月支薪水銀八十兩。自光緒二十九年正月分接支起，至是月底銷差；又自二月初一日起，另委江蘇候補道俞啓元接辦，照章接支至五月底銷差；又自六月初一日起，另委江蘇候補道林賀峒接辦，照數接支至是年底止：三共連閏計十三個月，共支薪水湘平銀一千四十兩。熟悉製造西洋機器監造提調委員，江蘇候補知縣程慶明一員，月支薪水銀七十兩。自光緒二十九年正月分接支起，截至是年十二月底止，連閏計十三個月共支薪水湘平銀九百十兩。

一、管理局務、文案、報銷委員項下：候選縣丞王開寅一員，月支薪水銀二十四兩。自光緒二十九年正月分接支起，截至是年十二月底止，連閏計十三每月，共支薪水湘平銀三百十二兩。候選典史陳忠仁一員，月支薪水銀二十兩。自光緒二十九年正月分接支起，截至是年十二月底止，連閏計十三個月共支薪水湘平銀二百六十兩。候補巡檢吴祖熊一員，月支薪水銀十六兩。自光緒二十九年正月分接支起，截至是年十二月底止，連閏計十三個月，共支薪水湘平銀二百八兩。

一、收發、采辦料物軍火委員項下：江蘇試用縣丞方臻格一員，月支薪水銀二十八兩。計自光緒二十九年正月分接支起，截至是年十二月底止，連閏計十三個月，共支薪水湘平銀三百六十四兩。揀選知縣王慎本一員，月支薪水銀十二兩。自光緒二十九年正月分接支起，截至是年十二月底止，連閏計十三個月，共支薪水湘平銀一百五十六兩。候選縣丞秦步洲一員，月支薪水銀十四兩。自光緒二十九年正月分接支起，截至是年十二月底止，連閏計十三個月，共支薪水湘平銀一百八十二兩。候選訓導周嘉杓一員，月支薪水銀十二兩。自光緒二十九年正月分接支起，截至是年十二月底止，連閏計十三個月，共支薪水湘平銀一百五十六兩。候選訓導王官偉一員，月支薪水銀十二兩。自光緒二十九年正月分接支起，截至是年十二月底止，連閏計十三個月，共支薪水湘平銀一百五十六兩。候補從九何紹曾一員，月支薪水銀十二兩。自光緒二十九年正月分接支起，(接)[截]至是年十二月底止，連閏計十三個月共支薪水湘平銀一百五十六兩。

一、火器分局委員項下：江蘇候補知縣郭慶祺一員，月支薪水銀二十兩。自光緒二十九年正月分接支起，截至是年十二月底止，連閏計十三個月，共支薪水湘平銀二百六十兩。

一、巡查各廠委員項下：浙江候補府經歷陸秉鈞一員，月支薪水銀二十兩。計自光緒二十九年正月分接支起，截至是年十二月底止，連閏計十三個月，共支薪水湘平銀二百六十兩。江蘇候補巡檢章照一員，月支薪水銀十四兩。自光緒二十九年正月分接支起，截至是年十二月底止，連閏計十三個月，共支薪水湘平銀一百八十二兩。

一、總局並火器分局司事五名，每名月支銀八兩；書識六名，每名月支銀四兩。共月支銀六十四兩。不扣建計，自光緒二十九年正月分接支起，截至是年十二月底止，連閏計十三個月，共支薪水湘平銀八百三十二兩。

一、機器廠司事五名，翻砂廠司事二名，熟鐵廠司事二名，木作廠司事二名，共十一名，各月支銀八兩，共月支銀八十八兩。不扣建，自光緒二十九年正月分接支起，截至是年十二月底止，連閏計十三個月，共支薪水湘平銀一千一百四十四兩。

一、機器總局每月公費銀二百兩。自光緒二十九年正月分接支起，截至是年十二月底止，連閏計十三個月，共支公費湘平銀二千六百兩。

一、火器分局每月公費銀十兩。自光緒二十九年正月分接支起，截至是年十二月底止，連閏計十三個月，共支公費湘平銀一百三十兩。

一、機器總局差弁二員，每員月支薪糧銀六兩，共月支銀十二兩。自光緒二十九年正月分接支起，截至是年十二月底止，連閏計十三個月，共支薪糧湘平銀一百五十六兩。

一、機器總局並火器分局，搬運料物、軍火等項親兵三十名，每名日支口糧銀一錢二分，共日支銀三兩六錢。自光緒二十九年正月初一日接支起，截至是年十二月底止，連閏計三個月，扣小建七天，計三百八十三日，共支口糧湘平銀一千三百七十八兩八錢。

統計一冊，共請銷員弁薪水、公費、親兵口糧等項，係歸户部核銷湘平銀一萬二千一百四十二兩八錢，折合庫平銀一萬一千七百十七兩四錢五分六厘三毫三絲五忽。

查前項請銷銀兩，均係奉准酌定，循案核實支給，並無浮冒，應請大部查照核銷，理合登明。

中國第一歷史檔案館等《中國近代兵器工業檔案史料》第一輯《金陵製造洋火藥局光緒三十一年支過薪費口糧等項銀兩清册光緒三十三年二月》 金陵機器製造洋火藥局呈爲造報事。

竊照金陵設立局廠，仿照西法，用機器製造槍炮粗細火藥，每年應需物價、工資、薪費等項，均於額定經費銀數内開銷。所有製造火藥各廠，機器繁多，綜稽管理及監督工作，必須通曉汽機，俾資專責。此外，採買物料、分充庶役類皆需人妥爲經理。酌派員弁、司事、兵夫人等，應需薪費、口糧、運脚等項，奉准酌定支給。業將截至光緒三十年十二月底止，支用款項列爲第二十二案分晰造册，詳請奏銷在案。

茲將光緒三十一年正月初一日接造火藥起，截至是年十二月底止，計十二個月，支過前項薪費，口糧、水脚等項銀兩，相應分晰造具細數，列爲第二十三案第三册，呈請大部查照核銷。

須至册者，計開：

一、提調局務江蘇特用知縣梁焕奎，月支薪水銀五十八兩。自光緒三十一年正月初一日起支，截至是年八月底止，計八個月，共支薪水湘平銀四百六十四兩（查前辦提調吴令用威，係於光緒三十年十二月間請假，所遺提調差使，委派梁令焕奎於三十一年正月初一日接辦，薪水照章支給。嗣於是年八月間，該令因病請假就醫，即經續委試用知縣蕭譽昌接辦，薪水照數開支，理合登明）。

一、提調局務江蘇試用知縣蕭譽昌，月支薪水銀五十八兩。自光緒三十一年九月初一日起支，截至是年十二月底止，計四個月，共支薪水湘平銀二百三十二兩（查前項提調蕭令譽昌，係於光緒三十一年九月初一日到差，薪水照數接支，理合登明）。

一、文案兼管通廠機器委員分發安徽試用縣丞孫啓懋，月支薪水銀二十二兩，又兼管機器，增支四十銀兩。自光緒三十一年正月初一日起支，截至是年九月底止，計九個月，共支薪水湘平銀三百二十四兩（查前項文案孫縣丞啓懋，係於光緒三十一年九月間銷差，所遺文案兼管機器差使，委派大挑知縣黄龍驤接辦，薪水照章支給，理合登明）。

一、文案兼管通廠機器委員江蘇大挑知縣黄龍驤，月支薪水銀二十二兩，又兼管機器，增支銀十四兩。自光緒三十一年十月初一日起支，截至是年十二月底止，計三個月，共支薪水湘平銀一百八兩查（前項文案黄令龍驤，係於光緒三十一年十月初一日到差，薪水照數支給，理合登明）。

一、隨局委員江蘇候補縣丞蕭貽瑗，月支薪水銀二十六兩。自光緒三十一年正月初一日起支，截至是年十二月底止，計十二個月，共支薪水湘平銀三百十二兩（查前辦隨局委員吴丞琪，係於光緒三十年十二月請假，所遺之差，委派肖縣丞貽瑗於三十一年正月初一日接辦，薪水照章支給，理合登明）。

一、隨局委員前浙江桐廬知縣沈宗嶙，月支薪水銀十四兩。自光緒三十一年正月初一日起支，截至是年十二月底止，計十二個月，共支薪水湘平銀一百六十八兩（查前辦隨局委員縣丞程凰儀，係於光緒三十年十二月銷差，即經委派沈宗嶙於三十一年正月初一日接辦，薪水照章支給，理合登明）。

一、管理各廠司事九名，每名月支薪水銀八兩，共月支銀七十二兩。自光緒三十一年正月初一日起支，截至是年十二月底止，計十二個月，共支薪水湘平銀八百六十四兩。

一、書識三名，每名月支薪水銀四兩，共月支銀十二兩。自光緒三十一年正月初一日起支，截至是年十二月底止，計十二個月，共支薪水湘平銀一百四十四兩。

一、差弁把總袁子春，月支薪水銀六兩。自光緒三十一年正月初一日起支，截至是年十二月底止，計十二個月，共支薪水湘平銀七十二兩。

一、差弁千總楊楨，月支薪水銀六兩。自光緒三十一年正月初一日起支，截至是年十二月底止，計十二個月，共支薪水湘平銀七十二兩。

一、親兵十四名，每名日支口糧銀一錢二分，共日支銀一兩六錢八分。自光緒三十一年正月初一日起支，截至是年十二月底止，扣小建五日，計三百五十五日，共支口糧湘平銀五百九十六兩四錢。

一、長夫三十六名，每名日支口糧銀一錢，共日支銀三兩六錢。自光緒三十一年正月初一日起支，截至是年十二月底止，扣小建五日，計三百五十五日，共支口糧湘平銀一千二百七十八兩。

一、總局公費，月支銀九十兩。自光緒三十一年正月初一日起支，截至是年十二月底止，計十二個月，共支公費湘平銀一千八十兩。

以上共支委員、司事、書弁、兵夫人等薪糧及總局公費等項湘平銀五千七百十四兩四錢，折合庫平銀五千五百十四兩二錢三分三厘三毫三絲一微。

中國第一歷史檔案館等《中國近代兵器工業檔案史料》第一輯《金陵製造洋火藥局光緒三十二年秋季造藥六成薪費開支清折光緒三十三年六月》 謹將金陵製造洋火藥局光緒三十二年秋季分造藥六成，供用員弁、司事、工匠、兵夫人等薪水、工食、口糧，及總局公費等項，分別六成開支銀數，繕具清折，呈請鑒核。

計開：

一、提調一員，月支薪水銀三千四兩八錢。一、文案兼管機器一員，月支薪水銀二十一兩六錢。一、隨局差遺委員二員，內一員月支薪水銀十五兩六錢，一員月支薪水銀八兩四錢。一、管理帳務、收發物料、監管各廠司事九名，各月支薪水銀四兩八錢。一、書識三名，各月支薪水銀二兩四錢。一、差弁二名，各月支薪水銀三兩六錢。一、親兵十四名，各日支口糧銀七分二厘，扣建。一、長夫三十六名，各日支口糧銀六分，扣建。以上員弁、司事、兵夫人等計六十八員名，每月共支六成薪糧銀二百三十三兩四分。

一、機器匠正手一名，月支工食銀十四兩四錢。一、修理機器匠四名，內二名各月支工食銀七兩八錢，二名各月支工食銀四兩四錢四分。一、燒炭匠五名，內二名各月支工食銀三兩，三名各月支工食銀二兩七錢六分。一、提磺匠四名，內一名月支工食銀三兩，三名各月支工食銀二兩七錢六分。一、提硝匠七名，內三名各月支工食銀三兩，四名各月支工食銀二兩七錢六分。一、和藥、配料、磨炭、碾硝磺匠七名，各月支工食銀三兩二錢四分。一、碾藥匠八名，各月支工食銀五兩四錢。一、鍘藥、壓藥匠七名，各月支工食銀三兩六錢。一、篩藥、光藥匠八名，內三名各月支工食銀四兩二錢，五名各月支工食銀三兩七錢二分。一、烘藥匠四名，各月支工食銀三兩六錢。一、壓餅藥匠二名，內一名月支工食銀三兩六錢，一名月支工食銀三兩三錢六分。一、管理機輪匠八名，內二名各月支工食銀六兩七錢二分，二名各月支工食銀六兩，四名各月支工食銀五兩一錢。一、燒汽爐匠十一名，各月支工食銀二兩七錢六分。一、裝藥匠三名，內上手一名，月支工食銀三兩一錢二分，下手二名，各月支工食銀二兩五錢二分。一、機器鐵匠六名，內正手三名，各月支工食銀五兩四分，副手三名，各月支工食銀二兩一錢六分。一、廣木匠一名，月支工食銀四兩四錢四分。一、本木匠六名，各月支工食銀二兩一錢六分。一、廣瓦匠一名，月支工食銀三兩六錢。一、本瓦匠二名，各月支工食銀二兩一錢六分。一、刮净干柳枝、揀刷柳炭等小工九名，各月支工食銀一兩八錢。以上造藥、機器等工匠計一百四名，每月共支六成工食銀三百七十五兩六錢。

一、總局公費，月支銀五十四兩。

統計員弁、司事、工匠、兵夫人等薪糧、工食，及總局公費等項，按照六折，共月支湘平銀六百六十二兩六錢四分。

查前項薪糧、工食、公費銀兩，曾以減造經費不敷，暫按六成支放，遵章報部查覈，理合登明。

中國第一歷史檔案館等《中國近代兵器工業檔案史料》第一輯《陝西財政局造報陝西機器局光緒三十一年支過薪糧及局費銀兩清冊宣統元年二月》 陝西財

政局爲造册報銷事。

謹將陝省機器局光緒三十一年份支發委員、司事、匠工、學徒、勇丁人等薪糧、局費銀兩，分晰造具細數清册，呈請核銷施行。

須至册者，計開：

一、提調一員，截取直隸州知州張銘坤，月支薪水銀五十兩，自光緒三十一年正月起，至四月十八日交卸止，計三個月十八天，共支銀一百七十九兩九錢九分八厘八毫。又於光緒三十一年四月十九日改委保送知府滕經接辦起，月支薪水銀五十兩，至年底止，計開八個月十二天，共支銀四百一十九兩九錢九分九厘二毫。一、管庫委員一員，候補知縣舒鏊。月支薪水銀三十兩，自光緒三十一年正月起至年底止，計十二個月，共支銀三百六十兩。一、管廠委員一員，神木縣典史薛紹凰，月支薪水銀三十兩。自光緒三十一年正月起至年底止，計十二個月，共支銀三百六十兩。一、收發兼監工委員，候補府經歷樊哲誥，月支薪水銀二十兩，自光緒三十一年正月起至年底止，計十二個月，共支銀二百四十兩。一、管庫司事一名，顧和月支薪糧銀八兩，自光緒三十一年正月起至年底止，計十二個月，共支銀九十六兩。一、管廠司事二名，王祐文、馬韵乾，各月支薪糧銀八兩，自光緒三十一年正月起至年底止，計十二個月，二名共支銀一百九十二兩。一、書識二名，趙作霖、陶鴻賓，各月支薪糧銀六兩，自光緒三十一年正月起至年底止，計十二個月，二名共支銀一百四十四兩。一、書識四名，何霖、吴起端，白向榮，周宗岐，各月支薪糧銀四兩，自光緒三十一年正月起至年底止，計十二個月，四名共支銀一百九十二兩。以上共支過委員、司事、書識薪糧銀二千一百八十三兩九錢九分八厘。

一、機器匠一名，姚天華，月支辛糧銀四十四兩，自光緒三十一年正月起至年底止，計十二個月，共支銀五百二十八兩。又機器匠一名，朱培馨，月支辛工銀三十兩。自光緒三十一年正月起至二月底止，計兩個月，應支銀六十兩。又自三月起加銀二兩，共需銀三十二兩，至年底止計十個月，應支銀三百二十兩。共支銀三百八十兩。又機器匠一名，張福泰，月支辛工銀三十兩，自光緒三十一年正月起至年底止，計十二個月，共支銀三百六十兩。又機器匠一名，張和成，月支薪工銀二十四兩，自光緒三十一年正月起至年底止，計十二個月，共支銀二百八十八兩。又機器匠二十名，每名月支銀四兩，自光緒三十一年正月起至年底止，計十二個月，二十名共支銀九百六十兩。一、槍匠十七名內，月支銀一十兩五錢二名，月支銀十兩一名，月支銀八兩二名，月支銀七兩二名，月支銀六兩六名，月支銀五兩五錢二名，月支銀四兩五錢二名，均自光緒三十一年正月起至年底止，除扣小建五日，計各十一個月二十五天，共支銀一千三百八十四兩五錢。一、掌鉗鐵匠五名，每名月支口食銀四兩，自光緒三十一年正月起至年底止，除扣小建五日，計各十一個月二十五天，五名共支銀二百三十六兩六錢六分七厘。一、幫錘鐵匠十名，每名月支口食銀三兩，自光緒三十一年正月起至年底止，除扣小建五日，計各十一個月二十五天，十名共支銀三百五十五兩。一、銅匠一名，支口食銀四兩，自光緒三十一年正月起至年底止，除扣小建五日，計十一個月二十五天，共支銀四十七兩三錢三分三厘三毫。一、錫匠一名，月支工食銀四兩，自光緒三十一年正月起至年底止，除扣小建五日，計十一個月二十五天，共支銀四十七兩三錢三分三厘三毫。一、學長一名，張宗厚，月支工食銀九兩，自光緒三十一年正月起至五月底止，除扣小建一日，計四個月二十九天，應支銀四十四兩七錢。又自六月初一日起月加銀二兩，共需銀十一兩，至年底止，除扣小建四日，計六個月二十六天，應支銀七十五兩五錢三分三厘三毫，共支銀一百二十兩二錢三分三厘三毫。

一、學徒六十四名。內自光緒三十一年正月起，月支銀四兩二十八名，至年底止，除扣小建五日計各十一個月二十五天，應支銀一千三百二十五兩三錢三分三厘三毫。又支銀四兩一名，自正月起至十一月底開革止，除扣小建五日，計十個月二十五天，應支銀四十三兩三錢三分三厘三毫。又自正月起，支銀三兩五錢二名，月支銀三兩四名，至年底止，除扣小建五日，計各十一個月二十五天，應支銀二百二十四兩八錢三分三厘三毫。又自正月起支銀二兩五錢十八名，至三月底止，除扣小建一日，計各兩個月二十九天，應支銀一百三十三兩五錢。又自四月起，每名加銀五錢，月支銀三兩十八名，至年底止，除扣小建四月，計各八個月二十六天，應支銀四百七十八兩八錢。又自正月起，月支銀二兩五錢一名，至四月底，因久假開革止，除扣小建一日，計三個月二十九天，應支銀九兩九錢一分六厘七毫。又自正月起，月支銀二兩五錢一名，至七月底開革止，除扣小建三日，計六個月二十七天，應支銀一十七兩二錢五分。又自正月起，月支銀二兩五錢一名，至十月底開革止，除扣小建四日，計九個月二十六天，應支銀二十四兩六錢六分六厘六毫。又自正月起，月支銀二兩二名，至六月底，因怠惰誤工開革止，除扣小建二日，計五個月二十八天，應支銀二十三兩七錢三分三厘三毫，又自正月起，月支銀二兩六名，至六月底止，除扣小建二日，計各五個月二十八天，應支銀七十一兩二錢。又自七月起，每名月加銀五錢，月支銀二兩五錢六名，至年底止，除扣小建三日，計各五個月二十七天，應支銀八十八兩五錢。六十四名，共支銀二千四百四十一兩六分六厘五毫。

一、局勇十名，每名月支口食糧三兩，自光緒三十一年正月起至年底止，除扣小建五日，計各十一個月二十五天，共支銀三百五十五兩。

一、更夫一名，月支口食銀三兩，自光緒三十一年正月起至年底止，除扣小建五日，計十一個月二十五天，共支銀三十五兩五錢。

一、伙夫二名，每名月支口食銀二兩四錢，自光緒三十一年正月起至年底止，除扣小建五日，計各十一個月二十五天，二名共支銀五十六兩八錢。

一、印紅、油燭、紙張及一切雜費，月支銀五十兩，自光緒三十一年正月起至年底止，計十二個月，共支銀六百兩。

以上共支過匠徒、勇丁、辛工、口糧、局費等項銀八千一百九十五兩四錢三分三厘四毫。

統計一冊，共支過委員、司事、匠徒、勇丁薪糧、工食、局費等項庫平銀一萬三百七十九兩四錢三分一厘四毫。內薪工、局費銀一萬四十三兩四錢三分一厘四毫，書識薪糧三百三十六兩。（前件，查上項支過薪工、局費銀兩，俱係查照成案，暨實支數目，核實造報。至匠徒人等加增銀兩，亦係察其工作勤巧、技藝精熟者，分別酌量加增，以示鼓勵。並無浮冒，應請准銷，理合登明。）

中國第一歷史檔案館等《中國近代兵器工業檔案史料》第一輯《陝西財政局造報陝西機器局光緒三十年員工薪糧及局費銀兩清冊宣統元年二月》 計開：

一、提調一員，候補知府杜崇光，月支薪水五十兩。一、管庫委員一員。一、管廠委員一員。一、收發兼監工委員一員。一、管庫司事一名，月支薪糧銀八兩。一、管廠司事兩名。一、書識二名，各月支薪糧六兩。又書識四名。一、機器匠一名，月支辛工銀四十兩。又機器匠一名，又機器匠一名，又機器匠一名，又機器匠一名。又機器匠二十名，每名月支銀四兩。一、槍匠十七名，內月支銀八兩二名，月支銀四兩五錢二名。一、掌鉗鐵匠五名，每名月支銀四兩。一、幫錘鐵匠十名。一、銅匠一名。一、錫匠一名。一、學長一名。一、學徒六十四名，月支銀四兩。一、局勇十名。一、更夫一名。一、伙夫二名。一、印紅、油燭、紙張及一切雜費，月支銀五十兩。

統計一冊，共支過委員、司事、匠徒、勇丁薪糧、工食、局費等項庫平銀一萬五百六十五兩。

中國第一歷史檔案館等《中國近代兵器工業檔案史料》第一輯《金陵製造洋火藥局造藥四成折放薪費清折宣統元年五月十八日》 謹將金陵製造洋火藥局自宣統元年六月初一日起奉准造藥四成，在局員司、工匠、兵夫人等薪糧、工食、公費銀數，比照成案一律按四成折放，繕具清折呈請鑒核。

計開：

一、提調一員，月支五成薪水銀二十九兩，四成支銀二十三兩二錢。一、文案兼管機器一員，月支五成薪水銀十八兩，四成支銀十四兩四錢。一、隨局差遣委員二員，內一員月支五成薪水銀十三兩，四成支銀十兩四錢；一員月支五成薪水銀七兩，四成支銀五兩六錢。一、管理帳務、收發物料、監管各廠司事九名，各月支五成薪水銀四兩，四成支銀三兩二錢。一、書識三名，各月支五成辛工銀二兩，四成支銀一兩六錢。一、差弁二名，各月支五成薪水銀三兩，四成支銀二兩四錢。一、親兵十四名，各日支五成口糧銀六分，扣建，四成支銀四分八厘。一、長夫三十六名，各日支五成口糧銀五分，扣建，四成支銀四分。以上員弁、司事、兵夫人等計六十八員名，每月共支四成薪糧銀一百五十五兩三錢六分。

一、機器匠正手一名，月支五成工食銀十二兩，四成支銀九兩六錢。一、修理機器匠四名，內二名各月支五成工食銀六兩五錢，四成支銀五兩二錢；二名各月支五成工食銀三兩七錢，四成各支銀二兩九錢六分。一、燒炭匠五名，內二名月支五成工食銀二兩五錢，四成各月支銀二兩；三名各月支五成工食銀二兩三錢，四成各月支銀一兩八錢四分。一、提磺匠四名，內一名月支五成工食銀二兩五錢，四成支銀二兩；三名各月支五成工食銀二兩三錢，四成支銀一兩八錢四分。一、提硝匠七名，內三名月支五成工食銀二兩五錢，四成各支銀二兩；四名各月支五成工食銀二兩三錢，四成支銀一兩八錢四分。一、和藥、配料、碾硝磺匠七名，各月支五成工食銀二兩七錢，四成各支銀二兩一錢六分。一、碾藥匠八名，各月支五成工食銀四兩五錢，四成支銀三兩六錢。一、鍘藥、壓藥匠七名，各月支五成工食銀三兩，四成各支銀二兩四錢。一、篩藥、光藥匠八名，內三名各月支五成工食銀三兩五錢，四成各支銀二兩八錢；五名各月支五成工食銀三兩一錢，四成各支銀二兩四錢八分。一、壓餅藥匠二名，内一名月支五成工食銀三兩，四成支銀二兩四錢；一名月支五成工食銀二兩八錢，四成支銀二兩二錢四分。一、烘藥匠四名，各月支五成工食銀三兩，四成支銀二兩四錢。一、管理機輪匠八名，内二名各月支五成工食銀五兩六錢，四成支銀四兩四錢八分；二名各月支五成工食銀五兩，四成支銀四兩；四名各月支五成工食銀四兩二錢五分，四成支銀三兩四錢。一、燒汽爐匠十一名，各月支五成工食銀二兩三錢，四成支銀一兩八錢四分。一、裝藥匠三名，内上手一名，月支五成工食銀二兩六錢，四成支銀二兩八分；下手二名，各月支五成工食銀二兩一錢，四成支銀一兩六錢八分。一、機器鐵匠六名，内正手三名，各月支五成工食銀四兩二錢，四成文銀三兩三錢六分；副手三名，各月支五成工食銀一兩八錢，四成一兩四錢四分。一、廣木匠一名，月支五成工食銀三兩七錢，四成支銀二兩九錢六分。一、本木匠六名，各月支五成工食銀一兩八錢，四成支銀一兩四錢四分。一、廣瓦匠一名，月支五成工食銀三兩，四成支銀二兩四錢。一、本瓦匠二名，各月支五成工食銀一兩八錢，四成支銀一兩四錢四分。一、刮净干柳枝、揀刷柳炭小工九名，各月支五成工食銀一兩五錢，四成支銀一兩二錢。以上造藥機器等工匠計一百四名，每月共支四成工食銀二百五十兩四錢。

一、總局公費，月支五成銀四十五兩，四成文銀三十六兩。

統計員弁、司事、工匠、兵夫人等薪糧、工食、及總局公費等項，按照四成，每月共支湘平銀四百四十一兩七錢六分。

查前項員司、工匠、兵夫人等薪糧、工食、公費銀兩，均按准銷成案，一律四折支給，應請大部立案，理合登明。

中國第一歷史檔案館等《中國近代兵器工業檔案史料》第一輯《山西機器局呈送宣統元年工匠工食銀兩清册宣統二年十一月》 山西機器局爲册報事。

謹將宣統元年正月起至十二月底止，所有本局各廠工匠、匠徒支用工食、獎賞銀兩，理合分晰造册，呈請核銷施行。

須至册者，計開：

正月分。機器廠：領工任大曾，二十九工，月支銀十八兩。虎鉗工姜佑廷，二十九工，月支銀十八兩。和世欽，二十九工，月支銀二兩四錢。以上工匠、匠徒五十四名，共應領工食湘平銀三百四十六兩八錢一分。木樣廠：領工，陶慶春，二十九工、月支銀十八兩。匠徒劉海寬，二十九工，月支銀二兩七錢。以上工匠、匠徒二十一名，共應領工食湘平銀六十兩五分。熟鐵廠：工匠、匠徒二十三名，共應領工食湘平銀一百三十二兩二錢一分。翻砂廠：工匠、匠徒九名，共應領工食湘平銀五十八兩八錢九分。銅帽廠：工匠、匠徒十二名，共應領工食湘平銀，四十八兩六分。【略】

一、支工匠、匠徒冬季分獎賞湘平銀八十兩。

以上十三個月共支工食、獎賞湘平銀八千三百七十一兩二錢四分，以九六合庫平銀八千三十六兩三錢九分四毫。

中國第一歷史檔案館等《中國近代兵器工業檔案史料》第一輯《山西機器局呈送宣統元年委員薪津銀兩清册宣統二年十一月》 山西機器局爲册報事。

謹將宣統元年正月起至十二月底止，所有本局開支委員薪津銀兩，理合開具清册，呈請核銷施行。

須至册者，計開：

正月分。一、總辦一員，係屬兼差不支薪水，補用道劉敬修，支車馬費湘平銀五十兩。一、提調一員，補用知府萬理清，支薪水湘平銀六十兩。一、文案支發兼統計一員，補用知縣艾慶甲，支薪水湘平銀三十兩。一、副總監兼統計一員，試用典史華壽堯，支薪水湘平銀三十兩。一、採買兼煤炭廠收發文件雜務副委一員，試用典史丁繩武，支薪水湘平銀二十四兩。一、收發庫料兼醫官學習副委一員，試用典史周繁昌，支薪水銀十二兩，津貼銀四兩，共支湘平銀十六兩。一、監機器木樣廠學習副委二員，考職典史張式堃支薪水湘平銀十二兩，試用巡檢陳朝昌支薪水湘平銀十二兩。一、監熟鐵兼翻砂廠學習副委一員，試用直隸州州判楊琮，支薪銀十二兩，支津貼銀六兩，共支湘平銀十八兩。一、繕校兼監用關防學習副委一員，試用州吏目鄭德建，支薪水湘平銀十二兩。一、總匠耳兼繪圖一員，府經歷職銜張家賓，支薪水湘平銀三十兩。以上共支薪津湘平銀三百六兩。

黄式權《淞南夢影録》卷一 失業工人及遊手好閑之類，一言不合，輒群聚茶肆中，引類呼朋，紛争不息。甚至擲碎碗琖、毁壞門窗，流血滿面扭至捕房者，謂之吃講茶，後奉憲諭禁止，犯則科罰店主。然私街小弄，不免陽奉陰違。近且有擁至烟室，易講茶爲講烟者，益覺肆無忌憚矣。

紀事

中國第一歷史檔案館等《中國近代兵器工業檔案史料》第一輯《李鴻章奏請獎勵英籍兵官馬格里片同治五年八月二十日》 再，英國兵官馬格里，前在臣營教練槍隊，設局仿造西洋火器，著有成效，當經奏蒙賞給三品頂戴。該兵官感極思奮，講求洋器製造益精，在局四年，始終不懈。每慕聖朝聲教，冀得一中國文職，俾可夸示同類，以遠耀島洋。查此次克復湖州等城，破敵摧堅，頗得開花炮彈之力，論功行賞，該兵官亦應酌予獎勵。可否懇恩准將三品頂戴馬格里賞加道員虛銜以示優异之處，出自逾格鴻施。理合附片陳請，伏乞聖鑒訓示。謹奏。

同治五年八月二十九日軍機大臣奉旨：欽此。

中國第一歷史檔案館等《中國近代兵器工業檔案史料》第一輯《李鴻章奏請給薩勒哈春等酌增薪水片同治五年十月十六日》 再，火器營弁兵參領薩勒哈春等經總理各國事務衙門奏派，於同治三年六月內由京航海來蘇學習製造外洋火器。應給薪水等項款奉寄諭即由江蘇酌定支發，准其作正開銷等因。薩勒哈春等到滬後，經臣分派洋炮局學習製造。酌定月需薪水等項銀六百零六兩，於三年七月間奏在案。

兩載以來，盡心講求，迭經奏奉諭旨分別獎勵，該弁兵等感激奮興，更加精進。惟離京數千里，勞苦工作，食用服物諸凡昂貴，月領薪水不敷支用。除玉慶、穆金泰、達崇阿、吉昆等四名病故，又玉林因病外出，玉奎回京，均停支薪水外，其餘各員弁自應酌量增給，以示鼓勵。據升任蘇松太道丁日昌等具稟，經臣酌定：將參領薩勒哈春、崇善、色布什新，副參領德俊等四員，於原支每月各銀三十六兩外，每月各加費四兩；又幫帶官委參領達隴阿、委護軍參領常英，盡先空花翎永强阿、常慶等四員，於原支每月各銀二十四兩外，每月各加銀四兩；又即補空花翎額勒德恩圖等三員、護軍校常壽等十七員，鳥槍護軍校成英等十四員，共三十四員，原係兵丁，於每月原支各銀八兩外，每月各加銀六兩。即從同治五年五月份起，由江蘇海關在船鈔項下一並照數支給。所有跟役、書識、紙張雜費仍照原定銀數分別支給。除分咨備案外，理合附片陳明，伏乞聖鑒，敕部查照。謹奏。

同治五年十月二十日軍機大臣奉旨：知道了。欽此。

中國第一歷史檔案館等《中國近代兵器工業檔案史料》第一輯《丁寶楨奏山東機器局規模全備請准保獎尤爲出力各員折光緒二年十月初三日》 太子少保銜頭品頂戴新授四川總督山東巡撫臣丁寶楨跪奏，爲山東創設機器局購置機器，蓋造廠房，規模全備，恭摺仰祈聖鑒事。

竊臣上年曾將東省設立機器製造局試辦軍火，派道員銜候選郎中徐建寅總司其事，並派按察使銜濟東泰武臨道薛福辰會同辦理各緣由，歷次奏明在案。

臣初與徐建寅、薛福辰等商辦之時，即謂東省設立此局，實爲自强起見，非徒增飾外觀，所有一切建廠造屋及備辦機器並將來製造各項，均須自爲創造，不准雇募外洋工匠一人，庶日後操縱由我，外人無從居奇，乃於國家有利。徐建寅等頗解臣意，當開局之初，先在省城外濼口迤東相度形勢高亢之區，價買民地三百餘畝，一面委員採買木石雜料，復開窑自造磚瓦，於去冬先落成工務堂一座，以資委員、司事人等辦公栖止。旋飭赴滬定購外洋機器、物料，雇募本地各色熟手工匠，並飭調來閩省之萬年青輪船載送。該員徐建寅於今春二月間回東後，續即興工建造各廠屋，工料齊備，人夫輻輳，而委員、司事人等亦復督趲勤勞，寒暑靡間。自春及秋，業將機器廠、生鐵廠、熟鐵廠、木樣房、畫圖房、物料庫、東西厢文案廳、工匠住房，大小十餘座一律告成。其火藥各廠，如提硝房、蒸硫房、煏炭房，及碾炭房、碾硫房、碾硝房、合藥房、碾藥房、碎藥房、壓藥房、成粒房、篩藥房、光藥房、烘藥房、裝箱房亦次第告竣。其各廠烟通高自四十尺至九十尺，大小十餘座，亦俱完工。外國購到機器亦陸續運東。徐建寅躬親布置裝配，一俟內地採買硝硫、煤炭各料購齊，即行分別開工製造。核計全廠告成，爲期不逾一年。辦理既速，撙節尤多。將來著名利器，如格林、克鹿伯各炮，林明敦、馬氏尼等槍，均可自行添造，不必購自外洋。雖中國自强之本原不在區區末藝，亦見我中國技巧幾與西人之累世專攻者等。風氣既開，未始不日有起色也。

臣統籌此局，就現時情形而論，其利確有數端：設廠內地，不爲彼族所覬覦，萬一別有他事，仍可閉關自造，不致受制於人，利一也。附近章邱、長山等縣，煤、鐵、磺産素饒，民間久經開採，但就內地採料，已覺取資無窮，縱有閉關之時，無虞坐困，利二也。秦、晋、豫、燕、湘、鄂等各省，由黄運溯流而上一水可通，將來製造軍火有餘，可供各省之用，轉輸易達，利三也。從前中國各廠雇用洋匠，少或七八名至一二十名，每名工值歲費二三千金，統計各洋匠一歲所費已逾巨萬，而招募路程有費，死傷恤賞有費，遣散舟資有費；加以該洋匠等墨守師法，不肯略爲遷就，往往一材一料，稍不中於繩墨，即在屏棄之列；甚或營造及半，忽然變計，重複毀改，虛糜工料極多。此皆由本局無深明機器之人，故一切受制於洋匠。今該員徐建寅胸有成算，親操規削，一人足抵洋匠數名。猶復估料程工，力求撙節，綜核精密，人不能欺，故一切皆歸實用，不稍虛糜。又因粤匠工值價昂，專雇江浙、直隸熟手工匠，而招東省士著心地明白之人相間學習，是以勤奮過於洋匠，而工資不及一半，每年節省既巨，异時籌款稍覺從容。從此精益求精，庶幾器械精良，軍儲充裕，自可奪外人之長技，不致見絀於相形。此則微臣方創辦時所不敢料而深幸以後之所謂自强者，於此真得實際，自可期日新而月盛也。

至該局員等，或創辦重大工程，或轉運外洋機器，以及萬年青輪船官弁歷涉重洋，承運迅速，不無微勞足録。其尤爲出力各員，可否援照滬局輪船廠工告成請奬成案，仰懇天恩容臣擇尤酌保數員，奏請奬叙，則各該員弁益當感激奮發。如蒙俞允，臣當悉心酌核清單，無敢稍涉冒濫。所有創設機器局規模全備各緣由，謹恭摺具陳，伏乞皇太后、皇上聖鑒訓示。謹奏。

光緒二年十二月十二日軍機大臣奉旨：着准其酌保數員，毋許冒濫。欽此。

中國第一歷史檔案館等《中國近代兵器工業檔案史料》第一輯《丁寶楨奏曾昭吉等員深通機器迥出尋常片光緒十年十月初一日》 再，四川候補直隸州州判李盛卿，居心清白，才具精强，立志求實，毫無粉飾，歷經差委，勤敬自持，始終如一，實爲可用之才。又查知府銜候選同知曾昭吉，心思靈敏，於製造機器各項雖未目睹，而冥心獨造，不襲洋人成法，所作輒與之合，間有精妙勝之者，誠中國所不多見。又四川候補巡檢高啓文，心思既靈，識見亦廣，現在與曾昭吉同辦機器，均不習洋式而製造輒合。現今洋人遊歷來川者多赴該局觀其器物，無不嘆其靈妙。此二員者深通機器，迥出尋常，實爲中國所難能，亦爲今日所必用，是以不敢不以上達。伏祈聖鑒。謹奏。

光緒十年十月二十八日軍機大臣奉旨：欽此。

中國第一歷史檔案館等《中國近代兵器工業檔案史料》第一輯《吴大澂奏創設吉林機器局在事出力人員遵旨擇優保奬折光緒十一年九月十五日》 會辦北洋事宜都察院左副都御史臣吴大澂跪奏，爲吉林創設機器廠，在事出力人員遵旨擇優保奬，繕具清單，恭呈御覽，仰祈聖鑒事。

竊臣於光緒九年九月初九日會同吉林將軍臣希元奏報吉林機器製造局工程完竣，並聲明吉省地氣早寒，十月封凍，三月始開，土木之工及磚瓦各窑，較他省尤爲費力，請將該局總辦四品銜江蘇試用同知宋春鰲等援照天津、上海各局成案，擇其尤爲出力者酌量開保，奏請奬叙，以示鼓勵等因。於光緒九年九月二十九日奉旨：准其核實擇尤保奬，欽此。

臣查吉林創設機廠，製造槍子並修理各種槍炮，旋又添蓋强水房自製强水，增設火藥廠自造洋藥，規模逐漸擴充，經費力求撙節。所用委員、司事、工匠，大半由津、滬各局挑選熟手，招徠至吉，路遠費多，工繁責重。兩三年，吉林本省旗員、旗民耳濡目染，遇事講求，精益求精，漸開風氣，皆由總理機器製造局四品銜江蘇試用同知宋春鰲實心實力，措置裕如。在事出力人員，或承辦采購各種機器料物，或督率稽查各項工匠人等，或分司各庫、各廠出入料件，或專管銀錢逐日收支款目，或專心繪畫各種機器圖式，或押送水陸各路轉運車船，因材器使，各就所長，事有專門之學，局無濫竽之人，總其課程日新月异，著有成效。該員等往來洋面，艱險備嘗，實非尋常勞績可比。兹擇其尤爲出力者二十九員，謹將擬保官階繕具清單，恭呈御覽。合無仰懇天恩俯准，將單内所開各員飭部核准，以昭激勸。除武職把總以下應給奬叙文咨送兵部另行核奬外，所有遵旨核實擇優保奬緣由，謹會同吉林將軍臣希元恭摺馳奏，是否有當，伏乞皇太后、皇上聖鑒。謹奏。

光緒十一年九月十七日軍機大臣奉旨：該部議奏。單并發。欽此。

[附]清單

謹將吉林機器製造局委員、司事人等尤爲出力各員，擬保官階開具清單，恭呈御覽。

計開：

四品銜江蘇試用同知宋春鰲，擬請以知府仍留江蘇歸候補班補用。分發補用知府龔照璵，擬請補缺後以道員用。候選知州汪啓，擬請賞加運同銜。吉林烏槍營鑲紅旗藍翎佐領鳳翔，擬請以應升參領之缺盡先前即補，先换頂戴。吉林通溝站七品筆帖式晋昌，擬請以本省主事盡先前即補，先换頂戴。中書科中書江輝，擬請以知縣選用。分省候補班補用知縣陸保善，擬請賞加同知銜。五品銜知縣用候選縣丞王叔蕃、議叙候選先用州判汪鈞澤、候選鹽課大使沈庚森，候選縣丞顧元勛，以上四員擬請以知縣不論雙單月遇缺即選。六品銜指分河南試用縣丞李慶榮、指分安徽盡先補用縣丞邱瑞麟、東河試用縣丞周桐豫，以上三員擬請以知縣仍歸原省補用。五品銜候選州判張廣生，擬請賞給五品封典。指分北河試用州判徐國楨，擬請乃留北河歸先儘班補用。廩生楊世濂、廩生蘇紹基，以上兩員擬請以訓導不論雙單月盡先前選用。指分北河分缺先補用捐免補額主簿查富璣，擬請以縣丞乃留北河歸候補班補用。附貢生王錫恩、文生邵瑞琮、文生程玉照，以上三員擬請以縣丞不論雙單月選用。候選從九品申丕鼎、候選從九品馬汝舟、文童宋福生、文童黃祖德、文童王同慰，以上五員擬請以巡檢不論雙單月選用。盡先補用游擊沈廷棟，擬請以參將盡先補用。藍翎千總孫超，擬請以守備盡先補用。

軍機大臣奉旨：覽。欽此。

中國第一歷史檔案館等《中國近代兵器工業檔案史料》第一輯《吳大澂奏創設吉林機器局尤爲出力人員保獎案仍懇恩准折光緒十一年十二月初三日》 會辦北洋事宜都察院左副都御史臣吳大澂跪奏，爲吉林創設機廠遵旨保獎尤爲出力人員前經吏部議駁一案，仍懇天恩特准奬叙，以昭激勸，恭摺瀝陳，仰祈聖鑒事。

竊臣接准吏部咨稱：吉林機器局請奬遵旨議奏一折，於光緒十一年十月二十日具奏，奉旨依議，欽此，並將原奏咨行到臣。伏查吏部奏稱：嚴核保舉章程內開，各省操防、機器、船政等項事務均屬應辦之件，一概不准保奬。雖據聲稱往來洋面艱險備嘗，惟各省機廠采辦料物均多往來洋面，不獨吉林一處爲然，所有吉林創設機廠出力二十九員開單請奬之處，核與前奏定嚴核保舉章程不符，應毋庸議等語。在部臣嚴核保舉恪守定章，未便稍事通融，亦爲慎重名器起見。惟吉林創設機器局辦事之難，轉運之遠，實非天津、上海各局可比，在事各員殫精竭慮，經理有年，臣亦不敢没其微勞。敬爲我皇太后、皇上陳之。

臣初與李鴻章函商，議在吉林創設機廠，奏調廣東道員溫子紹，該員以親老力辭。臣又奏調天津製造局總辦道員王德均、上海機器局委員通判徐華封、福建船政局委員縣丞遊學詩，均經該省督撫臣奏留、咨留，不獲調吉差委。臣心焦灼萬分，有寡助之憾。幸同知宋春鰲等數員，經臣往復緘商，情詞懇切，該員等諒臣之苦衷，不憚跋涉，航海而來，其情可感，其志亦可嘉。此調員之難也。吉林工匠起造房屋與南省不同，而機廠之墻壁、門窗、烟筒、水道尤與尋常衙署不同，該匠等目所未見，語之亦各茫然。稍一遷就，工料不堅，貽誤匪細。其磚窑、灰窑應用物料，均需加工定制，審曲面執之方，非該員等巨細躬親，晝夜督率，不能建造如法。非若津、滬各局，土工、木工各有專責，不勞而理。此建廠之難也。一廠之中以匠頭爲最要，衆廠之中以機器廠爲最要。安設鍋爐非熟手不可，裝配機器非良工不就，教授學徒，鈎心鬥角，規畫圖樣，置範成模，皆匠頭之是賴。該匠頭等久在津局、滬局資格既深，工食亦厚，調赴吉林苦寒之地視爲畏途，人人裹足，或來一兩月即托病而歸，諸多掣肘。現在局中不乏良材，皆宋春鰲等設法招徠，苦心孤詣。此選匠之難也。機器大宗皆購自德、美各國，銅、鐵物件多聚於津、滬碼頭，一水可通之區驗收較易，百貨所萃之處精選何難。若吉林所購機器洋人在津、滬交收，委員亦須在津、滬查驗，吉省本局之員既不敷用，不能不求助於津局，並有隨時需用料物陸續購運，應用不窮。此等瑣屑繁重，在吉局爲應辦之事，在津員爲分外之勞，臣所列保天津製造局數員，亦爲隔省辦事不分畛域者勸。此購器之難也。機器重件船運已極操心，陸運尤爲費力。營口初無碼頭，輪船不能傍岸，非若天津、上海就船起運，人力易施。自營口至吉林，中有山路崎嶇，高坡上下，淫雨之後，積潦滿途，覆轍之車傷人及馬。以數千百斤之重載，行千數百里之長途，僕夫驚怖，津吏駭聞，他省機器局創辦之初，無此艱險。此轉運之難也。以上五難，皆吉林創設機廠時實在情形。核其勞績，在吏部新章未定以前，若因格於部議，不能與上海、天津各局創辦人員一律保奬，該局員等未免向隅。

現值朝廷慎重邊防、力求整頓之時，特命穆圖善爲欽差大臣辦理三省練兵事宜，正在精求利器以裕軍儲，而吉林風氣初開，尤宜多方鼓勵，以培養人才爲先務。合無仰懇天恩俯念該局員等數年以來締造艱難，出入於洪濤巨浸之中，馳驅於陡嶺危崖之地，寢饋於硝强湯火之旁，核與津、滬等廠及文報、電工出力人員尤爲勞勤。如蒙特旨准照臣等前次所請給奬，出自恩施逾格，以後不得援以爲例。除原保清單業經存部毋庸重叙外，謹會同吉林將軍臣希元合詞恭摺具奏，是否有當，伏乞皇太后、皇上聖鑒訓示。謹奏。

再，吉林廠開辦時精諳機學乏人，當經咨調河工鹽務及他省人員，其派之日及所著勞績均在未定新章以前，合併聲明。謹奏。

光緒十一年十二月初五日軍機大臣奉旨：着照所請。該部知道。欽此。

中國第一歷史檔案館等《中國近代兵器工業檔案史料》第一輯《劉秉璋奏請擇優保奬四川機器局委員司事折光緒十三年三月十三日》 頭品頂戴四川總督臣

劉秉璋跪奏，爲川省機器局各委員、司事勤奮辦公，照章擇優保奬，恭摺仰祈聖鑒事。

竊查前准總理海軍衙門咨：光緒十二年七月十四日具奏酌議保奬章程，並聲明部章室礙情形，請量爲變通等因一折，本日欽奉懿旨依議，欽此。恭録並刷印原奏咨行，欽遵查照在案。

臣查川省自光緒三年九月奏設機器局，遴委曉暢機器候選同知曾昭吉專司製造，於城内擇地建廠開工試辦，經前督臣丁寶楨檄調候補道黄錫燾來川，會同成綿龍茂道，督飭委員，在局經理年餘，規模初立。五年三月，奉文停止。六年四月，奉旨復開，仍委成綿龍茂道會同候補道黄錫燾督率委員曾昭吉、候選巡檢高啓文等復行開局，添制機器，漸次推廣。該委員曾昭吉等，心思奇巧，不用洋人，招考本地工匠、學徒，仿造外洋槍炮等項，並創制水輪機器，運動各廠，可省鍋爐火力經費之半。又於城外設局專用水機製造洋火藥。數年以來，該道等督率在局任事各員，莫不殫心竭慮，精益求精，業經造成機器三部，又機器一千一百五十九件，各種洋槍一萬四千九百一十三杆，洋火藥二十八萬五百九十餘斤，銅火帽一千三百七十五萬顆，後膛藥彈六十八萬五千五百七十顆，鉛子六十萬五千顆，洋炮三尊，歷經委員解交籌餉局收存，陸續轉發各營操防並協濟雲南、廣西及鮑營軍火各在案。伏查局中製造工程奇險，汽機之迅厲，藥性之暴烈，稍未得法，皆足致命。該委員等冒險從公，著有成效。兹據成綿龍茂道承厚、候補道黄錫燾援照海軍章程詳請奏奬前來。

臣查川省機器局自光緒三年開設及六年奉旨復開起，迄今已届八年。該委員司事等，歷年在局，不避艱險，造成機器、槍藥等項撥發應用，均屬合式，非辦理尋常局務勞績可比，核與海軍衙門原奏沿海省分操防機器皆爲固圉要務，比照海軍保奬年限擇優酌保章程相符。謹將擬保各員，開具清單，恭呈御覽。該員等或總司製作，或監視工程及綜理各所事務，實屬尤爲出力，前於光緒十年報銷案内，曾經造具花名清册，咨部有案。合無仰懇天恩俯賜，敕部查照海軍章程，從優給奬，以示鼓勵之處，出自逾格鴻慈。其餘在局任事，尚有武職數員，應由臣查明，另行咨部酌給奬叙，合併陳明。除咨部並分咨海軍衙門查照外，所有機器局各委員、司事在事出力，照章擇優保奬緣由，理合恭摺具奏，伏乞皇太后、皇上聖鑒訓示。謹奏。

硃批：該部議奏。單并發。

中國第一歷史檔案館等《中國近代兵器工業檔案史料》第一輯《衛榮光奏浙江機器局舊廠失火該局委員祝慶年予以撤差片光緒十三年閏四月二十二日》 再，上年十月間據軍裝局委員候補知府祝慶年禀報，十月二十二日亥刻，西邊舊機廠失火，當即救熄，軍裝子藥保全無恙。經臣親往查勘，並將該委員祝慶年先行撤差記過停委。一面檄飭藩臬兩司會詳防軍支應局司道分别查辦去後。

兹據詳稱，被毁處所，原係保國寺舊有破屋數間，兵燹後就地改作廠屋，嗣後權作（器）機（器）廠。邇因機器新建有局，歸併一處，此廠專作匠工及看庫丁役住宿之所，柱椽本已朽壞，板片俱不整齊，早擬拆卸另造，無從估計。其餘軍裝子藥向存藥庫，隔别收儲，並未延及。提訊工匠胡泰忠、蘇國寅等堅供不知失火原委。所有被毁機器舊廠左右墻垣屋宇，當令該局委員祝慶年賠修完固。業經撤差記過停委，請免置議。工匠胡泰忠等疏於覺察，已發杭州府分别枷責，以示懲儆。詳請奏咨等情前來。臣覆查無异。除咨部查照外，理合附片陳明，伏乞聖鑒。謹奏。

奉硃批：知道了。欽此。

中國第一歷史檔案館等《中國近代兵器工業檔案史料》第一輯《劉秉璋奏四川機器局薪工等項請照舊章支給折光緒十六年三月初六日》 頭品頂戴四川總督臣劉秉璋跪奏，爲川省機器局薪水、工食等項前已屢經裁減，未便再扣湘平，應請照舊章支發，恭摺仰祈聖鑒事。

竊臣先後准户部咨：核覆川省機器局光緒十三、十四等年分收支各款造册請銷，並赴上海購買外洋槍彈各案内，所有購買物料等項，准照庫平開支；其應銷委員、匠役人等薪水、工食及盤費、水脚等項，每兩應扣湘平銀四分，飭令仍照部章如數扣回，歸入下届新收項下報部查覈等因。當經轉行去後。

兹據辦理機器局成綿龍茂道承厚、候選道徐春榮詳稱：遵查川省機器局，自光緒三年開設以來，所定薪水、工食，比較上海、天津、金陵各局原屬有減無多。嗣因製造日廣，雇募日增，光緒十二年分全年薪水、工食花名一册開支至三萬八千二百餘兩。自臣到川後，於十三年冬間整頓局務，飭將司事、工匠人等薪工大加核減，十四年分全年薪水工食花名一册只支銀二萬二千七百餘兩，較之十二年分薪水工食已減去銀一萬五千四百餘兩之多。十五年分復飭裁去正委一員，副委七員，工匠十五名，較之十四年所支薪水工食又減去銀二千二百餘兩。凡所以爲節省經費計者，無不至周且備。兹奉部咨，飭扣湘平。覆查前議扣減湘平章程，原爲海防軍需孔殷，出於萬不得已。當此庫藏竭蹶之時，如能再減，自應遵辦。無如川省錢貴銀賤，食物加昂，即照舊章支給，不過僅敷口食，若再核扣湘平，該員役、工匠人等勢必食用不敷，安能期其振作，殊與局務大有關係。若因扣湘平另加薪工，是扣猶未扣，更非核實辦法。況自局費屢經裁減之後，所給薪水、工食較前省一半，實屬無可再減。籌思至再，萬難曲從部議。現准籌餉局移開，該局奉札於光緒十五年十二月二十九日由驛具奏川省勇糧雜支等項，未便再扣湘平，請仍照舊章支發一折，本年二月初七日奉到硃批，着照所請，户部知道，欽此，欽遵轉行到局。伏思機器局與籌餉局事同一律，所有銷案自應辦理畫一，以免歧异。懇將機器局薪水、工食及雜支各項免再核扣湘平等情，詳請具奏前來。

臣覆查該道等所詳，委係實在情形。合無仰懇天恩俯念川省食物昂貴，機器局薪水、工食前已屢大加裁減，與雜支各項均難再行核扣，准予仍照舊章支發造報，毋庸扣減湘平，俾在局員役、工匠人等足敷食用，以示體恤而期振作。除分咨查照外，是否有當，理合恭摺具陳，伏乞皇上聖鑒。謹奏。

光緒十六年三月二十五日奉硃批：着照所請。户部知道。欽此。

中國第一歷史檔案館等《中國近代兵器工業檔案史料》第一輯《李鴻章奏請賞給著有勞績之外國員弁商人以寶星片光緒十七年二月二十六日》 再，各國員弁、商人在華著有勞勩，歷經奏蒙賞給寶星以示奬勵。兹查有德國克虜伯廠派來中華照料炮械總兵福合爾、現任克虜伯廠總辦燕格、克虜伯廠製造總辦克拿思，兼充荷蘭國天津領事官奧國人滿德等四員，於中國購造海防巨炮，並傳授製造栗色火藥秘法，均能實心經理，著有勞績。又電報教習丹國人克給西、俄國商務參議四達爾祚福、管駕利運輪船英國人摩頓等三員，歷充各項差務，均能勤奮盡職。合無仰懇天恩俯准將福合爾比照各國武職大員例，賞給二等第三寶星，燕格、克給西比照陸路副將教習例，賞給三等第一寶星，克拿思、滿德、四達爾祚福、摩頓均比照水師管駕陸路參將、副領事官例賞給三等第二寶星，藉資鼓勵。除俟奉旨後由臣飭令分別制給並咨總理衙門繕給執照外，理合附片陳請，伏乞聖鑒訓示。謹奏。

光緒十七年二月二十九日奉硃批：着照所請，該衙門知道。欽此。

中國第一歷史檔案館等《中國近代兵器工業檔案史料》第一輯《劉秉璋奏請擇優奬勵四川機器局員弁工匠折光緒十八年三月十五日》 頭品頂戴四川總督臣劉秉璋跪奏，爲機器局各員弁、工匠勤奮辦公已届五年限滿，照章擇優保奬，恭摺仰祈聖鑒事。

竊查前准海軍衙門咨：奏定保奬章程内開，各省水陸操防、機器，凡沿海省分應保營、局各員，尋常保奬以五年爲限，其非沿海省分，操防、機器皆爲固圉要務，並照海軍保奬年限章程擇優酌保，以免向隅等語，於光緒十二年七月十四日欽奉懿旨依議，欽此，欽遵咨行遵照在案。

臣於光緒十三年三月間查明，川省機器局自光緒三年九月奏設起，已時届八年，當將在局各委員、司事開單奏請奬勵。嗣奉吏部咨，以海軍衙門奏定保奬年限，應以光緒十二年七月十四日欽奉懿旨之日起扣限五年，方准保奬，並應將在局各員先行咨部立案等因，奏奉諭旨依議，欽此。鈔録原奏，知照前來。臣當即欽遵轉行在案。

兹據辦理機器局署成綿龍茂道王季寅、記名候選道徐春榮詳稱：遵查川省機器局，自光緒十二年七月十四日海軍衙門奏定保奬章程欽奉懿旨之日起，扣至光緒十七年七月，時閲五年，已符准保年限。在局各員弁、工匠，昕夕從事，危險异常，所制精良，深裨要用，自應照章按限保奬，以昭激勸。至各員弁、工匠銜名，曾於光緒十七年二月先期造册詳咨在案。兹恐稍涉冒濫，復會同嚴加删核，擇其尤爲出力者二十一員名，造具銜名履歷清册，詳請奏咨給奬前來。

臣查川省機器局各員弁、工匠，歷年在局，不避艱險，造成機器、藥彈等項，皆精良合用，迥非辦理尋常局務勞績可比。遵照海軍衙門奏定保奬章程，自光緒十二年七月十四日欽奉懿旨之日起，扣至十七年七月十四日，已滿五年。各員弁、工匠銜名，曾經先期造册咨部立案，核與海軍衙門奏定保奬年限擇優酌保章程相符。謹開具清單，恭呈御覽。合無仰懇天恩俯賜，敕部照章從優給奬，以示鼓勵之處，出自逾格鴻慈。除將各員弁履歷清册照章咨送吏、兵二部並分咨海軍衙門查照外，理合恭摺具奏，伏乞皇上聖鑒訓示。謹奏。

光緒十八年四月二十五日奉硃批：該部議奏。單并發。欽此。

〔附〕清單

謹將川省機器局辦事出力擬保各員弁開具清單，恭呈御覽。

計開：

寧遠府知府唐承烈，擬請賞加三品銜。留川盡先補用游擊龔才實，擬請賞加副將銜。運同銜候補通判錢乃鈔，擬請俟補缺後以直隸州補用。運同銜候補知州周翊運，擬請俟補缺後以知府補用。大挑知縣王祥儀，擬請賞加同知銜。同知銜候補知縣黄昆，擬請俟補缺後以直隸州補用。候補布經歷趙之琦，擬請賞加知州銜。試用縣丞龔慶華，擬請俟補缺後以知縣補用。縣丞銜崔洵，擬請以縣丞不論雙單月選用。文童阿延齡，擬請以未入流不論雙單月選用。文童龔震易、文卿、曾憲軒三名，均擬請以從九品不論雙單月選用。字識顔三柱，擬請以巡檢不論雙單月選用。外委侯國基、龔慶昌二員，均擬請以把總盡先拔補。軍功王大發、劉龍吉、馮紹秋、周美卿、鮑大綸、紀正森六名，均擬請以外委盡先拔補。

以上共文武員弁二十二員名，均係在局尤爲出力，理合陳明。

硃批：覽。

中國第一歷史檔案館等《中國近代兵器工業檔案史料》第一輯《福潤奏山東機器局員弁工作五年限滿請照章擇優給獎折光緒十八年五月二十二日》 尚書銜山東巡撫奴才福潤跪奏，爲機器局員弁、匠目勤奮從公，已届五年限滿，照章擇優保獎，恭摺仰祈聖鑒事。

竊查前承准海軍衙門咨：奏定保獎章程内開，各省水陸操防、機器，凡沿海省分應保營、局各員，尋常保獎以五年爲限等語，於光緒十二年七月十四日欽奉懿旨依議，欽此，恭録咨行欽遵在案。

東省自光緒元年經升任撫臣丁寶楨奏明設立機器局，至二年局廠告成，規模大備，在事出力員弁，曾經丁寶楨奏請獎勵，迄今十七年之久。即十二年七月十四日海軍衙門奏定保獎章程欽奉懿旨之日起，扣至十七年亦已五年限滿。在局各員弁、匠目，恪遵定章，始終勿懈，凡於製造軍火等事，雖涉嚴寒盛暑，無不竭力盡心，精益求精，故於摧堅利涉之法，外洋所恃爲專長者，均能得其奥窔。頻年東省留防各營暨嵩武軍均習外洋槍炮，所需火藥、鉛丸、銅帽及各種軍火，無不隨時支應，悉與外洋製造無异。即從前兩次籌辦海防，添募多營，各國守局外之例不准購買軍火，而機器局源源解運，亦不致稍有缺誤。具見各員匠堅忍耐勞，獲兹成效，自應照章按限保獎，以昭激勸。據委辦機器局務按察使松林將在局年限未滿及出力較次各員嚴行删減，擇其尤爲出力員弁、匠目，開單詳請奏咨前來。

奴才查東省機器局創設多年，從未募一西人，是以經費較爲節省；而製造各種軍火，悉皆精良適用。該局員弁殫精竭慮，不避艱險，奮勉從公，洵屬尤爲出力，與各局勞績迥不相同。年限既符，自應照章量予獎叙，以示鼓勵而策將來。各員銜名亦已於上年造册咨部。可否吁懇天恩俯准將花翎二品頂戴現署山東鹽運使候補道趙國華，賞加隨帶一級；花翎三品銜候補道林介景，賞加二品頂戴；三品銜候補知府石祖芬，俟補知府後以道員用；六品銜候補知縣秦瑨，候補知縣吴金鼎、同知銜江蘇候補班前先補用知縣沈承德，均俟補缺後以直隸州知州用；同知銜補用知縣彭培保，俟補缺後以同知用；拔貢就職直隸州州判馮清宇，加知州銜；候選縣丞陳懋猷，俟選缺後以知縣補用；指分東河試用閘官王乃楫，俟補缺後以按司獄用；指分東河遇缺先用閘官惲際昌，俟補缺後以主簿補用；不論雙單月盡先選用從九王長泰，以主簿盡先前選用；監生鄭金德，以巡檢盡先選用；文童劉啓文、趙寶善、俊秀俞崇儉、阮咏、湯良驥，均以從九品歸部選用；字識司文波，以典史盡先選用；花翎盡先補用都司金肇豐，賞加游擊銜；東河督標盡先守備南向義，賞加都司銜。出自鴻慈逾格。除各員弁、匠目履歷清册，照章咨送吏、兵二部並海軍衙門查照，及武職千總以下另咨兵部核獎外，理合恭摺具奏，伏乞皇上聖鑒訓示。謹奏。

光緒十八年五月二十八日奉硃批：該衙門議奏。欽此。

中國第一歷史檔案館等《中國近代兵器工業檔案史料》第一輯《長順等奏吉林機器局員弁工匠工作届滿五年請准擇優保獎折光緒十八年九月二十一日》 奴才長順、恩澤跪奏，爲吉林機器製造局各員弁、工匠勤奮辦公，已届五年限滿，照章擇尤保獎，恭摺仰祈聖鑒事。

竊查前准海軍衙門咨：奏定保獎章程内開，各省水陸操防、機器，凡沿海省分應保營、局各員，尋常保獎以五年爲限。其非沿海省分，操防機器皆爲固圉要務，並照海防保獎年限章程擇尤酌保，以免向隅等語。於光緒十二年七月十四日欽奉懿旨依議，欽此，欽遵咨行遵照在案。

奴才等查吉林機器製造局自光緒八年設立以來，正及十年，其勞勩不可謂不久，前以格於部章不得與於保獎之列。今自光緒十二年七月十四日海軍衙門奏定保獎章程欽奉懿旨之日起，扣至光緒十七年七月，時閲五年，已符准保年限。在局各員弁、工匠昕夕從事，危險异常，所制精良，深裨要用，自應照章依限保獎，以昭激勸。所有各員弁、工匠銜名，曾於光緒十七年十二月先期造册咨部立案。兹謹擇其尤爲出力者，按照尋常勞績，稍加優异，分别獎叙，繕具清單，恭呈御覽。合無吁懇天恩俯准照擬分别給獎，以示鼓勵之處，出自逾格鴻慈。除將各員弁履歷清册照章咨送吏、兵二部並分咨海軍衙門查照外，理合恭摺具奏，伏乞皇上聖鑒訓示。謹奏。

硃批：該衙門議奏。單二件并發。

〔附〕清單一

謹將擬保吉林機器製造局武職各員銜名，繕具清單，恭呈御覽。

計開：

吉林烏槍營鑲紅旗記名協參領補缺後加副都統銜花翎佐領鳳翔，擬請俟補協參領後記名以副都統用，先換頂戴。五品藍翎守備用盡先千總孫超，擬請俟補守備後以都司遇缺盡先即補，先換頂戴。吉林烏槍營鑲黃旗勝要佐領下五品頂戴披甲恒德、吉林烏槍營正黃旗德喜佐領下五品頂戴披甲委筆帖式全禄、吉林滿洲正紅旗明志佐領下記名筆帖式監生喜順、吉林滿洲鑲黃旗多倫佐領下五品頂戴附生委筆帖式景亮、吉林滿洲正藍旗常福佐領下五品頂戴披甲托精阿，以上五員名均擬請以驍騎校盡先前補用。

硃批：覽。

〔附〕清單二

謹將吉林機器製造局擬保文職各員銜名，繕具清單，恭呈御覽。

計開：

花翎三品銜軍機處存記吉林補用知府懷輔，擬請俟補缺沒以道員遇缺即補。補用知府候補同知朱材濟，擬請俟歸知府班補缺後以道員並請賞加三品銜。藍翎雙月選用通判宋春霆，擬請俟補缺後以同知用，先換頂戴。藍翎升用知縣候選府經歷申丕鼎，擬請俟補知縣後以同知遇缺即補，先換頂戴。知縣用指分北河先儘班補用縣丞查富璣，擬請賞加同知銜。候補知縣陳際唐，擬請俟選知縣後以直隸州遇缺即補，先換頂戴。江蘇候補知縣汪士仁，擬請俟補缺後以直隸州前先補用。吉林試用縣丞借補府經歷吴茂書，擬請俟補缺後以知縣遇缺即補。候選府經歷宋福生，擬請俟補缺後以知縣不論雙單月遇缺盡先前即選。筆帖式峻昌，擬請以主事不論雙單月遇缺盡先前即選。盡先補用筆帖式賡昌，擬請俟補筆帖式後以主事盡先即補。花翎同知銜貢生慶山、貢生恩霖、徐振祺、附生德山，以上四員均擬請以七品筆帖式盡先前補用。監生委筆帖式慶喜、披甲委筆帖式富英阿、委筆帖式英俊，以上三員均擬請以筆帖式遇缺盡先前即補。六品銜候選訓導魏春寅、六品銜雙月選用訓導吴酉書，以上二員均擬請改以州判不論雙單月遇缺盡先前即選。縣丞銜秋濤、何鴻霈、芮家成、宗繼之、馬洪緒、畢應森、馬熙臣、魏春燮、文生方盛邦、附生馬汝霖、孫格，以上十一員均擬請以縣丞不論雙單月遇缺盡先前即選。府經歷銜魏以莊、李文彬、廩生徐萬青、朱善繼，以上四員均擬請以府經歷不論雙單月遇缺盡先前即選。候選從九品黄維楨，擬請俟補缺後以主簿用。候補巡檢黄祖安，擬請俟補缺後以主簿不論雙單月遇缺盡先前即選。不論雙單月盡先選用九品鍾國鼎，擬請俟補缺後以主簿用。附貢生顧恩慶，擬請以訓導不論雙單月遇缺盡先即選。鹽大使銜依精額、周盛源，以上二員均擬請以鹽大使不論雙單月遇缺盡先前即選。文童張瑾，擬請以府照磨不論雙單月遇缺盡先前即選。監生周之翰、查富珍、田霈、文童盧義銘、朱鈞、宋沂琛、周延康、孫和堂、何裕寬、慶昌、傅士卿、宋保泰、钖英，以上十三員名均擬請以巡檢不論雙單月遇缺盡先前即選。

硃批：覽。

中國第一歷史檔案館等《中國近代兵器工業檔案史料》第一輯《邵友濂奏臺灣洋火藥廠失事請懲處該管委員片光緒二十年三月二十五日》 再，據代辦機器製造局委員指分福建鹽大使蘇紹良稟稱：光緒二十年二月十一日，據製造洋火藥廠委員府經歷銜監生肖殿芬報壓藥房失事。即經蘇紹良馳往查勘，轟毁房屋六間、壓藥機器一架，仿斃工匠七人，其餘房屋、機器間有被震損傷。其如何失事緣由，因在事工匠同時斃命，無從查究等情。經臣批飭速將傷斃工匠酌量撫恤，毁損房屋機器分別修置去後。

查製造火藥關係緊要，應如何格外慎重，雖由工匠失事不及預防，而斃命至七人之多，該委員未能先事董戒，究難辭咎。相應請旨將該管委員府經歷銜監生肖殿芬即行斥革。代辦機器製造局委員指分鹽大使蘇紹良有兼轄之責，並請交部照例議處，以示儆傚。理合附片具陳，伏乞聖鑒訓示。謹奏。

硃批：另有旨。

中國第一歷史檔案館等《中國近代兵器工業檔案史料》第一輯《着即行斥革及議處臺灣火藥廠失事責任者之上諭光緒二十年四月十九日》 內閣奉上諭：邵友濂奏火藥廠失事，傷斃工匠，轟毁房屋機器，請將該管委員等分別懲處等語。臺灣火藥局失事，委員經歷銜監生蕭殿芬未能先事防範，着即行斥革；局員福建監大使蘇紹良有兼轄之責，着交部按照奏定章程議處。餘着照所議辦理。該部知道。欽此。

《申報》光緒二十一年二月二十八日《工人跌傷》 前日下午，有電燈公司工人在法界金利源碼頭修理電燈，猱升而上，及至最高處，因杆木日炙雨淋，歷年既久，業已黴朽，砉然一聲，工人隨杆跌下，適浦中潮水未漲，陷入泥淖中，昏迷不醒，旋經同伴雇車舁去，未識能保全性命否也。

《申報》光緒二十一年三月二日《小工倔强》 香港來電云，輪船各小工現已一律停工，官府已派兵前往彈壓，想各小工停工數日，不能持久，必仍來作工也。

《申報》光緒二十一年六月二日《銅工滋鬧》 湖北人某甲招集同鄉四十餘人，在西門外楊維橋左近，賃屋二三椽製造金鑼等項響器。前日下午，同夥某乙持洋傘一柄，至義盛麪坊購乾麪七文。麪坊檐下懸有鳥籠，乙悮以傘柄戳下跌破食罐一枚，學徒某丙向之索賠，坊主聞之，以其無心碰撞，不與計較，揮令出門。不圖同業中人，以爲辱己，一聲呼哨，齊執鐵鎚擁入，曳學徒使出，任情毆擊，並將坊中各物擊毀一空，比隣解勸之人，亦遭毆辱。巡防局近在咫尺，局員急飭勇彈壓。若輩自恃人衆，誓不甘休，局勇欲向拘拿，突遭批頰。旋拘獲四人，連鐵鎚二枚，解入局中，局員升座研訊，喝令將爲首之人，各責五十板，著具改過切結，從寬斥釋，鐵鎚給還。及至晚間，若輩忽又蜂擁至局，將丁戊二局勇擁至附近某茶肆紛紛滋鬧，適坊主以學徒受傷，且失去洋銀十圓八角，奔訴局中。局員商請董事馬君出爲排解，勸令若輩備香燭向局勇服禮，並免具結，其事始寢。

《申報》光緒二十一年九月二日《木工斷指》 木工王壽高在浦左祥生船廠工作。前日，與司夥用機器鋸解木爿，一不經心，爲機器鋸去手指三隻。前日傍晚，舁至同仁醫院求治。

《申報》光緒二十一年九月十六日《縫工滋事餘聞》 紅帮裁縫馮瑞榮等，藉加工值，相約停工。由西人訴明，英領事飭捕房拘拿馮等，解由英廨議員屠別駕訊供懲辦，此已紀諸報端。紅幫裁縫，浙江寧、慈、鎮、奉、象、定六縣人爲多，本地及南匯、川沙人略少。後本幫縫工之能製西國女衣者，向軒轅廟領得同業單一紙，助公費洋銀十二圓，亦可入紅幫。而軒轅殿章程凡開店者，曰店幫工人，曰夥幫。馮以爲本路本幫縫工，後改作紅幫者，不許入行，須拜紅幫人爲師，然後許其縫製西衣，迄今十餘年。近從日本回，見以西國官商秋季賽馬之期，生涯必盛，因之商同各工人向店主索加工值，店主堅不依允，遂一律停工。旋知虹口協昌順及一泰，仍有人工作，疑其爲本幫工人也。隨□就知單蜂擁至二店尋釁，源泰店主魏某適爲今歲司年，勸馮不可把持，且有意斡旋，謂初停工之日適重九，可作爲假期。馮不肯遵，所有西人扒門者，以主顧催索衣裳，而無工人承製，爰出首報諸捕房。及獲馮後，即知照華人各店爲证，有年少無識一唱百和大言我等皆是爲首者，奔至捕房喧嚷，捕頭命一併拘拿，故有二十餘人就押。嗣後同業中人，查得爲首滋事者，實馮。其餘二十餘人中，衹史鳥法、李順金二人從而附和，而尚有徐星方等二十四人，及續獲之吴茂章等五人，均非馮黨，且皆少年甫經滿師，因商之復泰産主，囑某某等投英公廨遞禀求恩保釋。昨晨，干等已率同各柱首，遞禀保去矣。

王樹枏《張文襄公全集》卷一五三《致柏林許欽差光緒二十三年五月二十二日亥刻發》 敝處需譯材頗殷，尊處陸徵祥、劉式訓兩員，如差滿回華，請令來鄂，至感。現擬譯西書切要數種，以示書院官民，廣學識。壬、甲、丙三次鐵路會書，祈訪寄。又水師專報，及陸軍農務、商務、鑛務，暨地學天文會之切近者，均祈按次寄。其他切中國實用者，不拘何門，請裁酌飭金楷理選購備譯。此目前極緊要事，擬將陸續寄到者，隨時刊佈。有一卷，即譯一卷。譯一卷，即刊一卷。深盼玉成，感禱。養。

王樹枏《張文襄公全集》卷一一八《批郎中余正裔等禀呈鑛師合同光緒二十三年九月十二日》 此案前據法國領事高樂待於七月間，函送立興洋行商人法格呈遞禀詞，並擬訂章程，請准由該洋行出面招集華商股本十五萬兩，開辦興國州炭山灣煤鑛商局等情。當以中國内地，例不准洋人開鑛，查案批駁，飭由江漢關道轉行知照在案。兹察閲來禀，及與法格擬訂合同招股章程，買山鈔契各摺，名雖商局主持，實則洋行包攬，辦法殊未妥協。蓋華商鳩立公司，開辦鑛務，聘雇洋鑛師、鑛匠，經理機器挖煤工作等事，原屬無妨。若遇有關涉地方官民事件，仍應由商局辦事紳董自行清理，庶不致横生枝節，動費周章。該紳所擬合同，歸洋商法格總經理之處，應與申明界限：凡鑛山工作，聽其籌度，以專責成，此外局中與官民關涉事件，一概不准干預。合同内，應稱爲洋工師，不得稱爲洋商。設因招股未足之時，該洋行籌墊資本遇有虧折，衹能與商局核算，不得向官硬索賠償。十年之限，亦屬太久，應先酌訂二三年試辦。如果相處得宜，辦有成效，儘可展限，重訂合同，庶免外人挾持之患。仰即遵照以上所指各節，與該洋行重議酌改，另訂妥善合同，呈候察核。一面將保結内列名紳董開具籍貫、職銜、家業呈明，候行江漢關道，確查禀復無虛，再行批飭繕具華洋文合同，由該紳董呈送本衙門存案。其法領事衙門存案之合同，應由該洋行自行賫送該領事。至山契内並無丈尺四至，僅以界石爲憑，將來易啟爭端，並飭邀同地主覆勘細丈，繪具圖説，詳載四至，一併呈送備考。償開辦後，縱容經理人把持一切，措置乖方，定惟該紳董等是問。

王樹枏《張文襄公全集》卷一一八《批郎中余正裔等稟改訂鑛師合同並聲明各節光緒二十三年十二月初二日》 該紳董等所約股本十五萬兩，既據稱實皆集自華商，並無洋人入股，雇用洋匠、鑛師，議定鑛務賺賠，將來只與商局紳董核算，不准向官需索賠償，不得以擬開之煤窿，向洋人押藉資本，致滋轇轕。查閲所訂合同，尚屬妥協，所購炭山灣地段圖説四至，亦尚明晰，自應准其開采，以興鑛務。惟炭山灣係興國轄境，該紳董等只可於炭山灣所購界内，開井取煤，不得牽連別處。至合同内稱小駁馬頭，出港運道，均與大冶縣連界，江邊拖駁馬頭又係蘄州轄境，各處營造工程，請飭知各地方官，於興工時，隨時彈壓保護，亦即照准札行。惟不得於大冶、蘄州境内，購地開煤，以示限制。除行北布政司、鐵政洋務局暨江漢關轉飭遵照，並飭興國州、蘄州、大冶各地方官，隨時保護彈壓，勿任地痞藉端滋事，另生枝節外，仰即遵照辦理。其詳細辦法章程，隨時稟候查奪，並將所訂合同分繕華洋文，令洋工師簽字，暨該煤鑛地名四至圖，具稟呈驗，並將合同圖件，分稟鐵政洋務局、江漢關道備案。

中國第一歷史檔案館等《中國近代兵器工業檔案史料》第一輯《岑春蓂呈湖北鋼藥廠提調委員銜名清折光緒二十八年至二十九年》 謹將鋼藥廠提調委員銜名開具清折恭呈鈞鑒。

計開：

提調鋼藥廠：三品銜道員用候補知府汪洪霆。稽查兼文案委員：湖北補用同知徐鈞溥。采辦委員：指分湖北補用同知蔡琦。收支委員：同知銜指分湖北試用知縣曾輔翼。庫房收發物料委員：江蘇試用知縣蔣廷勛。鋼廠監工委員：候選通判張煥斗。鋼廠監工委員：江蘇補用知縣劉家杰。藥廠總監工委員：候選知州馮祖霱。藥廠幫監工委員：廣東候補游擊李應時。藥廠翻譯委員：留浙藍翎千總沈鳳銘。鋼廠翻譯：自强學堂學生洪中。藥廠差遣委員：湖北補用主簿韓方樸。差遣委員：候選縣丞於宗閔。

中國第一歷史檔案館《光緒宣統兩朝上諭檔》第三一册《光緒三十一年三月十七日》 交外務部。本日溥倫奏補給美國官府大臣實星，並將礦務公司美員實星撤銷一摺，奉旨：著照所請，外務部知道，欽此。相應傳知貴部，欽遵辦理可也。此交。

《申報》光緒三十一年三月二十六日第十版《大純紗廠工人互鬨》 楊樹浦大純紗廠，今改集成紗廠，由盛杏蓀宫保派陳云三爲總辦。南北二廠，共有工人數千名。昨日午後，廠中司事名小徐者，不知因何，將南廠工人某甲毆擊，致動公憤。南廠各工先行停工，繼至北廠强令各工人，亦行停工。北廠工人，以事由南廠工人所起，不允。南、北兩廠工人遂互相攻擊，並將廠中雜物，恣行擊毀。總辦陳云三見已肇禍，立由德律風報知楊樹浦捕房，捕頭即令中西包探前往，將爲首之工人數名拘獲帶回捕房，押候解送公堂稟請訊究。陳並將肇事情形，稟知盛宫保，請爲核辦。

中國第一歷史檔案館《光緒宣統兩朝上諭檔》第三一册《光緒三十一年四月十二日》 光緒三十一年四月二十二日，内閣奉上諭：商部奏請整頓商務一摺，據稱路礦農工等項，均爲近今要政，各省往往視爲具文，至姦商倒欠之案。經該部行查，各該地方官遲延不覆，華商回籍仍復任意需索等語。現當振興商務，亟宜加意整頓。著各該督撫等，嚴飭地方官，遇有姦商倒欠訟案，剋期訊結，各項商政一律，實力興辦，出洋華商回籍，懔遵迭次諭旨，切實保護，不准刁難需索。如有前項情弊，著該部照例參處，以挽頹風，而肅商政。欽此。

虞和平《周學熙集・聘請籐井恒久爲高等工藝翻譯官續訂合同》 大清國欽差太子少保北洋通商大臣直隸總督袁，續訂大日本國工學士藤井恒久爲高等工藝翻譯官事。

查光緒二十八年六月二十六日，明治三十五年七月三十日所訂合同，今屆期滿，本大臣與藤井翻譯官均願續訂貳年。所有前立合同條款，除十三條華歷叁年改爲華歷貳年外，余皆照舊辦理，不再另立合同。

大清國直隸總督委派總辦直隸工藝總局署理天津河間兵備道周學熙

會辦直隸工藝總局候補道陳公恕

會辦直隸工藝總局代理天津府知府李映庚

大日本國工學士藤井恒久

大清國光緒三十一年六月二十日

大日本國明治三十八年七月二十八日

〔附〕《聘請籐井恒久爲高等工藝翻譯官合同》 大清國欽差太子少保北洋

通商大臣直隸總督袁，募訂大日本國工學士籐井恒久爲高等工藝翻譯官，所有合同條款開列於下：

一、該員應聽本大臣節制，所有本大臣定立條規均須遵辦。

二、該員必須品端學博，性情和平，熟習所辦之事，始可充選，其在某國官職憑據，考試執照，均須先行呈驗存案。

三、該員薪水自到差之日起，按中國月份每月支給湘平銀肆百兩，所有傭工、養馬、伙食一切雜費，均在内。每月房租湘平銀貳拾兩，至其由本國來至保定應另給船川湘平銀貳百伍拾兩。

四、本大臣所聘洋員，應按該國官秩，其本途洋員之次等官卑者，應聽高等秩尊之洋員指揮管轄。

五、該員當差已經一年以上，如果實在勤奮，卓有成效者，由本大臣隨時查覈，加增薪水，須聽本大臣自行酌定，該員不得爭執，倘逾時懶惰，仍將所加薪水扣除。

六、本處遇有緊要公事約該員面商，無論何時立即馳赴，如有要公差遣，該員所須盤川另行核發，倘在某處改派差使，該員亦應遵辦，薪水照舊支發。

七、該員平時住處宜近辦公處所，毋得較遠。

八、該員如有違犯禮法，不遵約束，嗜酒誤公，或懶惰偷安，由本大臣酌罰薪水。如再三犯罰，立即辭去，停止薪水，不給回國船川，該員不得向本國政府訴求干預。

九、如在合同限内自請告退，須於三個月以前稟明，俟届去時停止薪水，免給回國船川。

十、該員應辦事件由本大臣酌定，或由該總辦會商。

十一、學生、工匠、夫役遇有違犯，可告該總辦按規懲辦，不得自行打責。

十二、遇有暫患病症，准由官醫診治，免輸醫藥等費，倘因公受傷，至成殘廢，經醫驗實，除發停止之月薪水外，另給六個月薪水並回國船川。 如至積勞病故，發給一年薪水，不付船川。

十三、此項合同限華歷三年爲滿，該員年限届滿時，其回國船川應予湘平銀貳百五十兩，如彼此願留辦事，先期仍可續訂合同，其回國船川則不發給。

十四、該員無論期滿回國，及自請退歸，或因事撤去，除合同内載明各款必須照給外，概不准另有索求。

十五、如遇合同限内中國政府停止此事，或無故辭退，應於本月應支薪水外，加給三個月薪水，並回國船川，倘停止距合同滿限之期不及三個月，只付原限月數薪水，並予船川。

十六、此項合同係用漢文共録二紙，各執一紙，嗣後如有爭辯，應以此漢文爲主。

大清國直隸總督委派總辦北洋機器製造局署通永道王、銀元局即補道周

大日本國工學士籐井恒久

大清國光緒二十八年六月二十六日

大日本國明治三十五年七月三十日

虞和平《周學熙集・聘請中澤政太爲實習工場化學工師合同》 大清國直隸工藝總局，募訂大日本國中澤政太充實習工場化學製造科工師合同。

第一款，直隸工藝總局訂募中澤政太爲實習工場化學製造科之正工師，並爲工場所附設公司之工師，又兼工藝學堂之化學教習，由光緒三十一年十月二十日起，照華歷扣足一年爲滿限。

第二款，該員薪水自三十一年十月二十日起，按華歷月份每月支給湘平化寶銀一百五十兩，此項薪水每月月半支發，所有夫馬、伙食、房租及一切雜費並醫藥等資均在其内。

第三款，該員由本國來至天津另給川資湘平化寶銀一百五十兩，迨合同限滿彼仍回國，當給予回國川費湘平化寶銀一百五十兩，如不回國則不給此川費，或彼此願留辦事，亦不給回國川費。

第四款，該員在實習工場或公司辦事，應聽該管理員之命令，倘在學堂授課，應聽總教習之命令，以上兩處所有章程條規均應遵守，其應在何處任事，應由工藝總局隨時酌派。

第五款，該員於派定所任之事，苟別有意見，在工場或公司可陳於管理員，在學堂可陳於總教習，惟采納與否仍聽管理員或總教習轉請總辦之決定，該員於派定職任之事以外，非有管理員或總教習之命，不得干預別項情事。

第六款，該員除照章放假期外，每日上午自八點鐘起至十二點鐘止，下午自一點鐘起至五點鐘止，應有八點鐘到工任事，或因病及他事故不能到工，凡在工場或公司須預先告假於管理員，在學堂須預先告假於總教習，若有一日以上不能到工之時，須經管理員或總教習之許可。

第七款，該員因病或其他事故相連不能到工任事至三十日，應扣支一月薪水，至六十日應扣兩月薪水，九十日應扣三月薪水，即將合同作廢。

第八款，該員若違背工場或公司及學堂章程，及管理員總教習之訓條，則管理員或總教習可禀知工藝局總辦，有將合同作廢之權。

第九款，工藝總局如有他項工藝製造事宜，或係考察情形，或係教授功課，或係開辦工場公司，不拘在直隷境内與别省地方，一經總辦諭飭，應即前往辦理，不得推委，亦不得另索酬勞津貼等項，惟若出赴遠路所需往返路費應准另行核給，倘在該處久任仍不給津貼。

第十款，該員於本合同期限之内不准從事商業，若無總辦之許可，亦不得從事工藝總局委任以外之職業。

第十一款，該員無論在何處所，與同在一處共事之華人，均應和衷共濟，至在其手下之學生、匠徒，以及夫役人等，應盡心教導，遇有違犯可告知該管員司按規懲辦，不得自行打罰，及諸無禮舉動。

第十二款，該員應於合同限内，將所任製造各種方法盡心傳授，務使匠徒、學生每六個月能成就一班，畢業均可自行製造，考驗如法，方爲不負委任，倘不能認真教授，或不遵調度，或不敦品行，即由工場公司管理員、學堂總教習禀知工藝局總辦，將合同作廢。

第十三款，凡化學製造有關係危險情形者，應極力設法預先防範，俾學生、匠徒人等得保平安，倘或疏忽以致失事，該員不能辭咎，應由該管理員司禀請總辦核奪，輕則將該員記過罰薪，重則將合同作廢，至該員如因疏失以致自蹈危險，不得向工藝局有所要求，倘該員實係加意防範而危險出於意外，自可從寬免議，至該員受傷成廢，或至死亡，如果察其平日教授勤勞，著有成效，應酌量給予撫恤，其撫恤之數至多以壹千兩爲度。

第十四款，如遇合同限内工藝局停止此事，或無故將該員辭退，應於本月應支薪水外，加給兩個月薪水並給歸國川費，倘距合同限滿之期不及兩個月，則仍只給至滿期之日爲止。

第十五款，該員如因自己之便，於合同期限未滿時，欲自行告退，須於兩個月以前告知工場公司管理員、學堂總教習，禀知工藝局總辦，須俟總辦允准，方可定期届兩個月後，准其退職。

第十六款，該員如因犯第七條、第八條、第十二條、第十三條，工藝總局將合同作廢，或如第十五條自行告退，則該員薪水均僅給至廢合同及退職之日爲止，概不給歸國川費。

第十七款，該員合同限滿後，倘彼此均願續訂合同，其薪水或加或減臨時再行互議，須彼此樂意，不得要挾。

第十八款，此合同係用華文共録二紙，各執一紙，嗣後如有争辯，應以此華文爲主。

總辦直隷工藝總局署理天津河間兵備道周

天津實習工場化學製造科工師中澤政太

見證人　籐井恒久

大清國光緒三十一年十月二十日

大日本國明治三十八年十一月十六日

中國第一歷史檔案館等《中國近代兵器工業檔案史料》第一輯《錫良奏請擇優保奬四川機器局員弁工匠折光緒三十二年八月初五日》 頭品頂戴四川總督奴才錫良跪奏，爲川省機器局在事出力員弁、工匠，又届五年限滿，照章擇優保奬，恭摺仰祈聖鑒事。

竊查前准海軍衙門咨開，各省機器等局，其局員、工匠履危蹈險，以五年爲限，准照海軍保奬章程擇優酌保。又本年政務處會同各部議覆嚴核保舉限制章程内開，機器槍炮局廠五年例保，准援舊章，各等語。川省機器局歷届遵章保奬，已保至光緒二十七年七月止。兹自二十七年七月十四日至本年七月，又届五年限滿。

查近年以來，講求製造精益求精，所造毛瑟槍彈固經一切改良，仿造外洋九響毛瑟等槍子彈亦能如式命中，其餘修造機件日益加多。所有員弁、工匠昕夕在局，不避危險，洵屬著有微勞，自應照章依限擇優保奬，業於本年三月遵照部章將在事銜名造册咨部在案。兹據辦理機器局布政使許涵度等詳請奏保前來。奴才覆加删核，擇其尤爲出力者二十八員名，繕具清單，恭呈御覽。合無仰懇天恩俯准照擬給奬，俾資鼓勵，出自逾格鴻慈。除將各員弁等履歷清册分咨查照外，理合恭摺具奏，伏乞皇太后、皇上聖鑒訓示。謹奏。

硃批：該部議奏。單并發。

中國第一歷史檔案館等《中國近代兵器工業檔案史料》第一輯《外務部就考驗陸汝成自製保中快槍事致練兵處之咨文光緒三十二年八月十六日》 考工司呈

爲咨行事。

光緒三十二年八月十一日，據福建試用縣丞陸汝成呈稱：在籍竭心考究，繪算圖式，制成新式小口徑保中快槍一杆，一排可裝無烟彈子十粒，兩度手法，即能發放，快捷駕於近時外洋一切兵槍。現欲將保中快槍一杆恭呈，倘蒙恩准考驗，如果合用，即令各省仿製等因，並將快槍圖式呈送前來。

查考驗軍器，應由貴處主政，該員所制快槍，可否准其隨帶試驗，相應鈔録原稟及原送圖式，咨行貴處酌覈見復可也。須至咨者，附鈔件並原圖。

《申報》光緒三十四年十二月十九日第四版《薙匠罷工之風潮鎮江》 鎮郡各薙髮鋪曾稟，由丹徒縣示諭各房主，將三月内房金減半，並准加梳辮十文，稍資補助在案。現各匠人又聚衆集議，一律罷工，不准各薙髮舖開門，擬要求官長年内允許薙髮，以體示恤。惟城外某薙髮舖三家，因違議開門，致被各匠人率衆打毁，事爲丹徒分縣連少尹所聞，飭差拘拿數人到署訊辦，並諭該業中行頭出場勸解，許以他項利益，若輩始照常上工，一面由官重申禁令，如有違例薙髮，拿辦決不姑容。

中國第一歷史檔案館等《中國近代兵器工業檔案史料》第一輯《松壽奏福建製造所槍子廠失火該監工委員應交部議處片光緒三十四年》 再，閩省原建製造所槍子廠，歷經飭派坐辦及監工各委員認真經理，凡各營操防所需毛瑟子彈督飭工匠隨時裝配撥用。光緒三十三年十月十五日，據該監工委員候選巡檢嚴思明稟稱：本日午後，該廠匠徒因裝藥觸石突然火起，當經督同夫役人等上前救護，維時火勢猛烈，人力難施，後向廠屋六間及前向汽通均已焚燬，並被子藥爆裂燒斃匠徒林正國等八名，燒傷九名。幸經在城文武聞警帶同水龍與該員等立時馳往撲滅。查驗全廠機器，惟裝藥房之剪口、收口、車邊、開火眼、小銅帽等五架機器零星配件及皮條間有被火沿燒損傷之處，其餘各件尚爲完好。檢存被燒子彈壞殼，查與原存數目核計約有九成等情。當經飭據福州府知府張星炳前往復查勘辦起火及被燒機器、子彈各情形，均與該委員所稟相符。在廠匠徒因公斃命八名情殊可憫，已照章每名給賞洋銀二十元；受傷匠徒九名，每名酌給醫藥費洋五元，以示體恤。被燒廠房、汽通及受傷之機件，均飭分別趕緊起蓋修補，並將檢存各項壞殼列册造報，分别改制重装。至該廠坐辦委員福建候補知府劉世芳先期請咨入都引見，其監工委員候選巡檢嚴思明，此次失火係屬事出倉猝，可否撤差，免其置議等情，稟由福建兵備處司道具詳前來。

奴才查製造軍火重地，理應慎重，今此次該廠失火，雖係事出倉猝，究屬防範不嚴。除將該監工委員、候補巡檢嚴思明即行撤差外，仍應請旨交部照例議處。除咨部查照處，理合附片具奏，伏乞聖鑒訓示。謹奏。

硃批：着照所請，該部知道。

《申報》宣統元年正月十一日第三版《拿獲爲盜工人松江》 初六夜，婁境安樂二圖吴惠堂家，忽有盜匪登門肆刦，事主起捕，竟被拒傷。三人刦去贓物不資，臨行遺下鐵棒一條，翌日報縣，馳驗勒緝在案。初八日，又有形跡可疑之江北人，至西鄉打牲埭左近，詳探居民姓氏，追經鄉人盤詰，即泅水奔逃，遂鳴鑼集衆，追蹤獲住，並獲匪船七隻，人七名。時婁尊劉大令亦聞信馳至，遂會同營汛押解入城，嚴密研訊，各判責荆條千下，釘鐐候辦，並於船上抄出稻穀及小工所用器具。

《申報》宣統元年正月十五日第四版《連獲爲盜工人松江》 婁境盜案迭出，近經婁縣劉大令懸賞購線，嚴密勒緝前獲形跡可疑之江北船，及狀似工人者七名。越日，又由西鄉張董，獲解十餘名。十一日，又經差役獲到盜匪六名，有贓有械，經大令升訊收押候辦，或謂該六盜均係小工頭目。

《申報》宣統元年正月二十六日第三版《工人與巡捕械鬥漢口》 漢口某茶磚廠工人因玩龍燈，經過俄國租界，鳴金擊鼓。站崗巡捕以其違章，上前阻止，工人不服，遂至鬥毆。巡捕以衆寡不敵，受傷十二人。當經俄捕房捕頭，通電英、德、日、法各界捕房派印捕多人，至場彈壓，協同捕獲工人九名。昨經會審委員吴小汀直刺會同俄領顧連科審訊，除爲首者重責千板，判押一年外，餘均分別責押枷號，以示嚴懲。

《申報》宣統元年閏二月十二日第三版《店夥要求增工風潮漢口》 漢口各疋頭店有因事出號之王明安、徐俊卿等，假齊幫爲名，煽惑各疋頭店幫夥，要求店主加增工價，並閏月全薪，經布幫首事在夏口廳稟控，以王明安等事不干己，傳案收押。各疋頭店夥，因之大動公憤，相約同盟罷工。所有各店現在只有小倌站櫃台照料生意，各店夥復齊集大布公所，擬用强硬手段，勒令疋頭店一律停閉，不准小倌站櫃。闔道齊觀察聞信，以似此擾亂市面，形同棍徒，當稟請鄂督飭巡防隊管帶督中協陳士恒、鐵路營標統張永漢、巡警江漢二道夏口廳督率兵隊，合力梭巡彈壓，以免匪徒暗中乘間滋事。一面查拿聚衆爲首之人懲辦，如有抗拒者，格殺勿論。並由夏口廳諭知各店夥，請商會與店東和平商量，照舊安心貿易，風潮始漸平息。

《申報》宣統元年三月初一日第三版《商議約束小工之辦法》　淞滬巡防營統領徐太守，因近來居家橋附近時有糾衆行刦之案，該處居民均歸咎于煤棧洋廠所雇之小工。因該小工等，均係無業遊民，各棧洋東不知底細，是以雇用，而地方官因係洋商用人，又須先期知照棧主，然後拿辦，往返稽延，勢必聞風逃遁，爰於前日移請滬道照會領事，設法取締，並多派大小頭目，嚴行管束，如以後再有不法情事，即由地方官飭差查拿，免其先行知照，則地方商不致再被滋擾也。

《申報》宣統元年三月初五日第四版《布夥罷工風潮之平定漢口》　漢口至德泰布店東，辭退各夥之代表傅心齋，以致全體罷工，詳情已見前報。玆悉董事王芹甫等出爲調妥，令店東設筵陪罪，傅心齋亦不辭退，各夥友現已入店照舊交易。

中國第一歷史檔案館等《中國近代兵器工業檔案史料》第一輯《冷利南爲請將四川機器局新舊兩廠工食一律事上四川總督趙爾巽之呈文宣統元年三月》　查本局工匠工食，除下江特別工匠外，其餘約分上、中、下三等。上等，每月不過十兩左右；中等，則月給五六兩；下等，則月給三兩數錢。歷經辦理在案。近聞新廠招募工匠，本局下等募入者亦月給工食銀八兩。利之所在，人爭趨之。目前群情搖惑，大有去志，雖屢加懲治，而告假者紛紛不已。即查在廠作工各匠，亦多闒颯敷衍，故意不受約束，冀因小過斥革，翻獲去而之他，如願以償。似此情形，於廠內工作大有妨礙。職道、司官等再三籌思，工食一項文爲用人關鍵，若彼此多寡懸殊，工匠等惟利是視，勢必避輕就重，斷難責其勉强工作。擬請嗣後或由本廠酌加或令新廠核减，總期事同一律，庶足以昭公允而安人心。

是否有當，伏希批示祇遵。

《申報》宣統元年四月十三日第三版《工界對於余發程命案之激昂九江》　九江土木兩界，湖口人最佔多數。近以余發程沉冤未雪，日昨假城內萬壽宫，集議每工加錢二十文，備爲余發程訴費。凡到會者，莫不贊成。但土木匠人工作多在廬山際，玆夏令西人避暑於山上者，絡繹不絶。此案若延不懲兇，識者深慮國民程度不齊，或釀無智識之舉動，乃力勸工人，遵守文明，對待演説數小時，聽者咸感泣而散。

《申報》宣統元年五月十一日第四版《機匠罷工求加工價蘇州》　蘇城紗緞業機匠，現因物價騰貴，銅元兑價又長，所得工資不敷開銷。日昨特一律罷工，先在同春茶園等處聚議，後到機業公所要求董事程吉秋請向各莊酌加工價。現聞各莊連日在雲錦公所會商，尚未議定辦法，於此可見銅元充斥之爲害矣。

《申報》宣統元年七月初一日第三版《日人兇毆華工滋事情形湖南》　湘潭縣風箏街口，日本人開設之小藥店，日前忽呼喚所僱華人，令作某事。該工人以語聲甚微，不甚通曉，誤爲斟茶，於是遽以茶進。該日人責以有違命，令遽以極熱之茶並茶碗向工人擲去，時值天氣酷暑，並未着衣，工人痛，其口中亂叫，急欲奔走出外。該日人謂係有心詈駡，復向前，將工人扭住亂毆，並推倒在地，以足亂蹋。工人連呼救命，左右街隣，均往勸解。該日人不惟不聽勸解，反遷怒街鄰，肆口中傷，且毆打益劇，街鄰大動公憤，羣嚮日人指駡。人多擁擠，觀者塞途，致將該店藥籠擠倒，什物毁壞。日人遂乘間走出，逕赴縣署報稱痞徒聚衆，將該店搶刦打毁。縣主王令聞警，即會同警察局員甘州同督帶巡警差役，馳往彈壓，及至該店，但見藥包藥瓶及應用什物，紛紛狼籍在地。據旁人估計，約值錢數十串。其時觀者，仍未退散。縣尊警員均飭令拿人，於是警役等即就衆中任拿十三人帶縣，各予笞責收押。該日人又至省垣報告，駐湘日領事聲稱，該店貲本合共萬金，堅索賠償，由領事向各大府交涉。湘潭縣王令刻已遴派勇役，將該店封存，並令常川駐守，以備日後查驗。

《申報》宣統元年七月十二日第四版《機工聚衆詳誌鎮江》　鎮江織綢機工，因米價飛漲，所得工資不敷食用，公衆決議，向各綢號要求加添工價，各號堅持不允。各機匠遂一律罷工，於初八、九兩日，糾集千餘人，至城内源泰昌、陶乾記、陳恒順、陶福記各綢號，聲言求食，愈聚愈衆，由四牌樓至堰頭街一帶，途爲之塞，勢甚危險。各綢號見勢不佳，每人給以銅元三十枚，始紛紛散去。又至曹生茂、蔡協記、毛鳳記三綢號，擊毁門窗各物，其餘城內各綢號，均將大門鎖閉，以資戒備。鎮道劉襄孫觀察聞信之下，飛派水陸總巡吴周二君、警務總局饒子敬司馬，暨巡防隊城守各營官員，各帶兵士彈壓解散，以免滋事。一面諭飭丹徒縣王緯臣大令，迅即會同商會總理及綢業機業各董事，籌議此事。初十日，大令派差拘獲滋事機工數人，收押訊辦，復由觀察發出諭示掮牌曉諭，照録如下：機工加價，號商認出，照常收貨，公平交易，示諭機坊迅速開織，機匠人等手藝謀食，應速散歸，各安生業，倘再聚衆，妄思要挾，立提爲首，嚴懲重責。

《申報》宣統元年七月十三日第四版《機工聚衆罷工續誌鎮江》　鎮江機匠罷工，聚衆要求加價一節，已紀昨報。玆悉鎮江城守營參將劉德輝會同丹徒縣王緯臣大令，將該匠滋事之人，共拿獲十一名，收押訊辦。其餘機工，均令至參府衙門報名，以便次日按名給領錢文，以示體恤。道憲並派巡防隊兵士數十名，到參署協同彈壓，時至黄昏，機匠人等報名已完，始各散歸。

《申報》宣統元年七月十七日第四版《料户停工風潮續誌浙江》 浙江料户停工一事，已迭誌本報。茲悉此事之原動力，確係該業董事盛惟一爲之。是以初八日，盛某在商會面允開工，而次日即有勒令若輩跪香之舉。十一日晚，聞已由仁和縣蘇運卿大令訊問，責令盛某開工。盛某以現已退當董事對，蘇大令洞察其僞，謂無論爾當董事與否，倘再不開工，惟爾一人是問。盛某乃悻悻而退，未識能否一齊開工也。

《申報》宣統元年七月二十一日第四版《機匠罷工之結果鎮江》 鎮江織綢機匠於日前同盟罷工，要求增加工價，并聚衆向各綢號滋鬧等情，已紀前報。茲悉各綢號已允許加添工價，又經當道再三勸導，各機匠遂仍舊開工，風潮盡息。惟前次拿獲爲首滋事之某某數人，現尚押候嚴辦。

《申報》宣統元年七月二十四日第三版《工結命案之計畫》 大東公司飛驊丸小輪拖帶航船，在青浦屈渡河面斷纜，溺斃人口一案。曾由前青浦縣陳大令稟請滬道，照會駐滬日領。查提該輪司機解送青浦歸案訊辦，已誌前報。嗣由日領照復，謂該小輪所拖之船，係屬自行斷纜，實與司機無干，礙難照准。滬道蔡觀察以此案領事既不允交人，應否即將此案人证，暨該輪司機一併提歸上海公堂訊明定斷，以免案懸莫結。昨已稟請蘇撫核示矣。

《申報》宣統元年七月二十六日第四版《稟復捏電圍殺礦工南昌》 新喻縣屬公益煤礦公司開辦以來，糾轕滋多，迭經當道飭府查勘，斷結了案，即由地方官將山封禁。乃該公司復以簡朝盛糾衆登山圍殺等情，電稟省台，經馮中丞電飭臨江府會營馳往彈壓。一面解散脅從，拿辦首要。現經該府稟復云，南昌撫憲鈞鑒：新喻礦案，因公司原辦未善致釀事端。自封閉後，簡朝盛等畏避未結，昨以公司違示私開，飭縣查禁，乃竟捏情妄電，實堪詫異。現據縣稟，係由公司管事鄧筠、敖士先所爲，應傳根究，以遏囂風，餘遵憲諭辦理。臨江知府李大椿稟。

《申報》宣統元年七月二十七日第二版《女工追繳工資》 昨日午後二時，有繅絲女工三百餘人，擁至公共公廨，稟稱婦人等均在垃圾橋北乾康絲廠做工，被欠工資，求請飭追等情。寶讞員當即飭役兩名，傳諭該廠照帳給發，一面諭令散去，勿得聚衆滋擾，各女工均稱謝而退。

《申報》宣統元年七月二十八日第二版《又有女工請追工資》 昨報記繅絲女工三百餘人投廨，喊控乾康絲廠積欠工資等情，已由寶讞員飭差知照該廠，准于禮拜日，一律照給。詎昨日午後二時半，又有女工一百餘人投廨，喊稱垃圾橋北浙江路延昌絲廠，積欠工資，求請飭追。是時，適寶讞員與王李兩襄讞，因公赴蘇，即由幕友張君□飭值役，勸令散去，着即具稟到廨，候傳該廠主追究，各女工均唯唯而退。

《申報》宣統元年八月初六日第三版《勿再滋擾》 浙寧水木工業董事蔡同榮等，前投道轅稟控陳永興小木匠店内之陳仁甫、余□虎，及公所已□僕人王金水，横行不法，私偷公所内所題道縣廨憲告示，屢至公所尋釁，把持漁利。當奉蔡觀察札縣，立拿嚴究追還告示。田大令奉札，立即飭差，將陳、余、王一並拿獲。前晚倩襄讞德明府研訊公所趙司事、馮元□等，投供陳、余、王三人凶横素著，曾至公所吵鬧，拘押捕房。現又串竊公所告示，探悉各董在四明公所及魯班殿打醮，藉端尋釁，請爲嚴辦。陳等供小的等自知不□以後決不再往吵鬧，求恩交保出外，將告示送還公所，情願服禮，判三人各具改過結交保，限交告示。

《申報》宣統元年八月初六日第三版《絲廠女工罷工》 新租界麥根路同協祥絲廠女工百餘人，不知何故，於前日上午罷工。後有數十人依舊工作，各女工即在外守候，欲與爲難，事被捕房聞知，立飭中西探前往驅散。

《申報》宣統元年八月初八日第三版《煤礦經理慣欠工資》 安徽池州煤礦中立公司總理鄭湘藻，積欠車夫姜雲鑾工洋八十元不還，反將該車夫扭入四路一區誣控扭辱，已兩紀前報。昨經黄正巡官飭傳雲鑾之兄雲龍及侄阿福等到案研究。雲龍供，鄭於去年八月設立公司邀小的附股，已繳洋三百餘元。今年正月，鄭邀小的至該公司充當茶房，言定每月工洋十元，迄已八月，祇收過洋一元，其餘亦被欠無着。阿福供，在該公司爲車夫，被欠工洋三十餘元，屢討不付，亦請追究。黄正巡官以鄭欠姜等工洋各數十元不等，本應傳案追繳，因鄭與楊培卿現在總局涉訟，諭飭姜等具稟總局，附案請追，姜等均遵諭而退。

《申報》宣統元年八月十二日第三版《女工聚衆追索工資》 昨日午後三句餘鐘，新閘路洪慶里新大絲廠女工，聚集一百餘人，同至公共公廨，喊控稱，被該廠欠去工資，請爲追繳。當奉寶讞員諭令退去静候，飭差知照該廠照給，各女工稱謝而散。

《申報》宣統元年八月十二日第三版《洋車工人停工要求增價鎮江》 鎮城各機坊所織緯絲，全恃洋車工人與絡絲女工交相爲力。目下米珠薪桂，該業中人遂於日昨發出傳單，令同業各夥一律停工，並在晏公會所集議。

《申報》宣統元年八月十四日第三版《絲廠女工風潮已息》 新閘路鴻慶里新大絲廠各女工，同赴公共公廨，環控該廠不付工資，已紀前報。茲悉該廠主業已允准於中秋節一律照付，故昨日各女工已照常工作矣。

《申報》宣統元年八月十四日第四版《跌傷斃命》 蘇州人顧永林，年二十五歲，近在福利公司幫工，於前日下午自駕馬車行經愛文義路，失足跌傷，當由印捕車送捕房，轉送醫院，中途斃命，遂將屍身徑送驗屍所，報縣請驗。

《申報》宣統元年九月初四日第三版《印花坊工人之恐慌》 昨日午後，印花坊董事蔣子春、勞文榮送至法廨後，該業工司均各紛紛到縣求恩請示田大令，當即飭差傳諭，蔣等解送法廨，係奉道憲之諭，祇欲會審，並無別故，爾等務各安分散去，仍行工作，切不可矛衆暴動，致干咎戾。

《申報》宣統元年九月三十日第四版《勿再停工要挾》 南北兩市釘書同業共有七十八家，所雇工人以江、浙兩省人居多。近因米珠薪桂相約停工，當由該業公司董事趙榮熙擬定章程，邀集各作主具稟到縣，請即出示禁遏。現田大令已准如所請，批飭妥爲安排，毋許再行停工，希圖要挾。

《申報》宣統元年十月初七日第四版《泥木兩行大暴動詳誌長沙》 湘省泥木兩行，向有行規，不許外省工匠在湘省包攬工程。近有湖北工頭喻姓、魯姓在湘省北門外包修房屋，本地工匠出爲阻止，並具稟地方官，准予查禁。旋因造屋之人與引進鄂幫工匠之人均係强有力者，故地方官未予查禁，但出示曉諭不准因此鬭毆，並派勇役駐廠彈壓。本地工匠見其工作如故，地方官又不照章斷結，因於日昨聚集同行數千人，至該工廠，將其鍋灶什物一律打毁。惟預先約定，不許鬥毆傷人，鄂幫工匠以衆寡不敵，無可如何。其狡猾之徒，則放火燃燒廠棚，以爲嫁禍之計。本地工匠，即將放火之鄂人，扭送長沙縣究辦。該縣余大令不予收訊，於是本地工匠益爲鼓煽，聚衆愈多，各大憲聞報後，恐滋事端，親往彈壓。現在泥木兩作一面稟官訊究，一面□發傳單，約齊通省同行一律罷工，聽候斷結。

《申報》宣統元年十一月初六日第四版《鎮江滋事機匠保釋蘇州》 鎮江機匠聚衆滋鬧一事，前經丹徒縣王大令將機匠唐正乾等七人提案收押，以冀悔過自新，稟奉各憲核准在案。現經接任丹徒縣倪大令，以查得該機匠唐正乾等收押數月，察看尚知悔過，可否從寬交保釋放等情，通稟各憲核示，已奉省憲批准矣。

中國第一歷史檔案館等《中國近代兵器工業檔案史料》第一輯《陸軍部奏請援案給予軍事機器局廠工匠實職折宣統二年五月二十二日》 謹奏爲擬請援案給予軍事機器製造局廠工匠實職，以示鼓勵，恭摺會陳，仰祈聖鑒事。

竊維練兵必須制械，制械先貴培材。惟是人材之振興，恒視國家之激勸。古者技藝同居六職，文武並出一途，故名官即以殳斨，《考工》亦詳弓矢。後世藝成爲下，百工幾與厮養同科，是以技術日就衰微，軍器亦滋窳敗。臣部於宣統元年六月十九日，議覆御史石長信奏請製造諸工量予實職折内聲明，各省局廠工匠，如考察明確，實有技藝最優者，即由部暫行參仿日本技師、技手名目，或各兵工長及准士官、下士，判任文官各等級，量予實職各等因，蓋所以謀振興資激勸也。嗣經臣處奏准陸軍官制暫行章程，於步、馬、炮、工、輜並測繪、軍樂各科出身人員，均於協軍校以下添設司務長、上士、中士、下士等實職官階，惟製造各官於協軍校以下未經擬及。原以各國現行之制，凡兵工製造人材，自司務長以下均係炮隊人員兼任，故製造一科之内，不能於司務長以下另擬實職官階。現經臣等會商，我國軍事萌芽，其風習炮科者並未專攻製造，其從事制械者又兼肄業炮科，二者分途，尚難一致，故擬於製造科協軍校以下，添設司務長、上士、中士、下士各階級，以備各局廠工匠内有考察明確堪膺奬勵及援案請奬者，即按照司務長以下各實職議奬，毋庸復行參仿技師、技手等名目，以昭畫一而免紛歧。一俟製造人材自司務長以下□以炮隊人員兼任，即仍將製造科司務長以下各階級概行停止。此次所擬原屬暫行官制章程，此項章程未經改訂及文武新官制未經實行以前，凡各局廠内除辦事文職並緑營武職先有實官品級各員，仍應按照文武各職舊行官制，分别异常、尋常給奬外，其無實官品級僅有虚銜或各項軍功牌照各員，即均按照此次章程分别給奬。如蒙俞允，即由臣等欽遵辦理，以副朝廷講求軍實、振興製造之至意。所有擬請援案給予工匠實職緣由，謹繕折具陳，伏乞皇上聖鑒訓示。再，此折係由陸軍部主稿，會同軍諮處辦理，合併陳明。

謹奏。

中國第一歷史檔案館等《中國近代兵器工業檔案史料》第一輯《趙爾巽奏四川兵工廠開工製造請奬在事各員折宣統二年十二月二十三日》 奏爲兵工廠開工

製造，請獎在事各員，恭摺具陳，仰祈聖鑒事。

竊查四川兵工廠係於光緒二十九年經前督臣錫良奏設。派員赴德國考查各廠，並在柏林蜀赫廠訂購一千九百零三年新式槍、彈、藥三項機器，陸續制備，發運回華。訂立合同，聘雇洋匠；一面在省城東門外選購廠基。三十一年相度地勢，鳩工庀材，建築槍、彈兩廠。三十二年擇地續建藥廠。三十三年德機運到，派員驗收，詎因川江灘險，運船頗多覆溺，機件致有沉失，均由廠自行補配。三十四年添設磚廠，訂購物料，招募滬、鄂工匠。宣統元年厘定總分廠房章程，創設藝徒學堂，造就藝徒一百五十人，並以藥料遠購爲艱，研求改用土料之法。本年四月，全廠工程一律完竣，補添機件亦均齊備，遂飭開工製造。惟查原購德機係制六米里五口徑之器，而陸軍部新改口徑係六米里八，因之樣板各件多不相同，復飭逐一修改，按日制出六米里八口徑五響快槍二十枝，子彈一萬顆，驗收備撥。此前督臣錫良與督臣趙爾豐暨臣先後督員組織該廠大概情形也。

伏查川省近接藏衛，俯瞰滬、鄂，且與秦、隴、滇、黔各省毗聯，形勢天險，關係重要。欲期國防之固，必先武庫之充。前督臣錫良有鑒於此，不憚艱險，創茲宏業，期在必成，不但以杜外購之漏卮，且足以濟鄰封之軍備。所難者，風氣未開，製造才乏，離洋窎遠，運道崎嶇，購機、招工較之滬、鄂各廠百倍爲難，故前督臣錫良奏設之初，亦有日久難成之慮。自臣莅蜀以來，見始基之已立，凛中輟之堪虞，當委試用道毛玉麟、學部小京官黎邁專任斯廠，責成一手經理。該道等熱心軍實，督率在事各員，盡力籌備，卒底於成。去秋，三品京堂臣朱恩紱奉命來川考察，亦頗稱該廠規模程功匪易。

計自光緒二十九年經始，迄至本年開工，實歷七載之久。當事各員均能不避勞怨，布置有方。而尤以此次開工後，並未另請巨款添購新機，首能遵改部頒口徑，制出成品，更爲預料所不及。非資群力，曷克臻此？所有在事各員，不無微勞足録，若不量請獎叙何以風示將來。兹於多數之中，擇其尤爲出力者，分別勞績，酌量擬獎，開具清單，恭呈御覽。合無仰懇天恩俯念工廠新立，成績可觀，准將出力各員照章議叙，以獎前勞而策後效，出自逾格鴻施。

再，請獎原示鼓勵，廠務應求進行。現復督飭廠員加制應用具器，添雇技師、良匠，以期通力合作，俾成品逐漸增加，用副朝廷整頓軍實之至意，合併陳明。除分咨查照外，所有兵工廠開工製造，請獎在事各員緣由，理合恭摺具陳，伏乞皇上聖鑒。謹奏。

中國第一歷史檔案館等《中國近代兵器工業檔案史料》第一輯《蔡琦等爲發放四川兵工廠員司工匠年終獎事呈四川總督趙爾巽之禀文宣統二年十二月》 敬禀者：竊查本廠前總辦毛道，以員司及工匠、學徒人等當差清苦，年終發給獎銀一千餘元，曾奉面諭照發在案。此次又届年終，核計員司無甚增減，惟匠徒人數較多，獎資約須一千三百餘元，以上年比較，稍有增加。可否仰懇憲恩，飭廠將此項銀如數發給，以資鼓勵之處，伏候憲裁。職道蔡琦、司員黎邁謹禀。

中國第一歷史檔案館等《中國近代兵器工業檔案史料》第一輯《四川兵工廠爲抄呈辭退德國技師巴登居厄之緘稿事上趙爾巽之呈文約宣統二年》 謹將辭退巴技師緘稿抄呈憲鑒。

巴技師鑒：前者，本廠以既經開工，特告君速照合同擔任無烟藥、白藥各項製造，今據來緘，概歸咎於本廠設備不全，所指添購器具、改建廠屋各節，均未呈有確實詳明之圖案及報告理由書類，難資憑信，且非巨萬之款，年餘之期，不能辦到，而就現有之器具、廠屋，均係按照蜀赫廠設計，應無甚缺點，又不能實行製造；即現在本廠助理工匠所制之無烟藥、白藥、酒精，以脱、硝磺鏹水復不能逐一監視，指導，就事改良。本廠認君爲對於廠務毫無利益。又直稱與藥廠情形無干，且有不如請警廳封門等語，毁謗主廠名譽，本廠認君爲已失受雇性質。又合同内首載兼管槍彈，乃君竟任意不管槍、彈兩廠，本廠認君爲不能履行合同職務。又此次馳馬在外，滋生事故，防害治安，叠經告誡，竟不遵守，本廠認君爲不服局長節制。以上諸端均屬違背合同，應即辭退。故本廠直告君，自即日起即辭退君。自辭退之日即行離廠。所有君之薪水照合同自辭退之日止不再支發，並不給回國川資。特此正式通告。

中國第一歷史檔案館等《中國近代兵器工業檔案史料》第一輯《着准獎勵江南製造局煉鋼槍子藥水等廠出力各員暨張士珩哈卜們之上諭宣統三年正月十八日》 軍機大臣欽奉諭旨：陸軍部奏遵保江南製造局煉鋼、槍子、藥水等廠出力各員分別請獎繕單呈覽一折，着依議。又奏請獎滬局道員張士珩等一片，張士珩着賞給四品卿銜，張錫藩着交軍機處存記。又奏滬局總檢查洋員哈卜們請獎寶星一片，着外務部查覈具奏。欽此。

中國第一歷史檔案館等《中國近代兵器工業檔案史料》第一輯《軍諮府爲金陵製造局暫停工作其工匠應否酌發恤餉即行遣散事致陸軍部片宣統三年四月十

七日》軍諮府爲片行事。

准兩江總督電開：奉虞電開，金陵製造局暫停，應需款項希照案存儲，專歸軍用等因。查該局現存工匠二百餘名，每月應給工食二千數百元。向章暫停工作，仍須照給資工。應否酌發恤餉即行遣散，乞賜裁示，速復等因到府。相應片行貴部查照。應如何核辦之處，希由貴部酌定，徑覆該督可也。須至片者。

右片行陸軍部。

中國第一歷史檔案館等《中國近代兵器工業檔案史料》第一輯《陸軍部軍需司就金陵製造局停辦後工匠之處置事致接收員李盛和電宣統三年四月**》** 武昌。

李司長鑒：金陵製造局停辦，所有工匠，奉堂憲諭：俟閣下到寧擇優留用，餘均酌給恤餉遣散。特此布達。軍需司。蘇。印。

中國第一歷史檔案館等《中國近代兵器工業檔案史料》第一輯《張士珩爲江南製造局擬撥款購米平糶以解匠工維艱事致陸軍部電宣統三年七月十四日**》** 陸軍部堂憲鈞鑒：本年夏間上海米價漲至八元，匠食維艱，擬援光緒三十三年、宣統二年成案，籌款採米平糶，由各匠役繳價購領。嗣因秋收漸近，深望新谷價平，是以緩籌。不意近月雨大風狂，上下江各郡縣圩堤沖決成灾，蘇、常産米之區亦成澤國。上海米價漲至十一元外，且慮來源日涸，局匠三四千人恐慌殊甚。擬仍原案於局款存息項下撥款購米平糶，以諒匠艱，俾安工作。是否，乞示遵。士珩謹稟。鹽。

圖表

中國第一歷史檔案館等《中國近代兵器工業檔案史料》第一輯《中國近代兵器工業檔案史料彙編四川機器新廠暨造藥所委員司事等薪水表光緒三十四年五月**》**

機器新廠

職司	官階	姓名	行號	年歲	籍貫	出身	到差	薪水
總辦	試用道	毛玉麟	篤齋	四十九歲	江西業城縣	監生	三十三年十二月	一百兩
會辦	試用道	丁昌燕	師汝	四十一歲	山東諸城縣	壬辰進士	三十三年二月	另支
提調	候補知府	曹銘	爵中	四十六歲	浙江上虞縣	附生	三十三年三月	八十兩
文案稽核	補用知縣	何士瑗	韵梅	二十五歲	貴州貴築縣	辛丑舉人	三十四年三月	三十兩
收支正委	候補知縣	嚴襄	季雲	三十九歲	江蘇金匱縣	文童	三十三年四月	三十兩
收支副委	候選縣丞	饒國揀	贊襄	二十六歲	江西新淦縣	監生	三十三年十月	二十四兩
工程監工	候補知州	蔡冤	冠臣	三十三歲	順天宛平縣	監生	三十四年三月	四十兩
稽查	候補知縣	王紹祖	續庭	三十九歲	江蘇吴縣	監生	三十三年二月	三十六兩
採買	候補知縣	吴錫福	祉齋	三十五歲	浙江錢塘縣	供事	三十四年三月	四十兩
管庫	試用縣丞	辜良駿	善懷	二十九歲	江蘇長洲縣	監生	三十二年十二月	三十四兩

（續表）

職司	官階	姓名	行號	年歲	籍貫	出身	到差	薪水
驗收	指分四川試用巡檢	吴緒釗	濟康	二十三歲	貴州貴築縣	監生	三十三年十月	二十四兩
機器監工	選用縣丞	周炳炎	耀南	四十五歲	浙江餘姚縣	監生	三十三年七月	一百二十兩

造藥廠

職司	官階	姓名	行號	年歲	籍貫	出身	到差	薪水
監工正委	試用知縣	王燮元	炳南	四十四歲	江西東鄉縣	監生	三十三年十二月	四十兩
監工副委	試用巡檢	丁作勛	堯臣	四十五歲	湖北江夏縣	監生	三十四年正月	二十四兩

德國匠三人

凱來爾，製造毛瑟槍子彈、無烟藥、鏹水，每年薪工德金一萬五千馬克。

阿爾根，製造毛瑟槍，每年薪工德金一萬二千馬克。

奢福，製造無烟藥、鏹水，每年薪工德金七千馬克。

按：馬克價值時有增減，言定每月以上海十六日市價算給。查四月報價，每馬克合川九七平銀三錢九分六厘九毫。照此核算，凱來爾每年約領薪工五千九百五十餘兩，阿爾根每年約領薪工四千七百六十餘兩，奢福每年約領薪工二千七百七十餘兩。合併聲明。

中國第一歷史檔案館等《中國近代兵器工業檔案史料》第一輯《杜慶元造送雲南機器局宣統元年正月薪水報告表宣統元年九月》

司事翻譯字識數目及薪水表

機器新廠

名目	人數	薪水
司事	十九人	自五兩至十四兩
翻譯	二人	三十兩
字識	四人	自四兩至九兩

造藥所

名目	人數	薪水
司事	五人	自五兩至十二兩
翻譯	一人	十二元
字識	一人	四兩

類別		薪水
總辦	每員名額支數	一百兩
	每員名實發成數	一百兩
	所發全銀米若干員名數	一員

（續表）

類別		薪水
總辦	所發半銀米若干員名數	
	共計數	一百兩
監督委員	每員名額支數	一百兩
	每員名實發成數	一百兩
	所發全銀米若干員名數	一員
	所發半銀米若干員名數	
	共計數	一百兩
文案委員	每員名額支數	四十兩
	每員名實發成數	四十兩
	所發全銀米若干員名數	一員
	所發半銀米若干員名數	
	共計數	四十兩
收支委員	每員名額支數	四十兩
	每員名實發成數	四十兩
	所發全銀米若干員名數	一員
	所發半銀米若干員名數	
	共計數	四十兩
採買委員	每員名額支數	四十兩
	每員名實發成數	四十兩
	所發全銀米若干員名數	一員
	所發半銀米若干員名數	
	共計數	四十兩

（續表）

類別		薪水
稽查委員	每員名額支數	四十兩
	每員名實發成數	四十兩
	所發全銀米若干員名數	一員
	所發半銀米若干員名數	
	共計數	四十兩
副教習委員	每員名額支數	五十兩
	每員名實發成數	五十兩
	所發全銀米若干員名數	一員
	所發半銀米若干員名數	
	共計數	五十兩
管庫委員	每員名額支數	二十兩
	每員名實發成數	二十兩
	所發全銀米若干員名數	一員
	所發半銀米若干員名數	
	共計數	二十兩
監工委員	每員名額支數	二十兩
	每員名實發成數	二十兩
	所發全銀米若干員名數	三員
	所發半銀米若干員名數	
	共計數	六十兩
總計		全年共支銀五千八百八十兩

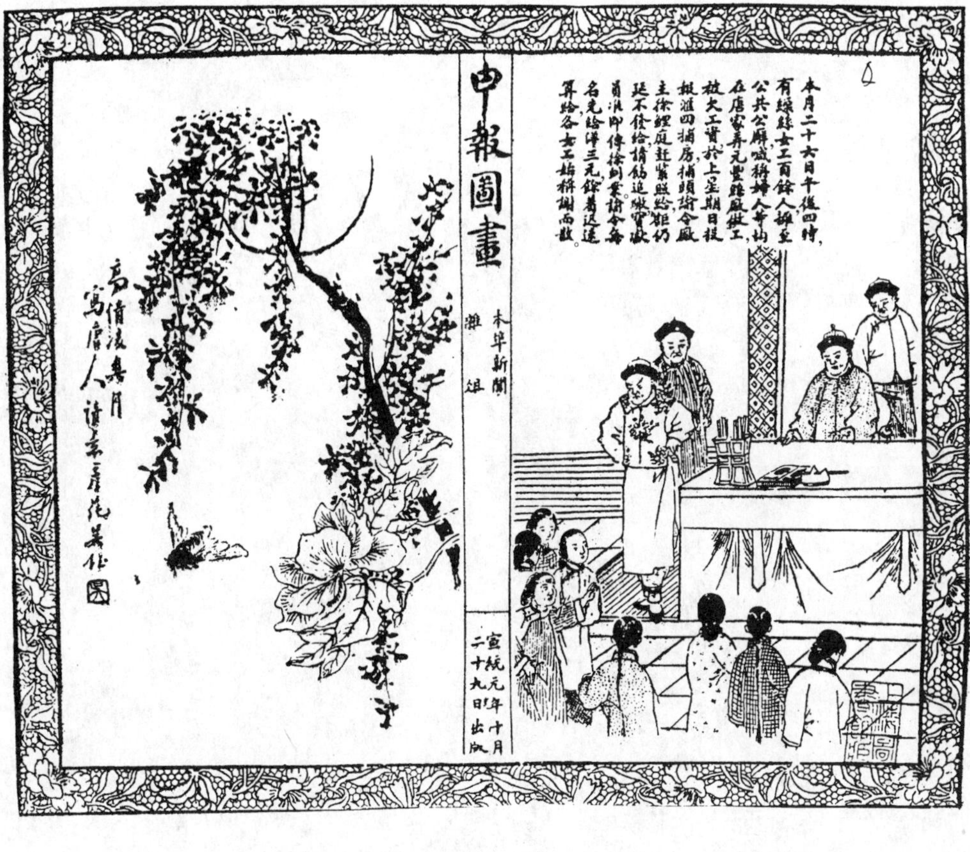

申報圖畫

本埠新聞

宣統元年十月二十九日出版

本月二十六日午後四時，有繅絲女工百餘人擁至公共公廨，喊稱婦人等由在唐家弄元豐絲廠做工，被欠工資，於上星期日投報滙四捕房，捕頭諭令廠主徐鯉庭赶緊照給，雖仍延不發給，請飭追繳，寶讞員即傳徐到案，諭令每名先給洋三元，餘着迅速算給，各女工始稱謝而散。

《申報》宣統元年十月二十九日《絲廠女工聚衆喊控》